2006

中国电力年鉴

《中国电力年鉴》编辑委员会

中国电力出版社
www.cepp.com.cn

本年鉴荣获中央级年鉴
评比一等奖

图书在版编目（CIP）数据

2006中国电力年鉴／《中国电力年鉴》编辑委员会编．
北京：中国电力出版社，2006.11
ISBN 978-7-5083-4888-9

Ⅰ.2...　Ⅱ.中...　Ⅲ.电力工业－中国－2006－年鉴
Ⅳ.F426.61-54

中国版本图书馆CIP数据核字（2006）第127109号

中国电力出版社出版、发行
（北京三里河路6号　100044　http://www.cepp.com.cn）
北京盛通彩色印刷有限公司印刷
各地新华书店经售
*
2006年11月第一版　2006年11月北京第一次印刷
787毫米×1092毫米　16开本　40.625印张　1452千字　32插页
印数0001—3000册　定价180.00元

2005年2月10日，中共中央总书记、国家主席胡锦涛（右二）在贵州乌江水电开发有限公司索风营水电站建设工地视察。

（林 波摄）

2005年7月1日，在中国国家主席胡锦涛（后排左）和俄罗斯总统普京（后排右）的见证下，国家电网公司总经理刘振亚（前排左）与俄统一电力系统股份公司董事长丘拜斯（前排右）签署长期合作协议。

（国家电网公司 提供）

2005年8月30日，在中国国家主席胡锦涛（后排右二）和哈萨克斯坦总统纳扎而巴耶夫（后排右一）的见证下，国家电网公司总经理刘振亚与哈萨克斯坦国家电网管理股份公司总经理包宗巴耶夫签署电力合作框架协议。

（国家电网公司 提供）

2005年10月31日，在中共中央总书记、国家主席胡锦涛（后排左四）和越共中央总书记农德孟（后排右四）的见证下，南方电网公司董事长袁懋振（前排左二）与越南国家电力公司总经理陶文兴（前排右二）共同签署了《中国南方电网公司与越南国家电力公司有关向越南北部六省售电的合同》。

（中国南方电网有限责任公司 提供）

2005年5月24日，中共中央政治局常委、全国人大常委会委员长吴邦国（后排左三），全国人大常委会副委员长热地（后排左一），澳大利亚联邦议会参议院议长卡尔弗特（后排左二），众议院议长霍克（后排左四），出席中国大唐集团公司和澳大利亚塔斯马尼亚州水力发电公司在澳大利亚首都堪培拉国会大厦签署的中国大唐吉林双辽风力发电项目合作框架协议书签字仪式。

（中国大唐集团公司 提供）

2005年10月22日，中共中央政治局常委、国务院总理温家宝（前排右三）在国务委员华建敏（前排右四）、陈至立（前排右二）的陪同下视察国家电网公司自动化研究院。

（国家电网公司 提供）

2005年10月17日，中共中央政治局常委、全国政协主席贾庆林（前排右二）视察中国国电集团公司费县电厂。

（王中亚 摄）

2005年6月17日，中共中央政治局常委、国家副主席曾庆红（中）视察华能伊敏煤电公司。（中国华能集团公司 提供）

2005年8月6日，中共中央政治局常委、国家副主席曾庆红（右二）视察建设中的黄河公伯峡水电站。

（黄河上游水电开发有限责任公司 提供）

2005年2月8日，中共中央政治局常委、国务院副总理黄菊（右三）在福建省省委书记卢展工（右二）、省长黄小晶（右一）的陪同下视察福州电业局。（陈蒸 摄）

2005年12月14日，中共中央政治局常委李长春（左二）视察500kV安顺变电站，了解西电东送的情况，并听取了贵州电网公司总经理潘福（左一）的汇报。（安顺供电局 提供）

2005年2月26日，中共中央政治局委员、北京市市委书记刘淇（左一）和市长王岐山（左二）一行在华电（北京）热电有限公司视察工作。（中国华电集团公司 提供）

2005年9月26日，中共中央政治局委员、国务院副总理曾培炎（主席台中）参加国家电网公司750kV输变电示范工程投产仪式并作重要讲话。（国家电网公司 提供）

重要电力会议

2005年1月21～23日，国家电网公司2005年工作会议在北京召开。

（国家电网公司 提供）

2005年2月1～2日，中国华电集团公司2005年工作会议在北京召开。

（中国华电集团公司 提供）

2005年2月19～20日，中国国电集团公司2005年工作会议在北京召开。

（姜学洪 摄）

2005年1月27～28日，中国电力投资集团公司2005年工作会议在西宁召开。

（中国电力投资集团公司 提供）

2005年2月21日，中国南方电网特高压交流输变电工程可行性研究启动会议在广州召开。

（中国南方电网有限责任公司 提供）

2005年5月27日，由中国科学技术协会主办的“中国电力发展论坛”在湖南省张家界市举行。

（中国华电集团公司 提供）

2005年10月24～25日，2005国际特大电网运行年会在北京召开。

（国家电网公司 提供）

2005年12月1日，金沙江中游水电开发有限公司发起人协议书签字仪式在人民大会堂河南厅举行。中国华电集团公司总经理贺恭（中）、中国华能集团公司总经理李小鹏（右二）、中国大唐集团公司总经理翟若愚（左二）、华睿投资集团总裁李河君（右一）、云南省开发投资有限公司董事长费宣（左一）出席了签字仪式。

（中国华电集团公司　提供）

2005年12月2日，西藏水电资源开发战略合作协议签字仪式在北京举行。华电集团公司总经理贺恭（前排右）、西藏自治区自治区主席向巴平措（前排左）分别代表双方在协议书上签字。

（中国华电集团公司　提供）

2005年7月4～5日，大湄公河次区域（GMS）经济合作第二次领导人会议在昆明举行。越南总理潘文凯、缅甸总理梭温、柬埔寨首相洪森、中国总理温家宝、老挝总理本南·沃拉芝、泰国总理他信、亚洲开发银行行长黑田东彦（左二起至左八）出席会议。与会各方签署了包括《大湄公河次区域电力贸易运营协议》第一阶段实施原则谅解备忘录。

（中国南方电网有限责任公司　提供）

2005年6月22日，北方联合电力有限责任公司股权重组协议签字仪式在呼和浩特市举行。中国华能集团公司在重组后的北方电力公司中的股权由20%上升到51%。（中国华能集团公司 提供）

2005年7月28日，中国华能集团公司在澳大利亚昆士兰州议会与麦卡瑟煤炭公司签署《蒙托煤矿合营企业——买卖协议》。

（中国华能集团公司 提供）

2005年10月27日，中国华能集团公司在北京与美国未来电力联盟公司（联盟）签署协议，正式加入该联盟，共同投资、建设“未来电力”高端技术项目。

（中国华能集团公司 提供）

2005年12月23日，中国华能集团公司联合国内发电、煤炭、投资骨干企业，共同成立绿色煤电有限公司。（中国华能集团公司 提供）

2005年2月27日，中国华电集团公司与印度尼西亚PJB2×300MW燃煤电厂项目总承包合同的签字仪式在北京举行。

（中国华电集团公司 提供）

2005年4月28日，国家百万千瓦超超临界机组引进技术国产化依托工程——邹县发电厂四期工程开工。（中国华电集团公司 提供）

2005年8月29日，中国华电集团公司党组书记、总经理贺恭（左）与国家安全生产监督管理总局副局长王显政（右）为华电煤业集团有限公司揭牌——华电煤业集团有限公司宣告成立。

（中国华电集团公司 提供）

杭州华电半山发电有限公司是目前国内最大的百万千瓦级燃机电厂，图为2005年6月中国首台9FA重型燃机——“半山一号”点火发电场景。

（中国华电集团公司 提供）

2005年12月16日，中国第一台秸秆和煤粉混燃发电机组——华电国际十里泉发电厂5号机组投产发电。

（中国华电集团公司 提供）

2005年4月28日，国内首台600MW直接空冷机组竣工投产大会在山西大同举行。中国国电集团公司领导周大兵、陈飞等出席大会。（郭波 摄）

北京京能热电股份有限公司全景。

（北京能源投资集团有限公司 提供）

2005年10月3日，北京京丰燃气发电有限责任公司一期点火成功。图为公司全景。

（北京能源投资集团有限公司 提供）

2005年1月10日，国内最大的抽水蓄能电站——惠州抽水蓄能电站主体工程开工。图为在开工仪式上，南方电网公司董事长袁懋振（右）和广东省省委常委、常务副省长钟阳胜（左）共同开启按钮。

（中国南方电网有限责任公司 提供）

中国安能建设总公司下属安蓉建设总公司承建的西藏直孔水电站施工现场。

（赵素英 摄）

2005年11月22日，中国安能建设总公司下属的江夏水电工程公司参建的新疆察汗乌苏水电站实现顺利截流，图为截流仪式现场。

（段玉忠 摄）

2005年12月16日，云南金沙江中游水电开发有限公司成立仪式在昆明隆重召开。图为云南省省委副书记、常务副省长秦光荣（右）和中国华电集团公司党组书记、总经理贺恭（左）共同为公司揭牌。

（中国华电集团公司 提供）

中国安能建设总公司下属的江南水利水电工程公司参建的湖北水布垭电站施工现场。

（叶正斌 摄）

中国安能建设总公司下属的宜昌安联水利水电有限责任公司承建的三峡电源电站建设中的地下厂房。

（段玉忠 摄）

中国安能建设总公司下属的江南水利水电工程公司参建的广西龙滩水电站施工现场。 （叶正斌 摄）

2005年7月2日，黄河公伯峡水电站3号机组通过阶段验收。图为蓄水的公伯峡水电站水库。 （黄河上游水电开发有限责任公司 提供）

水电开发与经济、社会、自然和谐发展，图为2005年被列为世界地质公园的核心组成部分——华电福建池潭水电厂库区大金湖。 （中国华电集团公司 提供）

2005年10月18日，国家风电特许权示范项目——如东第二风电场工程在江苏省南通市举行开工典礼。 （保伟忠 摄）

2005年11月7日，国电集团公司总经理周大兵出席在北京人民大会堂举办的2005北京国际可再生能源大会。图为周大兵总经理作题为“加快可再生能源开发，实现中国国电集团公司的可持续发展”的主题发言。 （李威 摄）

2005年11月9日，秦山核电二期扩建工程土建、安装、监理合同签字仪式在北京钓鱼台国宾馆举行。

（秦山核电公司 提供）

2005年11月22日，中国大唐集团公司第一个风电项目——大唐赤峰赛罕坝风电场一期工程(30.6MW)全部风电机组正式移交试生产。

（中国大唐集团公司 提供）

2005年1月，国家发改委副主任张国宝（前排右三）到四川省电力公司视察，了解关心川电外送情况。

（四川省电力公司 提供）

2005年5月12日，国家电网公司党组书记、总经理刘振亚（右二）视察750kV青海官亭变电站工地。

（国家电网公司 提供）

2005年11月25日，国家电网公司“直流特高压试验基地建设”通过立项评审。

（国家电网公司 提供）

2005年春节前后，湖北电网遭受严重冰雪灾害，广大湖北电力职工冒雪抗灾抢修保供电。

（湖北省电力公司 提供）

2005年3月6日，上海市电力公司电力职工正在敷设500kV杨外5109过江输电线路。

（上海市电力公司 提供）

2005年6月26日，大胜关过江通道升压换线工作完成，江苏北电南送第3条500kV通道建成。

（江苏省电力公司 提供）

2005年8月17日，海拔4960m的青藏铁路二期供电工程建设现场。

（汪晓刚 摄）

2005年9月26日，我国首个750kV输变电示范工程官亭——兰州东输变电工程建成投运。

（汪晓刚 摄）

2005年12月30日，世界海拔最高、输电线路最长的青藏铁路110kV输电线路（青海段）建成投运。

（汪晓刚 摄）

上海市电力公司500kV顾路变电站（获2005年全国电力行业优质工程“白玉兰”奖）概貌。

（上海市电力公司 提供）

四川省500kV电网建设施工现场。

（四川省电力公司 提供）

2005年，750kV兰州东配套送出330kV送电工程竣工投产。图为750kV兰州东变电站夜景。

（西北电网有限公司 提供）

2005年9月26日，国家电网公司750kV输变电示范工程投入运行。图为青海官亭变电站及输电线路第一基铁塔。

（国家电网公司 提供）

2005年10月18日，国家电网公司党组书记、总经理刘振亚（前排右二），湖北省副省长任世茂（前排左二）一行到武汉高压研究所视察工作。

（武汉高压研究所 提供）

2005年11月21日，南方电网电力市场模拟运行正式启动。国家电监会主席柴松岳（右二）击响铜锣。广东省省委常委、常务副省长钟阳胜（右一），南方电网公司董事长袁懋振（左二），中国华能集团公司总经理李小鹏（左一）共同为“南方电力交易中心”揭牌。

（中国南方电网有限责任公司 提供）

2005年8月10～11日，国家电网公司总工程师赵遵廉（右一）到四川省电力公司基层单位慰问完成迎峰度夏和电力建设任务的公司员工，并调研四川省电力公司反事故斗争情况。

（四川省电力公司 提供）

2005年8月23～24日，国家电网公司在济南召开供电优质服务交流会。

（国家电网公司 提供）

2005年1月1日，青海省省委副书记、代省长宋秀岩（前排左）来到青海电力调度中心，亲切慰问电力员工。（汪晓刚 摄）

2005年2月7日，陕西省省长陈德铭（前排右二）等一行慰问西北电网有限公司。（西北电网有限公司 提供）

2005年2月8日，湖北省省委书记俞正声（左一）、省长罗清泉（左二）到湖北省电力调度中心看望、慰问电力职工。（湖北省电力公司 提供）

2005年2月8日，湖南省省委副书记、省长周伯华（左二）一行到湖南省电力调度通信中心看望、慰问电力职工。

（湖南省电力公司 提供）

2005年2月9日，辽宁省省委书记李克强（右二）慰问沈阳供电公司节日期间坚守岗位的供电职工。

（辽宁省电力公司 提供）

2005年春节期间，四川省省委书记张学忠（前排左一）、省长张中伟（右二）到四川省电力公司慰问电力职工。

（四川省电力公司 提供）

2005年4月23日，为认真落实国家电网公司"四个服务"的宗旨和优质服务"三个十条"，湖北省开展了大规模的"三公"调度和供电优质服务宣传日活动。

（湖北省电力公司　提供）

2005年6月30日，青海省副省长徐福顺（左四）亲临青海省电力公司反事故演习现场，观摩演练。

（马卯成　摄）

四川省电力公司开展电力营销优质服务，不断提高服务质量。图为供电局服务大厅。

（四川省电力公司　提供）

2005年8月31日，南方电网公司董事长袁懋振（前排右）到广西电网公司调研。（邓新南 摄）

2005年2月6日，广东省省长黄华华（左三）到广电集团公司视察并慰问职工。（中国南方电网有限责任公司 提供）

2005年4月7日，广西电网公司在南宁召开2004年全区打击整治盗窃破坏电力设施犯罪专项行动总结表彰会。（邓新南 摄）

2005年10月25日，广西电网公司在南宁召开迎峰度夏抗洪抢险表彰会。（邓新南 摄）

2005年1月26日，国家电力监管委员会保持共产党员先进性教育活动动员大会隆重召开。（国家电力监管委员会 提供）

2005年6月14日，国家电网公司召开总部保持共产党员先进性教育活动总结大会。公司党组书记、公司党组保持共产党员先进性教育活动领导小组组长刘振亚同志作了总结讲话。（国家电网公司 提供）

2005年4月23日，国家电网公司组织全系统开展了“青春光明行”优质服务宣传日活动。公司6万余名团员青年走上街头开展了形式多样、丰富多彩的优质服务宣传活动。图为国家电网公司纪检组组长祝新民（右一）为大家发放宣传材料。（国家电网公司 提供）

2005年1月28日，中国南方电网公司召开保持共产党员先进性动员大会。（中国南方电网有限责任公司 提供）

2005年1月21日，华能集团公司保持共产党员先进性教育活动动员会在京召开。华能集团公司被列为“第一批开展保持共产党员先进性教育活动单位”，是第二家开展此项活动的中央企业。

（中国华能集团公司 提供）

2005年2月26日，中国华电集团组织公司本部全体党员以及部分基层单位党政主要负责人来到革命圣地西柏坡，重温入党誓词，接受革命传统教育。

（中国华电集团公司 提供）

2005年1月24日，中国国电集团公司召开保持共产党员先进性教育活动动员大会。集团公司领导周大兵、朱永芃、李庆奎、刘彭龄、陈飞出席大会。中央第56督导组组长张浚生、中央指导协调四组副组长毛定之出席会议并讲话。

（姜学洪 摄）

2005年4月29日，中国国电集团公司召开2005年全国劳动模范座谈会。集团公司领导周大兵、朱永芃、李庆奎、陈飞和集团公司本部及在京单位代表40多人与荣获全国劳动模范称号的刘彭龄、吕光、李学锋、翁亚伟进行了座谈。

（孙长林 摄）

《中国电力年鉴》编委会

《中国电力年鉴（2006）》

《中国电力年鉴》编辑部

特约撰稿人（按姓氏笔画排列）

丁　月	马　超	尹兰英	方　丁	毛节裕
王　历	王　聪	王元相	王国栋	王思敏
王晓平	冯水英	卢晓山	左宇龙	田卫东
乔仁贵	任龙献	刘　晖	刘廷辉	刘叔友
刘春梅	刘胜鸿	刘福长	华　峰	孙　涛
孙广宪	安华云	安晓滨	但　刚	何　群
何洪波	宋艳琴	张　建	张　莉	张永军
张建扬	张振华	时香丽	李　明	李东泽
李志远	李连存	杜永昌	杨　倞	杨万涛
杨文春	杨德邦	汪年凤	肖兴立	肖克勤
苏发亮	邱洪基	邴凤山	陆建之	陈宁华
陈永平	陈宏义	陈洪治	国建军	林耀庭
矿路明	罗汉武	罗晓萍	姚家晨	姚惠珍
柏　敏	胡　锐	胡耀斌	贺金照	赵凤琴
赵付明	赵振方	郝长龙	钟建华	原增光
郭云峰	陶　琨	高一萍	高同全	高爱革
崔文富	曹成林	梁云丹	阎胜所	黄兴仓
黄恩利	程军生	程彦韬	覃桂平	谢光辉
谢兴发	廖业明	廖怀庆	熊自安	樊　林
戴宗宝	魏小征			

编　辑　说　明

1.《中国电力年鉴》于1993年创刊，已连续出版12期，是一本融史实性、资料性为一体的专业年鉴，也是一本全面实用，文、图、表并茂的综合性大型年刊。其主要服务对象为从事电力生产、建设、经营管理、科研技术的有关人员，以及与电力相关的政府和企事业单位的有关人员。

2. 本《年鉴》的编纂指导思想为：围绕电力工业改革与发展的主线，全面记载电力工业改革与发展、生产与经营、科技与进步、国际合作与交流等各方面的成就和内容。

3. 本《年鉴》是在国家电力监管委员会和中国电力企业联合会的指导下，由国家电网公司、中国南方电网有限责任公司、中国华能集团公司、中国大唐集团公司、中国华电集团公司、中国国电集团公司、中国电力投资集团公司共同组织编写的。《年鉴》编委会由国家电力监管委员会、中国电力企业联合会、国家电网公司、中国南方电网有限责任公司、五大发电集团公司、中国长江三峡工程开发总公司和四个辅业集团公司的主要负责人，及有关单位的负责同志为委员组成，并作为《年鉴》的领导机构，决定《年鉴》编辑出版的指导思想、主要内容和编写大纲。

4. 根据《年鉴》编委会对本期《年鉴》编纂指导思想的确定，2006年《年鉴》的框架结构在2005年《年鉴》的基础上又进一步作了完善。首先，保留了按照电力体制改革后电力系统新格局而设置的全面反映中国电力工业的新篇目——电力工业论坛、电力监管、电力企业、企业风采等；其次，将“人物”篇移至“附录”中；第三，增加了“电力形势”和“地方电力”两个篇目，使之更好地反映电力工业改革与发展、生产与经营的主线；第四，完善了“特载”“电力工业论坛”等篇目的内容，充实了具有丰富信息含量的“统计资料”，压缩了文件、法规等的篇幅，加强了文献二次加工。

5. 本期《年鉴》主要收录了2005年我国电力工业各方面所取得的成绩，重点反映了2005年电力工业发展和电力生产的内容。本期《年鉴》的框架结构由篇目、栏目、类目、条目4个层次共17个篇目和100多幅彩图组成。

特载：通过党和国家领导人关注电力、能源战略、体制改革和“十一五”规划来反映2005年中国电力工业的大事、要事。

电力形势：通过对2005年电力工业综述性介绍、2005～2006年度全国电力供需与经济运行形势分析预测和对安全生产形势的介绍来全面反映2005年全国的电力形势。

大事记：收录了中国电力企业联合会、国家电网公司、中国南方电网有限责任公司、中国华能集团公司、中国大唐集团公司、中国华电集团公司、中国国电集团公司、中国电力投资集团公司的主要事件，并通过“电力工作会议”和“主要会议”两个栏目介绍了2005年的主要电力会议。

电力工业论坛：通过2005年主要全国电力论坛和电力权威人士的综述性文章论述电力工业的发展概况。

电力监管：按照国务院授权，国家电力监管委员会行使行政执法职能，依照法律、法规统一履行全国电力监管职责。负责全国电力监管工作，建立统一的电力监管体系，对国家电力监管委员会的派出机构实行垂直领导。

行业管理：全面介绍了中国电力企业联合会的行业管理和服务工作，并介绍了中电联分会和电力行业协会、研究会。

学术团体：通过中国电机工程学会和中国水力发电学会两大学术团体的活动，介绍了电力专业的国际合作、外事管理、国际会议、国际展览、学术会议和学术交流方面的情况。

电力企业、部分电力企事业单位、各地区电力：此三个篇目全面反映了2005年度全国电力工业生产和建设所取得的巨大成就。

地方电力：通过对10家地方能源投资公司的介绍，第一次系统反映中国地方电力的发展状况。

重点工程：收录了电力行业2005年重点科研项目和重大建设项目。

重要文献：收录了法律法规、国务院文件、国家发展和改革委员会文件、国家电力监管委员会文件。

统计资料：来自电力统计部门的权威数据，未包括我国台湾省和澳门地区。

企业风采：中国电力工业经过改革开放以来的巨大发展，通过城乡电网改造、电力技术进步和管理水平的加强，整个电力工业水平有了很明显的提高，这与电力设备制造企业提供的技术先进的产品密不可分。本篇通过展示电力设备制造企业的实力，可以更好地推进电力工业的技术进步。

附录：收录了电力行业2005年全国劳动模范和先进工作者、2005年全国电力行业优秀企业、优秀企业家，2005年电力版新书图书目录（摘要）。

索引：本期《年鉴》在保留英文目录和主题内容索引的基础上，扩大了索引的范围，索引范围包括条目的部分内容。大事记、重要文献、统计资料、企业风采、附录未作索引。

6. 本《年鉴》实行文责自负。条目内容、数据、彩图等均由撰稿单位校核及审定。

篇　目

目　　录

编辑说明

特　　载

电　力　形　势

大　事　记

电 力 工 业 论 坛

电　力　监　管

行　业　管　理

学　术　团　体

电　力　企　业

部分电力企事业单位

各地区电力

地　方　电　力

重　点　工　程

重　要　文　献

统　计　资　料

企　业　风　采

附　　录

索　　引

Contents

Posture of Electric Power

Major Events

Electric Power Forum

Electricity Regulation

Electric Power Industry Management

Academic Organization

Electric Power Enterprises

Some Electric Power Enterprises and Public Institutions

Regional Electric Power Industry

Locality Electric Power

Key Projects

Important Documents

Statistics

Enterprises

Appendix

Index

彩 图 目 录

党和国家领导人关注电力

2005 年 2 月 10 日，中共中央总书记、国家主席胡锦涛(右二)在贵州乌江水电开发有限公司索风营水电站建设工地视察。(林波 摄)

2005 年 7 月 1 日，在中国国家主席胡锦涛(后排左)和俄罗斯总统普京(后排右)的见证下，国家电网公司总经理刘振亚(前排左)与俄统一电力系统股份公司董事长丘拜斯(前排右)签署长期合作协议。(国家电网公司 提供)

2005 年 8 月 30 日，在中国国家主席胡锦涛(后排右二)和哈萨克斯坦总统纳扎而巴耶夫(后排右一)的见证下，国家电网公司总经理刘振亚与哈萨克斯坦国家电网管理股份公司总经理包宗巴耶夫签署电力合作框架协议。(国家电网公司 提供)

2005 年 10 月 31 日，在中共中央总书记、国家主席胡锦涛(后排左四)和越共中央总书记农德孟(后排右四)的见证下，南方电网公司董事长袁懋振(前排左二)与越南国家电力公司总经理陶文兴(前排右二)共同签署了《中国南方电网公司与越南国家电力公司有关向越南北部六省售电的合同》。(中国南方电网有限责任公司 提供)

2005 年 5 月 24 日，中共中央政治局常委、全国人大常委会委员长吴邦国(后排左三)，全国人大常委会副委员长热地(后排左一)，澳大利亚联邦议会参议院议长卡尔弗特(后排左二)，众议院议长霍克(后排左四)，出席中国大唐集团公司和澳大利亚塔斯马尼亚州水力发电公司在澳大利亚首都堪培拉国会大厦签署的中国大唐吉林双辽风力发电项目合作框架协议书签字仪式。(中国大唐集团公司 提供)

2005 年 10 月 22 日，中共中央政治局常委、国务院总理温家宝(前排右三)在国务委员华建敏(前排右四)、陈至立(前排右二)的陪同下视察国家电网公司自动化研究院。(国家电网公司 提供)

2005 年 10 月 17 日，中共中央政治局常委、全国政协主席贾庆林(前排右二)视察中国国电集团公司费县电厂。(王中亚 摄)

2005 年 6 月 17 日，中共中央政治局常委、国家副主席曾庆红(中)视察华能伊敏煤电公司。(中国华能集团公司 提供)

2005 年 8 月 6 日，中共中央政治局常委、国家副主席曾庆红(右二)视察建设中的黄河公伯峡水电站。(黄河上游水电开发有限责任公司 提供)

2005 年 2 月 8 日，中共中央政治局常委、国务院副总理黄菊(右三)在福建省省委书记卢展工(右二)、省长黄小晶(右一)的陪同下视察福州电业局。(陈蒸 摄)

2005 年 12 月 14 日，中共中央政治局常委李长春(左二)视察 500kV 安顺变电站，了解西电东送的情况，并听取了贵州电网公司总经理潘福(左一)的汇报。(安顺供电局 提供)

2005 年 2 月 26 日，中共中央政治局委员、北京市市委书记刘淇(左一)和市长王岐山(左二)一行在华电(北京)热电有限公司视察工作。(中国华电集团公司 提供)

2005 年 9 月 26 日，中共中央政治局委员、国务院副总理曾培炎(主席台中)参加国家电网公司 750kV 输变电示范工程投产仪式并作重要讲话。(国家电网公司 提供)

重要电力会议

2005 年 1 月 21～23 日，国家电网公司 2005 年工作会议在北京召开。(国家电网公司 提供)

2005 年 2 月 1～2 日，中国华电集团公司 2005 年工作会议在北京召开。(中国华电集团公司 提供)

2005 年 2 月 19～20 日，中国国电集团公司 2005 年工作会议在北京召开。(姜学洪 摄)

2005 年 1 月 27～28 日，中国电力投资集团公司 2005 年工作会议在西宁召开。(中国电力投资集团公司 提供)

2005 年 2 月 21 日，中国南方电网特高压交流输变电工程可行性研究启动会议在广州召开。(中国南方电网有限责任公司 提供)

2005 年 5 月 27 日，由中国科学技术协会主办的“中国电力发展论坛”在湖南省张家界市举行。(中国华电集团公司 提供)

2005 年 10 月 24～25 日，2005 国际特大电网运行年会在北京召开。(国家电网公司 提供)

2005 年 12 月 1 日，金沙江中游水电开发有限公司发起人协议书签字仪式在人民大会堂河南厅举行。中国华电集团公司总经理贺恭(中)、中国华能集团公司总经理李小鹏(右二)、中国大唐集团公司总经理翟若愚(左二)、华睿投资集团总裁李河君(右一)、云南省开发投资有限公司董事长费宣(左一)出席了签字仪式。(中国华电集团公司 提供)

2005 年 12 月 2 日，西藏水电资源开发战略合作协议签字仪式在北京举行。华电集团公司总经理贺恭

(前排右)、西藏自治区自治区主席向巴平措(前排左)分别代表双方在协议书上签字。(中国华电集团公司　提供)

2005年7月4～5日,大湄公河次区域(GMS)经济合作第二次领导人会议在昆明举行。越南总理潘文凯、缅甸总理梭温、柬埔寨首相洪森、中国总理温家宝、老挝总理本南·沃拉芝、泰国总理他信、亚洲开发银行行长黑田东彦(左二起至左八)出席会议。与会各方签署了包括《大湄公河次区域电力贸易运营协议》第一阶段实施原则谅解备忘录。(中国南方电网有限责任公司　提供)

火力发电

2005年6月22日,北方联合电力有限责任公司股权重组协议签字仪式在呼和浩特市举行。中国华能集团公司在重组后的北方电力公司中的股权由20%上升到51%。(中国华能集团公司　提供)

2005年7月28日,中国华能集团公司在澳大利亚昆士兰州议会与麦卡瑟煤炭公司签署《蒙托煤矿合营企业——买卖协议》。(中国华能集团公司　提供)

2005年10月27日,中国华能集团公司在北京与美国未来电力联盟公司(联盟)签署协议,正式加入该联盟,共同投资、建设"未来电力"高端技术项目。(中国华能集团公司　提供)

2005年12月23日,中国华能集团公司联合国内发电、煤炭、投资骨干企业,共同成立绿色煤电有限公司。(中国华能集团公司　提供)

2005年2月27日,中国华电集团公司与印度尼西亚PJB 2×300MW燃煤电厂项目总承包合同的签字仪式在北京举行。(中国华电集团公司　提供)

2005年4月28日,国家百万千瓦超超临界机组引进技术国产化依托工程——邹县发电厂四期工程开工。(中国华电集团公司　提供)

2005年8月29日,中国华电集团公司党组书记、总经理贺恭(左)与国家安全生产监督管理总局副局长王显政(右)为华电煤业集团有限公司揭牌——华电煤业集团有限公司宣告成立。(中国华电集团公司　提供)

杭州华电半山发电有限公司是目前国内最大的百万千瓦级燃机电厂,图为2005年6月中国首台9FA重型燃机——"半山一号"点火发电场景。(中国华电集团公司　提供)

2005年12月16日,中国第一台秸秆和煤粉混燃发电机组——华电国际十里泉发电厂5号机组投产发电。(中国华电集团公司　提供)

2005年4月28日,国内首台600MW直接空冷机组竣工投产大会在山西大同举行。中国国电集团公司领导周大兵、陈飞等出席大会。(郭波　摄)

北京京能热电股份有限公司全景。(北京能源投资集团有限公司　提供)

2005年10月3日,北京京丰燃气发电有限责任公司一期点火成功。图为公司全景。(北京能源投资集团有限公司　提供)

水力发电

2005年1月10日,国内最大的抽水蓄能电站——惠州抽水蓄能电站主体工程开工。图为在开工仪式上,南方电网公司董事长袁懋振(右)和广东省省委常委、常务副省长钟阳胜(左)共同开启按钮。(中国南方电网有限责任公司　提供)

中国安能建设总公司下属安蓉建设总公司承建的西藏直孔水电站施工现场。(赵素英　摄)

2005年11月22日,中国安能建设总公司下属的江夏水电工程公司参建的新疆察汗乌苏水电站实现顺利截流,图为截流仪式现场。(段玉忠　摄)

2005年12月16日,云南金沙江中游水电开发有限公司成立仪式在昆明隆重召开。图为云南省省委副书记、常务副省长秦光荣(右)和中国华电集团公司党组书记、总经理贺恭(左)共同为公司揭牌。(中国华电集团公司　提供)

中国安能建设总公司下属的江南水利水电工程公司参建的湖北水布垭电站施工现场。(叶正斌　摄)

中国安能建设总公司下属的宜昌安联水利水电有限责任公司承建的三峡电源电站建设中的地下厂房。(段玉忠 摄)

中国安能建设总公司下属的江南水利水电工程公司参建的广西龙滩水电站施工现场。(叶正斌　摄)

2005年7月2日,黄河公伯峡水电站3号机组通过阶段验收。图为蓄水的公伯峡水电站水库。(黄河上游水电开发有限责任公司　提供)

水电开发与经济、社会、自然和谐发展,图为2005年被列为世界地质公园的核心组成部分——华电福建池潭水电厂库区大金湖。(中国华电集团公司　提供)

核电及新能源发电

2005年10月18日,国家风电特许权示范项目——如东第二风电场工程在江苏省南通市举行开工典礼。(保伟忠　摄)

2005年11月7日,国电集团公司总经理周大兵出席在北京人民大会堂举办的2005北京国际可再生能源大会。图为周大兵总经理作题为"加快可再生能源开发,实现中国国电集团公司的可持续发展"的主题发

言。（李威　摄）

2005年11月9日，秦山核电二期扩建工程土建、安装、监理合同签字仪式在北京钓鱼台国宾馆举行。（秦山核电公司　提供）

2005年11月22日，中国大唐集团公司第一个风电项目——大唐赤峰赛罕坝风电场一期工程（30.6MW）全部风电机组正式移交试生产。（中国大唐集团公司　提供）

输配电工程

2005年1月，国家发改委副主任张国宝（前排右三）到四川省电力公司视察，了解关心川电外送情况。（四川省电力公司　提供）

2005年5月12日，国家电网公司党组书记、总经理刘振亚（右二）视察750kV青海官亭变电站工地。（国家电网公司　提供）

2005年11月25日，国家电网公司“直流特高压试验基地建设”通过立项评审。（国家电网公司　提供）

2005年春节前后，湖北电网遭受严重冰雪灾害，广大湖北电力职工冒雪抗灾抢修保供电。（湖北省电力公司　提供）

2005年3月6日，上海市电力公司电力职工正在敷设500kV杨外5109过江输电线路。（上海市电力公司　提供）

2005年6月26日，大胜关过江通道升压换线工作完成，江苏北电南送第3条500kV通道建成。（江苏省电力公司　提供）

2005年8月17日，海拔4960m的青藏铁路二期供电工程建设现场。（汪晓刚　摄）

2005年9月26日，我国首个750kV输变电示范工程官亭—兰州东输变电工程建成投运。（汪晓刚 摄）

2005年12月30日，世界海拔最高、输电线路最长的青藏铁路110kV输电线路（青海段）建成投运。（汪晓刚　摄）

上海市电力公司500kV顾路变电站（获2005年全国电力行业优质工程“白玉兰”奖）概貌。（上海市电力公司　提供）

四川省500kV电网建设施工现场。（四川省电力公司　提供）

2005年，750kV兰州东配套送出330kV送电工程竣工投产。图为750kV兰州东变电站夜景。（西北电网有限公司　提供）

2005年9月26日，国家电网公司750kV输变电示范工程投入运行。图为青海官亭变电站及输电线路第一基铁塔。（国家电网公司　提供）

电网调度与供用电

2005年10月18日，国家电网公司党组书记、总经理刘振亚（前排右二），湖北省副省长任世茂（前排左二）一行到武汉高压研究所视察工作。（武汉高压研究所　提供）

2005年11月21日，南方电网电力市场模拟运行正式启动。国家电监会主席柴松岳（右二）击响铜锣。广东省省委常委、常务副省长钟阳胜（右一），南方电网公司董事长袁懋振（左二），中国华能集团公司总经理李小鹏（左一）共同为“南方电力交易中心”揭牌。（中国南方电网有限责任公司　提供）

2005年8月10～11日，国家电网公司总工程师赵遵廉（右一）到四川省电力公司基层单位慰问完成迎峰度夏和电力建设任务的公司员工，并调研四川省电力公司反事故斗争情况。（四川省电力公司　提供）

2005年8月23～24日，国家电网公司在济南召开供电优质服务交流会。（国家电网公司　提供）

2005年1月1日，青海省省委副书记、代省长宋秀岩（前排左）来到青海电力调度中心，亲切慰问电力员工。（汪晓刚　摄）

2005年2月7日，陕西省省长陈德铭（前排右二）等一行慰问西北电网有限公司。（西北电网有限公司　提供）

2005年2月8日，湖北省省委书记俞正声（左一）、省长罗清泉（左二）到湖北省电力调度中心看望、慰问电力职工。（湖北省电力公司　提供）

2005年2月8日，湖南省省委副书记、省长周伯华（左二）一行到湖南省电力调度通信中心看望、慰问电力职工。（湖南省电力公司　提供）

2005年2月9日，辽宁省省委书记李克强（右二）慰问沈阳供电公司节日期间坚守岗位的供电职工。（辽宁省电力公司　提供）

2005年春节期间，四川省省委书记张学忠（前排左）、省长张中伟（右二）到四川省电力公司慰问电力职工。（四川省电力公司　提供）

2005年4月23日，为认真落实国家电网公司“四个服务”的宗旨和优质服务“三个十条”，湖北省开展了大规模的“三公”调度和供电优质服务宣传日活动。（湖北省电力公司　提供）

2005年6月30日，青海省副省长徐福顺（左四）亲临青海省电力公司反事故演习现场，观摩演练。（马卯成　摄）

四川省电力公司开展电力营销优质服务，不断提高服务质量。图为供电局服务大厅。（四川省电力公司　提供）

2005年8月31日，南方电网公司董事长袁懋振（前

排右)到广西电网公司调研。(邓新南　摄)

2005年2月6日,广东省省长黄华华(左三)到广电集团公司视察并慰问职工。(中国南方电网有限责任公司　提供)

2005年4月7日,广西电网公司在南宁召开2004年全区打击整治盗窃破坏电力设施犯罪专项行动总结表彰会。(邓新南　摄)

2005年10月25日,广西电网公司在南宁召开迎峰度夏抗洪抢险表彰会。(邓新南　摄)

精神文明建设

2005年1月26日,国家电力监管委员会保持共产党员先进性教育活动动员大会隆重召开。(国家电力监管委员会　提供)

2005年6月14日,国家电网公司召开总部保持共产党员先进性教育活动总结大会。公司党组书记、公司党组保持共产党员先进性教育活动领导小组组长刘振亚同志作了总结讲话。(国家电网公司　提供)

2005年4月23日,国家电网公司组织全系统开展了"青春光明行"优质服务宣传日活动。公司6万余名团员青年走上街头开展了形式多样、丰富多彩的优质服务宣传活动。图为国家电网公司纪检组组长祝新民(右一)为大家发放宣传材料。(国家电网公司　提供)

2005年1月28日,中国南方电网公司召开保持共产党员先进性动员大会。(中国南方电网有限责任公司　提供)

2005年1月21日,华能集团公司保持共产党员先进性教育活动动员会在京召开。华能集团公司被列为"第一批开展保持共产党员先进性教育活动单位",是第二家开展此项活动的中央企业。(中国华能集团公司　提供)

2005年2月26日,中国华电集团组织公司本部全体党员以及部分基层单位党政主要负责人来到革命圣地西柏坡,重温入党誓词,接受革命传统教育。(中国华电集团公司　提供)

2005年1月24日,中国国电集团公司召开保持共产党员先进性教育活动动员大会。集团公司领导周大兵、朱永芃、李庆奎、刘彭龄、陈飞出席大会。中央第56督导组组长张浚生、中央指导协调四组副组长毛定之出席会议并讲话。(姜学洪　摄)

2005年4月29日,中国国电集团公司召开2005年全国劳动模范座谈会。集团公司领导周大兵、朱永芃、李庆奎、陈飞和集团公司本部及在京单位代表40多人与荣获全国劳动模范称号的刘彭龄、吕光、李学锋、翁亚伟进行了座谈。(孙长林　摄)

特　　载

党和国家领导人关注电力

全面做好能源资源工作 优先抓好节约能源资源

——胡锦涛主持中央政治局第二十三次集体学习

中共中央政治局2005年6月27日下午进行第二十三次集体学习，中共中央总书记胡锦涛主持。他强调，能源资源问题是关系我国经济社会发展全局的一个重大战略问题。我们要从推动我国经济社会持续发展和人民生活水平不断提高的全局出发，全面分析能源资源形势，深入研究能源资源问题，全面做好能源资源工作，促进形成可持续的生产方式和消费模式，建立资源节约型国民经济体系和资源节约型社会，为实现全面建设小康社会的宏伟目标和我国的长远发展提供可靠的能源资源保证。

中共中央政治局这次集体学习安排的内容是国际能源资源形势和我国能源资源战略。

胡锦涛在主持学习时发表了讲话。他指出，既积极做好开源工作，又优先做好节约工作，应该成为解决我国能源资源问题的基本思路。我们要继续坚持立足国内的基本方针，加大国内资源勘探力度，加强煤炭、石油、天然气的开发利用，积极开发水能资源，加快发展核电，鼓励发展新能源和可再生能源，优化能源结构。同时，要积极开展国际能源资源合作，充分利用国际国内两个市场、两种资源。

胡锦涛强调，节约能源资源，走科技含量高、经济效益好、资源消耗低、环境污染少、人力资源优势得到充分发挥的路子，是坚持和落实科学发展观的必然要求，也是关系我国经济社会可持续发展全局的重大问题。我们必须立足当前、着眼长远，下更大的气力抓好节约能源资源的工作。一是要大力调整经济结构和转变经济增长方式，积极采用先进适用技术改造传统产业，加快发展高新技术产业，大力发展服务业，切实改变高投入、高消耗、高污染、低效率的增长方式。二是要加快建立能源资源技术支持体系，加大国家对能源资源技术开发资金的投入，加紧研究开发影响未来能源资源发展方向的重大技术，集中力量研究开发提高能源资源利用效率的技术，依靠科技进步增强节约能力。三是要注重优化消费结构，在消费领域全面推广和普及节约技术，合理引导消费方式，鼓励消费能源资源节约型产品，逐步形成节约型的消费方式。四是要推动发展循环经济，促进资源循环式利用，鼓励企业循环式生产，推动产业循环式组合，倡导社会循环式消费，大力推行清洁生产，努力实现废弃物的资源化、减量化、无害化。五是要建设促进能源资源节约的体制机制，实行能源资源效率和最低技术水平准入标准，实施高消耗落后技术、工艺和产品的强制性淘汰制度，促进建立市场化的能源资源节约体制机制，完善政府调控手段，形成有利于节约能源资源的市场环境和长效机制。六是要加强规划和政策引导，明确能源资源需求总量和能源资源效率的控制目标，研究制定有利于节约能源资源的财税、投资、价格和外贸政策，促进能源资源的节约和有效利用。七是要建立健全节约能源资源的法律法规和标准体系，认真实施有关法律，加大执法和监督检查力度，制定和实施强制性标准，推动生产、建筑、交通等方面的节约能源资源工作。八是要加强节约能源资源的宣传教育，开展形式多样的节约能源资源活动，提高人民群众特别是广大青少年的能源资源意识和节约意识，努力使节约能源资源成为全体公民的自觉行动。

胡锦涛指出，各级党委和政府要从树立和落实科学发展观、实现全面建设小康社会宏伟目标和中华民族伟大复兴的战略高度，充分认识做好能源资源工作的重要性和紧迫性，加强组织领导，加大工作力度，明确目标，制定规划，落实政策，完善制度，力求不断取得新的成效。各级党委和政府要在节约能源资源方面率先垂范、先行一步，带动全社会广泛开展节约能源资源活动。

胡锦涛考察索风营水电站工地

2005年2月7～11日，中共中央总书记、国家主席胡锦涛春节期间专程到贵州考察工作，并同各族干部群众一起欢度春节。2月10日，胡锦涛一行驱车200多km，前往处于群山峡谷中的索风营水电站建设工地考察，并仔细听取了乌江流域水电开发规划的介绍，他勉励广大建设者科学组织、精心施工，让乌江水电更好地造福于人民。

胡锦涛见证中俄电力合作

2005年7月1日，中共中央总书记、国家主席胡锦涛出访俄罗斯。国家电网公司总经理刘振亚随胡锦涛主席出访。在胡锦涛主席和普京总统的见证下，刘振亚总经理与俄罗斯统一电力系统股份公司董事长丘拜斯签署了中俄长期电力合作协议。中俄电力合作是国家能源发展的一项长期战略任务，于2004年底启动，随后双方在莫斯科、北京举行会谈，联合工作组召开多次会议，讨论合作协议。中俄电力合作目标：从2008年开始由俄罗斯向中国东北电网供电，到2015年实现年供电量600亿kWh（供电容量约1000万kW），并分三阶段实施。

胡锦涛见证中越电力合作再迈实质步伐

2005年10月31日～11月2日，中共中央总书记、国家主席胡锦涛对越南进行了友好访问。10月31日下午，在中越两国领导人出席的有关协议签署仪式上，中国南方电网公司董事长袁懋振与越南国家电力公司总经理兼执行总裁陶文兴共同签署了《中国南方电网公司与越南国家电力公司有关向越南北部六省售电的合同》。

此次签订的售电合同明确，中国南方电网在现有的三回110kV线路向越南供电的基础上，将采用220kV线路由云南向越南北部六省供电。双方确定220kV联网项目从中国购电的有效期最少为10年，首期协议年售电量为11亿～13亿kWh，每年合同销售收入约5000万美元左右。

胡锦涛给2005北京国际可再生能源大会的书面致辞

2005年11月8日，2005北京国际可再生能源大会在北京召开，中共中央总书记、国家主席胡锦涛给大会发来书面致辞，全文如下：

2005北京国际可再生能源大会：

值此国际可再生能源大会在北京开幕之际，我谨代表中国政府和人民，对大会的召开表示衷心的祝贺！对各位代表的到来表示热烈的欢迎！

加强全球合作，妥善应对能源和环境挑战，实现可持续发展，是世界各国的共同愿望，也是世界各国的共同责任。随着世界经济的不断发展，能源和环境问题日益突出。如果能源和环境问题得不到有效解决，不仅人类社会可持续发展的目标难以实现，而且人类的生存环境和生活质量也会受到严重影响。可再生能源丰富、清洁，可永续利用。加强可再生能源开发利用，是应对日益严重的能源和环境问题的必由之路，也是人类社会实现可持续发展的必由之路。

中国高度重视开发利用可再生资源，把可再生能源开发利用作为推动经济社会发展的重大举措。2006年1月1日，中国将正式实施《可再生能源法》。我们将坚持以科学发展观统领经济社会发展全局，加快调整经济结构，转变经济增长方式，提高自主创新能力，发展循环经济，保护生态环境，进一步加大发展可再生能源的力度，促进经济发展与人口、资源、环境相协调，努力建设资源节约型、环境友好型社会。

加快可再生能源开发利用，必须加强国际合作。国际社会应该在研究开发、技术转让、资金援助等方面加强合作，使可再生能源在人类经济社会发展中发挥更大作用，造福各国人民。希望本次大会在促进世界可再生能源开发利用、扩大可再生能源国际合作等方面发挥重要作用。

最后，我祝大会取得圆满成功！

吴邦国给岭澳核电站二期主体工程开工作重要批示

2005年12月15日，岭澳核电站二期主体工程开工仪式在广东大亚湾举行，中共中央政治局常委、全国人大常委会委员长吴邦国作重要批示，祝贺工程顺利开工。中共中央政治局委员、国务院副总理曾培炎出席开工仪式并宣布开工。

吴邦国在批示中指出，岭澳核电站二期主体工程开工，标志着我国核电自主设计、自主建设、自主制造、自主运营又跨出一大步。在国务院领导下，我国百万千瓦核电的优化设计和标准化、引进消化吸收新一代核电技术都有了进展。按照规划，我国核电装机容量2020年将达到4000万kW，核电事业大有可为。广核电有人才、有经验，希望你们为我国核电自主创新作出新的更大贡献。

岭澳核电站二期厂址毗邻运行中的大亚湾核电站和岭澳核电站一期，是中国广东核电集团在这两座核电站成功建设和运营基础上承建的第三座大型商用核电站。工程规划建造两台百万千瓦级压水堆核电机组，采用岭澳核电站一期“翻版加改进”的技术方案。

岭澳核电站二期工程采用的中国改进型压水堆核电技术（CPR1000），是在引进、消化、吸收国外先进技术的基础上，结合集团20多年来的渐进式改进和自主创新形成的“二代加”百万千瓦级压水堆核电技术。预计工程建设工期为60个月，两台机组将分别于2010年12月和2011年8月建成投运。

作为我国“十五”核电自主化的依托项目，按照国家核电自主化工作领导小组提出的要求，岭澳核电站二期工程由国内设计院负责设计；设备制造由国内制造单位总承包，1、2号机组设备国产化率将分别达50%和70%，总体技术经济指标较岭澳核电站一期有进一步提高；施工安装、工程管理和运营管理也全部由国内企业负责。一系列建立在引进、消化、吸收国际先进技术和设备制造经验基础上的自主创新，将使岭澳核电站二期成为国内自主化程度最高的百万千瓦级核电项目。

吴邦国出席大唐与澳合作开发风电项目协议签字仪式

2005年5月24日，中共中央政治局常委、全国人大常委会委员长吴邦国出席了中国大唐集团公司与澳大利亚合作开发风电项目协议签字仪式。在签字仪式上，中国大唐集团公司总经理翟若愚和澳大利亚塔斯马尼亚水电公司董事局主席大卫·柯林博士在澳大利亚首都堪培拉国会大厦签署了《中国大唐吉林双辽风力发电项目合作框架协议书》。塔斯马尼亚水电公司是澳大利亚最大的风电开发商和水坝业主。

三峡左岸电站提前一年投产

——吴邦国肯定在特大型水轮发电机组国产化方面所取得的突破

2005年9月16日，三峡工程左岸14台70万kW机组全部并网运行，提前一年实现了投产发电。中共中央政治局常委、全国人大常委会委员长吴邦国近日作出重要批示，充分肯定了三峡工程在70万kW特大型水轮机组国产化方面所取得的突破性进展。中共中央政治局委员、国务院副总理曾培炎出席投产发电仪式并致辞。

吴邦国指出，三峡工程通过技贸结合，实现特大型水轮发电机组、直流输变电国产化，一举跃居国际先进水平，意义重大。认真借鉴这一经验，有利于按照科学发展观，搞好“十一五”期间重大工程建设。

曾培炎表示，三峡水电设备成功实现国产化，标志着我国已能够自主设计、自主制造、自主安装、自主运行70万kW特大型水轮发电机组，要认真总结经验，再接再厉，继续搞好大型水电项目，推进重大技术装备的自主化建设。

温家宝考察国电南瑞科研产业基地

2005年10月22～24日，中共中央政治局常委、国务院总理温家宝和国务委员兼国务院秘书长华建敏、国务委员陈至立，到江苏南京的企业、学校和社区考察，了解企业创新、学校教育和群众生活情况。温家宝在考察时指出，要认真学习和贯彻党的十六届五中全会精神，坚持以邓小平理论和“三个代表”重要思想为指导，把科学发展观贯穿现代化建设全过程，把经济社会发展切实转入以人为本、全面协调可持续发展的轨道。

10月22日，温家宝考察了国家电网公司国电自动化研究院继电保护科研和产业基地（南瑞继保电气公司）等企业。他参观了生产车间，询问产品研发和企业发展情况。当得知企业在电力系统主保护等方面具有一定自主创新能力时，温家宝说，自主创新能力直接决定一个国家、一个地区的经济竞争力和发展后劲，要大力提高原始创新能力、集成创新能力和引进、消化、吸收再创新能力。自主创新的关键在人才，要实施科教兴国和人才强国战略，形成人才辈出、人尽其才的良好局面。加快建立以企业为主体、市场为导向的产学研相结合的创新体系，不断改善技术创新的市场环境、政策环境和创业环境。

温家宝出席甘再水电站项目签约仪式

2005年7月4～5日，大湄公河次区域经济合作第二次领导人会议在昆明召开。会议期间，中国水电建设集团国际工程有限公司与柬埔寨工业矿产能源部举行了双方合作开发柬埔寨甘再水电站项目的签约仪式。中华人民共和国国务院总理温家宝和柬埔寨首相洪森出席签约仪式。

签约仪式后，温家宝总理接见了郭建堂等中国水电建设集团公司负责人。郭建堂代表中国水电建设集团向温家宝总理汇报了公司情况以及柬埔寨甘再项目进展情况。温家宝总理对中国水电建设集团非常关心，对公司的海外业务及积极贯彻“走出去”的战略予以肯定，并表示我国政府支持有能力的专业型企业大力开拓海外投资市场，继续加强与周边国家的商贸活动。

中国水电建设集团拟投资开发的甘再水电站项目是中柬双方贸易中最大的企业投资项目。中柬两国政府高层都非常关注甘再水电站项目的开发，并表示大力支持中国水电建设集团与柬工矿能源部合作。

澜沧江—湄公河可开发的水能资源达 7400 万 kW，流经下游的 5 国蕴藏着丰富的水能资源。中国水电建设集团在老、缅、泰、越 4 国已建和在建了多个水电工程。甘再水电站 BOT 项目为中国水电建设集团切入柬埔寨的第一个工程。甘再水电站项目将成为柬埔寨在建的最大水电工程，装机 18 万 kW，被称为柬埔寨的“三峡工程”，也是中国公司在柬埔寨最大的投资项目。成功实施该项目，对中柬两国政治、经济贸易及友好关系都将产生深远影响。

贾庆林视察国电费县电厂项目

2005 年 10 月 17 日下午，中共中央政治局常委、全国政协主席贾庆林，在山东省省委书记张高丽、省政协主席孙淑义等陪同下，来到国电集团费县发电公司一期工程施工现场，视察工程建设情况。

贾庆林一行听取了工程进展情况以及电厂远景发展规模的汇报，并要坚持科学发展观、注意节约资源、合理利用资源的要求。

要同费县地方领导的交谈中，贾庆林仔细询问了该工程对当地经济发展带来的好处。当得知这个项目可拉动地方经济的快速增长，仅工程建设期间就可以直接为费县创造 1 万个劳动就业机会时，贾庆林非常高兴，连声称赞费县电厂工程对沂蒙老区的经济作出了巨大的贡献，是造福老区人民的一件大好事。

曾庆红视察华能伊敏煤电公司

2005 年 6 月 17 日，中共中央政治局常委、国家副主席曾庆红在内蒙古自治区党委书记储波、自治区政府主席杨晶、华能集团公司总经理李小鹏以及有关部委负责人的陪同下，视察了华能伊敏煤电公司。

曾庆红听取了李小鹏的工作汇报和对华能伊敏煤电公司的介绍，询问了职工生活等情况，对伊敏煤电联营工程实现煤、水、灰综合循环利用给予充分肯定。曾庆红希望华能伊敏煤电公司尽快实现装机 700 万 kW 的发展目标，在实现自身规模发展的同时，更好地支持国家的经济建设，带动少数民族地区的经济发展，为民族团结进步多作贡献。

曾庆红视察公伯峡水电站

2005 年 8 月 6 日，中共中央政治局常委、国家副主席曾庆红在中央组织部副部长欧阳淞、国务院西部地区开发领导小组办公室副主任王金祥、青海省省委书记赵乐际、省长宋秀岩等领导的陪同下，视察了建设中的黄河公伯峡水电站。

在电站建设工地，曾庆红亲切看望了各参建单位的职工代表。在中控室，曾庆红听取了当班值长的汇报，详细询问了电站出线情况、设备运行情况以及发电量情况。

随后，曾庆红听取了黄河水电公司总经理夏忠就黄河上游水电开发建设和公司基本情况的汇报。

曾庆红指出，黄河上游的水电开发和建设对沿黄各省区的工农业建设作出了贡献。黄河水电公司通过科技进步，优化管理，降低工程造价，节约了投资，加快了黄河水电资源开发，启动了北线的“西电东送”。电站的建设，对企业的经济效益是有利的，社会效益也是明显的。青海省委、省政府要支持黄河水电公司加快黄河上游水电开发建设的进程。

黄菊给 2005 年全国电力安全生产工作会议作重要批示

2005 年 2 月 25 日，国家电监会在京主持召开 2005 年全国电力安全生产工作电视电话会议，通报 2004 年全国电力安全生产情况，总结交流安全生产工作经验，部署 2005 年电力安全生产工作。中共中央政治局常委、国务院副总理黄菊对会议作出重要批示。

黄菊批示：电力安全事关重大。加强电力安全生产监管、确保电网安全运行和电力正常供应，是各级电力监管部门最重要的职责。电网公司、发电集团始终是电力安全责任的主体。近年来，电力系统认真贯彻中央关于电力工业发展改革的各项部署，在深化改革的同时，采取各种措施，应对电力供应紧张局面，全力保障全国电力安全运行，成效显著。电监会、电网公司和发电企业要认真落实科学发展观要求，继续贯彻“安全第一”的原则，加强安全管理，加强事故防范，加强协调配合，共同建立健全电力安全应急机制，提高突发事件应对能力，努力保持电力安全平稳运行的良好态势，为国民经济和社会发展作出新的贡献。

国家电监会主席柴松岳、国家安全生产总局副局长王德学出席会议并作重要讲话。国家电监会副主席史玉波通报了2004年全国电力安全生产情况。国家电网公司总经理刘振亚、南方电网公司总经理王野平、华能集团公司总经理李小鹏、水利水电建设集团公司总经理郭建堂作大会发言。

2004年，全国电力安全生产工作成绩显著。全国全年电力生产没有发生重大特大人身伤亡事故，没有发生重特大电网事故，没有发生重特大设备事故；一般事故和人身伤亡事故比2003年同期有所下降，电力安全生产基本稳定，圆满完成了年初确定的各项目标。

在部署2005年电力安全生产工作时，柴松岳强调，2005年电力安全生产工作的指导思想是：以邓小平理论和“三个代表”重要思想为指导，坚持科学发展观，认真贯彻落实党中央、国务院关于安全生产的一系列决策部署，坚持“安全第一，预防为主”的方针，落实安全生产责任制，夯实基础，深化整治，加大安全生产监督管理力度，为国民经济和社会发展，为提高人民群众生活质量，提供安全、可靠的电力保障。工作目标是：维护电力系统安全稳定运行，防止和杜绝人身死亡、电网大面积停电、主设备严重损坏、电厂垮坝等重特大事故以及对社会造成重大影响的事故发生。

为了实现以上目标，2005年电力安全生产将重点做好六项工作。一是始终把安全生产放在一切工作的首位。各单位要充分认识到电力安全生产工作的极端重要性，无论是监管机构，还是电力企业，都要进一步统一思想，提高认识，加强领导，切实把安全工作放在一切工作的首位。二是认真落实安全生产责任制。首先，电力企业必须建立起科学严密的安全生产管理责任制体系，明确安全生产主要责任人。其次，必须健全完善各级安全生产管理责任制度，层层落实责任制，严格照章办事。三是继续发扬团结治网的优良传统。电力系统的稳定是各电力企业的共同责任，网厂之间要主动配合，协调一致；要坚持统一调度、分级管理的原则，严肃调度纪律，严格按调度指令安排运行方式，切实做到公开、公平、公正；各电力企业间要紧密协作，共同建立起有效的电力安全应急机制，健全和完善安全生产应急救援体系。四是认真做好安全管理各项基础工作。继续推进安全质量标准化工作，认真做好电力安全生产信息报送和统计分析工作，认真学习、贯彻电力安全管理工作的一系列规章制度。五是坚持以人为本推进科技创新。六是努力提高安全监管能力。

此次会议主会场设在北京，同时在各省（自治区、直辖市）设30个分会场。各大电力企业的主要负责人出席北京主会场会议。国家电网公司及其所属区域电网公司、省（自治区、直辖市）电网公司和省会城市供电公司，南方电网公司及所属省（自治区）电网公司和省会城市供电公司，五大发电集团及其分公司以及在京电力企业1200人参加会议。

黄菊致信祝贺“2005中国电力论坛”开幕

2005年8月10日，以“经济全球化背景下中国电力的新型工业化道路”为主题的“2005中国电力论坛”开幕，中共中央政治局常委、国务院副总理黄菊在贺信中勉励：“希望本次论坛能为中国建立资源节约型国民经济体系和资源节约型社会献计献策，作出贡献。”

国家电监会主席柴松岳、副主席王禹民，国家发展改革委副主任张国宝，国家环保总局副局长张力军，国务院研究室副主任江小涓等有关领导，刘振亚、袁懋振、李小鹏、翟若愚、贺恭、王炳华、朱永芃、贺禹、王品岗、毕亚雄等电力企业负责人，以及来自国内及美国、欧盟、印度等国家和地区的政府、行业组织、企业、研究机构的400多名代表，出席了本次论坛。作为本次论坛的主办方，中国电力企业联合会理事长赵希正，副理事长谢振华、孙玉才出席了本次会议，赵希正致欢迎辞。

黄菊在贺信中指出：“能源资源问题是全球关注的问题。中国政府在中国经济社会发展的新的历史阶段，提出了建立资源节约型国民经济体系和资源节约型社会的战略构想，确定了节约资源能源的目标，明确了必须走科技含量高、经济效益好、资源消耗低、环境污染少、人力资源优势得到充分发挥的新型工业化道路，必须立足当前、着眼长远，下更大的力气节约能源和资源。”

黄菊强调，电能是清洁、高效、安全的能源。电力产业既是国民经济的基础产业，又是现代能源产业的中心，发展电力工业至关重要。要实现中国电力产业的可持续发展，必须坚持开发与节约并重、节约优先的原则；坚持电力建设项目与环境保护、设备制造等相关产业的协调配套；坚持电网建设与电源建设的协调发展；坚持大力发展循环经济、提高资源利用效率；坚持市场化改革方向，大力调整能源结构和布局，充分发挥市场在资源配置中的基础性作用。

曾培炎考察田湾核电站

2005年4月18日，中共中央政治局委员、国务院副总理、国家核电自主化工作领导小组组长曾培炎考察了江苏田湾核电站，听取了建设工作的汇报。曾培炎指出，安全是核电工业的生命线，一时一刻也不能放松。要狠抓设计、建设、制造、运行全过程的质量管理和安全管理，消除一切隐患，确保核电站质量可靠、运行安全。

曾培炎指出，党中央、国务院高度重视核电自主化建设，并把这项工作作为全面落实科学发展观，推进经济增长方式转变和能源结构调整的重要战略举措。当前，我国电力供应紧张的局面仍未缓解，发展核电任务重、要求高。他勉励广大干部职工，抓住机遇，克服困难，按照国务院统一部署，为逐步实现我国核电自主设计、自主建设、自主制造和自主运营的目标创造新的业绩。

曾培炎强调，核安全是核电事业发展的前提和保障。十几年来，我国建立了符合国际标准的、比较完善的核安全管理和核事故应急体系，核电建设和运行总体上保持了安全稳定。现在核电发展加快了步伐，更要保持清醒的头脑，始终坚持把核安全放在一切工作的首位。

曾培炎提出三点要求：第一，提高核安全意识，严格核安全执法，加强核安全教育。要制定和完善覆盖核电设计、建设、制造和运行全过程的安全法规、标准和规范，并在实践中严格加以执行。要切实重视核安全教育与培训，加强安全文化建设，严肃劳动纪律和操作规程，积极预防并杜绝生产安全事故的发生。

第二，狠抓设计、建设、制造过程的质量管理。要抓紧研究建立我国自主的核电站建设标准体系、国产核电设备的质量保证体系，配套产品和售后服务都要有严格要求。国产设备要尽可能向新的安全标准、向国际通行标准靠拢。在项目建设阶段，要精心组织、精心设计、精心施工，使核电站建设的各项指标满足设计要求。

第三，加强核电站运行的安全管理。要认真总结借鉴国内外核电站运行的经验和教训，搞好运行经验的反馈，建立健全长效的安全运作机制，不断提高管理水平和管理效能。核安全部门要切实负起监管责任，指导企业消除安全隐患。继续加强核应急系统建设，制定事故预防和处理措施。逐步建立和完善具有国际先进水平的核安全与辐射防护技术支撑体系。

曾培炎参加国家电网公司750kV输变电示范工程投产仪式并作重要讲话

9月26日，曾培炎副总理出席在国家电网公司总部举行的国家电网公司750kV输变电示范工程投产仪式并作重要讲话。主要内容是：

国家电网公司750kV输变电示范工程正式投产，这是我国电力工业发展史上一个新的里程碑。750kV输变电工程，是目前国内电压等级最高的电网工程，也是西部大开发的又一项重点工程。项目的建设，对于加快我国电网发展，以及积累电网建设经验，具有重要的示范作用，也为充分利用西部地区丰富的能源，加快资源优势向经济优势转化，创造了更好的条件和机遇。

在工程建设过程中，有关部门和企业认真贯彻中央关于增强自主创新能力的要求，坚持依托重大项目推进自主化建设，大力组织科技攻关，取得了多项科技成果，使设备的国产化比率达到了90%以上。这一示范工程的建成投产，标志着我国电网建设和输变电设备制造水平跨入世界先进行列。

2005年，我国经济形势总体很好，国民经济继续平稳较快发展，煤电油运供求紧张状况逐步缓解，正在继续全面推进小康社会的建设。我们必须进一步加强电力建设，为经济社会发展和人民生活改善提供优质、可靠的电力保障，以电力工业的节约发展、清洁发展和安全发展，促进经济社会的全面协调可持续发展。

搞好“十一五”电力建设，要坚持以科学发展观统领工作全局，把中央关于立足科学发展、着力自主创新、完善体制机制、促进社会和谐的要求落到实处。一要统筹规划，合理确定电力规模和电源布局，使电力发展与经济社会发展相适应，同时防止盲目重复建设。二要优化结构，协调建设火电、水电、核电以及新能源发电，加强生态环境保护。三要自主创新，发展高效节能发电设备。继续推进重大装备国产化，进一步提高自主设计、自主制造、自主安装和自主运营的能力。四要突出加快电网建设，继续推进西电东送、南北互济、全国联网，积极探索特高压输变电方式，努力实现更大范围的资源优化配置。加强区域、省级电网和城乡配电网建设，不断提高电网供电的可靠性。五要进一步深化改革，健全体制机制，完善法律法规，加强政策引导，为电力工业可持续发展提供制度保障。

国家电网公司在推进电力建设、促进经济社会可持续发展中承担着重要的职责。希望国家电网公司认真落实科学发展观，以国家能源发展战略和电力发展规划为指导，以750kV示范工程投产为契机，认真总结经验，再接再厉，科学规划电网，加快发展电网，高效运行电网，确保电网安全，为全面建设小康社会和构建社会主义和谐社会作出更大的贡献。

（邛洪基）

能 源 战 略

《可再生能源法》颁布

2005年2月28日，十届全国人大常委会第十四次会议表决通过了《可再生能源法》。国家主席胡锦涛签署第三十三号主席令，颁布了这部法律。

《可再生能源法》共8章33条，分为总则，资源调查与发展规划，产业指导与技术支持，推广与应用，价格管理与费用分摊，经济激励与监督措施，法律责任，附则。这部法律将自2006年1月1日起施行。

制定这部法律的目的是为了促进可再生能源的开发利用，增加能源供应，改善能源结构，保障能源安全，保护环境，实现经济社会的可持续发展。该项法律规定，国家鼓励各种所有制经济主体参与可再生能源的开发利用，并依法保护可再生能源开发利用者的合法权益。

这部法律还规定，国务院能源主管部门对全国可再生能源的开发利用，实施统一管理。国务院有关部门在各自的职责范围内，负责有关的可再生能源开发利用管理工作。县级以上地方人民政府管理能源工作的部门，负责本行政区域可再生能源开发利用的管理工作。县级以上地方人民政府有关部门在各自的职责范围内，负责有关的可再生能源开发利用管理工作。

国家能源领导小组成立

2005年5月13日，根据《国务院关于成立国家领导小组的决定》（国发［2005］14号），国务院成立国家能源领导小组，作为国家能源工作的高层次议事协调机构；领导小组办公室设在国家发展改革委，承担领导小组日常工作。

国家能源领导小组是为了进一步加强对能源战略规划和重大政策、能源开发与节约、能源安全与应急、能源对外合作等前瞻性、综合性、战略性工作的领导。国家能源领导小组的主要任务是：研究国家能源发展战略和规划；研究能源开发与节约、能源安全与应急、能源对外合作等重大政策，向国务院提出建议。领导小组办公室设在国家发展改革委，具体承担日常工作。

国家能源领导小组成员如下：

组　长：	温家宝	国务院总理
副组长：	黄　菊	国务院副总理
	曾培炎	国务院副总理
成　员：	马　凯	发展改革委主任
	李肇星	外交部部长
	徐冠华	科技部部长
	张云川	国防科工委主任
	金人庆	财政部部长
	孙文盛	国土资源部部长
	杜青林	农业部部长
	薄熙来	商务部部长
	李荣融	国资委主任
	解振华	环保总局局长
	李毅中	安全监管总局局长
	柴松岳	电监会主席
	葛振峰	总参谋部副总参谋长

领导小组可根据需要请有关部门和国有大型能源与相关企业主要负责人列席会议，并聘请有关方面专家组成专家组，为领导小组决策提供咨询，专家组不作为实体机构。

与此同时，国务院办公厅下发《国务院办公厅关于印发国家能源领导小组办公室主要职责内设机构和人员编制规定的通知》（国办发［2005］28号）。通知明确，在国家发展改革委单设的国家能源领导小组办公室为副部级单位，承担领导小组的日常工作，包括：督办落实领导小组决定；跟踪了解能源安全状况，预测预警能源宏观和重大问题，向领导小组提出对策建议；组织有关单位研究能源战略和规划；研究能源开发与节约、能源安全与应急、能源对外合作等重大政策；承办国务院和领导小组交办的其他事项。

通知强调，领导小组办公室是国家能源领导小组的办事机构，国家发展改革委是国务院负责能源工业管理的职能部门，领导小组办公室负责组织研究国家能源发展中的重大问题；领导小组办公室不取代其他部门在能源管理方面的工作，各有关部门有责任按分工主动配合领导小组办公室开展工作。

十大重点节能工程启动

为落实《节能中长期专项规划》，实现规划目标，2005年5月国家发展改革委启动了《规划》提出的十大重点节能工程，旨在通过实施十大重点节能工程，在"十一五"期间实现节约2.4亿t标准煤的节能目标。

十大重点节能工程重点内容包括：

（1）节约和替代石油工程：冶金、电力、石油石化、建材、化工等企业以洁净煤、石油焦、天然气、可燃性气体为燃料及原料的节代油改造工程等，并制定《节约石油管理条例》配套措施，力争"十一五"期间节约和替代石油3800万t。

（2）燃煤工业锅炉（窑炉）改造工程：改造锅炉系统，提高锅炉房整体运行效率及以大代小，发展集中供热等措施，并制定燃煤工业锅炉（窑炉）强制性国家能效标准，实现燃煤工业锅炉效率提高5个百分点，节煤2500万t；燃煤窑炉效率提高2个百分点，节煤1000万t。

（3）区域热电联产工程：在严寒地区、寒冷地区的中小城市和东南沿海工业园区的建筑物密集、有合理热负荷需求的地方将分散的小供热锅炉改造为热电联产机组；在工业企业（石化、化工、造纸、纺织和印染等用热量大的工业企业）中将分散的小供热锅炉改造为热电联产机组；分布式电热（冷）联产的示范和推广；对设备老化、技术陈旧的热电厂进行技术改造；以秸秆和垃圾等废弃物建设热电联产供热项目的示范；热电联产相关的技术、经济政策等配套措施。到2010年实现城市集中供热普及率由2002年的27%提高到40%，新增供暖热电联产机组4000万kW，形成年节能能力3500万t标准煤。

（4）余热余压利用工程：采取综合措施，实现在钢铁联合企业实施干法熄焦、高炉炉顶压差发电、全高炉煤气发电改造以及转炉煤气回收利用，形成年节能能力266万t标准煤；在日产2000t以上水泥生产线每年建设中低温余热发电装置30套，形成年节能能力300万t标准煤；通过地面煤层气开发及地面采空区、废弃矿井和井下瓦斯抽放，使瓦斯气年利用量达到10亿m^3，相当于年节约135万t标准煤。

（5）电机系统节能工程：以提高运行效率为目标，加快电机系统节能改造，实现运行效率提高2个百分点，形成年节电能力200亿kWh。

（6）能量系统优化工程（综合性的系统节能工程）：在石化、化工、钢铁等行业中选择若干企业，建立综合系统节能示范企业（工程），并制定相关技术政策配套措施，降低企业综合能耗，提高市场竞争力。

（7）建筑节能工程：新建建筑严格执行建筑节能设计标准（规范），加速建筑节能标准的制定（修订）、实施、检查及监督管理（以新建建筑为重点），实现住宅建筑和公共建筑严格执行节能50%的标准，加快供热体制改革，建筑节能技术和产品分别节能5000万t标准煤。

（8）绿色照明工程：通过采用大宗采购、需求侧管理和合同能源管理等机制推广高效照明产品，选择试点城市照明节电改造示范等措施，形成节电能力290亿kWh。

（9）政府机构节能工程：对中央机关新建建筑提出节能要求，并实行全过程节能管理和监督，实现按照建筑节能标准改造的政府机构建筑面积达到政府机构建筑总面积的20%，2010年中央国家机关单位建筑面积能耗和人均能耗在2002年的基础上降低10%。

（10）节能监测和技术服务体系建设工程：建立以全国节能监测管理中心及各省级中心为主要依托的节能监管体制和监管机制，实现通过强化省级和主要耗能行业节能监测中心能力建设，依法开展节能执法和监测（监察）。

2005年国家将重点推进节约和替代石油、余热余压利用、热电联产、建筑节能、绿色照明、节能监测和技术服务体系建设工程等六项重点节能工程，并将重大项目列入国债投资（预算内资金）支持的重点，为在"十一五"期间具体落实《节能中长期专项规划》奠定坚实基础。

国家能源领导小组第一次会议召开

2005年6月2日，中共中央政治局常委、国务院总理、国家能源领导小组组长温家宝主持召开国家能源领导小组第一次会议。他指出，能源问题是关系我国经济发展、社会稳定和国家安全的重大战略问题。党中央、国务院高度重视能源工作，决定成立国家能源领导小组。能源领导小组主要是负责对能源战略规划和重大政策、能源开发与节约、能源安全与应急、能源对外合作等前瞻性、综合性、战略性工作的领导。

中共中央政治局常委、国务院副总理、国家能源领导小组副组长黄菊，中共中央政治局委员、国务院副总理、国家能源领导小组副组长曾培炎，国务委员兼国务院秘书长华建敏出席会议。

会议认为，必须充分认识新形势下做好能源工作的重要性和紧迫性。由于多方面的原因，近年来能源供求矛盾突出，能源生产、建设、流通和消费领域都存在不少问题，能源已经成为制约经济社会发展的重要因素。随着工业化、城镇化和现代化不断推进，居民消费结构逐步升级，能源需求将持续增加。因此，必须把能源工作摆到更加突出的战略位置。

会议指出，做好能源工作，要全面落实科学发展观，立足当前，着眼长远，统筹经济社会和能源发展，统筹能源开发和节约，统筹能源发展和改革，统筹国内开发与国外合作，为国民经济和社会发展提供长期、稳定、经济、安全的能源保障。

会议对近期工作作出了部署：

（1）加强能源战略研究，进一步理清能源工作思路，制定完善能源中长期总体发展规划和专项规划，促进能源结构调整和合理布局。

（2）推进能源工业健康有序发展。加强煤炭资源开采开发，加快大型煤炭基地建设，加大煤矿技术改造力度，提高煤炭运输能力。搞好重大电源和电网项目建设，推进电力关键装备自主研发制造。加强石油天然气勘探开发，促进油气石化产业技术进步。

（3）发展新能源和可再生能源。积极推进核电建设，加快风电规模化发展，推进农村户用沼气建设，积极开发利用太阳能。

（4）全面推进节约能源工作。综合运用经济、法律、技术和必要的行政手段，切实加强高耗能行业和企业节能工作，加快高耗能设备技术改造，抓好重点节能工程。加强能源资源综合利用和有效利用，大力发展循环经济。深入开展全民节能活动，建设节能型经济和节能型社会。

（5）深化能源行业和企业改革。推进能源企业的战略性重组，深化煤炭、电力、油气价格改革，逐步形成反映资源稀缺程度的价格形成机制。推进电力体制改革。完善能源财税政策。健全能源开发监管体系，加强能源行业法制建设。

（6）加强能源运行调节。高度重视煤电油运协调工作，合理组织煤炭、电力生产供应，加强需求侧管理，搞好供需衔接，努力保证居民生活和重点领域、重点单位的需要，确保安全顺利迎峰度夏。整顿和规范能源市场秩序，加强安全生产监管，切实改善煤炭安全生产状况。

国家能源领导小组全体成员参加了会议，有关部门和企业负责人列席了会议。

2006
中国电力年鉴

体 制 改 革

中外电力改革理论和实践的比较分析

——张 驰[①]

一、电力改革需要深入思考的问题

中国电力改革从2002年开始采取了电力市场竞争的新模式，该模式强调通过建立电力批发和零售市场，打破行业和地区垄断，引进竞争的手段来达到提高经济效率，降低成本和电价，促进投资和发展，以及改善环境等多重目的。这个改革取向在国内取得了基本共识。主要学术观点认为电力市场竞争代表了世界电力工业的新潮流，中国可以借鉴这种模式改革电力工业体制；与此同时，大部分人也看到这种改革在中国十分困难，尤其是存在政府错位问题，所以，我国不能照搬照抄国外经验，中国的电力改革必须立足本国的电力背景，审时度势，稳步推进电力市场优化改革。

上述观点准确地反映了国内外电力改革的实际情况，但同时也突显出国内目前的研究对改革的一些基本问题还缺少深层的思考。西方发达国家电力工业模式最近出了什么问题，为什么选择市场竞争改革？他们的改革模式为什么成为电力改革的新潮流？中国电力工业的问题和改革的条件与西方国家是否一样？政府既然错位，换位为什么如此之难？正确位置在哪儿？最重要的是，国外的经验对中国改革有何启示？市场竞争模式是否能有效地达到改革的目的？引进西

① 美国斯坦福大学国际研究院能源和可持续发展部，能源问题研究员。

方模式具体应该因何地、制何宜？明确认识这些问题对于制定适用的改革政策、避免盲从至关重要。

二、中外电力工业模式改革的背景和目的

探讨引进电力市场竞争模式，首先要对电力市场竞争从20世纪90年代以来成为世界改革潮流问一个为什么。

1. 西方两种传统电力工业模式

西方电力工业始于19世纪80年代，到20世纪初迅速形成了私有电力公司政府监管模式（私有政监）。第二次世界大战之后，西欧英、法等国家更进一步将私有公司收归国有，形成了国有化和政府直接经营的电力模式（国有国营）。这两种由政府控制的传统电力模式一直沿用到20世纪90年代初。

在电力行业中造成市场失灵主要有两个因素。一是电力工业的自然垄断性质。第二个因素是电的公共商品性质，电的消费除了具有一般商品的属性之外，还具有社会公共福利的外部效应。受利润最大化驱使的私人电力公司供应电力往往达不到优化社会福利所需的水平。“私有政监”和“国有国营”是西方国家传统上克服上述市场失灵的两种做法。

私人电力对市场的垄断由政府通过监管来控制。政府在最初设计电监会时，把自己看作是处于私人电力公司和消费者之间的利益平衡者，而确定合理电费的主要工作是在缺少电力公司内部信息的情况下审核电力公司的成本，根据成本加合理利润的原则制定监管电价。需要指出的是，由于电力从市场竞争、兼并到垄断，是从城市到州到跨州逐步发展起来的，政府监管也是先有各州政府的电监会继而建立联邦一级的电力监管委员会。

采用“国有国营”模式的主要有英、法等西欧国家，大部分发展中国家在二次大战后也采取了这种电力模式。这一模式直接以国家垄断代替私人电力垄断。国有电力公司与私人公司的最大不同在于它旨在为经济发展和国民提供电力服务，而不以利润最大化为经营目的。这突出表现在政府对国有电力公司没有利润最大的指标要求。国有电力公司制定电价的原则是收回成本，偿还债务，并提供进一步满足市场发展的资金。由于电力公司的国有性质和为消费者的经营目的，该模式中不存在美国式的电监会。政府一般通过某一行政部门或专门监理委员会来指导和监督电力公司的经营。

传统电力模式在战后几十年中对西方电力工业发展有着十分积极的影响，不仅有效地控制了私人垄断对消费者造成的利益损失，而且对电力工业的长期发展起到了积极作用。在实行“私有政监”模式的国家，稳定的监管政策保障了投资回收和合理的利润率，极大地降低了私人电力投资的风险，促进了电力工业的长期投资和电力技术的进步。实行电力“国有国营”的国家，政府对国有电力公司的投资、风险保障和长期发展政策充分保证了电力工业的发展和经济社会对电力的需求。

虽然两种传统电力模式有力地促进了电力的发展，但是它们同时存在经济效率上的不足。对私营电力实行监管的国家，由于政府监管是为了保护消费者利益，电力公司所取得的经济效益提高和成本的降低，通常被电监会通过降低电价的方式转给了消费者，由此使得电力公司没有任何动力去提高经营效率。同时，由于保障投资回报和合理利润，监管无形中促使电力公司在投资上采用大手笔，造成过度投资。与此类似，在实行国有电力的国家，由于政府对国有电力公司的要求主要在于满足供电而非利润指标，国有电力公司通常出现经理人员缺乏正确的激励机制、公司冗员、投资浪费等问题。

2. 西方电力市场改革的目的

近年来电力市场改革的普遍原因正是传统电力工业模式效率没有达到最高的缺陷。无论是政府监管还是国有制，都缺乏市场竞争所具有的激励机制，使得电力企业投资浪费和冗员，从而导致电力高成本和高价格，在西欧和北美，电力行业的高成本在很长一段时间内被技术进步所抵消。然而，进入20世纪70年代以后，战后一轮技术进步逐步停顿下来，它所带来的经济效益也被电力企业利用殆尽。政府监管和国有国营造成的电力工业低效率和高电价随之凸现出来，成为各国消费者要求电力改革的基本动因。

除却一般原因，不同国家进行电力改革也有各自不同的具体原因。例如：电力改革的先驱者英国，国有电力不仅自身效率低下，而且受到国有煤炭部门低效率和高煤价连带影响。降低燃料价格提高电力效率的努力受到煤炭部门强大工会的政治阻挠。将国有电力公司私有化，从而使煤炭行业无法利用政府保持其对电力垄断供煤的地位便成了改革的动因。又如：在美国，由于监管机制的缺陷，电力部门存在着过度投资和低效率，20世纪70年代的石油危机和环境保护政策导致了大量核能投资和可再生能源开发，进一步增加了电力投资成本，加剧了电价的上升和消费者的不满。受影响大的州，如加利福尼亚、宾西法尼亚、纽约和新英格兰等地区电价明显高于美国平均电价水平。这些地区是要求改革的呼声最高，同时也是率先实行电力改革的立法、真正实行了改革的少数几个州，许多电价低于全国平均价的州，消费者没有改革的动力，政府也没有进行电力改革。

不应忽略的是，西方对国有电力实行私有化，利用市场竞争减少政府监管还有更深的理论原因。西方

经济学从重商主义开始就存在着关于市场与政府关系的基本争议。主张市场机制的经济和强调政府作用的国家干预代表着两种对立的经济哲学。电力行业由强调政府控制到强调市场竞争的转变反映了西方经济学理论的发展。

从20世纪六七十年代开始，在宏观经济理论上，新古典经济学派开始质疑凯因斯的政府积极干预经济的理论和实际作用，主张减少政府干预，让市场自由发挥作用。新的研究发现，电力和其他网络工业的自然垄断属性仅局限于输配（网络）部分，发电和零售环节具有竞争性。在这些环节引入竞争可以提高电力系统的经济效率。依据新的理论，电力改革主要包括五方面内容，以保证市场自由竞争：①国有电力私有化（或公司制改组）；②分拆电力发、输、配、零售纵向结合；③市场准入，分拆发电市场横向垄断；④建立批发和零售市场竞争和市场定价；⑤对具有垄断性质的输配电网进行独立监管，实行以经营表现为基础的监管。

简言之，西方工业国家电力改革实际上是在新的经济理论指导下，在比较完善的政府干预模式长期推动电力工业高度发展的基础上，试图通过市场竞争再额外挤出一些经济效率和服务质量的努力。

3. 中国传统电力工业模式和电力市场改革

与西方国家相比，中国电力在传统模式上、市场竞争改革的动因和目的上都有显著的不同。从传统模式上看，中国的电力工业从1953年开始采取中央计划经济模式。这种模式在形式上与西欧电力模式有相似之处。但是，传统的计划电力模式与西方传统的电力模式之间存在着实质上的不同。

首先，中国政府拥有和经营电力资产的原因和目的与西方模式不同。中国实行国家电力的初始原因是基于计划经济理论，目的是要消灭私有制的剥削，消除市场经济周期性危机，实行苏联式的快速工业化。这不同于西方国家政府克服私营电力垄断损害消费者利益，维护市场秩序的目的。

其次，中西方政府经营电力工业的方式完全不同。中国公有制和国民经济计划制度决定了中央政府是资源的掌控者和经济决策者，政府根据其所认定的经济发展需要，按照有计划按比例发展和综合平衡的原则，规划电力发展，资金及其他生产要素调拨，生产，电量分配并制定电价。而西方国家中，无论是私营政监模式还是国有化模式，电力发展和生产都依照市场需求和价格等经济因素来决策，电力投资方和消费者的利益以及政府的干预权限都受维护电力市场公平的法律制度约束。

对于以上区别国内学者基本可以认同，有争议的问题是计划电力模式通过2002年以前20多年的改革发生了什么变化。对于如何评价这些改革，国内看法不一，但是，一个主要结论是这些改革没有从根本上打破传统的计划经济电力工业模式，尤其是政府仍然是主要经济决策者并控制着绝大部分资源。

由此可见，中国的传统电力工业结构更接近于苏联、东欧的电力模式，这一模式需要改革的根本问题是政府主导的计划和综合平衡难以反映社会电力需求的发展变化并有效地发展电力工业，增加供给和提高质量，这与西方完善的电力模式存在一些有待提高的效率问题是不同的。

由于传统模式问题不同，中国电力改革采取市场竞争模式所要达到的目的也与西方不尽相同。按照2002年5号文件，中国电力体制改革的目的包括提高效率，降低成本和电价，促进电力发展。比之西方成熟电力工业提高效率的目的，中国电力改革的目的具有多重性。发展中国家仿效西方国家的电力改革所要解决的问题是电力工业发展资金不足、系统技术落后、供电质量低、经营效率低下。

三、电力市场改革困难的原因

政府直接干预经济——替代企业决策发展策划和经营，替代市场分配资源，替代法制管理经济——是电力改革的首要困难。由此产生的一个值得思考的问题是既然明确政府位置错了，为什么难改？政府新位置在哪儿？国内大多数的讨论清楚地看到了前者，而明确回答上述问题的却寥寥无几。我认为，对这个问题难以回答的原因在于，中国电力改革不像西方改革那样有明确的理论上的指导。尤其是，对传统上支持政府干预的一些经济理论缺少认真的探讨。

第一，政府直接干预经济的理论基础首先是计划经济。1978年改革以来计划和市场是什么关系一直是理论争论的最核心的问题。争论主要集中在计划和市场孰主孰辅、孰多孰少。因此，不妨把它们一起归纳为第三模式”理论，即除了单纯的市场经济和计划经济之外，还存在不同形式和程度的市场经济和计划经济的组合模式。

按照经济学的解释，市场经济和计划经济是两种完全不同甚至是相低触的经济制度。市场经济主要以企业和个人的自主经济行为为中心，通过价格自由浮动来达到供求均衡。政府作为经济参与者与企业和个人同等地遵从市场价格指挥，为经济提供服务并通过税收获取收入。而计划经济产生的目的就是要消除市场的“盲目性”和企业及个人的“擅作主张”。根据理论，计划经济是在对国民经济进行调查研究，科学计划的基础上，综合平衡，按比例地（由政府）制定经济发展计划。并且确定一整套行之有效的措施，保证计划正确地贯彻执行。与此同时，还必须提高计划的权威性和加强执行计划的纪律性。要牢固树立起计划经济和全国一盘棋的思想，防止和纠正本位主义、分散主义和自由化倾向。生产建设、人民生活的改善都必须按计划办事。禁止任何组织和个人利用任何手段扰乱社会经济秩序，破坏国家经济计划。尽管这种说法现在看有些过时，但是第三模式理论并没有阐明在资源分配上形同水火的计划和市场如何结合和协调运作。两者不一致的时候，是听从自由化的市场还是服从有组织纪律的计划，抑或是市场和计划平分势力范围？是政府指令企业和个人还是政府遵从或引导企业和个人的决策？

第三模式虽然理论不清楚，但在电力改革中得到两种观点的支持。一种观点认为，电力行业需要计划，因为没有计划，电力市场会乱。目前电力部门盲目投资的混乱状况就是证明。实际上，这种观点是值得商榷的。一抓就死、一放就乱是计划经济的痼疾，是中央和地方政府利益矛盾的结果。电力部门乱投资绝大部分是计划经济和各级政府行为的结果，不是市场造成的，它在1958～1960年都曾发生过。它产生的原因首先是计划无法准确预测供需发展；其次是各级政府为本地经济发展负责的传统计划经济管理体制；再次是政府决策不受市场和法规约束。第二种观点认为，制定经济计划是大部分国家的普遍现象，就连西方市场经济发达国家也制定经济计划。这种佐证在一定程度上反映出概念上的模糊。我们所熟悉的国民经济计划是资源分配计划，每五年制定的计划定发展方向，定指标，带资金、原材料和人力资源，定时间，定执行任务的企业。政府利用其权威和纪律保证计划的完成。而西方市场经济中的政府经济计划是政策计划。它不带具体指标，不具有指令金融和其他要素市场的权威，不能强令个人和企业执行计划。它更多地是起传递信息作用。政府为实现政策计划可以在纳税人同意和监督下动用财政支持政策或使用税收等政策诱导私人决策。也就是说，政府作为政策可以订计划，但计划该不该执行则由纳税人和投资人投票说了算。两种计划具有本质上的不同。如果赞成市场和资源分配计划并存，在理论上是否应该如何说明二者运作关系呢？

第二，政府干预经济资源配置直接与国家工业化政策有关。国家工业化政策早已有之。在西方经济自由主义和政府经济干预的哲学争论中，就有人主张政府可以利用其政治力量，集中资源以比市场更快的速度发展工业增强国力。第二次世界大战以后，受1929年资本主义危机和前苏联30年代国家工业化发展的影响，许多发展中国家，甚至发达国家如日本，也接受了主张工业化政策的经济发展理论。政府纷纷选择关键部门甚至带头企业，集中财力优先发展，争取赶超西方先进国家。到1980年，面对日本工业的强力竞争，美国也出现了市场调配资源不利，国家应实行工业化政策的主张。

中国从1950年开始就接受了国家工业化政策理论，由国家大力发展重工业包括电力工业。在目前电力市场改革中，流行的观点认为，近年来电力的高速发展，归功于政府的力量和各种扶持政策，包括征收电力建设基金、三峡基金，提供大量低息贷款，保持廉价煤炭和其他燃料等等。电力工业面临着长期发展的压力，光靠市场不行，需要政府大力发展电力。

关于工业化政策的详细讨论不属本文的范围，但我认为有几点是值得电力改革研究考虑的。首先，从理论上讲，工业化政策对不对虽然没有定论，但西方经济学主流基本是持否定态度的。原因在于没有人能够证明政府对什么样的工业结构好，该扶持什么工业比市场更有先见之明。当然，西方经济学观点的前提是存在健全的市场。如果不存在这样的市场，尤其是要素市场不能正确评价不同投资的机会成本时，则政府促进资源配置的机会是存在的。在这种情况下，即便政府认为有必要采取电力工业化政策，也有一个速度和经济效率的问题。因为具有强制力量，政府集中人力、物力、财力发展电力工业取得高速度不是难事。如果为了发展速度，电力部门没有必要进行市场竞争改革。如果从效率上看，政府扶持下的电力工业发展是以很高的经济和社会成本为代价的。国内已有不少文章批评电力部门投资效率低下，成本攀升，国有资产回报率大大低于机会成本，此外，煤炭等工业、电力终端用户、自然环境都为电力工业发展承担了极大的成本。其次，从实际结果来看，工业化政策是否有效也没有一致的证据。前苏联、东欧的工业化是不少国家的榜样。不少研究把战后日本、韩国和亚洲其他国家钢铁、汽车、半导体等行业的发展看作是工业政策成功的例证。然而，前苏联、东欧经济崩溃后显示出的落后工业结构，十几年来日本经济的萎靡，1997年的亚洲金融风暴也使越来越多的人怀疑工业化政策的长期效果。再次，中国的工业化政策在做法上不同于日本、南韩等这些国家和地区主要是政府通过融资、税收和其他政策鼓励私人财团选择和发展工业，中国则主要是政府通过中央计划选秀，并通过国营企业直接投资和发展。政府是否能够做到比上述国家的私人企业家更善于捕捉商机和经营管理呢？

第三，政府直接干预经济基于不同于市场经济的哲学思想。如前所述，按照市场经济哲学，消费者个人和私人企业是经济活动的主体。他们按照各自不同的利益决定自己的消费、储蓄、投资和生产。他们追逐各自利益的行为被看不见的手所牵引，最终达到促进全社会利益的效果。政府的作用在于为私人经济活动提供良好的宏观经济环境、法律制度和秩序、信息等方面的服务，并在市场失灵的情况下尽力恢复市场机制。与之相比，中国的传统认识是政府了解和代表最广大人民的长远利益，政府可以组织经济活动来达到极大地满足人民生活的需要的最终目的。这种做法既满足各方面利益，又能比个人和企业决策更有序和稳妥地达到相同的目的。这是政府拥有电力企业、投资电力、审批项目、决定电价的思想基础。1978 年以来，虽然改革，包括电力行业改革，在政策上和形式上确定了市场经济方向，但对市场经济哲学却讨论不充分，认识不足。政府是否知道各个消费者和企业的不同偏好并代表他们各自的利益？政府将国有电力企业的经营目的确定为国有资产的保值增值。这是不是说国有企业应追求利润最大化，因为这是增值的最佳途径？果真如此，政府如何同时保护国有电力企业和消费者利益？混乱是否市场机制和看不见的手的内在必然？政府是否能比个人行为和市场决策更多、快、好、省、稳地达到国民福利最大化？为什么？

对以上几方面理论问题缺乏充分讨论和认识无疑使电力改革缺少理论基础和指导。而缺乏理论指导，长期“摸着石头过河”的做法难免会有局限性，致使政府换位、建立电力市场竞争困难重重，举步维艰。

四、国外电力改革的经验启示

西方国家改革电力，以图通过竞争提高电力行业的效率和服务，实际效果如何？对改革理论有何启示？这个问题对于中国电力改革具有实际意义。

电力市场改革在世界范围内仍在进行之中。新的电力市场模式是否最终成功，目前还无法下定论。但从现时各国改革进展情况看，成功和不成功的例子兼而有之。工业化国家中，市场模式运行比较好的如英国和北欧国家，私有化和竞争促进了电力企业的劳动生产率，提高了经营效率和服务质量，降低了供电成本和电价。不成功的典型例子是美国加州，改革后出现了电力危机。加拿大、挪威等国的电力竞争也不时需要政府强行通过设置价格上限或其他手段来控制电力公司操纵市场。在发展中国家中，大部分国家的改革遇到了重重困难，陷入停滞不前的局面。其中一个主要原因是国际经济机构推选的电力改革建议公式化地强调市场自由化，不顾发展中国家的实际。

然而，无论是目前成功还是不成功的例子，电力改革的实践都反映出了新的市场竞争模式的几个内在问题。

首先，在提高效率方面，改革后的电力市场上的第一大问题是电力公司对现货市场和服务市场的操纵力。加州的经验也说明限制电力公司的市场份额并不能消除这种市场支配力。问题的关键是，电作为商品具有不可储存，依靠网络传输和发、输、配、消费同时瞬间完成的特殊性质，这种物理属性使得电力公司可以通过难以察觉的小动作左右市场和电价。

其次，在发展电力方面，是否能够吸引对电源和输配系统的投资是新模式所面临的一大挑战。西方设计市场竞争模式时首先考虑的是如何在电源充足条件下通过竞争降低电价。电力市场竞争虽有利于提高效率，但是它取代了传统模式的稳定和低风险的投资环境，带之以价格波动、市场动荡和高度的经济及政治风险。尤其是，吸引电力这种规模大、周期长的投资需要充分的市场价格信号。但是，电价波动具有高度的政治敏感性，政府为求稳定通常会在电力短缺、电价大幅攀升和政治压力下限制电价浮动空间。这无疑破坏了吸引对新电源和输电网投资的激励机制。事实上，随着西方各国剩余电量的逐渐减少，如何增加电力对投资人的吸引力在很多实行改革的国家正在成为一个越来越严重的问题。缺少投资威胁到电力系统安全和可靠性成为市场竞争模式的新困难。

再次，电力市场竞争模式在经济理论上是合乎逻辑的。但是，建立新模式的改革难以在经济的“真空”中进行。它是一个受不同利益集团政治争斗干扰的过程。其结果往往不是一个按经济理论图纸建立的理想模式，许多国家的实践证明，电力改革不成功不是市场竞争的经济理论不对，而是各种因素影响理论模式的建立。

电力改革实践中反映出来的上述问题使得国外学者开始重新思考电力市场竞争模式。例如，美国一些学者最近指出传统政府监管垂直电力模式和新的打破垂直垄断引入市场竞争模式各有千秋，传统模式效率低但是稳定，有利于投资和供电可靠性。新模式效率高但是动荡，不利于电力行业的投资，可能会因此影响到系统的安全和可靠。改革政策制定需要同时兼顾效率和供电可靠性，比较改革的获益和代价。由于理想的市场竞争模型难以实现，“对于已经进行改革的州来说，次优的选择是回到传统的政府监管模式并加以改进。这种模式很可能与市场自由化模式差别不大”。

如果其他国家的经验有任何启示，可以想见，中国电力市场改革也会遇到各种利益影响建立教科书式的电力竞争市场的困难；也会面临供应方利用电物理属性操纵市场、寡头垄断等问题；也会受到吸引投资需要市场价格充分浮动和社会政治压力要求价格稳定的矛盾的挑战以及电力系统稳定和安全的威胁。前面所讨论的中国计划经济转型过程中的理论和实际中未解决的问题只会加剧而不会减少这些困难。

五、电力市场改革的政策取向

中国改革计划经济电力模式跨越了市场经济国家沿用了近百年的政府干预失灵市场模式，而选定了流行的市场竞争模式。虽然自由市场竞争代表着中国电力改革的长期努力方向和最终目标，但是从中国电力改革的条件和要解决的问题以及国外的经验看，完善的电力市场和自由竞争机制是否能避免不受干扰地建立，而不完善的市场和竞争是否能够解决中国电力发展的种种问题达到改革的目的仍然是个未知数。

鉴于这种情况：中国电力改革究竟应该如何进行？我同意大多数人的观点，改革不应照搬西方时髦模式，而是应该根据本国的条件和面对的问题采取有针对性的措施。根据本文的分析，我认为中国电力改革应该认真思考指导电力改革和政府定位的理论问题，同时着重以下几方面的具体改革。

第一，继续坚持电力市场的建立。在这个过程中要避免两方面的问题，一方面，要防止人为地按传统政府管辖区的概念定义市场范围。目前改革刻意强调建立6大区域市场并排除任何其他考虑，其原因还是由于二滩电站暴露出来的地方保护主义。改革希望通过建立区域市场打破省际壁垒，实际上，机械地建立6大区域市场并不符合电力技术经济的逻辑和地区差异，同时也没有抓住建立市场的实质。像建立其他市场一样，建立电力市场是设立一个供求双方的交易场所，只要有输配线路，价格有吸引力，交易自愿，参加市场交易的电力公司并不非得在地理上或行政管辖上处于政府划定的界限之内。另一方面，建立电力市场要防止盲从某种固定模式，而应对症下药，按目前中国严重缺电的状况，改革先着重批发市场并不见得对路，即使是建立了批发市场，由于缺乏电源也很难形成有效竞争的局面。相反地，倒是零售市场上的价格改革更为重要。引进分时电价、实时电价，提高电力需求的价格弹性，不仅可以促进消费上的节约，而且具有减少对峰电电源和输配线路拥塞的压力，吸引峰电电源投资，优化电力投资的作用。改革政策因地制宜应该具体体现在这些方面。

应该指出，建立市场不等于市场实际发挥作用，通过自由竞争和价格浮动促成供求均衡。由于中国经济处于转型期，要在理论上真正讨论清楚市场和计划如何并存，在实际上确定政府在电力经济中的地位和作用都需要时间，电力工业还将长期面临发、输、配力量不足和技术落后的局面。电力市场形成足具规模的自由竞争、价格指导供求的资源调配作用可能会比建立市场还难，还需要时间。据此，我认为在建立电力市场长期努力的同时，改革应该将目前的政策重点放在以下几个方面。

第二，真正建立有授权、有能力的独立监管机构和符合经济原则的监管机制。具体任务应该包括三个方面：

(1) 发改委应尽快限期将价格制定和监督权全部移交电监会。由发改委控制电价很容易受到与计划制定有关的各部门和地区利益对电价的压力和政府各种经济发展政策的指令，使电价成为政策工具，失去市场功能。由电监会控制电价制定有可能避免这方面的问题。同时，在中国特定条件下，电监会要真正能起到监管电力市场的作用，必须要有法律授权或政府给予的尚方宝剑，使其不受电力供求任何一方行政上级和平级单位的政治、组织和人事胁迫和说服。

(2) 电监会应尽快建立一支有能力的监管队伍。根据各国经验，监管队伍应包括具有懂电力技术、经济特别是电力成本、会计和法律的专业人才。

(3) 建立发电和输配电成本基准模型和水平，电力生产和输配成本是理顺合理电价和电力市场竞争监管的基础。对于电监会来说，确定成本问题的困难在于信息不对称，不具体掌握影响电力企业成本的各种因素：如果没有一个成本基准水平，电价监管就如同买布不带尺子，全凭卖家报。中央严格的电价审批制度下形成的一厂一价、一机一价的问题足以说明价格监督机构批准高电价时不知成本高自何方。

第三，健全和发挥金融市场作为电力投资规划和资金配置的关键作用。这方面的任务包括：

(1) 确立金融市场商业融资制度，提高项目风险评估、企业信誉评级等方面的能力和信息交流，为确定融资成本提供基础。

(2) 改变计划内项目带配套资金的做法，对计划内项目也应有风险分析和机会成本分析，可以考虑实行计划项目招标，由项目投标人根据融资成本投标。

(3) 尽可能加强金融机构基于合理商业考虑拒绝政府融资要求的能力。对各级政府干预融资、盲目投资导致的银行坏账及其他损失进行商业追赔。

(4) 尽快考虑建立公司债券市扬，完善电力企业融资渠道。缺少金融市场商业纪律约束、或商业纪律约束不敌政府指令是中国电力工业投资无序、项目行政审批无约束力而又难以消除、前三年鼓励投资后三年禁止投资等种种问题的根源。从这一点看，很难想象西方电力改革没有金融市场的支持是什么样子。由此可以说，电力改革困难的根源不完全在于电力行业本身，而在于宏观市场经济环境和政府的积极干预。

第四，实行电力择优调度。在竞价上网制度没有建立之前，或市场竞争因各种原因受到限制时，应该改变按计划调度电量的做法。长期以来，电量调度是政府按计划分配的，如新电厂按现有电源的发电比例安排上网；电力供不应求时，政府按照发展政策优先保证重点用户的供电而对非重点行业先拉闸；供大于求时，政府对各电厂根据供电量按比例减少调度，各打五十大板等。这种按比例调度是原始平均主义平息各级政府之间矛盾的办法，没有成本和市场经济的基础。相反，择优调度原则下，终端用户按买电报价高低排队，供电厂商按卖电报价高低排队。缺电时，因断电造成经济损失大的用户，愿意出高价，优先得到供电。电源过多时，效率高，边际成本低的企业报价低，优先调度。择优调度的意义在于给电力市场提供类似竞争的价格信号，从而有助于提高电力供应的经济效率。

第五，防止大的国有发电公司的官僚寡头垄断，"俘虏"电监会。西方改革中暴露出来的一个主要问题是发电商操纵市场的力量。人为限定单个企业市场份额并不能保证市场和消费者电价不受操纵。由于中国政府和工业的长期特殊关系，国有和省属大电力公司很容易联合利用政府的工业化政策和权力下压燃料价格，上推供电价格，甚至影响电力法和监管法的制定，使其对自己有利。

上述措施的基本思想是尽量割断政府和电力工业的密切联系，将其从支持电力工业发展的位置转变为保护弱者（消费者）、协调供求利益矛盾中间人的位置。同时，建立金融市场、法律和经济规律对政府权力的限制和监督。这与建立电力竞争市场的长期目标是一致的。

中国电力工业发展：改革进程与配套改革

——林伯强①

一、前言

中国是仅次于美国的世界第二大电力生产国。到2004年底，电力总装机容量为4.4亿kW。历史上，中国曾经历大规模的电力短缺和电力过剩。20世纪50年代，电力供需平衡。20世纪60年代，中国开始经历长期的电力短缺，至1986年短缺超过了总发电量的20%。1997年中国的电力供需再次达到平衡。到1999年，电力过剩约10%。2002年下半年开始，局部电网开始出现电力短缺，并在两年时间内迅速扩散到全国大部分电网。到2004年，全国26个省（市、自治区）经历了电力短缺。火电厂的发电利用小时由1999年的4719h增加到2004年的5988h。2004年全年平均发电设备利用小时为5460h，全社会用电量增长14.9%，工业用电增速尽管呈下降之势，但依然是推动全社会用电量高速增长的主要力量，全年工业用电量同比增长达16.4%。尽管当年新增发电装机有5100万kW，但电力短缺仍为自20世纪90年代以来最为严峻的一年。预测2005年中国新增发电装机将达7000万kW，电力缺口约为2500万kW。但是，影响电力供需平衡的主要矛盾已逐渐从装机总量不足转向其他如电煤供应短缺等方面。

本人对中国长期数据运用协整及向量误差纠正模型估计出了电力消费与经济增长之间的实证关系。根据所估计出的弹性系数，预测2004年的电力短缺为7%。此预测值与2004年实际的电力短缺十分接近。本人进一步估算7%的短缺会使GDP增长率下降0.64%。然而，对这7%的发电能力（设其经济寿命为30年）以及配套的输配电网的总投资仅是GDP损失的70%。并且，电力短缺造成的GDP损失是一次性的直接损失，它不包括对社会稳定及投资环境的负面影响所带来的间接损失。而为弥补短缺的发电能力以及配套的输配电网投入则可使用30年或更久。

为应对电力短缺，政府从扩大电力供应和降低电力消耗两个方面出台了各种措施，包括增加电力投资，取消用电大户的优惠电价，限制某些高耗能产业项目的过分扩张等。这些短期措施有效地缓解了电力供应的紧张状况，但是电力短缺仍然可能会延续至2006年。国企"以大为先"的经营特性、地方的保护政策，缺电对社会稳定的压力造成了对电源建设的过度投资，本人所预测的2007年的电力装机过剩基本已成定局。目前所面临的问题是，需求方的电力需求，供给方的产煤能力、运煤能力、设备生产能力、输配电能力，以及环境影响，是否得到充分的全盘的考虑？电力会不会由"硬短缺"转为"软短缺"？这一轮电力大投资有没有经过资源优化配置的过程？此外，还包括供电成本上升、电价是否上调或及时上调、电力发展的可融资金是否充足。对于中国这样快速增长的经济来说，如何避免未来的电力短缺已成为一个重要的学术和政治问题。

所有影响经济活动和消费模式的因素都将影响电力消费，因此电力需求的短期波动难以预测。中国电力行业内部原动力和平衡应是解决大短缺大过剩的基本保证。而电力行业内部原动力和平衡只能通过电力体制改革来获得，因此改革是电力可持续发展的必需条件。中国电力是世界上发展最迅速的电力工业，目前的许多行业问题，例如大短缺、大过剩、价格、效率，给中国经济带来巨大损失。这些问题不仅有技术方面的原因（如需求预测），更主要的还是行业管理

---

① 亚洲开发银行能源经济学家。

的缺位、错位以及法律、监管框架不完善等方面的原因。电力行业经过多次改革，最近的和影响最大的是2003年拆分原国家电力公司，推进电力市场的改革。但改革的进程缓慢，结果和预计相去甚远。在形成电力市场的过程中，需要配套改革，如电价改革、煤价改革和国企改革。这些配套改革同电力市场改革本身一样难。中国的经济成就是改革开放的结果，政治社会稳定所提供的具有相对"确定性"的商业环境则是经济发展的基础。开放是没有问题了，但稳定仍然需要不懈的努力，商业环境需要不断改善。电力有很强的社会政治敏感性，并直接影响商业投资环境。中国所有的改革进程都应以社会稳定为重，无论是"循序渐进"或"平行推进"。因此，为保证社会稳定，中国电力市场改革将会是渐进的。电力是整个能源需求和供给的一个部分。电力与其他能源不仅是替代关系，还是协调发展的关系。一个有效的能源战略以及与此相对应的能源规划是电力发展的关键。

二、电力行业体制改革

20世纪90年代以来，政府采取了一系列改革措施以提高电力行业的竞争力和效率。1996年颁布实施的《电力法》赋予电力企业作为商业实体的法律地位。1997年国家电力公司成立，负责电力行业商业运行的管理。对电力行业的行政监督和监管职能则移交给了国家发展和计划委员会以及国家经济贸易委员会。2002年4月，国务院出台了全国电力体制改革方案，提出电力体制改革的政策目标，拟采用的机制以及预期的效果。国务院明确电力行业的改革将分"十五"计划期间（2001～2005年）和"十五"计划后两阶段实施。电力体制改革是为了建立相应的电力市场，以便在发电市场引入竞争，是电力行业整体改革的一部分。应当说，电力体制改革是电力行业整体改革中最容易的一部分，电力行业整体改革任重道远。

2003年，原国家电力公司拆分为5个国有发电企业和2个国有电网公司（国家电网公司和南方电网公司）。2个电网公司都保留一定的装机容量（主要为水电和燃机机组）用于保障系统安全。国家电网公司负责管理原国家电力公司除南方5省电网以外的所有输电资产、区域电网之间的电力调度和清算，以及电网规划。国家电网公司之下成立5个区域性输配电子公司。南方电网公司则相应地负责经营云南、贵州、广西、广东和海南5省的输配电业务。同时，成立省电网公司，作为区域电网公司的子公司或分公司，负责省一级的输配电、系统运营、以及零售供电。配电业务应逐步实现财务上的独立核算。如果在同一地区存在多个供电企业，这些企业应共同组建有限责任或股份公司，并按照各自的调度资产比例分配资本权益。市和县级政府所有的电力公司仍维持独立于省电网公司。成立国家电力监管委员会（简称电监会）作为电力行业的监管机构，负责监督和监管电力市场。修改《电力法》为电力行业的改革方案提供法律依据。撤销国家经贸委并将其职能分别划入国家发展和改革委员会（简称发改委）和电监会。由发改委继续监管电价。对目前由国家电网公司和省电网公司下属的辅助实体、三产企业和多种经营企业进行重组。计划实行竞价上网机制，为电力市场运营和政府监督体系制定规则，建立竞争和公开的区域电力市场，并采用新的零售电价制定机制。针对电厂排放物制定环保电价优惠标准，鼓励无污染能源项目的发展。开展向大用户直接售电的试点探索工作，改变输电企业作为发电企业唯一买方的局面。

在"十五"计划之后逐步实施电价改革，所有主要的发电企业都应参与竞价上网，全国绝大部分地区应采用新的电价机制。上述步骤完成后，配电业务将逐渐分离，并在试点的基础上将竞价机制引入面向最终用户的售电环节。在特定的市场结构实施之前，先对现行的电价体系进行必要的改善是从现有的市场结构过渡到竞争市场的必要条件之一。

（一）电力市场改革进程

电监会提出未来电力市场结构的转变将遵循分步推进的原则，即在每一改革阶段逐步增加电力市场的竞争性和复杂程度。继1999年在东北三省、山东、浙江和上海开展电力市场的试点工作之后，电监会在2004年又分别在东北和华东开展区域电力市场的试点工作。目前已投入试运行的东北区域电力市场模型可简述如下。

阶段1，近期市场模型，是单一买者模型。该模型中，作为单一买者的区域电网公司可从以下3个途径购电：与区域内的发电厂签订双边合同购买，该电量应不低于本区域总电力需求的80%；在竞争性的现货市场购买不超过区域总电力需求的20%的电量；从其他区域的发电商买电。随后，单一买者将电力以核定的趸售电价趸售给省电网公司。省电网公司以核定的零售电价将电力销售给终端消费者。经允许的特大用户可以直接从发电厂购买电力。这样，东北电网公司既是系统运行机构也是电力现货市场的运行机构。阶段2，中期市场模型，是扩展的单一买者模型，其结构和近期市场模型基本一致，但电力供应市场的竞争性将得到进一步增强。竞争性现货市场所占的市场份额随着时间的推移将逐步增长。更多的大用户将被允许根据自己的电力需求直接向发电厂购电。阶段3，远期市场模型，即零售竞争市场模型，是一个完全竞争的市场模型，其中省电力公司和最终消费者都可以直接从发电厂或者电力经纪商处购买电力，市场运作更加复杂，最终消费者将可以直接从市场竞争中获益。从阶段1至阶段3的过渡没有时间表。

（二）电力市场改革应先考虑几个重要宏观问题

竞争性的电力市场应能为电力投资提供市场信号。政府改革的中期目标是在发电侧引入竞争机制来提高经济效率。电力短缺延缓了建立竞争性的电力市场的进程。尽管电监会不懈努力坚持继续推进区域电力市场建设计划，但在上海、浙江、山东、辽宁、吉林和黑龙江等6个省份的竞争市场的试点工作有的已停止。然而，电力市场改革会继续进行，这会是一项长期而艰巨的任务，这主要基于3个原因：①需要配套改革，如电价与国企改革，这些配套改革同电力市场改革一样难；②需要制定法律法规以确保市场良性运行；③为保证社会稳定，电力市场改革将会是渐进的，因为电力有很强的社会政治敏感性，并直接影响投资环境。

从许多国家电力市场改革的历史看，有成功的，也有失败的。成功的也都经历过挫折。中国的高速经济增长，决定了电力市场改革应先考虑清楚几个重要宏观问题。

(1) 必须最小化改革挫折的影响。很难预测电力改革将对电力供给产生什么样的影响。在电力需求增长低的国家，电力市场改革出问题，影响可能不大。而中国电力需求增长快，假如电力市场改革出问题，导致电力短缺，则可能对经济增长造成严重后果。一个不容忽视的问题是如何在改革的过渡期继续保持对电力行业进行监测和适当的规划。

(2) 必须充分考虑与电力市场改革的相配套的改革。如果没有电价改革的支持，发电侧市场竞争不可能是真正意义上的竞争，也就不能引导正确的电力投资。另外，国企改革也需同时进行。电力行业国企高度集中，企业改革不到位会扭曲竞争。除此之外，煤价改革、能源机构改革都直接或间接地影响电力市场改革，没有相应到位的配套改革，电力市场改革本身走不了太远。

(3) 电力市场改革应有利于资源的优化配置。大批电源项目将在2005年、2006年建成投产，预计到2010可能达到8亿kW。中国电力行业的发展相比其他国家（比如美国），有两个有利因素：一是中国的大量装机处于一个信息时代，这给资源的优化配置提供了前所未有的技术条件。二是中国电力是一个相对统一的市场，尤其是能源环保标准全国统一。不像美国各州都有能源环保立法，环保标准不一，市场相对分裂。中国有可能进行资源的优化配置，中国的集中的大量装机更需要进行资源的优化配置。作为资源优化配置的重要手段，中国应大力推进全国联网实现电网间电量交换和互为备用，摒弃地方保护的观念和做法，使资源在尽可能大的范围内实现优化配置。

三、电价改革

中国目前的电价是“堆”起来的。电价一直是根据历史水平以及需要的新增费用（燃料、建设、运营与维修成本，以及规定利润的平均值）而行政性地决定（添加）。通常电价调整是由各省分别提出报发改委审批。电价调整制定是一个特别复杂而又敏感的问题，各级政府的许多职能机构以及各方的利益主体都参与协商过程。电费方案由省电力公司与省政府（主要是省物价局）联合起草，并报上级（主要是发改委）审批，需要较长时间的评估与协商。改革开放以来，中国电价机制经历了一系列变革。特别是1985年后推行的“还本付息电价”、“燃运加价”等项政策，对鼓励多家办电，扭转长期存在的全面缺电局面起到了作用。2001年后推行以“经营期电价”取代“还本付息电价”，则在促进电力企业加强管理、提高效率等方面取得一定的成效。

然而，历史形成的电价机制缺乏透明度和科学性。如分类过多，峰谷分时电价力度不够，分类电价不反映用户的用电成本，交叉补贴严重，无法正确引导电力投资等。一直以来，电力市场有买方卖方和价格，但不是实际意义上的市场。这就是为什么要建立电力市场。而电力市场的关键要素是电价。如果外部性成本（如环保成本）充分包含在电价中，竞争的价格机制是竞争和优化电力投资的最有效的手段。推动电力市场的发展，电价改革是必需的。随着电力市场改革、电力供求和市场结构的变化，高度集中的电价管理体制难以适应电力发展要求。

电价改革的长期目标是：将电价分解为发电价格（上网电价）、输配电价格和终端售电价格；发、售电价格由市场竞争形成；输配电是垄断业务，价格仍由政府管制。中短期改革的重点是：建立与发电环节适度竞争相适应的上网电价形成机制；建立有利于促进电网发展的输配电价格形成机制；实现销售电价与上网电价联动；改善终端售电价格结构；推进大用户与发电企业间的双边交易。

电价改革的原则是：对企业，电价应鼓励有效投资，改进并保持电力工业的财务活力，取得预期的经济效率和财务目标。对政府，电价应反映电力供给的经济成本，保证充足的电力供应，促进电能的经济有效利用，在发电市场引入竞争，允许市场确定价格，对包括输配电服务的垄断业务实行经济监管（包括成本回收和改进效率的原则）。对消费者，电价应促进用户群体间的公平负担，考虑用户群的承受能力，以公开、透明的方式实现政府的社会目标。

电价改革在技术上应便于操作和理解。电价改革应与整个电力体制改革协调推进。根据电力行业的技术、经济特性，以及所需解决问题的重要性和难易程度，确立分阶段的改革目标和与之相适应的改革方式。在改革初期，必须对电力市场运行施以适当的行政控制，以实现向新体制的平稳过渡。电价改革，特别是过渡阶段的改革措施，应充分考虑电力需求增长潜力、投资特点和环境压力，把提高效率与促进增长、保护环境有机地结合起来。

2005年4月初，国家发改委出台了《上网电价管理暂行办法》、《输配电价管理暂行办法》和《销售电价管理暂行办法》。这3个办法，是根据国务院办公厅颁发的《电价改革方案》要求制定的，向电价改革的长期目标迈出了重要一步。内容涉及上网电价、输配电价、销售电价等方面，提出上网电价将与燃料价格实行联动。这些办法的出台为今后电价的具体制定和实施提供了原则依据。办法中涉及的“政府价格主管部门制定的上网电价，同一地区新建设的同类型发电机组将实行同一价格，并事先向社会公布；原来已经定价的发电企业上网电价也将逐步统一”，在目前具有重大实践意义。以前上网电价比较混乱，办法中的规定改变了同类机组在同一地方或类似地方不同电价的现象，将为以后的竞价上网奠定良好基础。输配电价和销售电价分类的具体核定仍需要大量工作。3个办法对中短电价改革没有太大影响。

（一）理顺并建立合理透明的电网价格是近期电价改革的重点

中国目前电网的收入来自于国家控制销售电价和上网电价的差价。在许多发达国家，输配电资产通常大于发电资产。据统计资料，从“一五”到“九五”期间国家对输配电投资占电力基本建设投资比例不超过25%，“十五”期间更为明显。电网建设滞后于电源建设。根据成本特性，输配电和发电在零售价中比例一般为输配电大，发电小。美国2003年该比例为53：47，而中国的比例为29：70，处于相反状态。目前发达国家输配电价中，每千瓦时德国为4.3美分；英国为3.8美分；巴西为1.9美分；中国目前每千瓦时只有1美分。因此无论从输配电价占销售电价的比重看还是从绝对水平看，中国都是比较低的。这是由于历史原因形成的。

电力短缺为增加发电能力提供了机会，然而电网建设没有引起足够的注意。近期的电源建设热潮可能导致输配电网滞后。中国2004年新增电力约为5100万kW。至2004年末中国对电力建设展开了宏观调控，有2.8亿～3.2亿kW的发电项目在建。这些电厂大多3年内建成。估计2005年全国新增发电能力为7000万kW。2006年和2007年则更多些。2003年和2004年的发电投资分别大约是280亿美元和400亿美元。2004年电网投资估计只有150亿美元。相对于大量新增的发电能力，必须相应增加电网投资，不然会成为今后几年电力行业与经济发展的“瓶颈”。但是，低电网电价使中国电网企业不能确定是否能回收电网成本。中短期内，电网是国企，只要国家愿意补贴，电网企业是可以不盈利甚至亏本以维持低电价。但是，如果以发电与电网50：50或60：40的投资比例，政府不可能为大规模电网投资提供足够的融资。那么，为电网融资的国有的商业银行是否也加入补贴的行列？不然，商业银行如何为不断亏损的电网融资。因此，长期是不可持续的。电网建设的落后会对电网安全构成威胁。当前出现的电力短缺，主要原因是装机不足，电网结构不合理也可能是缺电的一个重要因素，至少加剧了电力供应短缺的局面。更重要的是，电网定价机制的不明确会导致发电和输配电各方缺乏责任，不能激励发电和输配电各方提高效率，这就是理顺并建立合理透明的电网价格的重要所在。

电网发展和省际联网对中国有经济增长和可持续发展的双重意义。中国地域辽阔，地区之间生产力发展水平差异大，电网发展和有效的全国电网互联对提高电力行业效率和电力资源的优化配置有重要意义。中国的大量电力资源远离需求点。主要负荷集中在东部和中部经济发达地区，估计约占需求总量的3/4左右。用于发电的煤炭和水力资源主要分布在西部和北部。这种资源分布与消费状况决定了能源资源可以在全国范围内优化配置。通过建设特（超）高压国家电网，实现跨地区跨流域水火互济。尽管西部地区水电、天然气、煤炭等能源资源丰富，但却是中国最贫穷的地区。由于西部省份经济发展落后因而当地市场有限，资本匮乏，基础设施薄弱，这些地区的电力资源开发还很有限。西部省份的经济发展需要输电网等设施支持，以使电力资源运往东部和中部市场。然而，总的来说，中国的电网建设跟不上发电能力增长，电网投资不足，以及联网障碍，电力的不均衡使得有些地区发电能力过剩而有些地区不足。各区域电价水平差异大，南方电网销售电价高于西北电网约70%，发电价格高于西北电网61%。这表明中国电网的网际互联电力互换较弱，也意味着通过电网互联提高效率的巨大潜能。加强联网建设，可以提高电力在各省各地区间的可流动性，从而优化发电能力，提高应付局部短缺的能力。

（二）居民电价必须提高以反映其供电成本，考虑承受能力应是逐步增长

不同于许多国家，中国的电价是居民电价低而工业生产电价高。在电力市场比较完善的国家，居民支付的电价一般是工业的1.5～2倍，这是根据供电成本所决定的。平均而言，中国的居民电价比工业电价约低15%。根据对云南、广东、河南、河北、辽宁和江苏的长期边际成本的估算，中国的居民消费者是电价交叉补贴的主要受益者。低居民电价政策可能是近年来居民用电消费和高峰需求快速增长的原因之一。

据供电成本定价原则，居民电价应上调。然而，上调居民电价一般说来要达到两个目标：①减少电价交叉补贴（工业对居民）。②提高居民用电效率。2004年，中国居民用电占用电总额份额太小，大约11.2%，提高居民电价对降低交叉补贴意义不是太大，因而对降低工业电价作用很小。这与其他国家不太一样，如美国的居民用电份额达到34%。其次，美国的居民电价是每千瓦时8.7美分，而美国的人均收入是37610美元（2003年）。相比之下，中国人均收入只有1270美元（2004年），目前的每千瓦时5.4美分的居民电价，对大多数居民已经很贵，电费账单占家庭收入的比例不小。居民用电的需求侧管理无疑应当是一项长期能源战略。但就现阶段而言，居民用电的需求侧管理对短期缺电的影响，尤其是对居民节约用电的影响，可能有，但不能高估。中国居民电价必须升高以反映其供电成本，并鼓励节约用电。但考虑到承受能力以及社会稳定，暂缓和逐步提高居民电价的做法是正确的。

四、电力行业的国有企业改革

估计目前国有电力占据国内电力90%左右的份额，外资和民营电力大概占10%。国有电力中，国资委管理的五大发电集团占35%，地方发电集团占65%左右。中国的非国有企业发展很快，在工业产值中所占的比重从最初（1950年）的1%到2001年的78%。小型国企的改革也使70%～80%的县市级国企实现改制或退出。然而，大型国有企业改革缓慢，影响了国企改革的深化、国有经济布局的调整以及国企的经济活力和竞争力。建立电力市场以便在发电侧引入竞争就已经将发电定为竞争性领域。这就要求政府在培植一批具有国际竞争力的国有大发电集团的同时，鼓励和提倡国有资本从发电竞争性领域退出。以引进战略投资者为重点，通过规范上市、中外合资、相互参股、兼并重组等多种途径，实现发电投资主体多元化。

（一）电力短缺，电力过剩，资源配置与环境保护

2004年中国24个省份经历了电力短缺，2005年将继续缺电，2006年电力可达到供需平衡。由于经济总量大了，电力短缺之痛比以往的任何时期都明显。目前在建装机容量估计在2.8亿kW到3.2亿kW之间，大部分将在3年以内投产发电。2004年装机容量为4.4亿kW，假定没有大量新批项目，又假定电力需求仍按每年约13%的高速增长，到2007年底估计装机容量过剩5000万kW。电力过剩虽然是浪费，但并不可怕。以中国的经济增长对电力的需求，过剩只要2年就可消化。对于至少可运营30～50年的电站，短期损失尚可以容忍。可是如从环保和资源优化配置角度看，不该上的项目上了，则可能对当地的经济和整体生态环境带来严重的破坏，影响将长达30～50年，或更长。

例如，位于云南省永善县和四川省雷波县之间的金沙江溪洛渡峡谷的溪洛渡水电站，总装机容量1260万kW，比三峡工程（总装机容量1820万kW）规模小些。溪洛渡水电站2003年8月动工。建成后将是金沙江上开工建设的第一座巨型水电站，在中国是仅次于三峡电站的第二大水电工程。在2005年1月18日国家环保总局宣布因违反《环境影响评价法》而停建的30个大型项目中，溪洛渡水电站工程名列其中，已经按要求停工。该工程环境影响评价文件的审批还在进行中。但无疑，由于前期投入巨大，电站终须建成。

对这样的大型水电站，其环境影响必须充分评价，进行资源优化配置。还必须充分引起社会关注，决策前反复讨论，否则对当地整体生态环境会带来长期严重影响。许多火电厂除污染空气外，对用水也有严重影响。电力短缺引起了各地无序圈地建设电厂。据报道，全国加快电力建设的同时，盲目无序建设电站项目之风愈演愈烈。全国违规开工项目总计达1.25亿kW。除了没有充分评价其环境影响，对于电厂布局、资源、交通、用水和最小成本是否有充分的评价考虑？很难想象，拆除一个100万kW大电厂的后果会怎样。

（二）电力装机过剩并不排除电力由“硬短缺”转为“软短缺”的可能性

估计2007年中国电力装机将过剩5000万kW。可以说，电力的“硬短缺”已经解决，虽然可能是以环境影响和资源浪费为代价。然而，电力装机过剩并不排除电力由“硬短缺”转为“软短缺”的可能性。从发电到消费者用电，必须有上游的煤炭生产、铁路运煤和下游的输配电网相配套。由于电力装机的快速增长，煤炭生产、铁路运煤和输配电网已经滞后。其一，预计2005年全年煤炭需求将超过21亿t，煤炭供应缺口约在8000万t左右。电煤的国家调控价不能与煤的市场价格同步调整而使得部分电煤合同不能顺利执行。其二，铁路运煤能力不足，目前中国每天的铁路运力的45%以上用于运煤，铁路货运能力处于严重超负荷状态，铁路运力挖潜已经接近极限。铁

路用车满足率由 2003 年的 52%下降到 2004 年的 30%。在大规模铁路新运力到来之前（需要若干年），铁路没有能力承受每年以 5%以上速度增长的发电对电煤的运输需求。其三，相对大量建成的电厂，电网建设滞后。发出电来是否能顺利上网送出也存在很大风险。如果“软短缺”成为现实，其对经济的危害比“硬短缺”更大。

（三）国有企业的高度集中是电力行业许多基本问题的根源

电力投资的特性是资本密集型，国有电力始终是中国电力的主导投资者。电力行业是中国率先对私营开放和利用外资的行业之一。1986～1997 年，中国经历严重的电力短缺，迫切需要电力投资。为吸引投资，政府对民营与外商开放电厂投资。对外国投资者参与通过购电协议保证一定投资回报。此时世界上许多大电力投资商来到中国寻求投资机会。至 1997 年，外资占中国电力资产投资的比例达到最高的 14.5%。1998～2000 年，中国经历了电力过剩。政府不再保证外商预定的投资回报率，这对吸引外资有一些负面作用。此时，电网也纷纷要求对外资电力项目的购电协议进行重新谈判，这对外国电力投资者带来了巨大的不确定性，严重影响了外国投资者的信心。其结果，2000～2001 年间外资电力公司大量退出中国市场。如果说这期间外资退出是由于电力过剩，购电协议得不到履行。那么 2004 年外资的撤出则是逢高卖出，对国内电力发展前景仍不看好。电力行业国有企业的高度集中是电力行业许多基本问题的根源：其一，国企“以大为先”的经营特性可能造成电力的大量过剩。其二，国企高度集中会“挤出”民营与外国投资。其三，减缓电力体制改革的进程，使结果和预计相去甚远。其四，限制了部门效率的改善。

如果没有政府部门的需求预测和电力发展规划的充分约束，那么国有电力企业很容易按国企的“以大为先”的经营特性，投资超过需要的供电能力。在正常的情况下，“以大为先”的经营特性不容易发挥。然而当电力严重短缺时，政府会缩短审批程序并批准不在计划内的电力项目。审批电力项目的政治社会压力则起到推波助澜的作用，甚至许多项目没有经过审批程序就开始动工。此外，长期以来，由于发电项目通常采用由电力部门与当地政府合资的所有制结构，地方政府有政治与财政上的动机，在本地区发展电力项目。因此，电力项目资金的充足加上不现实的增长预期（基于 2002 年与 2003 年近 15%增长率），开始了新一轮的电力大投资。五大发电公司都规划到 2010 年装机翻倍。由于束缚更小，地方发电集团的扩张则有过之而无不及。至 2004 年末政府对电力建设展开了宏观调控，但由于大量发电项目在建，损失可能已经造成。2003 年和 2004 年的发电投资分别大约是 280 亿美元和 400 亿美元。值得注意的是，这一轮的电力大投资基本上没有大民营与外资的参与。

电力部门国企的高度集中会“挤出”民营与外国投资。由于电力投资特性的资本密集型，需要保证长期回报率，这使民营外资电力很难快速做出投资决策。他们比国企需要考虑更多的问题，如电、煤价格上涨不同步，电力调度的公平性和透明度，特别是当电力供给出现过剩时，如何与国企进行公平竞争等。因此，在国内资金充足的情况下，私营与外资很容易被国企“挤出”。民营和外资不敢轻易投资中国电力的原因很多。最重要的一点是对电力赢利前景不看好。至今电力体制改革只是在机构形式上拆分了国电公司，这离形成真正的电力市场，仍然有很大的差距。尽管电监会一直在努力地推进竞价上网，但国有企业最重要的是维持运营，由于电力投资特性的资本密集型，不可能关闭电厂。国有的银行也很难停止发放贷款。那么，竞争的底线在哪儿？谁能卖最低？因此，国企的高度集中还会减缓电力市场改革的进程。

高度集中的国营发电企业还限制了部门效率的改善。2003 年，中国的平均销售电价为每千瓦时 5.6 美分，美国为 7.4 美分。第一，美国发电装机结构是以天然气为主，2003 年燃煤发电加水电是 42%，而中国发电装机结构是以燃煤为主，燃煤发电加水电是 95%。显然，美国发电装机结构要比中国发电装机结构贵得多。由发电装机结构所决定的燃料费用也要比中国的高得多（尽管近几年中国煤价上涨，但总的来说燃料费用仍比美国低得多）。第二，输配电和发电在零售价中比例美国 2003 年为 53∶47，而中国的比例为 29∶70。第三，2004 年底中国装有并运行脱硫装置的发电机组仅占火电机组总数不到 10%。美国则基本上脱硫。如果相对比而考虑环保成本，中国的平均销售电价不比美国低。至今，发电企业从零售价中得到的收益比例比美国同行高，燃料费用少，为什么中国电厂回报率低，甚至大面积亏损？另一方面，这也说明了中国的低电价是以牺牲环境为代价的。

大量新增电厂建成后可能面临运煤费用上涨或缺煤。由于不能充分调整最终用户电价，电力部门无法通过电价把这部分成本转移出去。历史上实际电价增长较快，1985～1991 年间，平均实际电价年增长率为 0.7%；1991～1997 年的平均年增长率为 6.7%；1997～2003 年的平均年增长率为 5.8%。然而，近年来电价的上升幅度明显滞后于煤价上涨。尽管政府目前通过“煤电联动”允许电价上涨，以部分化解电煤价格涨幅，但绝大部分煤价涨幅仍需要发电企业依靠自身提高效率来消化。2005 年初，电力企业纷纷要求上调上网电价。已有多个省份向发改委上报了电力提价方案。电力行业投资几乎全部为借贷融资，电厂亏损会给银行带来不良贷款。因此，当电力供求形势出现逆转、利润率大幅下滑时，电力企业和银行的压力都会非常大。现在就可以想像这样的情境：终端燃料价格的上涨，电价有限的提高，电力过剩导致发电小时减少，电力企业普遍亏损，电力企业在国内金融机构融资地位将发生变化，通过国内资本市场及电力企业上市融资也会由于电力部门的融资地位变化而受影响。

中长期来看，中央与地方政府的资金也不足以为大规模电力投资融资。因此，保证电力持续发展，需要民营与外商的参与。政府需要积极有效地鼓励民营企业与外商投资电力，重要的不只是资金，也不只是先进的管理经验和技术，而在于营造一个良好的商业与竞争环境，提高部门效率。同时，必须推进发电企业的私有化，提高民营资本与外资在国内电力的份额。较大的非国企份额可以提高电力行业财务纪律性。在电力工业重组的基础上，为推动电力市场提供条件。

五、电价改革与煤价改革，以保证煤电协调发展

电力和煤炭行业存在很强的关联性。中国煤炭多、油气少的能源资源特性决定了电力发展以燃煤发电为基础。电力的发展离不开煤炭，燃料开支是电力运营最为重要的成本项目之一。因此，电力改革的成败不仅取决于本身行业改革，而且必须有煤炭行业改革为配套。

（一）煤炭价格的“双轨制”和“煤电联动”

中国煤炭价格一直很低，煤炭行业长期处在微利和亏损。从1981年开始到2001年的21年中，有20年国有重点煤矿整体亏损。从2000年下半年开始，煤炭需求增加，煤炭价格迅速回升，之后连年创历史新高。电力是主要的煤消费者，2004年电力部门消费占总煤炭消费的55%。由于电价上调远低于发电用煤的价格上涨，连年走高的煤炭价格使发电企业的财务状况受到严重威胁。如2004年，国有重点煤矿发电用煤价格上升15.3%，而电价只上升4.5%，这样，尽管火电厂的发电利用小时当年已增加到5988小时，全国大多电厂仍处于微利和亏损。

煤炭供求关系自20世纪90年代初逐步市场化，价格仍是“双轨制”。煤价市场化与电煤价格的政府管制并存。煤炭“双轨制”指两种价格：市场价格与部分电煤的国家调控价。2004年，2.8亿t电煤执行国家调控价，约占电煤年总消耗量的30%、全国煤炭消耗总量（19多亿t）的15%。电煤市场价高于其调控价，2005年初电煤市场价与调控价的平均差价大约是40元。电力与煤炭部门间的冲突成为2003和2004年电力短缺的一个原因。由于上网电价和最终用户电价由政府控制，冲突主要集中在不断升高的煤价和不能及时上调的电价。2003年开始，尽管电力短缺，一些电厂因拒绝接受上涨的煤价而不能满负荷运营。燃料成本约占电厂总生产成本的60%，因而煤电之争已经影响到经济的正常运行，是个亟待解决的难题。

2005年初，备受关注的“煤电联动”方案终于出台。该方案的实施是为了解决在“市场煤”和“计划煤”的价格双轨制下，煤电行业双方在价格上的协调。方案的首次“煤电联动”以2004年9月的电煤车板价格为基础，根据6～11月的电煤车板平均涨幅，按照公式测算调整发电企业上网电价和用户销售电价。电煤涨幅的30%由发电企业承担。原则上不少于6个月为一个煤电联动周期，如果周期内平均煤价变化幅度达到和超过5%，相应调整电价；如果不到5%，则下一个周期累计计算。在销售电价与上网电价联动方面，各类用户中居民电价、农业电价、中小化肥电价保持稳定，一年内最多调整一次。“煤电联动”引起许多争论，尤其是针对其可实施性。

政府为了抑制电价上涨而控制电煤价格，联动方案进而把“煤电联动”限定在一定的范围内。2005年初，政府干预煤炭衔接会，要求衔接会严格执行协商定价的3条原则，即坚持供需双方协商定价，已签订合同的按合同确定的价格执行，未签订合同的电煤，在8%的幅度内由供需双方协商确定。结果是：之前电力企业与煤炭企业签订的中长期合同现在很难执行，煤炭企业提出中长期合同中的价格应根据现价再核定，接近市场价格才能接受；电方不同意，因为电价不能跟着提高。原则提出的8%的涨价幅度亦难履行。煤炭衔接会上，煤电双方很难衔接，计划内电煤签约率像往年一样继续下降。

由于仍把电煤价格增长控制在8%，计划内电煤的合同能否被顺利执行难以保证，这就为2005年的电厂的正常运营埋下了隐患。中国煤炭净出口量近两年来迅速减少，煤炭价格基本与国际市场接轨。预计2005年国际市场煤炭价格将进一步上涨20%左右。2005年中国新增煤炭产量约1.5亿t，全年原煤产量将超过20亿t，而煤炭需求可能超过21亿t，供应缺口大约是8000万t。不难预测，中国煤炭价格上涨会超过8%。煤电之争事实上反映了煤的供求关系以及电价机制问题。双方都有充分的理由。对煤方来说，能卖高为什么要卖低？电厂虽然是大主顾，但由于电煤价格低，不再是煤方的供应首选；对电方来说，由于电价不能涨，买高了利润下降。既然电厂无论如何是煤的大主顾，煤电合同仍会执行，但不会执行得很

好，也很难保证电煤质量。高差价会使煤矿多发市场价煤，对计划内电煤则可能有煤不给、故意少发或迟发。2003年电煤质量下降问题已开始显露，至2004年这一现象进一步扩大，发电用煤的热值下降造成的损失目前还难以估计，但电力企业无疑将为此付出代价。电厂的燃煤锅炉是根据电煤质量而设计的，煤质下降会导致一系列后果，如机组检修成本增大和煤耗增加等。这样，电厂因计划内电煤合同无法顺利执行而遭受的损失可能大于从电煤限价中得到的好处。因此，限制性的“煤电联动”表面上是为了衔接“市场煤”和“计划电”，解决计划内电煤合同的执行，但由于其限制性，仍难保证计划内电煤合同的顺利执行。

（二）“双轨制”的改革选择

“煤电联动”，但把计划内电煤价的涨幅控制在一定范围，在煤炭需求大于供给的情况下，并不能保证电煤合同的顺利执行。只有当计划内电煤价与市场煤价接近或一致，电煤合同才可顺利执行。这有两种选择：选择一，政府可以像控制电价一样控制煤价，使“计划内外”的煤价一致，就可以确保煤电合同的顺利执行。但是，控制煤价是煤炭市场化改革的倒退。煤炭市场化改革的进程不能逆转，这是共识。计划内电煤价最终要与市场价并轨，争论的焦点只是何时到位，一步到位还是逐步到位。选择二，不控制计划内电煤价，让其与市场价并轨，由供求关系决定，同时也适当调高电价。选择二的可行性是基于如下几个考虑。

（1）涨电价会使消费者不高兴，缺电会使消费者更不高兴。政府从社会安定，减少经济波动出发希望稳步操作“煤电联动”，本身没有错。但是，计划内电煤合同不能顺利执行而导致的缺电对社会稳定性和投资环境的不良影响是众所周知的。其次，如果把全国当成一个整体，计划内电煤价与市场价并轨导致的煤电涨价所造成的是各个利益集团的利益再分配，但缺电所造成的损失则是国民经济的净损失。电力短缺对经济增长的负面影响显然高于煤电涨价的负面影响。再次，短缺为计划内电煤价最终与市场价并轨提供了一个好时机。当短缺时，消费者总是比较容易理解并接受涨价。因此，应该利用时机理顺煤价，加速煤炭市场化改革。

（2）目前电煤的市场价和计划内电煤价的差价平均大约在15%（40元左右）。通过建立一个简单的电力企业财务模型进行测算，计划内电煤价与市场价并轨后，平均每度电的上网电价需上涨6%，零售电价上涨3%。因为计划内电煤只是电煤年总消耗量的30%，平均每度电的上网电价只需上涨2%。而且根据“煤电联动”原则，煤价涨幅的30%由发电企业承担，只有70%反映为电价上调。这样，以2004年平均上网电价每度电0.33元计，并轨大约只需平均上网电价每千瓦时电上调0.5分。因此，并轨对上网电价影响不会太大。

（3）不完善的煤炭价格机制造成的扭曲，不仅造成煤炭行业的效率损失、增加政府财政负担和评价煤炭企业经营成果的难度，也间接导致其他行业能源使用的浪费，增加国民经济结构调整的难度。煤炭完全市场化使价格成为有效的短期工具，在煤短缺的情况下，煤价升高能够抑制需求，增加煤供给。

（三）“双轨制”改革的影响

“双轨制”并轨的短期影响意味着利益集团的利益再分配。“双轨制”并轨本身对整体煤炭价格短期上涨的影响不会很大，但煤炭企业的收入会由此增加近120亿元。根据“煤电联动”原则，发电企业承担煤价涨幅的30%，大约在40亿元。并轨将使每千瓦时电平均上网电价上调0.5分，基本由下游工业企业承担（80亿元的电力费用）。由于对后续行业成本上涨的影响不大，并轨不会由此引起宏观经济大的起伏。当然，这里的计算仅限在“双轨制”并轨的短期影响，不包括整体煤炭价格由于供需不平衡而上涨的影响。

煤炭企业显然需要煤价上升来增加企业积累和投资安全设备，近5年（1998～2003年），煤炭行业的净资产利润率只有2.6%，其中1998年和1999年为负利润率，即便是煤炭价格最好的2004年，行业净资产利润率也只有6.0%。长期以来，煤炭价格过低使煤矿的退出成本不能从中得到反映。煤矿会因资源枯竭而关闭，关闭前企业需要大量资金用于转产和人员安置，这些费用必须预先提取计入成本，否则所需资金没有来源。所以，煤炭价格不仅应包括生产耗费，确保合理的投资收益率，而且必须包括资源、煤矿退出、发展和环境成本等，这是煤炭工业可持续发展的前提。2003年和2004年满负荷和超负荷生产状态使煤炭安全生产缺乏基本保障。据统计，2004年全国煤炭产量的61%的生产能力具备安全生产条件；20%需要进行安全系统改造，8%的安全状况不达标；还有11%不具备基本安全生产条件需要关闭。此外，生态环境压力凸现。主要煤炭产区水土流失和土地荒漠化严重，泥石流、滑坡等地质灾害频繁，植被覆盖率低，生态环境十分脆弱，采煤沉陷问题突出。这些严重影响了煤炭开发和区域经济的发展。

“双轨制”并轨对整体煤炭价格中长期的影响有可能是中性。第一，目前煤炭交易中间环节的费用占到终端煤价的50%～70%。如果理顺电煤价可以减少缺煤的预期，且有益于交易秩序的整顿，并轨可以减少中间环节费用，降低终端煤价。第二，近期煤价的上升不是因为煤炭生产成本的增加，而是煤炭需求增加所造成的。煤价涨上去会引导投资很快地进入可盈利的煤矿生产能力建设项目。如2004年，煤炭行业固定资产投资达到85亿美元，同比增长60.8%，远远高于全社会固定资产投资增速和工业投资增速。煤价的上涨还会刺激煤炭生产。2005年1月份中国原煤产量同比增加达33.4%。在目前的供需情况下，产量提高至少会减轻煤价进一步上涨的压力。第三，理顺煤价可以更有效地引导煤炭投资，提高煤炭行业的效率也可以起到降低煤价或缓解煤价上涨压力的作用。最后，电厂是最大的煤用户，并轨后总是可以讨价还价取得低于市场的煤炭价格。

长期看来，今后几年燃煤火电装机大幅增加将导致煤炭长期需求大幅增长，这是当前大批火电项目在建的必然结果。中国2004年燃煤火电装机为3.25亿kW（美国2003年为3.36亿kW）。到2007年，中国燃煤火电装机可能达到5.3亿kW，到2010年可能达到6.5亿kW，是目前美国燃煤火电装机的近两倍。中国电煤消费量2000年是5亿多t，至2004年已接近10亿t，除非采取措施减低煤消费量，否则到2010年可能接近20亿t。从供应方面说，近年来各类煤矿大多数处于满负荷和超负荷生产状态，虽然煤价上涨会使投资迅速进入煤矿生产能力建设，但短期与中期的煤炭供需将仍会是供不应求。

并轨将使煤炭市场化改革上一个新台阶。尽管并轨对整体煤炭价格影响可能是中性，煤炭需求大幅增长的预期将继续对煤价上涨形成压力，最终导致后续行业成本上涨和通货膨胀。政府应尽量减轻煤价上涨压力。首要措施就是保证煤炭运输，运输不畅会增加煤炭终端价格上涨压力。其二，减少煤炭经营中间环节，可使煤炭终端价格下降。如果严格实施2005年颁布的《煤炭经营监管办法》，可以规范煤炭经营和交易。政府鼓励可循环经济发展也会使单位产品的能耗下降，从而使煤炭需求下降。最后，为保证中国煤炭长期稳定安全供应能力，需要政府加强资源和行业管理。中国的煤炭行业集中度很低，现有各类煤炭企业已达2.63万家。2004年乡镇小煤矿产量及增幅虽然都比较高（分别占全国的35%和60%），但企业普遍存在技术与管理水平差、生产效率低、经营成本高等问题。因此，政府应该鼓励规模生产，加强安全生产，尽快扭转上述局面。

六、能源的统一协调和管理以及机构改革

电力是整个能源需求和供给的一个部分，它与其他能源不仅是替代关系，还是协调发展的关系。一个有效的能源战略及与此相对应的能源规划是解决未来电力发展，乃至能源安全危机的关键，内容包括建立能源供需预警系统，制定能源战略和规划，在能源定价中把环境影响内部化，逐步使价格反映成本，通过提高能源价格来降低能源需求，促进节能等等。还要考虑，煤炭部门发展有赖于大型煤矿提高效率和煤炭生产安全，电力生产现状必须改进和更多的使用清洁煤技术，理顺煤炭价格、煤电必须真正联动以保证其可实施性。能源储备已成当务之急，在支持经济长期稳定发展的同时，应尽量减少能源利用带来的环境污染。

中国国家级能源管理机构几经改革。1988年七届全国人大一次会议决定撤销煤炭部、石油部和水利电力部，成立能源部；1993年八届全国人大一次会议决定撤销能源部，重组煤炭部、电力部；九届全国人大一次会议决定撤销煤炭部、电力部，组建国家煤炭工业局、国家石油化学工业局；2001年撤销国家煤炭工业局、国家石油化学工业局。能源管理部门多次并撤，使中央一级的能源管理机构一直较为分散，原国家计委、原国家经贸委、水利部、农业部等部委都担负着相关的能源管理职能。其分工大致为，国家计委负责能源产业总的综合平衡、重大政策的制定、投资决策以及重大问题的协调；国家经贸委负责煤炭、电力、石油等行业归口管理和能源技改、能源节约管理；水利部归口管理水利系统的以防洪、灌溉、供水为主的水电站；科技部负有能源科技管理职能；农业部负责农村能源以及可再生能源管理。与此同时，由于体制改革尚未完全到位，国家电力公司、石油天然气总公司、石化集团公司等国家级能源公司还执行着部分行业管理任务。2003年3月，按照国务院新的机构改革方案，在新组建的国家发展与改革委员会中设立了能源局。这个由原国家计委、国家经贸委等有关司局调整组成的能源局，是一个国家级的能源综合管理机构，基本职能是研究和制订国家能源发展战略、规划和政策法规，指导和协调能源产业发展，审定和监管关系国计民生的能源价格，对能源实行战略管理等。

（一）中国的能源电力消费是一个增长与增长速度的选择问题

中国目前的收入是人均1270美元，到中等收入的3000美元，按经济增长速度约7%～8%，估计需要15年。其间由于基础设施建设和城市化的需求，经济结构工业的重工化仍然不可避免。根据世界银行统计，2002年世界高收入国家城市化率平均为75%，中等收入国家为62%。从1999年以来，中国的重工业生产增长一直快于轻工业生产，2004年这一特点更加明显，重工业生产增长速度比轻工业高出约6%。这一轮的重化工业快速增长是在房地产以及汽车等消费推动下而发生的。2004年全世界50%以上的水泥消耗在中国。2004年中国的城市化率大约

40%。到2020年，如按政府的小康社会标准，中国的城市化率将达到50%，就必须为近1.5亿人口的城市化提供相关的一切设施。如按中等收入国家城平均市化率，那么，就必须为近3亿人口的城市化提供相关的一切设施。这样，中国现在是一个大工地，很长一段时间内中国仍将是一个大工地。这就是中国国情。

其实，只要看看中国的城市化过程以及与城市化相关的一切便利所需的钢筋与水泥以及相对应的能源要求，就知道中国处于高耗能的经济增长阶段，也就是所谓重工业化增长。2004年电力增长是GDP增长的1.6倍，工业用电占全社会用电量的74.8%。但是，这种情况并不能说明电力短缺问题在于工业结构不合理，高能耗工业过多。近年来高耗能行业新开工项目的确比较多，特别是钢铁、电解铝和水泥行业。这种情况也说明不了这些行业过度扩张，投资或结构不合理。这些行业已基本市场化，增加投资是因为有明显的市场导向，尤其是价格的不断上涨是需求增长的体现，不一定是盲目扩张。至于低水平，落后工艺生产扩张现象，例如中国生产1t钢铁的能耗，要比国外能耗高出20%～30%，是一个工业环保政策的问题。这些行业的低水平扩张和粗放经营既浪费资源也增加各地的工业污染，政府可以用相应的工业环保政策来约束（例如提高准入门槛和调整产品结构）。此外，由于人力成本低，世界加工制造业中心正加速向中国转移；中国的内贸与外贸比例持续下降，外贸不断增大，但外贸增长方式粗放，附加值不高，资源消耗大。这样，快速消耗中国能源的，就不止是13亿的中国人。因此，中国的能源供给能否支持这种高耗能的增长模式，是一个增长方式与增长速度的选择问题。

（二）中国能源需求的长期关系

林伯强（2001）应用协整和误差修正模型技术深入研究了中国能源需求的决定因素。文中的向量由4个变量构成，即中国t年的能源消费量Q_t，收入变量Y_t（GDP），能源价格P_t和重工业在GDP中的份额M_t。M_t是一个反映结构变化的指标。根据需求理论，将GDP和价格变量包括在向量中。而将变量M_t包括在向量X_t中，主要是考虑到重工业是中国传统的主要能源消费行业。例如在1985～1993年期间，重工业的能源消费量占全国能源消费总量的53%。在计划经济时代，中国采取重工业优先发展战略。重工业一直是能源消费大户。总能源消费量由4种能源消费组成：煤、原油、电力和天然气。检验结果表明系统中存在唯一的协整向量，即变量之间存在唯一的长期均衡关系：

$$LQ_t = 3.3506 + 0.8828LY_t - 0.4645LP_t + 0.8469LM_t$$
$$(38.28) \quad (-11.51) \quad (18.45)$$

括号内数值是t检验值。协整检验结果表明：能源总需求、GDP、能源价格及结构之间存在长期均衡关系，能源需求的长期收入弹性是0.88、长期价格弹性为负0.46、长期结构变化弹性是0.85。不仅价格和收入是能源需求的重要决定因素，而且，用来反映结构变化的GDP中的重工业份额也是一个显著的需求决定因素。研究还发现，与其他国家相比，中国能源需求的收入弹性较低，而价格弹性较高。

该研究的重要启示是：其一，能源价格可以是一种有效的抑制需求增加的工具。中国低能源价格是以严重的污染问题及由此而来的健康问题为代价的。对政府来说，要维持一个较低的能源价格水平是一种挑战，保持低能源价格和鼓励高效率经常是一个两难的选择。中国能源资源比较丰富，但需求巨大。由于中国的人均能源消耗和人均收入都较低，尽管目前需求巨大，仍只是大量耗能的开始。加之资源管理工作滞后，资源破坏和浪费严重，导致资源紧张局面日益加剧。能源供给及其环境影响将是中国经济发展的“瓶颈”。因此，中国低能源价格是不可持续的，需要提高能源价格以减轻能源需求增长和环保压力。其二，用来反映结构变化的GDP中的重工业份额也是一个显著的需求决定因素。如上所述，中国重化工业发展是一个增长方式与增长速度的选择问题。

（三）能源是中国经济增长的“硬约束”，需要有效的长期战略和规划

重化工业发展的特点是能耗大。中国已经成为世界第一大煤炭消耗国，第一大铁矿石消耗国，第二大石油消耗国。以煤炭为例，4年前，中国煤炭经济可采储量还够挖100年。现在算就只够挖50年。2004年中国原油消费量为2.92亿t，增长率假定为7%左右，2005年原油消费量预计为3.13亿t，预计中国石油产量在1.8亿t，石油的进口依存度2005年就将达到43%。由于资源有限和影响环境，作为一个经济行业，能源最可能成为中国经济增长“硬约束”。中国人均煤炭、石油、天然气资源量分别为世界平均水平的60%、10%和5%。能源供应紧张局面必然日趋严重。政府已把节能作为头等大事，中国能源危机的概念开始形成。

当然，能源需求不可能长期高速增长。经济增长的结构会慢慢改变。政府节能措施和鼓励可循环经济发展也会使单位产品的能耗下降。然而，当能源需求基数达到一定水平，小幅增长也会是巨大的绝对数增长。例如电力行业，到2010年，装机可能达到8亿kW。以此为需求基数作粗略计算；假定GDP按8%增长，用本人2003年估计的长期电力GDP弹性系数的0.8（低于能源需求的长期收入弹性），那么，估

计年新增发电能力也需要 5000 万 kW。这个比喻对煤炭、石油和天然气需求都同样有效。到那时，对中国来说，即使需求不高速增长，需求总量也会超过可供能源资源，高位能源价格会由此逐渐形成。石油进口依存成为国家安全问题，越来越多的国有石油公司跨出国门。中国将不得不因为石油安全问题而更多地卷入国际政治之中。这些都会成为现实，除非经济增长出问题，而这是我们所不愿预测的。中国的能源问题现在已经很明显，假定经济大环境不变，到了 2010 年，当石油的进口依存度达到 50%，煤炭消费占世界总煤炭消费的 50%，中国的能源问题就是一个世界性的问题。

中国是发展中国家，节能潜力巨大，但任重道远。自 1978 年改革开放以来，中国的能源强度以平均每年 4%的速率下降，但下降速度近年来明显减慢。能源专家则将此归功于节能措施和经济结构改变。刘世锦在 2004 年曾提出“在 20 世纪最后 20 年，中国 GDP 翻两番，而能源生产（消费）只翻了一番。在新世纪实现全面建设小康社会目标的过程中，能否重复这一‘奇迹’”。首先，中国的经济结构一直是重工化，20 年中变化不大。其次，中国的能源强度下降与节能措施和其他经济发展因素有关系，但能源强度下降主要与现代工业采用的新技术设备相关。因此，这不是一个“奇迹”，是传统工业过渡到现代工业的必然。以电力为例，中国的大量电力投资是近十几年完成的，采用的技术都接近国际水平，能源消耗随着新技术设备的采用而大幅下降。最后，假定这是一个“奇迹”，这就是一个必需实现的“奇迹”。因为即使实现了，中国的能源问题仍然巨大。按年 7%的增长速度，到 2020 年 GDP 可再翻两番。中国 2005 年将烧 20 多亿 t 的煤，按能源只翻一番和能源结构大至不变，2020 年就需要 40 多亿 t 的煤。而 2003 年全世界煤炭总产量只有 49.2 亿 t。根据国际通行的划分标准，中国现有煤炭经济可开发剩余可采储量也只有 1145 亿 t。同时，石油总消费量到 2020 年将超过 6 亿 t，石油的进口依存度达到 70%。经过 20 多年的改革开放，中国从传统工业到现代工业的过渡已基本完成。进一步降低能源强度会变得更加困难，需要中国政府运用法律、政策、标准、经济及行政等手段和更具体的节能措施来促进节能与优化能源结构。

中国的能源问题有多大，环境问题也有多大。全球都面临着资源短缺和环境污染问题。由于人口多和经济增长快，中国的资源短缺和环境问题会更加突出。重化工业的特点是能耗大，能耗大对环境影响也大。中国经济发展与环境资源冲突也必然日益严重。能源危机和环境污染在未来的许多年将会经常出现在政府报告和媒体报道中，这是中国发展不得不面对的现实问题。如大量的电力项目一定会影响环境，火电和水电都如此。2003 年美国的燃煤电厂占总装机容量的 32.5%，而中国的这一比重高达 75%。2004 年底估计只有不到 10%的燃煤电厂使用脱硫设置。燃煤造成的酸雨危害健康、腐蚀建筑物、破坏生态系统，每年给中国造成的经济损失超过 1100 亿元。由于环保造成的经济损失（外在性成本）一般不包含在能源价格中，这导致能源的“过度使用”。中国煤炭消费量由 2001 年的 12 亿多吨快速增长至 2004 年的 19 亿多吨。鉴于中国能源结构，以煤为主要能源的状况将持续下去。由于对煤炭的严重依赖，2004 年全国主要城市中有 60%未能达到二级空气质量标准。电厂造成的环境问题也突出，SO_2 排放未得到有效控制。世界各国（地区）环境质量的“环境可持续指数”（ESl）显示，全球 144 个国家和地区中，中国位列第 133 位。此外，《京都议定书》的生效会给中国带来很大的中长期环境保护压力。只有严格执行污染排放标准，建立排放交易，使能源价格体现环境成本，从而达到资源优化配置，将环境污染控制在最低限度。

中国必须在宏观上进一步对能源进行有效的中长期规划管理，尤其在能源储量保障、需求预测、利用效率、能源利用与经济结构的关系等方面。分析问题产生的原因以及中国面临的国际和国内能源供应环境，把能源作为国家安全和经济可持续发展的保证来制定国家能源战略，并积极推动和实施这个战略。还需要加快能源安全方面的立法，加强宏观调控，尤其在能源供应出现紧急情况时，对能源安全进行有效管理。这就需要一个国家级能源管理机构作为机构保证。

目前国家发改委的能源局就是一个综合主管石油、煤炭、电力、新能源和可再生能源的机构。但是整个能源局只有 30 个行政编制，与美国能源部的 4000 人（全国近 1.3 万人，年经费预算近 240 亿美元）的规模相比显得力量单薄。中国是世界第二大能源消费国，能源需求高速增长。由于人口基数大，能源人均消费低（约为美国的 1/10），产业结构与经济增长速度等原因，以现在的能源消费规模，中国的能源问题会比美国还大。所以，国家级能源管理机构必须有充足的人员和对各种能源协调发展的充分权限。并将其职能定位于能源政策的制定，能源总量平衡与能源安全，宏观调控，中长期能源规划，进行国际能源合作等方面。这一机构对中国能源和经济的可持续发展有重要影响。这个国家级能源管理机构能比目前国家发改委更集中、专业、方便地考虑能源问题。不同于国资委，它不直接参与对能源部门的国有资产的管理。

之前有人担心加强国家级能源管理机构会出现一个强势的综合管理机构。现在看来，中国能源对经济的“硬约束”，正需要一个强势的综合管理机构对整个能源产业的综合协调和宏观调控，以及与其他国民经济各部门进行协调。此外，还有人担心这样一个机构可能对能源企业行成新的“紧箍咒”。由于能源各行业大都已商业化运营，能源市场的竞争已逐步形成（至少煤与石油），只要定位清楚，综合管理机构不应过多地去介入商业运营管理。最后，有人担心一个大的综合性能源机构会使中央机构膨胀。中国的中央一级机构改革，有个误区，即认为人少就是效率。其实不然，随着中国经济总量的增大，宏观决策的成功与失败，甚至小偏差，都有巨大的经济价值。如由于人员少而无法对经济运行中出现的问题及时纠正解决，其成本是巨大的。

除了有机构保证外，充分的能源经济的研究是能源战略和规划的必需条件。长期以来，由于中国能源消费总量相对于储存量来说很小，能源似乎是无穷无尽，能源问题主要是利用的问题，能源研究在中国也主要是能源开发和利用研究。当能源消费总量明显地受到储存量约束，也就是经济的稀缺性明显体现时，中国的能源问题主要就是经济问题了，如需求预测与规划，资源优化配置，经济增长模式和速度与能源需求的关系等。做好前瞻性的需求预测是规划关键，因此必需有大规模的能源经济研究。例如对于能源大省的山西，研究如何管好煤（准入，开发权，税收），挖好煤（安全和规模生产，煤炭回收率），卖好煤（市场运营），可能比研究煤的开发利用要重要。

七、结论

本文论述了目前电力行业改革对电力发展的局限性以及配套改革的重要性，并提出了改革建议。本文的主要结论如下：

（1）必须最小化改革挫折的影响。电力市场改革应有利于资源的优化配置。推进全国联网，当局部发生电力短缺时，可以在缺电省和富电省之间进行电量的有效规模性调度。

（2）必须充分考虑与电力市场改革的配套改革。电价改革、国企改革、煤价改革、能源机构改革都直接或间接地影响电力市场改革，没有相应到位的配套改革，电力市场改革本身走不了太远。

（3）相对于大量新增的发电能力，电网必须相应增加投资。不然会成为今后几年电力行业与经济发展的“瓶颈”。理顺并建立合理透明的电网价格是近期电价改革的重点。由于目前中国居民用电占用电总额份额太小，政府考虑到承受能力以及社会稳定，逐步提高居民电价的做法是正确的。

（4）电力过剩虽然是浪费，以中国的经济增长对电力的需求，过剩只要 2 年可消化。可是如从环保和资源优化配置方面看，不该上的项目上了，这些项目则可能对所在地区的经济和整体生态环境带来严重的破坏，影响将达 30～50 年，或更长。2007 年电力装机过剩并不排除电力由“硬短缺”转为“软短缺”的可能性。

（5）短缺为电煤价最终与市场价并轨提供了一个好时机。并轨不会由此引起宏观经济大的起伏，而将使煤炭市场化改革上一个新台阶。尽管并轨对整体煤炭价格影响可能是中性，煤炭需求大幅增长的预期将继续对煤价上涨形成压力，最终导致后续行业成本上涨和通货膨胀。政府应尽量减轻煤价上涨压力。重要措施就是保证煤炭运输和减少煤炭经营中间环节。

（6）对中国来说，即使需求不高速增长，需求总量也会超过可供能源资源。中国的节能任重道远。进一步降低能源强度会变得更加困难，需要中国政府运用法律、政策、标准、经济及行政等手段和更具体的节能措施来促进节能与优化能源结构。全球共同面对着资源短缺和环境污染问题，由于人口多和经济增长快，中国的资源短缺和环境问题会更加突出。中国的能源问题有多大，环境问题也有多大。中国低能源价格是不可持续的，需要提高能源价格以抑制能源需求增长、减轻环保压力。

（7）能源是中国经济增长的“硬约束”，需要有效的长期战略和规划。这需要一个国家级能源管理机构为机构保证。开展充分的能源经济研究是能源战略和规划的必须条件。

国有电力资产布局结构调整战略研究

——罗斌　柴高峰　彭绍宗

国有经济的布局结构问题是改革开放以来谈论较多的话题，也出现了许多有价值的研究成果。总体看，目前的相关研究大多体现在国有经济整体布局的层面上，具体行业的国有经济布局结构问题涉及较少。各个行业都存在主要环节和次要环节，即使国有经济重点退出的行业，在某些影响行业发展大局的关键环节仍然需要国有经济适当进入；而国有经济重点进入的行业，也存在可以适当退出的部分次要环节。因此，行业国有经济布局结构的调整，是国有经济布局结构调整的重要组成部分。2002 年底，我国电力蒸汽热水生产供应业资产合计约 22304 亿元，居国内各行业首位。电力资产占全国资产的比重由1999年的13.39%上升至2002年的15.25%，但电力资产的效率和效益呈下降趋势。如电力产值的比重由1999年的5.5%下降至2000年的5.3%；2002年电力资产利润率为2.58%，与煤炭、石油、纺织、化工、冶金、电子通信设备、机械行业相比，仅高于煤炭行业。目前电力资产中绝大部分是国有资产，如2003年底，仅中央电力企业中，两大电网公司，五大发电集团、四家辅业集团、中国三峡总公司和中广核的资产就达20193.10亿元。因此，国有电力资产布局结构的优化，对优化我国电力工业整体布局，提高国有电力资产和国有资产整体素质具有重要意义。

一、目前我国电力工业布局结构存在的主要问题

1. 电源结构及布局不合理

主要表现在：①结构上，煤电比例高，水能资源没有得到充分开发利用，目前开发利用率只有25%左右，且调节性能好的大型水电站比重小；核电装机比重约1.6%，发展严重滞后。②常规小火电机组比例过大。如目前12.5万kW以下机组约占总装机容量的1/3，平均单机容量只有约5.5万kW，洁净煤发电、核电、超临界机组等先进技术应用还处于起步阶段，整体技术水平较低，供电煤耗约380g/kWh，比发达国家高60g/kWh左右。③电源布局不合理，西部水火电资源开发滞后。我国西部可开发水电资源丰富，但目前实际开发率低于全国平均水平。西部矿区、坑口电站的开发建设也相对迟缓，如陕北煤电基地基本没有得到开发，山西、蒙西、贵州等地的煤电开发水平也较低等。④具有较好调峰能力的燃气机组、抽水蓄能机组和多年调节能力的水电机组整体比例较小，导致整体调峰能力不足等。

2. 电网和电源的发展不协调

目前我国电网建设明显滞后，已经成为电力工业发展的“瓶颈”。电网建设相对电源建设的滞后可以从前10年的相关数据中看出。1991～1995年，电源装机年均增长率9.5%，输电线路年均增长率只有4.5%。1996～2000年，虽然电网建设适当提高了速度，但仍然低于电源建设速度，电源装机年均增长8.1%，输电线路年均增长仅为5.1%。此外，我国的电力资源分布与电力负荷中心的分布很不匹配，客观上也要求通过加大跨区域输电能力，实现在全国范围内电力资源优化配置。随着全国联网进程的加快，电网建设的紧迫性将更为突出。

3. 电力市场竞争结构有待优化

目前国内电力行业总体上讲属于高度垄断和存在高进入和退出壁垒的行业。电网领域还没有放开，作为自然垄断行业市场集中度偏高是可以理解的（目前两大电网公司的市场占有率超过80%），但政府的干预和限制过多、行业进入和退出壁垒较高，资产结构过于单一等问题，对行业和企业的正常发展及其规范运作产生了较大影响。发电行业目前开放程相对较高，五大发电集团的国内市场占有率约36%，且第一家市场占有率小于10%，整体讲市场集中度是不高的，但现行电价机制尚不完善、区域市场壁垒还没完全消除、项目行政审批程序不很透明等问题，影响了竞争机制的有效引入和行业的正常发展。值得注意的是，目前电力行业的一些辅业开放不够，市场集中度很高，如工程设计和咨询行业的第一家主业市场占有率均超过60%，而且有些还存在业务资质审批等进入壁垒。此外，电网企业和发电企业还存在主辅分离工作进展缓慢、社会负担沉重等问题。

4. 产权结构有待优化

目前我国的电网行业产权结构单一，大型发电集团的公司制改造处于起步阶段，电力咨询业的公司制改造工作还没有实质性启动。虽然电网是自然垄断性行业，国家政策上要求国有资本绝对控股，但并不一定要产权单一，相反，在控股条件下实现产权多元化，有利于促进电网企业管理规范化和解决发展资金不足问题。至于发电行业和电力辅助性行业，除了应该实现产权多元化外，还应该将产权结构合理化和产权机制科学化作为努力方向。

5. 国有电力资产在电力行业中的布局有待优化

虽然电力行业是国家的经济命脉，是国有经济进入和控制的重要领域，但并不是所有环节都要控制，实质上国有资本也没有能力长期满足电力工业对资本的广泛需求。相反，涉及面过广会影响国有经济对电力行业的控制效率和整体效益。目前国有经济在电力工业中分布过广，可以说涉及到了每个环节，有必要通过布局结构调整进一步突出投入重点和提高控制效率。电力体制改革的深化也要求从整体上调整国有经济在电力行业的地位、作用与功能，充分发挥国有经济和国有电力企业对电力行业发展的带动作用。无论是通过促进企业技术进步、拓宽企业筹资渠道等手段来提高国有电力企业的竞争实力，还是通过转换企业经营机制、加快企业现代企业制度建设、改良电力行业发展环境等手段，来解决影响我国电力行业和电力企业发展的深层次问题，都要求我们优化和调整国有电力资产的布局结构。

二、国有电力资产布局结构调整的方向和总体目标

十六大、十六届三中全会为实施国有资产布局结构调整提供了基本依据和原则性思路。结合考虑国

务院关于电力体制改革的精神、电力工业结构布局目前存在的主要问题及电力行业的一些相关发展政策，我们认为国有电力资产布局结构调整的总体方向应该是："在逐步推进体制创新条件下，加大电网投入和电源选择投入，辅业逐步退出"。总体目标应该是："通过资金投向、政策和体制等方面的优化和调整，明显提高电网资产的比重，提高水电、核电等清洁能源资产的比重，提高煤耗低、效率高、高参数的大容量机组的发电资产比重，且逐步在电力行业打破垄断，引入竞争，消除影响国有电力资产合理流动的障碍"。因为电网是自然垄断业务，是电力工业的核心环节，加强输配电投入有利于提高国有经济对电力行业的控制力。电源选择投入，是因为目前部分电源项目没有完全开放，或有些项目虽然开放了，但非国有资本进入存在较大难度，如资金实力不够、政策不到位或具有不确定性等，这些项目需要通过国家组织协调与推进。如核电、大型水电和煤电基地、保证供电安全的调峰调频电厂等。辅业逐步退出，是因为辅业是纯竞争性领域，国有资产稳步退出有利于强化主业和降低国有电力资本的风险。推进电力行业体制创新和机制创新，消除影响国有电力资产合理流动的障碍，是顺利实施国有电力资产布局结构调整的前提。

三、国有电力资产布局结构调整的重点内容和实施方案

根据上述调整方向和总体目标，考虑电力行业不同业务环节的特点和地位，我们认为国有电力资产的布局结构调整应重点涉及以下具体内容：

1. 体制创新方面，应该以改善电力工业发展环境、促进企业完善治理结构和创新经营机制为主要内容

在改善环境方面：出台一些有利于促进完善企业治理结构、改革管理体制，和建立公平电力市场竞争环境的配套政策和措施。如：减少非国有资本进入电力行业的政策性限制；改进政府对中央电力企业的管理方式，对政府在电力行业中的管理职能正确定位；出台鼓励国有电力企业（包括电网企业）进入资本市场的政策；改革现行电价政策，建立市场形成与政府监管相结合的电价形成机制，充分发挥价格对电力资源的配置作用；加紧修改电力法，健全市场监管体系和规范电力市场行为等。在完善治理结构和机制创新方面：要求企业按照现代企业制度要求，促进企业进行公司制改造，建立权力机构、决策机构、监督机构和经营管理者之间的制衡机制；促进企业按《公司法》要求进一步完善以资本为纽带的母子公司体制，建立规范的公司法人治理结构；促进电力企业投资主体多元化，加快股份制改造步伐，使股份制成为国有电力企业的主要实现形式；推进企业三项制度改革，建立以激励为基础的企业经营机制等。

2. 在国有电力资产布局的总体优化方面，应该进一步明确国有电力资产投入和退出的重点领域

从电力工业各环节在电力工业中的地位和作用，以及国家关于国有资产布局调整和电力体制改革的方向看，我们认为国有电力资产重点投入的领域应该是：输电、配电、以大型水电核电为代表的清洁能源、大型煤电基地、电力行业的重要科研和规划领域。重点退出的领域应该是：纯竞争性电力辅助业务（如工程设计、建设等）、不符合产业发展方向的电源项目和能够通过法律政策等手段有效控制的常规电源项目。

当然，具体调整过程中应该注意各环节发展的协调和稳定，鼓励地方资本、外资和民间资本参与国有电力资产的布局结构调整。因为目前多数电力企业都存在发展资金不足问题，在国有电力资产结构调整的同时，应该在非投资重点或需要逐步退出的领域扩大对内对外开放，以便相关行业或企业通过其他途径解决资金问题。即使在国有电力资产需要重点投入的领域，也有必要根据不同情况适当引入非国有资本，以提高控制能力和效率。具体讲：对于电网企业，应该允许在中央控股条件下引入非国有资本，部分农村电网甚至可根据条件放弃中央控股权；对于电源企业，可充分扩大企业融资的自主权，对新增发电项目应该尽可能吸收非国有资本，且企业可根据需要自主决定是否控股；对于辅助性企业，应该积极推动企业实现投资主体多元化，甚至可以逐步退出。

3. 在国有电网资产结构优化方面，应该进一步分析国有电网资产优先进入的次序

从电网各环节对电力工业的整体发展和供电安全，以及对国民经济发展的影响看，我们认为优化国有电网资产结构具体可从以下方面考虑：第一，优先确保输电和大城市配电的投资需求。因为输电是对整个电力工业发展具有拉动作用，促进电力资源优化配置，关系电力工业发展全局和整体供电安全的关键环节，国有经济在这一环节保持绝对或相对垄断地位，是国家提高对电力工业控制力的必要保证。而重点城市的供电安全会对国民经济和社会产生巨大影响。第二，扶持欠发达地区农村电网的投资需求。因为欠发达地区的农村电网是长期效益和社会效益好而短期效益不显著，对非国有资本吸引力差，需要国家组织协调与推进的电网项目。第三，小城市电网和发达地区的农村电网应该适度开放，出台相关政策吸引地方国有资本和非国有资本进入。目前这部分电网资产的比重较大，在这部分有效减少国有资本投入，有利于保证电网关键环节的资金需求。

4. 在国有发电资产结构优化方面，应该从国家能源发展战略的高度，加强对重要电力资源的控制力

从投入和退出方向上讲，应将国有发电资产优先投入大型水电、核电、大型煤电基地等重要电源项目，同时，在条件成熟时稳步从常规的低值电源项目退出。因为这有利于国有电力投资项目符合国家产业发展政策和可持续发展的要求，有利于将电源结构优化与强化对重要电力资源的控制结合起来。从改革的方向上讲，电源的发展应该尽可能吸引非国有资本，因为发电领域是可以充分竞争的，对电源的控制力应该主要考虑通过法律、行政、政策等手段来实现。因此，我们认为国有发电资产的结构优化应在明确上述投入重点的基础上考虑以下思路：第一，总体讲，应适度控制发电行业新增国有资本的规模与结构，新增发电项目所需资本应主要通过吸收非国有资本、将存量资产转向新增优质项目等方式解决；第二，争取政府在税收、信贷、电价补贴等方面出台力度较大的，明显有利于清洁能源、可再生能源和新能源发展的政策；第三，尽快争取出台有利于调峰调频电厂发展的政策，如合理拉开峰谷电价差，对调频等辅助服务给予合理的电量电价补偿等。

5. 在调整国有电力辅业资产结构优化方面，应在扶持一定规划队伍和重要科研机构的基础上，通过改制重组等手段，使国有资本逐步从电力设计、施工等纯竞争领域中退出，同时打破垄断，强化竞争，以便降低电力行业的整体成本和提高相关水平

具体讲，我们认为在实施过程中应该考虑以下两点：第一，在思想观念上与国家改革方向一致，树立国有电力资产逐步退出辅业的思想。因为对纯竞争领域而言，竞争是促进行业发展和培育企业竞争力的最佳方式。第二，退出的方式和速度必须是稳步的，应该考虑改革成本、国内相关行业的稳定发展等问题。

6. 在培养龙头企业方面，应选择几家潜质好的国有电力企业作为重点扶持对象，以便尽快培育出带动电力工业发展的龙头企业和具有国际竞争力的大型电力企业集团

关于重点企业的选择标准，我们认为应该主要考虑以下因素：①企业的主营业务是否是国有经济重点进入的行业或领域；②企业对整个电力行业的控制作用，如企业拥有自然垄断业务的规模等；③企业对整个电力行业发展的带动作用，如该企业与电力行业各环节的关联度等；④企业的发展基础，如规模优势、技术优势等；⑤企业的管理水平和经济效益，如管理体制是否适应市场经济环境、经济效益是否显著等。

2006
中国电力年鉴

“十一五” 规划

国家发展和改革委主任马凯解读“十一五”规划

（2005 年 10 月）

党的十六届五中全会审议通过的《中共中央关于制定国民经济和社会发展第十一个五年规划的建议》（简称《建议》），综合考虑未来五年我国所处的发展阶段、发展趋势、发展条件和面临的矛盾与挑战，从全面建设小康社会、加快社会主义现代化建设出发，提出了符合我国国情、顺应时代要求、凝聚人民意愿的发展目标。这对于统一思想、明确方向、激昂斗志、坚定信心，促进国民经济持续快速协调健康发展和社会全面进步，具有重大意义。

“十一五”规划目标的时代背景

准确把握“十一五”时期我国发展所处的时代背景，是科学确定发展目标的前提。

“十一五”规划是党的十六大提出全面建设小康社会宏伟目标后编制的第一个五年规划。经过全党和全国各族人民的共同努力，我们胜利实现了现代化建设“三步走”战略部署的第一步、第二步目标，人民生活总体上达到小康水平。党的十六大明确了第三步战略部署的阶段性目标：在 21 世纪头 20 年，全面建设惠及十几亿人口的更高水平的小康社会，使经济更加发展、民主更加健全、科教更加进步、文化更加繁荣、社会更加和谐、人民生活更加殷实。实现全面建设小康社会的目标，要经过三个五年规划的努力。“十一五”时期，是全面建设小康社会承前启后的关键时期。“十一五”发展目标的确定，既要体现承继

前一阶段良好发展势头的要求，又要体现为后十年的发展打好基础的要求；既要与全面建设小康社会的目标相衔接，又要体现五年时期的阶段性；既要积极向上、鼓舞人心，给市场良好的预期，给人民以希望，又要实事求是、切实可行，充分考虑发展阶段和各种瓶颈约束条件，充分估计各种不确定性因素，使提出的发展目标经过努力能够实现。

"十一五"规划是党中央提出科学发展观和构建社会主义和谐社会重大战略思想后编制的第一个五年规划。科学发展观和构建社会主义和谐社会的提出，是我们党领导发展的理念和治国理念的升华。"十一五"规划必须以科学发展观统领经济社会发展全局，把科学发展观作为"一条红线"贯穿始终。发展目标的确定必须体现科学发展的要求，引导各方面转变发展观念、创新发展模式、提高发展质量，把经济社会发展转入科学发展的轨道。做到"五个突出"：按照以人为本的要求，突出人文的、社会的目标；按照统筹城乡、区域发展的要求，突出城乡和区域协调发展的目标；按照转变经济增长方式的要求，突出结构和效益的目标；按照可持续发展的要求，突出提高资源利用效率、保护生态环境的目标；按照构建社会主义和谐社会的要求，突出公共事业和公共服务的目标。

"十一五"规划是在社会主义市场经济体制初步建立但又不够完善的体制背景下编制的规划。"十一五"规划既不同于计划经济占主导地位下的规划，也不同于计划经济与市场经济两种体制胶着状态下的规划。体现社会主义市场经济体制初步建立的特征，在发展目标的选择上，就要减少主要由市场机制发挥作用、由企业自主决策的一些产品产量目标。体现社会主义市场经济体制还不够完善的特征，在发展目标的选择上，就既要把改革放在突出重要的位置，明确深化改革的阶段性目标，又要突出政府履行职责，体现政府承诺的发展目标。

"十一五"规划是在经济全球化趋势增强、我国加入世界贸易组织过渡期即将结束背景下编制的规划。我国经济与世界经济的联系日益紧密，我国的经济发展对世界经济的影响越来越大，受世界经济和国际市场波动的影响也在加大。"十一五"规划的第一年，我国加入世界贸易组织后主要产业和产品的过渡期将结束。在这种国际环境下，我们必须用更广阔的全球视野来谋划未来的发展，增强在经济全球化趋势深入发展和我国全面开放条件下谋划发展的能力，妥善应对扩大开放过程中面对的各种挑战和风险。确定的发展目标，既要体现抓住机遇、加快发展的紧迫感，又要充分考虑世界政治经济的不确定性，考虑到可能遇到的新挑战，考虑到利用两个市场、两种资源可能带来的风险。

"十一五"规划是在我国发展进入新的发展阶段背景下编制的规划。从经济发展周期看，从"十五"中期开始，我国彻底摆脱了亚洲金融危机的阴影，经济发展进入新一轮增长的上升期。同时，经济运行中也出现了一些不稳定、不健康因素，部分产业低水平盲目扩张、生产能力过剩等不良后果，在"十一五"开局之年很可能显现。确定"十一五"的发展目标，既要考虑到尽可能延续前两年增长的好势头，保持国民经济平稳较快增长；又要考虑到消化盲目扩张带来的生产能力过剩、银行不良贷款增多等不良后果，努力化解积累的矛盾和问题，引导各方面着力增强自主创新能力，推进经济结构调整，转变经济增长方式，实现又快又好的发展。

"十一五"规划目标的主要内容

《建议》指出，综合考虑未来五年我国发展趋势和条件，"十一五"时期要实现国民经济持续快速协调健康发展和社会全面进步，取得全面建设小康社会的重要阶段性进展。这是党中央对"十一五"发展目标的总要求。同时，《建议》从经济增长、资源环境、自主创新、改革开放、社会发展、人民生活和民主法制等七个方面明确了"十一五"时期的主要目标，体现了"十一五"时期的阶段性特征和落实科学发展观的基本要求。

在优化结构、提高效益和降低消耗的基础上，实现2010年人均国内生产总值比2000年翻一番。这是根据党的十五大、十六大精神，充分考虑"十五"时期发展的实际，从产出方面提出的代表性目标。国内生产总值是反映一个国家经济规模、综合实力的代表性指标，国内生产总值增长速度是确定其他发展目标的重要基础，也是制定宏观调控政策的重要依据。党的十五大和十六大明确要求，到2010年要实现国内生产总值比2000年翻一番。"十五"时期，我国年均经济增长预计将达到8.8%，超出实现国内生产总值翻一番要求的7.2%的速度。据此测算，"十一五"时期年均增长速度达到5.7%左右，就可以实现经济总量十年翻一番。这样一个目标明显偏低，不符合我国经济发展的实际。"十一五"时期，我国具备经济持续较快增长的市场空间、物质基础、体制保障和较为有利的国际环境。《建议》在国内生产总值翻一番的基础上提出了更高的目标，要求实现人均国内生产总值翻一番。考虑人口增长因素，"十一五"时期国内生产总值年均增长只要达到7.5%左右，即可实现人均国内生产总值翻一番的目标。从需求和供给条件分析，7.5%目标的实现是可能的，与"十五"时期年均增长8.8%的速度相比也是比较稳妥的。为避免单纯追求增长速度的倾向，《建议》还明确要求，实现人均国内生产总值翻一番，必须建立在优化结构、提高效益和降低消耗的基础上。

资源利用效率显著提高，单位国内生产总值能源消耗比“十五”期末降低20%左右，生态环境恶化趋势基本遏制，耕地减少过多状况得到有效控制。这是从我国土地、淡水、能源、矿产资源和环境对经济发展已构成严重制约的实际情况出发，在投入方面提出的重要目标。我国资源禀赋较差，生态环境比较脆弱，支撑经济增长的能源和重要矿产资源都严重短缺，又处于工业化和城镇化加速发展的时期，必须较大幅度地降低资源消耗，提高资源利用效率，以尽可能少的资源消耗和生态环境代价实现经济的较快发展，这样才能有效化解人口资源环境与经济发展之间的尖锐矛盾。《建议》要求，到2010年，单位国内生产总值能源消耗要比2005年降低20%左右，这意味着“十一五”时期年均节能率要达到4.4%左右。1980～2004年，我国按2000年价格计算的万元国内生产总值能耗由4.29t标准煤下降到1.58t标准煤，年均节能率为4.1%，基本是用能源消耗翻一番支撑了经济总量翻两番。虽然这几年我国能源消耗增长速度快于经济增长速度，但这并不代表我国经济发展的常态，也说明我们节约能源的潜力还很大。“十一五”时期，只要我们进一步强化能源节约的政策导向，大力调整优化产业结构，大力开发和推广应用节能技术，加强能源生产、运输、消费各环节的管理，这一目标是可以实现的。《建议》还针对这几年我国生态环境恶化趋势没有得到遏制、土地特别是耕地减少过多的情况，要求基本遏制生态环境恶化趋势，有效控制耕地减少过多状况。节能、生态环境、节地三个目标，充分体现了《建议》落实科学发展观，坚持实施可持续发展战略，加快建设资源节约型、环境友好型社会的政策导向。

形成一批拥有自主知识产权和知名品牌、国际竞争力较强的优势企业。这是把增强自主创新能力作为调整产业结构、转变增长方式的中心环节，使企业成为自主创新主体的具体体现。破解资源环境对发展的瓶颈制约，改变单纯靠资源投入、靠资金投入、靠简单劳动支撑经济发展的局面；实现产业结构由高消耗向高效率、由粗加工向精加工转变的优化升级；增强我国的国际竞争力和抗风险能力，真正自立于世界民族之林，都要求我们必须大力推进技术创新、产品创新、品牌创新、企业创新，走出一条掌握更多核心技术、拥有更多自主知识产权、涌现更多世界知名品牌的发展之路。企业是市场竞争和创造财富的主体，也是实现自主创新的主体。随着经济全球化的深入发展和科技进步，那些拥有自主知识产权和知名品牌、具有全球配置资源能力、左右世界竞争格局的跨国公司愈加成为世界经济的主导力量。我国只有形成一批这样的企业，才能适应全球经济竞争、科技竞争的形势，才能有效化解科技瓶颈和资源瓶颈制约，也才能逐步使我国的经济发展从单纯的技术引进、加工组装向自主创新、自主制造转变，从单纯依靠低价优势、数量优势向技术优势、品牌优势转变，逐步改变单纯依靠消耗资源和污染环境为代价的低端产品“世界工厂”的格局。

社会主义市场经济体制比较完善，开放型经济达到新水平，国际收支基本平衡。这是实现科学发展的必然要求和有力保障，也是实现又快又好发展的强大动力。改革开放以来，我国各领域的改革都取得了重大进展，社会主义市场经济体制初步建立。但体制机制障碍依然不同程度地制约着发展，改革不到位、体制机制不完善是经济社会发展中诸多矛盾和问题产生的重要根源。这一问题不解决，深层次的矛盾就难以化解，发展不仅难以全面和协调，而且也难以持续。我国的对外开放已经发展到把提高开放水平和质量放在更重要位置的阶段。我国具备全方位、多层次、宽领域参与经济全球化的综合优势，具备继续较大规模承接国际投资和产业转移的条件。“十一五”时期，我国对外开放面临更加复杂的国际环境，经济全球化既孕育着机遇，也潜伏着风险。近几年围绕纺织品出口、知识产权、人民币汇率、能源资源等方面的外部压力逐步加大，今后来自国际社会的技术壁垒、环境壁垒、反倾销等贸易摩擦也会增多，新的矛盾和问题还会继续出现。在这种形势下，《建议》明确“十一五”时期改革开放的阶段性目标，有利于引导各方面把工作重点转向突破体制瓶颈、转变对外贸易增长方式、提高利用外资水平上。

普及和巩固九年义务教育，城镇就业岗位持续增加，社会保障体系比较健全，贫困人口明显减少。这是针对我国社会发展中存在的四个突出问题提出的导向性目标。发展义务教育、健全社会保障、促进就业、扶贫减贫是政府应该提供的公共服务，是政府的重要职责。我国城乡、区域发展的不平衡，首先表现在生活在农村和城市的居民、居住在不同区域的人口享有的公共服务有较大差别；居民收入分配的差距，也主要在于公共服务分配不公，导致了人们参与发展的起点不公、就业机会不公。因此，健全并公平地分配公共服务，是“十一五”时期社会发展的首要任务。发展教育既是满足人的全面发展的需要，也是实现从人力资源大国向人力资本强国转变的根本途径。我国各级各类教育都取得了较快发展，但最薄弱的环节仍然是义务教育，特别是农村义务教育。尽管总体上我国已基本普及九年义务教育，但仍有部分农村地区、民族地区、农村贫困家庭子女没有完全、真正享受九年义务教育，辍学率很高。所以，普及和巩固九年义务教育仍要作为教育发展的重中之重。就业是关系人民群众切身利益的问题，也是我们要长期面对的难题。未来一个时期，我国城镇新成长劳动力、城镇下岗失业人员再就业、农村富余劳动力转移就业等三方面的压力都很大，就业矛盾十分尖锐。要坚持把促进就业放在优先位置，实施积极的就业政策，千方百计扩大就业。健全社会保障体系，既有利于扩大消费需求，使经济增长更多地建立在国内消费需求增加的基础上，也是社会稳定的基石，有利于社会和谐进步。经过多年努力，我国的社会保障体系建设已经取得了重要进展，但仍不适应保障人民群众基本生活的要求。要通过继续完善城镇职工各项保险制度、解决进城务工人员社会保障问题和积极探索建立农村最低生活保障制度等措施，逐步健全社会保障体系。扶贫减贫是政府的重要职责。我国扶贫工作取得了显著成效，贫困人口大幅度减少，但扶贫减贫的任务还相当艰巨。即使按年人均纯收入不足668元的低标准，农村绝对贫困人口仍有2610万人，全国还有2200万领取最低生活保障的城镇人口。“十一五”时期，必须进一步加大扶贫工作力度，努力减少贫困人口。

城乡居民收入水平和生活质量普遍提高，价格总水平基本稳定，居住、交通、教育、文化、卫生和环境等方面的条件有较大改善。提高城乡居民收入水平和生活质量，既要我们发展经济的根本目的，也是推动经济发展的内在动力。《建议》把人民群众的根本利益作为出发点和归宿，要求在经济发展的基础上不断提高城乡居民的收入水平和生活质量，努力改善城乡居民的居住、交通、教育、文化、卫生和环境等方面的条件。这既体现了贯彻“三个代表”重要思想，体现了坚持以人为本的科学发展观，又有很强的针对性，对提高城乡居民的消费能力、扭转经济增长过多依靠投资和出口带动的局面具有重要意义。价格总水平既是宏观调控的重要目标，也是保障人民生活水平不断提高的重要前提，必须在经济发展中稳定价格。随着人民生活从温饱型小康向全面小康迈进，城乡居民的消费需求也从传统的吃饱穿暖，转向提高居住水平，改善出行条件，丰富文化教育生活，追求环境优美等。《建议》适应城乡居民需求结构的这种变化，突出强调要改善居住、交通、教育、文化、卫生和环境等方面的条件，这既具有很强的针对性，也使发展目标更贴近百姓，有利于激发人民群众投身经济社会发展的热情。

民主法制建设和精神文明建设取得新进展，社会治安和安全生产状况进一步好转，构建和谐社会取得新进步。构建社会主义和谐社会是我们始终追求和长期奋斗的目标，也是经济社会发展的重要保障，只有经过长期奋斗、不懈努力才能逐步实现。在不同的发展阶段，和谐社会建设有不同的具体目标。社会主义民主政治建设和精神文明建设，既是中国特色社会主义事业总体布局的重要组成部分，又是推进和谐社会建设不可或缺的重要内容和营造社会和谐的重要保障。安全生产和社会治安是经济社会发展中两个十分突出的问题，涉及千家万户，关系人民切身利益，群众十分关心，党和政府也十分重视。所以，《建议》在发展目标中，着重就民主法制、精神文明、社会治安和安全生产提出了目标要求。

“十一五”规划目标的突出特点

《建议》提出的规划目标，全面体现了科学发展观和构建社会主义和谐社会两大战略思想，在目标体系、目标结构和具体内容上具有鲜明的特点。

紧扣主题。“十一五”时期是我国经济社会发展的关键时期，“十一五”规划是全面建设小康社会进程中的关键规划。确定导向清晰的发展目标，对于引导各方面更新发展理念、创新发展思路、转变发展模式至关重要。《建议》确定的发展目标，充分体现了“立足科学发展，着力自主创新，完善体制机制，促进社会和谐”的主题。紧扣立足科学发展的主题，明确了经济增长的目标，也提出了单位能源消耗降低20％的具体指标；紧扣着力自主创新的主题，明确提出要形成一批拥有自主知识产权和知名品牌、国际竞争力较强的优势企业；紧扣完善体制机制的主题，明确提出了社会主义市场经济体制比较完善、开放型经济达到新水平的目标要求；紧扣促进社会和谐的主题，明确提出了构建和谐社会取得新进步，以及民主法制和精神文明建设等方面的目标。

统筹兼顾。我国经济社会发展面临的任务，需要妥善处理的各种十分艰巨复杂的矛盾问题，在世界经济发展史上少有先例。《建议》确定的发展目标，充分体现了我们党长期坚持的统筹兼顾的思想方法。七个方面的发展目标，既反映了抓住机遇、加快发展的愿望，更体现了正视问题、科学发展的要求；既提出了经济发展目标，更突出了自主创新、资源环境、改革开放、社会和谐、人民生活等方面的目标；既符合《建议》的定位，提出了战略性、方向性的目标，也提出了两个具体的、量化的指标。特别是，既从产出方面提出了经济增长的指标，也从投入方面提出了约束性强的能耗指标。这在党中央历次制定的国民经济和社会发展规划《建议》中还是首次，表明我们党驾驭推动发展的能力更加成熟和理性。

区分功能。《建议》提出的目标按其性质和功能，分为导向性、预期性和约束性三类。导向性目标是政府希望的发展方向，主要依靠市场主体的自主行为实现，政府通过创造良好的环境，引导市场主体的行为方向，使其与政府希望的发展方向尽可能保持一致。预期性目标是凝聚了人民意愿的国家战略意图，是在导向性基础上进一步强化了实现意愿的目标，政府要综合运用经济政策引导市场资源配置，努力争取实现。约束性目标是在预期性基础上进一步强化了政府实现意愿的目标，是中央政府对地方政府和中央政府有关部门提出的工作要求，政府要通过合理配置公共资源和有效运用行政力量确保实现。同时，《建议》提出的目标，对不同地区要求的程度不同。上述考虑，将在国务院编制"十一五"规划《纲要》中落实。

与时俱进。"十一五"规划是在我国发展进入关键阶段，改革开放面临新形势下制定的。《建议》确定的发展目标，充分反映了发展的阶段性特征和时代背景，体现了我们党与时俱进的风范。比如，根据"十五"时期经济发展的实际情况，《建议》与时俱进地调整修订了党的十五大、十六大已经确定的目标。再如，根据我国资源环境状况与经济发展的矛盾已经上升到现阶段我国现代化建设主要矛盾之一的情况，《建议》对今后五年我国的能源消耗、土地占用和生态环境建设提出了十分明确、十分严格的要求。又如，在社会主义市场经济体制已经初步建立的条件下，规划目标体系的结构和性质都发生了很大变化。政府制定的发展规划，应该减少主要由市场配置资源领域的目标，强化政府履行公共职责的目标。《建议》提出的发展目标，充分体现了这一体制背景。七个方面的目标，没有作为市场配置资源结果和企业自主行为结果的目标，突出强调了义务教育、促进就业、社会保障、扶贫等政府履行公共服务职责领域的目标。

总之，《建议》确定的发展目标，高瞻远瞩、思想深邃，富有战略性、前瞻性、导向性，对国务院编制好"十一五"规划《纲要》，以及各地区、各部门编制好地区规划和专项规划，具有十分明确的指导意义。

电 力 形 势

综 述

2005年电力工业概况

——周小谦

2005是“十五”计划的最后一年，是国家加强宏观调控，落实和实践科学发展观的重要一年，对于电力工业是电力供给不断增强，电力供应紧张局面趋于缓和的一年。

2005年全国电力装机容量达到51718.48万kW，在2004年4月突破4亿kW基础上，仅用一年半多一些时间，到2005年12月装机容量突破了5亿kW，同比新增装机容量7479万kW，使电力供给能力大大加强；同时电网建设也得到了极大加强，750kV输变电工程建成投运，把中国电网的电压等级提高到世界先进水平，建成了西北—华北背靠背联网工程，投入了华北—华中联网工程，从而基本实现了全国联网。2005年全国发电量24975.26亿kWh，同比增加13.8%，全社会用电量24689亿kWh，同比增加13.05%，国民经济和社会发展对电力保持着旺盛的需求，电力供应基本适应了国民经济和社会发展的需要，但电力供需形势仍然严峻，拉闸限电仍然严重，然而由于电力供应能力不断加强，使电力供需形势较2004年有所缓和。

一、2005年的电力供需情况

2005年是国家继续加强宏观调控，加强经济运行调节，扩大电力供应，降低不合理电力需求，电力供应开始趋向缓和的一年。

2005年，我国宏观经济运行走势良好，国内生产总值182321亿元，比2004年增长9.9%，工业生产平稳增长，第二产业同比增加11.4%，固定资产投资增长38.4%，与2004年基本持平，部分行业投资增幅过高的有所回落，煤电油气等基础行业投资继续得到加强，消费市场平稳发展，市场销售增长较快，对外贸易高出低进，贸易顺差继续扩大，总体看国民经济呈现增长较快、效益较好、价格较稳的良好局面，为电力的发展创造了良好的环境。

2005年初国务院召开有关电力供需形势的专门会议，提出了八条意见：要合理确定电力发展规模，切实控制不合理要求，使电力发展速度与经济社会发展相适应；要调整电源结构，大力发展水电，优化发展煤电，积极推进核电，适度发展天然气发电，鼓励新能源发电；要坚持建设与节约并重，把节约用电放在优先位置，加强需求侧管理，提高资源利用效率；要加强电网建设，推进西电东送，南北互济，全国联网，实现更大范围的资源优化配置；要大力推进技术进步和产业升级；要鼓励清洁发电，加强生态和环境保护；要深化电力体制改革，完善法律法规和产业政策，强化规范管理，严格执法监督；要切实加强电源、电网安全工作。国家出台的宏观调控的方针政策为全年的能源与电力的健康发展奠定了重要基础，同时2005年国家加强了煤电油运协调力度，能源交通行业投资得到加强，高耗能行业经济增速放缓，使年初全国能源供应紧张的严峻形势逐渐趋于缓和，电煤供应紧张局面也基本缓解，到2005年12月末，全国直供电厂存煤达2730万t，比年初增加1113万t，增长了88%，2005年水库来水情况偏丰，总体水情好于2004年，水电发电量增多，水库蓄水量增多。

2005年全社会用电量达24689亿kWh，同比增长13.05%，增速同比减缓1.72个百分点，其中第一产业用电747亿kWh、同比增长5.93%，第二产业18549kWh、同比增长13.65%，第三产业2632亿kWh、同比增长14.54%，居民生活用电2826亿kWh、同比增11.4%。2005年第一、二、三产业和城乡生活用电的比例为3∶74.9∶10.7∶11.4，较2004年第一、二产业比重有所下降，而第三产业和居民用电比重有所上升。特别是居民生活用电增速达15.93%，是近年来最高的，这与城乡居民收入稳步增加，城市化率提高及城乡同网同价政策的实施等有关，也与电力供应相对缓和有关。但用电结构总体来看基本上没有变化，居民生活用电仍只有11.4%、比2004年只提高了0.2个百分点，第三产业也仅只有10.7%、比2004年仅提高0.1个百分点，第二产业占到74.9%，居高不下，比2004年仅下降0.1个百分点，但高耗能行业用电增速明显回落，如黑色金属行业增速同比下降了7.93个百分点，但仍高达17.4%。

从人均消耗电量来看，2005年为1893kWh，人均占有装机容量为0.39kW，比2004年1672kWh增加了221kWh，但只为2004年世界平均用电量的70%，占有装机容量的65%，总之我国用电水平仍然是较低的。

从地区用电来看，华东地区用电增长速度仍然是全国最高的，达16.87%，其次为华北地区15.3%、南方12.53%、华中12.3%、西北11.92%、东北6.79%，东北一直维持在较低的社会用电增长速度。

2005年由于电力供应趋于缓和，因此用电负荷增长较快，全国主要电网统调最高用电负荷合计达33220万kW，同比增长16.97%，高于统调用电量增速2.93个百分点，其中华东、华北和南方电网用电负荷增长速度分别为23.95%、21.95%、13.31%。并且多数地区最大用电负荷增长高于统调用电量增长，表明2004年受限负荷得到一定程度的释放。

2005年发电能力增加了装机设备容量7479万kW，再创世界历史纪录，比2004年所创历史记录5098万kW还要多上2380多万kW，大大提高了电力供应能力。2005年在煤炭、运输基本保证供应，再加水文情况也较好，全年发电量达24975亿kWh，同比增长了13.8%，其中水电发电量3964亿kWh，增长19.4%，高于全国平均电量增长速度。

发电设备综合利用小时为5425h，较2004年下降了30h，其中火电5865h，下降了126h，水电3664h，增加了202h。

在此电力需求与供应条件下，2005年电力供需形势总体来说仍然处于紧张状态，特别年初一季度时最为紧张，拉限闸省市区电网达创纪录的26个，最大限负荷达3400万kW，比2004年增加了2个电网。由于供应能力的不断增加，使供需紧张形势不断有所缓和，到三季度迎峰度夏时，拉闸限电省级电网减为20个，拉限负荷约3000万kW，与2004年同比减少了3个，少拉500万kW，而到冬季拉闸限电降为12个省市电网，同比减少10个。拉限负荷约800万kW，测算2005年的缺电约为2500万kW，比2004年的3500万kW约降低1000万kW。

2005年的发电设备综合利用小时5411h，其中火电设备利用小时5876h，仍然偏高，比正常供需状态下的设备利用小时约高出1000h。部分省市地区更高，如宁夏、贵州、山西、河北、浙江、安徽、江苏、上海、内蒙古等地的发电设备利用小时则高达6000h以上，最高为宁夏达7474h。若按电力供需基本平衡状况下的发电设备利用小时测算，所缺装机容量约达2000多万kW，连同拉限电2500万kW，总的电力装机容量仍缺口约在4000万kW左右。

总之，2005年电力供需形势是由全国性的持续严重缺电开始转向缓和的一年，华东、华中和南方电网电力供需形势大为缓解，但电力供应仍有较大的缺口，特别是浙江依然紧张，华北电网供需也较为紧张，主要集中在河北南网、山西和内蒙古，华中、西北、东北仍出现短时拉闸限电，但总体转入基本平衡。

二、电力运行管理情况

2005年的电力生产运行管理又登上了一个新的台阶。发电装机容量大幅增加，发电量继续保持高速增长，发电技术经济指标不断提高，环境污染不断降低，电网结构加强，跨区输电规模增大，经济效益不断提高，总体上说2005年电力生产维持了安全稳定经济运行，基本上满足了国民经济与社会发展及人民生活的需要。

(一）2005年发电情况

1. 发电生产情况

2005年全国发电装机容量大幅增长，发电设备状况完好，可用率较高，且来水情况较好，燃煤供应与运输都能适应电力生产需要。在电力市场需求的推动下，2005年全国发电继续保持高速增长，在全国发电量24975亿kWh中，水力发电量3964亿kW；比2004年增加19.76%，主要由于2004年来水情况比较好，水库蓄水也为历史最好，至2005年末国网公司内重点水库可调水量总计711.73亿m^3，比2004年多了156.44亿m^3，总蓄能147.8亿kWh，比2004年增加38%，均为历史最好，为电网后期运行创造了良好条件。火力发电量20437.3亿kWh，比2004年增加了12.89%，核电530.88亿kWh，增长5.19%。其他风电43.1亿kWh。电量结构中水电比重为15.87%、火电为81.83%，核电为2.11%，风电和其他为0.17%。在发电量结构中虽然核电比重比2004年下降了0.2个百分点，但水电、核电、风电等非化石燃料的电能比重为18.16%，比2004年的17.36%还是提高了0.8个百分点。

2005年全国发电量中，大电厂大机组发电比例不断提高，2005年底百万千瓦发电厂已达1.929亿kW，占全国发电容量的37.3%，其中水电百万以上发电厂发电量1557亿kWh，占水电发电量的39.28%，百万千瓦以上火电厂发电量8427亿kWh，占到火电发电量的41.23%。三峡水电站为全国最大的电厂，2005年装机980万kW，发电量500亿kWh，取得了很好的效益。

2. 发电厂的热效率

2005年比2004年均有所提高。2005年全国

6000kW及以上火电厂发电用煤9.84亿t，耗油1274万t，耗气1242.7亿m^3，相应全国发电煤耗为343g标煤/kWh，供电煤耗为370g标煤/kWh，比2004年降低6g。相应的发电热效率35.8%，比2004年提高0.6个百分点。另厂用电率为5.87%，其中火电厂为6.8%。

2005年热电联产有了较大的发展，到2005年底，全国共有热电联产装机容量6981万kW，占全国装机的13.4%，占火电装机容量的17.8%，比重有了较大的提高，供热量达1.9255×10^{14}kJ，同比增长16.18%，供热标准煤耗为40.24kg/（10^5kJ），相应的热效率为84.49%。供热部分煤炭消耗约占电厂总量的12.27%，综合发电与热电联产的供热的能源转换热效率为41.7%，比2004年40.4%约提高了1.3个百分点，达到了世界先进水平。

另外，2005年发电耗能共计9.58亿t标煤，其中发电供热用煤10.92亿t，耗油1500万t，折合8.01亿t标煤，再加风电4010亿kWh和核电523亿kWh，折合标煤1.57亿t标煤，总的发电耗能为9.58亿t标煤；电力占一次能源耗量的43%，比2004年提高1个百分点左右；电力在终端能源中的比重为13.6%，也比2004年提高0.6个百分点，由于电力在一次能源消量与终端能源中比重的提高，总体上也促使能源利用效率的提高。

3. 发电厂的水耗

随着火电装机容量和发电量的增加，全国火力发电厂用水量有所增加，但水的利用率逐年提高，单位发电量耗水率逐年降低；到2005年单位发电量耗水为3.1kg/kWh，比2000年的4.2kg/kWh下降了26.2%。

4. 设备的可靠性

随着设备的建设水平、制造水平与管理水平的不断提高，2005年10万kW及以上火电机组平均等效可用系数为92.34%，比2004年提高了0.64个百分点；平均每台机年非计划停运次数从2004年2.1次降到1.74次，达到了历史最好水平。可用率的提高，相当于2005年设备容量增加了160万kW，效益是显著的。水电的等效可用系数为92.22%，略低于2004年的93.16%，核电的等效可用系数有较大的提高，达到87.2%，比2004年的84.57%提高了2.63个百分点。

60万kW机组逐步成为电网的主力机组，大机组的运行状况逐步稳定，可靠性不断提高，等效可用率由87%左右上升到90%～91%，而等效强迫停运率则由2%左右降为1%，但是2005年新投产的20多台60万kW机组中，出现有发电机定子绝缘问题、汽机大轴质量问题，以及锅炉四管问题等，还需进一步加强运行监督与质量监控。

5. 电厂排放指标

2005年国家出台了一系列与电力环境保护有关政策，全国人大颁发的《中华人民共和国固体废物污染环境防治法》2004年12月29日修订通过，2005年4月1日起施行，另外，国务院颁发了“关于落实科学发展观，加强环境保护”的决定，国家发改委也印发了“关于加快火电厂烟气脱硫产业化发展的若干意见”，国家环境保护总局印发了“污染源自动监控管理办法”。在2005年，电力行业认真落实国家有关文件要求高度重视在电厂建设和运行管理中，加强对二氧化硫、烟尘废水等污染物的治理，严格控制其排放。

2005年全国已建脱硫装置的电厂容量为5300万kW，其中10万kW及以上电厂已建成脱硫装置并已运行的有4405万kW，电厂燃煤的平均硫分为1.23%，平均脱硫率为92.5%，由于投入了脱硫装置，一年减少了二氧化硫排放约230万t。

2005年全国SO_2排放2544万t，比2000年增加了27%，其中电厂SO_2排放为1112.3万t，比2000年898万t增加23.8%，而火电发电量增加了82%，用煤量增加了86%，标志着我国这几年在脱硫上的成绩是显著的。

另外，对于氮氧化物的控制上，主要采用低氮氧化物燃烧方式，目前新建电厂均安装低氮燃烧器，使氮氧化物排放控制在国家规定的500mg/m^3以内，烟气脱硝工程则刚进入试点阶段，全国约有600万kW容量的电站在安装脱硝装置。

2005年电厂灰渣排放共计2.93亿t，比2004年约增加0.3亿t，目前灰渣已基本得到有效控制，综合利用率在60%以上。

烟尘排放2005年为380万t，与2004年相比，发电量增加11.5%而烟尘排放量仅增加5%，由于除尘效率不断提高，60万kW及以上电厂除尘器效率平均达到98.5%，新建电厂达99%以上，排放标准一般按50mmg/m^3烟气或更低水平控制，效率更高的布袋除尘器也开始在20万～30万kW机组中应用。

2005年电厂废水重复使用率超过70%以上，排放废水20亿m^3，单位废水排放量为0.99kg/kWh，比2004年减少0.01kg/kWh。

（二）电网运行情况

2005年全国电力供需由紧张逐步趋于缓和，但是一季度和迎峰度夏期间，全国电力供应仍处于十分紧张状态，而且电网的峰谷差普遍增大，加强电网运行调度管理，确保安全稳定运行，及时组织电源，安排负荷，移峰错峰，实现跨省、跨区、跨流域调节，水火互济，就十分必要。

1. 加强电网结构，扩大了全国联网运行

2005年在建成投入灵宝背靠背直流和实现华北—华中以及山东—华北的联网之后，基本上实现除西藏、新疆、海南等省区以外的全国联网，另外2005年国网公司对现有电网进行两期改造，使各级电网输电能力提高4500万kW，极大地提高了电网对能源资源优化配置的能力，有力支持了迎峰度夏，减少拉闸限电，缓解了电力供应紧张局面。

2005年全国大区间电力交换大大增强，东北—华北电网的送电能力达到151万kW；华中华东电网之间2回直流420万kW，在5～11月一直满负荷运行；华北山西阳城电厂送江苏的送电稳定极限提高到190万kW，华中送电南方电网直流300万kW满负荷运行。与此同时全国形成了西电东送能力达3250万kW，其中北通道1200万kW，中通道750万kW，南通道1088万kW。

全国联网及各大区、省网之间的结构加强，为扩大各大区与省区之间电力交换创造条件。2005年全国各省间交换电量达3354.78亿kWh，受电省市区受进电量达3187.65亿kWh，其中内蒙古自治区电力外送达389亿kWh，为全国送出最多的省份。南方电网提前实现西电东送1000万kW任务，2005年西电东送电量535亿kWh，其中送广东471亿kWh。2005年全国各大区间电力交换电量达773.7亿kW，比2004年增加16.87%，其中三峡电厂上网电量489.32亿kWh，同比增加25.35%。三峡电网的建设确保了三峡电厂全部电力上得了网、送得出、落得下、用得上。2005年三峡电力送华东电网202.15亿kWh，送华中电网137.28亿kWh，送南方电网149.89亿kWh。另外，阳城电送江苏116.04亿kWh，华中送华东电网间58.17亿kWh，川电东送16.55亿kWh，西北送华中电网14.52亿kWh，华中华北互送7.92亿kWh，东北送39.03亿kWh以及国网公司组织电力送南方电网32.19亿kWh。这些电力互送，为缓解电力供应紧张局面，减少拉闸限电作出了大的贡献。

2. 扩大了电力跨国跨区的交易

2005年在跨国跨区进出口电量方面实现66.87亿kWh，比2004年增加24.19%，其中进口电量49.8亿kWh，增加45.24%，出口117.07亿kWh，增加11.98%，2005年南方电网实现110kV由云南送电越南3.27亿kWh，跨国送电迈出了新的步伐。

3. 农村电网供电得到了较大发展

随着农村电网的改造，民营企业的发展，生活用电水平的提高，使得在县及县以下总用电量增长很快，1998年约占全国总用电量的41%，而到2005年初步统计约占全国总用电量的51%，县及县以下人均年用电量从建国初的0.1kWh到2005年为1050kWh，为全国平均人均用电量1893kWh的55.46%

农网低压线损率为12%，2005年北京、江苏省市已实现城乡各类用电同网同价，电价由1998年前的0.755元/kWh，降为2005年的0.519元/kWh，每年减轻农民负担190亿元。

4. 加强了电网负荷侧管理和供电可靠性

2005年在电网运行中加强了负荷侧管理，在国家电网公司系统，共装有负荷控制终端约11万多台，累计可监控负荷超过8000万kW，可控制负荷超过2300万kW，为电网安全稳定运行和有计划的进行负荷调节创造了条件。

在供电可靠性方面，2005年，对全国345个地级城市供电区域的10kV用户供电可靠性统计，用户数894364户，其平均供电可靠率（*RST*）99.766%，用户平均停电时间为20.491h/户，比2004年的99.82%下降了0.54个百分点［扣除系统电源不足限电后，平均供电可靠率（*RS*3）为99.845%］。

5. 电网运行的技术经济指标

2005年全国电网线损为7.15%，比2004年下降了0.4个百分点，农网低压线损率为12%左右。

电网的频率合格率按50±0.2Hz统计均在99.999%以上，东北华东电网均达到100%。

电压合格率，2005年国网公司系统主要电网中枢点电压合格率都在99%以上，部分区域电网和省网较2004年有所下降。

2005年220kV及以上架空线路的可用系数为99.089%，较2004年约低0.3个百分点，强迫停运率有所增加，变压器的可用系数为99.332%，较2004年提高约0.1个百分点，断路99.634%，隔离开关99.866%，基本与2004年持平略有降低。

直流输电工程运行总体情况良好，葛南直流自2005年1～4月进行改造，5月投运以来，运行情况平稳，系统运行率达99.63%，能量利用率达87.31%，年累计损耗率7.51%；龙政直流年初因天气原因，直流线路雾闪，直流保护动作多达14次，但均全压再启动成功，没有发生双级停运。全年系统运行率达98.05%，能量利用率77.41%，年累计损耗率5.99%；三广直流由于受华中地区冻雨等灾害影响，直流被迫双极停运3次，非计划停运4次，全年系统运行率96.22%，能量利用率69.64%，年累计损耗率6.57%，灵宝直流7月3日投入商业运行后，整体运行平稳，全年系统运行率92.55%，能量利用率82.25%，年累计损耗率1.35%。

（三）电力生产安全情况

2005年，国家高度重视电力安全生产，电监会正式实施《电力生产事故调查暂行规定》,《水电站大坝运行安全管理规定》，《电力二次系统安全防护规定》等。2005年5月24日，国务院办公厅印发了《国家处置电网大面积停电事件应急预案》，全国各主要发电企业也分别制定了相应的应急措施，如黑启动方案、保厂用电方案、水电厂垮坝事故应急预案、防汛应急预案等专项预案。国家电监会还发布了《水电站大坝安全注册办法》和《水电站安全定期检查办法》，来加强了对大坝的管理，2005年又对25座水电站大坝开展了第三轮安检工作，确保水电站大坝的安全运行。

2005年全国电网事故共74起，比2004年减少127起，下降了63%，其中特大电网事故1起，重大电网事故1起，即海南和藏中电网停电事故。

2005年9月26日，海南达维台风覆盖全岛，最大风速高达55m/s，滞留时间长达48h，使海南电网受到严重破坏。海南电网大机小网，结构薄弱，孤立运行，主网瓦解，导致大面积停电；2005年10月24日西藏藏中电网由于110kV线路绝缘子闪络，单相接地，而断路器机构卡涩拒跳，导致事故扩大，电厂相继跳闸，造成电网瓦解事故，拉萨、山南、日喀则地区停电。此外，2005年2月15日三峡送出线路因大面积冰闪事故，跳闸5条次，造成川渝电网与华中主网解列46min，三峡地区地理情况复杂，气候变化无常且走廊线路密集，受恶劣气候影响，极易发生多线路同时跳闸事故，并危及电厂安全运行。

虽然我国已连续10年没有出现大区电网稳定破坏事故，但也发生数次较大的电网振荡，2005年发生的电网振荡事故主要有蒙西电网“9·1”低频振荡，南方电网“5·13”和“9·1”两次功率振荡，华中电网“10·29”持续5min较大范围的功率振荡，使三峡左一、右二电厂功率变化幅度分别达到120万kW和150万kW，并发生地区电网潮流及电压大幅度波动，构成了对电网安全的威胁。

2005年电力行业安全生产形势总体平稳。电力生产没有发生特大人身伤亡事故，没有特大设备事故。2005年电力生产一共发生人身伤亡事故16起，死亡21人，同比增加10人，其中重大人身伤亡事故1起，死亡5人，一般人身伤亡事故15起，死亡16人，发生火灾事故1起。电力安全生产设备事故427次，同比减少132次，其中重大设备事故2次。

三、2005年电力基本建设情况

国民经济和社会发展对电力的强劲要求，以及当前全国严重缺电局面，推动着全国电力建设大规模的快速发展，使2005年的电力建设成为我国自建国以来电力建设发展最快、规模最大的年份，是我国电力建设史上的高峰期。2005年全国新开工规模达到8848万kW，连同2004年结转的28070万kW，2005年电力建设总的规模为3.7亿kW左右。2005年新增装机容量在2004年新增5098万kW之后，又新增7648万kW，仅用一年半时间，全国装机容量从4亿kW跃升到5亿kW，而第一个1亿kW我国用了105年，上一个1亿kW即3亿kW到4亿kW用了3年。这是中国乃至世界电力建设历史上所从未曾有过的。三峡左岸14台70万kW机组也已提前一年于2005年9月16日全部建成投产，装机容量已达980万kW，成为全国最大的电厂。为缓解华东、广东等地区严重缺电局面作出了重大贡献。在电网建设方面，全国2005年一年新增220kV及以上线路2.3万km，变电容量1.77亿kVA，实属电力建设历史上罕见的。

1. 电源建设情况

2005年电力建设中，新增装机容量7648万kW，减去退役机组和新增技改增容，全国装机容量达到51718.48万kW，比2004年增加16.9%，这也是“十五”期间，我国第一次出现电力装机容量增长速度超过用电量增长速度3个百分点。但总体来看，“十五”的5年中，全社会用电量增长85%，而发电装机容量只增加62%，相差23个百分点，5年来，由于发电容量增长速度远远落后于用电量增长速度，导致了我国电力供应从“十五”初的供需基本平衡到严重缺电，对国民经济和社会发展、人民生活造成了严重的影响，直到2005年才发生重要的转折。

(1) 电源结构有所调整，但火电主导格局进一步加强。

2005年新增装机7648万kW，其中火电为6647万kW，占86.9%，其中气电514.6万kW，占火电投产容量的7.7%。水电944万kW，占12.3%，另外风力发电29万kW。到2005年末全国装机容量达到51718万kW，其中水电11738万kW，比2004年增加8.7%；火电39137万kW，增20%；核电684万kW，与2004年相同，没有新增容量；风电105.59万kW，比2004年增38.9%。电力新增装机的能源结构是，水电占22.75%，火力发电占75.67%，火力发电中以天然气为燃料的装机容量1022万kW，占到总发电容量的1.97%，核电为1.32%，风力发电为0.2%。从上可见，2005年我国电源结构中以煤为主的化石燃料发电容量仍占主导，并比2004年的73.7%比重增大近2个百分点，当然其化石燃料结构中2005年气电比重接近2.0%，而2004年气电比重只有1.15%，但煤电比重2005年仍高于2004年的比重，在减少化石燃料发电方面，没有调整，而是更为严重，电力能源中非化石燃料的比重2005年为24.38%，比2004年降低了近2个百分点，主要由于水电受资源的限制，在电力中的比重能维持24%左右已是十分不容易，核电没有新增投产容量，其比重不进反退，唯风电有所增加，但其值甚小。

电力结构调整更多的寄希望于核电和风电等新能源发展，但是由于我国对发展核电的重要性和在能源中的战略地位认识不足，在技术政策上，对国产化政策上摇摆不定，致使“十五”期间基本上丧失了发展核电的机会，连续四年没有新开工，2004、2005年连续两年没有新增容量，而且危及“十一五”核电的增长。对于可再生能源发电，2005年2月28日人大通过的可再生能源法是一有力的推动，使风电在2005年开始有了很大发展，在电源结构中的比重有所提高，虽然只是由2004年的0.17%上升到2005年的0.2%，但其提高的比例还是大的。

(2) 电力技术结构有了较大改变。

在电力技术结构上，更加重视提高电力技术装备水平，重视以高效、清洁的发电设备来装备电力工业，大容量、高参数的电力设备比重显著提高。2005年在新增加的装机中，30万kW及以上大机组逐步成为主力机组，比重有了显著的提高。在火电投产机组中，30万kW及以上机组共有3756万kW，占到火电新增容量的56.5%，而在这些大机组中，60万kW的亚临界超临界机组，又有明显的提高。在2005年投产容量中，50万及65万kW机组共有21台1265万kW，占到新增火电容量的19%，到2005年全国火电装机中30万kW及以上机组总容量已达2.079亿kW，占总装机容量的40.2%，比2004年的38.5%又提高了1.7个百分点。

另外，四川白马30万kW循环流化床（CFB）机组2003年5月开工，其容量当时是世界上最大的，在工程开工以来，克服了交货的影响，于2005年12月30日机组实现了首次并网，为2006年正式投入商业运行创造了条件，同时也有力地促进了循环流化床电站在我国的发展。

随着机组容量的增大，电厂的规模也不断扩大。至2005年底，全国已拥有百万千瓦以上的电厂129座，装机容量9293万kW，占全国发电设备容量的37.3%，但其发电量达10491亿kWh，占全国总发电量的42.01%。在电力系统中发挥了主力与骨干作用。其中水电厂20座，装机容量达4015万kW，占全国水电容量的34.2%，火电厂有105座，14625万kW，占全国火电容量的37.37%，核电厂4座654万kW。全国容量最大的电厂为三峡电厂，2005年已达980万kW；最大的火电厂为内蒙古托克托电厂和福建后石电厂，容量为360万kW，最大核电厂为广东岭澳电厂200万kW，最大燃气轮机电厂为浙江半山电厂117万kW。

(3) 电力新开工项目结构又有了进一步的调整。

2005年新开工建设规模（未计南方电网的五省区，下同）约8848万kW，由于加强了宏观调控，新开工规模较2004年有明显减少，但2005年电力建设在建规模仍达3.5亿kW，基本上维持在2004年水平，使2005年结转2006年的建设规模可达2.8亿kW左右，这对维持今后几年能有较大的新增容量是必要的。与此同时，也通过规模的扩大，为进一步加快电力结构调整创造了条件。

在2005年新开工8848万kW中，水电2403万kW，包括了容量仅次于三峡的溪洛渡1260万kW；使水电总开工规模比例达27%，其中尚未包括已具备开工条件的向家坝600万kW及未统计在内的相当规模的地方小型水电，因此实际水电建设规模比重更大。另外在水电新开工规模中，抽水蓄能电站规模为260万kW，占总规模的2.9%，至2005年我国抽水蓄能电站共有584.5万kW，只占全国装机容量的1.15%，而世界平均水平在3%左右，所以在水电中，加快抽水蓄能发电站建设，增加其建设规模也属调整优化电力结构的范畴。

2005年新开工规模中，核电只有岭澳二期的2台100万kW，于2005年12月15日开工，也是“十五”期间唯一开工的核电项目，由于“十五”期间内核电开工太少，对于电力结构调整减少化石燃料比重带来极不利的影响。其他如山东海阳、辽宁大连、浙江三门、广东阳江等仍在进行前期研究与设备招标工作，由华能、清华等负责建设的20万kW的高温气冷堆示范工程，已经国家立项，并选点山东荣城，正在做可研前期工作。

2005年新开工的电站中，以化石燃料为原料的电站有6245万kW，占到总容量的70.5%，其中气电690万kW，已占到总规模的7.8%，如再增加，天然气供应将是大问题，以此来调整电源结构，难度很大。所以在火电建设中，应把重点放到调整电力技术结构，提高电力技术装备水平，提高能源转换效率和发展清洁煤技术上来。

在2005年开工规模中，60万kW及以上机组及超临界、超超临界机组已登上主导地位，成为新建电站的主力机组。2005年新开工的6245万kW的火电机组中，30万kW及以上火电机组容量有5585万kW，占火电新开工总容量的89.4%，其中60万kW及以上机组，包括4台100万kW机组，共计60台3760万kW，占到火电总容量的60.2%，这些机组的建设将使我国火电站的技术结构发生根本性的变化，为我国电力进一步提高能源利用效率，减少污染物排放等奠定基础。

（4）新能源发电得到广泛的重视。

2005年，在国家政府政策支持下，可再生能源，特别是风力发电发展很快，一年新建50万kW，投产新增30万kW，使我国风力发电容量一举进入世界前十名，宁夏贺兰山风场2005年投产风电装机5.695万kW，总容量11.22万kW，成为国内单个容量最大的风电场。

2005年风电场的建设已逐步向大型化发展，百万千瓦级的风电场也已开始规划建设。2005年4月，国华电力公司与河北尚义县政府签订了百万千瓦的风电合作协议，当年开工一、二期工程；同月内蒙古二连浩特市与加拿大埃优隆电力公司合作规划建设100万kW风电场，5月动工；同年大唐电力公司与甘肃省玉门市合作规划建设昌马风电场，规划规模达110万kW，一期工程10万kW，7月开工，还有中华电力公司与广东拟在阳江市海陵岛规划建风电120万kW等等。作为国家风电特许权经营示范项目，内蒙古辉腾锡勒10万kW风电场于2005年7月31日开工；广东粤电集团公司、广东电力发展有限公司等合资建设的广东惠头石碑山风电场，总装机10万kW，也于2005年9月开工。另外中德合作拟在青岛建设海上风电场5×5000kW，将为亚洲最大的海上风电场。

作为可再生能源的重要方面，生物质能源发电，特别是秸杆发电，在2005年也取得了一定的进展。由华电国际与龙基电力公司共同投资的山东十里泉发电厂5号机组秸杆发电项目，于2005年5月开始建设。该工程改造后用秸杆和煤粉混合燃烧发电，改造后的机组每年可利用10.5万t秸杆。在此前，由北京龙基电力有限公司单县龙基生物发电示范工程，采用循环流化床燃烧方式燃烧秸杆发电，已被国家发改委列为示范项目，于2004年11月启动，2005年在建，计划2006年投入运行。目前我国每年可再生生物质能约12亿t，主要是秸杆，生物质能发电具有巨大的前景。

太阳能发电也是发展可再生能源的重要方面，发展很快，在解决西藏等边远无电地区供电上发挥了重要作用，西藏地区各类光电设施总容量已近9000kW，居全国第一。2005年8月在西藏羊八井建成了我国第一座以集中高压并网方式并入电网的100kW光伏电站，突破了以往在系统低压侧并网方式。青藏铁路格尔木到拉萨段铁路通信太阳能辅助供电系统建成9座太阳能供电站，共122.4kW，是目前我国海拔最高规模最大自己研制的太阳能供电系统。2005年北京投入了太阳能示范工程，包括360kW太阳能空调采暖及热水综合示范系统和100kW太阳能光伏并网发电示范工程。太阳能光伏发电的发展也推动着我国光伏行业的迅速发展，主要有无锡尚德、保定天威英利和中电南京光伏等。

（5）电力的区域分布。

2005年全国装机突破5亿kW，其中突破1亿kW的区域电网有华东、华中和华北三大电网，其装机容量分别为12368万、10834万、10500万kW，在国家电网公司范围内的电力装机为42635万kW，南方电网范围内为9083万kW。在全国各省市区的装机中，容量最多的是广东省4800万kW，其次为江苏省4270万kW，第三是浙江省3774万kW，山东为3742万kW，也为3000万kW以上，与浙江相近，在东部沿海11个省市中，共装机24905万kW，约占全国装机容量的41%，而用电量则超过50%。

2. 电网建设

2005年是近几年来电网建设投资规模最大的一年。国网公司投资首次突破1000亿元，达1108亿元，其中电网建设926亿元，农网改造专项181亿元，南网公司310.9亿元，共计1419亿元，新增220kV及以上线路23370km，变电容量11765万kVA，其中国网公司为1.976万km，9326万kVA及36万kW背靠背直流，南方公司3574km，2440万kVA，到2005年底全国220kVA及以上送变电线路共25.19万km，同比增9.6%，变电86680万kVA，同比增15.9%，直流换流站1236万kW。全国联网与大区、省区和配电网得到了显著加强，电压等级技术水平进一步提高，跨国联网送电也有了新的进展。

（1）全国联网进一步加强。

2005年投产的华北与华中的联网工程及山东与华北电网的联网工程和西北与华中电网的灵宝背靠背工程的投入，还有海南与广东的联网工程的建设方案的确定，使全国基本上实现了除新疆、西藏之外的全国的联网。

首先，河南新乡获嘉—河北邯郸章安500kV210.8kW的华北—华中电网的联网工程于2005年7月1日投入运行，实现了华中与华北的联网运行。此前，山东聊城与河北邯郸东500kV221kW线路于2004年底建成，2005年3月1日正式投运，实现了华北电网与山东电网互联，形成统一的华北电网。

第二，灵宝背靠背工程36万kW的建成投运，实现了华中电网和西北电网通过220kV和330kV交流及36万kW的直流换流站的联网。至此全国五大区域电网之间已全部实现互联。

此外，海南省与广东电网之间的互联，方案已得到国家批准，计划投资2亿元，建设500kV 78km线路，其中35km为海缆，实现跨越琼州海峡联网。

（2）电网建设达到了新的水平。

2005年在我国电网建设中，灵宝背靠背直流工程与西北750kV工程是具有标志性的两项工程。灵宝背靠背直流工程是我国引进高压大容量直流技术，消化吸收，实现集成创新的一个项目，也是我国高压直流从设计到设备制造、工程建设、调试和运行全面实现国产化的起步工程，在我国直流建设史上具有重要的位置。该工程位于河南灵宝，以直流背靠背换流站联接华中和西北电网，其换流容量为36万kW，电压在华中侧为交流220kV，在西北侧为330kV工程。从2003年4月开工，到2005年7月3日商业运行，历时26个月，投资6.7亿元。换流设备由西安西电集团西整公司生产，阀组为单极12脉动、36万kW，整流元件5in、3000A，晶闸管由西安电力电子所提供，同时采用ABB的电触发和西门子的光触发技术，换流变压器和平波电抗器分别由西变公司和沈变公司制造，分别采用了引进的ABB和西门子的技术；控制保护设备分别由南瑞继保公司和许继电气公司制造，它们也分别在引进ABB和西门子公司技术基础上进行集成创新。工程进展顺利，质量优良，如期胜利投产，为中国高压直流技术的国产化和直流技术的发展，为全国电网的互网作出了新的贡献。

2005年9月26日，我国第一条750kV输变电工程胜利投运营，标志着我国电网工程建设的电压等级和建设水平达到了世界先进水平，掀开了中国电网建设历史的新篇章。该工程西起青海省民和县官亭变电站东至甘肃省榆中县兰州东变电站，线路全长140km，两个变电站的变电容量150万kVA，投资14.59亿元，2003年9月14日工程正式开工，仅用了两年时间，自主设计、自主建设，除了高压断路外，其余设备均自主制造、自主调试，建成了跨越世界海拔最高的750kV输变电工程，这在世界电网建设历史上所未有的。

（3）三峡输变电工程进展良好。

三峡输变电工程按计划送出，15回500kV，交流输电工程线路6519km，变电容量2275万kVA，直流输电线路2965km，换流容量1800万kW，投资322.7亿元（静态）。到2005年末，三峡输变电工程基本上已全部开建，已建成的线路39项4964km，变电站25项1675万kVA，直流工程2个，线路长1865 km，直流换流站5座，容量1236万kW；正在建设的交流线路1526km，变电容量450万kVA和直流1075km，600万kW，共完成投资295亿元。其中2005年投产完成的有荆州—汗江二回及5个交流变电站的5台变压器和灵宝背靠背直流工程。工程的提前建成投产，确保了三峡电站左岸14台机组提前一年于2005年9月全部投产电力的送出，真正做到了三峡的电力“送得出，落得下，用得上”，确保三峡电站效益的充分发挥。

（4）特高压输电工程开展大量前期工作。

自2004年底电网公司提出建设特高压交直流工程以来，2005年重点进行特高压交直流工程的论证及工程建设与设备制造、运行等方面课题的调研与论证工作，初步确定了交流特高压示范工程为从山西晋东南开始经河南南阳到湖北荆门三个站，线长650km，送电容量300万kVA；±800kV直流工程的示范工程为南方电网的小湾水电厂送广东的直流，输电500万kW，以及金沙江溪洛渡、向家坝电站送出的640万kW，相应的工程前期研究和设计工作及设备调研工作已全面展开。

（5）跨国输电工程有新的进展。

在跨国送电方面，2005年建设投产的有南方电网的云南文山到越南河口110kV第二回线的和一回220kV的投产，中蒙之间的由内蒙古阿拉善旗到蒙古南戈壁省的35kV联络线，实现了由中方向越南和蒙古的送电。

四、电力企业经营情况

电力体制改革之后各电力企业，在2005年认真落实科学发展观，转变经济增长方式，加强企业经营管理，努力提高企业经营管理水平，提高企业经营效益。面对经济社会快速发展，各电力企业坚持服务党和国家的工作大局，服务经济社会发展，服务人民生活，一方面加快电力建设，扩大电力生产和供应能力，一方面加强企业内部管理，确保电力安全生产和供应。同时，不断提高电力的各项技术经济指标，节能降耗，加强对需求侧管理，努力治理环境污染。企业的经济效益不断提高，据统计，全年规模以上电力企业累计实现利润总额1038亿元，同比增长21.41%，2005年受到煤价上涨影响，火力发电企业利润增长仅2%，按企业数计算亏损面为27.12%。

2005年全国上网电价平均水平为340.08元/MWh，（含税）比2004年提高了24.16元/MWh；输配电价2005年全国平均为149.58元/MWh（含税）比2004年提高7.29元/MWh；销售电价平均为489.66元/MWh，其中南方地区为553.09元/MWh，华东548.16元/MWh，东北为471.15元/MWh，华北447.13元/MWh，华中438.1元/MWh，西北354.89元/MWh。

国家电网公司和南方电网公司总资产比2004年增长789.06亿元，增长5.8%，售电量增长了2203.23亿kWh，增长13.84%；主营业务收入和利润总额增长较快，分别增长了21%和47%。

国家电网公司2005年资产总额11767亿元，比2004年增长5.53%，资产负债率61.96%，比2004年下降了1.44个百分点。直供用户1.28亿户，比2004年增加1566万户，完成售电量14646亿kWh，增长13.6%；主营业务收入7214亿元，增长21.4%；实现利润143.9亿元，增长44.9%，全员劳动生产率22.1万元/人年，增长31%。

南方电网公司2005年资产总额2632.53亿元，比2004年增长7.34%，资产负债率60%，与2004年持平。2005年实现售电量3476亿kWh，比2004年增长12.8%；主营业务收入完成1893.1亿元，同比增长21.09%，利润总额58.83亿元，比2004年提高44.47%。

2005年全国16家大型发电企业，包括中国华能集团公司、中国大唐、中国华电、中国国电、中国电力投资等等5个集团公司，还有长江电力股份有限公司、北京国华电力有限责任公司、中国广东核电集团、秦山核电公司、广东省粤电集团有限公司、国投公司、贵州金元电力投资股份有限公司、深圳市能源集团有限公司、山东鲁能发展集团有限公司、华润电力控股有限公司、北京能源投资（集团）有限公司等，2005年总资产11431.043亿元，比2004年增长27.93%，可控装机容量为25010.82万kW，占全国总装机容量的49.2%，比2004年增加5160.78万kW，占全国新增容量的78%，发电量完成13498亿kWh，比2004年增19.51%，发电量占全国24747亿kWh的54.5%，供电煤耗353.7g/kWh，比2004年下降2.12g，比全国平均供电煤耗370g低16.3g标煤。

上述16家全国大型发电企业中，装机容量超过1000万kW的有7家即中国华能集团公司4321.4万kW，发电量为2564亿kWh，总资产为2268.8亿元，主营收入736亿元；实现利润73.6亿元，资产利润率3.24%，完成供电煤耗345.8g/kWh；全员劳动生产率48.55万元/人年。

中国大唐集团公司4165.5万kW，发电量2097.7亿kWh，总资产为1830亿元，主营收入552亿元，实现利润36.34亿元，供电煤耗为357.51g/kWh；全员劳动生产率32.10万元/人年。

中国国电集团公司装机3506万kW，发电量1904亿kWh，总资产为1322.9亿元，主营收入428亿元，实现利润22亿元，资产利润率为1.66%，完成供电煤耗361g/kWh；全员劳动生产率77.92万元/人年。

中国电力投资集团公司装机3238.67万kW，发电量1437.6亿kWh，总资产为1383.4亿元，营业收入379.29亿元，利润总额20.36亿元，资产利润率为1.47%，供电煤耗366g/kWh；全员劳动生产率23.33万元/人年。

长江电力股份公司管理的总装机容量1251.5万kW，发电量653.39万kW，公司拥有权益的容量只有691.5万kW，发电量387.29亿kWh，总93.5亿元，主营收入72.59亿元，实现9.7亿元，资产利润率为12.63%。全员劳动生产率364.3万元/人年。

广东省粤电集团公司装机1118.4万kW，发电量665.24亿kWh，资产总额979.35亿元，营业收入303.46亿元，实现利润59.16亿元，资产利润率6.04%，供电煤耗348.66g/kWh；全员劳动生产率84.55万元/人年。

上述公司中，中国华能集团投资公司年初在装机容量、发电量、资产总量、实现利润以及供电煤耗指标都属于各大公司之首，只是资产利润率为3.24%，较长江电力的12.63%和广东粤电的6.04%为低。

2005年在电力企业经营中主要困难在于燃料价格大幅上涨，同口径涨幅高达20%以上，电价没有联动而造成火电企业盈利能力普遍下滑，利润下降，再加上受电力市场供求关系的影响，火电设备利用小时下落，全国平均下降44h，其中火电利用小时减少115h，也使过度运行所取得的高利润有所降低。

此外全国都有电力公司负责省内电力建设资金筹措，负责省属电力项目的建设与经营管理，较大的能源电力公司有北京能源投资（集团）有限公司、山西国际电力集团有限公司、电能（集团）有限公司、江苏省国信资产管理集团有限公司、安徽省能源集团有限公司、河南省建设投资总公司、湖北省能源集团有限公司、广州发展集团有限公司、广西投资集团有限公司、甘肃省电力投资集团公司。

五、电力科技进步

2004年12月中央经济工作会议明确提高自主创新能力是推进结构调整的中心环节，要健全技术研究和开发体系，坚持先进技术引进和消化吸收、创新相结合。到2005年中央进一步提出建设创新型国家作为面向未来的重大战略，强调今后15年，我国科技工作要坚持自主创新，重点跨越、支撑发展，引领未来的指导方针，坚持把提高自主创新能力摆在全部科技工作的核心位置，大力加强原始创新，集成创新和引进先进技术基础上消化、吸收、创新。并进一步明确科学技术是第一生产力，是先进生产力的集中体现和主要标志。21世纪头20年，是我国经济发展的重要战略机遇期，也是我国科学技术发展的重要战略机遇期。

电力企业和研究、制造、设计、学校等认真贯彻中央精神，密切合作，在2005年的电力科技创新上取得了一系列的成果。2005年中国电力科技获奖项目共78项，其中一等奖3项、二等奖25项、三等奖50项。

1. 电网技术方面

（1）西北兰州东—青海官亭750kV输变电示范工程于2005年9月胜利投入运行，标志着我国输变电技术已经达到了世界先进水平，该示范工程是世界海拔最高的750kV输变电工程，因而在过电压参数研究及过电压限制措施、绝缘配置、外绝缘、电磁环境及高压杆塔设计、研制等技术都达到和超越了世界先进水平，该示范工程的设备器材供应除了断路器外，都是我国企业通过引进技术、消化吸收，自主研制再创新，全面实现了国产化。

（2）灵宝背靠背工程36万kW于2005年7月投产，标志着我国高压直流输电技术在技术引进、消化、吸收、再创新上取得了巨大的成就，实现了我国高压大容量直流从研究、制造、设计、调试投运的全面国产化，使我国跻身于世界三大高压直流输电的研制建设强国行列。

（3）百万伏高压交流和±800kV特高压直流技术有了突破性进展。我国特高压输电技术研究始于1986年，经过长期的研究，直到2004年，国家电网公司根据我国能源资源分布与负荷分布特点及西电东送资源化配置的要求，根据中央关于科技创新、重点跨越、支撑发展、引领未来的指导方针，于年末提出在我国建设特高压交直流输电示范工程，以适应能源电力发展的需要，实现输电技术的超越。在中央国务院有关部门与科研单位支持下，2005年国网公司组织了研究、设计、施工、制造等各方面力量，先后安排了研究课题86项，包括关于特高压电压标准研究、特高压输电经济性研究、电磁环境影响研究、特高压输电系统技术如限制工频过电压和操作过电压的措施、无功平衡和电压控制的解决方案、汗供电流的限制、设备绝缘水平、关健设备的技术要求等方面的研究，同时对特高压输电线和变电站设计、防雷技术、直流特高压输电方案、直流换流器方案、特高压输电企业标准等等，开展了专题研究 。

通过研究也初步明确了特高压示范工程的选择，并对推荐晋东南经南阳到湖北荆门的特高压交流示范工程和由金沙江溪洛渡、向家坝送到华东以及云南小湾送出的±800kV直流输电工程项目进行可研与勘测设计。同时筹备特高压交流和直流的试验基地建设，全面的推进了特高压的各项研究和设备的制造准备，为特高压交流试验示范工程将于2006年的开工创造了条件。

（4）2005年，在灵活交流输电技术方面也取得了重大的进展。我国自行研究设计首条国产化可控串补（TCSC）于2005年4月在甘肃成县—碧口220kV输电线路上投入运行，填补了国内空白。装置运行情况良好，加装的50%串补使输电线暂态稳定极限提高了33%，取得了显著的效果，这也是目前世界上已投产的7个可控串补中容量较大的一个。

另外，在上海黄渡变电站加装的±50Mvar静态无功同步补偿装置也正在建设中，设备装置正在加工调试中，预计2006年可以投运，届时将使我国在动态无功补偿技术上达到国际先进水平。

（5）在电网稳定和自动化技术方面。2005年电力行业在电网稳定、自动化技术、交直流并网运行和继电保护装置等领域，取得了许多重要成果，例如电科院FWL/B-600&800系列晶闸管微机励磁系统，DGT801数字式发电机变压器的保护装置，RCS-992分布式电力系统稳定控制装置，直流多馈入交直流并联电网安全稳定控制技术研究与实施，以及基于多智能体协调的电网自动化电压控制系统等等。

2005年，在东北电网还进行电网大扰动试验，这在国际上首次通过工业试验手段研究和确定负荷模型，试验研究成果的应用显著提高了东北电网输电能力。

2005年8月，南网公司南宁区域控制中心正式投运，是国内第一个完成了对500kV南宁、百色、平果变电站（含可控串补）的远方控制和监视，实现了集中遥信、遥测、遥调、遥控、遥视。2005年2月，我国首座程序化操作的智能化110kV变电站在苏州投产。

（6）在超导技术应用方面。2004年，由中科院和云南电力局研制的第一条长30m、电压10.5kV、电流1.5kA高温导超电缆在云南普吉变电站正式并网运行。2005年一条长75m、电压为10.5kV、1.5kA三相交流高温导超电缆在甘肃白银研制成功，并投入系统。

2005年8月，我国首台高温超导限流器在湖南省娄底高溪110kV变电所投入试验测试，该限流器10.5kV、1.5kA，集检测、触发和限流于一体，可用于限制短路电流，提高电网稳定性、提高供电可靠性和安全性，增加电网输送容量，试验成功地将3500A短路电流限制到635A，该高温超导限流器的投运，使我国成为继瑞士、德国之后第三个掌握该技术的国家。

2005年11月，由中科院和新疆特变研制的具有世界领先水平的非晶合金铁心三相高温超导630kVA电力变压器，并已在新疆投运。

此外，在静止无功补偿、紧凑型输电及同杆多回输电等方面都有进一步的发展。

（7）工程设计、施工技术方面。在750kV工程建设中采用海拉瓦定位和地质遥感技术优化路径；采用Q420高强钢优化铁塔结构，采用耐热铝合金定芯扩径导线等都有了进一步推广应用。

500kV江阴长江大跨越，塔高365m，为世界之最，也于2005年投入运行；另外，500kV同塔四回输电线在江苏利港电厂送出工程中首次采用。

2. 火电技术方面

（1）超临界及超临界技术。2004年在华能沁北电厂投入了我国第一台国产化60万kW超临界机组以后，我国已基本掌握了超临界电站设备制造、设计、建设运行技术，并且以较大力度在工程中推广应用，与此同时2005年重点对超临界和超超临界机组系统优化设计及运行性能进行研究，以及对机组关键材料性能分析及评估研究、轴系稳定性及控制系统等关健技术、大型超超临界机组汽水品质有效控制技术、容量参数匹配、结构造型、设备配套运行及维护等技术进行深入的研究。

（2）火电厂机组优化控制技术。在电厂容量增大和单机容量提高后，当电网负荷变化迅速，峰谷差增大情况下，火电机组优化控制系统和控制策略就成为优质、高效生产的重要环节。2005年在这方面取得的研究成果主要有火电厂厂级运行性能在线诊断及优化控制系统，提高火电厂机组适应电网负荷变化性能的控制策略研究与实施。

（3）在循环流化床技术方面，引进技术与消化吸收、创新相结合。四川白马引进的GEC－ALSTON公司的30万kWCFB机组已于2005年12月建成进入了整套试运。在引进技术消化吸收基础上，我国自行开发的江西分宜20万kW，云南小龙沄、河北秦皇岛的30万kW正在安装，将于2006年投产，其他10万、13.5万kW的CFB发展很快，到2005年底初步统计，全国CFB锅炉有2500余台，总容量300万kW。

（4）环保技术方面。2005年由中电投集团公司承担的“燃煤锅炉超低负荷洁净高效控制与运行技术的研究及应用”和“燃煤电站高效低氮氧化物排放系统技术研发”两项“863”重大科技项目基本完成，另外，煤气高温净化技术研发，分室回转（定位）反吹（玻璃纤维）袋式除尘器技术，以及石灰石/石灰—石膏湿法脱硫技术及推广应用等基本完成。

（5）绿色发电技术。2005年9月22日我国第一个生态电厂山东鲁北生态电厂10万kW批准建设，该厂总规模装机62.5万kW，是国家“循环经济”产业示范项目，由山东鲁北企业集团投资40亿元。该电厂用海水冷却，海水温度和卤度升高后，制盐提溴；炉渣制水泥，煤灰做砖，脱硫制硫酸，形成一条“循环经济生态产业链”。

2005年10月27日，华能集团公司加盟美国未来电力项目，同年12月23日华能、大唐等7家电力公司组建绿色煤电公司。

2005年7月，华能在汕头召开了绿色煤电会议拟在汕头建12万kW煤气化联合循环发电示范工程，煤气化制氢和氢能发电，以及对CO_2进行分离处理工程，西安热工所正在研究其核心技术——干煤粉加压气化技术，已取得重要成果。计划绿色煤电第一阶段煤气化发电和示范工程将在2009年投运。

（6）大型空冷机组技术。在2004年，山西嶂山电厂投入了我国首台30万kW机组直接空冷之后，60万kW机组的直接空冷也于2005年7月在山西大同电厂投入运行，9月在托克托电厂五号机组上投运，从而使我国空冷技术达到了国际先进水平。

3. 水电技术

2005年的水电科技创新成果主要有四个方面：一是大体积全级配大坝混凝土动态性能理论和模拟技术；二是水电工程水流的细观理论和数值模拟技术；三是水电工程建设管理系统开发理论研究和实用方法；四是70万kW级大型水轮发电机组的国产化和安装工艺技术。

4. 可再生能源技术

2005年可再生能源技术得到了很快发展，风电、生物能源发电、海洋能发电技术方面都有新的进展。

2005年4月，国家发改委发文开展1500kW变速恒频风力发电机组和1200kW直接驱动永磁式风电机组的产业化，包括控制技术、叶片设计与制造技术、偏航系统、变速恒频电机、齿轮箱与制造技术等。同年，我国自主产权的1200kW直驱式永磁风力发电机在新疆达坂城安装发电，我国功率最大的1500kW水冷式双馈风力发电机研制成功。2005年底，由中科院广州能源所、广州中科恒源能源公司、兰州环优磁机电公司共同研发“全永磁悬浮风力发电机技术”在广州通过技术鉴定。

生物质能技术方面，山东十里泉电厂秸杆发电示范工程，从丹麦BWE公司进口的输入热负荷为3万kW的秸杆专用燃烧器投用；山东单县正在建设秸杆循环流化床电厂，规模为2.5万kW，计划2006年投产。

潮汐能方面，亚洲首台潮流发电站，容量为40kW，2005年12月在浙江岱海投运。

5. 核电技术方面

引进消化改进型CPR1000核电机组正式决定在岭澳二期工程上使用。国产化的百万千瓦级压水堆核电机组CNP1000初步设计方案已通过专家审查；20万kW级高温气冷堆技术可研通过审查，并由华能集团与清华大学等进行合作建设示范工程，厂址选择在山东荣城，已通过审查。

6. 工程设计技术方面

国内各大区院和省级电力设计院基本完成了三维设计系统的建设工作，在输电线路选线、测量、路径优化方面，采用航测或卫星影像提取实际工程的数字化断面，该技术在2005年得到进一步推广应用取得了较好的经济、社会效益。

六、电力体制改革

2002年实行了厂网分开的电力体制改革，全国成立了两大电网公司，五大发电集团公司和四个辅业公司，同时成立了国家电力监管委员会，标志着电力体制中央层面的厂网分开改革已基本完成，而各省也相继成立了电源开发公司。

2005年的电力体制改革重点在解决电厂电网分开之后的遗留问题，包括主辅分离问题，部分余下电力资产分割问题等，同时也进一步开展了电力法规的建设和调研，电力市场的试点与建设工作；以及对输配用分开的改革，电力投资体制的改革，行政审批制度的改革等方面也进行深入的探讨，以真正做到打破电力企业垄断和行政性垄断，发挥市场对资源优化配置的基础作用。

2005年国务院颁布了《电力监管条例》，使电监会进入依法监管状态，并且进一步加强了组织体系，在6大电网区域成立了电监会的分支组织，4个城市（成都、杭州、昆明、贵阳）电监办也正式挂牌运行。

在电力市场建设方面，2005年发布了《电力市场运行基本规则》，并在2005年初启动了东北区域电力市场和年度竞价试运行。4月又启动了月度竞价试运行，成为我国正式进行竞价的区域电力市场，在电力市场建设上迈出了实质性的一步。华东电力市场也于2005年10月28日正式启动，日前和月前的综合模拟运行，成为我国第一个引入日前和月前全电量报价竞争机制的电力市场。南方电力市场也于2005年11月21日试启动。

另外，2005年3月8日吉林炭素有限责任公司与吉林龙华热电股份有限公司、吉林电力有限公司签订了《电量直接购售合同》和《委托输电服务合同》，这标志着大用户直购电试点工作也已启动。

在电力安全监管方面，国务院明确由电监会负责，同时也构建了电力安全监管工作体系，建立了责任制和明确了职责分工。

在电力许可管理方面，电监会制定和发布了《电力业务许可证管理规定》，并建立了业务许可的组织体系。此外在电力稽查，电力市场监管，电价监管等方面制定了相关的制度与办法，在电力普遍服务方面也进行了调查研究。

在电价改革方面，2005年出台了《上网电价、输配电价和销售电价管理暂行办法》，为建立科学的电价机制迈出了重要一步。由于电力市场改革推动了电价改革，2005年1月东北地区推行了两部制上网电价的改革；另外对销售电价的分类结构也进行了调整。2005年发改委制订了《可再生能源发电价格和费用分摊管理试行办法》，于2006年1月发布实行；另外于2005年11月国家发改委发布了《关于继续实行差别价格政策有关问题的通知》，对遏制高耗能行业盲目发展，扶优抑劣起到作用。2005年2月发改委和电监会印发了“关于促进跨地区电能交易的指导意见”，以价格为杠杆，促进资源优化配置，发展区域电力市场。

电力体制改革，对电力发展起到积极的推动作用，也存在一些需要进一步解决的问题，特别是投资体制改革，政府行政审批制度等改革正在努力跟上，以真正推进和打破行业垄断与行政垄断，真正实现以政府为主导，发挥市场的基础性作用，实现资源的优化配置；对于输（配）用分开要做进一步的调查研究，先试点，稳妥进行，以保证电力行业能健康科学的发展，以确保经济社会发展和人民生活的需要。

2005～2006年度全国电力供需与经济运行形势分析预测

——王永干[①]

2005年，在国民经济平稳较快发展、运行质量进一步改善的良好态势下，电力供应能力进一步增强，电力消费保持较快增长，速度有所回落，电力供需紧张形势得到明显缓解，但季节性、时段性、地区性供需矛盾依然突出。

2006年，国民经济将继续朝着宏观调控预期的方向发展，发电设备投产规模将保持在很高水平，电煤供应不足的矛盾有望逐步好转，全国电力供需矛盾依然存在，但缺电程度和缺电范围将大大降低。

一、2005年宏观经济运行情况

2005年，各地区、各部门在党中央、国务院的正确领导下，以科学发展观为统领，进一步加强和改善宏观调控，积极推进改革开放，国民经济呈现增长

① 中国电力企业联合会秘书长。

较快、效益较好、价格平稳、活力增强的良好发展态势。初步核算，全年国内生产总值18.23万亿元，按可比价格计算，比2004年增长9.9%，略低于2004年10.1%的增长速度。其中，三次产业增加值分别增长5.2%、11.4%和9.6%。分季度看，一至四季度的国内生产总值增长比较平稳。

二、2005年电力供需与经济运行形势分析

2005年全国电力供需形势基本呈现“前紧后松”、逐步缓和的总趋势，电力供需特点也同时逐渐由2004年的持续性、全国性缺电转变为区域性、季节性、时段性缺电。全国缺电省份由年初的26个省逐步减少到11月的7个省份，缺电范围明显减少，拉路限电主要集中在华北的冀南、山西、蒙西，华东的浙江、安徽，南方的广东、广西、云南等地区。2005年全国最大电力缺口在2500万kW左右。

一季度全国缺电比较严重，电力需求紧张的主要原因是工业负荷居高不下，冬季采暖负荷较高，电力需求始终保持较高水平；同时，新增发电装机总量不足，部分还未能按计划投产，电煤供应紧张、煤质下降，广西、云南、湖北、四川等地区枯水期水电出力不足等引起的电力生产能力受限也都是导致电力供需形势严峻的主要原因。二季度全国电力供需形势整体缓和，但部分地区因异常气候因素、机组检修安排较多等因素，供电能力仍然不足，期间最多有18个省份拉路限电。三季度迎峰度夏期间，虽然全国负荷水平急剧上升，但是由于发电机组投产较多、水电出力充分、政府和电力企业积极实施电力需求侧管理错峰移峰等原因，拉限电范围并没有扩大，7月份全国共有15个省份拉限电，供电形势基本表现为区域性、时段性缺电。随着大量机组陆续投产和用电需求减缓，四季度拉路限电省份范围进一步减小，供电形势得到进一步缓解。

（一）电力消费持续快速增长

受国民经济持续快速增长的强劲拉动，2005年全国电力消费继续保持了快速增长的态势，全国电力呈现供需两旺的局面。

1. 全社会电量消费保持快速增长

2005年全国全社会电量消费仍然保持了快速增长的势头，达24689亿kWh，同比增长13.45%，但增速比2004年回落1.73个百分点。第一、二、三产业和城乡居民生活用电量同比分别增长7.64%、13.37%、12.90%和16.19%。第二、三产业增速在连续两年的高速增长后，增速有所回落，第一产业和城乡居民生活用电量增速加快。

2. 工业用电量增长明显减缓，重点行业用电势头趋缓

2005年工业用电量为18056亿kWh，同比增长12.48%，比2004年回落4.27个百分点。其中轻、重工业用电量分别同比增长7.93%和13.85%，增幅分别回落5.87和3.48个百分点。工业用电量增长减缓明显。

从工业用电量各月增长趋势来看，基本呈现“低开、高走、低收”的趋势。1～3月增速逐月下降，从4月开始逐步回升，到8月达到最高值14.4%，此后快速回落至12月最低点12.48%，主要原因是高耗能行业的压产，导致用电量的急剧下降。

2005年工业用电量占全社会用电量的比重与2004年相比下降0.72个百分点，但仍比2003年高0.3个百分点，说明我国工业化特征明显，工业用电增长对全社会用电增长的贡献率很大。在以后相当长一段时间内，工业用电仍然是全社会用电的主要部分，对全社会用电量的影响也最大。

3. 城乡居民生活用电量保持高速增长态势

2005年，城乡居民生活用电量为2838亿kWh，同比增长16.19%，增幅比2004年增加了6.07个百分点。

从总体趋势上看，城乡居民生活用电量保持高速增长的态势，各月增速均比较高，5月份的增速甚至达到20.37%，以后逐步回落到12月的16.19%。从地区上看，江西更是达到了40%的高增长率。

经调研和分析，城乡居民生活用电量增长较快的主要原因有：

（1）城乡居民收入保持较快增长。

（2）城镇化水平提高，人均居住面积增大，人们对生活质量要求和舒适度要求提高。

（3）各地实行峰谷分时电价促使居民多用低谷时段电量。

（4）全国城农网改造使得对居民供电能力、供电质量和可靠性提高，原来被抑制的部分需求得到释放。

4. 各区域最高用电负荷同比增长较快，最高用电负荷增长率高于全社会用电量增长率

从各地区的用电量增长情况看，各地区用电增长表现出很大的不均衡性，用电量同比增长超过全国平均水平（13.45%）的省份主要有12个，主要原因是省内经济快速发展，电力需求增加，另外，部分省份发电装机快速增长也极大的满足了对电力的需求增长。用电量同比增长较慢的地区有吉林、黑龙江、贵州、西藏，这些省区电量增长缓慢的主要原因是经济发展缓慢，高耗能行业发展受到一定的限制。

2005年全国主要电网统调最高用电负荷合计为33220万kW，同比增长16.97%；统调用电量为

20686亿kWh，同比增长14.04%。随着人民生活水平的提高和人们越来越重视生活的舒适度，空调负荷需求增长很快，使得夏季最高负荷有极大的上涨空间和潜力。其中2005年北京地区统调最高用电负荷达到1054万kW，同比增长12.12%，高于同期全社会用电量增长率10.10%；天津地区整点统调最高用电负荷达到609万kW，同比增长20.24%，高于同期全社会用电量增长率12.61%；上海地区统调最高用电负荷达到1668万kW，同比增长11.2%，高于同期全社会用电量增长率9.9%，这些经济发达地区空调负荷比重较高，基本能够达到统调最高用电负荷的40%左右。

2005年有大批发电装机陆续投产运行，电力供需形势有所缓解，全国统调最高用电负荷增长率和统调用电量增长率特点也发生了一定的变化，全国统调最高用电负荷比统调用电量增长率高2.93个百分点，这是从2003、2004年来的首次转变。特别是华东电网、华北电网统调最高用电负荷增长率分别高于统调用电量增长率7.88个和5.26个百分点。这种最高用电负荷增长速度远高于用电量增长速度的现象，说明部分在高峰时段被抑制的负荷得以释放出来，也说明总体供需紧张形势得到了一定的缓解；但是，从另一个方面来说，电网峰谷差增大，对电力的合理备用和电网调度等都带来了一定的安全风险和投资效益风险。

（二）电力供应能力快速增长

1. 发电装机保持快速增长，总装机突破5亿kW

为满足国民经济发展对电力的强劲需求，全国电力装机以前所未有的速度发展，是建国以来电源发展最快的一个阶段。截至2005年底，全国发电装机达到50841万kW，同比增长14.9%。其中，水电约占总容量22.9%，同比增长10.7%；火电约占总容量75.6%，同比增长16.6%；核电达到约占总容量的1.35%，同比增长0.1%。

2005年，全国发电装机容量增加了6602万kW，其中火电增加5465万kW，占增加总容量的82.78%，水电增加1128万kW，占增加总容量的17.09%。新增装机主要分布在华东、华北和南方等电力供需比较紧张的地区，这些机组的投产对缓解紧张的电力供需形势起到了巨大的作用，特别是，仅江苏省2005年增加装机1400万kW左右，使得该省在“十一五”期间的电力供应得到保证。

至2005年底，华东、华中、华北区域发电装机容量均突破1亿kW。华东区域发电装机增长率（26.9%）高于全国平均水平（14.9%），是该区域电力供需紧张形势得到极大缓解的主要原因。

2. 发电量保持快速增长，但增速有所回落

2005年全国发电量达到24747亿kWh，同比增加12.8%，与2004年相比回落了2.4个百分点。其中，水电发电量增长很快，约占发电总量16.0%，增速19.4%，是改革开放以来的最高值，这主要是得益于全国大部分地区来水情况较好；火电发电量约占总发电量81.5%，增速11.5%；核电发电量约占发电总量2.1%，增速3.7%。

如前所述，水电发电量同比增长率达到19.4%，达到改革开放以来的最好水平，特别是东北、华东、黄河上游及广东等地水电发电量同比增长率都达到30%以上，福建更是达到88.3%的超高增长率，分析原因主要是这些地区2005年来水情况好于往年，特别需要指出的是华东地区充足的来水量也极大的缓解了该地区紧张的供需形势，同时2004年来水情况较常年偏枯也是使2005年增长率偏大的一个主要原因。另外，南方电网区域来水不充足使得该地区枯水期水电发电量受到较大影响。

3. 发电设备利用小时数有所下降，水电设备利用小时数大幅增加，火电设备利用小时数下降较多

全国总体情况。2005年全国发电设备利用小时数呈现先增长后趋缓下降的趋势。1～9月发电设备利用小时数呈同比增长态势，9月份以后，随着迎峰度夏期结束和大批电源项目的建成投产，电力供需矛盾相对缓和，发电设备利用小时数逐月有所回落。2005年累计平均利用小时数为5411h，同比降低44h。其中，水电设备利用小时数为3642h，同比增加180h；火电设备利用小时数为5876h，同比降低115h。

分地区情况。分地区看，发电设备利用小时数超过6000h的省份有6个省，其中宁夏的发电设备利用小时数更是达到了7000h。有6个省发电设备利用小时数同比增长超过300h，海南增加了798h，这些地区发电设备利用小时数增长比较多的主要原因是经济发展较快引起的电力需求增加，同时装机增长率相对比较小的因素也不容忽视。

火电机组情况。从火电机组利用小时数来看，绝大部分省份都有所下降，其中有9个省下降在300h以上，5个省下降幅度在600h以上，下降特别明显。经初步分析判断，利用小时数下降是新增机组大量投产、高耗能产业用电量减缓和水电出力增加共同作用的结果。

（三）电网输送能力极大提高，西电东送规模大幅增加

1. 电网建设保持较大规模，一批重点工程投运

2005年，全国电网投资规模巨大。据初步统计，全国投产220kV及以上输电线路23372km，变电容量12807万kVA。截至2005年底，220kV及以上输

电线路回路长度达到25.19万km，同比增长9.6%，220kV及以上变电设备容量达到86680万kVA，同比增长15.9%。全国电网建设重点工程项目进展顺利，区域电网和省级电网网架得到了加强。

2. 跨区、跨省送电及进出口增幅平稳

跨区送电情况。2005年由于三峡左岸14台发电机组提前一年全部投产运行，全国跨区域送电量特别是南方与华中区域之间的电量互调增长速度较快，促进了跨区域资源优化配置和电力电量余缺调剂，缓解了相关地区电力紧张形势。全国全年跨区送电量共完成651亿kWh，同比增长13.71%。其中，跨区域送电比较大的有山西阳城送江苏103.95亿kWh，同比降低0.23%；华中送华东270.86亿kWh，同比增长1.52%；华中送南方219.12亿kWh，同比增长48.98%。

省间电量交换情况。2005年，各省间共送出电量3354.78亿kWh，受进电量3187.65亿kWh，全国净送出167.13亿kWh。其中，净送出电量超过100亿kWh的省份主要有湖北、广西、山西、内蒙古、贵州，这些省份基本都是煤炭和水力资源比较丰富的地区；净受进电量比较大的省份依次有广东、北京、天津、上海、辽宁、浙江、河北。这些省份基本都是经济比较发达、能源资源相对短缺的地区，巨大的电力输入对这些地区经济的快速发展起到了重要的支撑作用。西北及其他区域虽然净送出、净输入电力数量不大，但是省间电力电量交换更加频繁，对提高互供保障支援能力、提高电网备用水平等都起到了积极的作用。

进出口情况。2005年，电力进出口量也以很高的速度增长，全年进出口电量总额166.87亿kWh，同比增长24.19%。其中，进口电量49.8亿kWh，同比增长45.24%，进口电量117.07亿kWh，同比增长16.98%。

3. 西电东送输电能力大幅提升，资源配置更加合理

2005年国家“西电东送”又有天生桥至广东第四回500kV输变电工程等多项跨省跨区输变电工程投产。到2005年年底，西电东送北通道共建设投运11回500kV输变电工程，总输送能力超过1200万kW，这些输变电工程的建设对山西、内蒙古地区的能源资源输送到京津唐及河北地区发挥了巨大的作用；中通道形成了三峡、葛洲坝到华东地区的±500kV直流输变电工程，总输送能力420万kW，是华东电网满足电力需求的主要保证之一，另外山西阳城到江苏的500kV输变电工程的输送能力为330万kW；包括三峡至广东的500kV输变电工程，南通道共形成“六交三直”9条输电线路，总输送能力超过1300万kW，该通道建设运行能充分发挥各省优势，达到资源的优化配置。

（四）电力生产的一次能源供应喜忧参半，能源利用效率逐步提高

1. 电煤供应总体趋缓，煤质下降，库存情况比较理想

2005年，受社会电煤生产能力增加、铁路运输改革与挖潜增效，煤电联动政策启动、煤炭进出口税率下调等一系列政策综合影响，电煤供应从一季度的全面紧张向年底的趋缓态势发展。

电煤库存充足。2005年6000kW及以上电厂发电耗用原煤9.84亿t。全年直供电网累计耗煤4.76亿t，同比增加9.4%；年末电煤库存2800万t，同比增加1400万t，平均可用天数为17天，处于安全库存水平以上。2005年电煤供应大部分时段保持供大于耗的情况，库存量同比大幅上升，保持在合理水平，在迎峰度夏发电用煤高峰时期，电煤仍保持在18天的存煤水平，年末库存量创下了近几年电煤库存的历史新高，很好的保证了冬季电煤安全稳定供应的需要。

电煤价格高位运行。2005年电煤价格矛盾依然突出，发电企业生产经营仍面临较大的压力。其基本价格走势是：一季度涨幅较大，二季度平稳，三季度略有下降，四季度价格平稳部分地区有小幅上升。总体上电煤价格上涨势头趋缓，但仍处于高位运行状态。

据测算，2004年12月至2005年5月，电煤车板价比2004年6～11月增长40.23元/t，煤电联动仅消纳25.2元/t。另再加上铁路运费调高2.9元，煤质下降影响价格上涨8.3元，仅三项因素就使煤电联动综合缺口达26.23元。

另外，目前的主要问题是电煤价格如何并轨，因电煤价格与市场价还有一定差距，据了解，平均在30～80元/t，部分省的煤炭省外市场销价比省内电煤价格高100元/t以上，若电煤价格完全放开，在供需平稳市场煤价稳定的情况下，电煤价格仍将有较大幅度的上涨，会导致发电成本大幅提高，在电价还没有市场化的情况下，发电企业全面亏损的局面很有可能出现。

电煤运力。2005年铁路系统通过实施内部改革，加强集中统一调度，整合运能，提高了运输效率；通过实施大秦、侯月铁路两线改造，增加了山西、陕西煤炭的运力，重点加大了电煤的运力安排，运能的科学合理安排，为电煤供应稳定创造了好的条件。年末将至，铁路部门继续加大对电煤运输的支持力度，基本满足了电煤运力的需求，保证了电煤稳定的供应。

电煤质量下降。近年来，电煤质量普遍下降，供

应紧张地区的煤质下降达300～500kcal（1kcal＝4.184×1000J），造成电煤采购成本大幅上升。据统计，2005年直供电网综合燃料发热值同比降低127kcal/kg，相当于发电企业因此增支电煤价格7.6元/t左右。更有甚者，有的电厂到厂煤发热值仅2800～3000kcal左右，下降幅度超过1000kcal。由于煤质差，锅炉燃烧不稳定，不但增加了煤耗，加大了发电成本，减少了机组年运行小时数，同时还造成设备受损，导致锅炉灭火、“四管”爆漏事故上升，给安全生产带来了极大隐患，维护检修成本大幅上升。

2. 燃油价格偏高，油气供应困难

受国际市场燃油价格高位运行及国家宏观调控政策影响，国内燃油电厂生产成本高于上网电价，如粤电集团所属黄埔电厂仅燃料成本就亏损14.8分/kWh，核定的燃油电厂上网电价已不能正常弥补发电企业的生产成本，生产运行异常困难。

由于西气、东气及LNG供应量不足，无法满足燃气电厂发电用气需求，华东地区有400万kW的燃气机组不能投入生产运行，无法参与当地电力电量平衡，加剧了该地区的电力紧张局势。另外，南方等地区也存在燃气电厂投产即停产的情况，这些燃气电厂的非正常停产使得发电企业无法回收各种投资，发电公司资产保值增值面临很大困难，增加了市场风险。

3. 电力生产环节能源利用效率有所提高

2005年电力生产企业克服了电煤供应质量下降等不利因素影响，在节能降耗上深挖潜力，2005年全国供电煤耗为374g/kWh，比2004年降低2g/kWh，相当于节省标准煤量300多万t，“十五”期间共下降11g/kWh；电网方面，通过科学管理，线路损失率比去年减少0.39个百分点，降为7.18%，十一五期间线损率变化不规律，2004年达到最高值7.71%。

（五）电力企业经济效益下滑、亏损的情况有一定好转

自2005年5月1日国家启动并实施煤电价格联动方案以来，电力企业经营效益下滑、亏损的情况有明显好转，利润自7月份开始连续实现同比正增长，亏损面逐月下降。全年规模以上电力工业企业累计实现利润总额1038亿元，同比增长21.41%，而1～4月利润总额同比下降25.87%。；但受到电煤价格上涨和火电设备利用小时数下降的不利影响，火力发电企业利润增长缓慢，全年仅增长2%。1～12月按企业数计算的亏损面为27.12%，比1～4月下降12.17%。

（六）典型发电企业指标对比

选取华能、大唐、华电、国电、中电投五大集团作为典型中央发电企业代表，另外又选取浙能、申能、粤电力、山西国际、河北建投五家作为典型地方发电企业代表，对其2004年、2005年总体装机总量、发电量、供电标准煤耗指标进行对比分析。

装机规模对比。2005年，选取的十家典型企业合计装机容量为21840万kW，同比增长22.43%，其中，典型中央发电企业装机容量18664万kW，同比增长23.89%，其装机容量同比保持了很高的增长速度，规模优势继续提高；典型地方发电企业装机容量3175万kW，同比增长14.51%，其装机容量占全国总装机容量的6.25%，同比比重基本保持不变。

典型中央发电企业在装机容量明显大于典型地方企业装机容量的条件下，其增长率比典型地方发电企业装机容量增长率高9.38个百分点，说明典型中央发电企业在规模扩张方面具有地方发电企业无法比拟的优势，且全国性扩张能力强，而地方发电企业更转注于在本区域范围内扩展企业规模。从具体各个典型企业来看，各典型中央发电企业装机增长率基本都在20%～28%左右，规模扩张比较均衡，典型地方发电企业装机增长率差别比较大，浙能、山西国际集团、河北建投装机增长率都在20%以上，而粤电集团增长率为4.83%，申能全年未增加装机。

发电量对比。2005年，选取的十家典型发电企业发电量合计为11482亿kWh，同比增长18.13%，其中，典型中央发电企业发电量9605亿kWh，同比增长19.28%，其发电量占全国发电量的比重同比提高了2.11个百分点，保持了一定的增长速度，电力支撑作用继续提高；典型地方发电企业发电量1877亿kWh，同比增长12.60%，其发电量占全国发电量的比重同比基本持平；典型地方发电企业装机与发电量基本保持了同比例增长。

从具体各个典型企业来看，典型中央发电企业中，华能集团发电量增长率最高为31.64%，中电投集团发电量增长率最低为10.06%，典型地方发电企业中，申能集团发电量增长率最高为44.44%，粤电集团发电量增长率最低为2.96%。

供电煤耗对比。2005年，选取的十家典型发电企业节能降耗工作取得了较大进步，其平均供电标准煤耗为355g/kWh，同比降低1g/kWh，其中，典型中央发电企业供电标准煤耗为357g/kWh，同比降低2g/kWh；典型地方企业供电标准煤耗为341g/kWh，同比降低4g/kWh。

从具体的典型企业情况来看，申能、浙能集团供电标准煤耗水平较低，分别为319、332g/kWh；山西国际集团供电标准煤耗水平最高，为383g/kWh；大唐集团、申能集团供电标准煤耗下降最快，为6g/kWh；华能集团由于北方电力集团并入，其供电标准煤耗是10家典型企业中唯一升高的，煤耗数值比

2004年提高9g/kWh。

三、2006年电力供需形势预测

2006年国民经济仍将以平稳较快速度发展，对电力的需求仍然强劲，各行业用电将持续快速增长，虽然高耗能行业受国家宏观调控增速会有所放慢，但是对电力的需求仍会以较快的速度增长。预测钢铁行业用电量增速在11.4%左右，有色金属行业用电量增速在14.8%左右，非金属矿物制品业用电量增速在13.8%左右，化工行业用电量增速在9.4%左右。

考虑宏观经济、重点行业发展、产业结构调整、节能降耗、电源供应能力、电网输送能力等多种因素，并运用“全国电力供需分析预测软件”，综合判断：2006年全社会用电量增长率将在12%左右。

（一）电力供应能力将进一步增强，但存在一些不确定性因素

1. 发电装机预计投产规模较大

据初步调查了解，2006年新增发电装机将在7500万kW左右，预计是建国以来发电机组投产最多的一年，如此大的机组投产规模将决定着全国及各地区电力供应形势的变化。由于2006年大部分机组将在下半年投产，对上半年电力供需平衡影响不会太大。这种情况下，如何协调确定机组投产计划，使电力紧张地区的机组能在夏季高峰负荷前如期投产运行，将对2006年迎峰度夏产生较大影响。

2. 电网建设规模将进一步扩大，网络结构将更加合理

据初步了解，2006年电网投资规模将进一步扩大，全国将投产220kV及以上输电线路25000km左右，220kV及以上变电容量15000万kVA左右。国家电网公司1000kV晋东南—南阳—荆门特高压输电试验示范工程、南方电网公司±800kV云广直流输电线路工程将陆续开工建设。各地城电网、农网改造与完善工程将继续进行，以尽快消除配电“瓶颈”问题。

随着西北—华中电网的联网成功，全国除新疆、西藏和海南外，其他省区电网实际上已经联成一个全国性的大电网，电网联系将更加紧密，互供、保障及相互支援的能力将进一步增强，跨区、跨省送电电量将继续增加，省间互供更加频繁。

2006年“西电东送”三个通道将会发挥更大的作用，以保证京津唐、华东、广东等经济负荷中心区域经济的持续发展，跨区送电量将在2005年的基础上有一定的增长。

3. 电煤供应充足，但煤质和运力仍是影响电力供应的主要不确定因素

根据1994～2005年的历史数据推算，2006年电煤消耗量将达到10.2亿t。根据国家发改委预测，2006年全国煤炭需求将达到21.7亿t，出口8000万t，总计需求22.5亿t，煤炭核定生产能力为22.6亿t，煤炭供需总量基本平衡且略有富余。

通过上面的数据可以分析，2006年电煤供应总量充足，但是电煤质量和电煤运输将仍然是影响电力供应的主要不确定因素，煤质下降影响机组出力下降甚至停机。

从2006年“全国重点煤炭产运需衔接会”订货情况看，煤电运形势不容乐观，由于电力企业与煤炭企业在电煤价格上存在着分歧，年度电煤供需合同基本未能落实，签订合同量占总量的6%，剩余绝大部分电煤合同仍需要政府、煤炭企业和电力企业及其他相关部门经过极大的努力才能完成。

电煤运输的结构性矛盾仍然突出，大秦、侯月线改造后运力与需求量相匹配，大大增强了陕西、内蒙古西部特别是陕西省内煤炭的调出量，华东、华南下水电煤供应相对宽松，但是中路及南路铁路运力基本没有增长空间，新投产机组的供煤将受其制约，电煤资源难以调出，特别是华中、华北、东北等地区的电煤供应不稳定因素较多。

4. 水电发电量将略有下降，地区情况不均衡

据全国422座大型水库统计，2006年1月1日蓄水总量为2051.4亿m^3，比上月初少蓄97.5亿m^3，比2005年同期多蓄291.4亿m^3，比多年同期平均多蓄425.7亿m^3，总体蓄水情况较好，对冬春季水电机组出力有一定的帮助。

水电站来水情况将直接影响到水电站的发电能力。从全国来说，2006年全国主要河流总体上仍然按平水年进行预测，南方电网特别是云南、广西地区来水情况为多年偏枯，水电出力受到一定影响。

（二）全国各地区电力供需形势预测

总体上2006年全国全年电力供需形势将进一步缓解，但局部地区、局部时段缺电的特点将依然存在。预计全国最大电力缺口出现在一季度，总计约800万～1000万kW，缺口主要发生在南方电网和华中地区，主要是枯水期水电出力不足影响所致，其他地区基本平衡或偏紧。夏季最大缺口出现在三季度，总计约500万～700万kW左右，缺口主要发生在华东和华北地区，表现为高峰时段缺口，由于华东地区燃气机组气源无法保证等不确定因素，600万kW燃气机组暂时没有参与电力电量平衡计划。

华北电网地区。预计2006年全网新增装机1786万kW左右，华北电网总体的电力供需形势将得到极大缓解，但部分地区仍然存在会缺电情况。

东北电网地区。预计2006年全网新增装机347.8万kW左右，在电煤供应正常和煤质稳定的情

况下，全网电力供需基本平衡，但三省间“南紧北松”的局面依然存在。

华东电网地区。预计2006年全网新增装机2347万kW左右，全网统调最大电力需求10730万kW，考虑燃气气源不足的因素，扣除全网燃机容量600万kW以及备用容量300万kW，加上区外送电负荷392万kW，全网夏季高峰负荷缺口为400万kW。

华中电网地区。预计2006年全网新增装机1680万kW左右，网内各省间供需情况不平衡，在考虑省间电力电量交换和互供的情况下，电力供需形势将在2005年的基础上继续好转，但年初和年底枯水期电力供应仍然比较紧张，1月电力缺口最大，为430万kW，在来水和电煤供应情况好于预期的情况下，电力供应形势将有所好转。

西北电网地区。预计2006年全网新增装机350万kW左右。全网供需形势呈现“供大于求”的局面，在对高耗能行业政策调控效果明显、水电来水正常的情况下，全年电力电量均有较大富裕，具备向华中电网供电的能力。西北电网结构仍比较薄弱，各省间主网互供能力仍可能是造成局部地区局部时段电力紧张的主要原因。

南方电网地区。预计2006年全网新增装机1528万kW左右。在电煤供应正常、不考虑燃油、违规机组停运的条件下，供需形势具有时段性、季节性缺电的特点，但总的供需形势比2005年有较大缓解，1～3月受水电枯水期影响供需矛盾突出，最大电力缺口达540万kW，4～8月电力缺口由300万kW逐步缩小到150万kW，9月后全网基本能达到平衡。

四、对当前影响电力供需与经济运行形势的一些问题的认识与建议

（一）关于电力工业生产建设宏观环境

1. 电力建设应保持相对稳定速度

“十一五”期间电源发展仍然很快，到2010年，全国发电装机总量将超过7.5亿kW。大量电源项目的集中建设，使得电网滞后于电源发展的问题更加突出。电源过快发展给配套电网建设和投资会带来很大的压力，也给电源建设本身带来潜在的投资风险。

建议政府加强电力发展规划，树立电力发展规划的权威性，加强电力宏观调控力度，优化电源布局，正确认识全国目前的发电装机规模，密切跟踪电力供需变化，根据具体情况合理适度控制电力建设开工规模和建设进度，尽量保持均衡投产，防止电力建设大起大落。

2. 推进区域电力市场建设，加大跨区跨省电量交换力度

目前全国电力供需正走向基本缓和，局部地区电力过剩将与季节性、时段性、地区性供需矛盾同时并存。局部过剩地区应密切关注电力供需变化，不断开拓电力市场，特别是抓住建设社会主义新农村的有利时机，大力开拓农村电力市场。

目前跨区跨省电量交换虽有增长，但交换力度仍然不大。2005年，全国全年跨区送电量共完成1497.78亿kWh，只占全国总供电量的6.94%；全国全年跨省送电量共完成3354.78亿kWh，只占全国总供电量的15.54%。建议政府部门加强协调和监管工作，打破省间壁垒，推进区域电力市场建设，充分利用区域之间的地域差、时间差、气温差，大力加强跨区、跨省电量交换力度，互相调剂余缺，最大限度地实现资源的优化配置。

3. 抓住电力供需缓和的时机，加大电力结构调整力度

截至2005年底，全国电力装机容量已突破5亿kW，今后两年内全国新投产机组还将保持较高的增长速度。随着国家宏观调控措施的落实、电力需求侧管理的开展和新增机组的投产等，电力供需趋向基本平衡，可能会出现新一轮电力装机过剩现象。

建议政府电力主管部门抓住时机，加快电力结构调整，在优化火电的同时，加快发展水电，积极发展核电，大力发展可再生能源，着力提高可再生能源、清洁能源和新能源在整个电力装机中所占的比例。调整水电、火电、核电和发电、输电、配电的结构，加强大中小机组电源结构的调整，积极推进火电机组进行“上大压小”、“上煤压油”试点，确保电力行业有序健康发展。

4. 电力企业节能降耗任重道远

党的十六届五中全会提出了“十一五”时期单位国内生产总值能源消耗比“十五”期末降低20%左右。电力生产和供应业是能源消耗较大的行业，发电厂用电和供电线损电量已经占全社会用电的14.39%，电力行业的节能降耗任务很重。一是在电源结构方面，水电、火电、核电建设增长速度要作调整，要尽可能减少石油、煤炭等不可再生能源的使用。二是通过技术进步，不断提高火电机组参数和容量等级，减少电力生产过程中自身能源消耗，提高机组的可靠性和技术经济水平。三是通过电网建设和改造，优化调度方式，正确处理电力市场中竞价上网（电价低）与经济调度（煤耗低）之间的关系。四是在政府的政策支持下，进一步加强电力需求侧管理工作。

（二）关于发电企业生产经营环境

1. 煤电联动缺口较大，电煤价格矛盾依然突出

发电企业普遍反映，煤电价格联动的实施，虽然在一定程度上缓解了煤电双方的价格矛盾，弥补了因煤价上涨而给发电企业带来的部分亏损，但是没有从

根本上解决发电企业因成本大幅上升带来的困境和煤电价格之争的深层次矛盾。据测算，2004年12月～2005年5月，电煤车板价比2004年6～11月上涨40.23元/t，煤电联动仅消纳25.2元/t，另再加上铁路运费调高2.9元，煤质下降影响价格上涨8.3元，仅三项因素就使煤电联动综合缺口达26.23元/t。

由于电煤价格仍在高位运行，随着2006年用电增长趋缓和大批新机组投产，发电企业将面临电煤价格波动和发电设备利用小时下降的严峻挑战，在电价还没有市场化的的情况下，发电企业全面亏损的局面很有可能出现。

建议政府有关部门尽快研究完善煤电联动办法，采取有力措施加大电煤调控力度，使电煤价格保持相对稳定，对违反电煤价格政策的行为采取更为有效的手段和更为严厉的监管措施。

2. 发电企业环保成本还没有根本出路

在煤炭、运输涨价给电力企业带来重大影响的同时，电厂的排污收费大幅度提高和排污费使用困难给企业带来了重大影响。与此同时，老电厂脱硫电价目前还没有明确，老电厂脱硫工程投入资金偿还和运行成本都没有出路，严重影响脱硫工作的开展。

建议政府部门制定排污费征收使用的原则和用途，保证企业排污费全面、有效专项用于大机组环保治理。对全国性大型发电集团公司，在各企业缴纳和使用二氧化硫排污费的过程中，建议制定相应政策，可以定期按比例集中统筹规划，用于重点脱硫工程建设，解决企业用于污染治理工程建设资金不足问题。建议政府部门尽快明确老电厂烟气脱硫设施的合理成本计入上网电价的政策，保证现有电厂脱硫工作的开展。

3. 气源不足影响新建燃机发电

华东电网地区反映，由于受天然气供应不足的影响，近400万kW的燃机调试推迟，机组被迫停机，造成了发电企业经营困难和燃机资源浪费，并使燃气机组成为不可靠的电源点，给电网和社会留下不可靠的印象。建议适当控制气机上马，加强燃气供应协调力度，满足供应，并建立配套补偿机制。

4. 电煤质量严重下滑，影响机组安全

近年来由于煤炭供应紧张，电煤质量严重下滑，尤其是掺杂使假现象严重，影响火电机组的出力，直接威胁着火电厂的安全生产，加剧了设备磨损，增加了生产成本，给电力企业造成巨大的经济损失，同时也造成铁路运力资源的浪费。电煤质量下降也直接导致电煤采购成本上升。煤质差，不但增加了煤耗，加大了发电成本，同时还造成设备受损，导致事故上升，不仅发电量减少，还使维修成本大大增加。建议国家有关部门加大打击在动力用煤产品中掺假违法行为的力度，通过经济、法律、行政等手段，对在电煤中掺杂使假的行为给予坚决打击和制裁。

（三）关于电网企业生产经营环境

1. 电网建设资本金短缺

大规模的城农网建设与改造给电网公司造成了沉重的财务负担，同时新建电网需要巨额资金，还本付息压力增大，资金筹措越来越困难，当前电网企业普遍面临资本金短缺问题。农网改造以后，虽然国家有2分钱的还贷政策，但从全国看，普遍给电网企业增加了很大的财务负担，电网公司资产负债率很高，当前许多电源项目需要电网配套项目建设，电网建设融资困难。由于从体制上实行输配分开尚待时日，因此建议国家应出台电网融资的优惠政策，可以考虑发行债券、直接上市、引进民营外资等办法。

2. 电网建设应与电源建设同步发展

电力生产发、供、用瞬间同时完成的特性决定了电网和电源必须同步协调发展。中国电力工业长期存在电网投资不足、建设滞后的现象。近几年电网建设滞后、输电能力不足、输配电网建设比例不协调的矛盾更加突出。据初步统计，“九五”、“十五”期间，我国电网投资占电力工业总投资的比例分别为25.7%、34.7%，而发达国家一般超过55%。

为此，建议国家加大电网投资力度，适度超前建设电网。积极稳妥地推进特高压电网建设的试验研究，加强跨区、跨省骨干电网建设，提高电力资源配置能力，加大跨区送电尤其是西电东送规模。加强城市配网薄弱环节建设，彻底解决部分地区有电落不下、用不上的问题。同时，建议国家发展改革委加快核准电源配套送出工程，保证大型电源项目竣工后能及时并网发电。

3. 电网建设外部环境恶化

随着我国国民经济的不断发展，对电力建设的质量、占地赔偿提出越来越高的要求，对项目建设需要审批的环节越来越多，这里面有积极的一面，但我们应清醒地看到，由于行政上的部门分割，往往导致工程建设办理手续的环节繁多、时间很长，部门的一些法规也出现了交叉，林业、铁路、公路交通等部门征收费用项目较多，补偿费用在取费的量、价方面存在很大弹性，要价过高，成为矛盾的焦点。统一的协调难度越来越大，一些地方在城市规划方面没有统筹考虑电力的建设情况，还出台了一些不利于电力建设运营的政策，严重影响了电力建设与运营的成本。一些输电线路工程、变电站工程甚至重点工程施工严重受阻，并且窃电量逐年上升，窃电方式呈多样化趋势。电力设施被盗窃和破坏严重，许多重要输电线路和相关设施经常遭到人为损坏，也加剧了电力供应的紧张局面和电网安全经济运行的压力。

因此建议加快《电力法》等法律、法规的修订工作，理清和规范电力施工建设过程中涉及的部门间的政策交叉和工程补偿政策制度，地方政府在城市电网建设方面应加大政策的扶持，在防窃电、破坏电力设施与工程施工方面加大支持与协调力度，为供电企业创造良好的政策与发展环境。

安 全 生 产

国家紧急部署电力安全和应急对策

2005年6月13日，国家发展和改革委员会同国家电监会、国家电网公司、南方电网公司等单位召开了“电力安全和应急措施工作会议”，共同研究电力安全和应急对策。

近日在莫斯科发生的大停电事故造成了严重的经经济损失和社会影响。事故发生后，国家电监会主席柴松岳向中央作了报告，介绍了事故情况，分析了事故原因，并提出了对策建议。党中央、国务院对此高度重视，6月4日，黄菊副总理批示：“从应对重大停电事故入手，研究电源电网建设问题，建议国家发改委统筹考虑这一问题。《调度管理条例》修订工作要抓紧。”曾培炎副总理也作出批示：“电网建设滞后于电源建设的问题，也请发改委一并研究，提出意见。”6月6日，温家宝总理批示：“由发改委牵头，统筹研究电源电网建设问题。电监会加强安全监管，落实应急预案，并加快法规建设。各部门各地方要相互配合。”

为此，发改委会同有关各方召开了此次电力安全专题会议。发改委副主任张国定、电监会副主席史玉波、国家电网公司副总经理舒印彪、南方电网公司副总经理王久玲出席会议并讲话，各省（区、市）发改委、各网省电力公司负责人及五大发电集团公司有关负责人参加了会议。中国电力工程顾问集团公司总经理汪建平在会上作了《俄罗斯和美加大停电事故经过原因分析和对我国电力安全工作的启示》的专题报告。

张国宝在会上指出，当前我国电力生产形势总体情况良好，同时也存在着不容忽视的安全隐患。部分地区电力供需矛盾仍然突出，电网网架结构薄弱，部分设备老化，城乡电网改造均还存在死角，违反电力规划和调度运行规则的情况时有发生，局部地区破坏电力设施、引发电力事故的恶性案件呈上升趋势，严重影响电力安全。为此，各地要重点加强城市机场、地铁、医院和其他重要设施的备用应急和保安电源的建设，加大对电网建设的投入力度。此外，要坚决杜绝电力企业超负荷、超极限带病运行，对老化的电力设施及时进行更新和改造。与此同时，各地要借鉴美国和俄罗斯在电网事故状态下，有效启动社会紧急响应和处理机制的经验，结合本地实际，完善社会应急体系，认真组织应急演习，力戒流于形式，把能源安全尤其是电力安全工作做好，为经济、社会和人民生活提供安全稳定的电力供应。

史玉波表示，目前影响电力安全的因素主要有三方面：一是电力供应持续紧张，使很多发输电设备长时间满负荷运行，同时电煤质量有所下降，带来安全隐患。二是电网结构和运行方面存在一些问题。三是电网抗自然灾害的能力不足。他认为，在缺电形势下做好电力安全工作，首先必须紧紧依靠发改委等国务院有关部门及各地市政府的宏观调控，加强煤电油运的协调，并利用价格杠杆，抑制过快的、不合理的电力需求增长。其次要加强调度管理，特别要做好“三公”调度。其三要加强需求侧管理，做到有序用电，节约用电、科学用电。其四要加强网厂协调，建立沟通机制，共同维护电力系统的安全稳定运行。史玉波还就电网建设规划和电源电网协调发展问题，以及提高应对自然灾害及突发事件的能力等问题，提出了具体要求。

国家电网公司副总经理舒印彪、南方电网公司副总经理王久玲在会上分别介绍了各自公司的安全现状，并提出了今后的重点安全措施。舒印彪说，国家电网公司系统正在开展反事故斗争，把确保电网安全运行放在各项工作的首位；制定并落实《国家电网公司关于加强安全生产工作的决定》，全面夯实安全基础；加快科技进步和技术改造；落实迎峰度夏各项措施，确保电网安全度夏；加强优质服务，狠抓“三个十条”的落实；加快发展特高压电网。王久玲说，南方电网公司将加强安全生产管理，确保南方电网安全稳定；认真做好负荷预测和电力电量平衡；确保在建工程按计划投产，加大配网和设备改造力度；更好地发挥大电网资源优化配置的作用；细化需求侧管理措施，尽力降低缺电影响；大力完善电网事故应急处理工作。

会上，北京市和上海市的有关方面负责人分别汇报了两市电力安全与应急措施的制定和实施情况。

《国家处置电网大面积停电事件应急预案》出台

国务院2005年6月16日正式印发了《国家处置电网大面积停电事件应急预案》（简称《预案》）。6月16日，全国电力安全生产委员会第三次扩大会议在京召开，贯彻落实党中央、国务院领导关于电力安全生产的一系列指示精神和《预案》，要求提高应对电网大面积停电事故处置能力，并进一步安排部署2005年电力迎峰度夏工作。

国家电监会主席柴松岳、国家安全生产总局副局长王德学出席会议并讲话，电监会副主席史玉波就《预案》的主要内容进行了说明，对《预案》的贯彻提出了要求。电监会有关部门负责人在会议上通报了2005年前5个月电力安全生产情况。国家电网公司、南方电网公司、国电集团公司分别介绍了各自贯彻《预案》和迎峰度夏的有关措施。

王德学副局长在讲话中指出，要认清形势，增强做好安全生产工作的责任感，要夯实基础，全面落实企业的主体责任。他说，电力安全生产之所以为党中央、国务院高度重视，之所以为全社会所关注，就是因为电力安全生产事故不仅会危及电力企业本身及职工的生命财产安全，还有可能造成重大电网事故，给社会经济造成不可估量的损失，给人民生活带来严重影响。所以，应当把防范电网事故作为电力安全生产工作的重要任务。要强化措施，确保迎峰度夏用电生产安全。要加强监管，促进工作落实到位。

史玉波副主席在会议上介绍了《预案》编制的依据、基本原则、编制过程、主要内容。他还就有关应急机构的设置，停电事件的分级、应急响应、应急保障、后期处置等问题进行了说明。他要求各电力企业一定要认真组织学习，全面、准确地理解内容，通过制定和完善本企业的应急预案，建立健全应急机制，切实提高我国对电网大面积停电事件的预防和应急处置能力，更好地保障人民群众生命财产安全，维护国家安全和社会稳定，促进国民经济持续健康发展。

全国电力安全生产委员会全体成员参加了会议，北京、上海、天津、重庆市电力公司的负责人应邀出席会议。

柴松岳在全国电力安全生产委员会第三次会议上的讲话

（2005年6月16日）

一、认清形势，以高度负责的精神切实做好电力安全生产工作

受经济快速增长的拉动，近几年来，电力生产和消费保持了快速增长的态势。2005年1～5月份，全国全社会用电量9325亿kWh，比2004年同期增长13.61%。据初步预测，2005年，全社会用电量将达到24220亿kWh，同比增长12%左右。

面对2005年以来电力供需仍然偏紧的形势，各电力企业按照党中央、国务院的统一部署，认真落实全国安全生产电视电话会议和全国电力安全生产电视电话会议精神，克服电煤供应紧张带来的困难，齐心协力，扎实工作，确保了电力系统安全稳定，保证了国民经济发展和人民生活对电力的需求。2005年1～5月份，全国电力生产没有发生特大人身伤亡事故，没有发生重特大电网事故，没有发生特大设备事故。

前5个月，虽然电力安全生产工作取得了一定的成绩，但是，我们不能盲目乐观，要清醒地看到，随着夏季用电高峰的到来，电力安全生产形势仍然严峻，还存在不少新的情况和问题，必须引起我们的高度重视。

一是电力供需形势仍然偏紧。输变电设备、发电设备长期超负荷运行，给检修、维护和正常消缺带来严重影响。特别是随着夏季尖峰期的到来，维护电网安全的任务更加繁重。同时，保证电网安全稳定所必须的备用容量仍然不足，给电网安全带来隐患。

二是电煤供应仍然紧张。2005年以来，虽然部分发电企业的电煤供应紧张状况得到了一定程度的缓解，但是，从全国范围看，电煤供应紧张的局面仍没有根本好转，这将对电力系统安全稳定形成威胁。同时，电煤质量的下降，也严重影响了发电机组的稳定性。

三是自然灾害频繁发生。近年来，恶劣天气等外

部因素对电力系统安全的影响日益增大，导致电网事故不断发生。2004年，浙江、福建等地台风给电网安全造成了严重破坏。2005年入夏以后，水灾、台风等自然灾害现象时有发生，给电网安全带来严重威胁。

四是一些企业安全管理不到位。分析2005年以来发生的12起电力安全生产事故，绝大部分都是因为安全管理不到位、思想麻痹、违章作业引起的。特别是华电新疆红雁池第二发电厂发生的油罐爆炸事故，非常值得我们深思。这起事故暴露了一些电力企业在安全生产管理方面存在的严重问题，放松管理，层层承包，以包代管，严重违反有关安全生产工作规定。因此，安全管理不到位，有章不循、习惯性违章仍是当前安全事故发生的主要原因。

分析当前电力安全生产面临的新情况和新问题，要求我们必须认清形势，不能存在丝毫的懈怠和侥幸心理。最近，针对莫斯科大停电事故，黄菊副总理作出重要批示："莫斯科大停电事故的教训要引起我们的高度重视，电力迎峰度夏的关键时段，尤其要做好电网安全运行等方面的工作，避免此类事故在我国发生。"我们要认真贯彻落实国务院领导的重要批示，牢固树立安全生产责任重于泰山的思想，始终把安全生产放在一切工作的首位，认真落实责任制，加强安全生产管理，以高度负责的精神切实做好电力安全生产工作。

二、贯彻落实《预案》，提高应对突发事件的能力

近日，国务院印发了《国家处置电网大面积停电事件应急预案》。这是一个非常重要的文件，《预案》的颁布实施，对正确、有效、快速地处理大面积停电事件，最大限度地减少影响和损失，维护国家安全、社会稳定和人民生命财产安全具有十分重要的作用。

电网安全事关国家安全，事关经济发展和社会稳定，事关人民生命财产安全。美加"8·14"大停电和莫斯科"5·25"大停电给我们带来了深刻的教训。2003年8月14日，美国中西部、东北部及加拿大安大略省发生大面积停电，事故造成损失负荷6180万kW，影响人口约5000万，美国因停电造成的损失达到100亿美元；加拿大安大略省的产值下降了23亿加元。2005年5月25日，莫斯科市大部分地区及附近25个城市发生大面积停电事故，停电造成停水，通信中断、交通瘫痪、商场停业，影响人口约200万，初步统计，此次事故造成至少10亿美元经济损失。美国"8·14"和莫斯科"5·25"这两起大面积停电事故再次给我们警示，我们必须高度重视电网的安全。

党中央、国务院对电力安全生产、对预防电网大面积停电事故高度重视，多次作出明确指示。美加大停电后，胡锦涛总书记指出："有备才能无患。我们应吸取美加停电事故的教训，认真研究我国电力系统安全问题，完善应急处理机制，确保电力生产和输配的安全。"温家宝总理指出："要认真分析研究美加大停电的情况，从中得到有益的启示。抓紧建立我国电力系统应急处理机制，做到未雨绸缪，防患于未然。此事关系国家安全、社会稳定和生产、生活秩序，必须高度重视，进行全面、系统、周密的研究，提出相应对策。"莫斯科"5·25"大停电后，我给黄菊副总理写了专报，分析了事故的原因，提出了应对措施。6月4日和6月6日，在我写给黄菊副总理关于莫斯科停电事件的报告上，温家宝总理、黄菊副总理、曾培炎副总理分别作出重要批示，要求统筹研究电源电网建设问题，要求重视紧急备用电源建设管理问题，要求加强安全监管、落实应急预案，要求加快《电网调度管理条例》的修订等法规建设。我们必须认真贯彻落实党中央、国务院领导的重要批示，把各项工作落到实处。

首先，要始终坚持预防为主的方针，加快发展，强化管理，落实责任，防止电网大面积停电事故的发生。当前，要特别注意做好三个方面的工作。一是必须加快电网建设。近年来，虽然我国的电网建设不断加强，电网技术进一步提高，但是，目前我国电网仍然滞后于电源建设，主网架抵御突发事故和自然灾害的能力仍然不强。总体上讲，系统安全保证不足，电网发展和改造的任务仍然很重。二是必须加强电力调度管理。调度环节是维护电网安全的中心环节，做好调度管理是预防电网大面积停电事件发生的关键。调度系统要在坚持统一调度、分级管理原则的基础上，健全和完善调度环节预防电网大面积停电的应急预案。要加快《电网调度管理条例》的修订，以适应新形势下电网调度工作的需要。三是必须加强网厂协调，共同维护电力系统安全稳定。不久前，电监会就电力体制改革后网厂关系问题进行了一次深入的调研，从调研情况看，厂网关系总体上是好的，但也出现了一些问题。近期，电监会将针对新形势下电厂、电网关系的实际情况，制定出网厂协调的办法，从机制上保证厂网关系健康和谐，从而确保系统安全稳定。

其次，必须着力提高应对突发事件的能力。从美加大停电和莫斯科大停电两起事故看，事故的起因都是个别元件故障后，没有得到有效控制，进而发展为大面积电网事故。因此，我们要以贯彻落实国务院印发的《预案》为契机，加紧建立应对突发电网事故的反应协调机制。一是电力企业要建立快速高效的反应

机制，一旦事故发生，能够在第一时间控制事故，阻止事故蔓延。二是要建立与各有关部门相互配合的协调机制，有效防止和控制因大面积停电事故发生后所产生的滋生事故，最大限度地减少事故影响，进而提高我们应对电网大面积停电事件的处理能力。

《预案》的颁布实施，标志着我国电力应急机制和应急体系的基本建立，要把《预案》贯彻落实好，还有很多工作要做。因此，各有关单位要认真学习宣传好《预案》。各电力企业要结合自己的实际情况，按照《预案》提出的总体要求，加紧制定适合本地区、本企业的应急预案。电力调度机构要按照《预案》提出的要求，加快建立起电网大面积停电事件的反应机制，有效控制事故蔓延，尽快恢复电力供应。要加强对重要电力用户的指导，督促检查其事故备用电源的配备及使用情况，要通过各种途径，向全社会宣传出现大面积停电紧急情况下如何采取正确的处置措施，提高全社会的应对能力。我们一定要认清形势，同心协力，扎实工作，把《预案》的各项措施落实到位。

三、采取有效措施，认真做好今年迎峰度夏工作

进入6月份，电力供应进入用电高峰期。总体判断，2005年迎峰度夏期间，全国电力供需形势将好于2004年，紧张局面将有所缓解，但依然偏紧。预计电力供应的缺口在2500万kW左右，主要集中在华东、南方、华北地区。

党中央、国务院对做好2005年电力迎峰度夏工作非常重视。2005年3月2日，国务院召开常务会议，专门分析电力供需形势，研究电力工业发展问题，要求切实抓好八个方面的工作。4月13日，温家宝总理在国务院常务会议分析一季度经济形势时再次强调，要抓紧做好电力迎峰度夏的准备工作。5月19日，温家宝总理就做好2005年电力迎峰度夏工作作出批示："确保电力安全和有效供给、完善有序用电方案和应急预案，加强以节电和提高用电效率为核心的需求侧管理，是三个十分重要的环节。为了确保安全顺利实现电力迎峰度夏，必须加强和改善宏观调控，充分利用价格杠杆和经济手段。"我们要认真贯彻落实国务院的一系列部署，贯彻落实国务院领导的重要批示，坚决打好2005年迎峰度夏攻坚战。当前，任务和措施都已明确，关键是要抓好落实。这里，我再强调几点。

（一）加强调度管理，确保安全供电

迎峰度夏期间，确保电力系统安全稳定运行是首要任务。电网企业要认真落实迎峰度夏各项措施，精心制定保电措施，确保不发生电网大面积停电事件；发电企业要加强设备管理，减少机组非计划停运，严格按照调度指令安排运行方式；要维护调度纪律，做到令行禁止，绝不允许出现干扰、违反、拒绝、拖延调度命令执行的事件发生，调度机构要努力做好"三公"调度工作，实现"统一调度"和"三公调度"的有机统一。

（二）抓好需求侧管理，做到有序用电

加强需求侧管理，是缓解当前电力供需矛盾的有效办法。电网企业是需求侧管理的实施主体，电网公司要在认真做好负荷预测的基础上，和地方政府紧密配合，按照"先错峰、后避峰、再限电，最后拉路"的原则，合理安排用电计划、优化电力负荷管理，确保安全有序用电。同时，要在认真总结需求侧管理经验的基础上，加强研究，通过行政、法律、经济、市场的手段，着力建立起需求侧管理的长效机制。

（三）加大跨区、跨省电力交易力度，缓解电力供应压力

加大跨区、跨省电力交易是缓解电力供应压力的有效途径。年初，为促进跨地区电能交换，加强电力优化调度，国家发改委、国家电监会联合印发了《关于促进跨地区电能交易的指导意见》，对健全交易机制和加强交易组织等问题提出了明确要求。目前，按照指导意见的要求，国家电网公司和南方电网公司都采取了一系列措施。初步预计，2005年全国跨区域电量交换将超过760亿kWh，增长8%，区域内跨省电量交换将达到1800亿kWh左右，同比增长15%。迎峰度夏期间，电网企业和调度机构要加强夏季电力供需形势和电力电量平衡的动态分析和调整，促进资源优化配置，以缓解部分地区，部分时段电力供应的压力。

（四）认真做好水库调度和防汛工作，充分利用好水能资源

当前我国南方地区已经进入了主汛期，北方也即将入汛，部分地区汛情可能比去年严重，尤其是长江中下游地区可能发生局部的洪涝灾害。各单位要采取措施确保水库大坝的安全，加强病险水库的巡查力度，防止发生垮坝事故，要提前做好电力设备的防汛排涝准备工作，防止电力设备被淹而影响发供电安全。电力企业要统筹兼顾防洪安全和发电效益，优化水库调度，在保证安全度汛的前提下，努力提高水资源的利用率。

（五）加强监管，切实维护好电力市场秩序

5月1日，《电力监管条例》正式施行，电力监管进入依法实施的新阶段，以此为契机，电监会将把维护好电力市场秩序作为监管工作的重点。当前，主要从以下几个方面开展工作：一是加强对电力调度的监管，严格调度纪律，确保电力系统安全稳定运行，

加强“三公”调度信息披露，营造良好的调度环境。二是加强对发电厂并网、电网互联协调运行的监管，营造良好的厂网协调环境。三是依据国家有关标准，加强对供电企业的供电质量，供电服务等方面的监管，营造和谐的供电、用电环境。四是认真落实科学发展观，贯彻国家宏观调控政策，加强对执行国家电价调整政策、差别电价政策情况的监管，严格控制高耗能企业的用电，抑制不合理的用电需求。

2005年电力迎峰度夏工作已全面展开，面对电力供应形势仍然偏紧的局面，我们要按照党中央，国务院的统一部署，树立和落实科学发展观，认真贯彻落实好《预案》的各项要求，认真落实好迎峰度夏的各项措施，尽最大努力为国民经济持续健康发展和人民生活需要提供安全、可靠、充足的电力。

首例省级电网黑启动在海南实战成功

2005年9月26日凌晨1时左右，2005年第18号台风“达维”以每秒55m的速度向海南岛东部沿海一带推进，对结构薄弱、孤立运行的海南电网造成了严重破坏。台风“达维”是自1974年以来海南所遭遇的最大强台风。由于电厂连续跳机解列，导致电网系统瓦解，引发全省范围的大面积停电。经电力部门的奋战，85min后，电网恢复运行。这是全国首例实施省级电网“黑启动”实战成功。

强台风“达维”来势之猛，远远超出预想。此前的气象预报预计，“达维”的中心最大风速在35m/s左右。而事实上，在“达维”即将登陆海南岛的几小时前，中心附近最大风速就达到了55m/s，相当于16级强台风。而按照设计规程，海南电网预防台风的设计标准是最大风力35m/s。

系统瓦解前，海南电网并网运行的5个统调电厂分别是：海口电厂、洋浦电厂、南山电厂、大广坝电厂、牛路岭电厂。清澜电厂备用。

台风袭来后，首先是牛路岭电厂因3条送出线路全部故障中断输电，与主网中断联络。到1时21分，海南电网的主力电厂洋浦电厂又出现原因未明的机组故障停机，而且引发了海口电厂两台12.5万kW机组解列。几乎同一时间，南山电厂的机组也被迫退出运行。1时25分，支撑“单机单网”运行的大广坝电厂的机组也被迫与系统解列。至此，海南电网全面瓦解。

重大危情发生后，海南电网公司立即按照南方电网公司确定的应对预案，紧急实施“黑启动”。台风来临前就坐镇省电力调度指挥中心的海南电网公司总经理李强、副总经理吴建宏，率领生技、安监等部门负责人，按照事先已多次演练的预案，立即开始组织电厂“黑启动”和系统恢复供电工作。

1时30分，副省长刘琦、省安监局局长廖强赶到电力调度指挥中心，积极协调指挥有关企业自备机组向主网送电事宜，直至“黑启动”成功、系统逐步恢复供电。

由于事前准备和预防工作充分，在海南电网正式下达“黑启动”命令后，仅用85min，南丰水电站发电机组于2时50分，第一个“黑启动”成功，并通过110kV那南线—那金线—金马线，给海口电厂送上厂用电。但由于负荷不足，海口电厂仍无法启动。

紧接着，2时58分，大广坝电厂启动2号发电机组“黑启动”成功，并通过220kV大鹅线—鹅洛线—洛玉线—马玉线给海口电厂送厂用电。至此，海口电厂进入全面启动状态。

4时26分，金海浆纸公司的自备电厂成功向主网供电，同样通过220kV大鹅线—鹅洛线—洛玉线—马玉线，给海口电厂送厂用电。

5时20分，洋浦电厂12号机组“黑启动”成功。

海南电网能够在较短时间里顺利完成“黑启动”的主要经验是：“黑启动”方案已经过多次反复演练，特别是大广坝电厂前不久刚成功进行了演练；省政府领导关心支持，亲临现场指挥，积极协调有关问题；调度人员沉着应战，业务娴熟，临危不乱；厂网之间密切配合，协同作战。

在历时4个多小时的“黑启动”和恢复供电工作取得了较大进展后，海南电网公司除继续做好海口电厂“黑启动”的工作外，又开始了恢复重要用户供电的战斗。

至5时26分，海南电网部分变电站和主线路开始恢复供电。儋洲地区的220kV洛基、鹅毛岭变电站，110kV那大、八一变电站和重点单位871电台均恢复供电。海口110kV晋江变电站也恢复供电。从5时30分左右至7时20分，第一批的省委省政府、省“三防办”、电力调度指挥中心和新闻单位等重要用户已经恢复供电。

大 事 记

主 要 事 件

中国电力企业联合会主要事件

1月1日 中电联正式实施《电力工程造价专业资格认证与从业管理办法（试行）》，规范了电力行业工程造价专业资格证书和资格认证工作的管理，与建设部协作共同建立了电力行业资格证与地方资格证的互认机制。

1月1日 中电联《燃气蒸汽联合循环电站安装预算定额》正式实施，本定额的颁布填补了国内空白。

1月4日 中电联理事长赵希正主持召开2005年第一次本部理事长办公会议。会议主要内容是：通报有关会议情况和落实建议；审议中电联组织建设、制度建设有关意见和办法；听取党风廉政建设等有关制度说明；提出下一步工作要求。

1月6日 中电联向国家发展和改革委员会报送《超临界火力发电机组水汽质量标准》等89项推荐性电力行业标准和《火力发电厂超滤水处理装置验收导则》一项电力行业标准化指导性技术文件。

1月12～13日 中电联在京举办2005·中国电力企业管理论坛。来自电网企业、发电企业、电力行业协会、辅业集团及多经企业、电力相关企业近300名代表出席了论坛。

1月12～14日 中电联在海南组织召开第18届亚太电协技术委员会会议，来自泰国、马来西亚、香港、日本等11国家和地区的15家企业的46名代表参加了会议。

1月21日 电监会党组批复同意设立中电联党组。赵希正任党组书记，谢振华任党组副书记，孙玉才、王永干任党组成员。

2月17日 中电联召开保持共产党员先进性教育活动动员大会。党组成员赵希正、谢振华、孙玉才、王永干出席大会。电监会机关党委副书记卫东应邀出席了会议。中电联128名共产党员和部分入党积极分子及群众共150多人参加大会。

2月21日 2005年中电联第四次理事长办公会议召开。会议主要内容是：贯彻电监会党组对中电联工作要求；审定职工大会工作报告；审定2005年部门工作经费预算。

2月24日 中电联召开2005年机关本部全体职工大会。党组成员赵希正、谢振华、孙玉才、王永干出席大会。谢振华常务副理事长做了题为《继往开来，再谱新篇，共同创造中电联事业的美好明天》的工作报告，赵希正理事长做了总结讲话。

2月25日 中电联主持召开2005年电力行业标准修订计划项目研讨会。国家发改委、电监会以及电网公司、发电集团公司、电科院等有关代表20余人参加了会议。

2月26～27日 中电联在北京组织召开中电联2005年经济形势与企业改革分析预测会。全国各电网公司、发电公司、地方电力企业和各省市电力行业协会及中电联本部、各分会负责人等近300人参加会议。

3月1日 中电联常务副理事长谢振华会见美国电器制造商协会（NEMA）副主席提莫西、费尔德曼先生一行。双方介绍了各自协会的组成、机构与职能，并探讨了在电力标准化方面合作的可能性。

3月3日 中电联向国务院领导报送《关于2005年我国电力供需形势分析和若干问题的建议》。黄菊副总理3月8日批示："请马凯、松岳、国宝同志阅。希正同志的建议应予重视。"

3月10日 中电联完成《2003～2004年全国电力供需形势分析报告》的编写工作，对2004年我国电力供需情况进行了全面分析和总结，对2005年及2006年的形势进行预测。

3月22日 中国电力教育协会在北京召开2005年度常务理事会会议，完成了组织机构、理事单位及成员的调整和增补等工作。

3月23日 中电联召开保持共产党员先进性教育第一阶段总结和第二阶段动员会。中电联党组书记赵希正出席会议并作重要讲话。常务副理事长谢振华作了《巩固成果　稳步推步　务求实效　扎实做好先进性教育活动分析评议阶段工作》的转段动员报告。

4月6日 中电联燃料分会主持召开2005年度全国电力燃料信息工作会议。

4月27日 中电联举行2005年电力可靠性指标

发布会暨电力可靠性管理中心成立20周年纪念。中电联本部赵希正理事长、谢振华常务副理事长、王永干秘书长，国家电监会副主席王禹民、国家电网公司总经理刘振亚、中国南方电网有限责任公司总经理王野平、中国电力投资集团公司总经理王炳华、中国机械工业联合会顾问陆燕荪等领导和各方代表共300余人参加会议。

5月25日 中电联向国家发改委和国务院法制办报送《关于电力行业水资源费征收有关情况的报告》。

5月25～27日 中电联在江苏组织召开全国火电大机组（600MW级）竞赛第九届年会。会议宣布了全国火电大机组（600MW级）竞赛2004年度优胜机组和优秀论文名单，并颁发了奖牌和荣誉证书。

6月2日 中电联技经中心编制完成《电力建设工程土建实验室资质认证许可办法》、《电力建设工程金属实验室资质认证许可办法》，上报国家发改委。

6月2～11日 应台湾电力公司邀请，中电联秘书长王永干、专职顾问刘宏带领中电联代表团5人到台湾参加两岸能源经济研讨会。

6月10日 中电联技经中心编制完成《电力工程项目建设中质量、经济纠纷仲裁报告》，上报国家发改委。

6月14日 中电联第四届全国会员代表大会通过的《中国电力企业联合会章程》通过电监会审核及民政部核准。

6月22～24日 中电联在安徽召开全国火电大机组（300MW）竞赛第三十四届年会。会议宣布了全国火电大机组（300MW级）竞赛2004年度优胜机组、优秀论文名单，颁发了奖牌和荣誉证书。

6月27～29日 中电联在山东组织召开电力行业劳动环境检测技术工作会议。会议讨论修改《电力行业劳动环境检测监督管理规定（讨论稿）》及《电力行业“十一五”职业安全卫生工作规划（征求意见稿）》。

7月1日 中电联理事长赵希正会见法国电力公司亚太区总裁马识路及法电公司战略部总经理马蒂尼先生等一行7人代表团，双方就核电、环保、水电、风能等方面的话题进行了会谈。

7月18日 中电联召开保持共产党员先进性教育活动总结大会。中电联党组副书记谢振华代表中电联党组、党员先进性教育活动领导小组对党员先进性教育活动作了全面总结。本部机关党员和职工群众共计140多人参加了会议。

7月29日 中电联完成《2005年上半年全国电力供需形势分析预测报告》。报告对2005年上半年全国电力供需形势进行了深入分析，对下半年的供需状况进行了预测，对当前电力供需形势和今后的电力发展提出了相关政策建议。

8月1～3日 中电联在北戴河召开“许继奖教金”奖教、资助工作总结会。

8月9日 中电联理事长赵希正在北京嘉里中心会见并宴请参加电力论坛的各国VIP代表。

同日 中电联技能鉴定中心印发《关于组织编制集控值班员等18个电力职业国家职业标准的通知》。

8月10～11日 中国电力企业联合会主办，美国PennWell公司协办的2005年中国电力论坛在北京中国大饭店举行。论坛主要内容：发电和电网领域的高层国际研讨会及展示会。黄菊副总理特向大会发来了贺信。

8月31日～9月2日 中电联主办的国际电工委员会高电压试验技术委员会（IEC/TC42）2005年年会在京召开。国内外代表40余人参加会议，与会专家就高电压试验技术及相关问题进行了专题研讨。

9月17～30日 中电联理事长赵希正带团访问非洲肯尼亚等国，出席在印度召开的亚太电协理事会会议，发表了题为《发展和节约并举，把节约放在首位——中国电力工业的必然选择》的演讲。

9月21日 中电联向国家发改委报送《送电线路带电作业技术导则》等40项推荐性电力行业标准和《电力系统控制及其通信数据和通信安全》第5项电力行业标准化指导性技术文件。

10月12～23日 中国电力体协组团参加第十届全运会决赛。代表团常务副团长、中电联常务副理事长谢振华参加了十运会开幕式。

10月31日 国家电监会党组印发通知，同意赵希正不再担任中电联党组书记，任命谢振华为中电联党组书记。

11月9～17日 中电联理事长赵希正随同全国政协副主席、中国工程院院长、中国工经联会长徐匡迪出访欧洲，出席中德对话论坛。

11月25日 中电联2005年理事长会议在北京召开。国家电监会党组书记、主席、中电联名誉理事长柴松岳，中电联理事长赵希正，中电联常务副理事长谢振华，副理事长李小鹏、翟若愚、钱智民、副理事长孙玉才、副理事长宋密、李彦梦、潘力、吴国潮，以及其他副理事长的代表和秘书长王永干等人出席了会议。

12月22日 中电联向建设部标准定额司报送《电气装置安装工程　高压电器施工及验收规范》等2006年电力工程建设国家标准制、修订计划项目建议共25项。

12月29日 “中国电力装机突破5亿kW”庆典在人民大会堂举行。这次活动由国家发展和改革委员会主办，国家电力监管委员会协办，中国电力企业联合会承办。庆典由国家能源办副主任、国家发展和改革委员会能源局局长徐锭明主持。赵希正理事长发表致辞；国家发展和改革委员会副主任张国宝、国家电监会副主席王禹民为5亿kW机组揭牌；国家发展与改革委员会办公厅主任师荣耀、中电联理事长赵希正为3亿kW机组补授纪念标牌；原国家开发行行长姚振炎、原电力部部长史大桢为2亿kW机组补授纪念标牌。

同日 中电联第四届常务理事会第一次会议在京召开。国家电监会副主席王禹民，中电联理事长赵希正，中电联党组书记、常务副理事长谢振华，副理事长孙玉才，秘书长王永干等同志和各常务理事出席了会议。会议由孙玉才副理事长主持。国家电监会王禹民副主席作重要讲话。会议听取了谢振华关于中电联2005年工作汇报和2006年工作思路的报告。会议审议并通过了关于增设和调整有关分会的议案、关于简化会员组织发展程序的议案，听取了关于中电联2005年度预算执行情况和2006年度预算草案的报告。

国家电网公司主要事件

1月12日 公司党组扩大会议决定成立国家电网公司保持共产党员先进性教育活动领导小组，公司党组书记、总经理刘振亚任组长，中纪委驻公司纪检组组长祝新民任副组长。

1月21～23日 公司在京召开2005年工作会议。中共中央政治局常委、国务院副总理黄菊和国家发改委主任马凯发来贺信。公司总经理刘振亚做工作报告，提出了建设电网坚强、资产优良、服务优质、业绩优秀（“一强三优”）现代公司的发展目标和打造以特高压电网为核心的坚强国家电网的发展构想。

1月26～28日 公司在北京召开特高压电网工程第一次专题技术交流会。

2月7～19日 受南北暖湿气流影响，华中地区遭遇大范围持续雨雪和冰冻天气，造成了500kV线路冰闪跳闸、倒塔断线事故。华中电网有限公司等有关单位全力以赴，克服困难，奋力组织抢险救灾，千方百计修复受损设备，保证了电网安全稳定运行和对社会正常供电。

2月8日 中共中央政治局常委、国务院副总理黄菊到福州电业局视察慰问。黄菊副总理强调，电力建设要先行，要统筹做好电网发展工作，保证电网安全，保证电压稳定；电力行业要以邓小平理论和“三个代表”重要思想为指导，深入贯彻党的十六大和十六届三中、四中全会精神，与时俱进，开拓创新，扎实工作，切实搞好电力供应，为社会主义现代化建设作出新贡献。

2月16日 国家发改委以发改能源办［2005］282号文下发《关于开展百万伏级交流、±80万伏级直流输电技术前期研究工作的通知》。标志着特高压工程前期研究进入实质性阶段。

3月21日 公司2005年青年干部培训班暨挂职干部培训班开学典礼在公司党校举行。公司党组书记、总经理刘振亚出席开学典礼并做重要讲话。

同日 国务院副总理曾培炎主持召开会议，听取公司关于特高压电网规划工作的汇报。公司总经理刘振亚就中国发展特高压电网的必要性和紧迫性以及前期技术研究成果、特高压设备研发和制造能力作了专题汇报。会议提出了特高压网架的规划思路和建设特高压示范工程的建议。

4月8日 公司向全社会公布了员工服务“十个不准”、“三公”调度“十项措施”、供电服务“十项承诺”。

4月23日 公司组织全系统开展“青春光明行”优质服务宣传日活动。公司6万余名团员青年走上街头开展了形式多样、丰富多彩的优质服务宣传活动。

5月19日 公司工会成立大会暨一届一次全委会在北京隆重召开。公司总经理刘振亚做重要讲话，副总经理郑宝森做工作报告。会议由纪检组长祝新民主持。

5月27日 公司总经理刘振亚出席中国电力发展论坛，并做了题为《建设坚强国家电网服务经济社会发展》的特邀报告。

6月30日～7月5日 公司总经理刘振亚随国家主席胡锦涛出访俄罗斯和哈萨克斯坦。期间，刘振亚总经理代表公司分别与俄罗斯统一电力系统股份公司和哈萨克斯坦电网管理股份公司签署了长期合作协议，为中俄、中哈电力合作奠定了坚实的基础。

8月10日 公司总经理刘振亚、副总经理舒印彪出席2005年中国电力论坛。此次论坛的主题是“经济全球化背景下中国电力的新型工业化道路”。

9月26日 中国第一个750kV超高压输变电工程——青海官亭至甘肃兰州东750kV输变电示范工程正式投产。中共中央政治局委员、国务院副总理曾培炎出席仪式并做重要讲话。

10月24日 公司总经理刘振亚、副总经理陈进行参加由公司承办的2005国际特大电网运行年会。刘振亚总经理发表致词并介绍了中国电网发展情况，分析了中国电网所面临的发展机遇、挑战和未来中国电网的发展方向。

11月10日 公司召开“三清理一规范”工作电视电话会议，部署全面开展清理账外资金、银行账户、各类公司和规范招投标管理工作。

11月12日　公司副总经理陈进行、舒印彪出席公司和中国经济出版社在北京举办的《特高压电网》首发仪式。该书由公司总经理刘振亚担任主编。《特高压电网》一书的出版发行，填补了世界特高压技术研究领域专业论著的空白，标志着中国更高电压等级技术理论研究达到国际先进水平。

11月28日　在国家主席胡锦涛和蒙古国总统恩赫巴亚尔的见证下，公司副总经理郑宝森与蒙古国中央区域电网公司总经理巴斯赛汗签署了中蒙能源合作备忘录。

12月27日　国家电力市场正式启动模拟运行。

同日　国家电网报社在北京正式成立。公司党组书记、总经理刘振亚和国家电力监管委员会主席柴松岳共同为国家电网报社揭牌。

12月30日　《国家电网公司输变电工程典型设计》系列技术专著在北京举行出版发行仪式。这套系列技术专著是中国首部关于输变电工程标准化、系列化设计的专题著作。

（马　超）

中国南方电网有限责任公司主要事件

1月10日　目前国内在建的最大抽水蓄能项目惠州抽水蓄能电站在南方电网内正式开工建设。广东省委常委、常务副省长钟阳胜与公司党组书记、董事长袁懋振共同为电站启动开工按钮。公司党组成员、总经理王野平出席开工典礼。

同日　由南方电网技术研究中心、南方电网电力调度通信中心、超高压输电公司共同主办的技术类科技期刊《南方电网技术研究》正式创刊和出版。

1月13日　公司出台《关于公司总部与分、子公司管理界面的暂行规定》，将逐步建立的以战略控制为主导的“集中统一、充分授权、分级管理、权责对应”的管理体制模式。

1月17～18日　公司在三亚召开2005年工作会议，公司党组书记、董事长袁懋振作了题为《认真贯彻落实科学发展观，促进南方电网全面协调可持续发展》的工作报告。中央组织部、国务院国有资产监督管理委员会、国家电力监管委员会、国有企业监事会，海南省人民政府，中国电力企业联合会等有关领导同志应邀出席会议。海南省副省长刘琦等领导作了讲话。公司党组成员、总经理王野平作会议总结。公司党组成员、副总经理赵建国、肖鹏、周继太、王久玲、祁达才，党组成员、纪检组组长王玉霜出席会议。

28日　公司党组召开保持共产党员先进性教育活动动员大会，全面启动和部署公司本部及所属有关单位先进性教育活动。公司党组先进性教育活动领导小组组长、党组书记、董事长袁懋振出席会议并作动员讲话，领导小组副组长、党组成员、副总经理周继太主持会议。公司党组成员、总经理王野平，党组成员、副总经理肖鹏，党组成员、党组纪检组组长王玉霜出席大会。以熊展瑜为组长的广东省保持共产党员先进性教育活动领导小组督导组到会指导工作。

2月25～27日　南方电网主网与海南电网联网工程项目申请报告核准咨询调研会在海口召开。公司副总经理赵建国、海南省副省长刘琦等领导出席会议。

3月28日　南方电网财务有限公司举行开业仪式。公司董事长袁懋振讲话。总经理王野平出席仪式。公司副总经理、南方电网财务有限公司董事长周继太做开业致辞。袁懋振、王野平共同为南方电网财务有限公司揭牌。中国银行业监督管理委员会广东省监管局，中国财务公司协会等有关人员参加了开业仪式。

4月7～8日　大湄公河次区域电力贸易协调委员会第三次会议（RPTCC-3）在老挝万象召开。公司党组成员、副总经理赵建国，国家发展与改革委员会能源局副局长王骏率中国代表团参加会议。中国、泰国、越南、老挝、缅甸、柬埔寨及有关项目贷款咨询机构均派代表参加了会议。

4月8日　公司总部及南方电网技术研究中心、南方电网财务有限公司全体共产党员解囊捐款，为解决广东省部分农民饮水难、医疗难等问题筹集资金，标志着公司正式启动与南方日报报业集团等联合开展的“南方扶贫救困贴心工程”。

4月28日　中国广西东兴110kV深沟变电站至越南广宁芒街110kV变电站线路18点06分顺利送电，广西首条跨国输电线路与越南实现联网送电。

5月10日　公司召开2005年迎峰度夏暨防汛防风电视电话会议，发出迎峰度夏总动员令。公司党组书记、董事长袁懋振，党组成员、总经理王野平出席会议并作讲话，公司党组成员、副总经理王久玲主持会议。

5月27日　公司党组书记、董事长袁懋振参加在张家界举行的中国电力发展论坛，作了《南方电网发展战略》专题报告。

6月5～9日　公司党组书记、董事长袁懋振参加了由中央政治局委员、广东省委书记张德江，广东省省长黄华华率领的广东省党政代表团，先后赴琼黔滇三省，分别签订了海南联网工程、“十一五”黔电送粤、云电送粤框架协议。

6月6日 中国电力建设企业协会评定2005年度32项中国电力优质工程，南方电网公司建设的500kV贵广交流输变电工程，500kV横沥变电站工程，500kV惠汕Ⅱ回输电线路工程，500kV纳安Ⅰ、Ⅱ回输变电工程，500kV曲靖—罗平输变电工程，500kV黔鸭Ⅰ、Ⅱ回输变电工程，220kV梧州至岑溪输电线路工程，220kV泮塘（荔湾）变电站工程等8项工程榜上有名。

6月18日 “十一五”新增西电向广东送电1000万kW重点工程天广四回500kV交流输变电工程正式投运。

7月4～5日 国务院总理温家宝在昆明主持召开大湄公河次区域（GMS）第二次领导人会议，中国、泰国、越南、老挝、缅甸和柬埔寨六国总理以及亚洲开发银行行长参加了本次盛会。与会各方签署了包括《大湄公河次区域电力贸易运营协议》第一阶段实施原则谅解备忘录在内的GMS合作文件。公司董事长袁懋振作为贵宾，副总经理赵建国、总经理助理兼行政部（国际部）主任曲曙作为会议正式代表参加了会议。

7月12日 国家电力监管委员会在昆明组织召开南方电力市场建设工作领导小组第三次会议。国家电力监管委员会，国家发改委，南方电网公司，广东、广西、云南、贵州、海南五省（区）政府代表，各省区电网企业、相关发电企业等单位参加了会议。国家电监会副主席史玉波、南方电网公司副总经理赵建国出席会议并讲话。会议审议并原则通过了《南方电力市场运营规则》、《南方电力市场监管实施办法》、《南方电力市场注册管理办法》、《南方电力市场技术支持系统建设大纲》和《南方电力市场技术支持系统功能规范》等五个基础性文件。

7月14日 公司跻身《财富》全球500强企业第316位，在入选全球500强的中国企业中排名第11位。

7月16日 南宁区域控制中心顺利完成对500kV南宁变电站、百色变电站和平果变电站（含平果可控串补站）设备远方控制和监视权的接收手续，实现了远方集中监控南宁、百色、平果变电站（含可控串补站）的工作目标，全国首个500kV电网区控中心落户南方电网。

8月10日 由中国电力企业联合会主办、美国PennWell公司为海外组织者的2005中国电力论坛在北京召开，公司党组书记、董事长袁懋振在企业高峰报告会上作主题为《电网企业如何在构建和谐社会中承担更多的社会责任》演讲。

9月21日 中国南方电网调度通信大楼落成典礼举行，公司董事长袁懋振为大楼揭牌，大楼正式落成启用。

9月25～26日 台风“达维”侵袭海南造成海南全省电力设施严重破坏，导致系统瓦解、全省停电。海南电网公司快速实施大停电抢险，实战“黑启动”成功，从广东、广西电网公司调集抢险突击队赴海南做好灾后复电工作。抢修工作于10月9日全部完成，公司累计出动抢修力量7963人，出动车辆9160台次，投入抢险资金5600多万元。

10月11日 公司第一次科技工作会议暨第二届南方电网技术论坛在广州召开，公司董事长袁懋振，副总经理赵建国、周继太、王久玲、祁达才出席会议，王久玲作了《更加注重科技进步，努力开创南方电网科技工作新局面》的报告。中国科协副主席、中国电机工程学会理事长陆延昌、中国科学院院士卢强、中国工程院院士薛禹胜、清华大学博士生导师夏清等应邀出席了大会。会议为公司首届科学技术奖获得者进行了现场颁奖，宣读和交流了106篇有代表性的论文，并颁发了第二届南方电网技术论坛优秀论文奖。

10月27日 国家发改委正式核准海南联网工程开工建设。

10月31日 中共中央总书记、国家主席胡锦涛对越南进行了友好访问。10月31日下午，中越两国领导人出席协议签署仪式，公司董事长袁懋振与越南国家电力公司总经理兼执行总裁陶文兴共同签署了《中国南方电网公司与越南国家电力公司有关向越南北部六省售电的合同》。标志着南方电网公司在落实作为国家授权的大湄公河次区域电力合作具体执行单位的责任，落实“打造经营型、服务型、一体化、现代化的国内领先、国际著名企业”的战略总体目标，落实“走出去”战略上，又一次迈出了实质性的步伐，树起了新的里程碑。

11月2日 公司董事长袁懋振访问了越南国家电力总公司，与越南国家电力总公司总经理陶文兴签署了《中国南方电网公司与越南国家电力总公司关于进一步加强电力合作谅解备忘录》，开展500kV联网研究工作，加快实施南方电网与越南国家电网500kV电压等级的互联。

11月13～14日 国家发改委在海南组织召开专题研讨会，初步确定了南方电网“十一五”电力工业发展规划，特别是确定了“十一五”西电东送规模，西电送广东新增1150万～1350万kW，新建“两交两直”输电通道，明确了云广特高压直流输电工程要尽快立项、加快开工。公司党组书记、董事长袁懋振，党组成员、副总经理赵建国参加了研讨会。

11月21日 南方电力市场模拟运行正式启动，国家电监会主席柴松岳击响铜锣，广东省委常委、常务副省长钟阳胜，公司董事长袁懋振，中国华能集团总经理李小鹏共同为“南方电力交易中心”揭牌。国家电监会副主席史玉波、广西壮族自治区人民政府副主席杨道喜、贵州省人民政府副省长张群山，公司副总经理赵建国等出席了启动仪式。

同日 广东、云南、贵州电网公司、超高压输电公司共同签订“十一五”西电东送长期购售电协议。

12月9日 历时两年，公司三大重点科技项目之一——“南方电网交直流混合仿真系统研究与实施”通过验收评审。

12月24日 人民日报在头版显要位置刊登了该报记者采写的长篇通讯《五指成拳振雄风》，报道了公司成立三年来在重组中融合、在融合中发展所取得的主要成就。

12月30日 公司系统开展的“每人十元钱，爱心献边疆”捐款活动，全体员工积极参与，共有11.4万人捐款，共计133.7万元。

中国华能集团公司主要事件

1月16日 中共中央政治局常委、国务院副总理黄菊对华能集团公司工作作出重要批示：“去年一年，华能集团认真贯彻落实中央宏观调控精神，采取积极措施，努力增加电力供应，抓好安全生产，为全行业迎峰度夏和缓解电力供应紧张局面作出了贡献。今年电力供应依然紧张，希望集团公司按照中央经济工作会议要求，结合落实科学发展观，统筹部署2005年工作，科学规划电力项目建设，加强企业管理，保持安全生产，确保安全稳定发电，提高企业国际竞争力，促进企业可持续发展。”

1月20～21日 华能集团公司在京召开2005年工作会议。李小鹏在会上做工作报告，提出要振奋精神、团结奋斗，早日把华能建设成为以电为主的能源公司、以国内为主的跨国公司，实现建设具有国际竞争力大企业集团的战略目标。

1月21日 华能集团公司保持共产党员先进性教育活动动员会在京召开。会议对开展保持共产党员先进性教育活动进行动员和部署。李小鹏在会上做动员报告。中央先进性教育活动办公室指导协调四组副组长毛定之、中央督导组第56组组长张浚生出席会议并讲话。按照中央的统一部署，华能集团公司被列为“第一批开展保持共产党先进性教育活动单位”。

1月29日 华能房地产公司划转签字仪式在京举行。根据协议，集团公司所属的华能房地产开发公司将正式整体无偿划转给中房集团。

3月13日 华能淮阴电厂4号机组通过168h满负荷试运行。淮阴电厂二期工程（2×33万kW）于2003年8月21日开工建设。其中3号机组于2005年1月11日完成168h满负荷试运，正式移交生产。至此，淮阴电厂二期工程19个月实现“双投”，创造了国内同类型机组建设工期最短的先进水平。

4月2日 国家电监会主席柴松岳到华能沁北电厂视察工作。

4月8日 华能上海燃机电厂举行开工典礼。华能上海燃机电厂工程由华能国际与上海申能股份有限公司合资建设，工程总投资约35亿人民币，总装机容量120万kW（3×40万kW），计划2006年6月前全部投产。

同日 上海时代航运有限公司与上海江南造船（集团）公司新造两艘76000t载重散货船H2347/H2348建造合同签字仪式在上海举行。

4月29日 中国石油化工集团公司与华能集团公司在京签署战略合作意向书。根据协议，中石化集团在新建LNG项目中，优先考虑吸引华能集团投资建设燃气电站；华能集团在规划建设燃气电站时，优先考虑使用中石化集团的气源。

5月18日 华能集团公司技术中心揭牌仪式在西安热工院举行。

5月25日 华能国际电力股份有限公司和中国建设银行股份有限公司50亿元短期融资券承销协议签字仪式在建设银行总行举行。根据协议，建设银行将成为第一家与华能国际签署承销短期融资券协议的主承销商。1年期45亿元，发行利率为2.92%；9个月期5亿元，发行利率为2.70%。此举开创了我国在银行间债券市场发行非金融企业短期融资券的先河。

6月17日 中共中央政治局常委、国家副主席曾庆红视察了华能伊敏煤电公司，听取了李小鹏的工作汇报，对华能发挥国有大企业优势，建设红色公司，支持和带动包括革命老区在内的贫困地区经济发展给予了高度的评价。

6月21日 华能集团公司召开保持共产党员先进性教育活动总结暨表彰大会。

6月22日 北方联合电力有限责任公司股权重组签字仪式在呼和浩特市举行。根据协议，华能集团公司在重组后的北方电力公司中的股权由20%上升到51%，取得了对北方电力公司的绝对控股权。

7月28日 华能集团公司在澳大利亚昆士兰州议会与麦卡瑟煤炭公司签署《蒙托煤矿合营企业——买卖协议》。根据协议，华能出资2942.3万澳元收购了蒙托（MONTO）煤矿25.5%的权益。

7月底 国家发改委以发改投资［2005］1298号文印发《2005年国家重点建设项目名单》。其中，内蒙古华能伊敏煤电联营二期工程、江苏苏州工业园区华能发电厂二期工程、浙江华能玉环电厂超超临界机组工程、重庆华能珞璜电厂三期工程、北方电力公司内蒙古达拉特电厂四期工程、云南华能澜沧江小湾水电站工程被列入2005年国家重点建设项目。

8月11日 中共中央政治局委员、中组部部长贺国强视察了伊敏煤电公司。

同日 华能集团公司与中国进出口银行长期战略合作协议签字仪式在京举行。根据协议，中国进出口银行为华能集团公司提供50亿美元综合授信额度。

8月12日 华能集团公司和大同煤矿集团有限责任公司战略合作框架协议签字仪式在京举行。根据协议，大同煤矿集团和华能能源交通产业公司签署了共同投资建设和经营年产1000万t煤炭的丰玉矿井建设项目。双方将组建合资公司，注册资本7亿元，其中，大同煤矿集团占51%，华能能源交通产业公司占49%。

8月18日 华能能源交通产业公司、阳泉煤业（集团）有限责任公司、左权县国有资产经营公司合作投资协议签字仪式在京举行。根据协议，三方将共同出资设立山西阳泉石港煤业有限责任公司，开发经营石港煤矿。合资公司注册资本1.1亿元，其中阳泉煤业（集团）有限责任公司占58.8%；能源交通产业公司占39.2%；左权县国有资产经营公司占2%。

8月21日 由中国企业联合会、中国企业家协会主办的中国企业500强发布会在天津召开。会议公布了2005中国企业500强，华能集团公司位列第38名。

9月8日 华能集团公司和西藏自治区人民政府战略合作协议签字仪式在拉萨举行。根据协议，双方将根据西藏自治区政府确定的电力发展规划，按照国家批准的流域水电规划的要求，共同开发水电资源。协议还商定，双方要高度重视生态环境保护与建设、流域经济发展和移民安置工作。

9月12日 中共中央政治局常委李长春视察华能伊敏煤电公司，参观了伊敏煤电建设历程图片展。

10月21日 华能集团公司与浙江省人民政府在杭州签署了能源项目合作协议。根据协议，双方将继续加强在浙火电建设方面的合作，以尽快缓解浙江省用电紧张局面。华能集团确保在建的华能玉环电厂一期工程2台100万kW国产超超临界机组在2007年投产发电，电厂海水淡化工程兼顾玉环县市政的供水需要。浙江省政府将华能玉环电厂二期工程2台100万kW机组的连续建设项目列入浙江省“十一五”电力发展规划，同意并支持华能集团公司开展二期工程扩建的前期和建设工作，帮助协调项目实施中的有关问题。

10月27日 华能集团公司在北京与美国未来电力联盟公司（联盟）签署协议，正式加入该联盟，共同投资、建设“未来电力”高端技术项目。美国“未来电力”项目是2003年由美国总统布什提出并宣布启动的，计划用10年时间投资9.5亿美元，旨在设计、建设、运营全球第一座污染物近零排放的燃煤发电商业示范电站。该项目采取政府与企业合作的方式，目前，已有8家国际知名能源企业签署了成员协议加入联盟，华能是其中唯一的中国企业。

11月24日 华能石岛湾核电厂高温气冷堆核电示范工程初步可行性研究报告审查会在山东荣成召开。此举标志着这项具有中国自主知识产权的国际先进核电研究技术向商用示范核电站建设迈出了实质性的一步。

11月26日 华能沁北电厂以其在国内燃煤发电机组建设工期最短，入选中国企业联合会和中国企业家协会发布的第十批中国企业新记录。华能财务公司开发的具有行业特质的ERP系统也榜上有名。

12月7日 全国政协副主席、中国工程院院长、中国工业经济联合会会长徐匡迪到华能视察工作。听取了总经理李小鹏关于集团公司和股份公司改革、发展情况等工作的汇报。中电联理事长赵希正等领导陪同视察。

12月17日，华能集团公司作为电力行业发电企业的代表参加了2005建设节约型社会展。该展览由国家发改委等13个单位联合举办，来自全国各省市的37个单位和中央企业16个单位参加了展览。期间，温家宝、贾庆林、曾庆红、黄菊、刘淇、曹刚川、顾秀莲、华建敏、阿不来提·阿不都热西提、张榕明等党和国家领导人先后参观了华能展位，听取了李小鹏、张廷克、鞠章华关于华能创建节约、环保型企业有关情况的汇报，详细了解了华能伊敏煤电一体化项目和“绿色煤电”项目的有关情况，充分肯定了华能已经取得的成绩，并对华能今后的发展提出了要求。

12月23日 华能集团公司联合中国大唐集团公司、中国华电集团公司、中国国电集团公司、中国电力投资集团公司、神华集团有限责任公司、国家开发投资公司、中国中煤能源集团公司等国内发电、煤炭、投资骨干企业，在人民大会堂签署协议，共同成立绿色煤电有限公司。该公司将以研发、建设、运营我国第一个拥有自主知识产权的近零排放的“绿色煤电”示范电站为最终目标。工程总投资预计58亿元，分三阶段进行。投资比例为华能占51%，其余7家各占7%。签字仪式前，中共中央政治局委员、国务院副总理曾培炎会见了合作方代表，鼓励企业开发环保节能技术，大力推进清洁能源技术发展。

12月26日 华能集团公司和中国广东核电集团有限公司在京签署战略合作框架协议。根据协议，在中广核集团岭澳一、二期核电项目和华能集团拥有的单机容量在60万kW以上的超临界、超超临界在役火电项目，及高温气冷堆核电项目上进行广泛的交流与合作。

中国大唐集团公司主要事件

1月10日 中共中央政治局常委、国务院副总理黄菊对集团公司作出重要批示："中国大唐集团2004年发电装机容量、发电量、企业效益大幅增长，企业职工队伍稳定，各项改革稳步推进，为缓解电力紧张局面作出了贡献。希望在新的一年中巩固成绩，继续努力，认真贯彻落实党中央、国务院关于宏观调控的方针政策，从落实科学发展观的要求出发，统筹规划企业改革、发展，科学部署电力项目建设，切实加强企业基础管理，保持企业安全生产，大力增加电力供应，不断提高企业经济效益，促进企业持续健康协调发展。"

1月17～18日 集团公司2005年工作会议在北京召开。集团公司党组书记、总经理翟若愚做工作报告，党组成员、副总经理刘顺达传达全国安全生产电视电话会议精神并做会议总结。

1月20日 集团公司下发《关于成立中国大唐集团公司河南分公司的通知》（大唐集团人［2005］46号），成立中国大唐集团公司河南分公司。

1月21日 集团公司保持共产党员先进性教育活动动员部署大会在北京召开。

2月5日 中国大唐集团公司和长春市人民政府在北京签署长春第三热电厂新建工程合作意向书。集团公司党组书记、总经理翟若愚，长春市人民政府市长祝业精出席签字仪式，并分别代表双方在意向书上签字。

2月21～22日 集团公司纪检监察工作会议在北京召开。

2月22日 集团公司党组书记、总经理，大唐国际发电股份有限公司董事长翟若愚出席大唐国际发电股份有限公司二届四次职代会暨2005年工作会议，并做重要讲话。

2月28日 集团公司党组研究决定大唐国际发电股份有限公司捐赠1亿元用于北京市石景山地区大气污染治理。

2月28日～3月1日 集团公司2005年安全生产工作会议在北京召开。

3月3日 集团公司下发《关于调整大唐陕西发电有限公司组织机构及成员单位的通知》（大唐集团人［2005］102号）。撤销中国大唐集团公司陕西分公司，并将原由集团公司直接管理的陕西汉江投资开发有限公司、大唐韩城第二发电有限责任公司划入大唐陕西发电有限公司；将大唐陕西发电有限公司代管的石泉水力发电厂、陕西石泉发电有限责任公司划入该公司；大唐户县第二发电厂由大唐陕西发电有限公司管理，其财务关系在集团公司单列。

3月8日 国家发展和改革委员会核准了内蒙古托克托发电厂三期工程项目（发改能源［2005］344号），同意建设内蒙古托克托发电厂三期工程（2×600MW）。

同日 国家发展和改革委员会核准了河南省三门峡电厂二期工程项目（发改能源［2005］348号），同意建设河南省三门峡电厂二期工程（2×600MW）。

3月8～23日 集团公司党组成员、党组纪检组组长兼人力资源部主任邹嘉华赴巴西、智利执行电力企业年金管理考察任务。

3月17日 中国大唐集团公司河南分公司和河南省建设投资总公司在河南省郑州市签署战略合作框架协议。

3月18日 中国大唐集团公司河南分公司成立大会在河南省郑州市举行。

3月21日 大唐吉林发电有限公司和吉林省双辽市人民政府在长春市签署合作开发大唐吉林双辽100MW风电场项目意向书。吉林省人民政府省长王珉，集团公司党组成员、副总经理杨庆出席签字仪式。

3月22日 中国大唐集团公司和山东省人民政府在山东省济南市签署开发投资建设电源项目合作意向书。集团公司党组书记、总经理翟若愚，山东省人民政府省长韩寓群、常务副省长林廷生出席签字仪式。

3月25日 国家发展和改革委员会核准了大唐略阳发电厂技改工程项目（发改能源［2005］479号），同意建设大唐略阳发电厂技改工程（1×300MW）。

3月28日～4月11日 经外交部并呈国务院领导批准，集团公司党组书记、总经理，大唐国际发电股份有限公司董事长翟若愚赴香港地区、英国、捷克、匈牙利执行大唐国际发电股份有限公司2004年度业绩路演任务。

4月6日 中国大唐集团公司与韩国电力公社、焦作市投资公司在北京签署焦作九里山2×600MW

火力发电项目投资协议和关于成立河南焦作九里山火力发电项目筹建处协议书。

4月8日 集团公司控股上市公司广西桂冠电力股份有限公司（简称桂冠电力，证券代码600236）股票入选沪深300指数首批样本股。

4月13日 由国际权威财经传媒杂志《财资》(The Asset) 主办的"2004年度亚洲最佳公司治理奖"颁奖典礼及关于公司治理的高层管理论坛在香港举行。大唐国际发电股份有限公司荣获"2004年度亚洲最佳公司治理奖"，在中国所有获奖的9家公司中排名第一。集团公司党组书记、总经理、大唐国际发电股份有限公司董事长翟若愚出席颁奖典礼并演讲。

4月21日 国家发展和改革委员会核准了山西阳城发电厂二期扩建工程项目（发改能源［2005］652号），同意建设山西阳城发电厂二期扩建工程（2×600MW）。

4月25日 集团公司党组书记、总经理翟若愚在北京会见湖南省湘潭市市委书记陈润儿一行，双方就湖南湘潭发电有限责任公司2×600MW机组建设的有关问题进行了会谈并达成共识。

同日 国家发展和改革委员会核准了广东大唐国际潮州三百门电厂一期工程项目（发改能源［2005］672号），同意建设广东大唐国际潮州三百门电厂一期工程（2×600MW）。

4月29日 2005年中国大唐集团公司企业债券公开发行仪式在人民大会堂举行，这是集团公司组建以来首次发行企业债券。

同日 甘肃省发展和改革委员会核准了大唐甘肃玉门低窝铺风电场项目（甘发改能源［2005］229号），同意建设大唐甘肃玉门低窝铺风电场(49MW)。

5月9日 大唐双鸭山热电有限公司2×200MW热电工程开工仪式在黑龙江省双鸭山市举行。

5月11日 国家发改委核准了河北大唐保定热电厂八期工程项目（发改能源［2005］769号），同意建设河北大唐保定热电厂八期工程（2×200MW）。

5月18日 阳城电厂二期2×600MW扩建工程开工仪式在山西省阳城县举行。

同日 国家发展和改革委员会核准了淮南大唐洛河电厂三期工程项目（发改能源［2005］826号），同意建设淮南大唐洛河电厂三期工程（2×600MW）。

5月23日 大唐国际发电股份有限公司和澳大利亚怀特能源技术公司在澳大利亚悉尼签署BCB（褐煤无粘结干燥技术）项目合作框架协议。

5月24日 中国大唐集团公司和澳大利亚塔斯马尼亚州水力发电公司在澳大利亚首都堪培拉国会大厦签署中国大唐吉林双辽风力发电项目合作框架协议书。

5月26日 中国大唐集团公司和韩国电力公社在韩国首都首尔签署合作开发行动计划。集团公司党组书记、总经理翟若愚，韩国电力公社社长韩埈皓出席签字仪式。

5月30日 内蒙古自治区发展和改革委员会批复了赤峰赛罕坝风电场二期工程可行性研究报告（内发改能源字［2005］725号），同意建设赤峰赛罕坝风电场二期工程（45.05MW）。

6月16日 中国大唐集团公司和日本电源开发株式会社在北京签署战略合作伙伴关系协议。集团公司党组书记、总经理翟若愚，日本电源开发株式会社副社长中神尚男出席签字仪式。

6月20日 集团公司保持共产党员先进性教育活动总结大会在北京召开。集团公司党组书记、总经理翟若愚在会上作重要讲话。中央保持共产党员先进性教育活动第56督导组组长张浚生出席会议并讲话。

6月21日 集团公司党组书记、总经理，大唐国际发电股份有限公司董事长翟若愚在北京出席并主持召开大唐国际发电股份有限公司2004年股东周年大会和五届六次董事会。

6月22日 全国火电大机组（300MW级）竞赛第34届年会在大唐淮南洛河发电厂召开。

6月27日 云南省发展和改革委员会核准了文山州马鹿塘水电站二期工程（云发改能源［2005］536号），同意建设文山州马鹿塘水电站二期工程（3×80MW）。

6月29日 山西大唐国际神头发电有限责任公司2×500MW机组投产仪式在山西省朔州市举行。集团公司党组书记、总经理翟若愚，山西省人民政府副省长靳善忠出席投产仪式并共同为工程投产剪彩。

7月20日 国家发展和改革委员会核准了河北大唐王滩电厂新建工程项目（发改能源［2005］1312号），同意建设河北大唐王滩电厂一期工程（2×600MW）。

8月1日 国家发展和改革委员会核准了福建大唐宁德电厂新建工程项目（发改能源［2005］1437号），同意建设福建大唐宁德电厂一期工程（2×600MW）。

8月8日 中国大唐集团公司和新华水利水电投资公司在北京签署战略合作意向书。集团公司党组书记、总经理翟若愚，水利部副部长翟浩辉出席签字仪式。

8月10日 中国企联合会、中国企业家协会公布2005中国企业500强（中国企联［2005］21号）、2005年中国服务业企业500强（中国企联［2005］

23号），集团公司分别排第57名、第26名。

同日 国家发展和改革委员会核准了浙江大唐乌沙山电厂新建工程项目（发改能源［2005］1514号），同意建设浙江大唐乌沙山电厂新建工程（4×600MW）。

8月12日 集团公司和赤峰市人民政府在内蒙古自治区克什克腾旗签署百万千瓦级风电场开发协议。集团公司党组书记、总经理翟若愚，内蒙古自治区人民政府党组成员、顾问周德海出席签字仪式。

同日 中国大唐首批风电机组投产暨赛罕坝风电二期工程开工仪式在内蒙古自治区克什克腾旗举行，这是集团公司组建以来投产的第一批风电机组，标志了集团公司风电实现了“零”的突破。

8月15日 大唐吉林发电有限公司和吉林名门电力实业集团公司、吉林省吉能电力集团公司在吉林省长春市签署吉林名门风力发电股份有限公司股权转让协议。

8月16日 大唐集团财务有限公司开业仪式在北京举行。集团公司党组书记、总经理翟若愚与国务院国有资产监督管理委员会统计评价局副局长刘德恒共同为大唐集团财务有限公司揭牌。

8月26日 2005年中国大唐集团公司企业债券上市仪式在上海证券交易所交易大厅举行。集团公司党组书记、总经理翟若愚出席仪式并敲响开市铜锣。本次债券上市总额1951万元，证券代码120506，上市当日开盘价107.51元，最高价112.89元，最低价117.51元，收盘价112.66元，总成交金额380万元。

8月30日 大唐略阳发电厂1×330MW技改工程开工仪式在陕西省略阳县举行。

8月30日～9月2日 集团公司2005年焊工技能大赛在兰州西固热电有限责任公司举行。

9月2日 作为西部地区第一台600MW级火电机组，大唐韩城第二发电有限责任公司1号机组（600MW）投产仪式在陕西省韩城市举行。

9月6日 国家发展和改革委员会核准了重庆乌江彭水水电站新建工程项目（发改能源［2005］1683号），同意建设重庆乌江彭水水电站工程（5×350MW）。

同日 集团公司批准乌沙山发电厂新建工程（2×600MW）开工建设（大唐集团计［2005］437号）。

同日 内蒙古自治区发展和改革委员会批复了赤峰赛罕坝风电场三期工程可行性研究报告（内发改能源字［2005］1086号），同意建设赤峰赛罕坝风电场三期工程（45.05MW）。

9月8日 大唐淮南洛河发电厂三期2×600MW机组工程开工仪式在安徽省淮南市举行。集团公司党组书记、总经理翟若愚出席，安徽省委副书记杨多良出席仪式并共同为工程奠基。

9月15日 甘肃省发展和改革委员会核准了白龙江麒麟寺水电站工程项目（甘发改能源［2005］748号），同意建设白龙江麒麟寺水电站工程（3×37MW）。

9月16日 赛罕坝风电三期工程（45MW）开工暨翁牛特旗风电一期工程（49.3MW）、松山区风电一期（49.3MW）工程奠基仪式在内蒙古自治区翁牛特旗举行。

9月28日 作为集团公司在重庆市投资建设的第一个水电项目，重庆乌江彭水水电站开工仪式在重庆市彭水县举行。集团公司党组书记、总经理翟若愚，重庆市人民政府市长王鸿举，贵州省人民政府副省长蒙启良分别在仪式上讲话，并共同按下工程开工启动按钮。

同日 吉林省发展和改革委员会核准了大唐吉林双辽风电场一期工程项目（吉发改能源字［2005］1282号），同意建设大唐吉林双辽风电场一期工程（49.3MW）。

同日 内蒙古自治区发展和改革委员会批复了锡林郭勒盟辉腾梁风电场B区一期风力发电试点项目可行性研究报告（内发改能源字［2005］1429号），同意建设锡林郭勒盟辉腾梁风电场B区一期风力发电试点项目（49.5MW）。

10月11日 集团公司党组书记、总经理翟若愚到湖南湘潭发电有限责任公司视察工作，并就该公司二期（2×600MW）扩建工程的建设作出重要指示。

同日 大唐吉林双辽风电场一期工程(49.3MW)开工仪式在吉林省双辽市举行。吉林省人民政府省长王珉，副省长刘海生，集团公司党组成员、副总经理钟俊出席开工仪式并共同为工程奠基。

10月14日 中国大唐集团公司和澳大利亚塔斯马尼亚州水力发电公司在北京签署业务开发与友好合作协议。集团公司党组书记、总经理翟若愚，澳大利亚塔斯马尼亚州水力发电公司董事局主席大卫·柯林出席签字仪式并分别代表双方在协议上签字。

10月21日 甘肃大唐玉门风力发电工程开工仪式在甘肃省玉门市举行，这是中国大唐集团公司和韩国电力公社签署友好合作与业务开发协议之后在中国境内开工的第一个合作项目，也是韩国在中国投资建设的第一个风力发电项目。

11月3日 福建省发展和改革委员会核准了漳浦六鳌风电场三期工程项目（闽发改交能［2005］1030号），同意建设漳浦六鳌风电场二期工程（45MW）。

11 月 14 日　中国大唐集团公司和墨西哥联邦电力委员会在墨西哥首都墨西哥城签署合作协议，标志了集团公司国际化战略又迈出重要一步。集团公司党组书记、总经理翟若愚，墨西哥联邦电力委员会总裁阿尔弗雷多·埃利亚斯·阿约伯出席签字仪式并分别代表双方在协议上签字。

11 月 15 日　大唐甘肃白龙江麒麟寺水电站新建工程（3×37MW）开工仪式在甘肃省文县举行。

11 月 18 日　内蒙古自治区发展和改革委员会批复了赤峰市东山风电场一期风力发电试点项目可行性研究报告（内发改能源字［2005］1730 号），同意建设东山风电场一期风力发电试点项目（49.3MW）。

11 月 22 日　大唐赤峰赛罕坝风电场一期工程（30.6MW）全部风电机组正式移交试生产。

同日　内蒙古大唐国际托克托发电有限责任公司三期工程 6 号机组（600MW）完成 168h 满负荷试运行并移交试生产。这是该公司继 2003 年、2004 年以来，连续 3 年实现 1 年内 2 台 600MW 机组双投产。

11 月 29 日　大唐吉林风力发电股份有限公司洮南风电场一期工程首批风电机组（49.30MW）正式移交试生产。

11 月 30 日　中国大唐集团公司和日本九州电力株式会社、日本住友商事株式会社关于共同开发中国内蒙古赤峰市松山区风力发电项目合作意向书签字仪式在北京举行。

12 月 1 日　中共中央政治局委员、国务院副总理曾培炎在人民大会堂接见金沙江中游水电开发有限公司 5 家发起人代表。集团公司党组书记、总经理翟若愚参加会见。金沙江中游水电开发有限公司发起人协议书签字仪式同时在人民大会堂举行。集团公司党组书记、总经理翟若愚在仪式上讲话，并在《金沙江中游水电开发有限公司发起人协议书》和《公司章程》上签字。

12 月 7 日　在集团公司在役发电装机突破 40000MW 之际，中共中央政治局委员、国务院副总理曾培炎对集团公司作出重要批示："大唐公司组建三年来，发电能力不断增强，企业规模和经济效益同步增长，为缓解近年来全国电力紧张局势做出了积极贡献。希望你们认真学习党的十六届五中全会和中央经济工作会议精神，按照科学发展观的要求，加强技术创新，优化发电结构，积极发展清洁能源和可再生能源，为建设资源节约型、环境友好型社会做出更大的贡献。"

12 月 14 日　集团公司保持共产党员先进性教育活动总结表彰大会在北京召开。

12 月 15 日　集团公司下发《关于成立中国大唐集团公司广西分公司筹建处的通知》（大唐集团人［2005］619 号），成立中国大唐集团公司广西分公司筹建处。

12 月 20 日　国家发展和改革委员会核准了陕西汉江蜀河水电站项目（发改能源［2005］2697 号），同意建设陕西汉江蜀河水电站工程（6×45MW）。

12 月 23 日　中共中央政治局委员、国务院副总理曾培炎在人民大会堂会见绿色煤电有限公司 8 家发起人代表。作为发起人之一，集团公司党组书记、总经理翟若愚参加会见。

同日　绿色煤电有限公司发起人协议签字仪式在人民大会堂举行。集团公司党组书记、总经理翟若愚出席签字仪式。党组成员、副总经理杨庆一同出席签字仪式并代表集团公司在协议书上签字。

绿色煤电有限公司是由中国华能集团公司联合中国大唐集团公司、中国华电集团公司、中国国电集团公司、中国电力投资集团公司、神华集团有限责任公司、国家开发投资公司和中国中煤能源集团公司共同发起、投资组建，各发起人出资比例依次为 51%、7%、7%、7%、7%、7%、7%、7%。绿色煤电有限公司主要承担我国第一个近零排放的绿色煤电示范电站的自主研发、建设、运营和示范推广任务。

12 月 26 日　陕西汉江蜀河水电站（6×45MW）工程开工仪式在陕西省旬阳县举行。蜀河水电站是继喜河水电站之后开发建设的又一座水电站，标志着汉江流域梯级开发进入了新阶段。

12 月 28 日　漳州六鳌风电场一期工程（30.6MW）全部风电机组正式移交试生产。

12 月 29 日　中国电力装机突破 5 亿 kW 庆典仪式在人民大会堂举行。庆典仪式上还为河北马头电力股份有限公司（原河北马头发电总厂）8 号机组补授了"2 亿千瓦机组纪念标牌"。

12 月 30 日　国家发展和改革委员会核准了山西太原第二热电厂六期扩建工程项目（发改能源［2005］2802 号），同意建设山西太原第二热电厂六期扩建工程（2×300MW）。

中国华电集团公司主要事件

1 月 12 日　集团公司召开 2010 年发展战略规划专家咨询会。

1 月 28 日　集团公司召开保持共产党员先进性教育专题报告会。集团公司党组书记、总经理、先进性教育活动领导小组组长贺恭做题为《保持共产党员先进性，为建设"国内先进、国际一流"的现代化企业集团而奋斗》的专题党课报告。

2 月 1 日　集团公司 2005 年工作会议在北京召

开。中共中央政治局常委、国务院副总理黄菊对会议的召开作出重要批示。国资委主任李荣融，国资委党委书记、副主任李毅中，国家电力监管委员会主席柴松岳分别对华电集团工作作出批示。

集团公司党组书记、总经理贺恭在工作报告中全面总结了华电集团2004年工作，对2005年工作做了部署。

同日 中国华电集团公司“华电之光”文艺晚会在国安剧院隆重举行。

2月3 集团公司在京召开了纪检监察工作会议。会议总结了集团公司2004年党风廉政建设和纪检监察工作，并对2005年工作进行了部署。

同日 2005年获准公开发行的中国询价第一只股票——华电国际电力股份有限公司正式在上海证券交易所挂牌上市，股票简称“华电国际”，代码600027。

2月10日 中共中央总书记、国家主席、中央军委主席胡锦涛一行到索风营水电站建设工地考察。胡锦涛总书记对乌江流域梯级开发和索风营电站工程建设情况给予了很高的评价：“流域、梯级、滚动开发水电这种形式很好。索风营电站建设公司的绿色环保搞得非常好，从工程开始就把建设与环保很好地结合起来，今后的电厂建设都应这样。”

2月26日 中央政治局委员、北京市市委书记刘淇和市长王岐山一行在集团公司党组成员、副总经理曹培玺陪同下到华电（北京）热电有限公司指导工作，对华电集团保障首都供热工作表示肯定。

2月27日 集团公司在北京举行与印度尼西亚PJB 2×300MW燃煤电厂项目总承包合同的签字仪式。

3月21日～22日 华电国际电力股份有限公司召开三届十九次董事会。

3月28日 中央国家机关精神文明建设协调领导小组向集团公司颁发了“2004年度中央国家机关文明单位”奖牌和荣誉证书。

4月6日 集团公司与郑州煤炭工业（集团）有限责任公司签署战略合作协议书。华电开发投资公司与郑州煤炭工业（集团）有限责任公司签署合作开发裴沟煤矿意向书。

4月7日 中国华电集团公司、华电开发投资公司与邯郸矿业集团有限公司签署合作协议。

4月15日 集团公司党组书记、总经理贺恭在北京会见了以Ir. Syahrial Oesman（萨里奥·奥伊斯曼）为首的印尼南苏门答腊省代表团一行。

4月28日 华电国际邹县发电厂四期工程（2×1000MW）正式开工。

5月25日 集团公司召开向国务院派驻公司监事会汇报会。

6月7～18日 应日本九州电力公司和印尼国家电力公司邀请，集团公司党组书记、总经理贺恭率团分别对两家公司进行了访问。访问九州电力公司期间，贺恭和松尾新吾社长共同签署了《中国华电集团公司和日本九州电力公司定期交流合作备忘录》。在印尼访问期间，对集团公司拟在印尼投资开发的电站、煤矿项目进行了实地考察。与南苏门答腊省省长萨里奥·奥伊斯曼进行了会晤。

6月10日 集团公司召开2005年迎峰度夏暨安全生产视频会议。

6月21～22日 集团公司召开保持共产党员先进性教育活动工作会议。

6月28日 华电云南发电有限公司成立。

6月30日 集团公司20亿元企业债券（简称“05华电债”）发行仪式在北京人民大会堂举行。集团公司与中国银河证券有限责任公司签署了《2005年中国华电集团公司企业债券承销协议书》。

7月8日 集团公司在北京召开《中国华电集团公司火力发电工程设计导则》及《中国华电集团公司电力工程建设招标系列范本》宣贯会。

7月21～22日 集团公司2005年中经济活动分析会在贵阳市召开。

7月29日 集团公司党组书记、总经理贺恭在公司本部会见了以荒木浩为团长的日本亚洲交流协会代表团一行。

同日 在我国进行国事访问的印度尼西亚总统苏希洛与贺恭总经理进行了会谈。集团公司与印尼国家电力公司、印尼国家煤炭公司和印尼INDIKA国际能源公司（IIE）正式签署了合资建设、运行印尼南苏门答腊省4×600MW坑口电站煤电一体化项目（南苏项目）的投资合作协议。

8月8日 集团公司正式开通无纸化办公系统。

8月17日 乌江索风营水电站首台机组顺利完成72h试运行，正式投入商业运营。

8月22日 集团公司东北区域电力市场工作会议在哈尔滨市召开。

8月29日 华电煤业集团有限公司成立。

8月30～31日 集团公司在北京召开公司系统分支机构和部分企业主要负责人座谈会，研究通报规范企业领导人员薪酬和推行年薪制，以及规范企业关联交易问题。

8月31日 集团公司党组书记、总经理贺恭在北京会晤了正在我国进行工作访问的印度尼西亚共和国副总统尤素夫·卡拉及副总统访华团主要成员。

9月6日 发行总额度为20亿元的05华电债在上海证券交易所正式上市。集团公司与上海证券交易所签署了《上市协议》。

9月7日 总额度为30亿元的04华电债在深圳证券交易所正式上市。

同日 集团公司2005年新建机组生产运营准备工作汇报会在北京召开。四川广安发电有限公司、扬州发电有限公司等33个单位的代表分别作了工作汇报。

9月28日 由集团公司参股成立的建信基金管理有限责任公司在北京举行开业典礼暨揭牌仪式。

9月29日 集团公司与国家开发银行签订《现金管理服务协议》。

10月18日 上海华电电力发展有限公司下属单位上海通华燃气轮机服务有限公司、美国GE能源集团在浙江杭州签署了长期备件及服务合约。

10月28日 中国华电集团高级培训中心落成暨揭牌仪式在北京密云举行。

11月11日 铁岭发电厂（一期）产权归属协议在国务院国有资产监督管理委员会的主持下在京签署。

11月17～18日 集团公司在北京召开2005年水电厂防汛和大坝安全工作座谈暨大坝安全协作网成立会议。

11月21日 黔源电力股改相关股东会议召开，黔源电力股改方案以96.874%的赞成票获得通过，标志着黔源电力股改工作圆满结束。

11月30日 集团公司召开保持党员先进性教育活动总结表彰视频会议。

12月1日 金沙江中游水电开发有限公司发起人协议签字仪式在人民大会堂河南厅举行。集团公司党组书记、总经理贺恭代表中国华电与华能集团、大唐集团、华睿集团及云南省开发投资有限公司等其他4家发起人签订《金沙江中游水电开发有限责任公司发起人协议书》和《公司章程》。签字仪式前，国务院副总理曾培炎亲切接见5家发起单位负责人。

12月2日 集团公司与西藏自治区签订水电资源开发战略合作协议。

12月12日 云南金沙江中游水电开发有限公司第一次股东会会议、第一届董事会第一次会议、第一届监事会第一次会议在北京召开。会议选举中国华电集团公司党组书记、总经理贺恭为公司董事长；根据董事长提名，聘任高盈孟为公司总经理；在公司第一届监事会第一次会议上，选举刘海建为公司监事会主席。

12月16日 云南金沙江中游水电开发有限公司成立仪式在昆明隆重召开，规划“一库八级”、总装机2115万kW的金沙江中游水电开发工作正式启动。

12月16日 华电国际十里泉发电厂5号机组秸秆发电投运剪彩仪式隆重举行。

12月23日 乌江索风营水电站2号机组顺利通过72h试运行并正式投入商业运行，比计划工期提前4个月。

同日 四川杂谷脑河流域水电开发项目银团贷款合同签字仪式在北京举行。

12月27日 浙江半山天然气发电工程3号机组顺利通过168h试运行，正式移交生产，实现了1年投产3台9F燃气—蒸汽联合循环发电机组，成为我国首个百万千瓦燃机电厂。

同日 国家“西气东输”工程下游重要配套项目——江苏华电戚墅堰发电有限公司2号燃机工程顺利通过168h满负荷试运行，正式投产，实现了“一年双投”目标。

12月29日 华电置业有限公司购置北京安福大厦写字楼项目银团贷款签字仪式在北京举行。

12月30日 集团公司庆祝成立3周年暨2006年元旦联欢晚会在华电高培中心举行。公司领导、本部全体员工及在京直属单位部分员工参加了晚会。

12月31日 集团公司在华电高级培训中心召开迎新春座谈会。公司领导分别参加分管部门和专业公司的座谈，与本部员工一起畅谈公司成立3年来暨“358”战略第一阶段所取得的丰硕成果，并对2006年工作进行展望。

中国国电集团公司主要事件

1月1日 国电集团公司与大唐集团公司签署协议，国电合山发电厂正式移交大唐桂冠合山发电公司租赁经营。

1月5日 集团公司副总经理刘彭龄在合肥会见安徽省省长王金山，双方就国电黄金埠电厂燃煤供应问题进行会谈。王金山表示，安徽省政府将尽最大努力支持国电黄金埠电厂的建设，并指示燃煤供应具体问题由淮南矿业（集团）有限责任公司和国电黄金埠电厂友好协商。

1月7日 国电财务有限公司成立大会在北京钓鱼台国宾馆举行。国电财务有限公司是集团公司控股、经中国银行业监督管理委员会批准成立的非银行金融机构，注册资本6亿元。

1月11日 吉林龙华热电股份有限公司顺利完成企业工商执照变更登记工作，并正式更名为国电吉林龙华热电股份有限公司。至此，集团公司收购龙华公司股权工作全部完成。

1月24日 集团公司召开保持共产党员先进性

教育活动动员大会。党组书记、总经理周大兵，党组成员、副总经理朱永芃、李庆奎、刘彭龄、陈飞出席大会。会议由李庆奎主持，周大兵在会上作了动员报告。中央第56督导组组长张浚生、中央指导协调四组副组长毛定之出席会议并讲话。

2月19～20日 集团公司2005年工作会议在京召开。中共中央政治局常委、国务院副总理黄菊作重要批示。总经理周大兵，副总经理朱永芃、李庆奎、刘彭龄、陈飞出席会议。国务院派驻集团公司监事会主席孔令鉴，中央先进性教育活动第56督导组、中组部、国家发改委、财政部、国资委、电监会、中电联、中国能源化学工会等有关负责同志应邀出席会议。会上，周大兵做了题为《强化管理，提高效益，深化改革，努力提高集团公司可持续发展能力》的工作报告。李庆奎做了题为《深化“强化管理，提高效益”活动，全面推进集团公司快速健康可持续发展》的专题报告。朱永芃做了总结讲话。会议对2004年“管理效益年活动”和目标责任制考核优胜单位进行了表彰，并颁发了“国电一级奖状”。

2月21日 集团公司2005年纪检监察工作会议在北京召开。

3月3日 国电深能四川华蓥山发电有限公司正式揭牌成立，集团公司副总经理刘彭龄出席揭牌仪式并致辞。

3月8日 集团公司率先实现正式向大用户直供电。吉林省电力公司、吉林碳素有限责任公司和集团公司所属吉林龙华热电股份有限公司就吉林碳素有限责任公司通过吉林省电网向吉林龙华热电股份有限公司直接购电一事，签署《电量直接购售合同》和《委托输电服务合同》。

4月12日 集团公司召开2005年安全生产暨创星级发电企业电视电话会议。总经理周大兵和国家电力监管委员会副主席史玉波出席会议并发表讲话。

同日 国电黄金埠电厂工程（2×60万kW）正式开工。集团公司副总经理陈飞陪同江西省省长黄智权视察了工程建设工地。

4月21日 国电泰州电厂工程2×100万kW机组主设备合同签字仪式在京举行。国家发改委副主任张国宝，黑龙江省副省长刘海生，集团公司总经理周大兵、副总经理陈飞，泰州市人民政府副市长王振南，哈尔滨动力设备股份有限公司董事长耿雷等出席了签字仪式。

4月28日 国内首台60万kW直接空冷机组竣工投产大会在国电电力大同发电公司举行。集团公司总经理周大兵、副总经理陈飞和山西省省长助理刘俊谦等出席大会。

5月1日 国家发改委副主任张国宝在江苏省委常委、常务副省长蒋定之陪同下视察了江苏龙源风电项目。

6月6日 邯郸热电厂1×20万kW热电联产机组扩建工程开工仪式在河北省邯郸市举行。

6月16日 集团公司召开第一批先进性教育活动总结暨党建、创建“四好”领导班子工作会议。会上，党组书记、总经理周大做了题为《建立保持共产党员先进性长效机制，加强党建和“四好”领导班子建设》的报告。党组成员、副总经理李庆奎宣读了集团公司党组关于表彰2005年先进基层党组织和优秀共产党员、优秀党务工作者的决定。

6月21日 集团公司与大同煤矿集团公司合作开发同忻1000万t矿井项目投资协议书签字仪式在大同举行，集团公司副总经理陈飞出席仪式并致辞。

6月25日 国电费县电厂一期工程开工庆典隆重举行。集团公司副总经理李庆奎与山东省省委副书记、省长韩寓群，省委副书记、省政协主席孙淑义，省委副书记姜大明，省委副书记杜世成，临沂市市委书记李群共同为开工仪式剪彩。

6月28日 国电庄河发电厂2×60万kW机组工程开工。

7月25日 集团公司总经理周大兵、副总经理朱永芃与黑龙江省省委书记宋法棠，省委副书记、常务副省长栗战书在哈尔滨参加集团公司与黑龙江龙煤矿业集团有限责任公司建设黑龙江省煤电一体化项目合作协议书签字仪式。

8月1日 《中国国电》报创刊，该报为中国国电集团公司和党组机关报。

同日 集团公司副总经理刘彭龄出席阳煤集团昔阳寺家庄矿开工奠基仪式。该矿由阳煤集团与集团公司共同出资建设，矿井生产能力为600万t/年，计划2008年建成投产。

8月11～12日 集团公司副总经理朱永芃赴湖南考察期间，在长沙会见了湖南省副省长郑茂清、湖南省电力公司总经理李维建以及邵阳市和岳阳市的主要领导，分别签署了湖南宝庆煤电有限公司股权转让协议和岳阳发电项目合作投资意向协议。此举标志着集团公司在湖南实现了电源点“零”的突破。

8月18日 国电燃料有限公司和阳泉煤业（集团）有限责任公司举行山西昔阳寺家庄煤矿投资协议签字仪式。集团公司副总经理刘彭龄与阳泉煤业（集团）有限责任公司董事长王体轩分别代表双方在协议上签字。

8月19日 集团公司总经理周大兵参加在京召开的中央企业负责人会议。会议正式公布了中央企业2004年度经营业绩考核结果。电力行业中，华能集团和国家电网考核结果为A级，集团公司与其余3家发电集团均为B级。中国国电集团公司在五大发电集团中名列第二。

8月29日 集团公司总经理周大兵在集团公司会见了ABB集团总裁兼首席执行官金乐(Fred Kindle)一行。

9月8日 上海证券交易所隆重举行2004年集团公司企业债券上市仪式，集团公司副总经理朱永芃出席仪式并致辞、鸣锣。“04国电债”是于2004年9月经国家发改委批准后对社会公开发行的，其发行总规模为40亿元人民币，分为10年期和15年期两个期限品种，发行利率分别为5.30%和5.60%。

9月20日 国电中山燃气发电有限公司揭牌仪式在广东省中山市举行。

9月26～28日 集团公司总经理周大兵在贵州调研。期间，周大兵会见了贵州省委书记钱运录、副省长包克辛和黔南州有关领导，双方就集团公司在黔发展事宜广泛交换了意见；出席了《中国国电集团公司、贵州金元集团公司战略合作协议》及《贵州鸭溪发电厂工程总承包合同及委托运营管理合同》签字仪式；听取了国电贵州分公司及辖区内5家发电企业的工作汇报，考察了国电红枫水力发电厂。

10月14日 国电龙源集团公司在北京与美国GE公司签署了迄今国内风电项目装机容量最大的设备采购合同。集团公司副总经理朱永芃和国家发展和改革委员会能源局副局长吴贵辉、国家开发银行企业局副局长缪信山及相关行业的有关人员出席签字仪式。

10月17日 中共中央政治局常委、全国政协主席贾庆林在山东省委书记、省人大常委会主任张高丽，省政协主席孙淑义，临沂市委书记李群、市长连承敏等省市领导的陪同下视察了国电费县发电有限公司。贾庆林要求国电费县电厂按照自己的规划建设节约型、效益型、环保型电厂。

10月18日 龙源电力集团公司第一个国家风电特许权示范项目如东二期工程在南通市如东县正式开工奠基。该项目总装机容量15万kW，计划于2007年全部投产发电。

11月12日 国家发改委副主任张国宝在福建省省长黄小晶、副省长苏增添等领导陪同下视察了国电福建南埔电厂工地，对1号机组顺利进入168h试运行、成功运用等离子点火技术表示满意。

11月14日 国电龙源集团公司在西班牙马德里与西班牙Gamesa公司签署了迄今为止国内最大的风电机组设备采购合同（总容量为350MW）。正在西班牙访问的胡锦涛主席出席了合同签字仪式。集团公司副总经理朱永芃代表龙源公司在合同书上签字。协议签署后，朱永芃顺访了葡萄牙和希腊，考察了其风电发展情况。

11月18日 国电电力大连庄河电厂新建工程举行开工仪式，集团公司副总经理陈飞出席仪式，并于日前就集团公司及国电电力在当地发展的有关事宜与大连市市长夏德仁、常务副市长王承敏交换了意见。

11月22日 大渡河瀑布沟水电站成功实现截流。

同日 新疆开都河察汗乌苏3×10万kW水电工程截流成功并正式开工。

11月24日 国电建投内蒙古能源有限公司成立揭牌仪式在内蒙古鄂尔多斯市举行。

12月12日 国电泰州电厂一期两台100万kW发电机组工程正式开工建设。该工程是国家“十一五”重点建设项目，规划装机总容量为400万kW，工程动态总投资为86.6亿元，预计一期工程建设的两台机组分别于2008年8月和12月投产发电。

12月22日 国电蚌埠发电有限公司成立揭牌仪式举行。

12月23日 集团公司总经理周大兵、副总经理朱永芃在人民大会堂出席“绿色煤电有限公司”发起人签字仪式。朱永芃代表集团公司在投资协议上签字。国务院副总理曾培炎在签字仪式前接见了各发起单位的主要负责人，并做重要讲话。

12月27日 集团公司所属南京环保研究院完成的“风洞试验场及试验规范的建立”和龙源环保工程公司完成的“湿法脱硫国产化”两个项目被评为二等奖。

中国电力投资集团公司主要事件

1月14日 集团公司核电专家咨询委员会第二次会议在北京召开。

1月16日 集团公司与上海交通大学就进一步加强核电人才培养合作框架协议签字仪式在上海交通大学隆重举行。协议中约定，从2005年开始，用5年的时间，上海交通大学再为集团公司培养至少500名核电专业的技术和管理人员，以适应集团公司核电事业发展的需要。

1月19日 集团公司在北京召开了2005年工程建设工作会议。

1月23日 集团公司召开保持共产党员先进性教育活动动员大会。

1月26日 集团公司与青海省人民政府进一步促进青海省电力工业发展座谈会在西宁举行。会议提出了黄河上游水电开发有限责任公司“2010年在青海发电装机容量超过1000万kW”的发展目标。

1月27～28日 集团公司2005年工作会议在西

宁召开。

1月30日 副总经理李小琳当选2004年全国十大财经英才并受到表彰。

2月1日 集团公司华北分公司在京成立，集团公司总经理王炳华出席大会并为新成立华北分公司揭牌。

2月5日 中电投远达环保工程有限公司揭牌，集团公司副总经理、中国电力国际发展有限公司首席执行官李小琳出席仪式并揭牌。

3月4日 集团公司召开煤电价格联动工作会议，对集团公司煤电价格联动有关工作进行了部署。孟振平副总经理，田勇总工程师出席会议并做重要讲话。

3月7日 中电投财务有限公司在北京新时代大酒店举行了揭牌仪式。

3月8日 河南省人民政府与中国电力投资集团公司在北京签署了《共同开展河南核电项目前期工作协议》。河南省副省长王明义、集团公司总经理王炳华、副总经理孟振平出席了协议签字仪式。

3月18日 集团公司召开总部党员先进性教育活动第一阶段总结、第二阶段动员大会。

4月1日 集团公司召开了2005年党群暨纪检监察工作会议。

4月5日 副总经理张晓鲁作为中美化石能合作议定书附件一（电力系统）的中方协调人出席了该议定书常设协调领导小组第三次会议并发言，就双方的交流与合作情况进行回顾并提出下步合作建议。

4月7～8日 集团公司在山西漳泽电力股份漳泽发电分公司召开2005年安全生产工作会议。

4月18日 集团公司被中纪委、中组部、监察部、人事部、审计署、国资委联合授予全国内部审计先进单位荣誉称号。

同日 由商务部主办的中国企业“走出去”发展成果展览会在北京展览馆正式开幕。本次展览会是我国首次以“走出去”为主题的大型展览会。集团公司收购澳门电力公司股权项目被选为参展项目，列入“跨国并购”业务展区展览。

4月25日 集团公司与吉林省在公司本部签署了吉林能交总重组转让协议，副总经理孟振平出席了签字仪式。

5月9日 《中国电力投资集团公司与日本海外电力调查会关于核电站安全建设与安全运行的技术合作协议》签字仪式在北京举行。

5月10日 集团公司召开总部党员先进性教育活动第二阶段总结、第三阶段动员大会。

5月14日 国家发改委印发了《国家发展改革委关于湖南黑麋峰抽水蓄能电站一期工程项目核准的批复》（发改能源［2005］884号），正式通过对黑麋峰项目的核准。

5月17日 国家核安全局在京组织召开国家核安全局核安全专家委员会部分专家会议，对山东海阳核电厂、辽宁红沿河核电厂《厂址安全分析报告》和两个核电厂1号、2号机组《环境影响报告书（选址阶段）》审评结果进行审议咨询。

5月18日 集团公司华北分公司正式入驻北京。集团公司党组成员、副总经理孟振平出席了入驻仪式。

6月6～7日 集团公司总经理王炳华视察了山东海阳项目厂址、海阳核电厂配套的砂石料场和淡水水库，以及山东核电有限公司在烟台市的办公和培训基地场址。

6月13日 集团公司召开了首次总经理联络员会议。标志着该集团公司总经理联络员制度正式启动。

6月20日 集团公司召开总部党员先进性教育活动总结大会。

6月22～23日 集团公司党组书记、总经理王炳华亲临广西梧州市长洲水利枢纽工地，视察指导防汛工作。

6月23日 中共国务院国有资产监督管理委员会以国资党任字［2005］53号文决定，田勇任中国电力投资集团公司党组成员，乔保平任中国电力投资集团公司党组成员、党组纪检组组长。

同日 国务院国有资产监督管理委员会以国资任字［2005］66号文决定，任命田勇为中国电力投资集团公司副总经理，孟振平为中国电力投资集团公司总会计师。

7月12日 集团公司在北京人民大会堂举行了05中电投企业债券发行仪式。自即日起将向社会公开发行20亿元企业债券。

7月14日 集团公司完成了秦皇岛秦热发电有限公司股权重组工作，标志着集团公司在河北电网拥有了电力资产，为集团公司在华北区域的发展，迈出了具有战略意义的一步。

7月15日，西电东送北部通道骨干电源点之一的公伯峡水电站3号发电机组经过72h试运行并网发电，正式投入商业运营，比计划提前49天发电。

7月18日 集团公司重组吉林省能源交通总公司签字交接仪式在长春举行。

7月21日 国家“皖电东送”工程，上海和安徽能源合作重大项目——安徽淮南田集电厂一期工程在淮南市举行开工仪式。

同日 中国电力收购母公司中国电力投资集团公司所属神头一厂的发电业务，这是中国电力上市以后进行的首项收购，具有里程碑意义。

8月6日 中共中央政治局常委、国家副主席曾庆红一行在青海省主要陪同下视察了建设中的黄河公伯峡水电站。

8月19日 中央企业团工委下发了《关于命名和继续认定2004年度中央企业青年文明号表彰2004年度中央企业杰出青年岗位能手、青年岗位能手的决定》（中企团发［2005］17号文件）。集团公司所属霍煤集团露天煤业煤炭加工公司主控室被命名为2004年度中央企业青年文明号；河南南阳市蒲山发电运营中心运行部电气四班被继续认定为2004年度中央企业青年文明号；重庆远达环保工程有限公司杨斌懿荣获2004年度中央企业青年岗位能手称号。

8月23日 集团公司总经理王炳华、副总经理张晓鲁在北京会见了吉林省常务副省长田学仁一行，共同签署了《关于开发建设霍乌白铁路及白城电厂等项目合作协议》。

8月31日 常熟发电有限公司王建中设计研制的“汽轮机组轴承座外油档供气装置”正式通过国家知识产权局的专利审查，专利证书号为第722427号。

9月8日 山西华泽铝电2×300MW工程2号机组圆满完成168h满负荷试运行，标志着华泽铝电2×300MW机组实现全面的投产发电。

9月23日 公司以中电投任［2005］58号文决定，聘任俞培根为中国电力投资集团公司总工程师（核电）。

同日 集团公司首台实行委托制管理工程，贵溪2×300MW工程1号机组顺利实现168h试运。

9月26日 集团公司接到国家第三批风电特许权项目中标通知书，获得两投两中的好成绩。

同日 集团公司发行的2005年度20亿元企业债券在上海证券交易所正式挂牌上市，债券代码120516。债券以108.5元的价格高开，最高价108.5，最低价107.75，最后以108.31收盘。首日成交金额45000元。

9月27日 中国证监会以证监公司字［2005］91号文，出具了对集团公司《吉林电力股份有限公司收购报告书》的行政许可无异议函。

10月17日 上海电力股份有限公司就股权分置改革通过全景网与广大股民进行交流。集团公司副总理经孟振平、上海华东发展公司主要领导以及海通证券公司有关领导参加了网上路演。

10月18日 由集团公司华北分公司负责开展前期工作的内蒙古包头市达茂旗巴音敖包风电场可研报告，获得内蒙古自治区发改委的正式批复。文件明确：项目由集团公司投资建设，电价按国家即将出台的有关政策执行。

10月21日 集团公司承担的国家863计划——高温空气无油点火项目在抚顺发电有限责任公司1号锅炉（HG670t/h）试验取得成功。

10月21日 国家发改委以发改能源［2005］2121号文印发了关于核准内蒙古赤峰热电厂四期扩建工程的批复。

11月3日 中国电力投资集团公司新网站正式开通。

11月10～14日 集团公司首届技能比武竞赛活动在集团公司上海技能培训中心进行。

11月15日 集团公司发行首期25亿元短期债券，期限365天，发行采取簿记建档方式。

11月18日 集团公司西北分公司在陕西西安宣告成立。

11月24日 白鹤电厂二期2×300MW工程2号机组完成168h试运行，投产发电。

11月26日 国家西电东送重点项目——长洲水利枢纽项目内江截流成功。

11月29日 国家发改委以发改能源［2005］2510号文印发了关于核准青海格尔木燃气轮机电站工程的批复。

12月12日 集团公司在北京召开公司本部2006年工作座谈会。

同日 国家发改委以发改能源［2005］2619号文印发了关于青海黄河拉西瓦水电站项目核准的批复。

12月14日 中电投集团公司与中广核集团公司、辽宁能源投资（集团）有限公司和大连市建设投资公司签署了《辽宁红沿河核电项目一期工程投资框架协议》，与中广核集团公司签订了《辽宁红沿河核电项目一期工程合作框架协议》。曾培炎副总理会见了参加签字仪式的各方代表。

12月19日 国家第三批风电特许权项目江苏大丰、甘肃安西风电项目30万kW风电机组设备采购暨建设、运营委托管理合同签字仪式在集团公司本部大楼举行。

12月23日 吉林省人民政府与中国电力投资集团公司在长春举行了吉林桦甸油页岩综合开发项目合作签约仪式。吉林省副省长矫正中和集团公司副总经理张晓鲁代表合作双方签署了《框架协议》。

12月28日 集团公司在北京与安徽能源投资有限公司签署合作开发安徽核电项目协议。

12月29日 全国电力装机突破5亿kW庆祝大会在北京人民大会堂举行，集团公司总经理王炳华、副总经理石成梁出席大会。

12月31日 国家发改委核准中电国际姚孟发电公司四期2×600MW机组扩建工程。

电力工作会议

加快发展 强化管理 努力建设“一强三优”的国家电网公司

——刘振亚总经理在国家电网公司2005年工作会议上的报告（摘要）

（2005年1月21日）

在党中央、国务院的正确领导下，国家电网公司成立以来，各方面工作取得较好成绩。近期，公司党组确立了把国家电网公司建设成为电网坚强、资产优良、服务优质、业绩优秀的现代公司的发展目标，得到了广大员工的积极拥护和广泛响应。召开这次会议，主要任务是：以邓小平理论和“三个代表”重要思想为指导，贯彻落实中央经济工作会议和中央企业负责人会议精神，围绕建设“一强三优”现代公司，总结2004年工作，明确发展思路，安排部署2005年工作。

一、认清形势，坚定信心，增强加快发展的使命感

2004年，公司树立和落实科学发展观，坚决贯彻党中央、国务院关于宏观调控的各项决策和部署，正确处理发展、改革和稳定的关系，积极应对供电紧张局面，各项工作取得了新的成绩，公司发展呈现出崭新面貌和良好态势。

安全生产保持良好局面。坚持“安全第一、预防为主”的方针，严格落实安全生产责任制，确保了电网安全稳定运行和可靠供电，电网事故和设备事故下降，没有发生人员责任的重大停电事故。

电力供应和服务成效显著。需求侧管理继续加强，优先保证居民生活和重要客户用电，合理安排和引导企业错峰、避峰，周密制定供电应急预案，最大限度地缓解了供电紧张矛盾。严格执行“三公”调度，加强调度信息发布。推进优质服务常态机制，深入开展供电营业规范化服务窗口建设，不断提高服务水平。公司系统在地方民主评议行风活动中成绩显著。

电网规划和建设得到加强。公司党组集中各方面智慧，研究确立了国家电网特别是特高压骨干网架规划。西北电网750kV示范工程进展顺利。一批跨区、跨省输电工程相继投产和开工。三广直流工程通过国家验收，三沪直流工程开工建设。区域电网和省级电网网架得到加强，城乡电网建设进一步加快。公司330kV及以上交流线路投产8466km，开工6360km；变电容量投产4358万kVA，开工4017万kVA。直流线路投产975km，开工1075km，换流容量投产和开工各600万kW。完成固定资产投资925亿元，其中电网投资825亿元，同比增长12.7%。

跨区资源优化配置能力增强。加强负荷预测，优化电力调度，通过技术创新提高输电能力，加大电网间电力输送规模，跨区跨省平衡电力供需，国家电网资源优化配置的能力进一步增强。公司跨区跨省互供电量完成1798亿kWh，同比增长30.1%。

经济效益保持稳定。坚持依法治企、规范经营，强化预算约束，加强成本控制，加大电费回收力度，实现增收节支。落实审计决定，促进经营管理水平提高。公司售电量完成12838亿kWh，同比增长14.5%；主营业务收入净额5810亿元，同比增长21.2%；资产负债率完成63.4%；实现利润97亿元，同比增长62.5%；实现利税总额445亿元，同比增长21.9%；全员劳动生产率17.1万元/人年。

领导班子和队伍建设力度加大。认真学习党的十六大和十六届三中、四中全会精神，加强企业党的建设、领导班子建设和干部队伍建设。党风廉政建设继续深入。公司党组带头加强作风建设，贯彻民主集中制原则，发挥政治核心作用。根据新的发展战略，公司总部实施了机构调整，部分区域、省公司和在京单位领导班子得到加强。公司总部工作呈现新的气象。公司干部队伍思想政治建设取得成效，工作作风明显转变。广大员工勤奋敬业，保持了良好的精神风貌。

在推进电力体制改革特别是主辅分离改革方面，公司上下做了大量艰苦细致的工作，积极提出改革建议。加强辅业、多经企业的指导和管理，促进发展，保持稳定。认真推进电力市场建设，积极配合有关部

门开展工作。

2004年国家电网公司取得的成绩，是党中央、国务院正确领导的结果，是广大员工辛勤工作的结果，是中组部、发改委、国资委、财政部、电监会、税务总局等有关部门，国务院派驻公司监事会，各级党委政府和各电力企业等关心支持的结果。

2005年是我国进一步巩固宏观调控成果、保持经济社会发展良好势头的关键一年。综合分析公司面临的形势和任务，2005年和未来几年是公司发展的重要机遇期。国民经济持续发展，电力需求快速增长，对加快规划和建设国家电网，实现更大范围的资源优化配置，提出了客观要求，也为公司发展开辟了新的空间。电力工业贯彻科学发展观，要求电网、电源在统一规划下协调发展，公司加快电网建设迎来了新的机遇。作为一个经营过万亿资产的特大型企业，经过两年来的努力，发展有了较好基础，特别是公司“一强三优”发展目标确定以后，广大员工精神振奋，人心思进，公司发展充满希望。

我们要清醒地看到，公司发展还面临许多困难和挑战。一是电网发展任务艰巨。电网规划和建设严重滞后。近年来，电源加快建设和大规模投产，给电网发展带来巨大挑战。下一步，影响电力供应的瓶颈会在电网环节凸显，加快电网建设和发展已经刻不容缓，而且在发展中还将面临一系列矛盾和问题，如资本金短缺、电价机制不健全等。二是资产经营效率亟待提高。一方面，公司资产规模已达11150亿元，而净资产收益率仅为1.3%，盈利能力明显偏低。另一方面，公司资产闲置、资源分散、经营粗放、效益低下的现象比较严重，亟需有效整合，提高经营效率，确保资产保值增值。三是安全稳定压力不断增大。安全生产基础不牢，部分企业规章制度执行不严。电煤供应不足，自然灾害和外力破坏严重，电网安全始终面临风险和压力。主辅分离改革任务艰巨，稳定压力不断加大。四是科技进步和技术升级亟需加快。低水平重复开发和建设现象比较严重，先进适用技术的推广应用滞后，技术创新能力难以满足电网发展需要。五是外部环境仍不宽松。全国供电紧张的矛盾尚未缓解，保证电力供应的难度很大。在电网建设、公司发展和深化改革中还有许多课题需要深入研究。由于种种原因，还积累了不少历史遗留问题和矛盾，一些企业发展面临严重困难。

我们还要认真分析工作中存在的差距和不足。一是思想观念滞后。一些同志企业意识、全局意识、责任意识、创新意识不强，习惯从个人和本位出发考虑问题，不思进取、墨守成规，自我感觉良好。二是管理方式亟需改进。在投资决策、资金管理、招投标管理、成本控制、电费回收等方面监督约束不力。总部功能不够完善。公共关系协调需要进一步加强。三是机制改革亟需深化。激励约束机制不健全，劳动用工和分配制度改革滞后。绩效考核不到位，员工收入管理不规范。人员结构不合理，员工人数增长过快。四是作风建设亟需加强。有的心浮气躁，急功近利，三心二意；有的不负责任，对问题视而不见，推诿扯皮；有的敷衍塞责，得过且过；有的贪图虚名，铺张浪费；有的损害企业利益，为个人捞取好处。五是队伍素质有待提高。员工业务水平和技能不适应发展需要，员工培训滞后，高水平、高技能、专家型、复合型人才缺乏。

解决这些问题，需要付出艰苦的努力。公司上下一定要认真总结工作，发扬成绩，找出差距，增强忧患意识，增强使命感和紧迫感，统一思想，坚定信心，努力开创公司工作的新局面。

二、努力超越、追求卓越，建设坚强的国家电网

建设“一强三优”现代公司，突出了国家电网公司的核心工作，明确了发展目标和战略重点，是公司上下统一思想的基础、统一行动的指南，是公司总部、区域电网公司、省公司以及公司所属各单位的统一目标和共同任务。我们的一切工作都要紧紧围绕和服务这个目标。每个单位、每位员工都担负着重要的使命和责任，都应该为公司目标的实现作出不屈不挠的努力和积极的贡献。

建设“一强三优”现代公司，电网坚强是发展的基础，资产优良反映发展的能力，服务优质展现发展的形象，业绩优秀体现发展的成果。追求资产优良、服务优质和业绩优秀，是对公司企业价值的全面提升，是公司由大到强的必然选择。电网坚强，就是电网规划科学，结构合理，技术先进，安全可靠，运行灵活，标准统一，经济高效。资产优良，就是资产结构合理，盈利和偿债能力强；不良资产少，成本费用低，现金流量大，客户欠费少。服务优质，就是事故率低，可靠性高，流程规范，服务高效，社会满意，品牌形象好。业绩优秀，就是安全、质量、效益指标国内外同业领先，企业健康发展，社会贡献大。建设现代公司，就是建立健全现代企业制度，充分利用先进技术，推行现代化管理，具有较高的国际化水平。

抓发展、抓管理、抓队伍、创一流，是公司加快发展、实现“一强三优”现代公司目标的基本工作思路。抓发展，就是要以科学发展观为指导，以加快公司发展为目标，以建设坚强的国家电网特高压骨干网架为主导，集中力量加快电网建设，实现各级电网协调发展。抓管理，就是要依法经营企业，严格管理企业，勤俭办企业，健全企业内部管理机制，加快信息

化建设，实现公司工作效率和经济效益的全面提高。抓队伍，就是要坚持以人为本，以加强领导班子和干部队伍建设为重点，以作风建设和能力建设为突破口，实施人才强企战略，健全激励约束机制，调动各方面积极性，实现员工与企业共同进步。创一流，就是要以国际国内先进水平为导向，以同业对标为手段，以内质外形建设为载体，提高工作标准和质量，促进公司创新和发展，建设世界一流的电网，建设国际一流的企业。

我国发电资源分布与用电负荷分布极不均衡，决定了必须以大煤电基地、大水电基地为依托，实现煤电就地转换和水电大规模开发，通过建设坚强的国家电网特高压骨干网架，实现跨地区、跨流域水火互济，将清洁的电能从西部和北部大规模输送到中东部地区，既解决东部能源短缺问题，减轻运输和环保压力，又促进西部资源优势转化为经济优势，实现国民经济协调发展。根据能源资源优化配置的客观要求，亟需加快建设电压等级更高、网架结构更强、资源配置规模更大的国家电网。这是优化资源配置方式、提高资源配置效率、保障国家能源安全的战略举措，也是贯彻国家宏观调控决策的现实任务。

国家电网公司投资建设和经营管理的各级电网组成国家电网。每一级电网都是国家电网的重要组成部分。国家电网特高压骨干网架将是由百万伏级交流和±800kV级直流系统组成的输电网络，具备跨区域、大容量、远距离、低损耗输送电力的基本功能，是国家电网建设的重点，是国家级电力市场建设的物质基础。

当前，公司最重要、最紧迫的晌务是加快国家电网特高压骨干网架的发展。在现有500kV电网基础上发展特高压网架，电压等级匹配合理，经济性好，适应性强，有利于推进产业升级和技术创新，节省宝贵的土地资源，提高资源优化配置能力，从根本上解决输电能力不足等问题；有利于充分发挥特高压电网的规模优势和技术优势，引导电源合理布局，促进电源集约化开发；有利于解决火电无序建设的问题，最大限度减少重复建设，实现电力工业协调发展。这是国家电网公司落实科学发展观，贯彻执行国家能源产业政策，为国家宏观调控大局服务的重要体现。

公司发展国家电网特高压骨干网架的总体思路是：以构建华中—华北坚强的同步电网为核心，以晋陕蒙宁煤电基地和西南水电开发为契机，在华北、华中和华东建成坚强的百万伏级交流特高压网架。晋陕蒙宁、锡盟煤电基地的电力以百万伏级交流注入特高压网架；四川水电部分容量外送采用特高压交流，形成由四川经华中到华东的百万伏级输电通道。西南水电送华东，宁夏煤电送华东，呼盟煤电送京津均采用±800kV级直流。从长远看，百万伏级交流特高压网架将进一步向周边地区延伸和扩展。2010年前后，纵贯南北的百万伏级输电通道将把华北和华中紧密联系起来。到2020年前后，国家电网特高压骨干网架基本形成，国家电网跨区输送容量将达到2亿kW以上，占全国装机总容量的20%以上。

展望未来，国家电网公司发展的宏伟蓝图已经绘就，前景充满希望，事业催人奋进。这是历史的机遇，也是现实的责任；是巨大的挑战，也是光荣的使命。建设“一强三优”的现代公司，建设坚强的国家电网，关键在人，根本在统一思想和行动，加强企业文化建设势在必行。要将中华民族的传统文化与电力行业的优良传统和现代企业管理理念有机结合，大力倡导以人为本，忠诚企业、奉献社会的公司文化，大力弘扬“努力超越、追求卓越”的企业精神，引导激励员工自强不息，开拓进取，追求更高目标，追求卓越境界。关心企业、为企业尽心尽力，服务社会、为社会创造价值，努力塑造国家电网品牌形象。大力弘扬正气，提倡以信立德，以公立行，促进员工素质进一步提升，促进企业管理水平进一步提高，促进企业形象进一步改善，实现员工与企业的共同发展。

我们一定要把握机遇，迎接挑战，齐心协力，艰苦创业，做好克服困难、战胜一切艰难险阻的充分准备，从现在做起，扎扎实实，一步一个脚印，努力向公司发展的目标迈进。

三、开拓进取，真抓实干，认真做好全年工作

2005年，是建设“一强三优”现代公司的起步之年。公司工作的总体要求是：以邓小平理论和“三个代表”重要思想为指导，深入贯彻党的十六大、十六届三中、四中全会和中央经济工作会议精神，按照建设“一强三优”现代公司的目标，全面落实“三抓一创”的工作思路，以内质外形建设为载体，提高五方面素质，塑造五方面形象，奋力推进公司的快速健康发展（五方面素质即安全素质、质量素质、效益素质、科技素质、队伍素质；五方面形象即认真负责的国企形象、真诚规范的服务形象、严格高效的管理形象、公平诚信的市场形象、团结进取的团队形象）。

2005年，公司主要目标是：以特高压电网为核心的国家电网规划建设取得突破性进展。特高压示范工程力争开工建设。电网建设与改造投资完成1070亿元；投产330kV及以上线路6580km，变电容量3560万kVA；开工330kV及以上线路8160kin，变电容量4090万千伏安。经济效益稳步提高。完成售电量14260亿kWh，同比增长10.6%；跨区送电量700亿kWh，同比增长7.6%；主营业务收入净额

6550亿元，同比增长12.7%；实现利润总额115亿元，同比增长18.5%；当年电热费结零，陈欠下降20%以上；资产负债率完成65.5%；全员劳动生产率实现18.6万元/人年，同比增长8.3%。确保安全和稳定。不发生对社会造成重大影响的安全事故和不稳定事件；不发生电网稳定破坏和大面积停电事故。公司将通过综合计划和预算，安排落实各项具体指标。通过加强业绩考核，确保各项任务全面完成。

（一）以科学规划为指导，加快电网建设与发展

坚持电网统一规划。将公司发展战略自上而下贯彻到各级企业。用国家电网规划指导区域电网和省级电网规划。区域电网和省级电网规划要服从国家电网规划。做好各级电网规划的衔接、近期和远期规划的衔接。要用电网规划引导电源布局，促进电网、电源在统一规划下协调发展。重视二次系统规划，实现二次系统与一次系统协调发展。积极实施国际化战略，开展国际经济技术交流。加强与邻国的电力合作与开发。

坚持电网协调发展。公司各单位在建设坚强国家电网的战略布局中都承担不同的职责，发挥重要的作用。公司总部重点建设运营好特高压电网、直流输电、跨区送电、大型电源基地送出、跨国输电等工程。区域电网公司重点建设运营好区域电网内跨省输变电工程，以及对区域电网网架和优化资源配置有重要影响的330kV及以上电网工程。省公司重点建设运营好省域各级电网。加快城乡配电网建设与改造，做到输配电网协调发展。加强各级电网建设的衔接与配合，发挥电网整体效能。

积极推进电网前期工作。组织制定建设“一强三优”现代公司的三年规划。完成国家电网总体规划和“十一五”电网发展规划（包括配电网发展规划），重点做好百万伏级交流同步电网规划。完成三峡地下电站送出工程、华中—华东直流工程、东北—华北直流背靠背联网工程，溪洛渡、向家坝和锦屏直流送出工程，府谷一期送出工程，呼伦贝尔至辽宁直流工程可研。适应国家投资体制改革和项目核准制的要求，加大项目用地审批、环境影响评价等前期工作深度。

加快特高压示范工程和重点工程建设。积极争取国家支持，力争百万伏级交流示范工程和±800kV级直流工程立项和开工。抓好西北750kV电网建设，完成兰州东—白银—宁东输变电工程、新疆哈密电厂送出可研，争取开工。西北750kV示范工程10月份实现竣工投产。完成华中—西北直流背靠背联网工程。开工建设陕北神木、府谷煤电基地送出工程、阳城送出通道加强工程以及三万线加装串补工程等。力争开工建设西北—华北直流输电工程。

推行电网标准化、系列化建设。各级电网工程建设要统一技术标准，推广应用典型优化设计，节省投资，提高效益。要严格控制造价，保证工程进度和质量。

（二）以落实责任制和严格管理为核心，提高公司安全工作水平

加快公司发展，安全是基础。必须树立科学全面的安全观，正确处理安全与发展、安全与效益、安全与改革的关系，把安全要求贯彻到电网规划、建设、运营的全过程，落实到企业管理和队伍建设的各方面。坚持“安全第一、预防为主”的方针，把握规律，超前防范，实现安全可控、在控。

坚持落实责任制。各级主要负责人要对安全负总责，保证安全责任落实到每一个人。建立健全保证体系和监督体系。完善规章制度，严格执行规程。加强安全教育和培训。强化安全指导和监督。发现问题，及时督促整改。保证必要的安全投人，提高设备安全水平。

坚持严格管理。从基础抓起、从基层抓起、从基本功抓起，用“三铁”（铁的制度、铁的面孔、铁的处理）反“三违”（违章指挥、违章作业、违反劳动纪律），杜绝“三高”（领导干部高高在上、基层员工高枕无忧、规章制度束之高阁）现象，加强车间管理和班组建设，采取坚决措施，反违章、消隐患、除混乱。严格考核，奖惩分明，重奖重惩。要认真总结和吸取事故教训。对于事故，按照“四不放过”原则，依法严肃追究有关责任。

突出抓好关键环节。一要加强电网统一调度。优化运行方式，严肃调度纪律，确保电网安全。根据电煤供应和库存，合理安排发供电计划，避免由于缺煤停机而造成电网事故或大范围无序限电。健全应急处理预案，防止大面积停电事故和电网稳定破坏事故。二要加强电网安全监控。把安全性评价作为电网规划、工程建设、设备技改和大修的重要依据。加强对电网输变电薄弱环节的安全监测和风险控制。动态分析电网设备健康状况，及时改造和维护。三要加强现场安全管理。推行标准化管理，杜绝违章指挥、违章作业。严把工程验收关，实现零缺陷移交。四要加强电力设施保护。积极争取政府支持，依法打击盗窃破坏电力设施的行为。

（三）实施集约化管理，提高效率和效益

建设“一强三优”的现代公司，特别是国家电网的规划建设，要求公司加强统筹运作，集中力量办大事。公司内部资源丰富，实施集约化管理，是发挥规模优势，提高资源利用效率的必然选择。公司系统企业之间发展能力和经营情况各不相同，只有实施集约化管理，才能实现公司整体协调发展。

实施集约化管理，是公司上下共同的责任。在电

网规划、项目投资、资产管理、电网调度、跨区跨省送电、市场交易，落实安全、稳定和经济责任等方面，要充分发挥区域电网公司和省公司的作用。公司各单位要自觉增强全局意识和整体意识，坚持局部服从整体，下级服从上级，始终保持目标一致和工作协调，维护全局利益，共同推动公司发展。

重点加强十个方面的工作：一要加强公司总部建设。健全和完善公司的决策体系、执行体系和监督体系，尽快把公司总部建设成为全公司的战略决策中心、管理调控中心和电网调度中心。战略决策中心主要承担公司发展战略、电网规划、重大投资、重大项目、资本运营、重要干部任免和重大人力资源开发的决策，以及其他涉及公司发展、改革和稳定重大事项决策的职能。管理调控中心主要承担对公司规划、计划、基建、生产、安全、财务、营销、服务、科技、队伍建设等方面实施过程中重要环节、重要目标进行调控和监督的职能。电网调度中心主要承担保障电网安全、建设电力市场、实施“三公”调度和实现资源优化配置的职能。二要加强投融资管理。实行重大项目统一决策，建立投资决策责任制。加大资本金筹集力度。采取多种形式，增加融资规模，降低融资成本。坚持投资计划统一管理、分级实施，集中资金建设电网项目。严格控制非生产性投资。三要加强资产和资金管理。优化资产结构，盘活资产存量。处置不良资产，突出核心业务。加强抽水蓄能、新能源发电等电源项目的统一开发。整合银行、保险、证券等金融资源，建设公司金融运作平台。发挥资金管理中心作用，加强资金统一管理，强化过程监督，减少资金沉淀，提高运营效率。四要加强成本管理。严格预算约束，加强对规划、设计、建设、运营过程中的成本管理，制定标准定额，对主要成本指标进行跟踪分析和监控。严格控制费用支出，堵塞管理漏洞。五要加强营销管理。加强电力市场分析，提高预测的科学性和准确性。加大营销投入。积极开拓市场，超前培育市场。加强电价研究，积极争取电价政策。落实电费回收责任制，加大电费回收考核力度，杜绝新欠电费，大力催收陈欠电费。加强电费资金统一管理。做好防窃电工作，依法打击窃电行为。六要加强跨区跨省送电管理。充分发挥现有输配电能力，合理安排运行方式和检修计划，优化调度，最大限度增加跨区跨省送电规模，缓解电力供需矛盾。七要加强同业对标管理。建立科学先进的评价指标，通过国际国内同业对标，实现用指标评价企业，促进企业争创一流，提高管理水平。八要加强信息化建设。整合公司信息资源，统一规划建设信息平台。统筹安排企业资源管理计划、调度自动化、计量计费等系统的建设，建立信息沟通机制，确保公司上下信息畅通。九要加强招投标管理。发挥公司招投标管理中心的作用，通过依法集中和公开招投标，降低成本和造价，保证设备质量，促进廉政建设。2005 年，要对 330kV 及以上设备实行统一招标，集中采购。十要加强风险控制。建立风险管理机制，对企业管理中的薄弱环节和不确定因素进行风险分析和控制。加强电网项目的投入产出分析和经济性评价，减少无效投资。严禁乱投资、乱担保、乱设银行账户等行为。充分发挥安全监察、纪检监察、审计监督的作用，建立健全企业监督约束机制，坚持重大事项报告制度，依法规避风险，保障企业安全。

（四）积极推进体制改革，加快公司机制创新

改革是发展的动力。要增强政治责任感，认真贯彻十六届三中全会精神，继续坚定不移地推动国发［2002］5 号文件的全面落实。认真总结公司成立以来电力体制改革取得的成绩，深入研究改革过程中出现的新情况、新问题，坚持一切从实际出发，按照国务院电力体制改革工作小组的统一部署，积极稳妥地实施，确保改革顺利进行。

深化改革要坚持体制调整与机制创新并重，坚持统筹兼顾、协调推进。一要积极认真推进主辅分离。根据国务院 5 号文件精神，主辅分离改革是电力体制改革的一项重要任务。要按照电力体制改革工作小组确定的方案，周密计划，加快推进，规范操作，力争上半年完成。落实国家有关政策支持，确保队伍稳定和社会稳定。开展“三产”、多经企业的调整重组，规范资产、人员、交易等关系，防止国有资产流失。加强对直属单位的管理和考核。二要深化农电体制改革。尽快界定农网改造资产的归属，建立资本纽带关系，依法实施农电资产的有效管理，实现保值增值。三要推进机制创新。构建定位合理、职责清晰的组织体系，完善法人治理结构，明确职责、落实责任。深化劳动人事、用工制度改革。实行劳动合同制和全员竞聘上岗，实行定员、定岗、定责、定额。新进员工实行招聘制。按照效率优先、兼顾公平的原则，加强用工总量和工资总额管理，控制人工成本的不合理增长，提高劳动生产率。深化工资分配制度改革，建立工资收入分配重大事项审批和核准制度，规范员工收入管理。严格执行国家政策，规范员工住房管理。加强企业绩效考核，成立考核委员会和办公室，将考核与考评相结合，月度、季度考核与年度考核相结合。加强过程考核，逐步加大考核深度。四要积极开展供电企业组织方式的调整试点。逐步改变目前按行政区划设置供电企业的模式，组建跨地区专业化的送电公司和变电公司，建设功能完整的客户服务中心，减人增效，提高集约化能力，提高服务水平。五要完善电力市场建设。公司在建设和运营电力市场中承担着重

要职责。要主动发挥作用，加强国家级、区域和省级电力市场的规划和建设，建立相应的技术支持系统。通过竞价上网和需求侧管理，完善市场机制，调节电力平衡。

（五）加快科技进步，促进电网发展和技术升级

发展特高压输电技术，市场在中国，创新在中国。建设坚强的国家电网特高压骨干网架，是世界电网发展领域一项崭新的事业。我们要敢为人先，敢于走在世界电网科技发展的前列，依靠国家支持，集中各方面智慧和力量，坚定不移走中国特色的电网发展之路。

全面开展特高压输电关键技术研究。从特高压骨干网架规划设计和建设运行的实际出发，根据溪洛渡、向家坝、锦屏直流输电工程的建设进度要求，开展重点技术攻关。整合公司科研和技术资源，发挥整体优势，集中力量对重大工程技术问题进行研究。加快建设特高压输电技术实验基地，尽快形成高压绝缘、杆塔线路等综合实验能力，确保特高压输电技术研究和应用取得突破。要管好科技资金，加大科技投入，对特高压输电技术等开展攻关，为建设坚强的国家电网提供技术支撑。

全面实施电网技术升级工程。加快电网技术改造和升级，挖掘电网潜力，是解决电网瓶颈制约，提高输配电能力和安全性的有效途径。公司总部、区域公司和省公司要全面分析电网运行状况，找准薄弱环节，明确改造任务，统一组织实施各级电网的技术升级工程。大力推广应用紧凑型线路、同塔双（多）回、大容量变压器、大截面导线、灵活交流输电、快速保护等先进适用技术，实现各级电网技术水平和综合效益的全面提升。

（六）全面提高服务质量，塑造公司良好形象

服务党和国家工作大局、服务电力客户、服务发电企业、服务社会发展，是公司发展的使命和根本目的。我们要坚持服务理念追求真诚，服务内容追求规范，服务形象追求品牌，服务品质追求一流，推进服务规范化、精细化、常态化和人性化，不断提高服务质量和水平。

坚持把公司工作融入国民经济发展全局。认真贯彻国家能源战略和经济发展方针，协助国家有关部门编制电力发展规划。落实国家产业政策和宏观调控措施，严格执行国家电价政策。坚决落实国务院关于制止电站项目无序建设的意见。支持配合地方党委、政府的工作，积极实施区域经济发展战略。

坚持以市场为导向，提升客户服务价值。整合服务资源，统一国家电网服务品牌，推广95598客户服务系统。建立健全品牌服务规范标准和工作机制。积极采取各种技术和管理措施，提高供电安全性和可靠性。严格执行经政府批准的有序用电方案，减少无计划限电拉路。充分利用信息网络技术，完善营业服务体系，优化组织机构和业务流程，缩短对客户投诉和建议的反应时间，提高服务效率和质量。认真履行服务承诺，严格监督考核。做好农网改造后续工作，推动农网持续发展。加强农村供用电管理，提高农电服务质量。

坚持“三公”原则，努力为发电企业服务。依法加强统一调度，平等对待所有发电企业，规范上网管理、电力交易和资金结算，努力为发电企业公平竞争搭建平台。积极帮助反映电煤供应等问题。自觉接受市场监管，维护市场秩序。

坚持信息公开，主动接受社会监督。利用国家电网公司和系统各单位网站，建设统一规范的对外信息发布平台，定期发布电力供需、电网调度、电网运行、电网建设、电力服务、电力招投标等信息，加强对外沟通和联系。及时收集各方面的意见和建议，主动接受社会各界的监督。对违反制度、损害公司形象和利益的行为，要坚决予以查处。

（七）实施人才强企战略，加强人力资源建设

人力资源是企业的第一资源。在新的创业实践中，广大员工要与时俱进，不断提高思想政治素质，锤炼艰苦奋斗的意志和严谨务实的作风。要关心企业、顾全大局，与企业同舟共济；勇于负责、迎难而上，与企业同甘共苦；开拓创新、甘于奉献，与企业共同进步。

建立有效的组织管理体系、教育培训体系和业绩考核体系。抓好人才培养、吸引和使用，重点提高员工队伍的学习能力、实践能力和创新能力，培养高水平的企业经营者队伍、管理人才队伍、技术人才队伍和技能人才队伍。将品德、知识、能力和业绩作为衡量和使用人才的主要标准。

大力加强员工培训。倡导全员学习和终身学习，建立员工定期培训制度。制定分层次、分类别的综合培训计划，落实人员、时间和费用，保证培训质量和效果。整合培训资源，完善培训教育网络。增强教育培训的针对性和实效性，努力培养熟悉宏观策划和战略管理、具有丰富基层工作经验、擅长分析和解决问题的复合型人才，精通技术和业务的专家型人才。重视一线技能人才的培养，构建职业技能等级培训体系，培养技术精湛、一专多能的技能人才队伍。结合企业用工机制改革，实行离岗轮训制度。

（八）加强党的建设，开展好保持共产党员先进性教育活动

加强党的建设在推进“一强三优”现代公司建设中至关重要。要认真贯彻中央保持共产党员先进性教育活动工作会议精神，坚持用邓小平理论和“三个代

表”重要思想教育党员干部和广大员工，坚持把党的建设融入公司生产、经营和管理的全过程，促进公司持续健康发展。

认真贯彻中央统一部署，在中央保持共产党员先进性教育活动督导组的指导下，全面开展好保持共产党员先进性教育活动。按照立党为公、执政为民的要求，坚持党要管党、从严治党的方针，紧紧围绕公司改革发展稳定的大局和党员队伍建设的现状，以学习实践“三个代表”重要思想为主要内容，切实解决党员和各级党组织在思想、组织、作风以及工作方面存在的突出问题，引导全体党员坚定理想信念，增强党性观念，坚持党的宗旨，发扬优良传统，提高思想水平和业务素质，保持党员队伍的先进性、纯洁性，增强党组织的凝聚力和战斗力，为公司发展提供坚强的政治保证和组织保证。

开展保持共产党员先进性教育活动，要全面理解和准确把握“提高党员素质，加强基层组织，服务人民群众，促进各项工作”的目标要求，坚持以正面教育为主，主动查找和解决自身存在的问题，互相帮助，共同进步。坚持理论联系实际，做到教育活动与业务工作“两不误、两促进”，推动公司各项重点工作的落实和全年任务的完成。坚持领导干部带头，发挥表率作用。坚持发扬党内民主，走群众路线，把开展党内批评与接受群众监督相结合。坚持与加强党的基层组织建设紧密结合，建立健全党建工作的各项规章制度。

根据中央统一安排，公司总部参加第一批集中教育活动，在京直属单位参加第二批，其他单位按照地方党委安排的时间，开展集中教育活动。要建立领导责任制，统筹安排，精心组织，确保认识到位，措施到位，工作到位。按照学习动员、分析评议、整改提高三个阶段，抓好各项要求的落实。坚持时间服从质量，每一阶段、每一环节，都要保证质量，取得实效。建立监督评价制度，加强督导和检查。广泛听取群众意见，自觉接受监督，确保圆满完成中央部署的各项任务。

（九）加强党风廉政建设，深入开展反腐败斗争

认真贯彻胡锦涛总书记提出的“为民、务实、清廉”的要求，贯彻中纪委五次全会精神，深入分析公司党风廉政建设的现状，坚持标本兼治、综合治理、惩防并举、注重预防的方针，建立教育、制度、监督并重的惩治与预防腐败体系。落实党风廉政建设责任制，加大预防腐败工作力度，严格执行《国有企业领导人员廉洁从业若干规定》（试行），狠抓责任落实、责任考核、责任追究三个环节。既要严肃查办违纪违法案件，严厉惩处腐败分子，坚决遏制腐败；又要用发展的思路和改革的办法，不断提高有效预防腐败的能力和水平。

充分发挥纪检监察机构的作用，关口前移，着眼防范。以决策和执行为重点环节，以人财物管理为重点领域，逐步建立健全有效的权力制约监督机制，防止权力失控、决策失误、行为失范，杜绝工程建设、电费回收、资金运作、物资采购等环节的以权谋私和权钱交易行为。加强领导干部任期经济责任和重大投资项目审计。建立健全监督约束机制，促进领导干部落实廉洁自律的各项规定。严格执行“四大纪律”和“八项要求”，对于顶风违纪，违反规定收钱送钱和买官卖官、参加赌博以及利用职权和职务影响为配偶、子女和身边工作人员谋取非法利益等行为，必须严肃处理。

（十）加强领导班子建设，提高队伍素质

认真贯彻落实中办发［2004］31号文件和中组部青岛座谈会精神，努力建设政治素质好、经营业绩好、团结协作好、作风形象好的领导班子，建设政治坚定、业务精通、勇于开拓、作风优良的干部队伍。

加强领导班子建设。增强企业意识、大局意识和责任意识，增强贯彻公司发展战略和重大决策部署的坚定性和自觉性，确保政令畅通，令行禁止。加强作风建设，培养实事求是、与时俱进的思想作风；求真务实、埋头苦干的工作作风；勤俭节约、克己奉公的生活作风；科学民主、勇于负责的领导作风；理论联系实际、学以致用的学习作风。为广大员工树立好的榜样，坚决杜绝弄虚作假、虚报浮夸和急功近利。坚持民主集中制，依法决策，科学决策，民主决策。重大问题要广泛征求意见，充分论证，果断决策。加强能力建设，各级领导班子要加强学习，不断提高战略决策、经营管理、市场竞争、企业创新、应对复杂局面的能力和水平。坚持任人唯贤、德才兼备的原则，用好的作风选人，选作风好的人。加强交流、挂职、培训力度，大力培养后备干部，关心支持二线干部，加强干部队伍的考核与监督。

切实加强思想政治工作。开展形势任务教育，做好深化改革、加快发展、强化管理过程中的思想宣传工作，充分调动各方面的积极性。大力培养和宣传先进典型，形成学先进、比先进、赶先进的良好风气。深入开展文明单位创建活动。倡导以诚待人，与人为善，家庭和睦，同事融洽。倡导尊老敬老，关心照顾好老同志，认真落实老同志的政治待遇和生活待遇，丰富老同志的精神生活和文化生活。关心困难企业和员工利益。落实维护稳定责任制，做好思想教育和解释说服工作，力争把问题和矛盾解决在基层，确保队伍稳定，决不发生因工作失误和企业责任影响社会稳定的事件，维护公司和社会稳定大局。

充分发挥工会和共青团组织的作用。贯彻全心全

意依靠职工办企业的方针，坚持厂务公开，高度重视工会工作，支持工会依法履行职责，健全和完善以职代会为主的企业民主参与、民主管理、民主监督制度，充分发挥广大员工的积极性、创造性。加强共青团工作，深入开展创新创效活动，教育和引导青年树立正确的世界观、人生观和价值观，动员广大青年积极投身建设“一强三优”现代公司的实践，勇挑重担，为公司发展建功立业。

认真贯彻落实科学发展观　促进南方电网全面协调可持续发展

——袁懋振董事长在中国南方电网公司2005年工作会议上的报告（摘要）

（2005年1月17日）

一、2004年工作回顾

2004年是公司进一步夯实基础、取得丰硕成果的一年，也是我们承担了更多的社会责任、为五省（区）经济社会发展作出突出贡献的一年。一年来，在党中央、国务院及有关部委，五省（区）党委、政府的领导和支持下，公司认真贯彻落实十六届三中、四中全会精神，坚持对中央负责、为五省区服务的宗旨，用“两型两化”的发展战略和“六个更加注重”的工作方针统揽全局，面对严峻的形势和繁重的任务，坚定信心，团结一致，艰苦奋斗，圆满完成了年初确定的各项任务和目标。

2004年，公司系统实现售电量3079亿kWh，完成年计划的104.0%，比2003年增长19.8%；西电东送电量419亿kWh，完成年计划的113.1%，同比增长57.2%；应急调峰电厂发电量117亿kWh。实现主营业务收入1557亿元，完成年计划的103.9%，同比增长23.6%。购电单位成本325.68元/MWh，供电单位成本96.99元/MWh；综合线损率7.45%，比年度计划指标降低0.35个百分点；应收电费余额30亿元，比年初减少17.1亿元。实现利润总额40.88亿元；净资产收益率2.7%。工业企业全员劳动生产率182.4万元/人年。完成固定资产投资332亿元，其中电网建设投资281亿元；投产220kV及以上输电线路5272km，变电容量2005万kVA，换流容量300万kW。至2004年底，公司资产总额2453亿元，资产负债率59.7%。

2004年，南方电网公司取得了八个方面的“明显成效”：

（1）贯彻“六个更加注重”的工作方针取得明显成效。公司党组结合南方电网改革发展的新形势，落实全面协调可持续的科学发展观的要求，研究提出了“六个更加注重”的工作方针。各单位自觉用这个方针指导工作，结合实际认真研究问题，提出了具体的目标和措施，有针对性地抓落实，取得了实际的效果。各级干部的全局意识、服务意识、经营意识有了明显增强，对科技、人才、管理重要性的认识有了明显提高，依法经营和作风建设有了明显改善，各项工作有了明显促进。

（2）安全生产管理取得明显成效。完善安全生产责任考核机制，建立了“注重结果，兼顾过程”的安全生产责任目标和过程管理考核办法。颁布实施了十二项安全生产管理和技术标准，反“三大安全敌人”的措施进一步落实。全面开展安全性评价工作，举办了安全生产文化系列活动。针对三广、贵广直流投产后的电网结构变化，完善了安全稳定控制系统。开展二次系统管理年活动，全网220kV及以上继电保护正确动作率达到99.32%。完成技改资金35亿元，科研投入1.9亿元。南方电网安全稳定控制在线分析及预决策系统、直流多落点问题研究和仿真系统三大课题取得阶段性成果。全年电网保持了安全稳定运行，公司系统没有发生对社会和公司造成重大不良影响、对资产造成重大损失的生产安全事故，实现了电力生产人员“零死亡”目标。电网频率合格率99.993%，综合电压合格率98.61%，城市供电可靠率99.77%，农村供电可靠率98.06%，普遍高于年初确定的目标。

（3）大电网资源优化配置取得明显成效。2004年五省（区）经济快速增长，用电需求旺盛，而来水偏枯，电煤供应紧张，电力供需矛盾十分突出。在错峰限电的情况下，全网统调负荷15次创历史新高，达到4607万kW，比2003年最高纪录净增756万kW，增长19.6%。公司坚持全网一盘棋，充分发挥大电网的优势，调动一切积极因素，统筹兼顾做好五省（区）电力供应。加强了电力电量平衡协调，根据各省（区）负荷的特性差异，适时调整送受电曲线，优化了电网运行方式。贵州、云南顾全大局，克服困难，超额完成电力外送计划。西电送广东电量355.7亿kWh，增长67.1%。在广西枯水期水电机组出力不足30%的情况下，安排广东在夜间低谷和节假日向广西送电20.9亿kWh。全年西电和网内调剂送广西电量84亿kWh，增长54.4%，使广西在区内发电量增长不足3%的情况下，售电量增长了13.2%。全年实时调整省（区）间计划外交易电量57亿kWh。全网共享了大电网的效益，东西部都得到了实惠。

（4）需求侧管理取得明显成效。认真贯彻国家发改委、电监会《关于加强电力需求侧管理工作的指导意见》，积极探索和丰富需求侧管理的有效手段、措施和方法。建立了供需预警机制，依靠各级政府提前制定错峰、避峰、计划用电方案及各种预案，认真实行峰谷电价、丰枯电价和差别电价，提高了自觉错峰率。大力推进用电管理技术进步，负荷管理系统逐步完善。落实国家关于高耗能行业清理整顿等各种宏观调控措施，做到了有保有限、有序供电、合理限电、确保重点。全网平均负荷率85.9%，比2003年提高了1.5个百分点，其中贵州电网平均负荷率达到91%。负荷率的提高，不仅为全社会增加电力供给超过50亿kWh，而且为保证西电东送合同兑现和提供更多的西电起了很大作用。大力宣传科学用电，倡导建设资源节约型社会。开展“万家灯火、南网情深”优质服务系列活动，展示了文明高效、真情服务的崭新形象。全年基本做到了限电不拉路、错峰不减产，满足了经济发展和居民生活的用电需求。

（5）电网发展取得明显成效。公司年初确定的33个重点项目全部建成投产。超高压公司保证了贵广直流工程6月份单极投产，在夏季负荷高峰增加送电能力150万kW；9月份双极建成。至此，西电东送形成“五交三直”八条大通道，输电能力达到1150万kW。天广四回首战告捷，百色变电站扩建工程按期投产。广电公司建立强有力的内外协调机制和重点工程建设绿色通道，省内18项“卡脖子”重点工程如期完成。云南电网投运了国内首条高温超导电缆。海南220kV环网工程顺利投产送电。公司系统两期农网改造工程已经完成，县城电网改造全面铺开。

完成了“十一五”黔电送粤、云电送粤及龙滩水电站送出工程的可行性研究，完成了海南联网项目的前期工作，开展了南方电网与越南联网、向泰国送电的初步可行性研究，启动了南方电网抽水蓄能电站和广东电网天然气发电规划。贵广二回直流工程、肇庆—花都—博罗工程、惠州抽水蓄能电站得到国家核准建设。按照自主化率70%以上的要求，完成了贵广二回直流工程换流站主设备的招标工作。

（6）经营管理取得明显成效。按照国资委经营业绩考核的有关要求，修订完善了公司资产经营考核指标体系。加强经济活动分析，提高了经营管理的过程控制水平。通过精心组织、艰苦努力，积极争取国家电价调整政策并得到落实，对巩固和扩大经营成果起到了关键作用。建立了购电成本管理协调机制，加强供电成本特别是可控成本的管理，重视线损挖潜。开展营业稽查，堵塞“跑冒滴漏”，减少损失7300万元。完成了清产核资工作，摸清了家底，提高了资产质量。成功发行了30亿元南方电网建设债券。充分挖掘内部资金潜力，减少外部融资，年底公司资产负债率低于预算目标0.36个百分点。完成财务公司工商注册，为公司开展资金运作提供了新的载体。执行统一的会计制度、核算办法和财务信息软件，建立了公司系统会计信息质量责任体系。积极配合监事会开展工作，认真落实国家审计署的审计决定，重点加强了任期经济责任和农网、基建工程的内部审计。

（7）领导班子建设和队伍建设取得明显成效。公司党组高度重视干部和人才的教育培养，把它作为一项基础性、战略性的工作来抓。以提高管理能力和业务水平、加快一体化进程为重点，实施大教育、大培训。坚持干部任用原则，在严格考核、充分酝酿的基础上，加大了机关与基层、东部与西部干部的调整交流力度，改善了职能部门和各单位班子的文化、专业和年龄结构。这是干部资源的优化配置，有利于培养年轻干部，有利于提高网部的组织协调水平，有利于促进公司的进一步融合。制定并实施了公司党组《关于进一步加强人才工作的意见》。专业技术人员岗位通道建设取得突破，公开选拔了技术专家，为专家型人才提供了发展的空间。建立公司教育培训体系，落实培训计划，全员培训率87.6%。实施公司工效挂钩方案，规范了薪酬制度。积极研究并逐步推行了绩效管理办法。

（8）党的建设和精神文明建设取得明显成效。以贯彻落实“三个代表”重要思想和科学发展观、加强党的执政能力建设为重点，抓好中心组和党员干部的理论学习。成立了公司临时直属党委和纪委，健全了分、子公司的党组织。坚持民主生活会制度，提高了领导班子解决自身问题的能力。深入开展“争先创优”、“一个党员一面旗帜”、“党员示范岗”等多种形式的先进性教育活动，促进了党的基层组织和党员队伍建设。全面落实党风廉政建设责任制，坚持依法治企与源头治腐相结合，开展了形式多样的教育活动，重点学习两个《条例》，共举办141期学习班，培训19350人次，取得了很好的效果。完成了公司VI系统在地市级以上单位的推广应用，树立了公司的“旗帜”，增强了公司员工的荣誉感、责任感和归属感，扩大了公司的社会影响力。“同心结南网”主题活动有声有色。加大新闻宣传力度，发挥了舆论导向的作用。思想政治工作在改进创新中得到加强，各级工会和团青组织开展了丰富多彩的文体活动。

公司系统精神文明建设喜获丰收。广西电力公司和云南省送变电工程公司荣获全国“五一”劳动奖状，云南电网公司荣获全国企业文化优秀奖，天生桥水力发电总厂、南宁供电局配电抢修中心、贵阳市南供电局党委分别荣获中央企业先进集体、先进基层党组织称号，广电集团佛山供电分公司客户服务中心等3个单位荣获全国青年文明号称号。8位同志分别荣获中央企业劳动模范、优秀共产党员等称号。35个单位、72位同志分别被评为南方电网公司文明单位、先进基层党组织和劳动模范、优秀共产党员、优秀党务工作者。

总结一年的工作，南方电网公司有五条宝贵的经验：

（1）必须坚持以科学发展观为指导。把保证电网安全和电力供应作为重中之重，兼顾各项工作；统筹社会效益和经济效益，统筹电网发展和电源建设，统筹外延发展和内涵发展，统筹公司发展和人的发展，妥善处理好各方面的利益关系，才能促进南方电网全面协调可持续发展。

（2）必须坚持用大政方针统揽全局。着力于从实际出发抓好贯彻落实，统一思想，协调步伐，凝聚人心，才能保证公司系统朝着正确的方向和明确的目标前进。

（3）必须坚持求真务实。认认真真履行自己的职责，踏踏实实办好自己的事情，实实在在创造自己的业绩，才能取得各方面的理解和支持，赢得各方面的尊重和肯定。

（4）必须坚持以人为本。重视心灵融合、心气相通，创造团结、和谐的氛围，气顺劲顺，群策群力，才能发挥整体合力，干好事业。

（5）必须坚持开拓进取。在困难面前保持更加旺盛的斗志，在成绩面前保持更加清醒的头脑，居安思危，艰苦奋斗，改革创新，才能不断取得新成绩，实现新发展。

经过两年的不懈努力和团结奋斗，已经打下了良好的基础，步入了有序运作和快速发展的轨道，迎来了大好的形势，取得了十个“标志性成果”。第一，研究确立了公司的大政方针。以“三个代表”重要思想和科学发展观为指导，结合南方电网的实际，经过充分的研究、提炼和论证，公司的宗旨、发展战略、“六个更加注重”的工作方针以及1号令、2号令，构成一个体系，形成了公司的大政方针。各单位、各级干部员工已经从最初被动的服从，转变为主动的理解、感悟和贯彻落实。第二，始终保证了复杂大电网的安全稳定。南方电网远距离、大容量送电，交直流并联运行，是国内结构最复杂、联系最紧密、科技含量最高的电网，实践证明，我们完全有能力驾驭好这个电网。第三，圆满完成了迎峰度夏和保供电任务。南方电网作为全国缺电最严重的地区之一，在历史上电力缺口最大的两年，我们的保供电做得是最好的。第四，提前实现了“十五”西电东送目标。提前15个月完成了国务院确定的“十五”期末西电新增向广东送电1000万kW的电网建设任务，“十一五”再增1030万kW的目标已经明确。南方电网成为了西电东送规模最大、效益最好、发展后劲最强的电网。第五，稳步提高了公司经营效益。超额完成国资委下达的年度经营业绩指标，2004年利润翻番，实现了国有资产保值增值。第六，正式确立了公司的法律地位。网公司和分、子公司的登记注册基本完成，公司管理架构和资本纽带关系基本理顺。初步建立了三大标准体系，进一步规范了内部管理，夯实了基础。第七，积极探索了干部培养使用的新路子。先后成功举办了6期领导干部企业管理高级研修班，加大了干部选拔、交流、轮岗的力度，取得了积极的效果和宝贵的经验。第八，率先成为了“走出去”的电网。国务院确定南方电网公司作为大湄公河次区域电力合作项目的执行单位，南方电网已经开始向越南送电。第九，用心营造了良好的内部环境。公司系统融合得很快，上下同欲、政令畅通、共谋发展的团队精神和统一的价值观逐步形成，干部职工精神状态好，工作干劲足，凝聚力强。第十，努力创造了和谐的外部环境。公司的工作得到了从中央到地方各级党委、政府和社会各界的充分肯定，公司的影响力和品牌价值得到了充分的显现和公认，树立了良好的社会形象。

二、公司面临的形势和问题

2004年取得的成绩令人振奋。在这种情况下，更应该清醒地分析面临的客观形势，趋利避害，增强工作的针对性，做到有的放矢。

（一）面临的挑战和问题

（1）电力供应形势更加严峻。主要有四个方面因素的影响：一是经济快速增长，拉动用电需求；二是煤油运依然紧张，增加了机组停机减出力的威胁；三是电源装机不足，2005年全网投产统调发电装机678万kW，夏季高峰前新增电源只有243万kW；四是天气持续干旱，2005年的枯水情况有可能比2004年更甚。预计2005年全网全社会用电量将达到4275亿kWh，比2004年增长11.7%；统调最高负荷5160万kW，增长12%。全网最大电力缺口将达到780万kW，比2004年增加280万kW；电量缺口350亿kWh，增加150亿kWh。枯水期特别是3、4月份的电力供需矛盾最为突出，其中广东电力缺口约为450万kW。

（2）电网安全风险更大。2005年三回直流送广东总功率将近800万kW，在大负荷送电情况下，防止交流系统严重故障和多条直流同时闭锁，十分关键。电网对二次系统，特别是对安自装置和继电保护的依赖程度进一步加大。系统阻尼减弱，动态稳定性成为影响系统安全的重要问题。网内无功分布和配置不合理的问题依然突出。系统备用不足的矛盾加大，电网调频、调峰越来越困难。配网结构薄弱，设备长期满负荷运行，部分设备老化陈旧，外力破坏情况严重，可能导致运行可靠性下降。安全生产基础还不牢，人员的责任意识有待增强，特别是在执行规章制度方面还不够严格，2004年恶性误操作事故未能杜绝，人员责任事故仍然多发，必须引起高度重视。

(3) 经营压力仍然很大。合理的电价形成机制还未建立，主网架输电价格不到位，峰谷电价比例不尽合理。由于电力供应紧张，优化购电和经济调度受到制约。新建项目尤其是城农网改造项目投产后，电网资产的折旧费用和运行维护费用大幅度增加。线损管理的潜力还很大。银行利率上调，公司还贷压力、财务费用和基建成本将同步增加。电网建设与发展资本金不足，资产负债率上升。依法经营的意识还有待加强，个别单位内控制度不健全，存在潜在风险。

(4) 管理工作仍显薄弱。标准不高、要求不严、管理不规范的现象仍然存在。有些制度不衔接、不配套、不完善，执行不到位。有的单位和一些干部的执行力不强，主动超前研究问题和雷厉风行抓工作做得不够，监督考核不到位。公司部门之间沟通、协调亟待加强，检查、指导、协调、服务的作用发挥得还不够好，工作作风需要进一步改进。

(5) 深化改革的任务艰巨。按照国家的统一部署，2005年将全面展开中央企业分离办社会职能的工作，实行主辅分离，职工队伍稳定问题突出。电力市场建设、农电体制改革、输配分开、大用户直供、股份制改革等，有很多问题需要研究探索。改革涉及的各方利益关系更加复杂，公司对外沟通、协调的面更广，工作难度更大。

(二) 面临的有利形势和机遇

2005年是党中央、国务院贯彻落实科学发展观、巩固宏观调控成果、保持经济社会良好发展态势的关键一年，是全面实现“十五”计划目标、衔接“十一五”发展的重要一年，也是南方电网加快改革和发展的重要机遇年。

首先，从全国来看，中央加强和改善宏观调控的政策措施已经取得积极成效，经济运行中的不稳定、不健康因素得到抑制，内在增长的动力和活力增强，这将继续支持经济的平稳较快增长。在南方五省(区)，广东将继续发挥排头兵的作用，加快建设经济强省、文化大省、法治社会、和谐广东；西部地区利用国家政策优势，将吸引大量投资，进入经济快速发展的周期。随着泛珠三角以及东盟自由贸易区的合作不断推进，区域协调发展的潜力巨大。预计2005年全国GDP增长8%左右，南方五省(区)GDP增长速度将在8%～10%左右，电力需求持续旺盛，有利于进一步拓展公司发展的空间。

其次，党中央、国务院高度重视煤电油运供需紧张对经济的影响，把缓解煤炭供求偏紧问题作为2005年经济运行调节的重点，支持水电、核电、天然气发电等电源建设，支持区域电网和电网薄弱环节建设，并将进一步完善电力需求侧管理的相关政策和标准。这些都为公司做好工作提供了良好的政策环境。

同时，中央决定将节约能源和资源作为优化结构的重要目标，坚决扭转高消耗、高污染、低产出的状况，全面转变经济增长方式；坚持开发与节约并重，把节约放在首位，加快构建节约型的产业结构和消费结构，加快建设节约型社会，促进全社会科学、合理、节约用电，改变目前电力增长与GDP增长不相匹配，与资源、环境承受能力不相匹配的状况。这将有利于减轻供电压力。

三、2005年工作安排

(一) 总体工作思路

2005年公司工作的总体思路是：以“三个代表”重要思想为指导，认真贯彻党的十六届三中、四中全会，中央经济工作会议和中央企业负责人会议精神，全面落实科学发展观，坚持对中央负责、为五省区服务的宗旨，按照“完善、规范、巩固、提高”的总体要求，围绕“一条主线”，做到“二个突出”、“三个提高”、“四个加强”，促进公司全面协调可持续发展，为五省(区)全面建设小康社会提供电力保障。

“一条主线”，就是以公司的大政方针为主线。“二个突出”，就是突出抓好安全供电，突出抓好电网发展。“三个提高”，就是提高企业经济效益，提高优质服务水平，提高各级干部的执行力。“四个加强”，就是加强机制创新和基础管理工作，加强党的建设，加强领导班子建设和人才培养，加强企业文化建设。

(二) 主要工作目标

安全生产：防止发生对社会和公司造成重大不良影响、对资产造成重大损失的生产安全事故；杜绝特大人身、电网和设备事故，杜绝重大人身事故，杜绝人员责任的重大电网事故，杜绝电厂垮坝事故；杜绝电力生产人员死亡事故，杜绝恶性误操作事故，大幅度减少人员责任事故。电网频率合格率≥99.99%；综合电压合格率≥98.50%；城市居民端电压合格率≥98.00%，农村居民端电压合格率≥89.5%；城市供电可靠率≥99.85%，农村供电可靠率≥97.90%。220kV及以上继电保护正确动作率99%以上；500kV交流输电线路可用系数99%以上；天广、贵广直流能量可用率分别达到90%以上和92%以上。

基本建设：固定资产投资373.5亿元，其中电网建设投资305.4亿元，调峰电源投资7.8亿元，小型基建投资10.4亿元，技术改造投资50亿元。新开工

220kV及以上输电线路4385km，变电容量1875万kVA，换流容量300万kW。投产220kV及以上输电线路4264km，变电容量3215万kVA。

电力营销：售电量3458亿kWh，增长12.3%；应急调峰电厂发电量117亿kWh；购电量3635亿kWh，增长12.2%。西电东送电量447亿kWh，增长6.8%，其中送广东400亿kWh，增长12.6%。西电和网内调剂送广西52亿kWh。

资产经营：主营业务收入1786亿元。购电单位成本330.27元/MWh，供电单位成本95.55元/MWh。综合线损率7.60%。应收电费余额29亿元。实现利润总额46亿元。资产总额2580亿元，资产负债率60.5%。工业企业全员劳动生产率200.7万元/人年。

党风廉政：全面落实党风廉政建设责任制目标。不发生影响政治稳定和企业形象的重大违法案件。

（三）2005年工作中需要把握的几个重要问题

1. 要正确领会公司的大政方针

南方电网公司作为国有重点骨干企业，关系国计民生，是“三个代表”重要思想和科学发展观的执行者和实践者，是南方五省（区）全面建设小康社会的“先行官”。为此，我们提出对中央负责、为五省区服务的宗旨和“两型两化”的发展战略，努力提高核心竞争力，把公司做强做大，千方百计保证安全可靠供电，这充分体现了从最广大人民的根本利益出发、为五省（区）经济社会发展服务的基本思想。我们辩证地认识和 处理与发展这个主题相联系的各方面关系，提出“六个更加注重”的工作方针，促进公司全面协调可持续发展，这是与科学发展观一脉相承的。我们的大政方针，明确了公司的发展方向、发展道路、发展模式以及怎样发展等重大问题。两年的实践已经证明，公司的大政方针是实实在在的、有效果的，是必要的、适时的、正确的，体现了与时俱进的思想和实践品质。

公司的大政方针要继续成为统一思想、统领全局、协调步伐的行动指南，并管今后一个时期。要加大宣传的力度，统一口径，使全公司干部职工进一步加深理解、系统认识和准确把握大政方针的重要意义和深刻内涵，不断增强贯彻落实的自觉性和坚定性。各单位、各部门都要在“用心落实”上下功夫，少空谈，多干事，反对形式主义，反对空对空。基层供电企业要在抓好“保证安全、做好供应、优质服务、提高效益、带好队伍”五大任务上取得实效。要在实践的过程中创造和积累新鲜经验，不断丰富和发展大政方针的新内涵。

2. 要全面贯彻“完善、规范、巩固、提高”的总体要求

前面，我们总结的2004年八个方面“明显成效”和两年来取得的十个“标志性成果”，是来之不易的，令人鼓舞的。我们也要充分地认识到，公司还处于发展的初期，所取得的成绩也是初步的，并且成绩只能代表过去；我们在制度、设备、管理、人员素质等各方面与公司的规模、层次、地位和作用还不匹配，与我们面临的新形势、新任务还不适应，与打造国内领先、国际著名企业的战略目标要求差距还很大。落实科学的发展观，强调的不仅是发展的速度，而且是发展的质量。基础不牢，就会欲速而不达。2005年提出“完善、规范、巩固、提高”这八个字的总体要求，是公司党组“打好基础”工作思路的重要组成部分，目的是进一步加大贯彻落实大政方针的力度，完善和规范两年来所做的基础工作，巩固所取得的成果，提高现有的整体水平，保持良好的发展势头，实现公司更快更好的发展，把公司做强做大。这八个字的总体要求，对做好2005年的工作具有很强的指导性和针对性。

3. 要切实提高执行力

提高执行力，是保证公司的大政方针得到贯彻落实、保证公司的工作任务得到完成的必然要求。企业执行力是指“执行并实现企业既定战略目标的能力”。公司要重点提高五个方面的能力和水平：一是提高安全可靠供电、驾驭大电网的能力和水平，二是提高经营管理、确保国有资产保值增值的能力和水平，三是提高优质服务的能力和水平，四是提高严爱结合带队伍的能力和水平，五是提高建设先进企业文化的能力和水平。个人执行力是指“执行并完成任务的能力”。提高执行力，要从优化组织的执行框架和机制、提高人员的执行技能、形成执行文化三个方面入手。各单位都要全面优化管理流程和业务流程，建立制度化、规范化、科学化的流畅的内部运作机制。各级人员都要增强事业心和责任感，强化执行意识，树立忠诚、敬业、责任、服从的理念，提高职业执行能力和技巧，超前研究问题，加强沟通和协调，创造性地开展工作，做到思想到位、管理到位、工作到位、考核到位。全公司要进一步弘扬团队精神，形成高标准、严要求、雷厉风行抓工作的作风，使“想尽办法去完成每一项任务”成为南网人的行为习惯和执行文化。

（四）重点抓好八个方面的工作

1. 突出抓好安全供电

2005年将是电力供应最困难的一年，需要全网同舟共济，克服困难，共度难关。各单位包括地市供电企业要守土有责，潜下心来，认真查找薄弱环节，有针对性地研究解决电网安全和电力供应中的突出问题和突出矛盾。

（1）强化安全生产管理。坚持“安全第一，预防

为主”的方针，深入贯彻公司1号令。要抓住安全生产中的关键环节、关键问题，将安全管理的重点放到基层、班组和岗位。继续狠抓“两票”管理，持之以恒地与“违章、麻痹、不负责任”作斗争，严格检查、监督和考核。加强安全教育培训，提高全员的安全意识和预警、预防能力。强化标准化管理，健全专业技术管理机制。稳步推进安全性评价工作，着力整治重大隐患和薄弱环节，保证重点反措计划的有效实施。制订和演练各类应急处理预案，进行南方电网“黑启动”方案试验。加强对调频和联络线功率控制的考核，提高频率合格率。进一步改善电网无功分布，增加调压手段。深入开展二次系统管理年活动，完善二次系统工作规则和流程，提高正确动作率。加强基建、农电安全管理。积极争取政府支持，努力提高电力设施保护的社会化水平。

(2) 切实抓好电力供应。重点抓好以下措施：一是做好负荷预测和电力电量平衡，密切关注来水供煤情况，统筹安排运行方式、备用容量和设备检修计划。二是组织好电源供应，抓紧与网内电厂和外购电源点签订购售电合同，明确电网、电厂的权利和责任。三是更好地发挥大电网资源优化配置的作用，根据各省（区）供需特点，进一步优化调度，灵活调度。四是继续用心加强需求侧管理，科学制定错峰、避峰和计划用电方案，切实做到有保有限，做到限电不拉路、错峰不减产，尤其要确保居民生活用电；完善峰谷电价政策，用市场和行政手段调节电力需求；大力提倡科学用电、节约用电；逐步建立考核体系，建立大用户负荷管理、负荷预测和需求侧管理系统，不断创新管理手段，提高管理水平。

(3) 加大配网和设备改造力度。各单位要将110kV以下配网的规划、更新改造和建设提到重要议事日程，纳入正常的基建程序，选用性能好、技术含量高的设备，抓紧解决设备陈旧老化和配网“卡脖子”问题，改善配网结构，提高装备水平和供电可靠性。坚持高起点、高标准，明确改造方向，用好改造资金，投到点子上。2005年的重点投向是增加系统无功补偿、完善二次系统、提高设备“五化”水平等方面。

(4) 提高电网科技含量。实施科技兴网战略，研究解决南方电网规划、建设和生产运行中的重大技术问题。计划投资4.7亿元安排重点科研项目，开展多回路直流运行稳定控制、南方电网安全稳定评估、直流自主化、无功补偿及电压稳定等课题研究，加快在线预决策、直流多落点和仿真系统三大重点项目的研究应用。培育自主研发创新能力，开发具有自主知识产权的核心技术和关键技术。设立南方电网科技进步奖，建立健全公司科技进步激励机制。

2. 突出抓好电网发展

从有利于区域资源优化配置、有利于电网安全稳定运行、有利于降低公司总体成本出发，统筹规划和建设电网。

(1) 做好“十一五”规划和项目前期工作。根据“十一五”西电送广东新增1030万kW的目标，签订有关送受电协议。进一步完善南方电网主网架建设方案，完成“十一五”系统设计，启动二次系统规划。抓好海南电网联网工程，以2006年6月投产为目标，争取尽快核准和开工建设。完成“十一五”云电送粤以及龙滩水电站送出工程可行性研究报告评审和报批工作。完成南方电网调峰电源规划，抓紧开展抽水蓄能电站以及广东电网天然气发电规划的前期可行性研究。逐步规范城市电网和县级电网的规划。

(2) 加快电网工程建设。继续以西电东送和“卡脖子”工程为重点，抓紧抓好年内22项重点工程建设，上半年投产15项，下半年投产7项。2005年底基本解决广东电网“卡脖子”问题。天广四回工程、花都—博罗工程分别在6月底前和年底前投产。重点加强对贵广二回直流工程换流站设备制造的协调和管理，积极推进设备自主化工作，确保在2007年投产。电网建设要做到责任明确，措施得力，管理到位，保证工程进度、质量和安全。

(3) 高度重视更高电压等级的研究应用工作。从贯彻科学发展观、建设资源节约型社会和落实公司发展战略、建设现代化大电网的高度，将研究应用更高电压等级的工作摆在重要的位置上，进一步增强责任感和紧迫感，加大工作力度，加快工作进程。结合南方电网发展规划，系统地研究在主网架上应用更高电压等级技术，完成应用规划和实施方案。启动1000kV交流输变电工程建设，进入实施阶段。力争云南至广东第一回直流工程采用±750kV级直流输电技术。

(4) 积极实施“走出去”战略。抓住大湄公河次区域经济合作的机遇，认真履行好公司作为电力合作项目执行单位的职责。全面启动南方电网与周边东南亚国家的联网规划研究。中泰联网项目争取年内立项，中越220kV及以上联网预可研报告在7月份前完成。积极推动大湄公河次区域经济合作国家签署电力贸易运行协议。研究南方电网向澳门长期送电规划。

3. 提高企业经济效益

从预算、成本、资金、价格入手，提高主营业务盈利水平，全面完成国资委下达的经营业绩考核目标。

(1) 加强预算管理和成本控制。围绕国资委下达的年度和任期经营业绩考核目标，完善公司内部业绩考核体系，层层分解、落实考核指标。进一步提升预算管理的层次和水平，建立与绩效考核相联系的预算考评制度和预算管理信息系统，开展中长期滚动预算编制工作。树立涵盖融资、建设、生产、营销、线损等全过程的“大成本”观念，完善成本核算和控制体系，制订成本控制规划、年度计划和成本定额，实施目标管理，重视过程管理，严格考核。进一步优化购电结构，建立购电成本和经济调度考核机制。深入分析供电成本的构成，将管理的重点放在可控成本上，2005年单位可控供电成本要比2004年降低2.5%。深入开展线损理论计算分析，建立分压、分线、分台区的责任线损考核机制，努力挖掘潜力，进一步降低线损，要求比年度计划指标降低0.2个百分点以上。重视基建成本控制，从优化电网规划、投资项目、项目设计和筹资结构的源头抓起，加强项目概预算控制，严格招投标和设备采购，降低工程造价，减轻还贷压力，提高竞争力。

(2) 提高资金运作效率和效益。充分利用公司资金的规模优势，建立以集团式账户为手段、以财务公司运作为载体的统一高效的资金运作平台，保证公司整体利益最大化。研究落实财务公司业务运作方案，建设国内一流的精品财务公司。加强全网资产、资金等资源的优化整合，优化输配电资产结构，提高资产运营效率和盈利能力，控制资产负债率上升势头。充分利用会计政策，扩大资本金来源，争取国债和发行企业债券，支持电网建设。

(3) 认真研究落实电价政策。加强对西电东送主网架输电价格的分析，积极汇报，反映情况，尽快理顺和规范主网架输电价格机制。抓紧南方电网电价形成机制特别是广东电价机制研究，配合制订广东输配电价和销售电价改革试点实施方案。密切跟踪煤电价格联动等新的政策动向，提前测算电价方案，争取国家政策支持。

(4) 强化依法经营。认真贯彻公司2号令，加强财务基础管理，健全内部控制体系。加大内部审计和财务监督力度，加强投资、担保和资金安全管理，落实责任追究制度，防范经营风险。认真落实国资委7、8号令和审计署4号令，围绕公司经营工作的重点，加强对各级决策、《会计法》执行情况的审计监督，加强对成本、利润、资产保值增值率真实性的审计，加强对各项开支、资本运作、物资采购、招投标、电价执行合规合法性的审计。

4. 提高优质服务水平

(1) 建立完善各方面的沟通联系机制。加强上下游市场研究和负荷预测，动态跟踪分析供需形势，完善预警机制，逐步建立电力供应新闻发布制度。加强与各方面的联系沟通，取得各级政府部门的支持，建立与发电企业风险共担、利益共享的合作机制，发展与广大用户之间的良好关系。

(2) 丰富优质服务的内涵。在缺电形势下，更要重视做好优质服务。继续深入开展“万家灯火、南网情深”优质服务活动，做到“缺电不缺服务、限电不限真情”。重视宣传沟通，了解客户需求。对营销服务进行总体评估，总结经验，找出差距，制定措施，不断规范服务行为，完善服务功能，创新服务方式和服务手段。在做好传统服务和常规服务的同时，强化个性化、差异化、多元化服务，提升服务的层次和水平。广泛推行客户经理制、客户代表制、首问负责制、限时办结制。进一步健全优质服务常态运行机制，建立一批高标准的示范营业窗口，年内公司系统所有城市营业窗口要全部达标，农村营业窗口达标率80%以上。加强行风建设，开展行风评议，加大客户和社会监督力度，坚决纠正不正之风。

5. 加强机制创新和基础管理工作

(1) 开展公司战略的系统研究。在公司大政方针的指导下，全面开展公司发展战略研究，聘请咨询机构系统研究公司的愿景、使命、目标和业务战略、职能战略。各子公司要抓紧在公司战略框架下开展子战略研究。年内初步建立公司系统的战略体系，逐步实施战略管理。做好公司“十一五”总体规划。按照打造国内领先、国际著名企业的要求，开展南方电网与国际、国内同类先进企业的对标工作。

(2) 深化体制改革。认真贯彻国务院电力体制改革工作小组第七次会议精神，积极稳妥地推进主辅分离和各级电网企业三产、多经的脱钩、改制工作。开展农电体制改革与管理模式研究，按政策做好广东50个代管县供电企业的接收工作。认真研究大用户直供电问题。年内完成输配业务财务分开核算。继续处理好发电企业资产移交的遗留问题。推进电力市场化改革，为适时启动南方电力市场做好制度、组织和技术上的准备。启动公司股份制改革和上市研究工作。

(3) 进一步规范管理。按照“抓大放小”的原则，经过反复讨论和征求意见并经公司董事会审议通过，公司总部与分、子公司的管理界面已经正式明确，作为这次会议的正式文件印发。这是继公司1号令、2号令之后的又一重要文件，对于理清管理界面，推进管理规范化，提高整体运作效率，具有十分重要的意义。各部门、各单位都要统一思想，提高认识，认真严格地执行，不能流于形式。要制定相关的实施办法，进一步把管理界面细化、具体化，增强可操作性。对已经出台的制度、办法、规定、规程，要进一步完善和规范，做好衔接和配套。抓好三大标准编制工作，完善与战略相一致、与管控模式相匹配的规章制度体系。加强公司内部的沟通和协调，提高工作效率。机关要提高工作层次，提高检查、指导、协调、服务的能力和水平，精简会议，精简文件，做好“服务型管理”。开展县级供电企业管理达标竞赛活动，提高县级供电企业的管理水平。

（4）加快信息化建设步伐。按照“统一领导、统一规划、统一规范”的原则，制定“十一五”信息化建设规划和信息化建设标准，明确阶段性目标和任务。协调各分、子公司的资源，利用内部信息网络互联互通，资源共享，逐步实现公司生产运行、市场营销、财务信息、人力资源等管理系统信息化。完成局域网建设、办公自动化升级和数据上报平台的开发和应用。

6. 加强党的建设

（1）以开展保持共产党员先进性教育活动为重点，进一步加强和改进党建工作。公司系统各级党组织要认真学习中发［2004］20号文件和曾庆红、贺国强同志在中央保持共产党员先进性教育活动工作会议上的重要讲话精神，深刻认识开展先进性教育活动的重大意义，正确把握好活动的指导思想、目标要求和指导原则。要抓住学习实践“三个代表”重要思想这条主线，围绕提高党员素质、加强基层组织、服务职工群众、促进企业生产经营的目标，按照国资委党委的实施意见和各省（区）党委的部署，坚持标准，保证质量，务求取得实效。要精心谋划，周密组织，切实做到学习教育和推动工作两不误、两促进。坚持正面教育、自我教育为主，广泛听取群众意见，自觉接受群众监督。领导干部要带好头，为党员做好表率。广大群众要积极参与。全体党员要通过先进性教育活动，学习党章、党规、党纪，增强党性意识，加强党性修养，更好地发挥党员的先锋模范作用和党组织的战斗堡垒作用。

认真贯彻落实公司党组关于加强和改进党建工作的意见，建立健全基层党组织建设和党员教育管理的长效机制。积极探索党组织参与企业重大问题决策的途径和方法，发挥政治核心作用。

（2）抓好党风廉政建设。认真学习贯彻中纪委五次全会精神，从提高党的执政能力的高度，进一步认识做好党风廉政建设的极端重要性，坚持标本兼治、惩防并举，注重从源头上防治腐败，继续在加强教育、完善制度、强化监督上下功夫。严格遵守《国有企业领导人员廉洁从业若干规定（试行）》，抓住投资决策、资本运营、财务管理、物资采购、工程建设等重点部位和关键环节，加强对权力运行的制约和监督。对有以下五种行为的领导干部：违反规定收送现金、有价证券和支付凭证的，“跑官要官”的，放任、纵容配偶、子女及其配偶和身边工作人员利用领导干部职权和职务影响经商办企业或从事中介活动谋取非法利益的，利用婚丧嫁娶等事宜收钱敛财的，参加赌博的，必须严肃处理。

7. 加强领导班子建设和人才培养

（1）加强“四好班子”建设。认真贯彻全国国有企业领导班子思想政治建设座谈会精神，围绕政治素质好、经营业绩好、团结协作好、作风形象好的要求，全面加强领导班子的思想、组织、能力、作风和制度建设，增强政治意识、大局意识、责任意识，把各级班子建成一个讲原则、重感情、团结和谐、有凝聚力和战斗力的坚强集体。进一步加强理论学习，提高思想政治素质，坚持党对国有企业的政治领导，坚持国有企业改革发展的正确方向。进一步加强治企能力建设，提高经济效益，实现国有资产保值增值。进一步加强民主集中制建设，健全完善公司系统党政主要领导的工作职责、重大问题议事规则及工作程序，夯实团结的思想、政治、组织和制度基础，提高整体合力。进一步加强作风形象建设，做到为民、务实、清廉。公司计划用1年左右的时间，分学习教育、调研分析、整改建制、总结完善四个阶段开展创建活动。各分、子公司要制定具体方案，落实工作措施。要坚持高标准、严要求，加强指导、检查和考核。

（2）加大人才培养力度。坚持以人为本，完善公司人力资源规划和人才库建设。按照大教育、大培训和前瞻性、系统性、实用性的要求，完善公司教育培训体系，公司重点抓好高层管理人员、高级管理人员和复合型人才培训。2005年再举办1期领导干部高级研修班。继续加大干部交流、轮岗、挂职的力度，使干部在不同的环境下接受锻炼，拓宽视野，提高能力和水平。加大人才引进力度，吸纳和培养国家级电网技术专家、学科带头人和科技骨干，建设好博士后科研工作站。通过管理和技术两个通道，加快人才培养和使用，在公司内部形成“人人追求进步，个个争相成才”的氛围，鼓励大家在南方电网这个大舞台上，充分展示才华，体现自身价值。各单位的培训工作要与公司相衔接，制定相应的规划，对管理人员、专业技术人员和生产技能人员，实施分层次、多渠道的培训。

（3）完善激励约束机制。进一步建立各级人员的绩效管理体系，加大考核力度，体现多劳多得，优胜劣汰。推进公开选拔和竞争上岗工作。对新任用的干部实行半年试用期制度，到期考核不合格的要解聘。继续贯彻落实中央企业薪酬管理规范要求，加强对工资总量的调控和分配管理，逐步由工资总量管理转向全口径人工成本调控管理。研究在更大范围内推行劳务派遣、人才租赁等新型用工方式。

8. 加强企业文化建设

企业文化建设要找准定位，成为凝聚人心、调动积极性、促进各项工作的强大精神动力和文化支撑。要大力宣传、弘扬、深植已经初步形成并得到广大干部职工认可的共同价值观，挖掘、提炼、推广各单位在贯彻落实公司大政方针过程中创造的特色文化和新鲜经验，借鉴、吸收、引入国内外先进企业的优秀文化理念，提升公司企业文化的层次和品味。开展多种形式的文化活动，进一步丰富和拓展“同心结南网”的内涵。加快公司理念识别系统和行为识别系统建设，继续深入做好公司标识推广应用工作。把加强思想政治工作、精神文明建设与企业文化建设结合起来，增强针对性和实效性，确保职工队伍稳定。深入开展文明单位创建活动。加强新闻宣传工作，进一步树立公司良好形象。发挥工会和团青组织的作用，积极探索职工民主管理的有效途径，维护职工权利。重视和关心离退休人员和困难职工的生活，帮助解决实际问题。要体现南方电网大家庭的温暖，努力营造一个宽松、和谐、干事业的氛围，使人尽其才，各尽所能，各得其所，人人都为南方电网增光添彩。

中国华能集团公司 2005 年工作会议报告（摘要）

——李小鹏总经理

（2005 年 1 月 20 日）

一、关于 2004 年工作的回顾

2004 年，是中央加强和改善宏观调控、保持经济平稳较快发展的一年；是电力工业继续深化改革、快速发展的一年；是华能建设具有国际竞争力大企业集团的起步之年。一年来，华能集团各单位振奋精神、顽强拼搏，努力克服电煤供应紧张的困难，确保了迎峰度夏和安全稳定发电，全面完成了公司各项任务，超额完成了国资委下达的各项考核指标，建设具有国际竞争力大企业集团迈出了新的步伐，为电力工业和国民经济发展作出了新的贡献。

——安全情况总体良好，没有发生电力生产人身死亡及设备损坏事故，没有发生重大设备事故、重大火灾事故、重大交通事故。

——全年完成发电量 1947.8 亿 kWh，比 2003 年增长 11.7%。

——完成投产发电装机容量 193.3 万 kW；新开工电力项目 8 个，共 775 万 kW。

——国家批复可研报告 9 个、690 万 kW；批复项目建议书 8 个、895 万 kW。

——预计实现合并销售收入 523 亿元，比 2003 年增长 16%，实现了合并利润增长目标。

——完成贺岁、双禧项目及有关资本运营项目。

到 2004 年底，公司装机容量达到 3356.66 万 kW，预计资产总额达到 1510 亿元；超额完成了国资委下达的利润总额、净资产收益率、发电量和流动资产周转次数等考核指标。

1. 圆满完成迎峰度夏和安全稳定发电任务

2004 年，针对全国煤电油运全面紧张的局面，集团公司认真贯彻落实党中央、国务院和有关部门关于确保迎峰度夏和安全稳定发电的一系列指示精神，充分认识安全稳定发电的极端重要性，高度重视、周密部署，在华能系统提出了“五个绝对不允许”的要求，即：绝对不允许发生重大责任事故；绝对不允许发生重大伤亡、重大设备损坏事故；绝对不允许在重要时间和重要地点发生重大事故；绝对不允许发生有重大社会影响的事故；绝对不允许因为燃料供应问题而影响安全生产。各单位认真落实公司的部署和要求，进一步规范安全管理制度，积极开展安全大检查，狠抓设备治理，有效地提高了设备利用效率。火电企业机组等效可用系数达到 92.7%，比 2003 年同期增长 1.2 个百分点；水电企业机组等效可用系数达到 94.65%，比 2003 年同期增长 1.36 个百分点。公司发电利用小时达到 6106h，比全国平均水平多 646h，其中，火电发电利用小时 6197h，水电发电利用小时 5013h。迎峰度夏期间，华能系统电厂沉着应对自然灾害和突发情况造成的影响，千方百计克服困难。2004 年 6 月 16 日，大连地区遭遇狂风暴雨，致使华能大连电厂 8 台旋转滤网部分停运，4 台机组处于随时跳闸的危险，大连电厂紧急抢险，保证了机组稳定运行。8 月 4 日，华能营口电厂在连续降雨的情况下，历时 30 多小时修复了三条被洪水冲断的供水管线，保证了机组安全运行。华能福州电厂在遭遇第 18 号台风“艾利”登陆的情况下，启动防汛应急预案，确保了电厂安全生产。2004 年，华能集团圆满完成了迎峰度夏和安全稳定发电的任务，为缓解煤电油运紧张局面作出了应有的贡献，受到了地方政府和有关方面的好评和表彰。

2. 保证了电煤供应稳定有效

2004 年，公司电煤供应面临着前所未有的严峻形势。电煤价格大幅度上涨，全年标煤采购单价比 2003 年同期上涨 30.2%，单位燃料成本上涨 30.5%。电煤库存严重不足，库存最低时仅为 177 万 t，不足额定装机容量 4 天的耗用量。电煤质量下降，全年电煤发热量平均减少 126kcal/kg，同比下降 2.4%。上述问题给电厂的安全稳定发电带来了严重影响。公司党组认清形势，及时研究，精心部署，为了确保煤炭长期、稳定、有效供应，制订了九条措施，包括依靠政府、稳定市场，落实责任、兑现合同，加强管理、降低消耗等三条近期措施；建立供应主渠道、签订中长期合同，优化电厂布局、调整发电能源结构，关注国际市场、适时采购煤炭等三条中长期措施；加快开发煤电联营项目，加大矿、路、港、航项目投资力度，与国外企业探讨合作等三条战略措施。华能国际股份公司认真贯彻集团公司党组的决定，迅速落实保证煤炭稳定供应的各项措施。股份公司燃料部及电厂全体燃料工作人员，千方百计，克服困难，切实做好煤炭采购供应工作。在党中央、国务院的高度重视下，在发改委、铁道部、交通部、有关地方政府和煤炭、航运企业的大力支持下，2004 年华能系统电厂没有因为缺煤而发生停机现象，电煤价格快速上涨势头得到有效控制，为圆满完成年度经营任务奠定了基础。

3. 经济效益继续保持稳定增长

2004 年是国资委对公司实施年度经营目标考核的第一年。公司党组带领全体员工全力以赴、真抓实干，千方百计、克服困难，狠抓电量、成本、电价、电费回收等关键环节，在努力实现稳发、满发、超发电量的同时，优化调整发电量结构；在巩固加强资金集中管理的同时，加强对资金集中支付的管理；积极争取和落实国家电价政策，加大电费回收力度；强化企业管理，严格控制各项支出，使公司取得了良好的经营业绩。2004 年全公司发电量大幅增长，增幅达到 11.7%；综合结算电价比计划上升 2.11%；全年电费回收率达到 100%，清收陈欠电费 2 亿元。通过努力增收节支、克服燃料成本上涨造成的影响，预计全年销售收入增长 16%，利息费用减少 3.4 亿元，实现利润增长 10.4%，保证了公司经济效益的持续增长，超额完成了国资委下达的考核指标，公司的整体实力又迈上了一个新台阶。

4. 基本建设和长期发展取得新的成绩

2004 年，公司严格按照国家要求，加快电源项目建设，公司有 7 台共 193.3 万 kW 新机组投入商业运行，超额完成了全年新机投产任务，进一步扩大了公司的装机规模。第一座采用国产超临界 60 万 kW 机组的发电厂——沁北电厂 2×60 万 kW 一期工程 2 台机组历时不到 28 个月，正式投入生产，得到了中央领导同志、有关部门和地方政府的高度赞扬与充分肯定，标志着我国燃煤发电和电站设备制造水平迈上了新台阶。国内首座采用气压式调压井技术的华能自一里水电站攻克技术难题，提前投入生产。“西电东送”标志性工程之一、目前世界上最高双曲拱坝的小湾水电站工程，提前一年于 10 月 25 日成功实现了大江截流。我国第一个国产单机容量百万千瓦等级的超超临界发电机组项目——玉环电厂的建设进展顺利。

公司认真落实科学的发展观，严格遵守国家项目审批程序，积极稳妥地推进项目前期工作，完成了有关电源项目的可研报告和项目建议书批复，为公司持续、健康、稳定发展创造了条件。

5. 资本运营和“走出去”工作取得新的成果

公司按计划完成了向华能国际转让井冈山、邯峰、珞璜、岳阳和营口电厂股权的“贺岁”项目，以及转让四川水电公司和平凉电厂权益的“双禧”项目，进一步增加了华能国际的装机容量。公司通过华能香港公司收购了邯峰电厂的外方股权，日照电厂外方股权的收购也签订了正式协议。通过股权收购控股了中海能源和海口火电公司，并且将两家公司合并为一家由华能绝对控股的公司，增加了公司在海南电力市场的份额。巩固实施“走出去”战略的成果，通过设立驻澳大利亚代表处、向 OzGen 项目选派董事和经营管理人员，组织技术和财务专家组赴电厂解决设备和经营问题，为提高电厂的经营管理水平打下了基础。

6. 党的建设、队伍建设和精神文明建设进一步加强

2004 年，公司深入贯彻党的十六大和十六届四中全会精神，努力加强党建工作。认真贯彻落实中央纪委三次、四次全会的部署，坚持以党风廉政建设责任制为“龙头”，抓好企业领导人员廉洁自律、查办案件、效能监察和从源头上预防腐败工作，深入扎实地开展党风廉政建设和反腐败工作。

公司积极贯彻中央关于实施人才强国战略和全国人才工作会议精神的要求，进一步加强干部队伍建设，高级管理人才、高级专业人才和高级技能人才三支队伍的建设取得了积极进展。2004 年华能系统有 3 位同志和 1 个基层组织获得国家人事部和国资委命名表彰的“中央企业劳动模范和先进集体”荣誉称号，有 10 个电厂受到了全总能源化学工会的表彰。

文明单位创建工作向纵深发展，有 30 个单位被评为集团公司文明单位。企业文化建设具有新突破和新进展，完成了《企业文化建设实施方案》和《企业文化核心理念表述及诠释》。加强稳定工作，逐步建立起职责明确、防控并举、运转高效的工作机制和预警机制，稳定工作呈现良好局面。

审计整改工作积极有效。2004 年 8 月，国家审计署下达审计决定后，集团公司立即成立了整改领导小组，认真落实审计决定，制定具体措施、深入整改。华能系统整改工作做到了态度坚决、责任落实、不走过场、积极有效，取得了良好的效果，得到了上级有关部门的肯定。按照国资委的统一部署，2004 年华能系统全面开展了清产核资工作，进一步摸清了

“家底”，核实了资产，解决了一些历史遗留问题。此外，公司实施的金融投资战略和能源投资战略取得积极进展，企业管理不断加强。

在这里需要特别指出的是，华能国际股份公司克服了煤炭供应紧张的困难，确保了安全稳定发电，生产、基建、经营等方面成绩显著。澜沧江水电公司和四川水电公司圆满完成了生产、基建、经营各项任务，其他产业公司围绕公司主业，努力工作，取得了一定的成绩。

回顾2004年的工作，我们的体会是：一是要认真贯彻党和国家的路线、方针、政策，发挥国有重要骨干企业的支柱作用；二是要牢固树立和认真落实科学的发展观，确保公司持续、健康、稳定发展；三是要始终确保安全生产，确保完成任务，确保国有资产保值增值；四是面对困难，要树立坚定的信心，保持昂扬的斗志，发扬拼搏的精神，努力克服困难，全面完成任务。

与此同时，还要清醒地看到我们工作中存在的问题：一是安全基础还不牢靠，安全生产工作仍需加强；二是全面贯彻和认真落实科学的发展观任重道远，以电为主的方针还没有完全落实；三是部分同志对严峻的经营形势认识不足，提高效率、提高效益的意识需要加强；四是个别同志作风拖拉，责任心不强，缺乏危机意识。上述问题，需要我们各级干部进一步提高认识，高度重视，加强管理，着力解决。

二、关于2005年的工作

中央经济工作会议指出，2005年是贯彻落实科学发展观、巩固宏观调控成果、保持经济社会良好发展态势的关键一年，也是全面实现“十五”计划目标、衔接“十一五”发展的重要一年。2005年，电力工业将继续深化改革、加快发展，华能的发展进入了新的关键时期。中央经济工作会议提出了2005年经济工作的总体要求并做了全面部署，要求以科学发展观统领经济社会发展全局，并切实贯穿于经济社会发展的各个方面。这为我们搞好2005年的工作指明了方向。我们要结合华能的实际情况，认真学习领会，深入贯彻落实。

2005年华能工作的指导思想是，以邓小平理论和“三个代表”重要思想为指导，认真贯彻党的十六大、十六届三中、四中全会和中央经济工作会议精神，牢固树立和认真落实科学发展观，坚定信心，扎实工作，克服困难，完成任务。要确保安全稳定发电，实现持续、健康、稳定发展，努力建设具有国际竞争力的大企业集团。

根据以上指导思想，2005年工作的基本思路就是，围绕一条主线、完成三大任务、实现六项指标、做好九项工作。

围绕一条主线，就是公司的各项工作都要围绕牢固树立和认真落实科学发展观，用科学发展观统领公司工作的全局。

首先，用科学发展观统领全局，就要坚决贯彻中央的宏观调控措施，确保安全稳定发电，确保公司持续、健康、稳定发展。作为国有重要骨干企业，我们肩负着重要使命，要全力以赴确保安全稳定发电，为缓解煤电油运紧张局面作出贡献。要认真贯彻党和国家的方针政策，坚决执行宏观调控的各项措施，在公司经营和发展中做到遵纪守法、诚实守信。第二，用科学发展观统领全局，就要继续推进公司的结构调整。要按照国家的要求，结合华能的实际情况，进一步调整电源的结构、地区布局、内部产业和管理结构。第三，用科学的发展观统领全局，就要进一步深化内部改革，积极实施“走出去”战略。要根据电力体制改革的形势和公司的发展目标，继续推进产业公司、分支机构和公司内部的改革。要进一步实施“走出去”战略，积极寻求境外的投资机会。第四，用科学的发展观统领全局，就要坚持以人为本，加强队伍建设，关心群众生活。要按照中央的要求和部署，加强各级领导班子建设和队伍建设，创建四好班子，认真搞好保持共产党员先进性教育的活动。要大力实施人才强企战略，努力建设“三支队伍”。要关心群众生活，切实做到和职工群众心连心。第五，用科学的发展观统领全局，就要加强风险管理。要增强风险意识，建立风险预警和防范机制，预测市场风险，加强风险控制。

完成三大任务，就是要确保安全稳定发电，实现持续、健康、稳定发展，努力建设具有国际竞争力的大企业集团。

2005年的六项主要目标是：

（1）确保人身及设备安全，杜绝人身死亡和群伤事故、重大设备事故、重大火灾事故、特大交通事故。

（2）完成发电量2048亿kWh，比2004年增长5%以上。

（3）完成投产发电装机容量244.55万kW；新开工电力项目19个，共1090.75万kW。

（4）加强战略规划和项目前期工作，争取2006年新开工电力项目961万kW。

（5）集团公司合并销售收入超过600亿元，实现合并利润比2004年增长8%；完成国资委下达的经营考核指标。

（6）完成有关资本运营项目。

为了实现以上目标，2005年要重点抓好以下九项工作。

1. 加强安全管理，提高安全生产水平

2005年，全国煤电油运紧张的局面仍未根本缓解，全社会用电需求将进一步增长，公司生产、基建、经营、管理等各项任务非常繁重。华能系统各单位要深入贯彻党中央、国务院关于加强安全生产工作的一系列指示精神，进一步提高对安全工作极端重要性的认识，坚持"安全第一、预防为主"的方针不动摇，坚决落实集团公司提出的"五个绝不允许"的要求，严格落实各级安全生产责任制。要进一步健全安全监督体系，积极开展华能系统安全质量标准化活动；要加强设备管理，努力减少机组非计划停运时间，不断提高本质安全水平；要认真做好重大安全隐患、重大危险源和自然地质灾害的排查、监控、整治和防范工作，确保迎峰度夏、防洪度汛、重大节假日、重要活动期间的安全稳定发电。电力建设单位要认真履行组织、协调、监督责任，处理好安全与进度的关系，确保工程安全。要坚持全方位抓好大安全，高度重视员工的人身安全、交通安全和身体健康。总之，各单位要确保做好安全工作，为完成全年各项任务打下基础。

2. 加强煤炭管理，确保燃料安全、稳定、有效供应

2005年，煤炭供求关系依然紧张，确保电煤供应任务十分艰巨。要站在经济社会发展的大局和公司工作的全局，充分认识到电煤安全稳定供应的极端重要性，认真贯彻党中央、国务院的一系列指示精神，确保煤炭稳定、有效供应。要认真贯彻集团公司提出的确保煤炭长期、稳定、有效供应的九条近期、中长期和战略措施，在上级有关部门的支持下，加强与煤炭、运输企业的合作，以保证供应、控制成本为目标，切实抓好煤炭供应工作。要落实好年度煤炭供货合同，2005年是中长期合同开始运作的第一年，要力争对数量分配、质量验收和价格核准等采购环节把好关、开好头，保证电煤供应。要落实好煤炭运力，争取铁路部门的支持，加强与有关运输企业的合作，充分发挥时代航运公司的作用，确保电煤运输。在确保数量和质量的前提下，要千方百计控制煤价上涨，降低燃料成本支出。各电厂还要抓好煤炭的掺烧和试烧工作，积极应对煤质变化，保证安全稳发满发。要继续抓好公司确定的煤炭中长期发展战略的实施，确保煤炭长期稳定有效的供应。

3. 抓好基建管理，确保实现"两高一低"

2005年，华能系统计划新开工电力项目1090.75万kW，加上续建项目1549.95万kW，在建项目将达到2640.7万kW，计划投产244.55万kW，电源建设任务相当繁重。我们要以提高机组投产后的竞争力为出发点，切实抓好工程建设管理。要在确保安全的前提下，在工程建设的各个环节切实抓好工程质量、造价和进度的管理。要科学组织，严格管理，精心施工，确保工程安全，确保工程质量，加快建设进度。要抓好工程造价的管理，在建项目要做到"两个不高于"，即：工程造价要不高于当地、同期的平均造价；投产后的电价要不高于同期、当地市场的标杆电价。所有建设项目都要做到高质量、高速度、低造价，为提高机组投产后的竞争力创造条件。计划投产项目要确保按计划或者超额完成投产任务，尽快增加公司的市场份额；续建项目要按照进度要求，完成形象进度。要抓好小湾、玉环等窗口工程的建设，争创优质工程，不断保持华能的领先优势。

4. 加强战略规划工作，促进公司持续健康稳定发展

要站在落实科学发展观和促进公司持续健康稳定发展的高度，做好战略规划和项目开发工作。要贯彻落实中央关于加强和改善宏观调控的措施，遵守国家的法律、法规，严格执行项目审批程序。要根据电力市场形势，滚动调整电力发展规划。煤电开发要优化布局，调整结构，优先发展煤电联营和坑口电厂项目。要从商业可行和战略发展的角度，积极创造外部条件，抓好上海和金陵的燃机项目，为燃机项目的发展开好局。要在国家统筹规划的基础上，因时、因地制宜，继续大力发展水电，努力形成澜沧江全流域开发的主导力量，巩固和完善四川中型水电区域开发格局；根据电力市场发展趋势，积极研究抽水蓄能电站的开发问题。要稳妥地推进风电项目，抓好已批准项目的建设。

加强战略管理和研究工作，要认真分析研究当前和今后几年华能在电力、煤炭市场面临的问题，提出应对策略。要开展危机管理工作，预测、防范和化解危机。要加快公司信息数据库和风险分析数学模型的建设，为集团公司的决策提供技术支持。

5. 大力加强管理，确保完成年度经营任务

要以超额完成全年的目标任务为重点，落实经营目标责任制，继续抓好电量、电价、成本控制和电费回收等关键环节，千方百计多发电，狠抓计划电量的落实，超计划发电，确保发电量增长不低于当地平均增长水平，设备利用小时不低于当地平均利用小时。要配合有关部门落实国家出台的电价调整政策和煤电联动政策，确保电价调整到位。要积极参与竞价上网规则的修改，要抓紧营销组织的调整和报价人员的培训。要切实控制燃料成本、四项费用和资金费用支出，大力压缩非生产性支出。要进一步加大电费回收力度，努力降低应收电费余额和电费拖欠余额。要进一步加强财务预算管理、资金集中管理，提高资金使用效率和财务管理水平。

2005年，审计工作要认真落实胡锦涛总书记在中纪委五次会议上关于“建立健全审计结果的处置机制，使监督的关口前移，既防患于未然，又及早发现和解决发生的腐败问题”的指示精神，按照审计署《关于加强内部审计工作的规定》和国资委关于《中央企业内部审计管理暂行办法》的要求，在继续深入进行审计整改的同时，进一步加强企业内部审计工作，重点抓好经济效益和经济责任的审计，形成事前监督、事中监督、事后监督相配套，逐步建立对企业管理各层次、全方位的审计监督体系。

6. 推进资本运营，增强公司竞争力

要充分认识到推进资本运营对扩大公司规模、优化产业结构和提高竞争力的重要作用，继续坚持“开发与收购并重”的方针。要按照公司既定的方针，做好内部资产重组工作，继续研究和适时向股份公司注入电力资产。已经注入股份公司的资产，要及时研究管理模式，优化管理体制，提高效率和效益。要利用深化改革和加快发展的机遇，继续抓住有利时机，积极寻求外部的并购、重组机会，增加公司的规模，增强公司的竞争力。要加强对收购企业文化和管理的融合，发挥综合效益，为公司的发展做出应有的贡献。

7. 围绕电力主业，继续推进金融、能源产业的发展

金融产业，要完善结构，强化管理，确保安全，提高效益，加强服务，贡献力量。资本服务公司要加大管理力度，健全和完善以战略管理、风险管理和预算管理为核心的管理体制；要逐步建立综合金融服务平台；加强资金、业务、信息、组织结构、经营网点、后台职能的整合力度。财务公司要深化服务理念、改进服务措施、优化服务技术、提高服务质量，继续深化资金高度集中管理工作。

能源交通产业围绕电力产业发展的需要，根据集团公司确保燃料长期、稳定、有效供应的方针，实施近期、中长期和远期战略的九条措施。要继续实施能源战略，延伸能源产业链，利用改组、改造、扩建、新建的机会，按照控制煤炭资源、确保投资收益的原则，加快煤炭基地的建设。要结合华能所控煤炭资源的运输路线和华能电厂用煤的实际，推进对矿、路、港、航各个环节的投资建设和战略合作，提升合作效益。

8. 发挥三支战略性力量的作用，为公司持续发展创造条件

香港公司、综合产业公司、西安热工院是公司确定的三支战略性力量。香港公司要充分发挥作为实施“走出去”战略载体的作用，抓好OzGen等项目的管理，提升管理水平，提高经济效益。要进一步加强对外合作，积极探索新的电力、煤炭项目收购机会。要按照集团公司的统一部署，积极参与新的能源投资项目和有关资本运营工作。综合产业公司要全面落实资产清理规划，进一步抓好资产清理和资产管理工作。西安热工研究院作为华能技术创新的战略力量，要进一步完善技术体系，研究建立有效的技术积累体系，加强科研攻关、技术研发和面向电力生产实际的高水平技术服务，多出成果、多出人才。要抓好华能技术中心的组建工作，努力建设国际一流的发电技术研发机构。

此外，技术经济研究院作为集团公司的政策性研究咨询机构和软科学研究的机构，要充实研究力量，丰富研究方法，提升研究成果的前瞻性与实用性，充分发挥信息平台、决策支持、智囊机构的作用。

9. 抓好党的建设、队伍建设和精神文明建设

2005年，华能系统要继续深入学习贯彻党的十六大、十六届三中、四中全会精神，加强党的执政能力建设。按照中央的统一部署，全面开展以实践“三个代表”重要思想为主要内容的保持共产党员先进性教育活动，加强基层党组织建设，不断增强党员队伍和党组织的创造力、凝聚力、战斗力。要深入学习贯彻中央纪委四次、五次全会精神，认真学习中央颁布的《建立健全教育、制度、监督并重的惩治和预防腐败体系实施纲要》，围绕加强党的执政能力建设，坚持“标本兼治、综合治理，惩防并重、注重预防”的方针，切实落实党风廉政建设责任制。要按照中组部召开的全国国有企业领导班子思想政治建设座谈会的要求，大力开展创建政治素质好、经营业绩好、团结协作好、作风形象好的“四好”领导班子活动。要进一步落实人才强企战略总体方案，继续抓好三支队伍建设，调整人才资源结构，创新人才工作机制，优化人才成长环境。

要继续坚持开展文明单位创建活动，深入做好思想政治工作。要认真落实《企业文化建设实施方案》，在全系统做好宣传贯彻工作，使华能的企业文化深入人心。要进一步加强工会工作，积极开展“争创学习型红旗班组、争做知识型先进职工”的活动，规范厂务公开，开展群众性的劳动竞赛、经济技术创新和健康有益的活动。

要继续做好稳定工作，始终把确保队伍稳定、企业稳定、维护社会稳定作为大事抓紧抓好，坚决落实稳定工作责任制、责任追究制，积极预防重大群体性事件，妥善处理深化改革中出现的矛盾和问题，定期排查不稳定因素。

以上是2005年的主要工作，各单位一定要保持清醒，树立信心，高质量地做好各项工作，高标准地完成各项任务，高水平地实现各项目标。

三、关于公司今后的发展

2005年是华能国际电力开发公司成立20周年。20年来，华能的事业不断发展壮大，取得了许多成绩和经验。20年后的今天，华能的改革与发展正处在一个新的关键时期，我们必须总结经验、发扬优势、抓住机遇、迎接挑战。要把公司建设成为一个以电为主的能源公司、以国内为主的跨国公司。要坚持宗旨，明确目标，完善战略，发挥优势，保证公司持续、健康、稳定发展。

1.20年发展的主要成绩和基本经验

1985年党中央、国务院决定利用外资加快电力建设。国务院以国函（1985）72号文件批准成立华能国际电力开发公司。从那时起到现在，我们已经走过了20年的发展道路。华能发展的20年是改革、创新、发展的20年。20年中，我们创造了若干第一，主要是：

在体制方面：

——第一个利用外资办电、联合地方、集资办电；

——第一个采用开发、建设、运营、管理一体化的电力开发模式；

——第一个在国有电力企业中发起设立股份有限公司，在海外上市，并大规模开展资本运作。

在技术方面：

——第一个引进60万kW超临界燃煤机组及技术；

——第一个建设运营国产60万kW超临界燃煤机组；

——第一个建设国产百万千瓦级超超临界燃煤机组。

在管理方面：

——第一个获得我国“一流火力发电厂”的称号（华能大连电厂）；

——第一个获得“中国一流的电力公司”的称号（华能国际电力股份有限公司）；

华能还是第一个通过国际竞标在发达国家（澳大利亚）收购、运营、管理电厂的中国电力企业。

华能之所以有今天这样的成绩，有三条基本经验：

第一，方向明确，科学发展。方向明确，科学发展，是指华能作为国有重要骨干企业，要有坚定正确的政治方向和科学合理的发展方向，要保证国有资产保值增值，发展壮大国有经济，要为全面建设小康社会、建设中国特色社会主义作出应有的贡献；要为国民经济发展、社会进步、人民生活水平提高，提供充足、可靠、环保、价格合理的电能；要努力建设具有国际竞争力的大企业集团。华能的实践证明，无论什么时候，只要坚持党的领导，认真贯彻党和国家的路线方针政策，只要坚持科学的发展观，坚持科学的发展方针、发展原则和发展战略，华能就能得到快速的发展。反之，华能的发展就会遇到挫折。

第二，不断创新，坚持领先。不断创新，坚持领先，就是在党和国家的方针政策指导下，不断推进体制、技术和管理创新，始终走在行业发展的前列。华能的实际证明，只有不断地创新，才能始终保持领先。要想保持领先，就必须不断创新。

第三，多方合作，互利共赢。多方合作，互利共赢，是指华能在发展中，要立足当前，着眼长远，加强合作；要互利互惠、双赢多赢。华能的实践证明，坚持多方合作、互利共赢，有利于拓宽发展的空间，增加发展的机遇，增强发展的后劲。

在这里需要特别提到的是，在20年的发展中，汪德方、王传剑、郎成伟、王鉴三、黄金凯、刘金龙等一大批老领导、老同志为华能的创立、发展，在不同阶段、不同岗位上作出了重要的贡献。没有他们的艰苦奋斗，就没有华能今天的成绩和经验。让我们对所有华能的老领导、老同志表示衷心的感谢！我们要一如既往，关心、爱护老同志，做好离退休干部管理工作，要从各方面关心帮助老同志；要随着企业的发展和效益的提高，进一步提高老同志的生活水平。

在这里还要特别提到的是，2004年12月上旬经中央批准，中宣部和国资委将华能作为国企重大典型宣传企业之一，中央主要媒体对华能进行了全面深入的宣传报道，充分展示了华能的发展成就和精神风貌，得到了社会各界的广泛好评，极大地鼓舞了华能的全体员工，让我们对各有关中央新闻单位表示衷心的感谢！

2. 抓住机遇，迎接挑战，把华能建设成为以电为主的能源公司、以国内为主的跨国公司

当前，经济全球化趋势继续在曲折中发展，科学进步日新月异，世界经济保持较好的增长势头，经济结构调整步伐加快。在国内，改革开放和经济建设取得新的重大进展，宏观调控取得明显成效，经济发展保持良好势头，全面建设小康社会迈出了坚实的步伐。在国际国内大环境下，华能的发展进入了新的关键时期，机遇和挑战并存。我们面临的机遇是：首先，国内经济持续快速发展，人民生活水平稳步提高，不断增长的电力需求，为我们提供了难得的市场机遇；第二，国内和国际范围内的结构调整，不断出现的电力资产收购、兼并机会，为我们提供了难得的资产经营机遇；第三，科学技术的发展，不断提高的电力技术水平，为我们提供了难得的技术

进步的机遇；第四，宏观调控和清理违规建设项目，将促进电力工业科学发展，为我们提供了有序发展的机遇；第五，电力体制深化改革，将有利于建设公开、公平、公正的电力市场，同样给华能的发展带来了机遇。

我们面对的挑战是：一是能否保证发电设备长期、连续、安全、稳定运行；二是能否保证煤炭长期稳定有效供应；三是能否保证“两高一低”地加快电源建设；四是能否保证不断地加强队伍建设、提高人员素质、提高管理水平；五是能否适应改革带来的新变化；六是能否不断保持公司的竞争力。

面对机遇和挑战，我们必须抓住机遇，迎接挑战。我们的优势是，20年发展所形成的雄厚物质基础；20年发展所积累的丰富经验；20年发展中不断壮大的高素质员工队伍；20年发展所形成的企业文化。与此同时，我们也要看到自己的不足之处。我们的某些项目成本较高，燃料结构和电厂布局还要进一步优化，管理水平需要进一步提高。但总的来看，我们面临的机遇大于挑战，我们的优势多于劣势。

面对市场、资源和竞争的机遇与挑战，我们必须抓住机遇，发挥优势，掌握资源，开拓市场，围绕电力产业上下延伸能源产业链，努力建设以电为主的能源公司、以国内为主的跨国公司。

建设以电为主的能源公司，就是以电力产业为核心产业，围绕核心产业适度投资发展金融、煤炭，以及与煤炭运输相关的铁路、港口、航运等产业，做到上下游产业链延伸发展；建设以国内为主的跨国公司，就是以国内电力市场、煤炭市场为主要市场，同时积极而又稳妥地实施“走出去”战略，逐步做到国内外市场、资源互补。

建设以电为主的能源公司、以国内为主的跨国公司，构建一个主业、两个支撑、三支战略性力量的产业架构。一个主业就是电力产业，包括华能国际、澜沧江水电公司和新能源公司。两个支撑，一是金融产业的资本服务公司，二是能源交通产业的能源交通控股公司。三支战略力量分别是，科技进步的战略力量——西安热工院，实施“走出去”的战略力量——香港公司，资产管理、清理的战略力量——综合产业公司。

建设以电为主的能源公司、以国内为主的跨国公司，具有极其重要的意义，有利于发挥国有重要骨干企业的核心作用，保证能源供应安全，保证安全稳定供电；有利于促进电力、煤炭及其他相关产业的大力发展，保证电力工业持续、健康发展；有利于保证公司做强、做大，提高竞争能力、提高赢利能力、提高抗风险能力！

3. 振奋精神，团结奋斗，努力实现华能的战略目标

在华能发展新的关键时期，要抓住机遇、迎接挑战，建设以电为主的能源公司、以国内为主的跨国公司，就必须毫不动摇地坚持华能的宗旨、目标、方针、战略和核心价值观。

第一，要始终坚持“三色”公司的企业宗旨。华能是以电为主的国有重要骨干企业，是社会主义的物质基础。华能的宗旨就是，成为一个为中国特色社会主义服务的“红色”公司，一个科技进步、保护环境的“绿色”公司，一个坚持与时俱进、学习创新、面向世界的“蓝色”公司。

第二，要始终坚持华能的目标和方针。在发展目标上，要坚持“实力雄厚、管理一流、服务国家、走向世界，建设具有国际竞争力的大企业集团”的奋斗目标。在发展方针上，要坚持“合理布局、调整结构，技术领先、注重环保，拓宽渠道、广泛合作”；坚持“开发与收购并重，扩建与新建并重，煤电、水电与其他可行能源并重以及国内与国外资金、设备并重”。在区域策略上，要坚持“巩固东部、增强南部、提升中部、进入西部，环绕首都，择机走出去”的方针。

第三，要始终坚持“一二三四”的发展战略。即明确一个目标，坚持两个第一，推进三个创新，实施四项战略性举措。一个目标，就是上面所说的战略目标；两个第一，就是发展是第一要务、人才资源是第一资源；三个创新，就是推进体制、技术和管理创新；四项战略性举措，就是实施“走出去”、信息化、企业党的建设和企业文化建设战略。

第四，要始终坚持华能的核心价值观。就是要“坚持诚信，注重合作，不断创新，积极进取，创造业绩，服务国家”。坚持诚信是企业的立身之本；注重合作是企业的生存之道；不断创新是公司的核心竞争力；积极进取是公司精神的精髓，是公司对待事务的态度；创造业绩是公司的根本任务；服务国家是我们的神圣职责。在各项工作中，我们要发扬“善开拓、讲效率、重信誉、勤俭办事”的良好作风；发扬“千言万语、千辛万苦、千方百计”的敬业精神，“逢山开路、遇水搭桥”的开拓精神，“自找差距、自我加压”的进取精神，以及“敢为人先、敢为人所不能”的创新精神。

华能20年发展创造的物质财富和精神财富，是我们不断进取的源泉和动力。只要我们振奋精神，团结奋斗，就一定能够不断创造新的辉煌，实现新的飞跃，早日建成以电为主的能源公司、以国内为主的跨国公司，实现建设具有国际竞争力大企业集团的战略目标。

中国大唐集团公司 2005 年工作会议报告(摘要)

——翟若愚总经理

(2005 年 1 月 17 日)

一、2004 年工作回顾

2004 年主要指标完成情况(直属、全资、控股口径):

——发电量完成 1733.7 亿 kWh,同比增长 21.17%,比全国平均增长率 14.8%高出 6.37 个百分点,比国资委业绩考核指标增加了 295.23 亿 kWh。其中,水电完成 99.02 亿 kWh,同比减少 11.7%;火电完成 1634.68 亿 kWh,同比增长 23.9%。

——发电设备平均利用小时完成 5980h,同比增加 337h,比全国平均利用小时 5460h 高出 520h,其中火电平均利用小时 6233h,同比增加 401h,比全国火电平均利用小时 5988h 高出 245h。

——供电煤耗完成 363.41g/kWh,同比下降 4.78g/kWh。

——综合厂用电率完成 6.93 %,同比下降 0.10 个百分点。

——销售收入完成 411.21 亿元,同比增长 25.31%。

——利润总额实现 30.68 亿元,比国资委业绩考核指标增加了 5.69 亿元。

——净资产收益率完成 1.52%,比国资委业绩考核指标高出 0.62 个百分点。

——流动资产周转率完成 1.83 次,比国资委业绩考核指标提高 0.53 次。

——大中型基本建设投资完成 291.3 亿元。

——新机投产容量 384.5 万 kW。

——新开工规模 649.5 万 kW。

——期末发电设备容量 3353.4 万 kW,同比增加 607.85 万 kW,增长 22.1%。

——资产总额 1433.48 亿元,同比增加 314.49 亿元。

2004 年取得的主要成绩:

(一)发电量继续保持快速增长,经济效益稳步提高

在电力供需形势日趋紧张的情况下,集团公司党组和各级领导班子讲政治、顾大局,把保证国民经济发展和满足人民生活需要作为一项光荣而艰巨的政治任务,把确保机组稳发满发作为义不容辞的社会责任。集团公司加强安全生产,确保机组满发稳发;加强电煤和运输的协调,千方百计保证燃煤供应。发电量以较大幅度超额完成计划,在 2003 年增长 21.55%的基础上又增长了 21.17%,为缓解电力供需矛盾作出了贡献。

在发电量快速增长的同时,经济效益稳步提高。2004 年增支因素增多,增幅较大,集团公司全年平均标煤单价上涨了 57.8 元/t,增长了 22 %,仅燃料涨价就影响集团公司利润 37 亿元(不含税为 32.8 亿元)。另外,环保收费达到 4 亿元,应收电热费余额达到 66.94 亿元。集团公司在巨大的经营压力面前,强化管理,深挖潜力。一是通过完善和推动扭亏增盈计划的落实,实现增收节支;二是通过加强全面预算管理,严格控制各项支出;三是通过加强协调,采取灵活策略,在确保电煤供应的前提下,努力控制煤价涨幅;四是通过结算中心统筹资金运作,加强与金融机构的沟通协调,加大电费回收力度,努力降低财务成本;五是通过加强管理和有效的技术措施,实现节能降耗,在煤质下降的情况下取得了供电煤耗同比下降 4.78g/kWh 的好成绩;六是通过加强企业例行审计、主要负责人经济责任审计和工程造价审计,规范企业经营行为,堵塞漏洞,防范风险。通过多方努力和多管齐下,消化了一部分燃料涨价等减利因素,经济效益稳步提高,实现了规模与效益的同步增长。销售收入在 2003 年增长 20%的基础上,实现 411.12 亿元,又增长了 25.31%;利润总额在 2003 年增长 24.7%的基础上,实现 30.68 亿元,同比增长 14.93%。全面超额完成了国资委的业绩考核指标。

(二)坚决执行国家宏观调控政策,集团保持健康快速发展

集团公司认真贯彻落实国家宏观调控政策,按照国务院和国家发改委的要求,严格遵循基本建设审批程序,确保符合规划的项目及时得到核准并加快在建工程进度,缓解用电紧张矛盾;同时也认真地对固定资产投资项目进行了全面清查和整改。

项目报批工作取得重大进展。全年共获得国家批复立项 5 项 515 万 kW;省政府在其权限内批复 7 项 94.5 万 kW;还将一大批项目列入了省和电网的“十五”或“十一五”发展规划。全年完成上报立项 22 项 2967 万 kW。这些项目均为大容量、高参数、环保型机组,节能、节水、节约运力,完全符合国家产业政策和电力发展规划,为集团公司持续发展提供了较充分的项目储备,并为优化机组结构和产业布局创造了有利条件。

新开工任务超额完成。集团公司加强了与各有关单位的协调,努力筹措资金,克服了其他股东资本金不到位、设备到货延期等困难，全年实现开工 649.5 万 kW，超额完成了计划开工 535 万 kW 的任务。

全年投产目标圆满实现。为确保全年投产目标的实现，集团公司定期对年内计划投产机组建设进度进行盘点，及时对发现的问题采取有效措施。集团公司成立了发电设备催交监造领导小组，建立了各级催交监造网络，制定了管理办法和工作大纲，充分发挥物资公司的专业优势，统一组织和协调各工程项目的监造催交工作，取得了较好效果。对投产难度较大的机组，派出督导组常驻现场，加大了协调力度，保证了项目如期投产。全年共实现投产 8 个项目，11 台机组，384.5 万 kW。投产项目全都经过国家审核批准。

（三）圆满完成迎峰度夏任务，安全生产形势基本平稳

由于电力供求形势持续紧张、机组长时间满负荷运行、电煤供应紧缺和煤质下降，对安全生产和迎峰度夏构成了前所未有的严峻考验。集团公司采取有效措施，全面落实党中央、国务院关于安全生产和做好迎峰度夏工作的一系列指示精神，坚持把安全生产作为一切工作的基础，把确保大负荷期间的满发稳发作为重中之重。各生产单位科学安排机组运行方式和检修时间，认真制定事故预案，严格落实岗位责任，圆满完成了迎峰度夏任务。特别是集团公司机组在华北地区比较集中，在京津唐电网中就有 965 万 kW，占京津唐电网统调容量的 43%左右，而且基本上都是主力电厂和电源支撑点，其中有 580 万 kW 电力直送北京。经过艰苦努力，圆满完成了保证京津唐电网特别是北京的安全供电任务。

为确保安全生产，集团公司认真组织开展了春、秋季安全大检查和富有特色的安全月活动，组织实施了反违章、降非停行动计划和安全性评价工作，这些措施对提高安全生产工作水平都起到了积极的促进作用，安全生产形势总体保持平稳。全年发生一般设备事故 14 起，同比减少 15 起，下降了 51.72%。在新机组不断增加的情况下，全口径非停次数下降了 35.55%，累计时间下降了 32.33%，对电量的影响下降了 16.08%；全系统有 52 台 10 万 kW 及以上机组没有发生非计划停运。

（四）资本运作取得显著成绩，资产结构进一步优化

由于资产划转的原因，集团公司的资产结构不尽合理，对经营管理和发展造成了不利影响。为进一步解决历史遗留问题，2004 年进一步加大了资本运作的力度。通过受让阳城国际发电股份有限公司的 4%股权，实现了集团公司对阳城国际发电股份有限公司的相对控股，增加可控装机容量 210 万 kW，同时获得了 2×60 万 kW 在建项目的控股权；完成了首阳山电厂和石门电厂整体改制协议的签订工作，理顺了与地方投资公司的产权关系；集团公司与中国国电集团公司签署了合山电厂融资租赁协议，解决了一厂两制问题；在坚持人随资产走的原则下，实现了永昌电厂股权转让，又解决了一个空壳电厂问题；桂冠公司成功收购了天龙湖和金龙潭水电站，为集团公司增加了 36 万 kW 在役和在建水电容量，也弥补了集团公司资产在四川的空白点。大唐国际由于业绩优良，规范运作，被国际著名的《银行家》杂志评为“2003 年度中国最佳公司”。桂冠电力股票入选“上证红利指数”样本股。历经一年多的艰苦谈判，集团公司以债权收购方式组建财务公司的工作已基本完成。

（五）坚持规范运作，树立良好形象，国际影响日益扩大

集团公司自组建以来就坚持依法经营和规范运作，坚持以科学发展观为指导，自觉执行国家产业政策，努力满足社会需求，勇于承担社会责任；在与合作方的交往中，信守承诺，坚持共赢原则，尊重合作股东，赢得了地方政府的认可与合作方的信任，树立了良好的社会形象。

随着对外交流和国际合作的逐步扩大，集团公司良好的企业形象正在得到国际同行和合作伙伴的认同，国际影响力日益扩大。集团公司本着积极稳妥的原则，在国际合作方面迈出了重要步伐。一是与韩国电力公社签署了业务开发与友好合作协议，与俄罗斯电力和电气化公司签署了合作备忘录。二是组织参加了亚太电协大会、世界工程师大会等重要国际会议，集团公司领导与 GE、法国电力等 22 家国际知名企业的领导人进行了直接接触，就共同合作进行了广泛深入的交流。三是完成了赛罕坝和六鳌两个风电项目进口风力发电机的国际招标工作，积累了一定的商贸经验。四是大唐环境科技工程公司与奥地利能源环境公司签署了烟气脱硫技术转让协议，迈出了国际化运作的重要步伐。

（六）“管理年”工作成效显著，发展基础更加牢固

2004 年是集团公司的“管理年”。通过一年来的工作，为集团公司的快速发展奠定了更加坚实的基础。主要体现在：一是制定了“集团化战略”等 7 个子战略，集团发展战略已基本形成体系，对集团总体发展战略形成了有力的支撑；二是进一步明确了集团化管理模式，完善了组织机构，特别是相继组建了 5 个省发电公司和河南分公司，实现了湖南、安徽分公司与湖南华银、安徽电力股份公司的机构分离，为集团公司理顺管理体制、深化对基层企业的管理、协调与省政府和社会各方面的关系，全面调动各成员企业的积极性创造了条件；三是根据新的管理体制，修订

了管理界面，进一步规范了三级责任主体的责权利关系；四是通过清产核资，摸清了家底，处理了历史遗留问题，核销了19.77亿元的权益，使业绩考核和绩效评价有了准确的基础值；五是基础管理工作进一步规范，扭亏增盈、经济责任制考核、例行审计、预算管理、信息管理等重要工作都形成了上下贯通、运转协调的体系；六是集团公司多种产业发展思路基本形成，多种产业经营收入达到67亿元，实现利润1.67亿元。集团公司系统的总体管理水平迈上了一个新的台阶。

（七）以领导班子建设为重点，进一步加强了党的建设和党风廉政建设

为加强领导班子建设和提高各级领导干部的素质，2004年突出抓了思想政治理论教育。在坚持抓好中心组学习的基础上，举办了6期领导干部“三个代表”重要思想轮训班，共有482名各级领导干部参加了学习。通过学习进一步增强了各级领导干部实践“三个代表”重要思想的自觉性和坚定性，加深了对科学发展观的认识和理解，坚定了实施集团发展战略的信心和决心。

在加强思想政治理论教育的同时，以学习贯彻“两个条例”为重点，开展了多种形式的廉政教育和“预防职务犯罪”专项教育活动。为全面落实中纪委“四大纪律、八项要求和三个不得”的要求，集团公司系统推行了领导人员“三廉”制度，进一步明确了党风廉政建设责任的范围和内容，形成了党风廉政建设责任体系。一年来集团公司管理的干部没有发生违法违纪案件。

党的建设进一步加强，各企业都健全了党的组织机构，理顺了和地方党委的组织关系，各级党组织的作用得到了进一步发挥。用两年的时间基本完成了系统各企业领导班子的考核调整工作，领导班子的年龄结构、知识结构和专业结构得到进一步优化，能力水平进一步提高。2004年共完成了35个单位领导班子的考察配备，任免干部229人，交流干部43人，选拔了15名后备干部到集团公司本部挂职锻炼。董事监事队伍建设进一步加强，完成了15个控、参股公司董事监事的更换委派工作，推荐独立董事8名，首批专职董事监事人选基本确定，已进行了上岗培训。

（八）“解放思想、转变观念”大讨论活动取得实效，集团的凝聚力进一步增强

2004年集团公司系统广泛深入地开展了“解放思想，更新观念”大讨论活动，活动的内容紧密联系企业和职工思想实际，广大干部职工的思想观念发生了深刻变化，市场意识、竞争意识、效益意识以及开拓创新意识明显增强。企业文化建设取得了实质性进展，具有大唐特色的企业价值观、经营理念、行为规范已初步形成，并得到普遍认同。工会、共青团组织的作用得到进一步发挥。各种专业培训和职业技能竞赛以及“青工技能振兴计划”、“争创学习型红旗班组，争做学习型先进职工”等活动得到了广大员工的积极响应和参与。敬业爱岗和锐意进取精神得到弘扬，集团的凝聚力和向心力进一步增强。

在集团公司经济效益逐步提高的前提下，本着“两低于”的原则，进行了工资结构调整，统一规范了集团公司工资制度，职工收入稳步提高。

二、2005年的工作思路和今后一个阶段的战略目标

2005年是我国“十五”计划的最后一年，也是集团公司组建的第三年，是实现集团发展战略第一阶段目标的关键年。做好2005年的工作，对集团公司未来的发展至关重要。

从当前世界经济形势及其发展趋势看，世界经济保持较好增长势头，经济全球化在曲折中发展，科技进步日新月异，经济结构调整步伐加快，综合国力竞争日趋加剧。

从国内形势看，我国经济正处在新一轮增长周期的上升期，各方面加快改革发展的积极性很高，经济自主增长活力增强，结构调整步伐加快。特别是中央针对经济生活中出现的不健康、不稳定因素，采取了进一步加强和改善宏观调控的政策措施，保持了经济发展的良好势头。我们要把思想统一到认真自觉地落实科学发展观上来，紧紧抓住加快发展的战略机遇，实现集团公司的持续快速协调发展。

在加快发展的进程中，我们要时刻保持清醒的头脑，准确把握客观形势的变化。从外部环境看，我们仍然面临着诸多不利因素。一是燃料供应和运输紧张状况近期内不会有根本性改变，局部地区有进一步加剧的趋势；二是电煤价格上涨幅度难以控制，翘尾因素将在今年继续显现；三是欠费问题仍然严重，目前还没有好转的趋势；四是环保收费大幅增加；五是银行贷款利息提高，增加了还贷压力。

从集团公司内部看，我们也同样面临着不少困难。一是资金紧张。由于集团公司发展快，在建规模大，再加上资本性资金来源有限，因此在建项目所需资本金不足，资产负债率也在不断提高。二是盈利能力不强。虽然集团公司去年实现利润30.68亿元，做到了规模效益同步增长，但是集团内各成员企业的效益极不平衡，多数企业盈利能力不强，亏损单位增加，亏损额扩大。造成亏损的客观原因是燃料大幅度涨价和环保费用的提高，但是也有主观上的原因。从集团成员企业盈利结构看，既不平衡也不合理，靠少数几家企业的盈利来弥补多数企业的亏损，风险很

大。三是有些管理工作与快速发展的形势不相适应，思想准备也不充分。随着高参数、大容量机组的快速建设和投产，许多企业在基建管理、技术消化、生产准备等方面明显准备不足，造成很多被动。四是安全生产基础不牢。虽然总体上讲安全生产是平稳的，但是个别电厂安全问题非常突出，2005 年以来共发生电力生产死亡事故 2 起，死亡 2 人；发生重伤事故 3 起，重伤 4 人；特别是岩滩电厂的“7·29”重大设备损坏事故，正值大负荷和丰水期，主变抢修 92 天，经济损失巨大，社会影响严重。此外，近年来机组长期满负荷运行，再加上新投产机组增加较多，电煤供应紧张，煤质下降，这些都给安全生产带来新的难题。

上述不利因素和存在的问题说明我们面临的形势是严峻的，但同时也要看到我们的有利条件。一是电力市场需求旺盛，发展和增长空间较大。据预测，2005 年电力供需矛盾可能会比去年有所缓解，但总体上仍呈紧张态势，季节性缺电明显，部分地区仍可能拉闸限电。国家将继续实行有区别的宏观调控政策，电力发展将继续得到国家政策的支持。二是电力体制改革正在不断深化，市场规则将陆续出台，市场行为将逐步得到规范。三是煤电价格联动方案已经确定，近期可望实施。四是集团公司经过“组建年”和“管理年”的大量工作，为今后的发展奠定了坚实的基础。集团公司上下人气旺、热情高、干劲大、信心足，这是我们做好今年工作和推动集团公司持续快速健康发展的有力保证。

根据对集团公司外部环境和内部条件的分析，2005 年集团公司工作的指导思想是：坚持以邓小平理论和“三个代表”重要思想为指导，全面贯彻党的十六大和十六届三中、四中全会精神以及中央经济工作会议精神，全面落实科学发展观，认真执行国家宏观调控政策，促进集团公司各方面的工作再上一个新台阶。

按照上述指导思想，2005 年集团公司的工作思路是：紧扣主题，创新机制，突出重点，抓住关键，三个突破。

紧扣主题——紧扣发展主题。发展是第一要务，发展是硬道理。只有通过发展才能把集团做大做强，才能在发展中解决我们面临的困难和问题。因此，加快发展是集团公司今年工作必须紧紧扣住的主题。加快发展，一是要紧紧抓住“十五”末和“十一五”初期电力发展的难得机遇，为缓解电力供应紧张局面作出贡献，同时也使自身得到发展；二是要增强贯彻落实科学发展观的自觉性和坚定性，认真执行国家宏观调控政策，严格执行申报、审批程序，坚持规范运作；三是要处理好发展速度和发展质量、效益的关系，做到规模与效益同步增长，精选和优化项目，控制工程造价，防范投资和经营风险。

创新机制——创新企业运作机制。今年我们要着重在集团化运作方面进行机制创新。集团化运作的核心是要构建起一套能够充分发挥集团整体优势，产权清晰、权责明确、协调运转的管理体制和运作机制。我们要按照集团化战略的要求，将集团化管理体制和运作机制调整好，运作好，并在推进的过程中加快建立现代企业制度，不断创新和完善三级责任体系、资源优化配置机制、决策风险防范机制等，为集团的持续快速协调发展提供可靠保证。

突出重点——突出“安全年”重点。把今年作为集团公司的安全年，主要基于三个方面的考虑：一是安全生产是电力企业的永恒主题和一切工作的基础和前提，没有安全就没有效益，没有安全也谈不上发展。二是党中央、国务院对安全生产工作高度重视，把安全生产工作提到了极为突出的地位。作为与国计民生紧密相关的电力企业，更应不折不扣地贯彻中央领导同志的指示和国务院有关文件精神，突出抓好安全生产工作。三是全国安全生产形势依然严峻，重大恶性事故频繁发生，集团公司的安全生产形势也相当严峻。2004 年以来发生的几起恶性人为误操作事故为我们敲响了警钟，我们的安全生产基础还不牢固。为此，我们以“安全年”的形式，重点突出地抓安全。“安全年”的主题是“落实责任，夯实基础”。工作重心在“落实”和“夯实”两个“实”上；工作抓手在“责任”上，一是责任分解要明确到位，二是问责处置要毫不手软。

抓住关键——抓住燃料管理关键。2005 年电煤供需矛盾将会更加突出，抓好燃料管理是完成全年各项生产经营指标的关键，这是由燃料管理在生产经营中的地位决定的。集团公司的燃煤机组占 91%，燃料成本占发电成本的 70%，电煤不能保证供应，生产任务就难以完成；燃料成本控制不住，将直接影响利润的完成，甚至会出现亏损。我们一定要抓住燃料管理这个关键，既要充分满足发电需求，确保不因缺煤而停机，又要有效控制煤价涨幅，为企业争取利润空间。

三个突破——实现装机容量、发电量、销售收入三个突破。到 2005 年年底，要实现装机容量突破 4000 万 kW，发电量突破 2000 亿 kWh，销售收入突破 500 亿元。这三个突破体现了规模与效益的同步增长，标志着集团公司发展又上了一个新台阶，展示了集团公司逐步增强的发展能力、盈利能力和国际竞争力。

2005 年集团公司的工作思路虽然只有短短的 20 个字，但内容丰富，重点突出，要求明确，任务艰巨。我们要扎扎实实地抓好这20个字的贯彻落实，全力以赴地做好全年各项工作，努力实现全年的奋斗目标。

集团公司组建的第一年就提出了8年分三个阶段的战略目标，经过集团近8万职工两年来的共同努力，8年目标在4年内就可以完成。为使战略目标继续发挥引导和激励作用，有必要适时对集团的发展战略目标进行调整，将原来的8年分三个阶段的“3、6、8”目标调整为18年分三个阶段的“3、8、18”目标。这个调整不仅延长了目标的时间，改变了划分阶段目标的时点，更重要的是各阶段的内涵丰富了，标准提高了。这既是与时俱进的要求，也是做大做强的需要。

调整后的发展阶段和战略目标为：

2003年至2005年为第一阶段，这是集团公司的创业阶段。这个阶段的目标是：通过“组建年”、“管理年”和“安全年”的工作，夯实集团公司发展基础，发展战略体系基本确立，集团化管理体制和运作机制基本形成，管理制度进一步完善，具有大唐特色的企业文化初步形成。保持较快发展速度，2005年实现“三个突破”，即实现装机容量突破4000万kW，发电量突破2000亿kWh，销售收入突破500亿元。

2006年至2010年为第二阶段，集团公司进入持续快速协调发展阶段。这个阶段的目标是：集团化运作体系和运作机制趋于成熟，主业有较大的发展，并做到规模效益同步增长，电源布局合理，电源结构有明显改善，集团的发展能力、盈利能力、国际竞争能力明显增强，2010年进入世界500强。

2010年至2020年为第三阶段，集团公司进入以电为主、多元发展、跨国经营阶段。这个阶段的目标是：在发电主业做大做强的同时，煤炭、铁路、环保、物流以及与电力产业链相关的多种产业形成规模，在集团销售收入中占有一定比例；国际化经营逐步扩大，形成一定的规模和稳定的收入，集团的发展能力、盈利能力、国际竞争力和影响力进一步增强，成为世界知名公司。

对发展阶段和战略目标进行上述调整，主要基于以下几方面的考虑：

第一，党的十六大提出2020年实现全面建设小康社会目标，集团的战略目标应与之相呼应，做更长远的考虑，所以，由8年延长到18年。

第二，本世纪前20年是我国国民经济发展的重要战略机遇期，国民经济持续快速发展，电力需求增长强劲，市场空间巨大。虽然预测二、三年后电力供求紧张局面将开始逐渐趋于缓解，但由于我国国民经济已进入快速发展通道，电力建设如不保持适度超前的增长速度，很可能再次出现供需紧张局面。因此，在我们的“3、8、18”目标中始终贯穿了发展这条主线。

第三，建设一批具有国际竞争力的大企业、大集团，是当前和今后一个时期国民经济发展和国有企业改革的战略任务，也是发挥国有经济主导作用和增强国有经济控制力的需要。作为中央直接管理的特大型企业集团，抓住机遇、加快发展、做大做强，成为具有国际竞争力的企业是我们的应尽职责。朝着这个方向努力，必须要有紧迫感和较高的目标。

第四，发展战略目标的作用在于引导和激励全体员工共同为实现既定目标而努力奋斗。集团全体员工两年来努力奋斗所取得的成果已经证实，原定目标实现的时间可以大大提前，如不适时进行调整，就失去了目标的引导和激励作用。

第五，战略目标的调整是综合了大量的数据，经过认真细致分析和论证后慎重提出的，体现了电力发展的内在趋势，既具有科学性，也具有可行性。

第六，从两年来的发展情况和态势看，集团加快发展不仅具有非常有利的外部条件，内部有利因素也很多，潜力很大。实现调整后的战略目标，尽管还面临着诸多困难，但只要全体员工继续保持集团公司组建以来形成的求真务实和奋勇拼搏精神，同心同德、齐心协力、努力奋斗，这个目标是一定能够实现的。

励精图治　科学发展
确保实现“358”
战略计划第一阶段目标

——贺恭总经理在中国华电集团公司2005年工作会议上的讲话（摘要）

一、2004年工作回顾

2004年是公司在开局之年的基础上，努力做强做大的一年，是在遭遇突出困难的情况下，奋力推动经营发展取得可喜成效的一年。年初，黄菊、曾培炎副总理分别对公司工作作了重要批示，提出重要指导意见和殷切希望，给我们巨大的鼓舞。一年来，公司党组带领广大干部员工坚持以邓小平理论和“三个代表”重要思想为指导，树立和落实科学发展观，认真贯彻中央宏观调控的政策措施，积极应对前所未有的燃煤供应紧张、水电来水锐减、发电成本大幅攀升等困难和冲击，以改革创新、协调发展为工作主线，统筹推进战略实施、安全稳定、扭亏增盈、电源建设、改制重组、综合产业等重点工作，经受住严峻考验，保持了安全生产和队伍稳定，发电量和销售收入实现较快增长，资产质量和运营效率有所提高，电源建设取得重要进展，经济效益快速稳定提高，全面完成了国资委下达的考核目标。

全年工作主要有以下七个方面：

（一）科学制定并启动实施公司发展战略

在委托麦肯锡公司研究咨询成果的基础上，科学系统地编制了公司2010年发展战略规划，提出了总体发展战略以及子项战略，制定了3、5、8年的“358”战略计划及相关措施，明确了每一个阶段要达到的重要指标，包括装机容量、发电量、主营业务收入、利润总额、净利润、净资产收益率等关键指标。从公司实际出发，把营运改善作为实施发展战略的突破口，总结两批营运改善试点的经验，制定了不同类型电厂营运改善的指标体系以及主要指标的对标标准，形成了营运改善工作指导意见。

（二）确保安全生产，充分发挥发电能力

认真落实中央关于安全生产工作的决策部署，坚持“安全第一，预防为主，以人为本”的方针，通过健全安全生产责任制、监督网络和规章制度，深入开展反违章、安全性评价、技术监督、春秋季检查和防汛、大坝安全检查等工作，克服电煤紧张等对安全生产带来的不利影响，加强动态管理，有效提升了安全生产管理水平。公司的安全生产继续向可控、在控目标迈进，保持了安全生产形势总体平稳，没有发生重、特大事故，没有发生重大火灾、电厂垮坝事故，没有发生造成严重社会影响的电力安全生产事故。

在电煤十分紧张的形势下，集团公司发挥燃料“五统一”优势，及时调整燃料工作思路，努力化解电煤供应紧张和价格大幅上涨的冲击。公司系统服从电网调度，合理安排检修和生产，推进技术改造，以降低非计划停运为突破口，努力提高发电能力，为缓解经济社会用电紧张，保证迎峰度夏做出了贡献。

（三）内挖潜力、外拓市场，努力降本增效

各单位认真落实资产经营责任制和扭亏增盈“三五”规划，突出降本增效，增收节支，资产经营工作取得新成绩。

推动了环保、技改和节能降耗工作，合理安排大修技改。通过推进营运改善，优化生产流程和运行方式，大力节能降耗，严格成本控制。

公司上下发扬“三千”精神开展“三电”工作。采取有效措施扭转了发电量增长缓慢的被动局面。抓住争取电价政策和执行电价到位两个关键环节，积极主动地开展电价工作，进一步疏导了燃运涨价矛盾。加强电费回收工作，初步遏制了欠费增加势头，超额完成了年初确定的目标。加强对区域电力市场的研究和竞争上网工作的准备，初步建立了东北、华东区域电力市场统一协调竞价的管理体系，在今年东北区域电力市场交易竞价中取得初步成果。

广泛开展创建优秀发电企业工作，提升了企业管理素质。2003年度8家优秀发电企业经过复查继续保持荣誉称号，2004年又有哈三、章丘、铁岭、杂谷脑4家企业跨入优秀发电企业行列。

（四）与宏观调控相呼应，全力推动发展

正确把握宏观调控政策，合理调整了开工规模和投资规模，规范了前期工作，加强了投资风险控制和效益分析。对外投资取得进展，与印尼国家电力公司签署了战略合作框架协议，开展了具体项目的前期工作。

项目建设工作继续积极推进，全力加快新机投产，超额完成年初确定的投产计划。加强工程建设造价、工期、质量管理，全力突破战略重点项目。广安二期、洪家渡、西塞山三个项目都提前完成机组投产任务，为增强公司有效发电能力，增加发电量做出了重要贡献。

推进煤炭开发和金融运作。在调查研究的基础上，着手编制煤炭开发战略，积极寻求和占有煤炭开发资源。充分发挥结算中心、财务公司和保险中介公司的平台作用，有效归集、整合和运作集团内部金融资源。加强与各金融机构合作，不断开辟融资渠道，为保障集团经营发展的资金需求服务。及时抓住市场机遇，克服升息预期不利影响，成功发行30亿元企业债券；发挥上市公司融资窗口作用，华电国际A股于6月23日通过证监会发审委审查，在国内股市相对低迷、新股发行暂停5个多月的情况下，果断、慎重推进发行工作，今年1月17日开始询价，成为国家证监会批准实行询价发行的第一家试点企业。

进一步调整完善综合产业发展的总体思路及规划。以六大专业公司为主要平台，初步形成与电源产业联系密切的优势产业，整体运作情况良好。基层企业发展安置型和效益型相结合的综合产业，为精干主业、稳定队伍和增加效益做出了贡献。

（五）推进改制重组，促使企业转换经营机制

从大局出发，积极推进了厂网分开第二阶段资产财务移交工作，与有关电网企业签署了移交工作协议书。按照市场经济的要求，坚决推进公司企业的改制重组。加强组织领导，圆满完成了“两点”、“两片”的试点工作。根据区域性资产特点和发展需要，将福建地区发电资产、四川地区内核电厂分别重组为有限公司，促使其实现自求平衡、自我发展。将北京二热、湖北青山等4家内部核算电厂改制为公司制企业，为其提高竞争能力和发展活力创造体制条件。进一步强化以经营业绩为导向的考核体系和分配制度。

成立了投资决策、预算管理机构，强化了决策、计划、预算和内控管理。

加强信息化工作的组织领导、规划和建设。信息化基础设施日趋完善，应用平台不断优化，安全体系日益健全。信息化工作成果正逐步体现到公司工作的方方面面，形成了信息化工作与业务工作紧密结合、相互促进的良好局面。

（六）强化内外监督，搞好依法经营和防范风险工作

以领导人员为重点，加强了依法经营、廉洁从业教育；以党风廉政建设责任制为龙头，完善了制度体系和工作机制；围绕服务中心，积极开展效能监察和招标监督；发挥信访举报的监督主渠道作用，认真查处违法违纪案件，推进了反腐倡廉各项工作。

以加强资金管理、防范经营风险为重点，切实加强了内控体系建设和依法经营工作。全面建立预算管理制度，执行新的企业会计制度。坚决杜绝和严肃处理“四乱一小”问题。开展了领导人员任期经济责任审计、扭亏增盈专项审计、基建项目竣工结算和跟踪审计。通过开展清产核资，资产质量进一步改善。开展财务稽查工作，基本摸清了公司企业财务管理中的薄弱环节和经营活动中的问题，下达稽查整改意见，取得良好效果。加强了改制重组、合同管理、对外投资、对外担保等方面的法律风险防范机制建设，保证企业的经营安全。注重运用法律法规维护企业权益，挽回经济损失。积极配合监事会对公司本部和系统部分企业进行实地监督检查工作。以范有年主席为首的监事会对公司进行了有效监督，给了我们有力的指导和帮助。配合国家审计署圆满完成了有关审计工作任务。

（七）实施人才强企战略和企业文化建设工程，加强领导班子和员工队伍建设

贯彻和落实科学人才观，结合华电实际，制订并开始实施“人才强企”战略方案、人才资源开发和人才队伍建设规划，制定了企业劳动定员标准和新建项目人员配置办法，控制了用工规模。坚持“党要管党，党管干部，党管人才”的原则，不断加强各级领导班子建设。进一步完善了领导人员管理办法。举办了3期领导人员学习班，加强了思想政治建设和能力建设。对分公司、专业公司和34家企业的领导班子进行了考核和调整，优化了班子结构，增强了整体合力。

加强了企业党的建设，理顺党组织关系，健全组织机构，各级党组织的作用得到了进一步发挥。坚持以人为本和“一主多元，百花齐放”的方针，制定了企业文化建设规划，开始推进企业文化建设“一二三四五”工程，增强了公司的凝聚力。高度重视稳定工作，积极化解影响稳定的因素，保持了队伍稳定。加强宣传和沟通，开展健康有效的公共关系工作，进一步树立了公司良好的社会形象。

全年工作也可简要地概括为：明战略，保安全，提效益，拓发展，推改革，育文化，严监督，建队伍。在推进2004年的工作中，我们高度重视吃透中央精神，正确分析形势，努力将中央的决策部署和宏观调控措施与公司实际相结合，及时调整工作思路。面对前所未有的困难和完成经营任务的巨大压力，公司党组及时召开“7·20”和“8·28”会议，对形势作出深入分析，采取果断有力措施，确保了全年任务的完成。我们高度重视以战略统领各项工作，努力把计划发展、人力资源、财务管理、生产运营、工程建设等各项工作统一于战略管理之中，以战略实施为主线协调推进各项工作。我们高度重视充分依靠员工，发挥集团优势，有效整合集团资源，加强对重大问题的协调，努力引导好、发挥好、保护好广大员工的积极性。公司上下同心奋力应对严峻困难，坚决完成国资委考核指标的决心、行动和成效，必将载入公司史册。集团公司对生产经营、项目发展做出突出贡献的企业和分支机构要进行特殊奖励。在此，我代表公司党组对公司系统广大干部员工表示衷心的感谢！

回顾2004年及公司成立两年来的工作，我们不仅在生产经营和改革发展方面取得了实实在在的成果，更为宝贵的是在应对严峻困难，增强驾驭复杂局势和抗御风险能力方面，探索积累了一些成功的经验。一是坚持“两条腿走路”经营策略，把对外改善经营环境与内部加强挖潜增效紧密结合起来，这是公司增强抗御风险能力、提高竞争能力的有效途径。一方面积极向国家管理部门反映突出问题，争取政策，不断改善企业外部经营环境；另一方面，把工作的突破口、着力点放在加强管理、向内挖潜上，大力开展扭亏增盈和营运改善工作，苦练内功，提高内部管理水平。通过两个方面的有机结合，有效地提升了经营管理水平和市场竞争能力。二是坚持树立和落实科学发展观，把合理增加总量与着力调整结构统筹结合起来，这是公司做强做大、持续发展的必由之路。一方面把发展作为第一要务，按照国家产业政策和电力建设规划，全力推动增量发展；另一方面，注重结构的调整优化，以增量发展改善存量结构，以存量改善带动增量发展，努力转变增长方式。通过两个方面的有机结合，推动公司在宏观调控的机遇和挑战中向做强做大迈出了坚实步伐。三是坚持用战略统领各项工作，把全面实施与抓切入点结合起来，这是提升资产质量、实现发展战略目标的必然选择。从公司实际出发，把存量营运改善作为实施公司发展战略的切入点和突破口来抓，开展了营运改善试点，为开展对标管

理、提升存量资产质量，全面实施发展战略打下了坚实基础，也在实践中增强了实现战略目标的信心和决心。四是坚持正确的改革方向，把体制改革与改善经营结合起来，这是转换经营机制、增强企业活力的必然要求。一方面从优化技术、管理等生产力要素来改善经营；另一方面，推动体制改革调整生产关系为生产力发展创造体制条件。通过两个方面的有机结合，增强了公司发展的内在活力。五是坚持依法经营的方针，把企业自我约束和加大监督力度结合起来，这是防范经营风险、实现国有资产保值增值的重要保证。一方面，督促企业作为经营主体依法经营、规范管理，加强自我约束；另一方面，实施有效的纪检监察、审计和财务稽查监督，努力规范和提升经营管理。通过两个方面的有机结合，保证企业国有资产的保值增值，有效防范经营风险。六是坚持以人为本的理念，把班子建设、队伍建设和企业文化建设结合起来，这是推动公司发展的精神动力和根本力量。通过全面推进人才强企战略和企业文化建设工程，不断加强企业领导班子建设和员工队伍建设，培养员工对企业的认同感和归属感，增强企业的凝聚力，为公司发展提供人才保证，创造文化环境。以上“六个坚持与结合”既是我们推进2004年工作的主要思路，也是在工作实践中积累的基本经验，值得总结、坚持和发展。

二、公司面临的形势和必须坚持的基本方略

2005年，我国国民经济将继续保持平稳较快增长态势，电力紧张的状况会有缓解，但不少地区的缺电局面仍将延续，国家将继续实行“有保有压，区别对待”的宏观调控政策，支持电力快速有序发展。国家大力倡导走新型工业化道路，发展循环经济，建设节约型社会，制定了节能中长期规划，即将出台国家能源战略和能源规划。国有资产监管体制和电力体制改革不断深化，电力市场建设加快推进，市场行为逐步规范，电价改革开始启动，煤电价格联动方案付诸实施。这些为公司的经营发展提供了战略机遇和有利外部环境。公司经过两年来的艰苦努力，管理体系基本建立，发展战略已经明确，存量资产初步改善，增量资产有效拓展，经营管理水平、抗风险能力、综合发展实力有了明显的提高。这些为公司快速协调发展奠定了坚实基础。

在看到有利形势的同时，我们对不利的情况和不确定的因素也要有足够的认识。从公司外部来看：2005年起，国家将从积极财政政策转为实施稳健的财政政策。煤电油运的矛盾仍将持续，燃料供应趋紧、煤价攀升和环保、资源收费将加剧发电企业的成本压力。发电侧的竞争日趋激烈，2004年全国投产5000多万千瓦的机组容量，预计2005年将有近7000万千瓦新增装机建成投产，对发电企业的发电量、发电设备利用小时数将会产生影响。国家继续实施宏观调控，坚决清理、制止电站无序建设，以及投资体制改革、利率和汇率调整等，将对项目拓展产生深刻影响，发展成本和还贷压力将会加大。从公司内部来看：公司整体抗风险能力、自我发展能力不强，企业亏损面较大。各区域、各企业经营发展工作力度和成效很不平衡。相当部分企业的经营机制、经营理念和干部员工队伍素质还不能适应市场竞争的要求，富余人员多，历史包袱较重，经营活力、压力不够。企业营运成本和技术指标较高，经营风险防范体系不够完善。安全生产和队伍稳定工作基础不牢，潜在隐患较多。这些问题将不同程度地影响和制约着公司的经营发展。我们要把困难和问题估计得更充分一些，尽可能把工作做在前面，争取主动。

正确分析公司面临的形势，总结公司两年来的基本经验，从公司实际出发，适应新形势，抓住新机遇、迎接新挑战，扬长避短、兴利避害，加快发展，实现公司战略目标和计划，必须坚持以下基本方略。

（一）必须以科学发展观为指导，坚持把发展作为第一要务不动摇，努力转变经济增长方式

科学发展观是我们党对经济社会发展客观规律认识的进一步深化，是对社会主义现代化建设指导思想的新发展。我们要坚定地以科学发展观指导公司的全部工作。

发展是党执政兴国的第一要务，也是公司做强做大的第一要务。贯彻和落实科学发展观，就要在推进发展第一要务的进程中，大力调整结构，切实转变经济增长方式，走科技含量高、经济效益好、资源消耗低、环境污染少、人力资源优化的新型工业化发展之路，努力建设资源节约型企业、环保友好型企业、学习创新型企业。

（二）必须以改革为动力，大力推进体制机制创新不动摇，努力增强公司的竞争力和活力

深化国有企业改革仍然是国家经济体制改革的中心环节。公司运营的理念、体制、机制与现代企业制度的要求还有相当差距。要坚持把深化改革作为一项战略性重点工作常抓不懈，不断消除体制机制障碍，为公司发展注入强劲活力和强大动力。

（三）必须以战略为统领，坚持实施“358”战略不动摇，努力推动公司做强做大

企业发展战略是统率企业各项工作的纲领，是企业生存和发展的根本大计。面对内外环境的巨大变化和愈演愈烈的市场竞争，公司必须以发展战略统领各项工作，实现科学、协调、可持续的发展。

经过两年的探索和实践，公司党组已经提出了公

司发展愿景和“358”战略计划。“358”战略计划就是“三年跨一步、五年上台阶、八年翻一番”。公司战略规划以科学发展观为指导，贯彻国家能源产业政策和电源发展规划，正确处理一系列重大关系，较好地体现了战略的先进性、科学性、系统性和可行性，得到了行业内外一些专家学者的肯定，也得到了公司系统上下的积极认同。要与集团公司发展战略相协调制定和实施区域战略和企业战略。公司上下要把思想和力量统一到发展战略上来，咬定目标不放松，坚决实施不动摇，艰苦奋斗、务期必成。

（四）必须以人为本，坚持“内建队伍、外树形象”不动摇，努力构建和谐企业

员工是创业之源、发展之本。华电人气旺、人心齐、人思进是我们的优势。两年来的实践充分证明，华电员工是能够经受严峻考验的队伍，是能够创造非凡业绩的队伍，是值得充分信赖的队伍。要进一步实施“人才强企”战略和企业文化建设规划，建立具有华电特色的人才资源开发和管理新机制，形成鼓励人才干事业、支持人才干成事业、帮助人才干好事业的环境，使员工职业生涯随着公司事业的发展得到改善，员工的收入随着公司经营绩效的提升得到增长。电力企业面向大众、服务社会，企业形象十分重要。要进一步树立“诚信、高效、合作、服务、环保”的企业形象，创造更加有利于企业发展的外部环境。从“内建队伍、外树形象”两个方面，努力构建物质文明、精神文明、政治文明相促进，公司发展与社会发展相统一，企业发展与员工发展相协调的和谐企业。

以上“四个必须、四个不动摇、四个努力”既是贯彻党和国家路线方针政策的基本要求，也是对公司经营发展工作规律的基本把握，是公司工作的基本方略。

三、2005 年工作安排

2005 年，是我国全面完成“十五”计划的关键之年，是集团公司实施“358”战略计划第一步的决战之年。做好 2005 年的工作，至关重要。

1 月 19 日，黄菊副总理对做好电力工作作出重要批示。他指出：“当前，电力紧张状况虽有缓解，但受煤炭、来水等影响，供应仍然偏紧，并有可能出现起伏。因此，对电力工业困难和严峻形势仍要有清醒认识，按照科学发展观要求，积极应对。一要千方百计增加电力供应，切实抓好安全生产，二要继续贯彻落实需求侧管理措施，三要加强五大发电集团和两大电网公司的协调，科学规划部署电源及电网建设，四要进一步深化电力体制改革，特别是电价改革和电价监管，建立良性的电价联动机制，促进电力行业持续、平稳、快速发展，以更好地适应国民经济和社会发展的需求。”黄菊副总理的重要批示，充分体现了党和国家领导人对电力工业的高度重视，为我们做好公司 2005 年工作指明了方向。

（一）总体要求和基本思路

2005 年，公司工作总体要求是：以党的十六大和十六届三中、四中全会和中央经济工作会议精神为指针，进一步树立和落实科学发展观，认真贯彻国家宏观调控政策，全力推进集团公司发展战略的实施，积极深化改革，调整结构，切实转变经济增长方式，力求在集团公司成立的第三年，在生产经营、企业发展、改制重组、资本运作、信息化建设及企业文化建设等方面有明显的突破，力求在经营业绩、资产质量、结构布局、管理水平、队伍建设和企业形象等方面有明显的提升，确保完成国资委的年度考核指标，全面实现“358”战略计划第一阶段目标。

全年工作的基本思路可以概括为：“贯穿一条主线、完成两大任务、推进三个转变、实现四点突破、夯实五项基础”。

贯穿一条主线，就是以实施公司发展战略为主线统领各项工作。

完成两大任务，一是完成国资委年度经营业绩考核指标，这是首要的经济任务；二是搞好保持共产党员先进性教育活动，这是首要的政治任务。要把思想和行动统一到确保全面完成两项任务上来。

推进三个转变，一是进一步转变员工思想观念，适应市场经济的要求，解放思想，奋发图强。二是进一步转变经济增长方式，贯彻落实科学发展观和宏观调控的要求，调整结构，提高效益；三是进一步转变企业经营机制，适应电力市场的要求，深化改革，增强活力。“三个转变”相互推动，促进公司全年工作。

实现四点突破，一是经营成果的突破，以利润为核心的经营指标要有大的进步；二是公司发展的突破，“一体两翼”要有跨越式的发展；三是改制重组的突破，内部体制转换要有质的变化；四是管理水平的突破，通过对标管理和信息化完善，使管理素质和手段有崭新的提升。四点突破是全年工作的着力点，通过四点突破，使公司实力和业绩有长足进步。

夯实五项基础，一是夯实安全生产的基础；二是夯实燃料管理的基础；三是夯实参与电力市场竞争的基础；四是夯实依法经营的基础；五是夯实队伍建设的基础。2005 年，这五个方面是主要工作取得突破的前提和基础，而且都面临新形势、新情况、新挑战，要高度重视、深入研究、积极应对。

（二）重点要做好八个方面工作

1. 以安全生产为基础、燃料管理为重点，进一步加强电力生产工作

巩固和加强安全生产。贯彻落实“安全第一、预

防为主、以人为本”的方针，建立健全人、环境、设备三者统一的安全长效机制，进一步完善安全生产技术保障体系、监控体系、制度体系、安全性评价体系、责任体系，继续加强降低“非停”工作。努力建设“本质”安全型企业，确保安全生产。

努力扩大生产能力。适应今年电力供需矛盾仍然紧张的形势，加强设备管理，合理安排运行方式，加大与电网调度的沟通力度，充分发挥现役机组的生产能力；加快新机投产进度，努力做到“存量多发、增量早发”，千方百计增加电力、热力生产能力，全力缓解电力短缺，做好今年迎峰度夏工作。

切实加强电煤供应管理。燃料公司要加强和改进“五统一”工作，充分发挥主渠道作用，各分支机构、发电企业都要发挥积极性，加强煤电运及公司内部的协调配合，积极化解电煤量、价、质的问题对生产经营的不利影响，确保不因缺煤停机，努力把燃料成本控制在行业平均水平以内。

2. 外拓市场、内强管理，进一步降本增效

全力开展“三电”工作。积极适应电力市场的变化，改进“三电”工作观念和方法。抓住电力需求较快增长机遇，积极争取和落实电量计划，进一步提高发电设备利用小时数。继续遵循“抓好全面，突破重点”的思路，做好电价政策的争取和落实工作。重点落实好煤电价格联动政策、内部核算电厂上网电价和新机上网电价。推进电热费回收管理制度和管理手段的创新，争取合理结算电费政策，实现电热费回收局面的基本好转。积极应对区域市场竞价上网工作，加强组织领导、强化电力营销工作，进一步提高市场竞争能力。各分公司、各企业要在本地区、本单位的市场营销工作中充分发挥作用。

深入开展扭亏增盈工作。2005 年是集团公司扭亏增盈决战之年。按照扭亏增盈“三五”规划的总体要求落实目标和责任。2005 年要力争消灭区域性亏损，有扭亏任务的要务期必成，已经扭亏和盈利的企业要巩固和扩大成果，不得开倒车，出现大幅减利甚至由盈变亏；新投产企业要确保不亏，争取合理回报。2004 年没有按期完成扭亏任务的企业今年必须无条件扭亏。各单位要形成自我加压、目标倒逼的扭亏增盈机制，实现“存量提效、增量有效”的目标。

全面推进营运改善工作。进一步提高对营运改善工作的认识，加强宣传和思想发动，从集团公司整体效益出发，增强实行对标管理的勇气和决心，加大向内挖潜力度。火电企业要全面实施营运改善。各分公司、各企业要形成本地区、本企业的营运改善规划和工作流程。水电企业开展营运改善试点，力争第三季度全面展开。集团公司将选择部分具有代表性的企业进行重点跟踪和具体指导。继续加强节能降耗工作，加大成本控制力度。国资委已经把供电煤耗作为任期考核指标之一，各单位要认真研究和落实措施，确保完成煤耗计划。深入开展创建优秀发电企业工作，不断提高企业整体素质。

加强计划和预算管理。在营运改善的基础上，逐步实施科学的定额标准化管理，增强计划、预算的科学性和执行的刚性。以对标为基础，推进零基预算，推行责任预算办法，建立倒逼机制、追赶机制，全面落实经营管理责任。加强财务管理，严格控制三项费用增长。合理控制公司运营和建设资金，大力压缩流动资金占用，合理调配企业资金安排，确保完成国资委下达的资金周转率考核目标。

3. 有序加快电源项目建设

规范和改进前期工作。积极适应国家对电站建设宏观调控以及投资体制改革的新形势，着力调整结构、保证重点。认真做好环评、水保报批工作，为项目核准创造条件。积极研究和提高前期项目竞标水平。

全力加快项目建设。要坚决落实年度投产计划，全力推动新机组尽早投产发电，如期实现效益。各方面要加强配合协调，尽早安排好新投机组的安全运行、电量电价、燃料供应、人力资源及生产准备的各项工作。要严抓工程安全、质量和进度，严控工程造价，积极筹措建设资金，加大设备监造、催交、催运工作力度，推进项目管理的科学化和规范化，争创精品工程。2005 年要启动集团公司设计标准的制定工作，实施低成本扩张战略，对新建项目造价实行对标管理，并开展财务稽查和项目竣工审计工作。

4. 突破煤炭产业，拓展资本运营，规范发展辅业

突破煤炭产业。国资委已将煤炭产业确定为集团公司主营业务之一。要加大投入，加强组织协调，调动各方力量，加强与煤炭企业合作并适度自主开发，推动煤炭开发和经营在近一二年内取得突破。结合电源项目布局，在重点区域和战略区域做好合理布点。按照“以电带煤、以煤促电”的方针，推进电煤一体化开发，加紧建设煤电基地，在煤炭资源紧缺地区、沿海地区和资产集中地区建设储煤配送中心。积极慎重推进境外煤炭开发和贸易。要创造条件，适时整合煤炭开发、运营资源，在集团层面成立专司煤炭业务的经营实体。

拓展资本运营。充分发挥现有金融运作平台的作用，进一步归集和运作好集团内部资金和金融资源。不断开辟渠道，创新融资手段，继续加强与银行等金融机构的合作，积极筹措资本金，落实项目融资。努力提高资本运营水平，降低融资成本，保障集团公司经营发展资金需要，促进金融产业健康发展。

规范发展辅业。坚持"调整、整合、培育、提高"的方针，规范推进辅业发展。积极进行产业结构、所有制结构及组织结构调整，进一步规范关联交易。

进一步发挥专业公司优势。专业公司要进一步明晰发展战略，发挥产业优势，做强核心业务，有效整合运作集团内部资源，提高规模效益；积极开拓外部市场，提高竞争能力，不断提升经营业绩和自主发展能力。

5. 大力推进科技环保和信息化工作

加强科技环保工作。加大科技、环保的投入和管理力度，树立华电高效、环保形象，增强企业持续发展能力，逐步引导集团公司的经营和发展向着科技含量高、环保水平高的方向前进。制定和实施技术改造规划，积极采用先进、成熟、可靠的技术和设备，推进企业技术创新和技术进步，不断提高企业生产技术水平。加大环保污染治理力度，全力推进国家两控区重点脱硫项目的建设，努力控制环保成本。坚持"以技术革新和技术应用为重点，技术研究和技术开发为基础"的原则，大力推进保安全、促效益的科技成果的推广应用。努力抓好燃机、超超临界等重点科技项目的研究，为公司的可持续发展做好技术储备。加强公司重大软课题研究，增强工作的前瞻性和科学性。

加快推进信息化工作。全面实施信息化建设"3386"规划。2005 年要实现公司系统无纸化办公；建立完善基础网络平台、基础数据平台和企业管理平台，推动生产、财务、基建、人力资源管理信息化步伐。运用信息化建设提升公司管理水平，提高公司经济效益。

6. 继续深化企业内部改革，进一步增强经营活力

加快内核电厂改制。按照"成熟一个，推进一个，改制一个"的总原则，对 11 家内部核算电厂进行规范的改制重组工作，力争在 2005 年上半年全部完成。

推动主辅分离。2005 年是电力主辅分离改革的实施年，是执行国家关于主辅分离两项优惠政策的最后一年。公司系统要进一步做好宣传发动工作，增强职工改革意识和承受能力，充分利用国家的政策机遇，坚决推进主辅分离工作。要制定主辅分离总体实施方案并报国资委批准，从实际出发选择具备条件的企业和地区先行试点，争取年内推开。各有关企业要按照统一部署，认真制定具体的实施方案，积极稳妥地推进这项工作。

深化三项制度改革。对企业负责人实行年度和任期经营业绩考核制度。完善考核体系，突出关键业绩指标，加大考核力度。坚持"工效挂钩"和"两个低于"原则，实行职工收入与经营业绩紧密挂钩。推进用工制度改革，推行新定员标准，加强人力资源特别是生产技术人员在全系统范围内优化配置。新项目要实行新模式、新标准、新机制。

7. 认真开展保持共产党员先进性教育活动，进一步加强党的建设、企业文化建设和队伍建设

认真开展保持共产党员先进性教育活动。公司先进性教育活动分两批进行，集团公司本部和在京直属单位作为第一批在上半年开展；其他单位按照属地化原则作为第二批在下半年进行。各级党组织要以高度的政治责任心，把这项工作列入重要日程，周密制定实施方案，精心组织活动内容，切实抓出成效。党委（党组）要全面负责，党委（党组）书记作为第一责任人要亲自抓，层层抓落实。切实抓好学习动员、分析评议、整改提高三个环节，保证每个阶段的质量。属地管理的各单位党组织要积极主动地与地方党委加强联系，集团公司要加强指导检查。要坚持理论联系实际和务求实效的原则，认真查找和研究解决影响企业改革发展稳定的突出问题、党员队伍特别是党员领导干部和基层组织与保持先进性不相适应的突出问题、职工群众反映强烈的突出问题，切实达到提高党员素质、加强基层组织、服务职工群众、促进各项工作的目标。要处理好教育活动与生产经营的关系，做到"两不误、两促进"。

不断加强领导班子建设和员工队伍建设。按照十六届四中全会精神和国有企业领导班子思想政治建设的要求，在公司系统全面开展"四好"领导班子建设活动。要适应企业改制重组工作需要，按照完善法人治理结构的要求，完善有利于党组织参与决策的领导体制和工作机制。要学习贯彻中央纪委第五次全会和中央企业纪检监察工作会议精神，认真落实中央颁布的《建立健全教育、制度、监督并重的惩治和预防腐败体系实施纲要》，围绕提高领导人员素质、健全监督制度、查处并发挥典型案件的警示作用，努力构建思想道德教育的长效机制、反腐倡廉的制度体系、权力运行的监控机制，逐步建立与现代企业制度相适应的惩治和预防腐败体系。要牢固树立和认真落实科学的人才观，坚持党管人才原则，并同市场化选聘经营管理者的机制相结合，推进实施人才强企战略和人才工程规划，建立完善人才开发、评价、配置、激励机制，加大建设"五支人才队伍"力度。要加强企业文化"一二三四五"工程建设。深入开展职工群众喜闻乐见的精神文明创建活动。要充分发挥职代会、工会和共青团组织的作用。加强职工思想动态分析，及时做好释疑解惑、疏导情绪、化解矛盾的工作，确保职工队伍稳定。

8. 进一步加强依法经营和防范风险工作

增强依法经营意识和能力。结合“四五”普法工作，在公司系统广泛开展普法教育，增强干部员工特别是领导干部依法经营、依法办事、依法维权的意识和能力。在生产经营活动中，要严格遵守国家基本的法律法规、财经制度，严格执行集团公司的规章制度，使生产经营健康规范地向前发展。

切实加强风险防范。树立风险意识，完善相关制度，建立健全风险的识别、监测控制和防范机制，使风险管理日常化、制度化。当前，重点要加强投资决策的风险分析，避免企业盲目进入高危风险区域。特别强调资金安全，要严格执行集团公司在资金管理上的六条纪律和要求，认真清理和解决资金运作上存在的问题。要严格执行国家关于规范企业改制、产权转让的有关规定，确保国有资产不流失。建立和推行重大经济事项报告制度。建立健全重大投资后评价制度和决策失误责任追究制度，对造成重大损失的，要追究责任，严肃处理。进一步完善自我监督与纪检、监察、审计、财务、法律监督相结合的监督约束体系。积极支持配合监事会开展工作，配合国家有关部门开展审计工作。

最后特别要强调的是，做好全年工作，关键在于各级领导干部，特别是在座的主要领导干部。总体上说，公司系统有一支很好的领导干部队伍，是一支“政治强、业务精、作风硬、廉洁好”的干部队伍。在公司资产相对处于劣势，经营发展遭遇前所未有的困难面前，我们的干部没有怨天尤人，而是奋勇开拓；没有裹足不前，而是激昂迈进。各级领导干部身先士卒，求真务实的作风，带出了团结上进、勤奋敬业的员工队伍，赢得了各项任务的完成。但是，在干部队伍中也存在一些问题。有些干部，大局意识不强，不能正确对待改革发展过程中的利益调整，过多地考虑本位利益和个人问题；有些干部，不能与时俱进，缺乏应对市场、驾驭市场的信心和能力；有的干部，没有树立正确的业绩观，工作作风不够踏实，说假话、搞形式；有的干部，依法经营观念淡薄，造成个人、企业的重大损失；少数干部放松主观世界改造，违纪违法，造成恶劣后果和不良影响。对此，各位领导干部要引起警示、吸取教训，高度重视、努力解决。集团公司党组将通过保持共产党员先进性教育活动和“四好班子”建设，进一步加强领导班子建设和管理工作。我在这里强调六个字、三句话：廉洁，进取，团结。廉洁出现问题，无论对组织、对企业，还是对个人，都是惨痛损失。每一位同志都要自觉增强党性，不断规范用权行为、检点个人行为，严格遵守廉洁自律的各项规定。我们每一位领导干部要用锦涛同志要求的三句话修养自己，这就是：常修为政之德，常思贪欲之害，常怀律己之心。有没有进取精神，对领导干部特别重要，要进一步增强大局意识、责任意识、忧患意识，切实转变观念，改进工作方式，努力把中央精神和企业实际结合起来，把主观努力与客观环境结合起来，创造性地开展工作，善于驾驭复杂局势，勇于为事业披挂上阵，敢于开拓工作新局面。团结是生命，团结是力量，要进一步强化集团意识、集体意识，加强班子团结、密切干群关系，讲团结协作，讲五湖四海。各级干部特别是集团本部的干部要进一步改进作风，提高办事效率，增强服务意识，发挥表率作用。

强化管理 提高效益 深化改革
努力提高集团公司
可持续发展能力

——周大兵总经理在中国国电集团公司
2005年工作会议上的讲话（摘要）

（2005年2月19日）

一、2004年工作回顾

2004年，集团公司在党中央、国务院的正确领导下，在国家综合部门的指导和地方政府的大力支持下，努力加强对存量资产的科学管理和集约经营，大力推进增量资产的理性扩张和健康发展，圆满完成了年初下达的各项任务。集团公司系统安全生产形势平稳，没有发生重大及以上人身和设备事故，没有发生影响电网安全稳定的设备事故。全年全口径发电量完成1681亿kWh（含山东菏泽、聊城），同比增长22.6%；完成上网电量1560亿kWh，同比增长22.9%；供电煤耗完成365.7g/kWh，同比下降5.6g/kWh；机组平均利用小时达6000h，同比增加300h，其中火电机组6250h；全年新增发电容量396万kW，到2004年底，集团公司系统可控容量达到2930万kW；实现产品销售收入340亿元，同比增加79.5亿元，增幅30.5%；实现利润总额18.6亿元，比国资委下达的考核指标增长24%，全面完成了国资委下达给集团公司的四项资产经营考核指标，净资产收益率、流动资产周转率也得到进一步优化。到2004年底，集团公司资产总额1007亿元，同比增加196亿元，增长24%。集团公司系统广大员工兢兢业业、扎实工作，全力保障安全稳定发电，为缓解电力供应紧张局面，推动国民经济发展做出了积极贡献。

概括起来，2004年集团公司完成了如下主要工作：

（一）“管理效益年”活动成效卓著，安全生产基

础更加牢固

2004年公司系统认真开展“管理效益年”活动，围绕“夯实基础、确保安全、提高效益”的目标，开展企业基础管理课题研究，制定发电企业基础管理标准，使管理工作更趋科学化、规范化、制度化；建立安全性评价标准，开展安全性评价工作，促进了企业建立安全生产长效机制；克服电煤供应紧张、台风和洪水袭击等困难，圆满完成了迎峰度夏任务；及时组织季节性安全大检查和安全月活动，保证了重要节日、重大政治活动期间的安全稳定生产；实施对标管理，按月公布各分公司、发电企业各项运行经济技术指标完成情况，促进了各单位指标不断向高标准看齐，机组供电煤耗和非计划停运次数显著下降；加强设备管理，提高检修质量，机组大修后连续安全运行的时间不断延长；成功地举办了国家级火电机组运行值班员技能竞赛，激发了员工爱岗敬业、岗位成才的积极性。

加强预算和资金管理，按照“资金集中管理、收支两条线、统贷统还”的管理模式，圆满完成了筹资任务，集团公司全年直接管理信贷资产56.8亿元，间接管理贷款规模531.8亿元。通过优化重组贷款结构，节约财务费用1.073亿元，并实现较高的资金效益。通过重组并购，成功设立了国电财务有限公司，构筑了集团公司金融运作平台。

加强燃料管理，确保燃煤供应。充分发挥分支机构和基层企业作用，加强价格控制、质量验收管理，落实煤源和运力，不仅使燃料供应得到保证，而且煤炭价格得到有效控制；改革燃料管理体制，加大了煤炭资源和运力开发力度，与内蒙古、山西等资源大省结成了战略联盟，与航运企业合作组建了上海国电海运有限公司，逐步建立了集团公司的燃料供应主渠道。

加强对排污收费缴纳情况的预测和分析，力争少缴多补助，全年共争取环保补助专项资金1.56亿元，为2003年补助金额的3.5倍，超过了年初下达的计划指标。大力推进科技创新，加快信息系统建设，推动风力发电技术国产化，引进国际先进的脱氮技术，推广等离子无油点火技术，实施了13项环保技改项目。进一步发挥集团公司的科技优势，将拥有70余项专有技术、40余项专利技术的公司系统13家高科技公司整合在一起，组建了科技环保集团公司。

公司系统各单位因地制宜地采取各种有效措施，有效地促进了“管理效益年”活动的开展。北仑第一发电公司实行环境标准、质量标准和职业安全健康标准“三标一体化”管理，走出了加强企业基础管理工作的新路子；夏港电厂通过加强管理，供电煤耗为345.8g/kWh，达到了同类型135MW机组的国内领先水平；双辽发电厂抓住电价和燃料这两个关键环节，细化指标管理，2004年全面扭亏并实现盈利2600万元。九江、太一、靖远等单位利用金融工具调整贷款结构，大幅度降低了资金成本。

（二）坚决贯彻国家宏观调控政策，电源发展工作务实稳健

目前，在建电源项目中已批复可研报告和项目建议书共19项1430万kW，2004年当年批复13项共1230万kW，其中瀑布沟、宣威六期、双鸭山、华蓥山、邯郸热电厂扩建等5个项目国家已经正式批准开工。为缓解资本金紧张的压力，集团公司抓住时机，首次成功发行了40亿元企业债券。

通过对吉林龙华、江苏苏龙等公司的重组并购，在集团公司投产机组的基础上，实现了2004年集团公司新增装机容量400万kW的目标。通过控股贵州鸭溪公司，取得了该公司120万kW发电项目的开发经营权；通过受让股权，控股了海南大广坝公司，增加控股容量24万kW。实施“走出去”战略，积极开展国际合作，开展了对柬埔寨甘再水电BOT项目的投标准备工作。

按照集团公司的统一规划，长源公司通过资产重组、并购和投资控股新建项目，迅速扩大了主营业务规模，可控装机容量达到179万kW，增加集团公司控股容量80万kW，在建项目装机容量达到254万kW。龙源集团公司积极争取风电资源，去年新增风电容量10万kW。各项目公司积极推进项目进展，双鸭山发电公司充分调动各方面的积极性推动三期扩建，成为集团公司通过国家发改委核准的第一个单机60万kW项目；黄金埠、荆门、泰州、龙山、天津东北郊等项目前期和立项报批工作也取得了突破性进展。

（三）积极稳妥开展重组改制工作，企业内部改革稳步推进

集团公司党组审时度势，决定在2004年启动重组改制上市工作，经过紧张工作，10月中旬向国务院上报了改制上市方案。由于瀑布沟事件的发生，集团公司决定暂缓同基准日相关的改制上市各项工作，待瀑布沟事件处理完毕后，再重新启动。通过重组改制的准备工作，我们达到了统一思想、摸清家底、规范运作的目的，增强了依法治企的意识，培养了了解国际资本市场运作的管理人员。改制工作还促进了资产接收和清产核资，使集团公司完成了所有资产接收工作，在五大发电集团公司中第一个完成了清产核资工作，促进基层企业完善了土地、房产证等基础管理工作。

按照“总体设计、分步实施、先试点、后推开”的原则，集团公司在5家企业开展了深化劳动、人

事、收入分配三项制度改革的试点工作，并在此基础上，在16家企业进行了扩大试点。加快内部“三次重组”工作，对五大区域和四个省（区）共计45个企业进行战略性重组，以优化资产结构、提高资产质量、改善财务状况、减小管理幅度。

按照建立现代企业制度的要求，规范了“股东会、董事会、监事会”业务管理，初步建立了集团公司董事会办公室与项目负责人相结合的工作平台，完善了制度体系，在增强对控（参）股公司控制力的同时，促进了各控（参）股公司的独立规范运作。推进法制化建设，加强了法律工作及合同管理，促进了依法治企。国电电力发展股份有限公司依法规范运作，加强信息披露，连续5年入选全国上市公司50强企业，树立了良好的市场形象。

（四）开展有效的市场营销，市场竞争力不断提高

集团公司抓住国家发改委疏导调整电价的时机，尽早动手，周密部署，精心组织，积极协调，使集团公司平均上网电价水平有一定上调。在电价调整规范过程中，甘肃靖远、湖北南河等9家无正式批复电价的电厂均获批了正式上网电价，新投产机组也获批统一上网电价，超发电量电价也得到了规范，部分热电厂的热价得到初步理顺。

在电热费回收方面，集团公司2004年回收率达到99%，比2003年提高6个百分点；陈欠电费回收率达到67%，比2003年提高27个百分点。

在电力市场建设方面，集团公司参与了区域电力市场方案和规则的起草与修订工作，双辽电厂、双鸭山电厂和朝阳电厂在东北区域电力市场模拟试点中取得较好成绩；吉林热电厂率先成为全国第一家直供试点电厂；集团公司在华东区域电力市场竞价模拟试点中也锻炼了队伍，积累了经验。

（五）加强工程建设管理，确保工程顺利推进

为确保年度投产目标的实现，按照“保投产、抓在建、促开工、重管理、创效益、树品牌”的工作思路，集团公司加强了对基建工程的组织、指导和协调，按计划推进各项在建工程。严格控制设计标准，积极开展设计优化；严格合同管理，实现了工程“安全、质量、工期、造价”基本受控，完成了2004年的工程建设任务，全年新投产机组265万kW。重视制度建设，确立了集团公司基建管理制度的三级结构体系，开展了新建火电厂形象设计方案竞赛活动。国电电力大同发电公司创新工程管理机制，在国内60万kW工程项目管理中居于领先地位，成为名副其实的“国电示范工程”。

在当前设备制造和供应紧张的情况下，集团公司发挥整体优势，发挥物资采购主渠道作用，采取打捆采购方式，完成了总额为190亿元的主机、辅机和“四大管道”采购合同的签约工作。通过严格的招标管理，降低了采购成本，保证了合同严格履约，保障了集团公司电源建设和大型技术改造工程的物资需求。

（六）思想政治工作和党风廉政建设扎实开展，人才强企战略初见成效

2004年，通过进一步落实党组中心组学习制度、民主生活会制度和党风廉政建设责任制度，深入开展“为发展作贡献，为党旗增光辉”主题活动、保持党员先进性教育活动准备工作和“管理效益年”活动的宣传舆论工作，促进了集团公司系统的精神文明、企业文化、党建和思想政治工作，以及工会和共青团工作的全面协调发展。

通过组织培训、教育、宣传，公司系统党风廉政“大宣教”机制不断完善，党风廉政建设责任制得到全面落实，效能监察和绩效审计工作取得新成效，违法违纪案件查处力度进一步加大。

为吸引和留住人才，打造集团公司核心人才队伍，集团公司全面启动了“168人才工程”，评选出了首批1282名“168人才”。全面加强了公司系统企业领导人员队伍建设，按照建立现代企业制度的要求，进一步理顺了企业领导人员管理体制，调整和充实领导班子，全年共任免干部464人次，推荐董事、监事139人次，初步建立了一支朝气蓬勃、奋发有为的企业领导人员队伍，为集团公司的改革发展提供了有力的组织保证。

二、2005年集团公司面临的形势

2004年底召开的中央经济工作会议指出，2005年是贯彻落实科学发展观，巩固宏观调控成果，保持经济社会良好发展态势的关键一年，也是全面实现“十五”计划目标，衔接“十一五”的重要一年。会议要求2005年的经济工作要全面落实科学发展观，坚持发展这个党执政兴国的第一要务，进一步提高驾驭社会主义市场经济的能力，加强和改善宏观调控，着力推进改革开放，加快调整经济结构，转变经济增长方式，更好地利用重要战略机遇期，实现经济社会全面协调可持续发展。会议强调，深化国有企业改革仍然是经济体制改革的中心环节，要着眼于增强活力和竞争力，坚定不移地推进国有企业改革；国有企业要充分认识到自己承担的责任，牢固树立和落实科学发展观，努力实现企业持续快速高效发展，保持企业稳定。

为进一步加强党的执政能力建设，全面推进党的建设新的伟大工程，党中央决定2005年开始在全党开展以实践“三个代表”重要思想为主要内容的保持

共产党员先进性教育活动，认真解决影响党的先进性、削弱党的执政成效、损害党和人民事业的突出问题，始终保持党员队伍的先进性和纯洁性，为加强党的执政能力建设奠定坚实的组织基础，不断增强创造力、战斗力和凝聚力。

中央的这些要求为我们做好2005年的工作指明了方向，综合起来看，我们对集团公司面临的形势和任务有如下分析：

一是今后两到三年是集团公司快速发展的战略机遇期，必须抓住机遇加快发展。2003年以来，全国电力供需矛盾持续紧张，预计2005年总体仍然紧张，2006年逐步缓解，2007年达到总体平衡。由此来看，今明两年甚至后年，是我们加快发展的关键年。预计到2005年底，集团公司经过努力可控发电装机容量可以达到3500万kW，距离集团公司第一阶段发展目标4000万kW还缺近500万kW。要实现2010年集团公司可控装机容量6000万kW的目标，从2006年起集团公司平均每年须新增发电容量500万kW。因此，我们要坚定不移地落实集团公司既定的发展目标，加快规模扩张，调整电源结构，优化资源配置，以较大的规模和更为先进的装备占领更大的市场份额。同时，要着眼于不久将至的电力供需平衡局面，注重内部挖潜，加强管理，提高对存量资产的运营水平，以增强集团公司在电力市场上的竞争力。

二是国家加强宏观调控，坚决制止电站项目无序建设的措施，对电源发展提出了更高的要求。国务院国发［2004］32号文件要求认真开展电站项目清理，控制电站项目无序建设。应该看到，这次清理整顿一方面有利于防范投资风险，规范电源开发，对电源发展提出了更高的要求；另一方面，按照投资体制改革的要求，谁投资谁承担风险，企业对投资要负实质性的责任。我们要尊重基本建设程序，扎实深入推进各项前期工作，认真落实各项外部条件，把是否符合国家产业政策、是否符合电源重大布局、是否符合国家和地方政府电力规划等问题，作为集团公司决策项目的主要因素，推进集团公司电源项目的可持续发展。

三是深化改革既符合中央的精神，也是集团公司发展壮大的必然选择。中央经济工作会议强调，深化国有企业改革是2005年经济体制改革的重点，要在投资主体多元化和完善公司治理结构等方面取得新的突破，进一步消除影响和制约中央企业快速高效发展的体制机制障碍。中央企业负责人会议要求加快现代企业制度建设，扩大国有独资公司建立和完善董事会的试点范围。中央关于深化国企改革的决策，再次证明我们的改革思路是完全正确的，当前只有坚定不移地推进改革，走资产重组和资本运作的道路，完善公司治理结构，建立以市场为导向，效益优先、科学合理的机制，激发企业快速发展的活力，才能实现快速扩张和跨越式发展。

四是煤炭供应紧张形势加剧，要求我们加大顺价工作力度，努力降本增效。2004年，集团公司系统电煤供应紧缺，燃料成本大幅度增长。2005年将面临煤炭资源紧缺、铁路运力不足、煤炭价格上涨的局面。国家在2004年底出台了建立煤电价格联动机制的政策，这一重大举措固化了煤价、电价改革的成果，有利于加快电力市场化建设，缓解煤电价格矛盾，促进煤电协调发展。按照这个政策，电力企业将可以把煤价上升的部分成本转移出去，提高毛利率，进而提升公司的业绩。但是应该看到，由于供求关系的变化，近期煤炭价格仍有上升的趋势，我们还面临政策执行受阻、顺价滞后等问题。因此，我们一方面要依据价值规律，尊重市场，尊重煤炭、电力生产客观规律，尊重国民经济运行的内在要求，本着立足当前、着眼长远、促进共同发展的原则，推进煤电价格联动政策的顺利实施；另一方面，要眼睛向内，通过加强管理，挖潜增效，消化电煤涨价带来的成本冲击。

五是集团公司在快速发展的同时，要采取有力措施预防和化解潜在的各种风险。随着集团公司发展规模的不断扩大，特别是电力市场竞争的日益激烈，企业除了要面对价格、需求、技术变化等市场风险，还要面对复杂的经营、法律、安全和社会风险。集团公司要实现持续稳定发展，必须树立风险意识，加强风险管理，在发展战略的制定、投融资决策、工程建设、财务管理、安全生产、队伍稳定等方面完善相关制度，制订应急方案和治本措施，建立健全风险的识别、监测和防范机制。当前应该高度重视经营中的财务风险，如资本性资金来源不足、负债率偏高、财务费用挤占利润空间、核心资产获利能力比较低等。同时也要重视在快速发展过程中的投资与建设风险，如电源前期核准困难、建设中的安全质量风险、移民征地风险、投产后市场变化风险等。

三、2005年工作的总体要求和工作任务

（一）总体要求

以邓小平理论和“三个代表”重要思想为指导，认真贯彻党的十六大和十六届三中、四中全会及中央经济工作会议精神，以树立和落实科学发展观统揽集团公司工作的全局，加强结构调整和项目优化，努力实现发展目标；深化企业改革，转换经营机制，建立现代企业制度；加强内部管理，提高经济效益；积极开展保持共产党员先进性教育活动，保证改革、发展、稳定工作的正确方向，为提高集团公司可持续发展能力而奋斗。

具体来说就是，抓住一条主线，深化两项活动，

推进三方面改革，加强四个保障。

抓住一条主线，就是以树立和落实科学发展观为主线，提高集团公司的可持续发展能力；

深化两项活动，就是深入开展以经济效益为中心，以财务管理为重点的“强化管理、提高效益”活动和保持共产党员先进性教育活动；

推进三方面改革，就是推进整体改制，“三项制度”改革，三次重组和主辅分离、辅业改制；

加强四个保障，就是加强安全生产的基础保障、科技环保的技术保障、人力资源配置的人才保障、党风廉政建设的政治保障。

（二）目标要求和主要生产、经营指标

2005年是集团公司实现第一阶段发展战略目标的关键一年，也是集团公司“强化管理、提高效益”工作分三步走的第三年，我们要争取可控发电装机容量突破4000万kW，销售收入突破400亿元，集团公司资产总额突破1200亿元。

安全目标：不发生人身死亡事故、全厂停电或电厂引发的电网稳定破坏事故、重大及以上设备损坏事故、电厂垮坝事故、重大及以上交通事故、重大及以上火灾事故。

主要经济技术指标：全口径发电量1787亿kWh（含山东菏泽、聊城）；供电煤耗少于365g/kWh；厂用电率少于6.9%；设备平均利用小时大于5700h（暂不含大广坝、龙华）。

财务指标：利润总额19亿元；净资产收益率3.43%；流动资产周转率1.7次；资产负债率控制在78%以内。

电热费回收率目标：当年电热费回收100%，陈欠回收20%。

固定资产投资计划：固定资产投资规模安排332亿元，其中电源项目300亿元。

新增发电容量：开工800万～1000万kW，投产440万kW。

（三）重点工作

1. 以国家宏观调控政策为导向，增强可持续发展能力

集团公司自成立以来就把发展作为第一要务，始终强调严格按照国家产业政策和基建程序开展电源开发，电源项目前期和建设工作得到了国家有关部门的一贯支持，目前的在建项目基本符合国家规定。2005年我们要以科学发展观为指导，坚决贯彻执行国务院关于坚决制止电站项目无序建设的宏观调控政策，通过清理整顿，优化调整项目排序和投资结构，防范和规避风险，增强集团公司的可持续发展能力。要加强项目投资和建设管理，规范重大投资项目决策程序和工作流程，落实电站项目的前期工作、施工准备、设备订货、项目开工条件和核准程序，使集团公司电源项目发展工作程序更规范、工作更扎实、步伐更稳健。

要坚持每年平均“三个四百万”千瓦的目标不动摇，转变增长方式，把发展工作的重点从争取新电源项目转变到优化电源项目、平衡区域布局上，提高集团公司在电力市场中的竞争力；从积极要求开工建设新电站项目转变到尽快使这些项目纳入规划、获得核准并对项目进行审慎评估上，确保前期工作的深度和质量，提高新上电站项目的抗风险能力；从单纯依靠新扩建项目转变到资产重组并购与新扩建项目并重上，实现规模扩张和跨越式发展。

要积极推进投融资体制改革，积极拓展融资新途径，落实项目发展资本金和并购资金。要把开展并购、重组工作作为实现快速发展的重要途径，在保证对项目控股的前提下积极参与收购电网公司部分存量电厂资产，争取国电电力部分股份回购。理顺与山东中华发电有限公司的资产关系。推进煤电联营工作。同时要实施“走出去”战略，开发或收购条件成熟的境外项目。

2. 以财务管理为重点，推进“强化管理，提高效益”活动向纵深发展

集团公司成立之初，针对企业的实际情况，公司党组适时提出了“强化管理、提高效益”的要求，并做出了三年分“三步走”的部署。第一步是2003年，主要是找准问题，对症下药，重点突破，初见成效；第二步是2004年，全面开展“管理效益年”活动；2005年是第三步，要以财务管理为重点，以创建集团公司“星级企业”为载体，大幅度地提升企业管理水平和集团公司总体经济效益。因此，继续开展“强化管理、提高效益”活动，走好2005年的第三步，既是集团公司既定的工作思路，又是实现2005年各项经营目标的关键和保障。从我们的各项经营指标与其他发电集团的对比分析来看，我们在许多方面还有很大差距，特别是在经济效益方面、在成本方面，我们还有许多潜力可挖，各级领导一定要在思想上进一步提高认识，高度重视这项工作，扎扎实实予以推进。

做好2005年“强化管理、提高效益”工作，要抓住以下几个重点：

一是强化财务全面预算管理，以预算管理为龙头，以资产经营考核为手段，以控制成本与财务支出为重点，以经济效益最大化为目标，加强资金管理，确保利润指标在2004年的基础上提高20%。

二是以创建“星级企业”为载体，不断提高管理水平。在总结达标、创一流工作的基础上，建立以企业管理、安全管理、设备管理、科技环保、指标评价、企业文化等为主要内容的创建星级发电企业考评标准，以各项经济技术指标评价为主线，注重管理，

突出效益，分四个星级对发电企业进行考评。各生产运行企业要把创建“星级企业”活动融入到日常生产经营工作中。各分支机构要对创建“星级企业”工作进行经常性地检查指导。集团公司将把创建“星级企业”活动作为“强化管理、提高效益”的手段长期坚持并实行动态管理，每年对发电企业进行考评，并根据实际情况对“星级企业”考评标准修订完善，使其更符合集团公司的管理实际，更体现科学性、先进性，促进企业不断提高整体素质和盈利能力。

三是加强资产结构和投入产出分析，提高风险管理水平。加强对新建并购项目和技改、环保工程的经济性分析，严格投入产出管理和考核，加强对投融资风险的防范；发挥法律事务在经营管理及投资决策中的保障作用，规避法律风险；优化融资方案，控制贷款规模，加速资金周转，切实控制负债率。

四是加强对派出董事、监事管理，规范被投资企业董事会、监事会行为，切实保障股东的三项权力落实到位。建立董事、监事向集团公司报告工作制度，明确董事、监事的职责，提高董事会的决策水平和监事会的监管水平，确保集团公司的投资收益。

五是牢固树立勤俭办企业的思想，集中资金用于集团公司的发展。集团公司资金使用的重点是雪中送炭，而不是锦上添花，要坚决压减非生产性开支，节约每一分钱用于集团公司的发展，凡是与加快集团公司发展、提高生产力、提高效率和效益没有直接关系的投资能缓则缓、能停则停。

3. 以建立现代企业制度为取向，积极推进各项改革

中央企业负责人会议提出，2005 年具备条件的中央企业要加快推进股份制改革，按照建立现代企业制度的要求，健全公司治理结构，促进企业转换经营机制。整体改制上市是集团公司重大改革战略，符合中央精神和集团公司实际，得到了国务院、发改委、国资委的支持。我们要坚定不移地推进现代企业制度建设，根据实际情况，认真研究制订整体改制实施方案和具体步骤，适时重新启动改制上市工作。同时要按照国资委的要求，进一步规范和加强“三会”业务管理，促进公司系统法人治理结构建设。

在推进整体改制上市工作的同时，继续深化企业内部劳动、人事和收入分配三项制度改革，在积极推进“三改”扩大试点的基础上，全面深化集团公司系统“三改”工作。统一规范企业定岗、定编、定员、定责，加强劳动合同管理，实行竞争上岗和岗位动态管理；深化企业内部分配制度改革，合理拉开收入差距。

要继续积极稳妥地推进“三次重组”，进一步优化资产结构，改善财务状况，减少管理跨度。特别要加强空壳电厂的重组工作，各有关单位要密切配合，在 2005 年全部理顺空壳电厂的管理体制。要充分发挥集团公司的规模优势，积极探索成立区域运行、检修等专业化公司。认真贯彻落实《国务院办公厅关于第二批中央企业分离办社会职能工作有关问题的通知》（国办发［2005］4 号）文件精神，加强与地方政府协调沟通，精心组织，周密安排，做好精干主业，规范辅业，分离企业办社会职能工作。在推进分离办社会工作中，要积极争取财政专项资金，降低改革成本。

4. 以建立长效机制为重点，坚持不懈地抓好安全生产

安全生产是企业生存发展的基础，一定要常抓不懈。要以建立长效机制为重点，在强化意识、夯实基础、落实责任、超前预防上下功夫，坚决杜绝人身死亡事故和重大设备事故，努力建设本质安全性企业。一是坚持“安全第一，预防为主”的方针，认真贯彻《安全生产法》，严格执行集团公司各项安全生产管理制度，落实各级各类人员的安全生产责任制，特别要强化班组长和现场负责人的安全意识和责任意识。二是落实集团公司《重大事故预防措施》，切实防止人身、设备事故。三是认真开展安全质量标准化工作，坚持做好安全性评价活动，建立安全性评价的查评、整改、考核闭环管理机制；进一步完善管理制度，规范作业行为，强化安全考核，实现系统无缺陷、管理无漏洞、设备无故障，努力做到本质安全。四是做好防洪、防汛和大坝安全工作，确保不垮坝、不漫坝、不水淹厂房。五是认真遵守电力市场运行规则和调度纪律，积极维护电力系统安全稳定运行。六是严格安全生产考核制度，坚持“四不放过”原则，奖优罚劣，设立安全生产长周期奖，激励企业实现安全生产长治久安。

5. 以“四大控制”为目标，加强工程项目管理

集团公司 2005 年工程建设计划投资 300 多亿元，投产 440 多万 kW。一大批集团成立以后开工的项目都将在 2005 年进入施工高峰，工程建设规模大、任务重。各分公司要加强协调领导，各项目公司要精心组织，严格管理，扎扎实实地做好工程管理的各项基础工作，提高工程项目管理的科学化、规范化水平，全面实现工程建设的各项目标。一要抓好建设管理中的“四大控制”。要牢固树立工程建设重效益的意识，确保工程造价控制在本地区同期同类型工程的平均造价水平以下；工期目标要在集团公司定额工期的基础上进一步缩短；质量目标要确保实现高水平的达标投产；安全目标要实现人身死亡事故零目标。二要进一步理顺管理体制，健全规章制度。2005 年在进一步完善集团三级制度管理体系的同时，要重点加强各项目公司管理制度的建设。三要积极开展和鼓励设计优

化，做好设计审查工作，保证设计质量和设计深度。四要加强和规范招投标工作，逐步实行招标工作项目法人的事权、招标权、评标权、决策权“四权分离”，同时要使监督权贯穿招标工作的始终。

6. 以市场为导向，全力做好营销及燃料、物资供应工作

积极参与东北电力市场竞价，落实电力市场全电量竞价和合约签订工作，做好华东电力市场试运行和其他地区电力市场准备工作。要围绕发电企业如何消化煤炭涨价的30%部分和能否有效控制煤价上涨8%的问题，认真分析，层层发动，精心组织，收集信息，及时协调，做好煤电价格联动工作，争取合理的电、热价格，争取全面实现供热企业扭亏。积极开展直供直销工作，在做好吉林热电厂直供的基础上，完善措施，争取政策和扩大试点。做好各电厂特别是新投产机组与电网公司签订购售电合同工作。加大激励和考核力度，确保电热费全额回收，努力清理陈欠。

加强物资管理，用经济方式整合现有的物流资源，建立与国际通行规则接轨的、物畅其流、快捷准时、经济合理、用户满意的专业化、信息化的现代物流服务网络体系。逐步建立区域物资配送中心，优化物资及备品储存结构，减少库存，加快周转。

加强燃料管理，适度授权，落实责任，明确重点，统筹协调，建立燃料供应主渠道，严格控制燃煤价格，确保燃煤质量。积极推进煤电联营，加强与煤炭企业的战略合作，建设具有战略地位的煤炭供应基地。加强对电厂煤炭合同价格管理，在保障供应的基础上，最大限度控制煤炭涨价。

7. 以科技创新应用为保障，提升技术进步能力

科技环保产业是集团公司提高生产力水平和长远竞争力的一大优势和重要手段。当前，一要按照国家产业政策，制订和实施集团公司的技术路线，积极推动高参数、大容量火电机组以及核电、燃气轮机的引进和建设，加快推进风力发电国产化，逐步淘汰老、小、技术落后的机组。加快科技产业化步伐，大力支持研发具有创新价值的科技重点项目。二要高度重视环保排污收费标准不断提高的严峻形势，积极采取措施力争少缴多补助，加快机组脱硫、脱氮等环保技改进程，做好新建项目的前期环评工作，确保环保设施与主体项目同步建设，并实现达标投产。三要按照“统一规划，统一标准、统一开发、分步实施”的原则，加强信息网络建设，厉行节约，确保信息系统的实用性和可兼容性。

要提升科技环保集团公司的竞争力，大力推广应用已经成熟的烟气脱硫、等离子点火、汽轮机通流部分改造等先进技术，积极研发环保、节能、信息化新产品、新技术，为集团公司降低发电成本、提高经济效益、实现可持续发展提供技术支撑。

8. 以建设“四好班子”为重点，加强干部队伍建设和人力资源开发

按照全国国有企业领导班子思想政治建设座谈会的要求，积极开展创建“政治素质好、经营业绩好、团结协作好、作风形象好”的“四好班子”活动。坚持把树立和落实科学发展观与正确业绩观统一起来，坚持集体领导和个人分工相结合的原则，围绕集团公司各个时期的工作中心，切实转变作风，不断增强创造力、凝聚力和战斗力，努力把各级领导班子建设成为“四好班子”。大力加强能力建设，切实提高各级领导班子的战略决策能力、经营管理能力、市场竞争能力、推动创新能力和应对复杂局面的能力。加强对工会、共青团工作的领导，动员广大员工为实现集团公司各项目标努力工作。

要树立科学的人才观，继续推进人才强企战略。紧紧围绕人才培养、吸引、使用、激励四个环节，通过岗位培训、实践锻炼等途径，全面提高“168人才”的学习能力、创新能力、实践能力。要重视多层次的人才开发和培养，重点培养经营管理人才、科技人才和高技能人才；要建立激励和约束的长效机制，既要留住企业现有人才，又要吸引社会人才；要突出人力资源的优化配置，满足集团公司新建扩建项目建设、生产管理对各类人才的需求。

9. 以先进性教育为重点，加强思想政治工作和党风廉政建设

中央决定，从2005年1月开始，用1年半左右的时间，在全党开展保持共产党员先进性教育活动，这是全党政治生活中的一件大事，政策性强，意义重大。各级党组织要高度重视，按照中央的精神，按照集团公司党组《关于开展保持共产党员先进性教育活动的实施方案》，切实做到把学习实践“三个代表”重要思想作为主线贯穿始终，把学习贯彻党章、党的十六大和十六届三中、四中全会精神贯穿始终，把不断提高党员的思想认识贯穿始终，把进一步调动党员的积极性贯穿始终，把抓落实、求实效贯穿始终，把加强领导贯穿始终，努力实现提高党员素质、加强基层组织、服务人民群众、促进各项工作的目标要求。参加第一批先进性教育的单位的全体党员，要以积极的姿态投身到先进性教育活动中去。参加第二批先进性教育的单位，也要积极做好准备工作，为确保在7月份全面启动奠定扎实的基础。各级党组织要以高度的责任心和周密的工作安排，扎扎实实地组织好这次先进性教育活动，要以此为契机，下决心解决我们自身和企业改革发展中存在的突出问题，下力气提高我们服务员工、服务群众的本领，努力把集团公司的各级党组织真正建设成为贯彻“三个代表”重要思想的

组织者、推动者和实践者，使绝大多数的党员在群众中成为体现党的先进性的模范代表。

要通过开展保持共产党员先进性教育活动，切实加强各单位尤其是本部作风建设。集团公司本部是集团公司的战略决策和指挥中心，本部员工的工作作风、工作效率和工作水平对公司系统具有很强的示范和带动作用。本部各部门更要恪守“忠诚事业、忠诚集团，爱岗敬业、岗位成才”的职业道德观，努力争做学习型、管理型、服务型、效能型、廉洁型员工，不仅要在业务上做基层的表率，在政治上也要做好表率。本部工作人员要弘扬求真务实的工作作风，要讲实干、办实事、求实效，不搞花架子，不做官样文章；要增强服务意识，提高办事效率，主动热情做好服务，设身处地为基层着想，真心实意地为基层解决困难；要始终坚持和发扬艰苦奋斗的优良传统和作风，厉行节约，杜绝大手大脚、铺张浪费、文山会海；要团结协作，互相配合，加强沟通，严格程序，严守纪律，顾全大局，确保集团公司各项工作政令畅通，令行禁止。

加强党风廉政建设，坚持审计监督与纪检监察并举，标本兼治、综合治理、惩防并举、注重预防的方针，完善党风廉政建设和反腐败惩治、预防体系。对各级领导人员严格要求、严格教育、严格管理、严格监督，克服在思想上、组织上、作风上的各种消极腐败现象。继续完善党风廉政建设体制和工作机制，坚持重大事项决策和项目责任人责任约束机制和失误追究制度。严格执行国有企业领导人员廉洁从业规定，加强对企业重组改制及重大投资、招标、采购、关联交易等环节的监督，防止资产经营管理权的滥用。

要高度重视企业稳定和信访工作。认真分析集团公司在实施“三改”、关停小机组、处置空壳企业、实施主辅分离和辅业改制、分离企业办社会职能等工作中可能影响职工队伍稳定的潜在因素，积极稳妥地解决问题，确保员工队伍稳定。

以提高质量效益为中心 促进集团公司可持续发展

——王炳华总经理在中国电力投资集团公司2005年工作会议上的报告（摘要）

（2005年1月28日）

一、2004年工作回顾

2004年是集团公司加快发展、深化改革至关重要的一年。在电力供应紧张、煤电油运矛盾突出、经营环境发生较大变化的情况下，集团公司广大干部员工坚持以邓小平理论和“三个代表”重要思想为指导，树立和落实科学发展观，认真贯彻国家宏观调控的政策措施，以全面协调持续发展为主题，以改革创新为主线，深入开展“增收节支年”活动，扎实推进各项工作，实现了集团公司预期的各项目标和任务，完成了国资委的年度经营考核指标。

——完成发电量1306.35亿kWh，比2003年增长6.59%；

——实现销售收入290亿元，比2003年增长15%；

——实现利润14.65亿元，比2003年增长6%；

——净资产收益率比2003年提高0.67个百分点；

——资产总额突破1000亿元，达到1040亿元；

——投产容量134.1万kW。

2004年的工作主要有以下几个特点：

（一）发展保持良好势头，战略重点实现新的突破

项目报批和工程建设进展顺利。集团公司按照国家产业政策和发展规划合理布局，全年获得国家批准可研或核准的项目总容量为583.2万kW，为后续发展创造了条件。工程建设投产计划按期完成，在建项目积极推进，开工项目的各项准备条件及时得到落实。

核电开发建设迈出关键性一步。集团公司成为国内开发、建设和运营核电的3家集团之一。成立了中电投核电有限公司，正在形成一整套核电管理和技术支持体系。山东海阳和辽宁大连核电项目纳入国家“十一五”规划。与部分省区签订了内陆核电开发协议，并高质量地开展了前期工作。

水电开发良性循环机制逐步形成。在国务院领导和有关部委的关怀支持下，黄河上游水电公司的资产划转、巨额欠费、增值税政策等问题得到妥善解决，取得了龙羊峡以上电站开发权，公伯峡水电站1、2号机均提前1年投产发电，拉西瓦项目获得国家立项批复，黄河上游流域资产重组即将完成。长江沅水流域的开发建设和资产重组顺利推进，三板溪等水电项目建设按计划进行，挂治、东坪水电站得到核准。广西长洲水利枢纽工程成功实现外江截流，全面转入主体施工阶段。

相关产业实现新的跨越。集团公司与内蒙古霍煤集团成功重组，白音华、淮南、平顶山等煤电基地开发按计划推进，煤电一体化发展起步良好。中电投财务公司获准成立。重庆远达环保产业有了新的突破，第一个火电厂烟气脱硫技术及装置产业化项目通过国

家综合验收，工艺技术设计和研发能力达到国内领先水平。

海外发展和资本运作成效显著。“中国电力”红筹股在香港成功上市，搭建了集团公司境内外资本运作和国际化发展的平台。集团公司境内3个上市公司健康发展，上海电力再次入选上证180和上证50指数样本股，山西漳泽电力再次入选深证100指数样本股，重庆九龙电力业绩平稳上升。中电投2003年企业债券在上海证交所成功上市，首次派息工作圆满完成。中电国际收购了芜湖三期51%的股权。郑州热电厂圆满移交地方企业，在空壳电厂职工合理安置问题上进行了有益探索。

科技创新取得重大进展。集团公司注重用科技创新促进产业升级和节能降耗。纳入国家863计划的两个技术改造项目取得阶段性成果。平圩、姚孟等一批新项目采用600MW超临界机组，为集团公司结构调整打下基础。通辽三期600MW空冷机组、阚山600MW超超临界机组、分宜大型循环流化床锅炉等项目的国产化研制工作，为国家火电技术升级进行示范。“自主知识产权100MW循环流化床锅炉研制及示范”等3个项目分获中国电力科技进步一、二、三等奖。

（二）生产、建设安全稳定，主要技术经济指标持续改进

安全长效管理机制逐步建立。集团公司坚持“安全第一、预防为主”的方针，坚持以人为本的理念，加强安全文化建设，发布并宣贯《安全政策声明》，以安全、健康、环保为目标的员工工作环境和预控式管理模式正在形成。

工程建设实现了安全管理目标。集团公司坚持严格要求、严格管理、严格监督的原则，认真开展“安全无违章工地”和“安全生产月”活动，及时纠正不规范管理行为和习惯性违章，加强对危险源的辨识与控制，工程安全管理水平不断提高。

安全生产指标有显著改善。集团公司强化安全生产，确保责任落实到位，尤其在发电企业体制改革过程中，加强指导、协调，保证了新旧管理机制和管理方式的有效衔接。加强设备治理，优化调度管理，提高运行检修质量。科学制定应急预案，认真落实季节性反事故措施。落实掺烧褐煤的安全技术措施。一年来，集团公司系统未发生年度安全目标控制五类事故，机组非计划停运次数同比下降53%，一般设备事故同比降低47.6%，供电煤耗同比降低1.11g/kWh，综合厂用电率同比降低0.25个百分点，在化解不利因素、控制各种风险的同时，安全管理水平稳步提高。

（三）经济运行态势平稳，增收节支成效显著

集团公司各单位全面落实“增收节支50条措施”，开源节流，挖潜增效。强化计划与预算功能，落实资产经营责任，统筹安排资金规模和投向，不断提高资金使用效率。加大成本管控力度，重点强化了燃料量、质、价管理，成本费用得到有效控制。科学安排运行方式和检修时间，提高运行和检修质量，机组经济运行水平不断提高。完善营销策略，积极参与区域电力市场试点，竞价和市场开拓能力有显著提高。落实责任，电热费回收取得成效。理顺价、税关系，厂网价格分离工作全部完成，在争取和落实电价、热价政策上有所突破。完成清产核资工作。加强依法治企，实施财务整顿，强化审计和效能监察工作，企业运作进一步规范，经营风险得到有效控制。

全年采取减少非停、缩短检修工期等措施使电量增发实现增效4.8亿元；节能降耗、控制支出，修理费、材料费节约2.41亿元；营业外净支出下降1.65亿元；融资置换财务费用降低1.37亿元；水电企业实现减亏1.77亿元。集团公司以增收节支为手段，加强管理，提高效益，不仅部分缓解了电煤涨价带来的经营压力，而且完成了年度资产经营指标，有力地保证了集团公司的经济稳定运行。

（四）企业改革整体推进，创新效应进一步显现

主辅分离、运检分离在系统内全面推开。集团公司发电企业运行、检修、辅业体制性分离基本完成。清河、黄河两个改革试点单位，内部加强管理，外部拓展市场，效率、效益显著提高。在体制改革的同时，积极转换经营机制，进行人事、劳动用工和分配三项制度改革，集团公司工效挂钩方案已经部署，对二级单位主要负责人的年薪管理开始实施。

专业化、集约化运作机制不断完善。发电运行分公司首个试点项目——白鹤二期1号机已成功投入商业运行。工程建设管理分公司第一个实行工程建设委托制管理的贵溪项目取得良好成效，得到地方政府和建设部等有关方面的认可。资金结算管理中心科学管理，规范运作，资金集成作用得到进一步发挥。改革和规范原有的燃料管理方式，构筑三级燃料管理体系，既降低了成本，也保障了燃料的连续稳定供应。

业绩评估工作稳步推进。集团公司完成了通辽发电总厂等8个试点单位的综合评估，部分企业实施了预评估、专项评估和自我评估。通过业绩评估，先进管理理念和方法得到传播与应用，企业管理水平和队伍整体素质不断提高。

制度建设和流程优化工作以点带面，有序进行。集团公司对这项工作进行了总体部署，《规章制度管理制度》已经修改发布，8个试点单位的工作初见成效。集团公司规章制度体系进一步修改完善，工作效率和质量得到提高。

（五）队伍整体实力不断增强，两个文明协调发展

坚持党管干部、党管人才，落实人才强企战略。集团公司召开了全系统人才工作会议，全面部署人才工作。继续健全和完善领导干部管理制度体系，完成了对二级单位领导班子的全面考核，建立了后备干部队伍。充分发挥党校和高培中心的作用，加强培训的力度。全年共培训核电专业人才120名，培训领导干部和各类专业人才1800多人次，领导班子和人才队伍素质不断提高。

加强党的建设、精神文明和企业文化建设，积极探索党群工作新机制。切实加强思想政治建设，坚持理论联系实际，学习贯彻党的一系列重大方针政策。进一步整合集团公司企业文化。加大党风廉政建设工作力度，在全系统广泛开展了“规范经营、廉洁从业”主题教育活动。积极开展各类公益活动，增强员工奉献社会意识，向“为实现和平和正义，法律援助在中国”大型公益活动捐款60万元，为印度洋海啸中受灾国家捐款，仅集团公司本部和在京单位就捐款近11万元。结合员工队伍建设，开展了一系列技术比武、岗位练兵、经济技术创新、建功立业等活动。推动厂务公开工作的深入开展。通过党建、企业文化建设，党的核心作用进一步得到发挥，精神文明取得可喜的成绩，在改革发展中涌现出了一大批先进单位和优秀共产党员。

二、集团公司发展思路和管理模式的探索与实践

（一）逐步形成以国民经济发展和市场需求为导向的国有能源企业集团战略

集团公司成立之初用十六大精神统揽全局，以满足国民经济发展和市场需求为战略取向，在国民经济发展全局中定位，确立了“三三二三”的总体发展战略思路。

两年来，集团公司按照总体发展战略思路，合理布局，优化结构，在核心产业上，坚持水、火、核发展并举，初步形成了水电、火电、核电结构比例合理，在建、前期施工准备、规划储备项目规模梯次适度，近期、中期、远期项目开发有序的核心产业发展态势；在相关产业上，稳步向煤炭、环保和金融等产业延伸；在海外发展上，搭建了资本运作的平台，并与相关的战略伙伴建立了合作关系。三大战略的同步推进使集团公司总体战略格局基本形成，电源布点从全国17个省区扩展到23个省区，资产规模从801亿元增加到1040亿元，实现了从单一发电企业集团向能源企业集团的转变，整体实力不断增强，不仅为战略目标的实现奠定了基础，也为国民经济和社会发展作出了应有的贡献。

两年来的实践为丰富完善发展战略积累了经验、创造了条件，集团公司的战略目标更加清晰；战略重点、布局和结构进一步明确；核心竞争力逐步显现；实现战略的步骤和措施更加具体。按照“发展战略思路—发展战略框架—发展战略体系”的战略管理脉络，集团公司目前基本确立了发展战略框架，再经过一年的充实和完善，将逐步形成核心产业、相关产业、海外发展三大战略优势互补，总体战略、区域战略、子战略相互支撑的完整的战略体系。

（二）努力构建科学、合理、精干、高效的集团化管理体系

实施集团化管理，首要的任务就是构建科学、合理、精干、高效的管理体系，它既是一个“除旧”，也是一个“布新”的过程。集团公司是由资产划转形成的，成员单位类型各异，部分是内部核算电厂，分布范围广，企业发展和经营状况极不均衡，主辅不分，运作效率低下。为了实现战略目标，集团公司按照现代企业制度的要求，适应电力市场和公司业务特点，确立了母子公司和总分公司相结合的三级管理体制，并开展了相应的改革和构建工作。

首先，明确集团公司是集团的母公司，是整个集团的决策中心、战略规划中心、资本运营中心、利润中心。集团公司根据国务院批复的《组建方案》和《章程》，确立了总经理负责制、总经理会议制度和相应的工作规则；按照扁平化和“一岗多责、一专多能”的原则配置机构和人员。成立了预算委员会和审计委员会，作为总经理会议的决策支持机构。

其次，明确分公司和部分子公司是集团公司的二级单位，按照产权关系和授权关系，管理相应的资产。集团公司根据战略发展阶段和业务管理特点，设立了区域分公司，成立了发电运行、工程建设、核电、金融等专业化分公司或子公司，明确分、子公司的经营范围，对分公司进行授权。逐步理顺集团公司与成员单位的关系，以产权为纽带建立母子公司关系，向子公司派出董事、监事和财务总监。集团公司对二级单位直接管理，二级单位对三级单位进行管理，以管理职责和权限划分为基础，以提高核心竞争力、盈利能力和可持续发展能力为中心，以落实三项责任制为重点，建立健全集团公司的制度体系、责任体系、监督体系和考核体系。

第三，对发电企业进行体制改革，实施公司制改组、商业化运营、法制化管理。按照国家“主辅分离、精干主业、辅业改制”的总体要求，结合集团公司的实际情况，对原有发电企业实施“主辅分离、运检分离和辅业改制”，并逐步过渡到“运管分离”。新建发电企业直接按运管分离的原则组建。水电流域公

司在实行“主辅分离、运检分离和运管分离”的同时，逐步形成具有“流域、梯级、滚动、综合”开发特点的管理体制。通过上述改革，实现主业精干化、检修专业化、辅业社会化的目标。

集团化的三级管理体制有利于突出主业，提高企业运行效率；有利于充分发挥区域分公司和子公司的作用，突出各自优势；有利于在集团层面搭建统一的平台，优化组合各种生产要素，实现战略协同和资源配置效应，促进各成员单位的共同发展，从而实现集团整体效益最大化。

（三）着力推行具有竞争优势的专业化、集约化、市场化运营管理方式

运作机制是实现管理目标、提高效率的有效手段。要培育集团公司的竞争优势，就要从生产导向型走向市场导向型，实现计划机制向市场机制的转变，粗放型管理向专业化、集约化管理的转变，在管理理念、管理方式和管理手段等各方面进行探索和创新，提升企业价值。

两年来，集团公司主要从以下五个方面入手，着力于建立专业化、集约化、市场化运营管理方式：

一是推行专业化经营管理机制。从优化产业链条和价值链条出发，根据相关业务和管理环节的特点，在集团公司内实行煤电一体化运作和工程建设、运行、检修、燃料、物资的专业化、集约化经营。到目前为止，工程建设管理分公司、发电运行分公司、区域燃料公司规范运作，部分地区煤电一体化运作机制正在形成，区域检修模式和专业化物流管理模式在积极探索。

电厂建设和运营推行“小业主、委托制”管理。精干业主机构，电厂只设精干的管理机构，在工程建设阶段，委托工程建设管理分公司进行项目建设，建成后“交钥匙”；在电厂投产运营阶段，委托发电运行分公司和检修公司进行运行与检修服务。通过这一机制，可以在集团公司系统内、在产业链条和价值链条的各环节，实现价值互动、优势互补、资源优化配置和成本领先。同时还可以培育专业化经营优势，更好地开拓外部市场，形成新的经济增长点。

二是实施集约化财务管理。为确保战略实施，实现整体效益最大化，集团公司确立了集约化的财务管理模式。倡导“诚信、成本、效率、增长、全员”的现代企业理财文化，对财务管理坚持“八统一”的原则，即统一财务决策、统一财务制度、统一会计核算、统一财务报告、统一资金管理、统一预算管理、统一业绩评价考核和统一财会人员管理。在资金管理上，实现资金结算管理中心和财务公司的一体化运作，改善债务结构，降低资金成本，促进产业资本与金融资本的融合。

三是探索现代化的管理方式。在管理载体上，集团公司总结国内外核电运营评估和原电力系统“达标创一流”的经验，创建了发电企业业绩评估管理方式，使企业通过自我和同行评估，以优秀企业业绩为目标，强化过程管理，实施持续改进。

在安全生产上，树立“任何事故都是可以避免”的思想，建立以人为本的安全生产管理模式，坚持以安全理念为先导、以加强管理为基础、以完善技术措施为手段、以有效的制度和标准体系为保障，构建安全生产的长效管理机制。创新管理方式，设备检修实行“三制一化创全优”，即点检定修制、检修文件包制、第三方监理制和检修工作标准化、机组检修创全优。运行管理严格执行运行规程和“两票三制”。建立完善以质量为中心，以标准为依据，以计量为手段的“三位一体”技术监督体系。

在工程建设上，按照安全、质量、进度、造价可控和在控的“四二二”目标体系，实行专业化、标准化、规范化、现代化、国际化，即“五化”管理。

在市场营销上，树立大营销的概念，在主业、相关产业、海外发展上，实行市场研究、项目开发、燃料、生产调度、竞价上网、物流管理的商务一体化运作，逐步建立完善市场分析预测、应对和反馈机制。

在领导班子和干部队伍建设上，确立直接管理与间接管理相结合、相对集中的管理模式，在集团内部搭建干部交流、培养、锻炼、提升的平台。坚持正确的用人导向，提出“讲政治、有本事、肯实干、能自律”的要求。将思想政治建设放在首位，以组织建设、能力建设、作风建设为重点，把制度建设贯穿其中，构建了包括领导干部选配、使用、培养、监督、考核、后备干部管理在内的完整的干部管理体系。组建高级培训中心、党校、电校、技能培训中心“四位一体”的教育培训基地，对领导干部和人才队伍进行定期培训。

在党群工作上，形成“领导与指导相结合”的组织管理体制；统分结合、层级有序的党群工作机制；符合实际、小型多样、群众广泛参与、注重实效的工作方式和方法；建立专兼结合、一岗多责的党群工作队伍；坚持党组（党委）统一领导，党政齐抓共管，党群工作部门具体组织，发动全体党员、工会会员、共青团员、全体干部职工积极参加的党群工作体系。

四是建立有效的激励和约束机制。集团公司以三项责任制考核和三项制度为重点建立激励和约束机制。在资产经营、安全生产、党风廉政建设三项责任制考核上，建立科学的指标体系，每年三项责任同部署、同实施、同考核，在安全生产和党风廉政建设上，实行“一票否决制”。在分配制度上，将企业经营者责任、业绩、收入三者紧密结合，推行工效挂钩管理，实行工资总额与售电量和利润挂钩浮动，调动职工生产和创利的积极性。对二级单位主要负责人实行年薪管理，促进企业内部各类人员薪酬制度的建立。

五是完善风险防范和监督控制体系。集团公司在财务、法律、审计、纪检、监察等各方面构筑监控体系，并坚持教育、制度和监督相结合，全面监控、突出重点、标本兼治、关口前移的原则，使经济运行和重大经济行为置于可控、受控状态。在审计上，确立了企业主要负责人直接管理审计的领导体制；试行监审合一的组织机构，初步形成预防和惩治相结合的工作机制；建立了由专职、特聘和社会中介机构人员组成的审计队伍；探索以内部审计政策意见的方式，指导工作实践；组织开展联合审计，突出自上而下的审计监督，实行典型审计与审计调查相结合，审计监督与全局性重点工作相结合；树立“审而必用，违规必究，违法必惩”的理念，坚持“四不放过”的原则，严格执行通报制度和“一票否决”制度。积极探索经济、行政一体化的监督控制体系。

（四）全面塑造以人为本、诚实守信、求真务实、追求卓越的价值观和企业文化

企业文化是企业的灵魂，是企业可持续发展的理念基础和思想保障。企业的变革首先源于文化的变革，所以集团公司成立后就着手整合建设具有中电投特色的企业文化。

目前，集团公司已初步形成包括企业价值观、企业精神、企业经营理念、企业形象、员工形象在内的集团公司企业文化体系，坚持以人为本，倡导“奉献绿色能源、服务社会公众”的企业精神，坚持诚信合作和服务客户的理念，倡导“策划、程序、修正、卓越”的工作精神和理念，努力为国家（股东）、客户、社会、合作伙伴、员工创造最大价值。

以上几方面是集团公司发展和管理的基本思路，成效是初步的，认识也有待进一步深化和提高。我们要在实践中不断探索和寻找符合集团公司实际的新思路、新途径、新方法，促进集团公司的可持续发展。

三、认清形势，坚定信心，全面完成2005年目标和任务

通过回顾和总结可以看出，两年来，在改革发展的历程中，集团公司各级领导干部和广大员工求真务实，奋力拼搏，战胜了一个又一个困难，取得的成绩是来之不易的。在新的一年里，要巩固和扩大经营成果，我们必须对内外部环境有一个清醒的认识。

当前我们所处的时期既是“发展机遇期”，又是“矛盾凸显期”。从国民经济发展态势来看，一方面，国家宏观调控措施进一步落实，国民经济总体发展势头良好，虽然电力供需紧张的局面有所缓解，但电力仍会保持适度增长；电力体制改革不断深化，国家煤电价格联动方案已经出台，电力市场进一步规范，为我们的发展提供了机遇。另一方面，煤电油运紧张的局面没有得到彻底扭转，燃料和原材料涨价、利率上调，给我们的经营发展带来一定的困难和压力。

从集团公司内部情况来看，一方面，通过“基础管理年”和“增收节支年”，集团公司在战略发展、体制改革、经营管理、人才开发等方面取得了一定的成绩和经验，增强了抵御风险的能力，为后续发展创造了条件，但是也存在着问题和差距：发展战略的一些关键环节还处于攻坚阶段；制约企业发展的体制性、结构性问题还没有得到彻底解决，体制改革、机制创新、扭亏增盈的任务还相当艰巨；生产、基本建设和经营管理中，依然存在一些影响发展的难点和薄弱环节；改革的深入和发展空间的拓展，使我们的集团化运作能力和驾驭市场经济能力面临着新的考验。

2005年是全面完成“十五”计划的重要一年，是集团公司深化改革、全面推进发展战略实施的一年。综合分析形势，集团公司党组认为，要全面完成2005年的各项任务，并实现集团公司的长远目标，最根本的是要以科学发展观统领全局，把提高质量效益作为各项工作的中心和着力点，从改革发展的大局出发，统筹兼顾、科学策划、周密部署，正确处理好内涵发展与外延发展的关系，存量与增量的关系，开发与节约的关系，把握好发展的进度和节奏，实现速度、结构、质量、效益的统一。

2005年工作的总体要求是：坚持以邓小平理论和“三个代表”重要思想为指导，认真贯彻党的十六届三中、四中全会精神和党中央、国务院一系列重要部署，进一步落实科学发展观，坚持把发展作为第一要务，坚持以人为本，坚持改革创新，认真开展保持党员先进性教育活动，加强党的建设、领导班子和人才队伍建设、企业文化建设，强化战略管理，加速资源整合，着力提高市场竞争能力和抵御风险能力。在继续抓好基础管理、增收节支工作的基础上，广泛深入开展“质量效益年”活动，促进集团公司全面协调持续发展，为国民经济和社会发展作出新贡献。

2005年的总体目标是：

安全目标：

——不发生人身死亡和群伤事故；

——不发生特别重大事故；

——不发生责任性的重大及以上设备损坏事故；

——不发生垮坝和水淹厂房事故；

——不发生重大火灾事故。

生产经营目标：

——完成发电量1382亿kWh；

——原煤产量达到1400万t；

——实现销售收入357亿元；

——利润比2004年增长9.3%；

——净资产收益率达到2.6%；

——供电煤耗下降1g/kWh；

——应收电热费余额实现当年结零，陈欠回收10%；

——机组非计划强迫停运次数比2004年降低10%。

基本建设目标：

——电源建设开工规模813万kW；

——投产容量262.5万kW；

——煤炭开工规模3800万t。

精神文明和党风廉政建设目标：

——集团公司本部和所属企业领导班子、领导干部不发生违法违纪案件；

——不发生影响稳定的重大事件；

——员工对领导班子和领导干部有较高的满意度；

——企业有良好的社会信誉和较高的客户满意度。

全年要重点抓好以下九个方面的工作。

（一）强化战略管理，加速资源整合

要认真落实国家能源战略、产业经济政策，把握市场供求关系变化，进一步充实完善发展战略框架，落实区域战略和子战略，形成战略体系。研究提出企业“十一五”及中长期发展规划。完善综合计划管理和综合统计指标体系，加大综合计划执行的监督和检查力度。进一步加强以综合计划和预算执行为重点的经济活动分析工作。建立符合国家投资管理体制和集团公司发展需要的投资管理体系，完善项目决策程序，规范投资行为，建立项目后评估机制。注重科技进步和节能环保。通过重组、转让、收购等多种方式实施资本运作，加速资源整合，优化资本结构和资产结构。抓好重点发展项目。将核电作为重中之重，做好项目前期工作，取得核电建设突破性进展。推进黄河上游、湖南五凌及广西长洲的水电开发，完成黄河公司资产重组。加快蒙东地区煤、电、铝、路工程项目的进程。拓宽思路，加强科技、经贸、核电发展、工程服务、人才培训等方面的国际交流与合作。促进“中国电力”上市后的健康发展，确保完成中国电力收购上海电力25%的股权和神头一电厂整体资产。完成中电投2005年企业债券发行、露天煤业上市、上海电力、重庆九龙电力及山西漳泽电力再融资等工作。

（二）积极开拓市场，防范经营风险

加强市场开发和分析预测，研究并形成煤电等产品的市场营销策略。积极做好东北、华东区域电力市场试点和竞价上网工作。创造条件实施大用户直供的试点。高度关注煤炭市场的变化，积极做好各种应急预案，落实风险防范措施。加强燃料量、质、价管理，巩固燃料体制改革成果，扩大煤电一体化经营优势。落实煤电价格联动政策，促进价格政策执行到位。落实电热费回收责任，抓好电热费回收工作。加强与电网、发电企业和其他客户的合作与沟通，形成良好的社会信誉和客户满意度。

（三）提高运行、检修质量，确保安全稳定

一以贯之地落实《安全政策声明》，牢固树立“任何事故都是可以避免的”安全理念。突出安全、设备、运行管理三条主线，强化全方位、全过程、系统化、专业化管理。将煤、铝、路等相关产业纳入统一的安全生产管理范畴。建立和完善适应企业改革和专业化管理要求的安全生产管理体系。树立拒绝“非停”的思想，全面提高经济运行水平，建立并实施统一标准的学习、交流、质量评价平台，建立符合集团公司运行管理模式的优化运行管理系统，建立科学规范的运行培训标准，努力培养一支专业化、具备全能值班员素质和要求的运行队伍。按照检修“三制一化创全优”的要求，提高检修水平。继续推进业绩评估工作。按照生产运行机组技术指标3年达到设计值，部分机组达到国内、国际同类型机组先进水平的目标，有步骤、有计划地大力实施老机组的技术改造和产业升级。

（四）完善基建“五化”管理，创建全优工程

坚持工程建设“四二二”目标，确保完成达标投产计划，千方百计提高新增生产能力的盈利水平，认真组织新项目的开工和在建工程的实施，保证资金、设备和材料供应落实到位，解决好项目的征地拆迁、设计进度、接入系统等问题。高度重视工程质量和安全控制，实施执行概算管理，优化工程设计，缩短建设工期，控制工程造价。继续推行工程建设委托制，完善“五化”管理。2005年要确保贵溪、泰山、漕泾、公伯峡、苏只、洪江等项目按计划投产；重点抓好通辽三期、大别山、永济、分宜、阜新、浑江、拉西瓦、三板溪、东坪、挂治等电源项目建设；力争实现霍林河、大板、平圩、田集、阚山、清河、合川、郑州燃机、格尔木燃机、长洲、白市等项目的核准和开工建设；实现霍林河1号露天矿、扎哈淖尔2号露天矿、白音华2号露天矿、霍煤鸿骏铝业二期工程和赤大白铁路开工。

（五）加强财务管理，提高资产质量

加强全面预算管理，强化对预算执行的分析和控制。继续挖潜增效，实现所有亏损企业扭亏增盈的目标。重点加强对燃料和资金成本的控制，制定标准成

本定额。加强基建财务管理，研究标杆电价下控制工程造价的措施和办法。发挥财务公司和资金结算管理中心一体化运作的作用，降低融资成本，满足发展需要。加强对担保和财产保险的管理。根据发电企业体制改革进程，规范经济、财务和结算关系。跟踪落实国家煤电价格联动政策，努力疏导电价矛盾。积极研究和落实国家对西北、东北地区以及水电开发的财税优惠政策。加强内部控制体系建设，发挥财务监督的作用。

（六）深化企业改革，完善运作机制

要按照国家的总体部署，继续深化发电企业改革，推进全系统的主辅分离、运检分离、运管分离工作，做好区域检修公司的组建，积极开拓检修市场，加快辅业社会化进程。继续完善工程建设、运行、燃料管理体制和市场化运作机制，实施检修、物流管理新模式。从集团公司本部率先做起，全面推进人事、劳动用工、分配三项制度改革。完善薪酬制度，制定并实施集团公司员工工资制度改革方案，落实年薪管理。组织好工效挂钩方案的实施。建立集团公司系统社会保险体系。

（七）加强能力建设，培育人才优势

对领导班子和干部队伍，要按照“讲政治、有本事、肯实干、能自律”的标准，严格要求，严格管理，加强思想政治建设、作风建设和能力建设，把各级领导班子建设成为政治素质好、经营业绩好、团结协作好、作风形象好的坚强领导集体。要进一步调整和充实二级单位领导班子，抓好后备干部培养，加大干部交流力度。在专业技术人才队伍建设上，要重点抓好专家队伍、核电和其他急需人才的培养和使用。在技能人才队伍建设上，要建立职业技能鉴定体系和技师评审组织机构。抓紧研究制定人才工作规划及配套措施，健全人才工作制度体系，创新人才工作机制。加强集团公司培训基地的建设，加大教育培训力度。

（八）完善制度体系，强化依法治企

要继续做好制度建设和流程优化工作，在试点的基础上全面推开。建立健全科学合理的制度体系，强化制度的执行和监督。完善公司法人治理结构。建立健全依法决策机制及风险防范和监督保障体系。加强企业法律顾问、总会计师、财务总监、纪检、监察和审计队伍建设。逐步推行总法律顾问制度。逐步配齐总会计师、财务总监。实践具有集团公司特点的纪检监察巡视检查工作机制，组织开展规章制度执行情况，生产经营活动重点部位、重点环节的效能监察。在抓好经营行为审计的同时，组织实施企业经营质量和绩效审计。进一步加大源头治理和案件查处的力度。

（九）认真开展保持党员先进性教育活动，进一步加强党的建设和企业文化建设

在全党开展保持共产党员先进性教育活动是党中央作出的重大战略决策。根据中央和国资委的统一部署，集团公司本部被列为第一批开展这项活动的单位，成员单位被列入第二批单位。我们一定要深刻认识其重要性，要按照集团公司保持共产党员先进性教育活动动员会的要求，把握先进性教育活动的指导思想、目标要求和原则，加强组织和领导，以保持党员队伍的先进性，增强党组织的凝聚力和战斗力，促进集团公司管理水平和领导水平的提高，确保教育活动取得实效。要把保持党员先进性与反腐倡廉工作结合起来，认真贯彻中央纪委五次全会精神，按照《国有企业领导人员廉洁从业若干规定》，加强党风廉政建设。要进一步加强精神文明建设和企业文化建设，探索多种民主管理方式，做好厂务公开工作。组织实施素质工程和青年“五项工程”，落实青年技能振兴计划，扎实开展文明单位创建活动，制定员工行为规范，进一步完善具有中电投特色的企业文化，增强集团公司的凝聚力。各级领导干部尤其要关心员工，努力解决员工工作和生活中的困难和问题，坚持以人为本，在集团公司内营造稳定和谐、积极上进的环境，充分调动全体员工建功立业的主动性、积极性、创造性，团结一心，坚持“过三年紧日子”，并为长久过“好日子”奠定坚实的基础。

主 要 会 议

2005年国际特大电网运行年会

2005年10月24～25日，来自世界11个国家电网企业主要负责人（CEO）和高级技术负责人（CTO）齐聚北京，参加由国家电网公司负责承办的2005年国际特大电网运行年会。本届会议的主题是：提高电网安全稳定运行水平，防止电网事故，促进电网的可持续发展和技术进步。

国际特大电网运行年会是由美国PJM公司、日本东京电力公司、中国国家电网公司等在2004年发起，由全球装机在5000万kW以上的特大电网参加。第一届国际特大电网运行年会于2004年10月24～26日在美国费城举行。

国家电网公司总经理刘振亚发表致辞并介绍了中国电网发展情况，分析了中国电网所面临的发展机遇、挑战和未来中国电网的发展方向。他指出，中国电网发展已经取得了长足进步，但总体依然滞后，电网建设任务十分艰巨。我国用于发电的一次能源和能源需求分布很不均衡，这一基本国情决定了必须在全国范围内优化配置能源资源，实施电能的大规模、远距离传输和跨大区、跨流域水火互济。中国现有电网主网架难以满足未来用电需求不断增长和电源持续大规模投产的需要，亟须建设更高电压等级电网。

会上，与会代表介绍了各自电网的基本情况、面临的挑战和未来的发展，并听取了预防大电网停电事故、21世纪调度自动化系统体系结构、电网运行决策支持技术等三个专题报告。与会代表还现场参观了国家电网公司国家电力调度通信中心，对中国开展的交流1000kV和直流±800kV特高压工程表示了浓厚的兴趣，对中国电力工业快速发展给予高度的评价。

会议认为，随着区域经济发展的需要，各国都加快电网互联发展，实现大范围的资源优化配置。欧洲、北美已经形成了跨国的特大电网，中国、印度、巴西等国家随经济持续高速增长，电网发展非常迅速，现有的电压等级已不能满足更远距离、更大容量的电力输送，特别是像中国这样经济快速发展、能源分布与负荷中心距离远的国家，更应尽早建设特高压电网。特高压电网是世界电网技术发展的重要方向，各国代表表示，将期待着中国特高压电网的发展，希望以此推动世界范围电网技术的发展。

国际特大电网运行年会每年举办一次，目的是增进国际特大电网间的技术和运行经验交流，提高特大型电网的安全稳定运行水平，防止电网事故的发生，促进电网的可持续发展。

第五届输配电技术国际会议

2005年10月12日，由中国电力企业联合会主办的第五届输配电技术国际会议在北京隆重召开。此次会议旨在对最新的输配电技术进行广泛的交流，吸收和学习国内外先进的技术，把可行的、先进的技术产品及管理经验借鉴到我国的电网建设和运行中，进一步提高中国输配电领域的技术水平。

中国电力企业联合会理事长赵希正、国家电网公司副总经理舒印彪、中国南方电网公司副总经理王久玲、中国电力企业联合会秘书长王永干、西门子股份公司输配电集团总裁倪哈格、ABB（中国）有限公司总裁路义普等有关领导和专家出席了开幕式，前来参加会议的有：国家电力监管委员会、国家电网公司、中国南方电网有限责任公司、中国长江三峡工程开发总公司的领导，国内100多家大中型供电企业的领导，中国科学院院士、中国工程院院士、电力行业有关科研单位及大专院校的专家和学者，以及来自德国、法国、美国、英国、加拿大、瑞典、奥地利、乌克兰、比利时、巴西、南非、日本、香港等14个国家和地区的300多名专家和高层管理者。来自全国电力企业400多人参加了会议。

本次大会组委会共收到了来自国内外的技术论文近300篇，经大会技术委员会专家组评定，会议论文集共收录了232篇论文。内容涉及了电力输配电领域的建设、改造、运行、管理、维护、设备制造、电力市场、数字化技术和网络通信技术等。其中在大会上交流的有19篇，小组交流的有192篇，书面交流的21篇。组委会共安排了两天的大会学术交流活动和一天的6个分组学术交流活动，半天的新技术新产品介绍会和持续三天的新技术新产品展示会。以多种形式、不同层次和多角度开展交流活动。

2005年电力行业信息化年会

2005年10月26～29日，电力行业信息化年会在辽宁大连举行，来自全国电力行业的260多名领导、专家、学者及技术人员参加。会议就目前信息化建设的热点问题，进行了深入探讨。

会议研讨内容包括电网、发电企业信息系统建设及大型电力企业信息外包服务与IT服务管理和知识管理新理念、远程教育培训、视频会议系统、电力企业资源规划ERP、网络与信息安全技术、电力企业资产管理（EAM)、地理信息系统（GIS)、供电营销系统与电力市场、网络运行管理、软件开发技巧等。

电力行业信息化年会，已成为展示电力行业信息化建设业绩、交流信息化技术、联系全行业工作者的盛会。本届年会由中国电机工程学会电力信息化专委会和国电信息中心联合主办。

2005年北京国际可再生能源大会

2005年11月7日，北京国际可再生能源大会在北京人民大会堂开幕。国家主席胡锦涛、联合国秘书长科菲·安南分别向大会发来书面致辞。

本次大会是继2004波恩国际可再生能源大会之后举行的又一次全球性会议。近百个国家负责能源与环境事务的政府官员，联合国、世界银行、亚洲开发银行、欧盟委员会等国际组织和机构代表，非政府组织代表，国内外有关能源企业、金融机构负责人，部分专家学者等1300多人出席了大会。

国务院副总理曾培炎出席开幕式并发表讲话。他建议，世界各国政府应优先发展可再生能源，发达国家和国际组织要积极兑现2004年波恩大会的承诺，为发展中国家提供资金、技术、人才、管理等多方面的支持。各国应本着互利共赢的原则，扩大可再生能源投资、技术和贸易合作，不断提高全球可再生能源开发利用的能力和水平。

最后，78个国家和地区的代表通过《可持续发展可再生能源北京宣言》，呼吁各国加快可再生能源的发展，应对能源压力。

宣言指出，增加可再生能源的利用将帮助实现联合国千年发展目标中的减贫任务，增加就业机会，改善空气质量和公共卫生，降低温室气体排放，应对气候变化，增强能源安全。

宣言指出，在过去不到两年的时间里，国际油价已经翻番，国际能源市场充满不确定性，依赖能源进口具有巨大的经济风险。发展水电、风能、太阳能等可再生能源将增强各国抵御能源价格大幅变动的能力。

宣言说，发达国家要加强对可再生能源的研发，并通过和发展中国家之间的合作来实现技术的转让。

宣言指出，要帮助发展中国家加强发展可再生能源的能力建设，包括建立可再生能源的市场，拓宽融资渠道等。

中国电力装机突破5亿kW庆祝大会

2005年12月29日上午，中国电力装机突破5亿kW庆祝大会在人民大会堂举行。中国电力企业联合会理事长赵希正宣布“浙江国华宁海电厂2号机组的投运，标志着中国电力装机突破5亿kW!”

政府有关部门、电力工业和各相关行业代表齐聚在人民大会堂新闻发布厅，共同庆祝电力装机突破5亿kW。这次会议是由国家发展和改革委员会主办，国家电力监管委员会协办，中国电力企业联合会承办的。会议由国家能源办副主任、国家发展和改革委员会能源局局长徐锭明主持。

中国电力企业联合会理事长赵希正发表致辞，他指出，电力装机突破5亿kW的辉煌业绩是属于全国人民的。我国电力工业将按照党中央的要求，贯彻落实科学发展观，坚持节约发展、清洁发展、安全发展，实现可持续发展，为我国建设资源节约型、环境友好型社会做出更大的贡献！

会议播放了《大跨越——记中国电力装机突破5亿kW》电视专题片，回顾了电力发展的56年历程，展现了电业人艰苦拼搏、奋勇争先，不断实现电力工业跨越发展的伟大成就。

国家发展和改革委员会副主任张国宝、国家电监会副主席王禹民为5亿kW机组揭牌，国家发展与改革委员会办公厅主任师荣耀、中电联理事长赵希正为3亿kW机组补授纪念标牌，原国家开发行行长姚振炎、原电力部部长史大桢为2亿kW机组补授纪念标牌。中国电力投资集团公司、浙江能源集团公司、国家电网公司、南方电网公司、哈尔滨电站装备集团公司、水利水电工程总公司分别代表相关企业发言。

国家发展和改革委员会副主任张国宝作重要讲话，他指出，我国电力装机容量突破了5亿kW是全体电力职工的骄傲，是中国电力工业的骄傲，也是全国人民的骄傲。电力5亿kW装机容量的突破标志着我国的国民经济发展达到了一个新的水平。

从1949年到1987年，全国发电装机容量超过1亿kW，我们用了38年的时间；从1987年到1994年间，新增装机容量1亿kW，我们用了7年的时间；从1994年底到2004年中，新增装机容量2亿kW，我们只用了10年时间；而自2004年以来，伴随着国民经济的快速发展，我国的电力装机容量也以每年5000万kW以上的速度增长，从全国装机4亿kW到5亿kW，只用了19个月的时间。在完成一个又一个里程碑式的发展目标后，从1996年起，我国的发电装机容量和年发电量一直位居世界第二位，成为名副其实的电力大国。

国家电监会副主席王禹民指出，5亿kW装机是电力工业发展史上一个新的里程碑。站在新的起点上，电力工业要合理确定电力发展规模，保持电力发展速度与国民经济发展相适应；就要努力调整电源结构，大力开发水电，优化发展煤电，积极推进核电，适度发展天然气发电，鼓励新能源发展；要坚持建设与节约并重，把节约用电放在优先位置，加强需求侧管理，提高资源利用效率；就要加强电网建设，推进西电东送、南北互济、全国联网，实现更大范围内的资源优化配置；要大力推进技术进步和产业升级，提高关键设备制造和供应能力。中国电力要走新型工业化道路，在积极推进市场化改革的同时，需要加强监管，及时弥补市场缺陷，化解各种矛盾，稳定市场秩序，确保电力工业的健康发展。

电力工业论坛

2005年全国主要论坛

2005年中国电力发展论坛

我国电力学术交流的盛会——2005年中国电力发展论坛，于5月27～29日在湖南省张家界市举行。与会领导和专家就当前全社会普遍关注的电力和能源问题进行了研讨，对我国一次能源的现状以及当前日益突出的能源及电力供应紧张等问题进行了深入分析，并共同探讨应对策略。

此次论坛由中国科学技术协会主办，中国电机工程学会和张家界市科协协办。湖南省省长周伯华、国家电监会主席柴松岳、中国科协副主席邓楠在开幕式上致辞。国家发改委副主任张国宝，国务院发展研究中心党组书记、副主任张玉台，国家电网公司总经理刘振亚，南方电网公司董事长袁懋振，中电联理事长赵希正出席论坛，并作报告。中国科协副主席、中国电机工程学会理事长陆延昌主持论坛开幕式。

柴松岳在致辞时说，这次论坛以和谐社会的电力发展战略为主题，意义深远。针对进一步深化电力体制改革、全面加强电力监管、确保电力安全稳定运行问题，柴松岳指出，在新一轮电力体制改革取得成效的同时，也应该看到电力工业高速发展过程中暴露出的一些问题，以及构建社会主义和谐社会、开创中国特色社会主义新局面，对电力工业发展提出新的和更高的要求。电力工业必须按照科学发展观的要求，改革体制、建立机制、完善法制，实现电力工业的可持续发展。

邓楠在致辞中说，组织专家学者就关系国民经济全局的重要基础产业举办论坛，为经济建设可持续发展服务，是中国科协2005年的主要任务之一，此次论坛旨在为政府有关部门、电力企业、科研和教育界人士提供一个交流平台，通过对我国电力工业发展战略和策略进行深层次探讨，为政府有关部门提供决策依据，进一步引起全社会对电力可持续发展问题的广泛关注。

张国宝在作题为《中国电力工业的发展》的报告时，对我国电力工业的发展作了全面回顾，同时指出，我国电力工业面临全面建设小康社会带来的广阔市场和发展机遇，应抓紧研究和规划高效、环保、安全、经济和可持续发展的电力工业，同时解决好装机不足、电源结构不合理、电站无序建设等问题。

本次论坛的突出特点是对电力工业发展方向的探索，涉及了电力发展的战略方针、电网发展设想、电源建设方式、水电建设和资源保护、核电、新能源和可再生能源发展策略、煤电运协调发展等多个专题。

专家们一致认为21世纪的我国电力发展将面临一次能源的有效供应和环境保护两大挑战，而应对挑战的关键就是科技创新和体制创新。当务之急是要在全社会积极倡导并努力实施节能、节电，同时加快发展核电、水电和对风能、太阳能以及生物质能等可再生能源的开发利用，从电力消费和电力供给两个途径来解决能源和电力短缺问题。用科学发展观指导电力规划，使电力发展与现代化建设更加协调，以实现经济建设可持续发展。

国家发改委、国家电监会、中国科协、国务院发展研究中心以及国家电网公司、南方电网公司、中电联、华电集团、中电投集团等电力企业领导，两院院士、电力技术专家等共200余名代表出席论坛。

2005中国电力论坛

2005年8月10日，由中国电力企业联合会主办的2005中国电力论坛在北京中国大饭店召开。

这次论坛是继中电联2003年上海电力论坛之后，第二次举办中国电力论坛。黄菊副总理对本次论坛十分关心，高度重视，特向大会发来了贺信。国家电力监管委员会主席、中国电力企业联合会名誉理事长柴松岳，国家发展改革委员会副主任张国宝，中国电力企业联合会理事长、本届论坛组委会主席赵希正，国家电力监管委员会副主席王禹民，国家环保总局副局长张力军，国务院研究室副主任江小涓，美国联邦能源管制委员会行政总裁威廉姆，国家电网公司总经理刘振亚，中国南方电网有限责任公司董事长袁懋振，中国华能集团公司总经理李小鹏，中国大唐集团公司总经理翟若愚，中国华电集团公司总经理贺恭，中国电力投资集团公司总经理王炳华，中国国电集团公司副总经理朱永芃，中国广东核电集团公司总经理贺禹，中国神华集团公司副总经理王品刚，中国长江三峡工程开发总公司副总经理毕亚雄，中国电力企业联合会常务副理事长谢振华，中国电力企业联合会副理事长孙玉才及中国电力企业联合会秘书长王永干，欧洲电力联盟市场委员会主席古纳·伦德伯格先生，亚洲开发银行私营企业运营部总监鲍伯·贝斯塔尼先生，印度咨询发展中心主席库利先生，潘维尔公司副总裁鲍伯·斯莫克先生等在主席台就坐。来自政府有关部门、电力企业、海外组织以及国内外专家学者400余人出席了本次论坛会。

2005中国电力论坛以“经济全球化背景下中国电力的新型工业化道路”为主题。10日上午，国家发改委副主任张国宝、国家电监会副主席王禹民、国家环保总局副局长张力军、国务院研究室副主任江小涓、美国联邦能源管制委员会行政处办公室主任WILLIAM J. FROEHLICH先生发表了精彩的主题演讲。在接下来一天半的论坛中，举办了9大电力集团公司老总演讲的企业高峰会、国际电力专家座谈会，以及技术、策略等近20场专题研讨。

亚太电协2005年CEO会议

2005年9月28～30日，东亚及西太平洋电力工业协会（简称亚太电协）2005年CEO会议在印度新德里召开。中国派出了以中电联赵希正理事长为团长的27人代表团参加了此次会议。

大会开幕式上，本届亚太电协主席、印度电力联合会主席沃尔玛先生和亚太电协副主席、中电联赵希正理事长分别致欢迎词，国际大坝委员会主席、世界能源委员会主席、国际大电网会议主席以及印度电力内阁部长也分别致词。大会还对13名在过去两年为亚太电协组织作出过突出贡献的人员颁发了奖项。中国受到表彰的是曾担任第15届亚太电协主席的赵希正理事长和担任第15届亚太电协秘书长的孙守义主任。

本次会议的主题为“能源投资与管理，促进生活质量的可持续提高”。会议就能源政策、未来能源原料供应、水电与社会经济发展、输配电技术革新与能源安全、行业发展与信息技术、能源政策与投资以及国际援助等七个分题进行了研讨。中电联赵希正理事长和国家电网公司李彦梦高级顾问分别作了题为“发展和节约并举，把节约放在首位——中国电力工业的必然选择”和“特高压电网建设在中国”的演讲。受到了与会代表的广泛关注。

深化改革　加强监管
走新型电力工业化发展道路

——王禹民①

一、新型工业化道路是电力工业发展的必然选择

当今，中国电力工业发展面临着两大趋势，一是科学技术突飞猛进。20世纪80年代以来，知识经济迅速崛起，高新技术产业快速发展，新的制造业不断涌现，信息技术等各种高新技术已经逐渐在电力行业得到广泛应用和发展，新型工业化的技术支撑体系正在逐步形成，并广泛渗透到电力工业的各个领域。另一趋势是经济全球化正在加速。经济全球化给中国电力工业的发展提供了新的机遇，也提出了新的挑战。全球化为中国电力工业积极参与国际合作和竞争营造了有利的条件，为我们借鉴世界各国电力工业的发展成果提供了新的机遇；多领域的对外开放，也为中国电力工业在发展理念、管理体制及科技创新等方面与国际接轨创造了有利的条件。但与此同时，原有不合理的国际经济和政治秩序以及发达国家强大的经济和科技优势，也将对中国电力工业的发展产生较大的压力。

作为国民经济重要的基础产业，中国电力工业要应对科学技术的突飞猛进和经济全球化浪潮，就应当充分借鉴国外电力工业发展的经验，吸取教训，坚持科学的发展观，落实政府提出的建设节约型社会的要求，努力探索一条既符合中国国情，又与世界发展潮流相协调的新型工业化道路。

中国电力走新型工业化道路就是要求走一条科技含量高、经济效益好、资源消耗低、环境污染少、人力资源优势得到充分发挥的路子。应该看到，虽然改革开放以来，中国电力工业取得了举世瞩目的成就，发电装机台数、装机规模和发电量均列世界第二位，基本满足了中国经济快速发展的需要。但是，不能不看到，当前，中国电力工业发展中仍存在诸多问题，和新型工业化道路的要求还有相当的距离。首先表现在电源结构不尽合理，火电在中国电源结构中的比重过大，水电、核电、风电、太阳能发电所占比重较小，这样的结构使得电煤资源与运输之间的矛盾越来越突出，环境问题日趋严重。

① 国家电力监管委员会副主席。

其次是电网建设与电源建设不协调，输配电建设严重滞后于电源建设。三是科技含量低、资源浪费现象严重。四是机制问题，有效的激励机制、约束机制和长远发展机制尚未形成。

这些问题的存在严重地影响了中国电力工业的健康发展，要解决这些问题，就必须探索一条“科技含量高、经济效益好、资源消耗低、环境污染少、人力资源优势得到充分发挥的新型工业化路子”。这是中国电力工业发展的必然选择。

二、深化改革是中国电力走新型工业化道路的根本动力

解决当前中国电力工业发展中存在的问题，走新型工业化道路，必须要合理确定电力发展的规模，使电力发展速度与经济社会发展相适应；要调整电源结构，大力开发水电，优化发展煤电，积极推进核电，适度发展天然气发电，鼓励新能源发电；要坚持建设与节约并重，把节约用电放在优先位置，加强电力需求侧管理，提高资源利用效率；要加强电网建设，推进西电东送、南北互济、全国联网，实现更大范围的资源优化配置；要大力推进技术进步和产业升级，提高关键设备制造和供应能力。

实现这些举措，根本动力是深化电力体制改革，通过改革，调整电力生产关系中与生产力发展不相适应的部分，发挥市场在资源配置中的基础性作用。回顾中国电力工业发展的历史，可以十分清楚地看到，中国电力工业的发展得益于改革，改革是电力发展的根本动力。同样，改革也是中国电力走新型工业化道路的根本动力。

改革开放以来，中国对电力工业进行了三次重大改革。第一次，是在改革开放初期，实行集资办电、多渠道筹资办电等政策，极大地调动了社会办电的积极性，迅速扭转了全国性严重缺电的局面。第二次，是在 20 世纪 90 年代后期，电力行业实现政企分开，这为电力企业按照市场经济规律运作创造了体制条件。第三次，是在 2002 年，国务院出台了电力体制改革方案，总体目标是打破垄断、引入竞争，提高效率，降低成本，构建政府监管下的政企分开、公平竞争、开放有序、健康发展的电力市场体系。

新一轮电力体制改革实施三年来，取得了重要的阶段性成果。厂网分开基本实现，电力产业组织结构发生了深刻变化，电力市场主体公平竞争的局面正在形成。改革在促进发展、提高企业生产效率、改进电力服务方面发挥了重要作用。电力市场建设稳步推进，市场配置电力资源的机制逐步建立。电力管理体制改革有了新的突破，实现了政府管理体制和管理方式的创新。电力价格、投资等改革稳步推进，电力法规建设取得积极进展。

当前，进一步贯彻落实中国政府关于电力市场化改革的战略部署，继续深化改革，是电力行业加快发展的重大问题，也是走新型工业化道路的必经之路。要通过深化改革，促进电力资源的优化配置，促进产业结构的调整。通过深化改革，从体制和机制上消除影响电力工业发展中的不利因素，贯彻落实科学发展观，走出一条科技含量高、经济效益好、资源消耗低、环境污染少、人力资源优势得到充分发挥的新型工业化道路，满足经济和社会发展对电力的需求。

三、加强监管是中国电力走新型工业化道路的重要保障

电力工业既是基础产业，也是公用事业。无论从发达国家还是从发展中国家的情况来看，伴随着市场化改革的推进，各种不同利益主体的出现，必然需要一个权威的机构监管市场主体的行为，协调各方面的关系，确保电力工业健康发展和电力系统的安全稳定运行，确保各市场主体的利益和社会公共利益。近年来，一些电力项目建设无序，特别是在执行国家电价政策方面的违法、违规行为和企业间不公平交易，都与电力监管不到位、电力行政执法工作薄弱有直接关系。这些问题已经严重影响政府对电力行业的有效管理和调控，影响电力工业的安全稳定运行和健康协调发展。要改变这种局面，就必须加大电力监管力度，及时弥补管理漏洞和市场缺陷，化解各种矛盾，最大限度地降低电力体制改革过程中的各种风险，确保在体制变动和供求矛盾突出的情况下，电力工业能够安全稳定运行并健康发展。

中国电力走新型工业化道路，同样需要加强监管。只有加强监管，严格控制电源项目的准入力度，才能有效控制电源结构的不合理，有效缓解“高投入、高消耗、高排放、难循环、低效率”问题，避免资源的过度浪费和环境的日益恶化。只有加强监管，建立起良好的投资体制和价格机制，才能从根本上解决电网建设与电源建设不相协调的问题。只有加强监管，维护好电力市场秩序，新型电力工业化道路才能有一个和谐、健康的发展环境。

国家电力监管委员会自成立以来，按照党中央、国务院的总体部署和要求，将深化电力体制改革，完善电力监管法律法规体系，加快电力市场建设，加强电力监管，确保电力系统安全稳定运行作为重点工作，取得了积极的成效。

首先，电力体制改革稳步推进，电力市场建设取得了突破性进展。2005 年上半年，东北区域电力市场进入试运行，吉林炭素有限责任公司向吉林龙华热

电股份有限公司直接购电试点正式签约实施，这些都是电力市场化改革不断取得成效的重要标志。其次，电力监管法规建设取得了突破。2005年5月1日，中国电力监管的第一部行政法规《电力监管条例》正式生效，标志着中国的电力工业在由以行政审批为主的行政管理向依法依规则管理的现代监管方式转变过程中，又迈出了重要的一步。三是各项专业监管取得了积极的进展。两年来，在电力供需形势严峻，输变电设备、发电设备长期超负荷运行等不利情况下，电力安全生产监管取得了显著成效，全国电力安全生产总体平稳，没有发生特大人身伤亡事故，没有发生重特大电网事故，没有发生特大设备事故。为了维护电力市场秩序，针对电力改革后的新形势，电监会加强厂网关系的协调，维护三公调度，对重点行业开展专项用电稽查，起到了很好的效果。配合政府电价管理部门，积极参与电价监管，开展电价检查，落实电价政策。同时，在发电、输电、供电领域，积极开展监管实施的研究和实践，取得了重要的成果，为全面履行监管职责打下了很好的基础。

今后一段时间，国家电监会将继续加快电力市场建设，积极稳妥推进电力体制改革。加强各项专业监管，着力维护好电力市场秩序。继续推进电力监管法规建设，认真做好《电力监管条例》配套规章的制定。继续加强安全监管，确保电力安全稳定运行。加强监管队伍建设，不断提高监管能力。

创新燃煤电厂污染控制思路 促进电力工业的可持续发展

——张力军[①]

一、中国环境保护工作取得积极进展

环境保护是我国的基本国策，经过30年的努力，已初步形成了一整套环境保护的法律、法规、政策、标准体系和相应的管理机构。“十五”以来，经过全国上下的共同努力，环境保护工作取得积极进展，在经济快速增长的条件下，中国环境质量状况基本保持稳定，国家确定的主要污染物除二氧化硫外排放总量基本得到控制，工业产品的污染排放强度下降，部分地区环境质量有所改善，全社会环境意识普遍加强。

近年来，中国电力行业的环境保护工作得到了进一步的加强。目前安装电除尘器比例达到85%以上，2004年发电装机容量比1980年提高5倍以上，烟尘排放总量比1980年减少32%以上，实现了增产减污。虽然二氧化硫控制起步较晚，但进展较快，目前已建成脱硫设施2000多万kW，在建和已签约的超过1亿kW。两控区二氧化硫治理重点项目加速实施，开工和完成的项目达到83%，其中建成和在建的火电脱硫规模达到4000万kW。

二、环境问题依然突出

尽管环境保护工作取得了积极进展，但环境质量远远不能满足人民群众的要求，还存在相当大的差距，环境污染依然十分严重。仅以空气污染为例，2004年，全国1.16亿的城市人口生活在空气质量劣于三级的环境中，细颗粒物污染较重，二氧化硫排放总量居世界第一，超出大气环境容量的80%以上，酸雨区面积约占国土面积的1/3。排放的二氧化硫和氮氧化物在高空转化为硫酸盐和硝酸盐等细颗粒物污染严重。

这些空气污染问题的形成是与二氧化硫排放总量居高不下密切相关的，其中，火电厂的高空排放是直接原因。中国排放二氧化硫的90%、氮氧化物的70%来自燃煤，而其中的50%左右来自火电厂。2004年火电行业二氧化硫排放总量高达1300多万t，预计2005年排放量将接近1600万t。因此，控制燃煤污染物排放是我国大气污染控制的主要任务，火电厂更是大气污染控制的重中之重。导致火电行业二氧化硫污染严重的主要原因如下：

一是发电用煤量大幅度增加，发电用煤质量下降。改革开发20多年来，发电装机容量已由1981年的6900万kW增长到2004年的4.4亿kW，增加了5倍多，2004年煤炭消费量达到19亿t，其中发电煤炭消费量8.63亿t。中国已经成为世界第二大能源消费国、第一大煤炭消费国。特别是近年来电力发展迅猛，发电量每年增加十几个百分点，火电装机容量从2000年的2.37亿kW增加到2004年的3.25亿kW，燃煤总量急剧上升。2004年，电力行业耗煤8.63亿t，比2003年增长了13.6%。同2000年相比，2004年发电煤炭消耗量增加了4.13亿t，几乎翻了一番，年均增长14%。而由于煤炭市场供求关系的紧张，导致全国发电用煤质量明显下降，煤炭中的灰分和硫分上升。

二是电力行业的脱硫能力严重滞后。电力建设速度大大超过脱硫建设的速度，到2004年底，烟气脱硫机组装机容量为2682万kW，仅占全国火电机组装机容量的8.8%，全国电力行业只有削减二氧化硫排放量180万t的能力，当年只减排154万t。

三是火电机组超标排放仍普遍存在。到2004年

① 国家环保总局副局长。

底，全国燃煤机组的装机容量为3.05亿kW，超标排放（标准为2100mg/m^3）机组装机容量占27.3%，超标机组SO_2排放量占50.9%。

四是少数企业环境意识淡薄。一些企业借当前严重缺电的形势，注重经济利益，或延缓污染治理，或停开脱硫装置。据测算，一台30万kW机组的脱硫装置停开一天可以获得22万元的非法经济效益。截止到2004年底，在国家批准的137个重点火电脱硫项目中，仍有46个没有启动。

最新研究表明，每排放1t二氧化硫可造成近2万元的经济损失，这不仅影响了电力的可持续发展，更影响了中国可持续发展战略的实施。因此，二氧化硫污染控制工作已成为我国火电行业当前污染控制的首要任务。

三、电力污染防治对策

未来15年，我国人口将达到14.6亿、经济总量将翻两番，按现在的资源消耗和污染控制水平，污染负荷将增加4～5倍。这个阶段特别是"十一五"期间，将是我国环境与发展矛盾最突出的时期。一是在工业化过程中，电力、化工、建材、冶金、有色等行业将继续发展，控制污染的难度加大；二是以煤为主的能源结构长期存在，二氧化硫、氮氧化物、二氧化碳、烟尘、粉尘治理任务将更加艰巨。

就电力行业环境保护而言，"十一五"期间是建设和体制改革的重要时期，也是火电厂二氧化硫控制的关键时刻。预计到2010年全国火电装机将达到5亿kW左右，煤炭消耗约13亿t，新增二氧化硫产生量560万t。如果以目前的脱硫比例和进程，全国电力的二氧化硫排放总量将超过2000万t，我国的大气环境将不堪重负。

环保工作要按照落实科学发展观、构建和谐社会、促进人与自然和谐的要求，正确处理经济发展、社会进步与环境保护的关系，坚持以人为本，坚持环境保护基本国策，坚持可持续发展战略，坚持在发展中解决环境问题，积极推进经济结构调整和经济增长方式转变，改变先污染后治理的状况，倡导生态文明，强化环境法治，完善监管体制，创新长效机制，依靠科技进步，努力建设资源节约型和环境友好型社会。

环境保护工作的基本原则一是预防为主，综合治理；二是不欠新账、多还旧账；三是创新机制、强化监管；四是分类指导，突出重点。

2010年的环境控制目标是：基本遏制环境恶化趋势，改善重点地区和城市环境质量。65%的重点城市空气质量达到环保要求，烟尘、粉尘排放量比2005年削减5%，二氧化硫排放量在2005年水平上有所降低。

酸雨污染防治仍将是我国"十一五"大气污染防治工作的重中之重。火电行业污染控制政策思路要通过实现三个转变。

一是由一般性的总量控制向重点行业总量控制为主转变。火电行业是排放二氧化硫的主要行业，排放量已超过总排放量的一半，这个比例今后还将持续上升。火电排放集中，易于控制，特别是火电厂属于高空排放，对局地空气二氧化硫浓度贡献较少，主要是形成区域性酸雨及硫酸盐细颗粒长距离输送的污染。因此，二氧化硫总量控制的重点是火电行业，同时兼顾其他主要行业的控制，如钢铁、有色、石化、建材等。

二是由以地方控制为主向地方和国家共同控制转变。二氧化硫的扩散和长距离输送是没有行政界限的，以地方控制为主的管理方式不能有效控制酸雨污染。今后，将采取国家与地方相结合的管理方式：地方政府主要负责改善城市空气质量，负责制定中低架污染源的控制计划；国家负责跨区域酸雨污染的控制，制定酸雨污染防治中长期规划，提出火电行业排放总量分配方法，协调各地区间的总量控制工作。

三是从注重脱硫机组数量向注重脱硫效果转变。目前已投运的脱硫机组中，有一半装机容量燃煤含硫量小于1%，在建脱硫机组的燃煤平均含硫量更低，这样减排成本相对较高。今后，将通过排污交易等经济政策的实施，推动脱硫工作由单纯强调脱硫设施安装数量向提高脱硫数量转变，实现脱硫成本的最佳化。

本着这个构想，国家正在制定全国《酸雨控制中长期规划》，对火电行业提出了明确的政策要求。主要包括：

一是要对火电行业二氧化硫排放总量控制开始实行"计划单列"，由国家制定统一的以排放绩效为基础的总量指标分配方法，以机组为单位，按不同时段、不同区域提出相应的单位发电量排放绩效值，以促进火电技术升级，提高能源转化效率，鼓励清洁发电和高效脱硫。

二是要强化火电机组达标排放控制。新建火电机组必须同步建设脱硫设施，老机组要制订达到排放标准和总量控制要求的污染治理计划，分阶段建设脱硫设施，对不能达到要求的电厂，不再审批其所在电力公司和地区的新、扩、改建项目。要合理使用煤炭资源，低硫煤优先供给不能配套脱硫设施的老机组使用，高硫煤原则用于配套了脱硫设施的发电机组。

三是加强对脱硫工程建设与运营的监管。当前，脱硫工作进展很快，要加强对脱硫工程公司的管理，要对脱硫工程建设实施全过程监控，要做好脱硫项目验收工作，要加强对投运脱硫设施的监督管理，实行烟气排放在线监测并与环保局联网，保证脱硫设施正常、稳定运行，发挥最佳脱硫效果。

四是要大力推进电力行业循环经济。作到电厂用水的闭路循环，实现“零排放”；做好脱硫副产物的安全处置和综合利用工作，防止产生二次污染；要鼓励对可回收资源脱硫技术的研发和应用，在脱硫项目审批时要首先考虑脱硫副产物的综合利用，暂时不能利用的应妥善处置，并为将来的开发利用创造必要条件。

五是逐步推进电厂氮氧化物控制。2000 年，火电厂氮氧化物排放量约为 500 万 t，占全国总排放量1/3,这个比例还将继续增大。我国氮氧化物排放量大，已成为仅次于二氧化硫的大气污染物，对酸雨、空气质量和光化学烟雾的影响越来越大，因此在“十一五”期间，要加强对火电厂氮氧化物排放控制工作，新建火电机组必须采用低氮燃烧技术，老机组要分批分期实施低氮燃烧改造工作，要建成一批烟气脱硝示范工程。在此基础上，国家将逐步开展对氮氧化物排放的总量控制。

六是减少温室气体和汞的排放。气候变化也是当今世界关心的重大环境问题，火电行业是二氧化碳排放的主要来源，因此，减少温室气体排放，控制气候变化，也是电力行业在今后发展中必须考虑的重要问题。要积极研究控制燃煤造成的汞的排放。电力行业在积极控制烟尘、二氧化硫、氮氧化物排放的同时，还应努力提高能源利用效率，大力发展风能、太阳能、生物质能等新能源，积极开发核能，科学有序开发水能，有效减少二氧化碳排放。

分享目标，美国的电力政策

——William J. Froehlich[①]

电力生产的主要目的是提供可靠的经济的能源来源，要想实现这个目标最好的方式是建立持续竞争市场。为了实现这个目标，必须做好三项基础工作：

(1) 建立安全的高质量的环保基础设施，并保持政策的一致性和稳定性。

(2) 建立竞争性的能源市场，制定良好的市场规则，促进国内能源竞争。通过竞争机制的建立，建立平衡自律的市场规则。

(3) 对市场进行谨慎的监管，保护消费者和社会主体，要对所有能源市场进行公正的并且非常警惕性的监管。

美国和中国电力市场改革的共同目标是：

第一，提供普遍的电力服务；

第二，提供可靠的电力供应；

第三，建立有效的市场机制，并且建立区域性的输电组织；

第四，减少电力生产中不良环境影响，并且提高可再生能源发电比重。

第一个目标：实行普遍的电力服务。这样会提高我们的生活水平，促进经济发展，但是要让所有的客户都获得这个服务，特别是让农村客户获得这个服务是有挑战性的。因为以盈利为目的的公司不会在人口密度比较低的地方投资，因为成本比较高，回报比较低，中国正在面临这个挑战。美国工业化程度越高，作为美国的决策者就越认识到提供普遍服务的重要性。目前很多农村没有电力，尽管决策者认为有必要扩展电网，但作为私人投资的企业要么是不愿意，要么是没有能力拓展输电网络。

为了让美国所有人都用上电，美国联邦政府采取一系列计划，最重要的就是农村电气化委员会提供低成本补贴贷款给事业公司和机构，当然这些机构愿意投资基础设施，并且把电力提供给农村地区。这些计划运作良好，在 1935 年的时候，美国只有 10%的农村地区用上了电，到 1955 年所有美国人都用上了电。

今天尽管所有美国人都有了电力服务，但是联邦政府仍然有必要建立一系列的措施使公司愿意在输电拓展方面投资，以便建立新的系统，满足国家经济发展需求。能源管制委员会采取了一些革新措施，用于输电设施的发展。比如支持地区定价，以激励在必要的地方建立新的发电厂。

第二个目标：提供可靠的电力供应，促进经济发展。美国经历了很多电力事件，加州能源危机发生在 2001 年，还有东北部地区在 2003 年 8 月发生的严重缺电情况。加利福尼亚电力运营商很多时候不得不拉闸限电，加州的电力储备低于需求。在 2001 年 1 月滚动性的缺电影响到了 60 万客户，一个经济学家认为加州缺电现象造成的经济损失是 1 亿美元。东北部的缺电使 5000 万人处于黑暗的状况，使美国和加拿大公民损失达到 40 亿～100 亿美元。美国加州和东北部地区的缺电现象说明了三个经济教训。

加州是进行电力市场开放竞争的第一个州，他们的企业和公民在哪里买电有自己的自主选择，但是为了有效的开展竞争，就要有可靠的输电网络，这样能够把电从任何可能销售的地方传递到任何可能的购买者手中。对加州新的竞争做法，存在几个问题。

第一个问题是在加州附近以及州内没有足够的输电能力。传输电网的设计如果不符合市场运行机制，

① 美国联邦能源管制委员会行政处办公室主任。

就会造成巨大的问题。

第二个问题，加州希望通过改革使公民和企业受益，但是在制定市场规则时出现了一些漏洞，售电者可以利用这些漏洞而不被人发现，造成了巨大的资金流失。

在电力市场重组中要保证电力可靠性。考虑到电网相互连接的特点，美国建立了国家可靠性标准。在通过《能源法案》之前，可靠性这方面美国是分地区实施的。《能源法案》是国会刚刚通过的一项法案，布什总统也签署了，可靠性标准要强迫遵守。

第三个目标：建立有效的市场和区域传输组织。目前要在批发市场开展竞争，零售一级的竞争非常激烈，电力企业分散化，以及一些其他措施使美国电力行业的效率得到大幅度提高。

第四个目标：减少发电对环境造成的影响。有四个目标给大家介绍一下。

第一项目标，鼓励使用可再生能源。2003 年的时候，美国电力需求 10%不到的份额是由可再生能源，包括水电、风电、太阳能和地热发电等提供的。监管委员会对发电厂建设没有直接的管理权力，但是可以采取措施鼓励新的可再生能源发电项目。

第二项目标，是设定减少污染的长期目标。环保局制定规则，要求减少 70%的二氧化硫，减少 60%的氮氧化物，目标定在 2015 年。

第三项目标，鼓励使用需求侧管理，鼓励客户在高峰时段节约能源，峰谷时段的电价和一般时段不同。

第四个目标，积极促进研发工作，减少对环境的影响。能源部差不多有 28 个国家实验室和研究中心，其实验室技术是世界级水平的，有 3 万多工程师和研究人员，开展具有先进水平的研发工作。

现在中国电力需求也正在巨大增长当中，挑战也很大。最后我想说一下四个共同目标，我们希望能够让大家深切的体会我们在过去的经验中有什么教训。

（1）进行统一化、一致性、综合性的电力服务。政府要通过投资和一系列激励措施把电力资源供应给包括农村社区在内所有的人。

（2）确保不断增长的经济能够得到可靠的电力供给保障，这是我们从过去经验当中吸取的教训。特别希望监管者能够开展有效监控，尤其是对改革改组过程监控更为必要。

（3）鼓励市场提高效率，还要建立起前面提到的区域性的输电组织。在这方面吸取到的教训是，要建立清晰的市场规则，要把透明的市场信号传递给市场运营者。

（4）充分减少对环境的负面影响。我们特别希望跟大家分享的经验是监管机构应该鼓励大众使用可再生的能源，鼓励市场机制充分发挥作用，对污染进行有效监管。

欧盟电力市场自由化

——Gunnar Lundberg①

欧电联的成员包括所有欧盟国家的电力协会，还有世界各地附属的组织和机构，总部设立在秘鲁的布鲁塞尔。

欧盟电力市场自由化进程起源于 20 世纪 90 年代，是私有化和自由化两者的结合。也就是把原来完全国有化的体制进行私有化，与此同时引入市场竞争。挪威在 1992 年，瑞典在 1996 年纷纷实现了私有化。为什么要进行市场开放，因为在当时政界和科学界普遍认为电力生产的效率不够高，垄断的机制导致高成本，同时还出现了生产过剩的情况。在欧盟委员会内部开始讨论是不是有必要实行电力市场开放。在 1996 年欧盟委员会第一次推出了一份有关电力市场开放的指导文件，文件提出了渐进式的改革步骤，希望所有的消费者都能够在所有的欧洲国家得到供给，而且提出各国电力需求的 26%应该进行市场竞争。文件推出来主要的目标是实现改组和转型，这要求各个欧盟国家都采用同样的类似机制，因为只有在所有的市场机制都一样的时候，彼此之间才能开展贸易，包括电力公司之间的交易才可能成为现实选择。此外我们还推出了一些补偿方案，对实施改革造成的损失给予弥补。

文件要求进行市场开放，但是各国市场开放的程度是有差异的。德国在 2000 年进行完全的市场开放，法国采取最低限度的市场开放，英国推出的是全面性的市场开放，德法英三国采取的方式是不一样的。

2001 年欧盟委员会提出了第二个自由化一揽子方案，宗旨是加速市场开放步伐，2003 年推出了第二份指导性文件，公布了关于跨境电力贸易的监管规则和条例，同时还推出了 2003 年关于天然气市场发展的指导原则。第二份指导文件中指出整个欧洲所有电力消费者都应该在 2004 年的时候得到自由化市场供给的电力。同时，在监管的基础上引入第三方竞争，每一个国家在国家层面上也要有竞争，对超过 10 万以上的用户也进行了安排。

同时我们还加强了公共服务这方面的计划，这点很重要，即便是竞争性环境，还是需要有一些义务，也就是说对参与竞争的各方必须遵循和履行一些义务。但是有一些国家并没有很好的实施欧盟委员会推

① 欧洲电力联盟市场监管主席。

出的指导性的文件，并没有按照要求做到自己应该做到的工作，欧委会正加紧督促这些国家推进。

这两个指导性的文件都比较关注在零售领域的竞争，而对批发领域的竞争关注不够。欧美之间的差异，主要在于美国对于批发市场的开放做的更多一些，对于零售市场开放不是那么关注的，而在欧盟正相反。2004年欧盟委员会又推出了一份战略性文件，开始讨论欧盟电力市场的调整问题。在每一个国家市场中，市场集中度不能太高，也就是说不能将所有的业务都集中在一两个公司手中，要把大企业分成若干小企业，当然这需要通过立法建立起保护私营产权的配套保障制度。欧盟委员会的整体想法是在欧洲建立起一个区域性市场，其运作和功能发挥是比较独立的，尤其是在批发市场上应该是比较独立运作的。有些人对于改革前景比较乐观，有些人比较悲观，但是不管怎么样我们认为改革目标最后还是能够实现的。如果能够成功建立起区域性市场，并且能很好的协调运做，那么很快可以建立起一个泛欧洲电力市场，作为客户来说可以在欧洲自由的选择供应商，这样在价格方面更趋同化，在欧洲实现统一价格。

建设坚强国家电网 服务经济社会发展①

——刘振亚

电力工业是关系国计民生的基础产业。优化能源资源配置，保障国家能源安全，为国民经济和社会发展提供优质、可靠的电力供应，是电力工业服务于构建社会主义和谐社会的重要使命。国家电网公司作为重要的国有特大型能源供应企业，承担着发展国家电网的重大责任。加快建设由百万伏级交流和±800kV级直流构成的国家电网特高压骨干网架，是国家电网公司全面落实科学发展观、推动电力工业持续健康发展的战略举措。国务院对此高度重视，曾培炎副总理听取汇报并给予充分肯定。国家发改委等有关部门积极支持和协调，张国宝副主任多次听取汇报并给予指导。

一、发展特高压电网具有重大战略意义

（一）发展特高压电网是满足我国电力需求持续快速增长的重要保证

改革开放以来，我国电力工业快速发展。特别是近年来，随着用电需求的持续高速增长，电力发展速度进一步加快。2000～2004年，我国发电装机年均新增2839万kW，用电量年均新增1929亿kWh。其中，2004年新增发电装机容量超过5000万kW，用电量增长超过2500亿kWh。

根据党的十六大提出的全面建设小康社会的奋斗目标，2020年国内生产总值将达到4万亿美元，今后15年中，GDP年均增长将超过7%。经济持续快速增长需要充足的电力供应，预计2020年，我国全社会用电量将达到4.6万亿kWh左右，需要装机容量约10亿kW。这意味着未来15年间，我国年均新增装机超过3300万kW，年均用电增长达到1600亿kWh。

电网是电力传输的载体。目前，我国电网跨区输电主要依靠500kV交流和±500kV直流，在提高输送能力方面受到技术、环保、土地资源等多方面的制约。要实现大规模的电力输送、不断满足持续增长的电力需求，亟须加快建设电压等级更高、网架结构更强、资源配置规模更大的坚强国家电网。

（二）发展特高压电网是优化能源资源配置和保障国家能源安全的必由之路

我国能源资源有三个特点：

（1）水能煤炭资源较丰富，油气贫乏。我国的水能资源总量和经济可开发量均居世界第一，煤炭远景储量和可开采储量均居世界第二。石油和天然气资源比较贫乏，分列世界第10位和第22位。总体上我国今后的电源结构仍将以煤电和水电为主，并适度发展核电。发展特高压电网有利于大煤电基地、大水电基地和大型核电站群的开发及电力外送。

（2）人均能源资源相对贫乏，仅为世界平均水平的40%。要为我国经济持续健康发展提供较强的能源支撑，必须在提高能源使用效率的同时，进一步加强能源开发，积极利用国外资源。发展特高压电网有利于加强与周边国家的能源合作。

（3）能源资源和生产力发展呈逆向分布，能源丰富地区远离经济发达地区。我国2/3以上的经济可开发水能资源分布在四川、西藏、云南，煤炭资源2/3以上分布在山西、陕西和内蒙古。东部地区经济发达，能源消费量大，能源资源却十分匮乏。发展特高压电网有利于实现电能的大规模和远距离输送，有利于促进建设国家级电力市场，实现更大范围的资源优化配置。

（三）发展特高压电网是促进电网电源协调发展的根本手段

我国电力工业发展中，长期存在电网投资不足、建设滞后的现象。“八五”和“九五”期间，电网投资占电力投资的比重分别仅为13.7%和37.3%，而

① 本文系国家电网公司刘振亚总经理2005年5月27日在中国电力发展论坛上所作的特邀报告。

发达国家一般超过55%。近年来，随着电源建设步伐的加快，电网建设滞后和输电能力不足的问题更加突出。现有500kV跨区电网联系薄弱，区域间的水火互济和跨流域补偿能力明显不足，难以引导电源合理布局。发展特高压电网，在华中、华北和华东构筑坚强的交流同步电网，可以显著增强电网跨大区输送能力，有力促进大型坑口电站建设和水电大规模开发，引导电源合理布局。从电网自身发展来看，自1982年第一条交流500kV线路投运以来，我国装机规模增长超过6倍，引入新的电压等级刻不容缓。

（四）发展特高压电网是提高社会综合效益的必然选择

发展特高压电网，具有显著的社会综合效益：

（1）减少输电线回路数，节约土地资源。与500kV相比，相同的输送容量的特高压线路可以减少占地1/2左右。溪洛渡、向家坝、乌东德、白鹤滩水电站送出工程采用±800kV级直流与采用±600kV级直流相比，输电线路可以从10回减少到6回，可节省输电走廊约300km^2，节省投资约200亿元。

（2）资源综合利用效益显著。通过特高压电网提高跨流域补偿和水火互济能力，可减少系统备用和弃水电量，降低线损。据初步测算，2020年前后华北—华中—华东特高压交流同步电网建成后，系统总备用可以下降约5%，比各区域电网单独运行时减少装机约3000万kW。

（3）减轻环保压力。目前我国东部地区已经基本上没有大气环境容量资源，在西部、北部煤电基地实施电源集约化开发，统筹处理电厂废气和废渣排放，可以显著减轻东部地区的环保压力。同时也有利于减轻煤炭运输沿线的污染问题。

（4）促进区域经济协调发展。通过建设特高压电网，引导西部、北部地区资源深度开发，既可支撑东部、中部地区的可持续发展，又有利于将西部、北部地区的资源优势转化经济优势，推动区域经济协调发展。

（五）发展特高压电网是推动我国重大装备技术升级的重要依托

建设特高压电网，是一项复杂的系统工程，为我国制造行业的重大装备技术升级提供了工程依托和市场需求，可带动材料、控制、电子等领域的技术进步，进一步提高相关行业的研究、开发、设计、实验和施工水平。将特高压电网工程纳入国家重大装备国产化规划，作为国家重大装备依托工程，对于提高我国电力及相关行业的整体技术水平和综合竞争实力至关重要。

二、依靠自主创新，发展我国特高压电网

胡锦涛总书记指出，加快提高我国科技自主创新能力，具有十分重大的意义。目前我国已经初步具备发展提高压电网的技术基础和物质基础。我们要依靠自主创新，借鉴国际经验，走出一条有中国特色的电网发展之路。

（一）我国特高压输电技术研究取得重要进展

从1986年开始，我国连续将特高压输电技术研究列入国家“七五”、“八五”和“十五”科技攻关计划。近20年来，我国科研机构在特高压输电领域取得了一批重要科技成果。

1996年，我们在武汉高压研究所建成了我国第一条200m特高压试验研究线段。目前我国已完成了部分特高压关键技术的研究工作，确定了交流特高压和直流特高压的主要参数，在重污秽、高海拔、重覆冰等方面的研究达到国际领先水平。

通过特高压输电技术的研究，我国还培养了一大批具有很高理论水平和实践经验的工程技术专家和院士，为下一步特高压工作的开展奠定了坚实的基础。

（二）我国设备制造业已具备发展特高压电网的实力和能力

近年来，随着我国电网技术装备水平的不断提高，相关设备制造企业的技术水平和国产化能力也不断提升。750kV交流输变电设备国产化取得重大突破，成功研制出了750kV电力变压器，并在西北750kV示范项目上得到应用。通过750kV输变电设备制造技术的引进和消化吸收，将有助于提升国内电工设备制造厂对交流特高压主设备和部分关键设备的研制和供货能力。

我国已具备生产±500kV直流主设备和控制保护设备的能力。±800kV级部分主设备和控制保护设备等完全可以实现国产化，对于换流变压器等部分关键设备需要引进技术、联合开发、合作制造。

近期，中国机械工业联合会和国家电网公司组织开展了专题调查研究，得出的结论是：交流特高压设备立足于国内，可以实现国产化。对直流特高压，需要加快部分关键设备的研制。

（三）国际特高压输电技术发展提供了可资借鉴的经验

20世纪60年代以来，美国、前苏联、意大利、日本等国家先后制订了特高压输电计划。前苏联共建成1150kV输电线路2346km，日本于1992年建成了1000kV特高压输电线路。除上述两个国家外，美国和意大利相继建成了特高压输电试验室、试验场，对特高压输电可能产生的问题进行了大量研究并取得了积极成果，为我国提供了可资借鉴的经验。

三、我国特高压电网规划思路

我国正在规划建设的大型煤炭基地，大多具备建

成大型煤电基地的条件。在满足本地电力需求的基础上，灵武、哈密、陕北、蒙西、锡盟、晋东南、呼盟、昭通等煤电基地最终外送规模可以达到1.3亿kW以上，输送到负荷中心的距离基本在500～2000km范围。

国家电网特高压骨干网架的发展思路是，着眼于能源资源优化配置的需要，以构建华中—华北坚强的同步电网为核心，以晋陕蒙宁煤电基地和西南水电开发为契机，在华北和华中率先建设贯通南北的百万伏级交流通道，将华中与华北构筑成为联系紧密的同步电网，并进一步将百万伏级特高压同步电网扩大到华东地区，构成坚强的华北—华中—华东特高压网架。与西南水电外送采用的特高压交流、直流，共同形成覆盖大电源基地和负荷中心的特高压电网。

2010年前后，交流特高压网架将初具规模，特高压及跨区输电容量约6700万kW，其中特高压骨干网架输送的容量达到2400万kW。2020年前后，国家电网将形成坚强的特高压网架。特高压及跨区送电容量超过2.5亿kW。

四、尽快开工示范工程，积极稳妥推进各项工作

发展特高压电网是一项具有创新性的系统工程。我们的指导方针是：科学论证、示范先行、自主创新、快速推进。

国家电网公司已全面启动科学论证和技术攻关工作。①制订了详细的特高压关键技术课题研究计划。包括特高压交流五大类57项课题，特高压直流四大类56项课题。目前，已开展了29项交流特高压和31项直流特高压研究。其中，《1000kV级交流输变电工程电磁环境影响》、《1000kV级交流输变电工程对区域生态环境影响的研究》等多项关键课题已经取得初步成果。②开展示范工程的可研工作。目前已完成示范项目初步方案论证、规划选站、规划选线等工作，提出了示范工程变电站和线路设计初步方案，以及线路电磁环境影响控制标准初步意见。工程核准所需的环境评价等专题研究也在同步进行。③加快筹备实验基地建设。包括在武汉汉阳建设特高压交流户外试验场，在北京沙河建设特高压直流试验场，在北京良乡建设特高压杆塔试验场，与实验基地配套的实验室建设也在同步进行。

尽快实施示范工程是加快特高压电网发展的关键。必须结合国情，通过示范工程的建设和运行，建立具有自主知识产权的特高压技术和设备规范，培育国内特高压电网设备开发和制造能力，积累建设和运行经验。关于特高压交流示范工程，我们考虑了两个方案：一个是晋东南—南阳—荆门输变电工程，另一个是淮南—皖南—浙北—上海输变电工程。我们优先选择第一方案作为特高压交流示范工程，该项目规模适中，示范作用明显。

我国电力工业正处于持续快速增长的重要机遇期，对电网升级和优化电源布局提出了新的要求。建设以特高压电网为核心的坚强国家电网，是历史机遇，也是一项艰巨的任务。国家电网公司责无旁贷，也需要社会各界鼎力支持。

做好电力规划，保障电力工业健康发展

——汪建平①

一、引言

电力工业是国民经济的重要基础工业，是国家经济发展战略中的重点和先行产业。改革开放以来，中国电力工业取得了长足发展，发电装机总容量和年发电量已位居世界第二位，电力工业的技术装备水平有了很大的提高，大容量、高参数、高效率的大机组成倍增长，电网的覆盖面和现代化程度不断提高，电力供应基本上满足了国民经济和社会发展需要。电力工业为国民经济的发展作出了巨大贡献。

进入21世纪，中国电力工业进入了一个新的历史发展时期，主要特点是：从国家能源战略安全的高度，实现发电能源资源多元化和全国范围发电能源资源优化配置即西电东送、南北互供、全国联网；从国家可持续发展的要求，实现火电和电网技术升级，即以高效、环保、节水和安全稳定、提高输电能力、节约输电走廊为中心，加大先进技术的应用和科技创新的力度；从国家加强宏观调控和市场发挥资源配置的基础性作用的需要，深化电力体制改革，加强电力发展规划管理，建立全国公平竞争、开放、有序的电力市场。

电力工业与国民经济密切相关。电力建设应保持与经济的协调发展，过度超前或滞后都会对社会、经济产生负面影响。在新形势下，全面、科学的电力规划是促进电力工业健康发展，把握好电力建设、生产与国民经济的协调的重要保障。

二、落实科学发展观，切实做好电力规划

1. 电力规划所需遵循的基本原则

---

① 中国电力工程顾问集团公司总经理。

国家制定了电力发展基本方针是：提高能源效率，保护生态环境，加强电网建设，大力开发水电，优化发展煤电，积极推进核电建设，适度发展天然气发电，鼓励新能源发电，带动装备工业发展，深化体制改革。电力规划工作要服务于这个方针，要坚持以发展为主题，以电力市场需求为导向，以结构调整为主线，以科技进步为动力，以安全为基础，以可持续发展为目标，实现资源优化配置，保障电力工业持续、健康发展。

电力规划应遵循的基本原则应是：

(1) 以电力市场需求为导向，为经济和社会可持续发展及人民生活提供优质、可靠的电力保证。

(2) 以电力结构调整为主线，在发展中调整结构，在调整中促进发展，实现电力工业从速度、数量型向质量、效率型发展转变，切实提高电力工业的总体质量。

(3) 以安全为基础，统一规划、统一调度，建立健全电力系统和社会安全应急体系。

(4) 依靠科技进步，加快电力工业技术升级和产业升级，保障电网安全、可靠、经济运行。

(5) 以可持续发展为目标，统筹规划我国能源资源和电力建设在种类、环境和淡水等多方面发展要素，开发与节约并重，促进电力与经济、社会、环境的协调发展，确保国家能源安全。

(6) 坚持全局规划，打破行政区域界限，实现最大范围内的资源优化配置，坚持西电东送、南北互供、全国联网，将西部资源优势转为经济优势，充分发挥联网效益。

(7) 坚持以电力中、长期规划指导电力系统设计，保证电力结构的科学合理，提高电网安全稳定水平。

(8) 重视资金和电价规划工作，实现降低融资成本和控制工程造价，发挥电价机制改革对电力工业健康发展的促进作用。

2. 电力规划应考虑的因素

(1) 今后20年经济发展阶段。人均GDP达到1000～3000美元阶段：今后20年我国属于人均GDP从1000美元到3000美元经济发展阶段。从世界其他国家发展经验看，是制造业和城市化作为经济增长主动力时期，因此对电力的需求偏大，要求其快于国民经济增长速度。

经济发展处于第二～四阶段：经济发展阶段根据购买力评价标准可分为六个阶段，分别为：初级产品生产阶段（第一阶段）、工业化初级阶段（第二阶段）、工业化中级阶段（第三阶段）、工业化高级阶段（第四阶段）、发达经济初级阶段（第五阶段）、发达经济高级阶段（第六阶段）。2000年以前我国属于经济发展第一阶段，今后20年我国将经过二、三阶段，步入第四阶段，人均年用电量将有望达到3000kWh。国际经验表明，第二、三阶段是电力高速增长期。

制造业和城镇化高速发展阶段：从发达国家经验来看，人均GDP达800美元时，产业结构基本上是第二产业居主导地位，第三产业所占比重相当高，第一产业所占比重较小；农业劳动力在总劳动力中所占比重还相当高，一般在20%～40%。人均GDP达到3000美元时，第一产业比重继续下降，第二、三产业比重继续上升，从第二、三产业的对比看，第二产业比重依然略高；农业劳动力比重平均下降到20%。2003年我国城市化水平达40.5%，低于世界50%的平均水平，而发达国家已高达75%。据十六大提出的发展目标，今后20年，我国将坚持城镇化战略，工业化也进入加速发展阶段，城镇化率每年可以提高1个百分点，到2020年达到56%。可见，这一阶段是产业结构和就业结构改善和调整的阶段，依然是工业拉动经济增长阶段。

居民消费升级阶段：从发达国家的经验看，当人均国内生产总值达到1000美元左右时，消费结构升级步伐明显加快，住房和汽车消费大量增加，由此带动消费需求的快速扩张。汽车拥有率相对较低的国家，在人均收入上升的过程中汽车拥有率有加速上升的趋势。由于我国不同区域和不同群体之间的收入差距较大，其中收入较高的地区和群体已开始进入大额消费阶段，开始大规模消费万元和十万元级的耐用消费品（如汽车、住房等）。消费结构的升级带动工业结构的变化，以钢铁、化工、汽车等为代表的重化工业快速成长，成为推动工业发展乃至国民经济增长的主要动力。而钢材和建材等重工业产品的大量生产对我国能源资源提出了更高的要求。因此，今后20年我国将进入资源消耗型、能源消耗型为特征的重化工阶段，这是经济发展不可改变的客观规律。

(2) 我国能源资源特点。能源资源储量和分布：我国水能、煤炭、风能、太阳能资源较丰富，油、气资源不足，且分布很不均衡。水能资源理论蕴藏量6.89亿kW，经济可开发容量3.95亿kW，居世界第一位，但可开发水电资源近2/3分布在西部的四川、云南、西藏三省区，实现开发利用工程量大。煤炭探明储量约1万亿t，居世界第三位，剩余可开采储量1145亿t，人均储量为世界平均值的79%，但煤炭保有储量的2/3分布在山西、陕西、内蒙古三省区，实施更大范围煤炭资源优化配置难度大。我国人均石油、天然气可开采储量分别为世界平均值的11%、4.5%，大规模发展燃机条件不具备。风能、太阳能资源丰富，但受新能源发电技术因素制约，大规模开发利用尚需时日。

能源资源消费结构：煤炭是中国电力发展的主体能源，电力是煤炭最大的用户，煤电在中国电源装机结构中占主导地位。燃煤电厂的比重从1949年的52.2%上升到1990年的78.3%，之后的比重有所降低，到2004年降为73.7%。同时，在我国煤炭消费结构中，发电用煤的比重也不断上升，1980年发电用煤占煤炭消费量的18%，1990年为25%，2002年达到51%，与发达国家发电用煤已经占煤产量的70%～90%相比，中国发电用煤占煤炭消费量比重将继续上升。水力资源是中国电力发展的重要能源，目前中国已开发容量仅占可开发容量的27%，水电开发潜力巨大。

(3) 电源结构和布局。一是煤电比重偏高，2004年煤电比例达到74%，目前煤电发展势头不减，所占比重将进一步提高。二是水电开发率较低，仅为27%左右，尤其是调节性能好的大型水电站比重偏小。三是清洁发电和可再生能源发电刚刚起步。四是发电机组单机容量偏小，20万kW及以下机组超过1亿kW，伴随地方小机组关停步伐放缓、企业自备燃油机组增多，小机组仍占过高比重。五是供热机组比重小。

1) 电源结构调整。

大力发展水电。做好流域梯级电站滚动开发，全面建设大型水电基地，重点开发黄河上游、金沙江、雅砻江、大渡河、红水河、澜沧江和乌江等流域。

优化煤电布局。一是抓好煤炭基地坑口电厂开发，重点在山西、陕西、内蒙古、贵州、云南等煤炭富集地区逐步建立大型煤电基地，实施西电东送；在河南、宁夏开发坑口电站，促进区域内水火调剂；在安徽两淮开发坑口电站，实施皖电东送。二是适度建设负荷中心电厂，在东部、中部经济发达但缺能地区，重点建设港口、铁路路口、负荷中心及输电通道支撑电站。三是促进洁净煤发电，重点推广循环硫化床电站，进行整体煤气化示范工程试点工作。

加强核电前期工作，做好厂址保护。做好核电规划布局、加强核电厂址前期工作深度，做好厂址保护工作，加快引进技术的消化吸收，实现百万千瓦级压水堆核电工程设计、设备制造自主化。

做好发展天然气发电和抽水蓄能调峰电站规划。在东部发达地区结合电网调峰需求、天然气综合平衡和抽水蓄能站址资源，适度建设一批燃气蒸汽联合循环机组和抽水蓄能电站。

做好新能源发电规划。努力提高新能源发电比重，重点推进风力发电，在新疆、内蒙古、东北和东南沿海等风力资源丰富地区，开发较大规模的风力发电厂，做好风力发电接入系统和控制系统研究，促进大型风机自主化设计能力，降低成本，提高风电市场竞争力。

2) 电源布局优化。从中国能源开发利用看，今后20年水能资源和煤炭将成为我国发电能源供应的两大支柱，其开发多集中在西南、西北和晋陕蒙地区，并逐步西移和北移，而东部沿海地区和中南地区国民经济的持续快速发展，导致能源产地与能源消费地区之间距离越来越大，使得我国能源配置的距离、特点和方式都发生了巨大变化，决定了能源和电力跨区域大规模流动的必然性。客观需求在全国范围内优化配置能源资源，优化地区电源布局，积极推动西电东送、北电南送、全国联网。

3) 火电技术升级方向。加快火电技术升级，积极推广超临界及超超临界发电技术，推广洁净煤发电技术和天然气发电技术；掌握空冷机组设计制造技术和机组节水改造技术；掌握大容量机组烟气脱硫的设计制造技术。加快火电技术升级，是提高机组环保性能和能源转化效率，增加系统调峰能力，促进系统经济运行的主要措施。

(4) 今后20年电网发展阶段。

电网承担大容量、远距离西电东送输电重任：我国能源资源与经济发展不均衡性，决定大容量的西电东送势在必行，而电源远离负荷中心的特点，决定我国将迎来电网大发展阶段。

输电走廊资源紧张：输电走廊是重要的不可再生的自然资源。随着我国国民经济的发展和对环境保护工作的日益重视，获取走廊资源日趋困难，电网工程拆迁费用将逐年增加，走廊资源费用已成为合理确定和有效控制送电线路工程造价的主要影响因素之一。如何有效的利用输电走廊资源、促进电网技术进步、降低电网运行成本，实现电网建设可持续发展是电网建设中面临的重大课题。

直流多落点电网存在安全隐患：由于长三角、珠三角负荷中心面积小、电网电气距离短，受走廊、换流站、极址资源的限制，直流规模将达饱和。电网发展将面临减少直流落点过于集中给电网带来的安全隐患问题。

节能降耗任务重：我国远距离大容量西电东送网损在6%～7%，随着西电东送距离的增加，网损还将增大，如何降低网损，控制过网费，提高电网经济运行能力，已是限制西电东送规模的主要因素之一。

1) 我国电网发展方向。加快西电东送通道建设，提高输电通道输电能力；推动大区电网互联，优化资源配置，提高电网效益和运行可靠性；优化电源接入系统方案，提高电网的电压稳定水平和输送能力；加强区域电网建设，确定合理的电网结构；推进城乡电网建设和改造，提高配电网络供电可靠性；加强二次系统同步规划、建设。

2) 电网技术升级方向。加大世界上成熟电网先进技术的应用力度；同时积极跟踪国际上科技进步的动向和提高自身科技创新能力。在远距离输电中，研究采用串联补偿装置，提高输电线路输送能力；在负荷中心、发电装机少的受端电网、西电东送规模较大的受端电网研究采用动态无功设备，提高系统无功支撑能力；广泛推广采用同杆并架输电技术和紧凑型输电技术，节约输电线路走廊、降低工程造价、保护环境；推动高一级电压等级输电技术发展，促进特高压示范工程建设，实现电网可持续发展。

3. 建立科学的规划体系

建立科学的电力规划系统要遵循以下几种原则：

（1）树立电力规划全局观念。电力规划遵循上一级规划指导下一级规划的原则。电力行业规划统领全局，不仅要规划全国电力建设的总规模，而且要根据各区域的经济发展和资源情况，分区域明确发展重点和建设规模，统筹电源和输电网络规划。

（2）确立电力规划的权威性。科学的电力规划应避免重编制轻实施的现象，要确立电力规划的权威性和严肃性，用批准的规划来指导、控制电力项目建设，保证规划对资源开发利用和有效保护的调控作用。

（3）规划应具有前瞻性和包容性。为了保障电力供应，电力规划应具有前瞻性和包容性，对市场的变化应有适应能力，应适当超前，投产和建设规模应保证适度超前、前期工作应一定程度超前。电力规划要考虑高、中、低三个水平，能够涵盖电力需求发展的实际情况，并且通过短期的调整和优化调度，以保障各种负荷水平下的电力供应。

（4）规划要实现动态管理。规划工作要规范、系统的进行，要实现动态管理。五年规划应每年修订一次，中期规划应3年修订一次，长期规划应5年修订一次，这是保证规划成果有效性的重要措施。

科学的电力规划体系应由政府部门主导并决策，电力企业和中介机构广泛参与，并切实发挥专家、中介机构的作用。重视开展规划的前期研究工作，加大在规划研究和决策调研上的投入，将规划的内容做深做实，增强规划的可操作性，使之切实成为政府审核项目、安排投资的依据，并切实能为企业决策、引导社会资金提供参考。在规划编制方案中，要为有关方面的专家、学者、机构参与规划的编制留有时间和空间；要改进规划评估论证的方法，参与评估论证的，不应仅是本部门、本系统的专家，同时要注意吸收相关部门的专家；要实现电力规划方法和手段的现代化，以保证规划研究和决策的民主性和科学性。

中国水电规划的重点问题

——晏志勇[①]

一、中国的水力资源及其战略地位

1. 水力资源总量

我国幅员辽阔，蕴藏着丰富的水力资源。根据水力资源复查结果，我国大陆水力资源理论蕴藏量年发电量为60829亿kWh，平均功率为694400MW；理论蕴藏量10MW及以上河流上水电站技术可开发装机容量541640MW，年发电量24740亿kWh，其中经济可开发水电站装机容量401795MW，年发电量17534亿kWh，分别占技术可开发装机容量和年发电量的74.2%和70.9%。

2. 水力资源分布特点

（1）水力资源地域分布极其不均，需要水电“西电东送”。我国幅员辽阔，地形与雨量差异较大，因而形成水力资源在地域分布上的不平衡，水力资源分布是西部多、东部少。按照技术可开发装机容量统计，我国西部12个省（自治区、直辖市）水力资源约占全国总量的81.46%，特别是西南的云、贵、川、渝、藏就占66.70%；其次是中部的8个省占13.66%；而东部11个省（直辖市）仅占4.88%。我国的经济是东部相对发达、西部相对落后，因此西部水力资源开发除了西部电力市场自身需求以外，还要考虑东部市场，实行水电的“西电东送”。

（2）水力资源时间分布不均，需要建设水库进行调节。我国位于亚欧大陆的东南部，濒临世界上最大的海洋，使我国具有明显的季风气候特点，因此大多数河流年内、年际径流分布不均，丰、枯季节流量相差悬殊，需要建设调节性能好的水库，对径流进行调节。提高水电的总体发电质量，以更好地适应电力市场的需要。

（3）水力资源较集中地分布在大江大河干流，便于建立水电基地实行战略性集中开发。水力资源富集于金沙江、雅砻江、大渡河、澜沧江、乌江、长江上游、南盘江红水河、黄河上游、湘西、闽浙赣、东北、黄河北干流以及怒江等水电基地，其总装机容量270000MW约占全国技术可开发量的50%，约占全国经济可开发量的70%。其中西部的金沙江中下游干流总装机规模58580MW，长江上游干流

① 中国水电工程顾问集团公司副总经理。

33197MW，长江上游的支流雅砻江、大渡河以及黄河上游、澜沧江、怒江的规模都超过20000MW，乌江、南盘江红水河的规模也超过10000MW。这些河流水力资源集中，有利于实现流域、梯级、滚动开发，有利于建成大型的水电基地，有利于充分发挥水力资源的规模效益。

(4) 大型水电站装机容量比重大。全国技术可开发水电站中，装机容量300MW及以上的大型水电站占很大比重，其技术可开发装机容量和年发电量的比重分别达71.76%和72.43%，其中装机容量1000MW及以上的特大型水电站装机容量达315594MW，年发电量达14579.07亿kWh，其装机容量及年发电量的比重均超过50%。这些特大型水电站绝大多数分布于西南地区。

3. 水力资源在能源资源中的地位

我国常规能源资源（包括煤炭、石油、天然气和水能，其中水能为可再生能源，按使用100年计算）探明（技术可开发）总储量约8450亿t标准煤，探明剩余可采（经济可开发）总储量为1590亿t标准煤，分别约占世界总量的2.6%和11.5%。能源探明总储量的构成为：原煤85.1%、水能11.9%、原油2.7%、天然气0.3%，能源剩余可采总储量的构成为：原煤51.4%、水能44.6%、原油2.9%、天然气1.1%。我国常规能源资源以煤炭和水能为主，水力资源仅次于煤炭，居十分重要的地位。如果按世界一些国家水力资源200年计算其资源储量，我国水能剩余可开采总量在常规能源构成中则超过60%。由此可见水能在我国能源资源中的地位和作用。

能源节约与资源综合利用是我国经济和社会发展的一项长远战略方针。“十一五”期间和今后更长远时期，国家都将应把实施可持续发展战略放在更加突出的位置，可持续发展战略要求节约资源、保护环境，保持社会经济与资源、环境的协调发展。优先发展水电，能够有效减少对煤炭、石油、天然气等资源的消耗，不仅节约了宝贵的化石能源资源，还减少了环境污染。

二、中国水电开发规划

1. 开发现状

新中国成立以来，国家十分重视水电建设，50多年来水电获得可观的发展，为国民经济发展和人民生活提高作出了巨大贡献。

改革开发以来，国家把开发西部地区水力资源提到重要位置，尤其是提出“西电东送”战略以后，西南地区丰富的水力资源逐步得到开发利用。除长江干流上三峡水电站外，在长江重要支流雅砻江、大渡河、乌江上，在黄河上游龙羊峡至青铜峡河段、澜沧江、南盘江红水河上均已建成或正在建成大型和特大型水电站。这些河流或河段水力资源的开发，为西部大开发和“西电东送”作出了巨大贡献。

到2004年底，全国水电已开发装机容量108260MW，占技术可开发装机容量的20%，低于世界平均水平，远低于水电开发程度较高的国家。这意味着中国的水电开发拥有很大的潜力，水力资源开发前景广阔。

2. 开发规划

我国提出了全面建设更高水平小康社会的目标，国内生产总值到2020年力争比2000年翻两番。为了实现这个目标，今后我国国民经济仍将保持高速增长的态势，电力需求也将持续保持较快增长。根据预测，2010年我国全社会用电量将达到2.7万亿kWh左右，装机6亿kW以上；2020年全社会用电量将达到4.2万亿kWh左右，装机9.5亿kW以上。

国家将优化电源结构，坚持可持续发展和相互协调的原则，采取大力开发水电，优化发展煤电，积极发展核电，适当建设天然气电站，加快新能源发展步伐的能源建设方针。根据初步规划，水电年均新增装机容量12000MW左右。

按照电力发展和“西电东送”需要、大型河流开发进程、大中型水电项目规划和前期工作深度以及小型水电站合理建设规模等，制定水电的发展目标是：到2010年水电装机容量达到1.6亿kW，占电力总装机容量的27%，水电开发程度达30%；到2020年水电装机容量达到2.7亿kW，占电力总装机容量的30%，水电开发程度达50%。

按规模划分，到2010年和2020年末，全国大中型水电站总规模将分别达到1.2亿kW和2.2亿kW；全国小型水电站总规模将分别达到0.4亿kW和0.5亿kW。今后水电开发的思路是：

(1) 加快西部水电建设，促进水电的“西电东送”。注重电源地区布局的统筹、协调、合理安排，实现东、中、西部地区协调发展，利用西部地区丰富的能源资源，加大西部地区电力开发力度，促进“西电东送”工程和西部大开发战略的实施。

(2) 加大重点流域的开发力度，保证水电基地连续开发。进一步提高重点流域连续滚动开发的能力，保持合理规模、连续开发和由近及远、梯度开发，加快开发西部水力资源富集并居“西电东送”战略性地位的水电基地。

(3) 优先开发调节性能好的大中型水库电站，因地制宜开发中小型水电站。为了提高水电总体质量，应优先建设大中型河流的“龙头”水库和控制性水库电站；对满足当地用电需要和农村电气化县建设的中小型水电站，因地制宜、鼓励开发。

(4) 经济发达地区进行水电挖潜改造，深度开发当地剩余水力资源。对于水电比重小、水力资源少且开发程度高、经济发达的东北、华北、华东和广东等地，应深度开发剩余水力资源，除了少部分新建项目外，对部分老电站实行改扩建。

三、我国水电规划的重点问题

1. 水力资源的合理利用

河流（或河段）水力资源的开发规划追求的是合理利用水力资源。

水电规划首先是要遵循国家的法律法规，主要包括《中华人民共和国水法》、《中华人民共和国环境保护法》、《中华人民共和国土地管理法》等。在水电规划中贯彻全面规划、统筹兼顾、综合利用、讲求效益的原则，正确处理好整体与局部，资源利用和环境保护、水库淹没等方面的关系。河流水电开发除发电以外，综合利用可能还包括防洪、灌溉、航运、城市和工业供水、防凌、水产养殖、旅游等其中的某些部分。在进行水电规划时，根据国家法律法规和规划原则，调查分析综合利用的要求，根据水电站承担综合利用任务的能力，通过技术经济比较，落实河流的开发任务，达到合理利用水资源的目的。

水电规划是根据河流的具体情况，合理利用河流的水头和流量。对于河流岸边有重要城镇、成片农田或其他重要保护对象的，需要的时候考虑丢弃该河段的水头。对于引水式（或混合式）开发水电站，将下泄合理的生态或景观流量；对于有航运要求的，水电站要下泄一定的基流；对于有供水和灌溉要求的，要满足相应的引用流量要求。

水电规划是根据河流的具体情况，统筹上下游的协调发展，合理设置水库库容。水电站如有条件设立防洪库容，则应该把防洪作为一个重要的因素来考虑。为了发电、防洪需要调节流量过程，水库需要有一定的库容。任何的所得都一定要付出代价，为了取得库容，将带来水库淹没和移民问题。水库淹没和移民是水电工程最主要的生态影响之一。虽然存在水库淹没和移民问题，但是随着水电站的建设，以往生活在闭塞、偏僻的深山峡谷里，生活贫穷、文化落后的农民将移进平原，移进城市。同时由于有防洪、灌溉的作用，对水库下游的分洪区、城镇、农田提高了防洪标准和亩产量。我国的每一座大中型水电站的建设，几乎都是带通多条路，带起多座桥，带兴一座城，带富一方人。水电开发将为当地工业发展提供充足的电力，大幅度增加税收，改善交通条件，提高公共服务水平。

水库淹没、移民和环保问题虽然难度很大，但是通过各方努力，随着我们国家移民和环保法规体系和政策标准的进一步完善，方方面面的工作到位，这两个问题是可以解决好的。

2. 水电开发与市场

水电是清洁的可再生能源，水电在电力工业发展中的战略地位和作用非常重要，是其他能源无法替代的。从电源开发的综合经济性来看，水电开发不受燃料及其运输价格的影响，有利于提高电力建设的综合经济性。从最大限度节约能源来看，由于水电资源的可再生性，开发得越早节约越多，因此加快水电开发，充分有效地利用水电资源就是节约不可再生的煤炭资源。近年来的电力紧缺形势，国资、民资、外资等各路资本竞相进入水电开发市场。从长远看，水力资源具有巨大的经济价值，但合理开发需要统筹安排。

水电建设远离市场，建设周期也比火电长，过去的电力建设经常出现电力短缺时加快建设火电，停止建设水电，只有电力短期富余的时候才建水电的现象。待水电投产后无市场空间，缺乏中长期的规划指导，没有落实到电力规划特别是受端市场的电力规划中，使水电发展受到很大制约。因此，开发水电需要通过国家宏观调控来保证水电的市场空间。为了确保水电的健康发展，必须进一步加强国家的宏观调控，按照电力发展规划，均衡安排电力建设，特别是“西电东送”的受端地区要严格执行电力发展规划，将水电“西电东送”优先纳入受端电力市场，确保水电的市场空间。目前东部地区已开工建设大量火电厂，如果国家不尽快出台有利于水电发展的调控措施，西部水电的开发必然受到影响。

其次，要进一步完善电价定价体制。目前，我国电价仍然实行政府核定电价的体制。从目前核定的电价看，水电平均上网电价低于火电平均上网电价 0.1 元/kWh 左右，这种电价政策非常不利于水电的进一步开发。根据我国水电分布的特点，我国的水电主要集中在西部地区，而电力市场主要在东部地区。西部的水电送至东部后，还应考虑过网费，如果核定电价过低，势必影响水电开发。随着水电开发程度的提高，水电的开发条件越来越困难，水电开发成本也越来越高，为了贯彻国家大力发展水电政策，应尽快完善电价的定价体制，做到同网、同质、同价，促进水电建设健康、有序、快速的发展。

3.“西电东送”电网建设与电源建设配套

西部水电是电源点在西部，市场在东部，没有输电电网的配套，难以产生效益，对我国的能源优化配置也不利，需要电源和电网同步建设。

随着我国西部大开发战略的实施和电力需求的不断增长，西部地区水电建设速度明显加快。大渡河、雅砻江、澜沧江已形成梯级开发，金沙江虽然至今还没有开工建设的电源点，但各梯级前期工作准备比较充分，很多电站已具备开工条件。相比较而言，电网建设相对落后，电网结构薄弱，损耗大。为改变我国目前比较薄弱的电网结构现状，国家电网公司目前正积极进行特高压输电研究和试点工作。根据我国特高压输电规划，交流特高压设备将立足于国内，实现国产化，直流特高压，需要加快部分关键设备的研制，在自主创新的基础上，借鉴国际经验，走一条有中国特色的电网发展之路，为西电东送打下坚实基础。

4. 水电工程移民问题与对策

（1）水电工程移民概况。据不完全统计，从新中国建立以来，全国已建成了大中型水电站320余座，共计发生移民570万人。纵观新中国成立以来的水电工程征地移民工作情况，大体可分为三个阶段，即20世纪80年代以前、20世纪80～90年代初期以及20世纪90年代初期至今。

1）20世纪80年代以前的移民安置情况。20世纪80年代以前，由于开发的水电站处于经济和交通发达河流中下游地区，有水库淹没面积大、淹没区集中、迁移人口多等特点，以及受我国人多地少，经济尚不发达等条件的制约，加上这一时期经济建设过程中对移民安置工作的复杂性认识不足，缺乏科学的移民安置规划，移民补偿标准低，移民安置简陋。这部分移民曾经出现过一些集体上访、反迁等影响社会稳定的问题。为改善老水库移民的生产生活条件、提高生活水平，中央政府及时采取措施，对老水库移民给予了特殊的后期扶持政策，在资金上加大投入力度，地方各级政府也相应作了配套投入。另外，还在粮食供应、减免税收等方面给予特殊的优惠政策，使老水库移民生产生活水平逐年提高。

2）20世纪80～90年代初期的移民安置情况。随着农村经济的改革和发展，老水库非自愿移民带来的种种问题越来越暴露，引起了国家的重视。对移民安置政策开始进行了重大调整，专门设立库区建设维护基金，对移民进行后期扶持，彻底改变了单纯补偿性安置移民的做法，改消极赔偿为积极创业，变救济生活为扶持生产。此期间的水库移民基本都进行了简单的移民安置规划，补偿费比以前有了较大提高，但安置措施比较单一，补偿费用仍然很低。水电站移民的遗留问题比以前大幅减少，但大多数水电站移民在不同程度上还有遗留问题，生产收入及生活水平和当地农村非移民都存在着相当差距，自我发展的能力还比较薄弱。

3）20世纪90年代初期至今的移民安置情况。在此期间，我国从中央到地方，各级政府都设置了水库移民工作管理机构，对水库移民的安置工作从研究制定有关政策、编制移民安置规划，到组织实施以及移民安置后对其进行扶持以发展生产，实行了全过程的管理。特别是中国实行改革开放以后，由于中国政府认真总结过去几十年水库移民工作的经验和教训，先后出台了一系列有关水库移民安置的政策，实行开发性移民方针，形成了“政府负责，投资包干，业主参与，移民监理”的管理体制，制定了《水库移民安置条例》，从法律上对水库移民安置规划、移民补偿标准、移民安置方式以及后期扶持等方面作了合理的规定，并认真地组织搞好实施，既保证了大坝的顺利建设，又保护了水库移民的切身利益。

从近20余年的情况看，中国政府在兴建水利水电工程过程中通过对移民实施搬迁安置，有效地改善了这部分居民的住房、交通、供电、供水、文教卫生及通信等生产和生活设施，增强了他们发展经济的能力，提高了他们的生活水平。中国的水利水电工程移民安置工作已经取得了较好的成就和经验。

（2）今后的水电工程移民问题与对策。

1）移民任务。据初步统计，除目前已审批开工建设的大中型水电站外，到2020年，规划新开工的大中型水电站建设将共涉及移民约160万人。

2）面临的主要问题。

土地资源日益紧缺。随着社会主义社会的建设，人们物质精神生活水平日益提高，本着以人为本，建设和谐社会的原则，降低贫富两级分化，势必要提高失去原有生产资料的移民的资源占有量。而水电建设所涉及的移民基本都是不发达地区以土地资源为基本生活条件的农民，在各类工程建设后土地资源日益减少，如何合理分配资源并保证不降低移民原有生活水平成为较大难题。

移民与非移民差距加大。水库移民所处地区基本处于山区农村，大部分还是贫困县，本来收入就很低，并且移民本身文化素质普遍较低。虽然安置后教育、交通、生活条件大大改善，但是与安置区（或经济发达地区）的非移民和水电工程受益者的生活水平和经济水平相比还是很低。

移民安置方式单一，产业趋同，市场风险大。一个水库的移民区因地理、资源、气候、土壤、环境等自然条件相差不多，交通条件、通信条件、文化、生活生产习惯等相近，库区生产方式与主导产业有趋同现象，在我国许多库区都将发展林业作为主导产业之一，在林果业又以柑桔、茶叶、板栗等为主，结果导致生产品种单一，市场销路不畅，产品严重积压，经济效益低下，移民产生次生贫困。

3）对策。

进一步完善移民安置法规政策。建立健全和完善水库移民法律法规体系，协调各部门、通过立法把移民工作的方针、优惠政策、补偿办法、扶持措施，以法律、行政法规和行政规章的形式固定下来，建立水库移民政策法规体系，将水电工程移民工作进一步纳入法制化管理轨道，减少涉及各部门的利益摩擦，做到依法行政、依法管理、违法必究，妥善安置移民，切实保护水库移民的合法权益。

建立移民管理体系。建立水电工程征地移民工作管理的政府主管部门，专门负责管理水电工程建设征地移民工作，使从地方到中央政府均能实现各级征地移民机构间的上、下连贯性和政府移民工作管理的协调性。

研究移民安置新途径。总结50年来的水利水电工程建设征地移民安置经验，依据经济社会改革的新要求，研究和开拓新的移民安置途径（如建立效益共享机制、提供非农就业条件等）。我们国家正在改革中快速发展，人们就业谋生的环境正在大幅度改善，只要政策得当水电工程移民问题定会比过去解决得更好。

逐渐建立合理的工程效益分享机制。兴建水库，打破了库区的经济、社会与生态系统的平衡，移民既是水库的利益受损者，又是为水库建设做出巨大贡献者，理应与工程受益区（者）一起分享水库工程带来的经济效益。后期扶持政策就是一种工程效益分享机制，但是现行的后期扶持政策已不适合目前的社会体制。应按照建立社会主义市场经济体制的方向和责、权、利相结合的原则，逐渐建立合理的工程效益分享机制，慢慢均衡工程受益者与工程受损者的利益关系。

5. 水电工程环保问题与对策

(1) 水电开发对生态环境的不利影响。水电开发对生态环境的影响主要是由于兴建大坝引起的。水电开发主要有调节性能好的大型水库、径流式发电、抽水蓄能发电、跨流域引水发电等开发方式，主要由于构筑物（大坝或其他建筑物）对河道的阻隔、水沙情势的变化、淹没与移民和工程施工将对生态环境造成不利影响。

1）水库壅高水位及水沙情势变化对环境的影响。主要有水库库岸滑坡、塌坍，水库诱发地震，泥沙冲淤，地下水位升高使土地盐碱化、沼泽化等；水质物理、化学特性变化，水温结构变化对生态环境的影响；水质污染对水生生物和人群健康的影响，低温水对农作物、鱼类和珍稀濒危水生生物的影响；水库径流调节对下游生态环境的影响；对脱水段生态的影响等。

例如，黄河上游的一些水电站蓄水初期发生部分库岸滑坡、坍塌；新丰江水电站发生水库诱发地震等地质环境问题；丹江口水利枢纽兴建后，由于水库调节作用，春末夏初坝下少出现涨水过程，使部分河段家鱼产卵场消失或缩小规模；新安江水库下泄的低温水对下游富春江鲥鱼繁殖产生不利的影响。

2）大坝阻隔对生态的影响。水电站大坝及其他构筑物阻隔将影响一些洄游性鱼类通道，淹没鱼类的产卵场，大坝上、下游形成不同的水生生态系统，改变鱼类生态条件；阻碍航运和漂木。

例如，葛洲坝水利枢纽的兴建阻隔了国家一级保护动物中华鲟洄游通道，使其无法到上游产卵繁殖，但已采取人工繁殖放流，维持了种群数量。由于水坝阻隔，受类似影响的还有白鲟和长江鲟等珍稀鱼类。鲥鱼是长江中具重要经济价值的洄游鱼类，赣江上游是重要栖息地。万安水电站修建后，阻隔了洄游通道，影响种群繁殖。除江海洄游鱼类以外，一些半洄游鱼类，如四大家鱼、土著鱼类也因大坝阻隔，使生存环境受到影响。

3）水库淹没与移民对生态环境的影响。水电工程水库淹没范围广，移民数量大，移民安置对自然、社会经济和生态环境将产生不同程度的影响。兴修大型水电站、水库蓄水淹没土地资源是不可避免的影响。土地淹没势必加剧库周人地矛盾。据1997年全国已建和在建的304座大中型水利水电工程统计，淹没耕地623万亩，移民约536万人。水库淹没引起大批居民需搬迁安置，许多专项设施要复建，开发大量田地，导致土地资源结构发生变化。如果安置不当，会造成库区乱垦滥伐，加剧水土流失，导致局部地区环境质量下降，在移民安置初期，出现较严重的水土流失，给森林植被，野生动物栖息环境带来影响。

移民安置对社会经济也将带来广泛影响。水电站的兴建，打破了区域原有的产业结构，利用移民搬迁的机会，按照生态农业的模式作出的生产、生活安置规划，把农村建设成生态农业村，形成新的较为合理的农业产业结构，有利于区域经济的发展；水库专项资金的投入，不仅可恢复原有设施的功能，部分新设施和移民企业的建设，为减轻土地资源的压力，搞活经济，促进基本建设起到重要作用。水库广阔的水面可为发展水产养殖提供优越的条件。多渠道的安置既有利于恢复移民生活水平，也促进了城镇经济发展。

4）工程施工对环境的影响。水电工程施工的主要环境问题有：水电站施工开挖产生大量粉尘对周围环境空气质量和人群健康带来不利影响；施工废水排放量大，悬浮物含量较高，如果不经过处理直接排入江河，造成下游水质下降，影响城镇和居民用水质量；水电工程施工弃渣和料场开采占用大量土地，对地貌景观和植被损坏很大。随意弃渣，极易造成局部水土流失、淤塞河道、抬高下游河道水位等。大型电站施工占地可达数平方公里，土石方开挖上千万立方米，施工人员数千人。如三峡工程土石方开挖量达

10390万m^3，施工高峰人数达2万多人。水电站建设施工废水、废气、噪声和弃渣，在施工期将对环境带来较大影响。但中国对施工的环境保护不断加强，早在20世纪80年代初，葛洲坝水电站施工期即开展施工环境现状评价，对施工环境进行了监测。三峡工程施工一开始即十分注意施工环境保护，环保设施与主体工程同时设计，同时施工，创造了国内一流的施工环境，各项监测指标基本达标。在建的小湾水电站、龙滩水电站在施工环境污染治理同时，还开展水土保持生态建设，取得良好效果。

5）对人群健康的影响。水库淹没引起疾病传媒及其滋生环境的变化，移民迁建、施工人员的聚集都可能引起传染疾病的交叉感染和暴发流行，可能对人群健康产生不利影响。

（2）水电可持续发展的环境对策。

1）树立科学发展观，提高环保意识，以人为本，在水电开发中，实现人和自然的和谐共处。河流是完整的生态系统，也是人类社会的生命线。人类活动应与河流相协调。水电开发必须确立科学发展观，实现人和自然的和谐共处，在“五统筹”中发挥重要作用。在开发利用河流时，要使流域资源与环境处于可持续状态，在满足现在需要的同时，给后代留有选择的自由和发展空间。大坝建设和运行应达到效益最大，而资源与环境损失最小，使水电建设与环境、生态、社会、经济协调发展，和谐共存。

2）加强水电环境保护的法制建设，认真贯彻环境保护法律、法规和政策。坚持开展建设项目环境影响评价，流域水电规划环境影响评价，坚持工程施工与环境保护“三同时”制度和工程的环境管理。编制和完善水电环境影响评价规范和环境保护设计规范。使工程的环境保护工作和措施的落实符合有关规定和标准要求。

3）水电开发同时要重视生态恢复和建设，保护生物多样性。随着水电开发程度越来越高，对水生态系统及物种的影响成为突出的问题。特别是流域的梯级开发已引起社会极大关注。水电开发应从生态完整性对流域生态系统进行整体性保护，维持河流的健康生命，保护水生态系统的结构和功能。工程阻隔洄游水生生物通道，应修过鱼设施。工程影响物种种群数量，应设置物种增殖站和人工放流等措施。工程建设和运行中特别要加强珍贵、濒危物种的保护。开展科学研究，优化环保设计和各项措施。

4）认真落实工程施工的各项环境保护措施。防治施工废水、废气、废渣和噪声对环境的污染，加强施工水土流失的防治和水土保持生态环境建设。20世纪90年代以来，我国水电工程施工环境保护已取得显著成效，但因工程施工量大、施工期长，环境监理和管理未能到位，仍存在施工环境污染和生态破坏。要进一步研究环保新方法、新工艺，不断改进各项措施，强化环境监测与管理，把施工环境保护提高到新水平。

5）制定移民安置区环境规划，提高移民环境容量，保护和改善移民生活环境和生态环境。水电开发淹占部分土地资源，移民付出了巨大代价。在水电工程移民安置中应树立以移民为本的发展观，充分考虑移民的合理要求，安排好移民生产生活。认真制定移民安置区环境保护规划，加强安置区土地资源、生物资源、水环境的保护和人群健康保护。调整农业结构，多渠道发展第二、三产业，为移民创建良好的生活环境和生态环境，使移民走向生活安定、生产发展、生态改善的可持续发展之路。

中国煤电运平衡分析

——解居臣①

一、2005年上半年煤电运态势

2005年以来，国家宏观调控政策的影响和作用日渐显现，国民经济运行稳健，固定资产投资增速比2004年同期回落3.2个百分点，钢铁、水泥、电解铝等高耗能行业不合理需求得到抑制，社会用煤需求放缓；铁路系统实施改革，整合运能，运输能力得以提高；煤电联动、煤炭进出口税率下调等一系列政策，促使电煤市场理性回归，增加了煤炭的有效供应；此外，电力企业加强用电需求侧管理，水电增发，也在一定程度上缓解了火力发电及用煤的压力。综合以上因素，持续近两年的“煤荒、电荒、运荒”紧张态势趋缓，但煤电运供需仍保持较快增长，局部性、时段性短缺矛盾仍然突出。主要体现在：

——电力供需保持较快增长，供需矛盾依然紧张。全国发电量累计完成11340.73亿kWh，同比增长12.88%，其中：火电累计完成9506.31亿kWh，同比增长11.58%；水电累计完成1580.74亿kWh，同比增长20.94%；核电累计完成253.68亿kWh，同比增长15.44%。进入迎峰度夏用电高峰时期，用电负荷不断攀升，电力供需再度趋于紧张，6月份，国家电网公司系统有14个省级电网发生拉限电。

——电煤供应趋稳，库存创历史新高。1～6月份，直供电网累计供煤24731万t，日均供煤136.6

① 中能电力工业燃料公司总经理。

万t，同比增加22.7万t，增幅19.94%；年累计耗煤23571万t，日均耗煤130.2万t，同比增加16.6万t，增幅14.56%；电煤库存2338万t，同比增加1189万t，比年初增加1221万t，平均可用天数为15天，创近几年历史新高。但电煤库存不均衡，个别地区发电企业电煤库存仅可满足2～3天燃用。

——煤炭生产、需求持续增长，但增速放缓。1～6月份，全国原煤产量完成9.4亿t，同比增加8292万t，增长9.7%，增幅同比下降5.3个百分点。其中：国有重点煤矿完成4.93亿t，同比增长10.3%，增幅同比下降1.6个百分点；国有地方煤矿完成1.42亿t，同比减少462万t；乡镇煤矿完成3.1亿t，同比增长15.7%，增幅同比下降13.4个百分点。全国商品煤销量完成9.15亿t，同比增加9466万t，增长11.5%，增幅同比下降7.2个百分点。

——煤炭铁路运力快速增长。铁路系统实施改革，加强集中统一调度，撤销铁路分局，整合运能；大秦、侯月铁路两线实施改造，年各分别增运5000万t，煤炭运输能力大幅度增加。1～6月份，全国铁路货物运输累计完成11.3亿t，同比增长7.1%，其中煤炭完成5.3亿t，同比增长9.3%，电煤完成2.59亿t，同比增长25%，远高于同期铁路货运量增长幅度，是历年来所没有的。

——港口存煤持续高位，煤炭资源重心向沿海地区偏移，海上运价回落。2005年以来，特别是进入二季度，港口存煤一直处于高位趋稳，沿海地区已出现压船待卸现象，国家经济运行部门多次协调疏港。这其中有煤质问题的影响，但也在一定程度上反映了社会煤炭需求的放缓。5月底，港口煤炭库存达到1478.8万t，同比增长了63.67%。港口煤炭运输的快速增长，促使煤炭资源向沿海地区偏移，前5个月，铁路增运的3805万t煤炭中，有2567万t通过港口中转流向了沿海市场，占到铁路煤炭运输增量的67.5%（2004年全年两者的比例仅为44%）。目前，华东、华南地区各电厂煤炭库存普遍较高，其中浙江、江苏电煤库存可用天数分别达到16天和20天。高位趋稳的港口、沿海地区煤炭库存，波及影响海上煤炭运价回落。

总之，2005年上半年，在国家一系列宏观调控政策指导下，煤电运薄弱环节得到加强，生产能力持续增长，不合理需求得到有效抑制，供求紧张态势趋缓。

二、下半年乃至今后一段时期煤电运发展态势预测

根据国家有关能源发展战略，预测2005年下半年乃至今后一段时期内，煤炭市场走势总体平稳发展，但也不排除部分地区因煤种、运输流向等问题在一定时期内再度出现紧张，煤价再度上涨的可能。

从近期看：

迎峰度夏期间发电用煤面临考验。随着高温天气的来临，用电负荷屡创新高，日耗电煤攀升，预计直供电网日耗电煤将高达145万t左右，直接拉动煤炭市场需求。雨水偏多引发的水灾也将对水电出力产生影响，提升对火电的依赖程度，加大电煤需求；同时水灾对铁路、公路运输造成的冲击，也会进而影响正常的煤炭流通秩序和煤炭供求关系，增加煤炭市场的变数。

煤电价格联动机制还有待进一步完善。一是联动基数存在缺口。二是联动存在缺位，对于近两年因运输等费用大幅上涨造成的发电成本增支因素未予考虑。三是电力企业自行消化比例高，发电企业生产经营仍面临较大成本增支的压力。四是联动时间滞后，实施时间较价格实际上涨的时间滞后。五是部分地区电价调整实际执行并未到位，尤其是前两次调整到位缺失严重。六是煤热联动缺失。这些问题都将会对日常电煤供应、价格产生影响。

煤矿安全问题将对煤炭增产产生很大影响。从有关方面获悉，截至目前全国国有重点煤矿的100%、国有地方的80%、乡镇煤矿的75%已申请办理了煤炭安全生产许可证，但仍有5000多家煤矿没有申请。7月13日，国家安全生产监督管理总局、国家煤矿安全监察局已下发《关于煤矿安全生产许可工作的紧急通知》，要求从7月14日起，对未提出办证申请、申请未被受理或受理后经审核不予颁证的煤矿，一律停产整顿。此项措施的出台，预计对下半年，特别是四季度的煤炭供应会产生一定的影响。

煤炭质量偏低成为影响煤炭供应市场的不稳定因素。煤炭质量下降直接影响煤耗上升，据统计，1～5月份，直供电网发电天然煤耗为488g/kWh，比2004年同期增加11g/kWh，增加了电煤需求总量，进而增加煤炭市场的供求压力；其次，煤炭质量下降，导致煤炭运力资源浪费，增加煤炭流通对各种运力资源的需求。

近期煤炭供需市场及价格变化也引起煤炭企业的关注，利益趋动，煤炭企业已针对目前煤炭市场变化，提出以销定产，个别煤炭企业已采取措施，削减部分电煤铁路运输提报计划。

以上这些问题将对近期乃至年末备冬储煤及2006年度电煤供运需衔接产生制约影响，应引起我们的密切关注，要抓住主要矛盾，顺势而为，争取国家有关政策的支持，稳定今冬明春煤电运供需市场。

从长远看，需求仍保持快速增长。近两年煤炭消费递增速度都在2亿t以上。2003年煤炭消费高出GDP增长率6.94个百分点，2004年高出5.82个百分点。2005

年的增长会低一点，但为了保持国民经济的稳定以及经济发展的惯性作用，其对能源的需求仍会较旺盛。从电力生产建设来看，根据全面建设小康社会的奋斗目标，预计未来15年间，我国年均新增发电装机约3300万kW，年均用电增长约1600亿kWh。最近3年，预计年均投产发电装机容量在7000万kW以上。这为我国电力事业的发展提供了空间，也使以火电为主的电煤需求面临巨大的压力和严峻挑战。

从煤炭资源供给看，我国煤矿安全生产保障能力还有待进一步提高，煤炭长期稳定供应存在一些不确定因素。据统计，目前全国具备安全生产能力的矿井产量只有12亿t，仅占2004年煤炭产量的61.35%；4亿t的能力需要进行安全系统改造，1.5亿t的能力安全状况不达标；还有2亿t能力不具备基本安全生产条件，需要关闭。值得注意的是，乡镇煤矿仍然是全国煤炭产量增长的主力。由于乡镇煤矿存在技术、资金投入不足等问题，煤炭安全生产不容乐观，而国有煤矿现有矿井已经严重超负荷，预计全国煤炭产量增速也将会呈现平稳趋缓的趋势。

从运输能力状况看，由于中国煤炭资源主要集中在山西、陕西、内蒙古等中西部地区，而煤炭需求主要集中在经济发达的沿海和中东部地区，煤炭一直是铁路运输的重点，全国煤炭产量的60%依靠铁路运输，煤炭承运量占铁路货运总量的比重基本保持在45%以上，由此也带来与其他物资运输之间的冲突和矛盾。2005年国家对大秦、侯月铁路两线实施改造，使运往华东地区的下水煤的能力有较大增长，但石太、京原、丰沙等其他运煤通道基本无新增能力，均处于超负荷状态。山西晋东南煤炭外运能力十分紧张，特别是增加铁路直达华东、中南地区的煤炭运力比较困难。

综合煤炭产运需发展趋势，目前煤炭市场趋缓，价格稳中有降或保持平稳，不否定为“局部时段”现象，从供求形势长远发展来看，煤炭供应仍然总体偏紧，局部地区和用电高峰季节，区域性、品种性、季节性供求矛盾依然突出，电煤供应对电力供应能力的制约依然存在。

三、促进煤电运平衡运行和良性发展初探

党中央、国务院高度重视煤电运平衡运行，成立了国家能源领导小组，并提出要全面落实科学发展观，为国民经济和社会发展提供长期、稳定、经济、安全的能源保障。如何贯彻国家能源政策，促进煤电运供需平衡，需要我们认真进行思考和实践。

一是要全力推进国家宏观调控政策的落实，加强煤电油运的统筹协调和有效衔接。自年初以来，国家连续出台了一系列与煤电运相关的宏观调控政策：实施煤电价格联动，调高煤炭资源税，部分省区征收煤炭价格调节基金，下调煤炭进出口税率，提高煤炭安全生产费用标准。这些政策促进了国内供求矛盾的缓解，也为长期稳定的能源安全提供了保障。但在实际执行中会遇到一些问题。随着煤炭市场的进一步开放，电煤价格已成为电煤供应中的核心因素。煤炭资源税的提高和能源基金、价格调整基金等的出台都会对电煤价格产生影响和波动，一些煤炭企业的逐利行为与市场中的无序操作往往使电煤价格出现较大的随意性，并对电煤供应造成较大影响。我们应密切关注国家宏观调控政策执行中出现的新情况、新问题，加强国家宏观调控中煤电运形势的监测、分析和综合协调，按照统筹兼顾的原则，依靠经济、法律和必要的行政手段，确保煤电运之间及与国民经济的供需平衡。

二是调整优化能源结构。我国经济正在高速发展，汽车、钢铁、化工行业都处在高速发展期，电力、煤炭能源需求量的增长趋势将会延续，可以预期，未来我国电力、煤炭需求将保持强劲增长的态势。在这样背景下，要立足于国家能源发展战略和能源安全，坚持以煤炭为主体、电力为中心，优化煤电运结构和布局，不断提高电力供应的安全性和经济性，实现电力可持续发展。目前中国正在规划建设神东、晋北、晋东、蒙东（东北）、云贵、河南、鲁西、晋中、两淮、黄陇（华亭）、冀中、宁东、陕北共13个大型煤炭基地。这些基地不只是建设成传统的单一煤炭基地，而是要建成煤炭生产和调出基地、电力供应基地、煤化工基地和煤炭综合利用基地。要抓住良好发展机遇期，以大煤电基地、大水电基地为依托，实现煤电就地转换和水电大规模开发，实现跨地区、跨流域水火互济。发展特高压电网输电线路，加大电力输送能力和距离，把西部煤电基地和水电基地的电力输送到华北、华东、华南电网，变输煤为输电，缓解煤炭运输压力，促进我国能源和电力供需之间矛盾的缓解。要尽快优化我国一次能源结构，提高天然气和水电等清洁、高效的优质能源的比重，减少煤炭终端消费量。要按照国家铁路建设和港口建设规划，抓紧建设和改造“三西”出煤通道和北方煤炭下水港口，提高煤炭运输能力。

三是要积极妥善解决好电煤价格、质量等问题。要依据价值规律，遵循煤炭、电力生产客观规律，尊重国民经济运行的内在要求，本着立足当前、着眼长远、促进共同发展的原则，针对煤电联动遗留问题和第二周期（2004年12月至2005年4月）电煤价格上涨情况，进一步完善煤电价格联动政策，促进煤电运平衡态势健康发展。进一步加强煤质管理。在目前煤炭供应市场相对缓和的形势下，质量问题已成为煤电双方共同关注的焦点，对于煤炭企业来说，直接影响供应市场的份额；对于电力企业来说，直接影响安全

生产、经济效益。煤电双方要根据当前煤炭供应形势，趋利避害，以价格为杠杆，促进电煤质量的上升。同时要加强质量检验监督部门对煤质监管的力度，在有条件的地区开展第三方煤质检验，以避免煤电双方在煤质验收中发生的纠纷，稳定电煤供应。

四是积极开发、推广新能源利用。新能源的开发利用，不仅代表着一个国家的技术发展水平，更是关系到占领未来能源利用至高点、保障国家能源安全的重要措施。我国已制定了《2000～2015年新能源和可再生能源产业发展规划要点》，到2015年新能源和可再生能源年开发量将达到4300万t标准煤，这等于每年少用了6000万t煤炭。随着能源结构的不断调整，我国洁净能源的比重正在上升，给人们带来温暖的同时也带来污染的煤炭消耗量则在不断下降。据悉，我国天然气、水电等洁净能源在一次能源消费总量中所占的比重逐步提高，由1990年的23.8%上升为2000年的32%。煤炭消费量在一次能源消费总量中所占比重由1990年的76.2%降为2000年的68%，这为我国能源长期稳定发展提供了支撑。要从实施我国能源战略出发，进一步加大新能源和可再生能源的开发利用，缓解煤炭、运力需求压力，促进煤电运长期平衡稳定。

五是坚持开发和节约并举。树立可持续能源发展观，加强节约型社会建设，大力推行节能政策，倡导节能理念，从政策、立法、技术、宣传等各环节入手，坚决扭转高消耗、高污染、低产出的状况。切实转变经济增长方式，严格控制钢铁、水泥、电解铝、电石等高耗能行业无序建设、过度扩张出现反弹。通过多方面努力，走出一条资源开发利用与经济协调发展的新路子，以煤炭资源的可持续发展和有效利用，支持我国经济社会的可持续发展。

展望发展中的中国，国民经济持续快速增长，这必将进一步拉动对电力和煤炭的需求。相信在国家宏观政策的指导下，随着我国市场经济的逐步完善，我国电力、煤炭和运输事业一定会实现综合协调可持续发展，中国的能源产业一定会迎来更加美好的明天。

适应中国全面建设小康社会的电力需求分析

——李琼慧[①]

根据中国全面建设小康社会的发展目标，未来20年中国将实现经济总量翻两番。电力需求增长与国民经济发展密切相关，经济增长的速度和模式决定了电力需求增长的速度和结构。

一、中国现阶段经济发展水平和用电水平

经过20多年的改革开放和经济建设，中国已经实现了现代化建设的第一步和第二步战略目标，人民生活总体达到小康水平，进入了全面建设小康社会和加快推进社会主义现代化建设的新阶段。1981～2004年期间，中国GDP年均增长9.5%。2004年中国GDP总量达到156515亿元，人均GDP达到10502元，折合美元约1266元；产业结构为：第一产业15.2%，第二产业53.0%，第三产业31.8%；人民生活水平明显提高，2004年中国城乡居民家庭恩格尔系数分别为37.7%和42.7%（以上数据均采用当年价计算）。

中国经济的快速发展带动了用电需求的快速增长。中国从20世纪80年代末开始进入工业化中期，目前已处于工业化中期的重化工业阶段。1981～2004年期间，中国全社会用电量年均增长8.7%，电力消费弹性系数为0.91。2004年末中国发电装机总量达到4.4亿kW，全社会用电量达到21735亿kWh，人均装机达到0.339kW，人均用电量达到1672kWh，人均生活用电量达到187kWh，第一、二、三产业及居民生活用电比重分别为2.8%、74.8%、11.2%和11.2%。

二、全面小康社会的经济发展目标

根据全面小康社会的经济发展目标，到2020年中国GDP将在2000年的基础上翻两番，也即2001～2020年期间GDP年均增长速度将达到7.2%左右，到2020年中国人均GDP将达到3200美元左右。未来20年中国将积极推进产业结构优化升级，形成以高新技术产业为先导、基础产业和制造业为支撑、服务业全面发展的格局；将大力推进信息化，走科技含量高、经济效益好、资源消耗低、环境污染少、人力资源优势得到充分发挥的新型工业化道路；将全面提高城镇化水平，大大降低从事农业的劳动力比重。到2020年，中国将基本实现工业化，城镇化率将超过50%，农业从业人员的比重将由2000年的50%下降到30%左右。

三、中国实现全面小康社会的用电水平分析

（一）改革开放以来中国电力工业发展的历史回顾

改革开放以来，中国电力工业快速发展，较好地满足了经济增长和人民生活水平提高对用电的需要，

① 国电动力经济研究中心。

中国电力工业的发展主要呈现以下特点：

一是电力供需规模迅速扩大。中国发电量由1980年的3006亿kWh增长到2004年的21870亿kWh，增长了7.3倍，年均增长8.7%。发电装机容量由1980年的6587万kW增长到2004年的44070万kW，增长了6.7倍，年均增长8.2%。中国的全社会用电量由1980年的2954亿kWh增长到2004年的21735亿kWh，增长了7.3倍，年均增长8.7%。

二是人均水平迅速提高。1980年中国人均装机为0.067kW，人均发电量304.5kWh，人均生活用电量10.6kWh。2004年中国人均装机为0.339kW，人均发电量1682kWh，人均生活用电量187kWh，分别比1980年增长了5.1倍、5.5倍和17.6倍。

三是用电结构明显变化。中国第一产业用电比重由1980年的9.0%下降到2004年的2.8%，第二产业用电比重由1980年的83.8%下降到2004年的74.8%，第三产业和居民生活用电比重分别由1980年的3.7%和3.5%上升到2004年的11.2%和11.2%。

四是电力供应再度紧张。改革开放以来中国的电力供需形势经历了由严重缺电——缺电趋于缓解——低用电水平下电力相对过剩——供需基本平衡——电力供应再度紧张五个阶段。1980～1987年，改革开放推动中国经济快速发展，发电装机的增长不能满足国民经济和社会发展的需要，电力供需矛盾突出；1988～1996年，集资办电和多家办电政策的实施，使严重缺电的局面日趋缓解；1997～1999年，中国电力供需形势发生了根本转变，在经济结构调整以及亚洲金融危机等因素共同作用下，出现了低用电水平下的短时电力过剩；进入2000年以来，中国用电需求出现持续快速增长，2000～2002年，电力供需基本平衡；2002年中国开始出现局部性、季节性、时段性缺电，之后电力供需矛盾愈演愈烈，2004年已成为1990年以来中国电力供需形势最为严峻的一年。2000～2004年中国年均用电增长速度达到12.4%，电力弹性系数连续5年大于1。

（二）中国电力需求与经济增长的关系

电力与经济紧密相关，电力是保障经济发展的重要物质基础，经济发展是电力发展的内在动力。电力消费弹性系数是体现经济发展与电力需求增长速度关联性的宏观指标，综合反映了经济增长对电力需求的拉动作用。经济发展所处阶段、经济结构变化趋势及生活用电比重等因素对电力弹性系数水平有较大的影响。

从一个较长时期来看，中国电力弹性系数的变化有一定的规律性。建国以来至1980年，中国电力弹性系数大于1；1980～2004年，电力弹性系数小于1，为0.91。

一个时期的电力弹性系数是大于1或小于1，主要与GDP用电单耗的上升或下降有关。某一时期单位GDP电耗上升，则弹性系数大于1；单位GDP电耗下降，则弹性系数小于1。单位GDP电耗等于行业电耗与单位GDP生活用电之和。行业单位电耗增大，则电力弹性系数趋于增大；生活用电增长速度超过GDP增长速度，生活用电比重上升，则电力弹性系数趋于增大。1990～2000年中国电力弹性系数为0.81左右，反映了中国进入工业化中期之初电力弹性系数的水平。2000～2004年中国电力弹性系数为1.5，表明中国经济已进入工业化中期的重化工业阶段。

尽管近5年中国用电单耗出现了上升，但从中国的工业化进程及产业结构变化趋势分析，预计未来20年中国用电单耗水平总体仍将呈下降趋势。同时考虑中国城镇化水平的提高将拉动居民生活用电保持较高增长速度，使其在用电结构中的比重不断上升，将弱化GDP电耗下降对弹性系数的影响。综合分析，预计未来20年中国电力弹性系数仍将小于1，为0.85～0.95。

（三）全面小康社会用电水平分析

由于各国经济结构、能源资源及能源消费结构不尽相同，达到小康社会和基本实现现代化时的用电水平也不相同。但一个国家的电气化程度和用电水平是与其经济发展水平相适应的。中国实现全面小康社会的用电水平分析可以参照国外发达国家达到小康社会或基本实现现代化时的用电水平。

从国外不同发达国家的用电水平来看，美国、加拿大等国人均用电量及人均生活用电量很高，如美国，1960年人均GNP为2787美元，人均用电量达到4291kWh，人均生活用电量达到1085kWh。这些国家经济实力强，工业化程度高，由于经济结构、资源生产及消费结构和能源价格等方面的原因，使得其人均用电水平远高于其他发达国家。日本、法国及原联邦德国等第二次世界大战后发展起来的国家，由于受20世纪70年代石油危机的影响，加上调整经济结构、推行节能政策以及本国发电资源限制等原因，人均用电水平仅为美国等国的60%～80%，如原联邦德国，1970年人均GNP为3040美元，人均用电量为3600kWh，人均生活用电量只有709kWh。总体来看，发达国家人均GNP达到3000美元左右时的人均用电量为2800～4000kWh，人均生活用电量为560～1400kWh。从用电结构看，发达国家人均GNP达到3000美元左右时的工业用电比重为45%～60%，生活用电比重为20%～30%。

参考国外发达国家的发展历程，根据中国的具体情况，预计中国全面实现小康社会的人均用电水平为3000kWh左右，人均生活用电量为600kWh左右，用电结构中工业用电比重为60%左右，居民生活用电比重为20%左右。以上判断主要是考虑了以下因素：一是中国人口众多，尤其是农村人口及农村劳动人口众多，地域分布辽阔，使得中国人均用电水平、人均生活用电水平及生活用电的比重都相对较低。二是在中国经济结构及用电结构中，工业的比重高于发达国家相同发展阶段的水平，未来20年基本实现工业化，工业在经济结构及用电结构中的比重仍将高于发达国家相同发展阶段的水平。三是受中国发电能源资源及其开发条件限制，加之中国工业化将是在科技水平更加先进的基础上实现，因此人均用电水平将低于发达国家在类似发展时期的水平。

（四）未来电力需求水平预测

根据中国经济发展与电力需求增长的关系和全面建设小康社会的用电水平分析，未来20年中国的电力需求增长，需要保持较快的发展速度，预计年均增长速度为6.0%～7.0%，其中前10年增长速度预计为8%～10%，后10年预计为4%～5%。到2020年中国全社会用电量将达到43000亿～52000亿kWh，按目前中国的电源结构考虑，需要发电装机约9亿～10亿kW。预计2020年中国人均用电量达到2900～3500kWh，人均生活用电量将达到580～700kWh。

2006
中国电力年鉴

专 家 论 坛

电力发展面临的战略选择

——周小谦

21世纪前期20年，电力建设和改造的规模将达到9亿kW左右，需要建设的输变电工程220kV及以上达40万km左右，变电容量达16亿kVA以上。到2020年相应需要的发电用煤炭在18亿t以上，需天然气400亿m^3，为此机械制造行业要提供相应规模的发电、输变电设备。同时每年向大气排放的CO_2达46亿t，SO_2达3000万t，而要把这3000万t降到1000万t以内，电力建设所需要投入的资金约在9万亿元左右等等。这对能源供应、设备制造、环境治理、运输及资金筹措等将是极大挑战。面对挑战，我们作何抉择？

我们的战略选择只能是以科学的发展观作指导，以科技进步和改革为动力，实施走出去的战略，并认真落实如下的电力发展方针去应对。

1. 实施优化发展煤电的方针

我国的能源资源特点决定了我国以煤为基础，以电力为中心的能源发展方针。在电力结构中，同样也是以煤为基础，煤电在我国电力装机和发电量的比重以往一直在70%和80%以上，即使到2020年，通过调整结构，煤电的比重仍在60%以上，电量在70%以上，而世界平均不到40%。

大量的煤电带来煤的供应问题、运输问题和环境问题，因此对于用煤发电，必须认真贯彻“优化”发展的方针，所谓优化，也就是要在提高发电效率，减少污染，合理布局等方面进行优化。优化发展煤电的重点之一是要推广应用高效率的超临界机组，抓好设备的国产化，推广应用，争取在新建的煤电机组中30%～40%采用超临界机组。其二是推广洁净煤发电技术的应用，重点抓好20万kW，30万kW循环流化床技术的推广应用及IGCC试点，以控制NO_x和SO_2的排放。其三是要推广应用60万kW的空冷机组，以节约用水，使空冷机组百万千瓦用水降到0.2m^3/s以下。其四是在城市中推广20万kW，30万kW的热电联产机组以提高能源利用效率，到2010年新增热电联产机组4000万kW，使城市供热普及率由2002年的27%提高到40%。其五是对老电厂的小机组、旧机组进行改造，实行“恢复性开发”战略，到2015年把现在10万kW及以下的小凝汽机组约7000万kW全部改造或者退役。利用厂址等资源建设高效机组，提高发电效率，减少一次能源的消耗，减轻环境污染。

通过上述各项措施使全国平均供电煤耗从2000

年的每千瓦时397g标煤降到2010年的360g标煤和2020年的330g标煤。与2000年相比，相当于节约3.5亿t原煤。

发展煤电要高度重视环保，特别是控制SO_2的排放，对目前老厂约3500万kW煤的含硫>1%的电厂，都要在2010年前进行脱硫改造；对于新建的电厂用煤含硫>0.5%的，都要安装脱硫设备，把电厂SO_2排放量到2010年控制在1200万t内，到2020年减少到900万t以内，基本解决酸雨问题。

2. 大力开发生态环境友好型的水电

水电是清洁能源，是可再生能源。我国水电资源丰富，理论藏量6.94亿kW，2.92万亿kWh。技术可开发容量5.42亿kW，2.47万亿kWh，按2004年火电煤耗每千瓦时379g标准煤计算，相当于年产8.5亿t标准煤。

建国以来我国一直重视水电开发，但由于受到技术、资金等制约，开发速度一直不快。2004年，我国水电装机虽达1.07亿kW，居世界第一，但与我国水电资源相比，其开发率还是比较低的。我国要进一步加快水电开发，特别在国家实施了西部大开发战略，电力贯彻了西电东送和全国联网的发展方针，我国水电开发在经过了技术条件制约，资金制约之后，又相继克服了市场条件的制约，已为我国水电的深度开发创造了很好的外部条件。

因此在“十一五”规划和2020年长远规划中，对于水电开发给予了高度重视，并继续实施“大力开发水电”的方针。规划到2010年水电装机达1.7亿kW，发电量达5900亿kWh，使水电开发率达23.8%（31.4%装机）超过了世界平均水平。规划到2020年水电装机达2.6亿kW，发电量达9300亿kWh，水电开发率达37.8%（装机48%），其开发率达到中等国家水平。

为此，第一要以科学发展观为指导，把与生态环境友好作为水电建设的重要目标。

但是目前水电开发中，却碰到了一个生态环境制约问题。20世纪80年代，西方国家对水电开发的利弊展开了激烈的争论，现在我国也开始了对水电开发功过的讨论，水电开发对生态环境的影响引起了人们高度重视，社会舆论给予了极大的关注，这是社会进步的表现。关注生态环境，是经济社会高度发展后人们思想认识的升华所带来的必然后果。作为电力工作者，我们将抱着欢迎的态度，按照科学发展观要求，既要加快我国水电的发展，又要保护好生态环境，处理好移民问题，确保社会和谐安全。但要防止的是片面性，防止陷入20世纪80、90年代前苏联的复辙，由于不能正确认识水电开发与生态关系，且在不正确社会舆论的左右下，使苏联水电一度陷入低谷，我们要引以为戒。

正确认识水电开发与生态的关系，科学评价水电开发可能导致的生态环境问题，用科学发展观和人与自然和谐相处的理念，正确认识并妥善处理现阶段的问题，确保水电开发健康发展。与此同时，对任何偏激的、全盘否定水电的错误观点也不能苟同。发展是第一位的，是党执政兴国的第一要务，没有发展，也根本谈不上科学的发展观。我们要在发展中牢记可持续发展的理念，做到经济、社会、环境协调发展。

第二，要充分依靠科技进步，妥善处理水电建设中的复杂工程问题。

从建设技术上说，要高度重视中国水电建设中复杂条件下水电工程建设关键技术问题，包括高地震烈度、多断裂带、高边坡、厚覆盖等地质条件下的筑坝技术，大断面硐室，长隧洞等施工，勘探技术，以及高坝大库的泄洪、消能等技术问题。此外还有大型水电技术装备和低水头贯流机组、及抽水蓄能机组制造技术及其国产化等问题。

第三，要认真处理好流域开发、统一规划、综合利用，充分发挥水能作用问题。包括水电建设体制问题，以及大型复杂水电站群的优化规划、调度评估理论与技术问题。

只有这些问题都得到很好的解决，我国的水电才会持续、高速、高效、和谐地发展，才能使我国水能得到充分的科学的应用，并达到我们的规划目标。

3. 加快我国核电发展

核电是安全清洁的能源。核电是当前世界上唯一技术成熟可以实现大规模减排温室气体的重要途径。发展核电是我国能源的重要战略选择，是我国电力结构调整的重要方面。核电应当加快发展，不仅在东部沿海经济发达地区要加快核电发展，而且在中部缺电、交通紧张的地方更应当加快核电的发展。

“十一五”规划中，对于核电的发展，改变了以前的“适度”、“适当”发展方针，而确定为“加快核电发展”的方针。当前我国电力结构中，与发达国家相比，主要差别在于气电和核电的比重低得多。目前核电在我国装机中只占到1.7%，电量只占到2.5%，但预计到2010年核电比重还将下降为1.34%和1.9%，比世界平均17%低得多，所以加快核电势在必然。

为了加快核电发展，需要统一在如下一些原则上：

第一，在技术路线上要把第二代压水堆技术和第三代先进压水堆技术同步发展，在全面推进第二代核电技术同时，抓好第三代核电技术的引进、消化、吸收、全面国产化，否则将会贻误时机。

第二，要抓好第二代核电设备国产化，坚持以我为主，走国产化的道路，批量生产，以降低成本。

第三，在核电建设的体制上放开，要允许从事电源建设的发电公司投资建设核电，而不能只局限于一二个公司。核电不实行在符合安全条件下放开的政策，是没有出路的政策。

第四，要同步抓好核燃料供应与核废料的后处理，在核燃料供应上，要充分运用国内国外两个市场，两种资源，除国内要加强地质勘探外，还要走出去，加强国际合作，到国外资源丰富的国家去合作开发铀资源。

规划到2020年把核电搞到4000万kW，只要技术政策、经济政策正确，就能调动各方面办核电的积极性，那么搞到5000万kW，6000万kW也是可能的。类比法国在1973年世界石油危机后政府下决心狠抓核电，用了不到20年建成了5000万kW核电，扭转了法国能源供应问题，到2020年还有15年，在我国再建5000万kW应当是可能的。

4. 适度发展天然气发电

这是符合中国国情的，我国天然气资源少，从探明储量的人均占有水平看，仅为世界平均水平的4.3%，仅占我国能源资源的0.3%，天然气的用途广泛，虽然是清洁的高效能源，能用于发电的气量有限，到2020年也只能安排6000万kW左右，约需用气400亿m^3。全国总用气量若为2000亿m^3，则占1/5左右；若为1600亿m^3，则占1/4，这一比例是偏高的。天然气用于发电主要用于系统的调峰以及分布式能源系统，为此要相应地发展燃气轮机和微型机的制造国产化，以适应电力发展的需要。

5. 积极发展新能源发电

新能源发电中，重点是风力发电与太阳能发电，以及生物质能发电。要积极推进新能源发电，规划到2010年1000万kW，其中风电400万kW。到2020年4000万kW，新能源发电中，风电为2000万kW。鼓励新能源发电的《可再生能源法》已经公布，明年开始实施。在实施中有三个方面问题要予以重视：

一是抓好风力资源勘查工作。风力资源勘查达到可设计建设的程度，需要加大投入，国家要给予大力支持，同时也要在统一规划下，组织相关公司增加前期工作投入，并实行风力资源有偿使用。

二是可再生能源法的具体实施细则中，要落实风电电价及高于平均电价部分的分摊问题，以及风电接入系统投资及投资回收进入电价问题等。

三是切实落实风电开发建设规模的配额制及风电设备国产化等问题。这对促进我国风电更快的发展，会起到重要作用。

四是狠抓兆瓦级风力发电成套设备的国产化，批量化生产，这也是降低风电价格的重要途径。对太阳能、生物质能发电也一样。

我国新能源资源丰富，风电的资源就超过我国的水电资源，应当像大力开发水电一样开发风电。积极开发新能源，是解决我国能源供应紧缺的重要途径。如风电，只要政策对头，我国风电每年增加200万～300万kW，15年增加3000万～5000万kW是可以做到的。德国从20世纪以来，风电连续每年新增200万～300万kW，相比之下，我国更应当能够做到。

6. 加强电网建设

加强电网建设，实现电网与电源、负荷协调发展，并力争适度超前。电网建设要重视全国联网，并与各大区、省电网，输电网和配电网，一次与二次，有功和无功的协调发展，以构建一个“安全、可靠、经济、高效、开放、灵活”的电网，实现更大范围内的资源优化配置。

第一，要高度重视电网建设资金的投入与筹措。

长期以来我国是“重发、轻供不管用”，在电网与电源的投资比例上一般要求6∶4，可实际我国不到4∶6，电网建设欠账较多。要扭转这一局面，今后需要加大电网的投资强度，初步测算“十一五”电网需要投资约为2万亿元，即使按5∶5测算，也在1.5万亿左右，所以落实和筹措资金将是电网建设中一个重要问题。按目前电价机制，电网是无法筹措到如此巨大资金的。因此必须要进行投资体制的改革，例如对电网实行在国家绝对控股下的投资多元化等改革。

第二，要依靠科技进步建设坚强高效的电网。

20年内，我国要建成坚强的全国联网，在电网的规划、设计、建设管理上，要解决好超大规模的全国联网技术，要加强对电网安全保障与防御体系的建设与管理等技术的研究。

要高度重视和加强应用现代电力电子技术的灵活交流输电技术，提高现有500kV电网输电能力，减少线路走廊占地，减少环境影响，提高电网的输电效率。要高度重视城市配电网和农村电网的建设及其改造，克服配网卡脖子和过负荷运行，带病运行的状况、提高效率，减少损耗，确保用户安全稳定供电。

第三，加强电网高一级电压的研究与建设。

根据我国能源分布与负荷、经济分布的差异性，以及我国地域广大的特点，需要我们高度重视远距离大容量输电技术的研究，大电站群的接入系统研究以及高负荷密度地区的减少短路电流的研究。对于百万伏级特高压交流输电和±800kV直流输电的研究及其示范工程的建设，需要在“十一五”期间内启动，并争取“十一五”内能建成百万伏特高压交流示范工程。

第四，关于跨国输电的建设。

随着世界经济全球化和一体化的不断发展，实行跨国的能源资源优化配置，成为电力发展的必要与可能的选择，这就要求我国在电力发展规划中要充分运用国内、国外两种资源，特别是与我接壤的俄罗斯、蒙古、哈萨克斯坦、吉尔吉斯以及东南亚等国之间，要在互惠互利的基础上共同开发电力，并建设相应的输电网，以补充我国电力供应的不足。

7. 积极实施能源领域的国际化战略

在能源领域中，积极实施走出去的国际化战略，是解决我国能源供应不足的重要举措。发达国家，在经过了工业化时期大量的占有世界消费能源之后，现在一般都进入后工业化时期，其能源需求增速大大下降，相对地说为我国在国际上获取能源提供了相对有力的条件，我们必须抓住这一重要机遇，采取各种措施，下大力量在能源国际化的道路上取得成效，既是必要的，也是可能的。

为此，对于电力、煤炭、天然气等，也要与石油一样，向国际寻找补充的资源，例如可考虑与俄罗斯和蒙古合作，开发煤炭，建设火电和水电，到2020年由俄向我输送火电和水电1000万～2000万kW，与蒙古、澳大利亚、南非、印尼等合作，在海外建立1亿～2亿t左右煤炭基地，在沿海布置3000万～4000万kW电站；再考虑进口LNC1000万t，建设2000万kW左右电厂等等。总之，在这些方面也要及早进行调查研究，作出安排，采取相应的措施。有如石油公司到海外去并购，抓紧了这方面努力，就可大大缓解我国一次能源供应不足的问题。

国务院副总理曾培炎在2005北京国际可再生能源大会上的讲话（摘要）

（2005年11月8日）

今天，来自世界各地的宾朋汇聚一堂，举行2005北京国际可再生能源大会，共同探讨全球可再生能源发展的大计。这是继2004年波恩会议之后，国际可再生能源领域的又一次盛会，对于加强可再生能源的国际合作、推进全球可持续发展的事业，具有十分重要的意义。

能源是人类社会赖以生存的物质基础，是经济和社会发展的重要资源。几百年前，人类利用的能源主要是生物质能等传统的可再生能源。工业革命以后，煤炭、石油、天然气等化石能源快速发展，逐渐成为生产生活的主导能源，对推动世界经济发展和人类社会进步发挥了巨大作用。目前，全球每年生产和消费的能源总量已经超过100亿t标准油，其中90%左右是化石能源。但化石能源不可再生，其大规模的开发利用，迅速消耗着地球亿万年积存下的宝贵资源，同时也带来了气候变化、生态破坏等严重的环境问题，直接威胁着人类的可持续发展。

随着科学技术的进步，人类对可再生能源尤其是风能、太阳能、水能等新型可再生能源的认识不断深化。这些能源资源分布广、开发潜力大、环境影响小，可以永续利用，有利于促进经济社会的可持续发展。20世纪70年代以来，可再生能源的开发利用日益受到重视，产业规模持续扩大，技术水平逐步提高，成为世界能源领域的一大亮点，呈现出良好的发展前景。

改革开放27年来，中国经济快速发展，能源建设和节约取得显著成就。20世纪最后20年，我们以能源产量翻一番，支撑了国内生产总值翻两番。目前，中国能源生产和消费均居世界前列，2004年能源消费总量为19.7亿t标准煤。随着能源结构的调整和优化，煤炭消费比重逐步下降，石油、天然气等能源消费比重相应增加；可再生能源增长较快，尤其是风能、太阳能、沼气、水电等新型可再生能源迅速发展。2004年，中国新型可再生能源利用量1.43亿t标准煤，占能源消费总量的7%左右，其规模和技术水平在发展中国家处于比较领先的地位。

当前和今后一段时期，中国正处于全面建设小康社会的关键时期，工业化、城镇化进程加快，能源需求量持续增长，资源与环境对经济社会发展的压力也越来越大。面对新的形势，我们明确提出：坚持以人为本，把发展切实转入全面协调可持续的轨道；加快转变经济增长方式；把资源节约作为基本国策，发展循环经济，保护生态环境，加快建设资源节约型、环境友好型社会；显著提高资源利用效率，到2010年使单位国内生产总值能源消耗比2005年降低20%左右。我们将坚持节约优先、立足国内、煤为基础、多元发展的能源发展方针，全面构筑安全、经济、清洁的能源供应体系。我们将建设大型煤炭基地，推进煤的清洁利用，加强国内石油天然气勘探开发，在保护生态基础上有序开发水电，积极发展核电，扩大能源领域的国际合作，全面增强能源保障能力。

中国政府高度重视可再生能源的利用开发，把加快发展风能、太阳能、生物质能等可再生能源作为“十一五”时期能源发展的一项重要任务。为此，我们将采取一系列举措，大力开发利用可再生能源。一是提出明确的发展目标。到2020年，使可再生能源开发利用总量在能源供应结构中的比重提高到15%左右。二是制定具体的行动计划。开发西部地区水能资源，建设一批百万千瓦级风电基地，加强太阳能开发利用，普及农村沼气，积极发展生物能源产业，加强可再生能源技术和设备制造的研究开发。三是提供有效的政策支持。制定并实施优先上网、价格保护、税收优惠、增加投入等政策措施，鼓励和促进可再生能源的开发利用。四是制定并落实有关法律法规。贯彻执行《可再生能源法》，确定社会各方面的责任和义务，为开发利用可再生能源提供法制保障。

推进全球可再生能源发展，是增加能源供给、保护生态环境、促进可持续发展的重要措施，是21世纪世界发展的共同议题。当前，世界可再生能源发展总体上还处于起步阶段，加强可再生能源开发利用，需要国际社会付出更多的努力。借此机会，我愿提出以下三点建议：

第一，高度重视可再生能源的开发利用。世界各国应进一步提高对发展可再生能源重要性的认识，把开发利用可再生能源作为能源发展的优先领域。制定明确的发展目标，完善法律和政策体系，健全标准、认证体系，加强有关科学技术研究，营造良好的市场环境，引导和支持企业开发利用可再生能源，推动世界可再生能源事业加快发展。

第二，帮助发展中国家加强能力建设。发展中国家在资金、技术和管理等方面处于劣势，开发利用可再生能源的能力不强，单靠自己力量难以克服可再生能源发展中的困难和障碍。发达国家和国际组织应当积极兑现2004年波恩可再生能源大会的承诺，为发展中国家提供资金、技术、人才、管理等多方面的支持，帮助发展中国家提高可再生能源开发利用的能力。

第三，加强可再生能源领域的经济技术合作。各国应当充分发挥各自的比较优势，扩大国与国之间可再生能源投资、技术和贸易合作。中国可再生能源资源丰富，市场潜力巨大。中国政府本着互利共赢的原则，鼓励国外企业投资于高效清洁利用风能、太阳能、生物质能、地热能等领域；鼓励国外企业在生物质能发电、生物液体和固体成型燃料、大容量风力发电、光伏电池、地源热泵供热与制冷、太阳能利用与建筑一体化、可再生能源装备制造等方面，与中国企业广泛开展多种形式的投资与技术合作。中国在水能、太阳能和沼气等可再生能源的利用方面具有一定的优势，我们愿与其他国家进一步加强这些方面的经济技术合作。

地球是人类共同的家园。保护地球环境、实现可持续发展，是我们的共同愿望和目标。这次大会有1000多名代表参加，这么多政治家、企业家、科学家和其他各届人士聚集一堂，为共同探讨可再生能源发展提供了一个很好的平台，也为我们学习和借鉴国际经验提供了一次重要机会。让我们广泛交流，加深了解，扩大共识，加强合作，共同创造一个适宜人类生存和发展的美好和谐世界。

国家发展和改革委副主任张国宝在APEC可再生能源研讨会上的讲话（摘要）

（2005年9月26日）

亚太地区，近年来发展迅速且势头良好。以能源为例，2003年，APEC成员体的能源生产和消费占全世界能源生产和消费总量的52.7%和58.4%，分别比2004年增长了4%和3.8%。随着APEC成员经济与社会发展这一比例还有上升趋势，近年国际油价在震荡中不断攀升，能源供需形势日趋紧张。如何保障能源安全进而确保经济安全越来越受到世界各国和经济体的重视。中国国家主席胡锦涛在联合国成立60周年首脑会议的讲话中也再次强调“应该加强全球能源对话与合作，共同维护能源安全和能源市场稳定，为国际经济增长营造充足、安全、经济、清洁的能源环境”。为此，APEC框架下最活跃的组织之一——APEC能源工作组发挥了重要的指导和协调作用，在加强各成员体之间的交流与合作等方面开展了大量卓有成效的工作。中国自加入这一组织以来，一直积极参与其各项活动，并于1995年和2004年承办了两次工作组会议。中国在APEC成员体中积极发挥作用，对本地区的发展产生了积极的影响。

2004年10月，在第29次APEC能源工作组会议上，中国联合日本和泰国，以能源工作组的名义共同发起以能源安全、可持续发展和共同繁荣为主题的《凯恩斯倡议》。2004年11月，中国国家主席胡锦涛在智利召开的APEC第十二次领导人非正式会议上正式提出了这项旨在加强亚太地区能源合作的倡议。为了具体落实这一倡议，我们选择其中最为重要的内容之一——可再生能源为主题，举办这次APEC可再生能源研讨会。油价的持续高位运行使人们更加关注可再生能源的利用。在人类社会的大多数时间里都是依赖可再生能源，只是在工业革命后化石能源才被大量使用，随着人类对化石能源枯竭的担忧和环境状况的日益恶化，人类将更多的关注转向可再生能源。

中国有使用可再生能源的传统，近年来可再生能源的利用取得长足发展，以年均超过25%的增速成为世界能源领域增长最快的亮点。截止到2004年，全国水电装机容量达1.1亿kW，并网风电场43个、总装机容量76万kW，太阳能光伏电池使用约6万kW，太阳能热水器使用量达6500万m^2、约占全世界的40%以上，在农村建成户用沼气池1100多万口、大中型沼气工程2000多处、年产沼气约55亿m^3。随着技术和管理水平的不断提高、产业规模的不断扩大，可再生能源在保障能源供应、实现可持续发展等方面将发挥越来越重要的作用。2004年制定的《中国能源中长期发展规划》明确指出，要大力开发水电、积极推进核电建设、鼓励发展风电和生物质能等可再生能源，在提供优质、经济、清洁的终端能源的同时，尽量减弱能源开发与利用给生态环境造成的负面影响，促进人与自然的和谐发展。为此，我国将以水电、沼气、秸秆利用、太阳能供热等常规成熟技术和风电、光伏发电、燃料电池等具有大规模发展潜力的技术为重点，因地制宜、多能互补，不断提高可再生能源在我国能源结构中的比重，并使其在解决全国农村的生产、生活用能方面发挥重大作用。2005年初，我国正式颁布了《可再生能源法》，即将陆续出台一系列鼓励政策。这标志着可再生能源的利用已进入法制化、规范化和可持续发展的新阶段，并将迸发超前的活力，为中国能源事业的发展、为国民经济与社会事业的繁荣再添辉煌。

电力要先行

——黄毅诚

电在现代社会中的作用越来越重要，同时，经济社会越发展对电的依存度越高，现代社会越来越离不开电，不要说“季节性”缺电或高峰时缺电，就是有一个小时不给现代社会和家庭供电，也是难以承受的。相反，有了充足的电力供应，可以大大促进经济的发展。国家提出电力要先行，就是电力要先发展，走在经济发展的前头，以带动和促进经济的快速发展，不应出现因为缺电或供电不足而拖经济发展后腿的局面。

我国正处于经济高速发展期，必然相应带动电力的大发展。在电力发展过程中，要总结和借鉴发达国家和地区在经济发展期电力发展的经验。老牌经济发达国家，如英国、美国、德国、日本的电力发展之路可以借鉴，对我国更有借鉴意义的是韩国和我国的台湾，从他们发展的实践中可以推算出我国高速发展时期到底需要多少电力。电力为什么要先行？电力如何做到先行？这是一个应该认真研究和应做到的问题。

1. 电力工业的特点

电有其内在的特点，社会各界，包括电力系统自身都要对此有准确全面的认识。电有哪些特点呢？我总结认为可以归纳为以下几点：

电的第一属性是服务是公用的，不可能按商品那样执行“利润最大化”原则，也可以说电是特殊的商品。

电价一定要由政府根据发供电成本及市场需求来确定，不可能由电力企业根据市场需求自己制定，日本、香港均是如此，因为电涉及的面广量大，对国民经济的影响巨大。

由于供电的不可间断性，售电成本不仅要包括在线运行的发电厂的成本、输变电的成本，还要包括备用电厂及检修电厂的成本。

用电端用多少电是变化的，如要受到气温的影响，就是在一日之内，用电量也会有很大的变化，经济越发达，用电的峰谷差越大，而电力生产企业的供电能力也存在不确定的因素，如干旱缺水导致水电出力减少、大机组非计划停运、输电线路故障等，为保证在什么情况下都能正常供电，电力必须要有充足的备用。

发、输、供电同时进行，发、输、供各方利益的共同性，也有独立性，首先是共同性，所以发、输、供统一管理经济利益一致，运行更为安全，更有可能发挥其宏观资源效益。电又不能大量储存，因此，有些时间产生部分“窝电”是正常的。

电力建设——发电厂、变电站及输电网的建设，技术要求高，投资大，周期较长，建设中影响面也较大，特别是对环境的影响。

电富余了对电力企业会产生一些窝电损失，但远远小于因供电不足给社会经济所造成的损失，每千瓦时电可创造的价值平均是其自身价值的10倍左右。

发电厂所发的电通过电网输送到千家万户，发电设备要定期检修，还要预防发电设备非计划停电，为了保证用户不间断地用电，供电方必须具备充足的备用电源，电网容量越大，备用电源可以互为备用，可以较经济地做到不间断地为用户供电。相反，单个的发电厂独自向用户供电是很难做到这一点的。

电力供应具有自然垄断性质，不管把电网分割成几家，对具体的用电户来说，都还是垄断的，不可能由两个以上的供电企业来供电，供电企业的这种自然垄断性质，只能通过国家监管和制定政策来解决其存在的弊端。

2. 我国电力工业取得的成绩

建国以来，由于各方面对电力发展十分重视，促进了我国电力工业的高速发展，特别是改革开放以来。1949年全国发电装机容量只有185万kW，到1980年已达到6586万kW，发电量为3006亿kWh，1987年全国发电装机容量突破了1亿kW，1995年达到2亿kW，2000年达到3亿kW，2005年达到5亿kW，预计2006年可以达到5.8亿kW，发电量可以达到27800亿kWh。

从近几年投产的发电容量看，2003年投产了3480万kW，2004年是5100万kW，2005年是6000多万kW，预计2006年投产7400万kW，2007年是7050万kW。虽然2000年至2002年我国在电力建设上出现了“马鞍形”(这三年共投产发电容量4000多万kW)，但总的看，我国电力建设在加速发展，成绩是巨大的，基本上满足了我国经济高速发展和人民生活水平提高对电力的需求。

但回头看看这些年我国电力发展的历程，是否做到了电力先行，是否做到了《电力法》中规定的电力要超前发展，是否可以说还没有做到，或是基本上没有做到。如果真正做到了电力先行和超前发展，就不应该出现拉闸限电的现象，就不应该出现季节性缺电或缺高峰电的情况，更不应该出现经济发展要受电力制约的状况。

3. 为什么没有做到电力先行

许多年来，国家对电力建设是重视的，而且是特别重视。开国之初，毛泽东主席就提出“电力是先行官”，在编制各个五年计划时，也规划电力要先行。20世纪末，在制定《电力法》时，明文规定电力要适当超前发展。从执行的结果看，电力虽然发展得很快，但没有做到“电力先行”和“超前发展”。是什么原因造成了这个结果？我认为主要原因是：

(1) 对电力发展没有一个长远的计划，对我国达到中等发达国家的经济水平、人民生活达到全面小康时，需要多少电力，心中无准数。我国台湾省约有2300万人口，1990年发电装机就达到2300万kW，即一个人拥有一个千瓦装机，到2005年人均已接近两个kW。目前，世界人均年用电量是3000kWh，而我国预计2006年才能达到2000kWh。虽然我国在电力建设上做了很大的努力，但按人均用电量考核，同世界平均水平相比还有较大的差距。现在在相关文章中，特别在国家的远景规划中很少能看到有关电力长远规划方面的数字。电力建设投资大、周期长，没有长远规划是很难指导电力健康发展的。

(2) 在编制经济计划时，常常留有很大的余地，电力建设计划是按经济发展计划相应编制的，经济的实际发展结果常常超过计划，而电力发展很难超过原计划，致使出现电力发展很快，但用电增长更快的情况。按国家计划部门的规划，到2020年全国装机容量将达到9亿kW，而从这几年电力建设的规模看，这个规划数字偏小了。2006年计划投产7400万kW发电设备，全国总装机可以达到5.8亿kW，2007年计划投产7050万kW，总装机可以达到6.5亿kW。从2008年到2020年还有13年的时间，若按9亿kW来计划，13年间共投产2.5亿kW，年均不足2000万kW！从一年装机7000万kW降到2000万kW，能满足经济发展的要求吗？《中国电力报》发表了杨永江同志的文章，他对电力发展需求有个预测：“根据全面建设小康社会的总体要求，2020年比2000年GDP总量翻两番，2006年至2010年我国GDP年均增长设定为8%，电力弹性系数按1来测算，发电量年增长8%，2010年发电量将达到3.4万亿kWh，相应需要发电装机7.5亿kW；2011年至2020年我国GDP年均增长7.2%，电力弹性系数按0.9测算，发电量年增长按6.5%考虑，2020年发电量将达到6万亿kWh，相应需要发电装机13.5亿kW。“我看这个预测可能还是比较接近实际的，这个预测比国家计划部门现在规划的到2020年发电装机目标要多出4亿kW。到2020年我国GDP总量是否只比2000年GDP总量翻两番，现在还很难预计。很有可能像2000年那样，GDP总量超过了预计的比1980年GDP总量翻两番目标，若真是这样，电又该怎么办？

(3) 对电没有一个全面的科学的认识，为保证在情况变化时还能安全供电，电力必需要有充足的备用。1997年国家经过许多年的努力，再加上那两年雨量充沛，天又不太热，电力供应初步做到了具有充足的备用，这使部分人误认为电多了、窝电了、产生浪费了，就开始压缩电力的建设规模，导致2000年、2001年、2002年三年总共只投产4000多万kW发电设备，结果出现了较大面积的缺电。什么事情都是一分为二的，由于这一轮的缺电，带动了近几年电力的大发展。

4. 采取措施使电力真正做到先行

我国是一个人口众多的发展中大国，经济虽然有较快增长(这些年年均增长9.6%)，但经济总水平，特别是按人均计算还是一个后进国家，排在100多个国家之后，也就是说，不能用减缓经济发展速度来达到电力超前的目的。能否可以通过调整产业结构实现电力先行呢？调整产业结构，不发展或减少耗电工业的发展，是一个大课题，应大力去做，但提出调整产业结构的政策已有许多年了，调整还需继续努力。所以，要总结历史上的经验，采取措施努力使电力真正做到先行和超前，促使国民经济的健康高速发展，使我国的经济第一步达到中等发达国家的水平，成为全面小康的社会。

首先，要解决一个思想认识问题——不要怕电建多了。只要新建电厂是用先进技术建设的就不怕多，另外想建多了也不太容易，就是电真的建多了，可以促进经济高速发展，不再受电力供应的制约，何乐而不为？电真的多了一些，其损失比起经济高速发展是微不足道的。国家在确定电价时，要保证电厂的合理收入。电如果多了，第一步要强制淘汰掉单机10万kW及以下凝汽式火电机组，这类机组全国约有7000万kW，这类机组供电煤耗在400g标煤/kWh以上，用高效率机组替代后，一年可以为国家节约7000万t煤炭。第二步要关掉单机12.5万～20万kW级的火电机组，这类机组全国约有9000万kW，其供电煤耗在360g标煤/kWh以上，用高效率机组替代后，一年也可以为国家节约5000万t煤炭。英国在1952年生产和安装了第一批20万kW火电机组，到他们可以生产高效的66万kW机组后，不仅新建电厂不再安装20万kW机组，已经建成的也被停运和淘汰。我国现在已经可以生产超临界60万kW机组，其供电煤耗在300g标煤/kWh以内，只要多建高效机组增加发电能力，就完全可以淘汰掉高耗煤的发电设备。

其次，要制定一部有远视的长期规划。第一步是全国人均达到1个kW的装机，从世界各国发展的过程看，要达到中等发达国家的水平，实现全面的小康，人均1个kW装机是不可少的。韩国在1980年时人均年用电量是1000kWh，到2002年就达到6172kWh，我国到2020年人口将达到14亿以上，如果那时人均有1个kW的装机，人均年用电量也超不过5000kWh。

第三，要大力调整电力结构，我国电力以煤电为主的结构还无法改变，但要采取措施使煤电所占比重大大下降。

（1）新建燃煤电厂，除了在坑口建电厂外，每千瓦时供电煤耗不应超过300g标煤/kWh。应引进世界耗煤最低的欧洲国家所生产的超超临界机组，这种机组采用二次中间再热，供电煤耗不超过260g标煤/kWh。全国燃煤机组总量应控制在6亿kW左右，并能相应地规划电网建设。

要利用我国褐煤资源丰富的优势，像前苏联那样，建设大规模的电站群。前苏联在西伯利亚的阿钦斯克褐煤带规划建设10座各装机640万kW（8台80万kW机组）的电站群，还规划在埃基巴斯图兹100亿t褐煤储量矿区建6座各装机400万kW（8台50万kW机组）的电站群。我国有几千亿t的褐煤储量，要很好地利用以解决国家的能源供应。在锡林浩特市边就有220多亿t褐煤储量，只要用最节约用水的方案，那里可以建设4000万kW的发电装机，这样可使发电成本大大降低，也解放了运力。

（2）大力发展核电。一方面要引进当前世界最先进的第三代核电技术，加快消化吸收，作为下一步大发展的主力机组。另一方面，当前应加速安装第二代已成熟的核电机组，望能大批量建设，解决国家，特别是沿海地区的能源供应。核电建设要有批量，管理和建设都要通过竞争选择。要使沿海几个经济发展快的省份核电能占到电力的50%左右。国产65万kW核电机组的技术成熟，在海南、湖北等地都可以批量建设；俄罗斯生产的100万kW核电机组技术先进、安全可靠，也可以在沿海地区，如江苏、山东批量建设；广东省利用法国技术建设的100万kW核电设备也可批量建设。核电建设一定要有批量，没有批量就不可能把电价降下来，有了批量可以更安全地运行。沿海各省若不大力发展核电，不可能解决电力供应。现在的建设规模太小，不能老是沿用一次只批准建设两台机组的做法。

（3）大力发展风电，特别是在沿海地区。丹麦2005年风电量已占全部电量的22%。我国沿海风力资源十分丰富，在渤海、黄海和东海建几亿kW的风电是可能的，在内陆能建风电的场所也很多。风电在看得见的时期内不会过剩，更不会重复建设，所以发改委应放开风电建设的审批权。我认为国家只要准许并网并牵着风电上网电价这个“牛鼻子”就可以了，可以按不同地区先定出风电上网电价，鼓励大家去建设。至于采用什么设备、什么机型由建设经营者自己决定，企业是会精打细算的，为了能取得较好的经济效益，他们会千方百计地使设备本土化。我认为全国风电最终可以建3亿kW以上，而且风电装机容量最终会超过水电装机容量。

（4）加速发展水电。为使水电建设得又快又好，我曾对水电建设提出过三项改革措施，即先确定上网电价再招标建设业主、水电厂设计费用与总投资脱钩和施工工人实行计件工资（也可以按小组计件），总理对此也有过肯定的批示。不管是公路、铁路，还是水电等大型建设项目都会影响到自然生态，在水电建设中应采取措施减少对生态的影响。水电是可再生能源，是无污染的能源，我国水电装机最终应建到3亿kW左右。还应建设一批抽水蓄能水电厂，特别是在大力发展风电和随着经济发展用电峰谷差逐渐加大的背景下，规划建设1亿kW左右的抽水蓄能水电厂是需要的。

（5）进一步推动热电联产。火电厂由于存在着不可避免的冷端损失，所以热效率不可能太高。现在世界最先进的采用二次中间再热的超超临界火电机组的热效率也还达不到50%。如果有热用户正好把火电厂的冷端损失全部利用上，那么火电厂的热效率将大大提高。全世界的能源专家一致认为只要有热用户实行热电联产是提高火电厂热效率的最好途径。我国近

20多年来，已建了许多热电厂，但全国现在还有52.7万台工业锅炉，其中85%是烧煤的，年用煤4亿t，燃气燃油锅炉折合年用煤约8000万t。若采取重大措施，使全国2/3的工业锅炉能够实现热电联产，可以节约煤炭1.5亿t以上。具体措施是现有火电厂能够供得上的热用户改由电厂供热，其他热用户组织联合建供热锅炉，联合之后把供热锅炉变成先发电后供热的小型热电厂。丹麦已经做到没有电厂不供热和没有锅炉不发电，我国是高度集中管理的社会主义国家，只要真正认识到热电联产的节能效果，也能像丹麦一样充分利用热能，大大提高能源利用效率。推动热电联产是我国当前节约能源最见效的手段，推广中的主要障碍有二：一是收取供热费用困难，特别是现在煤炭按市场需求涨价，而热价不能同时涨；二是小热电厂并网难。这么好的节能手段，由于以上的两个原因，几个银行已决定不予贷款，使热电联产的发展陷入困境。

我们一定要认真贯彻科学发展观，使其具体化到工业的科研、规划、设计、建设和管理中，从而使我国电力能超前发展做到先行。第一步要达到全国人均占有一个千瓦发电设备，并大力调整电力结构，提高效率，带动国民经济健康高速发展。

能源：一个沉重的话题

——鲍云樵[①]

我国已成能源大国

2004年，我国能源产量总计18.56亿t标准煤，其中煤炭19.56亿t；原油1.75亿t；天然气414.93亿m^3；电力装机容量4.4亿kW，发电量21870亿kWh，包括水电3280亿kWh，核电501亿kWh。2004年，全国能源消费总计19.7亿t标准煤，其中煤炭18.7亿t；原油2.9亿t；天然气414.93亿m^3；电力和新能源可再生能源消费量与产量相同。2004年，全国能源消费增长迅速，消费总量比2003年增长14.13%。

20年能效显著提高

我国煤、电、油分别位居世界第一、二、五位。从1980～2000年。我国GDP年均增长9.7%，而能源消费量年均增长4.1%。能源消费弹性系数仅为0.42，实现了我国能源供应一半靠开发、一半靠节约的预定目标。20世纪后20年，我国能源利用效率大幅提高。按2000年不变价计算，我国每万元GDP的能耗从1980年的4.28t标准煤下降到2000年的1.45t标准煤。20年间，单位产值能耗下降了66%，年均节能率达5.5%。

能源弹性系数明显回升

从2000～2003年，能源消费弹性系数明显回升。分别为0.2、0.47、1.21、1.45。2004年，能源消费总量增速比GDP增速快了4.1个百分点。2003年开始能源短缺，其根本原因是经济发展过快。经济年增长率达9.1%。高耗能产业迅速增长。2003年第一产业只增长2.5%，比2002年减慢了0.4个百分点；第二产业增长12.5%，加快了2.7个百分点；第三产业增长6.7%，减慢了0.8个百分点。在第二产业中，高耗能产业增速惊人，其中氧化铝增长11.24%，水泥增长18.9%。钢增长21.92%。10种有色金属增长19.7%，汽车增长36.69%，其他主要化工产品增幅也在7%～12%。相比之下，一次能源生产总量只增长11%。尽管电力和煤炭增长较快，但仍不能满足需要。

能源供需矛盾突出

按中央部署，到2050年，我国经济和人民生活达到中等发达国家水平。要求人均能耗达到相应水平。由于人口众多，我国势必成为世界能源消费大国。但由于我国人均能源和矿产资源占有量低下，人均水资源只为世界平均水平的1/3以下；人多地少，靠占全球1/10的耕地养育占全球22%的人口，环境受污染，生态遭破坏，能源将是我国实现21世纪上半叶经济发展战略目标的瓶颈。

2003年，我国年人均能耗1.0t标准煤，不到世界平均值的一半。即使考虑我国能源利用效率提高到日本和欧洲目前水平，到2050年，我国人均能耗至少要达到2.5～3t标准煤。按2050年全国人口达16亿计算，能源总需求量也将达41亿～48亿t标准煤，均值为44亿t（按目前发展势头推算将远远超过此值）。如此巨大的需求量相当于20世纪80年代中期世界能源消费总量的一半。国内远不能满足这样巨量的能源需求，需从国外采购。过分依赖外国，我们将冒能源安全的风险。

自2003年开始出现全国性电力紧缺局面以来，国家加大了电力投入。2004年，我国发电量比2003年增长了近15%，经济增长了9.5%，电力弹性系数1.57。2004年，我国消耗了全球的8%石油、10%电力、19%铝、20%铜和31%煤炭。但我国GDP总量

① 中国能源研究会副理事长兼秘书长。

只占世界总量的4%多一点。因为各地片面追求GDP增长，放任钢铁、电解铝、水泥、硅铁等高耗能产业的快速发展，加上世界工业发达国家采取向我国转移耗能和高污染工业的策略。国家没有及时采取干预措施，才形成高消耗、高投入、低效益为特征的粗放型增长方式，形成了以电力短缺为特征的煤、电、运极度紧张和环境污染以及生态破坏的状态。

我国能源储量中，煤炭占92%，石油占2.9%，天然气占0.2%，水电占4.7%。2004年。我国煤炭在一次能源消费结构中的比例高于67%。即使采取各种措施，大力发展油、气、核能和可再生能源。尽力限低煤炭所占比重，但随着能源消费总量的增加，煤炭总量也将增加。我国煤炭资源主要集中在新疆、内蒙古、山西、陕西和贵州等省区，这5个省区共占全国总资源量的82.67%。常规能源（特别是煤）需经3000～4000km长途运输才可抵达用能中心，这给交通运输带来了严重压力。全国运力的50%用来运煤，要大量增加运煤能力，就需大力增建铁路和公路。这不但要占用日趋减少的农田，而且还会产生大量的能源浪费和环境污染的代价。

我国高耗能产业快速发展、煤炭为主的能源结构及能源利用效率低下等因素造成了我国环境受到严重污染，生态遭破坏的局面。目前，我国二氧化硫和二氧化碳排放量分别位居世界第一位和第二位，造成的经济损失占GDP的3%～7%。70%的烟尘和二氧化碳排放量，90%的二氧化硫、67%的氮氧化物排放来自燃煤。此外，快速增长的机动车已对城镇带来越来越严重的环境污染。能源消费造成的环境污染，已成为我国全面实现小康社会的障碍。2003年，我国二氧化硫排放量已达2150万t，明显超标。预计到2020年。二氧化硫将达4000万t，氮氧化物达3500万t。预计到2030年，我国的二氧化碳排放量将超过美国居世界第一位。在开矿过程中大量排放废渣、废液，污染环境和大面积占用土地已成大害。目前，全国有金属矿尾矿50亿t，煤矸石40亿t，占地8000公顷，并正以年增5亿t的速度增长。50%城市地下水和城市湖泊遭污染。全国118个大城市中约有98%的浅层地下水受到不同程度的污染。

我国从1993年开始成为成品油的净进口国，1996年又变成原油净进口。到2004年，我国原油年净进口量已从2000万t增加到1.227亿t。对外依存度已达34.8%。我国石油消费中，有81%应用于石油加工业、化纤制造业、化学原材料及制成品行业上。如果没有这些油料保证，这些行业就不可能高速发展。石油作为一种战略物资，已成为许多国家的“政治牌”。石油外交已成为我国的重要战略部署。据统计，国内石油产量只能保持现有水平或略有增加（1.8亿～2.0亿t）。但随着经济发展对液体燃料需求的增长，我国石油消费量将快速递增。预计到2020年，石油年需求将达5亿t，其中国内只能供应2亿t,有3亿t需要进口。这显然要冒很大的安全风险并将付出巨大代价。

能效低下差距甚大

我国的能源利用效率目前仅为34%，比发达国家落后20年，相差10个百分点。能源消费强度大大高于发达国家及世界平均水平，约为美国的3倍，日本的7.2倍。我国单位产值能耗是世界最高的国家之一，每千克标准煤产出的国内生产总值仅为0.36美元，而日本为5.58美元，世界平均值为1.86美元。例如：我国火电厂供电煤耗为每千瓦时404g标准煤，国际先进水平为317g标准煤；我国的工业锅炉平均能耗率为60%，低于发达国家20个百分点；我国主要产品单位能耗平均比国际先进水平高40%，单位建筑面积采暖能耗相当于气候条件相近的发达国家的2～3倍；与国际先进水平相比。我国工业部门每年至少多用了2.3亿t标准煤。我国矿产资源采收率低，综合利用水平差。金属矿山采收率平均比国际水平低10～20个百分点，在开采过程中造成了大量的资源浪费。

掌握能源的未来

——周凤起①

积极推动可再生能源发展已为世界共识

国际上将可再生能源划分为传统利用的可再生能源和新的可再生能源。传统利用的可再生能源主要包括大水电和直接燃烧的生物质能，新的可再生能源利用主要指现代技术利用的小水电、太阳能、风能、生物质能、地热能、海洋能和固体废弃物等。2001年，全世界消费的可再生能源19.3亿t标准煤，约相当于全球一次能源消费总量的13.5%。提高能源效率和发展可再生能源已成为全球无可争议的可持续发展能源的两个车轮。从战略上说，世界最终将转入可再生能源的永续利用。世界各国都将推动可再生能源发展当作21世纪能源发展的基本选择。

---

① 国家发改委能源研究所专家。

可再生能源发展的动力

国际社会发展可再生能源出于以下考虑：能源安全和能源供应多元化；减少温室气体排放；减少化石燃料引起的城市环境污染；替代核能；创造就业机会和发展中小企业动力；扩大技术和装备出口。

我国大力发展可再生能源的原因和动力包括以下方面：

（1）可持续发展的需要。化石能源不可再生，迟早要枯竭。可再生能源资源丰富，可循环使用，又无污染，必将取代化石能源成为能源供应的主体。

（2）调整能源结构的需要。当前，我国能源结构仍停留在以煤为主的时代，煤在一次能源中占60%以上。大量煤炭的直接燃烧引起严重的环境污染。用清洁能源替代煤炭、调整能源结构是近期的重要任务。

（3）保护环境的需要。可再生能源对当地、区域和全球环境保护来说都是友好的能源，基本不排放污染物。

（4）开发西部的需要。西部地区可再生能源资源丰富，占全国资源总量的70%以上。其中，风力资源占85%以上，太阳能资源占90%左右，小水电资源占65%以上。发展可再生能源必将带动西部经济的发展和保护西部地区的生态环境。

（5）解决农村用能及边远地区用电和生态建设的需要。目前，我国农村已有约3亿t生物质能供70%的农民作为传统利用的生活能源，边远地区仍有700万农户没有电力供应。因地制宜地开发利用当地可再生能源资源，为他们提供电力和清洁能源。对促进地区经济发展和农牧民脱贫致富具有重要作用，对改善这些地区的生态环境起着切实的保障。

（6）提高能源供应安全的需要。可再生能源不仅可转换为电力，还可转换为代油的液体燃料。发展可再生能源不仅可以提供新的能源，而且可以提高能源供应安全。

（7）开辟新的经济增长点的需要。世界跨国石油公司BP.Shell等纷纷建立起太阳能、氢能等可再生能源的研发和生产部门。他们认识到，可再生能源在21世纪将逐步取代化石能源，成为全球新的经济增长点。

我国可再生能源发展的问题

尽管我国可再生能源具有巨大的资源潜力，部分技术实现了商业化，产业也有一定发展，但与发达国家相比，无论在技术、规模、水平还是发展速度上仍然存在较大差距，可再生能源产业发展还面临着许多问题和障碍，主要包括：多数可再生能源技术发电成本过高和市场容量相对狭小。目前，除小水电外，我国可再生能源发电成本远远高于常规能源发电成本。例如，小水电发电成本约为煤电的1.2倍，生物质发电（沼气发电）为煤电的1.5倍，风力发电成本为煤电的1.7倍，光伏发电为煤电的11～18倍。

我国具备规模化发展可再生能源的条件

（1）我国有丰富的可再生能源资源。专家估计，我国可再生能源资源可获得量是每年73亿t标准煤，尚有足够空间可以开发。

（2）技术逐步趋于成熟。主要特征是：能量转换效率不断提高；技术可靠性进一步改善；系统日益完善和稳定；产业化不断发展，已涌现一批商业化技术，如小水电、地热发电、太阳热水器、地热采暖技术和微型光伏系统等。

（3）经济性不断改善。目前的大多数可再生能源技术在经济上与化石能源还缺乏竞争能力，但生产成本已有明显下降，如风电等。

（4）巨大的潜在市场。我国60%的人口生活在农村，每年要消耗6亿多t标准煤能量，其中一半能源靠农作物秸秆和砍伐树木获得。因地制宜地开发利用可再生能源，既可满足这些地区群众基本生活用能的需要，又有利于生态环境的改善。

积极制定可再生能源发展战略

我国推动可再生能源规模化发展的战略可归纳为以下内容：

政府支持：可再生能源技术仍在成长发展阶段，需要政府大力扶持。可再生能源有益于环境，但市场的调节作用对环境是失灵的。因而，只有政府支持才能加快可再生能源的发展。

法律保证：近年来，一些想大规模发展可再生能源的国家通过立法，强制电力公司供应或购买再生电力，对未完成任务者予以惩罚。有了可再生能源强制市场的立法，就可吸引民间资本，提高可再生能源开发商的信心。

引入竞争：要想规模化发展可再生能源，只有依靠市场，通过竞争优化资源配置，降低成本，扩大市场，最终实现商业化。

依靠科技：可再生能源的发展在根本上要依靠科技进步，不断创新，提高技术水平，研究开发具有自主知识产权的可再生能源技术。

为此，我们建议国家应采取以下措施：

（1）加强立法。全国人大常委会已在2005年2月28日通过了可再生能源法，并将于2006年1月1日起执行。但可再生能源法的一些关键条款如总量目标制度、并网发电和全额收购制度、上网电价与费用分摊制度、财政税收鼓励措施等都有待国务院能源、物价、财政等主管部门制定实施细则，做好实施准备，此实为当务之急。

(2) 可再生能源发电装备制造实现本地化。目前，小水电已商业化，风电和生物质发电是接近商业化的可再生能源，但这些可再生能源发电装备多数是进口设备，价格高，阻碍了大量应用。可再生能源发电装备实现本地化制造的关键是引进技术，自主创新，调查资源，完善标准，建立测试中心和质量认证机构，加强人才培养，支持本地化制造。

(3) 增加对可再生能源的投入。迄今为止，我国可再生能源建设项目还没有规范地纳入各级政府的财政预算和计划。我国能源研究开发费用占 GDP 的比例只有日本的 1/70、法国的 1/30、美国的 1/25。建议将可再生能源发展列入各级政府产业发展和科研攻关计划，增加投入，并纳入财政预算。

电 力 监 管

政 策 法 规

1. 电力监管法制建设工作

（1）配合国务院法制办，进一步研究修改《电力监管条例（草案）》（简称《条例》），完成《条例》出台前的有关工作。

（2）参与《条例》的宣传教育。《条例》颁布后，组织编写电监会副主席邵秉仁在国务院新闻办公室新闻发布会上的讲话及有关背景材料等；组织会内各部门编写了《电力监管条例释义》；起草印发《关于贯彻实施〈电力监管条例〉有关问题的通知》；配合人事培训部组织《条例》培训班。

（3）组织研究起草《条例》配套规章。研究制定《〈电力监管条例〉配套规章制定工作计划》，明确了力争在年内出台19件规章的任务目标；牵头研究起草《电力业务许可证管理规定》和会内各部门办理电力业务许可证职责分工的通知，并已发布施行，同时，配合资质中心组织宣传贯彻工作；负责研究起草《电力监管执法证管理规定》、《电力监管机构现场检查规定》、《电力监管机构行政处罚程序规定》3件规章，已提请主席办公会审议；参与起草、审查《电力争议调解暂行办法》、《供电服务监管办法（试行）》、《电力市场监管办法》、《电力市场运营基本规则》、《电力企业信息报送规定》、《电力企业信息批露规定》、《电力监管信息公开办法》，此7项规章已发布施行；参与研究起草《电力监管机构举报处理规定》编辑《条例》配套规章起草工作简报6期。

2005年计划完成的19件《条例》配套规章中，已颁布施行8件，已完成起草、报请主席办公会议审议3件，拟于年内完成起草2件，起草部门要求暂缓出台6件。

（4）其他立法工作。研究制定《国家电力监管委员会2005年立法工作计划》；参与起草、审查《承装（修、试）电力设施许可证管理办法》，已颁布施行；参与起草、审查《电工进网作业许可证管理规定》，已提请主席办公会审议；参与起草、审查《电力监管机构投诉处理规定》；参与研究、起草《电力调度管理条例》、《电力供应与使用条例》、《供电营业区划分办法》等，与发改委协调研究相关事宜；向国务院法制办提出2006年国务院立法计划项目的建议。

（5）普法及依法治理工作。与全国普法办协商、明确电力行业普法依法治理主管机关的有关事宜；研究、起草电力监管机构贯彻落实国务院《全面推进依法行政实施纲要》的实施意见；组织、研究、编辑全国电力行业学法用法软件，已基本完成。

（6）执法监督工作。参加《条例》执行情况的检查；处理单啸山等向电监会提出行政复议申请有关事宜。

2. 电力体制改革工作

（1）研究提出了“十一五”电力体制改革建议。根据国务院领导指示精神和电力体制改革工作小组的总体部署，总结“十五”电力改革，分析当前电力发展与改革中的主要问题，研究国内外电力改革的经验和教训，在广泛研讨、充分听取意见的基础上，提出了关于“十一五”电力体制改革的建议。建议的基本观点已被工作小组接受，且有望成为指导“十一五”电力改革的纲领性文件。

（2）处理办公室日常事务。会同发改委对全年电力体制改革工作进行了总体部署；主导完成了《电力主辅分离改革实施意见》，将由工作小组进一步修改后再次上报国务院。组织推进了几项具体工作：在大量咨询调研的基础上，提出《920万kW发电资产出售变现工作方案》，并启动920万kW发电资产出售变现工作；经多次征求意见、现场调研及工作协调，提出了黄河公司与青海公司的债权债务问题处理意见，待征求工作小组主要单位意见后具体落实；拟定了《中能电力工业燃料公司改组方案》和《组建全国电力燃料协调服务中心的请示》，拟在进一步征求有关单位意见的基础上研究落实。

研究处理了一些具体的改革遗留问题，如明确了新疆哈密二厂的产权归属问题，落实了中国水力发电工程学会办事机构挂靠问题，对深化西藏电力体制改革问题提出了处理意见等。

3. 其他工作

收集、整理2003年、2004年电力监管政策法规文件，编辑出版两卷《电力监管政策法规文件选编》。办理人大代表提案答复3件。

市 场 监 管

1. 推进电力市场建设

华东电力市场：根据华东电力市场月度模拟运行的情况，进一步修改、完善了《华东电力市场运营规则》，并于10月28日启动了包括日前竞价在内的综合模拟运行。

南方电力市场：组织完成《南方电力市场运营规则》、《南方电力市场监管办法》等有关文件的制定工作，组织建成适应南方电力市场竞争第一阶段需要的技术支持系统，并开展多层次的培训工作，于11月21日启动南方电力市场模拟运行。

华中电力市场：6月6日，召开了华中电力市场建设领导小组第一次会议，全面启动了华中电力市场建设工作。正在抓紧开展制定华中电力市场建设方案的有关工作。

华北、西北电力市场：积极推动这两个区域电力市场建设的研究工作。两个区域电力市场建设研究报告已基本完成，待条件具备时召开评审会。

2. 加强市场监管

按照党组确定的《电力监管条例》配套规章制定分工，修订《电力市场基本运营规则》和《电力市场监管办法》，并以第10号、第11号主席令下发。

根据新体制下协调厂网经济技术关系的需要，会同有关部门起草完成《并网发电厂辅助服务管理暂行办法》和《发电厂并网运行管理暂行规定》征求意见稿。

参加起草《电力业务许可证管理办法》，会同资质中心开展《电力业务许可证（发电类）》的颁发和管理前期工作。

开展起草《电力监管条例》配套规章《发电企业监管办法》的有关工作。

组织开展全国范围内厂网关系调研工作，编写厂网关系调研情况总报告，提出了促进厂网协调发展、保障电力系统安全稳定运行的工作建议。

按照2005年工作要点的要求，开展全国范围内《购售电合同（示范文本）》、《并网调度协议（示范文本）》推行情况及电力“三公”调度情况专项检查工作，基本摸清了两个范本的推行和电力“三公”调度执行情况，发现了存在的主要问题，提出了整改意见和工作建议。

分别会同华北、东北、西北、华东、华中和南方电监局完成全国六大区域电力企业“两个范本”的培训工作。

3. 开展电力市场建设和电力监管基础研究

组织世行项目《中国电力监管机构能力建设研究》最终研究报告的编写工作，会同国际合作部开展电力监管人员国际培训工作。组织开展《核电机组竞价上网重大问题研究》和《燃气机组竞价上网重大问题研究》，其中，《核电》课题研究成果已形成研究报告，《燃气》课题研究正在抓紧工作。组织开展水电机组参与市场竞争的课题研究工作，并召开结题评审会。组织国内外有关专家、学者编写电力市场丛书，包括《美国电力市场》、《欧洲澳洲电力市场》、《国外电力市场规则和发电许可制度》、《中国电力市场名词解释》4册，并正式出版。开展制定中国区域电力市场标准化设计方案的有关工作。

4. 其他专项工作

参加国家发改委牵头组织的对全国违规电站建设项目的复核工作，并形成工作汇报。

根据会领导的要求，对燃气发电有关问题进行调研，专报国务院，国务院领导作出重要批示。

配合《电力监管条例》的出台，完成了市场监管和发电监管相关条款的释义编写工作，为《电力监管条例》新闻发布会市场监管和发电监管部分准备材料。配合会内有关部门撰写《电力监管条例》培训班培训资料。

配合输电监管部制定华中电力市场大用户直购电方案，配合信息中心制定电力企业信息报送、信息披露规定等。

输 电 监 管

开展了《电网调度管理条例》修订和《电力监管条例》有关输电配套规章的制定工作，切实维护电力系统安全和市场秩序。汇总整理了电力企业各方反馈的意见，形成了《电力调度管理条例》修订草案征求意见稿，并组织向国务院有关部门和部分省市人民政府办公厅征求意见。主席办公会对征求意见稿及有关材料进行了审议，与发改委有关司局沟通、协商并做进一步修改。根据《电力调度管理条例》配套规章制定要求，组织有关单位和专家开展了《电网运行规则》研究制定工作，现已形成报送稿。

在汇总、整理国外输电许可证参考资料、开展输电类许可证制定工作的基础上，积极参加会内电力业务许可证起草和研讨工作，将完成的输电业务许可证管理办法、输电企业的权利义务、输电许可证正文等配套文件提供给起草小组；并密切配合，针对管理办法及文本的框架和内容提出具体修改意见和建议，促进了2005年10月《电力业务许可证管理规定》的颁布。同时，也为输电类许可证的颁发和管理做好了准备。

吉林直购电试点迈出实质性步伐。吉林大用户直购电试点于3月1日正式实施，大用户直购电试点工作迈出了实质性步伐，并会同发改委有关司局及东北电监局研究、总结试点经验。结合电力市场建设，稳步推进直购电交易试点。结合华中、南方、东北电力市场建设，开展大用户直购电交易试点有关工作。会同发改委有关司局、四川省相关部门，反复研究、修改四川直购电交易试点方案，并跟踪四川省物价局直购电输配电价测算方案制定工作。正式函复广东台山、湖北宜化提出的试点申请，要求规范推进试点有关工作。

加强调查研究和试点法规建设。按照党组的统一部署，先后赴湖北、四川、广东、辽宁调研了解情况，研究问题。修改《电力用户向发电企业直购电试点实施细则》及两个合同范本，送发改委有关部门征求意见，并根据有关方面意见进一步修改完善。开展了直购电课题研究。

加强优化调度，促进跨地区电能交易。2月25日，与发改委联合印发了《关于促进跨地区电能交易的指导意见》（发改能源［2005］292号）。7月，形成了《今年以来跨地区电能交易和电力优化调度情况报告》。为进一步促进跨地区电能交易和电力优化调度工作，摸清全国500kV电网及运营现状，掌握输电通道利用情况，会同稽查局，联合国家发改委能源局研究部署了《关于促进跨地区电能交易的指导意见》和《跨区跨省电力优化调度暂行规则》贯彻执行情况的专项调研、检查。

开展标准、定额管理工作。①《工程建设标准强制性条文（电力工程部分）》执行情况监督检查稳步开展。组织开展《条文》修订工作，并研究编制《条文》执行情况检查方案，与建设部就共同开展对《条文》执行情况的监督检查工作达成共识。②“电力企业标准化良好行为”试点确认工作规范起步。组织有关专家研究制定了确认的配套文件初稿，反复修改完善《电力企业标准化良好行为试点确认管理办法》，和国标委达成了“共同推进，联合发文，联合发证”的共识，已与国标委联合印发相关单位征求意见。③电力工程定额与造价管理体制理顺工作有效推进。组织各派出机构和中电联技经中心对全国电力工程定额与造价管理状况进行了专题调研，并形成调研报告签报会领导。正研究组织制定《电力工程定额与造价工作管理办法》。④参与了建设部标准定额司组织的《工程项目建设标准体系》编制工作，承担了我国近期工程项目建设标准两大重点之一——《核电站工程项目建设标准》的主编工作。

开展输电监管课题研究。关于输电成本规则研究，会同东北电监局委托有关科研单位对成本规则数学模型进行了数据测试和验证，为制定《输配电成本规则》及相关配套文件打好基础。

开展输电业务许可证课题研究报告和《输电扩展》一书的翻译、出版有关工作。

开展可再生能源发展研究，撰写了《可再生能源利用有关情况的简要研究报告》。另外，汇总收集了国家电网公司和南方电网公司特高压工作的基本情况，供领导参阅。

在做好各项重点业务的同时，认真完成其他有关工作和交办的各项任务。如：按会内统一部署，组织赴西北进行“两个合同范本”和“三公”调度检查并撰写检查报告，认真参加三峡输变电工程稽查工作，办理人大代表建议和政协提案，参加《电力设施保护条例》修订和《电力监管条例释义》编写工作，完成《输电监管》讲课任务，认真抓好信息报送工作，参加有关工作会议，组织研究并反馈对大量规章、文件的意见和建议等。

供电监管

完成《供电服务监管办法》起草工作。《供电服务监管办法（试行）》（简称《办法》）是贯彻落实《电力监管条例》配套规章的项目之一。

在形成《办法》征求意见稿后，召开数次专家研讨会，并以书面形式专门征求国家发改委、国资委、水利部、中消协、国网公司、南网公司等的意见，同时，还在有关网站上向社会公开征求意见。《办法》的起草，计有200余人参加会议研讨，通过各种方式共收集意见120余条。经汇总各方意见后形成送审稿。2005年6月21日，国家电监会主席柴松岳签署第8号主席令，公布《供电服务监管办法（试行）》并于8月1日起正式实施。

为做好《办法》的宣传工作，7月28日，电监会副主席王禹民召开供电服务监管电视电话会议，共计1000余人参加了会议。

继续开展《电力供应与使用条例》（简称《条例》）修订工作。根据《国家电力监管委员会2005年立法工作计划》（办政法［2005］8号），继续按照原计划组织修订《条例》。初步统计，共召开了近300人参加的12次专家研讨会。

在修订工作中，体现电力体制改革的成就，充分吸取了现有的电力监管立法成果，及时跟踪正在修订的《电力法》，将其落实到《条例》修订的具体条文之中。《条例》修订中针对一些供电企业服务不规范，非法停电、乱收费等问题做出了规范。另外，也针对一些用户违法、违章用电、拖欠电费等作出规定，以切实维护正常的供用电秩序。《条例》修订中还纳入了原《供电营业规则》等原《条例》配套规章的相关内容。

在修订工作中，多次与国务院法制办等沟通。综合了各方面的意见后，在原《条例》中增加了电力管理部门与电力监管机构双主体以及供电企业与用户双客体的职责界定、电力需求侧管理、电力社会普遍服务、供电安全和电能质量监管、供电企业用电检查权、供受电设施维护责任分界、财产损失最高限额及赔偿原则、拖欠电费的处理、中止供电的情形和程序、人身损害赔偿免责条件等新内容。篇幅由原《条例》的9章45条增加到《条例》（修订稿十）的9章69条。

开展供电营业区划和供电业务许可证管理的研究

工作。2005年6月，完成了供电营业区划分与供电业务许可证管理研究报告。本课题研究报告通过对我国供电营业区划分与供电业务许可证管理相关法律和政策的研究，全面分析了供电营业区划分与供电业务许可证管理的现状和存在的问题，在充分借鉴国内国外业务许可准入监管经验的基础上，提出了构建供电营业区划分与供电业务许可证管理的制度模式和立法建议。由本课题形成了《供电营业区划分及管理办法（建议稿）》、《供电业务许可证管理办法（建议稿）》和《供电业务许可证（样本建议稿）》。

组织修订《供用电合同（示范文本）》。《供用电合同（示范文本）》工作已于2003年底启动。共起草《高压供用电合同（示范文本）》、《低压供用电合同（示范文本）》、《临时供用电合同（示范文本）》、《趸售电合同（示范文本）》、《委托转供电协议（示范文本）》、《居民照明用电合同（示范文本）》6个范本，拟与国家工商管理总局商定联合下发。由国家电网公司承担的《供用电合同（示范文本）》的起草工作已基本完成。

继续推进和完善东北区域电力市场试点工作。经过两年多的努力，东北区域电力市场已从模拟运行转入试运行阶段。已完成2005年年度合同电量竞价工作及5、6、7月的月竞价工作。电力市场机制在优化配置东北电力资源中发挥了重要作用。

东北电力市场试运行过程中也暴露出一些问题亟待解决，分别是：1～4月的电量结算问题；平衡账户的亏空问题；上网电价与销售电价的联动问题；基准电价、容量电价、最高最低限价、因电网约束上网电量按报价结算调整问题；电网公司与发电公司签订《购售电合同》的问题；信息披露问题；未按竞价结果调电问题和技术支持系统亟待完善问题。

组织开展并推进电力需求侧管理工作。参加发改委组织的2005年电力需求侧管理暨迎峰度夏电视电话会议。为加强对电力需求侧管理的指导与协调，开展供需形势预测分析，草拟了《关于加强电力需求侧管理做好供需形势分析工作的通知》。

与发改委经济运行局和国家电网公司市场营销部在《经济日报》开设电力需求侧管理专栏，撰写10篇文章，宣传电力需求侧管理的理念，推广电力需求侧管理的措施和经验。

为进一步做好电力需求侧管理工作，将配合国家发改委经济运行局组织起草《电力需求侧管理实施办法》和《电力需求侧管理规划》。

继续开展电力社会普遍服务工作。5月24日，办公厅会同政法部、供电部召开了课题启动会议，世界银行、国家行政学院和国电动经中心的代表参加会议。会议研究讨论了课题的任务与目标、工作计划与分工、经费管理与使用、组织机构等问题。课题研究预期成果包括《中国电力社会普遍服务基本情况调查报告》、《中国电力社会普遍服务政策研究报告》、《关于建立中国电力社会普遍服务基金的建议方案》。

参与建材市场专项整治工作。配合国家质检总局等八部委，继续参与打击取缔“地条钢”生产企业和窝点的专项整治工作。

对会内外各部门的文件提出意见并处理急件和投诉案件。已经对《电力企业信息公开办法》、《电工入网许可证管理办法》、《南方电力市场建设方案》等若干文件提出修改草案建议，还及时处理了各种急件和投诉案件，如对于供用电企业与用户出现的纠纷及时进行了处理。

安全监管

1. 贯彻落实党中央、国务院关于安全生产的一系列指示精神

为了贯彻落实党中央、国务院关于安全生产的一系列指示精神，针对各阶段电力安全生产、基建形势和特点，安全监管局组织召开了一系列大型会议，从而明确了职责、部署了任务。

2月25日，召开了2005年全国电力安全生产工作电视电话会议。会上，电监会主席柴松岳、国家安全生产总局副局长王德学做重要讲话，对2005年电力安全生产工作重点以及“两会”期间的安全生产工作提出具体要求，电监会副主席史玉波通报了2004年安全生产情况，对电监会2004年发布的3、4、5号令进行宣贯，会上国网公司、南网公司、华能集团、广东粤电在会上交流经验。主会场约有28个单位约120人参加了会议，30个分会场设在各省省会城市，约有380个单位近1200人参加。

1月14日，安全监管局组织召开全国电力安全生产委员会第二次会议。会议介绍了2004年电力安全生产情况，并就电监会发布的3、4、5号令做了说明。各单位书面交流了2004年安全生产和工作情况、安全管理工作的经验和2005年安全生产工作安排。会议期间还听取了大唐国际盘山发电有限责任公司安全生产管理的经验介绍，并进行了现场观摩。

3月30日～31日，安全监管局与大坝中心共同组织召开了全国电力系统水电站大坝安全工作会议。会上对《水电站大坝运行安全管理规定》作了说明，部署了第三轮大坝定检工作，同时对《水电站大坝安全注册实施细则》和《水电站大坝安全定期检查实施细则》两个征求意见稿作了说明。各集团公司主管生产的负责人、安全生产部门负责人、部分水电厂的主

管领导近120人参会，李鹏亲自到会看望与会代表，并做了重要的讲话。

6月16日，指导电力企业建立完善电网事故预防与应急处理机制，确保迎峰度夏期间电网安全、稳定，安全监督局在北京召开全国电力安全生产委员会第三次扩大会议。电监会主席柴松岳、国家安全生产总局副局长王德学出席会议并做重要讲话，电监会副主席史玉波就编制《国家处置电网大面积停电事件应急预案》（简称《预案》）的有关情况进行了说明，并就贯彻《预案》提出了具体要求。会议通报了2005年前5个月全国电力安全生产情况和新疆红雁池发电有限公司“5·13”油罐爆炸重大人身伤亡火灾事故情况。国家电网公司、南方电网公司、国电集团公司分别介绍了各自贯彻《预案》和迎峰度夏的有关措施。

8月25～26日，在湖北省宜昌市三峡发电有限责任公司召开了全国电力安全生产委员会第四次会议。会议报告了2005年1～7月电力安全情况以及近期电力安全监管工作情况，与会代表观看了2005年以来9起重大以上人身伤亡事故的情况介绍和原因分析的多媒体演示，讨论分析了当前电力建设施工安全工作面临的形势，研究部署下一步工作。会议听取了三峡总公司电力建设施工安全管理的经验介绍，并进行了现场观摩。电监会副主席、安委会主任史玉波做总结讲话。

2. 做好迎峰度夏的安全工作

在第三次安委会会议上，全面部署迎峰度夏期间的安全工作。发出《关于做好2005年防汛和迎峰度夏期间电力安全生产工作的通知》（办安全〔2005〕16号），以贯彻落实党中央、国务院有关安全生产的重要指示以及国家防汛抗旱总指挥部召开的全国水库安全度汛电视电话会议精神，保证电力系统安全度汛和夏季用电高峰期电力安全生产。

针对迎峰度夏期间的安全供电以及2004年电力安全生产存在的问题和安全生产的薄弱环节，安监局和区域电监局有关人员分别组织了对重要电厂和变电站进行的监督检查。同时，各区域电监局（办）组织本区域的安全生产大检查和专项检查。

针对2005年夏季用电高峰期间，电网连续遭受了“海棠”、“麦莎”、“泰利”、“卡努”和“龙王”等强台风袭击的形势，及时传达电监会领导的各项指示，要求电力企业提前准备，启动应急预警机制，确保重要联络线安全运行，避免由此而引发的大面积停电事故。

3. 做好电力基建安全监管工作

针对2005年基建事故多发的局面，直接参与或者组织指导电监会派出机构参与重大以上事故调查工作，为电力安全监管掌握第一手资料。

组织召开了有2网5发电4家辅业公司主管基建安全的部门负责人参加的电力建设施工安全管理座谈会，会议通报了2005年发生的8起重特大基建施工事故，座谈了各单位2005年以来电力基建的安全情况及在新形势下如何加强基建安全管理工作的思路和建议。

先后派出5个小组，参与发电公司、电力设计、施工单位组织的在建电力项目安全检查。

7月末，及时发出了2005年以来电力建设施工重大以上事故的通报，通报了2005年以来的8起重大以上电力基建事故，并针对当前电力建设施工中存在的突出问题，提出了加强电力基建安全工作的具体要求；10月，及时通报了在电力建设分包单位的施工过程中连续发生的3起重大人身伤亡事故，并针对电力建设施工中分包队伍、临时用工等事故多发的情况，对各有关单位提出具体要求；9月末，为监督各电力企业对“四部委”《关于切实加强电力建设工程质量安全监督管理工作的紧急通知》和全国电力安委会四次会议精神的贯彻落实情况，将各电力企业进行安全检查的基本情况、存在的问题进行汇总，并针对存在的问题提出了下一步工作的具体要求，以简报的形式通报全行业。

4. 做好重大以上电力事故调查工作

2004年11月24日，新疆伊犁地区发生大面积停电事故，安全监管局于2005年1月会同国家电网公司有关人员组成调查组赴新疆进行调查，并及时向会领导签报报告事故调查情况，反映有关问题及提出建议。

5月13日，新疆华电红雁池发电有限责任公司油罐爆炸引起重大火灾事故和人身事故，安全监管局于14日赶赴现场，了解情况、提出要求，并及时向领导汇报、签报及撰写事故通报。

长江电力公司葛洲坝水电厂“12.20”500kV变压器损坏事故，安全监管局于7月12日到现场指导华中电监局组织开展事故调查。

7月8日，内蒙古新丰热电有限责任公司汽机房球型网架屋面结构发生重大垮塌事故，安全监管局于9日赶赴现场，了解情况，参与事故调查，并及时向会领导汇报、签报。

7月30日，重庆合川双槐电厂因汽机基座支撑架坍塌而导致的重大人身伤亡事故，安全监管局于30日赶赴现场，了解情况，参与事故调查，并及时向领导汇报、签报。

9月25日，海南省电网发生大面积停电事故，安全监管局组织成立了此次事故调查组，负责事故调查工作，调查结果已上报国务院。

10月24日，西藏藏中电网发生大面积停电事故，电监会委托国家电网公司进行事故调查，安全监管局作为观察员，入藏协调国网调查组进行事故调查，跟踪了解事故调查进展情况，并将事故调查情况及时向领导做了汇报。

此外，安全监管局还指导华中电监局、南方电监局对湖北蒲圻电厂除尘跨塌事故、天生桥二期电厂水淹厂房事故、广西来宾B电厂全厂停止对外供电事故、云南古拉特大人身伤亡事故等的调查及处理。及时跟踪了解华中电网冰灾事故，清明山火对华东电网安全造成重大威胁的情况，莫斯科大停电事故情况，广东、广西及福建洪水对电力系统的影响及恢复情况，华东江苏飑线风对电力生产和电力设施的严重影响及事故处理、恢复情况，海棠、麦莎、泰利、卡努、龙王台风对华东、南方电网安全造成重大威胁及险情处理、电网恢复情况，并将电力设备受损情况及电网恢复情况及时专报国务院。

5. 做好《预案》颁布后的各项工作

5月24日，国务院办公厅以国办函［2005］44号文印发了《国家处置电网大面积停电事件应急预案》。

6月10日，电监会以电监安全［2005］11号文的形式向各有关单位转发了国务院关于印发《国家处置电网大面积停电事件应急预案》的函，并具体提出了四点贯彻要求；6月13日，电监会以办安全函［2005］69号文要求各有关单位报送《预案》领导小组成员及联络员名单，正式成立了以柴松岳主席为领导小组组长、史玉波副主席为常务组长的《预案》领导小组；6月16日，电监会在北京召开全国电力安全生产委员会第三次扩大会议，专门部署贯彻落实《预案》的工作，同时进一步部署迎峰度夏期间的电力安全生产工作。

按照国务院安委会办公室组织编制的《全国安全生产应急救援体系总体规划方案》和国务院批复的《国家处置电网大面积停电事件应急预案》要求，向国务院应急办报送了《预案》操作手册、《预案》宣传报道简本、《预案》宣传报道提纲、电网大面积停电事件典型案例等材料。重点做好以下几项《预案》颁布后的贯彻实施工作：一是收集相关省（区、市）关于电力安全和应急措施有关情况的调查报告；二是收集整理两网、五发电集团公司关于重要用户、重要场所应急保安电源配备情况的调查报告；三是认真组织编制电网大面积停电事件典型案例的多媒体音像材料；四是按照国务院总值班室的要求，报送了全国电力企业应急管理工作的情况汇报，详细汇报了全国电力企业认真学习和贯彻落实国务院精神的情况；五是在电监会网站上设立应急工作专栏。

6. 抓好各项基础工作

（1）抓好规章制度的建立和宣贯工作。协同大坝中心编写并发布《水电站大坝安全注册实施细则》和《水电站大坝安全定期检查实施细则》，《水电站大坝安全信息化管理与报送规定》、《水电站大坝安全监测实施细则》正在修改、完善。组织编制了与《电力二次系统安全防护规定》配套的技术标准文件，下发至几大集团公司的征求意见稿的反馈意见已汇总完毕，有关单位和专家正在修改和完善。组织编写了《发电厂并网安全评价管理暂行办法》，该部分内容已并入《电网运行准则》之中。与六大区域电监局共同组织制定、修改、完善了区域电力安全监管办法，并协助各区域完成了对《电力事故调查暂行规定》和《各区域电监局安全监管办法》的宣贯工作。编写了《电力事故调查程序》，正在组织各区域电监局、城市电监办审查。下发了《关于做好电力安全生产信息报送工作的通知》，软件“电力安全生产信息管理系统”投入使用，实现了网上信息报送。编写了《关于执行〈电力生产事故调查暂行规定〉有关问题的通知》，《电力生产事故调查暂行规定》及相关规定汇编、《规定》释义等文件和书籍。

（2）针对电力系统生产实际，有计划地下达了一系列加强安全生产工作的通知和16期《电力安全生产简报》，分别是：

《关于认真学习贯彻黄菊副总理批示做好电力安全生产工作的通知》；

《关于认真做好五一黄金周期间安全生产工作的通知》；

《关于认真做好防洪度汛期间安全生产工作的通知》；

《关于道路交通事故的通告》；

《关于开展2005年电力行业“全国安全生产月”活动的通知》；

《关于做好2005年防汛和迎峰度夏期间电力安全生产工作的通知》；

《关于转发国家防汛抗旱总指挥部关于公布全国防洪重点中型水库名单的通知》；

《关于做好“十一黄金周期间的电力安全生产工作”的通知》；

《关于做好龙羊峡水电站大坝高水位运行安全管理的通知》；

《关于电力建设施工重特大人身伤亡事故通报》；

《关于转发国家防汛抗旱总指挥部关于明确水库水电站防汛管理有关问题的通知》。

《关于加强电力行业中境外中资企业安全管理工作的通报》。

（3）建立全国电力安全生产信息网络。1月31

日～2月1日，在上海举办了《电力生产事故调查暂行规定》暨“电力安全生产信息报送系统”培训班。电监会首席工程师于新阳出席了培训班的开班典礼。来自国家电力监管委员会的4个区域电监局、成都电监办、电监会大坝安全监察中心，国家电网公司、南方电网公司、各独立发电公司以及地方能源投资公司的安监处长和信息技术人员近100人参加了培训。

7. 全力做好2005年电力行业安全生产月活动部署和首届全国安全生产及技术装备展览会电力展区筹展工作

根据中共中央宣传部、国家安全生产监督管理总局、国家广播电影电视总局、中华全国总工会、共青团中央《关于开展2005年“全国安全生产月”活动的通知》（安监总政法字［2005］4号）精神，结合迎峰度夏和防汛等实际工作，就开展2005年“全国安全生产月”活动有关问题发出通知，明确了电力行业开展安全月活动的指导思想、活动主题、活动要求，并以电力安全简报的形式交流了各单位“安全月”活动方案和具体做法。

按照中共中央宣传部、国家安全生产监督管理总局等7部门《关于举办“首届全国安全生产及技术装备展览会”的通知》（安监管政法字［2005］30号）和首届全国安全生产及技术装备展览会组织工作会议精神，确定了电力行业的参展单位，并先后两次在北京组织召开了首届全国安全生产及技术装备展览会电力展区筹展工作会议，部署了筹展期间的具体工作。

8. 其他工作

开展电站锅炉安全有关工作。2月，对安全监管课题——《全国电力安全监管的研究与对策》进行了专家审查，并在4月底修改完毕后结题。配合会内有关部门完成了《电力监管条例》配套法规的编写及审查工作。配合、参与有关单位、部门组织的相关文件审查、技术标准的研讨和工作会议，并及时反馈意见和建议。全过程参与了东北电网第二次大扰动试验。

行 业 管 理

中国电力企业联合会

综 述

1. 维护行业企业合法权益、反映企业合理诉求成效明显

（1）火电厂烟气脱硫是事关发电企业经营成本的重要问题，中电联通过各种途径向政府有关部门反映电力企业的情况和建议，使脱硫成本进入电价的政策建议被政府部门采纳。

（2）针对排污费缴纳和水资源费征收等影响发电企业长远发展的问题，向国家发改委、国务院法制办等部门提出了相应的分析报告和政策建议。

（3）中电联站在维护企业合法权益的高度，参与国家有关法律法规的制定和修改。对《可再生能源法（草案）》提出的十三条修改意见有十条被采纳或基本采纳。对《电力法》、《电网调度管理条例》、《电力供应与使用条例》、《电力设施保护条例》等提出修改意见。参与了《能源法》制订的研究工作。

（4）协助政府有关部门做好煤电运协调，及时反映电煤中存在的问题，推动煤电联动电价出台。向国家有关部门反映发电企业利润急剧下滑或亏损情况的分析和政策建议。

（5）针对国务院制止电站项目无序建设，提出有保有压、分类指导的建议。向国家有关部门和电监会提出电网电源协调发展和加快电网发展等问题的建议。

（6）积极推动把发展特高压电网的试验示范工程纳入“十一五”电力发展规划之中，并取得一定成效。

（7）对电力改革中电联提出要始终坚持市场化改革不动摇，要充分肯定3年来改革的成就，加快主辅分离、电价和投资体制改革等建议和诉求。

2. 参与组织制订电力行业或相关专业“十一五”发展规划

中电联对国家的“十一五”规划中有关电力方面的内容提出了有份量的建议；组织完成制订电力“十一五”高技术产业、电力科技、火电厂二氧化硫治理以及电力发展产业政策等近10个规划项目，发挥了行业协会重要的参谋作用。同时完成了发改委委托的《社会节电规划研究》的编制工作，参与编制的《中国节水技术政策大纲》已由国家五部委联合发布实施。这为中电联以后参与电力发展规划工作奠定了良好的基础。

3. 为政府和电监会服务工作取得新的业绩

成功举办了“中国电力装机突破5亿千瓦”的庆典宣传活动。举办了《电力监管条例》高级培训研讨班，修改完成了《电力设施保护条例》。组织开展了循环硫化床的技术培训、推广和咨询工作。组织开展火电厂烟气脱硫后评估工作。完成广东省第一批“上大压小、以煤代油”关停500万kW小火电项目调研核查工作。开展《工程建设标准强制性条文（电力工程部分）》的修订工作。在全国范围内开展含多氯联苯设备清单调查。在电力行业开展中国科学院、中国工程院院士遴选工作。归口负责电力行业中国工业大奖的评审与推荐工作。开展“中国企业文化优秀奖”和“和谐劳动关系优秀企业”的推荐工作等。

4. 品牌活动已产生重大影响

认真做好供需形势信息发布和电力供需形势分析与预测的品牌服务。国务院领导及政府有关部门很重视中电联报送的《关于我国电力供需形势分析预测与若干问题的建议》。中电联及时向政府有关部门报送《2005年上半年全国电力生产运行情况及全年预测报告》和《2005年电力迎峰度夏工作总结报告》，这些都为制定“十一五”电力规划和引导企业防范生产经营风险提供了重要参考。

举办了经济形势与企业改革分析预测会，帮助企业管理者掌握国家经济发展、行业走势和企业改革情况及相关政策。

成功召开了可靠性管理中心成立20周年大会，可靠性发布会比往年提前一个月发布了2004年各类可靠性数据。推动企业努力挖掘现有设备潜力，为保证电力供应和电力系统的安全稳定运行服务。

以新型工业化道路为主题的2005中国电力论坛取得成功，在国内外电·力同行中产生了广泛影响。

5. 各项专业服务和个性化服务继续向着深度和广度拓展

行业统计体系逐步建立，分析预测更加注重准确性、时效性和权威性。标准化工作进一步和发展新能源、新技术以及建设节约型社会的要求结合起来。可靠性管理工作与企业安全生产运行和提高效益结合得更加紧密。电力技经工作建立健全了层次齐全、结构合理的工程造价和定额管理体系。职业技能鉴定和培训工作已覆盖各省市，深化到各专业和职业工种。科技服务围绕科技创新开展各类技术交流活动，协作网已成为品牌。会员服务为企业开展管理创新和机制创新做好咨询，推广研究成果。中电联和国际民间组织的联系不断扩大，在国际电力同行中的影响也越来越大。举办了预测会、国际论坛和大型电力展览会。

中电联组织机构

1. 机构及人员变动情况

中电联机关本部设置3个综合管理部门、10个业务部门，详见组织机构图。

中电联直属公司3个：华凯投资集团有限责任公司、北京中联动力技术有限责任公司、北京中电联认证中心有限责任公司。

经国家事业单位登记管理局批准：中国电力企业联合会电力技术经济咨询中心、中国电力企业联合会电力建设定额站、北京电力培训中心、中国电力企业联合会科技服务开发中心、国家电力监管委员会电力可靠性管理中心5个单位取得事业单位登记。

受国资委和教育部委托，中电联代管中国电力规划设计协会、中国电力企业多种经营协会、中国电力建设企业协会、中国电力发展促进会、全国电力技术市场协会和中国电力教育协会6个学协会。

2005年底中电联本部职工总数为176人。人员增减情况：调入2人，调离8人，退休3人。

2. 干部配置

（1）中电联第四届理事会领导成员：

名誉理事长：柴松岳

理事长：赵希正

党组书记、常务副理事长：谢振华

专职副理事长：孙玉才

兼职副理事长：王炳华　刘振亚　李小鹏　李永安　李彦梦　吴国潮　宋密（女）　陈必亭　周大兵　贺恭　袁懋振　钱智民　翟若愚　潘力

秘书长：王永干

（2）中电联第四届理事会副秘书长：范继祥

（3）中电联第四届理事会顾问：顾家麒　陆延昌　王文泽　谢松林　祝新民　刘宏　叶荣泗（刘宏、叶荣泗为中电联专职顾问）

（4）中电联第四届理事会资深专家：周小谦　冉莹　姜绍俊　霍继安　黄金凯　王信茂　陈汉章　周仲仁　付元初　黄其励

（5）本年度部门主任级干部：

理事会工作部（办公室）主任：陈勇慧

理事会工作部（办公室）副主任：王利

理事会工作部（办公室）副主任：崔照胜

会员与企业工作部主任：孙永安

会员与企业工作部副主任：江宇峰

人事部主任：赵天荣

人事部副主任：李晓霞

行业发展与环境资源部主任：王志轩

行业发展与环境资源部副主任：米建华

统计信息部主任：薛静

国际合作部副主任（主持工作）：李斌

国际合作部副主任：齐志强

标准化中心主任：许松林

可靠性管理中心主任：胡小正

（国家电力监管委员会电力可靠性管理中心）

可靠性管理中心副主任：赵凯

（国家电力监管委员会电力可靠性管理中心）

技能鉴定与教育培训中心主任：王文喜

（电力行业职业技能鉴定指导中心）

技能鉴定与教育培训中心副主任：徐玉华

（电力行业职业技能鉴定指导中心）

资产管理中心主任：蒋晓华

资产管理中心副主任：王琪

电力建设技术经济咨询中心主任：沈维春

（中国电力企业联合会电力建设技术经济咨询中心、中国电力企业联合会电力建设定额站）

科技服务中心主任：李玉生

（中国电力企业联合会科技开发服务中心）

《中国电力企业管理》杂志社社长　沙亦强

（6）机关党委领导：

党委书记：孙玉才

党委副书记：赵天荣

专职副书记：朱二苗

（7）现任中电联直属公司总经理名单：

华凯投资集团有限责任公司总经理：蒋晓华（兼）

北京中联动力技术有限责任公司总经理：刘学良

北京中电联认证中心有限责任公司总经理：罗勇

3. 中电联组织机构图（见下页）

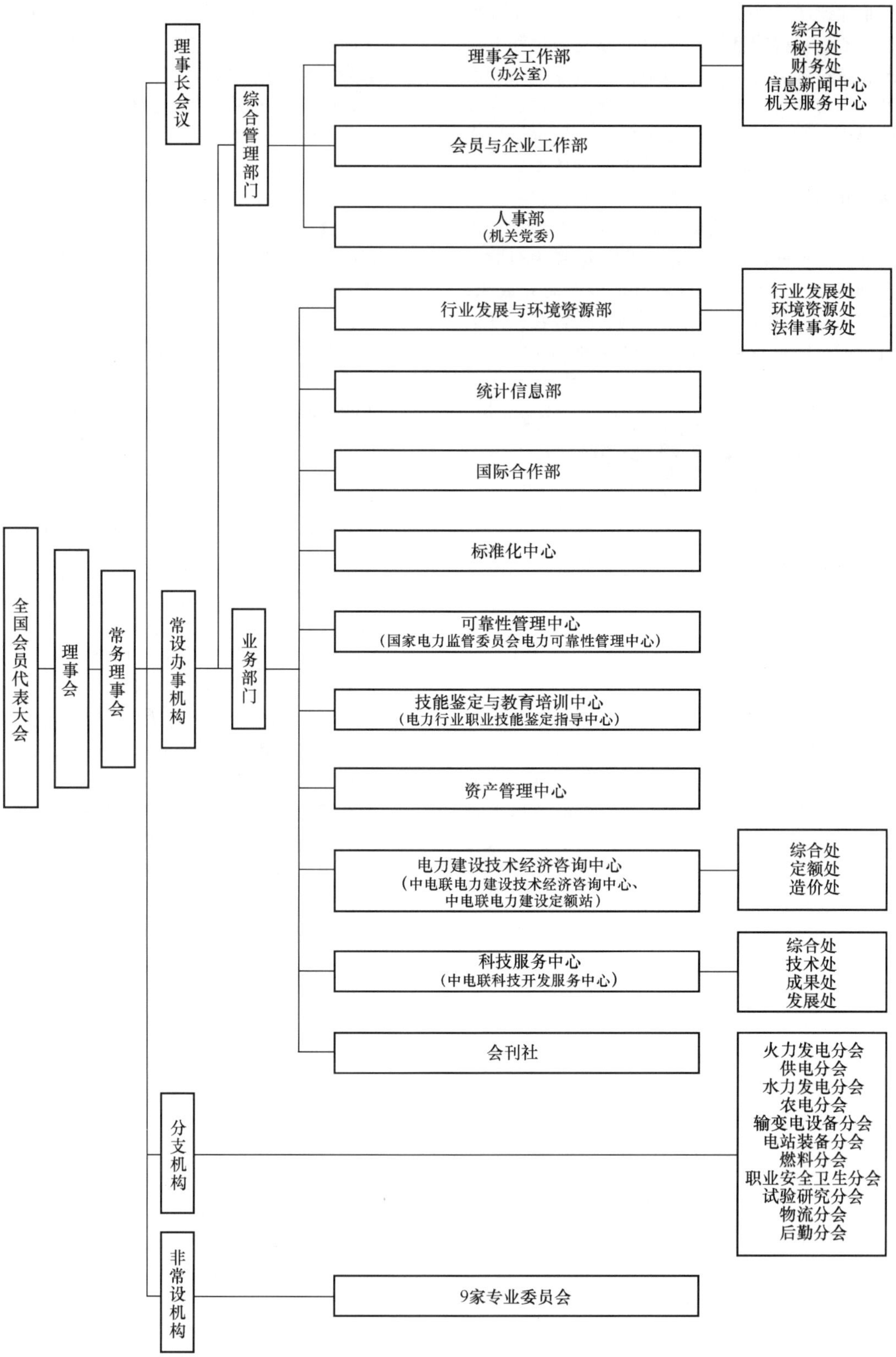

中国电力企业联合会组织机构图

电力企业管理与咨询服务

1. 企业管理与咨询工作

(1) 召开2005年经济形势与企业改革分析预测会。各网公司、发电公司、区域和省电网公司地方电力企业和各省市电力行业协会及中电联本部、各分会负责人等近300人参加会议。中电联赵希正理事长、常务副理事长谢振华、孙玉才副理事长、王永干秘书长分别出席和主持了会议。会议邀请了国务院国有资产监督管理委员会邵宁副主任、国务院研究室工交贸易局陈全生局长、国家统计局邱晓华副局长、国家电力监管委员会邵秉仁副主席、国家发展和改革委员会能源局吴贵辉等领导和专家就2005年经济形势、国企改革、能源供需形势、中国市场经济的建设与发展、电网发展、电力改革、主辅分离及安全生产等内容做专题报告，并出版了会议专集《中国电力企业联合会2005年经济形势与企业改革分析预测会报告材料》。

(2) 根据国务院国有资产监督管理委员会《关于2005年度中国科学院中国工程院院士遴选工作的通知》，中国电力企业联合会组织了电力行业院士遴选工作。召开了由电力行业两院院士和资深专家组成的院士候选人初评会议，对由各集团公司提名推荐的14位候选人进行了初评，从中选出3位候选人推荐到国资委。

(3) 为发挥电力行业专家学者的作用，中电联聘请了有经验的10名资深专家，制订了《中电联聘请资深专家管理暂行办法》。

(4) 应柳林电力有限责任公司（简称柳电）的邀请，中电联会员部组成咨询专家组于2005年4月8～12日对柳电的生产管理（包括安全管理、运行管理、检修管理、设备管理和技术监控等）进行了诊断咨询，并撰写了《柳林电力有限责任公司生产管理咨询报告》，得到了企业的肯定。

(5) 在2004年电力行业开展评选优秀企业、优秀企业家的基础上，继续开展评选2005年度优秀企业、优秀企业家活动，在全国电力行业共评选出优秀企业27家、优秀企业家24个。

(6) 组织电力行业企业管理现代化创新成果的申报、评审工作。共评出电力行业企业管理现代化创新成果一等奖19个、二等奖38个、三等奖78个。

2. 职业安全卫生

(1) 2006年10月25日，由中电联和国务院防治艾滋病工作委员会办公室合作，中华预防医学会和山东电力集团公司共同承担的山东电力集团公司艾滋病防治项目启动仪式及一级培训班在山东济南举办。这个项目是中国预防和控制艾滋病中长期规划和中国遏制与防治艾滋病行动计划的一个重要组成部分。

(2) 组织电力行业医疗卫生管理机构制订《电力行业健康促进工作实施纲要》、编写《电力行业企业家健康指导手册》，2005年共召开两次讨论会。

(3) 2005年12月，举办卫生管理高级培训班，聘请著名科学家曾光、李德鸿、卫生体制改革理论专家石光、著名律师陈建华授课，取得了显著的效果。

电力行业发展与环境资源管理及服务

1. 在解决企业遇到的重大难点问题上取得重要成效

2005年，电力企业遇到的重大难点问题主要有：电煤持续涨价，煤质下降，经济效益下滑问题；电站项目无序建设及环保风暴影响问题；水资源收费、排污收费额度增大，收费范围扩大和乱收费增加，以及电源电网协调建设等问题。针对上述问题，加大了调研工作的深度和力度。一年来，提出的主要调研报告有《2005年上半年全国电力生产运行情况及全年预测》、《关于报送2005年1～5月电力企业经济效益分析报告的函》、《2004年供需情况分析与2005年供电形势分析》、《关于报送电站项目清理有关问题调研报告的函》、《关于对云南省全国征收电力企业水资源费情况的报告及建议》（调研部）、《关于报送广东省关停拆除小火电项目核查情况报告的函》、《关于报送发电企业电煤供应情况及建议的函》、《关于电力行业水资源费征收有关情况的报告》、《关于水资源费情况报告》。

2. 参与相关法规的制定与修订并积极为政府服务

(1) 法规类：对《可再生能源法（草案）》最后一稿提出十三条意见，其中被采纳的建议十条；参与了发改委、电监会组织的《电力法》，电监会组织的《电网调度管理条例》、《电力供应与使用条例》、《电力设施保护条例》等的修订工作；参与了《能源法》的制订研讨。环资部对《民用核设施安全监督管理条例（征求意见稿）》、《大气污染防治法修正案（征求意见稿）》提出了意见和建议。

(2) 政策类：受国家发改委委托，完成了《电力工业发展产业政策（征求意见稿）》以及征求意见的工作（第一阶段的工作），受委托开展了第二阶段的研究工作。代国家发改委起草的《加快火电厂烟气脱硫产业化发展的若干意见》已经颁布。

(3) 规划类：完成了国家发改委委托的《现有电厂二氧化硫治理“十一五”规划研究（征求意见稿）》、《社会节电规划研究（征求意见稿）》；参与编制的《中国节水技术政策大纲》已由国家5部委联合发布；提出了《中国节能技术政策大纲》电力部分正式稿及其他部分修改意见；对《可再生能源中长期发展规划》提出意见。

(4) 重要事项类：受国家发改委委托并代表国家发改委对广东省第一批500万kW“上大压小、以煤代油”小火电项目实地核查，制订了关停协议书，并与相关6方签订了协议。

(5) 提供资料类：向国家发改委提交《我国火电煤耗情况》、《火电厂节水情况》，以及大量的有关电力节能、节水、节油、环境保护等信息资料。在对政府有效服务的过程中，反映企业的意见。

3. 在行业性、自律性、基础性的工作方面有新进展

以《中电联工作简报》(2005年第1期) 向会员单位通报了中电联环保与资源节约2004年回顾及2005年工作要点，得到了政府、企业、媒体的高度重视。

完成了2004年度《全国火电厂主要污染物排放及治理状况分析报告》、印发了火电厂烟气脱硫后评估第一批专家名单，开展了火电厂烟气脱硫产业登记工作。

参加五大发电集团公司环保联系会，协调、指导企业电力环保与资源节约工作，参加了部分火电建设项目环境影响报告书的技术评估，向中央电视台提供《电力节能成就及问题》材料；在全国节能周期间，通过《中国电力报》、中央人民广播电台及有关电力专业杂志，宣传了电力节能成就和当前工作重点。受国家综合部门、环保部门、重要科研机构邀请作为法规政策、电力项目规划、国债项目、国际合作项目、重大科技项目等方面的咨询或评审专家。

经过3年有计划、有步骤的工作，国家发改委办公厅正式行文委托中电联制订烟气脱硫工程后评估办法，开展火电厂烟气脱硫工程的后评估，对脱硫产业化的相关单位进行登记评价，制订烟气脱硫标准化体系，组织用户侧的技术协作网等工作。已有两个项目开始进行试点的前期工作。

最高人民法院批准了中电联司法鉴定人的资质。

中电联申请的《中国电力工业清洁生产管理能力建设》的合同已经签署并开始实施。关于氨法脱硫的考察报告被国家发改委以专报信息的形式向国务院有关部门、行业协会、各省市计委、中宣部、全国重要新闻媒体发送。

电力统计信息管理与服务

1. 全面开展电力供需与经济形势分析预测工作

(1) 建立工作机制，发挥专家资源作用。长期以来，电力供需分析预测工作一直依托有关研究机构进行，为加强、提高统计信息部对全国电力供需形势分析与预测的能力，2005年第二季度开始由统计信息部独力承担完成全国电力供需分析与预测报告。建立与省电力行协之间的业务协作互动机制、电力企业联络制度、电力著名专家和政府有关部门的咨询制度、相关行业联系与信息交流制度，并制定、印发行业分析报告规范化内容深度要求，开发电力供需分析预测预警计算机技术系统等，逐步确立了全国电力供需形势分析预测的长效工作机制和体系。

(2) 充实完善各类分析报告。在各类分析报告中，增加了行业企业生产效益、中央企业生产和经济指标情况。将分析预测的视野扩展到上游行业和下游的产业，重点关注高耗能行业用电，及时反映电力市场环境下生产与经济运行中的一些焦点问题，并提出相应的建议。在迎峰度夏期间，配合国家发改委，密切跟踪各地区电力供需形势和用电负荷管理措施，并将一些实际情况体现到分析预测报告中。2005年相继完成了：

——向各级政府、企业发送《2004～2005年全国电力供需形势分析报告》；

——向国务院提交《2005年全国电力供需形势分析与若干问题的建议》，黄菊副总理做了批示；

——向各级政府、企业发送2005年的第一季度、半年、第三季度全国电力供需形势分析预测报告；

——根据国家发改委、国资委、财政部国家能源办有关司局要求，每季度完成并报送《全国电力工业经济运行形势分析报告》；

——向国家发改委报送《全国电力迎峰度夏工作总结报告》。

(3) 积极开展电力供需情况课题研究与专项调研活动。开展《电力企业经济效益调研分析报告》的数据汇总与分析工作；会同国家电网公司和南方电网公司，通过对各省普查和部分省市典型调查，提出了城乡居民用电大幅度增长的原因以及今后的趋势和有关政策建议，向有关政府部门提交了研究报告，并向各电力企业通报研究成果；参加了国家发改委、国务院政策研究室、国家发改委研究中心等政府部门组织召开的行业相关政策与供需形势分析预测等研究课题框架的讨论，提出了建设性意见；参加了国家能源办牵头组织的“国家能源系统供需分析预测预警系统研

究”课题，并承担了其中“中国电力工业统计信息采集及电力供需形势分析预测”子课题的研究任务。

2. 电力行业日常、专项统计工作

（1）按时完成各类统计数据的整理和报送。按时完成了2005年各月电力工业统计信息快报、月报的报送工作，2005年电力工业统计年度快报的报送工作，2004年建筑业统计的年报资料汇编，2004年电力工业统计资料提要的编制工作，《2004年全国电力工业统计资料汇编》的审核。

（2）加强基础数据整理，及时提供准确数据。及时挖掘储备有关统计数据信息，以满足各有关政府部门提出的各类随机、应急的专项统计要求；配合国家统计局完成了第一次全国经济普查的有关工作；制定了快捷有效的全国装机突破5亿kW时点机组统计工作方案，及时提供了5亿kW时点备选机组。预报了截至2005年底的行业生产、投资相关信息，为12月29日在人民大会堂举行的全国装机容量突破5亿kW的庆典活动提供了准确、可靠的各类相关基础数据。

（3）完善报表制度和行业标准。根据发电企业提出的企业生产对标要求，本着基本保持连续性、做到统筹兼顾的原则，组织进行了电力行业发电专业2005年年度报表制度的改革。组织开展发电、供用电、建筑业统计指标解释的修订工作。

（4）完成统计报告工作。完成了《全国电力行业统计年度报告（2005年）》英文版的组织、策划、数据准备和编辑工作。并在此基础上，2005年首次出版了中文版，扩大了统计部信息服务和影响力。

（5）电力行业统计工作受到专业管理部门的表彰。中电联开展的建筑业统计和固定资产投资统计获得了国家统计局2005年度两项特等奖的表彰，国家统计局办公厅专门给中电联发来了表扬信。组织了2005年电力行业统计工作先进个人的表彰活动，组织进行了建筑业统计优秀论文的评奖活动。

3. 开展信息、数据交流，建立信息定期披露制度

每季度定期举行新闻媒体通气会，通报电力供需情况，中央电视台和全国各大媒体及时播出或刊登新闻信息，向社会各界全面反映电力供需状况。在中电联网站、中国电力报、《中国电力企业管理》上及时公布电力工业统计月报和季度分析报告。与有关行业协会建立了数据、信息交流机制，相互交换数据，沟通信息。

4. 组织实施含多氯联苯电力设备清单调查工作

根据国家环保总局和国家电监会联合发文《关于开展含多氯联苯设备清单调查的通知》（环发［2005］106号），授权中电联组织实施全国电力系统含多氯联苯电力设备的清单调查工作，系统部署了含多氯联苯电力设备清单调查工作。

电力外事管理与服务

1. 国际合作与交流

（1）重要来访（按时间顺序）：

中电联常务副理事长谢振华会见澳大利亚越网公司副总裁John Byrne和Andy Pittility代表团一行。

世界银行业务评估局能源专家Sunil Mathrani代表团一行，拜会中电联顾问叶荣泗，就世界银行对中国电力投资业务评估的相关问题进行了会谈。

中电联常务副理事长谢振华、标准化中心主任、国际部副主任会见了美国电器制造商协会（NEMA）副主席提莫西·费尔德曼一行。

法国电力公司亚太区总裁马识路（H. MACHENAUD）及法国电力集团公司战略部总经理马蒂尼（MADIGNER）一行，专程拜会中电联理事长赵希正。

在北京嘉里中心饭店，中电联赵希正理事长会见并宴请了参加中国电力论坛的各国VIP代表。

中电联常务副理事长谢振华会见了乌克兰驻华大使馆大使谢尔盖·卡梅舍夫及参赞维礼群等一行。

中电联秘书长王永干会见了大韩电气协会专务理事朴天津及该协会技术基准室室长金汉洙等四人代表团。

中电联秘书长王永干会见了日本电力系统联合会代表团福岛晋一行。

2005年，中电联共接待国（境）外来访代表团20多个，接待人数达70人次。

（2）重要出访（按时间顺序）：

中电联常务副理事长谢振华等赴欧洲行业协会进行考察，代表团对欧洲电力行业协会特别是欧电联和德电联以及英国发电商协会进行了重点考察。

中电联理事长赵希正率团出访肯尼亚并考察当地的水电项目。

以中电联理事长赵希正为团长的27人代表团赴印度新德里出席了2005年东亚及西太平洋电力工业协会（简称亚太电协）CEO会议。

以中电联副理事长孙玉才为团长的水电建设标准及工程造价考察团赴加拿大、巴西进行考察。

中电联理事长赵希正赴德国、瑞士参加中国工业经济联合会与德国工业联合会共同主办的中德行业论坛以及与日内瓦州政府联合主办的中国欧洲商务会议。

2. 国际展览会

在北京举办了第10届国际供用电专业设备及电

网技术展览会。在上海举办了第5届上海国际电力展览会，共有20个国家和地区的200多家企业参展，举办技术讲座、技术论坛、技术交流会12场。

3. 国际会议

(1) 1月，在海南组织召开了第18届亚太电协技术委员会会议，来自泰国、马来西亚、香港、日本等11个国家和地区的15家企业的46名代表参加了会议。

(2) 在西安组织召开电力企业财务资产重组国际研修班，聘请丹麦电力咨询公司总经理和葡萄牙电力集团公司规划、合并与税务经理讲授企业资产重组、企业规划和财务管理等内容。

(3) 在北京举办了电力企业管理体系国际研讨会。

邀请英国标准化协会（BSI）著名管理专家戴维·史密斯（David Smith）先生来京，就整合型管理体系（IMS）的理念以及建立、保持和改进等相关内容进行授课和研讨。

(4) 应台湾电力公司的邀请，以王永干秘书长为团长的中电联代表团赴台湾参加两岸能源经济学术研讨会，就两岸能源发展现状及合作前景进行了探讨。

(5) 在北京举办了2005中国电力论坛，国务院副总理黄菊向大会发来了贺信。论坛以“经济全球化背景下中国电力的新型工业化道路”为主题，国家发改委副主任张国宝、国家电监会副主席王禹民、国家环保总局副局长张力军、国务院研究室副主任江小涓、美国联邦能源管制委员会行政处办公室主任WILLIAM J. FROEHLICH发表了主题演讲。论坛期间还举办了国内外电力高新技术及产品展示会。

(6) 在北京举办了2005年第五届输配电技术国际会议，会议邀请了国家电网、南方电网、三峡总公司的领导在大会上进行了主旨发言。

电力标准管理与服务

1. 加大电力生产、建设中急需标准的制修订工作力度

针对当前电力工业快速发展所面临的环保及节约资源的问题，在电力标准制修订工作中，注意将加强洁净煤发电技术、核电技术、新能源发电技术以及电网安全技术等方面标准的制修订工作作为重点，以满足电力工业技术发展的需要。同时，加强对各专业标委会所承担的计划项目完成情况的跟踪与检查。2005年，经中电联审查、由有关主管部门发布的电力标准共154项，其中电力行业标准133项，电力国家标准21项；经协调共有190项电力标准项目被列为有关主管部门的年度计划项目，其中由国家发改委主管的电力行业标准182项，由国家建设部主管的电力建设国家标准4项，由国家标准委员会主管的国家标准4项。此外，组织了《工程建设标准强制性条文（电力工程部分）》、《工程建设标准体系　电力工程部分》、《电力安全生产健康环境管理体系指南》及《电力工程基本术语》的制修订工作。

2. 编制《可再生能源法》的相关标准

根据统一部署，组织编制了国家急需的《风力发电并网技术规定》、《光伏发电并网技术规定》和《地热发电并网技术规定》等技术标准，已经报批。

3. 修订《工程建设标准强制性条文（电力部分）》

按照建设部安排，对《工程建设标准强制性条文（电力工程部分）》进行了修订，完成报批材料的多项工作。

4. 对电力行业标准进行复审

按照国家发改委的要求，组织安排了对1999～2000年电力行业标准的复审工作（共147项，其中1999年95项，2000年52项）。

5. 编制了有关规划和计划

(1)“十一五”电力行业标准化发展规划。根据国家发改委关于编制“十一五”行业标准化发展规划的工作安排，结合电力工业“十一五”规划及2020年远景目标，确定了《“十一五”电力行业标准化发展规划》的编制工作方案，并以文件的形式上报了国家发改委工业司。在各行业标委会的配合下，完成了《“十一五”电力行业标准化发展规划》的编制工作，并报送国家发改委工业司。根据国家标准化管理委员会关于编制标准化“十一五”规划的工作安排及内容要求，组织完成了《“十一五”电力行业标准化工作规划》的编写任务。

(2) 电力行业资源节约与综合利用标准发展计划。根据国家标准化管理委员会关于编制《2005～2007年资源节约与综合利用标准发展计划》的通知安排，组织完成了《电力行业资源节约与综合利用标准发展计划》的编制工作。该计划重点突出了电力行业在节能、节水、节材、可再生能源、环境管理、清洁生产等领域的技术标准的规划，并就加强资源节约工作提出了相应的措施和建议。

(3) 电力行业“十一五”高技术产业专项规划草案。根据国家发改委关于开展“十一五”高技术产业相关领域专项规划工作的要求，组织完成了《电力行业“十一五”高技术产业相关领域专项规划草案》（简称《专项规划草案》）的编写任务，报送国家发展和改革委高技术产业司。《专项规划草案》对我国电力工业高技术现状进行了分析，找出了与国外先进技

术的差距，提出了我国电力工业高技术的发展方针，明确了高技术发展的主要任务和目标。同时该专项规划对今后一段时期行业标准化工作也具有一定的指导意义。

6. 开展了相关技术领域标准体系的研究工作

(1) 特高压输电技术的研究。开展了特高压交直流输电标准体系研究工作，组织专家初拟了1000kV交流输电标准体系和±800kV直流输电标准体系，召开国网、南网和其他相关单位参加的特高压交直流输电标准体系研讨会，就体系框架、标准编写安排及归口等方面的问题进行了研讨。

(2) 高压直流输电标准体系的研究。组织有关标委会和专家，从直流输电系统及设备的运行、技术条件、安装、验收等方面，结合现有直流标准，提出了一系列需要制定的标准项目，形成了一个相对完整的标准体系。同时，对电力行业高压直流输电标准化技术委员会进行了换届调整，并与国家标准化管理委员会就组建全国高压直流输电标准化技术委员会的有关事宜进行了探讨和协商。

(3) 开展核电标准体系的研究。就建立核电标准体系和下一步工作与有关部门和单位进行了沟通并交换了意见。在核电标准体系中，常规岛部分应由电力行业在充分考虑核电站与火电站的区别后，借鉴电力标准化体系，构筑核能发电的标准体系。

(4) 电能质量技术标准的研究与完善。根据《电力监管条例》有关规定，对现有的电能质量方面的国家和行业标准进行了整理和研究，提出了需增加和完善的电能质量标准项目，并组织相应的标准化技术委员会系统地研究和制定相关标准。

7. 开展标准培训工作

为提高标准的编写质量，对承担2005年行业标准计划项目的编写人员进行了培训。应有关电力企业(行业协会)的邀请，开展了标准化岗位培训的工作，全年共有164位电力企业的标准化工作人员通过培训和考核取得了电力行业标准化岗位证书。

8. 完成了有关标委会换届和调整工作

电力行业专业标准化技术委员会已达35个，涉及到电力行业的规划设计、施工、运行、环境、试验等各个专业，专家人数约1140人。2005年，完成了电力行业电力规划设计标委会、化学标委会、核电标委会、水电自动化标委会、水电站金属结构标委会、高压直流输电标委会、绝缘子标委会，以及全国静态继电保护分委会、全国电力系统控制及其通信标委会、全国架空线路标委会的换届或调整工作；完成了成立电力行业电能供应系统标委会的筹备工作，有关材料已报国家发改委。

9. 开展电力企业标准化良好行为确认的准备工作

配合电监会进行了电力企业标准化良好行为确认的准备工作。已形成的初步方案为：成立相应的领导小组，由中国电力企业联合会具体负责确认工作的实施管理，接受电力企业的确认申请和备案，开展咨询和培训工作，建立专家档案库，组织专家对企业申报的资料进行审查和确认，提出评价意见，由领导小组终审。

10. 开展《工程建设标准强制性条文(电力工程部分)》执行情况监督检查的准备工作

《工程建设标准强制性条文(电力工程部分)》是参与电力工程建设活动各方执行工程建设强制性标准的依据，同时也是政府对执行工程建设强制性标准情况实施监督检查的依据，在工程建设中必须严格执行。电监会拟会同建设部对《强制性条文》执行情况进行检查，2005年完成了《电力工程建设标准强制性条文监督检查管理办法》的起草，以及检查方式、检查对象、检查内容及结果处理等方案的准备工作。

电力可靠性管理与服务

1. 电力可靠性指标发布会

电力可靠性指标发布会暨纪念电力可靠性管理中心成立20周年庆祝大会在北京召开。有关政府部门、企业，许多关心支持电力可靠性事业的老领导、老朋友发来了贺信贺电或题词。出席会议并讲话的主要领导有国家电力监管委员会副主席王禹民、中国电力企业联合会理事长赵希正、国家电网公司总经理刘振亚、中国南方电网公司总经理王野平、中国电力投资集团公司总经理王炳华、中国机械工业联合会特别顾问陆燕荪。会议由中国电力企业联合会常务副理事长谢振华主持。参加这次会议的代表约300余人。

2. 推广电力可靠性管理信息系统软件(网络版)

网络版程序在全国使用后，可靠性中心将成为可靠性信息交换枢纽，数据上报的及时性得到提高，电力企业对可靠性信息的共享和应用程度也将达到一个新的高度。

3. 可靠性简报、年报等刊物编辑出版工作

截至2005年底，可靠性中心共编辑出版了各类可靠性年报、简报、汇编及手册共10份。分别是《2004年全国火电100MW、水电40MW及以上容量机组运行可靠性分析报告》、《2004年全国火电200MW及以上容量机组辅助设备运行可靠性分析报告》、《2004年全国220kV及以上电压等级输变电设施运行可靠性分析报告》、《2004年全国城市用户供电可靠性分析报告》、《直流输电系统2004年全年运行可靠性分析报告》、《2004年全国部分县级供电企

业供电可靠性分析报告》、《2005年电力可靠性指标发布会趋势报告》、《2005年中国电力企业联合会可靠性指标发布会资料汇编》、《中国电力可靠性管理年报(中英文)》(2004年)、《全国发电机组手册》。

4. 第四次全国可靠性管理检查活动

组织开展第四次全国电力可靠性管理工作检查,本次自查活动有效地推动了电力企业可靠性管理工作的深入开展。

5. 可靠性管理业务培训

针对近几年由于电力体制改革、基层可靠性专责岗位流动大的问题,举办了两期可靠性持证上岗培训班。共有来自电厂和供电局的400名专责参加了培训。协助部分企业举办了可靠性培训班,如华能水电、中电投及国华等发电公司以及国网、南网的部分省电力公司,对可靠性工程技术人员进行专业技术培训,提高了可靠性工程技术人员的业务水平和专业素质。

6. 扩展可靠性服务范围,提高服务能力和水平

继续做好燃机和风力发电可靠性管理的试点工作。与有关企业加强联系,做好培训和技术支持,力争在部分风电和燃机发电企业开展可靠性管理工作。完成《直流输电系统可靠性统计评价规程》上报工作。

7. 对电力企业可靠性管理的调研工作

2005年,对南方电网公司、东北、华中网公司,山东省、湖北省、宁夏区、甘肃省电力公司和北方发电公司以及有关电厂进行了可靠性工作调研,初步了解了企业可靠性管理情况。

关注国内外电力系统安全可靠运行的重大事件和热点问题。跟踪莫斯科5.24大停电、瑞士6.22大停电以及国内陕西6.21大面积停电和特高压输电技术等重大事件和热点问题,组织专家介绍莫斯科5.24大停电的事故原因、造成的影响及我国电网的现状、应吸取的教训和应采取的措施。

组织开展可靠性技术的研究,与湖北省电力公司及重庆大学联合进行的"电网可靠性评价方法研究"项目已取的阶段性成果,完成了《电网可靠性评价规程》初稿,并通过了由国网公司、南网公司和高校专家组成的专家评审组的评审。

电力行业职业技能鉴定及教育培训

1. 技能鉴定工作

组织召开了电力行业职业技能鉴定现场观摩暨经验交流会议。总结了电力行业职业技能鉴定2004年的工作情况,部署了2005年的工作。会议期间,有6个单位交流了技能鉴定和高级技能人才培育工作经验,观摩考察了江西电力高等技工学校的鉴定设施场地和鉴定现场,并分组进行了讨论。

完成了2004年度高级技师评审工作,全国共有1797人申报高级技师的评审,其中有1318人获得高级技师资格。印发了《关于公布2004年电力行业特有工种高级技师资格名单的通知》。完成了高级技师试卷库的审定工作,为2006年高级技师的考核鉴定提供了统一的平台。

完成了有关省电力公司委托的县级农电工竞聘上岗,包括管理、生产、农电三大类17个专业的命题任务,并封存移交给委托单位。

完成新增职业试题库的审定工作。协助华北电网有限公司、陕西省电力公司、西藏电力公司和贵州电力公司举办了管理人员和考评员培训班,共培训400余人。

举办了电力行业职业技能鉴定督导员培训班,聘请了劳动和社会保障部职鉴中心的领导讲课,全国共有职鉴管理人员和专家160人参加了培训。举办了全国电力行业职业技能鉴定管理人员和考评员培训班。采用抽查的方法,开展了对电力职业技能鉴定站的督导检查,推动鉴定站的规范管理。完成了焊工大赛试题库的修订工作。

完成2004年职业技能鉴定统计工作,已上报劳动和社会保障部。2004年共有100411人参加了职业资格鉴定,其中有76147人获得电力特有工种职业资格证书,鉴定合格率为75.8%。

启动了编制国家职业标准的工作。经劳动和社会保障部批准,组织编制集控值班员等18个电力职业国家职业标准。

加强职业技能鉴定组织体系建设,同意西藏电力公司、中国电力投资集团公司成立职业技能鉴定中心,完成了鉴定站换发许可证及报批成立8个鉴定站工作,并及时调整了部分鉴定站鉴定工种范围。全国已成立了41个鉴定中心和197个鉴定站,其鉴定中心和职业技能鉴定站涵盖了各个省市和大的单位,覆盖了各个专业和职业工种。完成了2005年度统计分析工作,2005年共有142893人参加鉴定,102169人取得职业资格资格证书,合格率为71.5%。

2. 教育培训方面

(1) 职业经理人资质培训与认证工作。组织开发电力行业职业经理人、企业培训师、检修监理工程师的培训与认证重点项目,制定了培训标准及认证方案,遴选了培训基地。电力行业检修监理工程师的培训与资质认证是大唐集团公司委托的培训项目,属全国电力行业自律性开发项目,为行业自律性培训与认

证工作的开展起到了示范性作用，在电力行业开展了初、中级检修监理工程师资质培训与认证工作，共43人取得了资格证书。对电力行业420名监理工程师和313名总监理工程师进行了培训，培养了一批企业急需的电力工程建设高、中级监理人才。

（2）继续教育工作。组织编制2005年电力行业继续教育培训项目计划和2005年中电联直接举办短训班项目计划，这些项目成为企业中、高层专业技术人员的继续教育知识更新的一个重要渠道。

（3）职工教育培训统计工作。组织开展2004年度电力行业职工教育统计培训审核、汇总工作。配合国家教育部进行全国职工教育培训统计的前期准备工作，草拟《全国职工教育培训统计管理办法》和《2005年工作计划》。

（4）受国家电力监管委员会和国务院法制办的委托，面向全国电力企业举办了一期《电力监管条例》高级培训研讨班，并专为南方电网举办了《电力监管条例》内训班。

（5）组织开展了电力行业自学考试协调、管理工作，为电力企业有志自学成才的专业人员，特别是为教育资源短缺的边远地区的电、动和市场营销人员提供了重要的学习渠道。

（6）电力高技能人才培训项目。向劳动和社会保障部提交了电力高技能人才培训项目工作总结，对江苏省电力生产技能培训中心和中电投生产技能培训中心进行了试点评估，组织制定电力行业高技能人才培训基地评估遴选办法和相关文件。印发变电值班员等8个工种技师、高级技师培训规范，完成输煤值班员等31个工种技师、高级技师培训规范的审定工作。

（7）中澳合作办学项目。组织召开电力行业职业教育中澳合作办学研讨会，确定了中职层次合作办学的模式，5所中职学校与澳方草签了合作办学协议。交流并研讨高职合作办学中存在的具体问题，并就合作办学的专业教学方案进行了修改。组织中澳合作办学项目教师培训团赴启思蒙学院实地观摩与培训。

组织召开了中澳合作办学项目管委会，交流了2005年项目学校招生情况，研究确定合作办学补充协议、中方管委会成员分工、毕业生就业宣传方案。调整了中澳合作办学项目小组工作任务。分别对电气专业、会计专业、中专专业教学方案进行了修改和制订，与澳方进行了沟通协调，并对今后工作进行研究和安排。

（8）电力行业仿真培训认证工作。组织电力行业仿真培训高级指导教师的培训考试认证工作，共有61名教师取得了培训合格证书；指导教师的培训考试认证工作，共有205名教师取得了培训合格证书。

进行电力仿真机（变电、水电）技术标准研究的立项工作，完成火电、变电、水电仿真机技术标准的送审稿工作；在对河北省电力生产技能培训中心仿真培训基地试点评估的基础上，完成了电力行业仿真培训基地评估遴选办法和相关文件的制定并印发执行；进行仿真基地的评估工作。

（9）教育协会、基金会工作。完成了中国电力教育协会的换届工作，完成了组织机构、理事单位及成员的调整和增补等工作。调整后，中电联专职顾问刘宏为名誉理事长，中电联副理事长孙玉才为协会理事长，中电联教培中心，两大电网、五大发电集团公司人资部和华北电力大学负责人为常务副理事长、副理事长。

完成了2005年度电力教育培训新星奖的评审工作，于全宁等10人获2005年度电力教育培训新星特等奖，侯逊等35人获2005年度电力教育培训新星一等奖。

（10）根据教育部的要求，组织成立了“电力行业学历证书与职业资格证书相互转换的理论与实践研究”课题组，并进行了课题阶段研究。分别与清华大学和上海交通大学协商确定，面向电力行业在职职工举办电气工程（电力市场方向）、动力工程领域研究生班，并组织进行了2005年电力行业在职工程技术人员攻读工程硕士的报名工作。

电力建设技术经济管理与服务

1. 完善电力行业工程造价计价依据体系

完成了《送电线路工程量清单计价规范使用说明》的编制，为电力系统及时推广使用《电力建设工程量清单基价规范》奠定了基础。编制完成了《电力建设工程预算定额　100MW机组安装工程》、《电力建设工程预算定额　脱硫安装工程》、《电力建设工程预算定额　空冷机组工程》、《电力建设工程预算定额　换流站工程》，为合理确定工程造价提供了可靠依据。

2. 完成本年度的价格信息发布

组织各省（自治区、直辖市）电力建设定额站，确定了本地区的2005年材料预算价格和综合预算价格。公布了2004年电力工程的设备价格信息，为电力工程概预算的编制提供准确的依据。

3. 完善电力行业工程造价专业资格认证体系

颁布了《电力行业工程造价专业资格认证工作细则》，完善了电力行业工程造价专业资格认证体系。

4. 完成电力行业注册造价工程师考试的继续教育和年检工作

受建设部的委托，完成了全国电力行业1108名注册造价工程师考试的继续教育和年检工作，提高了造价工程师的理论和业务素质，维护了电力行业造价工程师队伍的稳定，为科学、合理确定工程造价奠定了基础。

5. 进一步加强为政府和企业服务工作

受国家发改委的委托，完成了《电力建设工程土建实验室资质认证许可办法》、《电力建设工程金属实验室资质认证许可办法》；组织了电力工程建设过程中有关质量纠纷和经济纠纷等问题的调研，编制完成了《电力工程项目建设中质量、经济纠纷仲裁报告》；承担了《电力建设项目（企业）所得税优惠目录》的调研工作。

受国家电力监管委员会的委托，参加了全国电力工程造价与定额工作情况的调研，起草了《电力工程造价与定额工作调研报告》。

受国家电网公司的委托，技经中心承担了《“十五”期间国家电网工程造价分析》调研及分析报告的编写工作。

受中国国电集团公司的委托，组织了国电集团电力工程造价专业培训班。受华能国际电力股份公司的委托，组织了3期电力工程造价专业培训班。

电力科技经济管理与服务

1. 开展发电机组技术协作交流工作

在江苏省镇江市召开全国火电100MW级机组技术协作会第四届年会，会议选出全国火电100MW级机组竞赛2004年度优胜机组37台和“朗坤杯”优秀论文16篇，并颁发了奖牌和荣誉证书。

在山东省青岛市召开全国火电200MW级机组技术协作会第二十三届年会，会议评出全国火电200MW级机组竞赛2004年度优胜机组27台、“朗坤杯”优秀论文18篇。

在安徽省淮南市召开全国火电大机组（300MW级）竞赛第三十四届年会，会议评出国产优胜机组34台，进口优胜机组10台，20篇文章被评为“朗坤杯”优秀论文。

在江苏省扬州市召开全国火电大机组（600MW级）竞赛第九届年会，会议评出8台优胜机组，20篇文章获得优秀论文奖。

组织发电公司、会员单位和专家修订了《全国火电机组竞赛评分办法》，同时为规范机组竞赛数据填报工作，编写了《全国火电机组竞赛名词术语解释》，全面规范全国火电机组协作会竞赛评比工作。

CFB协作网秘书处召开了CFB协作网第二届理事会第一次会议，增补和改选了理事单位和专家委员会。第二届理事单位由33个单位组成，专家委员会由17位专家组成，吸纳中石油、中石化、煤炭加工利用协会等单位为理事单位。

在福建厦门召开了CFB协作网第四届年会，统计了机组的经济性指标、可靠性指标、环保性指标，表彰了优秀机组和优秀论文，开展了机组技术交流工作。

在西安召开全国大中型水电厂技术协作网2005年度会议，完成了全国大中型水电厂技术协作网会员和专家基本网络的建设。初步成立了大型用电企业联络会。

继续编印《电站信息》（月刊）、《CFB机组通讯》（双月刊）、《电站技术》（双月刊）、《电站设备》（月刊）、《科技成果鉴定简报》（不定期）、《水电通讯》（不定期）等信息交流刊物。

2. 与政府及电力企业合作

组织行业内专家通过对3家电力集团公司、锅炉制造企业、电力规划设计院、电站阀门标准化中心以及6个典型电厂的走访和调查，形成《电源建设中电源阀门使用情况报告》，使政府部门客观了解目前国内电力阀门使用状况，提出阀门国产化的政策性发展建议。

承担国家科技部国家科技攻关计划课题，与全国电力技术市场协会共同编制《“十一五”电力行业科技发展规划》（初稿），并上报国家科技部。

受中国工经联委托，组织有关专家协助审查《中国禁止出口限制出口技术目录》中涉及电力方面的技术项目（共4大类），于2月20日上报中国工经联。

承接中电国际、北京国华电力检修市场调研项目、国华电力委托的发电成本调研项目，为电力企业了解市场情况、企业高层决策提供真实、可靠的依据。

3. 技术交流与咨询

国产超临界机组技术。组织相关企业对国产超临界机组的辅机和附属设备评价问题，超临界机组使用的耐热高强度钢的性能等问题进行了交流。针对超临界机组的优化运行及控制技术、超临界机组的启动与调试技术，邀请研究院、调试所、有关大学的专家对超临界机组现状及发展进行交流和讨论，为国内超临界机组的运行提出意见和建议。

CFB锅炉机组技术。在山东省举办了循环硫化床机组技术现场交流会，邀请了东北电力学院及中国科学院等专家做专业报告，有关电厂就CFB锅炉运行情况及检修进行经验介绍，为广大会员提供了大量循环硫化床锅炉相关技术信息。编写了《我国135MW商业运行情况》报告，将循环流化床发展现状报送发改委能源局。

火电厂技术。在大同召开全国火电空冷技术交流研讨会。对运行和在建的空冷机组进行调研和统计，掌握目前国内的空冷机组基本情况。

反窃电技术。在京组织召开北京市反窃电技术展示交流会，展览包括9个展位的防窃电和查窃电的高科技成果展示，包含有现场查窃电仪器、智能防窃电表箱、用电监控系统、全封闭防伪封印等。

4. 技术推广

由中电联科技中心与大唐集团公司安全生产部联合组织了设备点检定修管理领导干部培训班，编制《火电厂设备点检定修业务骨干培训教材》，制作光盘录像、宣传资料；深入电厂进行点检现场培训，为企业整理点检题库，建立点检员电脑档案体系等。

在湖北武汉举办第三、四期火电厂机械设备诊断工程师培训班，共有116人参加培训，并获得了全国电力行业火电厂机械设备诊断工程师岗位培训证书。

5. 科技成果鉴定

中电联成果鉴定办公室组织有关专家对66个单位申报的115个项目进行了鉴定，并定期发布鉴定公告。完善鉴定评审专家库，现已收录专家500余人。

6. 国外技术交流与合作

科技服务中心与日本煤炭能源中心、清华大学共同举办的中日能源伙伴论坛——洁净煤技术研讨会，双方技术人员就热点技术进行了现场交流，为企业间的合作搭建平台。

7. 技术标准

组织编写了《水电企业设备检修管理导则》、《循环流化床机组运行导则》、《循环流化床机组检修导则》等，推动行业技术标准的建立。

党 群 工 作

（一）集中组织完成了的保持共产党员先进性教育活动

按照中央和国家电监会党组的统一部署，中电联参加了第一批保持共产党员先进性教育活动。自2005年1月26日起至7月中旬进行了学习动员、分析评议、整改提高三个阶段的工作。8月，组织了党员先进性教育活动“回头看”，对巩固成果、整改提高的情况进行了总结。

为宣传和巩固党员先进性教育活动成果，中电联保持共产党员先进性教育活动领导小组办公室编印了《中国电力企业联合会开展保持共产党员先进性教育活动学习体会选编》和《中国电力企业联合会开展保持共产党员先进性教育活动文件资料专辑》。

（二）加强机关党群组织建设和党员教育管理

完成了中电联机关党委换届改选工作，选举产生了中共中电联机关第四届委员会。

完成了机关各党支部和资产管理中心党总支的换届工作。完成了机关工会的换届工作。调整了中电联机关精神文明建设协调领导小组成员。

根据入党积极分子参加先进性教育活动的情况及其一贯表现，在先进性教育活动期间，发展新党员3名，预备党员按期转正2名。2005年共接转党员关系24人次，机关现有党员137人。

（三）认真开展机关纪检监察和党风廉政建设工作

根据新形势新要求修订了中电联机关党风廉政建设责任书，中电联党组书记、理事长赵希正与机关各部门主要负责人签订了2005年党风廉政建设责任书。

认真贯彻落实廉洁自律工作。转发了中纪委、监察部《关于2005年元旦、春节期间严格遵守廉洁自律规定坚决制止奢侈浪费行为的通知》（简称《通知》），要求各部门认真落实《通知》精神。2月下旬，向上级主管单位书面汇报了对《通知》精神的落实执行情况。

结合开展先进性教育活动，认真办理人民来信，对涉及中电联有关部门和个人的问题进行认真核查，及时处理，必要的进行谈话提醒。组织中电联党员、入党积极分子以及部分职工参观了北京市反腐倡廉教育警示展。

2005年，各部门党风廉政责任目标完成情况良好，没有违法违纪案件发生，保持了职工队伍的良好形象。

（四）精神文明创建活动取得成果

中电联各级领导和各部门认真完成创建文明单位活动的各项任务，被授予2004年度“中央国家机关文明单位”和“首都文明单位”荣誉称号。机关本部表彰2004年度精神文明建设文明单位16个，文明标兵处12个。2005年，本部13个部门文明创建工作全部达标。

中电联分会

中电联火力发电分会

中电联火电分会四届一次联络员会议在山东省龙口市召开。会议总结了2004年以来火电分会秘书处工作，落实了2005年分会联络员的具体任务，同时对2004年度优秀联络员及《火电新声》栏目获奖优秀文章的作者进行了表彰。

在上海组织召开“区域性检修市场”课题交流研讨会。此次会议针对目前电力新体制下竞争愈演愈烈的电力检修市场，参会各单位以贴近具体生产实际的资料和发言，阐述了对电力检修市场新的管理模式和经营理念的认识，交流了经验和体会，并对建立电力检修格局、区域性检修模式达成了共识。

举办煤电价格联动政策课题研讨活动。通过对全国24个省各类投资主体共50家会员单位关于煤炭质价情况的调查，从电煤供应的历史情况演变、电煤紧张的成因、煤电价格联动政策、联动政策对电力企业的影响等方面做了深入的分析，从煤价市场监管和电价改革，实施“煤电一体化”战略合作，推进大型煤炭基地建设和运输，提高核电、风电、水电环保清洁生产等方面提出解决煤电价格矛盾的8点建议，并积极向有关上级领导、部门如实反映企业现状，提出具体意见和建议，帮助企业共度难关。

在广西桂林市召开了四届一次技术交流会议。有27家单位56人参加了会议。会议以加快企业科技创新、提高企业竞争力为主题，为各发电企业搭建了技术交流的平台。

在海南海口市召开低成本运营研讨会。会议以全面实现科学管理、降低成本、提高效益为主题，结合近几年电力体制改革现状、厂网分开后的运作实践、五大发电集团的管理特点，对新时期火力发电企业成本控制的重点与难点，国家如何实现对电煤价格联动和宏观调控，火力发电厂在受全国性煤炭价格大幅上涨、企业面临严峻的经营困难之时，如何实现低成本运营的措施与手段等问题，以及发电企业处理好成本与利用成本、基本成本与效能成本、降低成本与实现企业可持续发展、企业效益与社会效益四个关系等方面进行了深入探讨。

在辽宁省抚顺市召开电力企业文化建设模式调研会。会议总结和归纳了各企业在企业文化建设上的成绩和经验，从企业物质文化、制度行为文化、精神文化等各方面提出了企业文化建设模式上的观点。

在新疆维吾尔自治区乌鲁木齐市召开了中国电力企业联合会火力发电分会2005年年会。审议中电联火电分会会长毕可利的工作报告，交流企业关心的热点、难点问题及成功经验，讨论落实2006年分会的重点工作安排，听取分会财务收支情况报告，同时举行《火电分会十五年》宣传画册首发式。

组织开展建立分会火电专业人才库工作。在各会员单位在职和退休人员中选拔一批爱岗敬业，严肃认真，熟悉国家、行业有关法律、法规，具有扎实的专业技术理论和丰富的实践经验的各火电专业的专家人才。截至9月底，分会火电专业人才库共收录41家会员单位涉及火电、经济、财务、政工等20个专业的专家139名。

中电联供电分会

1. 重大课题调研取得了良好效果

确立并全面完成了四项调研课题：一是关于加强电力需求侧管理的调研，总结了包括地方政府、供电企业、广大客户三个方面加强电力需求侧管理的举措，提出了加强需求侧管理的意见和建议；二是关于供电主营业务的调研，提出了主辅分离、主多分开改革中，界定供电主营业务的原则与建议；三是关于农电体制改革的调研，结合农电改革进程、农电改造建设，就资产归属、人员待遇、发展后劲，提出了问题及解决建议；四是关于进网作业电工管理工作调研，在分析现状的基础上，提出了改进建议。同时，参与了国家电网公司城市应急系统规划研讨编制工作；协助完成了国家电监会委托的《供电营业区划分及许可证管理办法》、《供电服务规范》和《供用电使用条例》等课题调研；参与了西安供电公司城网规划咨询和珠海许继的配电用户分界开关的调研与测试等工作；受华北电监局委托鉴定了廊坊市居民由于用电不当引起的火灾事故。

2. 组织召开了经验交流和技术研讨会

召开了经营管理研讨会、国际供用电设备展览会、安全生产研讨会、深化改革研讨会暨国际输配电技术会议。

3. 开展了专项经验调研推广工作

完成了关于吉林供电公司变压器台区经营承包、供电多经企业管理体制、供电企业主多分开中的职工维权、中压配网不停电作业、苏州供电公司管理创新、供电企业售电经营效益分析、峰谷表计量方式效益分析、防窃电测试仪及焚烧秸秆引发输电线路故障跳闸停电等9项专题调研。这些专项课题的调研同重点调研课题已向有关部门和企业推荐。其中，吉林供电公司的配电变压器台区承包经验，已在北京电力公司所属单位、湖北部分供电企业推广，取得了良好的效果。

4. 加强了信息交流工作

分会主办的《供电企业管理》、《供电行业信息》、《供电企业基本概况及综合评价体系》等信息资料，从内容上提高了针对性和时效性，从质量上增强了可读性和指导性。

中电联电站装备及输变电设备分会

针对我国将在“十一五”期间重点建设一批国产单机容量100万kW超临界、超超临界火力发电机组，应会员单位的要求，于10月28～30日在邹县电厂组织召开了国产百万千瓦机组施工组织设计论坛暨邹县发电厂四期2×1000MW机组现场观摩会。

组织起草《新产品新技术评审鉴定办法》、重点生产企业及守信企业认定办法等，并已开始实施。组织专家对成都电力机械厂进行守信企业的认定，并颁发了证书和铜牌。分别出版12期《输变电行业信息》、《电源建设信息》。

中电联水力发电分会

水电分会与中国价格协会能源供水价格专业委员会联合成立了水电电价研究课题组，重点研究现行水电电价形成机制及其存在的问题。

经湖北省新闻出版局批准，《水电厂》杂志更名为《中国水电站》，仍为季刊，在电力系统内部交流。

水电分会在青海省西宁市召开水电企业检修工作研讨会。会议主要是为提高检修质量、交流检修技术、整合检修资源，探讨新形势下水电企业检修工作的新机制。

为适应电力改革发展的需要，2005年8月水电分会由湖北宜昌市迁到北京市西城区金融大街19号富凯大厦办公，分会的杂志、信息的办公地址仍在宜昌。

由中国流体工程学会组织、长江电力股份公司承办、水电分会协办的第八届亚洲流体机械国际会议在三峡坝区召开。本次会议是固定的亚洲流体机械会议在中国的延续，是亚洲各国乃至欧美同行的交流与合作。

水电分会在丰满发电厂召开五届二次理事会，总结水电分会两年来的工作，选举产生了水电分会五届二次理事会会长、副会长，部署了水电分会今后两年的工作重点。

中电联燃料分会

配合国家发改委处理解决全国重点煤炭产运需衔接会遗留的问题。向国家发改委多次提出建议，在电煤合同执行中加强国家政策的执行力度和监管力度，维护2005年煤炭产运需衔接政策的严肃性和权威性，使遗留问题得到解决，电煤价格保持基本稳定。为了进一步稳定电煤价格，5月16日开始，燃料分会又配合国家发改委对在电煤销售中乱涨价、乱收费的省份进行价格检查。

配合国家有关部门做好电煤价格调控和煤电价格联动实施工作。组织有关人员研究有关煤电价格联动信息的收集、统计、测算和具体实施工作，较好地完成了煤电价格联动的实施。配合中电联和国家发改委开展煤炭经济运行情况调查工作。

对全国电力供需情况、煤炭供耗存及价格情况进行了全面细致的调查研究，并做了定量的分析，对2005年下半年、全年和2006年电力行业发电及煤炭供应等完成情况做出了预测。

配合国家有关部门进行打击煤炭掺杂掺假活动。根据国家质量监督检验检疫总局和国家发改委联合下发的《关于开展严厉打击在煤炭产品中掺杂掺假等违法行为专项行动的通知》要求，向各会员单位转发了文件，并要求各单位将文件转发至下属发电企业，请各发电企业本着实事求是的原则，及时反映电煤质量情况，提供掺假线索，配合完成此次煤炭打假专项行动。

开展了以下岗位培训工作：

（1）举办了两期全国电力行业高级煤质检验员培训班，180多名质检人员参加了培训，培养了一批电力燃料质检专业高级技术人员。

（2）安排布置了全国电力行业燃料质量检验人员上岗考核发证工作，要求各单位于2006年2月将工作开展情况作出总结并报燃料分会。

（3）举办了电力燃料管理培训班，提升燃料管理工作水平。

与电力燃料企业共同打造电力燃料信息系统平台，以建立相对独立的、跨行业的、统一开放的、动态采集交换的电力燃料信息系统，提升电力燃料管理的科学性和竞争力。已经完成了统一信息平台基础上的“电煤产运需衔接辅助系统”的建设，已在2006年煤炭产运需衔接会上正式应用。

召开了电力行业燃料统计信息工作会议，确定了电力燃料信息统计原则，组织制定并颁布了《电力行业燃料统计信息规范》，实现电力燃料统计和信息管理方式向行业信息的转变。

在办好分会定期刊物《燃料纵横》、《电力燃料简讯》，提升行业整体管理工作水平的同时，与中央电视台、中国电力报社、电力快讯、电力新闻网站等媒体合作，利用现代传媒手段，客观、公正、适时地反应电力企业的意见和呼声，争得社会各界的广泛关注和理解与支持。

中电联农电分会

结合农电领域开展的县供电企业经济活动分析工作，中电联农电分会于4月在成都举办了县供电企业经济活动分析培训班，来自国网、地方电力企业的180余名代表参加了此次培训。

组织有关专家对《县供电企业经济活动分析》一书进行了多次修改，国家电网公司副总经理陈进行为本书题写了续，9月完成了此书的出版工作，成为指导县供电企业进行经济活动分析的必备读本。

农电学会秘书处积极参与《县供电企业同业对标指标体系》、《县供电企业综合评价指标体系》的制定，召开了多次指标分析修订研讨会，建立了适合农电企业的指标体系。4月，配合国家电网公司农电部在京组织召开农电同业对标工作会议。7月，组织3期国家电网公司一流县供电企业参加的县供电企业同业对标培训研讨班，为在县供电企业全面推动同业对标工作起了重要作用。为了加强此项工作的时效性，学会接受了国家电网公司农电部的委托，组织开发了“国家电网公司县供电企业综合信息管理系统”，使县供电企业开展同业对标、综合评价工作更具规范性、时效性和直观性。10月，完成了国家电网公司2004年度县供电企业同业对标信息的发布工作。12月，参与完成了县供电企业综合评价指标、同业对标指标的修订工作。

围绕供电所规范化管理工作，探索农电体制改革中的有关用工模式，学会在9月召开了供电所规范化管理工作研讨会，来自全国农电系统的150余名代表参加了会议，就此方面的工作进行了交流与研讨。

围绕开展创一流和同业对标工作，11月，配合国家电网公司农电部召开了第二届农电发展论坛，并编辑出版了论文专集。

参与并组织了国家电网公司农网“十一五”科技发展规划制定研讨会。组织了营销知识竞赛起草工作会议。10月，参与并组织了国家电网公司农村供电所所长知识技能竞赛的总决赛。参与并完成了国家电监会供用电监管部组织的《供用电监管条例》、《供电业务许可证》等的制定工作。

中电联后勤分会

5月28日～6月1日，在江苏无锡举办了全国电力物业管理经验交流会。中国行政管理学会后勤管理工作委员会理事长刘文江，秘书长余用哲，中电联后勤分会会长梁裕厚，中电联后勤分会常务理事、江苏省电力公司纪委书记黄卫国等有关领导和来自各理事单位及所属基层单位的代表共263人出席了这次会议。无锡供电公司、山东鲁能物业公司、北京中兴物业公司等10个单位的代表做了大会发言。

中电联电力物资流通分会

物流分会于5月16～18日在北京举办了电力物资企业改革、发展、经营、管理论坛。来自全国电力物资、物流企业的120多位主要负责人出席了论坛会议。中国电力企业联合会秘书长王永干、中国物流与采购联合会副会长何黎明、北方交大物流研究院副院长王耀球、河海大学商学院副院长钱旭潮应邀参加论坛，并发表了主题演讲。共有16位代表围绕12个题目分别进行了演讲。

开展物资专业培训。2005年分别在大连、扬州、银川举办了物流师培训班、电子商务培训班、招投标培训班，共计培训115人。

完成电力大件运输企业资质审核登记工作。6月27日，下发了《关于电力大件运输企业资质审核登记的通知》文件。组织评审小组对50家运输企业进行了初步审核，对有关运输企业进行了实地考察。9

月1日，中电联发文公布了第一批48家运输企业获得电力大件运输企业资质等级单位的名单。10月12日，物流分会在湖南张家界召开电力大件运输企业工作会，颁发了电力大件运输企业资质证书。

制定《电力大件运输企业自律公约》。针对目前电力大件运输市场、运输企业当中存在的一些问题，2005年8月物流分会组织12家运输企业座谈研讨，提出了《电力大件运输企业自律公约》草案，于10月12日在电力大件运输企业工作会上讨论，一致通过了《电力大件运输企业自律公约》。《电力大件运输企业自律公约》从树立服务意识、诚实守信、安全质量第一、反对恶性竞争、禁止虚假广告、提高队伍素质、加强合作、遵守行规行约等八个方面对运输企业提出了明确的行为规范。

进行物流信息系统建设、应用、交流研讨。11月26日，物流分会在广西桂林组织召开了电力物资、物流企业信息化应用交流研讨会。来自全国电力物资、物流企业的59个单位的72人参加了交流研讨。有9个单位在大会上做了交流发言，进行了分组研讨。

为推动协会工作，展示协会精神风貌，营造协会工作氛围，创办了协会刊物《中国电力物流》。2005年又有19个单位申请加入协会组织。

中电联电力职业安全卫生分会

2005年4月7～8日在广西桂林召开了首届理事会二次会议，共有来自全行业的分会会员单位理事及联系员63人参会。理事会听取并通过了《分会2004年度工作总结及2005年度工作要点》的报告，听取并审议通过了《分会2004年度财务报告》及《分会联络员工作试行办法》，围绕当前电力行业职业安全卫生的热点、难点问题与会理事及代表提出了工作建议。

分会理事扩大会议于2005年11月20～22日在浙江温州召开，分会各会员单位的理事、联络员及特邀的电力生产企业代表共72人出席了大会。会议重点对《全国电力行业“十一五”职业安全卫生规划》进行了深入的讨论，12家单位的理事或代表就各自企业的职业安全卫生工作做了大会交流发言。

参与职业安全卫生国家标准和行业标准的制定和修订。2005年，分会的主要专家进入国家有关电磁场职业安全卫生标准化工作组，参加国家有关电磁场职业安全卫生标准的制定工作。同时，分会还承担电力职业安全卫生行业标准的制（修）订任务。

配合国家政府主管部门，进行建设项目职业安全卫生预评价报告评审。近两年来，分会的专家们受国家政府职业安全卫生主管部门的邀请，多次参加了对广东、广西、四川、东北、陕西等省地方建设项目职业安全卫生预评价报告的评审工作。

中电联电力试验研究分会

召开会长办公会确定了分会2005年的工作计划。2005年分会工作计划分七个方面：①贯彻实施中电联工作总体思路；②继续解决电站锅炉压力容器资质问题；③完成技术监督标准编写任务；④召开一届三次理事大会；⑤继续抓好“发电安全信息网”活动；⑥分会网站建设；⑦组织各项活动。

按照中电联标综［2004］14号文件和国家发改委发改办工业［2004］1951号文件的要求，试验研究分会把编写11项技术监督标准的工作列入了2005年工作计划。4月17日，由华北电科院牵头，在京召开技术监督标准编写工作会议。会议就标准的编写程序、编写格式、编写要求等具体问题提出了指导性意见。11项标准起草单位的撰写人出席了会议。

6月16日，召开了试验研究分会一届三次理事大会。32个理事单位的理事、联络员及相关负责人共计70余名代表出席了会议。

8月3～7日，在杭州召开发电安全生产信息网2005年网员代表大会，共有26个网员单位的近40名代表参加了会议。

中电联文艺体育分会（中国电力文协、体协）

中国电力体协组织的第十届全运会电力代表团由中电联、中国能源化学工会、国家电网公司、南方电网公司、五大发电集团有关人员组成。电力体协在组织代表队共参加跆拳道、柔道、摔跤、拳击4个项目的预赛，有4名队员争取到了参加全运会决赛的入场券。在第十届全运会拳击决赛中，电力体协拳击运动员胡旺在91公斤级比赛中获得了第五名的好成绩。

电力行业协会、研究会

中国电力规划设计协会

1. 市场协调管理工作

（1）开展设计单位资质管理及勘察设计资质管理工作。参加了建设部组织的《设计资质分级标准》修订研讨会，针对建设部提出的方案组织行业专家研讨并上报行业意见；参加了建设部组织的《建设工程企业资质管理规定》的修改与制定；参加了建设部设计资质专家评审工作，对申报电力行业的65家单位的材料进行了评审和复审；办理了5个单位设计资质转正、升级及单位名称变更等事宜。参加了建设部执业资格注册中心组织的全国注册土木工程师（岩土）执业资格考核认定、审核工作。

贯彻执行国家发改委23号公告及29号令，配合中咨协做好咨询资质换证的前期准备工作，办理了12个单位的咨询资质证书变更等事宜。参加了发改委组织的2003～2005年考核认定和考试合格的注册咨询工程师（投资）初始注册专家评审工作，其中电力行业申报注册咨询师人员近1000人。

（2）编制收费标准。完成了《工程勘察设计收费标准使用手册》的报批工作；《电力工程项目前期工作工程勘察收费标准》于2005年3月上报发改委审批；完成了发改委、建设部委托编制的《电力行业监理与咨询服务收费标准》，组织行业专家完成初稿的编写并上报建设部。

（3）工程总承包和项目管理。派出专家参加中国勘察设计协会工程总承包分会和中国工程咨询协会项目管理指导工作委员会组织的全国第二届优秀工程项目管理和优秀工程总承包项目的评选工作。在全国53个奖项中，电力行业获得11项，其中，工程项目优秀管理奖1项，工程总承包金钥匙奖1项、银钥匙奖4项、铜钥匙奖5项。

（4）完成了《勘察、设计、总承包示范合同文本》和《电力工程水文气象计算手册》的出版发行工作。

（5）工程设计招投标监督工作。协助业主组织、指导及全过程监督经国家核准建设的大型电力工程设计招投标项目16项，其中，发电工程5项6200MW，送电工程6项1380km，变电工程5项3750MVA。2005年四季度，由于电力建设市场变化，招投标过程中业主的不规范行为引发了部分设计院采用低价竞争获得项目的现象，协会及时向会员单位发出《加强行业自律、规范投标报价行为的紧急通知》，同时向华电集团公司发出《关于华电哈三电厂（2×1000MW）工程勘测设计招标中有关问题的商榷函》，指出其不规范做法的错误及危害所在，有效地遏制住低价竞争现象的蔓延。

（6）受建设部委托，承担了《工业项目工程设计招投标管理办法》的编制工作，已经完成讨论稿。

（7）首次使用网络版软件“电力勘测设计统计信息管理系统”完成了2004年行业统计年报的汇总、分析与上报工作。根据建设部要求，结合电力行业企业发展特点，开展了行业统计指标、报表结构调整的研究分析工作。

2. 质量标准化管理工作

（1）质量管理咨询服务工作。完成了沈阳院等6个会员单位的质量文件编制，完成了河北院二标、沈阳院三标一体、山东院总承包质量管理体系及盐城院、绍兴院质量体系的咨询服务；组织行业审核员共进行了32个单位的认证、复评审核及39个单位的监督审核。

根据中国工程咨询协会质量管理委员会2005年工作计划，组织编写了《全国工程咨询业卓越绩效奖管理办法》、《全国工程咨询行业卓越绩效奖评价标准》、《全国工程咨询行业卓越绩效奖评价方法》。

组织西南院、浙江院的专家，研究目前项目前期工作中存在的问题，编制完成了《投资项目可行性研究报告内容深度规定》大纲。

为提高供电设计会员单位的质量管理整体水平，组织专家对供电设计院质量管理体系进行有效性研究，简化、调整了质量管理体系文件并取得了中电联认证中心的确认。组织软件公司与有关供电设计院联合开发了软件“小型设计院设计流程控制程序”，经协会组织专家评审，在行业供电设计院中推广使用。

根据建设部加强工程勘察设计质量管理的精神及协会2005年质量工作计划，组织专家组对五省一市的9个供电设计院的质量工作进行检查。共抽查了33个工程项目的初步设计和施工图设计文件，促进了供电设计单位的质量工作。

召开供电设计企业的技术质量管理经验交流会，共80多位代表参加了会议，会议收到交流文件36篇。

(2) 标准化工作。2005年完成了新一届电力规划设计标准化技术委员会换届工作，总结了上届标委会工作，修订了新一届标委会章程。标委会秘书处组织编制了《电力规划设计标准化技术委员会标准化管理办法》和《电力规划设计标准化技术委员会秘书处工作细则》，以规范标委会的工作程序。研究制定了2005年工作计划，提出了2005年行业标准化项目立项清单，确定了27项行业标准上报中电联立项，14项国家标准上报建设部立项。对“十一五”电力行业标准化规划中的勘测设计行业有关新能源的标准编制提出了建议并上报中电联。向建设部标准化司汇报了我行业的标准化工作情况，恢复了因电力体制改革而中断8年的工作关系。

组织《核电站工程勘测技术规程》主编、参编单位召开了编制协调会，明确了分工和编制计划。

组织了行业DL储备标准《电力数据通讯网络初步设计内容深度规定》(送审稿)等14项技术规程审查工作，完成了《电力工程勘测安全技术规程》等17项行业DL标准的报批工作。组织华北院开展了《电力工程直流系统设计技术规程》、《电流互感器和电压互感器选择和计算导则》的标准宣贯。

完成了“电力工程勘测陆地水文计算软件包”等3项勘测科研项目评审验收；完成了“火力发电厂标识系统应用软件”等8项软件和科研成果的评审。

组织召开了第二次设计流程改革研究工作会议，对设计流程改革进行了深层次研讨，落实了有关管理文件的编制计划，编写了出国考察提纲。

协助国电信息中心组织部分供电设计院对“标准化信息管理系统(供配电版)”进行了完善、调整和补充。组织华北院、山西院对“标准化信息管理系统(发送电版)”提出了更新、完善的意见。补充了新入会的电力勘测设计单位代号。

(3) 行业评优。组织了2005年优秀工程咨询成果奖评选活动，全行业评出优秀工程咨询成果一等奖11项、二等奖19项、三等奖31项；并有25项获全国优秀工程咨询成果奖，其中《华中电网“十一五”及2020年电网规划设计》、《阳城第一发电厂二期工程(2×600MW)可行性研究报告》、《三峡蔡家冲—白鹤±500kV高压直流输电线路工程绝缘配合及绝缘子选型研究》、《江苏电网500kV武北等输变电工程可行性研究报告》获得一等奖。

协助中国勘察设计协会编制完成了《全国优秀工程设计奖评选管理办法》(征求意见稿)。根据协会五届五次常务理事会对行业评优工作的决议，修改完成了《电力工程优秀勘测、优秀设计、优秀标准设计及优秀软件评选管理办法》，并组织专家进行了讨论。

开展了优秀QC小组评选活动，有25个QC小组获得行业优秀QC小组奖，有5个QC小组获得国家建设级优秀QC小组奖。山西院获质量管理小组活动优秀企业称号，该院院长李晓民获质量管理小组活动卓越领导者称号，西北院张利、中南院熊新明、东北院田力文获“质量管理小组活动优秀推进者”称号。

经协会推荐，行业中有3个单位获得“2005年卓越绩效管理奖”；8个单位获得“电力勘测设计行业卓越绩效先进企业”称号；2个单位获得“电力勘测设计行业用户满意企业”称号；2个单位获得“电力勘测设计行业实施用户满意工程单位”称号；1个单位获得“电力勘测设计行业用户满意服务单位”称号。

3. 政策调研

根据改革不断深入，设计院机构调整和人员变动以及原调研员队伍知识结构不尽合理等问题，经协会建议和有关单位推荐，对调研员队伍进行了调整，保留了原有骨干，加强了政策调研队伍建设。

召开了政策调研工作会议，通报了电力体制改革有关情况；分析了电力设计单位改革中热点、难点问题，提出了2005年调研工作重点。

根据电力体制改革办公室的委托，开展了供电设计体制改革调研，召开了改革座谈会，介绍了国家对中小型勘察设计单位改革的目标和相关政策，对供电设计院的体制改革、机制创新进行了经验交流。会议决定由协会编制供电设计院体制改革调查提纲并组织开展调查工作，为改革争取政策支持。

编辑《工程勘察设计业改革发展文件汇编》，该汇编包括国家产业政策、行业发展政策、投资体制改革政策等法律法规文件。

4. 企业文化建设

开展了“以人为本，创建和谐企业”为主题的职工调查问卷活动；编辑印制了《全国电力勘测设计单位企业标识和企业理念汇编》，刊登了49个会员单位的企业标识和企业理念等资料，其中，甲级院32个，供电设计院17个。开展了企业文化建设优秀论文评选活动，共征集论文32篇，有10篇论文分别被评为一等奖和二等奖。

5. 档案管理

重点研究了电力勘设计单位开展工程总承包档案管理工作，编写了工程总承包档案管理指导意见。

举办供电设计院档案管理培训班，21个供电设计院的31名档案管理人员参加了培训。完成了档案专委会换届工作。

6. 协会信息

办好《电力设计信息》，为会员单位提供信息服务。及时采集并刊登国家有关电力建设的政策性文件和电力体制改革有关文件，充分利用会员单位稿件，反映行业改革发展动态。2005年，《电力设计信息》共有162个单位订阅，全年发行24期19200册。

《电力勘测设计》期刊主管单位变更为国资委。《电力勘测设计》从2005年起改为双月刊，全年发行6期25800册。

7. 开展行业对标

根据协会五届理事会三次会议关于开展行业对标工作安排，组织召开了包括顾问集团公司在内的10家会员单位有关专家参加的研讨会，确定了开展行业对标工作的原则、内容以及指标体系的建立、评价和发布等方面的内容；编制《电力勘测设计行业同业对标指标体系》(征求意见稿)；在确定指标体系的基础上，又向各甲级院发出行业对标指标体系调查表，通过调查表收集了34家省级以上甲级设计院的有关指标数据。2005年底召开了行业对标数据汇总、分析工作会议，根据调查结果，进行统计、分析、评价，初步提出了行业对标中各类指标的“最优、先进、平均”指标。

8. 全国注册电气工程师培训及其他培训

(1) 注册电气工程师管理工作。重点组织考试筹备工作，组织编制与审核注册电气工程师专业考试试题，组织编制、发行注册电气工程师专业考试习题集，与政府有关部门协调考试费用收取标准的审批等。组织建立了行业内各类注册工程师档案，整理了注册电气工程师考核认定人员档案。

(2) 与清华大学联合在北京举办了现代经济管理高级研修班，有35家单位的院长、书记、总工等40人参加了此次研修班。

为提高设计单位项目管理水平，应会员单位的要求，针对不同层次的需求，采取“送出去、请进来”的方式，组织了2期(34名学员)赴澳大利亚参加澳大利亚项目管理协会举办的高级项目经理取证班(其中，24人取得了注册项目管理大师证书，10人注册项目经理证书)。同时，在国内举办了5期(122名学员)澳大利亚项目经理取证班。

组织了注册造价工程师继续教育活动。

9. 综合管理

为规范协会分支机构管理，启动了协会信息化建设工作，成立了以理事长为组长的信息化建设工作小组，各部门派人协同工作。局域网建设一期工程基本完成。加强了文档资料管理与文件编制出版管理。协会增加注册资本金工作按程序已报送国资委审批。

中国电力发展促进会

(1) 主要课题研究。参与了由电监会组织开展的“十一五”期间电力体制改革研究；参与国家电网公司关于电力发展和“十一五”规划研究及2020年展望咨询工作；参与福建电网公司关于福建省用电特性调查及电源结构分析研究；参与广西电网公司关于广西壮族自治区用电特性调查分析报告研究；参与北方电力联营公司关于北方电力在内蒙古能源发展中的地位的专家咨询工作。

(2)《2005年中国电力年鉴》(简称《年鉴》)于2005年12月出版发行。《年鉴》是在国家电力监管委员会和中国电力企业联合会的指导下，由国家电网公司、中国南方电网有限责任公司、中国华能集团公司、中国大唐集团公司、中国华电集团公司、中国国电集团公司、中国电力投资集团公司共同组织编写。《年鉴》编委会由国家电力监管委员会、中国电力企业联合会、国家电网公司、中国南方电网有限责任公司、五大发电集团公司、中国三峡长江开发公司和四个辅业集团公司的主要负责人及有关单位的负责人组成，并作为《年鉴》的领导机构，决定《年鉴》编辑出版的指导思想、主要内容和编写大纲。

2005年，《年鉴》的框架结构作了较大的调整，本期《年鉴》在2004年的基础上又进一步作了完善。首先，保留了按照电力体制改革后电力系统新格局而设置的全面反映中国电力工业的新篇目——电力工作会议、电力工业论坛、电力监管、电力企业等；其次，调整了“重点工程”等篇目所在的位置，修改了“各地区电力工业”篇有关条目的名称，使之更好地反映电力工业改革与发展、生产与经营的主线；第三，完善了“特载”“电力工业论坛”等篇目的内容，充实了具有丰富信息含量的“统计资料”，压缩了文件、法规等的篇幅。

2005年10月28～31日，《中国电力年鉴》工作会议在湖南省张家界市召开。参加会议的有53个单位、共68位代表。本次会议还专门邀请了北京大学新闻与传播学院博士生导师、中国版协年鉴研究会学术委员会副主任、北京大学现代出版研究所所长肖东发教授到会讲课。

(3) 2005年，中国电力网站(www. chinapower. com. cn)在内容建设、功能开发和业务拓展上均取得长足进步。全年访问量达1200万次，累计访问达3000余万次。注册会员达到11000余家，个人会员65000人。

网站按照质量至上的原则，精心组织网站内容的建设，全年组织编发信息约6万余条。在业务开发上，除了巩固原有客户外，不断拓展新领域，取得了一系列的成果。2005年10月，网站成功开发中国农电网（www.nongdian.com）。截至2005年底，共发布农电相关信息6000余条，成功开发多名农电企业会员参与网站的共建工作。在《电子商务世界》评比的全国行业100强商务网站中，中国电力网榜上有名。

中国电力建设企业协会

1. 完成了中电建协理事会换届工作

1月11日，召开中电建协第四届会员代表大会。会议通过了中电建协的新章程，选举产生了中电建协第四届理事会和新的领导班子，孙玉才当选为中电建协第四届理事会会长。会议还表彰了2004年度电力行业优秀施工企业和企业家。

2. 完善中电建协的组织建设，扩大服务领域

加强与国资委和民政部的沟通，完成了中电建协安全专委会和信息专委会的登记注册工作。在中国大唐集团公司的支持下，对中电建协项目专委会进行了改组，并于2005年5月在西安召开了换届会议。会议选举中国大唐集团公司工程管理部副主任秦建明为会长，西北电力建设集团公司副总经理郎国成为秘书长。中电建协项目专委会的有关换届手续已在民政部完成。

经与中国水利水电建设集团公司协商，决定由该公司牵头，组建中电建协水利水电建设企业分会。在民政部登记注册的有关手续正在办理中。

进行中电建协安全专委会的筹备工作。经与河南省电力公司和山西省电力公司协商，拟推荐山西省电力公司为会长单位。

3. 发挥协会作用，反映会员呼声

在向国家有关部门反映电力体制改革中“主辅分离”情况的基础上，中电建协于2005年3月6日在天津召开研讨会，认真听取了火电施工企业对电力体制改革的意见，并形成了《关于电力建设企业改革问题的情况反映和建议》的书面材料，向国务院电力体制改革领导小组和有关政府主管部门汇报。

针对会员单位关心的招投标、规范电力市场等问题，中电建协火电施工专委会特聘请阳光时代律师事务所，就招投标中存在的问题、合同条款中的霸王条款等，汇总成文字材料，向有关部门反映，以维护广大电力施工企业的利益。

4. 办好各分会（专委会）年会，构筑交流平台

7月5日，中电建协火电施工专委会第十七次年会在太原召开。会议除讨论年度工作报告和计划外，主要围绕电力改革中的主辅分离、电力项目招投标等企业普遍关心的问题展开讨论，并形成了文字材料上报有关部门。

9月6日，中电建协送变电施工专委会第十六次年会在江西南昌举行。

10月28日，中电建协调试专委会年会在四川成都召开。与会代表就调试资质、电力工程启动验收、调试新技术等方面问题进行讨论，并根据会员单位的需求，制定了专委会新的年度计划。

11月26日，中电建协电力工程监理专委会一届四次年会在海南省海口市召开。按有关管理办法进行了换届改选，山东诚信监理公司继续当选为会长单位。表彰了优秀监理企业和优秀总监理工程师，并就监理和总监理工程师取证与培训、监理取费、监理企业发展的热点问题进行了讨论。

5. 加强行业管理和自律，为电力建设服务

（1）继续做好调试资质管理工作。为进一步规范调试资质管理，在近两年资质审查的基础上，对调试资质管理办法进行了修订，并以电建企协［2005］16号文《关于印发〈电力工程调试单位资质管理办法（2004版）〉的通知》颁布执行。根据新的办法，对有调试资质的单位进行了年审。2005年，共有110个单位通过了年审，有15个单位的资质进行了升级。

（2）做好监理和总监理工程师的评审和发证工作。根据各会员单位的意见以及近两年监理和总监理工程师评审和发证的实际情况，对有关办法进行了修订，以中电建协［2005］25号文《关于印发〈全国电力行业监理工程师和总监理工程师管理办法〉的通知》颁布执行。

进一步加强监理和总监理工程师的管理，做到统一标准、统一颁证、统一管理。截至2005年6月底，通过严格评审，共完成总监理工程师的换证和颁证600人，监理工程师的换证和颁证4908人。

中电建协组织评审委员会分别于2005年11月1日在武汉、2005年12月15日在贵州，对新申报监理工程师的884人和总监理工程师的461人进行了评审。其中，712人通过了监理工程师的评审；232人通过了总监理工程师的评审。

（3）加强对保温、防腐、防水等施工队伍的管理。中电建协成立了全国电力建设工程防腐、保温、砌筑、防水工程施工资质管理专家委员会，并制定了相应的管理办法，将于2006年开始实施。

6. 开拓新领域，为会员提供服务

中电建协积极配合中国施工企业管理协会（简称

中施企协）开展工作，在全国施工企业中建立信用评估体系，并请中电联认证中心配合评估工作。目前，全国施工企业首批试点的有51家企业，其中电力行业的天津电力建设公司、北京送变电公司、黑龙江火电一公司和中国水利水电第八工程局获得AAA级认证。

配合中施企协在电力建设行业开展工作，2005年已有73名电力施工企业的经理获得高级职业经理人资格证书。在此基础上，根据中施企协字［2005］20号文，扩大服务范围。报名参加职业经理人和高级职业经理人认证的各企业经理和高层管理人员有1050人。

7. 开展“达标投产”和优质工程评选活动

中电建协投入大量人力、物力组织专家对电力工程“达标投产”和评选“中国电力优质工程”的管理办法和标准进行修订。中电建协组织专家对广东国华台山电厂、河北定州电厂、山东胜利发电厂、山西彰山电厂、宁夏中宁电厂、山西河曲电厂以及内蒙布日都和汗海500kV输变电工程进行了达标检查和挂牌，参与了有关电力集团公司的达标复检工作。

在历经3个多月的评审和检查的基础上，中电建协评选出32项“中国电力优质工程”。中电建协在行业评优的基础上，根据优中选优的原则，向中施企协推荐了11个工程参加国优工程的评选，向中国建筑业协会推荐了9个工程参加中国建筑工程鲁班奖的评选。

配合中施企协和中国建筑业协会做好“国优工程”和“鲁班奖”的复查和评审工作。中电建协选派了行业优秀的专家参加检查和评审。2005年，共有三峡至常州±500kV直流输电工程（含龙泉、政平换流站）等13个工程获得“国家优质工程”奖，共有广东国华粤电台山发电有限公司2×600MW机组工程等5个工程获得“鲁班奖”。

中电建协投资数万元编制了《中国电力优质工程》画册，免费发放，以扩大中国电力优质工程的影响。

8. 建立电力建设行业专家库

中电建协适时组建了全国电力建设行业专家库。申请入库的专家已达1301名。中电建协成立了中国电力建设专家委员会，已有132名首批专家正式登记入库。专家库的建立，为行业评优、工程咨询、研究推广科技成果等奠定了基础。

9. 加强中电建协本部建设

中电建协加强了本部的制度建设，制定了中电建协的会标。中电建协的会刊《中国电力建设》已正式出版。中电建协的中国电力建设企业协会网（www.cepca.org.cn）已于2005年底正式开通。

中国电力企业多种经营协会

协会于3月中旬在深圳召开电力多种经营企业改革暨协会工作研讨会，全国有80个电力多经企业管理部门和多经企业代表参加会议。会议研究和讨论了《中国电力企业多种经营协会加强组织建设构想》，并形成了决议。

跟踪国务院委托的“东北厂办大集体改革”课题组的研究工作，及时将相关文稿和办法编印成书。将《电力多经改革文件汇编》、《东北厂办大集体改革文件选编》印发各会员单位，以引导电力多经企业深入思考分离、改制、重组。

改变协会原有的工作模式，协助深圳服务商会完成了筹组工作，为电力多种经营企业市场化发展提供了一个平台。根据《可再生能源法》和我国能源发展的实际，支持和帮助南京电气信息中心组建可再生能源开发中心，开展可再生能源项目的调研和项目的开发等前期工作。根据中电联的统一安排，多经协会与中电联统计信息部合署办公，根据实际工作需要对现有在职人员统一调配使用，并参加中电联本部统一组织的竞聘上岗工作。

完成了《电力多经》共11期的编辑和发行。配合华北电力大学经管学院举办第三期改制后会计与控制高级研讨班。

全国电力技术市场协会

承担国家发改委下达的编制《“十一五”采用高新技术提升传统产业专项规划思路框架》中的《电力行业重大技术装备研制工程和重大产业技术创新工程》的项目。

协助电网公司和发电集团公司向国家申报有关科技攻关项目，其中向国家发改委申报的电网安全稳定的项目历时3年，2005年被批准。协助原国家电力公司主持的两项国家“十五”科技攻关项目的管理和结题工作。

全国电力技术市场协会和中国动力工程学会于7月5～6日在北京举办超超临界汽轮机技术介绍会，出席会议的代表共94名。

2005年9月，全国电力技术市场协会根据中国技术市场协会中技协字（2005）013号文件精神，向中国技术市场协会金桥奖评审委员会推荐先进集体7个、先进个人7人、优秀项目5个，其中，先进集体7个、优秀项目5个及先进个人5人获第二届中国技术市场协会金桥奖。

中国电力教育协会

1. 协会内部建设工作

协会的换届改选及有关事项的变更登记。协会于3月下旬在北京召开了第二届理事大会暨二届一次常务理事会。会议通过了《中国电力教育协会章程修正案》、协会第二届常务理事单位及成员名单，选举产生了第二届领导成员：理事长孙玉才；常务副理事长徐玉华；副理事长王广辉、卢柳春、杜秋霞、张成杰、邹嘉华、彭南新、杨毅；秘书长徐玉华（兼）。换届会议期间召开了会刊《中国电力教育》的编委会会议。

完成了分支机构有关变更事项的登记。随着电力体制改革的发展，协会管理人员培训委员会的业务范围已涵盖了企业管理、生产技术和专业管理各类在职人员的培训工作。同时，委员会的人员调整工作已完成。为使机构名称与业务工作相符，根据协会常务理事会关于分支机构设置、调整等问题的决议安排，6月起经挂靠单位、主管部门批准，向民政部申报，管理人员培训委员会更名为职工培训委员会。

职业技术教育委员会原主任委员胡亚东因工作需要调离电力教育系统。经征求各委员单位意见和职教委常务委员会讨论通过，该委员会主任单位由武汉电力高等职业技术学院改为郑州电力高等专科学校，主任委员由该校校长魏兆龙担任。高等教育委员会因原主任委员许英才因病去世，该主任委员由原副主任委员刘吉臻担任，办公场所迁至华北电力大学（北京）。职教和高教两个委员会主任和办公场所的变更登记工作于2005年10月完成。

2. 开展调研和组织竞赛活动

组织召开了电力职业技术教育校长论坛。4月初，协会职教委与教培中心对电力职业技术教育校长论坛工作进行了布置。于7月底在新疆举办了论坛活动。会前，共收到职教发展研究、教育改革、人才培养、创新探索和学校管理等方面的论文共22篇，其中12篇论文在会上进行了交流。编制印发了《第二届校长论坛文集》。

组织开展电力行业职业技术教育电专业教师技能竞赛和教师CAI应用课件讲课竞赛。协会职教委配合中电联教培中心于8月底在江苏省电力公司生产技能培训中心组织50名教师参加10kV中置柜检修、用电检查和低压配电故障排除3个项目的教师技能竞赛，有8名教师获得一等奖，16名教师获二等奖，并评出优秀组织奖4个，突出贡献奖1个。12月10～12日，在上海电力学校举办教师应用CAI课件讲课活动。讲课活动评出一等奖1人，二等奖10人。

3. 其他事项

电力教育基金管理委员工作。组织2005年度电力教育培训新星奖的申报和初审工作，于10月在成都召开了“新星奖”评委会评审会议，通过对94名申报人员材料的评审，并经基金管委会批准，本年度电力教育培训新星奖特等奖10名，一等奖35名。

根据出资单位许继集团公司的提议，对许继电力科技基金2005年度教师研究课题暂停资助的决定做了布置。于8月召开了该基金工委会部分成员座谈会，对基金前5年的奖励资助工作进行了全面总结。

电力教育新星奖自2001年起由奖励在校学生转为奖励在职职工以来，组织申报和评审中不断遇到新情况、新问题，管委会秘书组对近5年来的奖励工作进行了系统的总结，并建议于2006年召开“电力教育新星奖”相关工作座谈会。对现行奖励办法进行了修订。

指导会刊编辑部编辑出版了4期《中国电力教育》及1期专刊。

中国水利电力质量管理协会

开展全国电力行业全面质量管理基本知识普及教育工作，组织职工参加全面质量管理基本知识统一考试。2005年，中国水利电力质量管理协会（简称中国水电质协）受到国家质量监督检验检疫总局质量管理司和中国质量协会联合表彰，获得“2004年度全面质量管理普及教育优秀组织奖”的荣誉称号，获得“2004年度全面质量管理普及教育先进单位”荣誉称号3个（浙江省电力行业协会、重庆市电力行业协会、新疆电力公司），获2004年度全面质量管理普及教育优秀推进者8人（嘉兴市电力行业协会郑国祥、湖州电力局傅新珠，重庆市电力行业协会王锦霞、壁山供电局李炼，新疆电力公司张建业、叶鲁番电业局张宏权，贵州省电力行业协会刘明跃、华北电网有限公司吴永明）。

3月，评审出获全国电力行业卓越绩效先进企业特别奖2个（北京国电华北电力工程有限公司、四川电力设计咨询有限责任公司）；获全国电力行业卓越绩效先进企业27个；获全国电力行业用户满意企业18个；获全国电力行业用户满意服务20个；获全国电力行业用户满意产品（建筑工程）10个；获全国电力行业实施用户满意工程先进单位9个。

5月，在北京组织专家对优秀QC小组成果进行评审，共评审出全国电力行业优秀质量管理小组323

个，质量信得过班组38个，质量管理小组活动优秀企业33个，质量管理小组活动卓越领导者38名，质量管理小组活动优秀推进者42名。6月，在四川成都召开发、供电企业QC成果发布会，共有74个QC小组在大会上发布成果，推广先进经验，交流开展QC活动的方法。截至2005年底，已登记注册的质量管理小组累计49.6035万个，其中2005年已登记注册QC小组数为2.9723万个。

2005年9月，中国水电质协邀请有关专家对电力行业申报质量管理奖的材料进行初审，并组织专家评审组对有关企业进行现场评审，经全国电力行业质量管理奖评审委员会审定通过，评出大连供电公司、浙江北仑发电厂、浙江金华电业局、华东电力设计院、珠海发电厂、河北电力勘测设计研究院、河北电力建设第一工程公司7家企业获2005年全国电力行业质量管理奖；对已获全国电力行业质量管理奖满3年的浙江省电力设计院、山东电力工程咨询院和浙江省火电建设公司再次授予全国电力行业质量管理奖。于11月在大连对获奖单位给于表彰，颁发质量管理奖荣誉证书和奖杯。

在全国电力行业开展创建"用户满意服务明星"活动，评出全国电力行业用户满意杰出管理者17名、全国电力行业用户满意服务明星22名、全国电力行业用户满意服务明星班组26个。

中国水电质协上报中国质量协会，评出全国优秀QC小组26个、全国质量信得过班组10个、全国QC小组活动优秀企业1个、全国QC小组活动卓越领导者1个。

中国水电质协上报中国质量协会，评出全国卓越绩效先进企业2个（扬州供电公司、浙江省火电建设公司）、全国用户满意企业1个（嘉兴发电有限责任公司）、全国用户满意服务1个（哈尔滨电业局）、全国用户满意产品1个（中国电力科学研究院电力调度中心SCADA/EMS/DMS自动化系统）。

中国水电质协上报中国质量协会、中华全国总工会、共青团中央、全国用户满意工程联合推进办公室，授予2005年全国用户满意服务明星1个（云南昆明供电局营业厅杨红莲）、2005年全国用户满意服务明星班组1个（大连供电公司中山供电分公司客户服务中心）。

中国水电质协电力分会三届二次理事会在大连召开。会议选举由中国电力企业联合会党组书记、常务副理事长谢振华担任中国水利电力质量管理协会电力分会会长。

中国水电质协对《电力企业卓越绩效评价准则》进行了反复讨论和认真修改，修改后的《电力企业卓越绩效评价准则》成为电力行业评审质量管理奖、评审卓越绩效先进企业及企业进行自我评价的标准，并印发了《全国电力行业卓越绩效先进企业评选办法》，修改了《全国电力行业质量管理奖评审管理办法》。

电力系统人才研究会

积极筹备电力系统人才研究会的换届工作。进一步修改《第二届常务理事会的工作报告》（报审稿）；初步完成《电力人才研究会章程》的修改稿。完成2005年《电力人才研究论文选》的征集、编辑和校对工作，共编辑论文20篇。

水利电力翻译协会

《全国水利电力翻译经验交流会论文选集》于2005年一季度在内部出版发行。该《论文选集》是在全国翻译经验交流会基础上，由74篇征文中评选出58篇优秀论文汇编成册的。

为庆祝2005年"国际翻译日"，中国翻译协会（简称中国译协）决定对全国各行业的资深翻译家进行表彰。经过水利电力系统各有关单位的推荐，水利电力翻译学会上报中国译协批准，最终评出水利电力系统15名资深翻译家，他们是晏勤、王清有、刘洪福、孙梦春、朱蕴培、吴晓勤、李承实、李绍虞、金弘剑、赵纯厚、奚亮、郭长赋、崔伯勋、黄以溪、蒋秀凤。表彰大会于2005年9月29日在北京举行，303位在全国翻译领域长期耕耘并作出突出贡献的翻译工作者被授予"资深翻译家"荣誉称号。

学 术 团 体

中国电机工程学会

2005年，中国电机工程学会召开了八届二次理事会，陆延昌理事长提出了“立足学会，服务中心，发挥优势，创新发展”的学会工作指导思想。按照这样的工作思路，学会调整了办事机构，在理事会的领导下开展了学术交流、科普及国际学术交流活动。

1. 特高压输电技术国际研讨会

4月26日，由中国电机工程学会和国家电网公司联合举办的特高压输电技术国际研讨会在北京开幕。参加会议的有来自国家发改委和国家开发银行的代表，电力领域的知名专家、院士，有国家电网公司、南方电网公司，中国电力工程顾问集团公司及其他电网企业、设计单位的领导、技术负责人，还有来自电力科研院所和高校的研究人员，以及制造企业的代表共200多人。来自俄罗斯、乌克兰、日本、美国、意大利、南非以及ABB、西门子公司的专家和企业高层40多人。国家电网公司副总经理郑宝森出席了研讨会。

本次会议为期3天，分3个专题进行，分别为特高压系统的设计和运行，特高压线路绝缘设计与环境影响，特高压输电设备可靠性和经济性。

2. 中国电机工程学会2005年学术年会

8月21～24日，中国科协2005年学术年会第11分会场暨中国电机工程学会2005年学术年会在乌鲁木齐召开，此次学术年会的主题是“电力发展与资源永续利用”。出度会议的代表近400人，其中有两院院士6名。大会围绕电力系统规划、特高压直流输配电及管理，清洁、高效及可再生能源发电技术，电力系统和输配电技术3个专题分组发言和讨论。会议共收到论文290篇、录取218篇。共选出24篇论文在分组会上交流。经过中国电机工程学会专家委员会评选出19篇优秀论文。

8月23日，在乌鲁木齐市召开了中国电机工程学会八届三次、四次常务理事会及八届二次理事会。陆延昌、王久玲、曹培玺、魏光耀、李若梅、郭灏等130人参加会议。会上听取了秘书长魏光耀所做的工作报告。理事长陆延昌在讲话中提出“立足学会、服务重点、发挥优势、创新发展”的指导思想。会上对理事会成员变更和增补、常务理事和副理事长成员变更、学会办事机构领导成员变更、学会有关工作委员会领导成员变更的进行了通报等。会议原则通过了学会标识的规范方案。会议同意叶大戟接替金浪川任副理事长。根据国家电网公司建议，二次理事会选举吴玉生为秘书长。根据吴玉生秘书长提名，八届四次理事会同意李若梅为常务副秘书长，沈江、崔志强为副秘书长。理事会上对2004年中国电力科技进步奖获奖者代表和优秀学术会议奖获奖单位授奖。

3. 中国电力发展论坛

5月27日，中国电力发展论坛在湖南省张家界市举行。来自中国科协、国家电力监管委员会、国家发改委、国务院发展研究中心、国家电网公司、中国南方电网有限公司、国内大型发电企业、中国工程院、中国电力企业联合会、中国电机工程学会和清华大学等单位的领导和两院院士、电力技术专家共200多名代表，就当前电力和能源领域国内外普遍关注的热点问题进行了研讨，对中国一次能源的现状以及当前日益突出的能源及电力供应紧缺等问题进行了广泛深入分析，共同探讨应对的策略。

本次论坛的突出特点是对电力工业发展方向的探索，具体内容涉及电力发展的战略方针、电网发展设想、电源建设方式、水电建设和资源保护、核电、新能源和可再生能源发展策略、煤电运协调发展、如何在保证电力安全可靠优质供应的前提下引入竞争、节约型社会的电力环保与资源节约、电力供应短缺的科学反思以及市场力对电力需求无序增长的控制作用等多个议题。

中国科协副主席邓楠、湖南省省长周伯华、国家电力监管委员会主席柴松岳、国家发改委副主任张国宝、国务院发展研究中心党组书记张玉台等领导出席了论坛开幕式并致辞。

4. 海峡两岸电机/电力产业论坛

10月12日，中国电机工程学会学术工作委员会与台湾海峡两岸电机学术产业发展促进委员会联合主办，中国长江电力股份有限公司协办的海峡两岸电机/电力产业论坛在湖北省宜昌市举行。会议主旨为两岸电机工程界的专家、技术人员提供学术交流的平台，加强广泛的合作，促进两岸电机/电力产业的不断发展。出席会议的代表近40人，其中台湾代表17人。大会由中国电机工程学会学术工作委员会主任委员周孝信致开幕词，台湾汽电共生协会名誉理事长梁志坚致词，中国长江三峡工程开发总公司副总工程师刘利人致欢迎词，大会主旨报告共5人发言。

5. 中国电机工程学会陆延昌理事长和日本电源开发（株）公司宫下克彦副社长举行会晤

2005年7月26日，中国电机工程学会陆延昌理事长和日本电源开发（株）公司宫下克彦副社长在北京长富宫饭店举行会晤。会谈的主题为：中日电力工业的现状、未来及合作前景。中国电机工程学会秘书长魏光耀、副秘书长李若梅、副秘书长郭灏等6人，电源开发（株）公司国际事业部副部长奥野康史，北京代表处所长井上洋文，副所长桧正范、内田滋等7

人参加了此次会谈。

陆延昌理事长介绍了我国能源结构特点，电力市场化改革的概况，发电及输变电等领域新技术的开发和应用及我国电力工业发展前景。宫下克彦副社长介绍了日本电力市场化改革的情况、日本特高压电网的运行情况；电源开发（株）公司在超超临界机组建设方面的经验和温室气体减排等领域新技术的研究情况。双方就共同关注的环境问题展开深入讨论，涉及中国加入京都议定书对电力发展的作用，脱硫脱氮技术的进展。

最后，陆延昌理事长提出，中国电机工程学会将就中国电力工业所关注的一些技术如超超临界、环境技术、节能节电新技术等举办国际性研讨会及讲座等，通过此种途径为中国的电力企业提供技术交流的平台，希望此项计划得到日本电源开发公司的支持和参与。宫下克彦副社长表示十分愿意参与此类活动，希望同中国电机工程学会合作。

6. 中国电机工程学会在京举办动力与电气工程师资质认证讲座——英国 IEE 认证体系介绍会

10 月 17 日，中国电机工程学会在北京举办了动力与电气工程师资质认证讲座。邀请 IEE 主席 John O′Reilly，英国 Strathclyde 大学电气电子系 Kwok Lun Lo 教授介绍英国职业工程师资质认证体系。讲座由常务副秘书长李若梅主持，中国电机工程学会理事长陆延昌出席讲座并讲话。出席讲座的有来自国家电网公司、南方电网公司、华能、大唐、国电、中电投等发电集团、北京国华电力公司、中国电力工程顾问集团的科技部门和人事部门主管、主要电力领域科研院所、国内有关高校的代表 40 余人。

讲座为期一天，IEE 主席 John O′ Reilly 就 IEE 专业工程师资质认证体系中专业工程师资格的审核、授予、跟踪注册、取消等制度，IEE 同政府的授权关系、同大学教育体系的接轨方式及专业工程师资格在英国企业的认可情况等方面做了详细介绍。Kwok Lun Lo 教授则从学校的角度对英国电气工程师协会（IEE）对大学的评估体系做了介绍，包括评估相关的办法、指标、文件及评估对大学科研教学质量实况的反映程度。与会者对 IEE 评估体系，即工程师认证方法、标准和途径提出了很多问题并进行了讨论。

（崔文富）

中国水力发电工程学会

（一）概况

中国水力发电工程学会（简称学会）是由全国水电工程科学技术工作者自愿组成并依法登记的全国非营利性的学术社会团体，是中国科学院技术协会的组成部分。现有会员 40000 余人，其中全国（直属）个人会员约 32000 人，团体会员 67 个，地方水力发电工程学会 26 个。

学会设有：37 个专业委员会（水能规划和动能经济、环境保护、水文泥沙、水工及水电站建筑物、电气、自动化、水力机械、水工金属结构、水电站运行管理、电网调峰与抽水蓄能、地质及勘探、水工水力学、高坝通航、碾压土筑坝、混凝土面板堆石坝、施工机械化及施工管理、工程造价、信息化专业委员会、大坝安全监测、水电建设管理、机械疏浚、水机磨蚀、电站液压控制、电力工程防汛与减灾、建设合同、水电监理、西电东送与电力系统、水电科技出版、水电自动化及计算机控制工程、水电控制设备、水库环境与经济、工程施工系统、灯泡贯流式机组、继电器保护、信息电力、电力系统自动化、中国大坝委员会等）；5 个工作委员会（科学技术咨询、国际交流、水利电力翻译、青年、科学技普及）。编辑出版主要技术刊物有《水力发电学报》、《水电能源科学》、《水力发电年鉴》、《大坝与安全》、《水电站机电技术》等。参加的国际组织有国际大坝委员会（ICOLD）、国际水力学研究会（IAHR）国际水力发电协会（CHA）等，并与美、加、日、英、法、瑞典、瑞士、俄罗斯、印度、尼泊尔、朝鲜等国家开展国际学术交流，同时参加并协办各类水电国际研讨会。

（二）中国水力发电工程学会理事成员

理 事 长：周大兵

副理事长：何 璟 石成梁 高季章 郭建堂
贺 恭 曹广晶 李菊根 陈方枢
刘 宏 周小谦 郦凤山 汪易森
程念高

秘 书 长：郦凤山

副秘书长：毛亚杰 李 新

（三）2005 年工作情况

1. 学会改革

（1）工作会议。学会于 1 月 18 日在北京召开了第五届五次常务理事会（理事长、副理事长，秘书长、副秘书长）和在京常务理事联席会。会议审议了学会 2004 年工作总结报告，审议并通过了学会 2005 年工作重点计划。会议研究讨论并制定学会的战略方向，对学会的改革、发展和五届四次常务理事会的“纪要”决议的任务，提出了有力的保障措施。会议对学会根据《社会力量设立科学技术奖管理办法》、《国家科学技术奖励条例》和有关规定，着手设立中国水力发电科学技术奖；为了正确评价水电行业科学技术成果的质量和水平、促进科技成果的完善和科技水平的提高、发挥中介组织的作用、加速科技成果在水电行业的推广应用，参照有关规定开展对水电科技成果的鉴定工作；根据中国科协的指示与要求，建立会员（单位）缴纳会费机制等进行了认真讨论，提出了建设性意见。

11月2～14日召开了中国水力发电工程学会五届六次常务理事会（通信方式），研究中国水力发电工程学会办事机构变更挂靠单位的事宜。会议决议同意学会办事机构挂靠单位由国家电网公司变更为中国水电工程顾问集团公司。

（2）水力发电和可再生能源工程师资格认证工作。

中国科协选择了一些学会做试点工作。经多次汇报协商，并做了大量准备工作，科协已原则同意水电学会开展此项工作。2005年7月学会已编制完成了《中国水力发电和可再生能源工程师资格认证标准（初稿）》等。

（3）筹备成立中国水力发电企业协会。该协会坚持面向全国水力发电企事业单位并为其服务的宗旨；遵循“服务、研究、交流、提高”的方针；坚持深入实际、调查研究、典型引导、智力服务、业务咨询、教育培训的基本方法；紧紧依靠并密切联系全国水电行业广大职工，为提高企业素质和现代化管理水平、加快水电开发和现代化建设服务。经多次向有关部门汇报，与有关单位协商，现已编制完成了《中国水力发电企业协会章程》初稿。

为了奖励在水力发电科技进步中作出突出贡献的集体和个人，推动水力发电事业发展，根据《社会力量设立科学技术奖管理办法》、《国家科学技术奖励条例》和有关规定，设立中国水力发电科学技术奖。编制完成了《中国水力发电科学技术奖励办法（初稿）》。

（4）编制国家工程建设项目《施工招标文件范本通用合同条件》。中国工程咨询协会合同管理工作委员会秘书处依托中国工程咨询协会水力发电专业委员会承担有关工作，负责有关合同条款及FIDIC合同条件中国化的编制工作。由于中国工程咨询协会水力发电专业委员会设在中国水力发电工程学会内，所以学会协同中国工程咨询协会组织专家编制国家工程建设项目《施工招标文件范本通用合同条件》，已完成送审稿，报国家发改委审定。

2. 学术交流

2005年举行学术活动19次，参加人员2020人（境外人员45人），交流论文763篇（境外人员论文24篇）；与台湾交流团组1个，2人次；举办培训班6个，培训人数757人次（其中继续教育647人次）；主办学术期刊3种，共43500册；编缉科技图书1种，计4000册；编辑论文集17种，共计5914册，发表论文665篇。

组织中国工程院院士、中国科学院院士及有关专家认真进行研究讨论《中华人民共和国可再生能源法（草案）》（征求意见稿）。学会已将专家研究讨论意见汇总并上书国务院、全国人大法制部门和国家最高领导人。

中国水利水电工程首届砂石生产技术交流会于5月20～24日在贵阳召开。会议由中国水力发电工程学会施工系统专业委员会、贵州省水力发电工程学会和乌江水电开发有限责任公司联合主办，贵州黔源电力股份有限公司、中国水利水电第八工程局和贵阳勘测设计研究院协办，中国水利水电第九工程局承办。中国水利水电业主、科研、设计、施工、大专院校和部分国内外生产厂家等70多个单位近240名代表（其中有3名外籍来宾）出席了会议。会议收到论文84篇，优选了近50篇编入《论文集》。

会议期间陆佑楣院士、谭靖夷院士等做了重要讲话，有关专家做了技术讲座，且有20余篇论文进行了大会交流。

中国水力发电工程学会水文泥沙专委会第六届学术讨论会于10月11～13日在四川成都召开。全国水利和电力系统的水文水资源局、水利水电设计院、水电厂、科研院所、高等院校、流域机构和开发公司等38个单位67名水文泥沙工作者参加了会议。会议收到82篇论文，编辑了870千字的论文集。

中国水力发电工程学会面板坝专业委员会于9月19～23日在湖北宜昌召开了中国面板坝20周年学术研讨会，参加会议代表共217人，其中境外人员33人。会议收集论文143篇，其中境外论文22篇，已出版论文集。

中国水力发电工程学会碾压混凝土筑坝专业委员会于11月21～24日在南京召开，与会代表90人。会议收集论文25篇，已出论文集。

第二届全国水力学与水利信息学学术会议于10月15～17日在成都召开。会议由中国水利学会水力学专委会、中国水力发电工程学会水工水力学专委会和国际水利工程与研究协会中国分会联合主办。大会收集论文115篇，入选论文109篇分别刊登在《水利学报》、《水利水电技术》和《水力学与水利信息学进展2005》中。参会代表150人，大会交流论文60篇。会议首次对会议交流的青年学者（35岁以下）论文进行了优秀论文评选和奖励，获奖作者参加下一届大会时免交会议注册费。

中国水力发电工程学会抽水蓄能专委会于11月25～29日在广蓄温泉度假村召开了2005年学术年

会，来自65个单位的130名代表出席了会议。会议收集论文70篇，大会交流20篇。

4～10月，收集、修改、编辑了第九卷《中国水力发电年鉴》的文献、资料和来稿，共编列19个篇目，57个栏目，358个条目，照片近40幅，共115万字。

中国水力发电工程学会《会讯》除专刊外，出版了8期。

（郈凤山）

电 力 企 业

电 网 公 司

国 家 电 网 公 司

公司概况

国家电网公司成立于2002年12月29日，是经国务院同意进行国家授权投资的机构和国家控股公司的试点单位。作为关系国家安全和国民经济命脉的国有重点骨干企业，国家电网公司以投资、建设、运营电网为核心业务，承担着为国民经济和社会发展提供安全、优质、经济的电力服务的基本使命。国家电网公司实行总经理负责制，按集团公司模式运作，总经理为公司的法定代表人。公司注册资金2000亿元，拥有48个全资、控股公司及单位，代管西藏自治区电力公司，经营区域覆盖26个省、自治区、直辖市。

国家电网公司在2005年度《财富》全球500强企业中排名第40位。截至2005年12月31日，公司资产总额11767亿元，净资产4346亿元，资产负债率61.96%，是中国资产规模最大的工业企业。公司管理员工150.2万人，直接服务客户1.28亿户，拥有220kV及以上输电线路19.6万km、变电容量6.2亿kVA。

2005年，国家电网公司坚持以邓小平理论和“三个代表”重要思想为指导，认真落实科学发展观，积极贯彻国家能源发展战略，履行“四个服务”（服务党和国家工作大局、服务电力客户、服务发电企业、服务经济社会发展）的宗旨，围绕把国家电网公司建设成为“一强三优”（电网坚强、资产优良、服务优质、业绩优秀）的现代公司的发展战略目标，贯彻“三抓一创”（抓发展、抓管理、抓队伍、创一流）的基本工作思路，把握机遇，应对挑战，协调推进改革发展稳定各项工作，开创了新的工作局面。

2005年，国家电网公司电网建设迈上新台阶，投资规模和项目投产、开工规模均创历史新高，特高压试验示范工程取得重大突破。完成电网建设与改造投资1108亿元；投产220kV及以上输电线路2万km，变电容量9325万kVA，直流换流容量72万kW；开工220kV及以上线路2.3万km，变电容量1亿kVA；提高现有电网输送能力4500万kW以上。集约化管理成效显著，经济效益创历史最好水平。完成售电量14646亿kWh，增长13.6%；跨区输电量773.8亿kWh，增长16.9%；主营业务收入7214亿元，增长21.4%；实现利润总额143.9亿元，增长44.9%；实现利税585.7亿元，增长25.5%。净资产收益率2.27%，提高0.67个百分点。全员劳动生产率22.1万元/人年，增长31%；线损率6.59%，下降0.36个百分点。保持了安全生产良好局面，圆满完成迎峰度夏和各项保电任务。电网事故同比下降46.7%，设备事故下降39.2%。180个基层单位受到中央文明委表彰，实现了精神文明建设与物质文明建设双丰收。

领导班子

党组书记、总经理：刘振亚

党组成员、中纪委驻国家电网公司纪检组组长：祝新民

党组成员、副总经理：陆启洲

党组成员、副总经理：陈进行

党组成员、副总经理、工会主席：郑宝森

党组成员、副总经理、总会计师：陈月明

党组成员、副总经理：舒印彪

组织机构

详见国家电网公司组织机构图。

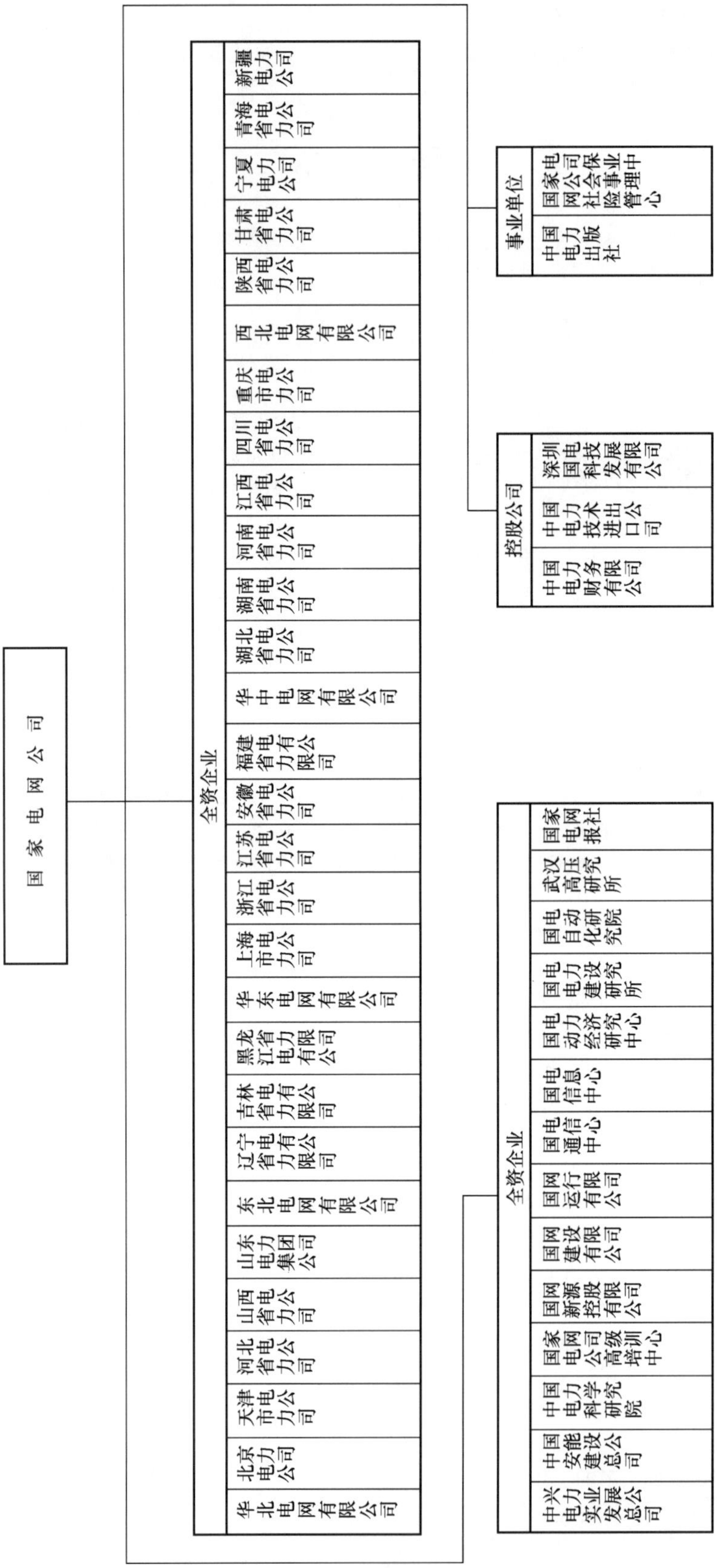

国家电网公司组织机构图

电网发展

国家电网公司坚持以科学发展观为指导，根据我国国情和电网发展规律，认真分析近年来煤电运紧张的内在原因，深刻认识电网发展对优化能源资源配置和转变经济增长方式的重要作用，从持续满足全面建设小康社会对电力的需求出发，与时俱进，调整电网规划思路，全面加强电网规划，积极推动以特高压电网为核心的坚强国家电网建设，促进跨大区、跨流域、远距离、大规模资源优化配置。配合政府部门做好“十一五”电力工业发展规划和2020年远景目标研究。完成了特高压电网规划、同步电网规划和“十一五”国家电网发展规划。按照各级电网协调、统一的原则，完成了各区域、省级电网发展规划和相应的二次系统规划，以及经营范围内的直辖市、省会城市、自治区首府、计划单列市等31个重点城市电网规划。这些规划的全面实施，将逐步解决电网发展滞后的问题，促进电力工业健康发展。

为推进特高压电网建设，国家电网公司在国家发改委等部委的支持下，加强领导，集中力量，锲而不舍，积极开展重大问题的咨询论证和技术攻关。建设和发展特高压电网的理论和思路得到广泛支持。特高压输电技术纳入《国家中长期科学和技术发展规划纲要》，试验示范工程纳入2005～2006年国家能源工作要点。晋东南—南阳—荆门交流特高压试验示范工程可研报告通过评审，具备开工条件。溪洛渡、向家坝水电站外送特高压直流和锦屏—华东特高压直流等工程可研全部完成。

国家电网公司站在促进国家能源发展战略实施和保障国家能源安全的高度，充分发挥电网优势，积极谋划并开展同周边国家的能源合作和跨国输电，分别与俄罗斯、哈萨克斯坦、蒙古等国电力企业签订了合作协议和备忘录，中俄电力合作项目正式纳入两国政府能源合作框架，进入实质性谈判阶段。

适应电网项目核准制的新要求，国家电网公司克服困难，大力加强电网建设前期工作。跨区电网，区域、省级电网骨干网架和城乡电网建设加快。31个重点城市电网建设与改造全面启动。坚持多快好省建设电网，推行电网建设标准化、系列化，完成了110～500kV输变电工程典型设计。

着眼于建设现代化电网，公司整合科技资源，加强科技资金管理，加快试验基地建设和重大科研项目攻关，推广应用先进适用技术，取得重要进展。我国第一个750kV超高压输变电工程和第一个全部国产化的直流输电工程正式投产并安全运行，标志着我国电网建设迈上了新的台阶。

经营管理

2005年，国家电网公司坚持以效率和效益为中心配置生产要素，经营管理集约化、精细化水平明显提升。国家电网公司认真贯彻依法经营企业、严格管理企业、勤俭办企业的方针，以战略规划为指导，以集约化为取向，以提高整体运营效率和经济效益为中心，深化改革，细化管理，加强资源整合，转变粗放型经营方式，取得了良好成效。

集中全公司智慧和力量，组织制定了“十一五”公司发展规划和电网、科技、信息、通信、教育培训等专项规划，战略规划体系基本形成。公司总部建设成效显著。综合计划和全面预算管理得到加强。综合业绩考核进一步完善。内控体系初步建立，审计监督力度加大。加强资金统一管理和有效监控，开展内部市场运作，降低融资成本，提高了资金运作效率。整合银行、保险、证券等资源，搭建统一的金融平台，培育新的效益增长点。调整重组部分直属单位的资产和主营业务，清理解决了一批历史遗留问题。加强部分发电资产、抽水蓄能电站和新能源业务的集中管理，规模效益和专业化管理优势得到发挥。

为堵塞管理漏洞，降低经营成本，防范投资风险，促进廉政建设，国家电网公司全面开展清理账外资金、各类公司、银行账户和规范招投标工作。强力推行集中规模招标，取得明显成效。成本管理更加严格，非生产性支出得到控制。劳动用工、人事制度改革继续深化，员工收入分配管理逐步规范。营销工作显著加强，电费回收力度加大，全面完成年度计划。

积极开展同业对标，用指标评价企业。抓典型、树标杆，激发了各单位自我加压、争创一流的积极性，促进了管理水平的提高。

认真贯彻国务院国发［2002］5号文件，以高度负责的精神，总结梳理电力体制改革遗留问题，实事求是地提出主辅分开、主多分离等改革实施意见和“十一五”时期深化电力体制改革的建议。按照“先规范、后分离”的思路，主动加强和规范多经企业管理。认真做好分离企业办社会职能工作。广大辅业单位和多经企业讲政治、顾大局，拥护支持改革，主动加强管理，努力开拓市场，保持了生产经营秩序稳定。

安全生产

2005年，国家电网公司全面落实科学的电网安全观，确保了电网安全稳定运行。公司深刻认识电网安全的极端重要性，始终把安全生产放在工作首位。在安全形势十分严峻的情况下，从转变安全理念和提升队伍素质出发，坚持“安全第一，预防为主”，贯彻安全生产“可控、在控、能控”的思想，颁布实施《关于加强安全生产工作的决定》，全面、全员、全过程、全方位强化安全管理，推进安全生产长效机制建设。坚持严肃认真的工作态度，狠抓安全生产责任制落实，加大了安全事故处理和责任追究力度。

公司认真吸取国外大面积停电事故教训，深入开展反事故斗争。针对薄弱环节和存在的突出问题，研究安全生产规律，完善大面积停电应急预案。排查和治理重点城市电网安全隐患。全利组织抗击冰雪、台风等自然灾害，有效保障了电网安全。

通过采取综合措施，在各区域和省级电网统调负荷均创历史新高、改革发展任务艰巨、自然灾害频发等情况下，保持了安全生产良好局面，圆满完成迎峰度夏和各项保电任务。全年电网事故下降46.7%，设备事故下降39.2%。国家电网公司管理的发电机组保持安全稳定运行。

电网运行和电力市场建设

2005年，国家电网公司系统各网省公司加大投入力度，积极实现《全国电网二次系统“十五”规划纲要》确定的目标，在我国电网结构薄弱的条件下，为保证电网的安全、稳定运行，采用了许多先进的技术和管理措施，提高调度装备现代化水平和运行管理维护水平，增强了电网运行控制实力，为电网安全稳定、经济、优质运行和电力资源优化配置提供了有力的支持。

在全国电网基本实现互联和深化网厂分开、电力市场改革的新形势下，国家电网公司加强电网调度中心建设，在调度系统开展“安全优质服务年”活动，依法开展“三公”调度；认真开展调度系统安全性评价和反事故斗争；积极采取措施，进一步加强系统安全稳定工作；加强需求侧管理，保证电力有序供应；组织编制“十一五”电网调度发展目标和通讯发展规划。2005年，国家电网保持安全稳定运行。

在认真做好电网运行工作的同时，国家电网公司积极推进电力市场体系建设，跨区跨省优化资源配置的能力显著增强。公司适应电网发展和电力供需形势变化，充分发挥市场配置资源的基础性作用，按照“完善省级市场、发展区域市场、培育国家市场”的方针，加快三级电力市场体系建设。公司配合有关部门制定市场运行规则，修订有关法律法规、国家电力市场开始模拟运行。东北、华东电力市场试运行和综合模拟运行取得新的进展。

公司加强电网调度，科学安排运行方式，推动跨区跨省电力交易。迎峰度夏期间，公司跨区输电保持满负荷安全运行，组织三峡、华中电力送华东420万kW，东北、华中电力送华北200万kW，有效缓解了华东、华北地区的电力供需矛盾。在保证安全的基础上，采取多种方式挖掘电网潜力，大力开展电网技术改造和升级，组织实施提高现有电网输送能力工程，全年提高输送能力4500万kW以上。累计完成跨区跨省输电2140亿kWh，取得了显著的社会效益和经济效益。

优质服务和“国家电网”品牌建设

2005年，国家电网公司认真实施优质服务“三个十条”，“国家电网”品牌建设初见成效。公司始终坚持把“四个服务”作为工作的出发点和落脚点，主动向社会公布并实施员工服务“十个不准”、“三公”调度“十项措施”和供电服务“十项承诺”，优化服务流程，完善服务标准，规范服务行为，加强监督考核，健全优质服务常态机制，服务水平全面提升。

公司围绕推动资源节约型社会建设，认真落实各项宏观调控措施，在大力加强内部节能降耗的同时，深入开展需求侧管理，积极引导社会科学用电、合理用电、节约用电。加强电力供需分析，及时向国务院和国家有关部门专报重要信息。深入开展需求侧管理，加强负荷控制，合理错峰避峰，保证了有序用电。加强农村供用电管理，积极为农民、农业和农村经济发展服务。

公司认真贯彻《电力监管条例》，主动接受市场监管和社会监督。加强网厂协调，规范调度信息发布，“三公”调度水平进一步提高。规范服务窗口建设，完善95598客户服务系统，认真履行服务承诺，供电服务质量明显提高。公司经营区域内城市供电可靠率99.914%，同比提高0.058个百分点；农村供电可靠率99.382%，提高0.074个百分点。行风建设取得新成果，绝大部分单位在地方行风评议中名列前茅。

公司积极向各级党委政府汇报工作，主动加强与用户沟通，争取理解和支持。高度重视和改善公共关系。积极开展新闻宣传工作，推广企业标识系统。公司成为北京2008年奥运会合作伙伴。统一的“国家电网”品牌初步形成，公司社会形象明显改善。

先进性教育和队伍建设

国家电网公司认真贯彻中央部署和要求，加强党的建设，扎实开展保持共产党员先进性教育活动，各级党组织战斗力普遍增强，党员队伍素质明显提高，涌现出华中抗冰抢险保供电等感人事迹和一批优秀共产党员代表，公司总部和各单位作风明显转变，工作水平进一步提高。

公司积极开展“四好”领导班子创建活动，加强各级领导班子思想政治建设、组织建设、作风建设和能力建设，提高领导干部的大局意识和责任意识，增强了贯彻公司决策部署的自觉性和主动性。严格按照干部“四化”方针和德才兼备原则提拔选用干部，大力推进干部交流。贯彻“为民、务实、清廉”的要求，建立健全教育、制度、监督并重的惩治和预防腐败体系，颁布实施《关于加强廉政建设预防职务犯罪工作的决定》，深入开展警示教育，加强效能监察，加大领导干部任期经济责任审计力度，严格党风廉政建设责任制，强化权力运行监督，提高了干部队伍拒腐防变的能力。公司上下遵纪守法意识、组织纪律性明显增强。

公司高度重视工会和共青团工作。成立国家电网公司工会，建立公司职代会制度，企业民主管理和民主监督得到加强。深化青年文明号创建工作，组织开展“青春光明行”等系列活动，共青团工作取得新成绩。加强和改进信访稳定工作，主动化解矛盾，确保队伍稳定，促进了社会和谐。

精神文明建设

国家电网公司大力弘扬“努力超越、追求卓越”的企业精神，精神文明建设取得丰硕成果。公司把企业文化建设作为“三抓一创”的重要内容，积极塑造以人为本、忠诚企业、奉献社会的企业文化，大力弘扬“努力超越、追求卓越”的企业精神，为公司发展提供了坚强的思想保证和精神动力。广大员工胸怀大局，扎实工作，在各自岗位上共同推动“一强三优”现代公司建设，展示了良好的职业素质和高尚的价值追求。公司系统认真履行社会责任，加强环境保护，积极参与各种社会救助和献爱心活动，实现了精神文明建设与物质文明建设双丰收。49人获得“全国劳动模范”称号。180个基层单位受到中央文明委表彰，其中78个单位被授予“全国文明单位”称号，102个单位被授予“全国精神文明建设工作先进单位”称号。在750kV输变电示范工程建设中，2个单位和3人分别荣获全国“五一”劳动奖状和“五一”劳动奖章。

（胡　锐）

中国南方电网有限责任公司

公司概况

中国南方电网有限责任公司是由广东省、海南省和国家电网公司在广西、贵州、云南所属电网资产为基础组建的国有企业，由中央管理，在国家实行计划单列，财务关系在财政部单列。经国务院批准，2002年12月29日挂牌成立，2004年6月18日完成工商注册登记。公司总部设在广州市。2005年，公司跻身全球500强企业。

根据公司章程的规定，公司经营范围：依法经营公司及有关企业中由公司投资形成并拥有的全部资产；投资、建设和经营管理南方区域电网，参与投资、建设和经营相关的跨区域输变电和联网工程；从事电力购销业务，负责电力交易和调度，管理南方区域电网电力调度交易中心；根据国家有关规定，经有关部门批准，从事国内外投融资业务；经国家批准，自主开展外贸流通经营、国际合作、对外工程承包和对外劳务合作等业务；从事与电网经营和电力供应有关的科学研究、技术开发、电力生产调度信息通信、咨询服务和培训等业务。经国家批准或允许的其他业务。

组织机构

公司总部设有11个部局，以及南方电网电力调度通信中心、电力交易中心、技术研究中心、信息中心。下设超高压输电公司分公司、调峰调频发电公司筹备组，广东、广西、云南、贵州、海南电网公司5

个全资子公司，以及控股南方电网财务公司。至2005年12月底，公司资产总额2632.53亿元，负债总额1609.72亿元，职工总数13万人。公司组织机构见图。

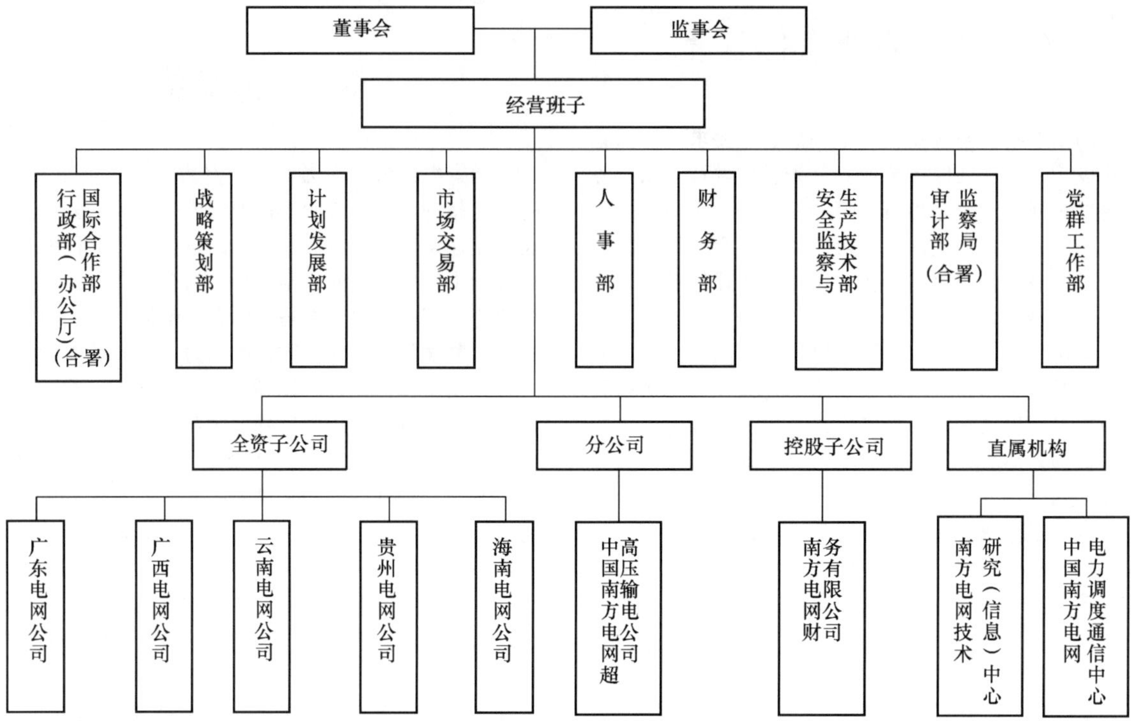

中国南方电网有限责任公司组织机构图

领　导　班　子

根据中委［2002］392号、国人字［2002］107号、组任字［2002］173号文件的任职通知，袁懋振为公司党组书记、董事长；王野平为公司党组成员、董事、总经理；赵建国、肖鹏、周继太、王久玲、祁达才为公司党组成员、董事、副总经理。根据国资任字［2004］131号、国资党任字［2004］92号文件的通知，祁达才任公司总会计师，王玉霜任公司党组纪检组长。

南方电网基本情况

公司辖属的南方电网覆盖五省（区），面积约100万km^2，2005年底供电总人口2.3亿人，占全国总人口的17.8%，2005年GDP总量32083亿元，占全国总量的17.6%；人均GDP 14053元，为全国人均GDP的100.5%，是我国经济发展较快的区域之一。南方电网东西跨度近2000km，网内拥有水、煤、核、抽水蓄能、油、气、风力等多种电源，2005年底总装机容量9083万kW（不含港澳）。网内220kV及以上输电线路总长45030km，变电容量16238万kVA。西电东送已经形成“六交三直”九条500kV大通道，输电能力达到1200万kW。

南方电网远距离、大容量、超高压输电，交直流混合运行，既有电触发直流技术，又有光触发、可控串补、超导电缆等技术。2004年9月起，南方电网开始从云南向越南送电，成为国内率先“走出去”的电网，2005年又新增2条通道分别从云南和广西向越南送电。

截至2005年底，南方电网西电东送累计完成电量1932亿kWh，其中广东受西电1503亿kWh，平均落地电价0.312元/kWh；广西受西电436亿kWh；云南送出电量282亿kWh，贵州送出电量503亿kWh。西电东送对保证广东电力供应，促进经济和社会全面发展起到了重要作用，也为西部省（区）把资源优势转化为经济优势作出了贡献。

公司大政方针

公司的大政方针包括公司的宗旨、战略总体目标、工作方针，1号令、2号令。

公司的宗旨：对中央负责，为五省区服务。

公司的战略总体目标：打造经营型、服务型、一体化、现代化的国内领先、国际著名企业。

公司的战略发展思路：强本、创新、领先。

公司的战略发展目标：争取在十年内全面实现“两型两化、国内领先、国际著名企业”，把公司做强做优。

公司的工作方针：“六个更加注重”。更加注重依靠科技进步；更加注重树立科学发展观；更加注重社会效益；更加注重管理出实力；更加注重深化改革；更加注重人的发展。

公司1号令：《关于加强安全生产确保电网稳定运行的规定》。

公司2号令：《关于强化依法经营确保经济活动合规合法的规定》。

工 作 概 况

按照“完善、规范、巩固、提高”的总体要求，全面完成了年度目标。在两年打基础之后，公司各项工作上了新水平。

(1) 完成售电量3475亿kWh，同比增长12.7%；西电东送电量535亿kWh，同比增长27.7%；应急调峰电厂发电量90亿kWh。

(2) 实现主营业务收入1924.5亿元，同比增长22.9%。购电单位成本344.84元/MWh，供电单位成本110.11元/MWh；综合线损率7.38%，比计划指标下降了0.22个百分点；应收电费余额27.45亿元，比年初减少4.32亿元。实现利润总额56.3亿元，同比增长37.7%，国有资本保值增值率103%。工业企业全员劳动生产率同比增长16%。

(3) 完成固定资产投资406.8亿元，其中电网建设投资310.8亿元。投产220kV及以上输电线路3636km，变电容量2473万kVA。

(4) 公司跻身全球500强企业。至2005年底，公司资产总额2701亿元，比年初增加241亿元，资产负债率62.13%。超额完成国资委2005年度经营业绩考核目标。

电力保障和安全生产

2005年全网最大电力缺口达到940万kW，比2004年增加了440万kW，面对缺煤、少水、油价大幅度上涨等各种不利因素，又遭遇到冰凌、特大洪水、强台风等各种自然灾害，保障安全有效供电困难重重。公司党组提出了“主动承担更多的社会责任”，并转化为对中央负责、为五省区服务的具体行动。

加大了全网资源优化配置的力度。充分发挥大电网的优势，提高运行方式的编制水平，实施了“三实时”、“三快速”、“四灵活”十项措施，快速平衡电力余缺，灵活配置电力资源。在落实西电东送计划的基础上，省间临时交易和实时调整电量81亿kWh，同比增长了42%。西电送广东最大电力1171万kW。广东在夜间低谷和节假日向广西送电，最大电力达到200万kW。在贵州机组出力不足和云南遭遇严重干旱时，也利用南方电网大平台，给予支援。天生桥、鲁布革、广蓄电厂对西电东送和电网调峰起到了重要的作用。

需求侧管理成效显著。在总结经验的基础上，出台了需求侧管理的8条指导性意见。依靠各级政府制定不同电力缺额下的错峰用电方案，健全了供需预警机制，完善技术和管理手段，开展“万家灯火、南网情深”优质服务活动，通过电话、短信、报纸、网站等多种方式及时发布用电信息，广东用户自觉错峰率达到98.91%，云南电网统调负荷率同比增长5.1个百分点。全网统调负荷率86.4%，同比提高0.5个百分点；强制错峰条次同比减少62%，基本做到了限电不拉路，错峰不减产。

安全生产形势总体平稳。各单位认真贯彻公司1号令，将安全管理的重点放到基层、班组和岗位，各级人员的责任和措施进一步到位。坚持推进安全生产标准化、规范化，开展了技能竞赛和技术练兵等活动。开展了二次系统管理年活动，220kV及以上继电保护正确动作率99.55%，达到了国内领先水平。制定10项重点反措，投入资金5.1亿元，提高了设备健康水平，基本实现了省区间无功平衡。汛前在现场成功修复了天生桥换流变。迎峰度夏期间，8条西电东送大通道实现了零事故。公司应急体系已覆盖全部地市，在广州、南宁等重要大城市成功地进行了社会联动的大面积停电应急演习。在强台风“达维”重创海南电网时，成功实现了国内首次黑启动。针对上半年事故大幅度增长的情况，采取有力整治措施，下半年事故同比下降，控制住了安全生产局面。

着力打造了南方电网技术品牌。把科技兴网、提高自主创新能力摆到重要的位置上，召开第一次科技工作会议，明确了南方电网的核心技术，对重点攻关项目做出部署，开展首届南方电网科技进步奖评选，初步建立了科技创新机制，营造了崇尚科技的氛围。

电 网 发 展

初步确定了“十一五”电力发展规划。这标志着南方电网进入了一个新的发展时期。公司和广东与贵州、云南省政府分别签订了“十一五”黔电送粤、云电送粤框架协议。国家发改委召开专题会议原则同意了公司编制的南方电网“十一五”电力工业发展规划建议，确定了“十一五”西电送广东新增1150万～1350万kW的规模。扎实开展±800kV云广直流输电工程的前期工作，关键技术问题已基本解决，并已申报立项，正在加快开工准备。加强了自主创新，在贵广二回直流工程设备自主化率达到70%的基础上，云广直流输电工程设备自主化率可达到60%。海南联网工程已获国家核准。完成了南方电网系统设计、二次系统、调峰调频电源等多项专题规划研究，完成了省级、地市、县级电网规划。

2005年，22项重点工程全部按期投产。西电东送主网架进一步得到加强，电网建设欠账较多的问题得到了明显缓解。天广四回投产后，西电东送通道输电能力超过了1200万kW。经过3年的努力，广东电网“卡脖子”问题已基本解决，仅2005年深圳供电局就投产了变电容量738万kVA。全年实现了电网建设人身安全零事故目标，贵广交流等8项工程获得“中国电力行业优质工程”称号，紧凑型输电等多项新技术在南方电网成功应用。公司系统已基本完成两期农网改造工程，总投资351亿元；县城电网改造累计完成投资89亿元。

在中越两国领导人的见证下，签订了《中国南方电网公司与越南电力总公司有关向越南北部六省的售电合同》，年供电量13亿kWh，合同总金额5亿美元。开展了老挝、缅甸的电力规划工作，以及在越南、老挝、缅甸投资建设水火电项目的前期研究。积极推进了与香港、澳门的电力合作。

经 营 管 理

预算管理和成本控制达到了预期目标。全面预算管理继续完善，加大了经济活动分析的深度和广度。重点加强了可控供电成本和线损的管理，可控供电单位成本比2005年同口径下降2.5%，综合线损率比计划指标下降了0.22个百分点。在完成国资委经营业绩考核目标的基础上，增加折旧资金积累18.67亿元，增强了自身实力和发展后劲。

增收节支成果显著。落实煤电联动政策，拓展了输配电价空间，严格电价执行。落实缺煤、少水情况下优化购电的有效措施，强化经济调度，汛期云南和贵州主要流域水电站实现零弃水，优化购电结构节约成本11亿元。加强交易营销稽查，全年共追补电费4854万元。

资金管理效益明显。建立了集团账户平台，压缩对外借款，全年资金运作效益达3.9亿元。财务公司运作开局良好。组织开展了清产核资专项核查，规范了担保管理和结算中心运作，加强了高风险业务清理，较好地执行了重大财务事项报告制度。配合监事会的监督、检查，加大内部审计监督力度，2005年共完成专项审计2263项，增收节支1.4亿元。

班子建设和人才培养

公司把2005年作为“四好”领导班子创建年，将创建活动与先进性教育紧密结合起来，根据公司实际，提出了建设讲原则、重感情，团结和谐的各级领导班子的目标。党组印发了《关于开展创建“四好”领导班子活动的实施意见》等三个重要文件，先后组织各分、子公司党政负责人到延安、井冈山接受革命传统教育，到上海宝钢集团学习经验，召开了座谈会，有针对性地提出了“四好”领导班子建设的具体要求。各分、子公司结合实际，制订了实施细则，创建活动各有特色，取得了不少好经验。通过创建活动，各级班子的素质、能力和水平有了明显提高，得到了中组部的肯定。

从战略上盘活和培养干部初见成效。在重视干部使用的同时，更加注重对干部的教育、培养、管理和考核。2005年初党组交流调整的60多名干部，很快进入角色，踏踏实实工作，敢抓敢管，各方面工作都有新的起色，富有成效，不仅得到了广大干部职工的拥护和信任，也得到了各省区党委、政府的认可，为公司做强做优打下了一个很好的基础。

把公司发展与人的发展结合起来。出台《关于进一步加强教育培训工作的指导意见》，建立了多层次、多渠道、大规模的教育培训体系。公司系统全员培训率达到86%。完善了管理、专业技术两个岗位发展通道，初步明确了五类岗位的分类方法和管理模式，绩效管理的功能和效果更加明显。

基 础 管 理

“完善、规范、巩固、提高”的总体要求得到认真落实。按照“抓大放小”的原则，进一步理清了公司总部与分、子公司的管理界面，总部修订完善了133项规章制度。统一了数据上报平台，建成了全网一体化的行政办公系统。顺利完成总部机关和总调的建设和搬迁。开展公司发展战略体系研究，初步提出《公司发展战略纲要》。各分、子公司在制度标准修编、管理信息系统建设、班组建设、县级供电企业基础管理达标等方面做了大量的工作，进一步夯实了管理基础。

积极推进市场化改革，正式启动南方电力市场模拟运行，目前运行效果良好。分离企业办社会工作进展顺利。农电体制改革工作稳步推进。开展了主辅分离和股份制改革的研究工作。

党建和精神文明建设

按照中央的统一部署，公司系统分两批开展了保持共产党员先进性教育活动，在完成好“规定动作”的同时，结合实际开展了“两强两好”主题实践活动，提出了保持共产党员先进性的“五个模范的具体要求”、“五个与众不同”和“五个不能”，激发了党员的责任感和工作热情，在保证安全供电、工程建设、抢险救灾等各项工作中，充分体现了党员的先进性。公司系统的先进性教育活动得到了中央和国资委党委、五省区党委督导组、巡回检查组的肯定。

党风建设和反腐倡廉工作取得新成效。认真落实《实施纲要》和《廉洁从业若干规定》，坚持以教育和预防为主，从制度上、源头上下功夫的做法和经验，得到了中纪委的充分肯定。组织领导干部进行廉洁承诺，对干部进行诫勉谈话。把效能监察工作融入到企业经营管理之中，在公司系统推广了“阳光采购”系统，仅广东电网公司2005年就节约资金11.7亿元。

加强了企业文化建设。以公司大政方针和“五个概念”为核心内涵的企业文化已经初步形成，成为广大员工共同的价值观。开展了形式多样的劳动竞赛、文体活动和争先创优活动。

曲曙等8人被评为全国劳动模范。广西电网公司机关等11个单位荣获全国文明单位。超高压公司天生桥局等14个单位荣获全国精神文明建设工作先进单位。广东中山供电局客户服务中心等3个单位荣获全国青年文明号。

分子公司工作

超高压公司把握建好大通道、管好主网架的中心任务，建成了500kV南宁区域控制中心，确保了西电东送主通道的安全畅通。广东电网公司加强了线损管理，落实措施，效益显著；不断提高需求侧管理水平，全力做好电力供应，为广东全年GDP增长12.4%提供了有力的保障。广西电网公司按照“三个重在，三个基本”抓好安全生产，有效解决了多年来困扰西电东送的无功问题，千方百计增加供电，为自治区实现“双过千”作出了重要贡献。云南电网公司为扩大云电送粤规模和实施南方电网“走出去”战略做了大量艰苦细致的工作，完善了安全生产标准化管理，班子建设和党的建设富有特色。贵州电网公司重点抓观念的转变和强化管理，认真贯彻公司2号令，既超额完成西电东送任务，又保证了省内供电，贵州省政府做出决定通报表扬。海南电网公司以思想的接轨促进各项工作的接轨，在负荷增长很快和遭受强台风袭击的情况下经受住了考验。南网总调深入贯彻公司1号令和快速灵活调度的要求，对保证电网安全、统筹电力调配发挥了重要作用。电网研究中心为实施贵广二回直流工程自主化、解决±800kV直流输电关键技术问题作出了贡献。

企业文化理念

一、核心理念

1. 公司宗旨

对中央负责，为五省区服务。

坚定不移地贯彻落实“三个代表”重要思想、科学发展观等党和国家路线、方针、政策，与中央保持高度一致；积极实施国家西部大开发和西电东送战略，充分发挥南方电网公司优化资源配置大平台的作用，确保电网安全和电力供应，为国家能源安全、经济发展乃至社会稳定作出积极贡献；积极培育电力市场，协助政府维护电力市场秩序，实现电力市场的规范化运营；依法经营，确保国有资产保值增值；处理好中央与地方、东部与西部、卖方与买方、电网与电源的关系，当好五省区全面建设小康社会的“先行官”，服务于五省区经济社会发展，让中央放心，让五省区政府和人民满意。

2. 核心价值观

主动承担社会责任。

确保安全生产和电力供应，为五省区经济社会发展提供电力保障；坚持依法经营，提供优质服务，创造社会财富，承担环保责任，建设节约型企业；坚持以人为本，把公司发展与员工发展结合起来；参与社会事业，建设责任南网、和谐南网。

3. 公司战略目标

打造经营型、服务型、一体化、现代化的国内领先、国际著名企业。

经营型——以电网经营为主营业务，以经济效益为中心，制定经营策略，遵循市场规律，以市场需求为导向，大力拓展电力市场，积极培育新的经济增长点，实现南方电网的良性发展，确保国有资产保值增值。严格控制成本，降低消耗，增加产出，提高效益。积极利用公司的资金资源优势，搭建资本运作平台，开展资本经营，为电网发展提供有力支持。在做好有形资产运作的同时，重视商誉、知识产权等无形资产运作。

服务型——优质服务既是公司对社会的责任，也是公司核心竞争力的重要组成部分。坚持以客户为中心的经营理念，注重社会效益和公众利益，保证电网安全稳定运行，提供安全、可靠、优质、价格合理的电力，满足经济发展和人民生活水平提高对电力的需求。处理好与广大客户、发电企业的利益关系，做到公平、公正、公开、透明，提供优质服务。

一体化——公司系统加强融合，形成统一的意志、统一的认识、统一的步调，具有一体化的发展战略规划、一体化的管理运作机制、一体化的内部资源调配秩序、一体化的企业文化，全公司一盘棋，维护公司的整体利益和形象，增强凝聚力和向心力，上下同欲，政令畅通，外顺内和，促进南方电网和公司的全面协调可持续发展。

现代化——积极参与国际经济技术交流与合作，大力推进信息化，加快科技进步，吸收先进的经营管理理念和方法，提高自主创新能力，建立现代化企业管理机制。在员工队伍、装备水平、运营管理、创新能力、优质服务、企业文化等方面，向世界一流的跨国大企业看齐，实现一流的技术、一流的管理、一流的效率、一流的队伍。

国内领先、国际著名——公司作为中国电力体制改革的试验田，以国际化的视野和勇于开拓的精神，与国内外先进企业对标，在技术和管理上、在发展质量和速度上实现领先，确立行业先锋的地位。逐步在主营业务收入增长率、资产回报率、人均劳动生产率、供电可靠率、输变电设备可用率、安全事故率、客户满意率等生产经营指标上做到国内领先，在全球500强企业中的地位有较大上升。

4. 工作方针

六个更加注重。

更加注重依靠科技进步；更加注重树立科学发展观；更加注重社会效益；更加注重管理出实力；更加注重深化改革；更加注重人的发展。

在抓好电网安全的同时，更加注重依靠科技进步，提高电网科技含量，增强驾驭大电网的能力；

在抓好电力供应的同时，更加注重树立科学发展观，统筹区域资源优化配置，处理好各方利益关系，促进东西部互联互动，形成多赢格局；

在抓好提高企业效益的同时，更加注重社会效益，千方百计保证重要用户和人民生活用电，为广大用户服务，为发电企业服务，为五省区经济社会发展服务；

在抓好发展出实力的同时，更加注重管理出实力，强化管理，打牢基础，提高管理能力、管理水平，实现管理到位；

在抓好加强融合、巩固成果的同时，更加注重深化改革，建立现代企业制度，实现机制、体制创新，抓大放小，理清管理界面，调动各方面积极性；

在抓好企业发展的同时，更加注重人的发展，坚持以人为本，重视人才的培养、吸引和使用，建设优秀企业文化，充分发挥党组织的政治核心作用。

5. 企业精神

想尽办法去完成每一项任务。

执行力强，勇于面对困难，善于克服困难；有端正的思维、正确的思路和得当的方法；恪尽职守，认真、负责、踏实，超前思考，积极主动地工作，不推诿，不扯皮；坚信“办法总比困难多”，坚韧不拔，百折不挠，千方百计高标准、高质量地完成任务。

6. 工作作风

高标准、严要求、快节奏。

工作标准高，追求卓越；严字当头，从严治企；雷厉风行，运作流畅，工作效率高。

二、专业理念

1. 安全理念

一切事故都可以预防。

安全生产是公司的生命线，坚决同“违章、麻痹、不负责任”三大安全敌人作斗争，除人力不可抗拒的自然灾害外，所有事故都可以预防，任何安全隐患都可以控制和消除；增强全员安全意识，认真落实各项安全措施，严格落实各项规章制度，全面落实安全生产责任制；提高电网设计标准，提高电网设备装备水平，提高抵御自然灾害的能力；做好事故预想，完善应急预案，确保电网安全，确保人身安全，确保电力供应。

2. 经营理念

为客户创造价值，为社会创造效益。

以客户为中心，注重社会效益，提供安全、可靠、优质、价格合理的电力，满足五省区经济建设和人民生活需要，与客户共同发展，与社会共同进步。

3. 管理理念

以绩效为导向，实现管理到位。

建立以发展战略统领的绩效管理模式，完善以绩效为导向的管理制度和运行机制；通过科学的绩效评估，为员工创造工作平台与环境，让员工承担更重要的责任，不断发掘员工潜力，提高个人的业绩能力，以个人绩效带动整个组织绩效，实现企业价值增加；贯穿人本管理思想，采用科学管理方法，实行差别化管理，推行持续性改进，提高管理能力、管理水平，实现管理到位。

4. 服务理念

服务永无止境。

急客户之所急，想客户之所想，创新服务内容，完善服务手段，提高服务水平；以最快的速度、最好的质量满足客户的需求；诚信、便捷、精湛、优质，超越客户期待；没有最好，只有更好，以永无止境之心，求日进日新之境。

5. 团队建设理念

上下同欲，政令畅通，人人快乐工作。

追求共同的目标，恪守共同的价值，实现共同的愿景；信息有序传递，指令有效执行，令行禁止；激活团队，使员工有奔头、有劲头，气顺劲顺，在一个宽松、和谐的环境中，创造性地工作，提高绩效，实现企业和人的共同发展。

讲原则，重感情，严爱结合带队伍。

讲原则就是讲政治、讲大局、讲正气。坚持正确的政治方向，正确处理好全局和局部、长远和当前、组织和个人以及多数人和少数人的关系。为人光明磊落，言行一致，表里如一，明辨是非，刚正不阿，反对好人主义。重感情就是以人为本，关心人、爱护人、发展人，讲尊重、宽容、理解，营造一个和谐的工作氛围。严爱结合带队伍就是寓爱于严，融严于爱，为员工提供充分展现才华、实现价值的舞台，培养高素质的员工队伍。

6. 廉洁理念

清白做人、干净干事。

精神上追求高尚，道德上严守纯洁、行为上坦荡磊落；常修为官之德，常思贪欲之害，常除非分之想，常怀律己之心；始终保持蓬勃朝气、昂扬锐气和浩然正气；慎微慎初，防微杜渐；为政要廉，用人要当，办事要公，作风要实。

7. 行为理念

忠诚、敬业、责任、服从。

忠诚于事业和企业，自觉维护公司利益和形象；爱公司，爱岗位，对上负责，对下尽职，兢兢业业；开拓进取，守土有责；顾全大局，遵守纪律，任劳任怨，甘于奉献。

三、主题形象语

万家灯火、南网情深。

（安华云）

发　电　公　司

中国华能集团公司

企业概况

中国华能集团公司是经国务院批准成立的国有重要骨干企业，是国家授权投资的机构和国家控股公司的试点。公司注册资本200亿元。主要从事电源的开发、投资、建设、经营和管理，电力（热力）的生产和销售，金融、能源交通、新能源、环保相关产业及产品的开发、投资、建设、生产、销售，实业投资经营及管理。截至2005年底，华能在全国23个省市拥有运营的全资、控股电厂76个，总装机容量4321.4万kW，资产总额为2269亿元。

领导班子

党组书记、总经理：李小鹏

党组成员、副总经理：黄永达
党组成员、副总经理：王晓松
党组成员、副总经理：张廷克
党组成员、副总经理：鞠章华
党组成员、副总经理：那希志
党组成员、副总经理：乌若思
党组成员、纪检组长：王树岩

机构设置

1. 集团公司本部部门
总经理工作部
法律事务办公室
扶贫办公室
计划发展部
财务部
资产运营管理部
水电开发部
安全监察室
国际合作部
人力资源部
离退休人员办公室
监察部
审计部
思想政治工作部
工会工作委员会
2. 集团公司直属机构
基建办公室
中共中央党校中国华能集团公司党校（教育培训中心）
华能技术经济研究院
信息服务中心

组成单位

华能国际电力开发公司
华能国际电力股份有限公司
北方联合电力有限责任公司
云南华能澜沧江水电有限公司
华能四川水电开发有限责任公司
华能新能源产业控股有限公司
华能核电开发有限公司
绿色煤电有限公司
华能能源交通产业控股有限公司
华能资本服务有限公司
中国华能集团香港有限公司
华能综合产业公司
西安热工研究院有限公司（中国华能集团公司技术中心）

主要经济指标

主要经济指标对比见下表。

主要指标		单 位	指 标	
			2004年	2005年
总资产		亿元	1563	2269
收入		亿元	538.1	736.4
上缴税金		亿元	72.1	98.1
全员劳动生产率		万元/人年	52.75	48.55
可控容量	总量	万 kW	3356.66	4321.42
	火电	万 kW	3105.18	4033.78
	水电	万 kW	250.40	273.26
	风电	万 kW	1.08	14.39
权益容量	总量	万 kW	1435.95	1701.95
	火电	万 kW	1269.85	1555.32
	水电	万 kW	165.54	140.00
	风电	万 kW	0.56	6.63
发电量	总量	亿 kWh	1947.80	2564.15
	火电	亿 kWh	1827.01	2429.98
	水电	亿 kWh	120.48	132.17
	风电	亿 kWh	0.31	2.00
供电煤耗		g/kWh	336.85	345.78

重点电源建设项目

截至2005年底，公司在建的国家重点项目有6个，分别是小湾水电站、玉环电厂、伊敏电厂二期、珞璜电厂三期和达拉特电厂四期工程和苏州工业园区电厂二期，建成的有我国第一个60万kW超临界燃煤机组国产化依托工程——华能沁北电厂。

小湾水电站：在建机组台数为6台，单机容量70万kW，在建规模420万kW，首台机组计划2009年投产。

玉环电厂：规划容量4×100万kW，分两期建设。其中，一期工程，在建规模200万kW，首台机组计划2007年投产。

伊敏电厂二期：在建机组台数为2台，单机容量60万kW，在建规模120万kW，首台机组计划2007年投产。

珞璜电厂三期：在建机组台数为2台，单机容量60万kW，在建规模120万kW，首台机组计划2006年底投产。

达拉特电厂四期：在建机组台数为2台，单机容量60万kW，在建规模120万kW，首台机组计划2007年投产。

苏州工业园区电厂二期：建设机组台数为2台，单机容量60万kW，建设规模120万kW，计划于2006年初投产。

华能沁北电厂一期工程建设机组台数为2台，单机容量60万kW，分别于2004年11月23日、12月13日投产。

生产经营

2005年，公司安全生产局面总体良好，没有发生重大设备事故、重大火灾事故、特大交通事故；全年完成发电量2564.1亿kWh，比2004年增长31.6%；完成投产发电装机容量331.3万kW；实现销售收入736.4亿元，比2004年增长36.84%；实现合并利润增长目标；全面完成了国资委下达的各项业绩考核指标。

2005年，公司取得了对北方联合电力有限公司51%的绝对控股权，使公司成为国内第一个装机容量突破4000万kW的发电集团，为完善发电资产的分布格局、拓宽发展空间、扩大装机规模创造了条件。

科技进步

清洁能源技术开发迈出新步伐。“绿色煤电”计划以及高温气冷堆核电示范项目被列入了《国家中长期科学和技术发展规划纲要（2006～2020年）》。在国家科技部等有关部委的支持下，公司加入了美国“未来电力”企业联盟，将通过参与国际合作，跟踪、掌握清洁能源开发的前沿发电技术。公司与国内大型发电、煤炭和投资企业，共同发起成立了绿色煤电有限公司，积极推进新一代化石能源系统的研究开发，这一重大举措得到了中央领导的充分肯定，得到了社会各界的高度评价。核电开发公司的组建已经完成，具有国际领先水平、拥有我国自主知识产权的高温气冷堆核电示范项目得到积极推进。

努力攻克技术难题。小湾水电站工程攻克了高拱坝带来的大坝混凝土温控和坝基高地应力等技术难题，顺利实现了首仓大坝混凝土浇筑。公司在玉环电厂工程中组织联合攻关，率先在国内完成了P92钢材的焊接工艺、热处理及验收等导则的制订和审查，解决了国内没有超超临界机组主蒸汽管材焊接工艺标准的难题。

企业文化

2005年，公司制定并实施《企业文化建设实施方案》。进一步明确了建设一个为中国特色社会主义服务的“红色”公司，注重科技、保护环境的“绿色”公司，坚持与时俱进、学习创新、面向世界的“蓝色”公司的企业使命；进一步确立了“坚持诚信、注重合作、不断创新、积极进取、创造业绩、服务国家”的核心价值观；进一步树立了企业精神，即“千言万语、千辛万苦、千方百计”的敬业精神；“逢山开路、遇水搭桥”的开拓精神；“自找差距、自我加压”的进取精神；“敢为人先、敢为人所不能”的创新精神；“敢于工作、善于工作，敢于胜利、善于胜利”的奋斗精神。

发展战略

华能根据国民经济发展规划、国家产业政策以及市场需求，确立了战略定位：建设以电为核心，煤为基础，电煤路港运一体化的跨国能源集团。确定了战略目标：建设实力雄厚、管理一流、服务国家、走向世界，具有国际竞争力的大企业集团。明确了“十一五”的发展目标：到2010年，公司所有企业达到资源节约型企业标准的要求，各项能源、资源消耗指标和排放指标达到国内领先、国际先进水平；装机容量超过8000万kW，总资产超过4000亿元人民币，销售收入超过1400亿元人民币，进入世界企业500强。

为了实现上述目标，公司将以科学发展观统领工作全局，努力提高“七种能力”，实现“七个确保”。为此，必须实施“七项战略性举措”，即：实施一体化战略，提高能源供给能力，确保安全稳定发电；实施节约战略，提高建设节约环保型企业能力，确保实现节能环保规划目标；实施创新战略，提高自主创新能力，确保公司可持续发展；实施500强战略，提高做强做大能力，确保国有资产保值增值；实施“走出去”战略，提高利用境内外两个市场、两种资源的能力，确保把公司建成以国内为主的跨国公司；实施人才强企战略，提高队伍建设能力，确保公司事业发展的人力资源；实施管理革命，提高公司健康发展能力，确保建成有国际竞争力的能源集团。

中国大唐集团公司

企业概况

中国大唐集团公司是经国务院批准，在原国家电力公司部分企事业单位基础上组建的特大型电力企业集团，2002年12月29日成立。中国大唐集团公司是中央直接管理的国有独资公司，是国务院批准的国家授权投资的机构和国家控股公司的试点。主要经营范围是：大唐集团公司及有关企业中由国家投资形成并由集团公司拥有的全部国有资产；从事电力能源的开发、投资、建设、经营和管理；组织电力（热力）生产和销售；电力设备制造、设备检修与调试；电力技术开发、咨询；电力工程、电力环保工程承包与咨询；新能源开发。注册资本金人民币120亿元。

为适应集团公司、分子公司、基层企业三级责任主体集团化管理体制和运行机制的需要，2005年大唐集团公司在已组建的大唐甘肃发电有限公司、大唐陕西发电有限公司、大唐黑龙江发电有限公司、大唐吉林发电有限公司、大唐河北发电有限公司5个全资省级公司和湖南分公司、安徽分公司、云南代表处的基础上又相继组建了河南分公司、四川代表处。成立了大唐集团财务有限公司。拥有5个分公司、代表处、5个省级子公司、3个上市公司、4个专业公司，98个基层企业。截至2005年底，大唐集团在役和在建资产分布范围扩大到20个省（自治区、直辖市）。

机构设置

大唐集团公司本部设11个职能部门，即总经理工作部（国际合作部）、发展计划部、人力资源部、财务与产权管理部、安全生产部、工程管理部、市场营销部、审计部、思想政治工作部、监察局、大唐电力燃料有限公司（燃料管理中心）。

领导班子

党组书记、总经理：翟若愚

党组成员、副总经理：刘顺达 钟 俊 杨 庆 王 琳

党组成员、党组纪检组组长：邹嘉华

总会计师：胡绳木

成员单位

湖南分公司（湖南华银电力股份有限公司）

大唐耒阳发电厂

湖南湘潭发电有限责任公司

大唐石门发电有限责任公司

大唐衡阳发电股份有限公司

株洲华银火力发电有限公司

湖南华银电力股份有限公司金竹山火力发电分公司

湖南张家界水电开发有限责任公司

湖南大唐燃料开发有限责任公司

安徽分公司

大唐陈村水力发电厂

大唐淮北发电厂、大唐淮北发电有限责任公司

大唐淮南洛河发电厂、安徽淮南洛能发电有限责任公司

安徽电力股份有限公司（淮南田家庵发电厂）

安徽马鞍山万能达发电有限责任公司（参股）

安徽合肥联合发电有限责任公司（参股）

河南分公司

许昌龙岗发电有限责任公司

大唐三门峡发电有限责任公司、三门峡华阳发电有限责任公司

大唐信阳华豫发电有限责任公司

大唐洛阳首阳山发电厂

大唐洛阳热电厂、洛阳双源热电有限责任公司、大唐洛阳热电有限责任公司

大唐安阳发电厂、大唐安阳发电有限责任公司

大唐国际发电股份有限公司

大唐国际发电股份有限公司内蒙古分公司

大唐国际发电股份有限公司云南分公司
云南大唐国际红河发电有限责任公司
内蒙古大唐国际托克托发电有限责任公司
大唐国际发电股份有限公司北京高井热电厂
大唐国际发电股份有限公司陡河发电厂
大唐国际发电股份有限公司张家口发电厂
大唐国际发电股份有限公司下花园发电厂
天津大唐国际盘山发电有限责任公司
山西大唐国际神头发电有限责任公司
甘肃大唐国际连城发电有限责任公司
山西大唐国际云冈热电有限责任公司
河北大唐国际唐山热电有限责任公司
河北大唐王滩发电厂筹建处
云南大唐国际李仙江流域水电开发有限公司
云南大唐国际那兰水电开发有限公司
福建大唐国际宁德发电有限责任公司
广东大唐国际潮州发电有限责任公司
江苏大唐国际吕四港发电有限责任公司
山西大唐国际运城发电有限责任公司
河北大唐国际华泽水电开发有限公司
宁夏大唐国际大坝发电有限责任公司
重庆大唐国际彭水水电开发有限公司
浙江大唐乌沙山发电厂筹建处
云南大唐国际文山水电开发有限公司
四川大唐国际甘孜水电开发有限公司筹备处
大唐国际武隆水电开发有限公司
河北蔚州能源开发有限公司
内蒙古大唐国际锡林郭勒煤化工项目筹建处

龙滩水电开发有限公司

广西桂冠电力股份有限公司

广西桂冠电力股份有限公司大化水力发电总厂
广西桂冠开投电力有限责任公司
大唐桂冠合山发电有限公司
广西火炬高科技有限责任公司
广西平班水电开发有限公司

大唐甘肃发电有限公司

大唐甘谷发电厂
大唐碧口水力发电厂、甘肃大唐白龙江发电有限责任公司
大唐八〇三发电厂、甘肃大唐八零三热电有限责任公司
兰州西固热电有限责任公司、甘肃兰西热电有限责任公司
大唐连城发电厂
甘肃大唐玉门风电有限责任公司
甘肃大唐燃料有限责任公司
甘肃电投永昌发电有限责任公司（参股）

大唐陕西发电有限公司

大唐渭河发电厂
大唐户县热电厂
大唐户县第二发电厂
大唐略阳发电厂
大唐韩城发电厂
大唐延安发电厂
大唐灞桥热电厂、西安灞桥热电有限责任公司
大唐石泉水力发电厂、陕西石泉发电有限责任公司
大唐韩城第二发电有限责任公司
陕西汉江投资开发有限公司
中国大唐集团公司彬长煤电水一体化项目筹建处
陕西秦华发电有限责任公司（参股）
陕西新力发电有限责任公司（参股）

大唐黑龙江发电有限公司

鸡西热电有限责任公司、鸡西发电厂
大唐七台河发电有限责任公司
双鸭山热电有限公司
佳木斯第二发电厂
大唐黑龙江电力燃料有限责任公司

大唐吉林发电有限公司

大唐长山热电厂
大唐辽源热电有限责任公司
大唐长春第二热电有限责任公司、长春热电发展有限公司
大唐珲春发电有限责任公司
大唐吉林瑞丰新能源发电有限公司
大唐吉林风力发电股份有限公司
长春第一热电有限责任公司（参股）
大唐吉林电力燃料有限公司

大唐河北发电有限公司

大唐保定热电厂、大唐保定华源热电有限责任公司
大唐王快水力发电厂
大唐微水发电厂
峰峰电厂（含岳城电站）
沧州发电厂
河北马头电力股份有限公司
保定华诚余热发电有限公司（参股）
河北国华定洲发电有限公司（参股）
河北大唐电力燃料有限责任公司

中国水利电力物资有限公司

大唐环境科技工程有限公司

大唐集团财务有限公司

云南代表处

四川代表处

直属企业

阳城国际发电有限责任公司、大唐阳城发电有限责任公司
大唐太原第二热电厂
大唐恒山发电厂
大唐岩滩水力发电厂
大唐南京下关发电厂
江苏徐塘发电有限责任公司
大唐赤峰赛罕坝风力发电有限责任公司
大唐漳洲风力发电有限责任公司
中国大唐集团公司湖北电源项目筹建处

参股单位

天生桥一级水电开发有限责任公司
华北电力大学
西安热工研究院有限公司
中能电力燃料公司

经 营 状 况

2005年主要指标完成情况（直属、全资和控股口径）：完成发电量2097.7亿kWh，同比增长21%。销售收入完成552亿元，同比增长34.31%。实现利润总额36.34亿元，同比增长18.41%。供电煤耗完成357.51g/kWh，同比下降5.9g/kWh。综合厂用电率完成6.76%，同比下降0.17个百分点。新开工规模1239.89万kW，同比增长90.9%。新机投产容量804.05万kW，同比增长109.23%。

期末发电设备容量4165.55万kW，其中，火电机组181台，3757万kW，占总容量的90.2%；水电机组58台，397.5万kW，占总容量的9.54%；风电11.05万kW，占总容量的0.27%。

资产总额1830亿元。

安 全 生 产

2005年，面对煤炭供需矛盾进一步加剧、燃料价格继续大幅上涨、煤质严重下降对发电企业生产经营造成的前所未有的巨大压力，大唐集团公司把2005年确定为“安全年”。为进一步夯实安全生产基础，消除安全隐患，在继续完善和落实安全生产责任制和各项规章制度的同时，突出加强了对重大危险源的管理，有针对性地制定和完善了控制措施、管理办法和应急预案。安全生产的基础更加扎实，机组运行保持了可控在控。各类事故均呈下降态势，机组非计划停运的次数和小时数明显减少，安全生产形势进一步趋向平稳，有力地保证了机组的稳发满发，圆满完成了保首都政治供电和夏季大负荷期间的供电任务。大唐集团公司系统消灭了群伤群亡和重大设备损坏事故，全年发生电力生产人身死亡事故1起，死亡1人，比2004年的2人减少1人；发生一般设备事故12起，比2004年的13起减少了1起，下降了7.69%。有78台10万kW及以上机组没有发生非计划停运。在新机组增加较多的情况下，全口径非停次数减少33次，下降了17%；累计时间减少961h，下降了8.4%；少影响电量1.13亿kWh。

基 本 建 设

2005年，大唐集团公司对电源项目进行了进一步优化与调整，使电源结构渐趋合理。新开工的火电项目以高参数、大容量、高效率的发电机组为主，2005年有15台60万kW燃煤机组开工，其中9台为超临界机组，机组结构有了较大改善；水电实现开工243.1万kW，占总开工规模的19.61%，其中包括一座175万kW的大型水电站，电源结构得到了优化；因地制宜发展新能源，加快风电项目建设速度，集团公司年内新开工风电项目23.79万kW，占开工规模的1.92%，投产11.05万kW，开工项目单机容量均为850kW，属世界先进水平。

积极推进煤电一体化项目，提高了项目的竞争能力，陕西彬长、河北蔚县煤电一体化项目已完成可行性研究阶段主要工作。电源布局得到优化。一批在广东、福建、浙江、重庆等经济发达地区或大唐集团公司资产空白省（市）的项目均已开工。山东东营项目及沿海新建项目的二期工程均已启动，并以单机100万kW超超临界机组为主。

加强可行性研究阶段的方案论证工作，优化设计

方案。先后完成了蜀河水电项目、麒麟寺水电项目、洛河电厂三期工程、七台河电厂二期工程、灞桥电厂扩建工程、彬长新建工程等项目的可研内审工作，对水工布置、全厂布置、输煤、脱硫等方案进一步优化，使项目静态投资估算低于限额设计指标。

大唐集团公司全年开工规模达到 1239.89 万 kW，同比增长 91%；投产规模达到 804.05 万 kW，同比增长 109%，超过了前两年投产规模的总和；3 年新机投产累计 1522.05 万 kW，创造了全国发电企业 3 年投产新机最多的纪录。以 12 月 7 日大唐国际王滩发电厂 1 号机组投产为标志，大唐集团公司在役装机容量突破了 4000 万 kW。到 2005 年底，大唐集团公司在役装机容量达到 4165.55 万 kW，比组建时的 2384.75 万 kW 增加了 1780.8 万 kW，增长 74.7%，年均增长 20.43%；在建规模达到 1925.43 万 kW。

资 本 运 作

2005 年，大唐集团公司发行了 2005 年中国大唐集团公司企业债券（简称 05 大唐债）并上市，为集团公司在多市场、多方式扩大融资渠道方面探索出一条新路。做好大唐国际发电股份公司和安徽电力股份有限公司的 A 股发行上市申报工作。继续强化资产重组工作，整合内部资源，优化资产结构，理顺管理关系，批复了甘肃、黑龙江、河北、河南等公司提出的资产重组方案。加大清洁能源装机结构的调整力度，耗资 2635 万元成功收购吉林名门风电公司 31% 股权，控股其 4.93 万 kW 的风电资产，并获得了 20 万 kW 的规划资源。

就解决广西岩滩水电站集资办电时期历史遗留的产权纠纷问题，与广西壮族自治区政府达成一致意见，确认集团公司和广西投资（集团）公司双方股权比例为 70%：30%，并由广西投资（集团）公司向集团公司补偿 2.6 亿元人民币，从而为岩滩水电厂公司化改制和进一步发展铺平了道路。

党建和精神文明建设

根据党中央的部署和各地方党委的安排，大唐集团公司本部和系统各企业分两批开展了保持共产党员先进性教育活动。大唐集团公司党组和各企业党组织以高度的政治责任感，精心组织、科学安排、严格要求、统筹兼顾，使全体党员普遍受到了一次深刻的党的理论和党的基本知识教育，进一步明确了新时期共产党员先进性标准，理想信念更加坚定，组织观念明显增强，党员队伍的整体素质进一步提高，党组织的凝聚力和战斗力进一步增强，思想作风和工作作风进一步转变，党员与群众、领导干部与员工、本部与基层的关系更加贴近、更加融洽，切实做到了“两不误、两促进”，为大唐集团的长远发展注入了新的活力。大唐集团公司本部和 3 个在京企业的先进性教育活动得到了中央督导组和国资委巡视组的充分肯定，系统各企业的先进性教育活动也普遍得到了地方党委和督导组的高度评价。还把开展先进性教育活动与反腐倡廉工作结合起来，自觉筑牢预防腐败的思想防线，强化监督约束，大唐集团公司党组管理的干部 2005 年未发生违法违纪案件。

大唐集团公司高度重视具有大唐特色企业文化的培育。2005 年又对企业理念做了进一步概括和提炼，形成了“同心文化”理念体系，标志着具有大唐特色的企业文化已经基本形成。“务实和谐、同心跨越”的企业精神在全系统不断发扬光大，向心力和凝聚力逐步增强。

中国华电集团公司

企 业 概 况

中国华电集团公司（简称“中国华电”）是按照《国务院关于深化电力体制改革的方案》（国发[2002] 5 号），在原国家电力公司部分企事业单位基础上组建的全国五大发电企业集团之一。经国务院批准，2002 年 12 月 29 日在人民大会堂挂牌成立。2003 年 4 月 1 日正式注册，注册资本 120 亿元。公司实行总经理负责制。

中国华电是经国务院同意进行国家授权投资的机构和国家控股公司的试点，在国家计划中单列。主要从事电源及与电力相关产业（含煤炭）的开发、投资、建设、经营和管理，组织电力（热力）生产和销售；从事新能源、科技开发，国内外工程建设、承包与监理，设备制造；从事国内外投融资业务，自主开展外贸流通经营、国际合作等业务以及国家批准或允许的其他业务。主营业务是电力生产、热力生产和供应、与电力相关的煤炭等一次能源开发和相关专业技术服务。

2005年底与2002年底成立之初相比，中国华电装机容量由2554万kW增加到3881万kW，年均增长14.97%；发电量由1161亿kWh增长到1629亿kWh，年均增长11.94%；资产总额由835亿元增长到1467亿元，年均增长20.66%；实现利润总额由8.76亿元达到18.51亿元，年均增长28.21%；净资产收益率由2.45%提高到4.67%，年均增长38%；电源项目分布从14个省（区、市）扩大到21个省（区、市）。初步形成了高效火电、大中型水电和其他电源合理比例的发展格局，初步构建了战略区域、重点区域和其他区域互为支撑的区域格局，初步培育了以发电为主体，煤炭、金融为两翼的发展格局。基本改变了公司成立之初资产质量较差、经营水平不高、结构比较单一的状况，较好地实现了规模与效益同步增长，效益增长速度高于规模增长速度的科学发展。

发展战略

根据国民经济发展和能源、电力发展规划，结合公司实际，中国华电的发展战略是：以市场为导向，以发展为主题，以效益为中心，坚持生产经营和资本经营并重，坚持企业发展与员工发展协调，坚持走集团化、多元化、国际化、新型工业化的路子，把公司建设成为以发电为主体，煤炭、金融为两翼，国内先进、国际一流，具有可持续发展能力和国际竞争力的现代企业集团。

领导班子

党组书记、总经理：贺恭

党组成员：曹培玺　陈飞虎　程念高　任书辉　迟文江　辛保安

党组纪检组组长：迟文江

副总经理：曹培玺　陈飞虎　程念高　任书辉　辛保安

总会计师：陈飞虎（兼）

总法律顾问：陈飞虎（兼）

总经济师：江自生

总工程师：邓建玲

总经理助理：陈建华　王日文

机构设置

中国华电建立以授权委托为基础的总分公司和以产权关系为纽带的母子公司并存的复合型管理体制。随着“以发电为主体，煤炭、金融为两翼”发展战略的确立，结合实际工作需要对集团公司本部机构进行调整。在原有组织机构基础上，增设金融管理部和市场营销部，撤销综合产业部和战略实施办公室；将原生产运营部调整为安全生产部、市场营销部；将改制重组办公室设为常设机构，集团公司管理职能进一步充实、合理。

组成单位

截至2005年底，中国华电共有分支机构11家，内部核算单位3家，全资企业23家，控股企业46家，项目筹建处3家（不包含上市公司、区域子公司、水电流域公司所属单位），年末职工总数81864人。其中，全资和控股百万千瓦以上电厂14家，控股华电国际电力股份有限公司（1071.HK，600027.SH）、华电能源电力股份有限公司（600726.SH）、国电南京自动化股份有限公司（600268.SH）、黔源电力股份（002039.SZ）等上市公司，控股装机容量294万kW的乌江水电开发有限责任公司。

截至2005年底，中国华电成员单位见下表。

2005年底中国华电集团公司成员单位一览表

单位类别	所属企业
分公司	
1. 中国华电集团公司黑龙江分公司	
2. 中国华电集团公司贵州公司	
3. 中国华电集团公司四川公司	
4. 中国华电集团公司湖北分公司	
5. 中国华电集团公司江苏分公司	
6. 中国华电集团公司新疆分公司	
7. 中国华电集团公司云南公司	
8. 中国华电集团公司内蒙古公司	
代表处	
1. 中国华电集团公司驻浙江代表处	
2. 中国华电集团公司湖南代表处	
办事处	
中国华电集团公司宁夏办事处	

续表

单位类别	所属企业
内部核算单位	
1. 中国华电集团富拉尔基发电总厂	
2. 浙江华电乌溪江水力发电厂	
3. 杭州闸口艮山门发电厂	
全资企业	
1. 华电煤业集团有限公司	
2. 华电福建发电有限公司	1）福建永安火电厂（全资） 2）福建华电漳平发电有限公司（福建华电漳平电厂（全资） 3）华电厦门电厂（全资） 4）福建省古田溪水力发电厂（全资） 5）福建华电邵武发电有限公司（控股） 6）中国华电集团福建南靖水力发电厂（全资） 7）中国华电集团福建华安水力发电厂（全资） 8）福建省安砂水力发电厂（全资） 9）华电福建池潭水力发电厂（全资） 10）中国华电集团公司福建莆田湄州湾电厂运行分公司（内部核算） 11）福建华电可门发电有限公司（全资） 12）福建棉花滩水电开发有限公司（控股） 13）闽东水电开发有限公司（控股） 14）福建华电投资有限公司（控股） 15）福建省龙岩发电有限责任公司（参股） 16）晋江晋源柴油机发电有限公司（参股） 17）福州市榕昌柴油机发电有限公司（参股）
3. 北京华电水电有限公司	
4. 华电（北京）热电有限公司	
5. 中国华电集团高级培训中心	
6. 河北华电混合蓄能水电有限公司	
7. 内蒙古华电包头发电有限公司	

续表

单位类别	所属企业
8. 内蒙古华电卓资发电有限公司	
9. 内蒙古华电辉腾锡勒风力发电有限公司	
10. 黑龙江华电佳木斯发电有限公司	
11. 上海华电电力发展有限公司	
12. 湖北华电武昌热电厂	
13. 湖北华电青山热电有限公司	
14. 湖南华电长沙发电有限公司	
15. 中国华电集团贵港发电有限公司	
16. 贵州华电大龙发电有限公司	
17. 贵州华电清镇发电有限公司	
18. 贵州华电遵义发电有限公司	
19. 华电云南发电有限公司	1）中国华电集团公司云南昆明发电厂（内部核算） 2）中国华电集团公司云南巡检司发电厂 3）中国华电集团公司云南以礼河发电厂（全资） 4）中国华电集团公司云南绿水河发电厂（内部核算） 5）中国华电集团公司云南石龙坝发电厂（内部核算） 6）云南华电昆明发电有限公司（全资） 7）云南华电镇雄发电有限公司（控股） 8）云南华电巡检司发电有限公司
20. 华电四川发电有限公司	1）中国华电集团公司四川宝珠寺水力发电厂 2）中国华电集团公司宜宾发电总厂 3）四川华电攀枝花发电公司（全资） 4）中国华电集团公司内江发电总厂（全资） 5）四川华电五通桥发电厂（全资） 6）四川华电磨房沟发电厂（全资） 7）四川华电高坝发电有限公司（全资）

续表

单 位 类 别	所 属 企 业
20. 华电四川发电有限公司	8）华电金沙江上游水电开发有限公司 9）四川华电西溪河水电开发有限公司（控股） 10）四川华电木里河水电开发有限公司（控股） 11）四川攀枝花三维发电有限责任公司
控股企业	
1. 华电国际电力股份有限公司	1）华电国际电力股份有限公司邹县发电厂（控股） 2）华电国际电力股份有限公司莱城发电厂（控股） 3）华电国际十里泉发电厂（控股） 4）华电淄博热电有限公司（控股） 5）华电滕州新源热电有限责任公司（控股） 6）华电章丘发电有限公司（控股） 7）华电青岛发电有限公司（控股） 8）山东潍坊发电厂（参股） 9）四川广安发电有限责任公司（控股） 10）安徽池州九华发电有限公司（控股） 11）安徽华电宿州发电有限公司（控股） 12）华电新乡发电有限公司（控股） 13）中国华电宁夏办事处（华电国际宁夏代表处） 14）华电宁夏灵武发电有限公司 15）宁夏中宁发电有限责任公司 16）华电四川泸定水电站筹建处
2. 华电能源股份有限公司	1）哈尔滨第三发电厂（控股） 2）牡丹江第二发电厂（控股）
3. 贵州乌江水电开发有限责任公司	1）乌江渡发电厂（控股） 2）东风发电厂（控股） 3）洪家渡电站建设公司（控股） 4）索风营电站建设公司（控股） 5）构皮滩电站建设公司（控股）

续表

单 位 类 别	所 属 企 业
4. 中国华电工程（集团）有限公司	
5. 中国华电集团财务有限公司	
6. 华电招标有限公司	
7. 华信保险经纪有限公司	
8. 北京华信保险公估有限公司	
9. 河北华电石家庄热电有限公司	石家庄华电供热集团有限公司（参股）
10. 包头东华热电有限公司	
11. 内蒙古华电乌达热电有限公司	
12. 中国华电集团哈尔滨发电有限责任公司	
13. 哈尔滨热电有限责任公司	
14. 铁岭发电厂	
15. 江苏华电扬州发电有限公司	
16. 江苏华电戚墅堰发电有限公司	
17. 杭州华电半山发电有限公司	
18. 安徽华电六安发电有限公司	
19. 安徽华电芜湖发电有限公司	
20. 湖北华电黄石发电股份有限公司	
21. 湖北西塞山发电有限公司	
22. 湖北华电襄樊发电有限公司	
23. 湖南华电石门发电有限公司	
24. 云南华电怒江水电开发有限公司	
25. 贵州大方发电有限公司	
26. 中国华电集团公司贵州头步发电厂	
27. 贵州黔源股份公司	

续表

单位类别	所属企业
28. 四川华电宜宾发电有限责任公司	
29. 四川黄桷庄发电有限责任公司	
30. 成都华电三源热力有限责任公司	
31. 四川华电杂谷脑发电有限责任公司	
32. 四川紫兰坝水电开发有限责任公司	
33. 陕西华电蒲城发电有限责任公司	
34. 青海华电大通发电有限公司	
35. 新疆华电苇湖梁发电有限责任公司	
36. 新疆华电喀什发电有限责任公司	
37. 新疆华电哈密发电有限责任公司	
38. 新疆华电红雁池发电有限责任公司	
39. 新疆华电昌吉热电有限责任公司	
40. 新疆华电吐鲁番发电有限责任公司	
41. 金沙江中游水电开发有限公司	
参股企业	
1. 北京京西发电有限责任公司	
2. 北京京丰热电有限责任公司	
3. 内蒙古京隆发电有限责任公司	
4. 永诚财产保险股份有限公司	
5. 江苏电力发展股份有限公司	
6. 常州苏源发电有限责任公司	
7. 苏州工业园区发电有限责任公司	
8. 浙江钱清发电有限责任公司	
9. 山东菏泽发电厂	
10. 湖北金源水电有限责任公司	

续表

单位类别	所属企业
11. 贵州中电电力有限责任公司（安顺电厂）	
12. 四川福堂水电有限公司	
13. 四川马回电力股份有限公司	
14. 二滩水电开发有限责任公司	
15. 西安热工研究院有限公司	
16. 宁夏大唐国际大坝发电有限责任公司	

经营指标

发电量 1629.28 亿 kWh，比 2004 年度增长 17.7%。其中，火电完成 1470.09 亿 kWh，比 2004 年度增长 16%；水电完成 159.19 亿 kWh，比 2004 年度增长 36.6%。

利润总额 18.51 亿元，比 2004 年度增长 53.99%。实现净利润 3.89 亿元，比 2004 年度增长 4.75 倍。

净资产收益率（含少数股东权益）4.67%，比 2004 年度提高 1.77 个百分点。

流动资产周转率 2.7 次，比 2004 年度提高 0.62 次。

综合供电煤耗 366.26g/kWh，比 2004 年度下降 4.61g/kWh；供电煤耗 363.06g/kWh，比 2004 年度下降 4.08g/kWh。

累计投产 33 台机组共 791.1 万 kW。其中，火电机组 24 台，707 万 kW；水电机组 9 台，84.1 万 kW。

经营管理

1. 认真落实科学发展观，全面实施公司发展战略

制定了《中国华电集团公司 2010 年发展战略规

划》及15个专题规划，编制了2003～2010年电源建设计划和煤炭开发计划，启动了区域战略规划研究编制工作。以科学发展观为统领，以实施公司发展战略为主线，全面推进存量资产营运改善，增量资产科学发展以及煤炭、金融两翼快速拓展，进一步完善体制机制，确保了“358”战略计划第一阶段目标顺利实现。

2. 建设长效机制，确保安全生产

积极应对电煤供应偏紧、煤质下降，台风、洪涝灾害频发，新建机组投产任务重等对安全生产带来的不利影响，超前部署应急预案，扎实开展各项安全检查工作，进一步加强安全生产长效机制建设，总体上保持了生产安全稳定的形势。全年机组非停次数同比降低24.46%。设备一类障碍同比降低25.1%。等效可用系数达到93.04%。38家企业没有发生非计划停运，福建华安等12家企业安全生产超过3000天。福建、安徽、四川、浙江、黑龙江等省的企业积极应对台风、洪涝等灾害，取得救灾、保电双丰收。

3. 全面推进营运改善，扭亏增盈成效显著

全面实施存量资产营运改善工作，深入开展创建优秀发电企业活动，大力加强燃料、运行、检修管理，努力降低厂用电和供电煤耗，企业各项技术经济指标不同程度地向好的方向转变。在煤质下降的情况下，公司综合供电煤耗比2004年降低了4.61g/kWh。邹县电厂大力推进精细化管理，在全国大机组竞赛中名列前茅。公司系统上下配合，有效控制流动资产占用水平，公司流动资产周转率明显提高。

推动营运改善向基本建设领域延伸。对集团投资项目开展财务评价、跟踪审计和预期效益分析测算，建立投资回报责任制。完善工程优化设计和管理标准，促进工程建设节约用地、用水、用材，火电工程造价降低5%～8%。内蒙古东华热电等18个项目通过优化设计，静态投资比限额指标下降近40亿元；通过科学编制并严格实施执行概算，江苏望亭燃机等19个项目预计节约投资28.8亿元。

继续坚持“两条腿走路”的方针，着力向内挖潜，增收节支，降本增效，扭亏增盈取得新的成果。51家单位完成经营业绩责任书确定的利润预算目标，42家单位完成扭亏增盈责任书确定的扭亏增盈目标。17家企业实现扭亏，尤其是宝珠寺、红雁池等亏损大户实现盈利，北京热电大幅减亏，区域扭亏成效显著。

4. 大力加强市场营销，“三电”工作取得明显成效

争取和落实电量，合理安排发电设备检修、运行调度、燃料供应，实现了发电量增长率持续超过全国平均水平。水电同比增长36.6%，湖北、新疆、福建、北京、四川地区电量增长率均在20%以上。

抓住国家实行煤电、煤热价格联动和疏导电价的政策机遇，使内核电厂电价矛盾得到较大程度的缓解，新投机组电价全部落实，热价调整取得进展。

应对区域电力市场发展，确立了“统一协调、统一竞价、优势共享、责任共担”的工作管理模式。东北地区企业竞价上网工作探索积累了经验，整体上获得成功。

5. 优化调整电源结构，加快推进电源项目建设

公司成立前期工作催批小组，加大前期工作力度。在重点项目发展、项目储备、战略布局方面取得较快较大的进展。进入国家发改委2005～2007三年火电项目核准计划的项目共28项2474万kW。通过国家发改委核准16项1568万kW，地方发改委核准水电项目4项47.8万kW、燃机项目2项75万kW。牵头组建了金沙江中游水电开发有限公司，正式启动金沙江中游水电开发。参股浙江三门核电项目。开始建设内蒙华电辉腾锡勒10万kW风电项目。北京热电异地改扩建项目获北京市发改委核准并被列为2008奥运配套项目。与印尼投资方签订印尼南苏4×600MW项目合作框架协议。华电国际已经从山东走向全国，资产分布扩大到5个省区。

超额完成全年基建投产目标，其中，内蒙古乌达、江苏扬州、安徽池州、内蒙古东华、四川攀枝花、宁夏中宁、福建周宁、贵州索风营等项目1年双投；浙江半山、江苏望亭和戚墅堰克服经验缺乏、燃气供应不足的困难，提前实现7台273万kW燃机全部投产；昆明、青岛、石门等电厂提前较多工期完成首台机组投产任务。各项目加强工程建设“质量、造价、工期”管理，安全质量和施工进度处于受控状态。周密安排、充分落实新建项目的生产准备，新投机组取得初步效益。同时，邹县两台百万kW超超临界机组，福建可门、内蒙古包头、山东潍坊、安徽宿州、四川广安三期、湖北襄樊、河南宝山、宁夏灵武、广西贵港、湖南长沙等60万kW超临界机组以及乌江构皮滩等在建大型重点工程建设进展顺利。

加强科技和环保工作。取得环保批复项目31个，总容量2616万kW，水保批复项目25个，总容量2214万kW。下达环保技改项目35项，完成投资3.94亿元。推进公司在两控区“十五”计划内重点脱硫项目，包括重点脱硫项目在内，共9项脱硫技改工程如期开工。排污费缴费得到较好控制。安排科技项目22项，资金总额5103万元。十里泉煤粉秸秆混燃机组投产，在可再生资源利用方面迈出可喜步伐。继续推进系统信息化建设，实现了系统无纸化办公，完善了视频会议系统，全面启动应用系统研发实施。

6. 煤炭、金融快速拓展，资本市场运作良好

重组成立华电煤业集团，先后与四川、内蒙古、黑龙江、山西、陕西、河南、山东等地方大型煤业集团签订战略合作协议，共同开发有关煤炭项目。投资建设山西、陕西、河北、新疆等地区煤电一体化项目，投资建设福建可门储运中心，参股建设石太铁路专线。已经投资煤炭项目5个，建设规模1125万t/年，占有煤炭资源15亿t。组织公司系统电煤供应8500万t。

进一步加强金融运作。在巩固与各金融机构战略合作的基础上，分别与交通银行和国家开发银行签订了《现金管理服务协议》。结算中心归集资金46.7亿元，归集率达到93%。财务公司向系统内发放贷款63亿元，实现利润7884万元。保险中介公司安排保险金额1170亿元，实现利润1169万元。金融运作“新三步曲”开始起步并获得突破性进展，参股的建信基金管理公司已经开业，参股华商基金公司以及重组信托投资公司的前期工作基本就绪，投资参股商业银行的工作取得突破。

推进资本市场的运作，发挥上市公司融资窗口作用。抓住有利时机，实现华电国际19.6亿元A股成功上市。发行20亿元05华电债，并与04华电债先后上市。积极稳妥推进4家上市公司股权分置改革工作，黔源电力股改方案已顺利实施，另3家上市公司正在精心准备。

7. 企业改革继续深入，体制机制有所创新

对石家庄水电厂、清镇电厂、遵义电厂进行了公司化改制，公司内部核算电厂改制重组工作按计划全面完成。将云南地区华电企业重组为全资子公司。在四川地区开展试点的基础上，研究制定并向国资委上报了公司企业主辅分离、辅业改制总体方案。积极稳妥推进分离企业办社会职能工作。开始研究和编制集团股份制改造、引入战略投资者和整体上市方案。

进一步健全了经营业绩考核制度，全面建立资产经营责任制、扭亏增盈责任制、项目投资回报责任制，建立部门经营管理目标责任制，形成纵横结合的责任考核体系。全面实行“工效挂钩”的分配制度，推行了企业领导人员年薪制，实现了制度创新。

8. 优化人力资源配置，实施“人才强企”战略

开展“四好”领导班子创建活动。对本部机构、干部进行了优化调整，加强了优秀年轻干部的培训锻炼。对系统近百家企业班子进行调整加强。启动实施“人才强企”战略和“22211”人才工程，构建了人力资源开发培训机制，建立了专业技术职称和技能鉴定工作体系。集团高培中心建成并开始运转。举办了3期本部和公司系统厂（处）级领导干部培训班。举办总会计师培训班以及生产、财务、纪检、计算机等专业培训班共计61个班次，受训人员4240人次。制定实施企业劳动定员标准和新建项目人员配置办法，推行公开、竞争、择优的用人制度改革，实行企业经营管理领导人员聘用制，全员劳动合同制。系统内人力资源初步实现跨区域配置。有效控制了用工规模，公司系统员工总数由成立初的86326人降到2005年底的81864人，平均用工人数由成立初的27人/万kW降到21人/万kW。劳动生产率由成立初的22万元/人提高到30万元/人。

9. 党建和精神文明建设

公司系统先进性教育活动分两批开展。第一批公司本部和在京直属单位群众满意率为100%，第二批群众满意率平均达99.32%，其中76个单位群众满意率达到100%。集团公司被国资委党委列为先进性教育活动集中宣传的10家中央企业典型单位之一。乌江公司、扬州发电公司、漳平电厂等一批企业成为当地先进性教育活动的先进典型。地方党委或督导组共在公司10个单位召开现场会或经验交流会，20多个单位在地方党委召开的会议上作典型发言。按照“关键是要取得实效”和“建成群众满意工程”的要求，健全完善先进性建设十项长效机制，全力落实整改措施。

与先进性教育活动相结合，进一步加强了企业党的建设、思想政治工作、企业文化建设。成立了职工思想政治研究会，制定了《文明单位考评标准》，大力宣贯公司企业文化建设纲要和企业文化理念方案，全面实施企业文化建设“一二三四五”工程，初步构筑了“一主多元、各具特色”的华电特色企业文化体系。系统上下普遍重视公共关系工作，在各区域、社会各界努力树立华电良好形象。

10. 认真做好监督和控制风险工作

积极配合国务院派驻公司监事会的工作。公司纪检监察、内部审计、财务稽查等项工作形成监督合力，为企业依法经营和健康发展提供了有力保障。集团公司制定了进一步严肃财经纪律、确保集团经济安全和进一步规范关联交易、促进综合产业持续健康发展两个政策性文件，组织对高风险业务和“四乱一小”进行清理，进一步加强财务风险控制和规范关联交易工作。开展廉洁自律教育，建立健全教育、制度、监督并重的惩治和预防腐败体系，加强源头治理、关键环节监督、职务犯罪预防、案件查处和效能监察工作，有效地保证了干部廉洁和经济安全。“四五”普法工作圆满完成。

投 产 项 目

宁夏中宁发电有限公司燃煤机组工程1号机：

330MW

福建金湖电力公司大言水电站2号机：16MW

闽东水电开发有限公司周宁水电站2号机：125MW

闽东水电开发有限公司周宁水电站1号机：125MW

江苏华电扬州有限公司燃煤机组工程6号机：330MW

福建永安贡川有限公司西门水电站1号机：15MW

贵州乌江水电开发有限责任公司索风营电站水电站1号机：200MW

杭州华电半山发电有限公司燃气—蒸汽联合循环机组工程1号机：390MW

安徽池州九华发电有限公司燃煤机组工程2号机：300MW

江苏华电望亭天然气发电有限公司燃气—蒸汽联合循环机组工程1号机：390MW

湖南华电石门发电有限公司燃煤机组工程1号机：300MW

宁夏中宁发电有限公司燃煤机组工程2号机：330MW

杭州华电半山发电有限公司燃气—蒸汽联合循环机组工程2号机：390MW

江苏华电戚墅堰发电有限公司燃气—蒸汽联合循环机组工程1号机：390MW

福建永安贡川有限公司西门水电站2号机：15MW

华电青岛发电有限公司燃煤机组工程3号机：300MW

安徽池州九华发电有限公司燃煤机组工程1号机：300MW

内蒙古包头东华热电有限公司燃煤机组工程1号机：300MW

贵州乌江水电开发有限责任公司索风营水电站2号机：200MW

云南华电昆明发电有限公司燃煤机组工程1号机：300MW

杭州华电半山发电有限公司燃气—蒸汽联合循环机组工程3号机：390MW

江苏华电戚墅堰发电有限公司燃气—蒸汽联合循环机组工程2号机：390MW

福建闽兴水电有限公司照口水电站1号机：20MW

贵州乌江水电开发有限责任公司东风水电站扩机工程4号机：125MW

江苏华电望亭天然气发电有限公司燃气—蒸汽联合循环机组工程2号机：390MW

内蒙古包头东华热电有限公司燃煤机组工程2号机：300MW

中国国电集团公司

企业概况

中国国电集团公司是电力体制改革中经国务院批准成立的五大全国性发电企业集团之一。截至2005年底，集团公司员工总数为77169人；装机规模从成立时的2213万kW增长到3506万kW，其中，火电装机容量3101万kW，占88.45%；水电装机容量375万kW，占10.7%；风电装机容量24万kW，占0.69%；其他5.6万kW，占0.16%。2005年全口径发电量完成1904亿kWh，完成上网电量1769亿kWh；总资产从成立时的667.5亿元增长到1322.9亿元；主营业务收入从2003年的261.3亿元增长到428亿元；利润总额从2003年的14.28亿元增长到23.52亿元；供电煤耗从2003年的371.3g/kWh下降到361g/kWh。

领导班子

党组书记、总经理：周大兵

党组成员、副总经理：朱永芃

党组成员、副总经理：李庆奎

党组成员、副总经理：刘彭龄

党组成员、副总经理：陈　飞

党组成员、纪检组长：郭培章

机构设置

中国国电集团公司本部下设11个部门和1个办公室。分别是：

总经理工作部（国际合作部）、计划发展部、人力资源部、财务产权部、安全生产部、市场营销部、工程建设部、科技环保部、综合开发部、监察审计部（党组纪检组办公室）、政治工作部、体制改革办公室。

成 员 单 位

中国国电集团公司实行两级法人、分层授权、垂直管理的管理体制，拥有3个全资企业、25个内部核算单位、65个控股企业和12个参股企业，在全国29个省（自治区、直辖市）拥有电源点，并设立了华北、东北、华东、华中、西北、川渝、山东、云南、贵州、广西10个分公司，拥有国电电力发展股份有限公司、国电长源电力股份有限公司两家国内A股上市公司。

1. 分支机构（10个）

华北分公司
东北分公司
华东分公司
华中分公司
西北分公司
川渝分公司
山东分公司
云南分公司
贵州分公司
广西分公司

2. 全资企业（3个）

龙源电力集团公司
- 江阴苏龙发电有限公司
- 南通天生港发电有限公司
- 中能电力科技开发有限公司
- 中国福霖风能开发公司
- 雄亚投资有限公司
- 新疆风力发电厂/新疆天风发电股份有限公司
- 浙江风力发电发展有限公司
- 甘肃洁源风电有限责任公司
- 江苏龙源风力发电有限公司
- 吉林龙源风力发电有限公司
- 龙源平潭风力发电有限公司
- 福建省平潭长江澳风电开发有限公司
- 福建省东山澳仔山风电开发有限公司
- 福建风力发电有限公司
- 丹东海洋红风力发电有限责任公司
- 汕头福澳风力发电有限公司
- 国电温岭江厦潮汐试验电站
- 伊春兴安岭风力发电有限公司
- 新疆风电工程设计咨询有限责任公司
- 航天龙源（本溪）风力发电有限公司

湖州浙北发电工程公司留守管理处
国电环境保护研究院

3. 内部核算单位（25个）

国电滦河发电厂
国电天津第一热电厂
国电一五〇发电厂
国电霍州发电厂
国电太原第一热电厂
国电吉林热电厂
国电谏壁发电厂
温州东屿发电厂
国电万安水力发电厂
国电九江发电厂
松木坪电厂管理处
万源发电厂
国电成都热电厂
国电华蓥山发电厂
国电大武口发电厂
国电石嘴山发电厂
国电凯里发电厂
国电红枫水力发电厂
国电贵阳发电厂
国电大寨水力发电厂
国电六郎洞水力发电厂
国电小龙潭发电厂
国电合山发电厂
国电南宁电厂管理处
国电桂林电厂管理处

4. 控股企业（含直管）（65个）

国电财务有限公司
国电物资有限公司
国电燃料有限公司
国电科技环保集团公司
- 国电环境保护研究院
- 国电科技环保集团有限公司环保工程分公司
- 烟台龙源电力技术有限公司
- 国电龙源电力技术工程有限责任公司
- 国电龙源电气有限公司
- 北京国电智深控制技术有限公司
- 龙威发电技术服务有限公司
- 北京国电联合商务网络公司
- 北京嘉铭环保工程有限公司

国电电力发展股份有限公司
- 国电电力大同第二发电厂
- 国电电力朝阳发电厂
- 国电电力大连开发区热电厂

国电电力桓仁发电厂
国电电力太平哨发电厂
国电宁夏石嘴山发电有限责任公司
国电宣威发电有限责任公司
国电电力大同发电有限责任公司
国电电力大连庄河发电有限责任公司
上海外高桥第二发电有限责任公司
上海外高桥第三发电有限责任公司
河北邯郸热电股份有限公司
(国电邯郸热电厂)
浙江北仑发电有限公司
国电电力邯郸热电厂筹建处
邯郸热电前期项目工程筹备组
甘肃酒泉项目工程筹备组
庄河二期、大开二热发电项目工程筹建组
大二热电、怀仁项目工程筹备组
内蒙古赤峰发电项目工程筹备组
国电长源电力股份有限公司
国电长源荆门热电厂
(国电荆门江山发电有限公司)
国电长源沙市热电厂
国电长源富水水力发电厂
国电长源南河水力发电厂
国电长源第一发电有限责任公司
湖北汉新发电有限公司
国电长源陡岭子水电有限公司
国电长源堵河水电有限公司
国电大渡河流域水电开发有限公司
国电大渡河公司龚嘴水力发电总厂
国电大渡河公司流域检修安装分公司
国电大渡河公司瀑布沟水电站建设分公司
国电大渡河公司深溪沟水电站建设管理局
国电大渡河公司大岗山水电开发有限公司
国电大渡河公司双江口水电站筹备处
国电大渡河公司猴子岩水电站筹备处
国电大渡河公司金川水电站筹备处
国电大渡河公司巴底水电站筹备处
国电四川电力股份有限公司
国电四川电力股份有限公司白马电厂
国电四川电力股份有限公司南桠河发电厂
四川蜀润电力开发有限公司
四川国电紫马电力有限公司
四川金石水泥有限责任公司
国电南桠河流域水电开发有限公司
国电辽宁节能环保开发有限公司
国电吉林龙华热电股份公司
白城发电厂
龙井发电厂
蛟河发电厂
长春热电一厂
龙潭热电厂
天津滨海电力有限公司
河北衡丰发电有限责任公司
国电河北龙山发电有限责任公司
国电双辽发电有限公司
(国电双辽发电厂)
国电双鸭山发电有限公司
国电北安热电有限公司
国电北仑第一发电有限公司
国电靖远发电有限公司
国电新疆红雁池发电有限公司
国电新疆吉林台水电开发有限公司
国电塔城铁厂沟发电有限公司
国电永福发电有限公司
贵州安顺发电有限公司
国电阳宗海发电有限公司
国电迪庆香格里拉发电有限公司
国电兰州热电有限公司
国电菏泽发电有限公司
国电聊城发电有限公司
山东石横发电厂
国电常州发电有限公司
国电宿迁热电有限公司
国电豫源发电有限公司
国电泉州发电有限公司
国电铜陵发电有限公司
国电泰州发电有限公司
国电福州发电有限公司
国电濮阳热电有限公司
国电重庆恒泰发电有限公司
国电库车发电有限公司
国电费县发电有限公司
国电蓬莱发电有限公司
国电民权发电有限公司
国电新疆开都河流域水电开发有限公司
国电大广坝水电开发有限公司
国电太一发电有限责任公司
江苏苏源谏壁发电有限公司
国电岷江发电有限责任公司
国电九江三期发电有限公司
国电荆门江山发电有限公司
国电深能四川华蓥山发电有限公司
国电开远发电有限公司
贵州鸭溪发电有限公司

国电南宁发电有限公司
湖北松源发电有限责任公司
国电成都金堂发电有限公司
天津国电津能热电有限公司
国电承德热电有限公司
国电康平发电有限公司
国电蚌埠发电有限公司
国电肥城石横发电有限公司
国电内蒙古东胜热电有限公司
国电中山燃气发电有限公司
国电建投内蒙古能源有限公司
国电宝庆煤电有限公司
5. 参股企业（12）
天津津安热电有限公司
天津陈塘热电有限公司
湖北清江水电开发有限责任公司
江西丰城发电有限责任公司
甘肃靖远第二发电有限公司
浙江北仑发电有限公司
山东海阳核电有限公司
西安热工研究院有限公司
安徽安庆皖江发电有限责任公司
湖北洞坪有限责任公司
绿色煤电有限公司
永诚保险有限公司

电源项目进展

2005年，集团公司电源发展工作取得了较好的成绩。一是按照注重提高发展质量和企业效益，坚持流域开发、依托负荷中心、依托煤炭资源、依托老厂扩建的原则，提出了“1691”电源发展战略，并编制了《中国国电集团公司“十一五”发展规划》；二是以项目核准为重点，落实项目建设条件，全部完成了2005年国家计划内开工的19个项目共1575万kW的核准工作，并对2006年拟核准的6个共620万kW项目进行了准备；三是贯彻落实“建设新电厂、确立新机制、创造新水平、展现新面貌”的要求，全力推进工程建设，全年完成投产454万kW（含并购项目新投产和风电项目新投产），通过重组并购新增控股装机容量181万kW和前期项目120万kW；四是2005年计划新开工的7个项目共610万kW按期高标准地开工建设，包括集团公司首座单机容量百万kW的泰州电厂一期工程；五是加快以风电为主的可再生能源建设，全年核准风电项目44.5万kW，开工39万kW，投产11万kW，并与西班牙企业签署了30万kW风电设备采购合同。

科 技 进 步

2005年，国电集团公司坚持自主研发与引进技术消化吸收相结合，集团公司高科技产业呈现快速发展态势，一批旨在填补国内空白的自主创新项目取得较大进展。2005年，下属国电科技环保集团公司签订合同总额达到33亿元，比2004年增长30%，被评为北京中关村科技园区百强企业。该集团公司承担的列入国家“863”计划的“大型燃煤电站锅炉烟气脱硫技术及设备国产化”项目，使湿法脱硫工程造价大大降低，并通过国家科技部验收。国电烟台龙源公司开发的等离子无油点火技术被国家发改委列为国家重点节油推广技术。截至2005年底，集团公司系统总计有38台1342万kW火电机组安装了等离子无油点火装置，仅2005年新建机组投运调试就减少燃油消耗2.6万t，节约支出1亿元。被国家发改委列为示范工程的电站自动装置国产化项目即将在国电龙山发电厂首台60万kW机组开始试点，电厂空冷国产化研究试验工作已全面展开。

综 合 产 业

2005年，集团公司按照“以电为主导，综合开发”的发展方向，在积极推进综合产业改制重组的同时，完善制度，规范经营，深入开展“强化管理，提高效益”活动，进一步促进了综合产业的持续、稳定、健康发展。集团公司公司系统拥有具备企业法人资格的综合产业282家，其中，集体企业100家，股份合作制企业10家，公司制企业94家，中外合资企业1家，其他18家。总资产47.09亿元，从业人员27888人，总收入46.97亿元。

（杨万涛）

中国电力投资集团公司

企 业 概 况

中国电力投资集团公司是在原国家电力公司部分企事业单位基础上组建的国有企业，经国务院同意进行国家授权投资的机构和国家控股公司的试点。集团公司注册资本金人民币120亿元。

截至2005年底，集团公司资产总额1383.42亿元，可控装机容量为32386.7MW，权益装机容量为24294.3MW，其中，火电机组23031.1MW，占集团公司可控装机容量的71.11%；水电机组8004.8MW，占集团公司可控装机容量的24.72%；核电机组1350.8MW，占集团公司可控装机容量的4.17%。集团公司包括169家成员单位，15家参股企业，职工总数为84527人。

集团公司资产分布在全国23个省、市、自治区，拥有上海电力股份有限公司、山西漳泽电力股份有限公司、重庆九龙电力股份有限公司和吉林电力股份有限公司4家A股上市公司；拥有在香港注册的中国电力国际有限公司，并通过中国电力国际有限公司拥有在香港上市的中国电力国际发展有限公司，以及致力于为香港提供电力的中港电力发展有限公司；拥有承担流域开发的黄河上游水电开发有限责任公司和五凌电力有限公司；拥有在电力设备成套服务领域中业绩突出的中国电能成套设备有限公司；拥有中电投霍林河煤电集团有限责任公司；拥有白音华煤电有限责任公司；拥有11个已建成的1000MW以上的大型电厂；拥有1个共同控股核电项目，1个控股核电前期建设项目，9个参股核电项目。

领 导 班 子

党组书记、总经理：王炳华
党组成员、副总经理：丁中智
党组成员、副总经理兼总会计师：孟振平
党组成员、副总经理：石成梁
党组成员、副总经理：张晓鲁
党组成员、副总经理：李小琳
党组成员、副总经理、总工程师：田勇
党组成员、党组纪检组组长：乔保平
总工程师（核电）：俞培根
总经济师：王利民

主 要 经 济 指 标

完成发电量1437.8亿kWh，比2004年增长10.06%；实现销售收入380.4亿元，比2004年增长31.89%；利润总额20.19亿元，比2004年增长37.83%；净资产收益率3.75%，比2004年提高0.46个百分点；资产总额达到1410亿元。投产容量550.1万kW（其中电源投产容量298.1万kW，购并容量207.5万kW）。

安 全 生 产

建立并完善了应急预案体系和事件分析制度，预控式管理得到加强。认真开展春秋季安全大检查和安全生产月活动。集团公司系统未发生人身死亡事故和群伤事故；未发生特别重大事故；未发生责任性的重大及以上设备损坏事故；未发生垮坝和水淹厂房事故；未发生重大火灾事故；一般设备事故6起，同比下降5次，实现了集团公司年初确定的安全目标。

加强检修和运行管理，强化了过程控制和闭环管理，进一步明晰了新体制下检修和运行管理界面，全面推进检修“三制一化，创全优”工作，开展全能值班员岗位培训。全面规范能耗、非生产用能和燃料采制化管理。加强科技项目的组织实施，承担的国家3个“863”项目进入验收阶段。优先安排节能降耗技改项目46项。全年供电煤耗下降1.5g/kWh，机组非计划停运次数减少61次，同比下降30.96%，保证了机组多发、满发。

业 绩 评 估

完成了对通辽发电公司的后评估，完成了九龙发电公司、外高桥发电公司和平圩发电公司的综合评估等。发布了《发电企业业绩评估管理制度》和《发电企业业绩评估专家管理制度》。二级单位组织专家对部分所属企业进行了评估，并对发电企业自评估工作开展情况进行检查。大部分发电企业严格依照标准、指南和程序，开展了自我评估工作。及时总结业绩评估工作开展以来的良好实践，进一步宣贯业绩评估的理念。

科 技 管 理

加强重点科技项目的组织实施，全面推进集团公司的科技进步。一是对两个国家863科技项目的实施情况密切关注，多次深入现场进行指导，科技项目已取得突破性进展；二是下发了《集团公司科技项目管理办法》；三是对2004年集团公司系统科技奖励进行了评审；四是组织编制了集团公司科技发展战略和“十一五”技术改造规划。

企 业 发 展

电源开发取得历史性突破。一是与中广核签署了协议，共同控股开发辽宁红沿河一期2×100万kW核电项目，标志着中电投作为国家第三家核电建设运营商，迈出了实质性的一步。辽宁、山东核电开工准备按计划推进。广西、湖北、湖南、江西等核电前期工作按国家规划要求积极有效开展。参股秦山二期等四个新建、扩建核电项目，“十一五”期间核电参股权益容量将达210.7万kW。二是黄河上游、沅水和广西长洲项目开发建设进展顺利，黄河积石峡、龙羊峡上游以及云、贵、川水电前期工作取得阶段性成果。三是参加国家第三批风电特许权招标，两投两中，取得江苏大丰、甘肃安西共30万kW风电项目开发权，设备国产化率高达95%。

煤炭资源的战略性收购和合作开发成效显著。霍林河煤矿产销两旺，在为集团增效的同时，对保证东北及蒙东地区煤炭供应作出了贡献。淮沪、平禹、沥鼻峡煤电合作共赢机制运作良好。产业优势互补，有力促进了效益增长，增强了抵御市场风险的能力。

产业布局合理，区域协调发展。以电为核心、以煤为基础、稳步向相关产业延伸的能源产业格局基本形成。以烟气脱硫为核心业务的环保业务和以煤电铝联营模式起步的铝业有了长足进步，检修和设备成套积极向电站服务业方向发展，相关产业逐步成为新的经济增长点。在香港控股成立了中港电力发展有限公司，海外业务继续拓展。在区域发展上，东北及蒙东煤电铝路一体化、中西南部水火互济、西北黄河流域开发、东部电热气煤并进等特色更加突出，对区域经济发展的支撑作用进一步增强。

项目核准和工程建设有序进行。工程建设严格执行“四大控制”，认真落实“新建发电机组投产达设计值、创先进水平”等各项措施，保质保量完成全年投产计划。

经 营 管 理

经营管理活动可控、在控。进一步加强了综合计划、全面预算管理和经济活动分析，定期公开单位成本指标，严控各项支出。加强和完善审计、效能监察，进一步增强内部管理和监督的透明度，有效防范风险、堵塞漏洞，确保了经营管理的合法、高效。

合理配置生产要素，大力增收节支，通过调整结构、强化管理、提高质量效益和优化资金安排，实现了效益的大幅度增长，财务结构进一步优化，盈利能力显著增强。

经营的重点环节有了新突破。东北竞价上网组织有效。煤电价格联动落实到位。适时调整煤炭订货结构，节约了支出，电煤供应保障及时。实现了预定的电热费回收目标，保证了资金及时回笼。部分单位扭亏措施到位，效果明显。各项措施的落实缓解了煤价大幅上涨的压力，确保了经营目标的完成。

资 本 运 作

实施外部重组、内部整合。收购了吉电股份、江苏贾汪等项目，增强了区域优势，弥补了布局的空白。对黄河流域资源进行了有效整合。境外上市公司——中国电力完成了对神头一电厂的收购，市值进一步提高。采取多渠道、多品种、低成本组合融资。连续发行了20亿元公司债券和25亿元短期融资券，置换银行贷款，降低财务费用近2亿元。加强银企合作，在综合授信1508亿元的基础上，又取得授信390亿元。发挥财务公司和资金结算中心一体化资金运作优势，拓展金融服务领域。完成了上海电力、山西漳泽电力、重庆九龙电力的股权分置改革，资本市场反映良好。上海电力是国家五家发电集团公司内第一家推出股改的企业。

企 业 改 革

全面完成了企业体制性分离工作。完成了全系统产权登记，按改革后的新体制，建立了集团公司资本纽带。主业、检修、辅业规范签署了交易合同，明确了管理界面和权责划分。整合区域检修资源，成立了

10个区域检修公司，开拓内外部市场，全年实现创收2亿元。6个区域燃料公司强化了燃料采购和管理，保证了电煤的正常供应。

工程建设和运行委托制专业管理体系进一步成熟和完善。工程管理分公司受托管理的项目达到17个，范围拓展到火电、核电、风电等多个领域，规范了工程建设，提高了专业化管理水平。发电运行分公司受托对10个新建、扩建项目组织运行。专业化公司在精干主业、分流老厂人员、提高新机运行水平等方面发挥了重要作用。

全面实施三项制度改革。集团公司发布了三项制度改革指导意见，进一步完善了“三项责任制”考核的内容。员工整体收入随效益增长稳步提高。积极探索人事、劳动用工和收入分配新机制，加速了企业激励和约束机制的改革。

人才工作

贯彻落实人才会议精神，强化三支队伍建设。加强干部任职前培训和后备干部管理，及时为41个二、三级单位配备了164名领导干部，成立了集团公司专家队伍建设领导小组和职业技能鉴定中心，开展了首批专家评选工作。组织专业技术职称的申报、认定。有5人获得了享受政府特殊津贴的荣誉。高培中心、党校、技能培训中心全年完成培训3138人次。

加速核电人才开发、培养和吸纳。招收核电专业毕业生，从核电和常规电站选派优秀人员进行培养，派员到国内外运行电站实习，并进行国际技术交流，培养和储备了核电人才。经过1年到1年半的培训，有120名核电专业技术人员，50名中、高级管理干部，已充实到核电建设岗位上。在山东海阳、大连核电项目现场对130多名员工进行了岗位培训，保证了前期工作的顺利进行。

综合产业

集团公司自组建以来，在“三三二三”总体发展思路的指导下，紧紧抓住电力体制改革的有利时机，通过兼并、收购、合作开发等方式，使集团公司的综合产业得到了快速、健康发展。通过短短几年的努力，初步形成了蒙东地区煤电铝路产业链格局，规划建设中的淮沪煤电、平禹煤电、沥滆峡煤电均以煤电一体化方式运作，以烟气脱硫为核心业务的远达环保公司实现跨越式发展。2005年综合产业产能效益良好，一批综合产业项目正在建设当中，同时新规划项目不断增加。按照“主业精干化、检修专业化、辅业社会化”的改革思路，集团公司体制性分离工作基本完成，改革正在不断深化。集团公司为了加强对综合产业的管理和业务指导，适时组建了综合产业部，归口管理产业发展，配合、协调和指导工程建设、安全生产、经营管理等。

党建工作

按照《总部先进性教育整改方案》和《集团公司党组整改方案》的要求，围绕建立健全保持共产党员先进性长效机制，做了大量工作，取得明显成效。一是围绕贯彻落实《中央组织部、国务院国资委党委关于加强和改进中央企业党建工作的意见》，成立工作组小组，开展调查研究，起草了《集团公司党组关于加强和改进党建工作的意见》，正在修改完善。二是制定印发《总部“四好部门”创建活动方案》，形成组织领导有力、重点内容突出、考核评价具体的创建机制。三是起草了《关于进一步加强和改进集团公司系统党员政治理论学习的意见》，进一步明确党员政治理论学习的指导思想、目标任务、内容形式、主要途径、措施保障等。四是围绕贯彻落实《中共中央关于建立健全教育、制度、监督并重的惩治和预防腐败体系纲要》和《国有企业领导人员廉洁从业若干规定(试行)》，正在制定《实施细则》。五是制定印发《集团公司关于建立特重病救助基金的实施意见》，在集团公司系统建立特重病救助基金，成立基金管理委员会，切实解决因特重病导致家庭困难员工的实际困难。六是围绕贯彻落实国资委关于加强文化建设的《指导意见》，起草了《集团公司企业文化建设纲要》，已完成意见征求，正在修改完善。

集团公司总部13个党支部和基层1300多个党组织、共26000名党员全部参加了保持共产党员先进性教育活动。总部先进性教育满意率分别达到99.25%和98.2%，在中央先进性教育《简报》上刊登4次，其中专期2次，在国资委党委先进性教育《简报》上刊登2次。印发《简报》64期、《专报》6期，转发中央先进性教育领导小组文件2件；汇编了总部先进性教育文件资料72篇，编辑了总部先进性教育活动大事记；组织全体党员进行先进性标准大讨论，提炼出总部党员先进性具体要求；组织参观了中共“一大”会址、王孝和烈士事迹展；组织观看了牛玉儒先进事迹报告、北京市反腐倡廉警示教育展等。

其他公司

中国长江三峡工程开发总公司

概况

2005年，三峡工程建设全面完成年度计划任务、工程形象面貌全部达到要求。三期工程右岸大坝近400万m^3大体积混凝土未出现一条新裂缝，土建、机电安装齐头并进，质量同步提高。三峡左岸机组提前1年全部投产，增发的电量对缓解全国缺电、支援国家建设和发展、减轻燃煤污染作出重要贡献。三峡工程在施工期内发挥了发电、通航、旅游效益。

固定投资和资金到位情况

2005年，三峡工程固定资产完成投资1069663.88万元，占投资计划1057437.62万元的101.16%，其中，建筑安装工程完成127841.29万元，占计划137632.26万元的92.89%；机电设备完成76803.48万元，占计划100425.18万元的76.48%；金属结构设备完成17589.64万元，占计划16420.00万元的107.12%；其他费用13926.17万元，占计划21411.59万元的65.04%；基本预备费9359.15万元，占计划31736.48万元的29.49%；价差预备费236567.29万元，占计划132723.00万元的161.05%；水库淹没处理补偿费570749.84万元，占计划583290.42万元的97.85%。

截至2005年12月31日，三峡工程累计完成投资1220亿元，其中，枢纽工程静态投资完成426亿元，占枢纽工程概算500.9亿元的85%；库区移民完成静态投资361亿元，占库区移民概算400亿元的90%；价差253亿元；贷款利息145亿元；库区移民概算外补偿费35亿元。

全年资金到位1574417.00万元，占计划1611206.00万元的97.72%，其中，三峡专项基金到位1004502.00万元，占计划773559.00万元的129.85%；国家开发银行贷款8304.00万元，占计划20000万元的41.52%；利用外资63905.00万元，占计划77431.00万元的82.53%；其他资金到位497706.00万元，占计划740216.00万元的67.24%。

完成工程量

三峡主体工程建设全年完成混凝土浇筑165.02万m^3，占计划160.87万m^3的102.58%；完成固结灌浆0.17万m，占计划1036万m的12.39%；完成帷幕灌浆7.03万m，占计划4.63万m的151.47%；完成接缝灌浆5.00万m^2，占计划4.58万m^2的109.22%；完成钢筋制安5.37万t，占计划5.52万t的97.31%；完成机电安装1.66万t，占计划2.18万t的75.94%；完成金属结构安装1.25万t，占计划1.94万t的64.20%；完成锚杆1.97万根。

工程形象面貌

右岸大坝全线达高程160m以上，超过年度计划高程158m目标。高程120m栈桥7月底通车，比计划提前2个月。

上游副厂房部位大坝按时向厂房交面。右岸电站厂房宽槽回填于4月10日全部完成，比计划提前20天；5号、18号导流底孔封堵生产性试验于5月31日按计划完成。左岸电站13号、14号、9号机组分别于4月24日、7月21日、9月16日提前投产发电，比计划提前1～3个月。右岸非溢流坝段2号坝段9月11日断路，9月30日按计划恢复混凝土施工。电源电站厂房向机组安装交面较计划推迟1个月。

左岸机电安装工程的左岸电站13号、14号、9号机组分别于4月24日、7月21日、9月16日投产发电，三峡左岸电站14台机组全部发电，装机容量980万kW。

右岸大坝的右岸厂房排漂孔坝段—右岸厂房24号-1甲块达高程160.0～182.0m；右岸厂房坝段24号-2甲块—右岸非溢流坝段7号甲块除右岸非溢流坝段2号坝段和右岸非溢流5号坝段外，达坝顶高程185m；右岸非溢流2号坝段达高程152.0m；右岸电站拦污栅除安Ⅲ—23号坝段达高程143.5～150.0m外，其余外高程156m以上；右岸非溢流2号坝段以左及右岸非溢流7号坝段帷幕灌浆全部完成；右岸横缝灌浆完成，纵缝Ⅰ灌浆达高程 60.0～105.0m。右岸厂房 15～20 号坝段压力钢管安装至上弯段中部，21～26 号坝段压力钢管完成全部安装。右岸电站进水口检修门门槽 15～24 号机安装至高程 127.5～151.5m，25 号、26 号机完成安装；快速门门槽埋件安装除 18 号机混凝土回填未完外，其余全部完成；排漂孔事故门门槽埋件及混凝土回填全部完成；排沙孔事故门门槽埋件安装至高程 123.0～174.0m。

右岸电站厂房的下游边墙达高程 99.6m 以上，其中，安Ⅰ～25 号机组段达设计顶高程 116.0m，上游边墙达高程 85.1～108.6m，上游副厂房达高程 75.3～90.6m，22 号机蜗壳外包混凝土开始浇筑；20、21、22、25、26 号完成机蜗壳挂装，18 号机蜗壳挂装过半。

地下电站工程的主厂房Ⅰ层完成开挖及系统支护，第Ⅱ层上层完成开挖 70m。1～6 号引水洞完成上弯段及下平段开挖，其中 3～6 号引水洞完成中导洞开挖。3 号、6 号尾水洞完成变顶高段第二层开挖，其余尾水洞完成第一层变顶高段开挖。临时船闸改建冲沙闸工程的混凝土浇筑已达坝顶高程 185m。

电源电站工程的 1 号机组浇筑至高程 58.97m，2 号机组浇筑至高程 62.77m。

导流底孔封堵。2005 年 11 月，2、8、11、12、15、21 号 6 个导流底孔封堵展开施工，浇筑混凝土 42 仓，浇筑混凝土过半。升船机及升船机上游引航道尾工项目的上游浮式导航堤工程开始土建施工。上闸首门槽开始安装。

左岸电站运行管理

2005 年 13、14、9 号机组移交三峡电厂运行管理，左岸电站 14 台机组全部投产运行。截至 2005 年 12 月 31 日，连续安全生产 772 天，年底累计发电 490.9 亿 kWh，为年初计划 486kWh 的 101%。确保了汛期 5 次大于 40000m^3/s 流量的洪水顺利通过三峡大坝，机组平均等效可用系统数 93.21%、等效强迫停运率 0.13%、运行暴露率 91.48%，均保持了较高的水平。

工程质量管理

三峡工程建设继续以“消灭顽症　誓创一流”为主题，开展各种形式的劳动竞赛活动，提高了参建人员质量意识；编制三峡工程右岸地下电站质量标准，同时推出《质量安全“双零”目标管理特别奖实施办法（试行）》；2005 年 3 月开始 ISO9001∶2000 质量管理体系认证工作，包括 27 个程序文件和 92 个作业文件的质量管理体系文件已全部发布，体系也开始运行。三峡工程单元工程质量评定单元工程 4711 个，合格率达 100%，优良率达 91.91%。

船闸运行管理

为提高船闸通过能力，2005 年组织了一闸室待闸实船试验，并成功地将研究成果运用于三峡船闸（139m 水位）南线一闸室待闸实际操作，使船只正常进闸平均时间由 40～50min 降至 20～30min，节省时间近 15min。完成两闸首人字门启闭机运行提速的改造工作，使每闸次两闸首人字门液压启闭机设备运行时间缩短约 2.5min，提高了船闸通航效率。船闸通过能力得到了提高，基本解决了锚地待闸压船现象。2005 年除因流量超限停航 1 天外，实现安全通航 364 天。船闸共运行 8340 闸次，通过船舶 6.4 万艘次、旅客 187 万人、实载货物 3270 万 t。过闸主要物资所占比重大致如下：煤炭 54.3%，矿石 12.6%，木材矿建 8.3%，石油 3.1%，化肥 4%，钢材 4.2%，集装箱 5.9%，其他 7.6%。

翻坝转运

2005 年坝上转运船舶 8122 艘次，其中上行船舶 4045 艘次，下行船舶 4077 艘次；坝下转运船舶 12703 艘次，其中，上行船舶 6225 艘次，下行船舶 6478 艘次；共转运滚装汽车 315550 辆次，其中，上行转运 155669 辆次，下行转运 159881 辆次。2005 年汛期，三峡坝址下泄流量达到 35000m^3/s 时，对滚装货车采取按顺序、分时段地采取陆路转运方式，共转运滚装汽车 19818 辆次，其中，上行车辆 9894 辆次，下行车辆 9924 辆次，确保了滚装车、船的安全。2005 年，启动旅客应急转运 2 次，转运旅客 147228 人，其中，上行旅客 13258 人，下游旅客 133970 人。转运外宾 4262 人，其中，上行 2213 人，下行 2049 人。转运客船 678 艘次，其中，上行 317 艘次，下行 361 艘次。

电力生产与营销

长江电力股份有限公司全年发电 653.39 亿 kWh，其中，三峡电站 490.9 亿 kWh，葛洲坝电站 162.49 亿 kWh。长江电力股份有限公司抓住缺电的有利时机，争取政策支持，开展市场营销，跟踪并参与市场规则制订，电力按直流通道最大可能外送，全面完成了年度销售目标，同时对“十一五”电力消纳工作做了深入研究和初步准备。提出了以签订长期合同为主线，以改善电能质量为根本，继续争取政府支持，做好竞争准备的总体策略。为了做好“十一五”电能消纳工作，长江电力股份有限公司通过对消纳三峡电能的十省（市）的“十一五”期间电源建设、电网建设和负荷需求情况的调查分析，结合三峡增发电量情况，研究提出“十一五”三峡电能消纳优化方案上报国家发展和改革委员会，对“十一五”期间三峡3600亿kWh电量的消纳做出长远安排，已完成各省市意见征求工作。同时与国家电网和南方电网公司就签订长期合同也初步达成一致。

三峡工程左岸电站提前一年投产

在三峡左岸电站机组的安装调试运行中，继续坚持“无缝交接、首稳百日”的管理模式，确保机组的提前投产和稳定运行。与三峡工程初步设计相比，三峡左岸电站提前一年实现14台机组全部投产目标，累计增发电量380亿kWh，极大地缓解了华东、华南等地区的电力紧张状况。

三峡工程机电装备自主创新取得重大突破

在全国科技大会上，中国三峡总公司介绍三峡工程机电装备引进消化吸收再创新的经验和做法，受到中央领导的肯定。三峡左岸电站以哈尔滨电机厂和东方电机厂为主制造的14号、9号机组投产以来，运行稳定。国内机组制造企业在技术引进、消化吸收的基础上坚持自主创新，具备设计制造70万kW特大型水轮发电机组的能力，实现由左岸机组分包商到右岸机组独立供应商的重大角色转变。

三峡工程按期实现资金平衡年

截至2005年12月31日，三峡工程累计完成投资1220亿元。按三峡工程开工时提出的总体融资方案，2005年按期实现资金平衡，即当年的利润、折旧加上三峡基金可以满足三峡工程当年投资的需求。

溪洛渡水电站正式开工

12月26日，溪洛渡水电站正式开工，从筹建期转入主体工程施工阶段，中国三峡总公司开发金沙江迈出实质性步伐。经过3年筹建，溪洛渡水电站“四通一平”工程基本完成，砂石骨料系统投入运行；完成可行性研究报告审查，依法履行国家项目核准手续；和四川、云南两省签订移民投资包干协议，施工区移民逐步搬迁并得到较好安置。溪洛渡水电站正式开工被列“2005年中国能源十大新闻”。向家坝水电站的筹建工作也按计划有序推进。

长江电力股权分置改革试点取得成功

长江电力被国家确定为股权分置改革中央企业首批试点企业后，中国三峡总公司按照国资委、证监会的部署，以方案制定为核心，以市场沟通为关键，以相对合理的改革成本获得所持股份的流通权，流通股股东利益得到切实保障，大盘蓝筹市场地位和形象更为巩固。

环境保护工作得到全面加强

中国三峡总公司成立科技环保部归口管理环境保护工作，邀请中国工程院院士考察团就三峡水库水污染防治进行调研，开展三峡水库漂浮物的研究和综合治理，联合农业部举办人工繁殖中华鲟大型放流活动。溪洛渡和向家坝水电站的环境影响报告已通过国家环保总局的评审，长江上游珍稀特有鱼类保护区项目也已启动。

新能源项目开发工作启动

国家发展和改革委员会同意授权中国三峡总公司开发江苏盐城沿海的一个20万kW风电特许权项目。中国三峡总公司和浙江省人民政府也就新能源开发签订战略合作协议。中国三峡总公司组建长江新能源开发公司，开展以风电为主的新能源项目的前期工作。

三峡坝区年游客量首次突破**100**万

中国三峡总公司发挥三峡坝区旅游资源优势，积极推进旅游资源的整合，加强品牌宣传和市场开拓，推出三峡截流纪念园等新的旅游产品。2005年创年游客接待量破百万的历史新纪录，促进了地区旅游业和经济社会的发展。

表1 三峡工程固定资产投资及工程量完成情况汇总表 万元

项目	本年计划	本年累计完成	占年计划（%）	自开工累计完成
三峡工程总投资	1057437.62	1069663.88	101.16	12203113.68
建筑安装工程	137632.26	127841.29	92.89	2933165.00
机电设备费	100425.18	76803.48	76.48	663648.13
金属结构设备费	16420.00	17589.64	107.12	173825.82
其他费用	21411.59	13926.17	65.04	382583.69
基本预备费	31736.48	9359.15	29.49	105293.77
水库淹没处理补偿费	310000.00	329971.75	106.44	3611102.34
价差预备费	232723.00	374793.95	161.05	2534603.80
贷款利息	65268.00	36076.86	55.27	1450307.16
库区移民包干外补偿费	141821.11	83301.59	58.74	348583.97

表2 三峡总公司固定资产投资完成情况汇总表 万元

项目	年计划	本年完成	占年计划（%）	自开工累计完成
总投资	1610849.74	1564967.40	97.15	13051451.57
三峡工程总投资	1057437.62	1069663.88	101.66	12203113.68
其中：枢纽静态投资	307625.51	246008.24	79.97	4258516.41
水库淹没处理补偿费（静态）	310000.00	329971.75	106.44	3611102.34
库区移民包干外补偿费	141821.11	83301.59	58.74	348583.97
价差预备费	232723.00	374793.95	161.05	2534603.80
贷款利息	65268.00	36076.86	55.27	1450307.16
地下厂房工程	15768.00	23856.09	151.29	60843.08
金沙江开发投资合计	537644.12	471447.43	87.69	787494.81
溪洛渡水电站项目	316798.91	333742.44	105.35	603713.94
向家坝水电站项目	210417.01	126202.99	59.98	163918.88
乌东德水电站项目	4358.20	5581.34	128.07	9654.53
白鹤滩水电站项目	6070.00	5920.66	97.54	10207.46

表3 三峡总公司固定资产投资资金到位情况表 万元

项目	年计划	本年完成	占年计划（%）	自开工累计到位
资金到位	1611206.00	1574417.00	97.72	13392569.00
三峡专项基金	773559.00	1004502.00	129.85	6304019.00
国家开发银行贷款	20000.00	8304.00	41.52	3028304.00
利用外资	77431.00	63905.00	82.53	834197.00
三峡企业债券				1900000.00
其他资金	740216.00	497706.00	67.24	1326049.00

表4 三峡主体工程工程量完成情况汇总表

项目	单位	本年计划	本年累计完成	占年计划（%）	自开工累计完成
土石方开挖（主体工程）	万m^3		−118.80		13800.53
土石方填筑（主体工程）	万m^3		80.48		5368.03
混凝土浇筑（主体工程）	万m^3	160.87	165.02	102.58	2742.87
固结灌浆（主体工程）	万m	1.36	0.17	12.39	47.62
帷幕灌浆（主体工程）	万m	4.63	7.03	151.74	32.81
接缝灌浆（主体工程）	万m^2	4.58	5.00	109.22	45.72
钢筋制安（主体工程）	万t	5.52	5.37	97.31	55.14
锚杆（主体工程）	万根	0.00	1.97		53.91
混凝土防渗墙（主体工程）	万m^2	0.00	0.30		28.35
机电安装（主体工程）	万t	2.18	1.66	75.94	11.37
金属结构安装（主体工程）	万t	1.94	1.25	64.20	18.95

（时香丽 乔仁贵）

中国电力工程顾问集团公司

概况

中国电力工程顾问集团公司是在原国家电力公司所属中国电力工程顾问（集团）有限公司基础上组建的，由国资委管理的全民所有制企业。集团公司下属东北、华东、中南、西北、西南、华北6家电力设计院和中国电力建设工程咨询公司共7家全资子企业和电力规划设计总院1家事业单位。

集团公司是面向国内外市场，为政府部门、金融机构、投资方、发展商和项目法人提供电力工程建设综合服务的中介机构。集团公司本部主要从事集团管理、电力发展规划研究、电力工程评审等。集团公司所属各设计院主要从事电力工程勘察设计、工程咨询、工程监理和工程总承包等。咨询公司主要从事工程监理和工程总承包。与传统生产领域企业不同，集团公司及所属企事业单位拥有的技术和智力资源以及勘察、设计、咨询、总承包等资质构成集团最重要的生产要素。

集团公司现有在职员工 7850 人，其中，勘察设计大师 11 人，享受政府特殊津贴的专家 138 人，高、中、初级工程技术人员 5220 人。现有离退休人员 5504 人。

2005 年，集团公司再度入选美国《工程新闻记录》（ENR）“2004 年世界最大的 200 家国际工程设计公司”和“2004 年全球最大的 150 家工程设计公司”，分别名列第 147 位和第 61 位，比 2004 年分别前进 8 位和 5 位。入选美国《工程新闻记录》评选的“2004 年中国承包商、工程设计企业双 60 强”，集团公司位列 60 强设计企业第一名。

在中国勘察设计协会和中国工程咨询协会组织的“2005 年工程项目管理收入排序和工程总承包营业额百名排序”中，集团公司分别列第 10 和第 9 位。所属各设计院继续进入 2004 年度全国工程勘察设计企业百强行列。

集团公司现任党组书记、总经理汪建平，副总经理赵洁、姚强、吴春利、于刚，纪检组长王保国，总工程师孙锐，总会计师陈关中。集团公司本部主要设有专家委员会、总经理工作部（国际合作部）、人力资源部、财务与产权管理部、计划发展部、科技信息管理部、监察审计部、党群工作部、规划研究中心、发电工程分公司、电网工程分公司、技术经济中心、资金结算中心和研发中心。

主要经营指标

集团公司 2005 年实现利润总额 19000 万元，同比增长 18.75%；净资产收益率 22.42%，同比增长 5.25%；技术投入比率 6.5%，同比增长 16.27%；流动资产周转率 1.25 次，同比增长 1.62%。全面完成国资委对集团公司下达的各项经营业绩考核指标。

生产任务

（1）规划研究工作。集团公司先后承担了 55 项规划研究课题，已完成 50 项。其中，受国家发改委委托，参加了全国火电项目清理和选优的专家评议工作、固定资产投资清理工作和三峡电力电量分配研究、违规电源项目调研等工作。受国家电网公司和南方电网公司委托，先后开展了特高压交直流输变电骨干网总体规划设计等规划研究工作，开展了华能集团公司电源发展规划、大唐集团公司电源发展战略及长远规划、中电投集团公司电源发展规划、西藏水电外送方案设想、缅甸电力发展规划等研究项目。

（2）发输变电勘测设计和咨询评审工作。全年共完成发输变电勘测设计和咨询评审项目 1067 项。完成发电勘测设计项目 276 项，25137.5 万 kW。其中，初可研 59 项，7294 万 kW，同比减少 30.13%；可研 96 项，9591 万 kW，同比增长 21.45%；初步设计 60 项，4678.5 万 kW，同比减少 32.55%；施工图设计 61 项，3574 万 kW，同比增长 66.39%。

完成 220kV 及以上送电工程勘测设计项目 121 项，20594.7km。其中，可研 31 项，9927km，同比增长 62.79%；初步设计 38 项，5207.7km，同比减少 40.11%；施工图设计 52 项，5460km，同比减少 32.53%。

完成 220kV 及以上变电工程勘察设计项目 141 项，16289.1 万 kVA。其中，可研 35 项，9213 万 kVA，同比增长 298.83%；初步设计 48 项，4118 万 kVA，同比增长 62.32%；施工图设计 58 项，2958.1 万 kVA，同比增长 8.75%。

完成发电项目评审、咨询和评估等项目 361 项，18608 万 kW。其中，初可及可研 164 项，14083 万 kW，同比增长 6.81%；初步设计 60 项，4525 万 kW，同比减少 40.42%；核电 16 项、脱硫 19 项、试桩大纲 38 项、专题研究 4 项、评估项目 1 项，其他项目 76 项。经评审核减发电项目投资 36 亿元。

完成 330kV 以上输变电工程评审 168 项，线路长度 17000km，同比增长 7.1%；变电容量 82000MVA，同比增长 29.8%。其中，500kV 输变电工程 146 项，变电容量 76000MVA，线路长度 15000km；330kV 输变电工程 22 项，变电容量 6000MVA，线路长度 2000km。经评审核减输变电项目投资 27 亿元。

（3）工程总承包、项目管理。集团公司全年开展总承包 20 项，完成产值 6.2 亿元。开展项目管理 80 项，完成产值 1.16 亿元。

经营工作

加大了项目前期开发力度。在关注国家发改委确定的 2005～2007 年电力备选项目的同时，各单位积极介入所在区域电力规划的编制，加大前期工作力度。2005 年共计开展发电前期项目 155 项，其中，60 万 kW 及以上项目 86 项，开展电网前期项目 88 项。

加大了高效、大容量、洁净煤燃烧电站和核电项目以及新能源领域设计市场的开发力度。各单位参与百万千瓦级项目20余项，核电项目10余项，使集团公司继续保持在国内百万级电站、核电设计市场份额上的领先地位。积极开拓新能源领域设计市场，东北院签订了如东25MW秸秆发电示范项目总承包合同；华北院签订了国华尚义、大唐克旗等风电合同。

各单位继续发挥技术优势，加强与窗口公司合作，积极开发海外市场。全年新签订境外发电项目合同额3.36亿元，变电站分包项目1项。东北院签订了苏丹吉利二期联合循环电站勘察设计合同；华东院签订了伊朗2×325MW机组项目设计合同；中南院签订国外项目合同超过1亿元；西北院中标印度2×300MW电厂、越南2×100MW电厂等6个海外项目；西南院签订了印尼、印度雅玛那等项目的勘测设计合同；华北院跟踪巴基斯坦200MW燃煤电厂，巴政府已经签发了初步意向函。

各单位充分发挥设计对总承包业务的带动作用，继续加大对总承包业务的开拓力度，全年新签订总承包合同12项，总合同额36.01亿元。西北院已收到兰州铝业股份有限公司3×300MW自备电厂工程总承包中标通知书，实现了集团公司承揽大型电力工程总承包项目的突破。

科技创新

全年开展科研、标准化和信息化项目658项，其中重大科研项目22项。按照发展战略与规划的有关要求，成立了集团公司研发中心，进一步完善了技术开发体系。

2005年共获得各类重大奖项56项。其中：全国优秀工程设计金奖2项，银奖2项，铜奖8项；全国优秀工程勘察金奖1项，银奖3项，铜奖1项；全国优秀工程设计软件铜奖2项；中国电力科学技术奖三等奖3项；电力行业优秀工程咨询成果一等奖9项、二等奖13项、三等奖12项，并有22项被推荐参加全国优秀工程咨询成果奖的评选。

中标、承担了百万千瓦级超超临界火电机组项目、特高压交直流输变电项目等。掌握了大型直接空冷系统的设计关键技术、9F级联合循环电站设计技术、500kV地下变电站超大超深基坑设计技术、高电压等级海底电缆工程的设计技术、750kV超高压输变电工程设计技术，加强了百万千瓦级火力发电和特高压输变电工程的设计技术储备工作。

参与了国家第三代压水堆核电技术引进招标相关工作，为国家核电技术引进工作提供了技术支撑。参加了国防科工委组织的核电标准化建设，提出了工作建议，得到有关各方的认同。正在开展大型先进压水堆核电站示范工程和高温气冷堆示范工程技术研究建议书的编制工作。大型先进压水堆核电站示范工程技术研究，是国家确定的航天登月等16项国家级重大科技专项研究之一。

30万kW CFB电站系统设计技术引进消化吸收成果，通过了国家发改委委托中国机械工业联合会组织的专家验收，填补了国内30万kW级CFB电站系统设计的空白。通辽电厂三期1×60万kW大型直接空冷国产化示范工程初步设计，通过业主组织的专家审查。

管理工作

组织开展了国际对标、国际化和联合发展战略3个专题研究，并完成所属各单位战略与规划编制工作；制定并颁发了《发展战略和规划管理办法（试行）》；修订了集团公司《子企业管理规定》；集团公司与中煤国际工程研究总院和交通银行分别签订了战略合作协议。

集团公司与各单位签订了2005年度经营业绩考核责任书、2004～2006年任期经营业绩考核责任书。组织实施了“5123人才工程”，评选集团公司特级专家9名，专家30名，提高待遇的高级工程师285名。4人被国务院批准享受2004年政府特殊津贴。组织2300余人次参加了继续教育培训，共有226人取得了执业资格证书。

实行了集团公司资金集中统一管理，建立了资金结算中心。制定并实施了集团公司《质量管理办法》，开展了质量安全大检查，全年未发生重大质量安全事故。加强了内控审计，共开展内控审计项目263项，节约开支225.9万元。

开展了保持共产党员先进性教育活动和“四好”领导班子创建活动。先进性教育活动群众满意度测评结果：集团公司总部总体满意度达到99.9%，各单位的总体满意度基本都达到99%以上。

加强党风廉政建设，修订完善各种制度44项，签订党风廉政建设责任书185份，签订工程廉政建设责任书260份。开展效能监察28项，挽回经济损失14.58万元，节约资金370.65万元。

主要事件

1月16～17日，集团公司在北京召开2005年工作会议。

1月28日，集团公司召开公司总部2004年工作总结、2005年工作安排会议。

7月18～11月2日，根据国资委党委的部署，集团公司开展了保持共产党员先进性教育活动。

10月17～18日，集团公司党组召开党组（扩大）会，传达学习贯彻五中全会精神。

10月19日，集团公司和中煤国际工程设计研究总院正式签订了《战略合作协议》，集团公司总经理汪建平和中煤国际工程设计研究总院院长田会分别代表双方单位在合作协议上签字，从而实现了电、煤规划设计企业之间的首次合作。

（刘叔友）

中国水电工程顾问集团公司

概况

中国水电工程顾问集团公司（英文简称CHECC）成员单位包括：水电水利规划设计总院1个事业单位和中国水电顾问集团北京勘测设计研究院、华东勘测设计研究院、西北勘测设计研究院、中南勘测设计研究院、成都勘测设计研究院、贵阳勘测设计研究院、昆明勘测设计研究院、中国水利水电建设工程咨询公司8个国有独资公司及四川美姑河水电开发有限公司、江苏东凌风力发电有限公司2个控股公司，主管中国水力发电工程学会、《水力发电》杂志社、水电建设定额站。现有国家工程设计大师5人，国家勘察大师1人，教授级高级工程师678人，高级工程师2688人，工程师2056人。

CHECC是国内唯一从事水电及风电规划、项目勘测设计、技术咨询的国有大型企业集团依法经营CHECC及有关企事业单位中由国家投资形成并由CHECC拥有的全部国有资产；从事水电和新能源等发电项目的勘测设计、咨询、监理、施工、项目管理、总承包及相关技术、中介业务等，以及河流（河段）水电规划；从事水电站、新能源及相关产业的开发、投资、经营和管理；相关的信息、软件等新技术开发利用、服务和转让，材料与设备销售，房地产开发；从事工业与民用建筑、水利、电力、环保、交通、桥梁、市政等工程的勘测设计、咨询、监理、施工、项目管理、总承包及相关中介业务，以及岩土工程；根据国家有关规定，经有关部门批准从事国内外投融资业务；经国家主管部门批准，自主开展外贸流通经营、国际合作、对外工程承包和对外劳务合作等业务；经营国家允许或委托的其他业务。

CHECC是中国水电和风电建设技术标准和规程规范的主要编制修订单位，承担了水电建设工程等级、勘测、规划、水库、环保、水工、施工、造价、机电、安全监测、运行管理等一整套国家及行业规程规范的编制和风电开发的规划、勘测、设计和运行管理等标准的编制工作。至2005年底，CHECC编制完成了132项水电建设和风电开发国家及行业技术标准。

经营指标取得突破

继续巩固勘测设计主业的同时，积极开拓工程总承包、评估、安全评价等新业务。全年共签订合同106亿元，实现经营收入41.54亿元，利润总额1.97亿元，净资产收益率22%，国有资本保值增值率134%，劳动生产率39万元/人年，各项指标分别是2004年的160%、130%、247%、272%、120%和138%，特别是利润总额首次突破亿元大关。全面完成了国资委下达的考核目标。在全年合同中，水电工程勘察、设计、工程总承包分别占23%、30%、34%，勘察设计仍为主要收入来源，工程总承包增长幅度较大。国际市场业务有所突破，收入达5000万元以上。回收资本金2836万元。

2005年国家发改委新核准水电项目共14项2707万kW，其中11项2392万kW由CHECC承担设计。全国25万kW以上大型常规水电项目，在建、已完成或正在开展预可研、可研及前期建设筹备的装机容量分别约7199万、9000万和4000万kW，其中CHECC分别承担4225万、8000万和3800万kW。按容量计算，总体市场占有率接近80%。

完成各项生产任务

继续承担澜沧江上游、金沙江上游、拉萨河、西藏扎曲河、绰斯甲河等河流（河段）的水电规划。完成了全国常规水电、抽水蓄能、风电“十一五”发展规划，参与西藏电力“十一五”规划方案的制定，完成了全国水力资源复查成果发布、有关政策和专题研究工作。努力加快澜沧江上游、雅砻江中游、大渡河、怒江中下游、金沙江中下游等河段功果桥、两河口、赛格、虎跳峡、白鹤滩、锦屏二级等一大批大型水电项目的前期工作，承担了公伯峡、龙滩、小湾、拉西瓦、瀑布沟、向家坝、糯扎渡等大型项目施工阶段的勘察设计任务。承担了呼和浩特、仙居等抽水蓄能电站的前期勘察设计任务和泰安、宝泉等抽水蓄能电站施工阶段的勘察设计任务。保证了溪洛渡、锦屏一级两个世界级特大型水电站的正式开工和瀑布沟水电站的顺利复工。国家安全生产监督管理总局委托水电水利规划设计总院负责水电风电等建设项目的安全设施竣工验收工作，理顺了工作体制。安全评价业务进一步整合。继续推进国家发改委委托的风电前期技术归口管理工作，做好风电场特许权招标技术服务。美姑河柳洪、白水江黑河塘、马鹿塘水电站二期工程总承包进展顺利。

进一步加强规章制度建设，认真做好安全生产工作，为CHECC的发展构筑了稳定环境。发布CHECC《安全生产工作考核与奖惩规定》等6项规章制度，进一步健全了安全生产管理制度体系。编印《CHECC安全生产应急预案》，指导各单位的应急系统建设。首次派出安全生产检查组深入工程现场检查，加强了对安全生产工作的督察和指导。全年未发生责任性重大安全生产事故。

促进水电风电健康持续发展

与西藏自治区人民政府、中国水利水电科学研究院、二滩水电开发公司签订战略合作协议，与中国南方电网公司就南方电网抽水蓄能电站发展进行合作会谈并形成会议纪要。CHECC负责人亲自带队对怒江水电开发状况进行考察，考察报告得到国务院主要领导的批示和国家发改委的重视。大力支持西藏电力发展，“藏电外送”研究工作正式启动。全方位的合作，为实现多方共赢，全面促进水电风电和CHECC的长远发展奠定了基础。

加强前期费管理，努力提高使用效益。合理安排了国家发改委、财政部分别下达的水电前期工作经费和专项费用，顺利启动了雅鲁藏布江中游、澜沧江上游（西藏段）等水电规划和有关水电项目的前期工作，保证了水电的后续发展。协助国家发改委和建设部编写《勘察设计收费标准指导手册》，完善了勘察设计收费标准。

主辅分离、辅业改制实现突破

认真做好电力体制改革的有关工作，努力争取支持电力辅业920万kW电力资产的合理分配。中国水力发电工程学会秘书处挂靠CHECC管理，为CHECC统筹协调全国水电发展的有关工作搭建了一个良好的平台，进一步提高了CHECC的行业地位。为实现做强做优的战略目标，同意接纳具有较强实力的广西电力工业勘察设计研究院为成员单位，并报国资委和电力体制改革领导小组审批。适应国资委培育和发展具有国际竞争力的大公司大企业集团、推进调整重组的要求，积极推进与中国电力工程顾问CHECC的合并重组，请示报告已报国资委。

根据国资委对CHECC主辅分离、辅业改制方案的批复意见，按照“859”号文及主辅分离、辅业改制有关政策精神，CHECC总部、华东院、北京院已完成辅业单位改制，共剥离辅业单位17家，剥离三类资产2628万元，分流安置辅业人员1048名。批准了贵阳院咨询公司多元化改造方案。把握政策机遇，按照国家移交社会职能的有关政策，顺利完成中南院子弟学校移交地方管理。

经营管理

继续强化预算管理制度建设，规范预算管理体系，扩大预算管理范围，确立自下而上和自上而下相结合的预算管理方式，为实施CHECC资金集中管理奠定了基础。进一步加强产权管理。积极做好主辅分离、企业办社会职能移交的资产评估工作。加强清产核资后续管理工作，建立账销案存制度，进一步完善内控制度。落实资产经营责任制，确保了公司主要经营目标的实现。

加大投资力度，努力改善资产质量。CHECC自2003年以来，先后提出了投资水电和风电项目，投资建设步伐加快，规模不断扩大。控股开发的四川美姑河、九寨沟梯级项目以及云南凤凰谷、糯租水电站建设进展顺利。控股成立江苏东凌风力发电公司，开始开发江苏沿海风电项目。参股的云南地方电力投资公司也在积极寻求投资项目。目前正在积极争取四川绰斯甲河和云南怒江梯级项目开发权。2005年完成固定资产建设投资11.39亿元，投入资本金3.49亿元，融资8.8亿元。贵阳院金阳水电科技园、成都院温江基地、美姑河梯级调度中心建设正式启动，共需投资4.92亿元。北京院新办公基地的建设正在认真规划。

积极导入现代化管理理念，努力推动管理创新。华东院以团队建设为重点，导入学习型企业文化理念，构建学习型企业平台，积极规划团队与个人愿景。成都院努力提高管理水平，其《国际型工程公司的创建与管理》获全国电力企业管理现代化创新成果一等奖。发布CHECC视觉识别手册，统一CHECC标识，进一步规范CHECC文化内涵的诠释。网上办公系统正式投入使用，实行电子公文，提高办公自动化水平和工作效率。

加强人力资源管理，努力实施“人才强企”战略。改建CHECC技术经济委员会，增加工程总承包和经济管理专业委员会。先后完成西北院、成都院行政、党委、工会换届，中南院党委、工会换届，贵阳院行政领导班子届中个别调整工作。引入竞争机制，多方位、多渠道地发现与选拔人才。成都院个别院级领导岗位实行竞争上岗，华东院面向社会招聘人力资源管理骨干，中南院、贵阳院部分中层负责人实行竞聘上岗，均有较好的反响。修订子公司经营者年薪制管理办法。严格控制人员总量，实行零增长或负增长。8人被国务院批准为享受政府特殊津贴专家，3人被中国水利水电勘测设计协会评为优秀院长。

完善内控措施，审计监督成效显著。内部审计贯彻落实以财务收支审计为基础、以经济责任审计为重点、以落实审计成果为归宿的内部审计监督机制，实行审计工作闭环管理，在促进企业依法经营、规范管理和提高效益等方面发挥了重要作用。制定和贯彻《CHECC审计工作发展目标》和一系列内部审计制度，制度体系不断完善。坚持领导干部任期经济责任审计制度，特别是加大了对非国有控股关联企业的延伸审计力度。

科技进步

除国家税务总局批准CHECC统一安排的4170万元开发费用外，各子公司自行加大了科技投入，全年科技开发投入占营业收入的比例达到7.9%。启动了重大工程技术、新材料、新技术以及技术标准编制和水电发展政策和课题研究等一大批工程应用研究项目。完成了国家标准《水力发电工程地质勘察规范》和行业标准《水电水利工程物探规程》、《水电水利工程地下工程施工设计导则》等10项技术标准的报批工作。颁布了《水电工程预可行性研究报告编制规程》等5项行业技术标准，新制定了5项风电前期工作设计标准和管理办法，并经国家发改委发布实施。安排了水电建设项目经济评价实施细则、水电工程地下厂房设计标准等CHECC技术标准研究。"沙牌碾压混凝土拱坝筑坝配套技术研究"等两项成果获国家科技进步二等奖。

党建和精神文明建设

按照国资委党委和有关地方党委的部署，扎实开展以实践"三个代表"重要思想为主要内容的保持共产党员先进性教育活动。CHECC共有1个党组、15个党委、22个党总支、277个党支部，共6165名党员分两批先后参加了先进性教育活动。各单位先进性教育活动群众满意和基本满意度都在90%以上。CHECC党组通过建立健全"四好"班子创建制度，加强领导班子的思想政治建设和业务建设，努力提高领导班子的领导能力、工作能力和业务能力等八项制度。CHECC先进性教育活动多次受到国资委先进性教育活动领导小组的表扬。

认真落实《建立健全教育、制度、监督并重的惩治和预防腐败体系实施纲要》，采取多种形式组织学习《中共中央纪委、中共中央组织部、监察部关于国有企业领导人廉洁从业的若干规定》，努力推进党风廉政建设的宣传教育工作。制定、完善了CHECC党组党风廉政建设责任制实施办法等制度，党风廉政建设考核体系进一步完善。全年未发生重、特大案件。加强对清产核资后续工作的效能监察，确保了国有资产安全。继续开展工程项目招投标和对大宗设备、物资采购的效能监察。

坚持科技扶贫和经济扶贫相结合，积极参与社会公益事业，企业政治文明和精神文明建设水平不断提高。努力实施科技扶贫，向定点扶贫单位云南省剑川县派出科技副县长，推动小水电规划和"以电代柴"项目实施。企业和个人共向云南省剑川县、四川省黑水县和九寨沟县捐款150万元，建设希望小学，帮助1万名赤贫群众过年，还向灾区捐献了大量物资。

主要事件

1月12～14日，CHECC在北京召开《宝泉抽水蓄能电站500kV电气设备（变压器、GIS、电缆）及其附属设备招标文件技术》评审会议。

1月13～15日，CHECC会同四川省发展和改革委员会成都召开《四川省大渡河大岗山水电站预可行性研究报告》审查会议。

1月14日，CHECC在北京召开《赤峰克旗赛罕坝风电场工程可行性研究报告》审查会议。

1月16～18日，CHECC会同四川省发展和改革委员会在成都召开《四川省大渡河长江坝水电站预可行性研究报告》审查会议。

1月17日，CHECC在贵阳召开《北盘江光照水电站建设征地和移民安置补偿投资概算修编报告》审查会议。

1月18日，CHECC在北京召开《托口水电站工程劳动安全与工业卫生预评价报告》评审会。

1月19日，CHECC在北京召开《汉江蜀河水电站工程劳动安全与工业卫生预评价报告》评审会。

1月23～25日，CHECC在北京召开《蒲石河抽水蓄能电站主要机电设备采购招标文件技术》评审会议。

1月30日，CHECC在青海召开《黄河苏只水电站右岸土石坝坝型优化设计专题研究报告》审查会。

1月30日，CHECC在长沙召开《沅水干流洪江以上河段水电规划梯级环境影响评价研究大纲》咨询会议。

2月25日，CHECC受国家电网公司的委托，在北京召开《云峰水电站大坝上游面加固工程初步设计报告》审查会。

2月26日，CHECC在昆明召开《云南澜沧江上游（古水至苗尾河段）水电规划环境影响评价大纲》咨询会议。

2月27日，CHECC在成都召开《雅砻江中游（两河口至卡拉河段）水电规划环境影响评价大纲》咨询会议。

2月27日，CHECC在北京召开《安徽佛子岭抽水蓄能电站工程劳动安全与工业卫生预评价报告》评审会。

3月3～7日，CHECC在成都召开《大渡河龙头石水电站水轮发电机组及其附属设备招标文件技术》评审会议。

3月8日，CHECC在北京召开《红水河桥巩水电站工程劳动安全与工业卫生预评价报告》评审会。

3月14日，CHECC以水电顾人劳［2005］0030号文，公布中国水电工程顾问集团公司技术经济委员会换届名单。

3月15～16日，在成都召开了集团公司2005年工作会议。会议期间，集团公司党组书记、总经理李菊根还分别与7个子公司（设计院）的院长（党委书记）签订了2005年“三项责任制”合同书。

4月6日，CHECC在北京召开《江苏溧阳抽水蓄能电站工程劳动安全与工业卫生预评价报告》评审会。

4月7～8日，CHECC在江西井冈山召开集团公司2005年安全生产工作会议。

4月12日，CHECC以水电顾办［2005］0028号文，印发《关于中国水电工程顾问集团公司部分成员单位更名及启用新印章的通知》。集团公司所属设计院更名为中国水电顾问集团××勘测设计研究院，启用新的党委和行政印章，原印章同时废止，按公章管理有关规定上缴集团公司归档封存或销毁。

4月13～14日，CHECC在四川召开《四川火溪河木座水电站引水建筑物及调压室方案调整专题报告》审查会。

4月17～20日，CHECC会同四川省发展和改革委员会在成都召开《四川省大渡河泸定水电站预可行性研究报告》审查会。

4月18～19日，CHECC在北京召开《柬埔寨王国基里隆Ⅲ号水电站工程预可行性研究报告》审查会议。

4月21日，CHECC在北京召开《四川省大渡河龙头石水电站工程劳动安全与工业卫生预评价报告》评审会。

4月25日，CHECC以水电咨人［2005］0003号文，公布成立中国水利水电建设工程咨询公司大渡河大岗山水电站咨询项目部，周建平兼任咨询项目经理。

同日，CHECC以水电咨人［2005］0004号文，公布成立中国水利水电建设工程咨询公司大渡河猴子岩水电站咨询项目部，杨多根兼任咨询项目经理。

同日，CHECC水电咨人［2005］0005号文，公布成立中国水利水电建设工程咨询公司大渡河泸定水电站咨询项目部，杨多根兼任咨询项目经理。

5月12～16日，CHECC在昆明召开《云南金沙江金安桥水电站大坝土建及金属结构安装工程招标文件》评审会议。

5月12～17日，CHECC受国电新疆开都河流域水电开发有限公司的委托，在西安召开《新疆开都河察汗乌苏水电站混凝土面板砂砾石坝工程和发电引水洞、调压井、压力钢管、发电厂房及机电安装工程招标文件》评审会。

5月23日，CHECC在北京召开《贵州北盘江善泥坡水电站工程劳动安全与工业卫生预评价报告》评审会。

5月24日，CHECC在北京召开《四川省大渡河深溪沟水电站工程劳动安全与工业卫生预评价报告》评审会。

同日，CHECC以水电顾总工［2005］0009号文转发《关于公布2004年度国家优秀工程勘察设计评选结果的公告》的通知，共有12个项目获得2004年度国家级优秀工程勘察设计奖，其中金奖4项，银奖5项，铜奖3项。

5月29日～6月1日，CHECC在海南三亚召开《水电工程施工组织设计规范》（初稿）审查会。

6月4～5日，CHECC在梧州市召开《广西长洲水利枢纽工程安全预评价报告》评审会。

6月6～8日，CHECC在北京召开《混凝土拱坝设计规范》（送审稿）审查会。

6月9～11日，CHECC会同云南省发展和改革委员会在云南省个旧市召开《云南省红河南沙水电站工程可行性研究报告》审查会。

6月16日，CHECC在贵州召开《乌江索风营水电站取消排沙设施专题报告》审查会。

6月18日，CHECC在武汉召开《三峡水利枢纽三期工程塔带机混凝土浇筑定额成果》评审会。

6月19～20日，CHECC在长沙召开《水江坪河水电站可行性研究阶段建设征地和移民安置规划设计专题报告》审查会。

6月22～24日，CHECC会同四川省大渡河龙头石水电站可行性研究报告》审查会。

6月29日，CHECC在北京召开《四川省雅砻江官地水电站劳动安全与工业卫生预评价报告》评审会议。

6月30日，CHECC在北京召开《四川省黑水河柳坪水电站工程劳动安全与工业卫生预评价报告》评审会议。

7月1日，CHECC以水电顾人劳［2005］0052号文，发布《关于调整集团公司基础工资标准的通知》，将集团公司基础工资标准由545元/月调整为580元/月，自2005年7月1日起执行。

7月13～14日，CHECC在北京召开《贵州乌江东风水电站扩机工程安全预评价报告》评审会。

7月15日，CHECC召开先进性教育动员大会，党组书记李菊根做动员报告，国资委第十一督导组组长于世春作重要发言。

7月25日，CHECC在北京召开《云南大盈江四级水电站工程劳动安全与工业卫生预评价报告》评审会。

7月26～28日，CHECC在西安召开《水电工程边坡设计规范》审查会。

8月8～12日，受华能集团公司的委托，CHECC在北京召开《澜沧江流域梯级电站集控中心规划设计报告》评审会。

8月15日，CHECC在北京召开《福建仙游抽水蓄能电站劳动安全与工业卫生预评价报告》评审会。

8月16～17日，CHECC在北京召开《红水河龙滩水电站375m建设方案坝体断面设计补充研究报告》审查会。

8月22日，CHECC在北京召开2005年年中经营工作会议。副总经理王斌通报集团公司2005年上半年生产经营情况，预测下半年形势；副总经理王民浩通报集团公司2005年上半年财务状况和作关于2005年度经营者年薪制管理办法与完成各单位经营指标的关系的讲解；根据国资委中央企业负责人经营业绩考核办法，重新发布《中国水电工程顾问集团公司子公司（设计院）经营者年薪制管理办法》，并作修订说明；下达2005年度各子公司（设计院）资产经营目标调整值，由总经理李菊根与各子公司（设计院）院长签订2005年资产经营责任书。

8月24日，CHECC以水电规人［2005］0008号文，印发《关于王斌等同志任职的通知》。王斌兼任水电水利规划设计总院副院长；王首丽兼任水电水利规划设计总院总会计师。

同日，CHECC以水电咨人［2005］0018号文，印发《关于王斌等同志任职的通知》。王斌兼任中国水利水电建设工程咨询公司副总经理；王首丽兼任中国水利水电建设工程咨询公司总会计师。

8月24～25日，CHECC会同四川省发展和改革委员会在成都召开《雅砻江官地水电站可行性研究阶段对外交通专题报告》审查会。

8月29日，CHECC在北京召开《广西右江航运建设那吉航运枢纽工程劳动安全与工业卫生预评价报告》评审会。

8月31日～9月2日，CHECC在成都召开《水电水利工程土工试验规程》和《水电水利工程岩土化学分析试验规程》审查会。

9月7～8日，CHECC会同四川省发展和改革委员会在成都召开《四川省大渡河长河坝水电站可行性研究坝址选择报告》审查会。

9月12日，CHECC以水电顾财［2005］0098号文，拨付中国水利水电建设工程咨询公司资本金970万元，改善咨询公司资产结构，增强资本实力。

9月15～16日，CHECC会同云南省发展和改革委员会在大理市召开《澜沧江功果桥水电站对外交通运输方案比选报告》审查会。

10月15～16日，CHECC在北京召开《宝泉抽水蓄能电站上水库沥青混凝土面板工程施工招标文件》评审会。

10月18～19日，CHECC在北京召开《内蒙古呼和浩特抽水蓄能电站可行性研究阶段工程安全监测专题设计报告》审查会。

10月19日，中国水力发电工程学会办事机构挂靠关系交接仪式在北京举行，CHECC正式接收中国水力发电工程学会办事机构的挂靠管理关系。

10月20日，CHECC总部召开保持共产党员先进性教育活动总结大会。党组书记、先进性教育活动领导小组组长李菊根在大会上作总结报告。

10月22日，CHECC在北京召开《四川省雅砻江锦屏二级水电站工程劳动安全与工业卫生预评价报告》评审会。

11月4日，CHECC与西藏自治区人民政府在北京举行战略合作协议签订仪式。

11月6日，CHECC在北京召开《金沙江溪洛渡水电站可行性研究阶段建设征地和移民安置规划设计》审查会。

11月7～9日，CHECC在昆明召开《云南怒江亚碧罗水电站预可行性研究报告》咨询会。

11月8日，CHECC在北京召开《江苏如东县东陵风电场工程预可行性研究报告》审查会。

11月11～13日，CHECC在湖北召开《湖北省堵河潘口水电站可行性研究报告》审查会。

11月20日，CHECC与二滩水电开发有限责任公司在北京人民大会堂举行战略合作框架协议及锦屏一级水电站建设技术咨询合同签字仪式。

11月23日，CHECC以水电顾人劳［2005］0090号文，将集团公司安全生产管理职能从总经理工作部划归总工程师办公室（质量管理部），聘任程运生为中国水电工程顾问集团公司总工程师办公室（质量管理部）副主任、专家委员会办公室副主任（兼）。

11月25日，CHECC在北京人民大会堂举行中华人民共和国水利资源复查成果发布会。

12月3日，CHECC在广西召开《红水河乐滩水电站溢流坝9孔改8孔设计变更专题报告》审查会。

12月6～7日，CHECC在北京召开《江苏溧阳抽水蓄能电站可行性研究阶段工程安全监测设计专题报告》审查会。

12月7～9日，CHECC会同四川省发展和改革委员会在成都召开《四川省雅砻江桐子林水电站可行性研究报告》（重编）审查会。

12月26～28日，CHECC在贵阳召开《北盘江马马崖一级水电站预可行性研究报告》审查会。

（张　建）

中国水利水电建设集团公司

概况

中国水利水电建设集团公司始于20世纪50年代初，时称水力发电建设总局，承担水利水电勘测设计、施工任务，隶属于中央燃料工业部。1988年10月，经国务院批准，成立中国水利水电工程总公司，由原能源部和水利部共管。1993年，原能源部撤销，成立电力工业部，水电总公司转归电力工业部管理。1998年，电力工业部撤销，水电总公司与国家电力公司建立资本纽带关系，成为其全资子公司。2002年12月，正式改组为中国水利水电建设集团公司(Sinohydro Corporation)（简称集团公司)，成为中央直接管理的企业。国务院国有资产监督管理委员会成立后，集团公司由国资委监管。

集团公司主营业务为：建筑工程；相关工程技术研究、勘察、设计、服务与专用设备制造；水电投资建设与经营；房地产开发经营。截至2005年底，集团公司注册资本金40亿元，所有者权益44.8亿元，资产总额343.6亿元。

集团公司（总部）设有15个职能部门，所属子企业包括中国水利水电第一至十四工程局、闽江工程局、夹江水工机械厂、十五工程局有限公司17个全资子公司，国际工程有限公司、投资公司、租赁公司、圣达水电开发有限公司、阿坝水电开发有限公司、华亭发电有限公司、中环房地产有限公司7个控股子公司，4个参股企业。截至2005年底，集团共有员工125000人。

在国内外经企业排名中2005年居第3位；在国内大企业排名中连续稳居百强之列。

发展战略体系

2005年，集团公司作出了转变经济增长方式、增强可持续发展能力的重大战略决策，形成了跨越式发展的“三步走”战略步骤。第一步（90年代末～2004年)：以规模扩展为主要内容的综合发展阶段；第二步（2005～2010年)：以转变经济增长方式，提高经济效益和经营质量，增强企业可持续发展能力为主要内容的全面发展阶段；第三步（2010～2015年)：建设具有国际竞争力的大型跨国公司为主要内容的国际化发展阶段，实现建成具有国际竞争力的大型跨国公司发展目标。“三步走”战略步骤的提出，使集团公司发展战略形成了一个由战略目标、战略任务、战略步骤构成的较为完整的发展战略体系。

主要经济技术指标

2005年，集团全年完成企业总营业收入320.8亿元，同比增长28%；新签工程合同额506亿元，同比增长33.9%；全员劳动生产率达到25.66万元/人年，同比增长26.28%；实现利润总额3.93亿元，同比增长114%；营业收入利润率1.22%，同比提高0.22%；资产保值增值率达到109.94%，同比提高1.29%；净资产收益率（含少数股东权益）达到7%；职工全员人均收入达到17152元/人年，同比增长14.87%。全面超额完成国资委下达的年度经营目标，实现了国有资产的保值增值。

经营管理

（1）国际化经营。2005年，完成国际工程营业收入37.96亿元，占集团总营业收入的12.09%，同比增长86%；新签国际工程合同额16.5亿美元，占集团总签约合同额的27%，同比增长83%；实现利润总额5530万元，占集团利润总额的14.44%，同比增长835.7%。2005年以上3项指标与2002年相比分别增长1237%、313%、484%，营业收入、新签工程合同额占集团总体指标的比重与2002年相比分别提高10.25%、10%。此外，2005年集团公司以BOT方式中标了柬埔寨甘再水电站项目，签约额达2.8亿美元，实现了国际融投资领域的重大突破。截至2005年底，集团公司在24个国家和地区签订了77个国际项目合同。

（2）投融资项目。到2005年底，集团公司共计投资项目13个。电源项目的参股控股在建装机容量318万kW，其中集团公司权益装机容量153万kW。集团公司已投入权益性资本金和项目资本金22.2亿元，计划还需投入权益性资本金和项目开发资本金约8.4亿元。投资领域不断拓展，风电和水务项目的投资取得实质性进展，房地产开发业务稳健推进。投资监管体系基本形成，监管力度逐渐加大，投资行为逐步规范。

（3）体制创新。集团母子公司的产权关系依法界定并逐步理顺，集团公司作为出资人的职权职责逐步到位，集团母子公司的功能定位逐步明确清晰，集团公司对所出资企业的投资收益权、经营者选择权、重大决策权不断强化。2005年，两个成员企业完成了整体改制工作，一批新组建公司的股权结构得到优化，经营负责人公开选聘、竞争上岗的范围进一步扩大。分配机制继续创新，与工效挂钩的收入分配调控机制逐步健全。

（4）集团总部建设。集团总部战略管理中心和投资中心的定位进一步加强，统筹、指导、协调、服务、监控力度不断强化，企业负责人经营业绩考核评价体系不断完善，推行了年度经营业绩考核制度和企业负责人年薪制，坚定地实施了市场经营战略。清产核资工作目标全面完成，资金管理的集中度和资金的使用效率明显提高。2005 年集团公司获得中国建设银行等金融机构 220 亿元人民币中期授信额度，为成员企业创造了较为稳定宽松的金融环境。集团公司经国家发改委批准发行 10 年期企业投资债券 12 亿元，实现了直接融资的重大突破。

（5）解决重大历史遗留问题。4 亿元国家资本金到位，离退休职工两项统筹外养老金补助政策得到落实，电网和发电公司拨给水电施工企业的困难补贴资金及财政部下拨的下岗职工生活补助费逐步到位，发电资产划转问题的解决取得新的进展。

科技进步

（1）科技管理工作步入规范化、标准化。制定印发了《集团公司科学技术奖励办法》、《集团公司科技进步考核办法》、《集团公司科技开发费使用管理办法》、《集团公司科研立项管理办法》、《集团公司科研项目中间检查管理办法》、《集团公司科技成果鉴定管理办法》、《集团公司科研项目结题验收管理办法》等管理规定，科研立项、中间检查、成果鉴定、结题验收以及科技工作考核等形成了较为完整的科技管理制度体系。

（2）设立集团公司科技研发项目。2005 年，经集团公司科学技术专家委员会评审，共批准立项科研项目 26 项，资助经费项目 23 项，资助经费总计 600 万元，相关单位自筹经费总计 800 万元，合计批准科研经费 1400 万元。其中，“高拱坝施工关键技术研究及实施”和“深厚覆盖层防渗技术研究”项目，瞄准国国际水利水电施工前沿技术；“混凝土布料机研发和试制”和“灌浆压力自动控制系统”项目，为拥有自主知识产权、开发为拳头产品的项目；“高贝利特水泥掺高性能掺合材料配制高性能水工混凝土研究”为新材料、新工艺项目。

（3）科技获奖项目。2005 年，集团公司研究的“700MW 水轮发电机组安装技术研究”项目，获中国电力科学技术奖二等奖 1 项；“连续拉伸式液压千斤顶一钢绞线斜井滑模系统”、“辉绿岩人工砂石粉在 RCC 中的利用研究”、“城市地铁大断面软土层浅埋隧道施工技术研究”等 6 项研究项目获中国电力科学技术奖三等奖。

党建和精神文明建设

（1）党员先进性教育活动。2005 年，集团公司组织总部和指导各成员企业开展保持共产党员先进性教育活动。集团总部作为国资委首批先进性教育单位，先进性教育活动取得显著成绩，集团公司在中央企业第二批先进性教育活动动员会上，作为 5 家典型单位之一做了大会经验交流。

集团各成员企业在第二批先进性教育活动中，大都是企业所在省市的先进典型，8 个单位在省级交流会上介绍经验，12 个单位先后在地市级先进性教育经验交流会上介绍经验。

（2）精神文明建设。2005 年，8 个工程局（厂）级单位和 93 个局（厂）属二级单位被评为集团公司文明单位。首次评选出 5 个工程项目为集团公司 2005 年度文明工程项目。集团公司总部 8 个部门被评为 2004 年度文明单位，38 名员工被评为文明职工，在 2005 年集团公司总部工作会议上受到表彰。截至 2004 年，集团公司总部已连续 8 年被评为中央国家机关文明单位，连续三届被评为首都文明单位。

（3）企业文化建设。开展了以创建文明工程、文明小区、文明机关为内容的“三创建”活动和以“一个目标、两个特点、三个重要性、四个实体要素、五个重要环节”为内容的企业文化“12345 工程”活动。史志编研工作取得阶段性成果，编纂出版了集团公司首部《年鉴》，编修《集团公司志》工作全面展开。

（4）职工素质工程建设。2005 年，集团公司组织开展了有 16 个成员企业 48 名选手参加的职工电焊技能大赛，受到了国资委群工局的表扬。在国资委、劳动社会保障部组织开展的中央企业焊工比赛中，集团公司派出 3 名选手参加比赛，两名选手获得铜奖，集团公司获得比赛组织优秀奖。2005 年，集团水电一局、水电三局、水电四局、水电五局、水电六局、水电九局、水电十四局 7 名员工被评为全国劳动模范，“五一”国际劳动节前在人民大会堂参加全国劳模表彰大会，并受到党和国家领导人接见。

（杜永昌）

中国长江电力股份有限公司

概况

2005 年，中国长江电力股份有限公司（简称长江电力）围绕发展战略，精心组织生产经营工作，抓住电力市场机会，参与资本市场改革，顺利完成股权分置改革，实现公司股权全流通，全面超额完成董事会明确的生产经营指标。

2005年，公司收购了三峡1号、4号机组，公司拥有权益机组装机容量达到6915MW，增长25.39%。公司管理的机组总装机容量达到12515MW。

全年公司实现收入总额80.24亿元，完成年度预算的102.83%；总成本费用控制在29.43亿元，占年度预算的97.35%；实现利润总额49.73亿元，完成年度预算的106.33%，比2004年增长9.66%；实现净利润33.39亿元，完成预算的106.27%，比2004年增长9.86%；实现每股收益0.408元（按股权分置改革后股本）。

在新机组投产较多、来水不十分有利于发电的情况下，长江电力以安全生产为基础，推行精益化生产理念，保持了安全生产形势总体稳定，提高了生产精益化水平。完成发电量653.39亿kWh，其中，三峡电站490.9亿kWh，葛洲坝电站162.49亿kWh，完成年度预算的102.1%；公司权益机组发电量为387.29亿kWh，其中，三峡电厂224.8亿kWh，葛洲坝电厂162.49亿kWh。完成年度预算的102.8%，比2004年增长8.31%。安全生产形势好，实现全年无事故。

截至12月31日，长江电力累计连续安全生产天数达到376天，三峡水力发电厂累计连续安全生产天数为772天，葛洲坝水力发电厂累计连续安全生产天数达1009天，两个电站实现了全年安全生产无事故。三峡水力发电厂设备年平均可用小时达到7256.66h，设备年平均利用小时达到5017.68h，等效可用系数93.21%；葛洲坝水力发电厂设备年平均可用小时达到7934.81h，设备年平均利用小时达到5984.93h，等效可用系数90.58%。设备年平均利用小时均超过2005年全国水力发电设备年平均利用小时3642h，分别达到其1.54倍和1.64倍。三峡水力发电厂厂用电率为0.08%，变损率为0.1%；葛洲坝水力发电厂厂用电率为0.2%，变损率为0.46%，基本保持了2004年的水平。

三峡—葛洲坝梯级电站注重了节水增发，提高水能利用率：三峡电站节水增发电量为18.74亿kWh，水能利用提高率为4.0%，发电耗用水率为5.77m^3/kWh；葛洲坝电站节水增发电量为13.66亿kWh，水能利用提高率为9.2%，发电耗用水率为22.68m^3/kWh；梯级电站增发电量32.4亿kWh，水能利用提高率为5.2%。

公司努力争取政策支持，积极开展市场营销，跟踪并参与市场规则制订，实现了电价二次提高，电力按直流通道最大可能外送，完成了年度销售目标。同时，对“十一五”电力消纳工作做了深入研究和初步准备。

公司顺利完成股权分置改革，完善公司治理结构，在资本市场的地位和良好形象得到巩固。长江电力被国家确定为股权分置改革试点企业后，公司以“方案是核心，沟通是关键”为指导，创新股权分置改革方案，顺利完成了股权分置改革。股改后公司的总股本由78.56亿股增加到81.867亿股，实现了股权的全流通。

2005年公司顺利完成董、监事会换届选举，按照监管要求对公司章程、三会议事规则等基本规章制度进行了修订完善。进一步规范了投资者关系管理，实现4亿股战略投资者配售股票平稳上市。

研究制定发展规划，力求以打造一流上市公司和创建国际一流水电厂为核心，明确公司未来5年的发展目标、战略和措施。力争经过5年努力，培育和完善5项核心能力，即：大型水电站和巨型水电机组的运营管理能力，流域水资源综合利用和大型水利枢纽梯级联合调度能力，大型水电站和巨型机组群的检修维护能力，适应长江水电特性和市场需求的跨大区、大电量、多目标市场的营销能力，大规模融资和兼并收购整合能力。

2005年长江电力先后获得了“中国十佳上市公司”、“中国上市公司百强”、“CCTV2004年度最具投资价值上市公司”、“最佳IR大型上市公司”，中国企业联合会、中国企业家协会授予的“2005年度全国和谐劳动关系优秀企业”等荣誉称号。企业管理创新成果《实现公司持续健康发展的投资者关系管理》荣获“国家企业管理现代化创新成果”一等奖。

全面接管三峡左岸电站14台机组

9月16日9时20分，三峡左岸电站最后1台机组——9号机组顺利并网发电。三峡左岸电站14台700MW巨型机组全部交由三峡电厂运行管理。

三峡左岸电厂共安装14台70万kW的特大型水轮发电机组。国内厂商通过参与联合设计、合作生产、技术引进和消化吸收，不断推进自主创新，掌握了水轮发电机组制造的关键与核心技术，具备了开发、设计、制造700MW特大型水轮发电机组的能力，推动了三峡工程大型机电设备的国产化。9号机组是以中国企业为主设计、制造和安装的第二台70万kW水轮机组。

三峡水力发电厂左岸电厂 2005 年新机组投产汇总表

机组号		9 号机组	13 号机组	14 号机组
生产厂家		VGS 公司	ALSTOM 公司	ALSTOM 公司
安装单位		水电建设八局	水电建设四局	水电建设四局
充水试验时间		2005 年 9 月 1 日	2005 年 4 月 10 日	2005 年 7 月 10 日
首次启动试验		2005 年 9 月 2 日	2005 年 4 月 11 日	2005 年 7 月 11 日
首次并网时间		2005 年 9 月 6 日	2005 年 4 月 16 日	2005 年 7 月 15 日
调试天数		10 天	15 天	12 天
调试电量		1070kWh	1926.2kWh	1065kWh
72h 试运行（试运行Ⅰ）	开始时间	2005 年 9 月 7 日	2005 年 4 月 21 日	2005 年 7 月 18 日
	结束时间	2005 年 9 月 10 日	2005 年 4 月 24 日	2005 年 7 月 21 日
	72h 电量	3967kWh	4156.8kWh	3868kWh
试运行Ⅱ	开始时间	2005 年 9 月 11 日	2005 年 4 月 24 日	2005 年 7 月 21 日
	结束时间	2005 年 9 月 18 日	2005 年 5 月 1 日	2005 年 7 月 28 日
投入 30 天考核期时间		2005 年 9 月 11 日	2005 年 4 月 24 日	2005 年 7 月 21 日
商业运行开始时间		2005 年 9 月 19 日	2005 年 5 月 2 日	2005 年 7 月 29 日

葛洲坝电厂“十五”发电情况

在国家“十五“计划期间（2001～2005 年），葛洲坝水力发电厂的发电量达到 803.0064 亿 kWh，比“九五”计划期间（1996～2000 年）发电量 763.37 亿 kWh 多发 39.6369 亿 kWh。

从 1981 年 12 月 27 日第一台机组移交投产算起，到 2004 年 5 月 29 日，24 年来葛洲坝电厂累计发电量达到 3000 亿 kWh，成为我国首个发电量突破 3000 亿 kWh 的发电厂。

截至 2005 年 12 月 31 日，这个厂从投产以来的累计发电量达到 3286.0162 亿 kWh，创造直接经济效益 260 亿元（按 1980 年不变价 0.079 元/kWh 估算），相当于赚回了 5 个葛洲坝工程（葛洲坝工程总投资 48.48 亿元人民币），创造社会经济效益 26000 亿元（按每千瓦时电量产生社会经济效益 8 元人民币估算）。

长江电力再次收购两台三峡 700MW 机组

继 2003 年收购三峡工程 4 台 700MW 机组后，长江电力再次收购两台三峡水力发电厂 700MW 机组。3 月 3 日，中国长江电力股份有限公司 2005 年第一次临时股东大会在北京召开。大会由中国三峡总公司总经理、长江电力董事长李永安主持。同日，长江电力与国家开发银行、中国建设银行三峡分行等 11 家金融机构组成的银团签订为期 5 年的贷款合同，贷款金额高达 95 亿元人民币。同时与中国三峡总公司签订收购三峡工程两台单机容量为 700MW 机组的合同。至此，长江电力共拥有 6 台三峡 700MW 机组。

葛洲坝、三峡电站电价调整

4 月 29 日，长江电力公司董事会发布电价调整公告：中国长江电力股份有限公司下属葛洲坝电站上网电价由每千瓦时 0.153 元调整为每千瓦时 0.1599 元；三峡电站上网电价送湖北、湖南、河南、江西、上海、江苏、浙江、安徽、广东、重庆分别由每千瓦时 0.21693、0.22864、0.22581、0.26787、0.25751、0.23193、0.27509、0.21736、0.29531、0.21845 元调整为每千瓦时 0.2236、0.2327、0.2319、0.2729、0.2616、0.2354、0.2792、0.2217、0.2988、0.2220 元。除河南自 2005 年 5 月 15 日起执行外，其余各省市自 2005 年 5 月 1 日起执行。葛洲坝、三峡电站电价调整以后，长江电力全年相应增加收入约 1.7 亿元人民币。

根据国家发展和改革委员会《国家发展改革委关于提高葛洲坝电价有关问题的通知》（发改价格［2005］1443 号）文件精神，中国长江电力股份有限公司下属葛洲坝电站上网电价除送湖北省外，送湖南、河南、江西、上海、安徽、江苏、浙江各省、市由每千瓦时 0.1599 元调整为每千瓦时 0.22 元。葛洲坝电站电价再次调整后，对有关地区的影响通过降低三峡基金征收标准解决。上述价格调整，自公司股权分置改革方案获得股东大会通过之日（8 月 5 日）起执行。

企业荣誉

（1）长江电力荣获“CCTV2004 中国最具价值上市公司”。5 月 19 日，长江电力股份公司以“简明的业务、丰厚的盈利、清晰的成长前景”赢得了 80 多位业内学者、专家、评委们的青睐，被评为中央电视台“CCTV2004中国最具价值上市公司”之一，这是该公司第二次获得此称号。

(2) 长江电力荣获“2005年度全国和谐劳动关系优秀企业”称号。10月15日，在以“企业与和谐社会”为主题的第三届中国雇主论坛上，长江电力公司荣获中国企业联合会、中国企业家协会授予的“2005年度全国和谐劳动关系优秀企业”称号。

(3) 企业管理创新成果又获新奖。继2005年10月荣获中国电力企业联合会主办的“全国电力企业管理现代化创新成果”一等奖后，长江电力管理创新成果再获国家级企业管理创新成果的最高奖项。

由全国企业管理现代化创新成果审定委员会主办、中国企业联合会管理现代化工作委员会承办的第十二届全国企业管理现代化创新成果评奖揭晓，长江电力参评的管理创新成果《实现公司持续健康发展的投资者关系管理》荣获“国家企业管理现代化创新成果”一等奖，这是获奖成果中唯一一项公众公司在资本市场管理领域的创新成果，也是长江电力管理创新成果首次荣获国家一等奖。长江电力自2003年11月成功登陆资本市场以来，逐步构建和完善了独具特色的IRM体系。该体系对贯彻实施公司发展规划，保障投资者合法权益，提高公司法人治理水平，树立公司大盘绩优的水电行业龙头形象发挥了非常重要的作用，也增强了企业的市场竞争能力。在2005年6月，由《证券市场周刊》和南京大学共同评选的“中国首届IR年会”中公司就荣获了“大型上市公司IR大奖”。

(4) 长江电力奖学金。4月27日，“长江电力奖学金”协议签字仪式在重庆大学举行，这是长江电力回报社会的又一举措。重庆大学副校长陈德敏、长江电力副总经理寇日明、总经济师毕为民出席了签字仪式。

“长江电力奖学金”于2005年启动，连续设立5年，每年10万元。该奖学金重点奖励在重庆大学就读的勤奋学习、刻苦钻研、品学兼优的本科生、研究生和对来自三峡库区、家庭贫困、品德优良、入学成绩优异的新生进行资助，帮助他们顺利完成学业，为中国的水电事业培育优秀人才。

主要事件

1月3日，三峡电厂主机分部值班人员刘连伟在进行巡回检查时，发现2号机组蜗壳进人门紧固螺栓断裂，成功地避免了一起严重事故的发生。长江电力对刘连伟颁发了“总经理特别奖”5万元。

1月12日，中国三峡总公司总经理、长江电力公司董事长李永安当选2004年度湖北经济十大风云人物。

1月31日，长江电力以通讯方式召开一届十一次董事会，审议通过了收购三峡工程1号、4号机组及贷款融资的议案。

2月17日，中国三峡开发总公司、长江电力决定：三峡总公司总经理助理张诚不再兼任三峡电厂厂长；马振波任三峡电厂厂长；艾友忠任葛洲坝电厂厂长；薛福文任检修厂厂长。

2月25日，葛洲坝电厂实现连续安全生产700天。

2月26日，首届中国CFO高峰论坛暨2004中国CFO年度人物颁奖典礼在北京国家会计学院隆重举行，长江电力副总经理兼财务总监（CFO）寇日明被评为2004中国CFO年度人物，并应邀发表了题为《围绕公司战略正确选用金融市场工具》的演讲。

3月3日，长江电力2005年第一次临时股东大会在北京召开，审议通过了收购三峡工程1号、4号机组及贷款融资的议案。长江电力与国家开发银行及三峡财务有限责任公司等11家金融机构组成的银团签订为期5年的贷款合同，融资人民币95亿元。长江电力与三峡总公司签订《三峡工程1号、4号发电机组资产收购协议》，正式收购三峡工程已投产的1号、4号机组。

3月12日，中国长江电力股份有限公司召开2005年工作会议。

4月3日，三峡电厂连续安全运行500天。

4月25日，三峡第13号机组正式投产发电并移交三峡电厂，该机组是三峡投产发电的第12台机组，也是2005年投产的第1台机组。13号机组于2004年2月27日开工，3月7日完成定子组装，12月9日完成转轮吊装。2005年1月14日完成转子吊装，3月10日完成最终盘车验收，4月10日进入充水启动调试阶段，4月11日机组首次启动，4月24日11时32分顺利完成72h试运行，即刻转入168h考核运行。投产期比合同规定提前了266天。

5月8日，长江电力2004年度股东大会在北京富凯大厦召开。会议审议通过了2004年度董事会工作报告、监事会工作报告利润分配方案和《公司章程》修改等八项议案。

5月18日，长江电力发布2004年度分红派息公告，以2004年年末公司总股本7856000000股为基数，向本公司全体股东每股派发2004年度现金红利0.21元（含税），每10股派发现金红利2.1元（含税）。

6月10日，三峡水力发电厂被授予2004～2005年度“湖北五一劳动奖状”荣誉。

6月10日，在2004年度长江三峡工程劳动竞赛表彰大会上，长江电力获得两年一度的“先进单位”表彰，三峡电厂获得“先进集体”荣誉称号，检修厂三峡桥门机项目部获得“先进班组”荣誉称号，三峡梯调通信中心水库调度部调度主任师欧阳德和获得“长江三峡工程优秀建设者”荣誉称号。

6月16日，在第二届投资者评选中国十佳上市公司活动中，长江电力以其诚信敬业的良好市场形象，在1400余家上市公司中备受投资者青睐，拔得头筹。

6月18日，“首届中国投资者关系（IR）年会暨2004年度中国A股公司IR评选”大会上，长江电力荣获“2004年度投资者关系最佳大型公司奖”，李永安董事长荣获“2004年度投资者关系最佳领导人”大奖，董事会秘书傅振邦荣获“2004年度投资者关系最佳执行人”大奖。

7月2日，长江电力在北京召开第一届董事会第十四次会议，审议通过公司股权分置改革方案。

7月18日11时18分，三峡左岸14号机组在圆满完成了机组启动试运行的所有试验项目后，开始了72h试运行。

7月21日11时18分，三峡左岸电站14号机组结束72h试运行，提前1个月投产发电。

7月27日，股权分置改革试点方案已获国务院国资委批准，公司收到国务院国有资产监督管理委员会《关于中国长江电力股份有限公司股权分置改革试点有关问题的批复》。

7月28日12时16分，三峡左岸电厂新投产机组14F 168h累计稳定运行顺利结束。14F在7月29日0时0分将进入正式商业运行。

8月5日，长江电力股改方案高票通过，赞成率达99.18%。流通股股东参加表决率占公司所有流通股股份总数的80.68%，位居第二；流通股股东投票赞成率最高，为96.76%。

8月15日，长江电力公司股票简称由“长江电力”变更为“G长电”，公司股票代码“600900”不变。

9月16日，三峡左岸电站最后一台机组9号机组并网运行，左岸电站提前一年实现14台机组全部投产发电。三峡总公司在9号机现场举行了三峡水利枢纽左岸电站14台机组全部投产发电仪式。中共中央政治局委员、国务院副总理曾培炎出席仪式并发表重要讲话。

10月17日，三峡左岸电站日发电量首次突破2亿kWh的大关，达到2.0042亿kWh。

10月29日，三峡电厂历年累计发电总量突破900亿kWh大关。此前，1月27日突破500亿kWh，5月11日突破600亿kWh，7月12日突破700亿kWh，9月11日突破800亿kWh。

11月4日，由中国社会科学院工业经济研究所、中国经营报社主办的“2005企业竞争力年会”在北京召开。经综合评定，长江电力获选2005中国上市公司综合竞争力20强。

12月29日，三峡左岸电站9号、13号、14号机组验收设备移交完成签证，正式由建设单位移交三峡电厂。至此，左岸电站14台机组均已完成正式移交。三峡梯调通信中心ePMS系统开始正式上线运行。此前，长江电力所属三峡电厂、葛洲坝电厂、检修厂已先后实现ePMS上线运行，此举标志着长江电力信息建设的构架已基本建成。

（谢兴发）

中国广东核电集团有限公司

概况

中国广东核电集团有限公司是我国唯一以核电为主业、由国务院国有资产监督管理委员会监管的中央企业，1994年9月注册成立，注册资本102亿元人民币。中国广东核电集团由核心企业——中国广东核电集团有限公司和全资、控股的18家主要成员公司组成。

中国广东核电集团现拥有广东大亚湾核电站和广东岭澳核电站一期近400万kW的核电装机容量；广东岭澳核电站二期、广东阳江核电站一期超过400万kW核电机组正在建设；辽宁红沿河核电站一期、福建宁德核电站一期、广东台山核电站一期前期工作正在进行；拥有抽水蓄能、火电等约100万kW的常规电力权益容量。

中国广东核电集团在成功建设大亚湾核电站的基础上，通过将已投产核电站产生的效益作为资本金投入，开发新的核电项目，形成了“以核养核，滚动发展”的良性循环机制，探索形成了技术先进、安全可靠、经济可行的中国改进型压水堆技术路线（CPR1000），培养了一支专业化的核电工程管理、核电站运营和技术研发队伍，建立了与国际接轨的核电工程建设和生产运营管理体系，具备了同时开工建设和运营管理多个核电站的能力。

核电生产

2005年，中国广东核电集团大亚湾核电站、岭澳核电站一期实现上网电量293亿kWh，完成年度计划的108%。截至2005年12月31日，中国广东核电集团有限公司总资产达575亿元人民币，净资产达

230亿元人民币。

2005年，大亚湾核电站全年上网电量148.47亿kWh，机组平均能力因子和负荷因子分别为89.8%和89.6%；岭澳核电站一期全年上网电量144.37亿kWh，机组平均能力因子和负荷因子分别为87.1%和86.7%。截至2005年，大亚湾核电站累计偿还基建贷款本息53.1亿美元，占还本付息总额的93.7%；岭澳核电站一期累计偿还基建贷款本息10.2亿美元，占还本付息总额的20.8%。

2005年12月13日，两电站投产以来累计上网电量突破2000亿kWh，达到2034.48亿kWh。截至2005年12月31日，大亚湾核电站1号机组实现安全运行1348天。大亚湾核电站2号机组在第11个燃料循环连续运行430天。2005年8月20日，岭澳核电站一期2号机组创造了从首次临界起无非计划停堆，安全运行935天的新机组最好纪录。

大亚湾核电站、岭澳核电站一期安全运行保持国际先进水平。在2005年度法国电力公司（EDF）组织的同类机组安全业绩挑战赛中，大亚湾核电站、岭澳核电站一期获得“工业安全”和“辐射防护”两项第一名和“厂房管理”第二名。2005年，在世界核营运者协会（WANO）同类型机组9项业绩指标中，大亚湾核电站有7项指标超过世界中间水平，其中4项达到世界先进水平。

2005年，大亚湾核电站、岭澳核电站一期4台机组的安全状态保持良好；三道屏障保持完整，未发生意外放射性排放和泄漏事件；各项安全指标均在可控范围内；全年未发生重大工业安全事故和火灾事故。

2005年，大亚湾核电站、岭澳核电站一期4台机组放射性废物排放量远低于国家规定的限值。大亚湾核电站、岭澳核电站一期放射性废液排放量分别为国家规定限值的0.18%和0.03%；放射性废气排放量分别为国家规定限值的0.20%和0.16%，固体废物产生量分别为设计标准的15.84%和9.90%。大亚湾核电站、岭澳核电站一期环境监测结果正常，周边环境状况良好。

核电建设

（1）岭澳核电站二期。岭澳核电站二期是我国“十五”期间唯一开工的核电项目，是中国广东核电集团继大亚湾核电站、岭澳核电站一期投产后，在广东地区建设的第三座大型商用核电站，规划建设两台百万千瓦级压水堆核电机组，采用岭澳核电站一期“翻版加改进”的技术方案。2005年3月14日，国家核准岭澳核电站二期可行性研究报告；3月16日，岭澳核电站二期工程主要合同签订；9月5日，国家发展与改革委员会核准岭澳核电站二期工程项目建议书；12月15日，岭澳核电站二期主体工程正式开工，标志着岭澳核电站二期工程由前期准备全面转入工程建设。

中国广东核电集团与国内设计院所、科研机构、制造厂密切合作，提出岭澳核电站二期工程技术改进方案和设备自主化方案，岭澳核电站二期工程项目管理、工程设计、设备制造、设备监造、工程施工与技术服务、贷款包销均由国内企业主要承担；确定了数字化仪控、先进燃料组件、半速汽轮发电机组等15项重要技术改进；1、2号机组设备国产化率将分别超过50%和70%。

（2）阳江核电站。阳江核电站位于粤西阳江市，阳江核电项目规划建设6台百万千瓦级或更大容量的核电机组，分两到三期建设，首期建设两台，主体工程计划于2006年开工，2012年左右投入商业运行。作为我国第三代核电技术自主化依托工程，阳江核电站一期核岛供货国际招标于2005年2月28日收标。中国广东核电集团派出优秀的专家队伍参与了三代核电技术招评标工作。同时，阳江核电站现场准备积极推进，完成厂平一期工程，现场已具备负挖条件。

（3）辽宁红沿河核电站一期工程。辽宁红沿河核电站一期是我国东北地区第一个核电项目，位于辽宁省大连市辖瓦房店市东岗镇，规划建设6台百万千瓦级核电机组，一期建设两台。辽宁红沿河核电站一期工程已列入国家“十一五”规划，计划2007年主体工程正式开工，2012年建成投入商业运行。辽宁红沿河核电站一期工程采用中国广东核电集团20多年来经过渐进式改进和自主创新形成的中国改进型压水堆核电技术路线——CPR1000。12月14日，中国广东核电集团与中国电力投资集团公司及辽宁省相关方面签署辽宁红沿河核电站一期工程合作框架协议，确定辽宁红沿河核电站一期工程的建设和投运后前5年的运营由中国广东核电集团为主负责，中国电力投资集团全面参与。辽宁红沿河核电站一期工程项目建议书已修订完成，可行性研究专题论证报告编制等工作正在进行。项目选址阶段的环境评价报告和厂址安全评价报告已通过国家环保总局和国家核安全局的评审，项目用地和海域使用已通过国家土地和海洋部门的预审。

核电新项目开发

（1）福建宁德核电项目。福建宁德核电项目位于福建省宁德市辖福鼎市，规划建设6台百万千瓦级核电机组，一期工程建设2台。福建宁德核电站一期工程已列入国家“十一五”规划。2005年5月31日，中国广东核电集团与中国大唐集团签署联合开发福建宁德核电项目合作框架协议，双方按51%∶49%的投资比例组建宁德核电有限公司，负责一期工程建设和运行。10月25日，宁德核电有限公司筹备处成立。12月16日，项目投资协议草签。目前一期工程项目建议书已经福建省上报国家发改委，现场征地工作正在进行，“四通一平”工作已经启动。

(2) 其他核电新项目。2005年，按照广东省提出的要求，中国广东核电集团加快推进广东台山和陆丰两个厂址的前期工作，完成两个项目建议书的编制和上报。在对广东省三江流域可能厂址进行踏勘的同时，10月26日，中国广东核电集团与广东省江门市、台山市政府签署了共同推进台山核电项目的合作框架协议。12月30日，台山核电项目筹建处成立，临时进场道路竣工通车。陆丰项目初可研报告通过评审。

2005年，中国广东核电集团还面向全国组织开展了核电厂址普选和踏勘工作，分别在四川、湖南、江苏、海南等地开展了厂址踏勘工作，增加后续发展的厂址资源。

电力新能源开发

2004～2005年，中国广东核电集团在可再生能源和新能源领域的开发取得积极突破。阳江抽水蓄能项目现场前期工作进展顺利。积极开展了可研工作和地质探洞等现场施工，推动项目列入了广东省“十一五”能源发展规划。台山川岛风电项目前期工作顺利推进，川岛风电项目已列入广东省“十一五”能源发展规划。江苏响水20万kW风电场项目已获国家发改委批准。先后与江苏东台、海南文昌、河北察北和内蒙古锡盟签署了风电合作意向书或框架协议。

按照中国广东核电集团2005年修订的战略规划，发展清洁能源是中国广东核电集团的战略选择，集团将大力开发可再生能源，力争到2010年，常规电力权益装机容量达到500万kW，2020年超过1000万kW。

综合管理

(1) 修订战略规划。2005年，中国广东核电集团有限公司加强战略研究，规划集团发展的蓝图。集团成立研究中心，围绕集团战略、政策、市场和企业管理等方面开展研究工作，加大了战略研究力度。修订了《中国广东核电集团中长期发展战略与2006～2010年发展规划》，明确中国广东核电集团的战略定位：以核电为主的清洁能源集团，为社会提供安全、环保和经济的电力。

(2) 法人治理结构。一是完善集团治理，组织完成了集团管理政策的编制、审查及修订等工作，基本建立起较为完善的政策程序框架体系。二是调整二级企业董事会、监事会，理顺组织管理结构。三是开展风险管理工作，按照国资委加强风险管理的要求，结合自身实际，开展全面风险管理调研，提出建设全面风险管理体系的初步建议。

(3) 产权制度改革。一是制定产权管理配套制度，规范中国广东核电集团有限公司及各成员公司的国有产权管理工作。制定的内部管理制度包括《中国广东核电集团产权登记管理制度》、《集团清产核资及财务核销制度》、《集团产权转让管理制度》、《集团自查评估管理制度》。二是集团公司及各成员公司制定各级授权管理制度，明确规定成员公司资产处置的审批权限在公司董事会。三是严格执行国有资产产权登记有关规定。2005年11月，根据国资委产权局的要求，所有二级企业换取新的国有资产产权证。四是组织成员企业开展产权转让自查工作，撰写产权转让自查报告。根据自查情况，集团公司及各成员企业均严格按照国有产权转让的有关规定执行，未发现产权转让过程中存在违规行为。

(4) 主辅分离辅业改制。中国广东核电集团各成员企业认真分析自身业务基础，进一步明确了主营业务发展方向，加强了与集团发展的协同性，在优化业务结构和改进内部管理等方面进行了探索。中国广东核电集团相关成员企业加大不良资产处置力度，重点对个别亏损企业和有自然人持股的企业进行处理，完成了对部分三级企业的转让或清盘。

(5) 专业人才培养。中国广东核电集团与上海交通大学、华北电力大学等国内重点院校签订核电人才培养合作框架协议，成立中国广东核电集团核电学院，加强企校联合，培养核电专业技术人才。组织了20名青年骨干出国留学，并启动了第二期紧缺人才培养计划。

(李志远)

中国安能建设总公司
(武警水电指挥部)

概况

中国安能建设总公司(简称总公司)于1988年成立，是经原能源部、对外经济贸易部核准，在国家工商行政管理局登记注册的国有大型施工企业。总公司具有独立法人资格，享有对外派遣劳务、承包工程权。具有水利水电工程施工总承包特级、工民建总承包一级、民航场道总承包一级资质。通过质量、环境、职业健康安全综合管理三体系认证并运行良好。电力体制改革后，成为国家电网公司全资子公司。中国安能建设总公司位于北京市广安门外莲花池南里11号。

根据国务院、中央军委［1999］国发6号文件精神，总公司与武警水电指挥部实行一个机构、两块牌子，主要承担国家重大能源有关项目建设，大江大河治理等水利基础设施和急工险段、重点部位防洪抢险任务。在完成国家指定工程任务之外，可暂时利用其装备、技术优势参与国家其他工程项目建设投标；承担依法执行国家赋予的维护社会稳定和处置突发事件任务。

总公司现有1732名各类技术干部，其中，高级职称180人，中级职称536人；300余人获项目经理证书，近200人获监理工程师证书。各类大中型施工设备3228台（套），原值11.5亿元，总功率29万kW，技术装备率35429元/人，动力装备率24.16kW/人，设备成新率37%。具有年开挖5000万m^3土石方、浇筑200万m^3混凝土、制作安装20000t大中型金属结构、安装100万kW以上水轮发电机组、工业与民用建筑30万m^2、进行特殊基础处理和承担大型发电厂运行管理能力；具有地下工程施工、碾压混凝土筑坝、混凝土面板堆石坝筑坝、基岩保护层爆破、高边坡治理、滑模施工、不良地质基础的化学灌浆、大型船闸人字门安装、大型水力发电机组及抽水蓄能机组的安装等技术和工艺，居国内领先地位或国际先进水平。有10多项技术获得国家有关部委颁发的科技进步奖，5项施工技术持有国家专利权。

领导班子

总经理（主任）：陈方枢（5月退休）
　　　　　　　　李光强（5月到任）
党委书记（政治委员）：吴云峰
总工程师：冉贤厚（土家族）

机构设置

根据中国安能建设总公司与武警水电指挥部实行一个机构、两块牌子的原则，在武警水电指挥部机关现有机构设置基础上以中国安能建设总公司的名义设置总经理办公室、工程技术部、质量安全部、招投标办公室、国际合作部、劳资管理部、干部管理部、政策与法律事务部、财务与资产经营部、机电物资部、企业管理部、国际贸易部、审计室等。各部负责人由总公司党委研究后，由总经理聘任。

组成单位

总公司下辖4个子公司和1个学校，分别为江南水利水电工程公司（武警水电一总队）、江夏水电工程公司（武警水电二总队）、安蓉建设总公司（武警水电三总队）、宜昌安联水利水电有限责任公司（武警水电三峡工程指挥部）和武警水电技术学校。江南水利水电工程公司位于广西壮族自治区南宁市金洲路；江夏水电工程公司位于江西省新余市仙来西大道；安蓉建设总公司位于四川省成都市金牛区茶店子；宜昌安联水利水电有限责任公司位于湖北省宜昌市三峡坝区；武警水电技术学校驻广西壮族自治区柳州市西江路。

公司动态

党委能力建设全面加强。注重学习运用党的创新理论，坚持以课题为牵引搞好中心组和师团职干部理论学习，举办两期师团干部理论轮训班。注重落实先进性要求，狠抓先进性教育成果的巩固和深化。注重转变领导作风，指挥部党委常委3次带机关工作组深入基层蹲点调研，各级先后抽调148名机关干部，组成38个工作组，深入40多个项目部进行帮建。注重贯彻民主集中制原则，认真落实《军队党委工作条例》，完善各级《党委议事规则》，注重加强党风廉政建设。

部队管理日趋正规。认真贯彻落实总部党委关于进一步做好“两个确保”工作的指示，以“狠治松散、强化养成”为突破口，狠抓“五个落实”，深入开展“条令学习月”活动和尊干爱兵教育整顿。认真研究解决安全管理工作中“五个重点问题”，开展驾驶员队伍作风纪律整顿，全面清理外借车辆和号牌；对所有爆材库和涉枪涉爆人员实行建档管理，完善防护设施，严格出入库制度；进一步规范警消勤务，落实部队编制，确保部队秩序正规、安全稳定。全年4个师级单位和9个支队实现“三无”。

后勤综合保障能力增强。深入开展预算管理年活动，狠抓《预算管理规定》的贯彻落实，加大经费管控力度，非生产性开支较2004年下降5%，收回债权20亿元，资产负债率降低到74.93%，降低近4个百分点，净资产收益率提高到1.94%。认真落实《机械装备建设三年规划》，投入资金1.2亿元，更新设备138台（套），设备的成新率、完好率和利用率较往年有所提高。基层“四项设施”建设稳步推进，明确建设内容与标准，推广二总队基层“四项设施”建设试点经验，部队先后投入经费1100多万元改善基层官兵的训练、学习和生活条件。基地建设进展顺利，财务信息化建设取得初步成果。按照房改政策出售经济适用住房153套，新建公寓房162套。出台《医疗保障制度改革实施方案》，部队医疗费有所下降。

基层建设稳步发展。各级举办基层干部培训班6

期，培训干部600人次，提高基层干部开展三项经常性工作的能力。各级举办各类技术培训20期，参训2000余人，提高基层自行施工能力和官兵的技术素质。制定《加强基层干部队伍建设意见》，解决对基层干部从严要求、从快提高、从优待遇问题。全面推行工程项目部和基层中队事务公开，进一步密切内部关系。二总队大部分项目部建立局域网，网上思想政治工作开展得有声有色。五支队党委及一支队三中队、七支队八中队党支部受到总部党委表彰。五支队、七支队、九支队、六支队被指挥部评为基层建设先进支队；西龙池等11个项目部被评为先进项目部；12个基层中队被评为基层建设标兵中队。

经营状况

2005年中标37个项目，金额41.72亿元，占年计划20亿元的209%。其中，水利水电工程27项，金额36.22亿元，占总金额的87%，获得溪洛渡水电站泄洪洞、糯扎渡水电站导流洞、宝泉水电站单机30万kW机组安装等一些有影响的水电项目。在建工程，全面研究贯彻落实《中心工作十条》，积极整合专业化队伍，完善规范化管理，加强对重点工程以及国防工程的管控和指导，2005年完成产值30.28亿元，占年计划的144.2%，自营产值17.38亿元，占年计划的120%，实现利润2088万元。没有发生重大质量安全进度问题，实现质量安全“双零”目标。一批重点管控项目，特别是构皮滩、察汗乌苏、直孔等水电站渡汛、截流、发电等任务圆满完成。注重搞好“上接口”关系，专题向国家电网公司党组进行汇报，取得国家电网公司的进一步理解与支持，解决一些实质性问题。

科技进步

召开技术工作会议，制定《水电部队技术管理规定》，研究技术人才队伍建设、保留骨干、发挥作用等问题；成立指挥部专家技术咨询组，吸纳退休的专家、学者、高级工程师参加，增强部队技术和管理实力。

全年举办各类技术培训54期，参训4356人。技术学校完成教学和培训任务。承担《水工碾压混凝土施工规范》和《混凝土面板堆石坝施工规范》编修工作，进一步提高部队施工技术在水电行业中的地位。

开展科技攻关和成果申报工作，《三峡永久船闸薄壁混凝土单侧滑框倒模施工技术》获2005年度国家电网公司科技进步三等奖，《长江三峡二期工程三峡船闸关键技术研究与实践》等3项成果分获湖北省科技进步一等奖和特等奖。

精神文明建设

重点抓好中央军委主席胡锦涛两次接见武警部队会议代表时的重要讲话，武警部队第一次党代会和警种部队工作会议精神，科学发展观、新的历史使命等创新理论的学习贯彻。开展保持共产党员先进性教育活动，召开政治工作会议专题研究部署，在重点抓好支队以上党委机关教育的同时，加强对基层教育活动的指导。教育活动中，各级按照胡锦涛“六个坚持”的基本要求，注重解决突出问题，教育活动群众满意率普遍较高。中央军委副主席徐才厚在听取水电部队先进性教育活动情况汇报后，给予充分肯定。以强化警魂意识、培育战斗精神为主线，广泛开展“热爱水电部队、建设水电部队”活动，把部队建设成“水电铁军”，把官兵培养成“忠诚卫士”。注重把解决思想问题与解决实际问题、心理问题结合起来，举办心理咨询师培训班，开展法律服务到基层活动。注重培养先进典型，大力宣扬先进事迹，水电部队参加和支援西部大开发的突出业绩及《世界屋脊架金桥》专题片得到中央军委、武警总部领导充分肯定，涌现出被武警部队授予“基层建设标兵中队”荣誉称号的十一支队四中队、“武警部队学习成才标兵”余晓东为突出代表的一批先进单位和个人。

主要事件

2月2日，中国安能建设总公司参建的东深供水改造工程荣获“2004年度中国建筑工程鲁班奖”。

2月20日，水电十支队承建的四川省田湾河仁宗海水库电站土建工程开工。该工程位于四川省甘孜州康定县和雅安市石棉县交界处，工程项目为仁宗海“引田入环”输水枢纽工程，三总队主要承担电站土建工程施工任务，合同金额6126万元。

4月8日，中共中央书记处书记、宣传部部长刘云山视察水电部队参建的三峡工程，水电六支队三大队出动警力110人完成安全保卫任务。

4月15日，水电十一支队承建的西藏阿里狮泉河水电站截流成功。狮泉河水电站是西藏“十五”期间重点基础建设项目，位于西藏自治区最西端的阿里地区葛尔县境内的狮泉河上，总装机容量6400kW。该电站的建成，将结束西藏阿里地区有水无电的历史，对于西藏的稳定和振兴有着积极的意义。

6月1日，水电一总队参建的山东泰安抽水蓄能电站上水库工程通过山东省发改委蓄水验收委员会验收并实现正式蓄水。

8月11～12日，全国人大常委会副委员长、民建中央主席成思危，全国政协副主席、民建中央副主席张榕明一行23人到水电部队参建的三峡工程进行考察，水电六支队出动警力100人次，完成现场警卫任务。

8月27日，武警部队司令员吴双战、副参谋长孙凤山在中国三峡总公司总经理李永安、副总经理曹广晶、水电指挥部主任李光强、政委吴云峰、副政委兼三峡工程指挥部政委张去北、参谋长于英洲、湖北总队总队长魏哲、水电三峡工程指挥部主任孙来成、水电二总队总队长岳曦等陪同下视察水电部队参建的三峡工程工地、看望正在一线施工和执勤的水电部队官兵。

9月20日，国家电网公司领导与总部首长就水电部队相关问题进行座谈。武警部队副司令员梁洪、副参谋长孙凤山，国家电网公司副总经理陈月明，中国安能建设总公司总经理（武警水电指挥部主任）李光强、中国安能建设总公司总会计师李福生等参加座谈。

10月15日，水电十一支队参建的青藏铁路全线贯通庆祝大会在拉萨火车站举行。中共中央政治局常委、国务院副总理黄菊等中央领导及有关部委负责人出席大会。十一支队支队长周春清和青藏铁路项目部主任周志东、教导员周刚作为参建单位领导和劳模代表参加了大会。

12月26日，水电部队参建的中国第二、世界第三大的水电站——金沙江溪洛渡水电站正式开工。溪洛渡水电站是金沙江干流规划开发的重要工程，是我国实施"西电东送"战略的骨干工程。该工程位于云南、四川两省的界河上，电站由拦河大坝、地下厂房、泄洪建筑物等组成。大坝结构为混凝土双曲拱坝，坝顶高程610m，坝顶长度700m；左右两岸布置地下式厂房，各装机9台单机70万kW机组，总装机1260万kW。电站正常蓄水位600m，水库总库容126.7亿m^3，调节库容64.6亿m^3。

（张永军　熊自安）

北京国华电力有限责任公司

主要业绩

（1）完成发电量454亿kWh，同比增长12.94%，比全国火电发电量平均增长率11.50%高出1.44个百分点；完成供热量1062万GJ，同比增长11.91%；完成上网电量425亿kWh，同比增长13.03%。

（2）发电设备平均利用6446h，同比降低50h，比全国发电设备平均利用5876h（火电机组）高570h；供电标准煤耗326g/kWh，同比下降4g/kWh，比全国供电标准煤耗374g/kWh低48g/kWh；综合厂用电率6.40%；一般事故9次；非计划停运1.76次/台年。

（3）实现销售收入总计126亿元，同比增加29亿元。①上市口径：实现利润总额21.3亿元，同比增加0.5亿元；实现净利润10亿元，同比增加2.4亿元；净资产收益率11.28%；EVA完成4.7亿元（按照资本成本8%计算）。②存续口径：实现利润总额0.9亿元，同比增加0.6亿元；实现净利润0.6亿元，同比增加0.3亿元。

（4）期末发电设备容量816万kW，同比增加120万kW。

（5）资产总额566亿元，同比增加139亿元。

（6）燃用神华煤1822万t，同比增长13.45%。

（7）基本建设完成投资99.63亿元，完成计划的98.90%，计划外完成投资37.95亿元。新机投产容量120万kW，其中，太仓8号机组于2005年11月8日13时58分顺利通过168h满负荷试运行，实现脱硫装置与机组同步投产；宁海一期2号机组于2005年12月31日13时38分顺利通过168h满负荷试运行，被国家发展和改革委员会、中国电力企业联合会命名为中国装机规模突破5亿kW标志性机组。公司期末在建规模738万kW。

（8）全年列入国家2005～2007年备选和"十一五"电力发展规划项目有8项，容量1006万kW；得到项目所在地区主管部门认可，正在按核准深度开展前期工作的项目有4项，容量为720万kW；已完成初步可行性研究报告审查，正在按核准深度开展前期工作的项目有1项，容量为200万kW；参与国家投资方招标的项目有1项，容量为360万kW。

现役机组脱硫前期工作：三河一期2×35万kW、盘山2×50万kW，已列入2006年国债环保资金使用计划；准格尔二期2×33万kW、绥中一期2×80万kW，正在进行脱硫项目可行性研究工作。

（9）公司完成神华上市相关工作；完成物流公司的股权调整和职能转换工作；完成太仓四期项目资产收购工作；开展了太仓五期荣伟公司股权收购，锦界公司股权重组，茌原公司股权重组等一系列资产、产权并购重组工作。

（10）华贸中心项目住宅部分全面竣工，累计销售总额26.39亿元，累计回款总额23.79亿元，回款率90%。

（11）公司被评选为"全国电力行业优秀企业"称号；台山一期工程1号、2号机组荣获"中国电力优质工程（第一名）"和"中国建筑工程鲁班奖（国家优质工程）"称号；热电分公司荣获"全国环境友好企业”称号，成为国内首家获此殊荣的发电企业。

(12) 北京热电分公司成功承办了2005年全国科普日活动（北京主会场）。中共中央政治局常委、中央书记处书记、国家副主席曾庆红与有关方面负责人参加活动，并参观了电力科技展示中心和热电分公司生产现场，对国华电力在科普以及安全、健康、环保等方面工作给予了高度评价。

安全生产

在电力供求形势持续紧张，机组长时间满负荷运行的严峻形势下，公司上下认真贯彻集团安全工作会、安全生产（神东）现场会和电力安全工作座谈会精神，全面落实“八个坚持、八个强化、八个落实”的工作要求，切实加强安全生产的基础工作和定期工作，强化风险预控和未遂管理，持续改进发电管理系统和NOSA安健环管理系统，深化安全质量标准化工作。2005年公司系统完成计划检修19台次，提高了设备的健康水平和运行的可靠性。全年公司未发生重大及以上人身事故、设备事故，未发生影响电网安全稳定责任事故，安全生产形势总体平稳。

电源开发

电源开发和项目报批工作取得重大进展，为公司持续发展提供了较充分的项目储备，并为优化机组结构和发展布局创造了有利条件。完成《2005～2020年电力发展规划》的编制工作。配合国家有关部门完成了《煤电一体化研究》、《火电厂环保政策及产业分析》、《国家电力产业政策》等调研报告的编报工作。开展了海外电力项目投资的政策及可行性研究，完成了燃煤火电项目评优申报工作。抓住国家清理整顿违规开工项目的有利时机，用短短12天时间成功收购江苏太仓电厂四期工程项目。配合集团煤电油化工一体化发展战略部署，用3个月时间完成呼伦贝尔煤电基地项目开发权投标准备工作。为实施公司“走出去”战略，公司对东南亚电力市场进行了研究，与印度尼西亚就印尼穆巴煤电一体化开发项目正式签订了合作协议。

基建管理

基建工程项目的投产计划，除余姚1号机组因天然气问题延期投产之外，均如期投产。各项目公司结合自身实际，加强风险预控管理，实施质量过程控制，科学安排工期进度，强化投资控制，确保了工程项目“安全、质量、进度、造价”的可控和受控。针对设备供货实际，公司统一组织协调，加大了设备监造、催交工作，确保工程建设所需。招投标工作，逐步由程序管理转向技术管理，由结果管理转向计划管理和入围短名单管理，提高了招投标管理中的技术含量。在工程中应用了等离子点火、直接空冷等新技术。公司强调过程精品，以达标促进工程质量的提升，台山1号、2号机组和定洲1号、2号机组顺利通过“达标投产”验收。

经营管理

全面修编完善《公司财务治理系统》，进一步明确了工作的标准和规范，理顺了公司财务治理的各种关系，优化了相应的管理流程。推行财务能力模型——FCM，对公司系统18家单位进行了全面的评价。创新风险管理方法，组织财务风险自查活动，初步形成了“自究、自改、自控”的自我完善的风险管理机制。按神华股份公司的要求高质量完成了2005年6月14日和6月30日两个时点会计报告的披露工作，配合集团完成了资产收购及股权转让和重组工作。进一步拓展FMIS管理信息系统的运用深度和广度，优化、调整和改进了信息系统流程和功能，使之更加适应财务管理的需求。

及时跟踪协调国家发改委煤电价格联动方案，实现了“联动收益不低于所在价区平均水平”的目标，增收5.1亿元，其中煤电联动3.7亿元，取消超发1.4亿元，有效缓解了因煤炭涨价增加成本7.6亿元带来的经营压力。台山3、4、5号机组执行标杆电价提前获批，太仓执行标杆电价在项目未核准的情况下提前获批，浙能执行标杆电价与价权部门取得一致意见。通过争取发电计划，签订购电合同，拓展市场份额，全公司电量比/容量比达到103%。通过年度、季度、分月经营计划，合理配置了资源，实时指导经营过程，强化了对过程的控制。开展定期经济活动分析，分析市场形势，评估经营业绩，提出开源节流措施，实现经营活动的闭环。完成年度投保和续保工作，索赔及时有效，降低了财产经营风险，年度全公司获赔总额近8000万元，确保资产保全，增强了应对风险的能力。

人力资源管理

围绕公司发展战略，公司加大了人力资源内部配置和吸引优秀人才加盟国华电力的力度，盘活人力资源存量与优化增量并举，2005年度共进行系统内人才交流177人，接收大学毕业生433人，较好地缓解了人力资源储备不足和发展所急需专业人才短缺的局面。根据公司管控体系完善的需要，成立了国华电力技术委员会和技术研究中心，突出了技术管理的重要作用。结合公司设备维护本地化体制的完善，规范了发电子公司生产组织机构，修订完善了生产定员标准。公司以“三支人才队伍”建设为重心，围绕“能力本位”价值观，制定了《领导干部管理制度》。举办了后备人才培训班，通过挂职锻炼、课题调研和导师制等培训方式，促进后备人才的快速成长。通过推荐华北电力技术院专家等方式不断拓展专业技术人员的职业生涯发展通道，造就了一支掌握发电设备运行和发检修核心技术的专业骨干队伍。完善了技能人员培训、考核和技能鉴定管理体系，建立了国华电力职业技能鉴定站，成功举办了神华集团第五届暨国华电力第二届职工技能大赛，锦界公司的魏利辉获得了“中央企业技术能手”以及“全国青年岗位技术能手”称号。公司完善以履行岗位责任制为核心、以绩效为导向的企业、经营者和员工的绩效评价和激励体系，实现了企业效益与人均贡献的同步提升。采用灵活的用工形式，完善“能进能出”的流动机制，初步形成了吸引、稳定和激励骨干员工长期服务于国华的工作氛围和人文环境。

内部管控体系

通过对外部环境和自身条件的分析，对现有管理架构进行梳理和整合，统一明确了各项专业管理和职能管理的范围，合理界定了管理权限和职责分工，理顺了业务流程，完善了业务管理标准，健全了风险防范与控制机制，减少业务管理的交叉和冲突，形成了层次分明、结构合理、资源优化、全面有效的管控体系。针对招投标、合同管理等方面存在的问题，有针对性地开展内部控制工作，并在此基础上明确了内控的三项目标（操作性目标、信息性目标、合规性目标），指导内控工作的开展。通过开展成本调研、年度绩效评价，组织实施在建项目评审和管理审计，对管理制度和运营纲要执行情况进行检查等工作，有效地规范了经营管理行为，避免或降低了经营管理风险。

科技管理

全年完成集团重大科技项目 3 项，完成公司重大科技项目 6 项。公司系统推荐优秀科技成果 48 项，优秀论文 160 篇，产生公司级科技成果 20 项，其中一等奖 3 项；优秀论文 34 篇，其中一等奖 4 篇。《沧东围海造地真空预压技术》荣获中国电力科学技术三等奖。完成《燃烧高硫煤研究报告》、《大型发电机内冷水处理系统技术研究报告》等技术研究报告 36 篇。编制完成《三年科技发展规划》，组织召开了首届科技大会暨技术研讨会。

在信息化建设方面，公司逐步确立全过程、全信息、集约化的发电集团信息化模式，并确立了分工明确、分层有序、平衡制约、科学合理的信息化建设体制。编制完成《（2006～2020）信息化规划与建设计划》。在信息系统的建设、推广和应用的全过程突出标准和规范的作用，为数据仓库与决策支持系统的建设奠定基础。

在标准化建设方面，健全和完善各专业领域管控体系制度、流程、工作界面，全面修编《发电管理系统》、《公司财务治理系统》等制度；启动了“一个原则和四个标准”等标准的编写工作。

党建和精神文明建设

按照集团党组关于开展保持共产党员先进性教育活动的总体部署，公司党委于 7 月 11 日～10 月 12 日开展了保持共产党员先进性教育活动。全面完成了先进性教育“学习动员、分析评议、整改提高”三个阶段的各项任务，党员参与率达到 100%，职工群众对先进性教育活动满意率达到 93.64%。

各单位把“围绕一个中心，抓住五个主题”作为 2005 年企业文化建设重点，有目标、有计划、有措施地开展了企业文化建设推进工作，使企业文化理念逐步固化于员工自觉行动中。

各单位开展了党风廉政警示教育和预防职务犯罪教育活动，并在制度体系、监督机制、教育机制以及责任追究机制的建立上下功夫，做到了教育、监督、防控、奖惩四到位，实现了“零违纪、零案件”。

主要事件

1 月 15 日，信息产业部国家信息化测评中心授予北京国华电力有限责任公司“最佳企业资产管理（EAM）应用奖”。李巍荣获全国优秀信息化主管奖。

1 月 25 日，国务院国有企业监事会 27 办主席曹光佑一行视察广东国华粤电台山发电有限公司。

2 月 24 日，内蒙古国华准格尔发电厂 2×330MW 机组扩建工程荣获“2004 年度国家优质工程银质奖”。

4 月 13 日，陕西省省长陈德铭、常务副省长赵正永、副省长洪峰、省政府秘书长李堂堂等领导视察陕西国华锦界能源有限责任公司。

5 月 3 日，国家发改委常务副主任王春正、副主任朱之鑫视察三河发电有限责任公司。

5 月 23 日，国家电力监管委员会主席柴松岳在国华电力总经理秦定国的陪同下视察国家电力科技展示中心。

6 月 6 日，广东国华粤电台山发电有限公司 1、2 号机组（600MW），被中国电力建设企业协会评定为“2005 年度中国电力优质工程”。

8 月 12 日，中电国华电力股份有限公司北京热电分公司 2 号机组荣获“全国火电 200MW 级供热机组竞赛”一等奖。

8月26日，中国神华能源股份有限公司国华电力分公司授权代表、副总经理毛迅与俄罗斯圣彼得堡市动力机械股份公司中国总代表谢尔盖·鲍里索维奇·斯科沃尔佐夫在北京签订设备售后技术服务协议。

8月29日，国华电力部分发电公司与西门子电站自动化有限公司在北京签订《DCS系统技术服务合同》。

9月15～17日，在2005年度中央企业职工技能大赛维修电工决赛中，陕西国华锦界能源有限责任公司魏利辉取得第18名，被授予“中央企业技术能手”及“全国青年岗位技术能手”称号；天津国华盘山发电有限责任公司张健龙、任凤军分别取得第55名和79名，被授予“优秀选手”称号。

9月17日，中共中央政治局常委、中央书记处书记、国家副主席曾庆红与王兆国、刘淇、刘云山、周永康、贺国强、王刚、徐才厚、何勇、陈至立、李荣融以及中国科协主席周光召、国家电监会副主席史玉波和有关方面负责人到中电国华电力股份有限公司北京热电分公司参加2005年全国科普日活动。

9月28日，中电国华电力股份有限公司北京热电分公司成为首家获得“国家环境友好企业”称号的电力企业。

10月15日，国华电力荣获“2005年和谐劳动关系全国优秀企业”称号。

10月19日，中国神华集团科技大会暨技术交流会在北京国际会议中心召开，国华电力公司荣获“科技工作先进单位”。

10月20日，国华电力与上海电气股份600MW发电机组主机备件储备合作协议签字仪式在京举行。

11月6日，由中央委员、十届全国政协常委、中央巡视组组长闫海旺率领的中央巡视组对河北国华沧东发电有限责任公司调研。

11月8日13时58分，国华太仓发电有限责任公司8号机组顺利通过168h满负荷试运行，实现脱硫装置与机组同步投产。

11月26日，由中国外交部部长助理李辉、河北省副省长才利民陪同土库曼斯坦、哈萨克斯坦、乌兹别克斯坦、乌克兰、格鲁吉亚、吉尔吉斯斯坦、塔吉克斯坦的外交大使及俄罗斯参赞视察河北国华沧东发电有限责任公司建设现场。

12月6日，印尼民主党主席法迪·吴多莫（HadiaUtmo）一行访问国华电力，并参观了三河发电有限责任公司。

12月30日，北京国华电力有限责任公司与日本国株式会社荏原制作所在京举行国华荏原环境工程有限责任公司股权转让协议签字仪式。

（陈永平）

黄河上游水电开发有限责任公司

公司董事会

董事长：石成梁

董　事：石成梁　夏　忠　原　钢　关绮鸿　王益华　王　琪　柳光池　李铁证　郭秉周　付新科　田峰巍　赵显贵　赵春生

公司领导

党组书记、总经理：夏忠

副总经理：李铁证　周新光　谢小平　聂毅涛

副 书 记：李铁证

党组成员：周新光　谢小平　聂毅涛

党组成员、纪检组组长、工会主席：郭秉周

机构设置

公司机关本部下设：总经理工作部、计划经营部、规划发展部、财务产权部、人事劳动部、工程项目部、安全生产部、市场营销部、监察审计部、党群工作部、工会办公室、共青团工作委员会：公司下设二级机构：龙羊峡发电分公司、李家峡发电分公司、公伯峡发电分公司、陇电分公司（盐锅峡、八盘峡水电厂）、宁电分公司（青铜峡水电厂）、建设分公司、拉西瓦建设分公司、火电建设分公司、青海黄河发电运营有限公司、黄河电力检修工程有限公司、黄河电力测试科技工程有限公司、青海黄河中型水电开发有限责任公司、青海禹天监理咨询有限公司、梯级电站集中控制管理中心、新闻中心、培训服务中心、档案中心、陕西黄河水电物资有限责任公司、青海创盈投资集团有限公司、富源电力集团股份有限公司、甘肃永明实业有限责任公司、兰州八盘峡电力实业有限责任公司、宁夏青铜峡水电实业有限公司。

经营指标

（1）生产能力和规模。2005年，公司先后投产公伯峡水电站3号、4号机组，苏只水电站首台机组年底投产发电，新增生产能力67.5万kW，期末生产能力达498.9万kW。开工规模450万kW，期末续建规模495万kW，前期规模921万kW。

（2）指标完成。由于黄河来水情况较好，采取措施保证电站设备安全运行，合理地控制了成本，采取积极灵活的营销策略，保证了公司经营计划的顺利实现，利润较2004年大幅增长。全年实现电力产品销售收入250452万元，完成年目标217524万元的115%，同比增长49%；发生电力产品销售成本150193万元，完成年目标138336万元的108%，同比增长28%；实现利润总额39268万元，完成年目标22017万元的178%；资产总额达到252亿元，负债总额231亿元，资产负债率91.99%。

基本建设

（1）在建项目。公伯峡、苏只水电站建设克服了机电设备交货迟、设计滞后以及项目核准和征地移民难度增大等困难，实现了公伯峡水电站3号、4号机提前发电；苏只水电站首台机组按期投产发电；拉西瓦水电站全面完成计划目标；积石峡水电站和格尔木燃气电站建设稳步推进。基本建设计划按期完成。

全年累计完成电源项目投资269932万元，完成年计划317026万元的85%。其中，拉西瓦水电站完成投资117844万元，完成年计划111070万元的106%；公伯峡水电站完成投资55450万元，完成年计划67396万元的82%；苏只水电站完成投资44793万元，完成年计划57360万元的78%；积石峡水电站完成投资21166万元，完成年计划20000万元的106%；格尔木燃气电站完成投资23679万元，完成年计划55200万元的43%；龙羊峡以上班多等新电站前期完成投资7000万元，完成年计划6000万元的117%。外部环境影响是造成部分项目投资未完成计划的主要因素。

（2）前期项目。龙羊峡以上河段的规划工作分湖口至多松、多松至尔多、茨哈至羊曲三个河段进行开发。茨哈至羊曲河段的调整规划报告已经上报国家发改委，调整规划报告中茨哈至班多河段开发方案调整报告正在进一步完善，该河段规划环评大纲已经水电规划总院咨询。班多二级水电站预可行性研究工作已经完成。班多一级和羊曲水电站预可行性研究设计工作大部分内容已完成。班多一级、班多二级和羊曲水电站的野外勘测工作全部结束。多松至尔多河段水电规划报告编制完成，该河段规划环评报告正在编制中。湖口至多松河段水电规划报告及河段规划环评大纲编制工作已开始。

在项目核准难度加大的情况下，严格按项目核准要求上报了苏只、格尔木、拉西瓦3座电站的项目核准申请文件，并在年内通过了项目核准。

安全生产

1. 安全指标

2005年，重点落实中电投集团公司2005年安全生产工作会议、业绩评估座谈会议和月度安全生产电视电话会议精神；落实各级人员安全生产责任和安全措施，以安全生产专项评估为载体，组织开展了安全生产例行工作和专项检查整改工作。公司系统未发生电力生产人身死亡和群伤事故：未发生特别重大事故：未发生垮坝和水淹厂房事故；未发生重大基建施工质量事故；未发生发电站全站停电事故：未发生重大火灾事故：未发生电力生产重大交通事故和本企业责任的重大设备损坏事故。公司各单位均实现了年内安全生产3个100天，各单位均保持了较长的安全生产纪录。

2. 交通事故

2005年1月2日14时左右，青铜峡水电厂一辆车号为宁C—05828的丰田越车由银川沿201省道返回青铜峡途中，发生一起因超车避让一辆进行公路调头的夏利出租车，被迫驶出公路左侧路面，冲入路旁一条3.5m深的天然排水沟中，造成车上3名乘员当场死亡，司机身受重伤，车辆报废的重大交通事故。分析事故原因，事件单位没有将“任何事故都是可以避免的”安全理念贯穿于所有工作的全过程，对不安全事件缺少有效的控制，个别司助人员无视交通法规和公司交通管理规定。

3. 生产指标

（1）发电量。截至2005年12月31日，全公司完成发电量168.38亿kWh，是全年计划发电量143.19亿kWh的118%，同比增长43%，提前54天完成全年发电任务，其中，龙羊峡发电分公司完成发电量44.065亿kWh，完成年计划的117%；李家峡发电分公司完成发电量46.502亿kWh，完成年计划的113.5%；公伯峡发电分公司完成发电量43.55亿kWh，完成年计划的117.86%；陇电分公司完成发电量23.2551亿kWh，完成年计划的122.72%；宁电分公司完成发电量11.011亿kWh，完成年计划的125.7%。

（2）综合厂用电率。综合厂用电率0.92%，比2004年同期降低0.25个百分点，其中，龙羊峡水电站综合厂用电率0.96%，同比降低0.1个百分点；李家峡水电站综合厂用电率0.42%，同比增加0.04个百分点；公伯峡水电站综合厂用电率0.61%；盐锅峡水电站综合厂用电率1.77%，同比降低0.21个百分点；八盘峡水电站综合厂用电率2.32%，同比增加0.05个百分点，青铜峡水电站综合厂用电率1.87%，同比降低1.17个百分点。

（3）继电保护装置投入率为100%，自动化装置投入率为99.03%；继电保护及安全自动装置正确动作率98.18%，较2004年提高了2.95个百分点；梯级水电站故障录波装置录波完好次数为12次，录波完好率为100%，与2004年同期持平；11大类输变电设施可用系数均达96.42%；传输设备运行率

100%，传输电路运行率100%。

(4) 机组可靠性。

1) 机组台均利用小时3802.62h，较2004年同期增加738.36h；机组等效可用系数完成91.02%，较2004年同期增加0.54个百分点。

2) 非停事件。2005年公司机组非计划停运0.09次/台，比2004年减少了0.32次/台。青铜峡水电站8月23日16时20分，7号机组受油器、轮叶在非协联关系下长期运行，引起水轮机振动增大，造成水导油槽螺丝松动，轮叶同复杆螺丝松动脱扣造成非计划停运；9月18日2时39分，2号机组励磁电源变压器匝间短路，造成2号发电机纵差保护动作停机。10月27日7时41分，盐锅峡水电站7号机组转子一点接地保护动作，经检查为大轴中心补气阀弹簧断裂，导致水由大轴中心孔甩到转子及滑环处，造成转子一点接地，8时34分申请停机，经检修处理，28日16时05分恢复并网发电。检修期间27日20时30分至28日23时36分开启排洪闸弃水0.14亿m^3，折合损失电量约120万kWh。

(5) 耗水率。龙羊峡水电站3.67m^3/kWh，李家峡水电站3.27m^3/kWh，公伯峡水电站3.99m^3/kWh，盐锅峡水电站11.06m^3/kWh，八盘峡水电站22.11m^3/kWh，青铜峡水电站21.65m^3/kWh。

(6) 来水情况。2005年，唐乃亥断面出现两次洪水过程，分别在7月和10月，洪峰流量分别为2500m^3/s和2750m^3/s。全年来水量为255.52亿m^3，较2004年同期偏多68.6%，较历年均值偏多27.6%。龙羊峡水库年累计入库水量为249.56亿m^3，年累计出库156.30亿m^3。11月19日8时，龙羊峡水库水位达到历史最高水位2597.62m，相应库容238亿m^3，至11月21日后开始缓慢下降。年末水库水位2595.87m，比2004年同期高28.34m；年末水库存水量231.48亿m^3，较2004年多蓄93.06亿m^3。李家峡、公伯峡、盐锅峡、八盘峡水库入出基本平衡，青铜峡水库全年发电用水236.54亿m^3，全年灌溉补水5.06亿m^3，全年排沙用水3.07亿m^3。

(7) 机组检修。2005年，黄河水电公司生产工程项目计划资金共计18825.18万元，其中，大修项目计划资金8418.6万元，完成投资8341.81万元。

2005年，共计完成机组检修37台次，其中，A级检修4台次（跨年度3次，多经机组1次）；B级检修7台次（跨年度2次）；C级检修26台次。线路春检30条次，其中，330kV出线6条，110kV进出线24条，提高了各水电站设备健康水平，确保了机组的安全运行。

(8) 安全度汛。2005年，黄河上游来水持续偏多，公司属各电站防汛任务繁重，各发电分公司和建设分公司，结合已建和在建电站的实际，坚持“防抢结合，立足于防”的方针，组织驻电站各单位成立防汛机构，汛前早准备、早布置、早安排，进行防汛抢险应急演练，做到物资、人员、措施三到位；汛期认真落实各级防汛职责，加强汛期防汛值班和巡回检查，保证了各电站安全渡汛。

(9) 生产准备。2005年，新投机组的安全运行是安全生产的重点之一。公司专门召开生产准备会，安排协调生产准备工作。苏只水电站的生产准备、运营管理由公伯峡发电分公司负责，委托专业公司进行专业管理。在认真进行生产准备的前提下，生产准备人员及时到位，工作按计划开展，使公伯峡水电站3号、4号机组和苏只水电站首台机组顺利投入运行之中。面对公伯峡水电站两台新机组投产，弃水机率大，苏只水库初期调蓄能力小、机组超低水位运行的困难，公伯峡发电分公司、建设分公司、梯级电站集中控制管理中心和专业公司精心组织，严密监视，加强巡视和设备维护，保证了新投机组的安全运行。

(10) 加强事故应急救援体系建设。公司所属电站地处青藏高原和黄土高原，水土流失严重，局部暴雨极易引发山洪、泥石流等自然灾害。为了有效预防、及时预控突发事故，公司从以下四方面加强了事故应急救援体系的建设：①编制防汛与大坝安全方面的应急预案。修订了《龙羊峡水电站6号、7号滑坡体滑塌事故的预警、应急预案》、《虎山坡滑坡后造成尾水倒灌事故的应急预案》、《龙羊峡水电站防震减灾预案》、《龙羊峡水电站防局部暴雨预案》。此外，根据龙羊峡水电站事故应急预案的编制经验，编制了公司《水库防洪应急预案》、《水电站垮坝事故应急救援预案》。②编制电站并网运行中的应急预案。修订了《安全生产事故应急处理预案》、《迎峰度夏应急预案》、《黑启动预案》。③编制水电站施工中易发事故的应急预案。拉西瓦建设分公司根据拉西瓦水电站建设的实际，编制了《主河道大流量过流应急救援预案》，苏只水电站指挥部编制了《黄河苏只水电站水库初期蓄水、首台机组试运行工作预案》。④建立事故应急救援机制。根据精简、高效、职责明确、接口清晰的事故应急处理原则，确保突发事故应急处理做到规范化、程序化。建立了事故应急处理的两级组织体系和事故预警机制，形成了事故应急救援的动态管理机制。

市场营销

1. 售电量完成情况

2005年，售电量为166.84亿kWh，完成年售电计划141.84亿kWh的117.63%，比2004年同期增加了50.18亿kWh，同比增长43%。售电量中对青海售电128.75亿kWh，占全部售电量的77.17%，占青海用电量的72.77%；对甘肃售电22.99亿kWh，占售电量的13.78%，占甘肃用电量的5.42%；对宁夏售电15.11亿kWh，占售电量的9.06%；占宁夏用电量的4.75%；2005年全部售电量占陕、甘、宁、青四省（区）总用电量的12.3%。售电量比2004年同期有较大幅度的增长，一是公伯峡3号、4号机投产后新增电量较多；二是黄河来水较好，其他电站电量都比2004年增加较多。

2. 电价疏导和执行情况

2005年上半年，国家发改委出台煤电价格联动政策，公司认识到电价对公司经营工作的重要性，一把手和主要领导亲自抓调整工作。国家发改委以发改价格（2005）671号和发改价格（2005）965号文件对黄河水电公司相关电厂的上网电价进行了批复，龙羊峡由0.12元/kWh调整为0.145元/kWh；李家峡年上网电量超出39.8亿kWh的电量电价执行购电省标杆价（青海、甘肃、宁夏的标杆价为0.227元/kWh）；盐锅峡由0.079元/kWh调整为0.101元/kWh；八盘峡由0.096元/kWh调整为0.101元/kWh；青铜峡由0.145元/kWh调整为0.155/kWh。

3. 电费回收情况

面对水电大发和西北电力市场发生变化以及电价下滑的局面，公司与电网公司保持紧密联系，督促电网公司履行购售电合同，同时采取积极灵活的营销策略，保证了公司电量的顺利销售。在电费回收工作中积极探索新办法，通过采用保理业务，对公司陈欠电费进行回收，实现了电费回收任务的超额完成。全年实收电费29.71亿元，当年电费回收率100%，陈欠电费回收率达到69.97%。

龙羊峡水电站高水位运行情况

8月19日，龙羊峡水库水位达2581.09m，超过龙羊峡水电站投产以来的最高水位。进入10月以后，受连续降雨影响，黄河上游来水流量增大，大大超过预报值。10月6日8点，龙羊峡水库入库水文站唐乃亥站流量达到2750m^3/s，龙羊峡水库水位持续上升，龙羊峡水电站大坝和机电设备经受了长时间高水位的考验。10月10日，龙羊峡水电站全厂满负荷连续运行23.8h，日发电量达3049.99万kWh。11月19日，水库水位达到历史最高水位2597.62m。在龙羊峡水电站高水位运行期间，大坝、水库和机电设备的安全运行得到了各级防汛指挥部门、集团公司和本公司的高度重视，公司领导多次到现场进行调研检查，对龙羊峡水电站高水位运行工作提出具体要求。公司针对龙羊峡水电站高水位运行下发了《关于做好龙羊峡水电站大坝高水位下安全运行工作的通知》，一方面加强来水及水库运行预测，及时向有关单位通报水情预测预报信息，另一方面进一步重视大坝安全监测和分析工作，调整完善各种预案。成立了龙羊峡水电站高水位安全运行工作领导小组，小组下设专家组和工作组，分别负责龙羊峡水电站高水位运行工作的领导、安全运行情况的评估和具体工作的落实。专家组对龙羊峡水电站高水位运行安全进行了3次评估，认为龙羊峡大坝工作状态正常，近坝库岸重点监测的6个陡边坡仍处于整体稳定或基本稳定状态。10月17日公司特邀专家对2585廊道漏水进行专项咨询，分析原因并提出处理建议。领导小组和工作组分别召开4次会议，研究、布置龙羊峡水电站高水位运行的具体工作。龙羊峡发电分公司组织有关人员逐一落实专家组的建议，按照制订的《高水位加密观测方案》，观测人员对大坝扬压力、渗漏量、地下水、垂线、大坝拱座及库区滑坡等观测项目进行加密观测，及时掌握大坝和近坝库岸的情况。在严密监视2585廊道的漏水情况的同时，抓紧确定处理方案，组织施工处理。梯级电站集中控制管理中心进行水情的滚动预报，为龙羊峡大坝和近坝库岸在高水位下安全稳定运行提供了保证。

企业改革

按照中电投集团公司《深化企业改革指导意见》，继续深化改革，加快经营机制的转换。建立健全了各控股公司的法人治理结构，完善了决策、执行和监督程序。进一步界定了管理界面、理顺了管理关系、确定了管理职责。按照新的管理体制要求，初步编制了相应定额及合同范本。在三项制度改革方面开始了有益的尝试。制定了《劳动合同制管理制度》和《短期用工管理制度》。进行了薪酬改革调研、薪酬设计等工作。积极实施岗位分析、岗位评价和岗位动态管理。公司机关本部岗位竞聘工作全面展开。

积极推进专业技术带头人队伍的建设，创新和建立人才培训、评价考核、选拔使用、激励约束等人才机制，引进和培训了一批公司紧缺的风电、火电、气电等方面的管理人才和技术人才。加强技能人才的培养和培训，为苏只水电站、格尔木300MW级燃气电站投产运行做了较充分的人才准备。2005年，公司采取请进来、送出去和自办培训班等方法分期分批对各级各类干部、员工进行培训，全年参培人员320人，其中，企业管理和马列主义理论培训5人；安全生产管理业务培训99人；统计业务培训42人；消防知识培训79人；继电保护业务培训85人；企业培训师培训10人。

对机关本部机构、干部进行了优化调整，对系统各单位班子进行了调整和加强，加强了优秀年轻干部的培训、锻炼。构建了人力资源开发培训机制，建立了专业技术职称和技能鉴定工作体系。制定了企业劳动定员标准，实施新建项目人员配置办法。积极推行公开、竞争、择优的用人制度。系统内人力资源初步实现跨区域配置。

科技进步

2005年，技改项目计划资金10406.58万元，由于龙羊峡水电站水库高水位运行，各电站均在大发，部分技改项目无法实施，完成投资7927.79万元。已实施的部分项目：

（1）苏只水电站在泄洪闸闸室段胸墙混凝土浇筑施工中采用大跨度（14m跨度）定型钢木组合桁架结构系统，有效地加快了施工进度，工程进度比原计划提前近两个月。

（2）积石峡水电站底孔排沙洞上游延伸段、洞身段、施工交通洞以下部位由于出露围岩条件良好、开挖成型效果较好，取消了底孔排沙洞上游延伸段0-85～0-45、0-10～0＋00段、底孔排沙洞0＋260～0＋300段、排沙洞施工交通洞0＋60～0＋80段混凝土喷护施工，只进行系统锚杆支护施工，共节约C20喷混凝土1536.99m^2。

（3）积石峡水电站根据现场实际地形及平面布置，为不影响其他标段的施工及交通安全，取消了K1＋350～K1＋550段高边坡开挖，并将此段道路改为单车道，共节约土石方开挖31279.9m^3，钢筋12t，$\phi25$、$L=455cm$锚杆2500根以及喷C20混凝土4000m^2。

（4）积石峡水电站由于K0＋400～K0＋700段块石混凝土挡土墙基础位于河道中，存在水中混凝土作业，施工难度大，因此将此段块石混凝土挡土墙改为钢筋铅丝笼，共节约块石混凝土6959.7m^3。

多种经营

2005年，青海创盈投资集团有限公司实现总产值15910.22万元，完成投资9922.81万元；富源电力集团股份有限公司实现产值1.28亿元，实现利润2100万元，资产总额达5.01亿元，完成基本建设投资1.26亿元。

2005年，创盈公司理顺了公司和各子、分公司之间产权关系和法定经济关系，提出了母、子公司之间建立经济纽带关系为目的的股权改制方案；持股会进行合并，形成集中管理，将原对创盈公司下属公司的投资变更为对创盈公司的投资。同时，对公司的股权结构进行了调整，吸引禹天监理公司对创盈公司投资，由黄河水电公司青海公司职工持股会出资5883.65万元，禹天监理公司出资316.35万元，规范了黄河水电公司持股会的投资及管理。对公司的经营框架结构进行了部分调整，将原子公司祥隆、神牛、物资等公司全部变更为分公司，对部分经营项目进行了调整；对各分公司的资金进行集中管理、优化投向，提高了资金的利用率和安全性。祥隆工程分公司全年参与投标18项，中标14项，中标率为77.78%，中标合同金额3086.68万元。房地产全年完成投资1631.75万元。全年生产销售混凝土4.5万元，完成产值910.74万元。小水电全年完成发电量7750万kW。

2005年，富源电力集团股份有限公司对公司股东进行了改制，由黄河水电公司各单位集体持股会股东量化转换为在青职工自然人股东；全年举办各类培训班27期，参加培训人员198人次，参加外部业务培训16人，培训率达89%；建立ISO9001质量管理体系，2005年顺利通过质量管理体系第三方审核，按计划要求完成了质量管理体系年度内审工作。2005年，被青海省银行业协会评为第三批“诚信客户”，被省总工会、劳动和社会保障厅、省企业联合会、省企业家协会授予“2005年全省和谐劳动关系优秀企业”等荣誉称号。

党建和精神文明建设

2005年，公司党组开展保持共产党员先进教育活动，群众满意度达到97.01%。开展“四好”领导班子创建活动，突出重点有针对性地做好深化企业内部改革中的思想政治工作，开展了企业理念征集、提炼活动，初步形成了具有黄河水电特色的企业价值观、经营理念、行为规范。开展群众性精神文明创建活动，检修工程公司、黄河水电物资公司被命名为市级文明单位，龙羊峡发电分公司、李家峡发电分公司、陇电分公司、宁电分公司继续保持省级文明单位或文明单位标兵称号。在2005年10月召开的全国精神文明建设表彰会上，龙羊峡发电分公司、宁电分公司分别被中央文明委授予“全国文明单位”和“全国精神文明建设工作先进单位”荣誉称号。2005年，《黄河水电报》共编辑出版39期，刊发各类稿件2069篇。

主要事件

1月11日，黄河电力检修工程有限公司正式注册成立。由黄河水电公司和青海创盈投资集团有限公司共同出资组建，有员工1300多人，主要承担黄河上游龙羊峡、李家峡、公伯峡、盐锅峡、八盘峡、青铜峡大中型水电站机组检修维护工作。

1月11日，由黄河水电公司和青海创盈投资集团有限公司共同组建青海黄河发电运营有限公司，注册资本金2000万元，出资比例分别为95%和5%。

同日，由黄河水电公司和青海创盈投资集团有限公司共同组建黄河电力测试科技工程有限公司，注册资本金为5000万元，出资比例分别为95%和5%。

1月25～30日，由黄河水电公司组织的拉西瓦水电站混凝土双曲拱坝工程开标会在西宁召开。由水电四局、水电十一局联营体中标。

1月26日，黄河水电公司新组建的陇电分公司、宁电分公司、黄河电力检修工程有限公司、黄河电力测试科技工程有限公司、青海黄河发电运营有限公司揭牌仪式在西宁举行。

1月27～28日，中电投集团公司2005年工作会议在西宁隆重召开。

1月28日～2月2日，"格尔木300MW级燃气电厂汽轮发电机组项目"合同谈判工作在西宁完成，与南京汽轮机集团有限责任公司/美国通用电气公司联合体签订了主机设备采购合同。

2月21日，拉西瓦水电工程800kV气体绝缘金属封闭开关设备（GIS）和800kV气体绝缘金属封闭输入电线路（GIS）国际招标项目开标仪式在北京举行。美国AZZ/GGITWestboro，Inc.公司中标。

1月7日～2月7日，北京天职孜信会计师事务所受国资委委托对公司2004年度财务决算进行了审计。

3月2日，拉西瓦建设分公司被中华全国总工会、国家安全生产监督管理总局授予"2004年度全国安康杯竞赛"活动优胜企业荣誉称号；发电运营公司被青海省总工会、省劳动竞赛委员会授予"青海省2004年度安康杯竞赛"活动优胜企业称号。

3月4日，黄河水电公司2005年工作会暨首届四次职代会在西宁隆重召开。

3月10日，公司2004年度财务决算报告、《企业基础材料》通过中国电力投资集团公司的审查，2004年公司全面完成了各项预算目标。

3月22日，在黄河水电公司召开的2005年财务工作会议上，龙羊峡发电分公司荣获黄河水电公司2004年度财务会计报告考核评比一等奖。

3月31日，国家发展和改革委员会以发改能源［2005］545号文件下发了苏只水电站项目核准的批复，使该项目具备了全面开工的条件。

4月5～10日，格尔木300MW级燃气电厂联合循环主机合同谈判工作在西安完成。与杭州锅炉集团有限公司签订了《格尔木300MW级燃气电厂余热锅炉采购合同》；与上海电气电站集团股份有限公司签订了《格尔木300MW级电厂联合循环汽轮机采购合同》和《格尔木300MW级燃气电厂汽轮发电机组及附属设备采购合同》。

4月25日，国家发改委以发改价格［2005］671号文件下发《国家发展和改革委员会关于西北电网实施煤电价格联动有关问题的通知》，对宁夏、青海有关电厂上网电价进行调整。公司属青铜峡水电厂上网电价调整为0.155元/kWh，龙羊峡水电厂上网电价调整为0.145元/kWh。

4月26日，黄河电力测试科技工程有限公司水工部公伯峡观测班，被青海省总工会、省劳动竞赛委员会授予"十五创新立功竞赛"先进集体；黄河电力检修工程有限公司党委书记、总经理兰福军，建设分公司工程枢纽处副处长赵寿昌两人被授予先进个人荣誉称号。

4月27日，电力检修公司陇电分公司八盘峡水电站机械分场水轮机班班长田军荣获2005年甘肃省劳动模范称号。

4月27日，格尔木300MW级燃气电厂用地专题现场会在格尔木经济开发区召开。

4月28日，公司党组书记、总经理夏忠被中华全国总工会授予"全国劳动模范"荣誉称号。

4月，宁夏自治区人民政府授予宁电分公司"2003～2004年度先进纳税人"荣誉称号并进行了表彰。

5月12日，李家峡发电分公司乔吉庆、电力检修工程公司陇电分公司盐锅峡水电站电气分场保护班技术专工张进有荣获"中电投集团公司劳动模范"荣誉称号。

5月18日，青海省经委、企业联合会、统计局、企业家协会授予黄河水电公司"2004年青海企业50强"称号。

5月30日，青海省政府以青股审［2005］04号文件批准了富源电力股份有限公司增资扩股方案。

6月16日，黄河水电公司在西宁主持召开了黄河上游干流多松至尔多河段水电规划及班多一级、班多二级和羊曲水电站预可研第一次设计联络会，会议确定了该河段开发方案。2005年12月完成班多二级水电站预可研报告，2006年6月完成班多一级水电站预可研工作。

6月16日，黄河水电公司召开了火电建设分公司成立大会。

6月21日，公司与国家开发银行青海省分行签订了公伯峡水电站存量贷款16亿元协议，并在基准利率的基础上下浮10%。

6月30日，公司与中国人民财产保险股份有限公司青海省分公司、平安财产保险股份有限公司青海分公司、永诚财产保险股份有限公司签署了2005年7月1日～2006年6月30日龙羊峡、李家峡、公伯峡水电站财产保险合同。

7月9日，公司以黄电司总字［2005］178号文向中电投集团公司上报了《关于拉西瓦水电站2号尾水闸室重大人身伤亡事故初步调查情况的报告》。对公司内部主管和有关人员给予8000～10000元的经济处罚。

7月12日，在葛洲坝水电厂举办的全国大型水电厂（站）劳动竞赛评比中，公伯峡水电厂被评为“2004年度全国大型水电厂（站）劳动竞赛先进单位”。

7月15日，公伯峡水电站3号机组进入商业运营，比原计划提前49天投产发电。

7月20～23日，龙羊峡水电站大坝安全首次定期检查会议在西宁召开。

7月22日，公司隆重召开开展保持共产党员先进性教育活动动员大会。

7月25日，国家水利部以水保函［2005］283号文对黄河积石峡水电站工程水土保持方案进行了批复。

7月27日，拉西瓦水电站800kV气体绝缘金属封闭输电线路（CIL）设备合同签字仪式在北京长城饭店举行。黄河水电公司副总经理谢小平、中国电能成套设备有限公司董事长兼总经理房家栋、美国AZZ公司总裁DavidH. Dingus分别代表三方在合同上签字。

7月27～30日，拉西瓦水电站800kV气体绝缘金属封闭开关设备（GIS）邀请招标评标和开标会在北京召开。中标单位为韩国现代重工业株式会社。

7月，中华全国总工会授予龙羊峡发电分公司“全国五一劳动奖状”。

8月1日，陇电分公司八盘峡水电站投产发电30周年。

8月6日，中共中央政治局常委、中央书记处书记、国家副主席曾庆红到建设中的黄河公伯峡水电站视察。

8月17～21日，格尔木300MW级燃气电站主厂房建筑安装、冷却塔建筑安装、主厂房冷却塔钢结构制造、采购、进厂道路等工程招标会在西宁召开。

8月18～19日，《黄河水电公司梯级电站集中控制管理技术方案》评审会在西宁宾馆召开。与会专家一致通过了该方案。

8月19日6时，龙羊峡水电站水库水位达到2581.09m，超过了1999年11月13日历史最高水位2581.08m。

8月23日，龙羊峡水电厂隆重举行了建厂20周年庆典活动。在龙羊峡水电站大坝上，举行了龙羊峡水电厂成立20周年纪念揭牌仪式。

8月24日，中电投集团公司批复《黄河水电公司体制改革财务资产划分方案》。

8月29日～9月2日，积石峡水电站水轮机、发电机设备采购招标文件审查会在公伯峡召开。

9月4～13日，拉西瓦水电站700MW水轮发电机第二次设计联络会在哈尔滨电机厂召开。

9月9～11日，公司在龙羊峡召开了龙羊峡水电站高水位运行安全评估第一次专家会。

9月25～26日，国家电监会、工商总局联合检查组在国家电监会输电监管部副主任黄学农的带领下，对青海省《购售电合同（示范文本）》、《并网调度协议（示范文件）》推行情况以及电力“三公”调度情况进行检查，并在公司召开了青海省部分发电企业座谈会。

10月10日，龙羊峡水电站日发电量达到了3049.99万kWh，创投产发电以来日发电量的历史新高。

10月12日，格尔木300MW级燃气电厂天然气输气管道工程开工。

10月13日，黄河积石峡水电站3×340MW机组接入系统设计（一次部分）评审会议在北京召开，并通过了评审。

10月20日，积石峡水电站导流洞、交通洞开挖工程招标。水电三局、四局、十五局、葛洲坝集团公司参加投标。分别由水电四局、葛洲坝集团公司中标。

10月21～28日，公司在河北省保定市主持召开了拉西瓦水电站800kV变压器及附属设备第一次设计联络会。

10月23日，国家外交部组织的第四期拉美和加勒比国家高级外交官员访华团一行26人到李家峡水电站考察。

10月26日，龙羊峡发电分公司被中央文明委授予首批“全国文明单位”荣誉称号。

10月26日，中央文明委授予宁电分公司“全国精神文明创建先进单位”荣誉称号。

11月19日4时，龙羊峡水库水位达到2597.62m，这是1986年下闸蓄水以来的历史最高水位。

11月20～23日，龙羊峡水电站高水位安全运行评估专家组对龙羊峡高水位安全运行情况进行了第三次评估。

11月28日，公司隆重召开保持共产党员先进性教育活动总结大会。

11月29日，国家发展和改革委员会以发改能源［2005］2510号文件对青海格尔木300MW级燃气电站工程正式核准批复。这标志着该工程进入正式开工建设阶段。

12月2日，公伯峡水电站4号机组比计划提前29天并网发电，实现2005年两台机组投产的目标。

12月9日，中华全国总工会、中央文明办、国家发改委、教育部、科技部、国防科工委、人事部、劳动和社会保障部、国务院国有资产监管会、全国工商联十部委联合授予黄河水电公司建设分公司“全国学习型组织先进单位”荣誉称号。

12月12日，李家峡水电厂建厂10周年庆祝大会在李家峡召开。

12月12日，国家发改委以发改能源［2005］2619号文印发了关于青海黄河拉西瓦水电站项目核准的批复。

12月16日，中华全国总工会授予黄河水电公司工会“全国工会系统四五普法先进单位”荣誉称号。

12月17日，青海省人事厅、省红十字会授予黄河水电公司“青海省红十字会系统先进集体”荣誉称号。

12月20日，拉西瓦水电站机电设备安装招标文件审查会在西宁召开。

12月30日23时55分，苏只水电站首台机组提前60天并网发电。

12月31日，公司完成了盐锅峡、八盘峡、青铜峡（含唐渠）水电站的资产重组工作。

（胡耀斌）

湖北清江水电开发有限责任公司

流域电厂电力生产

2005年清江流域电厂在全年来水比2004年减少1.76亿m^3的情况下，全年累计发电量30.14亿kWh，其中，隔河岩电厂发电21.98亿kWh，安全生产406天；高坝洲电厂发电8.16亿kWh，安全生产1724天。

2005年5月16日15时10分，清江流域电厂开始实行梯调中心远方集中控制运行。

2005年6月28日，华中电网有限公司致函清江公司，同意在电网计划安排和实时调度中按照270MW（3×90MW）对高坝洲电厂进行安排和调度。高坝洲电厂水轮发电机组增容改造工作从2004年初启动，同年11月10日华中电网公司、湖北省电力公司、湖北省电力试验研究院、武汉大学、东方电机股份有限公司、长江水利委员会长江勘测规划设计研究院、清江公司等单位在宜昌召开“高坝洲电厂水轮发电机组增容可行性研究”项目验收会。共有41名专家和代表参会。验收委员会认为高坝洲电厂机组增容可行性研究项目的资料齐全、计算和试验数据真实可信，机组增容至90MW是可行的，能够满足长期安全、稳定的运行。同意东方电机股份有限公司按验收意见将高坝洲电厂水轮发电机铭牌由84MW更改为90MW。

隔河岩大坝安全定检

隔河岩水电站首次大坝安全定检工作从2003年开始，2005年6月清江公司向国家电力监管委员会大坝安全监察中心报送《隔河岩水电站首次大坝安全定期检查报告》；2005年10月12日，国家电力监管委员会大坝安全监察中心评定隔河岩水电站大坝为正常坝（坝监检［2005］59号），并将审查意见上报国家电力监管委员会备案（坝监检［2005］52号）。

隔河岩、高坝洲大坝安全注册（换证）

根据《水电站大坝运行安全管理规定》及国家电力监管委员会大坝安全监察中心《2005年水电站大坝安全注册（换证）现场检查计划安排》，按照《关于隔河岩、高坝洲大坝安全注册及换证有关事宜的函》（坝监函［2005］43号）的要求，2005年清江发电公司进行隔河岩水电站大坝安全注册换证及高坝洲水电站大坝安全注册工作。10月18～21日，国家电力监管委员会大坝安全监察中心专家组对隔河岩大坝安全注册换证、高坝洲大坝安全注册进行了现场检查，认为隔河岩、高坝洲大坝安全运行管理正常，隔河岩大坝具备安全注册换证条件，高坝洲大坝具备安全注册条件。

（何洪波）

部分电力企事业单位

在京企事业单位

国网运行有限公司

公司概况

国网运行有限公司（简称公司）成立于2004年12月18日，是国家电网公司的全资子公司，注册资本1亿元。公司受国家电网公司委托，对国家电网公司总部直接投资的跨区直流输电系统生产运行业务进行管理，负责葛洲坝—上海、三峡—常州、三峡—广东以及西北—华中联网灵宝背靠背等4个直流输电工程的6个换流站（葛洲坝、龙泉、江陵、政平、鹅城和灵宝换流站）以及交流500kV蔡荆线双回和±500kV三沪直流上海段等输电线路的运行、维护、检修及技术改造等工作，负责在建的三峡—上海直流输电工程宜都和华新换流站的生产准备工作，此外，还承担着特高压电网运行、维护、检修等关键技术研究和特高压电网运行的生产准备工作。

截至2005年底，公司本部设8个处室，下设5个直属单位：宜昌超高压管理处、常州超高压管理处、广东惠州超高压管理处、三门峡超高压管理处、北方超高压管理处（筹）。

2005年，公司的工作思路是：围绕“一强三优”发展目标，落实“三抓一创”工作思路，准确把握公司的职责和定位，组织好“安全管理年”各项工作，以能力建设为重点，以加强作风建设和队伍建设为保证，以提高工作质量和效率为依托，从严管理、团结协作、求真务实、开拓创新，为跨区电网的安全稳定运行和全年输电任务的完成提供有力保障。

2005年，公司负责运行维护的跨区直流输电系统共完成直流输送电量468.7亿kWh。完成交流转送电量142.1亿kWh。交、直流总输送电量610.8亿kWh，为年计划的117.3%，占国家电网公司总部跨区输送电量的78.9%，超额完成全年计划输电任务。全员劳动生产率完成174083元/（人·年）。在参与国家电网公司2005年度业绩考核的44个单位中，公司排名第四位。

人力资源

公司现有正式职工373人。职工平均年龄29岁，专科及以上人数占职工总数的90.6%，其中本科及以上人数占68.1%。

2005年，公司在人力资源开发和利用方面的主要工作有：①建立符合公司实际的科学的人力资源管理体系，全面实施了“员工素质提升计划”、“1211优秀人才培养计划”、“创新型高精尖拔尖人才培养计划”、“特高压电网专项人才培养计划”和“‘双师’培养计划”等，提高了人员素质和队伍水平。②公司统一领导和指导所属各单位招聘毕业生工作，并对新招聘的60多名大中专毕业生进行了集中式、规范化培训。③建立了干部交流和挂职锻炼的人才流动机制，先后选派多名员工在管理处之间进行交流学、锻炼，实现了管理、技术资源的优势互补。④加强教育培训力度，采取走出去、请进来的培训方式，先后组织开展“领导力和执行力”、“企业战略与风险预防管理”等多种培训。

安全生产

积极推动直流输电技术的自主创新，着力解决安全生产中的技术难题。2004年11月～2005年4月，针对BBC公司的控制保护系统设备老化、抗干扰性差等问题，对葛南直流控制保护系统进行了国产化改造，改造后的控制系统运行稳定性显著提高。2005年，公司被国家电网公司授予“国产化先进单位”称号。

广泛采用先进适用技术，提高电网安全运行水平在换流站加装了早期故障监测装置、站内工业电视监视系统、高压带电显示闭锁装置、避雷器和耦合电容器在线监测系统等，为跨区直流输电系统的安全稳定运行提供了技术保障。

全年共消除紧急设备缺陷65项、重大设备缺陷158项、一般设备缺陷1028项，各换流站交、直流一次主设备可用率均达100%。已运行多年的葛南及尚处于投运初期的龙政、江城等直流系统强迫能量不可用率均未超过基建招标设计值0.5%，单极停运总次数仅为设计允许值的18.9%。灵宝直流系统创造了自投运以来不间断运行的国内最好纪录。

2005年，公司系统未发生人身伤亡事故、重特大电网、设备事故和火灾事故，一般性设备事故同比降低46.2%，全年计划停运等值时间较2004年减少42.5%。

2005年，公司被国家电网公司授予“迎峰度夏先进集体”光荣称号。

经营管理

1. 企业管理

一是构建科学规范的基础管理平台。通过建立健全科学的规章制度体系，促进各项工作的标准化、制度化和规范化。制订并印发了党组议事规则、本部工作规则等各类规章制度44个，修订、完善各直属单位原有的规章制度200余项。二是推进管理创新。公司以集约化为取向，发挥专业优势，建立公司系统技术人才库，集中专业力量，分析和解决安全生产中的疑难问题；在国内首次编制完成换流站检修定额，对大修技改资金实行集中统一管理，减少资金沉淀，提高资金使用效率；开发物资管理信息系统，实现了备品配件分散存放、统一调用；建立了一套完整的信息传送体系，实现了公司内部的信息共享，加强了与外界的信息沟通。

2. 特高压电网的生产准备

公司成立了特高压工作领导小组，组建了相关机构，按照“高度重视、紧密跟踪、同步推进、争创一流”的要求，开展了特高压电网生产运行研究工作。编制完成《特高压电网生产运行研究工作大纲》，提出了七大类共百余项研究课题。根据大纲开展了多方面的专题研究，取得了阶段性成果。紧密跟踪特高压电网试验示范工程的规划、设计和建设进程，整理汇编了国内外有关特高压电网的最新科研成果和相关资料，做好特高压电网的生产准备工作。

3. 同业对标工作

通过梳理和完善各项工作标准、管理制度、业务流程、监督机制和评审办法，构建了安全生产、技术装备、设备管理、人力资源、信息化等直流输电运行指标体系。以站际竞赛和内部指标发布为载体，开展各直流系统之间和各换流站之间可比指标的动态对比，促进了跨区直流输电系统整体运行管理水平的提高。通过国内外同业对标，查找差距，持续改进，公司安全生产各项指标显著提高。按照国际通行的指标体系，葛南、龙政、江城等三个直流输电工程强迫能量不可用率在国际上已投运的近80项直流输电工程中分别排名第四、六、四位，各直流输电工程能量利用率平均排名位列世界第一，可比指标综合排名均进入国际前六名。

企业文化建设

加强企业文化建设，编制《国网运行有限公司企业文化三年发展规划》，创办《国网运行周报》、《国网运行》杂志和公司内部网站，积极宣传公司改革、发展、稳定各项工作取得的成绩，加强沟通、促进交流，树立公司形象，打造“国网运行”品牌；组织开展形式多样的文化活动，开展了“青年文明号文化节”活动，围绕“迎峰度夏、反事故斗争”组织新安规学习安全知识竞赛，进一步丰富了员工的业余生活，增强了公司的凝聚力。

（梁云丹）

国网建设有限公司

单位概况

国网建设有限公司（简称公司）是2005年5月10日由国家电网公司出资设立的国有独资有限责任公司。公司主要从事国家电网公司直接投资的电网工程项目和三峡输变电工程项目的建设管理，从事直流输电工程成套设计业务，从事与电网建设有关的境内外电力工程技术咨询、技术服务、工程监理、工程管理及电力工程总承包等业务。公司注册资本1.4亿元。截至2005年底，公司资产总额为2.08亿元，所有者权益总额2.08亿元；全员劳动生产率为210578元/人年。

公司本部共设10个处室，5个派出机构：宜昌工程建设部、武汉工程建设部、常州工程建设部、特高压郑州工程建设部、北方工程建设部；1个控股子公司：北京网联直流输电系统工程有限公司。

2005年，公司的工作思路是：以工程现场管理为重心，努力实现工程建设“四保三零一争创”（即保安全、保重点、保投产、保开工，安全零事故、质量零缺陷、工作零差错，争创国家级优质工程。）工作目标，积极推进体制改革和机制创新，增强服务意识，提高执行能力，为全面完成各项工作任务做出不懈努力，为公司开好局、起好步打下坚实基础。

公司的发展战略是：以服务于建设“一强三优”现代公司发展目标为宗旨，以电网建设为主题，以安全质量为基础，以体制机制创新为手段，以内质外形建设为载体，坚持主营业务和能力建设并重，坚持企业发展与员工发展相协调，努力把公司建设成为一个主业突出、管理科学、运作高效、业绩显著、以人为本，适应现代企业制度要求、具有较强市场竞争力的现代公司。

人力资源

截至2005年底，公司共有职工228人，其中长期职工90人。长期职工中，有经营管理人员63人，技术人员20人，其他人员7人。具有研究生及以上学历的27人，占30%；大学本科学历43人，占47.78%；专科学历13人，占14.44%，高中及以下学历7人，占7.78%。具有正高级职称5人，副高级职称36人，中级职称22人，初级职称15人，高级工7人。

结合公司战略发展规划周密制订职工培训计划，建立健全职工培训档案。在注重内部挖掘开发现有人才的同时，及时采取向外单位借调、选择优秀骨干正式调入等办法，将急需人才补充到合适岗位，保证了公司发展对人力资源的需要。

经营管理

2005年是公司改制后的起步之年。按照国家电网公司党组要求，公司明确提出了“四保三零一争创”工作目标。按照既定目标，公司党组以层层签订责任状为抓手，狠抓各项工作的落实。同时，在总结以往工作经验的基础上，进一步规范工程招投标、工程监理和合同管理，加强对工程投资和管理费用的有效管控。2005年，公司超额完成了各项投资计划和投产计划，全年无重大安全及质量事故。26个单项工程达标投产率为100%，全面完成了国家电网公司下达的跨区电网建设管理考核指标。其中三峡—常州±500kV直流输电工程、新余变电站、昌西开关站、凤凰山变电站—咸宁变电站—昌西变电站500kV输电线路等4项工程被中国电力企业联合会评定为“2005年度中国电力优质工程”；三峡—常州±500kV直流输电工程、500kV凤梦输变电工程获2005年度国家优质工程银质奖。在国家电网公司系统44家企业同业对标（企业负责人年度业绩）考核中获得总分第八名的优异成绩，各项工作再上新台阶。

主要工作

1. 工程建设计划完成情况

完成固定资产投资57.73亿元，为年度投资计划的102.1%，其中三峡输变电工程完成投资51.97亿元，跨区联网工程完成投资5.76亿元。

计划投产跨区电网建设项目7项，即“一线五变一直流”，实际投产8项，即“一线六变一直流”，分别是荆州—潜江Ⅱ回线路，湖州变电站、宣城变电站、苏州南扩主变压器、杨高扩建主变压器、宜兴扩建主变电器、湖州扩建主变电器，西北—华中联网工程灵宝直流换流站；共计投产变电容量450万kVA，线路166.6km，直流换流容量72万kW。

计划新开工项目11项，实际开工项目17项，规模为500kV交流线路2620km、变电容量225万kVA。

2. 三峡输变电工程项目情况

截至2005年底，三峡输变电工程94个单项工程已投产68项，累计完成投资276.7亿元；联网工程共投产8项，累计完成投资33.6亿元。截至2005年底，三峡输变电工程和跨区联网工程累计开工输电线路12211km，变电容量2125万kVA，换流容量1872万kW。

3. 重点工程项目情况

灵宝直流换流站是我国第一个从咨询设计、设备制造到安装调试，全部自主完成的国产化率达100%的背靠背直流工程项目。工程总投资6.7亿元，于2003年5月开工建设，2005年8月7日投入商业运行。灵宝换流站的投运，表明我国已完全具备了自主设计、自主制造、自主建设、自主调试背靠背直流换流站的国产化能力，实现了中国电力建设史上的重大突破。11月27日，国务院三峡建设委员会在西安隆重召开了灵宝直流换流站工程验收大会。

党的建设

公司始终把党建作为公司的一项重点工作与经营管理业务工作同布置、同安排，确保了党的方针政策和国家电网公司党组各项决策在公司得到坚决的贯彻执行。

2005年上半年，公司认真开展了保持共产党员先进性教育活动，有力地推进了公司党建工作。制订出台公司党组议事规则、党组民主生活会制度、党组中心组理论学习制度等，党的建设得到进一步加强。在国家电网公司直属党委的指导下，公司成立直属临时党委，对公司本部党支部进行重组，健全调整了网联公司和宜昌工程建设部党支部，理顺武汉、常州工程建设部党支部管理关系。

公司十分重视党风廉政建设和反腐败工作，把反腐倡廉始终作为加强党的建设的重要内容抓住不放。公司制定出台了关于加强廉政建设预防职务犯罪工作的实施意见和暂行规定及一系列加强工程管理和财务管理的规章制度。

（陶　琨）

国电信息中心

单位概况

国电信息中心（简称中心）是国家电网公司的直

属单位。2001年12月，经国家工商行政管理总局批准注册，属电力信息化服务性、经营性高科技企业。

截至2005年底，中心共有11个部门；2个全资子公司：北京中电京创技贸公司、北京中电求真科技开发有限公司。

中心的核心业务是负责国家电网公司信息网的建设、运行、管理和维护，负责信息网络安全防护体系建设，保证国家电网公司信息网络和重要业务应用系统的安全运行，直接为电网生产、经营、管理和决策服务。

根据国家电网公司的战略发展目标，中心明确了建成国家电网公司系统坚强的信息网络控制中心、信息技术支持与服务中心、信息资源和情报服务中心的功能定位，为国家电网公司主营业务提供强有力的信息技术支持。“十一五”期间，中心将紧紧围绕国家电网公司“一强三优”发展目标，努力建设创新型信息技术企业，树立和推广“国电信息”品牌，全力完成“总部数据中心”、“企业门户”、“信息网可靠性运行中心”和“信息网络实验室”等重点项目建设，积极参与国家电网公司管理应用系统的开发和建设，参与纵向贯通、横向集成的企业信息集成平台建设，加强数据资源建设和电力情报建设，力争信息网络运行管理达到国际先进水平；安全保障能力、科技创新能力、经营管理能力、资产盈利能力和风险防范能力明显增强；信息技术水平、企业管理水平、优质服务水平、队伍建设水平和品牌价值水平显著提高；在促进国家电网公司数字化电网、信息化企业建设进程中发挥积极作用。中心计划到2007年底，成为国家电网公司一流的信息技术企业，力争到2010年成为国内信息化知名企业。

中心已成为电力行业最大的信息网络运行服务和信息资讯服务单位，为电力信息化建设与实施作出了积极贡献。2005年，中心圆满完成了国家电网公司下达的各项业绩考核指标和工作任务，经济效益创历史最好水平。

人力资源

中心以建设高素质人才队伍为根本任务，加大全员培训力度，提高员工队伍素质，重视培养和造就与中心发展相适应的技术人才和管理人才。截至2005年底，中心共有职工163人。其中高级职称70人，占40%；中级职称36人，占22%；初级职称15人，占9.2%。

大力开展“四好”领导班子创建活动，明确把创建“四好”领导班子作为加强作风建设、提高领导能力的重要手段；作为推进一流信息技术企业建设，加强企业管理的重要措施。通过“四好”领导班子的创建，中心各级领导干部呈现出“团结和谐谋事业，千方百计为发展，克尽职守勤为先，率先律己作表率”的精神风貌，中心管理水平得到提升。

重点工作

1. 信息技术支持与服务工作

2005年，国家电网公司OA联网系统收发文累计有6265个；国家电网公司总部OA系统正常运行率达到99.849%；本地网正常运行率达到99.968%；广域网系统正常运行率达到99.005%；国家电网公司总部计算机应用维护服务满意率达到98.29%；对外网站系统正常运行率达到100%。在国家电网公司对外网站、系统内网和总部办公网上共发布信息5641条；完成5256项维护任务；编发《国家电网动态》95期，出版《领导决策内参》48期；发布48期网络病毒预警预报和8期信息网络安全通告。

2005年，在国家电网公司网站上完成了“保持共产党员先进性教育活动”、“三公调度暨优质服务”、“关注750”等12个专栏专题的策划及建设工作；完成国家电网公司总部10个部门网页建设工作；对国家电网公司重要活动进行257次跟踪报道，自编新闻稿件321篇；完成对国家电网公司系统各单位1574条新闻来稿的编辑、审核和发布工作。开发完成国家电网公司对外网站、系统网站改版工作。基于IP技术、流媒体技术和因特网技术，开发完成网络直播系统建设，全年共完成“国家电网公司2005年工作会议”等9次重要会议直播工作。

2. 应用系统建设及运行工作

(1) 开发完成国家电网公司总部远程安全移动办公系统。

(2) 开发完成“同业对标查询系统”，建立同业对标指标库，并使其具备指标最优值排序和综合查询等功能。

(3) 国家电网公司电子公文安全传输系统正式运行。对国家电网公司系统各联网应用单位公文版式制作软件、阅读软件及字库进行统一更新；制订完善电子公文安全传输系统各环节子系统应急预案；实行技术保障部门值班制度、日报制度和联络制度，确保电子公文安全传输系统正常运转。

(4) 完成国家电网公司营销实时系统开发工作。在四川、浙江、陕西、西北4个网省公司进行试点，针对试点实施工作中发现的系统问题进行修改和完善。

(5) 完成国家电网公司审计管理系统开发工作。为5个区域公司部署综合管理系统、项目实施系统和数据交换系统，对审计工作人员进行系统应用培训。

(6) 完成2006年度培训计划申报子系统数据采

集工作。完成对国家电网公司系统48个单位和国家电网公司总部各部门2006年度培训计划数据采集工作，组织进行了培训计划实施准备及毕业生管理模块调研等工作。

在完成以上工作的同时，认真做好信息技术支持工作，确保国家电网公司国际合作系统、法律案件管理系统、调研信息支持系统、远程教育培训系统等安全稳定运行。

3. 信息技术应用工作

（1）积极参与《国家电网公司信息化“十一五”发展规划》、《国家电网公司总部信息化“十一五”发展规划》和《国家电网公司“十一五”科技发展规划》有关内容的编写；起草并编制完成《国家电网公司统一域名系统建设规范》、《国家电网公司IP地址编码规范》；完成公司总体数据需求分析与总体规划项目建设任务。

（2）完成莫斯科大面积停电事故调查报告，莫斯科电力公司概况等15期“情况反映”资料的收集与提供工作。

（3）组织召开电网企业ERP技术研讨会，完成《国家电网公司ERP建设研究报告》。翻译整理并分析了2005年世界财富500强的有关情况；完成了韩国电力公司及日本5家电力公司统计资料汇编；完成对美国、俄罗斯、印度等26个国家电力工业概况和《国际能源与电力统计手册》初稿编制工作。

（4）启动国家电力调度通信中心局域网改造项目，顺利完成新旧系统的切割工作。

（5）实施安全认证平台建设工程，已经完成安全认证平台的搭建、法律法规、邮件、OA等应用系统的改造与平台测试等工作。

（6）初步完成国家电网公司数字图书馆建设工作。数字图书馆拥有500万页约25亿字各类资料；拥有20余类电子期刊731期，约4400万字。

4. 科技进步

2005年，中心成立学术委员会，负责重大课题的立项、审查、验收及评奖等工作。制订了中心科技进步奖奖励办法和实施细则。

2005年，中心获得“国家电网公司科技进步奖”二等奖1项、三等奖1项。其中“国家电力电子商务研究”同时获“国家电网公司科技进步奖”二等奖和“中国电力科学技术奖”三等奖，“国家电网公司信息安全防护体系”获“国家电网公司科技进步奖”三等奖。

党的建设和精神文明建设

以“三个代表”重要思想为指导，以开展保持共产党员先进性教育活动为契机，认真贯彻落实中央有关文件和国家电网公司党组《关于加强和改进公司系统党建工作的意见》，全面推进党的建设。通过中心党委与各党支部签订党风廉政建设责任书，认真开展党风廉政建设和反腐倡廉工作；坚持每月一次党委中心组学习制度，深入推进“四好”领导班子创建工作；加强党员队伍建设，举办入党积极分子培训班，开展党员队伍的教育和发展工作；积极开展纪念中国共产主义青年团成立83周年和“五四”运动86周年等主题团日活动，加强共青团建设工作。

在加强党建的同时，积极推进精神文明建设活动深入开展。加大交通安全考核，全面开展综合治理；开辟企业文化讨论专栏，加强企业文化建设；组织开展丰富多彩的文体活动，营造团结和谐的企业氛围。

2005年，中心各项精神文明考核指标全面完成，连续第五年被评为“中央国家机关文明单位”。

（李东泽）

国电通信中心

单位概况

国电通信中心（简称中心）成立于1994年，是为适应国家电信体制改革的需要，根据原电力部要求，由国家电力调度通信中心通信人员整建制剥离出来所组成的全民所有制企业，是国家电网公司全资子公司。中心注册资本金7600万元。受国家电网公司委托，承担着“通信网调度指挥中心”和“一级骨干通信电路运行管理中心”的工作任务，主要职责：一是直接负责国家电网公司总部西单、白广路大楼通信设备及北京地区国家电网公司投资的其他通信设备的运行维护，为国家电网公司调度生产及经营管理提供通信服务；二是负责保障三峡送出、跨区联网等电力通信网一级骨干电路的工程建设和安全稳定运行工作；三是负责国家电网公司系统电力通信网运行管理工作。同时，中心在企业注册范围内开展相应经营业务。

中心本部设置9个部门，下属全资子公司1个，分公司1个，控股子公司5个，另有参股公司2个。

中心工作的指导思想是：坚持以人为本，求真务实，以通信安全稳定运行为核心，进一步加强重点工程建设管理，全面提高经营管理水平，加强党建和精神文明建设，抓住机遇，推进PLC技术应用，全面完成2005年各项工作任务，坚定不移地走可持续发展道路。

2005年，中心全面完成国家电网公司下达的20

项考核指标。其中净资产收益率 11.44%；流动资产周转率 0.5 次；资产负债率 78%。

人力资源

截至 2005 年底，中心有正式职工 116 人，其中中心本部 72 人，各公司 44 人。具有研究生学历 24 人，占 20.7%；大学本科学历 52 人，占 44.8%；大专学历 26 人，占 22.4%；中专及以下学历 14 人，占 12.1%。具有高级职称 54 人，占 46.6%；中级职称 20 人，占 17.2%；初级职称 23 人，占 19.8%；高级工 18 人，占 15.5%；中级工 1 人，占 0.9%。

2005 年，中心按照国家电网公司党组要求，扎实开展“四好”领导班子创建活动。中心领导班子继续发扬“想工作要有深度、抓工作要有力度、干工作要有速度”的“三度”精神，紧密结合中心实际，创造性地开展工作，有力地推动了中心整体工作水平的提高；坚持综合责任制考核，狠抓干部队伍建设，把“四好”领导班子创建活动延伸到中心基层单位领导班子，促进了中心各级领导干部素质的整体提升。

中心重视教育培训工作。一方面积极参加国家电网公司主办的各种培训；另一方面结合安全生产、工程建设、经营管理、科技创新、党建和精神文明建设工作实际，针对各岗位特点，有针对性地组织开展教育培训。2005 年，中心员工培训率达到 95%，其中领导班子成员培训率达到 80%，管理干部培训率达到 35%，专业技术培训率达到 90%。

经营管理

2005 年，中心加强以财务和资金管理为核心的经营管理工作，全面细化预算管理。通过财务月报分析、召开季度经济活动分析会，分析经济运行发展趋势和特点，及时调整执行的偏差，保障各项指标的平稳运行。编制完成北京—上海光通信工程、广域网二期工程和 20 项技改项目的竣工决算。积极配合国家电网公司开展通信资产调查工作。

按照国家电网公司关于开展“三清理一规范”工作要求，中心及时成立领导小组和工作组，研究制订工作方案，认真组织开展清理小金库、银行账户、各类公司和规范招投标管理工作，并针对发现的问题及时进行整改。

科技创新

中心十分重视电力线通信（PLC）技术的推广应用工作。明确 PLC 技术推进必须与电力生产紧密结合，坚持以为电网生产、需求侧管理、配网自动化、营销自动化提供服务为主，抓住时机，积极开展宽带接入业务。2005 年，中心控股公司北京中电飞华通信股份有限公司（简称飞华公司）全力推进低压 PLC 宽带接入业务。截至 2005 年底，全年开通 PLC 用户 36457 户，累计开通 PLC 用户 60432 户，开通楼宇 6435 栋，小区 802 个，覆盖用户 56.4 万户，接入率为 10.71%。2005 年，PLC 业务共计创收 2235 万元，户均成本较 2004 年降低 5.7%。飞华公司已建成全球最大的 PLC 网络，成为全球最大的 PLC 运营商。中国科学技术协会主席周光召、全国政协原副主席胡启立等领导同志先后到飞华公司视察工作，并作重要指示；中国科学技术协会副主席陆延昌亲临中心就 PLC 技术推进的有关工作与中心领导进行专题研究。2005 年 5 月初，中心控股公司北京意科通信技术有限公司研发出 14Mbps PLC 产品样机，到 2005 年底，完成 1 万套生产任务。

2005 年，中心积极开展中压 PLC 科技项目的研发、PLC 行业标准的制定和检测工作。中压 PLC 示范工程是国家电网公司配网自动化示范工程项目，中心在与北京电力公司多次协商的基础上，确定了既能有效利用现有资金，又能保证工程具有实用性和示范性的设计方案。

为使 PLC 技术更好地服务于社会，解决偏远地区农村通电但不通电话的问题，2005 年，中心利用 PLC 技术在河北省山区农民家中组织进行通过交流电源插座通电话和上网试验，并取得阶段性成果。中心利用 PLC 宽带技术开展远程抄表试验，在北京丰台和辽宁铁岭建立试点小区，试验和试点工作取得成功。通过应用 PLC 宽带技术，大大提升抄表功能，为电网营销自动化提供了新的通信手段。

2005 年，中心与中国电力科学研究院共同合作“电力特种光缆技术的研究”项目，同时荣获中国电力科学技术奖二等奖和国家电网公司科技进步奖一等奖，并由国家电网公司推荐参加国家科技进步奖的评选。

主要工作

1. 通信运行安全管理

2005 年，中心牢固树立和落实科学的安全生产观，建立健全安全运行管理长效机制。通过召开 2005 年国家电网公司一级骨干通信电路运行工作会议、季度安全生产分析会和月度一级骨干通信电路运行安全生产电话会议，总结经验，部署工作，促进安全生产。坚持以预防为主，加强对重点时段、重点部位和薄弱环节的安全检查与管理；制订完善各类应急预案，坚持“四不放过”原则，及时排除故障，确保防汛、迎峰度夏期间通信运行的安全稳定。及时组织南延、京沪微波、数据网设备和京沪光通信工程沿线运行维护人员的专项技术培训，提高一线运行人员的运行维护水平和操作技能。

2005年，中心圆满完成国家电网公司“三公”调度暨供电优质服务、迎峰度夏总结表彰大会、750kV输变电示范工程投产仪式共64次电视电话会议的技术服务和通信保障工作。扎实开展同业对标创一流工作，组织“树标杆，促发展”活动，确定15项指标，制订并下发“树标杆、促发展”活动管理办法。

2. 重点工程建设管理

2005年，中心承担国家电网公司委托建设管理的通信工程项目共13项，其中续建4项，新开工9项。截至2005年底，共完成光缆线路施工700km；安装调试通信主辅设备50个站点，验收开通光通信电路2943km。

按期完成兰州—银川—呼和浩特光通信工程和三峡—上海光通信系统工程等工程设计任务；北京—上海光通信工程、数据网二期工程、天水—成都—重庆光通信工程、兰州—银川—呼和浩特光通信工程等重点工程推进顺利，取得阶段性成果。2005年，中心组织编写《电力光通信工程验收规范》，竣工验收工作日趋制度化、规范化，努力做到工程少缺陷甚至零缺陷移交。中心承担的三峡输变电工程配套通信工程，顺利通过三峡稽查组的稽查。

成立“特高压电网通信专题工作组”，组织超长站距等特高压配套通信问题研讨；修正通信统计指标，为新版年报提供更为直观、详实的数据；积极参与国家电网公司通信规划编制工作。

党的建设和精神文明建设

深入开展保持共产党员先进性教育活动，将开展先进性教育活动与建设“一强三优”现代公司和推进中心可持续发展紧密结合，做到了“两不误、两促进”。

中心党委制订出台党委议事规则，建立健全党建工作责任制，使党建工作落到实处。成立纪检监察部，进一步健全组织机构，党风廉政建设工作做到常抓不懈。2005年初，中心继续被中央国家机关精神文明领导小组授予“文明单位”称号。

（方　丁）

中国电力财务有限公司

公司概况

中国电力财务有限公司（简称公司）是经中国银行业监督管理委员会批准，由中国电力信托投资有限公司吸收合并原东北、华中、华东、西北和华北电力集团财务有限责任公司等五家非银行金融机构改组而成的财务公司，是由国家电网公司控股，各区域电网公司、省（自治区、直辖市）电力公司等50家电力企事业单位共同参股组建的全国性非银行金融机构。公司经营范围：对成员单位办理财务和融资顾问、信用鉴证及相关的咨询、代理业务；协助成员单位实现交易款项的收付；对成员单位提供担保；办理成员单位之间的委托贷款及委托投资；对成员单位办理票据承兑与贴现；办理成员单位之间的内部转账结算及相应的结算、清算方案设计；吸收成员单位的存款；对成员单位办理贷款及融资租赁；从事同业拆借；承销成员单位企业债券；对金融机构进行股权投资、有价证券投资；成员单位产品的消费信贷；买方信贷及融资租赁。

公司注册资金50亿元，总部设在北京。至2005年底，公司资产总额1416亿元，同比增长21.9；自营存款余额854亿元，同比增长13.1%；自营贷款余额580亿元，同比增长60%，超额完成各项业绩考核指标。公司成为2005年度国家电网公司系统44家考核单位中5家考核满分单位之一。

公司本部设置19个部门，下设东北、西北、华中、华东、华北5家区域分公司，并在各省级电力公司设立服务机构，有2家控股公司。

公司宗旨是：服务于国家电网公司工作大局，为客户提供优质金融服务；筹集、融通资金，提高资金使用效率，促进中国电力事业的发展。公司的发展战略目标是：把公司建成“一强三优”现代金融企业。“一强”指坚强的金融服务平台，即为国家电网公司建设“一强三优”现代公司的发展目标提供全面金融服务，把公司打造成为国家电网公司靠得住、电网发展离不开、合作伙伴信得过的坚强金融服务平台；“三优”指服务优质、资产优良、业绩优秀。

人力资源

至年底，公司有职工905人。其中管理人员827人，占91.4%；技能人员78人，占8.6%；具有大学及以上文化程度854人，占94.4%；具有高级职称169人，占18.7%，中级职称382人，占42.2%。

公司针对立足电力企业、提供金融服务的行业特点，切实加强和推进人力资源开发与利用工作。一是优化调整组织机构，清晰界定部门职责，科学评估岗位价值。二是重视人力资源开发，狠抓员工培训工作。通过在职教育、学历学位教育、后续教育等多种形式提高员工岗位技能。三是采用交流挂职等多种形式，加强对年轻干部的培养和使用。四是健全完善激励约束机制，制订出台符合公司实际的绩效管理与薪酬制度，调动员工积极性，发掘员工潜质。

2005年，公司按照国家电网公司党组要求，以“四好”班子创建为主线，以制度建设为基础，以能力建设为重点，扎实开展“四好”领导班子创建活动。公司在加强各级领导班子建设和探索完善干部管理机制上取得一定成效，为建设“一强三优”现代金融企业提供了坚强的组织保障。

经营管理

认真落实国家电网公司党组对公司提出的“强化管理、理顺关系、拓展业务、提高效益”的要求，开拓进取，扎实工作，完成各项经营考核指标和工作任务，资产规模首次超过1000亿元，公司综合实力显著增强，内外部发展环境明显改善，服务范围进一步扩大，公司发展实现历史性跨越。主要措施有：一是明确公司定位，制订发展战略。公司的定位是建成国家电网公司的坚强金融服务平台，建成“一强三优”现代金融企业。制订公司未来十年实现“三个跨越”的发展战略，即公司最终要建成一个国内一流、适应国家电网公司发展、金融产品丰富的现代金融企业集团。二是理顺体制，推进管理一体化。公司按照“四个中心”（战略决策中心、资金调度中心、风险控制中心、信息管理中心）功能定位，调整优化总部机构和职能，充实人员力量，规范工作流程，加强总部建设；按照“三个中心”（业务结算中心、利润实现中心、成本控制中心）业务要求，规范区域分公司机构设置，加强对区域分公司的管理；同时大力推进省级业务部规范改制工作，截至2005年底，有21个省级业务部的规范改制工作完成。三是加大制度建设力度，完善内部控制机制。2005年，公司新制定和修订60多项规章制度。公司综合管理、信贷和资金管理更加规范，内部授权管理和监督管理日益完善，风险管理组织运行体系初步建成，公司经营管理调控能力得到增强。

主要工作

1. 完成增资扩股，扩大服务范围

公司顺利合并原华北电力财务有限公司，并在此基础上，将资本金由18亿元增至50亿元。到2005年底，公司合并与增资变更手续已得到银监会和国家工商总局的审批。公司服务范围扩大，已经覆盖到国家电网公司系统所有网省公司，成为全国财务公司中资本实力最强、服务地域最广、人员机构最多、经济效益最好的财务公司。

2. 大力开展结算业务，拓宽存款资金渠道

结算业务是公司的基础业务，结算资金是公司存款的基本来源。2005年，公司积极配合国家电网公司系统加强货币资金管理工作，大力推进以“电财通”为平台的结算业务。2005年，公司结算业务量122万笔，同比增长13.4%；结算资金量2.4万亿元，同比增长21.9%。

3. 开拓信贷、投行业务，全面提高服务水平

2005年，公司积极开拓业务，增加服务品种，扩大服务领域，向电力企业作出了“十项服务承诺”。公司在传统信贷业务稳步发展的基础上，通过与国家电网公司和各网省公司签订循环贷款合同、实施综合授信等手段，进一步方便客户，扩大对网省公司的信贷支持；对江苏、浙江、山西、上海电力公司电网改造办理融资租赁82.4亿元，协助省级电力公司加快折旧资金积累，改善负债结构；以牵头行和代理行身份，公司所属的华东、华北分公司分别向华东电网有限公司和北京电力公司组织28.8亿元和21亿元的银团贷款。2005年，公司对国家电网公司、各网省公司信贷支持达到287亿元，同比增长129%。2005年，公司共发售债券7.7亿元，取得承销业务收入1000多万元。

4. 加快信息化建设步伐，提升公司管理水平

2005年，公司投资2900多万元用于信息化建设。业务运营及管理信息系统一期项目年度工作目标圆满完成，并已在华北分公司上线运行；财务核算子系统通过验收，已在公司27家机构上线运行；广域网三期工程项目建设进展顺利，有25家省级业务部及其营业网点完成广域网建设。

5. 注重内质外形建设，优化内外部发展环境

2005年，公司创办《中国电财》杂志，改版公司网站，与《中国电力报》、《国家电网报》、《国家电网》杂志等有关媒体合作，开办公司专栏，加大公司对内对外宣传力度，提升公司形象。公司加强与银监会等上级管理部门沟通与联系，积极争取政策支持。经银监会批准，公司成为全国财务公司中少数几家被允许开展全部业务的公司之一；经全国财务公司协会选举，公司成为新一届财务公司协会理事长单位。

党的建设和精神文明建设

2005年，公司党组认真按照国家电网公司党组要求，切实加强党的建设工作。公司系统各单位深入开展先进性教育活动。在先进性教育活动中，公司党组研究制订的9个方面共60条整改措施有95%得到落实，员工关心的难点、热点问题得到初步解决。通过先进性教育活动，党员先锋模范作用得到充分发挥，党群关系更加密切，党组织的战斗力、凝聚力进一步增强，工作作风明显改进。

公司重视精神文明建设。多次举办各类群众性文

化、体育健身活动，丰富员工精神文化生活。2005年，公司再次获得“中央国家机关文明单位”称号，公司所属华中分公司获得“国家电网公司文明单位”和“湖北省最佳文明单位”称号，华中分公司营业结算中心连续7年被认定为“全国青年文明号”。

（张　莉）

中能电力工业燃料公司

公司概况

中能电力工业燃料公司成立于1993年，注册资本金3000万元，先后隶属于原国家电力部、国家电力公司、国家电网公司。公司作为电力行业燃料专业管理部门，根据国家综合部门授权，承担电煤供应的组织协调工作；代表电力行业同国家综合部门以及煤炭、铁路、交通等行业协调电煤供应中的有关事宜；担负火电厂电煤日常调度、重要节假日以及汛期、冬季等特殊时期电煤供应保证任务；归口管理电力系统燃料专业工作；承担中国电力企业联合会燃料分会的电力燃料行业服务工作。

多年来，公司不断强化“服务、协调、指导、监督”职能定位，坚持以市场为导向、服务为宗旨、协调为手段、电力燃料信息系统为平台，加强与政府、煤炭、铁路、交通等部门的联系，充分发挥桥梁纽带作用，根据国家综合部门要求，统筹协调电煤供应有关工作，形成了中能公司总体协调，各发电集团、网省电力燃料部门分层次管理的电煤协调工作机制，促进了跨省、跨区域电煤供应矛盾的有效解决，维护了正常的电煤调运秩序。

随着市场经济的逐步完善和电力体制改革的深入，公司根据电煤供应情况的不断变化和要求，在实施电力燃料系统信息化、完善电煤成本监测与协调机制、创建电煤质量检验中心、开创电力燃料行业协会工作新局面等方面已实现突破。公司长久以来并将继续坚持有利于国家宏观调控政策的落实和资源的优化配置，有利于煤炭市场稳定和煤、电、运协调发展，有利于提高电力燃料管理水平的原则，积极致力于做好电煤供应协调、服务工作，在系统内外树立良好的信誉和公认的企业品牌形象。

公司领导

党组书记、总经理：解居臣
党组副书记、副总经理：魏建国
党组成员、副总经理：张明
党组成员、副总经理：陈望
党组成员、副总经理：朱宁

机构设置

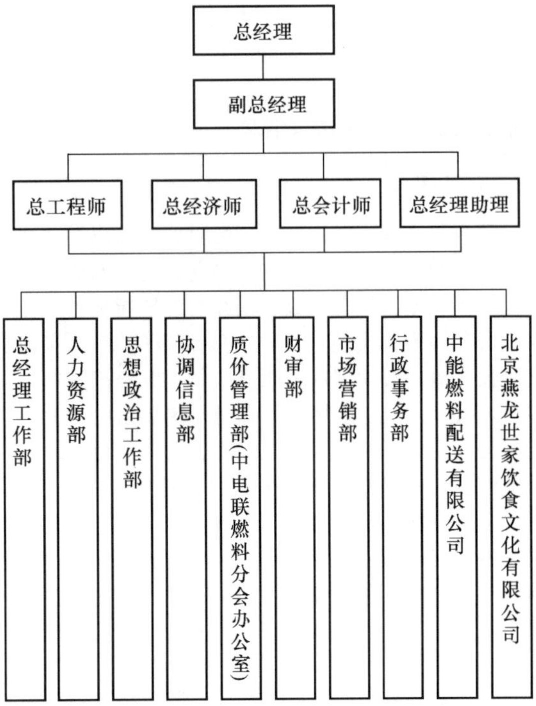

中能电力工业燃料公司组织机构图

主要工作

1. 加强党组织的政治核心作用

2005年11月9日，国家电网公司党组批准成立了中能公司党组，充实了中能公司领导班子力量（国家电网党［2005］48号、国家电网任［2005］163号、国家电网党任［2005］107号、国家电网任［2005］207号），充分体现了国家电网公司对中能公司干部职工政治上的关心、工作上的支持，公司干部职工进一步坚定了在国家电网公司领导下实施改革、加快发展的信心和决心。为充分发挥中能公司党组的政治核心作用，加强民主集中制建设，中能公司于2005年11月22日制定下发了《中共中能电力工业燃料公司党组议事规则》（中能燃党组［2005］2号）。公司党组的成立及议事规则的建立，为促进公司改革与发展提供了政治和组织保证。

2. 开展“保持共产党员先进性教育”活动

2005年4月～6月，中能公司作为第一批开展保持共产党员先进性教育活动单位，根据国家电网公司直属机关党委的要求，紧紧围绕“提高党员素质、加强基层组织、服务人民群众、促进各项工作”目标要求，加强组织领导，精心策划安排，通过深入开展

“学习动员、分析评议、整改提高、巩固扩大整改成果”四个阶段的活动，制定并实施《中能公司党支部关于保持共产党员先进性长效机制的意见》，活动取得了显著成效，党支部战斗力、凝聚力进一步增强，党员党性观念进一步增强，干部职工使命感、责任感进一步增强，公司呈现新面貌、新气象。国家电网公司保持共产党员先进性活动督导组对公司活动成效给予了充分肯定。

3. 完善经营机制

不断完善经营管理机制，制定了《经营承包责任制考核管理办法》、《预算管理办法》、《资金管理办法》和参控股公司财务报表（财务分析）上报制度，真正做到了预算管理制度化、资金管理规范化、投资管理可控化。

4. 确保电煤的有效供应

2005年电煤供应形势逐渐趋缓，库存稳中有升，且一直处于高位，2005年11月1日库存达到历史最高2905万t。全国电煤供应由年初的紧张局面逐步转化为区域性、时段性供需矛盾。公司针对电煤供需形势的变化，坚持立足于为国民经济发展服务、为电力安全生产服务、为发电企业服务的原则，采取积极有效措施，促进电煤供需平衡，加强66个重点电厂计划管理；开行148列电煤运输直达列车；加强计划审批的信息反馈工作力度，对执行过程中出现的运输问题及时向铁路部门反映；狠抓下水煤炭月度平衡工作，配合国家发改委做好煤炭疏港工作，确保了“两节两会”、煤矿事故、迎峰度夏、备冬储煤等特殊时期及华北、华中等运力紧张地区电煤的有效供应。

5. 积极促进煤电、煤热价格联动政策实施，参与建立中国电煤价格指数

2005年5月1日，国家正式实施煤电价格联动；2005年11月7日，国家发改委和建设部联合发布《关于建立煤热价格联动机制的指导意见的通知》（发改价格2005［2200］号）。公司积极促进煤电、煤热价格联动政策的有效实施，组织召开了2005年全国电力行业煤电联动工作座谈会，对全国86家发电供热企业的煤热联动实施情况进行跟踪调查，收集、统计、测算和核对了发电企业侧煤电价格联动数据信息情况，及时向国家综合部门汇报反映联动政策实施中遇到的问题。积极参加国家发改委价格司、价格监测中心、国家统计局组织的建立电煤价格指数工作，完成了电煤价格指数发布系统的研发，为稳定电煤价格、维护电力企业的利益做了大量富有成效的工作。

6. 推动电力燃料信息系统建设

2005年4月15日，中能公司提出了建设电力燃料信息系统的建议，得到了各发电集团公司的肯定。后经调研、技术分析拟定了电力燃料信息系统建设框架方案，并进行修改完善。2005年8月10日，就推进全国电力燃料信息系统建设形成决议，该系统由“电煤产运需衔接辅助系统”、“质价监测系统”、“综合信息发布系统”、“外部信息交换系统”四个子系统组成。2005年9月2日，公司组织召开了燃料信息系统工作领导小组会议，正式启动了燃料信息系统一期工程的第一个子系统——产运需衔接辅助系统工程建设。2005年9月20日，公司和五大发电集团燃料公司共同召开了电煤产运需衔接辅助系统议标会，经过对投标单位技术报告的认真审查，确定了系统的开发单位。2005年12月下旬，电煤产运需辅助系统通过了测试验收投入运行。此系统具备需求提报、需求分级审核、重点衔接、重点合同生成、报表智能生成；厂、矿、路、港基础信息录入与查询、信息发布、权限管理、平衡分析、运力落实等功能。

7. 加强中电联燃料分会工作

设立了中电联燃料分会办公室，为充分发挥中电联燃料分会的作用提供了组织保证；在建立区域电煤协调委员会的基础上，通过调研，以省为重点，建立了陕西、河南、山西、河北等省级电煤供应协调委员会，增强了电煤区域协调工作的力度；举办了全国电力行业高级煤质检验员培训班和电力燃料管理高级培训班，各发电企业260多人参加了培训，完成了火电厂燃料质检人员考核发证组织工作，共培训考核5000人左右，促进了电力体制改革后各发电企业燃料管理人员素质的提高；配合中电联完成了《电煤问题的影响与对策研究》课题调研，从电力行业角度全面深入分析了电煤供应问题，提出了有关政策建议，为进一步做好电煤服务协调工作提供了理论依据。

8. 整合管理资源，加强管理机制建设

为整合管理资源，完善管理机制，根据2005年5月18日公司总经理办公会意见，公司对内部机构、职能及部分职工工作岗位进行了调整。随后根据电力体制改革后公司面临的形势、任务及各部门职能要求，组织各部门修订完善了各岗位职责和78项12万余字有关电煤协调、党群、经营、行政管理等各项规章制度，组织全体职工进行系统学习。机构的调整、职能的强化、制度的完善，促使人力资源、管理资源得到合理配置，进一步调动了干部职工工作的积极性，增强了干部职工责任意识、管理意识，提高了制度执行力，使得公司各项工作日趋制度化、规范化、程序化。

（刘春梅）

中国华电工程（集团）有限公司

公司简介

中国华电工程（集团）有限公司是中国华电集团公司所属的以资产和生产经营为纽带，资产总额50多亿元，年营业额30多亿元，跨地区、跨行业的全国大型企业集团（简称华电工程，英文缩写CHEC）。华电工程主要从事电力、化工、冶金、港口等设备的设计、制造、工程服务和工程总承包业务。主要经营的九大专业有：环保、水处理、物料输送、钢结构、管道、电气自动化、清洁能源、电力工程总承包、水火电设计专业。

华电工程在市场经济大潮中，已成功地打造出六大品牌："华电总承包"、"华电环保"、"华电重工（物料、管道、钢结构）"、"华电水务"、"华电三联供"、"国电南自"。

华电工程1997～2005年连续8年被评为"中央国家机关文明单位"，连续6年被评为"首都文明单位"。

基本情况

1. 领导班子

党组书记、总经理：杨勇；

党组副书记、常务副总经理：白绍桐；

党组成员、纪检组长：黄春齐；

党组成员、副总经理：谢春旺；

党组成员、副总经理：张国新；

党组成员、副总经理：马骏彪；

党组成员、总会计师：许建良；

总工程师：黄湘

2. 人员

华电工程现有员工4193人，具有中、高级技术职称的1500人，占35.7%，其中享受教授级及以上待遇的28人；具有大学本科以上学历的1753人，占41.8%；本部364人，具有中、高级技术职称的223人，占61.2%，其中享受教授级及以上待遇的5人；具有大学本科以上学历的311人，占85.4%。

3. 机构设置

中国华电工程（集团）有限公司本部共设8个职能部门，即总经理工作部、监察审计部、政治工作部、人力资源部、财务资产部、发展策划部、经营计划部、科技管理部；10个专业事业部（公司、中心），即物料输送部、管道工程部、钢结构工程部、水处理工程部、环境保护部、总承包公司、资产管理公司、技术（设计）中心，清洁能源工程公司、恒信工程技术有限公司。

公司所属企业有全资及控股子公司20家，主要参股公司15家。全资子公司中有7家老国企，其中3家是改制为企业的科研机构。南京电力自动化设备总厂有1家上市公司（国电南自）；控股及参股子公司中有4家中外合资企业。

4. 资质

华电工程已获得：ISO9001证书、ISO14001证书、OHSAS18000证书，高新技术企业证书，AAA信用等级证书，进出口资格证书，对外经济合作经营资格证书，甲级工程咨询证书等16项经营资质；5项专业设计资质；4项监理资质；3项压力容器资质；17项专利技术。

企业文化建设

创造和谐，凝心聚力，促进企业文化建设。为构建以和谐企业为主要内涵企业文化的新格局，推进公司企业文化建设。2005年重点做了以下工作：一是按照"在建设中实践、在实践中建设"的原则，制定出《华电工程2005～2010年企业文化建设规划》、《公司企业文化手册》。二是在公司系统开展了企业文化知识竞答活动和以"创新企业文化，推进企业发展"为主题的征文活动。三是坚持开展丰富多彩、健康向上的文体活动。四是完善了企业文化宣传网络，塑造和展示华电工程品牌形象，提高华电工程核心竞争能力和综合实力。五是组织全体团员开展了"增强团员意识主题教育活动"、"与祖国共奋进，与华电同发展"主题教育实践活动，激发了团员青年为企业改革建功立业的热情。六是积极做好老干部管理工作。在生活上尽力关心老干部，多次到老干部支部进行学习指导，做好老干部思想政治工作，并组织慰问归侨、侨眷和民主人士，做好统战工作。

经营管理

1. 制定《华电工程2005～2010年发展战略》

为了贯彻科学发展观，从战略的高度谋划华电工程的发展，以集团公司"358"战略为指导，公司制定了《华电工程2005～2010年发展战略》。提出了"坚持市场为导向，全面实施'三牌'战略，即以塑造华电工程形象为标志的名牌战略，以提高市场竞争力营造六大品牌为核心的王牌战略，以增创企业效益为目的的金牌战略，着力培育和发展高、精、尖技术。资本经营有进有退，坚持'调整、整合、培育、提高'的发展战略方针。"推出了重点塑造"六大品牌"，明确了做强"九大专业"，使公司的发展有了明确的方向。

2. 优化机构设置

根据“坚持资源优化配置，资本运作有进有退，业务发展有所为有所不为”的基本策略，2005年初，公司经过认真研究，对本部机构进行了调整。将业务相近的专业进行归并，将一些有发展前景的新型产业纳入事业部管理，并新增了一些必要的职能部门。机构调整后理顺了业务关系，突出了主导产业，优化了资源配置，明确了发展方向，强化了管理职能，为战略实施提供了组织保证。

3. 开展“管理效益年”活动，强化内部管控机制

针对公司存在的“内在运行机制与企业发展不相适应”和“内部管控薄弱，存在‘跑、冒、滴、漏’”等现象以及华电集团公司审计组对公司提出的审计意见，2005年公司做了大量的整改工作。一是强化了公司财务管理，将过去各事业部财务分散管理的模式进行了调整、整合，把各事业部的财务集中到公司财务部统一管理，优化了资源配置，加强了风险防范能力和成本控制工作，并提高了工作效率和服务质量。二是撤销了一些与公司有关联交易的由本公司一部分员工出资的自然人公司，同时对公司员工参股华电工程下属公司的股份进行了清退。三是加强了工程项目的风险管理，增加了商务法律人员，各专业部门新设置了商务经理，加强了合同评审和管理工作。四是从降低成本、防范风险、提高企业盈利能力出发，强化了工程项目分包和物资采购的招投标工作。五是加强了项目执行管理力度，大力开展了“全面加强项目执行管理”活动，并于2005年7月召开了项目执行专题研讨会议，研究制定了加强项目管理的九项措施，经逐项落实执行，收到了良好效果。六是初步调整、理顺了公司薪酬体系，进一步完善了基于目标管理与长效机制相结合的绩效考核体系，突出了企业效益与员工收益相挂、贡献绩效与薪酬水平相挂的原则，以业绩为基础的薪酬分配及奖惩任免机制初步建立起来，员工关心工作绩效的良好组织氛围正在形成。

2005年公司出台了一系列管理制度，为建立有章可循、有法可依、违章必究的管理和监督机制，奠定了基础。

4. 强化直属单位管理

2005年，公司从各方面加强了直属单位的管理工作，并且健全和完善了对直属单位经营者的考核评价体系，收到了良好效果。

——国电南自以保持共产党员先进性教育活动为动力，认真落实年初的部署和要求。在市场竞争日趋激烈的情况下，把营销创新、产业创新作为实施发展战略的突破口。围绕电厂和自动化两个市场开展优质营销，全力开拓发展电厂与继电保护、自动化、环保和节能相关的产品、工程和服务，形成科技和产业化的优势。2005年中标的我国第一个750kV示范工程，使国电南自在电力保护高端技术、高端产品和高端市场上确立了行业地位。承接的国家电网公司三峡500kV输出工程，使国电南自作为继电保护的专业品牌生产厂家在国家重点项目上的重要地位得到巩固。尼日利亚、埃塞俄比亚等工程项目的签署为南自产品进入国际市场赢得了先机。

——杭州院2005年继续保持良好发展势头。营销、创新、生产和管理呈现以下基本特点：一是新签合同赢利能力明显增加，所签工程和设备总承包任务总体朝高技术、大规模方向发展；二是各专业公司的核心竞争技术发挥了重要作用，一批拥有自主知识产权的大型项目，如30T缆索起重机、特大型蓄能空调系统等实现了技术和规模突破；三是在电站设备、蓄冰空调、施工机械等领域一批新技术得到应用，企业核心竞争能力得到较大提升；四是技术服务市场开始起步，服务领域不断扩大，技术服务类合同份额明显提高，并逐渐产生经济效益；五是注重科研立项，2005年共获得科研资金支持110万元。

——郑州所依靠本所技术优势，在巩固做强成熟业务同时，依托技术进步及产品研发寻求新的经济增长点，并注重产品的改进、提高和规格参数的提升，使产品在电力建设大型施工机械总包项目上赢得市场。在设备监造方面，朝着大型工程和重点工程延伸，继三峡工程之后，拿下了华能澜沧江流域三大电站金属结构的一揽子监造任务，大大提升了设备监造业务的市场竞争力。

5. 认真落实科学发展观，本部各主要专业取得了新的进步

本部各事业部自年初调整之后，按照“巩固做强成熟产业，重点做实朝阳产业，培育发展高端技术”的战略方针，抓住机遇，科学发展，均取得了较好的业绩。

（1）物料输送专业在电力系统内、外均取得了很好的业绩。如秦皇岛五期工程、北良粮食码头三期提升功能工程、大龙电厂输煤系统工程、莱芜钢铁厂项目、华润水泥贵港项目等，无论是进度还是质量均得到了业主的信任与好评，创造了较好的经济效益和社会效益。同时，在新产品和新技术开发方面也有新的突破。2005年申请并被授予了三项新型专利、通过了两项产品鉴定、获得了一项电力系统科技进步二等奖。在管式皮带机、长距离皮带机、大型抓斗式卸船机和斗轮堆取料机等一批引进技术的基础上，进行了自主研发，取得了良好效果。

（2）水处理专业2005年在做好火电厂项目的同时积极拓展核电领域，取得了实质性进展，签订了阳

江核电厂水厂主设备等总包项目。申报华电集团的科研软课题“华电集团公司所属电厂水资源现状调查、分析及对策研究”可研报告已通过华电集团公司科技环保部审定并签订了合同；高塔法凝结水精处理设备通过了由中电联科技成果中心组织的产品鉴定会，并被认定整套设备达到国际先进水平；通过邹县电厂四期、潍坊电厂石灰法中水处理项目的实施，基本掌握了中水回用石灰处理系统及关键设备技术。2005年，水处理部在石灰中水回用、凝结水精处理、水网控制、膜法水处理等方面均取得较好业绩。

(3) 钢结构专业积极克服因物价不稳定等因素造成的不利影响，全年完成钢结构制作近5万t。在华联三鑫PTA钢结构等项目中，以优质的服务、良好的信誉，受到了客户的好评，并为公司赢得了荣誉，为公司“三牌”战略的实施起到了典型示范作用。同时，钢结构的技术设计也有长足进步，目前已能够完成单机600MW发电厂厂房结构、大跨度管桁结构等工业及民用钢结构的技术设计。在进军新行业方面，承揽了山东牟平风场的测风塔及测风设备供货合同，以及数据分析和可行性研究等技术服务合同，并正着手引进德国DEWIND公司风力发电技术。

(4) 管道专业在国内招标的邹县四期、玉环、外高桥三期3个1000MW超超临界项目中全部中标，这也充分说明华电管道的综合实力。同时，管道专业还克服因原材料供不应求而引起的交货延迟等问题，成功地完成了汕头、太仓、戚墅堰等八个项目的管道供货。而内蒙古达拉特2×600MW超临界机组四大管道系统的设计完成、戚墅堰电厂的顺利投产、外高桥电厂三期工程2×1000MW超超临界机组四大管道系统的设计顺利开展标志着华电管道完全具备了按照国际标准自主开展电站管道系统初步设计、施工设计以及计算分析的整体工程设计能力。

(5) 环保（脱硫）专业通过一段时间的打基础，在2005年有14个项目全面展开，并取得了明显成效。10月扬州2×300MW脱硫项目6号机组成功通过168h验收，标志着华电工程有了第一个烟气脱硫的工程业绩。通过各项工程的开展，不仅逐步树立了“华电环保”的品牌，同时也锻炼和培养了一支华电环保科技队伍，为今后工作的顺利开展打下了基础。另外，环保业务也已从单一的烟气脱硫开始拓展到环保其他领域如烟气脱硝等，为下一步市场做准备。同时，环保专业在基础管理、项目回款和抓资质认证等方面也树立了较好的意识，并取得了实效。

(6) 国内外总承包项目取得新的进展：江苏华电戚墅堰2×390MW联合循环燃机项目1、2号机组分别于2005年11、12月完成168h整套试运行，顺利移交试生产，实现了华电集团要求的年内“双投”目标，标志着我公司承担的余热锅炉岛成套设备总承包工作全部完成。印度尼西亚南苏门答腊4×600MW项目是中国华电集团公司“走出去”战略的重点项目，华电工程代表华电集团公司全面负责项目的前期工作。项目可行性研究报告已于2006年1月25日在北京通过了电力规划总院的审查，为实施“走出去”战略迈出了扎实的步伐。INDORAMA项目作为华电工程海外市场的第一个总承包项目，自开工以来，克服了许多意想不到的困难，三个主机和主要设备已经发运完毕，2005年11月初全面开始设备安装。目前，完成了锅炉汽包吊装，干煤棚、灰库安装基本完成。按照合同要求，于2005年12月完成了该项目的工程变电站改造工作，为该项目在2005年的进度画上完美的句号，现正按施工计划往前推进。印尼阿萨汉2×90MW水电项目在年前通过了华电集团公司决策委员会的批准，由华电集团融资、华电工程承担总承包。该项目的顺利推进，为2006年海外工程总承包奠定了良好的开局。

6. 积极适应市场变化，新业务拓展有了较大突破

“冷、热、电三联供”是公司近期重点发展的一个新的技术领域。根据国家新的产业政策，“三联供”属于清洁能源、循环经济范畴。在发达国家和地区它已进入了市场成熟期，而目前国内正处于起步阶段。2005年，公司抓住国内这一产业刚刚起步的有利时机，以“北京中关村国际商城冷、热、电三联供系统及35kV变电站工程”为突破口，经过扎实工作、多方努力，已正式进军分布式能源建设领域。目前，已签定的广东江门热电厂总承包工程、宁夏哈纳斯天然气热电一厂总承包工程正在紧张施工。公司在“冷、热、电三联供”产业上领先地位的初步确立，标志着公司在专业创新、品牌创新、开辟新的经济增长点上有了新的突破。

7. 大力加强基础工作，设计制造能力得到新的提高

2005年初，公司就技术中心的发展问题进行了专门研究，要求技术中心做到“总体设计、分步实施、强化资质、修炼内功、寻找伙伴、为我所用”。技术中心的定位和目标得到明确。一年来技术中心积极为公司总承包项目和三联供等专业提供设计、工程优化、造价控制、工程咨询、设计监理等服务，并开展了许多以储备项目为目的的前期工作，为公司参与市场竞争提供了强有力的支持。

2005年，天津制造基地在完成了征地、厂房建设等方面的阶段性成果后，积极协同地方政府，为进一步用足用活政策、打造华电重工品牌、发挥华电工程内部资源优势奠定了基础。

8. 整合存量资产，投资管理初见成效

为了进一步盘活、整合公司存量资产，优化资源配置，减小管理幅度，更好地防范和规避风险，公司正式成立了资产管理公司。资产管理公司成立后，积极履行职能，知难而进，按照“清理、整合、归并、管理”的八字方针，将20多个未列入华电工程事业部和直属厂所管理的全资、控股、参股公司进行统一管理，主动争取上级支持，积极寻找突破口，进行股权置换、房产拍卖、部分公司的清算注销等工作，目前已清理整顿了深圳、珠海、海南、湖南、北京等多处投资，涉及金额3000多万元，工作已凸显成效。

主要事件

1月1日，铜陵电厂五期1×30MW机组烟气脱硫工程总承包合同，华电工程脱硫专业签订第一个外系统（30万kW机组）合同。

1月8日，签订神华天津煤码头南13、南14装卸系统总承包合同。该项目是目前国内最大的散状物料输送系统，是公司物料部成立以来最大的项目。

1月13日，华电集团公司任书辉副总经理出席华电工程承担的神华天津煤炭码头项目的设计、供货、安装、调试及服务等的EPC工作系统设备的国际招标采购合同签字仪式。该项目是迄今为止国内最大的港口系统总承包项目，对华电工程意义深远。

1月26日，签订贵州大龙2×300MW机组脱硫工程总承包工程，此项目是华电工程脱硫专业第一次开始独立设计的项目。

1月，国家质量监督检验检疫总局向公司颁发了岸边抓斗式装卸桥（抓斗卸船机）制造、安装、改造、维修许可证。公司由此取得了该特种产品的市场准入证。

2月4日～9月22日，公司开展保持共产党员先进性教育活动。

2月27日，华电集团成功签署由华电工程承接的印尼PJB 2×300MW燃煤电厂项目总承包合同。华电集团陈飞虎副总经理在签字仪式上发表了贺词，对PJB项目的成功签约表示了热烈的祝贺，同时表达了华电在印尼电力市场大展鸿图的信心。

3月11日，签订第一个大容量机组（60万kW机组）——湖北襄樊2×600MW机组烟气脱硫工程总承包合同。

3月21日，华电工程成为中国环境保护产业协会会员单位。

4月1日，与丹麦Topsoe签订SCR法烟气脱硝工艺《项目合作协议》。

4月8日，华电工程与美国MET公司成功签署襄樊2×600MW机组脱硫分包合同。合同的签订，对提升华电工程及华电环保的品牌效应有着重要的意义。

4月12日，与四川东方电力设备联合公司签定了印度西孟邦3×300MW燃煤电厂主厂房钢结构详图设计及加工制作合同，合同暂定总价超亿元，合同总质量1万多吨，此项目为钢结构部承揽的到目前为止最大宗的单个出口合同项目。钢结构业务首次进入南亚市场。

4月15日，印尼南苏门答腊省省长萨里奥·奥伊斯曼一行到华电工程访问。

华电工程在印尼电力市场已经签定了PJB 2×300MW燃煤电厂等项目总承包合同，这次印尼客人来华，是商谈下一步更广泛的项目合作。

5月10日，由华电工程管道部承担的江苏华电戚墅堰燃机电厂余热锅炉岛管道系统，1号机组锅炉水压试验中全部一次成功。华电工程管道部由此实现了一次完全自主创新、开发设计火电厂管道系统的跨越式发展历程。

5月25～27日，华电工程成功举办“中层领导干部培训班”。课程主要是针对电力行业发展新趋势和新技术、国有企业改制问题以及企业领导艺术问题等量身打造的特色课程。

5月31日，中国华电工程（集团）有限公司2005～2010发展战略正式发布实施。

6月11～18日，杨勇总经理到印尼海外项目现场调研。与当地政府领导人、主要合作伙伴进行了相互的沟通和了解。拜访了中国驻印尼使馆兰立俊大使、会见了印尼矿能部、国有企业部主要负责人，参加了与印尼国家电力公司、INDIKA集团、PTBA等相关企业的业务交流活动。

6月22日，华电工程钢结构部获取“钢结构专项承包资质证书”。自此，钢结构部已经获得了建设部颁发的涉及设计、制造、安装和承包的全部资质证书，为拓展钢结构部在电力行业外项目以及结构系统总承包项目的市场打下了基础，同时，有利于税收减面、提高企业效益。

6月24日，华电工程水处理工程部研制开发的《“FineSep”高塔法凝结水精处理设备》通过中国电力企业联合会的产品鉴定。鉴定委员会认为：整套设备采用程序控制，自动化水平较高，技术先进，操作方便；树脂分离装置为拥有自主知识产权的实用新型技术专利成果，混床内部结构和树脂捕捉器设计合理；整套设备达到国际先进水平。

7月4日，华电工程与中广核阳江核电站就阳江水厂主设备项目签订合同。该项目成为华电工程在核电领域的一个里程碑，华电工程在进军核电领域有了崭新的开端。

7月10日，签订第一个外系统大容量机组（60万机kW组）的合同——内蒙古京隆发电有限责任公司2×600MW机组烟气脱硫总承包合同。

7月11日，与鲁能科尔沁发电有限公司签订“科右中风力发电测风项目”，是钢结构首次提供风电设备。

7月19日，华电工程OA办公自动化系统正式投运——迈出信息化的重要一步。

7月29日，华电工程2005年中经济活动分析会在京召开。

8月3日，华电工程荣获2004年度“首都文明单位”光荣称号。

8月11日，华电工程签约宁夏哈纳斯天然气热电联产项目燃气轮机采购意向书。本项目的成功确定，标志着华电工程清洁能源公司实施战略取得阶段性胜利，而且赢得与世界知名燃气轮机供应商携手并进的机会。

8月18日，由华电工程南京电力自动化设备总厂、煤炭科学研究院北京煤化工分院、贵州宏福实业开发有限总公司联合承担的国家“十五”高技术研究发展计划（863计划）项目：“可资源化活性焦烟气脱硫技术”成果通过鉴定。这项技术成果是我国干法脱硫技术获得重大突破，为我国第一套拥有完全自主知识产权的“863”可资源化活性焦烟气脱硫装置提供了新技术支撑。

9月21日，华电工程托管的鄂尔多斯电厂1号机组正式投入商业运行。标志着华电工程在电厂专业运营领域迈出坚实的第一步，为公司电厂运营业务的开展奠定了良好基础。

9月22日，华电工程总承包的宁夏哈纳斯天然气热电联产项目举行盛大开工典礼。

10月15日，成为环境保护机械行业标准化技术委员会委员单位。

10月18日，印发《中国华电工程（集团）有限公司2005～2010年科技发展规划》。

10月19日，环保工程部荣获建设部颁发的环保工程专业承包二级资质。

10月，国电南自申报的“国家重大技术装备研制750kV继电保护专项研发的团队风险激励”项目，获得了由中电联颁发的全国电力企业管理现代化创新成果二等奖。

10月，国电南自一举中标尼日利亚欧莫托休335MW单循环燃机电站工程（八台燃机机组），总合同额超过一千万元。此次中标，标志着国电南自在机电设备成套出口方面的巨大进步，使得国电南自的品牌在国际市场上的影响力不断增强。

11月8日，获得了国家安全生产总局、中华全国总工会联合颁发的2005年全国安全生产普法知识竞赛活动组织奖。

11月15日，制定发布《安全生产管理办法》，落实了《安全生产法》的基本要求，明确安全生产责任制，健全安全管理制度。

11月，公司多项科技成果喜获中国电力科技进步奖。华电工程物料输送部开发研制的《管状带式输送机》、国电南自研制的《DGT801数字式发电机变压器保护装置》项目获2005年中国电力科技进步奖二等奖；杭机所开发的《1000t/h四卷筒牵引机房下置桥式抓斗卸船机》、《导热塑料蓄冰盘管》，郑机所开发的《FZQ2000Z型附着自升塔式起重机开发研制》获2005年中国电力科技进步奖三等奖。

12月5日，“国电机械设计研究所”更名为“国电机械设计研究院”。

12月12日，签订BP珠海PTA化工二期锅炉岛EPC总承包合同，该项目的签订标志着华电工程在化工领域系统总承包的竞争力得到进一步的提高。

12月13日，由国电南自提供主保护的南方电网500kV花都变电站投入运行。标志着国电南自成功进入南方电网超高压系统，具有里程碑的意义。

12月17日，召开公司本部中层以上干部年终座谈会，全面总结2005年各项工作、认真思考明年工作思路和部署安排好2006年工作，为实现公司战略目标而努力。

12月18日，国电南京自动化股份有限公司精心研制的PS 6900电厂电气自动化系统、PSL 690系列数字式线路保护测控装置、PSM 690系列数字式电动机保护测控装置、PST 690系列数字式变压器保护测控装置、PSS 660数字式自动准同期装置、EYE LINUX厂站监控系统等6项新产品在南京饭店通过了由江苏省科学技术厅组织的科技成果鉴定。

12月19日，华电集团我公司2005年度党风廉政建设责任制执行情况进行检查考核。检查组对我公司2005年党风廉政建设责任制的执行情况表示满意。

12月27日，江苏华电戚墅堰燃气轮机项目通过了两台机组的168h试运行并移交生产。这是总承包公司综合项目部成立以来首个完成执行的项目，本项目装机容量为2×390MW，是目前为止全国单机容量最大的燃机项目之一。

（肖克勤　杨文春）

科 研 院 所

中国电力科学研究院

单位概况

1. 历史沿革

中国电力科学研究院（简称电科院）是隶属于国家电网公司的科研机构。电科院成立于 1951 年，前身为燃料工业部电业管理总局中心试验所；1955 年改建为电力工业部技术改进局；1964 年发展成为电力科学研究院；1999 年正式更名为中国电力科学研究院；2000 年由科研事业单位整体转制为科技型企业；2001 年完成企业的工商登记注册。2005 年，已发展成为覆盖电网和电厂大部分电气专业，具有从事科研开发和承担工程项目，进行质量检测和人才培养能力的综合性科研机构。

截至 2005 年末，电科院本部设 1 室 7 部，下辖 11 个研究所、10 个专业公司。

2. 功能定位

围绕建设坚强的国家电网，以基础性、前沿性、先进适用性技术研究和开发，新技术、新产品推广应用为核心业务，坚持自主创新，近期重点在列入国家科技规划的重点领域和优先专题的特高压交、直流输变电技术、大电网安全稳定技术方面，以及灵活交流输电技术、城市电网关键技术、国家级电力市场技术支持上取得重点突破，推动电力科技进步，实现跨越式发展，占领世界电力科技的制高点，在国家电网公司科技创新体系中发挥先导作用。

3. 主要优势领域

电力系统规划、运行分析与控制：主要从事电力系统规划和运行中重大技术问题的研究和工程咨询，包括电力系统计算分析软件开发、电力系统分析、电磁暂态研究、大型交直流输变电工程咨询和调试、事故分析、电力系统安全稳定和保护控制的研究与开发。

超/特高压交直流输电技术及设备：主要从事高压试验技术、输变电设备的内外绝缘研究、电磁环境研究、过电压与绝缘配合、防雷技术、电力设备状态维修技术、高压测试仪器的研究与开发等。

电力电子与节能技术：主要从事串补/可控串补技术、静止无功补偿技术、定制电力技术、直流输电技术以及大功率电力电子装置试验技术的研究。

电网自动化、电力市场技术：主要从事电网调度自动化及培训仿真、电力市场、电力二次系统安全防护、变电站综合自动化、配电自动化及农村电气化等领域的研究开发和工程实施工作。

城市电网规划和自动化集成技术：主要从事城市电网的规划、分析和配网自动化集成技术。

电力信息与通讯技术：主要从事电力企业信息化规划、信息系统平台技术、ERP 技术及功能模块、信息安全、电力线通信技术、通信监控、通信工程的研究开发。

4. 战略目标

服从、服务于国家电网公司发展战略大局，创建“支撑坚强、成果优良、服务优质、人才优秀”的国际一流创新型电力科研机构，成为国家电网公司在电力技术领域的研发基地、试验基地、服务基地和高技术产业化（培训）基地。

5. 工作思路

“理体制、转机制、强管理、上水平”。即：理体制——实现科研和产业的分类管理，构建国家电网技术支持、研发中心，同时积极创建有若干自主知识产权的核心技术为依托、行业品牌影响力强、具有核心竞争力的中电普瑞科技集团；转机制——形成科研和产业有机结合、良性互动的有效机制；强管理——制定和完善合理、简洁、高效的管理流程和工作流程；上水平——注重提高自主创新能力，并同步使科研水平和产业水平上升到新高度。

人力资源

截至 2005 年底，电科院员工总数 1637 人。其中专业技术人员 1339 人；具有本科以上学历者 1066 人；拥有中高级以上职称者 642 人；中高层管理人员共 70 人，平均年龄 45.76 岁。拥有中国科学院、中国工程院院士各一名，国家级有突出贡献中青年专家 12 人，享受国务院政府特殊津贴专家 104 人。

2005 年，电科院结合不同阶段人才的具体需求，加快人才队伍建设，形成了具有前沿性和战略性的人力资源规划。坚持“以人为本”的管理理念，转变相关的用人机制、分配机制、考核机制和薪酬体系等，逐步制订和完善相关规章制度和工作流程，为电科院专业技术人员的发展提供充裕的成长空间，培养满足电科院发展需要的高水平专业技术人才队伍。采用后备干部正常考核程序和员工素质全方位评价相结合的方式，不断发现和选拔具有培养潜质的人才，及时调整后备干部人才队伍和专家型人才储备，加快梯队型经营管理和技术骨干的培养。

规范培训工作流程，增强培训效果，有针对性地开展提升管理技能的培训课程；加强与国内外知名院校和科研机构的交流和联系，充分利用社会资源，拓宽高层次人才培养途径，采用请进来、走出去、联合培养等多种方式，加快创新人才的培养步伐。2005年，组织开展了中高层管理人员特高压知识普及培训班等5类专题培训，取得良好成效。

经营管理

1. 经营业绩

2005年，电科院新签技工贸合同总额12.78亿元，同比增长18%；主营业务收入8.06亿元，同比增长19%，完成考核指标的190%；利润总额2659万元，完成考核指标的104%；净资产收益率为6.23%，完成考核指标的125%；流动资产周转率为1.03次，完成考核指标的145%；资产负债率为60.8%，低于考核指标0.7个百分点；管理费用8984万元，低于考核指标16万元；上缴投资收益100万元；研发投入率为5%，完成考核指标的112%；科技项目完成率100%；全员劳动生产率为18.5万元/人年，完成考核指标的102%。全面并超额完成国家电网公司下达的各项业绩考核指标。

2. 管理措施

在综合管理方面，实行月度工作例会制度；强化重大项目组织、协调和管理；成立特高压技术研究领导小组，组织专家团队，研究制定针对特高压科研项目的单独考核奖惩条例。加强应收账款管理，院本部执行资金月度计划管理；开展干部任期经济责任审计和科技开发项目审计及效能监察共28项，提出审计意见和建议46条；严格落实ISO9000质量控制体系，启动职业健康安全、环境管理体系认证和计算机信息系统集成资质取证工作，开展安全月和反事故斗争活动，制订院突发事故紧急救援和应急预案。

主要工作

1. 科研成果和专利

2005年，电科院获国家科技进步奖1项，中国电力技术奖6项，国家电网公司科技进步奖9项，北京市科技进步奖1项，福建省科学技术奖2项；国家专利局受理专利26项，其中受理发明专利18项；获专利授权10项，软件著作权登记11项。

2. 主要科研项目

国家电网公司重点科技项目“电力系统全数字实时仿真装置研制”、“可控串补工业装置研制”、“全国联网技术研究”等项目通过验收，“大功率电力电子实验室建设”项目全面完成。

在研的国家级重大基础性、前沿性科技项目12项，其中，国家973计划“提高大型互联电网运行可靠性的基础研究”、国家科技攻关“西南水电送出超/特高压技术研究”等项目的研究已取得阶段性成果。

3. 技术支撑研究

开展特高压关键技术研究。开展特高压重大技术前期研究，形成5份专题研究报告；承担特高压交直流输电工程关键技术20个项目的研究工作，“1000kV级交流输电系统最高运行电压选择的研究”等4个项目通过验收，3个项目提前完成待验收，其他项目按照进度要求推进；配合国家电网公司围绕特高压试验示范工程和特高压直流工程开展了论证、规划、培训和咨询等方面工作，为特高压项目通过国家相关部门评审提供了有力的支撑；组织专家参与编写《特高压电网》专著；《特高压试验基地建设方案》已通过国家电网公司专家评审，并批准立项。

为电网建设和运行提供技术支持和服务。完成葛南直流控制保护改造工程、灵宝背靠背换流站工程系统调试；提前完成750kV输变电示范工程系统调试，为特高压试验示范工程的实施打下了坚实基础。

开展提高电网输送能力研究。完成东北电网大扰动试验和仿真分析，取得了阶段性成果；针对华东电网低频振荡，分析和查找原因，提出预防类似故障的措施和对策；组织完成部分重点城市的“十一五”电网规划评审，参与“十一五”城市电网规划的编制工作并得到好评；电科院等单位联合承担的“国家电网公司总部营销实时信息系统”项目，已经按计划完成第一阶段的科研任务；依托各重点实验室积极开展产品检验、标准制定和科研工作，为国家电网公司提供技术咨询和事故分析处理服务。

4. 电力工业电力设备及仪表质量检验测试中心工作

所属质量检测中心已经取得中国国家认证认可监督管理委员会颁发的计量认证合格证书和中国实验室国家认可委员会颁发的实验室认可证书。2005年出具各类检验报告1300份；开展国内电力负荷管理终端生产企业抽检工作。

5. 标准制定修订工作

电科院是高压试验技术、高压直流输电、电力系统等12个行业标委会和专业委员会的挂靠单位；2005年申报标准项目17项，批准立项9项；完成DL/T 557—2005《高压线路绝缘子空气中冲击击穿试验》报批、国家电网公司企标—负控标准项目验收等工作。

6. 研究生培养

截至2005年底，在院研究生95人，其中博士后3人，博士研究生41人，硕士研究生54人，以同等学历申请硕士学位人员81人。共招收计划内博士生13人，硕士生19人，接收博士后进站1人；通过论文答辩的计划内硕士生12人，同等学历硕士生3人，博士生7人。

7. 期刊出版发行

《电网技术》期刊在国家电网公司的重视和指导下顺利改版，成为国家电网公司党组直接领导下的最高层次的技术期刊。2005年，《电网技术》每期发行量15000册，《中国电机工程学报》每期发行量3500册。

党的建设和精神文明建设

扎实开展保持共产党员先进性教育活动，组织了先进事迹报告会，编写先进性教育活动《简报》110期，完成了三个阶段的各项活动内容。完成了第五届党委、纪委换届选举工作，增补两名党委委员；重视入党积极分子的培养和考察，注重在科研生产经营一线发展党员，年内新发展党员17人；深入开展党风廉政建设，组织各单位开展廉洁自律自查；设立纪检监察办公室，并牵头开展了“三清理一规范”工作；院团委开展“增强团员意识主题教育活动”，第一阶段工作已顺利完成。

2005年，电科院被评为国家电网公司“精神文明建设先进单位”。副总工程师、党委委员印永华荣获全国“五一劳动奖章”，周京阳被评为国家电网公司“巾帼建功标兵”。

（丁　月）

西安热工研究院有限公司

2005年，西安热工研究院有限公司（简称西安热工院，英文缩写TPRI）在公司化运营的轨道上实现了快速稳步的发展，保持共产党员先进性教育活动圆满完成，科研生产喜获丰收，科研实力继续得以提升，国际合作与交流活动频繁，成效显著。

全年荣获中国电力科学技术奖5项，陕西省科技成果奖2项，国家专利10项；国家重点环境保护实用技术1项，国家重点新产品1项，第二届中国技术市场协会金桥奖优秀项目1项；在国内外期刊和学术会议上发表学术论文216篇；还获得“陕西省科技统计工作先进集体”称号。1名人员荣获“全国劳动模范”称号，2名专家荣获“国家政府特殊津贴专家”称号，1名人员荣获“陕西省五四青年”奖章，1名人员荣获“中国华能集团公司劳动模范”称号，1个党支部被评为“陕西省国资委系统先进党支部”，1名党员被评为“陕西省国资委系统优秀共产党员”，院工会还被评为西北电力工委“先进工会”。

一、基本情况

（1）组织机构。

随着西安热工院发展的需要，年中对组织机构进行了调整，调整后的热工院组织机构包括：6个管理职能部门（院长工作部、科研管理部、项目策划部、财务部、人力资源部、政工保障部），2个预算制服务部门（教育培训部、后勤服务部），10个专业技术部门（电站清洁燃烧国家工程研究中心、电站运行技术部、电站化学工程技术部、电站材料技术部、电站自动控制技术部、发电新技术部、电站技术监督及优化检修技术部、电站调试技术部、电站水处理药剂部、电站监控信息部），以及2个分公司（北京分公司、苏州分公司）其中，北京分公司（全称为“西安热工研究院有限公司北京分公司”）于2005年6月16日在北京市海淀区注册成立，并于年底进入正式运营。另外，中国华能集团公司依托西安热工院成立的中国华能集团公司技术中心（简称“华能技术中心”）于2005年3月18日在陕西省工商局注册成立，并于2005年5月18日在西安热工院挂牌。

（2）人员组成。

2005年末正式职工总数794人，其中从事专业技术研究和产业化工作的人员601人，占全院职工总数的75.7%；具有高级职称者282人，占全院职工总数的35.5%。

（3）办公、科研、生活设施主要变动情况。

2005年内新购了北京市海淀区知春路盈都大厦A座21～26层共5个层面作为北京分公司的办公用房，每层建筑面积约950平方米，5层共计约4750平方米；新建成了干煤粉加压气化中试装置（位于渭南化工集团内），该中试装置占地约1000m^2，高约35m，规模容量为36t/d（热功率为10MW th）；职工高层住宅楼2号楼（22层，每层6户）开始建设。

二、科研工作

（1）科研成果。

2005年内获中国电力科学技术奖5项，其中一等奖1项，二等奖2项，三等奖2项，见表1；省级科技进步奖2项，见表2。获国家专利10项，其中发明专利4项，实用新型专利4项，外观设计专利2项，见表3。

另外，1项技术被评为国家重点环境保护实用技术，1项产品被评为国家重点新产品，1项项目第二届中国技术市场协会金桥奖优秀项目，见表4。

评出年度院级科技成果奖共55项，其中一等奖5项，二等奖31项，三等奖19项，专项奖4项。

在国内外期刊和学术会议上发表学术论文216篇。在国内中文期刊上发表135篇，国际外文期刊上发表论文3篇，国内学术会议上发表论文65篇，国际会议上发表论文13篇。

此外，2005年度在科技统计和成果管理工作中成绩显著，荣获“陕西省科技统计工作先进集体”。

表1　2005年西安热工研究院有限公司获中国电力科学技术奖项目表

序号	等级	项　目　名　称	完　成　单　位
1	一等	火电厂厂级运行性能在线诊断及优化控制系统	西安热工研究院有限公司、华北电力大学、国电宁夏石嘴山发电有限责任公司、天津大唐国际盘山发电有限责任公司
2	二等	核级纯离子交换树脂的研制及应用	西安热工研究院有限公司、核工业第二研究设计院、杭州争光树脂有限公司
3	二等	煤气高温净化技术研究开发	西安热工研究院有限公司、中国科学院山西煤炭化学研究所
4	三等	火电厂设备状态检修技术研究与应用	西安热工研究院有限公司、中国华能集团公司、苏州工业园区华能发电有限责任公司、江苏华能淮阴发电有限公司
5	三等	提高火电机组适应电网负荷变动性能的控制策略研究与实施	西安热工研究院有限公司、四川广安发电有限责任公司、华能国际电力股份有限公司南京分公司（电厂）、华能国际电力股份有限公司石家庄分公司（上安电厂）

注　所获奖项为“2005年度中国电力科学技术奖”

表2　2005年西安热工研究院有限公司获陕西省科技进步奖项目表

序号	等级	获奖项目名称	完　成　单　位
1	二等	国产首批超临界机组给水泵变速汽轮机末级叶片强度与振动特性研究	西安热工研究院有限公司、上海汽轮机有限公司
2	三等	高温煤气脱硫剂研制及脱硫评价装置的研究开发	西安热工研究院有限公司、西北化工研究院、煤科研究总院北京煤化研究所

注　所获奖项为“2004年度陕西省科学技术奖”（陕政发〔2005〕39号，2005年6月22日）

表3　2005年西安热工研究院有限公司获国家专利项目表

序号	专　利　号	专　利　名　称	专利授权日
一、发明专利			
1	CN 03 1 34314.7	高温部件蠕变寿命的测试方法	2005年6月22日
2	CN 01 1 31780.9	两段式干煤粉气化炉	2005年11月9日
3	CN 2003 1 0118944.0	双程移动床颗粒层过滤器	2005年11月23日
4	CN 2003 1 0118945.5	逆流式均匀流场移动床颗粒层过滤器	2005年12月21日
二、实用新型专利			
1	CN 03 2 62761.0	流量调节挡板及导流挡板角度精确调节装置	2005年2月9日
2	CN 03 2 62762.9	一种气体连续比例采样装置	2005年2月9日
3	CN 2003 2 0126312.4	电站锅炉煤泥烟气干燥装置	2005年4月20日
4	CN 2004 2 0042251.8	高效旋膜式除氧器	2005年9月21日
三、外观设计专利			
1	CN 2004 3 0078373.8	机械式隔膜计量泵	2005年2月2日
2	CN 2004 3 0078372.3	液压式隔膜计量泵	2005年2月16日

表 4　　2005 年西安热工研究院有限公司获其他重要证书和奖项

序号	证书/奖项	技术/产品/项目名称	备　注
1	2005 年国家重点环境保护实用技术证书	曝气生物滤池技术在火电厂废水回用中的应用	中国环境保护协会颁发
2	2005 年国家重点新产品证书	燃煤电站烟气脱氮 SCR 工艺 TPRI-I 型催化剂	国家科技部、商务部、国家质量监督检验检疫总局、国家环境保护总局联合颁发
3	第二届中国技术市场协会金桥奖优秀项目奖	火电厂生产过程信息系统 SIS 的研究	中国技术市场协会颁发

(2) 纵向科研项目和横向技术服务项目。

全年纵向在研项目 100 多项。包括国家“十五”重大技术装备研制项目 2 项，国家科技部课题 8 项（含国家 863 计划项目 4 项、国家 973 项目 1 项、国家“十五”科技攻关项目 1 项和科技部科研院所技术开发研究专项项目 2 项），华能科技项目 33 项（含华能集团公司科技项目 6 项、华能股份公司科技项目 25 项、四川水电公司科技项目 2 项），原国家电力公司重大科技攻关课题 15 项，电力国家标准及行业标准的制修订项目 33 项，省市地方科技项目 5 项等。项目的执行情况和完成情况得到有关部委和出资方的充分肯定，个别项目达到国际先进水平。

全年共承担横向科研和技术服务项目 900 多项，合同额同比增长 60%以上。这些项目的内容涵盖电厂建设前期、建设过程、建成投产、生产运行至机组考核、运行优化整个过程，包括发电设备监造、技术监督、技术咨询、技术服务、电厂仿真培训、机组调试、机组性能考核、各类试验、事故分析与处理、优化设计、技术改造等等，涉及火力发电技术领域的各个专业，还包括发电新技术领域（如核电、风电等）和石化工业等领域的有关专业。在项目执行过程中，技术人员发扬了勤奋、踏实、以电力技术进步为己任的优良传统，以“为业主服务、为业主着想”的态度和热情，克服种种困难，优质高效地完成了各类项目，获得业主的广泛好评。在许多项目工作中，取得了突出的成绩，部分项目技术填补了国内空白、达到国内领先水平。

全年完成并出具 A 类（含纵向科研项目和院控其他项目）科研技术报告 231 份，B 类（主要为横向技术服务项目）专业技术报告 447 份，C 类（含化学、材料、燃料特性等小型试验项目）专业试验报告 413 份。

三、质量和安全管理

全院质量管理体系运行规范、持续有效，年内尤其在科研项目和技术服务项目的质量管理上加强了项目执行过程的质量控制与监督工作，成效显著；质量管理体系的运作符合 ISO9001：2000 标准的要求和质量管理体系文件的要求，通过了中国质量认证中心进行的换证审核。

安全生产长抓不懈，在加强安全教育和充分做好防护工作的同时，年内组织全院安全大检查和安全小组检查十多次，确保安全无患；顺利完成了 2005 年全年安全生产管理目标，无人身死亡、重伤和群伤事故、设备重大事故、重大火灾事故、重大交通事故。

四、党政工团和企业文化

(1) 保持共产党员先进性教育活动。

西安热工院作为第二批保持共产党员先进性教育活动单位，在陕西省国资委第二督导组的指导和院党组的领导下，从 2005 年 7 月 28 日至 11 月 29 日，经过学习动员、分析评议、整改提高三个阶段，圆满完成了 13 个环节的各项规定任务。全院 22 个党支部 368 名党员参加了教育活动。党组注意引导党员把模范带头作用的发挥与具体岗位要求结合起来，把保持共产党员先进性教育活动与院科研经营、发展战略、企业文化、四好班子建设结合起来，使先进性教育活动达到了提高党员素质、加强基层组织、服务人民群众、促进各项工作的目标要求；同时，还建立了长效机制，以进一步把党的先进性、党员的先进性落实到岗位上、体现在工作中，并继续发挥党支部的战斗堡垒作用和党员的先锋模范作用。

(2) 先进个人和集体。

在健康向上的企业文化氛围中，优秀个人和先进集体不断涌现：院首席研究员朱宝田同志荣获“全国劳动模范”称号，电站材料专家李耀君、发电新技术专家许世森两位同志荣获“国家政府特殊津贴专家”称号，新技术部科研骨干肖俊峰同志荣获“陕西省五四青年”奖章，国家清洁燃烧工程研究中心主任王月明获“中国华能集团公司劳动模范”称号；材料技术部党支部被评为“陕西省国资委系统先进党支部”，材料专家周荣灿同志被评为“陕西省国资委系统优秀共产党员”；院工会被评为西北电力工委“先进工会”。另外，院内还评选出院级先进党支部 3 个，优秀共产党员12名，勤廉兼优先进个人2名，优秀团干1名，优秀团员4名；以及先进集体4个，优秀项目组13个，先进个人16个。热工院人在工作中既争当先进又团结合作，形成了和谐上进的良好状态。

（3）迁院40周年纪念活动和其他各类活动。

2005年喜逢热工院迁址西安40周年，为此，院里举办了隆重的系列纪念活动，弘扬光荣传统，宣传优秀文化，凝聚团队精神；召开了纪念大会，邀请老领导、老职工与在职员工一起欢聚在西安，回首往事，畅谈友谊，展望未来；举办了纪念专题书画、照片展等活动；同时编撰了贯穿热工院历史的纪念画册《足迹》，制作了回顾历程的多媒体光盘专题片，汇编了回忆文章集《热工院人》。另外，院政工部还组织举办了丰富多彩的职工文体活动，如棋牌赛、乒乓球赛、羽毛球赛、篮球赛、歌唱比赛、看电影、观展览、春游，以及组织退休职工进行游园活动等，并且为50多老职工办理了寿星证和优待证，为每位退休职工印制平安联络卡，向退休职工送去温暖和关爱。

（4）扶贫助学。在往年工作的基础上，院扶贫工作小组继续做好定点扶贫地的扶贫助学工作，多次前往陕西省边远山区镇巴县麻柳滩乡大河地村，给当地村民捐赠部分农用物资和大量优质核桃树苗，给当地小学捐赠校舍建设款、教学设备，并捐助多名贫困家庭学生和五保户。扶贫助学工作深受当地的欢迎。

五、国际合作与交流

（1）执行中德、中加政府技术合作项目。

中德合作项目：2004年中德政府签订了“中国能源工业环境保护”项目双边技术合作协定。2005年9月1日国家发展与改革委员会与德国技术合作公司（GTZ）在北京签订了“中国能源工业环境保护”项目执行协议。西安热工院成为“中国能源工业环境保护”打捆项目第4个子项目——中德“燃煤电厂水务管理”的执行单位。项目合作期限为4年。该项目旨在通过与德国有关技术部门的合作，对我国火电厂节水与水处理工程技术人员的能力进行培养，并通过在我国火电厂和其他工业部门建立节水工程示范，促进我国火电厂节水技术的发展，提高我国火电厂及工业部门的水资源利用率，减少废污水排放，保护环境。2005年初和年中，德国GTZ公司两次来热工院，就中德节水技术合作中的有关技术培训、考察、示范工程等具体内容与西安热工院进行了讨论并制定了详细的工作计划；11月，双方在西安共同举办了项目启动后的首次“中德燃煤电厂水务管理技术研讨会”，中德两国双方的技术专家及来自平凉、邯峰、辛店三个潜在目标火电厂的技术人员参加了会议；12月，由西安热工院组织国内各大电力集团公司参加的中德水务管理项目技术考察团赴德国有关电厂和公司进行了访问考察，取得了良好的效果。

中加合作项目：“降低中国燃煤锅炉CO_2排放项目（REMCO)”是中国和加拿大政府间技术合作项目，该项目目标是采用先进技术降低中国燃煤锅炉温室气体（GHG）排放，促进中国环境的可持续发展。项目由中国商务部和加拿大国际发展署（CIDA）主持，西安热工院为中方项目执行单位和项目办公室挂靠单位。通过中加合作项目，加方将向中方赠送价值约20万加元的现场测试仪器和用于数值计算的工作站，并为中方的人员培训、技术考察提供经费。年内，部分赠送的先进设备已到货。4月，加拿大政府国际开发署（CIDA）官员和项目监察员来热工院调研和检查项目的执行情况；8月，项目指导委员会在北京召开了第三次会议，国家商务部、加拿大国际开发署（CIDA）官员及中加项目双方执行单位的代表参加了会议，会议听取了双方执行单位对项目的汇报，制定了下一阶段的活动计划及安排。国家商务部和加拿大政府国际开发署官员对西安热工院在项目执行过程中的出色表现和所做的积极贡献给予了高度评价。

（2）与国外大型电力公司的合作交流。

法国电力公司（EDF)：在2003年11月西安热工院与法国电力公司（EDF）签署“技术合作框架协议”和2004年开展了多次商务洽谈、技术交流和互访活动的基础上，2005年双方在洁净煤发电技术、机组运行调试及性能考核、IGCC（整体煤气化联合循环）、超（超）临界机组设计与运行等方面展开了技术交流和合作；

美国帕斯菲达有限公司（PULSAFEEDER)：2005年，世界计量泵行业的杰出代表企业PULSAFEEDER公司先后两次对西安热工院进行科研生产能力的考察并对西安热工院加工的计量泵等系列产品进行了实地严格测试，肯定了西安热工院计量泵产品的质量，拟定将热工院作为其亚太地区的合作伙伴和计量泵加工基地之一。

法国得利满公司（Degremont Ltd.)：得利满公司（Degremont Ltd.）隶属于世界500强之一的法国苏伊士集团，是世界领先的专业水处理工程公司，为了将世界先进的水处理技术推广应用到中国电力系统，得利满公司与西安热工院通过友好协商，达成强强联手合作协议，双方将携手开拓电厂行业水处理领域的中水回用、海水淡化、给水、废水处理市场，共同提高我国水质净化技术。

（3）此外，热工院在2005年内还与其他国外政府机构、大型公司和研究机构等进行了部分科研合作及合作洽谈，如美国能源部、新西兰能源联合会、英国焊接技术研究所、法国阿尔斯通公司、日本住友株式会社、日本横河电机株式会社、韩国斗山重工等等。

(4) 2005 年内签订了 3 项涉外项目合同（1 项为越南流化床锅炉设计项目，2 项为印度火电机组性能考核试验项目）。

(5) 2005 年内共接待国外来访者 21 批 64 人次。派赴国外考察、访问、培训及参加国际会议共 45 人次。

六、挂靠的学会、行业质检中心、标委会，硕士点、博士站和出版物

(1) 学会。

挂靠在热工院的中国电机工程学会火力发电分会于 2005 年 7 月 10～14 日协办了“电机工程国际学术会议（ICEE）第 11 届年会（昆明）”中的“清洁高效燃煤发电技术研讨会”，这次研讨会的成功召开得到 ICEE 国际会议组织委员会的高度评价；分会还组织召开了第四届委员会第二次工作会议。另外还在不同时间、不同地点分别组织召开了金属材料、无损检测、化学、热工自动化等多个专业会议并出版了相应的会议论文集，举办了有关专业的研讨、培训活动；年内团体会员由 2004 年的 34 个发展至 2005 年的 39 个（单位），进一步扩大了学会影响力，在火力发电学术领域发挥出更大的作用。

(2) 行业质检中心。

挂靠在热工院的 5 个行业质检中心（电力工业热力发电设备及材料质量检验测试中心、电力工业热工计量测试中心、电力工业发电用煤质量监督检验中心、国家电力公司电力管道产品质量检验测试中心、西安热工院锅炉压力容器检验检测研究所有限公司）均正常开展管理工作和各项质量检验测试工作。全年共完成质量检验测试并出具质量检验报告 838 份。

(3) 电力行业标委会。

挂靠热工院的 6 个电力行业标准化技术委员会包括：电站锅炉标委会、电站汽轮机标委会、电厂化学标委会、电站金属材料标委会、电站阀门标委会及热工自动化标委会。各标委会年内均召开了年度工作会议及标准审查会，开展了相应的 30 多项标准的制、修订工作，以及有关的标准审查、标准宣贯和培训、研讨活动。

(4) 硕士学位授予点。

2005 年，热工院电厂热能动力工程专业硕士学位授予点在读研究生 28 人，研究生毕业并获得硕士学位者 4 人。

(5) 博士后科研工作站。

2005 年，热工院博士后科研工作站有 2 名博士在站工作。

(6) 出版物。

由中国电机工程学会火电分会与热工院共同主办的专业期刊《热力发电》，全年编辑出版 12 期。由华能国际电力股份有限公司委托热工院主办的内部交流资料《热工监督技术通讯》全年编辑出版 4 期。

七、主要事件

1 月 6～7 日，热工院学术委员会召开科技成果奖评审会，评选出 2004 年度院级科学技术成果奖 55 项，其中一等奖 7 项，二等奖 22 项，三等奖 26 项。另外还评选出专项奖 4 项。

1 月 17～19 日，由华能股份公司主办、热工院承办的华能玉环电厂超超临界机组材料 P92 钢焊接工作会议在西安召开。热工院赵毅副院长到会致辞。来自华能股份公司、玉环电厂及相关的 P92 钢材料供应单位、安装单位、研究单位等的 30 多名代表参加了会议。

1 月 18 日，华能集团公司党组成员叶大戟同志等一行 3 人莅临热工院指导工作，就热工院的发展方向、发展目标和重点工作作重要讲话。

1 月 28 日，由神华能源公司主办、热工院承办的 600MW 机组锅炉神华煤防结渣技术研讨会在西安召开。热工院赵毅副院长到会致辞。来自神华能源公司、上海锅炉厂、有关高校等的 30 多位代表和专家参加了研讨。经过研讨，会议就神华煤防结渣技术达成了共识。

1 月 28 日，挂靠在热工院的电力工业发电用煤质检中心通过了由国家计量认证电力评审组组织的审查。

1 月 31 日，热工院承担的原国家电力公司重大科技攻关项目“火电厂生产过程信息系统研究和开发(SIS)”在宁夏石嘴山电厂通过了受国家电网公司委托由中国电机工程学会组织的验收和鉴定。鉴定意见为“国内领先”。项目成果已在 11 个电厂 26 台机组得到推广应用。

2 月 2 日，热工院承担的 2 项原国家电力公司重大科技攻关项目“自主知识产权的 100MW CFB 锅炉研制及示范”和“循环流化床锅炉排渣控制冷却器研制”以“技术成果整体上达到国际先进水平”通过鉴定。

2 月 18 日，热工院获签国家重点基础研究发展计划（973 计划）“大规模高效气流床煤气化技术的基础研究”项目中的“高粘度煤灰熔渣流动、相变和传热规律研究”课题研究合同，成为承担该研究课题的负责单位。该课题的研究期限为 5 年。

3 月 18 日，由政工部组织，在院党组成员巨俊

鹏同志带队下，热工院百名党名集体参观了由省委组织部等举办、以“延安精神永放光芒”为主题的“新时期保持共产党员先进性大型展览”，在缅怀和学习革命先辈的同时，对如何保持、发挥和体现共产党员的先进性有了更进一步的认识。

3月，热工院自主开发的“曝气生物滤池技术在火电厂废水回用中的应用”技术被国家环境保护协会审定为2005年度国家重点环境保护实用技术（项目编号2005-B-028），并在全国范围内推广应用（推荐证书编号：518）。该技术可实现火电厂废水综合利用、达标减量排放的目标，同时具有良好的节水效益。

3月25日，刘伟副院长会见了来访的德国GTZ公司项目主任莫扎特罗先生、德国STEAG Encotec公司市场部主任Heiko Schierenbeck先生等一行3人，双方主要洽谈了如何在中德政府技术合作项目“中国煤炭和电力工业环境保护”框架下与德国STEAG Encotec公司建立“公共与私营合作”（PPP）及未来的商业性合作事宜。

3月25日，应华电集团公司科技环保部的邀请，热工院副总工程师杨寿敏及有关技术专家赴华电集团公司，双方就燃煤电站锅炉NOx排放控制技术进行了深入的技术交流。华电集团有关领导对该交流活动予以了高度评价，并表示今后在相关技术领域将与热工院加强技术合作。

3月28日，热工院专家李耀君作为获奖项目“发电厂热力设备重要部件寿命管理技术研究”（2004年度国家科学技术奖二等奖）的获奖代表参加了在人民大会堂隆重召开的“2004年度国家科学技术奖励大会”，受到党和国家领导人的亲切接见并合影。

4月5日，经中国国家认证认可监督管理委员会批准，挂靠在热工院的“电力工业部热力发电设备及材料质量检验测试中心”正式更名为“电力工业热力发电设备及材料质量检验测试中心”并启用新证。

4月6日，中国质量认证中心为热工院换发了新的ISO9001：2000质量管理体系证书，新证在质量体系认可的范围中增加了“电站设备监理”项目。

4月8日，赵毅副院长主持召开“绿色煤电”项目启动会，蒋敏华院长在会上再次重申该项目的重要性和意义。会议对有关负责人和专业研发人员提出了严格的要求，并对“绿色煤电”项目的研发作出了具体安排。

4月15日，加拿大政府国际开发署（CIDA）官员Nathalie Leblanc女士和项目监察员Louis-Philippe Lavoie先生应邀来到热工院，对该院的中加政府技术合作项目——“降低中国燃煤锅炉CO_2排放项目(REMCO)”执行情况进行检查。我院院长助理齐春松主持会议，并介绍了项目执行情况以及目前所取得的阶段性成果。加方官员对项目执行情况表示十分满意。

4月28日，西安热工研究院有限公司第二次股东会和一届三次董事会在北京召开。会议选举叶大戟同志担任公司董事长。会议审议并通过了热工院2004年度财务决算方案、2005年度财务预算方案、2004年度利润分配方案；审议并通过了蒋敏华总经理（院长）所作的热工院2004年度总经理工作报告。会议批准了热工院设立北京分公司议案。与会董事还建议热工院加强电力生产实际所迫切需要的实用技术研究，如循环流化床锅炉技术、烟气脱硫技术、超临界与超超临界发电技术等，提升热工院的核心竞争力，同时也应加强新能源发电技术的研究，并推动相关发电企业加强技术交流工作。

4月30日，荣获“全国劳动模范”称号的热工院首席研究员朱宝田同志参加了在人民大会堂举办的全国劳动模范和先进工作者表彰大会。受到党和国家领导人的亲切接见并合影。

5月2日，热工院青年技术人员肖俊峰荣获“陕西青年五四奖章”，全省获得该奖项的共有16人。

5月14日，热工院召开了优秀团干、团员表彰大会，会上表彰了1名优秀团干部（靳楠）、4名优秀团员（刘朝、张超、雷鸣、郭炎）。

5月17日，华能绿色煤电第一阶段计划煤气化发电技改工程可研合同签字仪式及设计联络会在中国华能集团公司技术中心（热工院）举行。会议由热工院副院长赵毅主持，华能技术中心主任蒋敏华致欢迎辞。中国华能集团公司、股份公司、广东分公司、重庆分公司、西北电力设计院和热工院的领导和专家近30人参加。华能集团公司领导叶大戟同志作重要讲话。华能技术中心主任蒋敏华与西北电力设计院院长张文斌分别代表双方在可研合同上签字。

5月18日，中国华能集团公司技术中心在西安热工研究院挂牌。中国华能集团公司领导叶大戟同志出席了挂牌仪式并作重要讲话。华能技术中心主任、热工院院长蒋敏华致辞并表示要努力办好华能技术中心，为华能集团的科技发展和技术创新做出贡献，为华能提供强有力的技术支持。华能系统有关单位参加了挂牌仪式。

5月30日，美国IDEX集团PULSAFEEDER公司总裁Paul M. Beldham先生和副总裁Jerry Connolly先生一行4人来访热工院，热工院院长助理齐春松主持会议，院化学技术部有关负责人参加。双方就开展化学计量泵、加药装置方面的技术合作进行了友好洽谈并签订了合作意向书。

6月初，在完成对华能玉环电厂（4×1000MW

机组）主蒸汽管道 P92 钢焊接工艺评定的有关技术论证和现场准备工作检查后，由热工院牵头负责的华能玉环 P92 钢焊接工艺评定工作走出了实质性的一步，正式开始了 P92 钢的焊接。

6 月 12 日和 6 月 14 日，热工院分别完成对华能淮阴电厂二期工程 3 号、4 号机组的 RUNBACK（简称 RB）试验，该试验是对机组自动控制系统功能和性能的重要检验。

6 月 13 日，热工院和哈尔滨锅炉厂研制的 100MWCFB 锅炉在越南山洞电站工程项目中中标，并由上海外经集团和越方签定了锅炉设备供货的总合同；热工院将承担其中的锅炉性能设计分项项目。

6 月 16 日，西安热工研究院有限公司北京分公司在北京市海淀区注册成立。北京分公司是热工院派出的管理机构和在北京的联络、办事以及市场机构，具备联系华能集团和华能股份公司、联系国家有关部委和电力行业有关机构的业务，市场开拓及信息收集的职能。

6 月 20 日，法国电力公司（EDF）研发部 Eric Joos 和 Philip Jaud 两位专家到热工院，与热工院有关专家一起，对双方合作开发的、已基本完成的"IGCC 设计优化软件"进行最后的修改完善讨论，并就今后在 IGCC、超临界机组、循环流化床锅炉等技术领域开展合作进行洽谈。

6 月 22～23 日，国家科技部高新司交通能源处郑方能处长、国家 863 计划洁净煤主题专家组组长李文华教授等专家、华能集团计划部苏文斌副经理等一行 6 人，来热工院检查"干煤粉加压气化技术"、"IGCC 电站设计集成与动态特性"、"带静电促进的移动颗粒层过滤煤气高温除尘技术研究开发"3 项国家"十五"863 课题执行情况。热工院蒋敏华院长主持了项目汇报会。检查组充分肯定了热工院在这 3 项课题上所做的工作及取得的阶段性成果，同时对下一步工作提出了建议。

6 月 28 日，热工院召开纪念建党 84 周年暨先进表彰大会。

6 月，热工研究院自主研制的"燃煤电站烟气脱氮 SCR 工艺 TPRI-Ⅰ型催化剂"荣获国家科学技术部、国家商务部、国家质量监督检验检疫总局和国家环境保护总局联合颁发的国家重点新产品证书，项目编号：2005ED850018。

7 月 4～6 日，由热工院苏州分院和英国三井巴布科克公司联合主办的"燃煤锅炉 NOx 排放控制技术和控制对策研讨会"在苏州成功召开，国内有关高校和 30 多家电厂参加了会议。

7 月 6 日，美国能源部动力系统办公室主任 Victor Der 博士访问热工院，蒋敏华院长会见了外宾并进行友好洽谈。

7 月 6 日，热工院院长蒋敏华、副院长刘伟与来访的 GE 基础设施公司大中国区总裁 Chris Jobb、总经理 David P. Krysak 就双方在自动控制系统技术及水处理技术领域展开合作事宜进行了洽谈。

7 月 10～14 日，由中国电机工程学会主办的"2005 年电机工程国际学术会议"（ICEE2005）在昆明召开，该会议首次将火力发电技术纳入会议范畴，其中的"清洁高效煤电技术"专题会议由热工院组织，蒋敏华院长主持了该专题会并作了题为"第四代低 NOx 煤粉燃烧技术"的学术报告。

7 月中旬，热工院采用美国 GSE 公司先进的仿真机运行平台 SimExec4.0 和模型开发工具 G-Suite 等开发研制的全范围、高逼真度 400MW 燃气-蒸汽联合循环仿真培训装置在华电戚墅堰发电有限公司投运，开始为机组的整套启运培训运行人员。

7 月 13 日，由股份公司领导、热工院牵头的 P92 钢主蒸汽管道焊接工艺评定工作在玉环电厂 1000MW 超超临界机组建设现场取得成功，国内首次使用的 P92 钢的焊接技术难关被攻克，现场焊接接头的性能指标优于设计要求。7 月 26 日，股份公司主办、热工院协办的"P92 钢焊接工艺评定工作评审会"在西安召开，专家组评审意见认为该项目技术路线正确、研究工作翔实、研究成果为国内领先。

7 月 28 日，热工院召开保持共产党员先进性教育活动动员大会，党组书记蒋敏华作动员报告，并宣布保持党员先进性教育活动实施方案。

8 月 5 日，集团公司领导叶大戟一行来热工院检查"绿色煤电"项目执行情况，听取了"绿色煤电"课题组下设 7 个专题的研究组负责人所作的研究工作汇报，充分肯定了课题组所作的工作，并对下一阶段研究提出要求。

8 月 2～15 日，热工院共产党员先进性教育活动领导小组组织了一系列先进性教育活动：2 日，组织党员观看了优秀影片《张思德》；6～7 日，举办了党支部书记培训班；9 日，组织党员观看华能系统劳模宣传专题片；10 日，组织党员赴延安参观学习；12 日，组织党员听取陆军学院李亚平教授所作的国际形势报告；15 日，组织党员到八路军西安办事处旧址参观学习。

8 月 18～21 日，刘伟副院长在呼和浩特市主持召开全国电力行业热工自动化及信息化学术会议，来自全国电力系统的 60 多名代表参加了会议。会议主要内容为中国电机工程学会火力发电分会自动化及信息专委会换届、全国电力行业热工自动化及信息化技术交流等。

8 月，热工院与四川东方电气集团签订了两项涉外项目合同：印度 DUGARPUR 1×300MW 火电厂性能试验合同和印度 SAGARDIGHI 2×300MW 火电厂性能试验合同，总合同额折合人民币 450 多万元。

8 月 25 日，蒋敏华院长及赵毅副院长会见了来访的德国 GTZ 公司中德合作项目负责人 Joerg Moczdlo 先生一行，双方就中德合作“火电厂节水”项目的内容和工作计划等进行了讨论。

9 月 3 日，华能集团公司乌若思总经济师来热工院调研和指导工作。赵毅副院长作热工院工作汇报。

9 月 7 日，省国资委督导组来院检查先进性教育活动情况，对热工院的活动开展情况表示了积极的肯定。

9 月 8 日，日本横河电机株式会社海外事业部主任木濑哲雄一行四人来访热工院，与院自控部杨新民主任及技术负责人就双方开展自控技术合作事宜进行了深入的洽谈。

9 月 15 日，按照保持先进性教育活动第二阶段工作计划，在广泛征求党内外群众意见和真诚开展谈心、交心活动的基础上，党组书记、院长蒋敏华同志主持召开了党组民主生活会。省国资委第二督导组、华能集团巡视组共 8 位领导到会指导和巡视。

9 月 16 日，华能集团总工兼热工院董事长叶大戟与院长蒋敏华一起会见了来访的中电控股集团执行董事李锐波、中电科技研究院董事 Gail Kendall 博士等一行，主要就“绿色煤电”项目进行合作洽谈。赵毅副院长和刘伟副院长参加了会谈。

9 月 23 日，在院长助理齐春松的主持下，赵毅副院长会见了上海外高桥发电有限责任公司邢连中副总经理和该公司股东方申能电力、上海电力、国电电力的代表以及华东电力试验研究院周新雅总工程师等一行 20 人，双方研讨了外高桥电厂 2×900MW 超临界机组的性能试验结果。

9 月 28 日，院副总工程师范长信及材料部、监督部有关技术负责人与英国焊接研究所（TWI）的 Fred Delany 主任、Steve G Shi 博士就焊接技术结构完整性评估、风险评估的研究成果进行了交流，并探讨了双方未来的合作方向与合作方式。

9 月，根据国家人事部文件通知，热工院李耀君、许世森两位同志被荣获政府特殊津贴专家称号（享受 2004 年度政府特殊津贴）。

10 月 9 日，赵毅副院长主持召开全院保持共产党员先进性教育活动整改提高阶段（第三阶段）动员会议，雍国柱副院长作分析评议阶段（第二阶段）活动总结，蒋敏华院长作第三阶段动员报告。省国资委第二督导组到会指导。

10 月 13 日，院副总工程师许世森和新技术部相关人员与来访的日本著名清洁煤技术专家、名古屋大学先端技术共同研究中心森滋胜教授一行就干煤粉气化技术进行了交流，并对高灰熔点煤气化技术的发展进行了研讨。

10 月 14 日，热工院与世界领先的水处理公司——法国苏伊士集团得利满公司签订了合作协议，双方将共同开拓电厂水处理领域的中水回用、海水淡化以及给水、废水处理市场，并提高我国水质净化技术。

10 月 16 日，热工院举行了北京迁址西安 40 周年纪念大会，华能集团公司总工程师叶大戟到会祝贺并宣读了华能集团公司李小鹏总经理的贺辞和五大集团的贺辞，蒋敏华院长致欢迎辞并作主旨发言，原电力部科技司司长都兴有和热工院历任领导刘纫茝、袁颖、蒋祥军以及职工代表朱宝田分别发表了感言。特邀代表、在热工院工作过的同志及离退休和在职员工共 660 多人参加了大会。

10 月 20 日，热工院蒋敏华院长带队赴北京参加了由中国电机工程学会主任陆延昌主持召开的“自主知识产权的国产 300MW CFB 锅炉技术方案”专家论证会，与会专家们听取了热工院、哈锅的研究人员所作的方案介绍，并进行了充分的讨论。专家论证结果认为：我国研制单位已具备自主开发 300MW CFB 锅炉的能力和条件，建议国家尽早启动分宜 300MW CFB 锅炉工程示范项目。院长助理齐春松、国家工程中心副主任肖平及热工院主要研制人员参加了会议。

10 月 25 日，副总工程师范长信及材料专业人员与日本住友金属工业株式会社的伊势田敦朗博士所率的学术访问团（4 人）就超超临界机组 P122 钢新材料技术进行了交流，双方还达成了今后在材料专业领域开展合作的意向，并探讨了合作方式。

10 月 28 日，刘伟副院长与来访的中国电力投资集团公司河南分公司总经理魏锁、副总经理兼总工王志平、安生部主任张勇等一行就双方建立战略合作关系进行了意向性洽谈。策划部、各专业部门和公司的负责人参加了会谈。10 月 30 日，蒋敏华院长与魏锁总经理进一步洽谈了合作事宜。

10 月 24 日～11 月 2 日，由中电联锅监委主办、热工院协办的“全国电力行业金相中高级检验员培训班”在西安举办。锅监委理化考委会秘书长朱志强到会作重要讲话。来自全国电力行业有关电厂、科研院所、电建企业等单位的 110 多名学员参加了培训。

10 月 31 日～11 月 1 日，挂靠在热工院的电力行业化学标委会在西安召开标准审查会，对热工院负责修、制订的《水、汽试验方法（送审稿）》（含 34 项测试方法）进行审查。标委会委员及大专院校、科研院所、有关电厂的专家共 27 人参加了会议。中电联标准化中心杜红纲处长到会指导。会议通过了对该标准的审查。

11月3～5日，根据国家认证认可监督管理委员会计划安排，国家计量认证电力评审组审核专家王勤一行4人来热工院，对电力工业热力发电设备及材料质量检验测试中心进行计量认证监督审核。审核组对该质检中心的运作和管理给予了高度评价，并一致同意通过本次监督审核，并报请国家认证认可监督管理委员会更新认证项目证书。

11月6日，挂靠在热工院的电力工业热工计量测试中心的5套标准（包括1套热工数字仪表标准、2套转速标准、1套振动标准和1套温度标准）顺利通过了电力系统计量标准考评组的考核复查，即将换发新证。

11月9日，雍国柱副院长主持召开保持共产党员先进性教育活动整改措施落实情况通报会，逐条说明整改提高阶段（第三阶段）的措施落实情况，蒋敏华院长在会上要求进一步深化整改工作，努力取得更大的成效。

11月10～12日，挂靠在热工院的电力行业热工自动化技术标准委员会在西安召开“2005年电力行业热工自动化标准宣贯及研讨会”。

11月14～17日，赵毅副院长在热工院主持召开了中德燃煤电厂水务管理技术研讨会，由德国GTZ公司项目主任Moczadlo带队的德国GTZ公司、STEAG公司和EON公司的德方专家组及热工院、华能邯峰电厂、辛店电厂、平凉电厂等单位的专业负责人参加了研讨和技术交流，并讨论了中德项目开展节水示范工程的具体工作程序。德方专家还在热工院专业人员陪同下实地考察了邯峰电厂。

11月18～19日，热工院的设备监理资格通过了中国设备监理协会评审专家组居玉霞一行进行的各项现场评审，即将报批进行资格认定。

11月21～23日，热工院副总工程师许世森与来访的法国电力公司（EDF）研发中心Philippe Jaud和Eric Joos两位博士就双方正在合作执行的IGCC、超临界和CFBC研发项目的技术进行了研讨。

11月22日，华能集团公司副总经理乌若思、集团公司计划部副经理苏文斌来我院检查指导工作。蒋敏华院长向乌总等领导详细介绍了热工院的总体概况及科研生产状况，并陪同乌总重点参观了SIS实验室、IGCC设计优化及仿真实验室、超临界机组仿真室、煤燃烧及制粉系统实验室、干煤粉加压气化实验室、风机试验台、煤分析实验室、材料实验室、计量实验室、CFB试验台、化学设备加工厂、以及我院在渭化的36t/d（10MWth）干煤粉加压气化中试装置等。乌总对该院取得的科研成果及生产业绩给予充分肯定，并勉励大家继续努力，为华能的可持续发展，为“绿色煤电”计划提供更多更好的技术支持。院领导及各部门主管参加了会议。

11月29日，副院长巨俊鹏主持召开热工院保持共产党员先进性教育活动总结大会。副院长雍国柱代表院党组作总结报告，院长蒋敏华在会上讲话强调党的先进性建设是执政党建设的永恒课题，是一项长期的政治任务，并要求完善和落实保持共产党员先进性的长效机制。省国资委第二督导组组长魏永向到会指导并对热工院的先进性教育活动取得的成效给予了充分肯定。院党组成员、中层以上党员干部、支部书记、离退休党支部党员代表参加了大会。

11月30日，热工院圆满完成了国家发改委重型燃机打捆招标中的第一台整装进口机组、国内首台F级燃气-蒸汽联合循环机组——北京京丰燃气发电有限责任公司390MW（F级）燃气-蒸汽联合循环机组的性能验收试验，并以准确可靠的试验结果得到业主与日本三菱等国外供货商的签署认可。

12月1～2日，院长助理齐春松与来访的加拿大能源技术中心（CANMET）项目负责人Eddy Chui一行就中加政府间技术合作项目“降低中国燃煤锅炉CO_2排放项目（REMCO）”后续工作及数模软件示范试用事宜进行了会谈。

12月8日，热工院为股份公司研发安装的火电运行指标监管系统顺利通过初验收。该系统是以股份公司所属电厂、机组和主辅机为研究监管对象（29个电厂、83台200MW以上机组），对所有的性能参数和性能计算结果进行显示、统计、分析、比较的一整套数据管理系统，为股份公司和电厂构建了一个技术管理平台和机组运行指导工具；该系统在国内第一个实现了电厂级和机组级动态性能指标对比和监管，大大提高了机组的运行管理水平。

12月13日，院长助理齐春松会见了来访的法国电力公司（EDF）研发部Alain Yuan先生及其亚太部项目负责人王大强一行，双方回顾了目前合作的项目情况，并讨论和初步确定了2006年度双方将开展的合作与交流内容。院副总工程师杨寿敏、许世森等参与了会谈。

12月15日，副院长赵毅会见了来访的新西兰能源联合会主席Rob Whitney博士，双方就目前正在合作研究的CDM（清洁发展机制）项目的进展情况及下一步要开展的工作等进行了商谈。院副总工程师许世森等参与了商谈。

12月15日，副院长刘伟会见了来访的日本横河电机株式会社海外事业部主任木濑哲雄及其新加坡工程公司有关负责人一行，双方就在DCS海外项目上进行合作进行了意向性洽谈。自控部主任杨新民等参与了洽谈。

12月，按照中德合作项目——“燃煤电厂水务管理”项目的执行计划，热工院副总工程师汪德良率团一行10人（由华能北方电力、中国大唐、中电投、华电、国电、中电联和热工院等单位人员组成）赴德国对GTZ公司、STEAG公司、E. on电力工程公司及所属电厂等进行了技术考察。本次考察活动主要了解了德国火电厂的节水技术路线和当前的发展现状，为双方下一步执行项目内容提出具体的建议和要求。

12月23日，受国家电网公司科技部委派，江哲生等专家来热工院，对热工院执行的国家“十五”重大技术装备成套设备研制项目——“600MW超临界火电机组成套设备研制”项目（含13个专题）的完成情况进行了检查，并对下一步的具体验收工作进行了安排。

12月28日，副院长赵毅会见了韩国斗山重工（Doosan Heavy Industries & Construction Co.，Ltd.）副总裁Sang-Ki Choi、经理Chul-Gyu Shin、以及北京全四维动力科技有限公司总经理徐星仲等一行，几方就在火电机组性能考核及调试技术领域开展合作事宜进行了探讨。院副总工杨寿敏、范长信以及有关部门负责人参加了会谈。

12月28日，郑松副院长在北京盈都大厦主持召开热工院北京分公司（华能技术中心北京研发中心）全体员工大会。蒋敏华院长在会上作重要讲话，刘伟副院长出席会议。这次会议标志着热工院北京分公司（华能技术中心北京研发中心）进入正式运营阶段。

12月29日，华能集团公司副总经理乌若思一行到热工院慰问干部职工，并看望了部分困难职工。

12月，中国技术市场协会组织进行的第二届中国技术市场协会“金桥奖”评比工作揭晓，该院荣获“第二届中国技术市场协会金桥奖先进集体奖”，火电厂生产过程信息系统（SIS）的研究、开发和应用项目获“第二届中国技术市场协会金桥奖优秀项目奖”，陈永平同志荣获“第二届中国技术市场协会金桥奖先进个人奖”。

12月，根据中国电力企业联合会发布的《关于公布火电厂烟气脱硫工程后评估专家库专家名单（第一批）的通知》，热工院丹慧杰、何育东、聂建平、赵宗让、牛国平5名专家入选火电厂烟气脱硫后评估专家库（第一批）。

（魏小征　姚惠珍）

国电自动化研究院

基本情况

1. 人员

至2005年底，该院在职职工总数826人，其中专业技术人员720人；具有高级职称者320人（含教授级高级工程师19人）、中级职称者244人，获博士学位39人、硕士学位388人。有中国工程院院士2人，国家级有突出贡献的中青年专家3人，享受政府特殊津贴者22人。

2. 机构设置

南京南瑞集团公司是国电自动化研究院为促进科研成果产业化而创建的高新技术企业。目前，国电自动化研究院和南瑞集团公司实行一体化运行和管理，简称“南瑞”。

至2005年底，该院/集团公司设有以下机构：①1个研究开发中心；②15个研究所，即继电保护、电网控制、系统、稳定技术、自动控制、工业控制、电气控制技术、大坝及工程监测、信息技术、水情水调及环境监测、农村电气化、配电终端技术、通信技术、城乡电网自动化、深圳南京自动化研究所；③11个分公司，即稳定技术、电气控制、大坝工程监测、信息系统、水情水调及环境监测、农村电气化、配电终端技术、通信系统、城乡电网自动化、动力控制、成套设备分公司；④11个子公司，即国电南瑞科技股份有限公司、南京南瑞继保电气有限公司、南京南瑞自动控制有限公司、深圳南瑞科技有限公司、北京南瑞系统控制有限公司、上海南瑞实业有限公司、南京中德保护控制系统有限公司、南京京瑞科电力设备有限公司、南京南瑞广告传播有限公司、南京南瑞电气检测技术有限公司、南京南瑞工贸实业有限公司；⑤1个科研辅助部门，即科技教育中心；⑥11个职能及后勤部门，即办公室、人事处、综合业务处、营销处、质量管理处、财务资产管理处、审计处、政治部、国际合作处、后勤处、工会；⑦1个《电力系统自动化》杂志社；⑧1个成套设备制造厂。

3. 经济情况

2005年新签订合同额超过35亿元，较2004年增长超过16%；完成销售收入超过28亿元，较2004年增长超过12%。

科研工作

1. 全年有16个科研项目获奖

（1）电力系统的自适应系统保护方法（中国专利优秀奖）；

（2）电力系统信息安全应用示范工程（国家科学技术进步二等奖）；

（3）大型旋转机械非线性动力学问题（国家科学技术进步二等奖）；

（4）FWL/B-600&800系列可控硅微机励磁系统（中国电力科技一等奖、国家电网公司科技进步一等奖、江苏省科技进步二等奖）；

（5）SMU&DPR系列电网安全监控装置（中国电力科技三等奖、国家电网公司科技进步三等奖）；

（6）多馈入直流输电系统的控制策略及其对南方电网暂态功角稳定性的影响（中国电力科技三等奖、南方电网公司科技进步三等奖）；

（7）PI2000 U4信息系统平台（国家电网公司科技进步三等奖、江苏省科技进步二等奖、南京市优秀软件产品奖、南京市科技进步奖）；

（8）ON2000配网综合调度自动化系统（国家电网公司科技进步三等奖、江苏省科技进步一等奖、南京市科技进步奖）；

（9）西北电网水调自动化新系统开发与应用（国家电网公司科技进步三等奖）；

（10）DSA系列发电厂电气综合自动化系统（江苏省科技进步二等奖）；

（11）广西电网OPS-102预防控制在线预策系统（南方电网公司科技进步二等奖）；

（12）都江堰渠首水情水质监测及调度决策支持系统（四川省科技进步三等奖）；

（13）丹江口电站SSJ-3060计算机监控系统（水利部三等奖）；

（14）新型微机保护测控一体化装置的研制（南京市科技进步奖）；

（15）DSA保护监控一体化软件V1.0（南京市优秀软件产品奖）；

（16）PFS3000电网继电保护及故障信息管理系统（南京市优秀软件奖）。

2. 全年有32项科研成果通过省部级结题、鉴定/验收

（1）500kV超高压变电所自动化系统的研制（国家电网公司验收）；

（2）大型大坝工程安全自动化监测新技术研究（国家电网公司验收）；

（3）大型电力系统安全稳定控制系统的研究和开发（国家电网公司验收）；

（4）电子式电压、电流互感器的研制（国家电网公司验收）；

（5）继电保护动态模拟试验室建设（国家电网公司验收）；

（6）配电自动化及配电管理系统开发和集成（国家电网公司验收）；

（7）区域电力市场运营与技术研究（国家电网公司验收）；

（8）直流控制保护技术引进与设备开发（国家电网公司验收）；

（9）超高压直流输电控制和保护系统开发研究（国家电网公司验收）；

（10）国家电网公司营销实时信息系统框架设计方案研究（国家电网公司验收）；

（11）PCS-9500高压直流控制和保护系统（中国电机工程学会鉴定）；

（12）FWK-300型分布式稳定控制装置（江苏省科技厅鉴定）；

（13）数字式电压、电流互感器的研制（国家电网公司验收）；

（14）DSA系列发电厂电气综合自动化系统（江苏省外经贸委验收/鉴定）；

（15）电力工业过程自动化技术产业化示范工程（国家电网公司验收）；

（16）电力市场稳定性与电力系统稳定性的相互影响（自然科学基金项目结题）；

（17）FIS2000继电保护及故障信息管理系统（江苏省科技厅鉴定）；

（18）UFV-200A频率电压紧急控制装置（江苏省科技厅鉴定）；

（19）UFV-200C稳定控制装置（江苏省科技厅鉴定）；

（20）UFV-200F失步解列装置（江苏省科技厅鉴定）；

（21）UFV-200J备用电源自投装置（江苏省科技厅鉴定）；

（22）RDS2600电力调度实时数据传输平台（江苏省科技厅鉴定）；

（23）基于标准化平台的电网调度自动化集成系统OPEN-3000（江苏省科技厅鉴定）；

（24）NSR891、NSR892数字式变压器保护装置（江苏省科技厅鉴定）；

（25）地区电网调度自动化灾难互备系统（江苏省科技厅鉴定）；

（26）GKS-9000分散控制系统（江苏省科技厅鉴定）；

（27）SSJ-3600水电厂计算机监控系统研制与应用（长江水利委鉴定）；

（28）纵向加密认证装置及反向型隔离装置（国家密码管理局鉴定）；

（29）PRS-701超高压线路成套保护装置（中电联鉴定）；

（30）PRS-702超高压线路成套保护装置（中电联鉴定）；

（30）PRS-753超高压线路光纤纵差成套保护装置（中电联鉴定）；

（31）PRS-700变电站综合自动化系统（中电联鉴定）；

（32）县级供电企业管理信息辅助决策系统项目

（国家电网公司验收）。

3. 获得专利授权 4 项

（1）振弦高度夹紧的振弦式仪器（实用新型）；

（2）机柜（外观）；

（3）发电机可控续流式灭磁电路（实用新型）；

（4）电网调度自动化电信公网通信通道安全装置（实用新型）。

4. 获得软件著作权 18 项

（1）南瑞 DSA 系列发电厂电气综合自动化系统软件 V1.0（城乡电网自动化分公司）；

（2）NARI ON2000 配网综合调度自动化系统软件 V2.0（农村电气化分公司）；

（3）NARI FIS2000 继电保护及故障信息管理系统软件 V1.0（农村电气化分公司）；

（4）NARI W-DSMT 型 GPRS/CDMA 配用电综合监控终端软件 V1.0（通信系统分公司）；

（5）NARI 远程视频监控系统软件 V1.0（通信系统分公司）；

（6）NARI PI2000 信息系统平台软件 V8.1（信息系统分公司）；

（7）NARI PLA1000 电力二次专用日志集中审计系统软件 V1.0（信息系统分公司）；

（8）NARI ST-3000 安全传输系统软件 V1.0（信息系统分公司）；

（9）NARI RDS2600 调度数据传输平台软件 V1.0（信息系统分公司）；

（10）NARI POC500 电力调度操作票管理系统软件 V1.0（信息系统分公司）；

（11）NARI PS2000 电力营销及客户服务管理系统软件 V1.0（信息系统分公司）；

（12）NARI PCSS2000 电力数字证书服务系统软件 V1.0（信息系统分公司）；

（13）NARI RSDSS100 水库调度决策支持系统软件 V1.0（水情水调分公司）；

（14）NARI WDS9002 电网及流域水调自动化系统软件 V1.0（水情水调分公司）；

（15）NARI 基于标准化平台的电网调度自动化集成系统 OPEN-3000 软件 V1.0（国电南瑞科技股份有限公司）；

（16）国电南瑞 RT21-SCADA 轨道交通电力监控系统软件（国电南瑞科技股份有限公司）；

（17）国电南瑞 RT21-SAS 轨道交通变电所综合自动化系统软件（国电南瑞科技股份有限公司）；

（18）快速消隐抖动识别开关量变位的方法（国电南瑞科技股份有限公司）。

5. 获得软件产品登记 19 项

（1）南瑞 DSA 系列发电厂电气综合自动化系统软件 V1.0（城乡电网自动化分公司）；

（2）NARI ON2000 配网综合调度自动化系统软件 V2.0（农村电气化分公司）；

（3）NARI FIS2000 继电保护及故障信息管理系统软件 V1.0（农村电气化分公司）；

（4）NARI W-DSMT 型 GPRS/CDMA 配用电综合监控终端软件 V1.0（通信系统分公司）；

（5）NARI 远程视频监控系统软件 V1.0（通信系统分公司）；

（6）NARI PI2000 信息系统平台软件 V8.1（信息系统分公司）；

（7）NARI PLA1000 电力二次专用日志集中审计系统软件 V1.0（信息系统分公司）；

（8）NARI ST-3000 安全传输系统软件 V1.0（信息系统分公司）；

（9）NARI RDS2600 调度数据传输平台软件 V1.0（信息系统分公司）；

（10）NARI POC500 电力调度操作票管理系统软件 V1.0（信息系统分公司）；

（11）NARI PS2000 电力营销及客户服务管理系统软件 V1.0（信息系统分公司）；

（12）NARI NARI PCSS2000 电力数字证书服务系统软件 V1.0（信息系统分公司）；

（13）电网调度自动化集成系统 OPEN-3000 V1.0（国电南瑞科技股份有限公司）；

（14）NSPM-2000 故障信息管理系统软件 2.0（中德保护控制系统有限公司）；

（15）NSC-300UX 计算机监控系统软件 3.0（中德保护控制系统有限公司）；

（16）深南瑞 PRS702 超高压线路保护软件 V1.00（深圳南瑞科技有限公司）；

（17）深南瑞 PRS701 超高压线路保护软件 V1.00（深圳南瑞科技有限公司）；

（18）深南瑞 PRS700 变电站综合自动化软件 V1.10（深圳南瑞科技有限公司）；

（19）深南瑞 PRS753 光纤分相纵差保护软件 V1.20（深圳南瑞科技有限公司）。

6. 获得江苏省高新技术产品认定 8 项

（1）DAMS-IV 大坝安全监测系统（大坝工程监测分公司）；

（2）土石坝安全自动化监测系统（大坝工程监测分公司）；

（3）NF1 型新电力控制机柜（成套设备分公司）；

（4）FWL 型微机励磁系统（电气控制分公司）；

（5）GWJ 安全稳定控制装置（稳定技术分公司）；

（6）NS2000 变电站综合自动化系统（国电南瑞

科技股份有限公司)；

(7) PFS3000电网继电保护及故障信息管理系统(国电南瑞科技股份有限公司)；

(8) NSR新型微机保护测控一体化装置(国电南瑞科技股份有限公司)。

管理工作

1. 科研计划管理

(1) 申报国家科技部国家重点新产品项目5项，其中包括“SMU-1型同步相量测量控制装置”(已批准)、“CAS2000整合型变电站自动化系统”(已批准)、“PI2000电力企业信息系统平台”(已批准)、“RT21轨道交通动力自动化系统”(已批准)、“DSA-180型微机发电机保护测控装置”(已批准)等。

(2) 申报国家科技部科研院所技术开发专项项目4项，其中包括“基于瞬时无功理论的大机组励磁控制系统研制”(已批准)、“基于ProfiBus的水电厂分布式测控装置研究”(已批准)、“新型配电线载波通信技术及其应用系统研究”(已批准)、“水电工程新型系列安全监测仪器的研制及应用开发”等。

(3) 申报国家科技部创新研究群体科学基金项目1项，即“现代大电网的综合防御体系”。

(4) 申报国家信息产业部电子信息产业发展基金项目2项，其中包括“通用型企业信息系统平台”(已批准)、“电力通信加密认证网关”等。

(5) 申报国家自然科学基金重大项目1项，即“电力系统广域安全防御体系基础理论及关键技术研究”(已批准)。

(6) 申报国家自然科学基金雅砻江水电开发联合研究基金项目1项，即“市场条件下流域梯级(雅砻江下游)水电站联合运行与管理”。

(7) 申报国家发展和改革委员会国家高技术产业化项目1项，即“电网广域监测分析保护控制和高压变电站综合自动化技术成果产业化”(已批准)。

(8) 申报国家发展和改革委员会国家软件产业化项目1项，即“基于新标准体系的高压输变电控制系统嵌入式软件产业化”。

(9) 申报国家电网公司科技项目4项，其中包括“特高压交流继电保护原理研究”(已批准)、“基于配电网广域保护和自愈控制技术的新一代配电网自动化系统”、“网省电力公司现代电力营销风险评估与决策分析系统的研制”、“基于电子式互感器的保护及自动化”等。

(10) 申报国家电网公司软课题项目1项，即“国家电网公司营销实时信息系统框架设计方案研究”(已批准)。

(11) 申报国家电网公司国调中心项目1项，即“省级及以上电力调度生产管理信息系统参考模型及原型系统的研究”(已批准)。

(12) 申报江苏省科技厅科技攻关项目1项，即“电力通信网综合管理平台的研究与设计”。

(13) 申报江苏省科技厅高技术研究项目2项，其中包括“电力二次系统网络安全管理平台的研究”、“网络隔离与信息交换系统的研制开发”等。

(14) 申报江苏省科技厅科技成果转化专项资金项目1项，即“城市轨道交通电气自动化技术产业化”。

(15) 申报江苏省信息产业厅软件和集成电路业专项项目2项，其中包括“国际标准变电站自动化软件共性技术研究和互操作环境建设”(已批准)、“基于网格技术的电网调度自动化集成系统”(已批准)等。

(16) 申报江苏省知识产权局项目1项，即“2005江苏省知识产权战略推进计划”(已批准)。

(17) 申报南京市科技局科技招标项目1项，即“典型电子信息产品中嵌入式软件开发及产业化”(已批准)。

(18) 申报南京市科技发展计划项目2项，其中包括“电力用逆变器并联系统研制”、“电力实时通信加密认证网关的研制”等。

(19) 通过院/集团公司立项项目27项，其中包括“电力自动化技术拓展和产业化项目-新型变电站综合自动化关键技术研究”(已批准)、“电力自动化技术拓展和产业化项目-WARMAP关键技术研究”(稳定所，已批准)、“电力调度综合数据平台”(信息所，已批准)、“并网型风力发电机组电控系统研究”(电控所，已批准)、“配电网无功及谐波动态补偿综合治理装置控制系统研究”(电控所，已批准)、“中压配电线的配电自动化新型数字通信系统的应用研究(第二阶段)”(水情所，已批准)、“新型系列安全监测仪器的研制及应用开发”(大坝所，已批准)、“电力调度通信与视频监控一体化平台的研究”(通信所，已批准)、“微机母线保护装置应用于1000kV的前沿研究”(深圳所，已批准)、“特高压互联电网的安全稳定控制装置的研究”(稳定所，已批准)、“DSA8321变压器微机保护”(城乡所，已批准)、“DSA8343光纤差动距离保护装置”(城乡所，已批准)、“瞬态干扰测试方法研究”(电检公司，已批准)、“220V/50Hz/6kVA电力用逆变器并联系统研制”(工厂，已批准)、“电力自动化设备检测实验室管理系统”(电检公司)、“PI2005信息系统平台研制”(信息所)、“电力二次安全监管系统研制”(信息所)、“电力二次系统安全评估平台的研究与开发”(信息所)、“一体化开放式调度专业应用平台”(信息所）、“电网电能质量在线监测网络系统”（电控所）、“专用通信通道动态监测记录装置的研制”（稳定所）、“FIS2000继电保护及故障信息管理系统”（农电所）、“变电站监控/五防/信息管理一体化监控软件的开发”（农电所）、“负荷控制终端及通用GPRS通信模块的研制”（农电所）、“通用一体化硬件平台的开发”（农电所）、“面向对象的变电站自动化系统”（城乡所）、“新一代一体化电力通信综合网管平台” （通信所）等。

2. 财务资产管理

完成每月快报工作。完成技术贸易分公司的资产清理工作。

配合国家电网公司完成涉及金融保险投资、公司收购活动、股票债券投资、高风险投资业务、产权转让、财务专题调研、会计基础及内部控制、在金融资产管理公司债务情况、社保类资金管理、财会人员基本情况分析、金融资产清理、清理委托理财、清理银行账户等13项调查。

依托国家电网公司的资金监控系统，完成了银行资金实时上报和监控的基础工作。初步建立对院及下属控股公司的银行账户每月存款余额的填报汇总机制。

3. 质量管理

将院级质量管理体系文件全面修订成D2版，提高了三个层次文件的可操作性，顺利通过内部审核和上海质量审核中心的复评审核。

全年完成院内315台套各类设备检测（包含EMC试验），同比增加63%；完成各类元器件测试约2151万件，同比增加19.5%。全院产品出厂控制29826台套，抽检率为39.8%，一次抽检合格率99.4%。新发放15个产品、重新再确认36个系列或项目老产品的质保生产许可证。组织完成计量检定293台套。

4. 教育培训

博士后科研工作站完成1名博士后研究人员出站考核。2002级13名硕士研究生毕业。按国家计划指标招收2005级定向培养硕生22人，现在读硕士生总数55人，在院从事论文工作的博士研究生15人。按国网公司规定委托外单位培训20人次，在职攻读博士、硕士学位18人。举办院级员工培训班15期，接受培训847人次。举办行业技术培训班10期，出版培训教材7套，接受培训674人，发出中电联继续教育证书623本。

5. 期刊

该院主办的全国性专业技术期刊《电力系统自动化》连续第四届蝉联“百种中国杰出学术期刊”的称号；该刊组建了新一届编委会，增加了8名国际顾问。《电力系统自动化》全年共刊出文章505篇，比2004年的529篇下降5%；《水电自动化与大坝监测》全年共刊出文章149篇，比2004年的158篇下降6%。2005年在两刊录用该院学术论文68篇，达到历史最高。

国内外学术交流与技术合作

1. 学术交流

（1）全年发表学术论著2部、标准8个、论文398篇，其中在国外学术刊物和有关国际会议上发表论文24篇。经院学术委员会无记名投票表决，评选出2005年度优秀学术论文（著作）共78篇（部），其中《发电厂与变电站自动化技术及其应用》（唐涛等编著）等2本书获著作三等奖；“面向对象的分布式实时数据库管理系统的设计与实现”（王宁等著）等4篇论文获一等奖；“Application of Next Generation Power Communication”（卜宪德等著）等28篇论文获二等奖；“调度综合数据中心在电力系统中的运用”（卞晓东等著）等44篇论文获三等奖。

（2）完成《变电站通信网络和系统　第2部分：术语》等8项电力行业标准送审稿的审查和报批；完成《远动设备及系统　第1—1部分：总则　基本原则》等3项电力行业标准化指导性技术文件的函审和报批；制定/修订《企业标准体系　第1部分：技术标准体系》、《产品和模块型号命名方法》等8项企业技术标准，审查发布《MDS多媒体调度通信系统》等3项产品标准。中电联审查通过《电容式引张线仪》等5项标准，南京市质量技术监督局审查备案《NVS系列振弦式应变计》等4项标准。完成《大中型水轮发电机静止整流励磁系统及装置技术条件》、《大中型水轮发电机静止整流励磁系统及装置试验规程》、《大中型水轮发电机微机励磁调节器试验与调整导则》送审稿，参与《水情自动化测报系统运行、维护及检修试验规程》、《水电厂监控系统技术条件》标准编写工作。

（3）至2005年，该院以单位会员身份参加的国内外学术团体机构有15个，挂靠该院的学术团体机构有20多个，是“全国水电厂自动化技术信息网”和“全国大坝安全监测技术信息网”的网长单位。全年组织4批次科技人员参加了在境内外召开的国际学术交流会议，对学会会员实现了计算机化管理，推荐学会干部10名并向上级学会机构推荐优秀科技人才，组织各挂靠学术团体出版网刊与论文集16册（期）及有关技术资料，开展有重大影响的学术技术交流活动20余次。

2. 对外合作

（1）全年组织申报出国技术考察、技术培训、参加国际会议等出国任务 25 项，出访加拿大、法国、荷兰、印度等 10 多个国家和地区。接待马来西亚电力公司（TNB）、法国电网公司、哈萨克斯坦国家电网公司、瑞典商务处、西门子输变电公司、ALSTOM 公司等多批外宾来访。

（2）中标国内外招标项目 8 项，其中包括“天津引滦工程流量计”、“巴基斯坦马兰 III 水电站流量计”、“台湾名间水电站计算机监控系统及辅机系统”、“阿尔及利亚 SORALCHIN 炼油厂发电机励磁调节器”、“越南生权铜联合企业项目”、“Early warning system equipment for Andijan and Tashkent reservoirs”、“马来西亚巴贡项目购多点位移计”、“稳定气轮机配件”等，合同金额 157 万美元。

（3）参加国内重大投标项目 16 项，其中“重庆轻轨较新线二期工程供电设备包电力监控系统 SCADA 及变电所综合自动化设备采购合同”、“广州大学城二期校区配电房电力监控系统设备及相关服务”、“广州地铁五号线直流电源系统”、“北京地铁五号线综合监控系统”、“广州地铁四号线延伸段”等 5 项合同中标，合同金额 8417 万元。

精神文明建设

（1）思想政治工作。经江苏省委组织部同意，该院将院机关党委变更为院直属机关党委，并召开了院直属机关第一次党代会。

开展保持共产党员先进性教育活动，得到江苏省委督导组和国家电网公司巡回检查组的肯定，以总体评价 100%满意或基本满意的高满意率通过民主测评。全年批准发展新党员 10 名，预备党员转正 57 名。

被江苏省委、省政府和省文明委第七次命名为“江苏省文明单位”、南瑞集团公司被命名为“江苏省文明单位标兵”。

（2）工会工作。工会组织召开了职工暨工会会员代表大会和年度职工大会，组织开展向印度洋地区海啸灾民捐款 39000 多元。开展“助学帮困”主题实践活动，向高淳县固城镇结对“助学帮困”基金共捐款 11.3 万元。开展“夏季百日无事故”活动，获得江苏省教科工会“优胜单位”表彰。

主要事件

1 月 11 日，马来西亚电力公司副总经理 Dato' Mohd Zainal Azirun 率马来西亚电力公司高级官员来访。

1 月 17 日下午，院召开了各挂靠社会学术团体机构主任委员/秘书长年度工作会议。院总工程师薛禹胜院士、江苏省电机工程学会叶惟辛副秘书长、挂靠本院各社会学术团体机构负责人参加会议。

1 月 17 日，西门子输变电公司能量自动化部总经理 Dr. Armin Bruck 一行 4 人来访。

1 月 18 日，国家电网公司任命郑惠民任院党组副书记、纪检组长。

1 月 24 日，南京南瑞集团公司“南瑞牌电力自动化系统与装置”获 2004 年江苏名牌产品称号。

1 月 25 日，院、集团公司、国电南瑞科技股份有限公司、南京中德保护控制系统有限公司、南京南瑞继电保护有限责任公司被南京高新技术产业开发区管委会授予“突出贡献企业”称号。

2 月 17 日，院/集团公司在南京国际会议中心召开 2005 年工作会议。

2 月 22 日，院/集团公司在南京大行宫会堂召开 2005 年职工大会。

2 月 27 日，徐石明获第八届“江苏省青年科技奖”。

3 月 2 日，继南京南瑞集团公司所持有的“南瑞”商标于 2003 年被认定为江苏省著名商标后，使用在“计算机控制装置及仪器仪表等”商品/服务上的“NARI”商标（注册证号为 715154）经江苏省工商行政管理局认定，也取得了江苏省著名商标证书及表彰铜牌，有效期至 2007 年。

3 月 28 日，国电南瑞科技股份有限公司举行科技大楼奠基典礼。卜凡强院长宣布大楼建设开工。南京市人民政府许慧玲副市长，江苏省科技厅王永顺厅长，江苏省信息产业厅谢正义副厅长等领导出席仪式并为大楼奠基。

3 月 28 日，院/集团公司研制的“OPS-1 紧急控制在线预决策技术”荣获国家技术发明奖二等奖。这是电力系统唯一获得本年度国家技术发明奖二等奖的项目，也是南瑞集团获得国家技术发明奖二等奖的第三个项目。南瑞获得的国家级成果奖因此增至 41 项。

4 月 23 日，院电力系统自动化设备检测实验室再次通过实验室国家认可委监督评审。

4 月 29 日，在南京市社会保险扩面征缴工作会议上，院和集团公司分别被南京市劳动和社会保障局授予“南京市社会保险费申报缴纳 A 级信誉单位”。

5 月 12 日，法国电网公司总经理、执行总裁 Mr. Andre MERLIN 在国家电网公司国际合作部张健副处长陪同下来院考察。

5 月，“2005 年中国软件产业最大规模前 100 家企业”揭晓并发布。南京南瑞集团公司、南京南瑞继保电气有限公司、国电南瑞科技股份有限公司分别以独立法人连续第四年进入中国软件企业百强。

6 月 8 日，南京南瑞集团公司、国电南瑞科技股份有限公司、南京南瑞继保电气有限公司、南京中德保护控制系统有限公司通过了南京市骨干软件企业复核。

6月21日，中国共产党国电自动化研究院直属机关第一次代表大会召开。会议选举郑惠民同志为院直属机关党委书记、周经伟同志为院直属机关党委副书记。大会以无记名投票、差额的方式选举产生新一届院直属机关党委，王爱玲、宋云翔、李国春、闵涛、周经伟、季侃、郑惠民、施冲、柳一兵、奚国富、梁志成等11位同志当选为新一届院直属机关党委委员。

6月28日，马来西亚电力公司SCADA/EMS项目主任Mr. Jaffar Bin Othman、系统运营部总经理Mr. Teh Ah Kau率代表团访问国电南瑞科技股份公司。

6月29日，集团公司通过南京市高新技术企业复核。

7月15日，院党组在江苏省军区礼堂召开“以实践‘三个代表’重要思想为主要内容的保持共产党员先进性教育活动”动员大会，全面启动先进性教育活动。

7月19日，院先进性教育活动领导小组办公室举办全院“先进性教育活动骨干培训班”。院党组副书记郑惠民在培训前讲话。各党总支、支部（包括党总支下属的党支部）书记、委员及党小组长近50人参加培训。

7月22日，集团公司、南京南瑞继保电气有限公司再次通过年度国家规划布局内重点软件企业的认定。

8月3日，南瑞集团博士后科研工作站领导小组召开了第五次会议。原则上审议通过《关于提高在站博士后研究人员工作考核奖励标准、完善社会保险等福利待遇的建议》。

8月3日，院硕士学位评定委员会召开了第二十四次会议。经无记名投票通过决定授予2002级毕业研究生李晓星等13人“电力系统及其自动化”专业工学硕士学位。会议评选了2005年度南瑞奖学（教）金获得者：南瑞优秀毕业生奖2名（吴通华、常鹏飞），南瑞优秀教师奖2名（姚建国、梁志成），南瑞新生奖2名（余业祥、郑茂然）。会议还推荐了参加省教育厅、省学位办组织的“江苏省研究生创新工程”优秀论文评选的毕业生论文。

8月19日，第二批先进性教育活动江苏省委第八督导组组长郑蕊芳主持召开“以实践‘三个代表’重要思想为主要内容的保持共产党员先进性教育活动”分析评议阶段动员会。

8月29日，国家电网公司任命吴维宁任院党组成员、副院长。

8月29日，国家电网公司国际合作部王益民主任陪同哈萨克斯坦国家电网公司总裁博宗巴耶夫K. A.、副总裁阿比达耶夫E. A.来院访问。

8月，院/集团公司研制的“FWL/B-600&800系列可控硅微机励磁系统”获国家电网公司科学技术进步一等奖。

9月2日，国家电网公司副总经理陈进行及国家电网公司营销部主任王相勤、副主任侯清国等来院调研。

9月21日，集团公司作为江苏省唯一的获奖企业，被授予“国家火炬计划软件产业基地优秀软件企业”荣誉称号。

10月21日，院获“国家电网公司档案工作先进集体”荣誉称号。

10月22日，中共中央政治局常委、国务院总理温家宝在国务委员兼国务院秘书长华建敏、国务委员陈至立、江苏省委书记李援潮、江苏省省长梁保华陪同下，考察了院继电保护科研和产业基地——南瑞继保电气公司。

10月27日，院党组设立“高淳县固城镇结对‘助学帮困’基金”。院先进性教育活动办公室发出《关于开展“助学帮困”主题实践活动的通知》，组织全院党员开展“助学帮困”主题实践活动，有829名党员和5名入党申请人捐款，总额113936元。

10月28日，院举行“以实践‘三个代表’重要思想为主要内容的保持共产党员先进性教育活动”总结表彰大会。

11月30日，院/集团公司总工程师薛禹胜院士和稳定技术研究所副所长方勇杰博士当选为国际大电网会议（CIGRE）中国国家委员会委员。经陆延昌主席提名，国家委员会通过，薛禹胜院士担任CIGRE中国国家委员会技术委员会主席，他同时还是执行委员会9位委员之一。

11月，院团委被共青团江苏省委评为“江苏省五四红旗团委”。

12月7日，国家信息产业部娄勤俭副部长在江苏省信息产业厅张坊、谢正义副厅长陪同下，来院考察调研。

12月29日，集团公司荣获江苏省人事厅表彰的“博士后管理工作先进单位”称号，科教中心苏伯林主任被评为江苏省人事厅表彰的“博士后管理工作先进个人”。

（曹成林）

国电电力建设研究所

单位概况

国电电力建设研究所（简称电建所）创建于1958年，是国家电网公司直属的电力建设科学技术综合性研究开发企业。2001年正式在国家工商行政管理总局登记注册为国电电力建设研究所，注册资金6065万元，2005年注册资金增加到1亿元。电建所是国家电网公司输电线路机械力学专业的技术支撑单位。着重从事输电线路杆塔结构、基础、导线、光缆、金具及施工机械等的技术研究、设计、试验及检测工作并提供技术成果，用以指导设计与工程实践，为提高电网输送能力提供技术支持。同时，也为电厂建设提供有关电站辅机（包括水处理、除灰、除渣、高温高压管件、油净化）产品及技术服务。

截至2005年底，电建所设置本部职能部门4个，专业研究室（中心）5个，相对控股公司2个，所办企业1个。另外，《电力建设》编辑部挂靠在该所信息出版中心。

2005年，电建所提出了“建设科研体系坚强、资产优良、服务优质、业绩优秀现代科研企业”的战略目标；明确了“做好国家电网公司输电线路机械力学专业的技术支撑，服务于国家电网公司建设‘一强三优’现代公司，服务于特高压输电技术，服务于西电东送、南北互济、国家电网的工程建设，服务于电网安全稳定运行”的工作定位；提出了“准确定位、抓住机遇、扩大服务、加速发展”的工作思路。

2005年，电建所新签合同额78575万元；完成产值5.98亿元，其中主营业务收入实现5.43亿元，增长99.1%；完成资产负债率63.33%，下降6.67%；净资产收益率9.08%，增长5.53%；净资产1.99亿元；流动资产周转率增加0.17次。

人力资源

截至2005年底，全所在职职工410人，离退休人员256人。在职职工中，专业技术人员270人，其中教授级高工7人，高级工程师62人，工程师98人。博士后学历3人，博士学历7人，硕士学历77人，本科学历124人，专科学历71人。

电建所将队伍建设作为基础性、战略性的工作来抓，加强各级领导班子思想政治建设、组织建设、作风建设和能力建设，提高领导干部的大局意识和责任意识，增强了贯彻国家电网公司决策部署的自觉性和主动性，执行力得到进一步提高。

开展了人力资源调查和系统分析，制定了人力资源战略规划和培训计划，加强人才梯队建设，改善人员结构，为该企业成龙配套发展夯实专业基础。全年培训职工总计166人次。

重点工作

2005年，新立科研项目9项，在研项目22项。科研项目完成率100%，科研项目验收合格率100%，其中通过国家电网公司验收项目4项、西北电网公司验收2项。自筹科研投入556万元，是2004年的2倍多。成立了特高压技术攻关领导小组、专家小组，为特高压课题研究提供了组织和技术保障。共承担特高压关键技术研究项目6项，参与特高压施工科研项目6项。自主创新研发的我国第一套微风振动在线监测系统在“500kV平肥线淮河大跨越”安装调试成功并进入工业试运行。开展了提高现有线路输送能力的导线温升试验研究和耐热导线蠕变试验研究，其成果得到了工程应用。完成了P92钢焊接工艺优化试验研究，并通过专家鉴定。

进行了5个OPGW大跨越防振设计和试验验证，将OPGW的微风振动水平降低到安全使用范围内，为电力通信线路的安全稳定提供了技术支撑。

完成铁塔试验68基，同比增长140%。在实验硬件条件不完备的情况下，克服困难，完成了第一基750kV变电构架的测试工作，为我国第一条750kV输变电工程线路的可靠运行提供了技术保证。完成了三峡蔡家冲—上海白鹤±500kV直流输电线路重点工程4基异型铁塔的测试。该工程设计采用异型铁塔，为国家电网公司完成该重点工程降低了造价，并提供了技术支持。完成了伊拉克、多哥、孟加拉(132kV)、苏丹麦罗威（500kV送电线路工程）、澳大利亚5国15项铁塔等的测试。

完成大跨越导地线防振试验研究工作10项。其中三峡右岸送出工程的6个大跨越是：蔡白±500kV直流输电工程塔坪桥长江、沙洋汉江、荻港长江大跨越，500kV潜咸线（石矶头）、蔡荆线（塔坪桥）、右荆线（邓家溪）长江大跨越。其余4项为500kV大胜关长江、35kV马峙岛、115kV湄公河（老挝）、35kV牡丹江大跨越。完成大跨越导地线现场测振18项、导线振动疲劳试验18项、导线蠕变试验16项、间隔棒振动疲劳试验5项、防振锤功率特性试验及疲劳试验12项。对云南500kV大厂线及内蒙古高布线等5条500kV输电线路工程近100组导地线和300余件金具进行了抽检。全年共进行导线、金具试验或检验924项。

开展了特高压输电线路典型地质条件调查，

对杆塔基础选型与设计原则、杆塔基础型式及施工工艺等进行了研究；在国内首次采用竖向上拔力/下压力、横向和纵向水平力按比例同步加卸载方法，进行了沙漠地基角钢插入式基础现场试验研究，为宁东-天津±500kV直流输电工程提供了设计参数；完成了华北地区强风化岩地基锚杆基础试验研究。

完成了1000t级GYT系列钢索液压提升设备以及配套装置的研制、调试及现场应用，共计12套。协助国家质检总局完成8种起重设备型式试验细则、技术规范的编写。完成14台电站塔式起重机、履带式起重机、抱杆等特种设备的型式试验。开展了1000kV输电线路组塔、放线、变电站构架组立及母线跳线施工工艺的研究。

开展了8个电厂汽轮发电机动力基础振动模型试验和现场振动测试研究；完成了12个电厂动力基础隔振研究及设计。

推进高温高压管件、气力输送、钢带输送、水处理等产品均衡发展，将主要产品放在亚临界600MW机组上，对超临界机组则重点放在给水和冷段业务领域，使市场占有率保持国内排名第一；气力输送专业以克莱德作为同业对标单位，通过系统的优化设计和内部成本的挖潜，获得市场竞争优势，确保市场占有率排在行业的前三位；伊敏电厂干排渣系统改造项目的顺利验收，干排渣设备国产化继续处于国内领先地位。

完成750kV输变电示范工程铁塔和导线的监造任务，共完成铁塔监造近5.8万t和10个工程的导线监造3.8万t。配合国家电网公司集中招标工作，组织技术人员编写了铁塔、导地线和光缆的招标技术要求范本，参与了铁塔、导地线和光缆的技术评标工作，按国家电网公司招投标中心的要求开展了相关生产厂家投标资格的评估工作。

2005年，获得国家科学技术进步奖二等奖1项、中国电力科学技术奖三等奖1项，中国电力科学技术奖三等奖1项，国家电网公司科技进步奖二等奖、三等奖各1项；参与建设的500kV贵广交流输变电工程被中国南方电网有限责任公司评定为中国南方电网建设优质工程；申请专利11项；公开发表学术论文43篇；完成8项由国家电网公司等有关单位和部门下达的相关技术标准的制定和修订。

经营管理

在管理模式上，努力推进集约化发展、精细化管理。有步骤地开展了三个轮次的管理活动，有机贯穿于全年的各项工作中。

制定了2006～2008年电建所三年发展规划、“十一五”科技发展规划及十年远景规划、人力资源发展战略规划；建立新的制度体系，新订制度26项，修订制度64项，废止和替代制度270项；通过了中国实验室认可委员会对实验室的监督评审和扩项认可现场评审，实现了认可项目覆盖全部实验室的目标；钢索式液压提升装置获得国家质量监督检验检疫总局颁发的特种设备制造许可证。2005年获得第二届中国技术市场协会颁发的金桥奖。

开展办公环境的治理，树立新形象，提高了企业的凝聚力和竞争力；开展示范单位的建设工作；创办了《电建所信息》，加大宣传力度，夯实基础、强化管理，“内质外形”建设取得实效。将执行计划纳入一线单位经营管理人员的年度业绩考核，完善了内部考核评价体系；开展同业对标工作，形成含39项指标的科研单位创一流指标体系方案，组织力量进行了输电线路力学设计指标对标工作，为创一流企业奠定基础。

坚持科研生产为国家电网安全服务。成立了“反事故斗争专家组”，参与解决电网重大安全事故。在华中电网抗冰抢险中，及时开展了有效的分析和治理工作，为电网的安全稳定运行提供了技术支撑。加大了内部安全事故处理和责任追究力度。确保了科研和生产的安全、有序进行。

党的建设和精神文明建设

开展了“保持共产党员先进性教育活动”，各部门、各单位工作作风有了明显转变，职工关注的突出问题得到及时解决。深入开展党风廉政警示教育，加强效能监察，严格落实党风廉政建设责任制，强化权力运行监督，提高了干部队伍拒腐防变的能力。有2个党总支和1个党支部获得“中共国家电网公司直属委员会先进党组织”称号，7名同志获得“优秀共产党员”称号。

完善职代会制度，企业民主管理和民主监督得到加强。认真落实离退休老同志“两费”政策。开展送温暖活动，切实解决职工的实际困难。加强和改进信访稳定工作，主动化解矛盾，促进了企业和谐。把企业文化建设作为“三抓一创”的重要内容，大力弘扬“努力超越、追求卓越”的企业精神，积极塑造以人为本、忠诚企业、奉献社会的企业文化，为全所发展提供了坚强的思想保证和精神动力。电建所被中央国家机关精神文明建设协调小组评为“中央国家机关文明单位”，被国家电网公司评为“750kV输变电示范工程建没先进单位”；光缆实验室获得国家电网公司“巾帼文明岗”称号。

（罗晓萍）

武汉高压研究所

领导班子和组织机构

1. 领导班子

所长、党委副书记、站长：陈维江

党委书记、副所长、副站长：焦保利

副所长：王勤　宋飞宇　胡毅

总工程师：杨迎建

2. 组织机构

武高所组织机构如下：

(1) 职能管理部门：办公室，科技部，人力资源部，财务资产部，党群工作部，审计监察部，离退休工作部。

(2) 专业研究中心：输电技术研究中心，电器技术研究中心，电缆技术研究中心，高压计量与测试技术研究中心，雷电监测与防护研究中心。

(3) 开发中心：电力专用车设备开发中心，电力装备工程开发中心。

(4) 控股单位：武汉华电国电高压科技发展有限公司，高电压技术杂志社。

科研、技术与学术

1. 特高压科研项目

2005年武高所承担了10项特高压交、直流输电关键技术研究项目：1000kV级交流输变电工程电磁环境的研究、1000kV级交流输电工程导线截面及其分裂形式研究、1000kV级交流输变电工程设备电晕特性研究、1000kV级交流输变电系统过电压与绝缘配合研究、1000kV级交流输变电工程设备外绝缘特性研究、1000kV级输电系统防雷保护技术研究、1000kV级交流输电工程带电作业研究、±800kV级直流工程过电压与绝缘配合研究、±800kV直流接地极运行技术研究、±800kV直流接地极本体技术研究。按照合同规定的研究内容和时间要求，各项课题都完成了阶段目标，取得的阶段成果全部为特高压试验示范工程前期科研工作所采用。

武高所还承担了国家电网公司特高压办公室安排的两项专题研究工作，其中：特高压避雷器用电阻片性能试验研究已经完成，该专题的研究成果有力地促进了特高压避雷器国产化进程；正在进行的特高压试验示范工程沿线污区调查专题已基本掌握了沿线污秽情况，为特高压试验示范工程提供了重要设计依据，对今后线路运行维护具有指导意义。

2. 交流特高压试验基地建设

武高所领导班子高度重视交流特高压试验基地建设工作，成立了以所长为组长，副所长为分项目负责人，由一批技术专家组成的基地建设工作组。全所上下齐心协力，完成了特高压基地方案的论证工作，可行性报告顺利通过国家电网公司组织的技术评审。基地建设中的土地征用、设备选型、试验线段设计等各项工作已全面启动，其中特高压试验变压器已完成招投标工作。

3. 重大科研项目

2005年，武高所承担的国家电网公司五项重大科研项目顺利通过了验收，获得了专家高度评价，项目取得的成果为国家电网公司的科技进步作出了重要贡献。其中“500kV变电站电磁骚扰水平及输变电设备电磁环境影响研究”项目为制定评估输变电工程电磁场测量方法标准提供了科学依据，建立的国家电网电磁环境数据库对电网的工程建设、运行、环保工作具有重要指导意义。“雷电定位系统全国组网技术的研究与开发”，实现了全国组网大区域雷电空间数据信息实时分析处理和数据共享，达到了国际先进水平。“电子式互感器实用化研究”项目为我国开展电子式互感器校准工作奠定了基础。

4. 学术、标准化工作

作为中国电机工程学会高压专委会的挂靠单位和IEC/TC42高电压试验和测量、TC77电磁兼容、TC78带电作业、TC99高压电气安全4个国际标准化组织的国内归口单位。2005年，武高所开展了大量学术和标准化工作，负责制修订了电力行业标准7项；共发表学术论文78篇，编写科技报告69篇，完成检测报告1667份；《高电压技术》杂志社编译出版了《特高压输电技术资料汇编》丛书13册，共1200万字，为推动特高压电网建设作出了积极贡献。

产业与咨询服务

1. 产业发展取得进步

2005年，武高所产业发展既有波折，也有突破。雷电检测与防护产业快速发展，完成了西藏、海南雷电定位系统的建设工作，一批省级公司雷电定位系统完善升级顺利实施，防雷产品销售业绩喜人，销售收入突破2000万元；仪器仪表产业经营良好，发展顺利，销售收入超过3000万元；通过加强管理，改进产品制造工艺，合成绝缘产业初显生机。

2. 技术咨询服务工作稳步发展

2005年武高所顺利通过了ISO9001质量体系的监督评审、实验室认可监督评审和计量认证监督扩项评审，计量认证授权检测项目增加了一倍，可以对95类产品进行1161项检测，全年共检测产品1667批次，严把入网电器设备的质量关。

2005年，武高所积极投身电网建设和运行主战场，参与超高压电网运行事故分析、重大电力工程招投标评议、现场试验、技术咨询等工作。在华中抗冰除险战斗中，武高所专家深入现场，分析事故原因，提出决策性意见；在750kV示范工程投产的关键时刻，利用自主研发的国内首套750kV电磁式标准电压互感器等系列测试设备对750kV官亭变电站和兰州东变电站的电压互感器进行了现场测试和校验，针对变压器存在的缺陷，派出专家深入现场，进行分析诊断，为工程的顺利投产做出了贡献。全年共派出专家300多人次，为电网建设、运行提供技术支撑和服务。

管理工作

(1) 确立了武高所战略定位和发展目标：紧密围绕国家电网公司建设“一强三优”现代公司的战略发展目标，在高电压技术领域，以基础性、前瞻性、先进适用性技术和新产品的研究开发与推广应用为核心业务，成为国内一流、国际知名的高电压试验与检测中心、高电压技术咨询与服务中心、高电压技术研究与开发中心和面向市场的高科技产业集团（三个中心，一个集团），为建设以特高压电网为核心的坚强国家电网提供强有力的技术支撑，在国家电网公司科技创新体系中发挥主力军作用。

(2) 对部门进行调整和整合。针对职能管理部门岗位职责不明确，中层干部一人多岗，管理人员主动性不强等方面存在的不足，对职能管理部门进行了调整整合；针对专业室存在的业务分割过细、资源配置分散、经营管理粗放等问题对部分专业室进行了资源重组，将原来十个专业研究室优化组合为五个研究中心：输电技术研究中心、电器技术研究中心、雷电监测与防护技术研究中心、高电压计量与测试研究中心、电缆技术研究中心。通过调整、组合，提高管理水平和执行能力，充分发挥专业优势，实现资源优化配置，提升武高所的核心竞争力。

(3) 管理工作细化。在收发文管理上全面采用电子公文传输；科技部安排专人对国家电网公司特高压项目进行跟踪，加强了项目的管理；财务资产部对所的固定资产进行了全面盘点，加强了预算管理；后勤部恢复了职工中餐厅运作，保证了全所水、电、治安、绿化等后勤保障工作的正常、有序进行。

(4) 加强人才管理。所领导班子十分注重人才队伍建设，分别带队前往全国13所知名重点高校，宣讲特高压输电技术，介绍武高所开展特高压研究工作的业绩和实力，广招人才。同时，武高所分别与清华大学、西安交通大学、华中科技大学和武汉大学签订了人才培养、科研开发、项目合作协议，充分发挥科研单位和高等院校各自的优势，联合培养专业人才，在特/超高压输变电技术、高电压测试技术、电磁兼容技术等技术领域开展广泛的合作研究。截至目前，共收到450余份硕士以上研究生的应聘简历，现已与近40名同学签订聘用协议。

精神文明建设

(1) 认真开展保持共产党员先进性教育活动，顺利完成了三个阶段的任务。全所党员、干部素质得到提高，工作作风发生明显改变，基层党组织活力增强，各方面工作得到促进，群众满意率达94.25%。

(2) 组织开展篮球、羽毛球比赛、冬季长跑、舞蹈、京剧演唱等各类文体活动，丰富了员工的精神文化生活，增强了武高所的凝聚力。

(3) 组织送温暖活动，发动全所员工为贫困群众献爱心，送温暖，全所员工共募集爱心捐资11808元，充分表达了一片爱心。

(4) 高度重视离退休工作，听取他们对所发展的建议和意见，关心离退休老同志的身心健康，拨专款在生活区修建了活动中心，为离退休老同志提供了学习、交流、娱乐的场所。

主要奖项

2005年武高所获得中国电力科技进步二等奖1项，国家电网公司科技进步一等奖1项，二等奖1项、三等奖1项。其中负责并与华北电力大学合作完成的课题项目“500kV变电站电磁骚扰和保护小室规范化设计研究”同时荣获中国电力科技进步二等奖和国家电网公司2005年度科技进步一等奖。“GB/T 19185—2003《交流线路带电作业安全距离计算方法》”项目获国家电网公司2005年度科技进步二等奖；“GB/T 13035《带电作业用绝缘绳索》”项目获国家电网公司2005年度科技进步三等奖。

主要事件

1月7日，国家电网公司生产技术部张丽英主任等领导莅临该所检查指导工作。

2月16日，武高所五届一次职代会、第四届工会会员代表大会暨2005年工作会议胜利召开。

6月27日，武高所承担的“500kV变电站电磁骚扰水平及输变电设备电磁环境影响研究”、“雷电定位系统全国组网技术的研究与开发”、“雷电定位系统全国组网可行性研究及规划”、“电子式互感器实用化研究”等四个项目，顺利通过国家电网公司组织的专家验收。

7月26日，武高所开展保持共产党员先进性教育活动。

8月2日，武高所与山东电力研究院签署合作协议。

8月12日，武高所完成750kV示范线路官亭变电站和榆中变电站电容式电压互感器现场试验。

9月2日，国家电网公司、公司党组任命陈维江同志为武汉高压研究所（国家高电压计量站）所长（站长）、党委副书记；免去吴维宁同志所长（站长）、党委书记职务。

9月24日，国家电网公司副总工程师兼科技部主任吴玉生等领导一行来所调研，就国家电网公司科技发展和公司院所定位问题，与武高所领导班子进行了专题座谈。

10月18日，国家电网公司党组书记、总经理刘振亚，湖北省副省长任世茂一行莅临我所视察工作，陪同到访的有公司副总工程师兼科技部主任吴玉生、财务部副主任李荣华、人力资源部副主任张辉明、华中电网有限公司总经理张学知、党组书记张丽英、湖北省电力公司党组书记、总经理王远璋等领导。

11月9日，国家电网公司、公司党组任命焦保利同志为中共武汉高压研究所委员会书记、武汉高压研究所（国家高电压计量站）副所长（副站长）。

11月11日，武高所与华中科技大学签署人才培养、科研开发、项目合作协议。

11月28日，中国工程院院士、西安交通大学电气工程学院院长邱爱慈同志来武高所进行科研交流。

12月1日，武高所与武汉大学签署人才培养、科研开发、项目合作协议。

（苏发亮）

中国水利水电科学研究院

概况

中国水利水电科学研究院（以下简称中国水科院）是以水利水电公益型研究和应用技术科学研究为主，面向全国的专业齐全的综合性科研机构，是全国水利水电科学技术研究的中心。它着重解决水利、水电建设中的重大关键技术问题，承担行业基础和应用基础研究及新技术、新成果的推广。

主要研究领域包括水资源、水环境、防洪减灾、高效节水灌溉、牧区水利、河流水库泥沙、高坝水力学、高坝结构、新型建筑材料、岩土工程及地基加固、工程抗震、遥感、高效水轮机及水泵、电站计算机监控和水情测报自动化系统、电站通信及自动化设备、火电核电站冷却水及环境、试验仪器及水利史研究等方面。同时还进行水利水电工程经济、环境问题的咨询及评估、工程安全监测及缺陷处理、工程安全鉴定、工程监理等。

中国水科院是国家“水利工程”一级重点学科单位，设有8个硕士、8个博士学科授予点，并设有2个一级学科博士后流动站。设有国家节水灌溉工程技术中心、水利部防洪抗旱减灾工程技术中心、水工程建设与安全重点实验室、水沙科学与江河治理重点实验室和工程环境评价中心。

中国水科院具有国家核准的安全评价机构资质证书，工程咨询资格甲级证书，水文和水资源调查评价甲级、建设项目环境影响评价甲级、编制开发建设项目水土保持方案资格甲级、建设工程地震安全性评价许可甲级、监理队伍资质甲级、设计乙级、施工贰级资质证书，以及通过国家质量监督检验检疫总局的计量认证。

至2005年底，在职人数1341人，其中中国科学院、中国工程院院士8人，高工421人（含教授105人）人。具有博士、硕士学位302人。固定资产6亿元，具有国内外先进水平的大型试验设备有：三维六自由度震动试验台、450gt土工离心试验机、大型减压厢、高精度水力机械试验台等大型设备120台套，水力学、冷却水、泥沙、岩土、结构与材料、抗震、水利、水力机械、计算机监控、水情测报、调速器等综合试验室32座，科研设备总值近1亿元。

中国水科院与国外著名科研机构、高等院校以及国际上重要的学术团体有广泛的交流与合作。国际泥沙研究培训中心、中国大坝委员会秘书处、中国灌排委员会秘书处、国际水利工程和研究协会中国会员联络组、世界泥沙研究学会等均设（挂靠）在中国水科院。

科学技术面向经济建设是中国水科院的宗旨，中国水科院竭诚为国内外水利水电、火电、核电建设以及其他领域的科学技术研究与发展提供优质服务。

领导班子

书记、院长：匡尚富
副书记：陈祥建
副院长：贾金生、杨晓东、刘之平、胡春宏、汪小刚

科研成果与学科建设

1．科研合同持续增长、科研成果再创佳绩

（1）科研合同额再上新台阶、全院首次突破4亿元。2005年该院科研发展继续保持良好势头，新增科研合同额在2004年35600万元的基础上，再上新台阶，总计达到41168万元，同比增长幅度达

15.6%。其中：院本部科研合同额13178万元、院属科技企业20196万元、牧科所1014万元、天津机电所6780万元。该院人均合同额达31.12万元。

（2）注重质量，强化管理，重大科技成果数明显增加。2005年该院主持承担的“九五”国家重点科技攻关项目“节水农业技术研究与示范”获得国家科技进步二等奖。除此之外，2005年该院获“大禹水利科学技术奖”7项、中国电力科学技术奖1项，在重大科技成果方面取得了新的进展，增强了该院在水利水电行业的影响力。该院2005年完成科研成果376项，其中通过鉴定、验收、评审的科研成果97项；荣获国家、省、部各级科技奖励13项。

2. 学科建设取得重大进展

该院非营利研究所、科技企业以及管理服务部门，围绕学科建设、人才队伍培养、改善科研环境、提高科技竞争力等方面做了大量工作，取得了重大进展。

（1）学科队伍建设取得新进展。2005年中国水科院新增中国科学院院士1名，新增中国工程院院士1名，两院院士达到8名。在水利水电行业的主要学科建设方面，在支撑行业科技进步的学术队伍建设方面具有雄厚的技术力量。

（2）国家自然科学基金申请取得近年最好成绩。2005年该院共获得国家自然科学基金资助项目11项，资助总金额913万元。尤其是“雅砻江水电开发联合研究基金”项目，获得了“高拱坝真实工作性态仿真和设计的理论与方法”、“高水头、大流量泄洪洞和长距离引水隧洞水力学关键技术问题研究”、“西南地区复杂高陡边坡变形与稳定分析方法研究”共3个专项，资助金额达610万元，在业内引起了巨大反响。

（3）水利水电各个学科的研究工作成绩突出：

1）水资源、水环境、节水、减灾、遥感和江河泥沙方面。2005年该院全面参与了全国水资源综合规划，编制了《全国城市饮水水源地安全规划任务书》。在水环境监测、农村安全供水技术、区域水污染预测预警技术、大型水利水电工程对河流生态系统的长期生物学效应研究等方面均取得了良好进展。承担了国家防办重大项目“全国三维电子沙盘系统建设”、《洪水风险图编制导则》、“水库汛限水位设计与运用”，国家大型文化工程《清史·水利志》，科技部重点项目“淮河、荆江洪水预报、预警与调控系统关键技术研究”等一批项目。国家自然科学基金重点项目“新水沙环境下黄河口演变与整治及水土资源优化配置研究”、“黄河中下游泥沙输移规律与二维数学模型研究”、“水沙变异条件下黄河下游河道再造床机理及调控对策研究”，取得重要进展。承担的“十五”国家重大科技专项“现代节水农业技术体系及新产品研究与开发”课题中的11个项目顺利通过了科技部的验收。完成了“全国ETM遥感影像处理”、“松花江流域河道与堤防测量和勘测信息管理系统”等8项重要课题，先后对西藏帕里河滑坡、西江梧州段、淮河、四川达州等地方洪涝灾害进行了10多次应急遥感监测，监测成果得到了国务院秘书三局和国家防总的好评。

2）水力学、岩土、结构材料与抗震方面。2005年该院完成了“长江三峡水利枢纽永久船闸二期安全监测工程”、“新昌电厂温排水数模计算”、“广东阳江核电冷却水方案及低放废水排放研究”、“三板溪水电站泄洪洞控制段减压模型试验研究”等项目。开展了“岩质高边坡稳定分析方法、程序开发和锚固机理研究”、“污染物在低渗透性土体中迁移的离心模型试验研究”、“防止水工闸门淤堵的振动液化法”等基础研究，开发了Windows版岩质边坡稳定分析系列软件，研制了污染物迁移离心模拟专用设备，探索和开发了利用振动液化在泥沙淤堵情况下开启水工闸门的方法及关键技术。完成了“西藏阿里地区帕里河堰塞湖稳定分析”等一批水利水电热点难点项目。完成了“碾压混凝土的变态机理及变态浆材的改性优化研究”、“新型土壤固化剂研制”、“景洪水电站大坝混凝土掺合料及配合比试验研究”、“小湾拱坝温控防裂措施研究”、“三峡二期工程坝体裂缝原因分析及对策研究”、“溪洛渡拱坝温度应力仿真计算及温控措施研究”等项目的研究。承担了“病险坝评估和调水工程中结构集成分析系统”、“混凝土高坝施工温度控制决策支持系统”等一批“948”引进项目、水利部重点科技创新项目等。主持完成了水利部科研项目“全级配大坝混凝土动态性能研究”、国电公司重点项目“混凝土高拱坝震害预警与决策系统研究”，承担了“中国重要大坝强震监测与地震动输入机制研究”、“水工强震观测技术”等一批科技部社会公益专项等。

3）牧区水利方面。2005年该院完成了科技部公益研究“草场沙化退化综合整治技术试验示范研究”、国家“863”“新型风力提水技术研究”等20项科研生产。

4）自动化、机电、工程安全监测、设计等方面。2005年该院签订了“三峡右岸电站监控系统”项目（合同额6637.6万元），开展了“YCVT-10000、YCVT-18000、YCVT-30000中小型水轮机调速器的研制与开发”、“适用于200MW以上水轮机组的CVT-XX直接数字控制水轮机调速器产品开发”、

《水电厂计算机监控系统基本技术条件》、《水情自动测报系统运行维护及检修试验规程》等多项技术开发和行业标准的制订工作。高精度水力机械实验室建设进展顺利，建成后将成为国际领先水平的中立水力机械实验室。水利部科技创新项目“大型卧式双吸高效节能离心泵研制研究”通过鉴定、验收，国家重大技术装备研制项目“远距离泥沙输送装备及加压泵站系统研制”、“贯流泵及装置研制”顺利结题。三峡永久船闸二期二标段安全监测工程、云南小湾水电站监测数据库等项目顺利通过鉴定验收。完成了100kV特高压输电线路阻波器样机的制作。

3. 科研基础设施与平台建设得到进一步加强

（1）重点实验室建设进展顺利。2005年完成了“水利部水沙科学与江河治理重点实验室试验设备及测试系统”等6份初步设计报告并通过了水利部组织的审查。大兴试验基地新水工试验厅通过验收并交付使用。水利部建设与安全重点实验室设备加工与改造工作也在有序进行。高精度水力机械实验室建设土建工作，已通过竣工验收。

（2）水利部工程技术研究中心建设取得新的进展。国家节水工程技术研究中心、水利部防洪抗旱工程技术研究中心紧紧围绕行业主管部门的中心任务开展工作，各方面发展顺利。2005年对水利部工程技术中心的申报工作进行了统筹安排，取得了一定进展。2005年8月16日“水利部草地水土保持生态研究中心”正式挂牌成立。该院还组织编写了水利部水土保持生态工程技术中心、水工程安全技术研究中心、水资源与水生态工程技术研究中心等项目建议书，目前该院申报的“水利部水资源与水生态工程技术研究中心”和“水利部水土保持生态技术研究中心”已通过水利部评审专家组初步审查。

4. 科研管理与制度建设进一步深化

为提高科研管理能力和水平，规范管理制度，该院2005年编制、修订的主要办法有：“中国水利水电科学研究院学术著作专项管理办法”、“中国水利水电科学研究院横向项目管理办法”、“中国水利水电科学研究院科研成果管理办法”、“中国水利水电科学研究院科学技术委员会章程”等。

5. 探索长效合作机制，积极开展对外合作

面对国内新的水利水电发展形势，2005年该院加强了与有关单位的沟通与联络，取得了很好的效果，分别与国务院南水北调办公室、中国水电顾问集团公司等签订了合作框架协议，确定在水利水电战略研究、工程技术研究与应用、国际合作、人才培养等方面开展合作。为建立长效的合作与交流机制奠定了良好基础。

6. 发挥科技委咨询把关作用，进一步提高科研管理水平

2005年中国水科院科技委先后多次召开咨询把关会议，对该院重点实验室建设、负责牵头编制的“十一五”项目建议书和有关项目论证、工程技术中心申报、科技进步奖评审等开展咨询和进行技术把关等，发挥了极为重要的作用。

国际合作与交流

（1）进一步扩大了国际间的交流。2005年该院共计派出91个团组，出访人员达到180人次，去往31个国家和地区。邀请并接待来自12个国家和地区的外国专家共200多人次，先后作专题讲座25场，扩大了国际间的学术交流与合作。

（2）积极承办国际和区域级学术会议。成功举办了“第19届国际灌排大会暨国际灌排委员会第56届国际执行理事会”、“大坝安全与堤坝隐患探测国际学术研讨会”和“第九届海峡两岸水利科技交流研讨会”。成功组织了“第20届中日河工坝工会议”和“第二届中国水科院与韩国建筑研究院学术交流研讨会”。组团参加了在日本召开的“第二届中日韩大坝委员会学术交流研讨会”。与美国自然遗产研究所和全球水伙伴（中国）共同举办了“通过改进水库调度以修复河流下游生态系统研讨会”。

（3）加强国际合作，促进承担国际科研与咨询工作。①水利部松花江辽河水利委员会亚行贷款“松花江洪水管理项目”。②与泰国咨询公司签署合作协议。③与马来西亚公司签署合作协议。④与伊朗公司签署合作意向书。⑤结构与材料所（企）比较全面的参与了马来西亚BAKUN面板坝工程的技术咨询、试验研究和材料供应等工作。⑥水资源所承担了《中英水行业发展项目——水资源需求管理》、中意合作项目《中国南水北调东线水资源综合管理模型与数据库开发》等一批国际合作项目。⑦减灾所承担了世界银行“防洪减灾重大技术问题研究”项目。⑧岩土所承担完成了“韩国KOWACO公司面板坝离心模型试验多方案研究”。⑨自动化所签订了“布隆迪基孔杰、卢衣龙扎电站监控系统”、“刚果共和国英布鲁水电枢纽监控系统”和“埃塞俄比亚泰克泽（TEKEZE）水电站监控系统”等3项国际出口项目。

党的建设和精神文明建设

1. 开展保持共产党员先进性教育活动取得显著成效

2005年上半年，中国水科院开展保持共产党员先进性教育活动。教育活动在水利部汪恕诚部长的亲

自关心和指导下，取得了明显的成效。中央驻水利部督导组、中央教育活动办公室指导协调三组也相继到该院指导工作，对该院的教育活动给予了充分肯定和高度评价。

2. 加强党的组织建设，党的执政能力进一步提高

制定了《中国水科院加强党员先进性教育长效机制》、《中国水科院发展党员公示制暂行办法》。表彰了8个先进基层党组织、10名优秀党务工作者和29名优秀共产党员。中国水科院党委被评为水利部先进基层党组织，3人被评为水利部直属机关优秀共产党员，1人被评为水利部直属机关优秀党务工作者。

3. 加强院所文化建设，精神文明建设取得新成效

认真开展水科院精神大讨论，积极参与院重大活动的宣传报道，工、青、妇活动丰富多彩。

中国水科院被评为中央国家机关和首都文明单位。

4. 党风廉政建设取得成效

认真落实党风廉政责任制。新一届院领导班子组建后，及时调整了《中国水科院党风廉政建设责任制》。广泛开展党规党纪的宣传教育工作。积极开展惩治和预防腐败体系的构建工作。组织开展构建惩治和预防腐败体系工作调研。加强了内部审计和经济合同审签工作。

人才队伍建设

2005年该院新增中国科学院院士1名，中国工程院院士1名。

1. 完善制度，创新管理，促进人事工作的科学化规范化

制定了《中国水利水电科学研究院技术岗位考核实施办法（试行）补充规定》。对《关于〈中国水利水电科学研究院研究所（中心）岗位设置、聘任实施意见（试行）〉的补充规定》进行了修订，改进了工作方式，体现人性化管理。

2. 建立新机制，促进人才队伍建设

制定了《中国水利水电科学研究院接收应届毕业生暂行办法》、《中国水利水电科学研究院人才引进的暂行办法》，调整知识、年龄结构，改进考核评价机制。制定了《中国水利水电科学研究院年度考核暂行办法》。探索专业技术职称评聘分开，完善专业技术职务聘任制。制定了《中国水科院关于高级专业技术资格评审和专业技术职务聘任的实施办法》。

3. 加强研究生培养工作，培养后备人才

制定和修订了《中国水利水电科学研究院研究生工作管理规定》。通过了《中国水利水电科学研究院学位授予工作实施细则》（修改稿）。制定了《中国水科院第二届“西部之光”访问学者培养工作方案》、《中国水科院第二届“西部之光”访问学者培养管理办法》。

财务资产管理

制定了《中国水科院实验室建设暨科学仪器设备采购管理办法》、《大兴基地经费核算管理办法》、《关于以集团授信形式办理科研生产投标履约保函等事项的规定》等。进一步加强了企业财务资产管理工作。加强了基本建设经费的管理工作和各项经费预算管理工作。为科研生产提供了较好的服务和保障，积极推进财务管理信息系统建设。

基建工作

中国水科院在建的科研综合楼A、B、D座工程，工程进展顺利。水力学所的新水工试验厅（8000余平方米）一期工程，于2005年7月初交付使用。机电所的高精度机械实验室（9300平方米）已竣工。

科技产业

2005年度院属科技公司（企业）新签合同额达到20196万元，合同额同比增长12%。经营管理工作取得较大进展。加强了资质建设、资产管理和人力资源的开发与管理。

进一步规范了项目管理。2005年度新签项目为83项，已认定的技术合同31项。

标准化、认证工作

组织开展了科技部重点项目“水资源可持续利用技术标准体系深化研究”；承担水利部《水利计量认证标准体系建设》，已通过验收；组织申报国家标准、水利行业技术标准、电力标准编制项目10余项，水利标准化专项4项；受水利部委托，承担水利行业标准化研究项目管理，代表水利部参与科技部、国家标准委“十一五”水利标准化发展计划，参与建设部《工程建设标准化管理条例》立法起草工作，参加国家标准委资源节约与能源利用发展计划编写。对20项标准化法律法规、研究报告、标准的征求意见稿提出修改建议。组织开展了标准化基本知识、标准体系建设、标准编写规定宣贯培训活动。

主要事件

2月6日，水利部副部长索丽生、人教司司长周英来院宣布“水利部关于匡尚富、高季章职务任免的

通知（部任［2005］3号）”。任命匡尚富为中国水科院院长。

4月5日，张掖市市委副书记张正谦、副市长张育中带领张掖市水务局有关人员到该院洽谈院地合作事宜。院党委书记、院长匡尚富，副院长贾金生、刘之平、胡春宏以及水资源所有关专家参加了会议。

5月20日，匡尚富院长及院领导班子成员陈祥建、杨晓东、刘之平、胡春宏、汪小刚等拜访了水利水电规划总院。双方就今后的合作等事宜进行了友好协商。

6月9日，该院与国务院南水北调办公室签订《国务院南水北调办公室与中国水利水电科学研究院进一步加强科学技术合作框架协议》。

6月23日，匡尚富院长带领院领导班子成员贾金生、杨晓东、刘之平、胡春宏、汪小刚副院长拜访了中国水电工程顾问集团公司。双方就如何加强联系以及探索出一条科研与勘测设计合作的新途径等问题进行了探讨。

7月12日，第二届中国水科院与韩国建筑研究院学术交流会在该院召开。会议由贾金生副院长主持，匡尚富院长出席会议并讲话。

7月25～27日，匡尚富院长、原院长高季章，副院长刘之平、汪小刚等赴成都拜访了二滩水电开发有限责任公司和国家电网公司成都勘测设计研究院。

8月26日，水利部副部长矫勇等到该院检查指导工作。匡尚富院长向矫勇副部长汇报了该院工作情况。

9月2日，中国水科院与国内最大的水电集团公司——中国水电工程顾问集团公司签署合作协议。院长匡尚富与中国水电工程顾问集团公司总经理李菊根在合作协议书上签字。

11月16～22日，根据水利部与日本国土交通省之间的科技交流协议，该院由匡尚富院长带队专家组一行6人前往日本东京参加第20届中日河工坝工会会议。

12月13日，在中国科学院和中国工程院2005年新增的51名院士中，中国水科院陈祖煜教授当选中国科学院技术科学部院士、王浩教授增选为中国工程院土木、水利与建筑工程学部院士。

（安晓滨）

国电动力经济研究中心

综述

国电动力经济研究中心（简称中心）是国家电网公司的全资子公司，是国家电网公司五个直属科研单位之一，是国家电网公司规划与软科学研究机构。

中心经中央机构编制委员会办公室1999年6月批复，于1999年12月由原北京动力经济研究所、中国电力科学研究院原电力经济技术研究所和原电力部南方四省（区）能源战略规划项目办公室合并重组而成，是原国家电力公司所属的事业单位。根据国务院办公厅“国办发［2000］38号”文件及科技部等六部门“国科发［2000］300号”文件精神，中心转为科技型企业。国电动力经济咨询公司（简称动经公司）与中心为“两块牌子、一套班子、一套内设机构”。动经公司是国家电网公司的全资子公司，于2000年2月正式成立，注册资本2000万元人民币。根据国家电网公司党组决定，国家电网公司人才交流服务中心（简称人才中心）、国家电网公司电力前期工作周转金中心（简称周转金中心）分别于2005年1月、5月移交由中心管理。

中心是国家电网公司的“规划研究中心、经济与管理咨询中心”。中心以服务国家电网公司建设“一强三优”现代公司发展战略为目标，以能源与电力经济技术领域研究为核心业务，以为能源与电力行业发展战略、规划研究、经营管理等提供功能支持为工作基本取向。

中心的主要业务包括：电网规划与前期、电力行业规划与前期、电力技术经济、能源与环保、电力市场供需分析、节能与需求侧管理、公司战略与规划、公司经营与管理、体制改革与电力市场、投融资与价格等十大领域的研究咨询工作。

经过20多年的巩固和发展，中心在能源与电力经济技术研究各领域形成了显著优势，研究水平和成果在国内居于领先地位，形成了咨询领域的优势品牌，培育了良好的无形资产。

中心拥有中国工程咨询协会颁发的甲级工程咨询资格证书，是世界银行和亚洲开发银行的注册咨询机构。中心有着广泛的业务往来，服务地域遍及全国所有的省（自治区、直辖市）和部分其他国家。

组织机构

中心主任、党委副书记（主持工作）：赵庆波
中心副主任、党委委员：葛正翔
中心副主任兼总经济师、党委委员：胡兆光
中心副主任、党委委员：雷体钧

截至2005年底，中心内设4个职能部门，2个电网前期工作业务处、4个研究所、2个子公司，管理国家电网公司所属2个中心（见组织机构图）。

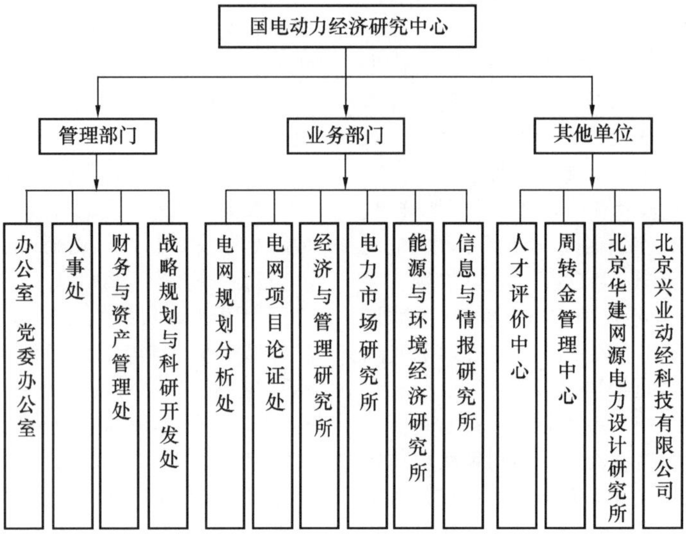

国电动力经济研究中心 2005 年组织机构图

工作思路

2005 年，中心确定了“十一五”发展目标——创建“一流科研咨询机构”。即以“一流的科研队伍、一流的研究设施、一流的创新能力、一流的研究成果和一流的品牌形象”的“五个一流”的高标准来要求自身发展。计划经过 2～3 年的努力，把中心建设成为能源与电力经济技术研究领域的“一流科研咨询机构”，即“国内一流、国际知名”。

“十一五”期间，中心将以创建“一流科研咨询机构”为发展目标，紧紧围绕事关能源与电力发展的重大战略问题、热点问题、焦点问题开展研究。“十一五”期间，中心将重点做到“五个坚持”：一是坚持把能力建设放到特别重要的地位，二是坚持在特高压电网研究及电网前期工作深度上实现突破，三是坚持做好各项规划的滚动研究工作，四是坚持紧紧围绕电力体制改革和电力市场建设的重大问题开展研究工作，五是坚持围绕电力市场供需形势开展研究工作。

人力资源

截至 2005 年底，中心在职员工 112 人。其中研究咨询人员 77 人，占 69%；高级职称人员 34 人，占研究咨询人员的 44%；博士 15 人、硕士 49 人，占研究咨询人员的 83%。

2005 年，中心把人才队伍建设放在事关中心发展和科研能力提高的核心工作来抓。2005 年，中心实施管理队伍与业务队伍“两条线”建设，凝聚了人心，锻炼了队伍。在行政上狠抓干部队伍建设，积极创建“四好”领导班子，优化管理部门人员；在专业技术上狠抓专家队伍建设，加大专业技术人才的培养和选拔力度。通过制定和实施《人力资源管理暂行办法》、《学科带头人管理办法（试行）》、《专业岗位管理暂行办法》等管理办法，中心的人力资源管理更加规范化、制度化，做到了有章可循，调动了广大员工特别是骨干人员的积极性。

科研成果

2005 年以来，中心积极承担国家电网公司及能源与电力行业多项重大课题的研究和咨询工作，涉及近百项课题。在能源与电力发展重大问题研究方面，发挥了主力军的作用。

1. 电力规划和发展战略研究

按照国家电网公司的统一部署，承担并完成了《电力工业“十一五”发展规划及 2020 年展望》、《国家电网公司“十一五”电网发展规划及 2020 年远景目标》、《国家电网公司“十一五”发展规划》等几个重大战略规划研究项目。中心作为技术支撑单位，积极开展城市电网规划评审工作，承担并完成了《31 个重点城市电网规划研究评审及汇总》，对提高这些城市的电网安全可靠性、完善电网网架、控制工程造价等起到了积极作用。承担了《西藏水电开发与外送前期研究》等研究项目。

2. 电网经济研究与项目评价

重点围绕特高压经济评价、能源输送方式、输变电工程可研评估与后评估等方面开展研究工作。承担并完成的《特高压电网经济效益分析》、《晋东南—荆门特高压示范工程可研的经济评价》、陕北—武汉等 4 项特高压工程可研的经济评价、《华中、华北、华东同步联网效益分析》、《电源无序建设及影响分析》、

《煤电运综合分析》等研究项目，为建设特高压电网和启动交流特高压试验示范工程提供了坚强的技术经济评价依据。承担并完成了北京奥运村等9个220kV输变电工程项目包可研评审、北京“9950工程”等5项电网工程后评价评审工作。在北京奥运村等9个220kV输变电工程项目包可研评审中，这些被评项目包通过评审下降投资5%以上，对加强投资成本控制、规范可研设计工作发挥了重要作用。

3. 电力市场分析预测与需求侧管理研究

中心在全国领先的权威优势不断巩固。作为中心拳头研究报告之一的《全国电力市场分析预测报告》成为国家电网公司向国务院反映意见和建议的重要渠道。《全国电力市场分析预测报告》分为春季、秋季和年度三份报告，其中，2005年《全国电力市场分析预测（秋季）报告》以国家电网公司名义上报国务院，得到温家宝总理的重视，并作了亲笔批示。中心还同时完成了《国家电网公司2005年电力市场分析及2006年预测报告》、《三峡“十一五”新增电能消纳研究》、国家发改委《电力行业发展调研》、《重点行业用电趋势研究》等相关课题。

4. 管理体制和电力市场研究

承担并完成了《国家电网公司建设运行部事业部经营管理模式研究》、《国家电网公司“十一五”电力市场建设规划建议》、《输配分开和城网发展机制研究》、《国家电网公司与世界500强比较研究》、《国家电网公司各季度经济活动分析》等研究项目。

5. 电力财税及电价政策研究

充分发挥中心在电价研究方面具有的核心竞争力，在国内外电价对比、能源价格对比、电价政策研究、输配电价改革实施方案研究、天然气电站和抽水蓄能电站标杆电价研究等方面，形成了大量研究成果。承担并完成了《特高压电价机制及财务有关问题研究》、《能源价格走势初步分析》、《折旧对输配电价的影响分析》、《22个国家近期电价情况》、《华东电网输配电价和销售电价改革研究》、《福建输配电价和销售电价改革方案研究》等研究项目，并且为中俄电力交易价格谈判提供了有关价格方面的技术支持。同时作为国家电价主管部门认可的咨询机构，参与了国家大部分电价政策文件的编制工作，以及省级电网输配电价标准的核定工作，为政府提供了合理化建议，为保护各方在电价政策中的合理利益发挥了重要作用。

6. 其他研究

中心还完成了《我国能源输送方式回顾》、《电网统计指标体系实施方案》、《火电厂赢利水平调研》、《软课题管理办法和实施细则》、《2004年度科技统计年报》、《月度宏观形势分析》等研究项目，都形成了重要研究成果。

近百项研究项目中，《电力工业“十一五”发展规划及2020年展望》、《国家电网公司“十一五”电网发展规划及2020年远景目标》、《国家电网公司“十一五”发展规划》等几个重大战略规划研究项目，以及《特高压电网经济效益分析》、《我国能源输送方式回顾》、《电源无序建设及影响分析》、《煤电运综合分析》等研究成果都得到了有关部门的充分肯定和高度评价。《2005年电力供需形势判断与增长预测》、《电网与电源投资及价格比例初步分析》、《电网与电源投资比例分析》、《关于我国能源输送方式研究》和《能源价格走势初步分析》等研究成果，被国家有关部门和国家电网公司应用到不同领域。

经营管理

2005年，中心下大力气理顺了经营管理组织体系和工作流程，组织制定和实施了《中心工作规则》、《党委议事规则》，建立了民主科学的决策机制。做到议事有规则，决策有程序，重大会议有记录。通过集体领导、民主集中、个别酝酿、会议决定的程序决定生产经营、制度改革、大额资金使用、干部任免、人事变动等重大事项。

完善了部门及部门负责人的业绩考核体系，制定实施了《中心部门、单位负责人年度业绩考核管理暂行办法》，取得了良好的业绩考核效果。组织完成了事关中心重要管理工作的15个专题调研，强化了财务全面预算管理。制定和实施了《管理部门费用包干管理规定》、《费用借款报销审批程序规定》、《费用开支管理办法》、《发票管理规定》等，初步形成了集约化、精细化管理的局面。

科研管理全面加强，修订了《生产经营管理暂行办法》、《项目合同管理办法》、《科研质量管理办法》、《科研项目评奖办法》等科研管理办法。科研管理严格执行质量程序，认真评审项目研究报告。对存在问题报告及时通报课题组并提出修改建议，确保经过评审的报告不存在质量问题。调整评审程序，修订质量管理办法，增加报告质量签字单，统一报告格式。2005年按科研报告质量程序执行质量评审的项目达50项。

出台了人才评价中心“收支两条线”管理的三个办法，改革专业技术资格申报方式，以“网上报名”为突破口，从技术上保证“收支两条线”管理的顺利实施。

此外，中心还制定和修订了《知识产权管理办法》、《信息情报管理办法》、《无形资产管理办法》、《信息设备管理办法》和《授权委托管理办法》等管理办法。

2005年，中心围绕国家电网公司战略重点开展工作，较好地完成了与国家电网公司签订的经营责任考核目标。国家电网公司对中心综合业绩考核得分为109.8分，中心综合业绩考核成绩在国家电网公司系统网省公司及直属单位中排名第12位。

党的建设和精神文明建设

1. 积极开展保持共产党员先进性教育活动

2005年3月～6月，中心随国家电网公司总部参加第一批保持共产党员先进性教育活动，圆满完成先进性教育活动的各项任务，达到了预期目标。在开展先进性教育活动中，中心党委班子充分发挥了党委集体领导和领导干部带头的表率作用，紧紧围绕群众关心的热点问题、中心改革发展中的突出问题和党组织及党员个人自查出来的问题，把整改工作贯穿于教育活动的全过程。实现了教育、生产“两不误、两促进”，基本实现了党中央关于先进性教育活动的目标要求。全体党员的党员意识、责任意识明显增强，先进性教育的长效机制初步形成。在保持共产党员先进性教育活动过程中，2个支部被评为先进党支部，8名同志被评为优秀共产党员，群众满意率达到了100%。

2. 高度重视党委理论中心组学习活动

中心党委把坚持党委理论中心组学习、落实保持共产党员先进性长效机制作为领导班子加强思想政治建设，不断提高政治素质的重要形式和基本途径。2005年初，中心党委及时研究制定详细的党委理论中心组学习计划。党委成员主动、自觉地参加理论学习，在学习过程中，注重理论学习与思想交流相结合，把重点放在结合实际工作进行深入思考、研究、讨论上，并着力解决中心在发展过程中遇到的体制、思路问题，大大提高了党委成员对于中心发展过程中遇到的重大问题的洞察分析、鉴别判断和解决复杂问题的能力。

3. 全面加强党风廉政建设和“四好”领导班子建设

中心党委认真贯彻国家电网公司党组《关于建立健全教育、制度、监督并重的惩治和预防腐败体系的实施意见》和《关于加强廉政建设预防职务犯罪工作的决定》，坚持标本兼治、综合治理的方针，加大预防职务犯罪的力度。认真贯彻国家电网公司党组《关于创建“四好”领导班子的意见》，紧紧围绕中心的改革和发展，研究制定工作规划、实施措施，提高了领导班子在战略决策、经营管理、市场竞争、开拓创新、风险防范和应对复杂局面等方面的能力。2005年3月中心领导班子调整后，主要领导在中心的调整、改革、发展等重大问题上，定方向、谋全局、管大事，在决策中发挥了主导作用，保证了党的路线方针政策和国家电网公司党组各项决定的贯彻执行。领导班子其他成员职责分工明确，凡重大事项坚持集体决策，不搞一言堂，充分发扬民主，集中集体智慧。每位班子成员都自觉从大局出发，相互之间加强沟通、坦诚相待、互相支持，正确处理个人与集体、班长与成员之间的关系。每位班子成员都能够积极参与集体领导，认真履行职责，不回避矛盾，不推诿责任，自觉维护班子的威信，自觉维护集体决策的严肃性和权威性。心往一处想、劲往一处使，共谋发展，共创大业。

4. 深入开展精神文明建设和企业文化建设

2005年，中心以企业文化建设为载体，把精神文明建设摆到突出重要位置。通过组织观看电影《暖秋》和《生死牛玉儒》等丰富多彩的党、政、工、团活动，以及课题合作、学术交流等多种形式，增进员工之间的了解、沟通和信任，广大职工的凝聚力、向心力和战斗力明显增强。在企业文化建设方面，弘扬了国家电网公司“努力超越，追求卓越”的企业精神。确定了“精于核心业务，善于开拓创新，乐于协作奉献，勇于承担责任”的工作理念。提出创建“一流科研咨询机构”的发展目标。

5. 努力营造安全、稳定、和谐的工作氛围

各项工作坚持以人为本，努力营造安全、稳定、和谐的环境。中心党委深入到在职职工和离退休职工中间，了解情况，听取意见，解决问题。加入基本医疗保险和生育保险，建立补充医疗保险，为职工和离退休人员解除了后顾之忧。按照国家及国家电网公司有关规定妥善解决离退休职工的待遇、医药费报销问题。年底开展了迎新茶话会和走访慰问活动，让困难职工、离退休职工和病休职工感受到了党组织的温暖。

主要事件

1月14日，国家电网公司总经理助理舒印彪一行四人到中心指导工作。

1月18日，国家电网公司人才交流服务中心交由中心管理。

1月28日，国家电力监管委员会副主席史玉波到中心作电力监管报告。

3月2日，国家电网公司总经理助理舒印彪、人事董事部副主任俞学豪到中心，宣布国家电网公司任免通知。赵庆波同志任中心副主任（主持工作），党委副书记（主持工作）。

3月7日，中心举办2004年度科研成果评奖大会。

3月11日，中心召开保持共产党员先进性教育活动动员大会。

3月26日，中心召开2005年工作会议。

5月9日，中心撤销电力系统研究所，成立电网规划分析处与电网项目论证处。

5月10日，国家电网公司电力前期工作周转金中心移交中心管理。

5月13日，国家电网公司党组成员、副总经理舒印彪，人事董事部副主任俞学豪到中心，宣布国家电网公司任免通知。赵庆波同志任中心主任，动经公

司董事长、总经理。

5 月 25 日，印发《中心工作规则（试行）》和《中共国电动力经济咨询有限公司（中心）临时党委议事规则（试行）》。

5 月 31 日，印发《关于中心领导、管理人员参与科研业务工作有关问题的规定》。

6 月 29 日，印发《关于中心领导及副总经济师、副总工程师职责分工的通知》。

6 月 30 日，召开中心保持共产党员先进性教育活动总结大会。

6 月 30 日，中心内部机构更名，原电源与环境经济研究所更名为能源与环境经济研究所。

7 月 29 日，中心召开 2005 年年中工作会议。

8 月 12 日，中心召开贯彻落实国家电网公司年中工作会议精神座谈会，国家电网公司副总经理舒印彪到中心指导工作。

8 月 22 日，中心《电力重组中需求侧管理研究》项目获 2005 年国家电网公司科学技术进步二等奖。

12 月 16 日～17 日，中心在京召开年终工作座谈会。中心副处级以上干部、高级咨询参加会议。会议提出，以人才队伍建设和实验室建设为重点，全面加强能力建设，创建“一流科研咨询机构”。

（李连存）

教育培训与新闻出版

教　育　培　训

国家电网公司高级培训中心

单位概况

国家电网公司党校前身，是成立于 1980 年 10 月的中央党校中央国家机关分校电力部班。1994 年 12 月，经当时的电力工业部党组决定，正式成立中共电力工业部党校。2002 年 12 月，随着国家电网公司的组建，国家电力公司党校更名为国家电网公司党校（简称公司党校）。

国家电网公司高级培训中心于 2005 年 5 月正式成立，是国家电网公司所属的内部核算单位，与公司党校、北京电力管理干部学院采取“三块牌子，一个实体，一套班子，承担不同任务”的运作模式。根据中央机构编制委员会办公室要求，北京电力管理干部学院这块牌子保留至 2005 年 12 月 31 日，并更名为国家电网公司高级培训中心（简称高培中心），为事业单位编制。

公司党校、高培中心是国家电网公司的重要人才教育培训基地，承担着为国家电网公司系统培训高级经营人才、高级管理人才和高级技术人才的任务。

公司党校、高培中心共设置 7 个职能管理部门：综合管理处、培训教务处、项目开发处、财务资产处、国际合作处、基建物业处、电力培训大厦。

截至 2005 年底，公司党校、高培中心共有员工 276 人，其中正式员工 43 人，占 15.58%；培训大厦从社会上招聘 233 人，占 84.42%，实行聘用合同制。正式员工中具有大学本科以上学历 29 人，专科学历 9 人；副高级以上职称者 23 人，中级职称 10 人，高级工 6 人。公司党校、高培中心拥有一支结构合理、实力雄厚的百余人师资队伍，包括电力行业资深专家、中央党校、北京大学、清华大学、中国人民大学等高校的教授、院士以及政府官员、国家科研机构研究人员等。

公司党校、高培中心有可分别容纳 40～350 人的多媒体教室 15 个，有 6 声道同声传译学术报告厅、语音教室、多媒体网络教室以及图书、电子阅览室；有可容纳 800 余人食宿的培训大厦和学员公寓，有多功能厅等设施齐备的文体活动场所。

2005 年，公司党校、高培中心新一届领导班子按照国家电网公司党组提出的新的发展战略、管理理念和工作思路，确立了公司党校、高培中心新的定位：按照一校一中心，兼顾会议功能的发展模式，搞好两个服务、建设三个基地、重点抓好五个方面的新课题开发，充分发挥公司党校、高培中心在系统教育培训工作中的龙头作用。两个服务：为国家电网公司的“一强三优”现代公司发展目标服务，为国家电网公司的干部队伍建设服务。三个基地：高级经营人才、管理人才、技术人才提高素质能力的培训基地；更新管理知识、补充高端技术知识的培训基地；国家电网公司企业文化的宣传基地。五个方面的新课题及教材开发：提高领导干部全面素质方面的课题开发；提高领导干部执行力和更新知识方面的课题开发；专业技术尤其是特高压输电技术的培训教育和知识更新方面的课题开发；公司系统企业文化方面的课题开发；国际交流、吸引国外先进技术方面的课题开发。

2005年，公司党校、高培中心按照国家电网公司的要求，完成了国家电网公司下达的各项培训及会议服务任务。共举办各类培训班93个，培训7189人；承办各类会议67个，参会人员4331人。其中，完成公司总部的各类培训班42个，培训2986人；接待公司总部各类会议35个，参会人员2579人。承办各网省公司和直属单位的培训班18个，培训928人；承办会议8个，参会人员420人。完成国家电网公司系统内培训班的数量与2004年相比增加了130.4%，培训人数同比增加了154.1%，完成会议接待数量增加了94.4%。

重点工作

1. 提高培训质量和会议服务水平

2005年，高培中心紧密结合国家电网公司的发展战略目标、工作思路及当前的核心工作，设计安排培训课程。在国家电网公司人力资源部对部分培训项目满意度测评中，学员对青年干部班培训的课程设置、师资安排、培训质量满意率为97.78%。对高级经营管理人员培训项目中培训课程体系设计及安排、培训教师安排及表现、培训效果的满意率为99.75%。其他培训项目的问卷调查显示学员对培训总体满意度也均超过90%。

通过加强同国家电网公司总部各部门的联系和沟通，提高会议服务每个服务细节的质量，承办了国家电网公司2005年工作会议、国家电网公司工会成立大会、重点城市安全供电工作会、新闻宣传工作会等重要的高层次会议，会议服务受到了公司领导和各主办部门的好评。

邀请国家电网公司领导和部门主任到高培中心讲课得到广泛认同。新聘教师21位，新聘客座教授8位。与国家电网公司人力资源部配合，完成了《特高压电网》专著的出版、发行工作。

2. 开发新培训项目

2005年，公司党校、高培中心在新的工作定位确定后，开展了“五个方面的新课题及教材开发工作”。由高培中心全体领导带队组成课题研究小组，分别对1～2个方面的课题进行研究开发，相关课题研究小组已经形成了初稿。

根据国家电网公司2005年的培训需求，公司党校、高培中心共开发了新的国内培训项目7个，完成了国家电网公司下达的培训任务。在项目开发过程中，自主创新与引进再创新相结合，精心策划开发具有电网特色、生命力长的品牌培训项目。为各网省公司和公司系统直属单位开发并组织实施了部分培训项目，拓展了高培中心的培训市场。

组织开发了“特高压输电线路建设运行和维护”赴俄罗斯培训项目，得到国家电网公司领导的高度肯定。完成了国家电网公司总部交办的8个国外培训项目。按照引进派出并举的指导思想，成功举办了首次国际高级人力资源管理培训。

3. 召开国家电网公司系统党校工作研究会年会

2005年，成功召开了第一次国家电网公司系统党校研究会年会。与公司人力资源部配合，第一次召开了国家电网公司系统培训中心主任座谈会，共同研究干部培训和职工教育的方向、措施，交流培训经验，达到了信息共享、资源共享、集约化发展的目的，在公司系统教育培训工作龙头作用的发挥上有了新突破，使公司系统党校、培训中心能够进一步形成共识、统一思想，明确各自的定位和发展方向。

4. 调查研究工作

2005年，高培中心组织部分员工赴上海等地进行深入调查研究，与中国浦东干部学院、上海市市委党校、宝钢集团公司教育培训中心、GE中国培训发展中心等四家单位，就企业培训中心的作用和地位、培训中心管理模式、培训项目管理等问题进行了广泛交流和探讨，取得了具有重要参考价值的成果。

党的建设和精神文明建设

完成保持共产党员先进性教育活动的各项任务。高培中心的先进性教育活动从3月初开始，到7月结束。保持共产党员先进性教育领导小组对先进性教育活动的每个阶段进行了精心组织、策划，使先进性教育活动取得了良好效果。

党的组织建设和制度建设不断健全。各党支部顺利完成改选工作，充实了党支部委员会。组织召开了高培中心全体党员大会，选举产生了第一届党的工作委员会。先后制定了《党支部改选工作意见》等一系列规章制度。

开展“四好”领导班子建没，干部队伍素质不断增强，工作作风明显转变，工作水平进一步提高。严格执行党风廉政建设责任制，提高了干部队伍拒腐防变的能力。

对外宣传工作得到加强。高培中心网页的更新提升了高培中心形象和宣传力度；编发的《培训工作信息》收到了良好效果；加强了与各新闻媒体的联系，及时提供了新闻信息和新闻线索。

（赵付明）

新　闻　出　版

中国电力报社

2005年，报社继续贯彻落实行业报办报办刊思路，努力提高社会宣传效益和经济效益。在电监会的领导下，在各电力公司的支持下，报社职工努力工作，使行业报定位得到进一步落实，杂志、网站、内参质量不断提高，发行工作和经营工作也基本保持了稳定。精神文明建设连续7年保持了中央国家机关文明单位称号，并连续3年保持了首都文明单位的称号。

一、认真开展党员先进性教育活动，收到了明显实效

在为时半年的党员先进性教育活动中，报社全体党员认真学习文件和有关专著论述，党性剖析深刻，自我批评真诚，同志间批评帮助不留情面，并做到学习、评议、整改与工作紧密结合，互相促进。生活会上，最长的自我剖析和评议时间达两个小时，短的也在30分钟以上，气氛既严肃认真，又轻松活跃，效果之好，是多年不见的。

报社本来人手少，加上借到外面工作的人员也比较多，工作任务很重。在学习整改中，报社党员同志克服了大量困难。特别是在两会期间，各支部、各部门努力协调，做到紧密结合，既没有耽误学习，也做到了互相促进。

由于全体党员发扬奉献精神，努力提高工作效率，使工作和“先教活动”两不误、两促进，初步达到了在学习中提高认识，在剖析中反思不足，在整改中追求实效的目的。

中央先进性教育活动督导组领导和电监会先进性教育活动领导小组领导参加了报社领导班子在党员先进性教育活动中召开的民主生活会后，都对报社领导班子的民主生活会质量表示肯定。刘德君认为报社能围绕改革发展稳定问题对症下药，切中主题。李春宁用三个字来概括了报社班子的民主生活会。一是“真”。大家敢于讲真话，讲得好。二是“实”。大家严以律己，宽以待人。三是“准”。大家勇于剖析自己，问题找得准。

二、由机关报向行业报成功转型，并得到读者认可

在电力体制改革日益深化和报刊市场竞争越来越激烈的形势下，报社积极贯彻电监会党组关于办好行业报的指示精神，同时也为了进一步探索报社在新形势下的生存发展之路，落实报社保持共产党员先进性教育活动的整改方案，广泛进行读者调查，深入进行市场分析，精心设计报纸定位，进行了全方位改版，提出了“正面报道、典型宣传、热点引导、舆论监督”四个方面并重的编辑方针；提出了突出“新闻”特色，把“新闻做实、外延做大、内涵做深”的采编原则；提出了“新闻版＋专题版＋周刊”的办报模式。

改版后，版面新颖灵活，清秀紧凑，加强了热点引导和言论述评，加大了信息量，增强了时效性、权威性、前瞻性、实用性和可读性，加强对电力行业改革与发展中热点问题的报道。特别是新设立的《社评》专栏，由报社领导带头撰写文章，站在党和国家的路线、方针的高度，围绕电力行业改革与发展中的关键问题，从宏观角度提出观点，阐发思想，引导舆论，体现出本报的权威性、深刻性和战斗力，从而提升了本报作为电力行业主流媒体和强势媒体的品牌价值。先后刊发的社评有《做改革的坚定推动者》、《全面落实科学发展观》、《弘扬航天精神　谱写电力新篇》、《加强新闻舆论监督》、《国企改革要继续深化》、《向刘平同志学习》和“科学发展观”系列社论等，起到了很好的舆论引导作用。

在第十五届中国新闻奖副刊作品复评暨2004年全国报纸副刊作品年赛评选中，本报共获得4个奖项，其中2004年5月30日8版获得副刊一等奖，“周末时评”专栏获得副刊专栏一等奖，《“第一”文化》获得中国新闻奖副刊作品铜奖，《无须证明的爱》等3篇获得全国报纸副刊作品年赛一等奖。

《中国电业》杂志、中国电力新闻网也进行了改版和调整，宣传报道质量不断提高。《电力决策参考》经过一年多的实践，也树立起自己的品牌，受到了读

者的好评。

与此同时，妥善处理了与《国家电网报》的关系，保证了报社各项工作正常开展。2005 年 8 月份，国家电网公司决定把《国家电网报》交由中国电力报社承办。报社按照电监会领导的指示，举全社之力，做了大量的准备工作。特别是在采编人员非常紧张的情况下，抽调 11 名业务骨干，由一名社领导牵头，专职进行筹备工作。在国网公司决定自己办《国家电网报》后，中国电力报社本着从大局出发，实现合作双赢的目标，双方初步达成了互惠互利的合作关系，确保《中国电力报》健康、稳定的发展。

三、经营收入保持稳定，完成了全年预定目标，职工收入保持了稳定

继续与所属公司签订了经营目标责任制，通过激励机制增加公司的压力和经营积极性。各公司和中心牢记使命，各显身手，尽展其能。在更多的电力媒体和国外广告公司以及社会媒体参与电力广告市场竞争的情况下，报社广告公司一方面认真研究和分析市场，针对不同的客户群体量身定做不同的服务方案，采取了“稳定老客户，开辟新客户，紧抓小客户”的营销战略，一方面加强内部管理，分解风险系数，在公司内部与职工签订经营承包合同，量化公司全年的经营指标。同时充分利用《电气周刊》的经营平台，在广告与新闻的配合上实现互动。中电兴公司继续以承办展览为工作重点，成功完成了由电监会组织的全国安全生产展览会电力展区的设计布展，完成了中国大唐公司办公楼室内展厅及户外广告的设计施工，既取得了较好的经济效益，也积累了大型工程的施工经验。通宇公司在保证报社报刊正常出版的情况下，积极对外承担书刊制作印刷及发行，同时，承担了国家电网报的排版任务，增加了收渠道。在各公司职工的努力下，公司与报社签订的经营目标顺利完成。

国电影视公司 2005 年工作刚起步，就积极探索建设电力行业跨媒体文化事业平台的经营之路。已有 7 部影视剧在国家广电总局批准立项，其中《非常 24 小时》已经央视教育台播出，收到较好的效果。此外还与记者和社会活动部成功举办了首届“国电影视杯”全国电力行业优秀电视片展评暨创作研讨会。

发行工作是报社的重要工作和重点经营工作。通过全社职工和发行部门的共同努力，报纸年末发行量达 157000 份，超额完成了报社下达的发行任务。《中国电业》杂志 2005 年度发行量 25000 多份，与 2004 年持平。

四、管理工作沿着科学化规范化的方向继续向前推进

职工医疗保险进入了社会统筹系统，并建立了补充保险。根据北京市 2005 年 4 月 1 日以前企事业单位职工必须参加医疗保险的要求，报社于 3 月初启动了该项工作。由于参保手续繁杂，统计报表基础工作量大，要求时间紧，办公室克服困难，加班加点，按上级要求准时办完了职工参加医保的各项工作，并及时办理了职工补充医疗保险，建立起了一套职工医保的长效机制，在近一年的实践中，已有多名报社职工按新的医保体系报销费用，从中受益。此项工作现已移交人事培训部。

提出了报社三项制度改革方案，为下步深化改革打下了基础。根据电监会领导的指示精神和报社下半年开展人事、用工、工资制度改革的要求，办公室积极做好该项工作，在社领导的具体领导下，与计划财务部紧密配合，认真学习了上级有关人事、用工、工资制度改革的方针、政策，到行业报有关单位认真调研，学习先进经验。在此基础上，起草了报社三项制度改革的方案，提出了报社改革的框架、方法、步骤，提出了根据报社实际情况，制定相关政策、规定的构想。该项工作，虽然由于筹备国网报工作搁浅了，但是为报社今后开展三项制度改革提供了依据，打下了基础，创造了条件。

进一步完善了内控制度。计财部制定了《国电影视制作有限公司有关报销规定》、《国电网络科技有限公司有关报销暂行规定》、《所属公司财务管理办法》、《直属记者站财务管理办法》以及《经营责任制考核管理办法》等讨论稿。办公室和计财部一起对报社所属记者站原来在外地开办的服务部进行了清理，并对报社广告公司在上海投资成立的《华东电力广告装潢有限公司》进行了内部审计和清算，收益全部收回。

制定并开始实施了《中国电力报编辑部考核管理办法（试行）》。为建立更加合理的激励机制，按照绩效挂钩的原则，加强了对工作数量和质量的考核，为进一步深化分配制度改革创造了条件。

加强了记者站的管理，修改了《中国电力报记者工作条例》。内蒙古记者站建立后聘用了两名专职记者，并制定了近十种内部管理制度，记者站工作开始步入正轨。还在几个记者站进行试点，将现有记者站定为站长单位，然后从区域内其他电力企业另聘记者。发电企业新闻通讯站到现在已经建立了 60 多家。另外还完成了《中国电力报》主办单位和《中国电业》杂志主管主办单位的变更手续。

五、以书画活动为主，继续搭建文化事业活动平台

自2004年书画院成立至今，在行业内开展了多项书画活动。2005年相继在浙江绍兴、山西晋城组织成立了中电书画院书画创作基地。同时，举办了电力书画采风研讨活动，这些活动为提高电力行业的书画艺术创作水平起到了促进作用。为了繁荣电力行业书画艺术创作，创办了“中电书画网”，受到行业内外书画界的关注，为广大电力书画作者提供了展示艺术创作水平的平台，也起到了报社和中电书画院与广大电力书画爱好者和社会联系交流的桥梁作用。

“国电影视杯”全国电力行业优秀电视片展评暨创作研讨会的举办，也开始从扩大影响起步，开始了相关的活动。

六、进一步采取措施加强了职工队伍建设

2005年是报社发展史上职工队伍大动荡的时期，也是人员素质最需要提高、承前启后培养和储备人才的重要新时期。一方面近些年来报社骨干人才外流严重，特别是为支持国家电网报的创办，报社成建制地支援了11人，另一方面由于报纸连续改扩版新进了一些缺乏经验的年轻同志。这样的人才断档又是出现在了报社为进一步调整办报办刊思路，继续成为电力行业内的权威、主流媒体，继续成为有影响力的行业报的关键时期。

为尽快解决人才断档问题，应对出报出刊的紧急需要，2005年四季度以来，报社组织了第二次大规模的业余时间在职培训，利用三个月中每周的星期六，采取单科面授、专题讲座、影视教育、经验传播、专题研讨、参观考察等灵活多样的组织形式，为职工特别是近些年来报社工作的职工进行了电力行业知识和新闻写作知识方面的培训。

在筹备国家电网报时期，报社对各部门的职工进行了重新组合，各部门克服了人员少、经验不足、办公室混乱交叉等各种困难，保证了报纸的成功改版，体现出了职工队伍的良好素质。

除了开展共产党员先进性教育活动以外，以开展工会工作为主，继续落实了凝聚力工程。组织了春节联欢会、记者节联欢会、三八节活动、退休职工活动，还组织并参加了产业报系列体育比赛、中央国家机关第二届职工运动会、参加了公益捐助等活动。

经过报社全体同志的共同努力，报社连续7年保持了中央国家机关文明单位称号，并连续3年保持了首都文明单位称号。

主要事件

1月26日，电监会党组统一动员部署保持共产党员先进性教育活动，报社党员先进性教育活动全面展开。

1月31日，国家电网公司党组成员、副总经理陈月明及国家电网公司总经理助理马治中一行，到报社指导工作，向报社职工致以新春问候。

2月3日，国家电监会主席柴松岳、副主席王禹民一行，到报社走访慰问，并代表国家电监会通过本报向全国广大电力职工拜年。柴松岳指出，在电力体制改革过程中，报社适应形势的变化，及时调整办报思路，确定了“办好行业报”的方针，提出“为全行业服务，为电力企业和电力职工服务”的理念，这是非常重要的举措。

2月4～6日，春节前夕，本社领导专程前往在京的电力集团公司，并与中国南方电网公司董事长袁懋振通了电话，向各集团公司领导和员工拜年，通报报社工作情况和发展思路，重点征求对办好行业报的建议，共谋报社发展良策。

2月17日，报社党委举办了“报社党员先进性教育培训班”，党支部委员及部处室主任级以上的党员干部三十余人参加了培训学习。

3月17日，中央先进性教育活动督导组一行四人到报社检查指导工作。他们对报社党员先进性教育活动给予了较高的评价，认为报社的学习安排很具体，既紧张又有秩序，党员的学习很扎实，很认真，有笔记，有考勤表，有汇报表，联系实际体会深刻，希望在下阶段的分析评议中继续保持这种作风。

3月22日，中国电力新闻网获得了北京市通信管理局颁发的《ICP经营许可证》。

6月15日，国家新闻出版总署向国家电监会发出《关于同意〈中国电力报〉变更主办单位的函》(新出报刊［2005］596号)。函称：“电监办［2004］19号文收悉。经研究，同意《中国电力报》的主办单位由国家电力公司、中国电力企业联合会变更为中国电力报社”。

6月28日，报社召开全体职工大会，对历时5个月的党员先进性教育活动情况进行全面总结，并提出了下步转入建立长效机制、巩固党员先进性教育成果的目标和要求。

7月17日，由中共中央宣传部、国家安全生产监督管理总局、中华全国总工会、中国工业经济联合会等7家单位共同主办的首届“全国安全生产及技术装备展览会”落下帷幕。中国电力报社展览办承办了此次展览会电力展区的组织协调、设计和搭建方面的工作，获得了由组委会颁发的最佳设计奖和最佳组

织奖。

7月21日，报社举行了2005年度经营责任书签订仪式。在签订仪式上，报社分别与《北京国电广告公司》、《中电兴艺术公司》、《北京通宇计算机公司》、《国电网络科技有限公司》、《培训中心》签订了2005年度经营责任书。

8月9～12日，报社记者2005年度工作会议在河北承德召开。会议按照电监会党组关于办好行业报的指示精神，研究了如何把行业报定位落实到位，进一步提高电力新闻宣传工作的水平，围绕行业难点热点，加强报道策划，不断提升报刊整体质量和影响力的问题。电监会办公厅副主任陈群出席会议并讲话。

8月11日，国家电网公司办公厅主任王敏打电话给正在河北承德参加报社记者2005年度工作会议的本社社长兼总编辑沈凤仪，转达国家电网公司党组的决定，委托中国电力报社编辑出版《国家电网报》，并要求于10月1日创刊。

8月25日，国家新闻出版总署向国家电监会发出《关于同意＜中国电业＞变更主办单位的函》（新出报刊［2005］857号）。函称："你会办公厅《关于变更〈中国电业〉主办单位的函》收悉。经研究，同意《中国电业》主办单位由国家电力公司变更为中国电力报社。"

8月30日，根据"关于认真做好第一批先进性教育活动巩固和扩大整改成果工作并进行'回头看'的通知"，报社召开全体党员会议，传达学习了上级通知精神，沈凤仪社长结合报社当前工作就怎样继续整改和长期保持共产党员先进性问题提出了新的要求。

9月9日，电监会主席柴松岳圈阅了《中国电力报》改版方案。同一天，电监会副主席邵秉仁在报社呈送《中国电力报》改版方案的报告上作出重要批示："总体同意改版方案。应做到：新闻要新，专版要深，覆盖要广，版面要活。语言要符合新闻特点，避免呆板；内容一定要有别于即将代办的电网企业报。"

10月10日，为更好地服务电力行业、电力企业和广大干部职工，落实国家电监会党组关于不断提升办报质量的指示精神，《中国电力报》即日起再次改版，出版刊期由周四刊调整为周五刊。

12月26日，中国电力报刊协会第五届会员代表大会在深圳召开，会议总结了第四届会员代表大会以来的工作，选举产生了第五届常务理事会。中国电力报社作为中国电力报刊协会理事长单位，社长兼总编辑沈凤仪同志当选为第五届理事会理事长，记者部主任魏俊芝同志当选为秘书长。

（贺金熙）

中国电力出版社

单位概况

中国电力出版社由国家电网公司主管、主办，是以图书出版为主，音像制品、电子出版物、期刊、网络出版共同发展的大型出版企业，长期服务于电力工业。

中国电力出版社秉承"立足电力，面向市场，传承科技，服务社会"的宗旨，全心全意为发展中国电力工业服务，为广大读者服务。每年向广大读者提供2000多种出版物，包括学术著作、技术著作、技术标准、技术手册、百科全书、年鉴、史志、词典、大学中专技工教材、职工培训教材、科普读物、科技期刊、音像制品和电子出版物等，内容涉及电力工程、电工技术、建筑工程、经营管理、计算机技术、外语等专业领域。自2000年以来，生产规模年均增长20%以上，为中国电力工业发展和电力科学技术进步作出了积极的贡献。

中国电力出版社主要业务部门有电力、热力、水电、综合、电工电子、建筑、计算机、外语等方面的图书编辑室（事业部）、音像出版部（中国电力音像电子出版社）、期刊编辑部（《电力设备》杂志社）、图书出版部、图书发行部。在武汉、上海、广州设有办事处。除依靠新华书店发行渠道外，还在全国各地建立了连锁经营的专业发行网络。

中国电力出版社1993年首批被中宣部和新闻出版总署授予"全国优秀出版社"称号，多年保持中央国家机关"文明单位"和"首都文明单位"荣誉。2005年被评为中央国家机关文明单位"十连冠"单位。

生产经营

2005年是中国电力出版社全面执行《国家电网公司企业负责人年度业绩考核管理办法》的第一年，共出版各类图书、期刊、音像制品、电子出版物2700种，生产总值2.8亿元，同比增加27%；销售总值2.6亿元，同比增加24%；销售收入1.7亿元，同比增加30%。2005年出版图书2132种，同比增加17%，其中新书1158种，同比增加21%，重印书974种，同比增加11%；出书字数40413万字，同比增加21%；印造册数1015万册，同比增加18%；用纸令数134666令，同比增加24%。圆满完成了预定的各项生产经营任务。

（1）财务指标。2005年，出版社业绩考核的主要财务指标除管理费用略有超支外，全部超额完成，全年累计实现利润总额1301万元，同比增长64%，超额完成年度目标的30%；净资产收益率全年累计完成18%，同比增加6个百分点，超额完成年度目标9个百分点；流动资产周转率全年累计完成1.27次，同比减少0.06次，超额完成年度目标0.27次；资产负债率66%，同比减少4.77个百分点。

（2）业务指标。2005年，出版社的主要业务指标全面超额完成，其中销售收入增长16%，同比增加1个百分点，超额完成年度目标10个百分点；产品销售率86%，同比增加1.22个百分点，超额完成年度目标6个百分点；图书出版重印率45.68%，同比下降2.16个百分点，超额完成年度目标3.68个百分点；图书印装质量合格率99%，同比下降1个百分点，超额完成年度目标2个百分点；全员劳动生产率17万元/人年，同比增长155%，超额完成年度目标42%。

人力资源

2005年，出版社在职职工275人，离退休人员77人。在职人员包括固定制职工170人、招聘制职工105人，其中：具有副高级及以上专业技术职称人员40人，中级专业技术职称72人，初级专业技术职称121人；具有大学本科及以上学历的占60%，大学专科学历的占22%，中专学历的占7%；35岁以下职工占64%，36～50岁占29%。人才密度为0.95。

重点工作

出版社坚持高标准、严要求，以特有的科技出版物和文化宣传产品，为国家电网公司各项工作的开展、公司品牌的塑造和公司形象的推广提供有力支持。

（1）完成《电力要先行·李鹏电力日记》的编辑、出版、发行工作，受到李鹏同志的表扬。该书约90万字，以日记形式记载了李鹏同志1979～2005年间从事或主管电力工业的经历、相关报道、讲话和图片，资料详实、内容丰富，反映了中国电力工业20多年来改革与发展的不平凡历程，对了解中国电力工业的历史，对推动电力事业的进一步发展具有重要的指导作用和现实意义。该书从2004年6月开始编辑整理工作，到正式出版历时一年的时间。

（2）被新闻出版总署列为转企试点单位，着手转企筹备工作。

（3）对近年来先后出台的规章制度全面梳理，加以完善，并制定出中国电力出版社“十年发展战略”与“三年规划”。

（4）2005年9月，出版社ERP项目开始实施。至年底，出版社ERP系统试运行正常。

（5）全力以赴申办《国家电网》杂志，配备了精兵强将，保证了杂志按时出版，10月，《国家电网》杂志试刊；积极协助国家电网公司总部申办《国家电网报》，协调与新闻出版总署的关系，保证了该报的顺利审批。

（6）配合公司宣传特高压电网技术，完成《特高压电网》技术专著的编辑出版工作，保证了该书按时高质的出版。

（7）配合国家电网公司系统开展保持共产党员先进性教育活动，出版了《电网先锋》一书。

（8）为宣传国家电网公司抗冰抢险保供电的英雄事迹，出版了《抗击冰雪英雄赞歌》一书和《责任·忠诚·奉献》画册。

（9）为配合国家电网公司输变电工程典型设计工作，投入各种生产力量，及时高效地出版了《国家电网公司输变电工程典型设计》（共8册）。

（10）为了宣传国家电网公司750kV输变电示范工程建设取得的成绩，配合国家电网公司出版了《750kV输变电示范工程建设总结》。

（11）为公司生产指标统计专门设计了“线损”、“电压合格率”、“城市供电可靠率”三个数据统计上报系统，有力地支持了公司生产指标及时统计。

改革和创新

（1）积极推进体制改革。根据中央关于推进文化体制改革的精神，文化体制改革的试点工作正在积极稳妥地向前推进。出版社为了适应改革的形势，进一步加快发展，一直在积极申请成为文化体制改革中的专业出版集团试点单位，并已被国家新闻出版总署确定为转企第一批试点单位，正在着手进行转企的筹备工作。

（2）稳步进行机制改革。按照实现企业化试点转制方案的要求，出版社继续深化用人制度、社保制度、分配制度等方面的探索和改革，不断建立健全与企业制度相适应的用人机制和激励机制。开始建立能者上、平者让、庸者下、劣者出的用人机制。初步建立了因需设岗、竞争上岗、双向选择、按岗聘任的用人制度。

（3）调整完善发展战略。“十五”期间出版社取得了较快的发展。“十一五”期间和未来十年内，在发展的规模、速度和结构上，出版社将坚持发挥行业优势和出版优势，延伸出版功能，拓展服务范围，扩大事业领域。根据这一发展思路，出版社认真研究制定了“十一五”发展规划并对“十年发展战略”进行了调整。

（4）针对生产规模不断扩大，制定《纸张材料招标管理办法》，做好纸张材料的采购工作。

精神文明建设

制定了《创建“四好”班子的实施细则》，把贯彻民主集中制与班子建设相结合。建立完善党委领导班子的工作职责、职权范围、议事规则、决策程序，使工作有章可循；对“三重一大”问题必须经出版社党委班子成员集体讨论；在讨论重大问题之前先发“安民告示”，班子成员事先思考，进行调研。

坚持民主生活会制度，每位党员领导干部都能结合自己的工作，交流思想，开展批评与自我批评。年初领导班子成员在由全社党员、科级以上专业技术人员参加的述职会上进行了述职，并对每位领导班子成员进行无记名打分评议。

贯彻落实党风廉政建设责任制，根据党风廉政责任追究办法、考核办法等，制订《中国电力出版社领导人员诺廉、述廉实施办法》，与每位中层干部签订了廉洁自律承诺书。加强纪检监察工作力度，成立监察审计部，调整充实了人员。相继出台了《任期经济责任审计办法》、《处以上领导干部廉洁自律规定》、《工作人员廉洁自律规定》、《职工个人考核办法》。

开展党风廉政建设警示教育，组织党员领导干部参加了国家电网公司系统廉洁自律知识答题，在全体员工中开展了“四个一”教育活动。

以学习、宣传《公民道德建设实施纲要》和《国家电网公司员工道德规范》以及《著作权法》为主要内容，采取了学习讨论、知识答卷等不同方式的教育活动，使“爱国守法、诚实守信、敬业爱岗、遵章守纪、团结协作、优质服务、文明礼貌、关爱社会”的员工道德规范深入人心。

针对改革中出现的难点和热点问题，及时做好宣传教育和稳定工作，建立了社长信箱和社长接待日制度，把解决职工思想认识与解决实际问题相结合。

向西藏、青海西部地区捐赠图书价值 21 万多元。由出版社计划生育委员会主办的《悄悄话》宣传刊深受职工的欢迎，并受到了属地街道计划生育委员会的表扬。

（华　峰）

国家电网报社

单位概况

国家电网报社（简称报社）正式成立于 2005 年 12 月 27 日，是国家电网公司依法出资设立和主管、主办的全民所有制新闻传媒企业，英文名称：State Grid News（英文缩写：SGN）。主要编辑出版发行《国家电网报》、《国家电网》杂志；编辑出版《国家电网动态》电视周刊，开展国家电网公司电视媒体业务；向国家电网公司网站提供新闻信息，建立报社新闻网站和新闻信息共享平台；负责组织编纂《国家电网公司年鉴》；承办《国家电网报》、《国家电网》杂志、《国家电网公司年鉴》等媒体广告业务；开展出版信息咨询服务、电网技术培训和企业文化交流、电网新闻技术开发和推广，举办电网企业会议展览业务；经营代理国家电网公司品牌形象宣传及广告经营等活动。

至 2005 年底，报社设置办公室、总编室、采访部、专刊部 4 个机构。2006 年初，报社按照国家电网公司党组要求，完成公司新闻媒体资源整合，《国家电网》杂志、《国家电网动态》电视周刊先后划归报社管理，报社内设机构也进行了调整，设置有办公室、人力资源部、总编室、采访部、专刊部、杂志编辑部、电视媒体部、策划营销部共 8 个部室。

报社职责定位：坚持正确的舆论导向，实现公司新闻宣传的一体化、集约化、规模化管理，实现公司新闻宣传整体策划、信息集纳与分发、资源共享的良性互动。直接面向国家电网公司系统广大员工，政府主管部门领导，电力行业读者，用电客户，关心电力工业和电网企业发展的各界人士。及时报道大事要闻及重大电力信息，全面反映公司改革与发展进程，交流企业管理经验，宣传先进典型，大力推进公司内质外形建设，使其成为宣传党的路线和国家方针政策、宣传公司党组战略决策和工作部署的阵地，成为公司与社会各界和广大客户沟通的桥梁，成为展示公司形象的窗口，成为联系公司党组与广大员工的纽带，成为统一思想、凝聚人心、推进工作的重要途径，成为公司企业文化的载体和广大员工的精神家园，为国家电网公司“建设世界一流电网、建设国际一流企业”提供强有力的舆论支持。

人力资源

报社筹备期间，针对时间紧、任务重、头绪多、要求高、人员少的实际，采取从公司总部和网省公司借调、从中国电力报社调人、从社会招聘等办法，将急需人才补充到合适岗位。坚持以人为本，加强员工培训和员工队伍建设，强化凝聚力和战斗力，构建“团结、紧张、高效、和谐”的管理团队，呈现出干事业、谋发展的崭新气象和昂扬向上的精神风貌，形成讲大局、讲团结、讲正气和心系事业、心系报社、心系发展的良好氛围，确保了报社组建和报纸创刊两个目标的顺利实现。

至年底，报社共有员工 33 人，平均年龄 35.6

岁。有经营管理人员11人，编辑、记者22人，党员23人。博士研究生2人，占6.06%；硕士研究生6人，占18.18%；本科学历23人，占69.70%；大专学历2人，占6.06%。具有正高级职称1人，副高级职称10人，中级职称13人。

重点工作

2005年，报社筹备组和报社按照国家电网公司党组关于高水平、高质量、高起点办好《国家电网报》的要求，主要完成了报社组建和《国家电网报》创刊各项准备工作。一是办理报纸刊号、邮发代号申请和报社工商注册、税务登记、银行开户、经营报纸广告业务等各项相关手续，加强人、财、物、设备等的管理，确保报社按期顺利组建。二是根据报社核心业务需要，遵循报纸编辑出版规律，不断优化采编发流程，建立通联队伍，加强策划，认真实施，特别是加强对公司2005年工作、报纸创刊号以及公司2006年“两会”报道的整体宣传策划。三是积极做好报纸照排、印刷、发行、赠阅等工作。

（1）明确筹备工作目标，狠抓工作措施落实。8月31日，国家电网公司党组印发《关于创办〈国家电网报〉、〈国家电网〉杂志和（电网技术）期刊的通知》（国家电网党［2005］39号），决定创办《国家电网报》、《国家电网》杂志和《电网技术》期刊。报社筹备组围绕“2005年12月底报社成立和2006年1月1日报纸创刊”两个目标，制订措施、倒排工期，先后8次对阶段性工作进行研究部署，认真制订和落实包括报纸编辑出版、设备采购与安装调试、建立报纸采编系统和办公自动化系统、开展学习培训、报纸印刷发行、制度建设、行政管理等7个方面35项内容的重点工作。在国家新闻出版总署、国家工商总局等的大力支持下，完成了《国家电网报》刊号申请、报社工商注册等方面的全部手续。

11月22日，国家新闻出版总署向国家电网公司颁发《中华人民共和国报纸出版许可证》（京报出证字第267号），明确《国家电网报》刊号为：CN 11-0267，周二刊，对开八版。同日，北京市新闻出版局予以核验。

11月28日，北京市报刊发行局确定《国家电网报》的邮发代号为1-338。

12月9日，国家电网公司以“国家电网人资［2005］878号”文件印发了《国家电网报》社组建方案和章程。

12月27日，国家电网公司隆重召开国家电网报社成立大会，国家电网报社正式成立。

国家电网公司党组书记、总经理刘振亚，公司党组成员、中纪委驻公司纪检组组长祝新民，公司党组成员、副总经理陈进行、郑宝森、陈月明、舒印彪出席了大会。公司党组书记、总经理刘振亚在会上作了重要讲话，对国家电网报社提出要求。国家电力监管委员会主席柴松岳、中国电力报社社长沈凤仪应邀出席了大会。公司党组书记、总经理刘振亚与国家电力监管委员会主席柴松岳共同为国家电网报社揭牌。公司办公厅主任、新闻中心主任、报社社长王敏主持了大会，报社常务副社长王海啸作了工作汇报。

（2）确定报纸编辑出版总体思路，强化报纸整体策划。认真贯彻落实中央关于新闻宣传工作的指示精神和公司党组对报社工作的总体要求，研究确定了报纸基本定位、基本风格、版面编排等方面的工作思路。报纸排版和采编发系统也及时安装调试到位，并顺利实现了模拟出报，具备报纸正式出版发行的各项条件。

（3）认真做好报纸发行和赠阅工作。通过各种方式，认真做好报纸发行工作，确保报纸发行的覆盖面，确保公司广大员工方便阅读《国家电网报》。同时，把报纸赠阅工作作为重要工作来抓，研究制订了赠阅方案，确保报纸赠阅到中央和各级党委、政府有关领导及有关专家、各级电力监管机构、相关电力企业、社会各界。

（4）狠抓作风建设，工作有序高效。针对筹备工作时间紧、任务重、头绪多、要求高、人员少的特殊情况，以作风建设为抓手，明确分工，落实责任，不断增强凝聚力和战斗力，努力营造“团结、紧张、高效、和谐”的工作氛围，报社组建、报纸筹划、人员培训、制度建设、稿件组织、业务建设、发行赠阅、对外合作等工作协调推进，为报社成立和报纸顺利创刊打下了良好的基础。

（陈宏义）

2006 中国电力年鉴

各 地 区 电 力

华 北 地 区

华北电网有限公司

资产经营考核指标完成情况

华北公司净资产收益率为2.38%，优于考核数（1.80%）0.58个百分点。其中：京津唐实现净资产收益率2.53%，优于考核数（1.70%）0.83个百分点。

资产负债率为55.85%，优于年度预算考核指标（66%）2.43个百分点。其中：京津唐资产负债率为55.85%，优于年度预算考核指标（62%）6.15个百分点。

流动资产周转率为3.41次。其中：京津唐实现流动资产周转率为3.37次。河北实现流动资产周转率为4.71次；山西实现流动资产周转率为2.01次；山东实现流动资产周转率为4.06次。

全年上交投资收益额为5.52亿元。其中：直属1.07亿元，北京0.87亿元，天津0.64亿元；河北0.6亿元；山西1亿元；山东1.35亿元。

京津唐应收电费余额完成10.53亿元，其中应收用户电费余额完成10.51亿元，应收网间电费余额完成296万元；河北应收电费余额完成3.46亿元；山西应收电费余额完成6.61亿元，其中应收用户电费余额完成4.97亿元，应收网间电费余额完成1.64亿元；山东应收电费余额完成0.64亿元。均完成国家电网公司下达的应收电费余额指标。

主要生产经营指标完成情况

1. 华北电网售电量保持快速增长

华北电网（含内蒙古）售电量完成4540.54亿kWh，同比增长15.88%。其中，京津唐完成1356.79亿kWh，同比增长15.73%；河北省公司完成726.38亿kWh，同比增长13.36%；山西省公司完成647.01亿kWh，同比增长15.51%；山东电力集团公司完成1364.49亿kWh，同比增长14.85%。内蒙古公司完成533.01亿kWh，同比增长21.96%。售电量增长均在两位数以上。

2. 华北电网网调机组发电量稳步提高，保留机组增长低于平均水平

华北电网（含内蒙古）网调机组发电量完成4906.13亿kWh，同比增长115.66%，利用小时完成6072h，同比升高96h，煤机完成6277h，同比升高22h；其中，华北公司保留机组发电量仅占3.27%。京津唐电网网调机组发电量完成1350.35亿kWh，同比增长17.40%；其中，华北公司（京津唐）保留机组发电量占2.40%。

3. 华北电网线损率总体呈现降低趋势

华北电网（含内蒙古）线损率完成6.27%，同比降低0.28个百分点。其中，京津唐完成7.31%，同比降低0.33个百分点，比国家电网公司下达的计划低0.02个百分点；河北南网完成5.80%，同比降低0.17个百分点，比国家电网公司下达的计划低0.02个百分点；山西电网完成7.45%，同比降低0.48个百分点，与国家电网公司下达的计划持平；山东电力集团公司完成4.98%，同比降低0.20个百分点，与国家电网公司下达的计划持平；内蒙古电网完成5.94%，降低0.33个百分点。均完成国网公司下达的年度计划指标。

4. 跨区跨省间联络线交换电量增大，提高了电网的资源优化配置和互供保障支援能力

全年跨区跨省交换电量合计完成241.89亿kWh，同比上升28.43%，增加交换电量53.55亿kWh。其中：跨区送电完成46.93亿kWh，占交换电量的比重为19.40%；区域内省间交换电量完成194.96亿kWh，占交换电量的比重为80.60%，同比升高36.16%。

5. 华北电网用电负荷依然保持强劲的增长态势

华北电网最大负荷为8035万kW，同比增长21.83%，净增1440万kW。最大峰谷差为2320万kW。其中，京津唐电网最大负荷为2623万kW，同比增长18.15%，净增404万kW；河北南网最大负荷为1201万kW，同比增长16.26%，净增168万kW；山西电网最大负荷为1290万kW，同比增长18.13%，增加198万kW；内蒙古电网最大负荷为760万kW，同比增长31.49%，净增182万kW。山东电网最大负荷为2450万kW，同比增长21.05%，

净增426万kW。

6. 华北电网供需矛盾仍旧突出，部分电网及地区出现了大面积拉限电情况

2005年初，由于社会用电需求保持了高增长，燃料供应出现紧张，华北电网总体平衡出现较大的缺口，出现了大范围的拉路限电情况，华北地区一度成为全国最缺电的地区。其中山西电网和内蒙古电网电力缺口最大，最大限电电力分别达到356万kW和325万kW。京津唐电网、河北南网和山东电网呈现季节性的电力平衡紧张，最大限电电力分别为174万kW、125万kW和167万kW。进入四季度以后，随着华北各省网新机组的陆续投产，供需矛盾从整体上得到缓解。

安全生产

公司把安全生产作为一切工作的重中之重，始终坚持“安全第一、预防为主”的方针，牢固树立科学的电网安全观，全面贯彻国家电网公司《关于加强安全生产工作的决定》，严格落实各级安全生产责任制，深入开展反事故斗争，保证了电网安全稳定运行和对社会的可靠供电，安全生产管理水平明显提高。

建立健全制度体系，制定了《安全生产工作奖惩规定》等70余项规章制度。各级领导带头履行安全职责，深入现场检查安全生产薄弱环节，抓安全生产工作的能力增强。大力推动现场作业程序化、标准化，形成了较为完整的标准化作业指导书体系。深入开展创建“红旗变电站”竞赛活动，变电站标准化建设水平明显提高。认真汲取莫斯科大停电事故教训，排查和治理电网安全隐患，编制59种事故处理预案。加强安全教育培训，认真开展新《安规》的学习和宣贯工作。加大安全监督和考核力度，实行重奖重罚，有效遏制事故苗头。聘请安全咨询机构对工程建设实施全过程安全监督，实现基建安全事故“零目标”。公司未发生人身伤害事故；未发生特大电网、设备事故；未发生有人员责任的重大电网、设备事故；未发生重大火灾事故以及重大施工机械设备损坏事故。

深入开展大电网稳定分析，做好负荷预测和出力平衡，合理安排电网运行方式。完善电网“黑启动”预案，认真开展反事故演习，快速正确处理蒙西电网系统低频振荡、托克托电厂全停等电网事故，保证了电网安全稳定运行。强化设备治理，加大技术改造力度，深入开展安全性评价，落实重要设备、重载设备的技术监督措施，及时发现并处理各类安全隐患。电网事故同比下降50%，设备事故同比下降66.7%。配合北京市有关部门开展输电线下隐患专项治理，清理500kV输电线下重大隐患79处。建立500kV输电线路群防群治护线机制，下半年被盗塔材数量比上半年下降90%。积极协助公安部门打击破坏电力设施犯罪行为，破坏电力设施案件大幅减少。电网平稳度夏，“神舟六号”飞船发射、G20会议等重大政治保电任务圆满完成。

电网发展

公司始终坚持发展为第一要务，围绕公司发展目标和电网建设目标，调整发展思路，加大资金投入，加快电网建设，做大做强输电资产，电网发展全面加速。

以国家电网发展规划为指导，调整完善华北电网和京津唐电网“十一五”发展规划，编制完成冀北五市城网规划。北京电网和天津电网“十一五”规划通过国家电网公司评审。加大与各级地方政府及职能部门的沟通协调，着力解决土地预审、环保评估等难点问题，增加项目前期储备。500kV通州、石北输变电工程，滨海、霸州、保北、廉州站扩建工程等一批重点项目通过国家发改委核准。

全年共完成电网建设与改造投资127.5亿元，是2004年的2倍，其中500kV电网建设投资47.5亿元，是2004年的2.7倍。新建扩建500kV变电站6座，新增变电容量450万kVA；投产500kV线路9条，1369km；开工500kV变电站6座，变电容量870万kVA，500kV线路10条，1480km，投资规模和投产规模均创历史新高。500kV承德输变电工程投产，根本解决了承德地区供电“卡脖子”问题；奥运供电重点工程——城北变电站的开工建设，标志着北京电网“十一五”规划的正式实施；侯廉线、托源四线和源霸二线工程正式投运，提高西电东送能力140万kW。电网建设中积极推行典型设计方案，推广应用紧凑型线路、同塔多回、串补等先进适用技术。强化项目管理，建立工程项目全生命周期计划。加强生产基建协调，保证了电网工程达标投产。基建施工企业在市场竞争激烈、施工条件恶劣的情况下，努力开拓市场、实施品牌战略、强化工程管理，全年共移交火电机组16台，487万kW，架设线路1045km，竣工规模及产值均创历史最高水平。

改革与管理

公司始终坚持把体制机制创新作为推动公司前进的动力。围绕公司的战略定位和核心业务，重新设置岗位，补齐缺失功能，优化业务流程，完成本部组织机构调整，初步建立规范高效、运转协调的工作机制。完善北京电力公司、天津市电力公司内部购电价格形成机制，增强了分公司发展活力。配合完成了中

国电力财务公司和华北电力财务公司的合并重组工作。调整北京超高压公司管理模式，强化对500kV电网资产的集中管理。理顺保定超高压工区管理体制。按照“一县一公司”原则，稳步推进冀北地区农电体制改革试点工作。认真做好公司所属单位中小学校划转移交准备工作。在国家电网公司指导下，制定和完善了华北区域电力市场建设方案。

坚持以经济效益为中心，不断强化经营管理。做强公司核心资产，完成岱海电厂送出资产收购工作。认真研究电价政策对电网的影响，在煤电联动电价调整中，最大限度规避电网经营风险。优化购电结构，规范联络线电力电量交易，降低购电成本。加大电费回收力度，强化电费资金及账户管理，陈欠电费回收达到33.53%，应收电费余额下降30.7%。大力推广分台区管理，强化线损过程控制和异动情况分析，线损率连续两年大幅下降。成立资金结算中心，加大资金管控力度，公司直属货币资金年末余额较年初下降30%，本部货币资金集中度达到82%。成立招投标中心，推行集中规模招标，共节约资金2800多万元。公司盈利能力显著增强，财务状况明显改善。

以“安全、质量、效益”为核心，建立同业对标指标体系。创新对标模式，冀北五家供电公司分别与山东五家市级供电公司签订对口学习交流与合作协议，定期开展对口交流。聘请埃森哲公司开展“同业对标、管理提升”咨询项目，认真分析诊断公司管理方面存在的问题，明确公司经营战略，明晰核心业务，优化业务流程，为提升管理水平奠定了基础。

科技创新

公司始终坚持科学技术是第一生产力。着眼于建设现代化电网，编制完成公司“十一五”科技发展规划和2020年科技发展远景规划。加强科技项目管理，加大资金投入，集中力量研究电网运行和发展中的关键技术难题。全面实施提高电网输送能力工程，通过采用动态仿真计算等措施，各级电网提高输送能力389万kW。成功进行了国内首次直升机带电检修作业和带电水冲洗试验；完成华北地区输电线路岩石锚杆基础试验；“大型抽水蓄能电站计算机监控系统国产化技术研究”等国家电网公司重大科研项目研究取得积极进展；泄漏电流在线监测等先进技术在系统内得到广泛应用。公司有3项科技成果获国家电网公司科技进步奖，4项成果获北京市科技奖，2项成果获中国电力科学技术奖。

全面加强信息化建设，调整信息化发展思路，确立了建设数字化华北电网的战略目标，制定了公司“十一五”信息化发展规划。重新梳理信息化工作业务流程，制定《信息化项目管理办法》，提升了信息化建设的管控能力。按照“统一领导、统一规划、统一标准、统一投资、统一建设”原则，启动了数据中心、500kV生产管理信息系统、华北电力调度数据网、一体化能量管理系统和电力市场技术支持系统等应用系统建设。基本完成调度生产管理信息系统建设，初步实现调度业务的规范化、流程化管理。500kV生产管理信息系统“两站四线”试点工作取得阶段性成果。

队伍建设

认真贯彻国家电网公司党组《关于创建“四好”领导班子的意见》，全面开展“四好”领导班子创建活动，丰富和细化“四好”领导班子考核评价内容，创新考核评价方式，建立三级考核评价体系。以本部机构调整为契机，统筹考虑领导班子配置，组织开展近年来规模最大的干部考察工作，拓宽用人视野，加强干部多层次、全方位交流，干部队伍结构得到优化，领导班子的凝聚力和战斗力明显增强。

树立“大人才”观念，以改革人力资源管理体制、机制为重点，加大人力资源开发力度。探索创新用人机制，构建多形式、多渠道、多领域的人才成长平台。以华北电力技术院为依托，加快技术人才培养，完善技术院专家选拔管理办法，首次开展经营管理专家的选拔。加强生产技能人才队伍建设，建立首席技能专家制度，拓展了员工岗位成才渠道。

建立教育培训标准化管理机制，形成多层次、多渠道的管理人员培训体系和低重心、高活力的生产人员培训体系。与清华大学等高校合作培养复合型人才。深化岗位适应性培训，开展专业调考和技术比武，员工素质进一步提高。公司荣获国家电网公司第一届农村供电所所长知识技能竞赛团体一等奖。

优质服务

公司始终坚持把优质服务作为第一宗旨，认真落实国家电网公司“三个十条”、“四个服务”的各项要求，努力提升服务理念，创新服务内容。扎实开展“客户满意工程”，制定公司直属供电单位供电服务“十项承诺”考核实施细则等制度，设立专项奖励基金，面向社会征求意见，建立优质服务常态运行和持续改进机制。公司直属系统共受理优质服务投诉举报494件，同比减少了52.13%；供电单位服务承诺兑现率达到99.73%。制定了《华北电网省间临时电能交易办法》，发挥大电网资源优化配置能力，以市场手段灵活调剂各省网电力余缺，度夏期间累计拉路同比减少2990条次，减少电量损失1214万kWh。加强需求侧管理，利用经济、行政、技术手段，积极引导全社会科学用电、合理用电、节约用电，京津唐电网日最大错峰避峰负荷达到201万kW。

开展“安全优质服务年”活动，加强“三公”调度。公开发电量计划编制原则，规范购售电合同管理，平等对待各利益主体。定期召开网情通报会、调度信息发布会、网厂联席会，设立“三公”调度信息网站，及时通报电网运行情况，调度信息透明度进一步提高。加强沟通协调，主动走访发电企业征询意见，逐步建立开放、透明、协作、互信的网厂协调机制。

先进性教育活动

按照中央和上级党组织的部署，公司认真开展保持共产党员先进性教育活动。公司党组和各单位党委精心组织，周密安排，创新形式，丰富内容，先进性教育活动扎实深入，党员队伍发生深刻变化，各级领导班子思想政治建设进一步加强，职工关注的突出问题得到及时解决，涌现出以史一同志为代表的一批先进人物，公司整体面貌焕然一新。

认真贯彻公司党组《关于加强和改进公司系统党建工作实施意见》，进一步规范了党建工作。组织开展“贯彻‘三个代表’重要思想、实践创新在支部”主题活动，有力地推动了基层党建工作的实践创新。公司党组表彰了一批公司级先进基层党组织、优秀党员和优秀党务工作者。

党风廉政建设和精神文明建设

深入贯彻国家电网公司党组《关于加强廉政建设预防职务犯罪工作的决定》，建立预防职务犯罪制度防范机制。严格执行党风廉政建设责任制，坚持一岗双责，将党风廉政建设贯彻到企业管理的各个环节。加强党风廉政宣传教育，开展形式多样的警示教育活动，广大党员干部廉洁自律意识进一步增强。完善内部监督制约机制，制定了《招投标活动监督管理办法》，效能监察工作取得明显成效。全面完成年度党风廉政建设责任目标。

加强新闻宣传工作，开展形势任务教育，努力增强思想政治工作的及时性、针对性和实效性。大力开展送温暖活动，切实解决职工的实际困难。关心离退休老同志，认真落实两项待遇。全面排查调处各种不稳定问题，努力构建维护稳定的长效机制，企业和职工队伍保持稳定。深化精神文明创建活动，北京十三陵蓄能电厂等3个单位被评为全国精神文明建设工作先进单位，承德供电公司等8个单位荣获国家电网公司文明单位称号。

大力宣传和培育“顾全大局、团结兴网、和衷共济、和谐发展”的华北电网精神。开展企业文化建设研讨，完成公司企业文化建设规划。积极推广国家电网公司视觉识别系统，编拍《电力安全生产教育警示片》，开展电力安全生产警句征集活动，服务文化和安全文化建设稳步推进。完成公司工会委员会筹备工作。建立重大事项公示制度和总经理联络员制度，深入推进厂务公开，企业民主管理水平进一步提高。开展“青年文明号文化节”活动和“青年安全生产示范岗”评选活动，共青团组织活力增强。

主要事件

1月26～27日，华北电网有限公司召开2005年工作会议暨一届二次职工代表大会。党组书记、总经理庄虎卿作题为“求真务实　开拓创新　强化管理　加快发展　努力建设一强三优的现代公司”的工作报告。

2月2日，国家电网公司对北京超高压公司及时发现并消除了高姜线1导线损伤缺陷、确保了大区联网线路的安全稳定运行给予通报表扬。

2月25日，国家电网公司总经理刘振亚一行来到华北电网有限公司视察工作，慰问职工。

同日，国家电监会调研组到华北电网公司进行调研。

3月1日7时45分，华北主网与山东电网通过河北省邯郸辛安变电站和山东省聊城变电站之间的500kV输电线路顺利联通。至此，华北电网实现整个区域全部500kV联网。此次成功联网，将进一步提高电网运行的可靠性和电能质量，向建设坚强电网的目标迈出新的步伐，为实现今后省间电力交换暨商业化运营，优化电力资源配置，创造了必要条件。

4月12日，华北电网公司召开清产核资及效能监察工作总结表彰会议。

4月13日，华北电力财务有限公司重组进入中国电力财务有限公司。重组以2004年12月31日为基准日。重组后，作为中国电力财务有限公司的分公司，其现有债权、债务和人员由中国电力财务有限公司管理。

4月29日，国家电网公司副总经理郑宝森、人董部副主任李凯到华北电网有限公司宣布调整公司领导班子，马宗林任华北电网有限公司党组副书记，副总经理（主持工作）。

5月17日，华北电网有限公司召开2005年迎峰度夏电网形势汇报会。北京市、天津市、河北省及冀北5市人民政府主管领导和发改委、经委及电力办领导，华北电网公司，北京、天津市、河北省电力公司有关领导，冀北各供电公司主要领导及以上公司有关部门负责人参加会议。会议通报了2005年以来华北及京津唐电网运行及度夏准备情况，发布了2005年夏电网负荷预测及电力平衡情况，介绍了保证社会有序用电的负荷调整预案及相关举措。

6月17日17时30分，山西侯村至河北廉州500kV输变电线路正式投产运行。由此，山西西电东送通道增加至5回，送电能力由450万kW增至500万kW以上。

6月20日上午11时22分，京津唐电网用电负荷达到2239万kW，超过了2004年冬季创下的2220万kW的记录，创历史新高。

6月24日，由于华北地区近日连续出现高温天气，局部地区高温40度，致使华北电网用电负荷持续攀升，最大负荷从6月20日起连续三天被刷新。截止6月23日，华北全网，京津唐电网、山东电网、河北南网、内蒙电网、北京和天津电网最大负荷均创历史新高。其中，华北电网最大负荷7211万kW，同比增长9.34%；京津唐电网最大负荷2465万kW，同比增长11.04%。

6月29日，中国电力财务有限公司吸收合并华北电力财务有限公司正式签约及签字仪式在华北电网有限公司举行。

7月1日，保定超高压工区撤销，原由保定超高压工区管理的500kV输电线路资产及配套通信设施委托河北省电力公司管理，原保定超高压工区人员161人成建制划归河北省电力公司。

7月8日，华北电网有限公司隆重举行保持共产党员先进性教育活动动员大会。

7月19日上午，华北电网负荷又一次登上了历史的高峰，达到7513万kW，京津唐电网负荷也创造了2532万kW的历史新高。

8月22日，退休老干部史一在保持共产党员先进性教育活动期间捐资助学，体现老党员的先进性，国家电网公司8月22日以国家电网党［2005］38号文，要求公司系统开展向史一同志学习的决定。

9月7日，国家电网公司人董部曹志安一行到华北电网公司宣读国家电网公司人事任免决定。根据国家电网［2005］91号文件，建议任命马宗林为华北电网有限公司总经理，庄虎卿不再担任总经理职务；根据工作需要免去赵平同志中共华北电网有限公司党组成员、中共华北电网公司党组纪律检查组组长职务。

9月9日，位于鄂尔多斯准格尔地区的宁格尔500kV变电站投入运行。至此，自治区境内500kV变电站由7座增加到8座，标志着蒙西电网500kV主网架已经形成“三横三纵”格局，220kV电网呈辐射状供电，既可为区内众多发电商提供上网支持，又可为自治区“西电东送”开辟若干通道。

12月1～4日，马宗林总经理带队到山东电力集团公司调研指导工作。华北电网有限公司直属五家供电公司与山东五家市级供电公司分别签署了对口同业对标交流合作协议。

12月6日，在华北电力科学研究院沙河高压试验站成功举行了直升机带电对线路绝缘子水冲洗和带电处理架空地线缺陷作业演示。

12月21日，华北电网500kV红旗变电站创建活动总结表彰大会，在泉城济南山东电力培训中心隆重举行。

（宋艳琴）

北京电力公司

企业概况

北京电力公司（以下简称公司）是由华北电网有限公司法人授权经营的特大型电力企业，负责北京1.68万km^2区域内的电力供应、销售和输电、变电、配电设施的建设与运行，肩负着为首都政治、经济建设和人民生活安全供电任务。2005年末，公司资产总额329.95亿元，服务的总营业户数480万户。拥有35kV及以上变电站310座，主变压器容量4616.63万kVA，35kV及以上输电线路805条7858.73km、电缆546条733.13km。

2005年公司经营目标全面实现，完成售电量488.92亿kWh，同比增长12.12%，售电均价578.71元/MWh，同比提高42.42元/MWh；资产负债率54.47%，同比下降0.35%；应收电费余额6亿元。

电网概况

北京电网是华北电网的重要组成部分，是京津唐电网的负荷中心。截至2005年底，全市发电总装机容量490万kW。北京电网主要通过经500kV大房双回线接受来自山西的东送电力，经500kV沙昌双回线、万顺双回线、托源安双回线接受来自蒙西和张家口地区的东送电力，通过顺义—姜家营、安定—盘山、安定—天津北郊、房山—保北500kV线路与东北、天津、河北南网连接。

北京电网以昌平—顺义—安定—房山双回500kV线路为中心的东部双环网和以昌平—房山单回500kV线路为中心的西部500kV单环网组成的主干网架，进一步加强了受端电网。220kV电网在由9座枢纽变电站组成的双环网基础上，220kV变电站深入到城市繁华地区，大大提高了市区110kV电网供电容量及供电可靠性。220kV电网分成东西两个供电区域运行，区内220kV变电站均具备2路电源。110kV电网作为高压配电主干网络，呈放射状网络运行。多数110kV变电站电源来自两个220kV变电站，保证由双方向的电源供电，提高了供电可靠性。城区内只有少数110kV变电站仅由一个220kV变电站供电。

北京电网最大整点负荷由2000年673万kW增长到2005年1053.8万kW，增长了56.6%，年均增长9.4%，外受电比例保持在2/3左右，是典型的受端电网。

电网的主要特点：①电网密集，电气联系紧密，送电距离短，220kV平均供电半径仅为10.2km，短路电流水平较高；②典型的受端网络，由于地理条件、能源政策及环保约束决定了市内电源容量有限，受电比例占最大负荷的70%左右；③负荷密度高，2005年城区负荷密度已达到1.8万kW/km²，部分地区负荷密度已经达到5万kW/km²；④供电可靠性和电能质量高，2005年底城市供电可靠性RS3为99.8969%，线损率为7.3%，累计综合电压合格率为99.565%。

组织机构和领导班子

组织机构图见后。

领导班子：

党委副书记、总经理：李一凡

党委书记、副总经理：郭要斌

党委委员、副总经理：王守东、石路、李同智（12月2日任职）、单业才（12月2日任职）、陈当（12月2日转任副局级调研员）、侯清国（5月8日离任）、任静夫（12月2日离任）

党委委员、电力工会主席：李国华

党委委员、纪委书记：张俊利、周同山（12月2日离任）

总会计师：孙江滨（11月11日离任）

人力资源

截至2005年底，公司全民职工总数9439人，其中中央全民职工9206人，地方全民职工233人。具有大专及以上文化程度职工占职工总数的44.6%，同比提高5.7个百分点。具有高级职称职工432人，占职工总数的4.1%，同比持平；具有中级职称职工1055人，占职工总数的10.9%，同比提高0.45个百分点。2005年，公司全员劳动生产率48.51万元/人年（按工业增加值计算），同比增长31.21%。

公司加强各级领导班子和干部队伍建设，丰富公司两级中心组学习内涵，在坚持中心组学习制度基础上，开辟学习辅导报告视频栏目。加强领导班子和领导干部考核考察，进行以职代会民主测评为主要形式的干部年度考核，参加测评领导班子31个、领导干部216名，公司近2000名干部职工参与了各单位的测评打分。2005年底，考核了二级单位领导班子和24名试用期领导干部。优化领导班子结构，全年调整任职领导干部148人次，涉及公司本部18个部门、协（学）会和27个基层单位。坚持领导干部的廉洁奉公、执政为民教育，坚持公司主要领导与新提拔及交流中层正职干部谈话制度，全年谈话人数达90人。加强后备干部队伍建设，制定公司级后备干部基本标准及选拔程序。进行各单位后备干部民主推荐及年终考察工作。选送29名优秀中青年干部参加2005年中国人民大学德鲁克EMBA的学习深造。

坚持开展中层领导干部轮训和基层政工干部培训，按照“缺什么补什么”的原则，组织了四期领导干部培训和两期政工干部培训。组织了八期共333名领导干部参加的电力、管理、营销、财务四个专项的业务培训。组织开展二级单位中层干部培训，完成5大专业8期培训班，477名干部取得结业证书。开展《电力监管条例》的学习培训，举办培训班368期，7692人次受训。

公司加大对专业技术人才培养力度，建立了审计、工程评审等5类专家库，择优选拔了176名各类专家，完善了专家竞聘、管理和考核机制。规范了生产岗位系列设置，采取技能鉴定、技术比赛等多种形式提高一线人员业务技能水平，全年完成技能鉴定3161人、岗位技能培训3451人，生产岗位持证上岗率达96%。

电网建设和发展

2005年，公司完成基建投资36.6亿元。竣工投产110kV及以上输变电工程31项，新增主变压器47台，新增变电容量333.3万kVA；新增架空线路332.76km、电缆长度125.66km。落实了70项工程的立项批复，同比增长150%，落实66项工程的规划意见书，同比增长120%，西苑、红军营、南泥沟、奥运村等重点工程前期工作进展顺利。

公司以规划为先导，从总体发展目标、网架构建原则、设计原则和设备选型原则4个方面明确了电网规划建设的首都标准。优化调整了北京电网“十一五”发展规划，确立500kV变电站深入市区规划方案，启动朝阳、海淀、城南500kV输变电项目的可研编制和选址、选线工作，编制完成中压配电网规划和“十一五”城市近郊电缆沟道规划，开展北京电网分区供电方案、大用户变电站建设运营模式等重大问

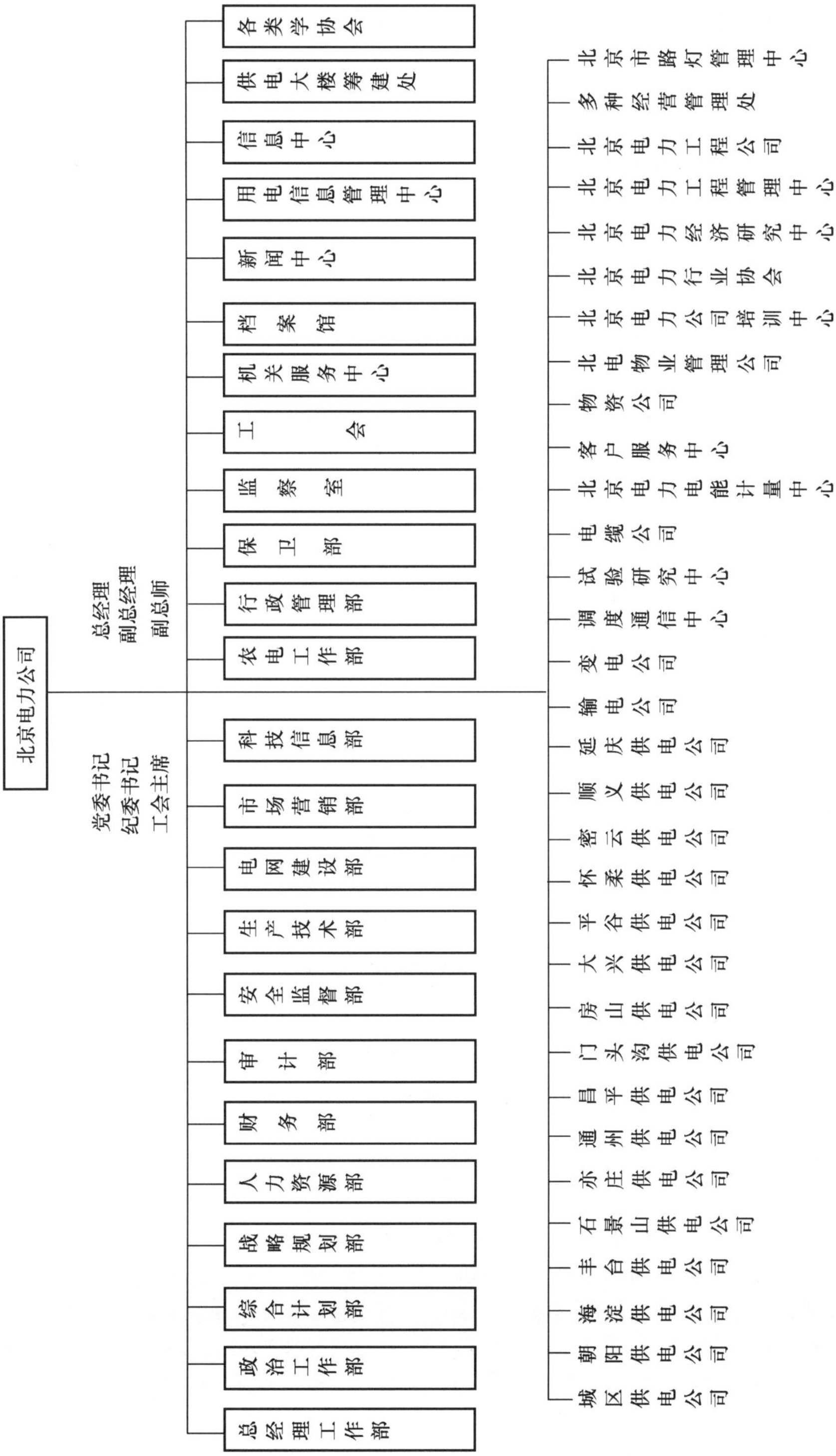

北京电力公司2005年组织机构图

题的研究，主网、配电网规划能力显著增强。完成220kV、110kV变电站典型设计，其中110kV变电站典型设计得到推广应用。强化工程管理，加强工程计划管理和过程控制，严格执行达标投产，工程组织效率和施工质量有明显提高。

经营管理

公司以经济效益为中心，加强经营管理。一是强化集约经营。依托清产核资成果，完成资产资源平台的搭建，实现资产数据集中管理。规范物资和工程招投标管理，扩大物资和工程的招标范围。二是降低经营成本。加强预算管理，有效控制非生产性成本支出。强化线损管理，编制三年降损计划，提高线损预控水平，线损率完成7.3%，同比下降0.48个百分点。合理运作资金，通过提前还贷、延迟借款等方式节约财务费用4500余万元。三是科学监控考核。完善经济责任制考核体系，合理调整考核指标。强化经济活动分析，增加对基层单位的经营评估，加强对异动指标的分析和控制。发挥内部审计作用，开展工程全过程审计，2005年进行重点工程审计15项，审计资金11.7亿元，核减投资50余万元，完成了10家所属单位一把手领导干部的离任审计和15个基层单位资产经营情况审计，提高了公司经营运作和规避风险的能力。推进配电网用户资产接收工作，明确配电网资产移交工作流程和资产接收后的管理标准，全年接收用户资产18.5亿元。

2005年为公司“基础工作年”，公司以子公司运营模式为目标，不断夯实基础、谋求发展。公司对16个供电公司和输电公司、变电公司、电力调度通信中心、电力试验研究中心、电缆公司等5个单位进行综合评价，从规章制度、业务流程、工作标准、责任界面等7个方面查找各单位基础管理工作中的问题，共查出155项共性问题和薄弱环节，提出了《综合评价公司管理薄弱环节分析报告》，并要求在全公司范围进行整改。

开展创一流同业对标工作，在国家电网公司同业对标指标综合评价中，公司排序第7，位于B段，实现公司确定的“年度同业对标排名达到国内电力行业中上游水平”的目标。在公司内部进行各属地供电公司之间的对标工作，初步确立了覆盖安全管理、资产经营、电网运行等7个方面的指标体系，通过指标的公布、分析、诊断和整改，使公司各方面工作得到持续改进和提高。2005年，公司颁布各类规章制度93项，包括《北京电网规划工作管理规定》、《北京电力公司反违章管理规范》、《北京电力公司供电所建设管理实施细则》等重要制度，完善健全了公司规章制度体系。推广内控制度建设，编制内控制度体系设计方案。强化依法治企工作，规避经营活动中的法律风险，取得220kV西大望—上庄—六郎庄输电线路建设纠纷等诉讼案件的胜诉，维护了企业的合法权益。

安全生产

2005年，公司未发生重、特大电网、设备事故，未发生重大火灾事故，未发生造成重大社会影响的事故，未发生重伤及以上人身事故。公司坚持“安全第一、预防为主”方针，全面落实反事故斗争二十五条重点措施和十八项电网重大反事故措施。加强三级安全监督体系建设，完善安全奖惩制度，明确由各级行政正职主管安全监督工作，提高安全监督的有效性和权威性。在开展安全需求调查的基础上，逐级签订安全生产双向互保责任书，层层落实安全责任，建立起安全双向互保机制。对基建、营销两个专业工作体系和北京输电公司等4个单位进行了安全评估，对公司发生的事故、障碍和安全管理中存在的问题进行分析和总结，制定、落实整改措施。从决策、管理和执行三个层面推行安全闭环管理，提升公司安全管理整体水平。以人身安全为重点，强化日常安全管理，规范现场作业环境。加强安全教育培训，对1079名班组长进行了安全轮训。公司召开安全生产教育电视电话会，以6名曾经发生责任事故的职工现身说法，提醒公司广大干部职工要将安全生产真正落实到工作中，珍爱生命、确保安全。

加强生产管理制度建设，编制完成输电、变电、配电标准化作业指导书范本，健全各类设备运行管理规范和技术数据库，统一电网设备选用和电网调度技术原则，建立了技术监督制度体系。从应急预案、技术支持系统和抢修队伍三方面完善公司应急指挥体系，提高事故应急指挥能力。规范两级调度管理，理清两级调度管理界面，完成市调自动化升级改造、10个供电公司调度自动化建设及城区供电公司配电网自动化一期工程。积极应对夏季高峰负荷，完成针对大负荷的电网“度夏”改造工程，完成输电改造项目6项，改造线路167.4km；更换变压器等变电项目12项，增加供电能力531.8kVA；更换分倒路等配电项目143项，解决了部分地区过负荷问题。加强电网运行监控，强化需求侧管理，保证了电网的安全平稳度夏。吸取莫斯科大停电教训，启动北京电网消隐工程，整改电网设备隐患、输电线路线下隐患和三线搭挂问题，按照轻重缓急的原则，制定了投资91亿元共204项电网消隐工程项目，取得阶段性成果。

2005年，公司完成222项政治保电任务，保证了十六届五中全会、“神舟”六号载人飞船发射和回收等重大政治活动的安全可靠供电。

营销工作

2005年，公司累计电费回收100%，用电营业户数新增35.3万户，同比增长7.93%；累计受理报装容量636.66万kVA，同比减少27.18%，完成接电442.09万kVA，同比减少6.6%；营业普查7.15万户，是2004年的1.1倍，累计追补电量3598.46万kWh，同比下降29.5%。

2005年，公司修订完成了《北京电力公司三年市场营销规划》（2006～2008年）。从营销指标、优质服务、销售市场、营销组织等方面明确了2006～2008年要实现的营销工作目标。按照三级营销核算区域考核总体思路开展供电所建设，公司第一个中心供电所——丰台区花乡中心供电所投入使用。开展分台区承包考核试点工作，并在城区、朝阳、海淀、丰台、石景山5个城近郊供电公司和顺义供电公司推广。加强营销信息系统建设，完成业扩报装信息系统的开发试点。电费回收取得历史最好成绩。建立电费回收的责任与考核机制，将陈欠电费回收指标纳入对各供电公司领导班子的考核，明确各单位一把手要亲自抓、负总责。电费回收统计到户，以统计到户的电费回收率作为考核和分析依据。对电费回收实行专项奖励，并将电费回收率与各供电公司的工资总额和工资增长额挂钩，加大催收工作力度。加强电费回收的分析，建立电费回收例会制度。公司在2004年所属10个供电公司陈欠电费回收结零的基础上，2005年又有3个供电公司实现陈欠电费回收结零。

公司将需求侧管理工作确定为2005年迎峰度夏的三个战场之一。本着“早计划、早部署、早宣传、早落实”的原则，确保度夏需求侧管理工作有序开展。按100万kW电力缺口制定北京地区电力平衡方案，并按最大150万kW电力缺口考虑应对突发事态的发生。组织负控系统的升级改造，上半年完成主站升级改造、16个子站建设、混合通信网扩建、1700台负控终端改造和1000台负荷管理终端新装等工作。利用电力需求侧管理展示中心、DSM网站、“95598”客户服务电话、报刊、电视、广播等各种渠道，广泛宣传度夏形势，取得社会各界的支持和理解。2005年，公司启动需求侧管理措施，控制高峰负荷。从7月1日开始陆续启动高温休假、轮流周休等预控措施。8月15日通过采取错峰、避峰、负控限电等措施并启动拉路限电方案，有效填补了电力缺口，取得较好效果，顺利度过夏季四次大负荷的冲击，完成地区电力平衡工作。

农电工作

2005年，公司完成农村电网建设和改造工程投资11.14亿元，新增35kV及以上变压器30台30.25万kVA；新建35kV及以上线路40km，新建、改造10kV及低压线路2052km；新建、更换农村配电变压器3522台，安装箱式变压器216台、无功补偿箱808个。利用农村电网建设和改造二期结余资金更换电能表12万多块、改造户表箱12万多个。农村电网建设和改造三期工程中，一户一表工程共改造2.69万户。列入公司2005年度夏工程的9个工程项目顺利投产。农村电网建设和改造工程中，加大科技信息投入，2005年完成199个供电所（包括供电服务点）的信息化通道建设，所有供电所实现办公自动化。10个远郊区县完成电量采集系统建设，实现10kV以上关口电量的全计量、全采集。

公司农电管理工作以服务“三农”为方针，理顺供电所管理体制、规范用工机制，制定了《北京电力公司供电所改革方案》。开展供电所安全管理年活动，开展以“营造农村安全用电氛围，创造农村安全用电环境”为主题的农村安全用电宣传活动。农电资金实现预算化管理，按项目下发到区县供电公司，加大区县供电公司对供电所的考核、监督、管理力度。制定并下发9个相关管理文件，加强供电所专业化管理。将建设60个中心供电所纳入公司营销体系中并开始实施。规范供电所人员的工资管理，制定和实施供电所人员新的结构工资。建设一流县级供电企业，密云供电公司成为北京第二个国家电网公司一流县级供电企业。

科技与信息化

公司科技工作立足于为生产、经营、管理服务，为公司提供坚强有力的技术支撑。一年来，通过建立和修订各项规章制度，理清了层次，明确了责任，将科技工作推向规范化管理。通过组织“先进实用成果展评”、“科技成果与论文交流会”等活动，推进科技成果向现实生产力转化。通过举办电力新技术讲座，实施示范工程、科技项目紧密结合生产中遇到的技术难题等多种形式提倡、实现科技创新、技能创新。

编制完成公司“十一五”信息化规划，规范信息平台接入标准。开展电费卡表售电系统、调度SCADA系统、本部信息资源基础平台3个系统安全风险评估。加快基础平台建设，初步形成了面向各专业的共享平台，完成16个基层单位信息平台的同步升级和接入工作，为建立公司数据中心创造了条件。完成物资管理系统、人力资源管理信息系统和营销信息系统业扩子系统主要功能模块的开发工作。加大科研投入，充分发挥经济研究中心和配网技术两个研究机构的作用，加快科研成果向生产力的转化。公司15项科技成果获得华北电网有限公司科技进步奖。

优质服务

公司贯彻落实供电服务“十项承诺”和员工服务“十个不准”的要求，分析投诉举报情况，总结归纳出停电类、报装接电类、收费类、其他类等四类突出问题，提出了整改措施。针对服务质量、一户一表等反映突出的问题，及时进行了整改。完善城八区抢修车辆GPS定位系统，缩短抢修时间。建立优质服务责任制考核办法，开展“首都电力质量行”优质服务检查活动，设立专项社会监督奖励基金。为社会办实事，完成市政府6万户平房一户一表改造折子工程。全年受理客户报修咨询电话58万余次，“95598”服务热线对一户一表客户回访7477件，客户满意率达到100%。

开展“三公”调度和安全优质服务年活动根据国网公司《关于做好国家电网公司向发电厂发布“三公”调度信息工作的通知》的要求，制定了《北京电力公司“三公”调度问询答复制度》等五项制度。按时公开电网信息，认真听取电厂的反馈意见，2005年9月底，公司组织召开包括官厅、密云、燕化等11家电厂相关人员参加的第一次网厂联席会议，聘请了7名“三公”调度监督员。由于措施得力，2005年公司没有接到任何关于“三公”调度与优质服务的投诉。

按照国家电网公司和华北电网公司的要求，结合北京电力公司实际，对照《关于开展国家电网公司系统的调度机构“安全优质服务年”活动的通知》中十四项工作计划和重点，公司在两级调度中开展了“安全优质服务年”活动，印发了《关于开展北京电力公司调度机构“安全优质服务年”活动的通知》，制定了计划，并按月上报国调中心北京电力安全优质服务简报。9月份，公司还成功的组织了北京电力调度系统安全优质服务演讲比赛。

强化有效的监督机制，纠风工作促服务。公司以督促检查落实国家电网公司“三个十条”的情况作为工作重点，采取多种手段强化服务作风监督力度。①成立纠风办公室，加大纠风工作力量。②制定出台《北京电力公司〈关于违反国家电网公司员工服务“十个不准”的处理规定（试行）〉的补充规定》等多项规定，加大对违反“十个不准”行为的查处力度，增强领导班子抓优质服务的意识，改进供电服务投诉举报工作，强化外部监督合力。③组织开展了“首都电力服务质量行”活动和落实“三个十条”情况及供电投诉问题的调研检查。④组织召开座谈会、开展规范服务和线下隐患问题专题检查和调研活动。⑤参加北京市纠正行业不正之风办公室开通的“政风行风热线”，设专人负责督促投诉处理情况。迎峰度夏期间，组织相关职能部门参与了市政府开办的“走进直播间”节目，宣传公司迎峰度夏工作和优质服务工作。

党的建设和精神文明建设

公司开展了保持共产党员先进性教育活动，实现“提高党员素质，加强基层组织，服务人民群众，促进各项工作”的目标，群众测评满意率达99.52%。

开展精神文明创新工作，组织开展了以“平凡孕育伟大”为主题的公司模范人物、先进集体事迹巡回演讲报告”活动，从6月中旬到9月下旬，历时3个月，巡回演讲报告团走遍了公司各基层单位，共举办演讲31场，32个基层单位的7000多名职工聆听了演讲报告。编印《劳动者之歌》、《奉献者之歌》、《理想者之歌》先进事迹和报告集锦。共青团组织深入开展“争手创号”、“争优创先”系列活动，调动广大青年团员为企业建功立业的积极性和工作热情。2005年公司被中央精神文明委员会授予“全国精神文明建设工作先进单位”称号，公司团委荣获中央企业团工委“红旗团委创建单位”称号。

公司制定了《北京电力公司关于建立健全教育、制度、监督并重的惩治和预防腐败体系的实施意见》、《2005年“反嫌疑腐败”工作成效评价细则》等制度，完善党风廉政建设和反腐败体系。深入开展“反腐思廉”为主题的系列教育活动，增强广大干部职工廉洁自律意识。查评结合，多渠道监督，开展服务纠风、效能监察工作，认真处理各类信访案件，实现对党风廉政建设的有效监督。

公司深化“四级厂务公开”，开展《北京供电公司集体合同》履行检查，建立职工安全保障监督机制，保障职工的民主权益和切身利益。以健康指导和职工互助会等形式关心职工的身体健康，解决职工实际困难。公司针对企业改革发展中的难点问题，提前分析，按政策及时化解各种内部矛盾。2005年公司企业职工队伍保持稳定。

主要事件

1月28日，公司一届一次职工代表大会暨2005年工作会召开。会议全面总结了公司2004年的工作，讨论审议了公司总体战略及三年规划纲要报告，安排部署了2005年的工作。

．2月2日，北京市副市长张茅来公司看望、慰问春节期间坚守工作岗位的干部职工。

2月8日，北京市委副书记、市总工会主席阳安江和国资委有关领导来公司慰问，听取了公司春节保电措施的汇报。

2月8日，中共中央政治局委员、书记处书记、公安部部长周永康等领导到公司检查春节保电工作，并向公司系统广大职工致以节日慰问。

3月5日，公司圆满完成十届全国人大三次会议和全国政协十届三次会议期间的保电任务。

3月18日，北京市发改委、北京电力公司及8个远郊区县政府在通州区马驹桥镇举行郊区电网建设投资签约暨马驹桥变电站奠基仪式，此举对改善北京区县电力基础设施环境、加快郊区电网建设、改革电网投资模式具有积极意义。

4月23日，北京市市长王岐山，副市长吉林、陆昊等领导，到公司检查“五一”期间北京市安全供电及电力应急检修准备工作，并慰问了一线电力职工。

5月18日，公司在清河培训基地举办了公司周年庆典暨技能表演大赛，来自16个供电公司的112名职工进行了精彩的技能表演。

6月10日，公司与北京市政府联合组织了北京地区电力重大突发事故应急处置演习。北京市市长王岐山、副市长张茅，国家发改委副主任欧新黔，国家电监会副主席史玉波等领导到演习现场观摩。

7月10日，公司启动保持共产党员先进性教育活动。

7月29日，公司召开北京电力会计学会成立大会暨一届一次理事会，建立了公司开展企业财务研究、交流的组织和机构。

8月15日，北京电网最大负荷创历史新高。11时24分，北京地区瞬时最大负荷达到1065万kW。期间共有13座220kV变电站的27台主变压器、17座110kV变电站的23台主变压器负载率超过80%，22座变电站39套母线联络断路器自动投入装置停用。北京电网经受了考验，电网整体运行稳定。

8月18～19日，国际奥委会协调委员会电力供应工作组首次来公司考察奥运电力供应设施。国际奥委会协调委员会的专家对公司为保证奥运电力供应开展的各项工作表示满意。

8月26日，丰台区花乡中心供电所揭牌。该所是公司建立的第一个中心供电所，是公司适应郊区经济发展、加快城乡一体化进程的重要举措。

9月22日，国家电监会华北监管局检查组来公司检查“两个示范文本”的推行及电力调度“三公”工作。

6月14日～9月23日，公司组织“北京电力公司模范人物、先进集体事迹巡回演讲报告”活动，共组织31场演讲，报告人次194人次。共有32个单位的7000名职工聆听了演讲报告会。

9月29日，奥运供电重点工程——城北500kV变电站开工建设，标志着北京电网“十一五”规划的正式实施。

9月30日，国家电网公司总经理刘振亚一行到公司天安门广场配电室和客户服务中心视察工作，慰问一线干部职工，听取公司关于“十一”期间的保电工作汇报。国网公司总经理刘振亚肯定了公司工作，并提出北京在供用电问题上要越来越“考究”的工作要求。

10月12日，公司完成“神州六号”飞船发射保电任务。

10月26日，公司召开保持共产党员先进性教育活动总结大会。

10月26日，公司被中央文明委授予“全国精神文明建设工作先进单位”称号。

10月，在第十届全国运动会上，公司被国家体育总局授予“2001～2004年度全国群众体育先进单位”称号。

11月，《北京电力公司年鉴（2005年）》如期出版。

12月26日，市调调度室正式投入使用。此举标志着公司调度自动化系统进入了一个新的发展阶段。

（肖兴立　王思敏）

天津市电力公司

企业概况

天津市电力公司（简称公司）隶属国家电网公司、华北电网有限公司，主要负责天津地区电力供应和销售业务。天津电网供电范围为天津市行政区域，区域面积1.19万km^2，供电人口1023.76万。2005年末，公司售电量完成317.6kWh，同比增长13.49%；线损率完成6.4%，同比降低0.38个百分点；应收电费余额完成2.4亿元，比考核指标降低6400万元；净资产收益率1.43%，流动资产周转率2.99。公司职工1万余人，资产总额207.43亿元，资产负债率66.34%，全年完成固定资产投资170712万元，投产输变电工程项目43项，增强了电网的输送能力。全面完成年度市政重点工程的电力配套任务。

公司强化管理机制，确保电网安全稳定。2005年，未发生各类重特大事故，实现“三个零”安全目标；未发生对社会有重大影响的稳定事件和行风事件；同业对标综合排名实现稳中有升。2005年公司在全国网省公司率先荣获“全国文明单位”称号。

电网概况

天津电网是以500kV输电线路为主干，形成与华北电网对接的单环网和220kV电网为主网的覆盖天津地区西部和中东部两个双环网的统一电网，呈现以市区和滨海新区两个负荷中心的220kV“目字型”双环网结构布局特点。供电范围1.19万km^2，最大供电半径1744km，最大负荷611万kW，用电量315.6亿kWh。

截至2005年底，天津电网共接入各类电厂30座，发电装机容量617.89万kW。其中公司直接调度的发电容量为90.65万kW（地方和企业自备电厂），其余由华北电网有限公司统一调度。天津电网已建成变电站309座，其中500kV变电站3座，220、110、35kV公用变电站分别为33、66、207座，主变压器总容量2614万kVA。

天津500kV电网以北郊、吴庄、滨海3座500kV变电站和盘山电厂为支点形成了单环网。220kV电网已形成了西部、中东部两个双环型的网架结构。220kV电网深入中心区直接降压至35kV及以下电压向城市供电供电，市区取消了110kV电压等级。在农村，因为供电半径较大，110kV电压等级仍然保留。

组织机构

公司本部机构经过2005年10月的机构设置调整，定员270人，设12部1会1中心：总经理工作部、发展策划部、人力资源部、财务部、生产技术部、营销部、基建部、监察部、安全监察部、审计部、思想政治工作部、科技信息部、工会、电力调度（交易）中心。

截至2005年12月，公司共下辖24个基层单位：高压供电公司、城东供电分公司、城西供电分公司、城南供电分公司、电能计量中心、东丽供电分公司、西青供电分公司、津南供电分公司、北辰供电分公司、蓟县供电分公司、滨海供电公司、电力技术中心、电力通信分公司、供电设备修造厂、送变电工程公司、天津电力工程建设监理公司、电力物流中心、电力设计院、电力培训中心、基建承包工程公司、人才交流服务中心、三源电力集团公司、客户服务中心、电力医院。

公司领导班子：

党委副书记、总经理：李晶生

党委书记、副总经理：朱长富

党委常委、副总经理兼工会主席：陈振宇

党委常委、副总经理：刘昌印、俞学豪、孟庆强

总会计师：李路

总工程师：赵鹏

人力资源

2005年，公司职工队伍结构发生很大变化：公司职工总数为10314人。其中供电企业职工有6962人，占职工总数的64.6%；其他行业职工3352人，职工总数的35.4%。公司系统具有本科及以上学历职工2057人，专科学历职工1627人，中专技校学历职工2473人，高中及以下学历职工4157人，分别占职工总数的19.9%、15.8%、24%和40.3%。按职称分类情况统计，具有高级职称的职工695人，中级职称职工1246人。

2005年，公司加大了人力资源开发和利用的力度，树立“以人为本，人人可以成才”，“人才资源是第一资源”的人才战略观念，坚持人才强企的管理理念，建立了与公司发展战略相适应的人才资源体系。立足人才培养和开发，完善专家评选机制，深入开展人力资源状况分析，积极推进外聘用工劳务派遣制试点。要大力加强对基层单位领导班子实施“四好”领导班子建设考核。进一步修订年度业绩考核办法，改变各单位财务经营指标挂钩工资基数和奖励方式，形成了有效的工作机制，取得了较好的效果。按照年初签订目标责任书，年底对各单位“四好”领导班子建设情况、财务经营、安全生产、党风廉政和精神文明建设指标完成情况进行考核兑现，促进了各单位发挥优势、总结经验、有的放矢地开展各项工作。

建立科学规范的教育培训体系，以四支队伍建设为核心，加强职工队伍素质建设，全面启动周期培训工作，优化培训内容，创新培训方式，加强教育培训的考核评估，提高培训质量和效果，强化教育培训管理，使培训工作为公司持续、快速、健康发展提供坚强的人才保证和智力支持。

电网建设与发展

2005年，加大了天津电网发展规划投资与前期工作的力度，公司全年完成投资17.07亿元，建成投产220kV输变电项目13项，110kV输变电项目8项、35kV输变电项目12项。公司全年投运35～220kV输变电工程的变压器总容量为3510.5MVA，线路总长度为210.7km。

2005年4月，天津地区第一条采用LGJ-630双分裂大截面导线的高压输电线路开工建设。这种新型大截面导线减小导线电阻、增加导流量，能充分保证供电可靠性。这条高压输电线路连接滨海500kV变电站至天津钢厂2号变压器，全长21km，其工程于同年9月竣工并投入运行。

2005年9月，天津城市电网“十一五”发展规划通过国家电网公司组织的评审。2010年，天津市最高负荷将达到1100万kW。“十一五”期间天津市将新建东郊、板桥、芦台、静海、南蔡5座500kV变电站；500kV双回主环网。到2010年变电容量将

达到1395.3万kVA。

经营管理

2005年，全面完成了利润净资产收益率、资产负债率、上缴投资收益、应收电费余额等资产经营考核指标。经营管理水平和效益普遍提高。根据企业负责人年度业绩考核责任书的调整变化，公司为落实增供扩销、降损增收采取了一系列措施：一是，按照国网公司批准的预算方案，对各分公司、子公司的预算考核指标进行了分解核定。对照电力成本三费考核指标进行重点管理；二是，加强电费及时回收，及时协调开通了网上银行业务，为电费资金账户资金存查提供了技术上的保证，并对应收电费余额和电费上交加大考核力度；三是，全面加强资金管理，完善了资金管理制度，强化资金的集中统一管理和统一拨付，减少中间环节，适用网上银行结算系统，及时上划电费资金，减少了资金在下账户的沉淀时间，提高了资金运作的整体效益。从而保证了公司的电费每月及时足额上交，有效地对应收电费余额、成本三费等新增指标的管理和控制。

全年售电量完成317.6亿kWh，同比增长13.49%；线损率完成6.4%，同比降低0.38个百分点；应收电费余额完成2.4亿元，比考核降低6400万元；利润总额完成15277万元，同比增长5204万元。全面开展同业对标，建立了包括安全管理、审计管理、资产经营、营销服务、电网建设、电网运行、人力资源、精神文明等方面153个指标在内的指标体系，12个关键绩效指标，责任落实到对标单位和专业职能部室。按照“数字化企业”建设计划，快速推动信息系统实用化。坚持依法治企、依法维权，完善“三位一体”应诉机制，加强公安、电力联合打击涉电案件工作机制建设。认真落实国家电网公司统一部署，完成了军粮城发电厂划转移交，全面调整了本部组织机构及部分基层企业的机构设置。

2005年，具备了子公司运作的基本条件。子公司运作模式的确定，带来了公司管理体制的深刻变革。网购电价等经营发展政策基本到位，进一步拓展了公司的发展空间。

安全生产

2005年，公司系统认真落实国家电网公司《关于加强安全生产工作的决定》，深入开展反事故斗争，战胜了电网结构薄弱、负荷快速增长、电网运行环境复杂等诸多困难，在电网最大负荷同比增长100万kW的情况下，为确保电网安全稳定运行和全社会的有序用电。采取一系列举措，加强全员安全思想教育，落实各级安全责任，建立完善了安全生产长效机制，组织修订了《安全生产工作奖惩规定》，开展各类安全检查，杜绝了事故隐患，利用现代网络技术，进行安全在线监控。2005年，供电可靠率、电压合格率分别达到99.945%和99.452%，同比提高0.014个百分点和0.241个百分点。公司系统没有发生重特大事故、设备事故和一类障碍，同比分别下降40%和33%，实现了“零人身死亡”、“零恶性误操作”和“零污闪”的安全目标。

营销工作

2005年，针对国家能源体制改革的不断深化及市场经济体制的逐步建立，与电力供应密切相关的煤、电、油、运等问题凸显，需求侧管理难度加大，公司采取一系列措施从治理和整顿电费缴回收秩序入手，努力搭建有利于公司发展的营销环境。开展“电费管理年活动”增强营销人员风险的防范和效益意识，在电力市场广泛开展宣传，提高全社会依法按照交纳电费的意识，营造良好的内外部电费回收环境，广泛推行“四个服务”标准不断提升优质服务水平，建立长效的需求侧管理工作机制，敦促地方政府制定《天津市需求侧管理实施办法》，建立需求侧管理基金，将其纳入正常的法律及经济运行轨道。建立健全外部联动的电力供应平衡预警处理机制，超前制定不同负荷下的电力平衡方案，做到在电力供应紧张情况下，供电秩序忙而不乱，把“缺电不缺服务，限电不限真情”的理念到实处。保证电力平衡工作的有序、常态进行。

公司通过深入挖潜、集约经营，全面完成了各项业绩考核任务。先后完成了居民电价和煤电联运价格调整，初步理顺内部购电价格机制，对公司年度经营目标的实现和长远发展起到了重要的保障作用。全年售电量完成317.6亿kWh，同比增长13.49%，比计划多售电11.6亿kW量；售电单价全年完成489.39元/MWh，同比提高30.06元/MWh，比计划提高15.15元/MWh；售电收入全年完成155.43亿元，同比增长0.92%；电费回收全年应收电费136.99亿元，实收电费136.99亿元，年内完成了当年电费全部结零，陈欠电费回收完成53.7%，全年完成应收电费余额2.4亿元，比同期降低0.67亿元；220kV及以下线损完成6.4%，同比降低0.4个百分点，少损失电量13572.6万kWh；受理报装接电6837户，受理容量250kVA，同比增长28.3%和5.76%，完成5670户，容量193万kVA，同比增长11.5%和34.26%。

农电工作

2005年，经过农网一、二期建设与改造，投资近百亿元，建设与投资了82个工程项目，其中220kV输变电工程18个，110kV输变电工程19个，35kV输变电项目45个，完成天津市农村电网建设与改造阶段性任务，率先在全国实现了城农电网同网同价，取得了“一个改善、两个提高、一个保证、两个降低”的阶段性成果。即：改善了天津农网结构；提高了天津城乡电网的供电可靠率；保证了城乡日益增长的用电需求，降低了线损（高低压线损都降在10%～12.9%以下）降低有农村电价，与城镇同网同价，提高了“三农收入”，减轻了“三农负担”。2005年，公司在开展电网建设、经营管理、同业对标、优质服务、全面提高农电安全管理等方面，认真贯彻有关农电发展的方针、政策，全面完成了各项重点工作，各项经济指标达到了预期的目标。

积极开拓电力市场，克服市场困难，努力提高售电量，全年完成趸售电量50.83亿kWh，同比增长8.63%；趸售兆瓦时电价完成384.23元；加强了线损专业管理，开展线损小指标考核，提高了线损管理水平，综合线损率完成4.06%，低于计划指标1.07个百分点；加强输变电专业管理，提高了农村供电质量，供电可靠率和电压合格率分别达到99.768%和98.55%，受到国网公司的表彰；加强财务管理，规范经营行为，提高经营管理水平，全年共实现利润总额807万元，完成成本三费20515万元；深入开展了供电安全管理年活动，加强设备治理和维护，强化运行管理，没有发生重大特大电网设备事故，没有发生人身、生产和火灾事故，一般事故率明显下降，保持了安全生产形势良好。

科技进步与信息化

2005年，公司加强科技创新和管理创新，集中力量，多方协调，积极策划，科技进步工作成绩突出。年度评审出12项科技成果。其中：国内领先水平8项；国内先进水平4项。在此基础上，完成了天津市电力公司2005年度科技成果奖的评选工作，总计47项，其中科技进步奖32项、推广应用奖15项。科技进步奖一等奖11项、二等奖13项，三等奖8项；推广应用奖，一等奖2项、二等奖10项，三等奖3项。同时，布置、审定、网上申报2005年华北电网有限公司科技奖，共计申报33项，科技进步奖22项，推广应用奖11项。科技进步奖一等奖11项、二等奖11项；推广应用奖一等奖2项、二等奖9项。

2005年，公司数字化企业建设工作取得了阶段性成果，为公司生产、经营和管理等各方面工作建立了快速、准确、方便、实用的信息技术支持平台。5月22日，“天津电力民用电管理信息系统”通过天津科委组织的科技成果鉴定。该系统是国内首家专门面向居民用电领域的省级综合管理信息平台，系统管理范围覆盖了天津市城、镇居民的户表业务、售电业务、机械表实时收费、低压用户抄、核、收的管理、台区的管理、工作质量的管理考核等。

公司加强了信息安全防御体系和信息系统运行管理，建立了信息安全事件响应机制和应急预案，完成了公司迁址新办公楼和基层局域网的升级，为各信息系统的功能拓展创造了条件。

2005年相继荣获天津市科技管理先进单位、全国信息化先进单位、中国电力信息化年会优秀组织单位称号。

优质服务

2005年度，供电优质服务取得实效。公司认真贯彻落实国家电网公司行风建设“三个十条”，实施“三公”调度，完善供电服务常态机制，深入开展“一百双优服务明星”竞赛和“青春光明行”等活动，弘扬和树立“国家电网”统一品牌。把缓解电力供需矛盾作为践行“四个服务”宗旨的重要体现，超前安排电网迎峰度夏工作，积极配合政府制定和出台2005年电力平衡预警方案，保证了全社会用电高峰期间安全供电。确保地区电力供应，力争做到用电高峰限电不拉路。供电可靠率、综合电压合格率分别达到99.940%和99.426%。承诺兑现率100%，客户满意率95%以上。规范化服务窗口达标率：城市100%、农村99%。路灯着灯率：主干道路98%，区段96%。

2005年迎峰度夏期间，受湿热天气影响，供电负荷连创新高，雷雨大风天气频繁出现，给天津电网造成了巨大冲击。公司供电系统全力以赴，经受住了大负荷和恶劣天气的考验，圆满完成了“亚欧财长会议”的保电任务。

党的建设和精神文明建设

2005年，公司全面实现了年度党风廉政建设和精神文明建设的各项工作目标，企业和谐，队伍稳定。持续开展党建和精神文明建设创新，培育出众多优秀成果，丰富了企业文化建设的内涵，同时也进一步开拓了精神文明建设和思想政治工作的新领域。从生产安全、经济安全和政治安全三个重要方面，打造核心竞争力，开展“三清理一规范”活动，实现了生产安全、经济安全可控在控，进行以保证“政治安全”为主题的“预防职务犯罪”活动，对电力建设市场以及涉及物流、资金流等的要害岗位进行严格规范。启动了贯穿全年的“一百双优”明星评选与劳动竞赛活动，认真总结系统内开展优质服务的丰富实践，整合服务品牌资源，公司统一提出了优质服务品牌——“天津电力心连心工程”，受到社会的广泛关注。在争创国网公司供电营业“服务之星”称号活动中，公司2名选手获此殊荣。围绕公司加快发展，组织开展职工合理化建设活动，共征集“金点子”建议3784条，对5个一等奖、10个二等奖、20个三等奖和3个优秀组织单位给予了表彰。一大批立足岗位、无私奉献的先进典型脱颖而出，有8人分别当选全国和天津市级劳动模范；三个基层单位当选天津市级模范集体；1人获“国家电网公司建功立业”标兵；多人荣获各专业单位先进称号。高标准地完成了保持共产党员先进性教育活动，初步建立了保持共产党员先进性的长效机制，做到了“两不误、两促进”，得到了各级领导的高度评价，群众满意率达到100%。在公司保持共产党员先进性长效机制方面进行了深入的探索，开展了以领导干部“强素质、树形象、永葆先进性”主题教育为契机，针对有关公司长远发展的20项重点工作，推进子公司运作的47项重点任务层层落实，到2005年均取得阶段性成果。公司保持共产党员先进性教育的经验和做法，在天津市工业系统得到推广。在“四好”领导班子建设中，公司党委研究制定了争创“四好”领导班子规划，在两级班子中积极开展创建活动，并提出了在国网系统评比中首批获得“四好”领导班子称号的工作目标。采取措施，加大领导班子思想政治素质、业务素质和工作业绩考核力度，对所属10个单位党政主要领导进行岗位交流、交叉任职、推行双向挂职和试用制度，加大了对年轻干部的培养与锻炼力度。公司纪检监察工作连续10次荣获天津市廉政文化建设“十佳单位”称号，得到中纪委领导的充分肯定。公司被评为“全国文明单位”。

主要事件

1月29～30日，公司召开二届九次职代会暨2005年工作会议。

2月4日，朱长富同志任中共天津市电力公司委员会委员、常委、书记。

3月，天津电力网络电视台于月初正式运行。该电视台依托局域网，通过整合公司原有视频资源，开设了“新闻速递”、“海河电力”等15个电视栏目。

4月27日，天津市电力公司高压供电公司的李卫卿当选为全国劳动模范，天津市电力公司调度通信中心刘继平等8名同志当选为天津市劳动模范；天津市电力公司技术中心发电技术研究所、天津市电力公司东丽供电分公司军粮城供电营业所、天津市电力公司客户服务中心三个单位，当选为2004年度天津市劳动模范集体。

4月29日，《中华人民共和国电力工业史·天津卷（1949～2000年）》举行首发式。该卷史书的编撰历时5年，数易其稿。全书约67万字，全面反映了天津电力建国50年来的发展历程。《天津市电力工业志（1991～2002年）》续编工作正式启动。

4月，公司被天津市精神文明建设委员会授予“2003～2004年度天津市文明行业标兵”称号。这是公司继获得“2001～2002年度天津市文明行业标兵”后，第二次获此殊荣。

5月8日，李晶生任公司总经理、党委副书记，朱长富任公司副总经理。

同日，军粮城发电厂划归国家电网公司新源控股有限公司。26日，公司正式与军粮城发电厂签订资产划转移交协议书。

6月9日，天津市纪委副书记吴荣平等领导对公司党风廉政建设和领导人廉洁从业情况进行调研，并深入到津南供电分公司考察指导。

7月12日，中共天津市委副书记、常务副市长黄兴国到公司调度通信中心、客户服务中心，向暑期坚持一线的电力职工表示亲切的慰问和感谢。

7月21日，公司党委召开保持共产党员先进性教育活动动员大会，公司系统31个基层单位的5566名共产党员，开始参加第二批先进性教育活动。

8月18日，公司机关党委在保持共产党员先进性教育活动中，要求全体党员开展一次“交特殊党费，援建希望小学”活动。广大党员积极响应，收到特殊党费24.05万元，捐献给蓟县用于援建希望小学。

8月23日，中共中央政治局委员、天津市委书记张立昌，作出重要批示：市电力公司积极抢险排涝，受到了全市各方面的表扬，特别是主要领导亲临一线指挥，很值得表扬。特向公司领导和职工同志们表示亲切的慰问。（受第九号台风“麦莎”影响，8月8日本市开始出现的大范围降雨，子牙河、津浦地道等3座新建泵站尚未申请供电，无法排涝，子牙河一带出现险情。公司总经理李晶生亲临现场指挥，当日完成送电任务，协助市政部门排除了险情。）

9月1日，天津城市电网“十一五”发展规划通过国家电网公司组织的评审。

10月11日，天津市政府召开天津市2005年电力迎峰度夏工作总结表彰大会，公司被表彰为2005年迎峰度夏工作突出贡献单位。

10月25日，公司召开保持共产党员先进性教育活动总结大会。

10月26日，中共中央文明委在京召开全国精神文明建设工作表彰大会，公司（本部）首次获“全国文明单位”称号。

11月19日，由公司和山东科技大学共同承担的国家高科技研究发展计划（863计划）课题“配电线路带电作业机器人”研究取得重大进展，在天津市城南供电分公司实验场进行工业现场实验，取得圆满成功。

12月6日，公司举行新办公楼（电力大厦）进驻仪式，公司新办公楼是一座集办公、调度、信息、通信于一体的“功能型、智能型、环保型、节能型”现代化绿色建筑。

（戴宗宝）

河北省电力公司

企业概况

河北省电力公司（简称公司）是国家电网公司的全资企业，主要负责河北省南部地区电网规划建设、运行管理和电力交易。营业区域包括石家庄、保定、衡水、沧州、邢台和邯郸6市102个县（区、市），面积8.38万km^2，人口约4600万人。至2005年底，公司资产总额307亿元，职工人数2.6万人，有供电、科研、设计、施工、修造、培训等16个基层单位。

2005年，公司本部机构设置分主编和附编机构，其中主编机构设置15部1会，内设处室60个318人。公司所属关联企业2家；基层单位15家，其中供电企业6家。

2005年公司工作的总体思路和要求是：确保安全生产稳定和职工队伍稳定，认真抓好电网建设、队伍建设、党风廉政和精神文明建设，深化企业内部改革，加强集约化管理，促进内质外形建设，提升服务水平，提高企业经济效益，全面完成上级下达的各项任务。

2005年，公司完成售电量726.37亿kWh，同比增长13.36%；线损率5.80%；期末应收电费余额3.46亿元，营业口径电费回收率100%；净资产收益率3.18%，资产负债率69.5%。

电网概况

河北南部电网以500kV和220kV构成主网架，北部通过500kV房保线、保霸线与京津唐电网相联，西部通过500kV神保双线、侯廉线与山西电网相联，南部通过500kV辛嘉线与华中电网相联，东部通过500kV辛聊Ⅰ、Ⅱ回线与山东电网相联。

2005年底，河北南网拥有500kV变电站6座，变电容量600万kVA，线路1002km；220kV变电站76座，变电容量2196万kVA，线路5773km。河北南网6000kW及以上发电装机容量1268.95万kW，其中统调发电装机容量1148.14万kW。

人力资源

截至2005年底，公司长期员工21153人，其中供电企业员工14920人，占长期员工的70.53%；施工、修造企业员工5000人，占长期员工的23.64%；其他单位员工1233人，占长期员工的5.83%。公司长期员工中具有大学本科及以上学历3956人，占18.70%；大学专科4709人，占22.26%；中专、技校4333人，占20.49%；高中及以下学历8155人，占38.55%。公司长期员工中具有职称的8035人，占37.99%；具有职业资格的技能人员7996人，占37.80%，高级技师和技师分别占技能人员总数的0.28%和2.65%。

公司加强人才培养机制和培训资源建设，制订《教育培训管理制度》，强化两级培训管理体制，发挥三级培训网的职能；全面开展岗位动态培训，组织编写岗位培训考核典型题库，各基层单位组织实施员工岗位培训和年度应试，公司对基层单位岗位动态培训工作实行年度考核评价，加大培训效果监控力度；制订《在职学历教育管理规定》，加强复合型人才培养，鼓励员工岗位成才。公司举办26期中高层管理人员培训系列讲座，近1053人次参加培训。公司全员培训率93.49%，高级技能人才比例49.03%，人才密度0.74。

加快“四支”人才队伍建设，完善人才选拔评价工作机制，制订了《优秀人才评选管理办法》，规范优秀人才选拔机制。首次评聘优秀管理人才3名、优秀技术人才21名、优秀技能人才15名。

开展规章制度的“立、改、废”工作，出台各类管理制度120余项，完善了制度管理体系，规范了决策程序、管理方式和运行机制。推行绩效考核办法，初步形成激励有效、约束有力的考核机制，激发了员工潜能。选聘65名基层工作经验丰富、综合素质较高人员充实到公司本部，本部员工年龄结构、知识结构、专业结构明显改善。

出台领导干部管理工作暂行规定，制订创建“四好”领导班子实施意见及年度考核细则，健全领导干部选拔任用和监督管理机制。加大领导干部选拔、调整、交流力度，调整公司本部和8个基层单位领导班子，涉及人员83人次，调整后现职处级干部平均年龄46.1岁，比调整前降低0.3岁；大学以上文化程度占77.3%，提高7.4个百分点。重视后备干部队伍选拔培养，建立了一支平均年龄38.6岁、全日制大学本科以上学历占89.6%的后备人才队伍。

电网建设与发展

按照"安全可靠、技术先进，输配协调发展，适度超前、留有裕度，标准统一"的原则，编制完成河北南网"十一五"发展规划、城网和农网"十一五"规划及六个地区"十一五"电网规划。加大前期工作力度和深度，建立了电网建设项目储备库。

公司加强基建协调管理，开展典型设计，强化设计、招标、施工、监理、调试全过程监控，确保列入年度计划的建设工程达标投产。扩建500kV变电站2座，新增变电容量150万kVA；新建、扩建220kV变电站29座，新增变电容量351万kVA，线路782km；新建、扩建110kV变电站71座，新增变电容量319万kVA，线路457km。加大电网建设改造力度，提高电网输送能力116万kW。县城电网改造工程全部竣工。全年累计完成电网投资38.37亿元，同比增长61.49%，电网投资和投产规模均创历史之最。500kV清沧线、辛廉线、清苑站荣获2005年度"国家电网公司优质输变电工程"和"中国电力优质工程"称号，清苑变电站还荣获国家优质工程银奖。

经营管理

公司建立"靠制度管理、靠制度落实、靠制度监督"的工作机制，出台《企业年度业绩考核办法》，科学设置考核目标，加强过程控制，实行"用指标评价企业、以业绩考核干部"的新机制。出台《预算管理办法》、《资金投放管理办法》、《招标管理实施细则》、《招标管理监督实施细则》等一系列规章制度，成立预算、资金投放管理委员会和招标管理机构，切实加强公司系统的预算、资金、资产、招标管理的运行及监督，促进了集约化、规范化、精细化管理。启动同业对标工作，建立覆盖公司系统和县级供电企业的指标体系和管理机制，提高企业经营管理水平。

公司完善预算决策和执行责任体系，严格审查年度技改、大修、科技、配电网项目投资计划，加大资金集中、实时监控力度，提高资金运作效率，强化全过程成本管现，取得较好经济效益。开展"三清理一规范"，完成自查自清工作。全面实施招标集中归口管理和全过程监督，2005年累计招标总额25.68亿元，降低工程造价2.09亿元。严格合同管理，促进企业依法经营。施工单位资质取得新突破，市场开拓取得新进展。河北省电力建设第一工程公司取得核电建设安装资质，完成产值11.5亿元；河北省电力建设第二工程公司取得60万kW火电施工和国家总承包一级资质，完成产值8.3亿元；河北省送变电公司取得国家总承包一级资质，完成产值6.8亿元；河北电力设备厂完成销售收入7560万元，同比增长16.7%。

公司推进多经企业改制、重组，组建华瑞能源集团股份有限公司和中兴冀能实业公司，在国家电网公司系统率先完成省公司层面清理公司、持股会投资和主业人员兼职工作，实现了"三个分开"。

2005年，公司完成售电量726.37亿kWh，同比增长13.36%；线损率5.8%，同比下降0.17个百分点；供电可靠率99.976%，同比提高0.004个百分点；供电电压合格率99.491%，同比提高0.119个百分点；销售收入290.53亿元；全员劳动生产率19.8万元/人年。

安全生产

公司面对严峻的电力供需形势，超前谋划、多措并举，提高负荷预测水平，科学安排电网运行方式，争取外购电力，加强需求侧管理，编制和落实错峰、避峰方案，完成春灌抗旱、迎峰度夏、重大节日和重要政治活动的保电任务。在全年电网最大负荷达到1198.5万kW、同比增长14.26%的情况下，保持了安全生产的良好局面，限电天数92天，同比减少97天，损失电量3.74亿kWh，同比减少3.33亿kWh。

公司建立以"严"字为核心的安全生产责任制落实机制，抓住严、细、实管理，坚持小题大做、举一反三、防微杜渐。深入开展反事故斗争，层层落实安全生产责任制，加强全过程、全方位安全监督管理，全面推行现场标准化作业，广泛开展安全性评价，精心安排检修计划，加强设备运行维护和改造治理，完善各级电网预警机制和应急预案，强化电网调度管理，建立健全网厂协调常态机制，开展联合反事故演习，加大电力设施保护力度，确保电网安全稳定运行。2005年，公司没有发生人身死亡事故，没有发生重大电网、设备事故，没有发生恶性误操作事故，共实现23个百日安全长周期。用户供电可靠率99.976%，综合电压合格率99.491%。

营销工作

加强负荷预测和市场调查，制订《迎峰度夏实施方案》、《迎峰度夏需求侧实施方案》、《电力供需平衡预警处理办法》等工作制度和管理办法，细化有序用电方案，健全需求侧管理组织保障体系，2005年，实现用电高峰时间错峰、避峰100万kW左右，落实56家用电大户，实施可中断负荷30万kW，通过对9980家工矿企业执行峰谷分时电价，转移高峰负荷70万kW。

大力开拓低谷电力市场，推广峰谷分时电价，引导用户错峰用电。通过简化业务流程，加快用户接电速度，2005年直供营业户达132万户，同比增加36.4万户，新增报装容量313.6万kVA。通过开展反违章用电，加大打击窃电力度，开展各种形式的营业普查，堵塞管理漏洞，共查处窃电、违章用电2480户次，追补电量1841.8万kWh，挽回经济损失1687.3万元。

出台《业扩报装管理办法》、《营销与服务工作评价办法》、《电费回收考核办法》、《电费回收预警处理办法》等管理制度和工作标准，加强计量管理、线损管理，规范购电合同管理，加强对电力市场的分析和预测，积极开拓电力市场，落实电费回收责任制。2005年电费回收率100%，期末应收电费账款余额完成34575万元，比计划降低9233万元，陈欠电费回收21.43%，全面完成国家电网公司下达的电费回收任务。

公司在供电公司层面完成“95598”客户服务系统、电力营销管理信息系统、负荷管理系统、购电管理系统和地方电厂上网计费系统等营销技术支持系统建设工作，组建公司“95598”营销服务监控中心。制订公司营销现代化建设规划，以信息化建设为突破点，强化营销核心竞争力，逐步建立适应市场变化、快速反映客户需求的营销机制和体制，实现省市（县）电力营销技术支持系统联网，用电营销数据集中存储管理和信息共享，建设成连接互联网公众服务网站的支持平台，达到业务标准统一、服务标准统一，营销业务处理、市场分析预测、需求侧管理、客户服务、营销决策一体化，实现公司与各市（县）供电公司自上而下的营销管理自动化和信息化，加大了可控、在控管理力度，提高了营销集约化和精细化管理水平。

农电工作

公司明确“强化农电企业的代管，努力做到管人管事相结合，实现对人财物的全面代管”的农电工作思路，实施主网、城网和农网规划的归口管理，实现电网统一规划，加快各级输配电网建设，实现电网建设与地方经济同步协调发展。加强一流县级供电企业考核过程控制，制订《建设省一流县级供电企业考核细则》、《河北省电力公司一流县级供电企业动态考核管理办法》等制度，加大考核力度，推动一流县供电企业创建工作。

制订《河北省电力公司县级供电企业预算管理办法》、《河北省电力公司农村低压电网维护费会计核算办法》、《县级供电企业需求侧管理实施办法》、《农电系统落实国家电网公司反事故斗争二十五条重点措施实施细则》、《河北省电力公司县级供电企业安全性评价实施意见》、《建设省一流县级供电企业标准》等一系列规章、制度、办法，为实现全面代管奠定基础。

公司完成县城电网改造工程，累计完成投资29.64亿元。改造后的农村电网结构明显改善，供电可靠性和供电质量得到较大提高，促进了农村用电量快速增长。到2005年底，河北南网村通电率达100%，户通电率达99.998%。农网35kV及以上变电容量2531万kVA，10kV及以上线路14.2万km。农村居民端电压合格率超过95.573%，供电可靠性99.668%。县级供电企业全部完成电费回收年度目标任务，陈欠电费回收率28.56%。县及县以下售电量394.86亿kWh，同比增长16.3%，综合线损率7.61%，同比下降0.91个百分点。农村触电伤亡事故总数同比降低52%。

公司对6个供电公司主管农电工作的领导、102个县供电企业主要负责人150多人进行标杆管理知识集体培训。举办供电所所长岗位培训班、财务人员培训班、公文写作培训班、领导干部法律知识及党风廉政建设培训班等不同层次的培训活动9期，培训800多人次。开展技能鉴定，组织了两期变电值班员初级工和6期农网配电营业中级工技能鉴定，促进了农电系统技能人才队伍建设。举办农电工培训班16期，培训农电工2000人。

推进农电体制改革，初步提出了河北南网农电体制改革方案并上报河北省政府。完成马头发电有限公司、张河湾抽水蓄能发电有限公司的划转移交工作。

科技与信息化

公司编制完成《“十一五”科技发展规划纲要》和《“十一五”信息化发展纲要》，公司本部成立科技信息部，配备充实了科技信息工作人员，修订出台了《科技工作管理办法》、《科技项目方案论证管理办法》、《科技项目管理办法》、《科技项目后评估管理办法》、《科技成果评审及奖励办法》、《网络与信息安全管理规定》、《信息网络系统安全评估指南》、《信息系统委托管理及交接管理规定》等科技、信息管理和规章制度。公司科技投入7260万元，同比增长10%。开展的主要科技攻关项目有输电线路GPS巡检管理系统、电网调度MIS系统开发应用、10kV配电网绝缘架空线路的防雷研究、河北南部电网电压稳定分析与研究、电网动态安全监测系统主站方案研究、雷电定位系统升级、便携式色谱分析装置、变频加压和局部放电测试等。公司系统获得中国电力科学技术奖三等奖1项；获华北电网有限公司科技成果奖一等奖6项、二等奖14项，获华北电网有限公司科技成果推广应用奖二等奖2项、三等奖1项；评出公司科技进步奖21项。

公司继续推进计算机网络和信息化建设，开展应用系统的开发和推广应用，规范信息化管理。至2005年底，河北电力信息网已经覆盖了公司直属的所有单位，形成了范围较广、速度较快的广域企业网络。实现了管理信息网与实时信息网的有效隔离，统一升级了“诺顿”企业级防病毒系统，信息网络安全体系得以加强。公司与各单位之间在公文联网运行基础上，统一实施了档案管理系统和生产系统的数据抽取及管理。公司机关实施了网络管理系统，计划统计系统上线运行，应用系统建设成效显著。将网络与信息安全纳入责任制考核，建立了信息网络运行报表制度，进一步规范了信息化管理工作。

优质服务

2005年，公司先后印发《2005年供电服务“十项承诺”》、《关于进一步加强和改进供电优质服务工作的决定》、《贯彻落实“三公”调度“十项措施”的实施意见》、《河北省电力公司关于员工违反“十个不准”的处理规定（暂行）》以及《关于开展供电服务零投诉活动的通知》、《违反政策加重农民负担的处理办法》、《河北省电力公司行业作风建设举报奖励暂行办法》等文件，从制度上保证各项工作的落实。

公司在规范供电服务流程上下功夫，加强内部监督，实行“一口对外”，落实“首问负责制”，实行客户回访制。建立以客户为中心的服务常态运行机制，全面规范营销与服务管理，实现供电服务标准化、规范化；整合营销、调度、生产、计划等服务资源，优化服务流程，推行客户经理制，实现“一站式”服务和个性化服务。实现通过电话和因特网受理客户的用电申请，开展预约上门服务。开通预付费、电话交费、网上交费、用户终端交费等方式，完善银行代收和营业网点交费方式。深化“供电营业规范化服务窗口”创建活动，2005年，各市、县规范化服务窗口达标率达100%。积极宣传、推广“国家电网”服务品牌，在公司系统所有营业窗口、办公场所推广应用国家电网公司视觉识别系统。2005年，完成营业窗口主要物品、人员服装、抢修车身形象标识的统一。

公司制订《“真诚优质、服务社会”民主评议活动的实施方案》，及时调整了省、市、县三级供电企业民主评议活动领导小组，明确职责分工，将民主评议工作目标纳入公司新制订的企业年度业绩目标考核，实行”一票否决”和责任追究。2005年，公司系统民主评议活动领导小组共121人，其中厅级干部3人，处级干部46人，科级干部72人。聘请社会监督员达2175名。

2005年初，公司在全系统开展了以“客户的需求就是我们的追求”为主题的系列走访活动，共走访客户66万余户，其中走访党政机关、新闻媒体和行风监督员等客户1786户，走访高压用户23878户、低压用户52万余户，走访居民用户773811户。走访活动中发放意见征询卡67万张，优质服务宣传材料52万份。为搞好监督检查，促进窗口建设，公司分别于6月和10月组成包括公司领导参加的检查组，三次对全系统6个市63个县共计100余个供电营业窗口的规范化服务情况和落实“三个十条”情况进行明查暗访，对窗口工作人员进行了“三个十条”和有关业务知识答疑测试，随机征求了50多位到营业厅办理业务的客户的意见。为认真受理供电服务咨询投诉，公司领导带领营销部、农电工作部、监察部负责人先后五次走进河北人民广播电台“阳光热线”直播间，与广大客户直接对话，四次陪同新闻记者深入现场处理客户的咨询和投诉。

2005年，公司系统1429个供电所“三公开”情况兑现率达100%；居民客户供电方案答复97886件，低压电力客户供电方案答复34213件，高压单电源客户供电方案答复8507件，高压双电源客户供电方案答复194件，全部在规定时限内完成；计划检修停电公告率100%；“95598”客户服务呼叫中心呼入55.5万户次，回访和信息通告呼出24.8万户次，共抢修供电设施紧急故障26450处。

党的建设和精神文明建设

公司开展“一强三优”大讨论，通过查找差距和问题，明确做“强”做“优”的具体目标和措施，统一广大干部职工的思想认识和行动。公司在系统各级党组织和全体共产党员中开展“为建设‘一强三优’现代公司立功奉献活动”。公司开展了保持共产党员先进性教育活动，完成学习动员、分析评议、整改提高、巩固成果等各个阶段的具体步骤，实现预定目标，群众满意率和基本满意率100%。公司党组在保持共产党员先进性教育活动中，适时启动“贯彻“三个代表”重要思想，实践、创新在支部”活动。在迎峰度夏的关键时刻，适时组织开展“党徽在迎峰度夏中闪耀”主题实践活动，涌现出一大批先进党组织和优秀党员，5个先进党委、30个先进党支部、35名优秀党员受到公司党组的表彰。

2005年，公司党组制订《建立健全教育、制度、监督并重的惩治和预防腐败体系实施细则》和《贯彻落实〈中共国家电网公司党组关于加强廉政建设预防职务犯罪工作的决定〉的实施意见》，修订了《党组议事规则》，出台了《关于领导干部管理工作的暂行规定》，积极开展“四好”领导班子建设，健全了领导干部选拔、任用、监督管理机制。认真执行“三项谈话”制度。公司和基层单位进行领导干部任前廉政谈话260人次、诫勉谈话10人次，纪委书记同下级单位党政主要负责人谈话497人次。

公司制订《效能监察工作暂行规定》，进一步规范效能监察工作体制和工作机制，从电网建设、电费回收、物资采购、小型基建、成本管理、清产核资后续管理等18个方面开展效能监察，共完成效能监察项目62项，提出监察建议179条，挽回经济损失68万元，避免经济损失227万元。

公司继续开展文明行业、文明单位系列创建活动，石家庄、沧州、保定、邯郸4个供电公司分别被中央文明委授予“全国文明单位”称号，11个二级单位被授予“全国青年文明号集体”。公司连续8年获“河北省创建文明行业优胜行业”。

主要事件

1月10日，河北省电力公司发出通知，决定利用两周时间，在公司系统开展“一强三优”大讨论，通过查找差距和问题，明确做“强”做“优”的具体目标和措施，进一步统一广大干部职工的思想认识和行动。

1月14日，河北省电力建设第一工程公司获得省政府授予的“2004年河北省质量管理奖”称号。

1月26日，省公司发出通知，在系统开展“客户的需求就是我们的追求”为主题的大型系列走访活动。

1月31日～2月1日，河北省电力公司三届二次职代会暨2005年工作会议在石家庄召开。

3月1日7时45分，邯郸辛安变电站和山东聊城变电站及两站之间的500kV输电线路实现联网。

3月15日，河北省委、省政府召开全省机关效能建设暨民主评议动员电视电话会议。河北省电力公司再次成为2005年民主评议活动免评单位：省公司所属的6个市供电公司和河北南网99个县级供电企业均被当地党委政府再次确定为2005年民主评议活动免评单位。

4月22日，河北省电力公司、河北省公安厅联合召开河北省打击涉电犯罪联席会议，研究贯彻落实河北省公安、电力部门《联合打击涉电犯罪协作机制》，进一步加强对涉电犯罪的打击力度，为建设坚强电网创造良好的外部环境。

4月23日，公司举办“三公”调度暨供电优质服务大型宣传活动。省纪委常委、省监察厅副厅长王和平和公司总经理、党组副书记李效勇出席石家庄主会场的宣传活动并讲话，省公司所属石家庄、邢台、邯郸、保定、衡水、沧州供电公司及各县级供电企业分别在当地同时开展了宣传活动。

5月19～20日，省电力公司2005年营销农电暨行风建设工作会议在石家庄召开。

5月27日，省电力公司召开迎峰度夏安全生产电视电话会议。

6月2日，500kV保南（清苑）变电所、辛廉500kV输电线路工程、清仓500kV输电线路工程被命名为2005年国家电网公司输变电优质工程。

6月16日，省电力公司召开创一流同业对标工作会议。

6月24日，河北省政府副省长付双建到省电力公司检查电网迎峰度夏工作，并慰问电力职工。

7月11日，中共中央政治局委员、书记处书记、国务委员周永康在省委书记白克明、省长季允石陪同下，到河北省电力公司富强电力小区调研，对电力小区的治安管理和文明社区建设工作给予了高度评价。

7月15日，省电力公司本部召开保持共产党员先进性教育活动动员大会，11月4日召开总结大会，历时3个多月的保持共产党员先进性教育活动顺利完成各阶段任务。

8月23日，河北省委常委、省委秘书长、省直工委书记张力一行到省电力公司检查指导开展保持共产党员先进性教育活动工作。张力对省公司扎实开展保持共产党员先进性教育活动给予了充分肯定，并就进一步搞好先进性教育活动提出了要求。

8月29日，中共国家电网公司党组、国家电网公司发出通知，叶廷路同志任河北省电力公司党组成员、副总经理；朱晋平任河北省电力公司总会计师；免去苏庆社的河北省电力公司总会计师职务。

9月25日，河北省“创建学习型组织，争做知识型职工”活动现场会在邯郸供电公司召开。会上，沧州供电公司、邯郸供电公司、河北省送变电公司被授予“2005年度河北省争创活动示范单位”称号，河北省电力公司超高压分公司清苑500千伏变电所被授予“河北省争创活动示范班组”称号。

10月26日，在全国精神文明建设工作表彰大会上，石家庄供电公司、保定供电公司、邯郸供电公司、沧州供电公司被授予“全国文明单位”称号。

12月15日，中共国家电网公司党组、国家电网公司发出通知，张建功同志任中共河北省电力公司党组成员、副总经理，免去其河北省电力公司总工程师职务；免去张明同志的中共河北省电力公司党组成员、副总经理职务。

山西省电力公司

领导班子

党组书记、总经理：王抒祥
党组成员、副总经理：宋宏亮
党组成员、副总经理：刘宇平
党组成员、副总经理：燕福龙
党组成员、副总经理：曹福成
党组成员、工会主席：韩振江
党组成员、纪检组长：王彦江
总会计师：陈书堂
总工程师：王礼田

主要经济指标

2005年售电量完成741.12亿kWh，同比增长19.48%；外送电量94.12亿kWh，同比增长86.80%；主营业务收入净额（合并报表口径）286.88亿元，同比增长22.57%；利润4.76亿元。全员劳动生产率实现14.53万元/人年，同比增长35.24%。

“十五”期间电力建设与生产经营

“十五”期间，省电力公司220kV及以上变电容量从1223万kVA增长为2192万kVA，输电线路从6032km增长为9152km；固定资产从160.46亿元增长为218亿元；售电量从400.56亿kWh增长为741.12亿kWh；年利润从0.2亿元增长为4.76亿元。

电网（源）建设

1. 电网建设

2005年完成固定资产投资35.82亿元。共投运110kV及以上输电线路611km、变电容量322.15万kVA。其中：投产500kV输电线路92km、变电容量75万kVA（侯村至晋中线路、霍州二电厂送出、临汾变电站扩建）。2005年是历年来220kV投产项目最多的一年，投产220kV输电线路335km、变电容量180万kVA（新建孝义、繁峙等7项，扩建古交、永安等4项）。安排110kV新、扩建工程33项，老旧设备改造21项，投产110kV输电线路184km、变电容量67.15万kVA。输变电在建工程：500kV忻州、晋城变电站工程、武乡电厂送出线路工程；220kV榆次南、襄汾等7项输变电工程。以上项目的建设，极大地提高了电网输送能力，基本解决了北电南送“卡脖子”问题，保证了新建大电厂的可靠送出，同时，改善了网络结构，提高了供电可靠性、供电能力和设备健康水平。2005年，500kV雁同变电站和500kV临汾至运城输变电2项工程荣获“国家优质工程”称号，成为在全国电力系统唯一获得“双国优”的单位。

2. 电源建设

提前投运古交电厂（兴能）2×30万kW机组、河津二期（华泽）2×30万kW机组、霍州二厂（兆光）2×30万kW机组、大同二电厂二期2×60万kW机组等发电工程。2005年全省新增发电装机460万kW，其中省内自用电装机290万kW，电力供需矛盾得到缓解，缺电形势已从全天候、全省范围限电转变为时断性、局部性缺电，限电原因由发电装机不足转变为电网局部“卡脖子”。

3. 省政府出台加快电网建设意见

为强健山西电网，11月10日省政府首次出台了《关于加快电网建设的通知》，就加快山西电网建设提出6条意见：一是将220kV及以上电网建设项目列入省重点建设工程；二是将各级电网建设规划纳入各级城乡总体规划和土地利用总体规划；三是电网建设涉及的房屋拆迁等补偿标准，参照当地市、县有关标准或中介评估执行；四是优先为电网建设项目办理环保、规划等审批手续；五是变电站、输电线路走廊的用地由省国土资源主管部门直接预审，保障建设用地；六是加大对电力设施的保护力度。

4. 特高压试验示范工程落点山西

2005年初，国家电网公司将晋东南（长子）—河南南阳—湖北荆门100万V交流输变电工程列为试验示范工程，该工程是中国第一、世界领先的特高压输电工程。特高压工程落点山西，将有力地促进山西发展大型煤电基地，有利于山西电力的集约化发展和竞争，有利于山西电网技术、设备、人员、管理迈上新的台阶，有利于山西电网融入全国电力市场。省电力公司在特高压工程前期和可研阶段积极协助国家电网公司选站、选线，主动争取省委、省政府及长治市等地市政府的支持，为特高压工程建设创造条件。

5. 农网改造

国家投资103亿元，历时6年的农网改造一期工程全部完工，二期工程完成37.2亿元，占总投资的93%。累计改造农户625.8万户，覆盖面达95%以上，年可减轻农民负担1.5亿元。省电力公司所辖的97个县（区）售电量比农网改造前增长近50%，低压线损有较大幅度降低，电能质量和供电可靠性显著提高，电压合格率达到96.46%以上，供电可靠率达到99.71%，从根本上解决了省内农村用电受限、电价偏高、农民负担过重等制约农村经济发展的实际问题。2005年10月份，省发改委对省电力公司农网改造的一、二期工程进行全面验收，抽查了11个分公司的20个县（区），验收组对农网改造工程和农电体制改革给予高度评价，并一致通过验收。

安全生产

省电力公司严格执行国家电网公司《关于加强安全生产工作的决定》，进一步强化了责任制落实。加大季节性工作管理力度，组织完成春检、秋检、迎峰度夏和度冬各项工作，积极开展输变电设备技术监督工作，落实各类反事故措施，使设备重大缺陷消除率达100%。对生产设备采取针对性治理和滚动治理相结合，全年大修、技改、老旧变电站和中低压配网改造累计投入10.56亿元。在全公司系统开展了创建红旗变电站活动，从规范管理、整改设备、作业流程和提高员工业务素质等方面入手，努力提高变电运行管理水平，其中500kV雁同变电站荣获华北电网公司“红旗变电站”称号。坚持以“三铁”（铁的制度、铁的面孔、铁的处理）反“三违”（违章指挥、违章作业、违反劳动法规），深入开展反事故斗争、季节性安全检查和小型作业现场动态监督。

由山西电科院、调度中心完成的《山西电网黑启动方案研究》科技项目，顺利通过省电力公司组织的专家评审，该成果对大电网事故后的快速恢复意义重大。结合山西电网实际，制订和完善了《山西省电力公司处置电网大面积停电事件应急预案》。7月，成功组织了有2个发电企业、4个供电单位参加的涉及11座变电站的山西中、南部电网联合反事故演习；同时，分阶段开展了山西南部电网4个地区的大负荷试验，增强了省调、地调、变电站及发电厂运行人员之间的协调配合，提高了驾驭大电网的能力。

神头二电厂克服电煤紧张等困难，完成发电量69.04亿kWh。省电力公司综合电压合格率完成99.199%，同比升高0.339个百分点；城市供电可靠率RS-3（剔除电源不足的限电）完成99.981%，同比升高0.007个百分点；综合线损率完成7.45%，同比降低0.35%。事故从2004年同期的11起减少到2起，首次实现主网人身重伤及以上事故和主设备损坏事故结零。基建施工连续7年实现安全“四个零”（无人身死亡事故、无重大机械设备损坏事故、无重大火灾事故、无重大交通责任事故）目标。省电力公司荣获“山西省2005年度安全生产先进单位”称号。

科技创新

生产管理、经营管理、综合办公三大信息系统建设取得显著成效。生产管理信息系统在220kV及以上和部分110kV变电站推广应用，实现了设备基础数据、运行、检修、工作票、操作票、缺陷等规范和统一管理，输电设施设备的管理已在GIS（地理信息系统）中实现。省电力公司承担的国家863输电GIS（地理信息系统）示范项目通过验收。采用新的负荷模型计算提高电网稳定极限，投运了山西电力调度数据网和电网能量管理系统一期工程，开发应用了发电厂经济调度管理和网供用电管理系统。

省电力公司在总结太原、大同、晋城3个供电分公司营销自动化系统建设和试点运行的基础上，在全国电力系统率先提出构建全省“数据集中、应用集中”的营销自动化系统思路，并确定了《山西省营销自动化系统建设推广方案和实施计划》。该系统一期推广单位运城、临汾、长治、朔州4个供电分公司的12个试点单位已实现上线运行，23万用户已通过系统进行日常核算、收费业务。营销与财务系统的对接方案已作了充分调研并形成共识，为大经营管理系统的构建奠定了基础。同时，建设了省网关口电能量采集分析系统，在省电力公司设立系统主站，省网关口厂、站侧安装采集终端，利用已建成的骨干光纤数据网，对全省电厂上网电量、地区供电量、外送电量、网损统计等进行实时监测，以及自动汇总和统计报表。该系统一期工程进入试运行阶段，共采集省网关口点469个。

2005年上半年省电力公司对办公系统平台进行了升级，由原来的DOMINO平台升级至开放性、自主管理性较好的J2EE平台，为实现集传统OA、邮件管理、合同与法律事务管理、知识管理、目录服务为一体的综合办公系统创造了条件。

经营管理

省电力公司加强集约化、精细化管理，经营效益稳步增长。在企业改革中，围绕把省电力公司本部建成全公司系统的战略决策中心、管理控制中心和电网运营中心，重新调整本部机构，共设置17个部门74个处室。并对本部处长及以下员工实行竞聘上岗，共有213名员工参加了笔试、答辩。以突出主营业务，强化经营管理的协调性、控制力和穿透力为目标，启动了规范供电分、支公司机构编制和乡镇供电所撤并工作。还下发了《关于供电分公司直属生产单位分离多经、后勤等非生产性职能的原则意见》，稳步推进主辅分离、主多分开。利用电视电话会议系统部署检查月度重点工作，工作执行力、管理穿透力显著增强。

在电费回收工作中，开展大规模电费清查，强化了欠费统计的真实性。同时，加强对电费回收的过程监督，根据市场变化情况对电解铝、水泥、焦炭、钢铁冶炼等高风险行业严格按照付费售电协议执行，并对前十名用电大户每周上报收费情况等电费风险防范预警措施，当年电费回收率完成99.96%，陈欠电费下降20%。

在线损管理上，对部分线损率达20%、30%以上高损耗线路和高损台区进行了防窃电改造，实现了对变台相关信息的实时采集，同时，严格线损“说清楚”制度，使线损率同比下降0.35%。

省电力公司系统开展“三清理一规范”（清理“小金库”、银行账户、各类公司和规范招投标管理工作）活动，完成营销财务账户归并，清理银行账户2661个，撤销公司114个。完成220kV和110kV变电站典型设计，对技改、大修和110kV及以上工程建设，全部实行了集中招投标管理。健全纪检监察、审计监督、财务稽核和营销稽查等监管体系，出台公车使用、内部接待等廉政规定，制定企业改制、产权转让等监管办法，全年完成审计项目387项，纠正各类违规违纪金额9433万元。

优质服务

建立厂网协调机制，定期召开网厂联席会和并网发电厂“三公”（公开、公平、公正）调度信息发布会；通过“山西省电力公司公网”和直调电厂“三公”调度信息发布网站，坚持每月10日发布相关信息，接受政府、社会和直调电厂的监督，实现“三公”调度工作的标准化、规范化。

为了落实国家电网公司“三个十条”（员工服务“十个不准”、“三公”调度“十项措施”、供电服务“十项承诺”），6月18日，省电力公司在全省11个市和97个县同时开展了“供电优质服务、营造和谐社会”大型宣传活动，诚恳接受社会各界的意见和建议。还推出走访大用户等新的个性化服务措施，深化“民心工程”，兑现服务承诺，提升服务品牌。及时处理咨询、投诉和举报114例，加大明查暗访力度，开辟曝光专栏，对206名违规人员进行严肃处理，11个供电分公司全部获得行风评议公用事业组第一名。积极配合政府清理整顿非法违法煤矿，优化调整电力行业结构，促进煤电集约开发，为建设资源节约型、环境友好型社会作出了贡献。

创一流同业对标

制定了同业对标工作实施细则，编制了各专业指标体系，实行了指标发布、责任分解、业绩考核等制度，建立了对标信息支持系统，定期通报对标信息，不断丰富最佳实践库，开展专业技术指标攻关。电网建设管理专业进入全国标杆行列，基建达标投产、变电站标准化管理等4项进入国家电网公司最佳实践库，太原南郊供电支公司列入全国县级供电企业标杆单位，12个县（市）支公司进入国家电网公司一流县供电企业行列。

辅业和多经

基建施工企业内强管理，外闯市场，先后中标省内外项目76个，参建项目完成发电装机容量435万kW，变电容量195万kVA，线路1130km，全年累计完成产值43.92亿元，创历史最高纪录。电力设备厂中标了国内最大单机容量——华能浙江玉环电厂100万kW机组配套设备项目，该厂以碎煤机为代表的输煤设备在国内60万kW及以上机组的中标率超过80%。晋能集团加大产业结构调整，全力构建大同能源发展有限公司、新能源发电投资有限公司、朔州能源发展有限公司、上海晋能国际贸易有限公司等7大产业集团；培育优势企业和产品，大同能源发展有限公司被评为山西省质量信誉AAA级企业，“火云牌石墨电极”、“晋能牌硅锰合金”、“晋能牌工业硅”等一批产品被认定为山西省名牌产品；进入了全国大型企业集团500强。

队伍建设

省电力公司在加强“四好”（政治素质好，经营业绩好，团结协作好，作风建设好）领导班子建设中，实施了年度百分考核细则。2005年初，推行企业负责人年度业绩考核制度和评价体系，将原“三项责任制”考核改为覆盖面更全、指标更细化、重在过程控制的“业绩考核责任制”，不断完善以能力建设和业绩考核为核心的激励机制。对309名企业领导干部、103个县支公司的党政负责人进行了能力建设培训。加大干部交流力度，调整企业领导干部98人次，本部处长轮岗率55.3%，部分业务部门达到100%，省电力公司本部与基层单位共有16名处长级干部挂职交流。推行了供电支公司党政正职任前备案管理。建立供电所长末位淘汰制，其岗位由培训合格的后备所长接替，这是培训、考核、使用、待遇一体化机制的有益尝试。推行技能竞赛“双队”（各单位选送的“参赛队”和省电力公司随机抽调的“随机队”）参赛制，促进了全员学习。率先在全国实现技能鉴定全过程网络管理，新增各类技师327人，推荐高级技师83人。电力技术院新评选各类专家165名。

党建工作

省电力公司系统37个单位、18860名党员分两批参加了保持共产党员先进性教育活动，各级党组织战斗力普遍增强，党员队伍素质明显提高，省电力公司建立保持党员先进性长效机制的经验得到国家电网公司和省直工委的肯定。认真贯彻国家电网公司加强廉政建设预防职务犯罪的决定，建立了教育预防、制度防范、监督制约、查案惩治、评价奖惩和组织实施6个机制。倡导求真务实的工作作风，省电力公司领导带头轻车简从到基层调研指导，管理人员主动深入一线排忧解难，广大党员在各个岗位发挥了先锋模范作用，机关本部和各单位作风明显转变，工作水平进一步提高。

精神文明建设

健全以职代会为基本形式的民主管理制度，畅通员工参与民主管理渠道，全年采纳合理化建议4596条。开展“安康杯”500kV变电站站际竞赛、供电营业“服务之星”等形式多样的劳动竞赛，激发广大职工爱岗敬业、拼搏奉献的工作热情，涌现出全国劳动模范狄跃生等一批业绩突出的模范人物。评先争优形成机制，5个单位荣获省电力公司2005年度先进单位荣誉称号，10名职工被评选为劳动模范。通过理想信念和形势教育、知名专家专题讲座、纪念抗战胜利60周年、推广国家电网公司企业形象视觉识别系统等多种活动，弘扬了“努力超越、追求卓越”的企业精神，提升了“国家电网”品牌。团青工作创新创效，增强了团组织的带动力。精神文明创建持续推进，2005年省电力公司（本部）、长治供电分公司等8个单位被中央文明委授予“全国精神文明建设工作先进单位”，忻州供电分公司等3个单位评为“全国文明单位”，省电力公司荣获省劳动竞赛委员会授予的集体一等功。群众性体育活动丰富多彩，省电力公司被评为全国群众体育先进单位。还实行“金秋助学”，帮扶救济困难员工，增强了企业凝聚力。

发展战略方向和目标

省电力公司在11月30日召开的企业负责人会议上确定了公司的发展战略方向和目标。战略方向是“三个三”：立足“三个定位”，即定位在国家建设节约型社会的平台上、定位在建设以特高压为核心的国家电网的平台上和定位在山西以大煤电为中心的新型能源基地建设的平台上；建设“三级电网”，即积极融入全国电网、强化联系华北电网、建设强健省内电网；开拓“三个市场”，即：开拓全国市场、巩固华北市场、主导省内市场。发展目标是“211工程”：“2”是指“双五百”工程，即2006～2008年每年投产的220kV及以上主变容量突破500万kVA、线路长度突破500km。第一个“1”，指省电力公司售电量到2008年力争突破1000亿kWh；第二个“1”，指省电力公司到2008年要跻身国家电网公司同业对标前10名。

主要事件

1月25日，国家电网公司召开特高压工程可研启动会，确定从山西晋东南（长子）途经河南南阳至湖北荆门建设100万V交流输变电工程，该工程是中国第一、技术领先的特高压输电试验示范工程。

2月3日，在全省行风评议工作中，省电力公司进入46个参评部门和行业的前6名，获得省政府“行风评议先进行业”荣誉称号。

2月4日，省电力公司系统启动保持共产党员先进性教育活动。

3月1日，十届全国人大代表、省电力公司党组书记、总经理李援朝随山西代表团赴京参加十届全国人大三次会议。

6月15日，省人民政府第52次常务会议审议通过了《山西省预防和查处窃电行为办法》。次日，山西省人民政府第178号令公布，该办法自2005年7月20日起施行。

6月18日，省电力公司在全省11个市和97个县同时开展“供电优质服务、营造和谐社会”大型宣传活动，努力提高服务水平。

6月22日，省电力公司召开全省供电系统创一流同业对标电视电话会议。

6月28日，省重点工程太原侯村至晋中第二回500kV输变电工程投运，至此，北起大同南至临汾的500kV单环网（北部为双回路）输电通道全部建成。

7月28日，省电力公司在太原召开营销自动化系统推广动员会。全年度共有4个分公司的12个试点单位实现了营销自动化系统上线运行。

8月25日，山西电网2005年度网厂联席会议暨并网调度协议签订仪式在太原举行。省政府、省经委、省电力公司领导及相关部门负责人、省调各发电厂厂长出席了签订仪式。

9月5日，省电力公司召开领导干部会议，宣布国家电网公司对山西省电力公司领导班子成员调整的决定。王抒祥任党组书记、总经理，曹福成任党组成员、副总经理，陈书堂任总会计师，王礼田任总工程师。免去李援朝党组书记、总经理职务，朱晋平总会计师职务，另有任用。

10月12日，全国第十届运动会开幕式在南京举行，山西电力工会主席韩振江作为2005年全国群众体育先进单位代表应邀出席了开幕式，并受到党和国家领导人胡锦涛总书记的亲切接见。

10月25日，省电力公司启动本部机构改革工作。这次改革重新调整本部机构设置，共设置17个部门74个处室；本部处长及以下员工共213人参加了竞聘上岗。

10月26日，在全国精神文明建设工作表彰大会上，省电力公司系统11个单位分别荣获“全国文明单位”和“全国精神文明建设工作先进单位”。

11月10日，省政府首次出台了《关于加快电网建设的通知》，就山西电网建设项目列入省重点建设工程、加快电网建设项目审批、加大电力设施保护等提出6条意见。

11月10日，根据国家电网公司安排，省电力公司全面开展“三清理一规范”工作。

11月21日，省电力公司农网改造一、二期工程顺利通过省发改委验收。验收组从10月份开始，对农网工程完成情况、农电体制改革和同网同价工作进行了全面检查。

11月30日，省电力公司召开企业负责人会议，确定了公司的发展战略方向和目标。

12月12日，全省统配用电最大负荷创新高，达到1203.4万kW。电网结构进一步优化，提高输送能力60万kW，全省发电装机新增460万kW，其中省内自用电装机290万kW，电力供需矛盾得到缓解。

12月24日，全国第一座220kV PASS（插接式开关装置）设备变电站——西谷变电站投产运行。该站设备是ABB公司制造，本期建设1台15万kVA变压器。

（卢晓山　高一萍）

内蒙古自治区电力工业

内蒙古电力工业企业领导名录(2005年度)

内蒙古电力（集团）有限责任公司

党　委

书　记：王维维(蒙古族)（2004年4月15日自治区党委宣布任命）

副书记：赵风山(2004年1月5日任职，自治区国资委党委任命)

委　员：王维维(蒙古族2004年1月5日任职，自治区国资委任命)

赵风山(2004年1月5日任职，自治区国资委党委任命)

张　瀛(2004年1月5日任职，自治区国资委党委任命)

张福生(2004年1月5日任职，自治区国资委党委任命)

张景生(2004年3月18日任职，自治区国资委党委任命)

李政文(2004年3月18日任职，自治区国资委党委任命)

托　克(蒙古族)（2004年3月18日任职，自治区国资委提名任命)

纪律检查委员会

书　记：张　瀛(2004年1月5日任职，自治区国资委党委任命)

经　理

总经理：赵风山(2003年12月31日自治区政府任命)

副总经理：王维维(蒙古族2004年1月5日，自治区国资委任命)

张福生(2004年3月18日任职，自治区国资委任命)

副总经理：张景生(2004年3月18日任职，自治区国资委任命)

李政文(2004年3月18日任职，自治区国资委任命)

总工程师：张景生(2004年3月18日任职，自治区国资委任命)

总会计师：李　丰(2004年3月18日任职，自治区国资委任命)

内蒙古电力（集团）有限责任公司工会

主　　席：张福生(2004年1月5日提名任职，2004年3月18日免职，国资委任免)

托　克(蒙古族2004年3月18日国资提名任命)

内蒙古自治区电力投资有限责任公司

党　委

书　记：乌若思（蒙古族）（2003年12月至2005年6月任职）

副书记：刘亚洲(2004年3月18日任职，自治区国资委党委任命)

委　员：乌若思(蒙古族)（2004年3月15日任职，自治区政府任命)

刘亚洲(2004年3月18日任职，自治区国资委党委任命)

吕　慧(2004年1月5日任职，自治区国资委党委任命)

铁木尔(蒙古族)（2004年1月5日任职，自治区国资委党委任命)

吴景龙(2004年3月18日任职，自治区国资委党委任命)

王永夫(2004年4月12日任职，自治区国资委党委任命)

纪律检查委员会

书　　记：刘亚洲（2004年3月15日任职，自治区国资委党委任命）

经　理

总经理：乌若思（蒙古族）（2003年12月24日自治区党委提名，2003年12月至2005年6月28日任职）

副总经理：吕　慧（2004年1月5日任职，自治区国资委任命）

铁木尔（蒙古族）（2004年1月5日任职自治区国资委任命）

吴景龙（2004年3月18日任职，自治区国资委任命，现连任）

总会计师：杨美茹（女）（2004年3月18日任职，自治区国资委任命，现连任）

总工程师：李国宝（2004年4月12日任职，内蒙古国资委任命，现连任）

北方联合电力集团有限责任公司

董事会（2005年1月第一次（届）股东会董事会）

董事长：乌若思（蒙古族）（2004年1月5日第一次董事会议推选出任，2005年6月29日退任）

监事会

主　席：王凤池（2004年1月5日第一次监事会议推选，2005年6月29日退任）

经　理

总经理：冯大为（2004年1月5日受聘任职，2006年6月29日退任）

吕　慧（2006年6月29日受聘任职）

副总经理：吕　慧（2004年1月5日受聘任职，2005年6月29日退任）

铁木尔（2004年1月5日受聘任职）

吴景龙（2004年3月18日任职，现连任）

总会计师：杨美茹（女）（2004年3月18日任职，现连任）

总工程师：李国宝（2004年4月12日任职，现连任）

（2005年6月29日召开第十次股东会和一届七次董事会，一致通过《关于变更、增补董事议案》）

董事长：冯大为（2005年6月29日当选任职）

监事会（2005年6月29日召开第十次股东会和一届七次董事会、第六次监事会一致通过《关于变更、增补监事议案》）

主　席：李伯玉（2005年6月29日当选任职）

党　委

（2004年公司党委书记由内蒙古自治区党委任命，副书记及党委委员由内蒙古自治区国资委党委任命。2005公司党委成员由中国华能集团公司党组研究，并征得内蒙古自治区党委组织部同意）

书　记：乌若思（蒙古族）（2004年3月27日任职，2005年6月28日免去委员职务）

冯大为（2005年6月28日任党委书记职务）

副书记：冯大为（2004年3月18日任职，2005年6月28日免职）

刘亚洲（2004年3月18日任职，2005年6月28日连任）

吕　慧（2005年6月28日任职）

委　员：乌若思（蒙古族）（2004年3月27日任职，2005年6月28日免去委员职务）

冯大为（2004年3月18日任职，2005年6月28日连任）

刘亚洲（2004年3月18日任职，2005年6月28日连任）

吕　慧（2004年3月18日任职，2005年6月28日连任）

铁木尔（2004年3月18日任职，2005年6月28日连任）

吴景龙（2004年3月18日任职，2005年6月28日连任）

王永夫（2004年4月12日任职，2005年6月28日连任）

纪律检查委员会

书　记：刘亚洲（2004年3月18日至2006年1月18日任职）

经理（董事会聘任）

总经理：冯大为（2004年3月18任职，2005年6月29日免职）

吕　慧（2005年6月29日受聘任职）

副总经理：吕　慧（2004年1月5日董事会聘任，2005年6月29日免职）

铁木尔（蒙古族，2005年1月5日董事会聘任）

刘亚洲（2006年1月18日任职）

吴景龙（2004年4月13日董事会同意聘任）

总工程师：李国宝（2004年4月13日董事会同意聘任）

总会计师：杨美茹（女）（2004 年 4 月 13 日董事会同意聘任）

工会（内蒙古国资委党委任命）

主　席：王永夫（2004 年 4 月 12 日提名任命）

全区电力综合情况

2005 年内蒙古自治区境内共有 128 个火力、水利、风力发电厂、站，其中，火电 97 个、水电 27 个、风电 4 个。其股东分别是北方联合电力有限责任公司、内蒙古电力集团有限责任公司、国家电网公司、内蒙古自治区国资委及华能、大唐、东北电网、国华、神华、北国投、华电等跨省电力公司。属于国有经济。发电装机容量 2000.4240 万 kW，其中：火电 1924.4250 万 kW，水电 59.4250 万 kW，风电 16.5740 万 kW。2005 年全区新增发电装机容量 559.78 万 kW，其中：火电 500.9 万 kW，风电 8.88 万 kW。2005 年全区发电量 1024.6287 亿 kWh，其中：火电 1010.0357 亿 kWh，水电 11.5647 亿 kWh，风电 3.0281 亿 kWh。

2005 年内蒙古境内电网线路 1157 条，35799km。其中：500kV24 条，3379km；220kV182 条，9868km；110kV721 条，17486km；35kV230 条，5066km。电厂升压变压器 129 台，铭牌容量 12588.100kVA，其中：500kV13 台，铭牌容量 4300000kVA；220kV34 台，铭牌容量 5880000kVA；110kV35 台，铭牌容量 1940000kVA；66kV23 台，35kV24 台，铭牌容量 138600kVA。公用变电站 788 个，变压器 1347 台，铭牌容量 41694162kVA；其中：500kV 变电站 8 个，变压器 9 个，铭牌容量 6750000kVA；220kV 变电站 94 个，变压器 168 台，铭牌容量 19923800kVA；110kV 变电站 299 个，变压器 509 台名，铭牌容量 11572850kVA；66kV 变电站 172 个，变压器 288 台，铭牌容量 1749810kVA；35kV 变电站 215 个，变压器 373 台，铭牌容量 1697702kVA。企业自备变电站 123 个，变压器 267 台，铭牌容量 5420882kVA；其中：220kV 变电站 6 个，变压器 26 台，铭牌容量 2474800kVA；110kV 变电站 24 个，变压器 60 台名，铭牌容量 1777800kVA；66kV 变电站 13 个，变压器 30 台，铭牌容量 325660kVA；35kV 变电站 80 个，变压器 151 台，铭牌容量 842622kVA。

电网工作

“十五”时期是内蒙古电力（集团）有限责任公司电网建设规划、速度最大、最快的时期，为确保电网建设的顺利实施，及早开展了建设项目的前期工作。共完成 10 项 500kV 输变电工程、百余项 220kV、110kV 输变电工程的前期工作。

（1）电网建设。2005 年内蒙古电网 500kV 主网初步形成，全年共安排建设 500kV 输变电工程 8 项，220kV 输变电工程 53 项，110kV 输变电工程 47 项。完成了薛家湾区调调度自动化系统更新改造工程和蒙西电力调度数据网工程的前期工作。

8 项 500kV 输变电工程：宁格尔、德岭、吉兰太等 3 项 500kV 输变电工程已取得国家发改委核准。包鄂乌二回线及乌海 2 号变扩建工程核准所需支持性文件已全部取得，核准报告已上报至国家发改委，正在进行核准。丰镇、锡林郭勒 2 项 500kV 输变电工程项目申请报告已上报自治区发改委，支持性文件除水土保持文件外均已取得。达拉特、高新 2 号变电站扩建共 2 项 500kV 输变电工程已通过中国电力工程顾问集团公司审查，正在落实核准所需的支持性文件。

53 项 220kV 输变电工程：其中 51 项工程前期工作全部完成，为项目开工建设创造了条件，为实现东西联网统一的内蒙古电网奠定了基础。

47 项 110kV 输变电工程：（截至 11 月底）已投产 24 项，新增 110kV 变电容量 115.65 万 kVA（24 台），新增 110kV 输电线路 239.1km（14 条）。其中：新建 110kV 变电站 12 座，变电容量 69.5 万 kVA（12 台），增容扩建 110kV 变电站 10 座，变电容量 46.15 万 kVA（10 台）。

（2）加强对电厂并入电网工作管理。为确保电厂和电网安全运行，内蒙古电力（集团）有限责任公司组织审查了鄂绒电厂、神华矸电、包头一电厂易地扩建等电厂接入系统设计审查工作。加强对并网电厂前期工作管理，组织起草并签订了鄂尔多斯宝恒电厂、准能矸石电厂、准格尔热力电厂、乌兰水泥厂自备电厂、乌兰煤炭集团电厂、蒙南电厂、金桥电厂、东海拉尔电厂、东方热电、苏里格电站等电厂与内蒙古电力（集团）有限责任公司的并网协议。

（3）电网电压合格率。2005 年，内蒙古电力（集团）有限责任公司所属供电单位综合电压合格率为 98.115%，同比增加 0.139 个百分点。地区供电综合电压合格率有所提高，维持在较高水平。截止到年底，主网电压合格率达到 97.34%，同比提高了 16.3 个百分点。

（4）电网线损率。内蒙古主网线损率 4.88%。其中，净送华北线损率 5.13%，地区合计线损率 4.74%。

（5）全区发购电量。总计 1058.0489 亿 kWh。发电量 1022.1573 亿 kWh；购入电量 35.8916 亿 kWh，其中：从东北电网购入 11.9309 亿 kWh，从宁夏电网购入 20.8588 亿 kWh，从甘肃电网购入 0.2019 亿 kWh，购自 6000kW 以下电站电量 2.9 亿

kWh。

(6) 全社会用电量。自治区全社会用电量667.7216亿kWh，同比增长25.88%。全行业用电625.9260亿kWh，同比增长25.84%。其中，第一产业增长21.30%，第二产业增长26.17%，第三产业增长24.09%。城乡居民生活用电41.7955亿kWh，同比增长25.88%。其中，城镇居民26.3780亿kWh，同比增长16.16%；乡村居民15.4175亿kWh，同比增长48.79%。

(7) 向区外及国外输出电量。向区外输出电量390.3273亿kWh；其中，向东北电网输出141.8942亿kWh，向华北电网输出248.4331亿kWh。

(8) 首次采用直升机巡检220kV输电线路。9月26日上午，内蒙古电力（集团）有限责任公司首次采用直升机巡检220kV输电线路，这标志着内蒙古电网在输电线路的运行维护上迈出了崭新的一步。

(9) 自治区电力大通道全线贯通。2005年9月26日，11时48分，从内蒙古东西两个不同方向输送过来的两股220kV电流，在刚刚落成的兴安盟突泉变电站交汇。至此，西起阿拉善盟额济纳旗，东到满洲里口岸，跨越西北、华北、东北，总长约3700km的内蒙古电力大通道全线合环，成功并网。这是内蒙古有电103年以来第一次建成贯通全区的统一电网。

电源工作

(1) 新投产发电装机项目。

2005年内蒙古自治区境内新投发电设备的主要项目有扎兰屯热电厂2×1.2万kW热电联产扩建工程，该工程4月17日22点完成72h后的24h试运行，进入商业运营。包头一电厂扩建2×12.5万kW机组工程首台8号机组4月27日12时投运。5月5日零点25分整乌海热电厂1号机组并网。包头一电厂9号机组7月19日12时投产。海渤湾电厂三期2×30万kW机组工程6号机组7月16日11时20分整体试运行，海勃湾发电厂三期工程6号33万kW机组8月11日11时03分顺利实现并网发电，岱海电厂1号60万kW机组10月19日12时投入商业化运行，内蒙古大唐托电三期工程6号60万kW机组11月22日16时58分投产运营，海勃湾发电厂三期工程5号33万kW机组12月15日11时58分投入商业化运营。

(2) 发电生产能力。2005年内蒙古自治区境内发电厂128个，期末发电设备容量2000.4240万kW，设备平均容量1620.3429万kW。设备平均利用小时6232h；其中，火电设备平均利用小时6435h。发电量10246287万kWh，上网电量8863274万kWh。

其中6000kW及以上的发电厂89个，设备容量1993.0960万kW；其中水电设备容量56.5920万kW，火电设备容量1920.0500万kW，风电设备容量16.4540万kW。年发电量1022.9854亿kWh，其中水电11.1144亿kWh，火电1008.8721亿kWh，风电2.9989亿kWh。6000kW以下的发电厂39个，设备容量7.3280万kW，其中：水电设备容量2.8330万kW，火电设备容量4.3750万kW，风电设备容量0.1200万kW。年发电量1.6433万kWh，其中：水电4505万kWh，火电11636万kWh，风电292万kWh。

(3) 发电企业生产经济技术指标。

2005年内蒙古自治区境内6000kW及以上的发电厂全年设备利用小时数为5842.76h，其中水电1978.99h，火电6021.88h，风电1449.31h。

电厂全部耗用电量759727.43万kWh，其中，水电1477万kWh，火电757782.43万kWh，风电468万kWh。

发电厂用电量739238.66万kWh。其中，水电1477万kWh，火电737293.66万kWh，风电468万kWh。

发电厂用电率7.2%。其中，水电1.29%，火电7.28%，风电1.56%。

公用电厂生产全部耗用电量719341kWh，发电厂用电量698903.54kWh，发电厂用电率7.15%。北方公司电厂生产全部耗用电量381700kWh，发电厂用电量381700kWh，发电厂用电率8.03%。

全年发电耗用原煤量5723133.292t，发电耗用标准煤量3224446t。发电标准煤耗率327.81g/kWh，供电标准煤耗率355.75g/kWh。

供热设备容量352.3000万kW，供热量9080798GJ，供热消耗原煤量732759t，供热标准煤耗41.48kg/GJ。

内蒙古电力公司情况

改制2年后的内蒙古电力（集团）有限责任公司作为内蒙古独资大型国有企业，主营电网兼营多种产业。2005年，公司售电量完成531.8亿kWh，同比增长21.7%，其中地区售电量完成443.2亿kWh，同比增长24.2%；东送电量完成88.6亿kWh，同比增长10.5%。线损率完成5.86%，比年度计划低0.52个百分点。公司完成固定资产投资94.6亿元，其中电网57.6亿元，电源36亿元。全年售电收入完成148.78亿元，销售收入增长率29%；多经企业实现产值25亿元，施工企业产值实现49.04亿元，全口径销售收入产值超过200亿元大关，达到222.8亿元。利税实现7.59亿元，实现利润4531万元。

电网建设工程质量迈上新台阶。乌海、包头高新

500kV 变电工程被评为“中国电力优质工程”，乌海 500kV 变电工程被评为 2005 年国家优质工程。在华北电网公司组织的 500kV 红旗站评比中，公司高新 500kV 变电站荣获标杆红旗站称号，永圣域 500kV 变电站荣获红旗站称号。公司电网建设能力、设计水平、施工质量、管理水平得到大幅度提升。电源建设积极推进。目前，已核准的苏里格 2×15 万 kW 级燃气蒸汽联合循环机组项目已全面进入安装、调试和分步试运阶段，华宁 2×15 万 kW 热电项目进入设备安装阶段，即将陆续投产。抽水蓄能电站项目正在抓紧落实项目正式核准，公司参股建设的龙口水电工程已获国家发改委核准，具备开工条件。尽管停工电源项目受到体制障碍的影响，但这一批优质电源项目已经成为内蒙古电力能源基地建设的重要组成部分，必将为自治区经济建设和社会发展做出积极贡献。

公司认真贯彻落实党中央、国务院、自治区以及国家电网公司关于加强安全生产工作的一系列指示精神，树立“五个安全观”，全面落实“四个绝对不容许”，确保了内蒙古电网安全稳定。公司突出强化各级领导班子集体安全生产责任制，不断加大安全文化建设力度，安全标准化管理体系逐步完善。公司系统全年未发生重大及以上电网、设备事故，未发生重大施工机械设备损坏事故，未发生负同等责任及以上重大交通事故，未发生重大火灾事故。截止到 2005 年 12 月 31 日，公司无重大电网、设备事故记录 943 天。内蒙古电网经受住了严重缺电、自然灾害、外力破坏、设备老化、基建任务繁重等多方面的压力，顺利完成了 2005 年安全生产和迎峰度夏工作。

2005 年，缺电局面仍然没有缓解，但区内负荷增长开始趋缓，特别是高载能市场急剧萎缩，给完成全年售电量任务带来巨大压力。公司一方面坚定不移地实施自治区统一供电营业区战略，神华煤液化项目、额济纳旗、阿右旗和阿左旗部分地区正式列入了内蒙古电网供电范围，并妥善应对了大用户直供、网中网等问题。另一方面千方百计启动和扶持优质负荷。充分利用政府出台的政策，灵活调节市场供需，有力培育和保护了高载能用电市场。各供电单位按照公司统一要求，党政工团齐抓共管，全力以赴开拓电力市场，确保了公司全年售电量圆满完成。公司售电量增幅在国家电网系统内名列第一。特别是公司以深入开展保持共产党员先进性教育活动为契机，全面启动并实施了“蒙电服务进万家”工程，叫响了蒙电品牌。

2005 年公司完成了 57 家单位的产权登记工作。完成了直属 21 个单位固定资产清查和价值重估工作，使公司净资产增加 8.62 亿元，负债率降低 1.8 个百分点。自治区政府从北方联合电力公司股权转让收益中拨付 10 亿元，补充内蒙古电力公司资本金和改革成本。与各大银行密切合作，积极协调，多渠道筹措资金，累计取得授信额度 199.08 亿元，融资到位项目贷款 77.63 亿元，保证了公司建设任务顺利开展。

三项制度改革取得阶段性成果，所属 12 家供电企业三项制度改革工作全部通过验收。农电体制改革取得实质性进展，农电资产管理公司已正式注册成立。同业对标创一流工作取得新进展。阿拉善电业局、鄂尔多斯电业局、薛家湾供电局、乌兰察布电业局、锡林郭勒电业局、兴安电业局、呼伦贝尔电业局达到国家一流供电企业考核标准。全面完成了企业分离办社会改革任务。完成了海南、深圳、上海三个驻外公司的资产处置，内蒙古电力学院实质性并入内蒙古工业大学。

科技水平大幅提升。蒙西蒙东电网安全稳定分析与控制对策、蒙西电网自动电压控制实施方案等重点科技攻关项目取得新的突破。集控站建设取得新进展。公司所属乌兰水泥有限责任公司被国家发改委、国家环境保护总局、科学技术部等部委列为全国首批循环经济试点单位。2005 年，公司荣获自治区“科教兴区突出贡献奖”。信息化建设全面加快。全力打造数字化电力营销，公司供电单位营销信息系统进入实用化阶段，荣获华北电网公司科学技术进步一等奖。继营销、财务管理系统之后，人力资源管理系统、干部绩效管理系统、招标与采购系统、科技信息资源网等先后投入运行。桌面视频会议、远程移动办公、文档光盘库等系统相继投入试运行，办公自动化水平全面提高。

北方联合电力有限责任公司情况

2004 年 1 月 6 日挂牌的由内蒙古电力投资有限责任公司、中国华能集团公司、神华集团公司、中信泰富公司四方股东共同组建的北方联合电力集团有限责任公司，注册资本金为人民币 100 亿元。内蒙古电力投资有限责任公司出资 40 亿元，占股 40%。中国华能集团公司出资 20 亿元，占股 20%。神华集团有限责任公司出资 20 亿元，占股 20%。中信泰富有限公司出资 20 亿元，占股 20%。2005 年 6 月 22 日，自治区政府批准将属于自治区国资委的内蒙古电力投资有限责任公司所控 40%股权中的 31%出让，中国华能集团公司占有 51%的股权，北方公司实现了二次股权重组，由华能集团控股。自治区主席杨晶与公司四方股东代表中国华能集团公司总经理李小鹏、中信泰富有限公司董事局主席荣智健、中国神华能源股份有限公司董事长陈必亭、内蒙古电力投资有限责任公司总经理乌若思分别在协议书上签字。

北方公司成立两年来，取得了长足发展。基本建设投资连续两年过百亿，公司控股装机容量比公司组建时增加257万kW，由组建之初531万kW的装机容量，198亿总资产，发展到目前的规模。基本建设投资两年累计完成266.8亿元，投产装机容量256.88万kW。两年新开工电源项目12个，开工规模611.65万kW。公司控股管理装机容量达到775.378万kW，年均增长21.13%；参股发电装机容量达到777万kW，总容量达到1552.378万kW。资产总额达到了445亿元人民币，是2003年的2.25倍，年均增长48.06%；两年累计实现利税34.16亿元。其中，2005年全年完成基本建设投资151.9亿元，位列自治区第一，新投产机组146.1万kW。发电量达到475.35亿kWh，年均增长19.24%；全年实现电热销售收入94.58亿元，同比增长23.02%，位列自治区第七。完成利税16.4亿元，同比降低7.3%，位列自治区第六；其中，利润5.29亿元，同比下降25.39%。完成供热量3941.6万GJ，同比增长4.7%。供热收入5.8亿元，同比增长6.2%。全员劳动生产率52.7万元/人年，同比增长21%，年均增长23.24%。企业经营快速发展，综合实力迅速增强。拥有了7个控股煤田开发项目，储量63亿t，参股的煤炭储量达110亿t。按照“两个集中、两个统一”和“一包两挂四考核”经营管理办法，克服煤炭价格上涨、发电设备满负荷运行、市场空间压缩等困难和压力，全力加强安全文明生产，完成发电量，实现利税，实现固定资产增加。北方公司机组连续两年大负荷运行，平均利用小时数超过7000h。

（赵振方）

山东省电力工业

2005年，全省全社会用电量完成1911.61亿kWh，同比增长16.58%，全年售电量完成1364.49亿kWh，同比增长14.85%。截止到2005年底，全省发电装机达3750万kW，2005年共投产机组458万kW。

安全生产

坚持“安全第一，预防为主”的方针，全面落实科学的电网安全观，认真学习贯彻国家电网公司《关于加强安全生产工作的决定》。积极推行新《安规》的学习贯彻，深化创建“无违章企业”、“无违章个人”工作，狠抓安全生产责任制落实。认真吸取国内外停电事故教训，积极开展反事故斗争。圆满完成中俄联合军事演习等重要保电任务。面对威海、烟台遭受50年一遇罕见暴风雪袭击，集团公司及时启动应急预案，两市广大电力员工顽强拼搏，确保了电网安全稳定运行和两市电力安全可靠供应。集团公司连续6年实现国家电网公司安全生产目标。到2005年底，公司实现无人身死亡事故2314天、无重大以上事故2340天。公司管理考核的25个单位中，20个连续安全生产纪录超过2000天。2005年，全省电力供需形势非常严峻。电网统调最高负荷达2450万kW，再创历史新高。集团公司超前部署，周密安排，加强电力需求侧管理，发挥与华北电网联网优势，公司上下共同努力，较好地完成迎峰度夏任务，确保了全省电力供应。国家电网公司对集团公司迎峰度夏工作给予表扬，省政府作出《关于表彰山东电力集团公司的通报》。

电网建设

着眼国家电网和全省经济社会发展大局，修订了《山东电网“十一五”规划及2020年目标网架》、《山东省电力工业“十一五”发展规划》。济南、青岛“十一五”电网发展规划通过国家电网公司评审。加强了对各市电网发展规划指导。山东电网与华北电网实现联网。加大资金投入，加强工程管理，完成了电网建设投产“双过千”任务。全年共建成投产220kV及以上变电容量1023万kVA、输电线路2110.7km。科学安排，克服困难，9个月建成投产500kV益都（青州）输变电工程，电网东送能力提高120万kW，为保证东部地区电力供应、避免夏季负荷高峰限电发挥了重要作用，省委、省政府给予表扬。全面启动“提高山东各级电网输送能力工程”，500kV和220kV电网提高输送能力280万kW。城网建设改造完成投资10.4亿元，新（扩）建、改造110kV变电站37座、变电容量180.2万kVA；新建改造110kV线路296.6km。倒排工期，精心组织，泰山抽水蓄能工程1号机组并网。加强工程质量管理，220kV及以上工程达标投产率100%，5项500kV输变电工程荣获国家电网公司“优质工程”称号，500kV优质工程率达到55.56%，比国家电网公司指标高出25个百分点。送变电工程公司荣获国家电网公司“750kV输变电示范工程建设先进单位”。

经营管理

坚持严格管理企业，依法经营企业，勤俭办企业，严格落实各级业绩考核责任制，全面和超额完成与国家电网公司签订的《业绩考核责任书》，年度业绩考评得分位居国家电网公司系统第一名。积极开拓电力市场，建立市场重大事项报告制度和大客户责任制、联络员制度，规范企业自备电厂有偿并网管理。经营电量市场占有率76%，比年度计划提高0.8个百分点。售电量市场占有率71.39%，比年度计划提高0.39个百分点。电费结算中心、电能计量中心和营销技术支持系统建设加快推进，营销基础管理不断加强。全省电能计量整体授权工作取得积极进展。加大电费催收力度，电费回收保持“双结零”。加强用电稽查和反窃电工作。完善财务制度体系，加强合同管理，重点开展担保清理、委托贷款催收和财务稽核工作，经营秩序进一步规范。加强产权管理，资产质量控制水平进一步提高。完善审计制度体系，加强工程、多经企业审计监督，开展了领导干部任中经济责任审计。

优质服务

坚持服务党和国家工作大局、服务电力客户、服务发电企业、服务社会发展，认真学习、大力宣传“三个十条”，制定落实“三个十条”的具体措施、考评办法和处罚规定，建立了“五位一体”的“彩虹工程”常态运行机制。加强窗口规范化建设，推行差别化服务，积极参加“阳光政务热线”，全面兑现供电服务承诺，客户满意率达到98%。严格执行《电力监管条例》、《供电服务监管办法》，主动接受市场监督和社会监督。制定和完善了“三公”调度规章制度，依法规范并网调度协议签订工作，与发电企业建立有效信息传递及协商机制。城市、农村供电可靠率分别达到99.988%和99.785%。国家电网公司供电优质服务经验交流会在集团公司召开。全省各市、县供电公司在当地行评中均取得优异成绩。

创一流同业对标

突出安全、质量、效益，开展全系统、全方位、多层次创一流同业对标，把“用指标评价企业”的原则落实到部门、车间、班组和岗位，建立了“四横七纵”和5个不同类别企业的对标指标体系，构建整合型的企业管理和对标信息平台，确保了同业对标常态运行。在国家电网公司发布的2005年指标综合评价中，集团公司名列第一；安全管理、资产经营、营销服务、电网运行、电网建设成为专业管理标杆。3座500kV变电站被华北电网有限公司评为“标杆红旗变电站”。认真开展国际同业对标，与澳大利亚越网公司对标工作取得重要成果。服务实施“走出去”战略和国际同业对标，加强外经外事工作，促进了对外交流与合作。建立了TPE管理标准体系。重视科技进步和信息管理，全省信息通信网络安全稳定运行，电力研究院承担的两个国家“863计划”项目通过科技部验收，首次把智能移动机器人应用于变电站设备检测。具有自主知识产权的“管道液相扩散焊接”项目被列为国家重点科技成果推广项目。公司荣获省部级科技成果奖励18项。

多种经营

面对电力体制改革和市场竞争形势，辅业企业加快发展，强化管理，公司实力、竞争力、效益水平稳步提高。基建企业大力实施“走出去”战略，共签订中外机组总承包项目60个，合同金额110亿元。全年累计投产发电装机容量743.5万kW，在建项目、投产容量均创历史之最。印度巴考项目3台机组移交商业运营，4号机组试运行。基建总公司入选美国《工程新闻记录》“2004年度全球最大225家国际工程承包商”第105位，列中国入选公司13位。按照国家电网公司部署，开展了主多分离准备工作。

农电管理

提前完成第二批县城电网建设改造工程，总投资76.05亿元的县城电网建设改造工程全部结束。农电安全生产保持良好局面，经济效益稳步提高，全省县供电企业售电量完成898.2亿kWh，同比增长14.4%；农村售电量完成441.6亿kWh，同比增长14.3%。积极推进7个上划县公司管理关系的理顺和规范工作。加强县供电企业创一流同业对标和供电所规范化管理，全省国家一流县供电企业达到52个、省一流企业38个。国家电网公司在青岛召开县供电企业同业对标创一流工作经验交流会暨2005年农电发展论坛，9个县供电企业被确定为全国农电同业对标标杆单位。

党建与精神文明建设

按照省委和国家电网公司党组的统一部署，深入开展保持共产党员先进性教育活动，实现了“两不误、两促进”。认真学习集团公司党委《把先进性体现在建设“一强三优”现代公司的实践中》、《切实加强党员领导干部的自身建设》、《永葆先进性，争做“五个好”党员》三篇文章，各级党组织战斗力普遍增强，党员队伍素质明显提高，公司总部和各单位工作作风明显转变。成立“鲁能慈善基金会”，广大党员和职工捐款860万元。集团公司先进性教育活动得到国家电网公司和省直巡视组的较高评价。以落实“两个决定”、“三个十条”为重点，切实加强队伍建设。加强“四好”领导班子建设，构建新型干部管理体系，加大了干部交流力度。引进国际培训体系，邀请新加坡国立大学、国际著名咨询机构开展现代企业管理知识培训。公司全员培训率95.77%。推进“111优秀人才培养选拔工程”，评选高级人才72名。新进人员全部实行人事代理。积极开展技术比武和普调考工作，促进了队伍素质的提高。

深入学习党的十六届五中全会精神，坚持“管理是两个文明建设的最佳结合点”，整合党群系统资源，大力弘扬“努力超越、追求卓越”的企业精神，启动企业文化再造计划，为公司发展提供了坚强的思想保证和精神动力。全面落实党风廉政建设责任制，制定实施《建立健全教育、制度、监督并重的惩治和预防腐败体系实施细则》，基本建成惩防体系。加强廉洁文化建设，大力加强效能监察。集团公司在“企业在廉洁社会建设中的作用”国际研讨会上作了专题演讲。大力推广应用国家电网公司视觉识别系统，加强了公司形象宣传。严格落实稳定工作责任制，加强思想政治工作，队伍保持和谐稳定。鲁能泰山足球队、鲁能乒乓球队都取得了较好成绩，为全省精神文明建设做出了积极贡献。集团公司和所属5个单位获得“全国精神文明建设工作先进单位”称号，8个单位获得“全国文明单位”称号。超高压公司、电力研究院等11个单位和6个县供电公司被评为“国家电网公司文明单位”。4名同志被评为“全国劳动模范”。7个单位和集体获得“富民兴鲁”劳动奖状，21名同志获得“富民兴鲁”劳动奖章。

（高同全）

东　北　地　区

东北电网有限公司

企业概况

东北电网有限公司（简称公司）是国家电网公司出资设立的国有独资有限责任公司。2003年9月25日，在原国家电力公司东北公司基础上组建成立。注册资本272亿元。截至2005年底，公司直属发电装机容量366.25万kW；220kV及以上输电线路7672.61km，其中500kV线路4578.71km，220kV线路3093.9km；220kV及以上变电站31座，变电容量1773.9万kVA，其中500kV变电站14座，变电容量1527.2万kVA，220kV变电站17座，变电容量246.7万kVA。公司总资产211.83亿元，资产负债率55.92%

截至2005年底，公司设置本部部门18个，直管单位14个，全资子公司1个。

公司的主要职责是：贯彻和实施国家电网公司发展战略，以市场需求为导向，负责经营、管理东北电网；参与投资、建设和经营东北电网内的输变电工程和调峰调频电源工程；按照统一调度、分级管理的原则，对东北电网实施调度管理；培育东北电力市场，管理东北电力调度交易中心；承担政府有关部门和国家电网公司委托的其他工作等。

公司围绕建设“一强三优”现代公司发展目标，贯彻落实“三抓一创”工作思路，确定了“力争用三年左右时间，进入国内先进电网企业行列”的公司发展目标，树立了“不求所有，但求所在”的电网发展理念，提出了“严、细、实”的经营管理要求，坚持以东北电网发展带动公司发展，以公司发展促进东北电网更快更好发展，为东北地区经济社会全面、协调、可持续发展提供强有力的电力保障。

2005年，公司按照国家电网公司统一部署，完成了元宝山电厂资产移交及资产划转。全面完成了国家电网公司下达的主要业绩考核指标。完成发电量88.2亿kWh，同比增长35.7%；售电量62.24亿kWh，同比增长15.49%；线损率4.58%；销售收入61.11亿元，同比增加11.5亿元；资产负债率55.92%，比预算指标降低9.08个百分点；净资产收益率1.68%，比预算指标提高0.43个百分点；成本三费10.35亿元，比预算指标降低0.65亿元；流动资产周转率1.32次，应收电费余额5.02亿元；上缴国家税金7.45亿元，同比增加1.19亿元。

电网概况

东北电网供电区域包括东北三省和内蒙古东部地区，电网覆盖国土面积124万km^2，供电服务人口约1.15亿人。东北电网以500kV线路为骨干网架，覆盖东北地区的绝大部分电源基地和负荷中心。辽吉、吉黑省间500kV联络线均为3回，东北与华北电网以2回500kV线路实现了跨大区交流联网。

截至2005年底，东北电网220kV及以上输电线路 31896.43km，其中 500kV 线路 6134.48km，220kV 线路 2.58 万 km。220kV 及以上变电站 260 座 6983.9 万 kVA，其中 500kV 变电站 19 座 1964.1 万 kVA；220kV 变电站 241 座 5019.8 万 kVA。

截至 2005 年底，东北电网全口径发电装机容量 4424.33 万 kW，其中火电装机容量 3789.2 万 kW，占 85.64%；水电 599.73 万 kW，占 13.56%；风电 33.9 万 kW，占 0.77%，其他 1.5 万 kW，占 0.03%。东北电网统调发电装机容量 3771.81 万 kW，其中火电 3233.6 万 kW，占 85.73%；水电 533.28 万 kW，占 14.14%；其他装机 4.93 万 kW，占 0.13%。

2005 年，东北电网全社会用电量 2140.58 亿 kWh，同比增长 7.33%。全口径发电量完成 2181.47 亿 kWh，同比增长 6.72%。售电量完成 1607.19 亿 kWh，同比增长 8.16%。综合线损率完成 7.12%，同比降低 0.37 个百分点。

2005 年，东北电网内省间交换电量增大。其中内蒙古东部送东三省电量 140 亿 kWh，同比增加 3.61 亿 kWh；黑龙江省送出电量 48.91 亿 kWh，同比增加 26.64 亿 kWh；吉林省送出电量 55.2 亿 kWh，同比增加 36.38 亿 kWh；辽宁省受入电量 209.1 亿 kWh，同比增加 73.94 亿 kWh。

2005 年，东北电网送华北电网电量 39.29 亿 kWh，同比下降 7.35%。

组织机构

东北电网有限公司组织机构图见后页。

公司领导班子及成员情况

公司党组书记、董事长、总经理卢健（4 月 16 日以前总经理、党组副书记职务）

公司党组成员、副总经理李书东、王钢、田宇、王广辉，工委主任、工会主席赵文斌，总会计师耿占东，纪检组长金汝传。

中国工程院院士、名誉总工程师黄其励，总工程师薛建伟、总审计师周玉秀。顾问刘忱（4 月 16 日以前任董事长、党组书记职务）。

人力资源

东北电网有限公司现有员工 10318 人。

职工队伍结构、职工技术技能及文化程度情况见表 1、表 2。

表 1　职工队伍结构情况　单位：人

长期职工年末人数	按人员类别分组					按年龄分组						按劳动合同到期期限分组			
	经营者	管理人员	技术人员	技能人员	其他	55 岁及以上	50～54 岁	女性	40～49 岁	30～39 岁	29 岁及以下	1 年及以内	1～3 年（含 3 年）	3～5 年（含 5 年）	5 年以上
10318	127	2295	1475	4425	1996	448	1072	253	3834	3445	1519	1423	1110	1372	6413

表 2　职工技术技能及文化程度情况　单位：人

长期职工年末人数	按职称分组				按技能等级分组					按文化程度分组						
	正高级职称	副高级职称	中级职称	初级职称	高级技师	技师	高级工	中级工	初级工	研究生及以上	大学本科	大学专科	中专	技校	高中	初中及以下
10318	58	1241	1743	2408	36	101	1055	988	70	299	2533	3090	1811	581	1214	790

人力资源开发和利用。坚持以人为本，推行绩效管理，完善分配机制，制定了公司直属单位绩效考核管理办法，修改和完善了工资决定机制实施办法，使工资总额与绩效挂钩，完善考核评价办法。开展人才评价体系建设，制定东北电网首席工程技术专家、杰出技能人才考评管理办法，技术、技能带头人考评工作指导意见，评标专家库管理办法，人才库建设等，全面掌握公司各类人才状况。深化公司本部劳动用工制度改革，实行全员劳动合同制。加强对离退休人员管理，完善社会保险制度。2005 年荣获辽宁省首批“用人单位人力资源管理 AAA 级诚信单位“称号。

以干部队伍建设带动员工队伍建设，开展”四好“领导班子创建活动，加强对领导干部和后备干部管理考核，制定领导干部管理办法，促进干部队伍素质提高和工作作风转变，健立健全党风廉政建设和反腐败工作制度，贯彻落实国家电网公司关于加强廉政建设预防职务犯罪工作的决定，加强效能监察，提高干部队伍拒腐防变能力，妥善处理热点难点问题。全年考核领导干部 101 人，参加民主测评职工代表人数 1350 人。

加强员工培训。制定教育培训与考核大纲。举办各类职工专业培训 91 期，其中管理类 43 期，技术类 5 期，技能类 43 期，参加人数 3167 人，基层单位举办各类培训班 668 期，参加培训 39659 人次。全员培训率达 86%。

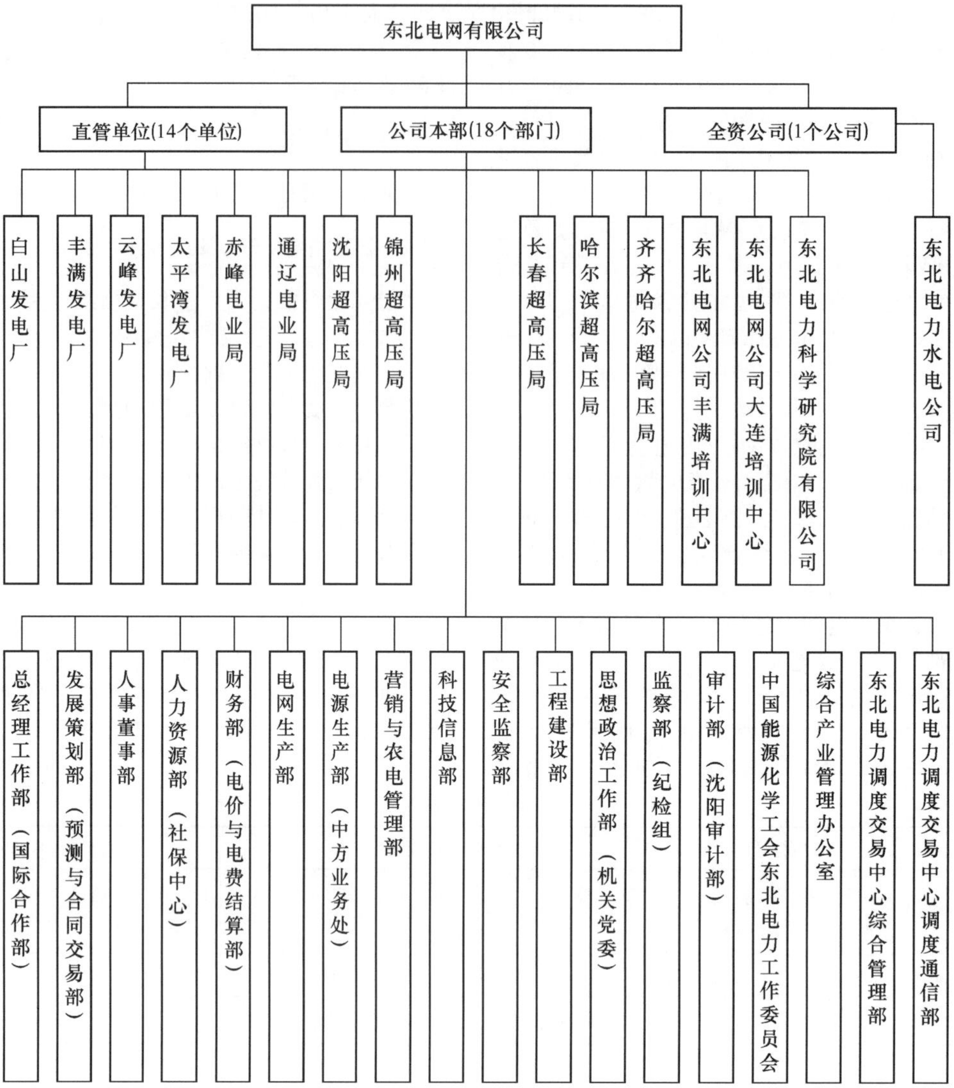

东北电网有限公司组织机构图

注：赤峰电业局包括县级农电局13个，通辽电业局包括县级农电局8个。

电网电源建设与发展

按照建设坚强电网发展思路，从满足东北区域经济发展和振兴东北老工业基地用电需求出发，开展东北地区电力工业中长期发展规划、东北电网和辽吉黑三省“十一五”及2020年规划设计报告的评审，霍林河及周边地区煤电基地外送输电通道规划等17项专题规划。适应核准制新要求，进行了28项电源和电网工程前期工作。冯大哈二回、赤峰及通辽地区220kV建设项目、蒲石河抽水蓄能电站等工程已获核准。500kV方牡敦包和北宁输变电工程进展顺利，哈合二回、赤峰天山输电工程等项目陆续建成投产。完成伊冯光缆通信工程，丰满三期永庆反调节水库工程投入试运行，白山抽水蓄能电站首台机组投产发电，增强了电网输送能力和稳定控制能力。特别是哈合二回500kV线路提前半年投产，使电网省间调剂能力大大增强，不仅有效满足辽宁负荷需求，而且在迎峰度夏期间，支援了华北电网150万kW电力，对于“北电南送”起到了关键作用，在工程建设中未发生任何事故，实现安全施工，施工安装质量评为优良，受到国家电网公司肯定。由国家电网公司组织实施的，有2000多名试验人员参加的东北电网第二次大扰动试验取得圆满成功。“大扰动”试验是国家电网公司扩大电网输送能力工程的一项重要内容，此次试验目的是加深对东北和华北互联电网动态特性认识，验证电网安全稳定控制措施效果，进一步提高“北电南送”输电能力，为进一步开展大区电网互联模式下电网动态特性及机理的研究提供依据，具有重大意义。完成了黑龙江东部、辽吉省间安全稳定控制装置研制、安装调试及投产工作，并根据第一次大扰动试验数据及研究成果，使辽吉、吉黑省间断面送电极限又提高了60万～80万kW，所取得效益相当于辽吉黑省间增加了一条500kV线路。资源优化配置能力增强，为满足用电的需求，向辽宁送电增加了81亿kWh，其中有60亿kWh是“北电南送”。完成固定资产投资22.1亿元，科技投入0.5亿元；开工500kV线路545.5km、变电容量250万kVA，220kV线路993km、变电容量48万kVA；投产500kV线路221km，220kV线路73km、变电容量12万kVA。

经营管理

以贯彻和实施国家电网公司发展战略，建设“一强三优”现代公司为目标，以贯彻“三抓一创”为工作思路，以“四个服务”为宗旨，为东北地区经济社会发展，老工业基地振兴提供电力保障为经营理念，以发展规划为龙头和依据，以企业负责人年度业绩考核内容为经营管理年度目标，加强企业内部制度建设，开展同业对标，控制成本支出，加强资本管理与运作和内部审计、加强民主管理等，促进公司更快更好地发展。

(1) 制定了《东北地区电力工业“十一五”发展规划及2020年远景目标研究》、《东北电网“十一五”发展规划及2020年远景目标》、《东北电网有限公司三年发展规划》等，在规划的框架下，分层次对省级电网及抽水蓄能资源、重点城市电网、区域电网、大电源基地外送通道进行研究，明确电力发展的具体目标和结构及速度，切实转变增长方式和经营管理方式，进一步调整结构，整合资源，实施集约经营和科学管理。

(2) 重新修订本部工作规则和各项规章制度，完善重大事项决策程序，规范工作流程，制定直属单位机构设置、岗位名称和岗位职责的“三统一”方案和企业负责人业绩考核管理办法，完成本部84项规章制度清理修订工作。全面推行绩效管理，完善分配机制和业绩考核，开展“三清理一规范”工作，加强财务管理，制定了17个管理办法，推行标准化管理，健全科技管理机制，加强科技项目管理和公司信息化建设等。

(3) 开展同业对标，明确目标与差距，有针对性的制定加强管理的措施。公司成立了创一流同业对标工作领导小组和办公室，制定了《东北电网公司创一流同业对标工作实施办法（暂行)》、《直属单位创一流同业对标考核奖惩办法》、《公司本部创一流同业对标目标管理实施细则》。组织同业对标信息发布会，编制对标分析报告，完成2005年度报送及最佳实践库上报工作，上报26项专业管理，其中财务资产管理入选国家电网公司首批业务标杆，实现了用指标评价企业和评价标准的定量化，部分单位部门指标完成“创一流”验收，促进了企业创一流工作。

(4) 加强营销管理和财务管理，疏导电网电价矛盾，实施滚动预算，控制成本支出，加大营销管理力度，开展营销现代化和标准化建设及“无欠费供电公司”考评，加强电费收缴，整合营销机构，重组业务流程，深化“按线、按台区”承包工作，强化电能计量管理，提升营销管理水平，完成电力营销管理、95598客户服务、电力需求侧管理和营销综合分析技术支持系统模块建设等。在营销管理上先后制定《应收电费余额考核管理办法》、《对直属供电公司营销机构设置意见》、《电费风险预警管理办法》和《供用电合同管理办法》等；在财务管理上建立健全内部控制制度，规范资金和资产的管理，先后制定《财务快报管理办法》、《财务指标考核管理办法》等31项管理办法和管理制度。

(5) 加强内部审计。全年共完成审计项目216项，查处违纪违规金额8463.28万元，促进增收节支728.35万元，提出审计建议410条，采纳382条。加大干部任期届中审计和重点工程跟踪审计力度。完成了丰满发电厂、白山发电厂的资产评估。

(6) 加强民主管理，实施厂务公开和“五段闭环”企业民主管理，企业的重大事项均通过职代会、职工代表团组长联席会议表决。按时召开职工代表大会，职工代表团组长联席会议，总经理联络员会议，建立厂务公开网站，不断充实网站内容，开展群众性的经济技术创新工程活动，实施“金点子工程”等。

(7) 加强多种产业管理，制定《多种经营企业改制指导意见》，按照“产权清晰、管理规范、加快发展、依法经营、提高效益”的指导方针开展多种产业经营。

安全生产

东北电网面对网架薄弱，电力供需矛盾突出，电煤供应紧张等不利因素，为保证电网安全稳定运行和向社会提供安全可靠电力，坚持“以人为本”的安全理念和“安全第一，预防为主”的工作方针，强化管理，超前设防，针对电网安全和电力生产中可能突发的事件，采取具体有效防范措施，开展系统安全性评价和安全优质服务年活动，制定《东北电网主要断面事故处理预案》、《500kV重要变电站事故处理预案》、《电煤供应紧张事故处理预案》，《标准化作业管理制度》、《变电站运行管理制度》、《生产设备备品备件管理办法》等有针对性的强化管理规定。全面推进标准化作业，开展反事故斗争，总结经验教训，抓住影响电网安全生产重点环节，制定整改措施，落实安全生产责任制，把安全生产着力点落实到基层，落实到具体工作中，加强设备技术应用和技术改造，提高电网安全运行水平，坚持用“三铁”反“三违”，强调安全责任“一票否决”。针对出现违章现象，果断采取停产整顿措施，对有关责任人员严肃处理，有效扭转安全生产出现被动局面。以杜绝“三高”为重点，开展创建无违章企业活动，增加投入，加强老旧设备治理改造和设备运行管理。电网没有发生重、特大设备事故，一般设备事故降低 39.5%，直属单位一般设备事故降低 75%，没有发生对社会造成较大影响停电事件，安全度汛，实现了“安全年”目标，安全管理同业对标进入全国网省公司先进行列。

电力市场建设

为适应我国社会主义市场经济发展需要，在电力行业引入竞争机制，实现区域电力资源的优化配置，按照国务院国发［2002］5 号文件和电监会电监供电［2003］15 号文件的要求，东北区域电力市场作为国内第一个区域电力市场试点于 2004 年 1 月 15 日率先开展模拟运行。

东北区域电力市场按照安全第一、区域电力资源优化配置、公开透明、公平竞争、公正监管、统筹兼顾各方利益、积极推进与循序渐进相结合、坚持实事求是、统一开放的市场建设原则，分初期、中期、远期三个步骤实施。市场初期的建设经过了单一过渡电价市场和两部制电价市场两个阶段。单一过渡电价市场阶段，东北区域电力市场采取有限电量竞争的竞价模式。竞价电量占东北区域电力市场实际交易电量的 20%，由月度、日前和实时竞价方式确定。市场运行初期只开放月度竞价交易方式。80%非竞争性电量原则上按同类型机组同等利用小时数并参照东北电网近年来平均利用小时数核定，执行政府批准的上网电价或协议电价，按合同电量方式执行。两部制电价市场阶段，东北区域电力市场采用全电量竞争的竞价模式。电量交易分为长期合同交易（年度、月度合同交易）和现货交易（日前、实时交易）。市场初期以长期合同交易为主，首先开放年度、月度合同交易，并逐步开展日前、实时交易。电费由容量电费和电量电费两部分组成，容量电费根据国家规定的容量电价、当期统计考核的可用小时和可用容量，由东北电力调度交易中心以三省一区购入的竞价电量为权数将全网竞价机组容量电费分摊给三省一区，并据此与其进行结算。电量电费由东北电力调度交易中心及辽宁、吉林、黑龙江省电力结算中心根据东北区域电力市场交易结果与竞价发电公司（厂）结算。东北区域电力市场初期市场成员包括：东北电网有限公司及辽宁、吉林、黑龙江省电力公司，与东北电网接网的拥有 10 万 kW 及以上火电机组（不含供热电厂和企业自备电厂）的发电企业，双边交易试点的大用户。参与市场交易的发电厂共 26 家，总装机容量 21740MW，占东北电网总装机容量的 55.2%，其中，按地域划分，辽宁 10 家、吉林 4 家、黑龙江 9 家、内蒙东部 3 家；按隶属关系划分，五大发电集团公司所属电厂 22 家、独立电厂 4 家。为规范电力市场化运作，规避安全风险、经济风险、法律风险，确保东北电网安全稳定运行和可靠供电，先后制定《东北区域电力市场实施方案》、《关于建立东北区域电力市场的意见》和《东北区域电力市场初期运营规则》等多项规定。公开信息披露，接受市场监管，完善网厂联席会议制度，进一步规范发电机组并网调度协议和购电协议。完成试运行修订方案编制，完善技术支持系统，及时向国网公司作专题汇报，对交易情况进行跟踪分析，使发电企业间初步实现竞争，优化配置东北电网发电资源，省间电力交换能力增强，推进了区域电力市场的形成和完善。月度竞价交易，按交易结果进行实际调电和实际电费结算，市场运行基本平稳。启动东北区域电力市场试运行月竞价工作，在国家电网公司领导下，与三省公司协调配合，使区域电力市场建设迈出坚实一步。

科技与信息化

健全科技工作管理机制，加大技术监督和环保工作力度，加强科技项目管理和信息网络建设。确定“十一五”期间科技发展方向和优先发展重点科技项目。调整科技领导小组和科技进步奖评审奖励委员会，完善科技项目管理规定和细则。开展“电网动态实时监控技术”先进适用技术的评估工作。开展生产一线技术问题调查，召开科技情报工作会议。通过技术检索和专家咨询制定解决具体问题方案。全年承担国家电网公司统一组织的研究课题 3 项，在国家电网公司立项 2 项，东北公司安排的重点科技信息项目 6 项，系统科技信息项目总数 132 项。其中“高电压大容量测试系统”获中国电力科学技术奖、国家电网公司科学技术进步三等奖。上报国家电网公司环保焦点、热点问题及电力建设项目环境评价，开展环保工作管理人员培训等。

完成信息系统备份中心建设和视频会议系统建设，完善公司信息化建设“十一五”规划，开展信息化应用系统开发建设和推广等。

农网改造

争取农网改造完善基金，加快内蒙古东部地区县城电网和农网建设。一期县城电网改造工程已基本结束，新建和改造66kV线路566.2km，66kV变电所40座，容量240.95MVA，改造10kV线路994.42km，改造低压线路228.87km，更新高耗配电变压器216台。通过一期县城电网改造，优化了内蒙古赤峰、通辽地区农村电网结构。二期新建和改造66kV变电所13座、新增主变压器18台/88450kVA；新建与改造66kV送电线路423.95km；新建改造10kV送电线路1506km；完成低压线路改造1085km，新增和更新配电变压器717台/40090kVA。对内蒙古通辽霍林郭勒矿区实施摘转供改造工程，整体改造各类用户7851户，部分改造各类用户1795户。全年争取农网完善资金7.5亿元，县城电网改造一期工程3亿元已具备验收条件，二期完成2.15亿元工程建设，农村供电能力，供电质量和供电可靠性得到改善。积极研究农电管理的可持续发展问题，逐县（旗）解剖农网改造完成的现状、电网的结构，据实统计电网综合数据，编制公司农村电网“十一五”规划，为促进农村电网的持续发展提供科学依据。

优质服务

按照国网公司要求，落实员工服务“十个不准”，“三公”调度“十项措施”和供电服务“十项承诺”。制定《东北电网公司供电服务“十项承诺”考核实施细则》和《东北电网公司供电企业实现供电服务“零投诉”考核办法》，开展“青春光明行”优质服务活动和电力营销现代化和标准化建设，强化95598服务功能，及时召开优质服务征求意见会，加大对营业窗口的暗访检查和动态考核。建立一把手亲自抓，分管领导侧重抓，职能部门主动抓，党政工团齐抓共管，全员参加的局面，优质服务常态机制初步建立，营销现代化建设步伐加快，公司直属仅有的两个赤峰、通辽供电公司在当地行风评比中继续领先。完善网厂联席会议制度，规范发电机组并网调度协议和购电协议，公开信息披露，主动接受市场监管。供电质量不断提高、电网频率合格率100%、综合电压合格率99.47%、供电可靠率99.94%，均好于计划指标。

精神文明

在加强精神文明建设过程中，按照党中央、辽宁省委、国网公司党组的战略部署和具体要求，根据东北电网公司实际，按照总体要求和具体实施办法相结合，先后制定了《东北电网公司精神文明建设规划》、《东北电网公司企业文化建设规划》、《东北电网公司农电企业精神文明建设若干指导意见》、《东北电网公司党组关于建立党员长期受教育，永葆先进性长效机制的指导意见》和《关于党风廉政建设和反腐败工作业绩指标考核办法》等一系列文件，建立和完善党建工作的各项规章制度，加强精神文明建设，推进精神文明发展。举办了2005年直属单位党委书记论坛，以理论中心组学习带动干部职工政治理论学习，开展多种形式多种内容的学习活动和丰富多彩文艺体育专题活动。加强公司本部机关干部作风建设，以实施《机关创一流管理（目标责任制）实施办法和管理规定》为载体，进一步加强机关作风建设和干部队伍建设。以加强企业文化建设推动精神文明建设，以精神文明建设增进企业文化建设的内涵，倡导“努力超越，追求卓越”企业精神，努力建设以人为本、忠诚企业、奉献社会的企业文化。

按照中央要求和辽宁省委部署，公司参加了第二批保持共产党员先进性教育活动。经过精心组织，坚持思想发动与制度建设相结合，“规定动作”与“自选动作”相结合，做到了“两不误”，实现了“两促进”，得到了国家电网公司巡视组和辽宁省委督导组好评，在辽宁省第二批开展先进性教育活动的单位中首家通过验收。

2005年，公司及各直属单位共荣获国家级先进集体荣誉称号29项，荣获国家级先进个人荣誉称号29项，荣获省部级先进集体荣誉称号39项，荣获省部级先进个人荣誉称号37项。其中，赤峰电业局和通辽电业局获得全国文明单位称号，丰满发电厂获得全国精神文明建设先进单位称号。

主要事件

1月25～26日，东北电网公司召开直属单位第二届第二次职工代表大会暨2005年工作会议。

3月18日，东北电网公司网调启动“安全优质服务年”活动。要求各单位要把国家电网公司组织开展的调度机构“安全优质服务年”活动作为全年重点工作来抓。

3月29日，东北电网第二次大扰动试验圆满成功。大扰动试验是国家电网公司扩大电网输送能力工程的一项重要内容。在500kV运行网上进行三项完全金属性短路试验，这是中国电网乃至世界电网史上前所未有的，具有十分重大的意义。

4月16日，东北电网公司召开公司领导干部任免宣布大会。国家电网公司人事与董事部副主任胡贵福宣读国网公司干部任免决定。卢健任东北电网公司党组书记、董事长、总经理。会上国家电网公司总经理刘振亚作重要讲话。

5月28日，东北电网公司召开公司本部全体员工大会。开始全面推进和实施劳动用工制度改革，对公司本部员工实行全员劳动合同制进行动员和部署。

6月12日，东北电网公司500kV哈（哈尔滨）—合（合心）二回输变电工程正式运行。该工程是国家电网公司和东北电网公司的重点工程，是东北电网向华北电网送电，实现“北电南送”的重要通道。该工程由东北电力设计院设计，输电线路总长237km，总投资近4个亿。

7月26日，东北电网公司本部召开“保持共产党员先进性教育活动动员大会”。总经理、党组书记卢健作动员报告，辽宁省委督导组组长韩树君作重要讲话。本部和直属党委单位全体党员参加。

8月2日，中共吉林省委书记王云坤同志在吉林省水利厅、吉林省防汛指挥部负责人，省委、省政府秘书长陪同下，到东北电网公司丰满发电厂视察防汛工作。

8月16～18日，辽宁东部、吉林南部降暴雨和大暴雨，水丰水库水位达123.46m，超出汛限水位的123.3m，距最高拦蓄水位123.9m不足0.5m。水库小时入库流量为15000m^3/s。情况危急，公司领导果断提出“溢流门逐个开启，控制开门总数，上游云峰水库放流与下游水丰水库放流错峰”等正确决策，避免了灾患，保证了丹东和朝鲜方面新义州两市的安全。

9月6日，东北电网公司召开开展创建无违章企业活动暨秋检动员电视电话会议。会议提出，切实加强公司系统安全生产长效机制建设，深入开展反事故斗争，完成全年各项生产任务。

10月12日，历时3年，丰满发电厂永庆反调节水库工程通过蓄水验收，设计蓄水量960万m^3，总投资约4亿元。

11月9日，中国实验室国家认可委员会为东北电网公司通辽供电公司电能计量所颁发《中国实验室国家认可委员会认可证书》（编号12295，有效期2005年11月2日至2010年11月1日）。标志东北电网公司通辽供电公司电能计量符合目前国内先进实验室管理标准。

11月9日，11时45分，白山抽水蓄能电站1号机组空载试运行一次启动成功，经过3h空载试运行，机组震动摆度、额定转速、轴瓦温度、导叶开度、轴承油膜厚度、液压减载装置及制动系统的运行状态良好。

11月21日，东北电网公司党组书记、总经理卢健代表国家电网公司宣布王广辉、金汝传、杨俊文任免决定。国家电网公司王广辉任东北电网公司党组成员、副总经理，金汝传任党组成员、纪检组长。任职时间2005年11月9日。东北电网公司党组成员、副总经理杨俊文调出，到黑龙江省电力公司任党组书记。任职时间2005年11月9日。

11月15～24日，13日，吉化双苯厂发生爆炸，造成松花江及下游严重水污染。东北电网公司卢健总经理高度重视，按照国网公司总经理刘振亚的指示，积极配合地方政府有关部门做好工作。15日14时开始，丰满水库放流，降低污染浓度，缩短污染水质滞留时间。放流流量600m^3/s。24日10时，加大放流流量，放流流量1000m^3/s。放流总量约4亿m^3。

11月29日，松花江水污染国务院工作组副组长、水利部副部长鄂竟平，在吉林省、市有关领导陪同下，到东北电网公司丰满发电厂视察。东北电网公司副总经理王钢到丰满发电厂迎接，并向领导汇报了工作。鄂竟平副部长对丰满发电厂放流清污工作给予充分肯定。

12月5日，东北电网公司总经理卢健和其他公司领导，分成10个检查组，分别到公司直管单位进行综合检查。主要检查工作内容是2005年主要经济技术指标和各项工作落实完成情况。

12月14日，东北电网公司党组书记、总经理卢健代表国家电网公司向东北电监局赠送《特高压电网》一书。电监局局长韩水、副局长王恩志、杨子江等领导接受赠书。东北电网公司副总经理李书东参加赠书仪式。

12月22日，东北电网公司第一次代表大会在沈阳召开。公司党组书记、总经理卢健、国家电网公司工会副主席张蒲转等领导参加大会。大会选举产生了第一届工会委员会，赵文斌当选为工会主席。

（王历）

吉林省电力工业

基本情况

截至2005年底，吉林省全口径发电装机容量为1016.55万kW。其中，水电装机容量372.08万kW，占全省总装机容量的36.6%；火电装机容量635.94万kW，占全省总装机容量的62.56%；风电机组装机容量7.94万kW，占全省总装机容量的0.84%。

水电装机容量中，丰满电厂（87.25万kW）、白山发电厂（170万kW）、云峰发电厂（20万kW）、渭源发电厂（19.5万kW）归东北电力有限公司管理，吉林省电力有限公司持股40%股份；松江河发电厂（16万kW）归吉林省电力有限公司管理；其余为地方水电厂。

火电装机容量中，长春第一热电有限公司（12.5万kW）、长春第二热电有限公司（40万kW）、长春热电发展有限公司（40万kW）、珲春发电有限公司（20万kW）、辽源热电有限责任公司（20万kW）、长山热电厂（8、9号机组，40万kW）属中国大唐集团公司，总装机容量160万kW；双辽发电有限责任公司（3、4号机组，60万kW）、双辽发电厂（1、2号机组，60万kW）、吉林热电厂（6、7号机组，10万kW）、吉林龙华热电股份有限公司（90.9万kW）属中国国电电力集团公司，总装机容量223.9万kW；长山热电厂（1～7号机组）属华能发电公司，总装机容量22.5万kW；吉林电力股份公司装机容量85.6万kW，是上市公司；其余为地方火电厂。

全省总装机容量中，东北电网有限公司调度的容量为326.26万kW，均为水电，占全省总装机容量的32.09%；归吉林省电力有限公司调度的容量为631.7万kW，占全省总装机容量的67.91%。

吉林省电网位于东北电网的中部，省间、公司间联络线有33条，担负着东北电网北电南送、西电南送的重要任务，是东北电网的重要组成部分。到2005年末，吉林省内运行的500kV线路15回，总长1212.6km；有500kV变电所3座，变电容量431.8万kVA。运行的220kV线路135条，总长6382.5km；有220kV变电所51座，变压器85台，变电容量921.5万kVA。运行的66kV线路785条，总长13774.3km；有66kV变电所881座，变压器1556台，变电容量1486.4万kVA。

吉林省电力有限公司作为国家电网公司的全资子公司，主要经营、管理、建设吉林省域电网。截止到2005年末，公司资产总额255亿元，在省内9个地级市设有8个供电分公司，控股吉林省农电有限责任公司，拥有施工企业2个，修造企业2个，科研、设计单位和培训中心各1个，全民员工21271人。公司所属经营管理的220kV线路122条，总长度5530km；220kV变电所50座，变电容量902.6万kVA；66kV线路376条，总长度7047.3km，66kV变电所212座，变电容量727万kVA。

2005年，公司完成固定资产投资18.5亿元，同比增加85.4%；完成售电量292.1亿kWh，同比增长2.18%；完成综合线损率7.8%，同比降低0.24个百分点；实现主营业务收入156.4亿元，同比增加10.3亿元；完成工业企业劳动生产率109.2万元/人年，同比增长6.39%；完成供电可靠率99.947%，同比提高0.066个百分点；完成综合电压合格率99.127%，同比提高0.363个百分点。

电网建设

公司党组认真落实科学发展观，审时度势，形成了加快发展电网的共识，积极主动向省委、省政府主要领导和主管部门汇报，得到理解和支持。在省委、省政府各有关部门密切配合下，在国家电网公司、东北电网公司大力支持下，确立了集中力量加快发展建设500kV电网的思路。

2005年，公司电网建设步伐加快，固定资产投资完成18.5亿元，同比增加8.5亿元，全年共完成电网建设项目29项。公司直接投资建设的通化—东丰500kV输变电工程前期工作进展顺利，计划2006年上半年开工建设；完成220kV长流变电站二期扩建工程、苗胜变电站增容扩建工程和大安输变电新建工程等5项220kV输变电新建、扩建工程，新增变电容量45万kVA，送电线路94.1km；完成66kV吉林北华变电站新建工程、化工变电站新建工程、四平振兴变电站新建工程和延吉开发变电站新建工程等13项66kV输变电新建、扩建工程，新增变电容量32.3万kVA，送电线路215.1km；完成县城电网和城乡结合部电网改造计划，新建和改造10kV线路1200多km。

安全生产

2005年，公司采取有力措施，强化安全生产工作。坚持从严要求、从严管理、从严考核，强化各级人员安全生产责任制的落实。坚持实施电网技术升级和设备改造，全年共投入大修技改资金1.3亿元，完成项目194项，提高电网装备水平。坚持加大安全科技投入，全年投入2700多万元，完成多项先进实用工器具的开发和应用，改进试验方法，改善员工劳动安全环境。坚持培育安全文化，加大安全培训力度，组织开展技能竞赛活动，营造安全生产氛围。

2005年，公司系统没有发生重大及以上电网、设备、火灾、施工机械设备损坏事故，没有发生有人员责任的重要一次变全停和恶性电气误操作事故，没有发生对社会造成重大政治、经济影响的事件。发生人身重伤事故一起。发生一般事故7次，同比减少一次。发生一类障碍70次，同比增加34次。

优质服务

公司始终立足于服务省委、省政府工作大局，服务省内发电企业，服务广大电力客户，服务地方经济发展，把做好“四个服务”作为一切工作的出发点和落脚点，内强素质，外塑形象，不断提高服务水平。

2005年，公司加大对直供县网、城乡结合部、企业摘转供的一户一表改造力度，全年完成投资1.8亿元，改造19.5万户，减轻了企业和用户的负担，维护了社会稳定。召开“三公”调度座谈会和网厂协调会，聘请“三公”调度监督员，自觉接受发电企业和电力监管部门的监督。不断完善95598客户服务支持系统功能，开展银电联网工程，为广大电力客户提供方便快捷的服务；向社会公布并实施员工服务“十个不准”、供电服务“十项承诺”，不断提高优质服务工作水平，树立“国家电网”良好的品牌形象。积极配合省政府有关部门争取国家发改委批准发供电联动政策，与有关企业签定执行优惠电价协议，为全省经济快速、健康发展提供了强有力的支持。2005年，在全省民主评议软环境和正行风活动中，取得了公众满意率第二名的好成绩。

经营管理

2005年，公司不断强化经营管理，深入开展“规范管理，制度建设年”活动，制订、修订161项规章制度，理顺了工作程序，提高了经营管理水平和工作效率。加强综合计划管理和财务全面预算管理，及时调整公司综合计划指标和年度预算指标，提高指标的科学性和准确性。加强任期经济责任审计和工程项目审计，形成良好的监督机制。加强招投标管理，研究出台了货物集中规模招投标管理办法，有效降低采购成本。加强资金管理，加大银行账户清理力度和往来款项的催收力度，提高资金的使用效率，2005年公司资产负债率降至70%以下。加强用电营销管理，加大电费清缴力度，应收电费余额明显下降，全部收回了哈大电气化铁路以前年度还本付息所欠电费1.46亿元；认真开展“电价大普查”和反窃电稽查工作，整顿电力市场秩序。成功解决松江河电厂与中国信达资产管理公司的债务问题，有效规避了企业经营风险。

2005年,资产负债率完成69.5%,同比下降4.1%;应收电费余额实现4.2亿元,同比减少3.2亿元。

体制改革

2005年，公司进一步深化农电体制改革。一是完备了出资手续，办理了公司对吉林省农电有限公司出资的资产移交工作，修改了省农电公司章程，确立了公司的控股地位；二是组建了吉林省农电有限公司的分、子公司，办理了工商登记等事宜；三是完成了市（州）供电公司农电部的岗位设置、人员配备和管理职能的调整，为省农电公司独立运营提供了组织保障；四是理顺了省农电公司党组织关系，由省国资委领导改为由省电力公司直属机关党委领导。五是在调查研究的基础上，针对吉林省农电管理体制的特殊情况，制定《关于理顺农电管理体制的意见》，并于2005年12月8日签署了《委托管理协议》，采取农电公司委托管理的新模式，减少了农供管理矛盾，维护了出资人权益，降低了管理成本，农电管理与改革走上了新发展的道路。

进一步深化多经体制改革。在充分调研的基础上，制定《关于规范和加强省公司层面多经企业的实施意见》，加快辅业、多经企业改制步伐。加强和规范多经企业管理。按照国家电网公司要求，认真开展“三清理，一规范”工作，取得阶段性成果，到2005年底，公司层面多经企业已实现“三分离”。

精神文明建设

2005年，公司坚持以六个环境建设为载体，即建设凝聚人心的文化环境、诚信友爱的人际环境、文明整洁的工作环境、宽松良好的成才环境、积极向上的舆论环境、和谐互助的外部环境，以构建和谐吉林电力为目标，大力弘扬“以人为本、忠诚企业、奉献社会”的企业理念和“努力超越、追求卓越”的企业精神，文明单位创建工作、企业经济效益、管理水平不断提高，企业呈现出政通人和、队伍稳定、三个文明建设协调发展的大好局面。

2005年公司被省劳动和社会保障厅、省总工会、省企业家协会授予“劳动关系和谐单位”，公司系统有7家单位受到中央文明委表彰，其中5家被授予“全国文明单位”，2家被授予“全国精神文明建设工作先进单位”，有7个单位被评为公司文明单位标兵。

（郭云峰）

黑龙江省电力有限公司

企业概况

黑龙江省电力有限公司（简称公司）是国家电网公司的全资企业，是以电网经营为主，具有电力工程设计、施工能力的特大型国有企业，承担国有资产保值增值责任，并对省内电网实施调度管理。公司注册资本67亿元。2005年末，公司总资产275亿元，资产负债率69%。

截至2005年底，公司设置本部部门24个，直接管理单位22个，代管农垦供电企业5个。代管县级农电企业71个。

2005年，公司全面完成了国家电网公司下达的各项业绩考核指标。完成售电量392.1亿kWh，同比增长6.7%；销售收入196.15亿元，同比增长15.59%；全员劳动生产率完成15.8万元/人年，同比提高26.9%。

2005年，公司确定了“十一五”发展总体目标：到2010年公司安全保障能力、自我发展能力、资产盈利能力，科技创新能力和风险防范能力显著提高，管理现代化水平、优质服务水平、员工队伍素质全面提升，在促进地方经济发展、建设能源工业基地、振动全面建设小康社会进程中的任用显著增强，初步建成电网坚强、资产优良、服务优质、业绩优秀的现代公司。到2010年公司要实现售电量500亿kWh，销售收入239亿元，全员劳动生产率21万元/人年，实现利润6.6亿元，科技进步贡献率达40%以上。

电网概况

黑龙江省电网位于东北电网的北部，是东北电网的重要组成部分。供电范围覆盖了全省除大兴安岭林业地区及边境个别县、区以外的所有用电地区。黑龙江省电网肩负着省内东部电源基地与中西部负荷中心地区间潮流交换，以及东部电力向南部吉林省电网输送的任务。省内电网由西部网、中部网和东部网三部分组成，西部电网与中部电网通过1回500kV线路（大哈线）及2回220kV线路相联；省网与东北主网由3回500kV线路和4回220kV线路相联；省外以2回500kV和4回220kV线路与吉林省电网相联。

截至2005年底，黑龙江省电网共有500kV变电站6座，变电容量695万kVA；220kV变电站65座，变电容量1327万kVA。500kV线路12条，总长1945km；220kV线路153条，总长7833km。

人力资源

截至2005年底，公司职工总数27146人，其中包括临时人员446人。正式在册职工中，经营管理人员5746人，工程技术人员3055人，技能人员14667人，其他人员3222人。从学历结构看，大专及以上学历人员占44.2%，中专（含技校、高中）占25.7%，初中及以下30.1%。拥有专业技术职称的人员12901人，其中高级职称2636人，占20.4%；中级职称4272人，占33.1%；初级职称5993人，占46.5%。技能人员中，技师及以上人员547人，高级工6746人，中级工1847人，初级工581人。

公司大力实施人力资源开发战略规划，合理配置人力资源，建立了全方位、多层次的员工培训体系，加强教育培训管理，三支人才队伍建设取得新进展。加强所属企业领导干部培训，不断提高领导干部素质，选派14名领导干部参加了国家电网公司党校的培训学习，组织193人参加了公司举办的各类培训，举办了公司“打造企业执行力”专题培训。2005年，公司选拔调整领导干部98人次，民主测评和民主推荐1761人。对本部各部门和所属25个基层单位的领导班子和361名领导干部进行了全面考核。

电网建设和发展

全年累计完成电网建设投资8.6亿元，大中型建设项目全部实现达标投产。其中500kV哈合二回输电线路提前达标投产，方正—林海—平安—包家输变电工程进展顺利。绥芬河、庆安、林口、杏花、宾州、桦南和中心等7项220kV输变电工程全部按计划投产，新增线路174.5km、变电容量78万kVA。

编制完成了黑龙江省电网和重点城市哈尔滨电网的“十一五”和2020年远景目标规划；完成了鹤岗—群林—方正500kV输变电工程的可研评审工作；完成了佳木斯—绥化—大庆500kV输变电工程的可研评审工作。组织完成了14项220kV电网工程项目的可研编制和审查，储备了未来两年开工的电网工程项目。按照国家电网公司的部署，完成了俄罗斯远东和东西伯利亚地区水力、煤炭资源和电力系统调研工作，为国家电网公司开展对俄罗斯电力贸易工作提供了重要资料。

经营管理

建立公司综合业绩考核制度，推动了经营管理工作的全面加强。大力增供扩销，开拓电力市场，售电量稳定增长，其中农电供电量同比增长13.7%。加大电费收缴力度，建立预警机制，超额完成了国家电网公司下达的电费回收任务。积极疏导电价矛盾，配合省物价部门，圆满完成了煤电价格联动工作。实施降低线损专项工程，推进台区承包，开展集中整治窃电专项行动，综合线损率明显降低。按照国家电网公司的要求和部署，开展了“三清理一规范”工作。加强资产资金管理，成立了公司资金管理中心；加强内部审计监督，进一步规范了企业的经营行为。规范多种经营企业管理，完成多种经营企业现状的调查工作。明确组织机构，建立了信息管理平台，强化指标分析，创一流同业对标工作不断加强。

安全生产

坚持“安全第一、预防为主”的方针，落实《国家电网公司关于加强安全生产工作的决定》，扎实开展各项安全生产工作。坚持每月召开一次安全生产电视电话会议，组织了春、秋两季安全大检查，开展了反事故斗争等工作。加强基建施工企业的安全管理，编制下发了《基本建设专项安全监督方案》，对基建施工企业在国内的作业现场进行了拉网式的反复检查，保持了公司基建安全稳定形势。开展相关培训，学习、贯彻国家电网公司最新颁布的《电力安全工作规程》（试行）。印发《电力安全工作规程（试行）补充规定和电气工作票实施细则》，开发并推广使用了微机开票系统。

全面完成大修技改工程项目，完成19个同网同价县域电网改造工程，增强了电网防御事故的能力，应对了飓风、暴风雪以及松花江水体污染和煤矿爆炸等突发事件，实现了电网安全度汛和迎峰度夏，确保了安全稳定运行和可靠供电。2005年，城市供电可靠率99.933%，同比提高0.036个百分点，综合电压合格率完成98.746%，同比提高0.569个百分点。公司系统全年未发生生产人身重伤及以上事故，未发生电网稳定破坏和大面积停电事故，未发生重大设备损坏事故，未发生重大火灾和交通事故，未发生恶性电气误操作事故。全省电网实现连续安全运行8868天。

营销工作

通过采取加大增供扩销力度、开拓电力市场、增强优质服务能力等手段，实现售电量稳步增长。积极疏导电价矛盾，配合省物价部门实施了煤电价格联动政策。实施降损节能专项工程，集中整治窃电行为。进行了省网关口电能计量装置改造，降低公司一次网损0.457%，增计电量14570万kWh。按计划完成农垦森工系统居民生活用电同价改革。

2005年营销工作主要成绩是：销售收入累计完成184.5亿元，同比增长12.56%；公司售电量392.1亿kWh，同比增长6.7%；南送电量53亿kWh，同比增加28亿kWh；当年电费收缴结零，累计欠费从2004年的3.37亿元下降至2.42亿元；实现利润3.25亿元，同比增长25%，综合线损率7.69%，同比降低0.44个百分点。

农电工作

2005年，公司继续推进农网改造与建设。完成计划投资2084.5万元，建设与改造110kV变电站39座，线路981km；建设35kV变电站572座，线路5966km；建设10kV线路8.32万km，更换高耗能变压器4.80万台，计3.507MVA，改造配电台区6.55万个、低压线路102.57km。改造后的电网送电设备完好率达到92%，变电设备完好率97%，高压配电设备完好率88.23%。完成县域电网改造工程前期工作，开展了农网改造结算，基本完成招标物资清理核对和工程物资款拨付工作。开展农网改造“回头看”工作，认真整改发现的问题，并对重点单位跟踪督查，顺利通过了国家发改委的复查。加强农电安全生产工作，开展了农村供电所安全管理年活动和安全性评价试点工作。

进一步规范农电代管工作，妥善处理管理不规范的问题。加强农村供电所标准化建设，80%达到国家电网公司规范化服务窗口标准。加强线损管理，推广台区管理办法，通过理论计算为合理加计线损提供了依据。统一农电劳动管理，基本实现了依法签订用工合同，规范了常规考核和工资标准，稳定了农电工队伍。举办了全省农村供电所所长岗位技能竞赛。积极开展农电系统同业对标和建设一流县供电企业工作，优质服务和行风建设得以进一步加强。公开电价、收费标准和服务程序，保持客户咨询投诉、报修渠道畅通。充分发挥“95598”热线作用，妥善处理各类咨询投诉和举报电话2779个，查处信访案件81件。

2005年，全省农电供电量同比增长12%；供电可靠率99.756%（农垦、森工新代管企业除外）；综合电压合格率96.415%，同比增长1.665个百分点，农村居民用户端电压合格率达92.1%，同比增长1.1个百分点；农村电费回收实现当年电费结零，陈欠电费回收5%。

科技与信息化

公司坚持用科技立项推进技术创新，用技术创新引领电网发展。采取多种措施，加强了科技立项的过程管理。以解决电网运行、企业经营中的突出问题为突破口，展开科技攻关，推广先进适用技术，使有限的科技资金投入取得了显著成果。全年共安排科技项目93项、资金2700万元，开发了全网线损管理的技术支持系统和降低地区网损的“日线损考核管理系统”，其中哈尔滨电业局建设的GIS系统成为加强配电管理的示范。“变压器绝缘油在线监测”、“有载开关在线净油装置”等一批先进适用技术得到推广使用并取得良好效果。公司全年共取得159项科技成果，其中“供电生产综合管理信息平台”、“基于虚拟仪器技术的电能量监测装置”分获黑龙江省政府科技进步二等奖和三等奖；公司质量管理和标准化工作稳步推进，5个QC小组获全国电力行业优秀质量管理小组成果奖。编制完成公司“十一五”科技发展规划。继续加强信息系统的运行管理，完善骨干信息网络建设，开发了系统运行管理软件，提高了运行水平和网络可靠性。设计开发新版办公自动化系统，提高了公文处理的质量和效率。针对经营管理工作的实际需要，开发生产运行上报、同业对标、电能量网损管理、人力资源管理信息以及营销实时数据传输等系统，为公司各项工作提供了有力支持。加强了信息技术培训工作，全年举办8期信息技术培训班，提高了各层次人员的信息技术应用水平。

优质服务

贯彻“四个服务”的宗旨，全面落实“三个十条”，主动接受市场监管和用户与社会监督。坚持“三公”调度，建立了黑龙江电网“三公”调度信息发布管理制度，设置了“三公”调度投诉电话和电子意见信箱，努力实现调度信息工作的规范化、制度化、常态化。聘任“三公”调度监督员，多次到发供电企业征询意见和建议，促进网厂关系更加和谐。

大力推进内质外形建设，不断规范服务流程，树立品牌形象。开展了“青春光明行”优质服务活动，激发了广大青年职工优质服务的热情。推广哈尔滨电业局的“电力进社区”经验，不仅缓解了各个供电局催收电费和处理事故的压力，也带动了全省供电企业规范化窗口建设。各供电企业持续推进优质服务常态机制建设，开设“绿色服务通道”，加强对“95598”供电服务热线和供电服务窗口管理，依托客户服务监管系统加强对各单位的服务监督，初步解决了客户反映强烈的抄表质量、办电环节收费和“三指定”等问题。2005年，公司在全省行风测评中名列“最佳单位”第二名，获得黑龙江省“改善发展环境百面红旗竞赛先进单位”称号。

党的建设和精神文明建设

开展了保持共产党员先进性教育活动，公司本部保持共产党员先进性教育活动群众满意度达100%。活动中，开展了“争当振兴东北老工业基地先锋”主题实践活动和“重温入党誓词”、“我为党旗增光”等特色活动。

进一步加强党建工作，组织党员干部收看了中央党校教授讲授的党建辅导报告和专题讲座。按照“谁主管，谁负责”的原则，建立层层抓落实的责任体系，全面落实党风廉政建设责任制。加强党风党纪教育和反腐败警示教育，组织领导干部学习了《建立健全教育 制度 监督并重的惩治和预防腐败体系实施纲要》，观看了《黑龙江省反腐倡廉警示教育展》，组织开展了为期两个月的“四个一”宣传教育活动。认真执行三项谈话制度，对全公司系统400多名副处级以上干部进行了廉政谈话，1591名科级以上干部进行了述职述廉。

公司系统继续深入开展文明单位创建活动。公司继续保持了“省文明行业建设先进系统标兵”称号，96%的基层单位进入省级文明单位标兵行列，8个单位进入“全国文明单位”和“全国精神文明建设工作先进单位”行列，大庆电业局获得国家电网公司精神文明建设创新奖提名。加强共青团建设，开展争创“五四”红旗团委系列活动，有1个团委获全国“五四”红旗团委称号，2个集体被评为“全国青年文明号”，15个集体被评为“省青年文明号”，15名青年被评为省“青年岗位能手”。

（刘廷辉）

辽宁省电力有限公司

企业概况

辽宁省电力有限公司（简称公司）是国家电网公司的全资企业，以经营辽宁电网为主、具有独立法人资格的企业，并依法对省内电网实施调度管理。公司注册资金100亿元人民币，截至2005年底，资产总额544.35亿元，职工总数46190人。

截至2005年底，公司本部设置24个部门，下属多经公司8个，所属单位26个。

2005年，公司总体工作思路是：贯彻国家电网公司“一强三优”发展战略和“三抓一创”工作思路，“突出一个核心，抓住两个机遇，提高三个能力，做到六个确保”。突出一个核心，即突出建设和运营坚强电网的核心业务。抓住两个机遇，即抓住振兴辽宁老工业基地的机遇，抓住深化电力体制改革的机遇。提高三个能力，即提高资产运营和盈利能力，实现国有资产的保值增值；提高优质服务的能力，全力打造“国家电网”的优质服务品牌；提高实现优秀业绩的能力，促进公司的可持续发展。做到六个确保，即确保电网安全稳定运行，确保电网快速发展，确保经济效益稳步提高，确保职工队伍稳定，确保提供优质服务，确保党风廉政建设责任制的有效落实。

2005年，公司实现销售收入415.39亿元，同比增长20.93%；综合线损率6.73%，同比降低0.41个百分点；净资产收益率3.76%，同比增长32.86%；资产负债率70.09%，同比降低0.39%；流动资产周转率2.57次，同比加快0.51次；全员劳动生产率（增加值）18.48万元/人年，同比增长12.8%。

电网概况

辽宁电网在东北电网中具有十分重要的战略地位，电网覆盖面积14.75万km^2，服务用电客户742.1万户4221万人。有3回500kV和6回220kV线路与吉林电网连接，有2回500kV和1回220kV线路与内蒙古东部电网连接，有2回500kV线路经绥中电厂与华北电网连接，是沟通东北与华北电力交换的枢纽。

辽宁电网形成了以500kV线路连接沙岭、沈东、徐家、鞍山、王石和辽阳6座变电所形成的“日”字形环网，大连和锦州分别有2条和3条500kV线路与主输电网连接。但500kV电网尚不具备独立运行的条件，220kV电网仍承担区间传输功率的重要作用。

人力资源

截至2005年底，公司职工总数46190人（长期职工45944人）。其中经营者232人，管理人员8560人，技术人员6756人，技能人员24485人，其他5911人。大学本科及以上文化程度职工8085人；具有副高级及以上职称职工2753人，初、中级职称13821人。

公司开展了“四好”领导班子创建活动，加大了年轻干部的选拔任用力度，一批年富力强、综合素质较高的年轻人走上各级领导岗位。加大系统内干部交流力度，全年共选拔和交流干部108名，使各级领导班子的年龄结构、知识结构更趋合理。

公司以建设“三支优秀人才队伍”（工程技术、经营管理、技术能手人才队伍）为重点，全面开展人才评价工作，完善人才管理机制，优化人力资源配置。完成了第一批9名电网管理专家、17名电网工程技术专家和20名电网技术能手的推荐评选工作。王芝茗、潘明惠被评选为辽宁省第四批省级优秀专家。根据生产经营需要，采用不同的用工形式补充人员，使生产一线技能人员短缺问题有所缓解。进一步加大以能力建设为核心的员工培训力度，全员培训率达到90%。

电网建设和发展

公司全年完成固定资产投资42.86亿元，其中电网建设投资21.86亿元，县城电网改造投资19亿元。用于老旧设备改造投资10.3亿元。全年累计在建220kV及以上输变电工程线路全长984.34km，投产496.49km。新、扩建220kV及以上变电站11座，改造增容11座，新增变电容量429万kVA。新投运66kV变电站53座，改造增容83座，新增变电容量337万kVA。全年改造完成电青线、魏东线等老旧线路12条。县城电网改造工程完成总投资进度的80%，电网结构得到改善。

2005年竣工投产的主要项目有：500kV沈大输变电工程及沈大子项220kV输变电工程、220kV刘二堡输变电工程、辽宁发电厂扩建送出工程、东风变电站扩建工程、城昂输变电工程、樱桃园变电站扩建工程、宁远变电站扩建工程、建昌变电站扩建工程、法库输变电工程、兴城输变电工程和柳树输变电工程。

制定了“十一五”辽宁电网发展规划。沈阳、大连两个重点城市的城网发展规划通过了国家电网公司的评审。完成了鞍山王石500kV变电站扩建、营口渤海和大连开发区500kV输变电工程的可研审查与上报等前期工作。

经营管理

加强预算管理和成本控制，在修订成本定额标准的基础上，对三项费用指标进行了严格控制。全年通过实施提前还贷，替代融资和加强结算等措施，现金存量年末比年初下降26.79%，现金存量公司集中率接近80%。实施辽宁省新建住宅供电配套工程费政策，全年归集资金近3亿元。开展了“三清理一规范”活动，在银行账户清理整顿中共撤销账户439个，撤户率达37.9%。

针对东北区域电力市场月度竞价启动后存在的问题，提出了一系列既适合区域电力市场发展，又能降低电网企业安全风险和经营风险的建设性意见和建议，得到了国家电网公司和政府相关部门的重视和认可。

扎实开展同业对标工作。建立健全了《创一流同业对标工作实施细则》等规章制度，逐步完善了创一流同业对标信息平台，在国家电网公司系统中同业对标的综合排名由2004年的第14名上升为第9名。

安全生产

公司加大了安全措施资金和科技投入力度，加强了对主要输变电设备的在线监测和故障诊断技术的研究和应用。完善了各类反事故措施和事故应急预案。通过采用新技术、更换老旧线路、加装安全自动装置等措施，提高了线路的输送能力，全年提高发电能力105万kW、供电能力95万kW。开展打击破坏电力设施的专项斗争，配合公安机关累计破获盗窃破坏电力设施案件119起。

2005年，辽宁电网经受住了暴风雪、浓雾等恶劣天气的考验，顺利完成了迎峰度冬、迎峰度夏及各项保电工作，确保了东北电网第二次大扰动试验期间辽宁电网的安全稳定运行。截至2005年底，实现调度安全生产纪录6418天，创历史最好水平。电压合格率、频率合格率和供电可靠率分别达99.85%、99.99%和99.96%。公司系统全年未发生人身死亡事故，实现了安全年目标。其中两锦、盘锦、抚顺、阜新、辽阳五个供电公司实现了安全生产1000天，送变电工程公司、烟塔工程公司安全生产均超过10年。

营销工作

2005年，辽宁省全社会用电量1110.56亿kWh，同比增长8.9%。公司市场占有率，同比提高1.16%。完成购电量922.83亿kWh，同比增长10.07%。售电量在高耗电行业用电因政策影响出现回落的情况下，仍实现高速增长，全年完成860.76亿kWh，同比增长10.56%。

公司按照“分层次、多渠道、全方位”思路开展电费回收工作：①多次向辽宁省政府汇报电费收缴情况，与各地方政府沟通、协商，研究解决办法，征得地方政府的理解和支持；②在清缴电费期间，对重点欠费企业安排专人在现场随时了解和掌握生产、市场销售和资金回笼情况，促进了欠费大户电费收缴工作；③充分利用IC卡表、负控系统等技术手段预收电费，并对大用户实施分次收费，大幅压减了应收电费余额；④开展了创建无欠费供电公司活动；⑤开展严厉打击窃电行为活动，全年累计查处窃电和违章用电7906户，追补电费及违约用电电费8026万元。公司当年电费回收率100%，用户陈欠电费下降20.3%，应收电费余额下降20.5%。

完成全省13个供电公司的计量检定授权工作以及供电营业区调整，新增直供供电营业区面积475km^2，用户近10万户，负荷约55.6万kVA，年直供电量增长9.5亿kWh。第一个五年营销现代化建设任务基本完成，新增负控终端909台，全省负控终端总数达12090台。

农电工作

完成县城电网改造及农网66kV专项工程投资共11亿元。新建及改造66kV变电站72座、线路723.4km，新增容量105.95万kVA；新建及改造10kV线路430.4km；更新高耗能配电变压器515台，容量9.94万kVA；改造低压台区437个，改造低压线路187.6km；计量改造63795户。

完成了农网改造二期工程收尾工作。对一、二期农网改造工程开展了省、市、县三级评估，完成二期农网改造验收准备及竣工决算的审计工作。完成农网改造工程“回头看”整改工作，合理调减了工程决算资金。

制定农电工作内控八项制度，规范农电财务和工程管理，完成更新改造工程投资1.4亿元，开展了更新改造工程的评优工作。全省乡（镇）用电营销工作基本实现微机网络化管理，提高了营销信息化管理水平。规范全省综合电价的定价工作，保留专用台区农网维护费的收取政策，缓解了部分地区电价高的矛盾，解决了部分地区电价结构不合理、不规范的问题，使全省农村的电价标准得到合法认定，为全面同价奠定了基础。

依靠科技进步实现管理创新，辽阳县农电局被列为全国技术进步试点县，实现了通信调度自动化、变电所综合自动化、单相供电、就地无功补偿等技术的应用。开展了农电同业对标创一流工作，至2005年底，全省有10个县（区）局跨入省一流县供电企业行列。

全面开展供电营业所规范化管理工作，达标率达100%。开展了“我是你的用电服务员”等特色服务活动，进一步完善县（区）农电客户服务支持系统建设，82%的县（区）农电局开通了农电客户服务热线。对供电营业窗口进行了建设及复查工作，沈阳东陵农电局高坎供电营业所、抚顺新宾县农电局永陵供电分局等15个供电营业窗口获得第一批国家级示范窗口称号。

科技与信息化

公司承担的“鞍山红一变100MvarSVC国产化示范工程”获中国电力科学技术一等奖和国家电网公司科技进步一等奖，8项科技成果获省政府科技进步奖。沈阳供电公司变电运行五工区顺城集控站QC小组等11个QC小组获“全国电力行业优秀QC小组”荣誉称号，并实现了QC成果的网络化管理。组织制定了《辽宁省电力有限公司输变电工程环保管理规定》，配合省市环保部门，进行了多氯联苯废置电容器的分布及污染情况的普查。委托省环保部门对已建成的220、66kV输电线路、变电站的电磁辐射、电磁场强等进行环评及检测，完成了环评补项工作。

信息化建设方面，公司初步形成局域网、城域网、广域网三层网络结构，覆盖12个在沈单位及36个所属单位，具有多媒体功能的电力企业信息网络系统。初步建成了全省信息网络数据备份及容灾系统、防火墙系统、安全检测和漏洞扫描系统、防病毒系统，形成辽宁电力PKI－CA认证系统的完善体系。公共信息服务平台功能日趋完善，WWW系统、办公自动化系统、门户网站系统、视频应用系统、电子邮件系统等已成为日常工作中不可缺少的操作平台。

优质服务

公司系统组织了“践行‘四个服务’宗旨，落实‘三个十条’”宣传贯彻活动，开展了“真诚服务社会，共建和谐辽宁”大型宣传系列活动。跟踪振兴辽宁老工业基地两批共144个重点工程项目，保证了项目用电需求。开通征求意见电话和网站，开展了合理化建议评奖活动。加大资金投入和规范相关工作，制定了客户服务技术支持系统升级方案，推广银行卡自助交费平台、居民集抄系统、优质服务与安全监控系统和客服监管系统等。“95598”客户服务系统实现客户回访率100%，客户满意率99.98%。2005年全省行风评议工作中，再次在17家社会服务类行业中被评为第一名，实现了全省行风评比工作“九连冠”。

党的建设和精神文明建设

开展了保持共产党员先进性教育活动。公司本部和直属机关先进性教育活动群众满意率为99.7%，所属单位群众满意率均在98%以上。

严格落实党风廉政建设责任制，全面完成了国家电网公司党风廉政建设责任制目标。通过树立营口供电公司“党建工作服务化”、朝阳供电公司“企业文化建设品牌化”及本溪供电公司“政治工作网络化”等典型，以点带面，促进党建和思想政治工作不断创新。扎实开展精神文明创建活动，本溪供电公司等4个单位荣获“全国文明单位”称号；公司（本部）首次被中央文明委评为“全国精神文明建设工作先进单位”称号，辽阳供电公司等6个单位也获此称号，大连供电公司等14个单位荣获“国家电网公司2004年度文明单位”称号。

（赵凤琴）

华　东　地　区

华东电网有限公司

企业概况

华东电网有限公司是根据国家电网公司《关于印发〈华东电网有限公司组建方案〉和〈华东电网有限公司章程〉的通知》（国家电网总［2003］365号），在华东电网（包括上海市、江苏省、浙江省、安徽省、福建省电网）内国家电网公司所属有关单位的基础上组建，是国家电网公司依据《中华人民共和国公司法》投资设立的国有独资有限责任公司。华东电网有限公司于2003年9月28日在上海市南京东路201号挂牌成立。公司注册资本为人民币800亿元，是上海市有史以来注册资本金最大的公司。公司的经营范围为：发电，输电，电力交易服务，电力及相关业务的投资，电力技术开发，科技开发、咨询、培训。

按照《公司法》的有关规定，华东电网有限公司设立董事会、监事会。董事长是公司的法定代表人。公司设总经理，总经理对董事会负责。公司实行总经理任期责任制，副总经理、总工程师、总会计师、总审计师等高级管理人员对总经理负责。

2005年，华东电网公司资产负债率为67.18%，净资产收益率5.06%；流动资产周转率3.51次；应收电热费余额18272万元。

根据国家电网公司《关于编报2005年度财务决算的通知》（国家电网财［2005］778号），华东电网有限公司对上海市、江苏省、浙江省、安徽省电力公司和福建省电力有限公司的投资上划国家电网公司。

公司本部机构设置

公司领导
- 副总师、总经理助理
- 总经理工作部
- 战略研究与法律事务部
- 发展计划部
- 人力资源部
- 人事董事部—老干部工作部
- 财务部
- 工程建设部
- 生产部
- 科技信息部
- 安全监察部
- 华东电力调度交易中心
- 审计部—上海审计部
- 监察部—纪检组
- 思想政治工作部—机关党委
- 综合产业部
- 华东电网有限公司工会

领导班子

董事长：帅军庆

董　事：帅军庆　杜至刚　邓建利　周永兴　费圣英　杨宁生　赵义亮　李卫东　庄毅群

监事会召集人：吕振勇

监　事：吕振勇　李荣华　李树林

党组书记：帅军庆

成　员：帅军庆　赵首先　吴　平　胥传普　黄良宝　李树林（纪检组组长）　庄毅群（华东电力工委主任）

总经理：帅军庆

副总经理：赵首先　吴　平　胥传普　黄良宝

总工程师：张启平

电网概况

华东电网是我国最大的区域电网之一，供电范围包括上海、江苏、浙江、安徽和福建四省一市，处于我国东部沿海地区，是我国经济最为发达的地区之一，在全国经济发展中具有举足轻重的地位。土地面积47.1万km^2，占全国的4.9%；2005年底华东四省一市GDP总量5.27万亿元，占全国的28.9%；总人口2.35亿，占全国的18%，人均GDP22459元（折合2807美元），为全国平均水平的1.6倍。华东地区经济总量和发展速度在我国位于前列，但一次能源匮乏，水力资源理论蕴藏量和煤炭保有储量仅分别约占全国的3.3%和2.9%，必须从区外输入大量能源。区内经济发展和资源分布均存在一定的不均衡性。

截至2005年底，华东四省一市全社会发电装机容量为12359万kW，较2004年同期增加2641万kW，增长27.2%。其中，常规水电1401万kW，占11.3%；抽水蓄能206万kW，占1.7%；火电10405万kW，占84.2%；核电306.6万kW，占2.5%，风电11万kW，占0.01%。华东电网统调装机10379万kW，其中，水电1258万kW，占12.1%；火电8810万kW，占84.9%；核电306.6万kW，占3%，风电5万kW，占0.04%。

2005年华东电网全社会发电量5744.04亿kWh，同比增长17.7%。其中，水电441.87亿kWh，同比增长73.5%；火电5057.93亿kWh，同比增长14.8%；核电226.12亿kWh，同比增长2.8%。

2005年华东电网全社会用电量6115亿kWh，同比增长16.5%；全社会最大用电负荷达到9350万kW，同比增长18.7%，净增1470万kW。2005年华东电网统调最高负荷8581.8万kW，同比增长24.1%，增幅高于2004年18.2个百分点。其中四省一市统调用电最高负荷分别为：上海1668万kW，同比增长11.2%；江苏3322万kW，同比增长35.8%；浙江2061万kW，同比增长25%；安徽1006万kW，同比增长17.1%；福建1202万kW，同比增长14.9%。

华东电网多年来一直保持着安徽“西电东送”和江苏“北电南送”的电力流格局，其中长江三角洲地区是华东电网的核心区域。至2005年底，华东电网500kV网架已初具规模。华东电网220kV及以上输电线路48160万km，变电容量24820万kVA。其中，500kV统调线路总长度为12954km，168条。统调变电站共54座，变压器（不含机组升压变）共104台，变电容量7990万kVA。500kV直流输电系统（华东电网内）换流变容量为2×68.7万kVA（葛南直流）和12×29.75万kVA（龙政直流）。

安全生产

2005年华东电网全社会用电量6115亿kWh，同比增长17.08%，高出全国平均水平3.63个百分点。全网最高统调供电负荷达到8581.8万kW，与同比增长24.1%。华东电网公司全年完成发电量37.82亿kWh，比计划36.75亿kWh增加1.07亿kWh，同比增加了6.45亿kWh，增长20.56%。全年完成购电量548.01亿kWh，比计划增加14亿kWh。全年完成售电量567.52亿kWh，比年度计划增加10.99亿kWh。全年华东电网安全生产运行平稳，总体情况好于2004年。公司顶住了台风、飑线、龙卷风等对电网的巨大冲击，成功化解了“6·14”、“7·15”和“8·17”重大电网稳定破坏事故风险，杜绝了人为责任事故。华东全网设备、电网事故较2004年下降了40.4%，误操作（含误调度）事故同比下降了75%，一类障碍同比下降了31%，全面实现了各项考核事故记录为零的目标。

2005年华东全网新增500kV变电所10座，开关站1座，投运了500kV变压器20组，共计1625万kVA，投运500kV输电线路36条，共计2408km。其中，迎峰度夏前投产变电容量和输电线路分别为875万kVA和1378km。特别是江苏过江西通道—双泗至三汊湾至东善桥通道建成投运，提高江苏“北电南送”输电能力约200万kW；及时更换60台雷兹TA，消除了电网安全隐患，确保电网安然度夏。

2005年华东电网最大电力缺口达到1700kW。华东电网公司和四省一市电力公司一起，认真贯彻国家电网公司一系列指示精神，超前谋划，狠抓落实，按需启动需求侧管理的各项预案，加强设备运行管理，加强网厂协调，充分利用实时交易积极进行相互支援。由于全网的协同作战，华东电网公司经受住了“海棠”、“麦沙”等五次强台风袭击和三次罕见强对流天气引发的500kV主干通道线路跳闸等考验，成功化解事故风险，保证了电网安全，圆满取得了迎峰度夏战役的胜利。

在华东电力市场工作领导小组的统一部署和华东电监局的指导下，公司按时完成了《华东电力市场运营规则》的编写任务和第一阶段技术支持系统的开发建设、安装调试工作，组织了有关人员的业务培训，为华东区域电力市场综合模拟运行奠定了基础。10月28日，华东区域电力市场月度竞价交易和日前竞价交易的综合模拟运行成功启动，标志着先进的节点电价体系首次在国内电力市场得到应用，并得到国家电监会和国家电网公司的肯定评价。

公司层层落实安全生产责任制，进一步完善安全生产组织机构和长效工作机制，实施全面、全员、全过程、全方位管理。以现场标准化作业为抓手，制订并落实500kV武南站电气检修、试验、操作的范本。从而保证了华东电网安全生产情况好于2004年，公司全面实现了各项考核无事故。

通过线路增容改造，实施安全稳定控制装置等措施，增加了500kV变电站向220kV系统送电能力达60万kW，全年提高500kV线路输送能力195万kW。

公司研究和应用同塔多回输电技术，对电网现有的输电线路走廊资源进行整合，缓解了电网建设与用地紧张的矛盾；首次采用大截面和耐热铝合金导线新技术，充分利用输电走廊资源，有效节约了工程投资；研究并实施控制短路电流措施，缓解了日益突出的电网短路电流超标矛盾；应用串抗技术控制短路电流的研究成果，已用于指导电网规划。

公司与发电企业签订资金垫付协议，解决了电厂送出线路工程可研批复前建设资金的问题。进一步推行预算精细化管理，确保预算执行过程中的可控、在控。对大型基建投资项目，通过招投标组织银团贷款方式进行融资，效益良好。

开展了区域电网企业绩效评估体系研究，组织实施“管理改进、绩效提升”暨信息化规划项目，对公司业务现状进行分析和诊断，明晰公司的核心业务、概念流程和业务发展目标，为公司企业级信息化建设打下基础。

主要事件

1月10日，国家电网公司副总经理陆启洲在华东电网公司董事长邵世伟、总经理帅军庆等陪同下，视察了华东电力调度交易中心。

1月20日，国家电网公司《关于明确上海电力建设有限责任公司管理体制的通知》（国家电网人资［2005］43号）决定：上海电力建设有限责任公司由华东电网有限公司负责管理，为华东电网有限公司的全资子公司；由华东电网有限公司合并财务报表；其领导班子管理权限整体移交华东电网有限公司管理。电建公司原来由国家电网公司任命的领导干部级别保持不变，今后新提任的领导干部按照新的机制运作。

1月25日，华东电网有限公司第一届董事会第三次会议在上海召开。会议审议并通过了华东电网有限公司总经理帅军庆关于2004年度工作总结和2005年度主要工作安排的报告。

1月27～28日，华东电网有限公司2005年工作会议在公司本部召开。总经理帅军庆作题为《加快发展　强化管理　为建设“一强三优”的现代电网公司而努力》工作报告，董事长、党组书记邵世伟和副总经理邱国富先后主持会议，总会计师王祥富、纪检组长李树林、总工程师张启平分别对公司2004年经营管理、党风廉政建设、安全生产工作进行讲评，对2005年工作提出要求。

1月31日，华东电网有限公司本部召开保持共产党员先进性教育活动动员大会。经过学习动员、分析评议和整改提高三个阶段，历时四个半月。6月17日，华东电网有限公司本部保持共产党员先进性教育活动总结大会召开。公司本部保持共产党员先进性教育活动经过三次“群众满意度测评”，满意率均超过了97%，标志着活动的圆满结束。

2月18日，中央派驻国家电网公司的保持共产党员先进性教育督导组组长张浚生到华东电网公司检查工作。总经理帅军庆陪同张浚生视察了华东电力调度交易中心。

3月17日，国家电网公司及其党组决定帅军庆同志任中共华东电网有限公司党组书记，免去邵世伟同志的中共华东电网有限公司党组书记、成员职务；决定帅军庆任华东电网有限公司董事长，邵世伟不再担任华东电网有限公司董事长、董事；邵世伟任华东电网有限公司顾问。4月12日，国家电网公司在上海召开华东电网有限公司领导干部任免宣布大会宣布以上决定。国家电网公司总经理刘振亚、上海市副市长胡延照出席会议并作重要讲话。

3月18日，国务院国资委副主任吴晓华及有关领导沙先华、鲁红星等在上海召集华东电网有限公司、上海市电力公司等有关负责人，就当前国家电网系统保持共产党员先进性教育活动及电力改革、发展等工作进行调研座谈。

4月5日，华东江苏500kV输变电工程江阴长江大跨越竣工验收仪式在上海举行。至此，历经40个月的江阴大跨越工程画上了圆满的句号。

5月18日，总经理帅军庆带队到上海电力建设有限责任公司调研，正式明确华东电网公司对上海电建公司行使出资人权利和实施“三项责任制”考核有关管理规定，并代表华东电网有限公司与上海电建公司党委书记、总经理施申新签订了《企业负责人业绩考核责任书》。

5月18日，500kV盐都变2号主变压器75万kVA扩建工程投产运行。

5月29日，500kV连云港变电站75万kVA投产。

6月9日，华东电网2005年迎峰度夏工作汇报会在福建召开。华东电网公司向四省一市经委、经贸委（发改委）汇报华东电网2005年迎峰度夏准备工作和各项落实措施。华东电监局局长徐航莅会指导。

6月15日，500kV龙潭变电站100万kVA投产。

6月15日，500kV东善桥至龙潭变线路87.78km投产。

6月16日，500kV繁昌至宣城Ⅱ回线71km投产。

6月22日，华东电网有限公司召开“管理改进、绩效提升”暨信息化规划项目启动会。公司总经理帅军庆作动员报告。

7月11日～12日，华东电网规划工作会议在安徽黄山市召开。华东电网“十一五”电力发展规划及

2010年电网规划设计调整研究方案亮相。其中，“十一五”电力市场需求预测水平及供需状况，华东特高压电网规划成为会议的关注点。

7月22日，华东电网有限公司2005年年中会议在上海市召开。帅军庆总经理作了《全力以赴，真抓实干，为建设“一强三优”现代电网公司多作贡献》的主报告。

7月28日，华东响水涧抽水蓄能电站项目投资原则协议在上海签字。工程计划安装4台25万kW发电机组。工程动态投资总额38亿元，其中华东电网有限公司的出资比例为31%。

8月4日，上海市副市长胡延照一行来到华东电网有限公司，慰问奋战在迎峰度夏第一线的电力员工，并听取了华东电网有限公司关于迎峰度夏和“十一五”规划工作的汇报。

8月6日，华东四省一市电力公司主要负责人座谈会在上海市召开。华东电网有限公司总经理帅军庆、四省一市电力公司主要负责人出席会议。会议就落实国网公司刘振亚总经理指示进行了讨论。

8月17日，国家电监会柴松岳主席对华东电网提高500kV电网输送能力工作做出重要批示：“华东电网公司按照国家电网公司的统一部署，积极开展提高500kV电网输送能力的工作，取得了明显成效，可喜可贺！这也是贯彻落实科学发展观，建设节约型社会的具体举措。

希望华东电网公司继续努力，进一步依靠科技进步，在确保电网安全稳定运行的前提下，充分挖掘现有设备潜力，优化运行方式，最大限度地提高电网运行效率，为全国范围内提高电网的输送能力积累有益经验。”

8月29日，国家电网公司及其党组决定免去王根和中共华东电网有限公司党组成员职务，免去王根和华东电网有限公司副总经理职务；王根和任华东电网有限公司顾问。

8月31日，国家电网公司副总经理陈进行等来到华东电网公司，在总经理帅军庆等陪同下，参观了华东电力调度交易中心，并亲切慰问了坚守在迎峰度夏生产第一线的员工。

9月12日，华东电网有限公司召开本部员工岗位聘期届满考核聘用工作动员大会。总经理帅军庆作动员讲话、副总经理赵首先主持会议。公司本部各部门主任师、关联公司副总经理及以上干部出席会议。

9月12日，江苏利港电厂三期送出工程岳王镇至徐行双回线路江苏段23.44km、上海段23.78km投产。

9月23日，华东电网有限公司2005年迎峰度夏工作总结汇报会在安徽召开。

9月29日，上海500kV徐行变电站扩建工程100万kVA投产。

10月2日，国家电监会主席柴松岳在华东电监局局长徐航、副局长何昌群的陪同下，来到华东电网有限公司调研，并慰问节日期间坚守工作岗位的一线员工。

10月17日，华东电网有限公司召开新一届中层干部聘用宣布大会。根据届满考核和工作需要，公司此次重新确定了新一届56个中层管理岗位上的51位同志，其中18人、19个岗位作了调整。

10月19日，华东电力市场综合模拟运行工作会议在上海举行。

10月28日，华东电力市场综合模拟日前竟价成交的信息标志着我国第一个区域电网日前全电量报价竞争系统成功启动。华东电监局局长徐航主持启动发布会，国家电监会首席工程师于新阳讲话。华东电网有限公司总工程师张启平做工作汇报。

11月24日，华东安徽500kV输变电工程洛河至滁州线路112.66km投产。

12月2日，国家电网公司及其党组决定：吴平、胥传普、黄宝良任中共华东电网有限公司党组成员，免去邱国富、王祥富中共华东电网有限公司党组成员职务；吴平、胥传普、黄宝良任华东电网有限公司副总经理，免去邱国富华东电网有限公司副总经理职务，免去王祥富华东电网有限公司总会计师职务；邱国富任华东电网有限公司顾问。12月23日，华东电网有限公司召开领导干部任免会议，党组书记、总经理帅军庆宣读了国家电网公司有关任命。

12月4日，500kV扬东变扩建75万kVA投产。

12月15日，国家电网公司决定免去徐伟良国家电网公司上海审计部主任和华东电网有限公司总审计师职务，决定徐伟良不再担任华东电网有限公司监事职务。

12月15日，国家电网公司决定对部分500kV输变电资产进行适当调整。田湾—伊芦—上河输电线路及伊芦变电站，田湾—盐都输电线路，秦山—王店输电线路，秦山—乔司输电线路划转国网公司总部。任庄—上河输电线路，泰兴—三官殿输电线路及三官殿变电站划转给江苏省电力公司。平圩—洛河—肥西—平圩输电线路，肥西—繁昌输电线路划转给安徽省电力公司。

12月15日，国家电网公司决定将华东电网有限公司在江苏宜兴抽水蓄能电站18%的股权、安徽琅琊山抽水蓄能电站21%的股权无偿上划至国网公司总部，划转基准日为2006年1月1日。

12月16日，华东电网自动化技术技能竞赛工作会议在苏州召开。

12月19日，华东电网有限公司隆重纪念内部审计工作创建20周年。国家电网公司总审计师欧阳胜英、审计部副主任辛绪武、华东电网有限公司总经理帅军庆、总审计师徐伟良等出席会议。

12月20日，桐柏抽水蓄能电站1号机组正式并网发电。

12月21日，公司信息化领导小组扩大会议在上海召开，华东电网有限公司企业级信息系统建设工作正式启动。

（王元相）

上海市电力公司

企业概况

上海市电力公司（简称公司）是国家电网公司的全资企业，是从事上海电力输、配、售的特大型企业，统一调度上海电网，参与制定、实施上海电力、电网发展规划和农村电气化等工作，并对全市的安全用电、节约用电进行监督和指导，供电营业区覆盖整个上海市行政区。到2005年底，直接管辖电网企业、发电企业、基建、施工等单位19家，共有职工16053人。公司资产总额814亿元，同比增长11.17%。

公司本部设15个职能部门及上海市电力公司工会，属正编编制，定员312名。公司所属全资企业2个，控股企业6个（上海），控股（代管）县级供电企业2个，公司无直属多种产业公司。公司设8家辅编机构。

公司2005年工作的总体思路是：以网为源、以人为本、以效益为中心，全面提升企业综合管理能力，努力建设与上海现代化国际大都市相适应的一流电力企业。

2005年公司全面和超额完成国家电网公司下达的生产经营指标。售电量完成704.62亿kWh，同比增长14.39%；主营业务收入净额446.60亿元，同比增长21.18%；全员劳动生产率68.08万元/人年，同比上升20.02%；线损率6.19%，同比下降0.26个百分点。2005年公司净资产收益率为1.07%，资产负债率为20.78%，流动资产周转率为6.61次。

公司“十一五”发展战略目标是：实现公司发展和电网发展的根本性转变；公司安全保障能力、资源配置能力、资产盈利能力、科技创新能力和风险防范能力显著提高；经营管理水平、优质服务水平、员工队伍素质和“国家电网”品牌在上海全面提升；通过坚持公司工作服从于国家电网公司和上海大局、坚持电网发展和公司发展的协调推进、坚持经营管理的集约化和精细化、坚持机制创新和提高人才队伍素质、坚持科技创新与自主创新、坚持员工与企业和社会的共同发展，率先初步建成“一强三优”现代公司。

电网概况

上海电网是一个快速发展的特大型城市电网，是典型的受端系统，电网密集、系统稳定水平高，短路电流问题突出。500kV电网已建成上海市双环主网，通过黄渡、南桥变电站与华东主网连接，又通过南桥变电站的直流线路与华中电网相连。220kV电网是上海电网主要供电网络，实现杨行、徐行、黄渡、泗泾、南桥、杨高、顾路等7个分区运行，以适应上海电网用电负荷发展迅速、局部地区负荷密度高的状况。110/35kV电网，以放射状为主向10kV电网及直接向用户供电。为加强市中心电网联络，先后建成复兴路等4条穿越黄浦江底的电力电缆隧道，还建成西藏路、江湾城、龙阳路、杨高中路等电力电缆隧道。

配电站中广泛采用“三主变、多分段”接线，在配电线路上推行以带负荷隔离开关转移负荷的手段，全面推广带电作业和施工停电考核指标等措施，使上海电网的停电小时降至2005年的6.369h/年。在黄浦小区、人民广场等商业密集地区实施电网自动化，提高供电可靠性；对重要用户全面实施多电源、自动化切换装置，确保供电万无一失。参照发达国家“一楼一变”、“一户一表”供电方式，将10kV电源直接布置进居民用电负荷中心，并大力推进、不断改善400V电网状况，增强抗灾能力。

2005年底，上海电网拥有35～500kV变电站642座，变电容量6940.72万kVA，其中500kV线路577km、变电容量1685.4万kVA；220kV线路2666km（含电缆465km）、变电容量2550万kVA；110kV线路1310km（含电缆585km）、变电容量543.55万kVA；35kV线路7988km（含电缆4399km）、变电容量2161.77万kVA。全网发电装机容量1317.53万kW。电网用户数747.4万户、装接容量6966.49万kW；电压合格率达99.79%，供电可靠性提升到99.972%，已达到和超过国内先进水平。

上海电网不仅在规模上能适应1668万kW以上电力负荷的需求，而且在安全、可靠、经济效益方面也逐步向国际一流电网迈进。当2005年遭遇前所未有的电力缺口、历史罕见的极端高温和多年不遇的恶劣气候状况下，创夏季用电负荷1668.2万kW、日用电量3.48亿kWh、全年售电量704.62亿kWh的历史最高纪录。

人力资源

2005年底，公司员工总数15913人，其中供电企业10222人，占64%；公司长期职工人数同比减少308人，同比下降1.9%，比国家电网公司下达的计划指标减少177人，职工人数继续负增长。

公司所属分公司与直属单位7家，员工人数12261人；全资子公司2家，员工人数1228人；控股子公司6家，员工人数2424人。职工队伍文化素质情况见表1所示。

表1　　2005年底上海市电力公司职工队伍文化素质情况（人）

分　类	合计	研究生	大学本科	大专	中专	技校	高中	初中及以下
全公司	15913	142	2515	3440	2265	1742	1672	4137
比重（%）	100	0.9	15.8	21.6	14.3	10.9	10.5	26.0
分公司与直属单位	12261	128	1982	2942	1801	1408	1238	2762
比重（%）	100	1.0	16.2	24.0	14.7	11.5	10.1	22.5

公司加强高级工、技师的培训和考核，进行大规模技能摸底考试，大幅提高高技能人才数量和质量。2005年，评出技师448人、高级工1322人，至此公司高级工达到3000人、技师600余人。公司全员培训率96.32%，人才密度0.785，高技能人才比53.52%。职工队伍技能结构情况如表2所示。

表2　　2005年底上海市电力公司职工队伍技能结构情况（人）

分　类	高级职称	中级职称	初级职称	高级技师	技师	高级工	中级工	初级工
全公司	601	1777	2926	50	654	2563	3182	1364
比重（%）	3.8	11.2	18.4	0.3	4.1	16.1	20.0	8.6
分公司与直属单位	408	1321	2396	37	610	2322	2355	888
比重（%）	3.3	10.8	19.5	0.3	5.0	18.9	19.2	7.2

公司党委制定下发《公司创建“四好”领导班子的实施意见》，提出百分考核评分标准和办法，组织4个检查组对18个基层单位“四好”领导班子创建、党风廉政建设责任制执行和干部任职情况进行综合检查、考核，并反馈检查考核结果。重点加强领导班子和领导干部能力建设，将党委中心组学习、领导干部自学与公司管理干部短期轮训三者相结合，组织公司和基层两级党委中心组三次联组学习。分三期在中国浦东干部学院举办以“先进性、发展、和谐”为主题的公司管理干部培训班，140人参加；围绕建设特高压电网和推进电力市场改革等重要课题，举办两次讲座。

2005年，公司对所属各单位从事生产技术及管理工作的专业技术人员、生产一线技能人员开展技术考测，共确定考测专业或工种103个、考测对象6253人。根据考测成绩，对符合申报技能鉴定条件、成绩良好者实施职业技能鉴定，鉴定合格1588人，其中高级工1280人、技师308人。

公司颁发《兼职培训师管理暂行办法》，从推荐的84人中聘任35人为公司兼职培训师。举办兼职培训师培训班。聘任兼职培训师，既能发挥他们在公司培训工作中的作用，又能促进其自身业务水平的提高。

2005年，在华东电网有限公司组织的技术技能竞赛中，公司获继电保护专业竞赛团体第一，有4位选手进入前8名；自动化专业获团体第一，有2位选手进入前5名，为历年来最好成绩。

电网建设和发展

公司完成《上海城市电网“十一五”规划初步方案》、《上海城市电网“十一五”规划报告》（送审稿）及《上海电网“十一五”规划及2020年远景目标报告》（送审稿）。

2005年，公司完成基建、更改、营销工程投资201.11亿元，其中基建完成投资84.19亿元。全年基建新开工项目76项，新开工的220kV变电站工程中，大容量变压器占有较大比重，共安装12万kVA及以上变电容量主变压器16台。全年竣工投运项目77项，新增变电容量659.4万kVA，新建线路1164.28km，其中220kV及以上输变电工程共有16项投运，新增变电容量454万kVA。9月，上海西部地区供电枢纽站500kV徐行变电站扩建1台100万kVA主变压器竣工投运。全年变电站一次投运成功率达100%。

上海“十一五”电网规划的主要目标是：通过建设大容量的市外受电通道和市内半环网，构筑500kV

主网架，接受国家特高压电网来电，提高上海受电、输送、联络和供电能力。在构建500kV主网架基础上，220kV电网以提高整个电网安全水平为目的，结合短路电流控制需要，加快220kV中心变电站布点和主要通道的建设，构建坚强的分区主网架。110/35kV电网，将通过统一规划、分类实施，逐步建设成为结构坚强、供电能力充裕、装备配置精良、运行安全灵活、技术经济指标先进、供电可靠性高且与国际化大都市地位相适应的现代化一流配电网。

经营管理

2005年，公司超额完成国家电网公司下达的各项资产经营业绩考核指标。通过疏导电价矛盾、完善电价结构、推行季节性峰谷电价，电力产品销售收入增长稳定，电力产品主营业务收入372.24亿元，同比增长18.51%。全网克服气温影响，加快业务扩充接电，努力增供扩销、扩大市场，售电量同比增长7.58%。利用沉淀资金做好提前还贷，降低财务费用，利息支出同比减少8552万元；开展反窃电工作。利润总额、净资产收益率达“厂网分开”后最高水平，公司经营步入持续好转状态。发挥资金规模优势，合理调配资金，全年继续实现项目零贷款，资产负债率始终保持在一个较低水平，在国家电网公司系统中名列前茅。加强成本管理和控制力度，落实全面预算初见成效，成本三项费用（材料、大修、其他费用）始终控制在国家电网公司下达范围内。强化电费回收责任，利用“网上结算”系统，加快电费回收速度，缩短结算资金在途时间，流动资产周转率明显加快。

公司创一流同业对标坚持做到与上海电力的企业战略结合、与电网规划结合、与BPR业务流程优化结合、与业绩考核结合、与国外电力公司国际合作结合的“五个结合”。公司是国家电网公司系统国际同业对标试点单位。

采用“班组管理信息系统”对各分公司班组进行全面管理。从“整理、整顿、清扫、清洁、素养”五个方面着手，推广嘉定供电分公司贯彻“5S管理”方法，对市东供电公司进行精益生产试点。

公司制订并颁发多种经营投资管理办法，加强对外投资行为和管理控制力。制订对外承接客户内部工程的若干规定和补充规定，杜绝“三指定”，依靠合同关系，规范企业经营行为和交易方式，加强对承接客户内部工程的检查监督，促进多经企业健康发展。通过收购、兼并、出让、清理，提高多种经营企业的经营能力，改善资本结构。开展“三清理一规范”工作，对26家亏损经营或经营能力低下、无发展潜力的企业实施歇业、归并、转让，多种经营企业综合素质进一步增强。

公司建立领导小组和工作小组，在公司层面率先落实资产分开、人事分开、管理分开工作，取消主业人员的多种经营企业兼职，建立规范的法人治理结构，召开基层单位工作会议，推进、规范多种经营工作。年底，公司层面“三分开”工作基本完成。

安全生产

公司成立由总经理担任组长的反事故斗争办公室，落实反事故斗争二十五条重点措施，召开反事故斗争会。落实安全生产责任制，层层签订安全生产责任书，每一位职工都签署安全承诺书。开展“遵章守法，重视细节，关爱生命”和“安全生产双月”活动，印发《关于开展2005年“安全生产双月”活动的通知》，制订、颁发新版《上海市电力公司安全生产奖惩规定》和《上海市电力公司安全生产责任制考核办法》。组织国家电网公司安全工作新规程的宣贯和培训。开展安全性评价和危险点分析预控工作。完成对闸北发电厂的安全性评价和南汇、沪西、沪南供电分公司等单位的第二轮安全性评价工作。危险点分析预控工作在金山供电分公司试点基础上，在市南供电公司范围内推广，市区、市东供电公司开始起步。

开展以“查领导、查思想、查管理、查规程制度、查隐患、查安全措施、查应急预案准备和落实”为主的春季、迎峰度夏安全大检查，开展以“防人身事故、防污闪、防小动物、防火、防冻”为重点的秋（冬）季安全大检查工作，针对不安全苗头，组织安全生产专项检查和基建专项安全监督检查。利用红外检测手段，采取“主动出击”的设备巡检策略，2005年夏季，上海电网经受住24天持续高温、3次台风、多次雷暴雨等灾害性天气考验，未发生因设备故障引起的重大事故。

2005年，上海电网统调用电量911.31亿kWh，同比增长12.40%。最高日用电量3.4754亿kWh，同比增长15.09%。年最高用电负荷1668万kW，同比增长11.17%。年度线损率指标同比下降0.26个百分点。220kV及以上主网电压合格率99.997%，供电综合电压合格率99.798%。城市供电可靠性99.972%，同业对标指标居国家电网公司首位。10月27日，上海电网根据新规则的华东电力市场开始综合模拟运行。自12月23日起，上海电网开始参与国家电力市场（月度）集中撮合交易报价。全年，公司未发生人身死亡、重伤事故；未发生重大及以上电网、设备、火灾事故；未发生误操作事故。事故总数7次，同比下降50%。安全生产取得历史最好成绩。

营销工作

2005年，公司新增客户数59.62万户，累计客户数747.4万户，其中居民用户654万户；业扩申请容量1331.88万kVA，业扩接电容量994.67万kVA；售电量689.89亿kWh（不含网间售电），同比增长13.62%；售电收入474.22亿元，同比增长19.23%；当年电费回收率100%；年末应收用户电费余额42990万元，同比下降47.25%，创历史最好水平。反窃电查处户数9117户，补收电费1789.79万元及违约使用电费5544.12万元。完成“十五”期间400万户城镇居民分时电表改造实施工程，实现“公司让利、居民实惠、电网改善”目标。完成煤电联动销售电价及季节性电价两次调价工作，有效缓解了夏季用电的紧张局面。

实施账务（电费及非电费类业务）集中处理是公司实现集约化管理的重要举措。公司出台《上海市电力公司非电费业务管理办法》，从真正意义上结束了电费及非电费类业务账务分散管理的历史。下发《上海市电力公司量电设备封印管理办法》，采用条形码防伪封印，对现场封印信息实现存储、查询和跟踪管理。制订实施《上海市电力公司贸易结算用关口电能计量装置管理办法（试行稿）》，规范上网电厂关口计量管理体系。编制《多功能失压计时器技术规范》、《新型24费率多功能电能表技术规范》等技术规范。“基于电能表的数据采集和运行管理系统”（即“大用户集抄”）重点项目研究通过专家评审，该项目首次将GPRS技术应用于需求侧管理，为今后5年大用户远程抄表工作，提出指导意见。

公司颁布《上海市电力公司供电营业细则》、《上海电网高压用户技术管理规范》、《多功能失压计时器技术规范》、《远程管理终端技术规范》等工作细则与规范，对相关业务起指导作用。按照“政府主导、电力实施、各方配合、和谐共赢”工作思路，在2005年夏季，编制了三套有序用电预案。高峰期间，每天移峰150万kW，最大移峰220万kW，最高用电负荷控制在1668.2万kW以下，确保了上海电网的安全运行。

开展节能项目的研究和推广，与上海市节能监察中心共同完成41个示范单位36万个高效照明灯具的推广任务，实际节电量3690万kWh，削减高峰负荷4900kW；参与开发与推广实施蓄能项目59项，转移高峰负荷2.91万kW。配合上海市经委、市发改委开展绿色电力认购活动，与20家单位签订每年840万购售协议。

2005年，扩容提升“上海电力营销管理信息系统”，实现与公司ERP等系统的连接。实现“95598”系统的升级，增加热线电话呼入门数，方便客户报修和业务咨询，全面开通“95598”电话服务热线的电费查询功能和对外“95598”服务网站，拓宽客户服务渠道。

农电工作

2005年，公司全部完成农网和县城电网建设与改造任务，一、二期农网完成投资47.5亿元，县城电网完成投资3亿元。开展农网、县城网建设与改造总结、验收、稽查和后评估工作，增加用电热点地区变电容量，满足农业生产、城乡居民生活质量提高对电力的需求。全年全市农村电压合格率99.81%，供电可靠率99.918%。没有发生农电职工和农民触电死亡事故，全年共发生设备事故2起，一类障碍2起，同比下降80%。

改革完善农电管理体制，由上海市政府行使对农村电力的政府管理职能，公司行使企业经营职能，并改革完善县供电企业管理体制。2001年开始代管崇明电力公司；撤销各农电管理所，由供电公司组建农电有限责任公司，撤销镇（乡）用电站，组建供电营业站；全市按4～5个镇（乡）成立一个区（县）供电公司所属的供电营业站，共成立54个供电营业站（营配合一机构），作为供电公司派出的服务延伸机构，负责所辖范围内10kV以下供电营销管理工作。公司农电管理全部实行城乡一体化和专业化管理。上海长兴供电公司被国家电网公司命名为“2005年一流县供电企业”。

至2005年底，上海农村实现“一户一表”127.02万户，上海市从2001年起实行城乡同网同价，农民生活用电从原来平均每千瓦时0.67元降到0.61元，仅此一项，到2005年底减轻农民负担近3亿元。配合上海农村100万亩优质粮基地和1000公顷优质蔬菜基础设施建设，做好供电配套工作。为支持农村种植、养殖业的发展，上海市农委、市物价局和公司共同发文推行农业生产分时电价。

科技与信息化

2005年，公司新增百万元以上科技项目25项，其中重大项目包括企业资源规划（ERP）、输变电生产管理系统（PMS）、上海电网黄渡分区±50Mvar STATCOM示范工程和全寿命周期成本管理技术应用（LCC）。“ERP工程”于2004年底上线，2005年进一步完善并消缺。“PMS系统”于2002年下半年启动，至2005年，完成了公司所属超高压输变电公司、13个供电分公司和3个电缆公司的基础电网数据及一期功能实施推广工作，实现了生产运行管理统一数据平台、统一代码规范、统一业务流程、统一管理规定的建设目标。“上海电网黄渡分区±50Mvar STATCOM示范工程”是国家电网公司重大科技示范工程，西郊变电站±50Mvar STATCOM是一套拥有完全自主知识产权的国产化装置，有五项关键技术获得国家发明专利，达到国际领先水平，该项目实现产、学、研多方联合创新模式，标志国内拥有自主知识产权的STATCOM技术进入实用化阶段。

2005年，公司科技项目总数160项，其中2004年结转36项、新增124项，预算投入2.3亿元，实际完成98%。有7个项目获上海市电力公司科技进步奖一等奖，3个项目获得国家电网公司科技成果奖三等奖。

健全公司信息系统运行维护工作体系，明确工作职责，理顺与外部公司业务关系，结合公司特点，建立5111-IT服务中心运行周报制度，使业务受理、问题处理、质量跟踪等各环节处于受控状态；落实工作票制度，从制度上保证各类系统操作的严肃性。加大对上海电力IT监控中心的技术投入，拓展监控系统功能，为系统运行维护工作提供了大量有价值的数据，将事故消除于隐患状态，提高了公司信息系统的整体运行水平。

修订公司“十一五”规划，编制信息管理国际对标计划，并先后与美国GE公司、新加坡新能源公司进行交流。公司获“2005年中国企业信息化500强”第十五位。

优质服务

公司贯彻落实“三个十条”各项要求，召开新闻发布会，推出“2005版供电服务十项承诺”和优质服务十项新举措。“新版服务承诺”在原八项承诺基础上增加“用电高峰期间，优先确保居民生活用电”和“电力管线施工现场实施文明施工公示（施工标准、范围、期限、监督电话等），并有便民措施公告”两项，同时缩短到达故障现场时限、供电方案答复时限，提高供电可靠率指标。优质服务十项新举措针对客户反映的热点和难点问题，重点突出社区服务、农村电力服务、特殊困难群体服务、重点实事工程配套服务以及错峰避峰需求侧服务等方面。公司在获得全市政风行风测评“四连冠”基础上，2005年度被上海市纠风办列为全市唯一行风“免测评”单位。

开展“上海电力，用心服务，共建和谐社会”优质服务主题活动，依托用电事务协调委员会及“杨志成青年服务队”，开展用电宣传、用电咨询、现场业务受理、现场安装分时电表等形式多样的社会公益服务活动，累计活动262次，受益客户43392户；主动上门为236户社会特殊困难群体提供服务；面向社会，联手村委会、居委会开展“解释用电业务知识、解答用电政策规定、解决客户用电实际困难”的“三解”活动。

建立完善营业窗口“首问负责制”和“一次告知，二次受理”制，推行营业申请“收件回执制”；试点推行“客户经理制”和“供电工程接电期限合同制”，优化服务流程，加快业扩接电速度；拓展“95598”热线服务功能，新增业务受理、客户投诉、计划停电预报和电网信息发布等功能，推行客户回访制，实施闭环管理；新增“95598”服务网站，实现服务手段多样化；推出电话受理居民客户申请开通分时电价业务；配合《供电工程接电期限合同》的实施，推出客户联系卡和客户服务跟踪卡；扩大网点服务范围，拓展付费渠道，实现付费通网上付费业务，农业、商业银行网上结算业务等服务功能。

党的建设和精神文明建设

公司以保持共产党员先进性教育活动为重点，全面加强党的建设。公司本部368名在册党员、所属18个基层单位4109名在册党员先后参加了第一、二批先进性教育活动。结合“上海电力，用心服务，共建和谐社会”主题实践活动和“双结对”活动，把整改贯穿始终。公司本部和基层单位先进性教育活动满意率和基本满意率分别达100%和99.3%。制定印发《关于加强和改进公司系统党建工作，建立保持共产党员先进性长效机制的实施意见》，基层党委相继建立党员“长期受教育，永葆先进性”机制。在上海市市委先进性教育活动领导小组召开的第二批先进性教育座谈会上，公司作交流发言。在“开门搞教育”中，加强对入党积极分子的教育培养，全年发展新党员165名，无党员空白班组率18.42%，党员班长比例达50%。

加强现职干部管理和后备干部的培养，配齐配强公司各级领导班子，对供电分公司中层干部做到任前备案，指导各基层单位做好后备干部的滚动管理。选送部分后备干部参加各级党校学习和国际同业对标考察。

公司党委联系实际，着重分析党员干部思想、工作作风等方面存在的问题。运用系统内外正反两个方面的典型事例，开展党风廉政建设示范教育和警示教育，执行“三项谈话”制度，提高“自我教育、自我净化、自我约束”能力。制订下发《关于在公司各职能部门实行党风廉政建设和反腐败工作责任分工的意见》、《公司领导干部重大事项报告管理办法》等文件。结合“三清理一规范”工作，制订《公司效能监察实施办法》和《公司招标监督管理实施办法》，严肃查处各类违纪违规问题。

全面实施《公司2003～2005年精神文明建设规划》，抓好“员工素质工程”。定期宣传公司战略目标、工作任务和各项决策，通过专题教育、劳模事迹演讲、先进性在岗位示范观摩等活动，加强职业道德建设；结合迎世博文明行动计划，开展“守秩序、讲卫生、护环境、有礼貌、重信用、爱科学、献爱心”的社会公德教育和实践活动；开展“加强法纪法规教育、加强职业道德教育、加强优质服务教育，珍惜行业、珍惜岗位、珍惜家庭”为主题的群众性形势任务教育。组织开展“安康杯”竞赛和重点工程实事立功竞赛、技术练兵和技术比武活动、班组“安全互保”和青年安全示范岗活动，重视高技能人才的培养。编制《上海市电力公司员工素质评价指标体系》。

制订公司企业文化建设总体规划，制定和推行公司礼仪和行为准则；加强企业形象宣传，塑造“国家电网”产品形象、员工形象、品牌形象，初步形成上海电力企业文化体系。搭建“走进家庭演播室”和“职工才艺展示”等平台，开展丰富多彩的企业文化建设活动；组织开展学习型企业创建活动。以上海电力展示厅为阵地，弘扬企业文化，年内接待参观来访近200批，向社会展示国家电网公司基层单位的整体形象。开展精神文明建设和思想政治工作需求侧调研，初步建立《精神文明建设和思想政治工作动态评价体系》。公司连续两届获“上海市文明行业”称号，下属单位有9家获“上海市文明单位”称号。

（孙广宪　毛节裕　廖怀庆）

江苏省电力公司

企业概况

江苏省电力公司（简称公司）是国家电网公司的全资企业，主要经营、管理和建设江苏省域电网，承担促进全省电力资源优化配置责任，为江苏经济发展和人民生活提供电力保障。2005年末，公司资产总额1010亿元，服务的用电客户数超过2560万户。

2005年末，公司本部设17个部门。公司辖有33个基层单位，其中地级市供电公司13家。公司有县（市、区）供电公司63家。

2005年，公司围绕“一条主线、三个坚持、三个突出”开展工作：以建设“一强三优”现代公司为主线，贯彻“三抓一创”工作思路，推进内质外形建设；坚持“安全第一”方针，确保电力有效供应；坚持科学发展观，加快建设省级强网；坚持改革创新，增强发展动力；突出经营管理，突出优质服务，突出作风和能力建设，高水平完成年度各项工作任务，为江苏实现“两个率先”作出新贡献。

2005年，公司超额完成国家电网公司下达的年度利润目标和经济技术指标。公司全口径售电量1700亿kWh，同比增长18.4%；主营业务收入（净额）948亿元，同比增长27.83%，其中电力销售收入869亿元，同比增长35.96%；电网投资167.7亿元；资产负债率59.66%，同比下降6.88%。

电网概况

2005年末，江苏电网规模是“十五”计划初期的2倍，拥有统调电厂79座、发电机组250台（套）、装机容量3988.72万kW；拥有公用变电站2332座、变压器279165台、变电容量19124.15万kVA，线路18115条118.20万km，其中500kV变电站（开关站）21个、变压器37台、变电容量2525万kVA，线路72条6335.2km；220kV变电站209座、变压器366台、变电容量5297.6万kVA，线路632条、1.26万km。江苏省内基本形成500kV“三纵三横”（三纵：双泗—江北—东善桥，任庄—上河—江都—武南，盐都—泰兴—斗山；三横：三堡—双泗—上河—盐都，东善桥—武南—斗山—石牌，武南—梅里—车坊）电网网架，500kV网架成为全省核心主网架，220kV电网成为次一级输电网，并逐步实现分层分区运行，110kV及以下电网演变为地区配电网。

人力资源

2005年末，公司职工总数52244人，其中长期职工50325人。长期职工中大专及以上学历22489人，占44.68%，其中研究生学历491人，占0.98%；大学本科学历10720人，占21.3%；大学专科学历11278人，占22.4%。具有初级及以上专业技术任职资格19777人，占39.3%；具有中级及以上技能等级22896人，占45.5%，同比分别上升9.85%和8.92%。

公司培训重点放在加强核心产业班组建设上，制定了《加强核心产业班组建设的若干意见》。公司建立常态练兵竞赛和技能等级认定机制，设立班组专业工程师、推行“双师（工程师、技师）制”、规定大学生必须在班组工作5年以上方能参与管理岗位竞聘、薪酬分配向一线倾斜，营造了宽松的一线人才成长氛围，2005年，公司系统共有13400余名生产技能人员参加了技能等级鉴定，6012人取得职业资格。公司在华东电网有限公司组织的继电保护、综合自动化技能竞赛中获团体一、二等奖；江苏省电建三公司王共鸣代表国家电网公司参加国资委中央企业焊工技能竞赛获金牌。

公司加强基层单位领导班子建设，优化班子结构，提高干部队伍素质，开展“四好”领导班子创建活动。公司及时调整了基层单位领导班子和本部部室领导，加强对县级供电企业领导班子的建设和管理，将年供电量40亿kWh及以上县级供电企业的领导班子改由公司直接管理。公司制定“创建‘四好’领导班子的工作意见”及“公司系统基层单位创建‘四好’领导班子和处级干部年度考核实施办法”，形成省、市、县三级联动、共创“四好”领导班子的局面。年内经考核评比，公司对7家基层“四好”领导班子进行了表彰。

公司建立县供电公司领导班子成员收入分配与业绩考核挂钩激励机制，对所有县级供电企业领导班子成员的收入分配实行集中管理，并根据供电量规模统一核定收入分配标准。公司所有基层单位领导班子成员的收入分配均纳入了统一规范管理的轨道。

电网建设和发展

2005年，公司响应江苏省“沿江、沿海、沿沪宁线、沿东陇海线开发”的战略部署，调整、优化、完善电网结构，加快徐连、溧水、西二通道等输电通道建设前期工作；制定完成江苏电网“十一五”发展规划、2020年远景目标和江苏“十一五”电力行业发展规划；南京、苏州城市电网“十一五”规划通过评审；大型电站接入系统规划研究受到国家电网公司肯定。江苏省政府出台《关于加快电网建设的通知》和《居住区供配电设施建设标准》，为电网建设、规范供配电设施建设创造了条件。

公司加大电网建设投资力度，到2005年，已连续6年投资在100亿元以上。2005年公司完成167.7亿元固定资产投资，其中电网大中型基建项目投资153.5亿元，电网技改等其他项目投资14.2亿元。年内新开工500kV线路651km、变电容量400万kVA，220kV线路1197km、变电容量822万kVA；投运500kV线路1221km、变电容量475万kVA，220kV线路2138km、变电容量852万kVA。2005年是江苏历史上首次投产机组容量超1000万kW的年份，全年新投产并网运行机组容量1450万kW，公司加大电厂送出配套工程建设力度。6月26日，国家电网公司迎峰度夏重点工程——江苏电网500kV西通道大胜关输变电工程正式投运，增加过江输电能力200万kW。至此，江苏已有“北电南送”三条500kV过江通道共6回线路，最大输电能力达650万kW。由江苏省电建三公司承建的500kV梅里变电站获2005年度“鲁班奖”。

经营管理

公司调整省、市、县供电公司组织机构，管理界面更加清晰，责任更加明确。加强对规划、设计、建设、运营等全过程的成本管理；基本形成全面预算管理体系；集中资金账户，加大提前还贷力度，降低资产负债率；实现农电资金的集中管理和低压电网维护费的在控、可控。优化经济调度，开拓省内省外两个售电市场，全年实现省际交易电量307亿kWh。创新劳动组织形式，成立徐州区域运行检修中心，优化整合无人值班、调度操作等管理模式，提高生产管理效率。提升电网输送能力，提高了500kV变电站主变压器线路的输送能力。加强物资和招投标管理，对配电网工程主要物资实行统一配送。加大审计力度，增收节支2.09亿元。

整顿、规范多种产业，成立省、市、县三级公司人才交流服务中心，进一步理顺主业和多种产业关系，实现资产、人员、机构、业务和管理“五分开”。

2005年，公司以“在国内同行中保持前列”为目标，开展创一流同业对标工作，将同业对标纳入日常管理和年度业绩考核，建立了延伸到市、县供电公司的同业对标指标体系，探索县供电公司按模拟“全资子公司”仿真核算运行模式，加强计量管理，实施分段对标、分段核算，使对标更具真实性和可比性。在2005年度国家电网公司创一流同业对标年度评价中，公司综合排名第三，被国家电网公司确定为“2005年度综合管理标杆单位；资产经营、营销服务、电网运行、人力资源等4个专业被国家电网公司确定为2005年度专业管理标杆单位；11个县供电企业被国家电网公司评定为“2005年农电同业对标标杆单位”。

安全生产

江苏电力供应连续几年出现紧张状态。2005年，全省全社会最高用电负荷约3600万kW，创历史新高，同比增长32.4%，其中统调最高用电负荷3319万kW，同比增长35%。全社会用电增幅连续3年保持在20%以上，全社会用电量2193亿kWh，仅次于广东，居全国第二位，同比增长21%，相当于2001年的一倍以上。全省电力呈现季节性、时段性短缺。公司多措并举，缓解电力供应紧缺局面：①加快电力建设，挖掘省内潜力，提高供电能力。②落实需求侧管理措施，优化有序用电方案，改善服务质量，根据全年负荷平衡情况，增加负荷释放方案，实现电力资源的充分利用。8月16日，全省统调用电负荷创历史新高，当日通过负荷管理系统错峰限电237.8万kW，实现电力供应的有序、可控。③加强网厂协调，坚持“三公”调度。④加强调度交易管理，开展与邻省电力电量双边交易，全年从省网外购电约223亿kWh，向省网外售电84亿kWh，实现与相邻省市之间的电能余缺互补和资源优化配置。⑤加强安全生产管理，落实安全生产责任制，开展反事故斗争，组织开展电网迎峰度夏和秋冬季安全大检查及“安全月”活动，消除了一批事故隐患。编辑出版《优良行为习惯养成与电网安全稳定运行》，在调度系统全体员工中广泛开展“安全生产习惯养成”教育活动。完善风险预警应急机制，提高电网应对突发事件能力。2005年，公司完成“6·14”风灾等抢修任务，确保了电网安全稳定运行，实现全省连续33年无电网瓦解、稳定破坏和大面积停电事故，保证了电力有效供应。

营销工作

公司坚持“真诚服务，共谋发展”服务理念，持续推进“数字”营销。制定“十一五”营销现代化建设规划，确定并组织实施电力营销管理、电能实时采集与监控、客户缴费、“95598”客户服务、市场管理、电力需求侧管理、客户关系管理、营销辅助分析决策等8个模块子系统建设方案。出台负荷管理系统新版技术标准规范，引导设备供应商制造新一代负荷管理终端；启动电力营销数据仓库项目；加快VIP客户服务系统、电费充值卡系统、负管数据集中采集系统和大客户信息实时采集系统的开发与应用；完成电力需求侧管理系统建设的需求分析，实现营销与财务FMIS系统的全面接轨，着手建设营销与配电系统的统一平台。全年新增负荷管理用户终端10192台、主机14台、中继站4个。至12月底，全省累计安装电力负荷管理用户终端38758台，可监视负荷达到1673万kW，占统调用电最高负荷的69.2%。

规范营销管理公司系统，14家单位全部通过江苏省质量技术监督局组织的电能计量检定授权复查考核。公司建立健全计量管理机构，出台《电力客户电能计量装置管理办法》、《上网关口电能计量装置管理办法》等规章制度，强化关口计量管理，加大电能计量技术改造力度，全省13个地级市供电公司全部完成营销质量管理体系贯标和取证工作；公司配合江苏省建设厅和江苏省经贸委联合制定了全国第一个《居住区供配电设施建设标准》和《35kV及以下客户端变电所建设标准》。编写完成并组织实施《江苏电网关口电能计量装置配置规范》。完成全省供电营业厅的国家电网公司视觉系统导入工程。

2005年，全省业扩报装客户94.9万户，容量2466.8万kVA，同比增长2.94%；电费回收率继续保持100%，完成应收电费余额4.4亿元，实现无陈欠电费和当年欠费。

农电工作

江苏农电实行直供直管模式。2005年，公司制定《进一步规范农电管理的若干意见》及其实施细则，对农村供电所重新定位，明确了农村供电所、农电公司和农电服务公司三者的职责和关系，整合农村供电所，理顺了农电管理体制。加强农电专业化管理和集约化经营，制定下发了规范农电资金管理的相关文件，重点加强对农村低压电网维护费的管理，规范资金管理程序，提高资金利用效率。2005年上半年，在国家电网公司县供电企业综合评价体系的总分排名中，公司系统有7个县供电公司排名在前十位，其中张家港市（县级）供电公司名列第一。到2005年底，全省农村电网拥有35kV及以上变电站2505座，变电总容量8863.82万kVA，同比增长30.6%；拥有3～10kV及以上高压线路24.02万km，同比增长3.7%，其中220kV线路5161km、110kV线路1.25万km；拥有低压线路80.15万km，同比增长3.5%。2005年，全省农村电网综合电压合格率98.63%，农村居民电压合格率97.12%，农村电网供电可靠率99.8%，农村电网综合线损率7.85%。

科技与信息化

公司制定“十一五”科技信息规划。年内完成科技投入2.53亿元，完成“220kV同塔四回线路设计研究”等重点科技项目。在全省推广220kV典型设计，实施技术降损，提高电网经济运行水平，“电网调度自动化集成系统OPEN-3000”和“江苏电网无功电压优化控制系统（AVC）”在生产实践中成效显著，研究电网安全预警及防御技术在江苏电网的应用。2005年度，公司系统有5项成果获中国电力科学技术奖，其中“500kV江阴长江大跨越施工关键技术研究”、“三峡直流输电对江苏电网设备影响的试验研究”、“江苏电网广域实时监测与稳定预决策系统”等3项成果获二等奖；有6项成果获国家电网公司科技进步奖；有3项成果获江苏省科技进步奖，获省部级科技进步奖的数量和等级均创历史最好成绩。

公司加强信息化整合，明确“硬件集中、软件集成”的思路，全面推广“电力系统信息安全示范工程”成果，以财务营销系统为代表的信息集成取得初步成效，规范信息服务工作，提高信息化水平。2005年，完成信息化投入1.18亿元。

公司加强输变电工程环境影响评价工作力度，江苏电网500kV锡西南等4项500kV输变电工程的环境影响报告书通过国家环保总局审批；全省13个市的110～220kV共303个项目输变电工程环境影响报告书，全部通过江苏省环保厅的审批，电网建设项目环保审批率实现100%。2005年，公司完成了13个市输变电工程的全部现场验收监测工作，全省170项110～220kV输变电工程全部通过江苏省环保厅组织的环保验收，实现建设项目环保验收率100%。

优质服务

公司全面落实“三个十条”要求，在全省范围内开展“真诚服务在电力”主题活动。公司总结优质服务向品牌服务转变历程，提炼并大力宣传“刘平亲情服务法”；加强13个市供电公司“95598”客户服务中心建设和管理，全年接通率93.38%，年内共接入电话440万个，其中业务受理199万件。在江苏省城调队完成的电力客户第三方满意度调查中，公司客户满意率达99.1%，同比提高0.5%；公司系统刘平、崔永银、袁智芳等3位员工获国家电网公司“服务之星”称号，其中刘平获“十佳服务之星”称号。公司供电服务工作通过“全国用户满意服务”的复评。

公司需求侧管理重点解决能源替代和能效管理问题。制订电力需求侧管理实施意见，实施了一批示范项目；开展能效普查，与江苏省经贸委、美国自然资源保护委员会、美国能源基金会、国家电网公司电力需求侧管理指导中心等机构密切合作，启动了江苏能效电厂建设项目，江苏省的电力需求侧管理和能效电厂建设等工作均走在全国前列。

加强“三公”调度。20世纪90年代初，江苏在全国率先与直调电厂签订并网调度协议。2004年初，公司制定新的《江苏电网并网调度协议》，2005年9月与全省发电企业全部重新签订了并网调度协议，并坚持定期发布信息，接受公开监督。2005年下半年，电力供需矛盾缓解、出现富裕，公司超前谋划，统筹协调，在满足省内用电需求的同时，积极开展华东省市双边交易，及时掌握、分析并调控各发电企业的进度，确保发电企业年度计划的完成，全省统调发电企业年度电量完成偏差控制在1%以内。各发电企业对电网“三公”调度满意率达100%。

党的建设和精神文明建设

公司制定、修订《加强和改进公司系统党建工作的意见》、《精神文明建设考核办法》等，规范公司系统党的建设和精神文明建设。对具备条件的单位，实行“双向进入、交叉任职”领导体制，保证企业党组织政治核心作用的充分发挥；加强农电党组织管理，年内基本完成农电党组织关系的接转工作；年内开展的保持共产党员先进性教育活动，坚持“两不误、两促进”，取得阶段性成果。

继续开展文明单位、文明行业创建活动，公司再次荣获“江苏省文明行业”称号，公司系统常州、镇江、苏州供电公司等3个单位被评为“全国文明单位”，无锡、徐州、淮安、扬州、泰州供电公司等5个单位被评为“全国精神文明建设工作先进单位”。

加强党风廉政建设，建立健全教育 制度 监督并重的惩治和预防腐败体系，颁布实施《关于加强廉政建设预防职务犯罪工作的决定》，严格党风廉政建设责任制考核，开展警示教育，组织了一系列反腐倡廉教育活动，加大案件查处力度，进行效能监察、服务窗口建设的明察暗访，促进公司系统规范管理，提高干部队伍拒腐防变能力。

工会组织开展建功立业和“争创学习型组织、争当知识型职工”活动，推进企业民主管理，维护职工合法权益，真心实意服务职工群众，有效落实厂务公开、集体合同和平等协商制度。“五一”前夕，公司系统汪建民、朱秀明、丁雪峰、翟玉启等4名职工被中华全国总工会授予“全国劳动模范”称号；镇江发电有限公司、东台市和仪征市供电公司等3家企业，淮安市楚州供电公司继电保护班、徐塘发电有限责任公司发电部集控运行三值等2个基层班组获江苏省“五一劳动奖状”；赵明奇等8名职工获江苏省“五一劳动奖章”。

江苏电网抗灾抢险保供电

6月14日19时～21时30分，江苏徐州、宿迁、淮安、连云港等地遭遇飓风、暴雨和冰雹袭击，致使江苏北部主电网受灾，徐州—淮安两条500kV输电线和宿迁、连云港两市各一座220kV变电站的正母线故障跳闸，其中500kV任上5237线402～411号共有10基铁塔倒伏，塔身被飓风卷成麻花状，塔基严重受损。

事故发生后，江苏省电力调度中心在国家电力调度中心和华东电网调度中心的指挥下，表现出很强的应急反应和事故处理能力；江苏省内各级调度处理事故迅速、准确，为第一时间保证系统稳定赢得了战机，电网二次设备继电保护装置全部正确动作，快速隔离了故障点，将事故损失降到了最低。

公司总经理费圣英在第一时间获悉后，立即召集总经理紧急办公会议，成立生产协调小组，研究拟定保障供电紧急方案，解决事故造成的苏北窝电问题；成立事故抢修小组，聚集全公司力量，投入受损线路的抢修。公司领导和受到事故影响的各供电公司的领导也在第一时间赶赴现场指挥事故处理和设备抢修工作。至当晚24时，除严重受损的500kV任上5237线外，主电网相关线路全部恢复正常送电。

到15日下午，公司生产、建设、安监、调度等相关部门和江苏省送变电公司、江苏电力装备有限公司、江苏省电力设计院等相关单位负责人全部赶到现场，现场确定抢修方案。经各有关单位全力拼抢，仅用7天7夜就完成了常规需1个月完成的工作量，恢复受损输变电设备工作，取得抗灾抢险工作的全面胜利。

国家电监会主席柴松岳把这次抗灾抢修称为反事故斗争的典型案例，要求公司认真总结这次反事故斗争的成功经验，将其作为全国反事故斗争的教材。国家电网公司总经理刘振亚对江苏抗灾抢修工作给予充分肯定，对所有抗灾抢修人员表示慰问。国家电网公司总工程师赵遵廉在抢修现场察看灾情并慰问抢修职工时评价："这一切将成为国家电网公司系统处理应急事件的标杆。"

江苏电网"十运会"保供电

10月23日，中华人民共和国第十届运动会在南京胜利闭幕，公司历时近8个月的电力保障工作以"万无一失"圆满完成任务。公司被江苏省政府荣记"十运会""承办工作集体一等功"。

"十运会"的电力保障是历次全运会中任务最重、要求最高、压力最大的一次，涉及全省13个省辖市、9个县（市）的54个比赛场馆、152个人员驻地、240个重要场所，仅开幕式最大用电负荷就达8608kW，是"九运会"的2.5倍。

江苏省省委、省政府、国家电网公司和江苏省电力公司高度重视"十运会"保电工作。7月8日，江苏省经贸委、江苏省公安厅、江苏省人民检察院、江苏省高级人民法院、江苏省电力公司联合召开"江苏省'迎十运保供电'百日整治行动电视电话会议"，动员和部署在全省范围开展集中打击盗窃破坏电力设施及反窃电专项整治行动，力保"十运会"供电。9月1日，国家电网公司副总经理陈进行等一行到公司，听取"十运会"保电方案和准备工作的汇报，并实地检查了"十运会"主会场南京奥体中心等有关场馆电力设施的安装、准备和运行情况。10月17日，国家电网公司党组书记、总经理刘振亚专程察看了"十运会"的电力保障工作。

为确保"十运会"可靠供用电，公司投入大量人力、物力和财力，精心编制了所有场馆和重要场所的电力保障方案。江苏省电力调度中心和全省13个供电公司于8月19日同步开展了"迎十运、保供电"联合反事故演习。公司直接投入资金2.4亿元，其中投资1亿元建设110kV奥体变电站，投资1.05亿元建设其他电源配套工程，投资1500万元新购现场应急发电车15辆、总容量7000kW；累计出动电力保障人员10万人次，其中参加现场保电1.5万人次，参加比赛前期准备、安全检查、消除隐患等工作超过8万人次；出动应急发电车辆350台次、现场电力保障车辆近1万台次；编制各类规章制度1000余万字，构建了电力调度、紧急抢修、应急发电等电力供应全过程的保障体系；在开幕式前进行的场馆安全用电检查中，共查出隐患1365项，参与、督促和指导设备产权单位在比赛前全部整改消除；帮助场馆方培训电工1826人，减免培训费用约23万元。

（张建扬）

浙江省电力公司

概述

2005年，浙江省全社会用电量1656.8亿kWh，同比增长16.7%，统调最高负荷2032万kW，同比增长25.1%，在需求旺盛、电力紧张的情况下，加强电力调度、科学组织电力供应，充分发挥省内发电能力，省内统调火电机组平均利用小时达6625h；同时还积极落实外购电力，认真把握供需形势，落实错避峰用电措施，大幅度减少了拉闸限电，除年初和夏季高峰时段外，基本实现了电力供需平衡，全年拉电损失电量15.8亿kWh，同比下降73%。在经营上，经营规模和经济效益显著提高，直供客户432.5万户，同比增长6.2%；完成售电量1306.5亿kWh，同比增长18.4%；销售收入690亿元，同比增长25.58%；2005年末总资产711亿元，净资产214.5亿元，净资产收益率2.54%；线损率3.15%，同比下降0.15个百分点；全员劳动生产率45.3万元/人年，同比增长32%。

公司领导

总经理、党组副书记赵义亮；党组书记、副总经理贺锡强；正局级调研员陈积民；副总经理梁绍斌、姜雪明、石华军；纪检组长唐信根；工会主席江华东；总工程师张怀宇；副局级调研员韦国忠。

机构设置

公司本部：总经理工作部、财务部、生产部、组织人事部、人力资源部、计划发展部、安全监察部、监察部、审计部、农电工作部、营销部、基本建设部、科技信息部、思想政治工作部、多种经营部、离退休干部工作部、浙江电力调度通信中心、省电力工会、招投标管理中心、浙江电力报社（新闻中心）、省公司驻京联络处。

公司管理单位：杭州市电力局、嘉兴电力局、湖州电力局、绍兴电力局、衢州电力局、金华电业局、丽水电业局、宁波电业局、温州电业局、台州电业局、舟山电力公司（代管）、浙江省火电建设公司、浙江省送变电工程公司、浙江省电力公司超高压建设分公司、浙江省电力建设监理有限公司、浙江省电力试验研究院、浙江省电力设计院、浙江省电力设备总厂、省电力综合服务公司、省电力物资供应公司、省电力房地产开发有限责任公司、省电力实业总公司、浙江电力教育培训中心、紧水滩水力发电厂、浙江桐柏抽水蓄能发电有限责任公司。

电力建设

在电网建设上，2005年完成投资129亿元，线路建设创历史纪录。投运500kV线路992km、变电容量650万kVA；投运220kV线路1238km、变电容量633万kVA。同时还积极做好特高压项目在省境内的前期准备工作，开工和储备了一批500kV、220kV项目，启动了杭州、宁波城市电网的改造，开展了500kV变电所小型化研究。同时电源建设也加快了步伐，2005年，全省单机10万kW及以上机组投产12台，装机总容量达419.36万kW。其中，杭州半山天然气发电厂工程，在1年多的时间内安装投产了3台单机容量39万kW的9FA级重型燃气—蒸汽联合循环发电机组，这在国内属首例。在安装质量和工艺上都有明显的提高。华能长兴发电厂（2×30万kW）工程荣获中国建筑业质量最高奖项——“鲁班奖”。其他多个工程也分别获得了浙江省建筑优质工程奖——“钱江杯”和浙江省安装优质工程奖，在电力建设上已树起了自己的品牌。

安全生产

浙江省电力公司始终把安全生产放在头等重要的位置，认真贯彻国家电网公司《关于加强安全生产工作的决定》和《电力安全生产工作规程》，组织开展了反事故斗争，完善安全生产责任制和考核奖惩制度，健全电网突发事件应急预案，保证了安全生产在控、可控和能控。克服电力短缺、自然灾害频发；电网建设、技改任务繁重等困难，确保了电网安全稳定运行，电网事故和设备事故大幅度降低，农电、多经安全情况明显改善。没有发生人身重伤及以上事故和恶性误操作事故。

科技与改革

坚持以科学规划为指导，坚持科技强企，在浙江电网的各级规划发展中，做好科技、信息化等发展规划，加快SAP管理理念和应用培训，推广各功能模块应用，提高了管理信息化和规范化水平。按照“先规范、后分离”的思路，完成公司内部多种经营规范管理工作，促进多经企业规范发展，逐步实现主辅分离、主多分离。

精神文明建设

2005年，公司完成了市、县供电企业党组织隶属关系的调整。全面开展了保持共产党员先进性教育活动，“永葆先进，发展电力，服务社会”主题实践活动富有成效，党组织战斗力和党员队伍素质明显提高，得到了上级党组织的充分肯定。组建成立新闻中心，加强企业形象宣传和舆论引导。建立精神文明建设考核评价体系，开展精神文明创建活动。公司系统4人获“全国劳动模范”称号，3家企业获“全国文明单位”称号，4家企业获“全国精神文明建设工作先进单位”称号，9家企业获“国家电网公司首届文明单位”称号，省电力公司团委被团中央授予“全国五四红旗团委”称号。

主要事件

1月4日，核电秦山联营有限公司副总经理张涛荣获第三批“国防科技工业有突出贡献中青年专家”称号。

1月13日，核电秦山联营有限公司的“首座国产化商用核电站建成投产”入选2004年中国十大科技进展新闻。

1月24日，受国家电网公司委托，国网公司总工程师赵遵廉一行到省电力公司看望职工，并致新年问候。

1月28日，嘉兴市嘉跃双集控站和嘉瓦共集控站正式启用，标志着管辖嘉兴11座220kV变电所的4座220kV集控站全部建成，电网全面实现220kV集控站管理。

2月5日，嘉兴发电厂二期工程5号（60万kW）机组并网发电。

2月21日，金华燃机发电有限公司二期扩建工程1台17.5万kW燃气——蒸气联合循环发电机组并网发电。

3月7日，金华浦江县第一座220kV丰安输变电工程正式投入运行。该工程总投资2亿多元，装有2台18万kVA主变压器，3条220kV输电线路和4条110kV输电线路。

3月9日，金华电业局“标准化良好行为企业”国家试点工作顺利通过了国家标准化管理委员会组织的检查确认。标志着该局成为全国供电系统第一家标准化AAAA级企业。

3月23日，中国第一台百万千瓦级超超临界燃煤机组——玉环电厂1号机组锅炉钢结构吊装，累计完成4900t，整个工程建设进展顺利。

3月25日，温州发电厂三期工程5号（30万kW）机组完成168h满负荷试运行，动态移交生产，比合同期提前87天。5月19日，6号（30万kW）机组首次并网发电。至此，温州发电厂装机总容量达到147万kW。

3月30日，浙江省第一座由地区局——杭州市电力局独立承建的500kV富阳变电所竣工投运。

4月13日，浙江省副省长陈加元到北仑发电厂视察环境治理工作。

4月13日，浙江省政府召开会议对全省“五大百亿工程”重点建设电力建设考核优秀单位先进集体和先进个人进行通报表彰。省电力公司被评为“五大百亿工程”考核优秀单位；省电力公司（500kV输变电）被评为电力建设考核优秀单位。会上，省电力公司总经理赵义亮与王永明副省长签订了2005年度电力建设项目年度工作责任书。

4月14日，浙江省政府召开提案办理工作总结表彰大会，省电力公司被省委、省人大、省政府、省政协办公厅联合授予2003～2004年度提案办理工作先进单位，是省属企业唯一一家被评为提案办理先进单位的企业。

4月25日，核电秦山联营有限公司工会委员会被全国总工会授予“全国模范职工之家”称号。

4月30日，浙江省火电建设公司焊工陈立虎、省送变电工程公司经理申斌、杭州市电力局城北供电局抢修班班长史文斌、永嘉县电业局电费电价专职邵若珍到北京参加党中央、国务院召开的全国劳动模范和先进工作者表彰大会。

4月，浙江电力调度通信中心运行方式科方建亮被浙江省人民政府授予“浙江电力建设责任考核先进个人”称号。

5月16日，绍兴电力局修试工区职工马将被浙江省总工会授予“浙江省十佳能工巧匠”称号。

5月24日，浙江省省委副书记周国富等领导到乌溪江水力发电厂视察。

5月，浙江省电力试验研究所、乌溪江水力发电厂被中华全国总工会授予“模范职工之家”称号。

6月2日，国家重点建设项目，中国首台9FA重型燃机、国家“西气东输”工程下游重要配套项目——浙江半山天然气发电工程1号39万kW机组并网发电。

6月8日，湖州地区第一座500kV含山变电所竣工投运。总投资为1.89亿元。

6月17日，在国家电网公司调度的统一安排下，在华东网调的直接指挥下，浙江电力调度中心组织了浙江电网2005年度系统反事故演习。

6月23日，220kV萧山至兴南输电线路竣工投运。这是浙江省第一条220kV双分裂同杆四回路输电线路，架设在一座铁塔上的导地线共有27根。

6月29日，嘉兴电力局计量工作，通过中国实验室国家认可委员会考评组对创建国家实验室进行的现场评审，9月6日获得认可证书。

7月4日，王永明副省长一行到省电力公司检查指导电力迎峰度夏工作。

7月5日，国电浙江北仑第一发电有限公司团委副书记韩汉挺获“2004年度中央企业优秀团干部”称号。

7月7日，浙江省省委书记习近平、省委秘书长李强等一行到省电力公司检查指导工作，并看望慰问公司生产一线的职工。

7月7日，全省用电量首次突破4亿kWh，整点统调最高负荷达1823.3万kW，均创历史纪录。

7月8日，500kV义乌丹溪输变电工程建成投运。

7月14日，浙江省省委副书记乔传秀等领导到省电力公司调研。

7月15日，浙江省电力公司召开公司系统保持共产党员先进性教育活动，对开展先进性教育活动进行全面的动员和布署。

7月16日，在北京人民大会堂举行的“中华十大经济英才”颁奖典礼上，秦山第三核电站董事长康日新获该荣誉。

7月26日，浙江省省委书记习近平在副省长茅临升等陪同下，亲抵飞云变电站现场察看受第5号台风“海棠”影响抢修工作并慰问电力职工。

7月27日，宁波市第3座500kV宁海变电所竣工投运。该工程自2004年2月14日奠基动工，仅用了1年6个月建设时间，创造了国内同类变电所建设的最快速度纪录。

7月29日，萧山发电厂2台12.5万kW燃煤机组烟气脱硫工程顺利投运。该工程投运后，每年可减少二氧化硫排放量1万余吨，对于改善杭州的大气环境质量、减轻酸雨污染具有重要作用。

7月，浙江省电力公司上报省政府《关于当前我省供用电工作情况的报告》，吕祖善省长作重要批示：“感谢省电力公司全体职工为我省迎峰度夏所做努力和辛勤劳动，望再接再厉，千方百计为缓解供电矛盾作出新的贡献”。

7月，湖州电力局《标准化良好行为企业》顺利通过浙江省标准化协会专家组确认，达到AAAA级标准。

8月6日，第9号台风“麦沙”在台州玉环干江镇登陆，台风中心风力达12级以上。温州、台州、宁波、嘉兴、舟山电网受到严重影响。王永明副省长一行亲临电力公司指导抗台工作。至8月6日19时共造成500kV线路故障1条，220kV线路故障14条，110kV线路故障48条，35kV线路故障88条，10kV线路故障1257条，2座220kV变电所受损严重停电；8座110kV变电所停电，32座35kV变电所停电。至7日16时，全省网供负荷1476万kW，已恢复到台风前的电力供应水平。8日，国家电力监管委员会主席柴松岳批示："浙江省电力公司对抗台风中的精心准备和积极抢修，为减少灾害造成的损失，做出了重大贡献，表示慰问"。同日，中央电视台新闻联播在节目"疾风暴雨见真情"中播报了台风过后，黄岩供电局组织8支抢险救灾突击队抢修电力线路，关键时刻共产党员站出来，危险地段先下水的事迹。10日，《浙江日报》在《搏风击浪展风采》中报道了永嘉供电局岩坦变电所抢修队员在共产党员带领下奋力抢修，恢复供电的事迹。

8月11日，国家发展和改革委员会核准浙江大唐乌沙山电厂新建工程。该工程安装4台60万kW超临界燃煤发电机组，装机总容量为240万kW。

8月15～16日，中央电视台七频道记者到丽水电业局和丽水市的青田、莲都、松阳等县（区）供电局采访丽水各级电力部门积极服务"三农"的事迹。

8月，核电秦山联营有限公司宋建国在第三届全国优秀设备工作者表彰大会上被评为"全国优秀设备工作者"。

9月6日，长兴电厂职工华永伟代表华能系统在2005年度全国企业职工技能大赛焊工决赛中获金奖。同时被劳动保障部、团中央、国资委分别授予"全国技术能手"、"全国青年岗位能手"、"中央企业技术能手"称号。

9月14日，嘉兴发电有限责任公司经中国电力企业联合会、中国水利电力质量协会推荐，通过全国用户委员会的用户评价调查，被授予"2005年全国用户满意企业"称号，是唯一获此殊荣的发电企业。

9月21日，全省统调最高用电负荷再次刷新历史最高纪录，达2067.6万kW。

9月22日，秦山三期（重水堆）核电站工程通过国家竣工验收。国家发展和改革委员会副主任、验收委员会主任张国宝颁发国家验收合格证书。

9月22日，中央电视台新闻联播节目播出浙江省火电建设公司华能玉环电厂的火力发电新技术，报道了华能玉环电厂百万千瓦超超临界燃煤机组P92新钢种焊接材料技术，填补了国内空白。

9月28日，紧水滩水电厂丽水梯级调度中心投入运行，实现在市区对紧水滩、石塘两站9台机组的远程监控。

9月30日，绍兴电力局上虞供电局职工陈永祥荣获"国家电网公司供电营业服务之星"称号。

10月18日，嘉兴发电厂二期工程6号（60万kW）发电机组顺利完成168h满负荷试运行，比计划工期提前317天投入商业运行。至此，嘉兴发电厂二期工程4台60万kW燃煤发电机组全部提前竣工投产。

10月，绍兴电力局、嘉兴电力局、浙江省电力设计院、乌溪江水力发电厂被中央精神文明建设指导委员会授予"全国文明单位"称号；杭州市电力局、湖州电力局、温州电业局、台州电业局、嘉兴发电有限责任公司、国电浙江北仑第一发电有限公司获"全国精神文明建设工作先进单位"称号。

10月，诸暨市供电局修试班QC小组被全国质量协会、中华全国总工会、中国科学技术协会、共青团中央联合命名为"2005年全国优秀质量管理小组"。

10月，核电秦山联营有限公司总设计师叶奇蓁荣获"何梁何利基金科学与技术进步奖"中的技术科学奖。

11月23日，温州发电厂获"2005年浙江省用户满意企业"称号。

11月28日，长兴发电有限责任公司二期工程首台3号（30万kW）发电机组顺利完成168h满负荷试运行，比原计划提前1个月正式投入商业运营。

11月28日，500kV乌（沙山）宁（海）线顺利投运。

12月2日，500kV温州南雁输变电工程竣工投运。

12月4日，浙江省送变电工程公司施工的第三个菲律宾工程，曼达韦变电所竣工，菲律宾总统阿罗约参加工程典礼，并亲自按启动电钮。

12月7日，在首届中国人力资源管理大奖颁奖典礼暨峰会上，秦山三期核电站荣获"首届中国人力资源管理十佳企业"、"首届中国人力资源管理成果奖"。

12月9日，嘉兴电力局通过国家AAAA级标准化良好行为企业。

12月17日，新安江水力发电厂被中国企业文化促进会授予"2005年全国企业文化建设工作先进单位"称号；宣传科长帅以政获"2005年全国企业文化建设工作先进个人"称号。

12月20日，桐柏抽水蓄能电站首台1号（30万kW）发电机组并网发电。

12月21日，国电浙江北仑第一发电有限公司韩大卫总经理获全国电力行业优秀企业家称号。

12月27日，浙江省超高压建设分公司承建、浙江省送变电工程公司施工总承包的500kV萧山变电所工程荣获国家优质工程银质奖。

12月30日，国华宁海电厂2号（60万kW）机组竣工投运。

12月，浙江镇海发电有限责任公司荣获"2005

年全国企业文化建设工作先进单位”称号。

（任龙献　张振华　冯水英）

安徽省电力公司

企业概况

安徽省电力公司（简称公司）隶属于国家电网公司（简称国网公司）和华东电网有限公司（简称华东公司），是华东公司的全资子公司。主要经营、管理、建设安徽省域电网，具有电网建设、电力经营、电力施工、电力设计、电力科研和教育培训及电力修造等综合功能，承担促进全省电力资源优化配置的责任，为安徽省的经济发展和人民生活提供电力保障。从2002年起，公司按照国家统一部署实施网厂分开改革，并于2003年先后与安徽皖能集团公司（以下简称皖能公司）、中国电力投资有限公司（简称中电投公司）签署划转移交协议；2004年元月又与中国大唐发电集团公司（简称大唐公司）签署划转移交协议，网厂分开工作基本结束。公司共划转出发电企业10个，其中划转给皖能公司3个，中电投公司2个，大唐公司5个。截至2005年底，公司资产总额达291.07亿元，所有者权益92.03亿元。公司服务的用电客户数1697.5万户。2005年公司主营业务收入净额达到263.76亿，同比增长13.38%，在全省营业收入前50家企业集团中位列第二位；公司全员劳动生产率（增加值口径）为200599元/人年，同比增长28.63%。公司建立完善企业负责人业绩考核制度，按资产经营、安全生产、党风廉政和精神文明建设（简称“3+1考核”）对所属基层单位负责人进行绩效考核。

电网概况

安徽电网是以500kV输电线路为骨干，220kV电网为主网架的覆盖全省的统一电网；电源建设以火电为主、水电为辅，呈现“北电南送”与“皖电东送”布局特点；“十一五”期间安徽将建成华东地区的煤电基地，安徽电网将承担“皖电东送”送出任务。截至2005年底，安徽省500kV骨干网架初具规模，共有500kV变电站5座，变压器7台，变电总容量510万kVA；500kV线路12条（其中省际联络线3条），境内线路总长度1131.6km。220kV变电站68座，变压器116台，变电总容量为1452万kVA；220kV线路167条，总长度6197.8km，形成贯穿南北、覆盖全省，较为坚强的输电网络。全网分为淮北、淮南、皖中、皖南四大区域电网，各区之间分别通过若干条500kV和220kV线路相连，目前仍保持电磁环网运行方式。全省全社会装机1217.30万kW，其中统调装机1124.76万kW。

组织机构和领导班子

1. 公司领导班子及成员情况

公司党组书记、总经理：杨宁生

公司党组成员、副总经理：孙昕（2005年8月29日免去公司党组成员、副总经理职务，调中国电力科学研究院）

公司党组成员、副总经理：闫少俊

公司党组成员、副总经理：王彦亮

公司党组成员、副总经理：曾德君（2005年12月2日任公司党组成员、副总经理，由上海电力公司调入）

公司党组成员、纪检组长：柏 磊

公司党组成员、电力工会主席：裴江淮

公司总工程师：关守仲

公司总会计师：方晓东

2. 公司本部

公司本部设15部1会3中心：总经理工作部、发展策划部、财务部、生产技术部、基建部、安全监察部、电力营销部、农电工作部、科技信息部、人力资源部、组织人事部、综合产业部、思想文化工作部、审计部、监察部、省电力工会、电力调度通信中心、新闻中心和物资管理中心。

3. 基层单位

截至2005年底，按管理体制和产权关系，公司有内部核算单位21家，其中17家市级供电公司、3家分支机构及1家公司管理机关；有6个全资公司，21个全资县级供电有限责任公司，51个控股县级供电有限责任公司，共99个基层单位。

4. 员工数量

截至2005年底，公司直属单位职工总数27354人，控股县供电企业员工14607人，农电工28680人，各类人员共计70641人。

人力资源

1. 职工队伍结构

在直属单位中，供电企业员工18341人，占67.05%；施工、修造企业7764人，占28.39%，其他单位1249人，占4.56%。按学历层次，直属单位在岗员工具有本科及以上学历4477人，占18.2%；专科学历7699人，占31.3%；中专技校6300人，占25.6%；高中及以下6100人，占24.9%。按技术等级，直属单位在岗具有专业技术职务的9938人，占在岗员工总数的40.4%，高、中、初级专业技术人员比例为1∶3∶5；具有技能等级的12434人，占员工总数的50.6%，高级技师、技师、高级工、中技工、初级工比例为1∶10∶90∶65∶11，高级技师和技师分别占技能人员总数的0.6%和5.8%。

2. 人力资源开发和利用

2005年公司全面开展岗位动态培训工作，制定完善《供电企业岗位培训考核标准》，组织编写岗位培训考核典型题库。各基层单位认真组织实施员工岗位培训和年度应试。公司对基层单位岗位动态培训工作实行年度考核评价。2005年，公司举办4期中高层管理人员培训系列讲座，近700人次参加培训。到2005年末，公司全员培训率达97.24%，高级技能人才比例达77.25%，人才密度达83.64%。2005年，公司加快四支人才（企业经理人才、优秀管理人才、专业技术人才、专业技能人才）队伍建设，首次评聘并组建了由36名专业技术人员组成的专业技术专家队伍和由34名技师、高级技师组成的首席技师队伍；有558人入选公司优秀管理人才库，有369人入选公司企业经理人才库。

3. 领导班子建设

公司积极推进“四好”领导班子建设，实现24个基层单位和2/3以上的县级供电企业建成“四好”班子的目标。干部选拔任用改革有新进展，通过公开招聘为所有基层单位配齐总会计师；积极推行干部任期届满职务自动终结制，市供电公司共有880个中层领导岗位实行了任期职务终结，其中404个岗位实行公开招聘；推行公司本部和基层单位干部双向挂职制度，加强对年轻干部的培养与交流。突出横向比较和业绩考核，领导干部业绩考核更加完善。

电网建设和发展

按照国网公司的统一部署，安徽电网“十一五”规划工作有序推进。相继完成安徽省“十一五”地区电网规划、重点城市电网规划和安徽“十一五”电力发展规划研究报告的编制，2005年4月底，全省17个地市“十一五”电网规划审查及滚动调整工作结束；10月份，公司完成《安徽电网“十一五”规划及2020年远景目标报告（送审稿）》的编制，并于11月份通过华东公司的评审。

全年共完成电网建设投资21.44亿元，建成投产新、扩建220kV变电站10座，容量141万kVA，线路603.4km。建成投产110kV变电站26座，新增主变28台，容量122.3万kVA，线路573.9km。建成投产500kV变电站2座，容量150万kVA，线路188.7km。500kV东通道建设速度加快，中通道进一步完善，西通道前期工作全面启动。公司出台《安徽省电力公司投资管理规定》，强化对各类投资项目的管理；编制完成《安徽省电力公司电网基建项目管理工作手册》，推行电网建设规范化、标准化管理。2005年度，公司220kV会宫变电站、观牛变电站获国网公司优质工程和安徽省优质工程（“黄山杯”）称号。

安全生产

2005年，安徽电力缺口240万kW。面对严峻的电力供需形势，公司积极争取政府支持，采取各种措施，加强电网调度运行，加强网厂协调，强化需求侧管理，积极推行分时电价政策，有效落实错避峰措施，完善各类事故预案，组织开展迎峰度夏大规模联合反事故演习，认真开展反事故斗争，实现了安徽电网的安全稳定运行和电力有序供应，有力支撑了安徽经济持续快速增长。全省发电量达到648.38亿kWh，同比增长6.07%；全省全社会用电量达到581.64亿kWh，同比增长12.73%；最高统调用电负荷1010万kW，同比增长17.10%；500kV电网向华东净送网电量66.73亿kWh。公司始终把安全生产作为各项工作的基础来抓，认真落实安全生产责任制，健全完善安全生产保证体系和监督体系；积极实施安全性评价动态管理，大力推行电力设施“立体防护”（主要是指实行市县乡三级防护、警企联合防护、企业内部防护与就地防护相结合的全方位防护体制），扎实开展安全文化建设，认真实施设备标准化管理，积极开展星级变电站和高等级输电线路创建工作。2005年度共评定3座220kV五星级变电站，17座220kV四星级变电站；评定42条A级220kV输电线路、60条B级220kV输电线路，打造放心变电站和放心输电线路工作取得阶段性成果。大力开展现场标准化作业工作，全面实施作业指导书，在国网公司作业指导书范本的基础上，优化组合形成18项273本公司标准化作业指导书范本，做到所有现场工作都有对应的作业指导书范本。

2005年，公司安全生产形势继续保持平稳态势，公司系统没有发生人身死亡和重伤事故，再次实现了人身“零”死亡、“零”重伤的目标；没有发生重大及以上电网、设备事故及恶性误操作事故，实现了“七无”，全面实现了国网公司下达的安全目标。全年发生人身轻伤事故2起，同比持平；发生电力生产事故6起，同比减少9起。公司系统安全生产状况进一步改善。

营销工作

2005年，公司紧紧抓住发展这一要务，细化电力市场分析研究，扎实开展需求侧管理，大力推广蓄能用电技术，广泛推行差别化服务，积极开拓电力市场。突出管理这条主线，加快标准化体系建设。在全国率先出台了《电价说明》，制定完善营销基础管理标准，健全电费预警防范制度，深入开展清欠电费依法维权行动。2005年，公司营销管理标准化、营销服务规范化、营销技术现代化、营销流程信息化的目标逐步实现，营销业绩良好。全年完成省内销售电量460.45亿kWh，同比增长13.38%；当年电费回收率100%，回收旧欠电费9154万元，回收核销电费1642万元；应收电费余额29291万元，同比下降71%；用电负荷率84.19%，同比提高1.49个百分点；市场占有率79.41%，同比提高0.67个百分点。

公司以贯彻落实国网公司“三个十条”为重点，认真兑现服务承诺，规范员工服务行为，严格执行“三公”调度，认真践行“四个服务”宗旨，切实履行电网企业应负的政治责任和社会责任。公司加快以1部3中心（电力营销部，客户服务中心、计量中心、电费管理中心）为基本框架的新型营销服务运作模式建设，推进城郊一体化营销服务管理，积极构建“大营销”机制，树立“大服务”观念。坚持从“方便客户，规范自己”服务理念出发，在服务环境、服务行为、服务质量等方面全面开展标准化建设，优化服务流程，完善服务标准，进一步规范供电服务行为；依托技术手段，通过开通95598供电服务短信业务等举措，不断创新服务方式和内容，拓宽服务渠道；建立科学的服务质量管理评价与控制体系，推行服务质量事故预控和服务质量事故责任追究制度，不断提高供电服务水平。深入开展“安徽电力·阳光动力”工程建设活动，持续推进供电服务品牌建设，精心塑造“国家电网”统一服务品牌，全面提升电网企业社会形象。引入电网调度外部监督机制，实行电网调度问询与答复制度，完善网厂联席会议制度，规范发布电网调度信息，严格调度纪律，坚持“三公”调度。

农电工作

2005年，公司出台《安徽省电力公司县级电网发展指导意见》，进一步加快农网建设与改造步伐，改善农网状况，提高农网科技水平，实现农网可持续发展。全年完成12.4亿元县城电网工程建设投资，占总投资的82.67%；研究设计35kV组合变电站，并在舒城、绩溪和天长供电公司进行试点建设。截至2005年底，全省农网全面淘汰35kV高能耗主变压器，10～35kV断路器无油化率达到85.1%，同比提高7.24个百分点；35kV小型化变电站和箱式变电站占变电站总数的34.13%，同比提高12.29个百分点；农村综合电压合格率和供电可靠率分别达到98.17%和99.72%。针对农电安全管理薄弱环节，重点抓了“两防”（防触电、防高空坠落）与杜绝“六不”（不办票、不交底、不监护、不停电、不验电、不挂接地线）工作，有21个县公司开展了安全性评价工作。继续开展供电所规范化管理“梯级晋阶”（按“不合格、合格、星级和示范”四个层次对供电所规范化管理实行动态考核与评价，以促进供电所规范化管理水平的提升）活动，进一步加强农村供电服务窗口建设。全省1321个农村供电所中共建成93个示范、409个星级和771个合格供电所，分别占总数的7%、31%和58.4%。本着“农户自愿，改后同价”原则，积极引导并加快实施“双百”工程（100%户改、100%同价），解决农民关心的热点问题；到2005年底，全省农村生活用电同价面达到93%，比年初增长5个百分点。开始在县公司全面实行企业负责人业绩评价考核工作，切实加强县公司基础管理，完善一流企业常态管理；全面推行“阳光理财”和“聪明理财”，有效提升县公司规范化管理水平，增强企业经营管理与盈利能力。2005年，全省县及以下供电企业售电量为187.24亿kWh，占全省总售电量的40.67%，同比增长17.24%；全省县公司实现整体扭亏为赢。

科技、环保、信息化

2005年，公司按照“四统一”要求进一步整合科技信息资源，健全信息化标准体系，顺利完成公司“十一五”科技、信息发展规划编制工作；加大科技投入，推广应用先进适用技术，大力推进科技创新；加快管理信息化应用系统建设，先后建成安徽电力综合业务数据网、安徽电力电视电话会议系统和公司电力短信平台建设工程，安全生产、电力营销、人力资源、基建工程、审计、纪检监察等管理信息系统日趋完善，初步建成信息管理系统统一的应用平台。公司电网环保工作有序开展，电网环境保护管理体系健全，公司建设项目环境影响评价率、竣工项目环境保护验收率均达100%，在国网公司同业对标考核中位居前列，受到通报表扬。探索科技管理创新，公司首次实行“指南导向、课题公开、有序竞争”的科技立项方式，有220项重点科技项目立项，投入资金14170万元；2005年公司共有1项科技成果获得国网公司科技进步二等奖，2项科技成果获得国网公司科技进步三等奖；有2项科技成果获得安徽省科技进步二等奖；有12项科技成果获得安徽省科技进步三等奖。

经营管理

2005年，公司坚持以综合计划管理为龙头，以实施全面预算管理为重点，以资产经营考核、目标管理为抓手，分解落实公司年度经营目标，实现公司经营工作全过程、精细化管理。公司坚持以科学发展观为指导，以季度经济活动分析跟踪指标变化，保证计划可控、在控；加强预算管理，建立中长期滚动预算机制，制定全过程成本管理生产运行维护费用测算标准；努力缓解电价矛盾，争取到煤电价格联动政策的出台和农村销售电价的同步调整；积极推进线损“四分”管理，大力实施降损措施，线损率稳步降低，公司经营口径线损率 6.10%，同比降低 0.31 个百分点；加强内部沟通与协调，健全营销与规范服务工作机制，进一步强化需求侧管理，大力开拓电力市场，市场占有率进一步提高，市场占有率为 79.41%，同比提高 0.67 个百分点；加大电费回收考核力度，巩固电费回收月结月清成果；规范多种产业产权关系，促进多种产业快速发展。

认真开展“三清理一规范”和清产核资工作，在公司系统全面开展清理“小金库”活动，积极推行“阳光理财”。坚持同业对标与目标管理的有机结合，以 60 项目标管理课题的落实来推进公司各项重点工作，实现公司对整体目标的有效管控；加强组织建设、制度建设、体系拓展和指标评价，建设完善典型经验库，同业对标工作扎实推进，公司有 10 项专业管理工作经验入选国网公司创一流同业对标典型经验库，在国网公司系统并列位于第 4 名；2005 年公司同业对标工作在国网公司系统年终综合排序位居第 6 名。公司年度经营目标顺利实现，全面完成国网公司下达的各项经营指标。

党的建设和精神文明建设

公司党建和精神文明建设工作始终坚持围绕、贴近、融入和创新方针，紧扣公司核心业务和企业中心工作开展，为加快公司发展与进步提供强有力的思想保证和文化支撑。以提升能力建设为重点，加强企业党组织建设和干部队伍建设。着重开展“四好”领导班子建设，不断提高领导班子思想政治素质、业务素质和工作业绩；加大干部交流力度，对 9 个市供电公司党政主要领导实行交叉任职；推行双向挂职制度，加大对年轻干部的培养与锻炼。公司党组出台《关于加强县供电公司党风廉政建设工作的指导意见》，切实加强和改进县公司党风廉政建设工作。2005 年，公司本部和所属基层单位分两批先后开展了保持共产党员先进性教育活动，公司系统初步建成保持党员先进性的长效机制，党的建设得到进一步加强。

以内质外形建设为目标，深化企业文明创建工作。制定《安徽省电力公司文明单位评选表彰办法》，进一步规范公司系统文明单位创建管理工作。2005 年，公司荣获安徽省第七届文明单位，公司系统有 4 个市（淮南、阜阳、六安、巢湖）供电公司被中央文明委命名为全国文明单位，有 7 个市供电公司被中央文明委命名为全国精神文明建设先进单位；有 7 个市供电公司、5 个县供电公司被命名为国网公司首批文明单位。

以安全文化和服务文化为切入点，大力推进企业文化建设。围绕“以人为本，忠诚企业，奉献社会”企业文化总体战略，大力宣传和实践“努力超越、追求卓越”企业精神，强力推进安全文化和服务文化建设。公司获全省优质规范服务展示赛唯一金奖。

以提高学习力和创新力为主题，积极开展创建学习型组织活动。公司创建学习型企业经验在安徽省“创建学习型组织，争做知识员工”表彰会上进行交流，并荣获安徽省学习型组织优秀单位称号；有 2 个市供电公司和 3 个基层班组分别获得安徽省学习型组织示范单位和示范班组称号。

以青年岗位成才为目的，拓展团青工作融入企业主旋律。结合公司核心业务工作，广泛推行“青工技能振兴计划”和以“技术创新、管理创新、营销创新、服务创新”为主要内容的青年创新创效活动。至 2005 年底，公司系统共建成“全国青年文明号”12 个，省级“青年文明号”68 个；有 2 个（滁州公司调度所调度办、马鞍山公司采石矶变电站）青年集体被国家电网公司授予 2005 年度“青年安全生产示范岗”。

主要事件

1 月 30～31 日，公司在合肥召开五届一次职代会暨 2005 年工作会议。

3 月 2 日，安徽省委副书记、省纪委书记杨多良到公司视察工作，对公司员工表示亲切慰问。

3 月 18 日，国务院国有资产管理委员会产权局谢军副局长到公司调研农电体制改革和农网改造资产产权工作。

4 月份，公司党组书记、总经理杨宁生荣获“安徽省五一劳动奖章”称号；马鞍山公司王世祥、东至县公司香隅供电所所长洪庆丰荣获“全国劳动模范”称号。

5 月 10 日，公司举行技术专家、首席技师聘任仪式，首批聘任了 36 名技术专家、34 名首席技师。

5 月 23 日，安徽省副省长黄海嵩会见了来公司考察工作的华东公司帅军庆总经理一行。

6 月 12 日，安徽电网首次黑启动试验取得圆满成功。

6 月 15 日，公司组织开展防止大面积停电联合反事故演习。

6 月 18 日，安徽省第四座 500kV 变电所——敬亭变电所正式投运。

6 月 20 日，共青团中央书记处书记王晓在安徽团省委书记方春明陪同下，到合肥供电公司包河区营业大厅检查指导青年文明号工作。

6月26日，国务院三峡办张德楠副主任一行视察±500kV直流获港大跨越北岸塔基施工现场。

7月7日，公司组织开展了一次安徽电网500kV线路倒塔断线事故演习。

7月7日，公司首次成功带电消除500kV交流线路引流板过热缺陷。

7月8日，安徽省电力迎峰度夏工作会议在公司召开。安徽省委常委、常务副省长任海深出席会议。

7月15日，公司本部召开保持共产党员先进性教育活动动员大会；10月21日召开总结大会，历时3个多月的先进性教育活动胜利结束。

8月6～7日，公司取得抗击9号台风“麦莎”侵袭的胜利，并获得华东公司嘉奖。

8月22日，公司“基于多智能体协调的电网自动电压控制系统”科技成果获得国网公司科学技术进步二等奖；“ZR－1有源大功率标准电阻器的研制”和“2GHz微波改频”2项科技成果获得国网公司科学技术进步三等奖。

9月2日，国网公司副总经理陈进行到公司视察工作。

9月份，安徽省农村电网一、二期改造工程通过安徽省“两改一同价”领导组整体验收，公司系统历时近6年的“两改一同价”工作基本结束。

9月13日，在安徽省连续遭受台风“麦莎”、“泰利”和“卡努”的侵袭后，公司开展了“向灾区群众献爱心”特别主题实践活动，共捐款18.15万元，捐衣捐物4000件。

10月12日，安徽省委副书记、省纪委书记杨多良会见国家电网公司党组成员、副总经理陆启洲一行。

10月13～14日，国网公司安全生产工作会议在合肥召开，国网公司副总经理陆启洲出席会议。

10月17～18日，公司组队参加全省优质规范服务展示比赛，并获得团体金奖、服务典型事迹展示单项金奖和服务理念演讲单项银奖。

10月19日，公司在全省“创建学习型组织，争做知识型职工”表彰大会上获得全省学习型组织优秀单位称号；同时，公司系统有2个市供电公司和3个基层班组荣获安徽省学习型组织示范单位和示范班组称号。

10月28日，公司举行“安徽省供电营业十佳服务之星”评选活动。马鞍山公司王世祥、合肥公司宁红获国网公司“优秀服务之星”称号；合肥公司邓玲获国网公司“服务之星”称号。

11月23日，安徽500kV清流变电所竣工投产。

11月28日，安徽省城乡居民生活用电同价工作总结表彰大会在合肥召开，公司荣获安徽省城乡居民生活用电同价工作先进单位；安徽省委常委、常务副省长任海深出席会议。

12月份，公司建立职工“爱心帮扶基金”，并注入资金600多万元。

12月份，公司荣获“全国群众体育先进单位”称号、全国“安康杯”竞赛优胜单位称号、“安徽省劳动竞赛优秀组织奖单位”称号。

2006年1月24日，安徽省2005年度全省科学技术成果公布，公司共有14项成果获奖，其中2项获得二等奖，12项获得三等奖。

（王晓平）

福建省电力有限公司

企业概况

福建省电力有限公司（简称公司）是国家电网公司的全资企业，是2000年由福建省电力工业局整体改制成立的国有特大型企业。公司主要从事福建省内电力输配、调度和购销业务，负责投资、建设和经营福建电网的输变电、配电工程，以及建设、经营抽水蓄能等调峰调频电站。

2005年底，公司拥有直管单位23个，员工18191人；控股县供电公司36个，员工11038人；代管县供电企业21个，员工7029人；直属多种产业公司11个。有农电工10483人。以上人员共计46741人。公司调整本部机构设置，设有16个部门以及10个专设机构。公司层面设立福建省电力工会委员会等。

2005年底，公司拥有调峰调频发电装机容量153万kW；500kV变电站5座、变电容量680万kVA、线路长度1351km；220kV变电站67座、变电容量1794万kVA、线路长度5243km。福建省电网直供区电力客户336万户，用电容量4266万kVA。公司资产总额481亿元。

2005年，公司围绕建设海峡西岸经济区和“一强三优”发展目标，落实“三抓一创”工作思路，加强内质外形建设，经受了“龙王”台风等严峻考验，全面完成了业绩考核目标。公司省内售电量567亿kWh，同比增长10.6%；向华东电网送电28.4亿kWh，购入7.3亿kWh；资产负债率64.91%，线损率4.8%，全员平均劳动生产率29.5万元/人年。

电网概况

福建电网最高电压等级为500kV，已形成从南到北、由后石电厂（漳州）至福州变电站的500kV沿海两回路主干通道，并通过福州变电站至浙江双龙变电站的两回500kV线路并入华东电网。全省220kV主网结构为双回环网，覆盖了全省9个地（市）。

2005年，全省用电最高负荷1202万kW，全社会用电量756.6亿kWh，同比增长13.8%；全省发电量778.3亿kWh，同比增长18.0%。2005年底，全省发电装机容量1762.2万kW，福建电网拥有500kV变电容量680万kVA、线路1351km；220kV变电容量1818万kVA，线路5314km；35～110kV变电容量3316万kVA，线路21705km。

人力资源

公司直管单位本科及以上、专科、中等职业教育层次、高中、初中及以下学历人员分别占21.5%、20.3%、22.8%、16.2%和19.2%；具有高、中、初级职称的人员分别占总数的5.7%、16%和21.5%；技师、高级技师占5.5%，高级工占20%，中级工占15%。控股及代管县级供电企业本科及以上、专科、中等职业教育层次、高中、初中及以下学历人员分别占2.5%、10.5%、31%、26%和30%；具有高、中、初级职称的人员分别占0.4%、4.5%和15.9%；技师、高级技师占2%，高级工占6.6%，中级工占15.8%。

公司首批聘任了71位“513”人才（选拔和培养50名首席管理师，100名首席专家、首席工程师，300名首席技师），其中首席专家5人、首席工程师38人、首席管理师13人、首席技师15人；依托公司博士后科研工作站、研究生工作站、首席专家工作站、技术中心，加强高级专业技术人才培养工作。整合教育培训资源，初步形成了以福建电力培训中心为龙头的教育培训网络基地。公司层面全年举办培训班172期、培训7472人次。115人取得高级技师资格，30人被授予“福建省技术能手”称号。

2005年，按照有利于事业发展、有利于班子结构优化、有利于干部锻炼成长、有利于开拓工作新局面、有利于党风廉政建设的要求，公司完成本部、直属多种产业公司和19个基层单位领导班子、209名领导人员考核，选拔、调整、交流了169名干部。

电网建设和发展

公司组织制定了福建省“十一五”电网发展规划，编制完成福州、厦门重点城市和泉州重负荷区电网规划，编制完成各设区市电网五年滚动规划。稳步推进重点项目前期工作，500kV输变电工程，完成东台变电站等5个项目可研审查，进行了三明、泉州北、惠安变电站项目规划选所选线工作，上报宁德开关站立项申请；220kV输变电工程，完成营前等39项可研及审查，上报2个可研共36项、已批复13项，220kV变电站典型设计通过评审。2005年，电网建设投资完成48.7亿元，同比增长24%。扩建500kV变电站1座，新增变电容量100万kVA；新建、扩建220kV变电站18座、线路39条，新增变电容量390万kVA、线路531km。500kV晋江输变电工程通过华东电网达标投产验收。电网结构进一步完善，安全可靠性、输电能力进一步增强。

经营管理

公司高度重视绩效提升，持续改进和强化经营管理。整合财务资源，成立资金管理中心，利用财务公司金融平台，有效提升资金整体调控能力和运作效益。推动出台煤电联动、解决LNG电厂上网问题等政策，完成居民用电调价和电价矛盾疏导。通过用户垫资（贴息）建设等渠道筹措电网建设资金。

扎实推进同业对标工作，建立内部同业对标最佳业务实践库，与新加坡能源电网公司开展设备状态检修、配电管理国际同业对标。公司固定资产管理、客户服务“五常管理”、输变电生产管理地理信息系统、电力信息标准化体系应用、统计信息化建设、企业信息工作、和谐共进企业文化等七项专业管理工作经验入选国家电网公司创一流同业对标最佳实践库，综合评价居国家电网公司系统第11名；八项企业管理创新成果获得电力行业管理创新成果奖，其中“客户满意度（CS）评价体系建立与应用”获得一等奖，“人才派遣模式在泉州电业局用工机制改革中的实践”获得二等奖；一项企业管理创新成果获得第十二届国家级企业管理创新成果二等奖。制定公司管理标准73个，技术标准30个，采集标准1787个，初步建立管理制度体系和技术标准体系。建立质量、职业健康安全和环境“三标一体”管理体系，宣贯国家电网公司SHEQ管理体系标准。积极协调处理重大涉电案件，开展供用电合同管理过程法律问题的课题研究，参与《福建省电力设施保护办法》等地方立法工作。

实施多种产业公司股权调整与重组，以亿力集团为核心，通过股权纽带形成真正意义上的多种产业集团运作管理构架，打造亿力集团旗舰企业，提升品牌价值；加快施工、设计、监理等多种产业公司改制升级步伐，实行对外投资项目全过程管理控制，稳妥推进直属多经企业“资产、人事、管理”三分开。

安全生产

公司夯实安全生产基础，建立健全各级安全生产责任制，开展反事故斗争，建立常态监督、专项监督、事故监察“三位一体”的监督体系，加强全面、全员、全方位、全过程安全监督与生产管理。抓好防误操作工作，实施安全性评价动态管理，建立车间、班组多层次闭环管理长效机制。实行外包工程队和临时工备案管理制度，加强现场检查监督。联合福建省公安厅在全省开展打击盗窃破坏电力设施犯罪专项行动。成功抗御2次飑线风（由许多雷暴单体排列成带状的狭窄云带，蕴含着巨大的能量，和外界的天气系统格格不入，飑线过境处，风向急转，风速剧增，气压陡升，气温骤降，常伴有雷暴、暴雨、大风、冰雹和龙卷风等剧烈天气现象)、5次暴雨洪灾、7次台风等严重自然灾害。特别是成功抗御“6·23”特大洪灾、“5·24”泥石流和19号“龙王”台风，夺取了抗灾抢险保供电的全面胜利。一般电网、设备事故同比下降31%，电网实现连续安全运行3888天。

科学调度电网，优化水火联合调度，保证了汛期安全，节水多发电20亿kWh，节水增发率19.86%。向华东电网送出计划电8.06亿kWh；双边委托交易16亿kWh。

加强设备管理，开展重点设备分级跟踪管理。开展了充气、充油电气设备防潮、防渗漏检查及色谱的跟踪监督，提出了技术反措要求，实施了有效的跟踪监督和反措整改。

营销工作

围绕“服务与效益”两大主题，强化营销主营业务盈利能力。完善营销数据整合功能，获得电能计量检定整体授权，扎实开展营销与服务工作评价，95%以上城市供电营业窗口达到规范化要求。加强电费回收管理，2005年电费回收率100%，陈欠电费回收率21%，收取电费滞纳违约金1800万元。加大打击窃电力度，追补电费1762万元，收取违约金585万元。大力开拓用电市场，新增市场开拓电量2.55亿kWh，电力市场占有率80.59%（含股改县)，同比提高3.38个百分点。全年仅1月份限电28天，2月起有序放开用电。加强电力需求侧管理，倡导成立科学用电公益联盟，积极推进示范项目建设，加快负荷管理系统建设，实现可监视负荷406万kW，可控负荷82万kW。

农电工作

服务县域经济发展，电网改造和企业改制并举。当年完成县城电网建设与改造工程6.0亿元，累计完成投资24.3亿元，完成率为90.1%。控股和代管县供电企业全年售电量261.6亿kWh，同比增长19.8%；加强线损管理，农网综合线损率9.03%，同比下降0.17个百分点；农电电费回收率99.5%。95%的县供电企业开通了“95598”服务热线；88.14%的农村供电营业窗口达到规范化服务标准要求，新创建19个示范窗口，全省示范窗口累计达45个。开展供电所“安全管理年”活动，进一步加强农电安全管理，54个县供电企业完成安全性评价工作；深化变电站、县级调度所规范化建设，全面启动输、配电线路规范化管理工作；探索建立电能损耗管理模式；推动开展技术监督试点工作；全面推行县供电企业负责人年度业绩考核；建立农电服务质量评价考核体系；扎实推进县供电企业创一流同业对标工作，全面提升管理水平。

科技与信息化

全年科技开发投入8500万元，17个科技项目通过鉴定，73个通过评审或验收，6项成果达国际先进水平，24项成果达国内领先水平。“福建省输变电工程电磁环境影响研究”获中国电力科学技术三等奖，“福建电网中抽水蓄能电站的作用及经济性研究”和“电力营销集合在线分析系统的研究与开发”获福建省科学技术二等奖，另有7项科研成果获福建省科学技术三等奖。

统一规划信息管理平台，实现计划、人资、生产、财务、营销、物流系统的数据集中整合和管理，建立企业信息门户，初步建成公司数据中心平台；开发建设输变电工程管理、数字档案管理系统、网络与信息安全防护体系；初步建立福建电力信息分类编码标准体系。

重视电力环保工作，建立、完善环保管理及环境监测体系；开展输变电项目的环境影响评价和环保竣工验收工作，输变电项目环评率达100%；厦门和晋江500kV输变电工程通过国家环保总局组织的竣工环境保护验收。

优质服务

秉持“真诚服务、共谋发展”理念，视优质服务为企业的生命线。围绕贯彻落实“三个十条”以及《电力监管条例》、《供电服务监管办法》，精心策划开展“海峡西岸·真诚电力”优质服务系列活动，全面加强内质外形建设，提高供电服务品质。不断创新服务方式和内容，推出95598“方便快捷”服务、“主动关爱”服务、“规范透明”服务、有序用电“个性化”服务，积极满足客户个性化、差异化服务需求。推行服务规范化管理，开展城市供电营业规范化服务窗口、示范服务窗口创建活动，实现95%以上的城市供电营业窗口达到规范化窗口标准；继续深化供电服务“五常管理”（人员管理常自律、物品管理常整理、环境管理常改善、现场管理常规范、后台管理常优化)，逐步推广到供电服务各个部门（班组）；完善客户满意度评价体系，整改影响客户满意度的关键因素22项，促进优质服务工作标准化、制度化、规范化。全面加强公司内质外形建设，组织设计福建电力Ⅵ（视觉识别系统）应用推广手册，统一全省37个直供城市营业窗口“六个视觉要件”（门楣、房撞条、背景墙、小型95598灯箱、营业时间牌、营业厅铭牌），开展全省16个直供城市重点营业窗口的大修，进一步规范公司对外视觉识别形象。

加强行风建设，健全供电服务考核体系，完善供电服务投诉举报制度，开展“百千万”[100个乡镇（街道）、1000个企业（村庄）、10000户城乡居民]走访调查活动，加大明察暗访力度，行风评议得分连续5年居全省参评行业第一名。

党的建设和精神文明建设

以建设群众满意的全优工程为目标，开展公司系统第二批保持共产党员先进性教育活动，党员参学率100%。开展“海峡西岸·真诚电力——共产党员当先锋走前头”主题教育活动，广大党员在安全生产、电网建设、迎峰度夏、优质服务、急难险重任务、营造和谐共进氛围等6个方面，发挥了先锋模范作用。

以党建带“三建”（工建、团建、妇建），成立公司团委，开展“永远跟党走”主题教育活动，深化青年文明号“一带二”（38个创建省、市文明行业示范窗口的青年文明号，每个与2个乡镇供电营业窗口挂钩互动）城乡互动工程；成功举办首届职工运动会；工、青、妇工作协调发展。

以“和谐共进”为主题，突出营造“风正气顺、人和业兴”的良好氛围，突出营造企业与社会、企业与员工、企业内部关系和谐等三个环境，突出建设安全文化、制度文化和廉政文化。连续6年获得“国家电网公司党风廉政建设责任制考评优秀单位”称号。

抗击“龙王”台风保供电

10月2日开始，第19号台风“龙王”造成福州市中心区约8km² 面积受淹持续20h，福州城区配电网受到致命打击；公司系统直接经济损失达2.63亿元，其中福州电网占76.5%。福州市有118个设置在地下层的配电站（开闭所）被淹而停止供电，直接影响约10万居民的生活用电和数十座写字楼、商场的正常运行。公司在福州地区的多个单位、10多个职工生活区、约3500人遭洪水围困，福建省第二电力建设公司损失最严重。在灾害面前，公司抗灾预案在先，果断决策，周密部署，全面抗御，取得了全面胜利，得到福建省委省政府充分肯定，中央电视台焦点访谈作了专题报道。抗灾期间，福建省委、省政府领导到公司视察、指导抗御“龙王”台风工作。公司直属机关单位共向遭受“龙王”侵袭的灾区捐款19.31万元，捐衣物1000余件。

（林耀庭）

2006 中国电力年鉴

华 中 地 区

华中电网有限公司

企业概况

华中电网有限公司（简称公司）是国家电网公司投资设立的国有独资有限责任公司，主要任务是经营管理华中区域电网，保证电网运行安全；规划区域电网发展，培育区域电力市场，统一优化配置区域电力资源；管理电力调度交易中心，统一调度区域电网。2005年底，公司资产总额103.79亿元，同比增长2.84%。

2005年，公司克服局部电网结构薄弱、多次恶劣气候侵袭及用电需求快速增长等困难，确保了电网安全稳定运行。公司发挥区域电网资源优化配置作用，开展电力电量交易，完成国家电网公司下达的资产经营考核指标和其他主要经济指标。2005年，公司售电量563.31亿kWh，同比增长29.44%；销售收入147.89亿元。同比增长39.96%；净资产收益率0.78%；应收电费余额6.74亿元；资产负债率73.34%。

全网线损率7.30%，低于年计划目标0.03个百分点；跨区、跨省交易电量207.23亿kWh，同比增长

54.48%，其中跨区完成 127.06 亿 kWh，同比增长 22.87%，跨省完成 80.17 亿 kWh，同比增长 160.8%。

电网概况

华中电网覆盖河南、湖北、湖南、江西、四川和重庆六省（市），供电面积 129.8 万 km^2，供电人口 3.86 亿人，是供电人口最多的区域电网。

华中电网位于中部腹地，是一个以湖北电网为中心，东西连接江西、川渝电网，南北连接湖南、河南电网的辐射状跨省电网，在“全国联网、西电东送、南北互供”战略格局中处在重要的枢纽地位，2005 年，华中电网已形成以 500kV 电网为骨干、220kV 电网为主体，覆盖六省（市）的大电网，并通过两回 ±500kV 直流线路与华东电网相联，一回±500kV 直流线路与南方电网相联，一回 500kV 交流线路与华北电网相联，一回 330kV 交流线路以直流背靠背方式与西北电网相联。

2005 年底，华中地区全口径发电装机容量 10589 万 kW，其中水电占 43%，火电占 57%；电网统调发电装机容量 8235 万 kW（含三峡投产 980 万 kW），其中水电占 42%，火电占 58%。2005 年华中地区全口径发电量 4977 亿 kWh，其中水电占 38%，火电占 62%；电网统调发电量 3900 亿 kWh，其中水电占 37%，火电占 63%。2005 年，华中电网六省（市）全社会用电量、电网统调用电量和统调最大用电负荷分别为 4490 亿 kWh、3442 亿 kWh 和 5959 万 kW，同比分别增长 11.89%、12.97%和 15.2%。

2005 年，华中电网 500kV 输电线路 98 条 1.36 万 km，其中公司有 26 条 3245.1km，输电线路长度占华中电网的 28.9%；500kV 公用变电站 36 座 45 台 3330 万 kVA，其中公司有 13 座 1155 万 kVA，变电总容量占华中电网的 36%；220kV 输电线路长度 4.15 万 km，变电容量 8990 万 kVA，其中公司有线路 8 条 567.3km。

领导班子

党组书记、董事长、总经理：张学知（9 月卸任党组书记）

党组书记：张丽英（9 月任党组书记）

党组成员、副总经理：李强　肖创英　江似火（9 月由华中电力工委主任转任）

党组成员、副总经理、华中电力工委主任：吕海平（9 月任命）

党组成员、纪检组长：田新民

总工程师：卢放

组织机构

2005 年，公司本部设 13 部 1 委 1 中心，公司挂靠单位包括华中电网有限公司新闻中心、国家电网公司财会研究中心、华中电网有限公司企业咨询委员会、华中电网有限公司驻京联络处、华中电网有限公司社保中心、华中电网有限公司资金结算中心、华中电网有限公司小型基建办公室和华中电力建设定额站等。至 2005 年底，公司本部在职员工 296 人，挂靠单位员工 49 人。

公司所属单位 11 家，其中全资企业 6 家，包括中国超高压输变电建设公司、华中电力开发公司、武汉电力设备厂、武汉华中电力宾馆、武汉华中电力实业发展公司、国家电网公司伤残康复中心；控股企业 5 家，包括武汉华中电力电网技术有限公司、武汉华中电力人力资源开发有限公司、华中电力物资有限责任公司、华中电力国际经贸有限责任公司、张家界索溪峪酒店有限公司。

人力资源

2005 年，公司系统职工共 2243 人，其中在册职工 1745 人，临时职工 498 人。在册人员中公司领导 7 人，党组管理干部 137 人，其他经营管理人员 386 人，专业技术人员 422 人，技能人员 793 人。

党组管理干部 137 人中，大学本科及以上 123 人，占总数的 89.8%；高级职称 116 人，占总数的 84.7%，平均年龄 45.63 岁。其他经营管理人员 386 人中，大学本科及以上 199 人，占总数的 51.5%；高级职称 15 人，占总数的 40.7%。专业技术人员 422 人中，高级职称 130 人，占总数的 30.8%；大学本科及以上 296 人，占总数的 70.2%。技能人员 793 人中，技师 4 人，高级工 12 人，中级工 80 人。

建立专业技术专家、专业师动态选拔、动态考核激励制度。把品德、知识、能力和业绩作为衡量人才的主要标准。分析公司人才结构、人才总量和整体素质，编制公司人力资源“十一五”发展规划，为公司“四支队伍”建设提供依据。

促进教育培训管理制度化，加大高级经营管理人员培训力度；加强对电网建设、运营关键技术人才的培训；加强电网安全运营高技能人才的培训；全员多层次安规培训；开展境外合作培训，首次将员工教育培训情况与员工绩效考核挂钩。

制订理论学习计划，修订完善中心组相关学习制度。公司党组中心组被湖北省国资委党委授予“企业党组中心组学习先进单位”称号。落实国家电网公司党组《关于创建“四好”领导班子的实施意见》，加强思想政治建设，切实改进作风，在“三重一大”方面，严格按照程序办事，公司党组的凝聚力、带动力进一步增强，各级领导班子的思想政治建设、作风建设和能力建设得到加强。

电网建设与发展

公司加大电网建设力度，电网建设前期工作、续建和新开工项目均进展顺利。电网建设前期工作方面：①编制完成500kV渝鄂第二通道及鄂西水电送出输变电工程可研报告，通过中国电力工程顾问集团公司评审。②江西萍乡变电站工程可研报告通过中国电力工程顾问集团公司评审，编制完成昌北开关站可研报告，开展鄂赣三回工程的前期工作。③开展鄂豫第Ⅳ回500kV联络线工程前期工作。④开展河南信阳、平顶山等500kV输变电工程前期工作。⑤编制完成500kV新乡东输变电工程可研报告，通过中国电力工程顾问集团公司评审。

2005年，公司续建（调整后）及新开工项目年度投资计划16.56亿元，其中电网项目9.63亿元、发电项目6.77亿元、小型基建1589万元。至年底，共计完成投资16.48亿元，投资完成率99.52%。资金到位11.62亿元。完成年度投资同比增长4.8%，投资完成率提高0.23%。

全年，公司开工建设（扩建）三板溪水电站送出工程、玉贤500kV输变电工程、白莲河抽水蓄能电站工程以及500kV恩施输变电工程，总计开工建设500kV输电线路442km、变电容量175万kVA，装机容量120万kW，均实现年度计划目标。公司负责建设的500kV黄石变电站、襄樊变电站、鄂豫三回、沁北—新乡输电线路、漯河输变电工程等5项工程均实现达标投产，达标投产率100%，其中500kV黄石变电站工程被评为国家优质工程，是2005年国家电网公司系统8个国家优质工程之一。500kV沁北—新乡输电线路工程被评为国家电网公司优质工程，优质工程率达40%。

经营管理

公司确立了“立足长期、注重短期、促进区域电力资源优化配置”的营销策略，通过加强购售电合同管理、电力市场跟踪和加强科学调度、挖掘电网潜力等措施，推动跨省跨区电力交易，更好地保证了华中六省（市）的电力供应。2005年，公司实现跨省跨区交易电量207.23亿kWh，同比增加73.08亿kWh。

全面推进同业对标管理，初步建立制度体系，加强了公司的基础管理工作。加强财务经营管理、综合计划和全面预算管理，保证公司各项业务的顺利开展和经营目标的完成。全面开展清理账外资金、各类公司、银行账户、不良资产、计划外用工、职工投资入股和规范招投标（即“六清理一规范”）工作。加强和规范多种经营企业管理，武汉电力设备厂、华中电力电网技术有限公司、华中电力国贸有限责任公司等单位在内部挖潜、开拓市场、创收增利方面成效明显。加强审计监督，堵塞漏洞，促进公司依法依规经营，公司内控水平进一步提升。

公司拟定《华中电网有限公司创一流同业对标工作实施细则》，明确了同业对标工作的目标、原则、方法、步骤及考核。开展大量指标数据的分析诊断，结合实际查找差距和原因，针对存在的问题，开展指标的专题分析，研究从指标的优劣水平上反映的深层次管理和技术原因，制订改进措施和办法。公司本部和六省（市）电力公司的各项指标与兄弟网、省公司相比，处于中下游水平，其中，安全管理在五大区域电网公司中处于上游水平；电网运行指标处于中游水平，日均负荷预测准确率和500（330）kV电网继电保护正确动作率比较落后；人力资源指标处于中游水平，高级技能人才比例不足；电网建设指标基本与其他网公司持平。

公司按照“三清理一规范”以及加强和规范多种经营企业管理的要求，切实做好“清资产、清资金、清投资、清人员、清业务”等“五清”工作，用政策、制度来规范“用人”的问题。

安全生产

华中电网500kV输电系统覆盖面广，地理和气象条件复杂，线路覆冰、舞动、污闪以及雷击跳闸等问题比较突出，安全工作任务较重。2005年，全网克服局部电网结构薄弱、多次恶劣气候侵袭及用电需求快速增长等困难，确保了电网安全稳定运行。2005年，全网杜绝了重大及以上电网、人身和设备事故，没有发生重大火灾事故和大型施工机械设备事故，电网连续23年保持安全稳定运行。

公司大力开展500kV输变电设备治理、推广应用500kV输电线路防舞动装置等一批先进实用技术，提高了设备健康水平和电网抵御自然灾害的能力。针对华中电网近年来事故暴露的隐患和薄弱环节，在全网重点开展了输电线路和继电保护专项治理工作，实现输电线路事故同比下降30%、一般电网事故同比下降30%、继电保护事故同比下降20%的预定目标。

2005年，华中500kV主网共发生设备事故8次，同比减少17次；发生设备一类障碍53起，其中输电线路44起，同比增加7起，变电设备9起，同比增加9起。

切实加强对华中电网迎峰度夏工作的协调和指导。6月30日，公司主持召开华中电网迎峰度夏工作协调电视电话会议，指出按照“安全同保、资源统调、备用共享”的原则，做好华中电网2005年迎峰度夏工作。

2005年，华中电网调度（交易）中心系统设计安装了电网安全自动装置，提高电网输送能力和安全稳定水平。通过采用一系列技术手段和联络线考核办法，提高电网电能质量和运行管理水平。通过建设华中光纤通信骨干网络及开发调度数据网络、调度生产管理系统、电力负荷预测系统、调度员培训模拟系统、雷电定位系统、电网继电保护故障信息处理系统等，提高处理大电网事故的能力和工作效率。至12月31日，华中电网调度（交易）中心实现连续安全生产3107天、保持连续安全稳定运行23年。2005年，华中电网调度（交易）中心获得“全国五一劳动奖状”，调度中心主任梁虹获得全国五一劳动奖章，高级工程师柳焕章被评为全国劳动模范。

2005年，华中电网统调用电量3442.34亿kWh，同比增长14.10%。电网统调最大用电负荷5959万kW（整点值），同比增长15.17%，平均最大用电负荷4627万kW，同比增长13.16%，最大用电峰谷差1862万kW，同比增长18.30%，平均用电峰谷差1303万kW，同比增长15.41%。电网平均用电负荷率84.39%，同比提高0.53个百分点。全年全网累计拉闸12.73万条次，拉闸限电、让峰电量累计34.91亿kWh，同比下降17.27%。

科技与信息化

2005年科技工作的重点是促进电网技术升级，提高电网输送能力。主要研究了500kV电网安全、稳定、经济运行中的重大课题，解决电网规划、建设、运行和企业经营管理中的主要技术问题。开展电网先进适用技术的研究和推广应用，把科研工作的重点放在解决电网低频振荡、输电线路防冰闪、防舞动和防雷击等严重威胁安全运行的隐患治理措施上。

2005年公司新开科技项目36项，历史结转项目31项，预算经费1085万元。到年底，92%的项目完成2005年的任务，经费支出1030万元，完成年度预算的95%，是近年来完成项目比较多的。公司组织了2005年科技进步奖评审，评定获奖科技成果13项。

公司信息化支撑体系建设工作进展顺利。网络体系方面，2005年改造完成公司局域网，与六省（市）电力公司利用国家电网公司网络通道以155M带宽联通。存储体系方面，完成数据中心一期工程的安装调试工作，预计2006年4月可以投入正式运行。安全体系方面，已具备基本的防病毒、防入侵和系统漏洞扫描等安全防护功能，建立了较为齐全的安全应急预案。标准体系方面，初步建立信息系统建设、运行标准及管理制度。

公司“十一五”信息化建设目标是：构筑信息网络体系、存储体系、安全体系、标准体系“四大支撑体系”，建设企业门户系统（公用信息平台）、人力资源管理信息系统、财务管理信息系统、审计管理信息系统、生产运营管理信息系统、规划基建管理信息系统“六大应用系统”，融合ERP思想，展现统一信息化。争取到2010年，公司信息化水平达到国内同行业领先水平。

优质服务

完善“三公调度”常态机制，提高服务质量。公司逐条落实“三公”调度十项措施，向全体员工发放“三公调度”十项措施和调度机构“五不准”小卡片，强化服务意识。建立“三公”调度内部管理和外部监督机制，组织六省（市）调度机构现场交流三公”调度工作经验。

公司向六省（市）调度机构和直调电厂公布问询电话和网站；建立网厂联席会议制度，召开三次网厂联席会议；向六省（市）调度机构和直调发电厂发函聘请“三公”调度监督员，建立外部监督机制，召开两次“三公”调度监督员会议，组织“三公”调度问卷调查并及时根据收集的意见制订整改措施。

公司积极向华中六省（市）地方党委政府汇报工作，加强华中电网供需形势分析，及时向政府及有关部门报送重要信息。贯彻《电力监管条例》，支持、配合华中电监局工作，主动接受市场监管。网厂关系更加协调。规范调度信息发布，坚持按时按质完成信息披露任务，主动接受社会监督，“三公”调度水平进一步提高。

党的建设和精神文明建设

7月21日～10月25日，公司开展保持共产党员先进性教育活动。公司直属单位党委的19个基层单位党组织（下设1个党总支、128个基层党支部）、2044名共产党员参加了活动。直属单位党委高标准、严要求开展各个环节的活动。公司保持共产党员先进性教育活动经验在湖北省大型国有企业巩固扩大先进性教育成果工作会议上进行了介绍。公司保持共产党员先进性教育活动群众满意度测评达到99.8%。

开展“党支部建设年”活动，在抓基层、打基础上下功夫。加大基层党组织建设力度，组建武汉华中电力实业发展公司等5家基层单位党组织。调整公司直属单位党委委员和公司本部党委委员，本部21个党支部进行了调整（组建）和换届工作。健全、完善党内有关制度，严肃认真地做好党员发展和党纪处理了作。

开展精神文明创建活动，抓好精神文明建设日常工作。通过对照国家电网公司考核细则逐项进行自检，2004年度精神文明建设工作受到国家电网公司党组的通报表扬。受国家电网公司党组委托，公司对六省（市）电力公司2004年度精神文明建设工作进行考核，对申报国家电网公司2004年度文明单位进行抽查验收，完成考核任务。结合纪念抗日战争胜利60周年和“八一”建军节，公司组织了对驻地部队精神文明共建单位的慰问。响应湖北省委、省政府号召，组织开展“冬衣暖人心”社会捐助活动，参加职工踊跃。

华中电网抗冰抢险保供电

2月7～16日，华中地区遭遇大范围持续雨雪冰冻天气，特别是湖北省和湖南省，分别遭遇50年和35年一遇的罕见恶劣天气。大面积、长时间、高强度的冰冻灾害远远超出电网设计的承受能力，华中电网发生大范围故障跳闸和倒塔断线等设备损害事故，电网安全和春节保电经受了严峻考验。全网因冰闪导致500kV变电站发生设备故障5次，500kV交直流线路共跳闸18条69次。灾害还造成电网解列4次，造成500kV复沙Ⅰ回、岗云、五民、凤梦4条输电线路倒塔25基，折断OPGW光缆一处。

面对突如其来的自然灾害，国家电网公司党组高度重视。国家电网公司党组书记、总经理刘振亚作出指示：立即组织抗灾抢险工作，认真查找事故原因，制订有针对性的措施，确保电网安全运行，尽最大努力保证春节期间的供电，特别要确保抗灾抢险中的人身安全。从2月7日起，华中电网有限公司和有关省（市）电力公司领导迅速奔赴一线，组织指挥抗灾抢险并慰问节日抢险职工。国家电网公司和网、省电力公司生产、安监等部门负责人也迅速赶赴故障地点协助抢修。广大共产党员和普通职工敢于牺牲、勇于奉献、挺身而上，采取措施紧急应对，避免了大面积的停电事故，保证了春节期间人民群众的安全用电。

公司大力宣传、弘扬“抗冰抢险”精神，组织编辑专题录像片，撰写先进事迹报告稿，组织华中电网抗冰抢险保供电共产党员先进事迹报告团，赴国务院国资委、国家电网公司、有关省电力公司作报告。“抗冰抢险精神”得到了广泛的宣传，树立了国家电网公司“四个服务”的良好形象。3月12日，国家电网公司党组书记、总经理刘振亚在北京专程看望了华中电网抗冰抢险保供电先进事迹报告团成员后，称赞华中及湖南、湖北电网的各级党组织和广大共产党员、干部、职工在抗冰抢险保网战斗中作出了重要贡献。

主要事件

1月14日，公司召开安全生产紧急电视电话会议，分析了华中电网安全生产形势，部署确保安全生产的措施，并就切实做好春节期间的安全生产工作做出安排。

1月27～28日，公司2005年工作会议在武汉召开。会议期间，分别召开了工会工作会议、共青团工作会议、直属及控股单位工作座谈会和纪检监察工作会议。会上，华中电网公司与所属单位签订了2005年工作目标责任书。

2月8日，中共中央政治局委员、湖北省委书记俞正声，湖北省委副书记、省长罗清泉等省市领导来公司，亲切看望了节日期间坚守工作岗位的调度值班人员，并向为保证节日期间电力供应的一线职工表示亲切慰问。

3月28日，湖北白莲河抽水蓄能电站工程举行开工仪式。

4月4日，国家电监会主席柴松岳在湖北省副省长任世茂、华中电监局局长何兆成的陪同下，来公司检查指导工作，并视察了华中电力调度（交易）中心。

4月23日，公司和湖北省电力公司、湖北各地市县供电公司联合举办“国家电网‘三公’调度暨供电优质服务宣传日活动”。

6月6日，国家电力监管委员会在北京主持召开华中电力市场建设工作领导小组第一次会议，听取华中电力市场建设有关前期工作汇报，部署下阶段的任务。国家电监会主席柴松岳出席会议并讲话。

6月30日，公司主持召开华中电网迎峰度夏工作协调电视电话会议。

9月16日，国家电网公司党组对公司领导班子作出调整的决定和意见：张丽英同志任中共华中电网公司党组成员、书记；吕海平同志任中共华中电网公司党组成员、副总经理、华中电力工委主任；江似火同志任华中电网公司副总经理。

12月15日，国家电网公司总经理、党组书记刘振亚，中共中央政治局委员、湖北省委书记俞正声，中共湖北省委副书记、省长罗清泉就加快500kV恩施输变电工程建设分别作出重要批示。

12月16日，公司投资建设的500kV恩施输变电工程奠基仪式在恩施州宣恩县晓关镇隆重举行。

（刘胜鸿）

河南省电力公司

企业概况

河南省电力公司（简称公司）是国家电网公司的全资企业，主要经营、建设、管理河南省域电网，承担省内电力资源优化配置，为河南经济社会发展和人民生活提供可靠优质电力保障的责任。2005 年，公司职工总人数 38396 人，资产总额 401.98 亿元。

2005 年公司工作总体思路是：以“同业对标管理基础年”为主题，强化安全生产管理，强化内质外形建设，强化资产经营责任，全面完成年度工作任务和“十五”发展计划目标。

2005 年，公司主营业务收入净额 375.76 亿元；净资产收益率完成 1.08%；流动资产周转率完成 6.13 次/年；资产负债率 82.09%；应收电费余额完成 59315 万元；全员劳动生产率 17.26 万元/人年；全年公司完成售电量 881.24 亿 kWh；跨省电力交易完成 175 亿 kWh，外送电量 107.1 亿 kWh，实现公司售电量新增 100 亿 kWh、省外送电 100 亿 kWh 的“双百亿”目标，全面完成业绩责任考核目标和各项工作任务。

公司发展战略是：抓住两个工作重点，即加快电网发展，大力开拓省内省外市场；实现两个阶段目标，即到 2008 年初步建成坚强电网，实现公司经营状况根本好转，主要指标在华中电网有限公司系统领先；到 2010 年实现公司全面发展，主要指标位居国家电网公司前列，安全、质量和效益显著提升，并向着国际化一流电网公司迈进。

自 2002 年底“厂网分开”改革实施后，公司所属发电资产分别划归中国大唐集团公司和中国电力投资集团公司。划归全资、控股和参股电厂总容量 671.6 万 kW，其中权益容量 480.79 万 kW；划转资产总额 61.13 亿元。

电网概况

河南电网位于华中电网最北端，经 3 条 500kV 线路与华中电网联网、1 条 500kV 线路与华北电网联网，通过 330kV 灵宝背靠背换流站与西北电网联网，居于华中、华北、西北三大区域电网联网枢纽，是华中电网水火调剂的火电基地。经过“十五”期间的快速发展，河南 500kV 电网正逐步过渡为主干网架，已经形成“两纵两横”500kV 骨干通道：即豫中洛阳—郑州—开封、豫南平顶山—漯河两组“西电东送”通道，两组纵贯南北的“水火互济”通道。220kV 电网正逐步转变为地区性输电网，全省 18 个地市中已有 12 个形成 220kV 环网；99%的县形成 110kV 双电源供电。截至 2005 年底，全省共有 500kV 变电站 9 座，变电容量 750 万 kVA，线路长度 2070km；220kV 变电站 103 座，变电容量 2578.5 万 kVA，线路长度 8650km。

组织机构

公司本部设职能部门 18 个，党群组织 2 个，分别是：总经理工作部（台湾事务办公室合署办公）、计划发展部（住房改革办公室挂靠）、人事董事部、人力资源部（体制改革办公室合署办公、社会保险事业管理中心挂靠）、财务部（资金管理中心合署办公）、工程建设部（招投标管理中心、河南省电力建设工程质量监督中心站、河南省水电建设工程质量监督中心站挂靠）、安全监察部、生产技术部（环境保护办公室合署办公）、市场营销部（计量办公室合署办公）、农电工作部、科技信息部、审计部、多种经营部、离退休人员工作部、事务部、监察部、思想政治工作部（直属单位党委合署办公，含机关工会）、河南电力调度通信中心；中共河南省电力公司党组纪律检查组、河南省电力工会委员会。

公司所属全资单位 41 家：市级供电公司 18 家，调峰发电公司 2 家，设计施工修造企业 6 家，学校医院科研院所 6 家，实体公司 3 家，驻外机构 1 家，其他单位 5 家。

公司有控股企业 2 个，控股县级供电企业 20 个，代管县级供电企业 89 个。

人力资源

截至 2005 年底，公司职工总数 38396 人，其中研究生及以上学历占职工总数的 0.98%，本科专科学历占职工总数的 43.4%，中专技校学历占职工总数的 18.7%，高中及以下学历占职工总数的 36.9%。人才密度 0.79。具有中高级职称的人员占长期职工的 20.9%，技师高级技师占长期职工的 3.8%，初中高级工占长期职工的 31.7%。

公司以“三支人才队伍”建设为重点，建立完善人力资源培养、评价、选拔、任用机制。全年引进大学专科以上学历毕业生 170 人，全员培训率达 95%，人才密度、高级技能人才比例不断提高。成立河南电力技术院，建立技术、技能专家选拔任用制度，评选名誉技术专家 6 人、技术专家 153 人、技能专家 79 人。以济源供电公司为试点，启动技术帮扶工程。建立公司教育培训体系和基层单位三级培训网络，公司层面全年举办管理人员、专业技术人员培训班 71 期，培训 2989 人次；生产技能人员技师培训班 46 期，培训 1068 余人次；中、高级工培训班 98 期，培训 3473 余人次；班组长培训班 10 期，培训 673 余人次。组织开展了 13 项劳动竞赛、技术比武，有 7000 多人次参加。公司被评为国家电网公司教育培训工作先进单位。

开展创建“四好”领导班子活动，制订实施意见及考核细则。完善干部选拔任用标准和程序，严格考核使用标准并加强审计监督，提高了干部选拔的透明度和选人用人的准确性。加大了干部交流力度，拓宽了干部选拔和成长渠道。严格按照标准和比例配备了公司系统后备干部，后备干部人数由原来的 472 人精简为249人，平均年龄降低了0.7岁，本科层次以上人员比例由71%提高为89.5%，高级职称人员由43.9%提高到了55.6%，后备干部队伍年龄层次、基本素质、专业和知识结构得到了全面改善。

电网建设和发展

编制并评审完成《河南省“十一五”电网发展规划和2020年目标网架》及郑州等18个市级电网规划，明确了各级电网发展目标。配合国家电网公司特高压电网试验示范工程，营造了良好的外部环境。南阳西、新乡东、牡郑线、商丘、首阳山开关站、驻马店开关站等500kV项目的前期工作全部完成，完成了30余项220kV电网项目前期工作。全年完成电网建设投资37.1亿元，投产220kV线路404km、变电容量195万kVA，以房城变电站投运为标志，河南成为全国第五个拥有100座220kV变电站的省份。新开工500kV线路352km，220kV线路457km，220kV变电容量228万kVA，电网开工和投运规模均创公司历史新高。工程建设管理不断加强，所有工程全部实现达标投产，其中500kV郑西开关站获得国家优质工程银奖，220kV澶都变电站、临颖变电站获得国家电网公司优质工程奖。建成河南省首座抽水蓄能电站——南阳回龙抽水蓄能电站（2×60MW）。提前完成10项迎峰度夏工程，按期投产8项大电厂（用户）配套送出工程。公司被评为2005年度河南省重点建设项目“建设先进单位”，受到河南省政府通报表彰。

经营管理

坚持以经营业绩考核为主线，深化全面预算管理，充分发挥预算的实时监督和动态调整作用，各项经营业绩考核指标全面完成。规范银行账户监管，降低了公司金融风险；成立公司资金管理中心，资金集约化管理水平进一步提高。狠抓电费回收，电费收交分月实现可控、在控、能控。积极争取和落实电价政策，严格执行煤电联动电价调整方案。加强资产、产权管理，控制资产负债率，优化资产结构，努力缓解投资规模加大和改善财务状况的矛盾。成立公司招投标管理中心，加大招投标和物资采购管理力度，加强合同签订的流程管理，进一步促进了经营行为规范化，有效地降低了经营风险。严格成本管理，非生产性支出得到有效控制。加强以审计监督、效能监察和财务稽核为重点的内控机制建设，管理水平和经济效益显著提高。

以公司“创一流同业对标管理基础年”活动为抓手，建立对标工作常态机制。制定了《创一流同业对标工作考核办法》和《创一流同业对标工作实施细则》，设定了6个专项、107个子项的指标体系，建立指标预警制度、同业对标例会制度，开展QC小组专项攻关活动，开设了典型经验库，保证了对标工作有条不紊地开展。公司综合管理水平得到了有效提升，在国家电网公司发布的2005年度创一流同业对标评价中，公司综合评价排名第八，华中电网名列第一，公司被国家电网公司命名为电网建设和电网运行标杆单位。

围绕“明晰产权、改制重组、规范管理、加快发展”的工作思路，以规范改制、建立现代企业管理制度为重点，加强经营管理，积极开拓市场，保持了多经企业稳定健康发展的良好局面。

安全生产

树立“大安全”观念，将安全措施落实到规划基建、生产运行、电力供应、优质服务的各个环节。以强化责任制、推行标准化、提高执行力为重点，全面落实各级安全生产责任制，制订各类事故预警应急预案，完善安全生产监督保障体系。深入开展反事故斗争，抓住典型深刻剖析，全年查处违章41起，10人离岗培训，开展无违章企业建设。大力推进标准化作业和集中检修模式，科学提升电网设备健康水平。全面开展安全性评价和安全生产大检查，建立企业安全管理风险评估机制。建立电网调度运行例会制度，保障调度指挥系统运转有序，进一步明晰网厂安全责任。深入开展基建安全专项检查，强化安全文明施工和施工机械管理，基建安全管理机制不断完善。安全生产实现了长周期稳定局面。全年公司系统未发生国家电网公司业绩考核的安全生产事故，一般事故同比下降55%。公司系统全年实现安全生产百日66个，有11个单位连续安全生产记录超过2000天，许昌供电公司安全记录位居国家电网公司系统供电企业第二，郑州供电公司安全记录名列省会供电企业第一，施工企业实现安全生产13周年，保持全国领先水平。河南送变电建设公司实现安全施工15周年，在全国同类企业中名列前茅。

2005年河南省网夏季高峰负荷达到1766万kW，公司科学安排电网运行方式，加强需求侧管理，采取有效措施提高现有电网输送能力177.8万kW，圆满完成迎峰度夏任务，全年无拉闸限电发生。全省全社会用电量达1352.7亿kWh，同比增长13.01%。抓好市场开拓、通道利用、电量组织和政策支持四个环节，全力开展电力外送，全年实现外送电量107.1亿kWh，使河南首次成为电力净输出省份，有力地支持了全省经济社会建设。

营销工作

适应电力供需变化的新形势，高度重视市场开拓、电费回收和营销基础设施建设。全年累计完成配网建设投资4.1亿元，积极推进居民“一户一表”改造。加强需求侧管理，扩大峰谷分时电价的实施范围。全年新增用电客户19.79万户，新增用电容量519万kVA。全年累计完成省内售电量881.24亿kWh，实现了年度售电量增长超百亿的目标计划。严格执行煤电联动电价调整方案，强化电费回收的全过程控制，当年电费回收率达到100%，陈欠电费同比减少6950万元，同比下降20.4%；年末应收电费余额5.97亿元，同比下降18.2%，超额完成了各项考核指标。配合国家电网公司完成了营销实时信息系统一期工程建设。试点推出“卡卡通”自助缴费系统和流动收费车等便民措施。制定并实施电能表轮换改造三年规划，集中采购轮换电能表41.77万只。

农电工作

围绕“大农电”战略构想，大力推进农网建设，完成县城电网改造15.28亿元的年度投资计划，有效满足了农电负荷快速增长的需求。全省109个趸售县供电企业完成售电量358.4亿kWh，同比增长13.37%，占公司销售电量的38.9%。全省农网供电可靠率达99.67%，农村用户电压合格率达94.62%，综合线损率达8.25%。各县供电企业全部实现与省公司电费结零。以“农电同业对标管理基础年”活动为主题，大力推进一流县供电企业的建设，进一步加强县供电企业基础管理和农网可靠性、线损、无功电压等专业管理。县供电企业管理水平不断提升，截至2005年底，河南20个县级供电企业被国家电网公司命名为“一流县级供电企业”，有34个窗口单位被国家电网公司评为“2005年度农村供电营业规范化服务示范窗口”。

农电发展存在问题：农村电网可持续发展机制亟需建立，农网一、二期改造及县城电网建设并未从根本上解决县乡电网的长远发展问题，长期合理的投融资和还贷机制尚未形成，农村电网发展缺乏配套政策支撑。

科技与信息化

公司全年科技投入8058万元，共有6项科技成果获得省部级以上科技进步奖，有2项QC成果获全国质量管理优秀成果奖，9项QC成果获得中国水电质协质量管理优秀成果奖。公司成为美国电力科学研究院提高输电能力专业的会员单位，与中国电力科学研究院签订了科技合作常态机制的框架协议。

高度重视环境保护工作，完成焦作电厂2号机组烟气治理主体工程的施工。严格执行环境影响评价法的规定，开展了一批220kV输变电项目的环境影响评价工作。

信息化建设稳步发展，建立了同业对标管理信息系统、大集中式的公司财务MIS系统和公司统一的企业门户系统，其中企业门户系统荣获河南省科技进步二等奖。启动了豫电OA升级和千兆广域网等重大工程项目。编制完成了公司“十一五”信息化发展规划。2005年公司荣获全国企业信息化先进单位。

优质服务

供电优质服务成效显著，行风评议取得历史最好成绩。全面落实国家电网公司颁布的“三个十条”，积极开展系列优质服务宣传活动。建立了供电服务承诺兑现率考核制度，定期对供电服务“十项承诺”的落实情况进行监督检查。组织开展了全省范围的优质服务和行风明查暗访活动；引入客户评价体系，提升员工优质服务水平。全面推进城市供电营业规范化服务窗口创建工作，在营业窗口推广应用国家电网公司企业标识系统，全省城市供电营业窗口全部达到国家电网公司规范化服务窗口标准要求，郑州建设路供电营业厅等五个营业窗口被国家电网公司命名为2005年度城市供电营业规范化服务示范窗口。在2005年全省行风评议中，公司满意率为82.78%，同比上升6.28个百分点，其中城市居民满意度和农村居民满意度在全省23个公共服务行业中名列第一。公司被河南省政府表彰为2005年度政风行风建设先进单位。

党的建设和精神文明建设

切实加强理论培训力度，举办了七期处级领导干部培训班和两期青年干部培训班，共培训511人。扎实抓好党员先进性教育活动，得到省委督导组和省委先进性教育活动办公室的充分肯定和好评。公司直属单位党委、直属单位纪委被省直工委授予“五好党委”、“五好纪委”称号，十个基层单位获得“河南省思想政治工作先进单位”称号。

全面推进精神文明建设和企业文化建设。2005年，洛阳供电公司和周口市电业局两个基层单位获得“全国文明单位”称号，九个基层单位获得“全国精神文明建设工作先进单位”称号，受表彰数居全省各行业第一位。积极开展企业理念宣传活动，大力弘扬“努力超越、追求卓越”的企业精神。

认真贯彻落实党风廉政建设责任制，严格执行重要事项报告制度和“三项谈话制度”，专项治理工作卓有成效，公司被国家电网公司评为党风廉政建设工作优秀单位，焦作电厂燃煤成本效能监察被评为国家电网公司系统2005年效能监察十佳优秀成果。

加强工会、共青团工作，充分发挥群众组织自身特点和优势。积极推进民主管理，进一步规范职代会制度，推进厂务公开制度。公司获得“河南省民主管理先进单位”称号，安阳供电公司客服中心和新乡供电公司洪门变电站两个青年集体获得“全国青年文明号”称号，公司直属团委获得“河南省五四红旗团委”称号。

主要事件

1月，河南省送变电公司参建的500kV郑州西开关站工程，被国家建设质量审定委员会评定为2004年度国家优质工程银质奖。

1月26日，河南省委保持共产党员先进性教育活动督导组进驻公司本部，开始了为期5个月的保持共产党员先进性教育活动。

1月31日～2月1日，公司在郑州召开四届四次职工代表大会暨2005年工作会议。

4月1日，国家电力监管委员会主席柴松岳到公司进行工作调研。

5月，安阳供电公司客服中心和新乡供电公司洪门变电站荣获“全国青年文明号”称号。

6月，国家电网公司党组表彰2003～2004年度文明单位，公司8个直管单位和7个县级供电企业受到表彰。

6月22日，河南送变电建设公司实现安全施工15周年，在全国同类企业名列前茅。

6月28日，焦作电厂举行建厂一百周年庆典。

7月7日，省政府李成玉省长到省公司视察和调研，慰问迎峰度夏的干部员工，并对公司2005年各项工作给予高度评价。

8月1日，河南第二火电建设公司签订印度尼西亚两台30MW发电机组的安装与调试合同，标志该公司实施“走出去”战略迈出了第一步。

8月13日，省网最高用电负荷达到1766万kW，创历史新高，省网运行稳定，电力供应有序。

9月10日，2005年中国郑州先进适用技术交易会落下帷幕，公司展团荣获大会最佳展团奖和最佳布展奖。省委书记徐光春亲临公司展厅，高度评价河南电力供应工作。

9月30日，公司招投标管理中心正式挂牌成立。

10月，省政府史济春副省长在《2005年河南省电力迎峰度夏工作总结报告》上批示：省发改委、电力公司、煤炭工业局在2005年电力迎峰度夏工作中，及早安排，措施有力，团结协作，精心调度，科学管理，有力地保证电力有序供应，促进了河南省经济快速增长，为社会大局稳定做出了贡献。

10月20日，国家电网公司党组成员、中纪委驻国家电网公司纪检组长祝新民到公司调研指导工作。

11月4日，国家电网公司党组成员、国家电网公司副总经理陈进行到公司调研指导工作。

11月，中共中央召开全国精神文明建设工作表彰大会，公司系统共有11个单位受到表彰。

12月8日，南阳回龙抽水蓄能电站2×60MW抽水蓄能机组正式转入生产运行。

12月20日，河南电力技术院成立并召开首届专家大会。

12月底，郑州供电公司连续安全生产1657天，居国家电网公司系统省会供电企业第一名。

12月30日，公司资金管理中心正式挂牌成立。

（罗汉武）

湖北省电力工业

概况

2005年，全省电力工业保持快速发展态势。电力供需形势依然紧张，但供需矛盾开始缓和，季节性、随机性缺电仍较明显，在自然灾害、外力破坏较严重情况下，圆满完成迎峰度夏等重大事件和节假日的供电任务，保证了全社会基本用电要求，电力工业运行安全总体状况良好。

(1) 电力需求持续快速增长。全社会用电量比2004年增长12.57%，是近20年全省用电量增长最快的一年，其中农村居民生活用电增长25.55%，增幅创历史新高。

(2) 电力建设步伐加快。500kV鄂东环网输变电工程正式开工，鄂西、鄂西北水电输送工程取得实质性进展，一批220、500kV输变电工程相继投产或开工。发电能力快速增长，全口径发电装机容量同比增长11.33%，电源结构水火比为65.25∶34.75，水电占比上升5.03个百分点。

(3) 电力供应能力有所增长，发电利用小时数有所回落。全省发电量同比增长14.60%，增速超过全国平均水平。汉水流域来水情况较好，丹江口、黄龙滩等水电厂发电量同比增幅较大。全省发电设备平均利用小时数同比减少156h，其中水电设备利用小时数同比减少279h。

(4) 跨区（省）电量交换规模继续快速扩大。主网电量交换总规模658.23亿kWh，增长27.93%。三峡电站全年上网电量489.33亿kWh，全省消纳50.31亿kWh，占10.28%，其余439.02亿kWh全部外送。

(5) 自然灾害频发，给电力安全生产和供应造成困难。春节期间、7～8月份，冻雨、暴雪、罕见龙卷风和特大暴雨相继袭击鄂东负荷中心地区、恩施五峰土家族自治县、鄂东和鄂西北，电力设施毁损严重。1～8月，湖北电网因自然灾害造成的电力设施损失约1.35亿元。

(6) 电煤矛盾趋于缓和。受国家宏观调控政策影响，煤炭供需关系逐步趋缓，直供电网电厂煤炭库存增加。全年统调电厂共到煤2420万t，比2004年多326万t。至年底，统调火电厂电煤库存156.92万t，是2004年同期的3.42倍，使发电机组运行可靠性有较大提高。全年统调火电厂发电机组因缺煤临时退出运行共15台次，均发生在一季度，而2004年仅下半年因缺煤临时停机就发生21台次。

全省电力工业规模情况见表1。

表1 全省电力工业规模情况一览表

指标名称	单位	2004年	2005年	增幅(%)	备注
全口径发电设备装机容量合计	万kW	2462.44	2741.52	11.33	
水电	万kW	1511.51	1788.89	18.35	
火电	万kW	950.93	952.63	0.18	
6000kW以上电厂发电设备装机容量合计	万kW	2387.90	2660.98	11.44	
水电	万kW	1438.47	1710.15	18.89	
火电	万kW	949.43	950.83	0.15	
35～500kV公用变压器容量合计	万kVA	4723.91	5051.01	6.92	
110kV	万kVA	1886.48	2003.14	6.18	
220kV	万kVA	1649.90	1832.50	11.07	
500kV	万kVA	806.80	806.80	0	
35～500kV公用变电站合计	座	1178	1207	2.46	
110kV	座	390	410	5.13	
220kV	座	79	82	3.80	
500kV	座	9	9	0	
35～500kV输电线路回路长度合计	km	39526.72	41944.60	6.12	
110kV	km	13127.78	13526.95	3.04	
220kV	km	6955.25	7654.37	10.05	
500kV	km	3883.74	4629.33	19.20	

湖北电网“十五”发展概况

“十五”期间，湖北省坚持以市场为导向，适度超前发展电网。湖北省电力公司对电网总投资173.93亿元，超过全省前50年电网建设累计投资额的总和。“十五”期末，湖北电网已经发展成为一个以500kV电网为骨干、220kV电网为主体、110kV及以下电网覆盖全省城乡、供电人口达到6100万的现代化大电网，成为三峡外送的起点、西电东送的通道、南北互供的枢纽、全国联网的中心。

“十五”末，全省境内6000kW及以上发电装机容量2741.52万kW（含三峡），比2000年增加1327.2万kW，增长92.65%；500kV变电站11座，同比增加6座，变电容量806.8万kVA，同比增加450万kVA，线路总长度3883.74km，同比增加1963.81km；220kV变电站89座，同比增加24座，变电容量2056.5万kVA，同比增加701.5万kVA，线路总长度7380km，同比增加1543km；110kV变电站351座，同比增加104座，变电容量1961.38万kVA，同比增加797万kVA，线路总长度13355.21km，同比增加4042.04km。湖北电网保持了23年的长期安全稳定运行。

领导班子

1. 湖北省电力行业协会

名誉会长：任世茂（副省长）
邱思胜（省经贸委主任）
谷玉川（省委大型企业工委副书记）
会　　长：王远璋（省电力公司总经理）
副 会 长：龚友明（常务）　吕泊群　戚名辉
王幼平　于湘泉　肖宏江
秘 书 长：梅华先

2. 湖北省电力公司

党委委员、总 经 理：王远璋
党委书记、副总经理：汤文全（12月份任职党委书记）
党委委员、副总经理：龚友明（6月份因年龄原因转任副局级调研员）　欧阳昌裕　易旺青　王怀明
党委委员、纪委书记：曹世强（12月份任职）
党委委员、工会主席：刘　勤
总工程师：周世平
中国国电集团公司华中分公司总经理：夏才清
中国华电集团公司湖北分公司总经理：王幼平
中国华能集团公司武汉华能发电有限公司总经理：于湘泉
湖北省能源集团公司总经理：肖宏江

机构设置

1. 湖北省电力行业协会（机构设置见下图）

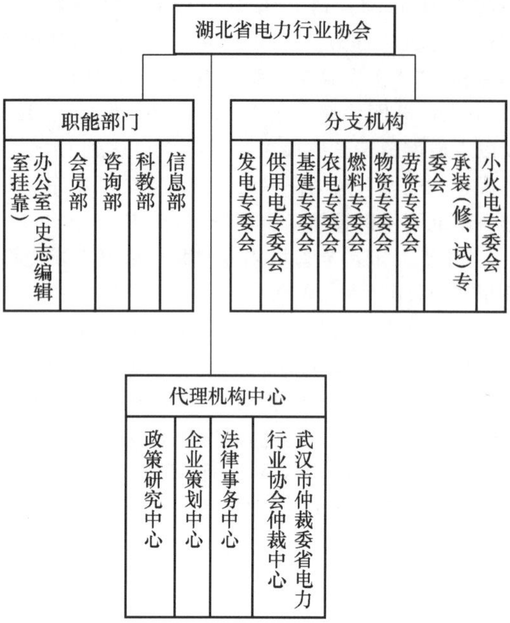

湖北省电力行业协会组织机构图

2. 湖北省电力公司

湖北省电力公司现有 28 个直属单位，包括 12 个供电企业，1 个超高压输变电公司，2 个发电企业，5 个基建修造企业，8 个设计、试研、教育等单位；代管恩施州电力总公司、神农架林区电力公司。全省直供直管县级供电企业 55 个，代管（含控股）县级供电企业 23 个，自供自管县级供电企业 3 个。

行业管理

电力行业管理与服务取得新进展。成立省电力行协电力承装（修、试）专业委员会、省标准化协会电力专业委员会、武汉市仲裁委湖北省电力行业仲裁中心，行协职能进一步完善；制订《湖北省发电企业自律公约》，以维护正常的发电生产经营秩序和公平竞争；与会员单位签订《常年咨询顾问协议》，用合同形式规范行协咨询服务行为，成功为多家企业开展咨询、策划工作；完成《湖北省低压电网电能损耗情况及对策研究》等 30 多个调研课题任务；寻求解决电煤供应矛盾对策，向中电联和省经委反映情况，引起有关方面高度重视；针对《湖北省水资源费征收管理办法》和《关于调整水资源费征收标准的通知》征求意见稿，积极反映发电企业诉求；协助政府部门继续开展电力工程安全预评价报告的评审和小型热电联产机组的审核工作，为政府加强电力宏观调控，搞好环境保护提供专家意见和中介服务。较好履行标准宣贯和行业标准化管理、信息服务、行业编史修志、行业培训和评先推优等服务职能。

生产指标

全省发电量增速超过全国平均水平。汉水流域来水情况较好，丹江口、黄龙滩等水电厂发电量同比增幅较大，分别增长 40.24%、67.80%。三峡水电站全年发电量 490.90 亿 kWh，同比增长 25.37%。

湖北经济快速发展，全社会用电需求增长迅猛。全省全社会用电继续保持两位数增长，与 2004 年相比，三产业和居民用电所占比重略有上升，一、二产业用电所占比重略有下降。城乡居民生活用电成为全年电量增长的亮点，特别是农业税的取消及网改后同网同价对刺激农业发展和用电有明显作用。全省各地区全社会年用电量前五位与 2004 年保持一致，依次是武汉、宜昌、荆州、黄石、襄樊。

2005 年是湖北省电力公司售电量增长近 20 年来最快的一年，公司线损率创历史新低。

湖北省电力生产主要指标见表 2。

表 2　湖北省电力生产主要指标一览表

指标名称	计量单位	2004 年	2005 年	增幅（%）	备注
全口径发电量	亿 kWh	1125.46	1289.80	14.60	
其中：水电	亿 kWh	695.12	813.65	17.05	
火电	亿 kWh	430.34	476.15	10.65	
全社会用电量	亿 kWh	700.21	788.21	12.57	
第一产业用电量	亿 kWh	16.93	17.92	5.84	
第二产业用电量	亿 kWh	514.68	570.91	10.93	
第三产业用电量	亿 kWh	73.98	85.47	15.53	
城乡居民生活用电	亿 kWh	94.62	113.91	20.39	
其中：城市	亿 kWh	65.50	77.35	18.10	
乡村	亿 kWh	29.12	36.56	25.55	
省电力公司（省内）售电量	亿 kWh	514.97	589.20	14.41	
省电力公司（省内）线损率	%	8.17	7.68	−0.49	
全省发电利用小时	h	5134	4978	−156	
其中：水电	h	5246	4967	−279	
火电	h	4961	4998	37	

续表

指标名称	计量单位	2004年	2005年	增幅(%)	备注
净外送电量	亿kWh	425.25	500.89	17.79	
其中：输出	亿kWh	469.62	579.56	23.41	
输入	亿kWh	44.37	78.67	77.30	

电力安全

全省电力工业坚持“安全第一，预防为主”方针，进一步加强安全生产责任制的落实，安全局面保持稳定。湖北电网全年未发生特、重大事故，未发生大面积停电事故和系统稳定破坏事故，主网未发生电力生产人身死亡事故；发电企业全年未发生人身伤亡和设备事故，实现“双零”目标。

湖北省电力公司强化所属单位党政正职安全责任，完善《安全生产工作奖惩规定》，加大责任追究力度。开展反事故斗争，制定落实反事故斗争二十五项重点措施实施细则，颁布十八项电网重大反事故措施实施计划表。加强电网运行监控，制订电网安全稳定运行方案和突发事件应急处理预案，正确处理电网局部故障带来的安全稳定风险，提高电网运行应变能力。开展基建安全大检查，加强施工现场安全管理。加强电力设施保护工作，依靠政法机关和人民群众严厉打击盗窃电力设施犯罪活动。国电长源电力股份有限公司以防人身、保设备为重点，构建安全生产监督及保证体系；坚持“四不放过”原则，及时整改安全隐患，认真分析并严肃处理安全事故；加强非计划停运和一类设备障碍管理；严格春秋两季安全大检查，加大技术监督力度，狠抓不安全因素的整改落实。华电湖北分公司重点制订技术监督和降低“非停”具体措施；服从调度要求，提前开展各类检修及试验工作，强化设备整治，提高设备健康水平，在满发稳发基础上抢发电量，实现迎峰度夏期间发电量高速增长。省能源集团坚持在安全中求效益，在安全中出成果，建立健全工作机构，完善管理制度；加强安全知识培训，精心组织秋季安全大检查和防汛度夏，认真开展总结考核评比，所属三家发电公司实现安全生产三个100天，三个在建项目未发生责任事故。武汉华能发电有限公司加大考核力度，修订和完善安全生产管理制度，举办各类培训、竞赛活动，增强职工安全意识，实现安全年目标。

电力建设

编制“十一五”湖北电网发展规划，修订省内大中型城市电网规划，开展湖北电网接入特高压电网的前期研究工作。电网建设步伐加快，全年累计完成电网建设与改造总投资26.2亿元，其中：主网建设完成投资18.6亿元，县城网建设完成投资7.6亿元。主网累计新增220kV变电容量252万kVA，线路498.2km，新增110kV变电容量74.9万kVA，线路290.7km。500kV鄂东环网输变电工程正式开工，鄂西、鄂西北水电外送输变电工程取得实质性进展，咸宁等500kV变电站项目相继开工。加强工程质量管理，变电站典型设计工作取得阶段性成果。

全年新增发电容量279.08万kW，为缓解供电压力发挥作用。其中，三峡电站年内投产3台机组共210万kW容量，至此，三峡左岸电站14台机组全部投产，投产总容量980万kW；洞坪水电站2台共5.5万kW机组、黄龙滩水电厂扩机工程2台共34万kW机组年内投运。

全省在建电源规模超过810万kW（不含三峡工程），其中，省能源集团185.36万kW，国电长源电力股份有限公司129万kW，华电湖北分公司和武汉华能发电有限公司各120万kW。白莲河抽水蓄能电站（120万kW）主体工程开工，水布垭水电站、九宫山风电、阳逻电厂三期、钟祥北山抽水蓄能电站（20万kW）、大别山电厂（120万kW）等在建项目进展顺利。荆门热电厂三期扩建工程完成工程节点目标，累计完成工程总投资的21%；鄂州电厂二期被国家发改委列为2007年预备项目；武昌热电厂“煤改天然气”工程完成科研及项目核准、设计、监理及主机招标工作。襄樊二期、西塞山二期、沙市电厂燃煤、青山老厂改造等项目前期准备工作仍在进行中。省能源集团取得利川齐岳山风电工程特许权招标。

电网调度

湖北主网最大日用电量2.7亿kWh（8月12日），同比增长17.74%；最大日用电负荷1319.1万kW（8月12日），同比增长14.4%；最大用电峰谷差440.6万kW（2月8日），同比增加19.6%；平均用电负荷率84.34%，同比提高0.72个百分点。湖北电网频率不合格时间为零，连续5年保持合格率100%（50±0.2Hz）；主网电压考核点电压合格率累计完成99.749%，同比提高0.431个百分点；220kV及以上系统继电保护正确动作率99.67%，同比提高1.2个百分点；220kV高频保护投运率99.96%，同比提高0.57个百分点；故障录波完好率100%，同比提高1.34个百分点。开展湖北电网调度系统“安全优质服务年”活动，至12月31日，调度中心连续安全运行3818天，继续保持长周期安全生产纪录。

做好电网稳定分析，加强电网继电保护及安全自动装置管理；开展调度系统联合反事故演习，对电网运行薄弱断面及重大检修方式进行风险分析；开展优化调度，加强经济运行分析，充分吸纳低价电量，控制购电均价，努力降低高压网损；结合华中电网CPS考核，完善湖北电网并网运行机组辅助服务功能，抓好一次调频和加强励磁系统以及AGC和电力系统稳定器的投入管理，开展AVC、WAMS等实时在线系统的研究，提高信息化、自动化水平，提高驾驭大电网的能力；采取稳定控制技术、输电方式优化技术、机网协调技术、设备技术改造以及仿真分析计算等手段，有效提高湖北电网输送能力，保障电力有序供应；深化“三公”调度，促进网厂协调，树立良好社会形象。

经营管理

电网企业强化经济调度，控制购电成本，完成购电均价273.43元/MWh。积极疏导电价矛盾，促进全省煤电联动方案及时出台。开拓电力市场，加强营销精细化管理，实现售电量589.2亿kWh，同比增长14.41%；售电均价（不含税）417.07元/MWh，同比上升25.48元/MWh。完善电费管理机制，加强电费风险控制，落实电费回收责任制，实现当年电费结零，历欠电费回收53.02%，咸宁、宜昌、随州、荆门、鄂州等供电公司率先实现当年电费和历欠电费“双结零”。加大“四分”改造力度，加强无功管理，完成线损率7.68%，同比下降0.49个百分点。反窃电立法工作取得重要进展。开展反窃电斗争，组织营业大普查，合理增收1.24亿元，超额完成年度计划的77.24%。推行同业成本比较，实行标准成本管理，成本三项费用控制在22.88亿元。加强资金运作，整合资金资源，优化存贷比例，提前归还长期贷款35亿元，节约利息支出1.7亿元。强化审计监督，提高审计质量，开展社保管理、经济责任、项目投资等审计项目568项，纠正违规金额2820万元。全面启动同业对标工作，树立省、市、县三级标杆单位，建立同业对标典型经验库。

国电长源电力股份有限公司重点做好抢发电量、实施煤电价格联动方案和电费回收工作，并加大固定成本及费用开支控制力度。完备收购汉新公司5%股权法律手续；解决三家电厂收购后土地资产处置；增加对恩施老渡口水电工程项目股权投资，实现绝对控股。华电湖北分公司努力争取并落实计划电量，采取“争取计划、积极超发、按月控制、抢前争先”等措施；加强计划管理，跟踪省内电力市场变化；组织电价测算与申报，争取疏导电价及煤电联动电价；将改善外部经营环境与内部挖潜增效相结合。省能源集团自成立以来，坚持“以效益为中心、以市场为导向”，开源节流，推行预算化管理，提高利润水平；调整三产业发展战略，集中优势发展房地产业，形成“辅业反哺主业”局面；实施战略结构调整，转让宏源电力、天堂抽水蓄能、武汉蓝光等份额小的股权投资；进行股权并购，达成襄樊电厂一期、二期股权调整初步意向；参股投资湖北省煤炭投资公司。武汉华能发电有限公司内部挖潜，加强设备治理，优化运行方式，控制指标；拓展渠道，水陆并进燃煤，保证燃料稳定供应；推行预算管理，有效控制成本；加大协调攻关力度，营销工作取得实效。

农电工作

全省农村电网发展加快，县级供电企业管理水平和效益明显提高。①农网建设步伐加快。全年县城网改造计划投资8.08亿元，已累计完成投资24.18亿元，占可研的93.87%。②县级供电企业增供扩销成绩突出。省电力公司农网全社会用电量346.88亿kWh，占全社会用电量的44.01%；公司系统县级供电企业售电量265.97亿kWh，占省电力公司直售电量557.02亿kWh的47.75%，同比增长13.8%，其中，农村售电量69.14亿kWh，同比增长20.6%，主要是农村居民生活用电及商业电量增长较快，较2004年分别增长25.58%和19.7%；县城售电量196.84亿kWh，同比增长11.6%。③农网管理工作全面加强。农电队伍整体素质提高，县级供电企业同业对标、创建一流企业工作成效显著，共有15家县级供电公司荣获国家电网公司“一流县级供电企业”称号。④农网安全生产形势平稳。⑤农网“三标两率”（即指标杆变电站、标杆输配电线路、标杆配电台区，供电可靠率和电压合格率）工作成绩突出。进一步规范农网标准化管理，提高设备健康水平，保证电网安全经济运行。

供电优质服务

贯彻落实“三个十条”，满足客户多样化的电力需求，对城乡居民客户试行上门服务，探索为大客户提供个性化服务。坚持“三公”调度原则，按照购售电合同实施调度，实现电网调度信息披露制度化和规范化；加快迎峰度夏工程建设，在夏季高峰负荷来临之前，圆满完成22项迎峰度夏重点电网建设改造工程。加强输变电设备整治和管理，投入资金8000万元，改造老旧输电线路，提高电网安全输电能力。制定并实施用电预警制度，精心组织电力生产，科学安排运行方式，积极开展短期电力电量交易。加强需求侧管理，加大负控投入，对高能耗、低产出的企业用电实行错峰、避峰、限电。加强舆论引导，倡导科学合理用电，推动节约型社会建设。全年实现电力可靠有序供应。

深化优质服务内涵，服务更贴近客户。黄冈公司开展“电力服务进万家贴心行动”，荆门公司“红马甲”品牌推出培养“农村用电明白人”举措。编制优质服务三年规划，加强对服务承诺兑现率的考核，十堰公司召开誓师大会，向社会公布贯彻“三个十条”的十件实事并逐一落实。组织明察暗访，针对薄弱环节，改进服务质量。规范服务窗口建设，制定《城市供电营业规范化服务窗口建设指导意见》，统一营销人员服装，统一营销人员编码，更换改造窗口 VI 标识，统一服务形象。缓解客户缴费难问题，调整代收手续费标准；改善窗口服务工作条件；在缴费高峰期增设收费窗口、延长收费时间；大力宣传和推广银行储蓄批扣业务，武汉公司开展“千百度，赠千百户”储蓄批扣抽奖活动；优化缴费及停复电流程；拓宽服务渠道，咸宁公司向社会推出网上营业厅，方便客户通过网络缴纳电费；与武汉电信公司合作，为客户提供电费充值卡缴费服务。

体制改革

为了加强省政府对发电市场的调控能力，培育湖北省基础产业的核心竞争力，进一步解决电力短缺问题，湖北省委、省政府决定，将湖北省清江水电投资公司与湖北省电力开发公司整体合并重组，正式成立省能源集团公司。该公司控股和参股隔河岩、高坝洲、鄂州、襄樊等发电项目，可控发电总容量 220 万 kW，在建电力项目 190 万 kW，成为湖北省最大的地方发电企业。

华电湖北分公司积极寻求人员分流新途径，重点抓好停产的武昌热电厂人员分流工作。分公司与周边省份的 5 家新项目公司签订总数 550 人的人力资源配置协议书。至年底，基本完成武昌热电厂 215 人、青山热电公司 82 人、黄石发电公司 14 人的分流协议或意向的签订，分流总体指标完成过半。由于提前筹划，工作细致到位，武昌热电厂停产后，企业保持了基本稳定。

省电力公司组建电费管理中心、电能计量管理中心和招投标管理中心，理顺管理体制；制订并实施公司本部机构和岗位设置方案，解决职能交叉、职责不清的问题，机关运转更加顺畅；实行首席员工制，拓宽专业人才成长渠道；组织机关部分空缺岗位的招聘工作；逐步理顺代管供电企业管理体制，加大管理力度。

党建和三个文明建设

湖北省电力行业全面开展保持共产党员先进性教育活动，取得较好成效。省电力公司群众满意率 99.68%，华电湖北分公司群众满意率 100%，武华发电公司群众满意率 99.5%。开展创建“四好”领导班子活动，提高各级班子整体活力和效率。开展党风廉政教育，党员领导干部未发生违法和严重违纪案件。省电力公司加强领导干部理论培训，在国家电网公司党校举办两期干部理论强化培训班；严格工作程序，加强领导班子的考核、调整和培养，一批优秀干部脱颖而出，走上领导岗位；加大后备干部培养力度，开展本部与基层单位之间干部双向挂职锻炼。省能源集团年初成立后，迅速完成了机关本部党的组织建设，理顺了同控股发电企业党组织和群团组织的关系。

行业文明创建工作再上新台阶。省电力公司本部和 3 个基层单位首次荣获“全国文明单位”称号。省能源集团制定《公司文明单位建设管理办法》和《公司 2005～2006 年精神文明建设规划》，高起点开展公司文明创建工作，公司成立第一年就获得“省级最佳文明单位”称号。国电长源电力股份有限公司制定印发《2005～2010 年精神文明建设规划》，以宣传集团公司企业文化理念和公司成立十周年为契机，创新思想政治工作，公司获得“湖北省文明单位”称号。

存在问题

存在问题：①电网企业方面，一是湖北电网地位重要，管理体制复杂，安全工作压力重、难度大；二是湖北电网输配电卡口问题仍然存在，抗御自然灾害的能力亟待提高；三是季节性电力供需矛盾依然突出；四是经营管理仍较粗放，经营财务压力仍然很大，资产负债率仍然较高；五是电网建设所需资金巨大，电网企业融资能力有限，投入相对不足；六是人才问题较为突出，个别专业技能人才出现“断档”现象。②发电企业方面，一是宏观经营形势严峻，电煤价格上涨、水资源费的征收、工程建设材料等费用攀升进一步加剧成本压力；二是部分企业资产质量总体较差，设备隐患多，安全生产难度大；三是经营管理体制没有理顺，管理水平尚待进一步提高；四是人力资源问题突出，超员现象严重，但专业技术人才不足。

主要事件

1 月 20 日，华中电网与东北电网直接并网。至此，川渝、华北、南方、东北电网与华中电网连成有机整体，一个以湖北电网为中心、世界最大的电网业已形成。

1 月底，国务院总理温家宝、副总理曾培炎分别就恩施电力外送卡口现象做出批示。

1 月 31 日～2 月 1 日，省电力公司召开 2005 年工作会议暨三届二次职代会。会议全面总结了公司2004年的工作，提出了2005年工作的指导思想、主要指标和十项重点工作。

2月7日中午，受冻雨、冰雹恶劣气候影响，武汉500kV玉贤变电站电流互感器、隔离开关等设备因覆冰发生爆炸和闪络，导致500kV玉孝二回线路停电，使湖北电网、华中电网运行安全受到严重威胁。经省超高压输变电公司等单位连续28h不间断抢修，恢复了供电，确保了武汉地区人民春节期间的正常用电。

2月8日（除夕）上午，中央政治局委员、省委书记俞正声、省长罗清泉等省、市领导来到省电力调度中心，看望慰问电力职工。

2月28日，湖北省能源集团公司正式成立。该公司由湖北省清江水电投资公司与湖北省电力开发公司合并重组，成为湖北省最大的地方发电企业。

3月25日，省电力公司系统省超高压输变电公司、宜昌供电公司、荆门供电公司3个集体，徐继民、詹必川等10名个人获国家电网公司“抗冰抢险保供电总结表彰大会”嘉奖。

3月28日，白莲河抽水蓄能电站举行开工奠基仪式，电站主体工程正式动工建设。该电站计划投资30多亿元，装机容量120万kW，设计年发电量9.69亿kWh。建设期5年，2008年第一台机组发电，2009年全面完工。

3月29日，荆门热电厂三期扩建工程得到国家发改委正式批复。该工程建设规模为两台60万kW机组，由中国国电集团公司、国电长源电力股份公司和荆门市城市建设投资公司共同投资兴建。

4月4日，国家电力监管委员会主席柴松岳一行来湖北考察。

5月26日，省电力多产业协会成立并召开第一次会员代表大会。会议通过了《湖北省电力多产业协会章程》（草案）。

7月13日，中共湖北省电力公司委员会决定，在公司系统全体党员中开展向张文华同志学习活动。张文华生前是荆门供电公司工会主席、模范共产党员。

8月31日～9月1日，湖北省省长罗清泉到清江隔河岩电站和水布垭电站工地调研。罗清泉省长强调，要大力支持清江水电开发。

9月2日，《湖北省“十一五”电网规划设计及2020年目标网架研究报告》通过华中电网专家组评审。

9月初，咸宁供电公司在全国率先开办供电网上营业厅，可完成电费信息查询、电费网上缴纳、用电网上申请等十余种功能。

10月23日，省超高压输变电公司首次租用武汉通用航空公司恩斯特龙480型直升机巡检500kV输电线路获得成功。

10月24～26日，中国华电集团公司党组书记、总经理贺恭一行来鄂调研。

10月26日，湖北省电力公司（本部）、宜昌供电公司、黄冈供电公司和湖北省超高压输变电公司在全国精神文明建设工作表彰大会上，被中央文明委授予“全国文明单位”称号。

11月11日，省电力公司所属汉新发电公司正式移交中国国电集团。

11月30日，500kV鄂东环网输变电工程正式动工。该项目动态总投资约17亿元，计划于2007年底投产。

12月1日，中共国家电网公司党组任命汤文全同志为中共湖北省电力公司委员会书记。

12月16日，500kV恩施输变电工程奠基仪式在宣恩县举行，该工程是恩施地区水电送出的枢纽工程，曾引起国务院领导的关注。恩施500kV工程动态投资16亿元，将新建恩施500kV变电站、水布垭500kV开关站，新建500kV线路约600km。

2005年，省电力公司文明创建再上台阶，系统内101个单位获得2003～2004年度湖北省精神文明创建工作先进单位。

（杨　倞）

湖南省电力公司

企业概况

湖南省电力公司（简称公司）是国家电网公司全资企业，主营业务为湖南省电网的经营、管理和电力生产，同时兼具电力规划、勘测设计、科研、工程施工、设备安装、修造等综合功能。2005年底，公司在职职工33498人，固定资产283.29亿元。拥有水电厂3座，装机容量180.25万kW，占全省总装机容量的11.92%，年发电量48.88亿kWh，占全省发电量的7.56%。35kV及以上变电站885座，变电容量3592.28万kVA，线路3.0万km，其中500kV变电站2座，变电容量225万kVA，线路616km；220kV变电站69座，变电容量1479万kVA，线路8221km。

2005年，公司有成员单位32家，其中供电企业15家（全资直属14家、控股1家），发电、施工等企业共17家，公司本部设21个职能处室（部门）。公司系统执行垂直管理模式，有14家全资直属供电企业，管理87家直供直管县级供电企业，以及26家代管县级供电企业。

2005年，公司以“一强三优”发展目标总揽全局，按照“三抓一创”工作思路，强化资产管理，坚持真诚服务、共谋发展，全面提升服务质量，企业保持健康、快速发展，完成了国家电网公司下达的资产经营考核任务。全年售电量（省内）481亿kWh，同比增长9.37%；净资产收益率2.07%，主营业务收入232.95亿元，同比增长21.4%；资产负债率77.96%，流动资产周转率3.38次/年，上缴投资收益5200万元，应收电费余额6.57亿元，线损率8.69%，同比下降0.02个百分点；全员劳动生产率12.39万元/人年，同比增长9.36%。

电网概况

湖南电网是西电东送的重要受端电网之一，随着“西电东送、南北互供、全国联网”的加快，电网发展面临良好机遇。“十五”期间，公司增加江陵—复兴Ⅰ回第二条省间联络线，电网在更大范围内优化资源配置能力得到加强。湖南电网500kV网架已初具规模，220kV网络在500kV网架下，分区和结构清晰，拥有长、潭、株220kV双环网，湘南、湘西、湖区220kV单环网。经过大规模电网建设和改造，城乡配电网得到加强，电网结构与输变电设备状况明显改善，供电能力和供电可靠性以及自动化水平逐步提高，供电范围覆盖全省全部城市和95%以上的乡村。拥有3座大型水电站，调节性能相对较好，对保证电网安全稳定运行发挥了明显的作用。

“十五”期间，公司完成电网投资139.54亿元，其中主网56.44亿元，城网26.74亿元，农网56.36亿元。至年底，湖南电网拥有500kV变电站5座、变压器24台、主变压器总容量550万kVA，输电线路15条1913km；220kV变电站77座、变压器140台、主变压器总容量1708.44万kVA，线路194条8320km；110kV变电站538座、变压器849台、主变压器总容量2339.67万kVA，线路956条1.62万km；35kV变电站1295座、变压器2139台、主变压器总容量688.80万kVA，线路1971条2.39万km。

人力资源

2005年，公司人力资源工作在深化公司内部三项制度改革、建立两项机制、激励技能人员岗位成才及基础建设等方面全力推进，取得显著成效。

公司制定了人力资源和体制改革三年规划，以及公司本部改革系列方案。激励生产技能人员岗位成才，评选岗位能手190名；建立技师、高级技师聘用考核奖励制度，公司系统751名技师、39名高级技师与用人单位签订聘用协议；推行职业资格证书制度，生产一线技能人员持证上岗率达90%。制定奖惩办法，规范员工奖惩行为。绩效管理试点取得初步成功，营销台区改革取得初步成效。

开展人工成本管理。制定工资总额管理办法，初步规范工资基金管理，加强工资内外收入和统计工作监督检查。规范劳动用工管理，职业技能鉴定步入常态运行轨道，实施全员培训和创建学习型企业，公司全员培训率达87.3%。制定了《关于加强劳动合同管理的规定》等系列办法，接收安置退伍军人95人。进一步规范养老保险管理，通过基本养老保险缴费基数稽核审计，多经企业集体职工养老保险实现整体纳入省级统筹阶段性目标。医疗保险等管理全面规范。

电网建设与发展

公司建设坚强电网取得新进展。特高压电网工程前期工作取得相关支持性文件。完成“十一五”行业规划、电网规划和公司三年发展规划的编制工作。核准批复长沙西等1变4线500kV输变电工程，完成长沙东等3变8线500kV输变电项目前期工作。电网建设完成投资27.18亿元，同比增长24.85%。投产500kV输电线路115km，220kV变电容量183万kVA、线路344km，110kV变电容量202万kVA、线路886km。实施电网技术升级和线路抗冰抗灾改造，提升了电网输配能力和安全可靠性。

城网建设改造成效显著。全省14个电业局的城网建设改造工程基本验收完毕。2003～2005年，全省城区售电量年均增长约11.4%，全省城区线损率下降2%，供电可靠率提高0.14%，电压合格率提高1.6%，城区互联率约提高1倍，城区线路绝缘化率提高1.5倍。

县城电网建设与改造成绩斐然。2005年，新建、改造110kV变电站32座52.85万kVA，线路83.9km，35kV变电站21座4.81万kVA，线路148.37km；新建、改造10kV架空线路1923km，电缆线路131km，新增、更换配电变压器2343台，配电台区改造3294个。至12月31日，累计完成投资16亿元，占计划总投资的64%。

经营管理

全面启动同业对标工作。建立机构和机制，制订、出台了《开展同业对标指导意见》、《同业对标工作管理办法》和《开展现状分析的指导意见》等。开展综合评价、现状分析和诊断分析等工作，指导电业局开展标杆选定，共有10个电业局选定，部分电业局的单项指标在国家电网公司评价中名列前茅。开发对标指标管理信息系统，逐步建立对标数据库。开展农电创一流同业对标工作，长沙、衡阳、道县 3 个县供电局进入公司建设一流县供电企业行列。修订公司建设一流县供电企业标准及考核细则，组织开展一流县供电企业动态考核。确定长沙、望城、宁乡和浏阳 4 个县供电局为国家电网公司县供电企业同业对标信息管理系统运行测试试点单位，部署全省 70 个县供电局为国家电网公司县级供电企业同业对标的对标单位，并挂网测试，各项数据汇总上报国家电网公司。

加强资产管理，优化整合资源，公司财务状况持续改善。加强资金集中管理，取得效益 8920 万元。全面开展“三清理一规范”工作。疏导电价矛盾，推动煤电联动等电价政策出台。建立营销奖励基金，实施台区改造与改革，加大稽查和反窃电力度。辅业系统各单位在开拓电建市场、提高产品质量、加强经营管理等方面努力作为，企业效益稳步增长。

多经工作围绕“一线四抓三集中”全面推进，即以加强和提高多经企业市场化能力为建设主线；以抓多经企业整顿和规范、抓县供电局多经企业改制、抓开发小水电为龙头的产业结构调整、抓多经职工队伍稳定等四项工作为重点；以注重资源集中使用、倡导资金集中运作、严格对经营者集中监管等三个方面为多经企业经营管理的基本理念，各项经济技术指标同步发展，经营质量逐渐提高。多经企业管理更加规范，队伍基本稳定。

安全生产

2005 年，湖南电网经受住年初大面积冰冻灾害、夏季长时间高温晴热少雨、供水期水电来水偏枯、电煤价格居高不下等严峻考验，安全生产局面基本稳定。电网最大统调负荷 944.8 万 kW（8 月 12 日），最大日用电量 1.99 亿 kWh（8 月 12 日），均创历史新高，但没有拉闸限电；最小负荷 339.0 万 kW，平均负荷率 86.16%；电网频率合格率（按 50±0.2Hz）100%，综合电压合格率 99.903%，超国家电网公司考核指标 1.9 个百分点；供电可靠率 99.89%，网损率 1.43%。公司未发生重大电网、重大设备和重大火灾及以上事故，电网连续安全稳定运行 24 年 7 个月，基建施工企业连续 10 年无人身死亡和重大机械损坏事故。一般电网事故、设备事故下降 66%，一类障碍下降 42%，但人员责任事故突出。线路专项整治成绩显著，但电网内发电设备健康水平有所下降。电网区域性结构较为薄弱，安全稳定隐患仍然存在。

电网控制能力逐步提高。结合同业对标工作，提升生产技术水平；采取一系列措施，加强地方小水电的调度管理；有计划实施 AVC，开展并网电厂 PSS 参数测试与整定，开展一次调频试验等工作，提升驾驭和控制电网的能力。参与电力市场建设，研究保证电网安全、优质、经济运行的调度管理模式、工作流程和安全管理机制。2005 年，湖南电网统调发电（购电）量 513.5 亿 kWh，同比增长 10.45%，其中，火电 320.0 亿 kWh，同比增长 11.20%；水电 129.1 亿 kWh，同比减少 6.84%；联络线送入电量 56.5 亿 kWh（含外购电及对外售电），同比增加 80.29%；玉阳线送入电量 7.9 亿 kWh，同比增加 9.06%。

营销工作

2005 年，公司营销工作取得新成绩。售电量略超过国家电网公司考核目标；售电收入 229.6 亿元（含税、三峡基金），同比增长 17.08%；代收农网还贷资金 7.63 亿元，同比增长 13.54%。通过抓陈欠电费回收与抓新欠电费防范并重，年末应收电费余额同比减少 3.13 亿元，回收呆坏账 3752 万元。①营销现代化水平有所提高。电力营销管理信息系统在 13 个电业局上线运行，覆盖 71 个应用单位。“95598”客户服务系统在 14 个电业局全面应用。新增 1000 套电力负荷双向管理终端，远方抄表、预购电等系统功能得到广泛应用。②台区改革改造效果明显。2003～2005 年，公司投入 8.7 亿元资金改造台区，完成计划的 86.9%，其中城市电网台区改造 4.37 亿元，县城电网台区改造 4.33 亿元，98%城区公变台区进行了改革。③计量管理得到好评。在国家电网公司系统率先获得三级电能计量检定机构授权，重要电能表的各项工作指标全面完成。加强省级关口计量装置管理，率先在全国实施超差电压互感器电量追补。全面启动计量改造九大项目，完成改造资金 8051 万元，为年度计划的 100.64%，共挽回因计量不准及表计本身损耗而造成的电量损失约 5500 万 kWh，创直接经济效益 3000 余万元。④内稽外查取得成效。出台《湖南省电力公司电力营销处罚规定（试行）》。全年共查处窃电用户 5100 多户，违章用户 4400 余户，实际追补电费及违约金 6048 万元。争取政府及公、检、法等部门的支持，初步建立和完善供电企业配合公安机关联合打击窃电的长效合作机制。⑤城区配网线损管理初见成效。制定了《城区配电网络电能损耗管理办法》（试行），改革和完善城区配网线损管理体系，明确管理职责，界定管辖范围，加强理论计算和统计分析，加强综合治理。2005 年城区 10kV 及以下配网线损率 9.79%，少损电量 3918 万 kWh。⑥营销基础管理得到加强。规范营销班组标准化作业流程和管理考核标准，实施班组准军事化管理，创新激励机制，加大奖励力度，促进了营销班组建设。通过开展“真诚服务、岗位创新，争当供电营业‘服务之星’劳动竞赛”活动，涌现了一批供电营业“服务之星”。

农电工作

2005年，在公司管辖范围内，县城电网改造完成投资7亿元，新建、改造110kV变电站21座54万kVA，35kV变电站22座9万kVA；新建、改造110kV线路75km，35kV线路215km；新建、改造10kV线路440km，低压线路2800km；新增、改造配电变压器740台15万kVA。至年底，县城电网改造累计完成投资15.52亿元。有68个县新建改造了调度自动化系统，110kV变电站、县供电局全部实现光纤通信。农网建设与改造一、二期工程验收工作全部完成。

农电体制改革取得新进展。祁阳、新田电力公司上划前期准备工作全部完成，桂东、西洞庭电力公司股份制改革进入资产评估和签订协议阶段，慈利和新宁县供电企业代管前期工作启动。实现郴州地方电网与广东电网解网并与省电网联网，桃源地方电网、蓝山地方电网与省电网联网。

农电管理工作得到加强。组织编写了《湖南省电力公司班组建设（农村供电所）生产管理考核标准》等3个标准，完善和修改30项供电所管理等制度，继续实施供电所规范化管理贯标工作，结合农电安全“四项验收”，在全省供电所开展安全年活动。完成农电经营审计调查。全省农网综合线损率7.9%，农村低压用户电压合格率93.2%，农村中压用户供电可靠率99.58%，同比提高0.11个百分点。

科技与信息化

2005年，围绕电网安全稳定、输电线路安全、提高输送能力、直流输电、农村电网科技进步、信息化建设、现代化管理等技术领域，安排科技攻关和技术开发项目，优先安排自主开发具有自我知识产权、对全省电力企业技术进步有导向作用和示范效果的项目。公司组织技术评价的科技成果中约90%以上的项目得到较好应用。对全省14个城区（地级市）的174个110kV及以上变电站工频电磁场和站界噪声进行测试，全面系统地掌握了城区供电生产的运行环境指标。

组织编写、制订和完善《湖南省电力公司科学技术项目管理办法》、《湖南省电力公司开展先进适用技术研究、示范和推广应用的实施意见》、《湖南省电力公司科学技术奖励办法》、《湖南省电力公司科学技术项目后评估办法》和《湖南省电力公司科学技术项目责任制考核办法》等科技工作管理制度，加强科技项目管理。

公司颁发《湖南省电力公司企业信息化评价办法》等12个文件，涵盖公司信息化管理、建设、运行和评价的制度体系，建立统一的管理信息系统数据备份平台，完成公司系统网络与信息安全评估。

优质服务

公司认真落实“三个十条”，营业窗口和服务支持系统建设、供电抢修管理，规范调度、供用电信息披露等工作进一步加强，优质服务水平进一步提升。

2005年，公司优质服务工作突出三个方面：①制定下发《湖南省电力公司关于员工违反服务行为“十个不准”处罚暂行规定》和《湖南省电力公司供电服务投诉举报管理办法》，规范公司服务投诉举报工作。“95598”供电服务热线共受理各项业务电话27万余次。②加强优质服务监督检查，组织两轮暗访，对公司所属14个电业局的73个供电营业窗口规范化服务进行暗访抽查，下达《暗访整改建议书》73份，整改建议140多条。编发暗访情况内参，通报暗访情况，披露存在问题，表扬先进，并回访复查暗访存在的问题。③针对不同时期优质服务的工作重点，印发了《关于进一步加强优质服务和窗口建设工作监督检查的通知》、《关于加强迎峰度夏期间优质服务工作监督检查的通知》、《关于强化监督检查，深入落实“三个十条”的通知》，狠抓检查督促，巩固优质服务常态运行机制，加强贯彻落实情况的监督检查，严肃查处违反“三个十条”的行为。长沙城南供电局李列娜被评为国家电网公司供电营业“十佳服务之星”。

组织制订《湖南电网“三公”调度外部监督办法》，成立“三公”调度领导小组和工作小组，聘请“三公”调度监督员，同时按规定发布调度信息，组织召开厂网座谈会，主动走访发电企业并征询意见，及时答复质询，实行重要岗位轮换制，加强与发电企业和广大用户的沟通，履行湖南电网《并网调度协议》，维护湖南电网正常运行秩序，网厂关系和谐发展。

党的建设和精神文明建设

2005年，公司党的建设和精神文明建设重点开展了五项工作：①抓根本，理论学习扎实开展。各级党组织组织党员领导干部认真学习党的十六届五中全会精神，先后举办“三个代表”重要思想和“两个条例”学习研讨班。公司党组和各级党组织坚持中心组学习制度，借助骨干培训、知识讲座、文艺演出等形式，广泛开展各具特色的理论普及工作。②抓党建，政治文明建设深入推进。各级党组织联系实际，围绕企业中心工作，抓好党的思想、组织和作风建设。加强对“先导工程”、党建“先锋工程”和“创先争优”等主题实践活动的领导，广泛深入地开展“党组织凝聚力工程”、“共产党员形象工程”和“党员身边无事故、无违纪”等活动。③抓先进性教育，教育活动成效显著。从2月5日到6月中旬，经历保持共产党员先进性教育活动的学习动员、分析评议、整改提高三个阶段，党员素质得到提高，赢得抗冰抢险保供电的重大胜利，促进了部分具体问题的解决和落实。④抓创建，精神文明建设硕果丰盛。公司连续10年保持湖南省文明行业（系统）称号，公司本部连续14年保持湖南省文明单位称号，连续2届保持湖南省文明标兵单位称号。2005年，湖南省送变电建设公司荣获全国五一劳动奖状。4人获全国劳动模范，13人获湖南省劳动模范。公司系统9家单位荣获全国精神文明建设工作先进单位，2个单位荣获湖南省文明单位标兵，15个单位荣获国家电网公司文明单位，21个单位荣获湖南省文明单位。⑤抓机制，思想政治工作明显加强。加强理想信念和形势任务教育，保持员工队伍的稳定，员工队伍素质明显提高。

公司党风廉政建设取得新成绩。落实党风廉政建设责任制，修订《湖南省电力公司党风廉政建设责任制考核办法》，将党风廉政责任制具体考核内容和考核标准纳入公司三项指标考核，进一步健全和完善党风廉政建设工作机制。加强党风廉政和廉洁从业学习教育，突出党风廉政和廉洁从业、预防职务犯罪两个主题，加强对领导干部的纪律教育和警示教育，开展“四个一”和查禁赌博两个学习教育活动，编印领导干部廉洁自律有关规定、国有企业领导人员廉洁从业若干规定、党风廉政教育读本和关于加强廉政建设预防职务犯罪工作决定，组织开展阅读《地狱门前》一书活动。公司机关和下属单位分别组织党员、干部到所在地监狱接受警示教育。组织公司系统广大员工参加《“三个代表”重要思想反腐倡廉理论学习纪要》、《建立健全教育、制度、监督并重的惩治和预防腐败体系实施纲要》和《领导干部廉洁从业规定》知识竞答活动。深入开展预防职务犯罪工作，23个单位与地方检察机关组成联合组织机构，覆盖率达90%。加大对副处级以上干部监督和查办信访案件力度，全年对10名副处级及以上干部进行诫勉教育；对新提拔和调任的26名处级干部进行任前谈话；对219名副处级以上干部进行以预防职务犯罪为主题的廉政谈话。

主要事件

1月12日，湖南省电力试验研究所更名为湖南省电力试验研究院。

1月24～26日，湖南省电力公司工作会暨四届一次职代会召开。

2月5日，湖南省电力公司保持共产党员先进性教育活动正式启动。

2月7～18日，由于持续出现大范围雨雪天气，湖南电网遭遇自1954年以来最为严重的冰冻灾害。省公司立即启动大面积停电应急预案和电力设施大面积受损事故应急预案，动员和部署各方面的力量，投入抗冰抢险保网一线，保证了湖南电网的安全和人民群众节日用电。

2月8日，湖南省委副书记、省长周伯华一行到湖南省电力调度通信中心看望、慰问电力职工。

3月5日，该日起，湖南省取消计划限电指标，用户可根据需要自行安排用电负荷。

3月12日，国家电网公司党组书记、总经理刘振亚，党组成员、副总经理郑宝森一行，到省公司驻京办看望省公司抗冰抢险先进事迹报告团全体成员。

3月22～23日，新华社、光明日报、中央人民广播电台等中央新闻媒体及21世纪经济报道、中国电力报，根据中宣部新闻局和中央先进性教育办公室宣传组文件精神，到省公司对抗冰抢险保网事迹进行大型采访和报道。

3月25日，国家电网公司举行抗冰抢险保供电总结表彰大会，省公司系统共7个单位获先进集体，20位同志获先进个人。

4月23日，省公司开展“国家电网公司‘青春光明行’优质服务宣传日”活动。

4月25日，省公司表彰全系统35名劳动模范、35个先进集体、138名先进生产（工作）者。

4月28日，湘能电力股份有限公司博士后科研工作站挂牌。

4月30日，石门—岗市500kV送电线路（B标段）全线架通。

5月10日，湖南电网直调发电厂“三公”调度信息系统正式启用。

5月23日，凤滩水电厂开闸泄洪，总出库流量3300m^3/s。

5月27～28日，中央先进性教育第56督导组组长张浚生等在国家电网公司党组成员、中纪委驻国网公司纪检组组长、国网公司党组保持共产党员先进性教育活动领导小组副组长祝新民的陪同下，到省公司进行先进性教育活动开展情况调研，并对省公司此项活动所取得的成绩给予高度评价。

6月1～8日，省公司就加大“两个标准”、“三个十条”的落实情况，对全省14个地、州、市的73个城市、农村供电营业场所进行暗访。

6月26日，长沙电力职业技术学院揭牌。

7月，通过层层评选，190名生产一线员工获得“首届湖南省电力公司岗位能手”荣誉称号。

7月初，湖南东江水电厂研制的YSPG2—500大功率高参数防堵双重管油水冷却器在三峡电站中标，这是国内唯一进入三峡电站的冷却器产品。

8月12日，全省统调用电负荷、用电量创新高，分别达944.8万kW和1.986亿kWh。

8月14日，由省电力试验研究院和中国科学院研制的三相高温超导限流器试验一次成功，标志着我国高温超导技术应用已走在世界前列。

8月26日，湖南省调度系统首次召开湖南电网大客户调度座谈会。

9月12日，省公司颁布实施《湖南省电力公司关于建立健全教育、制度、监督并重的惩治和预防腐败体系的实施办法》。

9月15日，湖南省首家大型电力科技展览中心——长沙电业局科技展示中心开展。湖南省副省长郑茂清出席开展仪式。

9月15～27日，湖南500kV线路施工首次实现带电跨越。

11月13日，省公司营销系统10名“十佳服务之星”、10名“优秀服务之星”、21名“服务之星”揭晓。

11月11日，省公司与郴州桂东县人民政府就桂东县电力公司股份制改革的框架协议正式签订，这是该公司对代管公司进行股份制改革的第一家县级电力公司。

11月25日，省公司与中国电力科学研究院签署《湖南省电力公司与中国电力科学研究院关于建立科技合作常态机制的框架协议》。

（刘　晖）

江西省电力公司

企业概况

江西省电力公司（简称公司）是国家电网公司的全资企业，负责江西电网的规划、管理、建设、调度。2005年末，公司资产总额244.41亿元。

公司本部设19个部门，所属单位34个。由公司控股的县级供电公司98个，员工4.9万人，其中正式员工2.9万人，农电工2万人。

2005年公司工作总的要求是：贯穿坚持“三抓一创”工作思路、建设“一强三优”现代电网企业、打造一流电网企业指挥部这条主线；突出加速发展江西500kV电网、加速提升公司管理水平；重点抓好500kV电网建设、抓好生产一线安全基础管理、抓好经营管理向集约化迈进、抓好党风廉政建设和思想政治工作、抓好员工队伍建设与企业良好和谐氛围的营造、抓好主多分开和规范、抓好供电优质服务、抓好公司总部作风建设。强化落实规划管理、安全管理、集约化管理、财务管理、队伍管理、多经管理、营销管理、总部管理等“八项措施”（即坚持“一条主线”，突出“两个加速”，抓好“八个重点”，落实“八项措施”）。

2005年，公司售电量完成300.46亿kWh，同比增长12.34%，实现销售收入184.5亿元，增长24.31%；综合线损率6.24%，同比降低0.43个百分点，利税总额14.52亿元，增长42.07%；资产负债率80.75%，控制在预算目标内；应收电费余额5.0亿元，同比减少1.16亿元；全员劳动生产率13.33万元/人年。

组织机构

公司总部共设有19个部门：总经理工作部、规划投资部、人事董事外事部、人力资源部、财务部、计划经营部、生产技术部、安全监察保卫部、市场营销部、农电工作部、审计部、纪检监察部、电力工会、离退休人员管理部、思想政治工作部、多产业管理部、新闻中心、基建部（与江西省电力公司电网建设分公司合署）、调度中心（对内作为总部一个部门，对外作为一个单位）。

公司共有所属单位34个：江西电力调度中心、南昌供电公司、九江供电公司、赣西供电公司、赣州供电公司、萍乡供电公司、抚州供电公司、赣东北供电公司、吉安供电公司、上饶供电公司、鹰潭供电公司、景德镇供电公司、宜春供电公司、江西省电力公司电网建设分公司、江西省电力公司超高压分公司、江西电力信息通讯公司、江西电力科学研究院、江西柘林水电开发有限公司、江西省火电建设公司、江西省送变电建设公司、江西省水电工程局、江西省电力设计院、江西省电力设备总厂、江西省电力职业技术学院、江西省电力高级技工学校、江西赣电物业管理公司、江西省电力大地有限公司、江西省电业开发总公司、江西诚达工程咨询监理有限公司、江西省电力物资公司、江西电能科技有限公司（华中电力国贸江西分公司）、上海博沃尔实业发展有限公司、庐山电力休养院、井冈山电力培训中心，员工共2.3万人。由省电力公司控股的县级供电公司98个，员工4.9万人，其中正式员工2.9万人，农电工2万人。

领导班子

党组书记、总经理：毛日峰

党组成员、副总经理：李宁生　熊家森　吕华忠　焦保利（11月9日免去公司党组成员、副总经理职务，调武汉高压研究所）

党组成员、纪检组长：侯同昌
党组成员、工会主席：柳杨
总会计师：黄水龙
总工程师：谭永香

电网概况

江西一次能源缺乏，电源以火电为主，水电资源开发潜力有限。2005年，网内统调发电厂18座，总装机容量719.66万kW，其中火电容量607万kW，水电容量112.66万kW，全省电力供需基本平衡。

江西电网以南昌为中心，北起九江，南接赣州，东至上饶，西抵萍乡，主网架仍以220kV为主，正在加快建设，向500kV主网架过渡。有500kV变电站3座，线路551.7km；220kV变电站46座，线路5171km；110kV变电站221座，线路7518km。通过2回500kV线路和1回220kV线路与华中电网联网。

人力资源

公司有员工24868人，其中正式员工23051人。研究生及以上、本科、专科、中专技校学历员工分别占总数的0.8%、16.8%、24.2%、14.9%；高中、初中及以下学历分别占20.3%、23%；具有专业技术资格的员工共7326人，占员工总数的31.8%，其中高级、中级、初级分别占员工总数的5.8%、11.4%、14.6%；具有技能等级的员工共6189人，占员工总数的26.8%，其中高级技师、技师、高级工、中级工、初级工分别占员工总数的0.6%、4.8%、15%、5.8%、0.6%；按年龄结构统计：55岁及以上员工1344人，占5.83%；50～54岁员工2439人，占10.58%；40～49岁员工7030人，占30.5%；30～39岁员工7885人，占34.21%；29岁及以下员工4353人，占18.88%。

公司制定《关于规范员工行为和加强管理的规定》、《供电企业生产一线用工管理暂行规定》、《人事代理试行办法》、《首席岗位制管理办法》、《关于进一步加强教育培训工作的意见》、《生产人员持证上岗实施办法》、《江西省电力公司“师带徒”制度实施方案》等18项制度，规范劳动用工管理，营造人才激励机制和环境；理顺所属单位薪酬分配关系、完善内部分配结构；以生产一线员工技能培训为重点，发挥江西省电力职业技术学院、江西省电力高级技工学校的培训作用，在江西省电力高级技工学校挂牌成立“江西省公司农电培训基地”，完善农电员工培训网络；组织全省生产人员持证上岗考试。以技术比武促培训，开展了电网调度和运行方式技术竞赛、220kV线路带电检修技术竞赛、供电营销技术竞赛等。

按照建设“四好”领导班子要求，公司党组在“三重一大”等问题上，严格按程序办事；坚持正确的用人导向，加强公司系统领导班子的执政能力建设和总部员工队伍的业务能力建设，推进干部考核和干部交流，完善干部管理机制，调整和充实部分单位的领导班子；举办两期高层经营管理干部培训班；推进调度中心总部化工作，规范总部员工管理，按照公开、公平、择优的原则，采取考试、考核相结合的方式，组织了7批次员工招聘，选拔了4批9人到总部工作。

电网建设和发展

公司抓住国家电网公司和江西省委省政府大力支持江西电网发展的机遇，调整规划思路，完成了2020年和“十一五”江西电网、全省城网、农网等规划的调整和编制，确定了江西电网2020年目标网架和2010年的主网架。促请江西省政府成立全省500kV电网建设领导小组，召开全省加快500kV主网架建设工作会，明确500kV主网架建设作为江西省重点工程，提出2008年前建成500kV“八站十线”目标，八站是乐平、赣州、昌南、吉安、上饶、萍乡6个变电站和鹰潭、昌北2个开关站；十线是新余—吉安—赣州第Ⅰ回、赣鄂联网第Ⅲ回、新余—吉安第Ⅱ回、乐万—黄金埠电厂—鹰潭双回路、丰城电厂—昌南—南昌双回路、鹰潭—上饶双回路、新余—萍乡双回路、南昌—乐平第Ⅱ回、南昌—昌北—昌西—新余第Ⅱ回、吉安—赣州第Ⅱ回。500kV吉安—赣州输电线路工程竣工，赣州500kV变电站、罗坊——吉安线路、丰城电厂二期外送和黄金埠电厂外送等500kV输变电工程开工，其他500kV项目前期工作总体进展顺利。国家重点建设工程——浙赣铁路电气化改造工程外部配套供电的14个220kV输变电工程全面开工。

全年电网建设投资18.978亿元，其中主网项目12.1523亿元，中低压电网改造项目1.7376亿元，农网改造项目1.7376亿元，县城电网改造项目4.3256亿元；新建、扩建220kV 16站13线，变电容量225万kVA，线路483.6km；110kV变电容量82.75万kVA，线路215km；220kV瑞金变电站被评为国家电网公司优质工程。

经营管理

公司以“安全、质量、效益”为重点开展创一流同业对标工作，认真与标杆单位进行深度比较，寻找差距切实改进。强化经济活动分析和预算约束，全面停止并清理对外委托理财，规范担保管理；提高基层单位折旧上缴比例，集中财力重点服务生产与电网发展；规范小水电上网电价管理，调整柘林水电厂上网电价，疏导部分电价矛盾；强化成本控制和三费支出，严格控制工程造价和购置小汽车等非生产性投入；加大反窃电工作力度，开展分电压等级线损统计分析；积极研究和争取政策，在农村电网维护费进项税转出问题上取得突破，争取到工伤、医疗、生育三种保险在公司系统封闭运作的政策；开展干部任期经济责任审计，坚持审计成果向公司党组会报告制度；完成国家电网公司核定的资产经营目标，连续三年获得全省工业崛起年度贡献奖和2004年度江西省税利突出贡献企业称号。效能监察、信访工作作为典型经验收入国家电网公司同业对标最佳实践库。公司荣获江西省政府颁发的“工业‘三年翻番’和2004年度江西工业崛起年度贡献奖”。

2005年，公司规范一线员工用工和内部招聘管理，推行人事代理和持证上岗，实行技能津贴、累计运行工龄津贴和边远岗位津贴，加大向一线员工倾斜的分配改革力度；重新核定直属公司规模，进行全面审计和业绩考核检查，规范投资行为，清理和整合已投资的非电项目；对南昌供电公司实行运行、检修专业化管理改革，调整江西省电力试验研究院职责、定位；进一步清理行政管理职能、废止网厂分开前的各项管理制度、规范参加社团组织和对外捐赠、规定基建项目投产后两年免费维护；按“两归口、三分离、一监督”规范招投标工作，对主网和35kV以上农网的输变电设备实行集中招标；加强执行力建设，组织对上级决策执行情况进行专项检查；两所学校在创新路子、扩大招生、开展培训等方面迈出可喜的步伐。

安全生产

2005年，全网经受了地震、台风、冰闪等自然灾害和历史新高负荷682.5万kW的考验，未发生重、特大电网和设备事故，未发生电力生产重伤及以上的人身事故，杜绝了恶性误操作事故，主网连续安全稳定运行8146天。

公司严肃处理和追究事故责任人和责任单位。抓基层、抓基础，为掌握真实情况，主要领导轻车简从，采用不打招呼“突击暗访”方式，检查运行人员业务素质、值班制度执行、后勤保障、员工生活等，树立标杆变电站、推行变电站半军事化管理，强化基层安全管理。开展反事故斗争、“安全生产月”、无违章企业（班组）创建活动和安全性评价及春、秋季安全大检查工作，强化安全监督管理，修订完善公司应急处理机制；加大电力设施保护和网厂安全协调力度，维护了电网安全外部环境。

营销工作

公司营销管理突出“诚信”主题、深化“品牌”内涵，兑现服务承诺，咬住300亿kWh售电量、电费回收两大目标，强化增供扩销措施，加强低谷电力市场的开发，各项经营指标都有新突破。制定《关于发生当年欠收电费责任追究办法》，实行旧欠电费催收经理制和破产转制企业的电费追踪制度，对陈欠电费100万元以上的用户派专人驻点催收，超额完成电费回收任务；加强电能计量工作，全年挽回电量损失约6000万kWh。以营销信息系统建设为契机，优化营销业务流程，推进营业示范窗口建设，基本建成全省统一的“95598”客户服务系统。做好“三个十条”落实情况的监督检查；大力宣传“国家电网”品牌，推广国家电网公司标识在地市供电公司的应用。

农电工作

公司农电工作紧扣“安全”和“效益”两个主题，加强安全生产、规范企业管理，着力提高经济效益、提升员工素质，各项工作取得农电改制以来的最好成绩。一、二期农网建设与改造工程竣工决算和审计工作全面完成，三期县城网改造工作取得阶段性成果，安全生产保持良好局面，内部管理逐步规范，上高、玉山县供电公司成为“国家电网公司一流县供电企业”；推行县供电公司财务总监委派推荐制度；经济效益稳步提高，完成售电量124.08亿kWh，同比增加20.66亿kWh，增长19.96%；当年电费回收率100%，陈旧电费回收率20%；供电可靠率99.64%，电压合格率97.09%，综合线损率11.16%。整顿农村用电秩序，提高农村用电服务质量，促进农村经济发展和农民生活水平的提高。

江西省农电基础差、底子薄、历史欠债多，仍存在建设资金严重缺乏、还贷压力大，部分县供电公司经营状况不佳，自我发展、持续发展能力不强，安全工作基础较薄弱、管理粗放、干部员工素质不能适应形势发展的需要等问题。

科技与信息化

公司确立“围绕电网安全生产主题开展科技工作、以信息化推动公司管理现代化”的指导思想，制定并出台了一系列规定和办法，明确了工作目标和措施。改革科技项目立项及费用管理方式，提升科技开发的技术含量。制定了公司《科技发展“十一五”规划》。公司一项科研成果获江西省科技进步二等奖，两项获国家电网公司2005年科技进步三等奖。

2005年，公司加大对《江西省电力公司环境保护管理办法》（试行）的宣传力度，将电网环保工作纳入电网技术监督考核范畴，加强环保机构自身建设，向江西省质量技术监督局申请电磁辐射计量认证扩项工作，开展输变电线路电磁辐射的数据统计课题研究和对环境影响监测 QC 活动。规范公司系统环保管理体系，加大工程前期环保评测、建设施工评价、竣工健康环境验收、运行监测全过程工作。

公司编写完成《江西电网通信信息网络发展的专题报告》、《“十一五”信息系统整体规划》、《关于加快信息化工作的意见》等，推动公司系统信息化建设；完成生产统计、营销、营销负控、计划统计等新系统的接入，完成与国家电网公司 OA 联网安全传输系统和公司网站、先进性教育活动网站、调度信息披露网站的建设以及会议电视系统的设计和审查。

优质服务

公司立足于“建好网、卖好电、收好费、服好务”的企业定位，确保电网安全稳定运行和可靠供电，三年来首次度冬不拉闸限电，连续三年度夏不拉闸限电。不拉闸限电已成为江西招商引资的品牌，促进了全省经济社会的发展。

公司严格执行“三个十条”，定期发布调度信息，执行调度机构人员“五不准”规定，建立厂网联席会和发电企业座谈会制度，提高调度工作透明度，平等对待各市场主体；在发电企业聘请“三公”调度监督员，建立“三公”调度监督、管理、考核机制；不断提高供电服务水平，推进优质服务常态机制；城市供电可靠率 99.951%，同比提高 0.043 个百分点；农村供电可靠率 99.644%，同比提高 0.407 个百分点；全网 220kV 母线电压合格率 99.972%，同比提高 0.042 个百分点；频率合格率 100%。南昌供电公司何长生获全国劳动模范称号，抚州供电公司周卫平获国家电网公司供电营业“十佳服务之星”称号。

党的建设和精神文明建设

公司系统开展保持共产党员先进性教育活动，群众满意率、较满意率达到 99.5%。公司把党组织建设、党风建设和反腐倡廉融入企业经营管理中，开展“三清理一规范”和用电抄核收效能监察工作，按规定查处各类案件，逐步完善教育、制度、监督并重的惩治和预防腐败体系，完成党风廉政建设考核目标；贯彻《信访条例》，确保企业稳定；新闻宣传围绕公司中心工作，培育企业文化，营造六种和谐氛围（“发展是第一要务”的氛围、“谋事、干事、干成事”的氛围、“团结和谐、出人才出干部”的氛围、“抓细节、抓具体事、抓落实”的氛围、“人人关注安全、个个讲求效益”的氛围、“按规定办事、用制度管人”的氛围）。总部等 7 个单位被评为全国文明单位，公司调度中心等 4 个单位被评为全国精神文明创建工作先进单位，13 个单位获国家电网公司首届文明单位称号。公司被授予“2003～2004 年度江西省职工思想政治工作先进单位”称号。工会开展“降低资产负债率”合理化建议活动，吉安、萍乡、赣东北三个供电公司和柘林水电开发有限公司 4 个基层工会获“全国模范职工之家”称号；开展增强共青团员意识主题教育活动，500kV 罗坊变电站、220kV 葛山变电站获国家电网公司“青年安全生产示范岗”称号。

主要事件

1 月 30 日，国家电网公司党组书记、总经理刘振亚在副省长凌成兴陪同下到公司检查指导，肯定了公司工作，对江西电网加快发展作出重要指示。

2 月 2～3 日，公司 2005 年工作会议暨首届一次员工代表大会召开。省长黄智权、副省长凌成兴、华中公司工委主任江似火等亲临大会。

2 月 17 日，公司总部（含调度中心）召开保持共产党员先进性教育活动动员大会。

3 月 9 日，国家电网公司党组成员、中纪委驻国网公司纪检组组长祝新民到公司检查指导工作。

3 月 25 日，省政府第 31 次省长常务会上研究《江西 500kV 电网“十一五”规划和 2020 年远景目标》。

同日，国网公司抗冰抢险保供电总结表彰电视电话会议授予江西省超高压分公司变电检修公司先进集体荣誉称号。

3 月 31 日，省委办公厅、省政府办公厅授予公司 2003、2004 年全省信访工作先进单位和先进个人称号。

4 月 12 日，省委宣传部、省委组织部、省经贸委和省总工会联合下文，授予公司 2003～2004 年度“江西省职工思想政治工作先进单位”称号。

4 月 13 日，省政府召开江西省加快 500kV 主网架建设工作会议，凌成兴副省长、孙刚副省长出席会议并提出动员全省力量加快江西 500kV 电网建设，提前构筑江西 500kV 主网架。

5 月 1 日起，为部分缓解煤价上涨给发电企业的压力，全省居民生活用电价格每千瓦时，上调 3 分增至 0.59 元/MWh，农业生产和中小化肥生产用电价格不变。

5 月 22 日，公司荣获省政府颁发的工业“三年翻番”和 2004 年度江西工业崛起年度贡献奖。

6 月 9 日，公司被省委省政府命名为江西省第二届文明行业，公司所属 12 个供电公司均为文明行业共享单位。

6 月 10 日，省送变电建设公司承建的三峡输变电 500kV 新余变电所工程和凤咸昌 500kV 输电线路（赣Ⅲ标段）工程评选为国网公司 2005 年度输变电优质工程。

6月14日，经全国总工会评定，公司系统6家单位工会委员会荣获“全国模范职工之家”荣誉称号，1家荣获“全国模范职工小家”荣誉称号。

8月16日，省重点建设项目——浙赣铁路电气化提速改造配套电网工程之一的220kV梧岗变电站开工，副省长凌成兴参加典礼并剪彩。

8月17日，省内首个企业贴息政策的项目——九江220kV新港变电站投资协议签订。

8月30日，上高县供电公司荣获国网公司首届文明单位，使我省农电系统实现了国网公司文明单位零的突破。

9月1～4日，九江等地部分电力设施受台风“泰利”影响，造成直接经济损失约1543.9万元。

9月2日，省长黄智权，省委常委、南昌市委书记余欣荣，副省长凌成兴出席省重点工程昌南500kV输变电工程开工典礼并剪彩。

10月26日，公司总部等7个单位被中央精神文明建设指导委员会评为全国文明单位；江西电力调度中心等4个单位被授予评为全国精神文明创建工作先进单位，是公司精神文明建设史上一个历史性突破。

11月7日，公司系统21名同志被省委、省政府授予省劳动模范称号。

11月26日，九江、瑞昌间地震，江西电网运行正常，35kV及以上线路未出现跳闸，电网未受大的影响，公司系统无人员伤亡，但部分变电站房屋和部分农网设施被破坏。

12月16日，公司选手在国家电网公司供电营业“服务之星”劳动竞赛中1人获“十佳服务之星”，2人获“服务之星”。

（何　群）

四川省电力公司

企业概况

四川省电力公司（简称公司）是国家电网公司全资企业。主要负责四川境内电网的规划、建设、经营、调度和管理，以经营电网为核心业务，为四川省经济社会发展和人民生活用电提供保障，并对全省的安全用电、节约用电进行监督和指导。2005年末，公司供电面积约10万km^2，占全省土地总面积的20%，直供区供电人口约2860万人，趸售区供电人口约3180万人，合计约占全省总人口的70%，公司资产总额484.16亿元。

2005年公司有下属企业31家，其中供电企业（电业局、供电公司）19家、发电企业1家、直属单位11家；有电力设计、施工、制造等子公司16家，控股公司1家、参股公司16家。公司本部设职能部门25个。

2005年，公司立足科学发展，致力改革创新，坚持以电网安全为基础、以经济效益为中心、以创优质服务品牌为宗旨，全面提高公司综合素质，加快建设一流现代电力公司步伐。公司系统保持了改革、发展、稳定的良好局面。

2005年，公司完成售电量721.83亿kWh，主营业务收入321.91亿元，负债总额340.5亿元，净资产收益率5.91%，资产负债率70.33%，应收电热费余额降至4.17亿元，全员劳动生产率22.13万元/人年。

电网概况

四川电网是一个大小电网并存的电网，由国家电网公司管辖的四川电网和四川省地方政府管辖的地方电网两部分构成。地方电网的发电装机容量和年发电量与国家直接管辖的发电装机容量和发电量比例为27∶73和25∶75。国家电网主要供电对象是全省各大中城市和工业用户及部分农村；地方电网主要供电对象是县及县以下企业和广大农村。四川电网通过多点与西北电网、南方电网、华中电网相联。但电网发展相对滞后，主网架结构比较薄弱，系统老、旧设备较多，供电灵活性、可靠性、经济性较差，安全生产压力较大。在上网电量中水电比重大、径流电站比重大，丰水期电源丰富、枯水期电力短缺。

至年底，四川电网发电装机容量2295.88万kW，其中水电1494.85万kW，火电801.03万kW；统调发电装机容量1649.12万kW，其中水电1043万kW，占63.2%；火电606.12万kW，占36.8%。35kV及以上输电线路（回路长度）4.32万km，其中500kV3083.47km，220kV 8093.8km，110kV 1.48万km，35kV1.73万km；35kV及以上变电容量4669.4万kVA，其中500kV 600万kVA，220kV 1416万kVA，110kV 2030.82万kVA，35kV 622.58万kVA。

针对四川省大小电网并存的状况，公司遵循“总体规划、突出重点、先易后难、分步实施”的原则，整合全省电力资源，先后成立了四川省电力公司阿坝公司、四川省电力公司遂宁公司，筹备组建了四川省电力公司甘孜公司、四川省电力公司雅安公司，扩大了国家电网的覆盖范围，拓展了电力市场，有利于全省电网的统一规划和管理。尽管公司在省内输配电领域处于主导地位，但全省181个县（市）中，除公司直管的37个县（市）外，持有供电营业许可证的还有147个县（市）的供电机构，大小电网矛盾问题十分突出，竞争激烈。

领导班子

总经理、党委副书记：朱长林

党委书记、副总经理：张羡崇

党委常委、副总经理：薛嘉璋　陈晓林　何源森

党委副书记：甘德一（11月9日免去党委副书记职务，调重庆电力公司）

党委常委、工会主席：邓天杰（11月9日免去党委常委和工会主席职务，任副局级调研员）

党委常委、纪委书记：甘和全

人力资源

至年底，公司职工总数30505人，在岗职工28533人，占职工总数的93.54%，职工上岗率基本保持稳定；非在岗职工1972人，占职工总数的6.46%。公司供电企业职工19594人，占67.66%。在长期职工中，每千人中有研究生25人、大学本科生203人。高级职称职工（含高级技师）占长期职工总人数的6.86%，中级职称职工（含技师）占20.63%。

改善公司系统领导班子结构。通过严格考核、充分酝酿，分三批调整公司党委所管领导班子，共涉及公司所属单位44个次、部门16个次、干部117人次，其中提拔年轻干部42人次，因工作原因免职3人次；交流干部58人次，交流干部从本部到基层27人次，从基层到本部8人次，党政轮岗2人次，主辅轮岗5人次，干部队伍素质明显提高。

落实“保持先进性，关键在领导”工作思路。向政府和用户发放涵盖电网建设、优质服务、电网调度、党风廉政建设等方面的意见征集表770份，归纳整理形成5大类共69条意见或建议。各单位对收集到的意见认真落实整改，工作作风明显转变，干群关系明显改善。通过对公司本部16个部门、基层18个单位领导班子进行考核，按照对等责权利关系，扣减经营业绩不佳的领导人员年薪，体现年薪制的激励约束作用。

制定《四川省电力公司干部交流任职管理办法》（试行）、《四川省电力公司企业负责人年度目标考核与奖励办法》（试行），修订发、供电企业经营者年薪制试行办法、“四好”领导班子检查评比办法，建立《公司本部绩效考核暂行办法》、《公司本部同业对标考核管理暂行力办法》以及《领导班子和领导干部风险评估实施办法》等制度，强化企业内部控制管理能力，为完善公司业绩考核打下基础。

开展安全生产和优质服务必讲、党风廉政建设和财经纪律必讲、民主集中制和依靠职工办企业必讲、党的建设和领导班子建设必讲的“四必讲”知识培训，增强新提拔干部责任意识和大局意识。

公司召开“人力资源发展年”电视电话会议，启动以“强化人力资源开发与管理的制度、机制、流程、技术四大支柱，建立健全牵引、激励、约束、竞争淘汰四大机制，建立健全人力资源规划、素质测评、任职资格评价、绩效管理、薪酬分配、教育培训六大系统”为主要任务的“人力资源发展年”活动，公司人才开发与管理工作不断深化和完善。公司加强国际合作培训，培养高层次人才，先后与加拿大、澳大利亚等国家高等院校、国际先进电力公司和知名培训机构建立了合作关系。2002年与加拿大蒙特利尔大学高等商学院（简称HEC）建立能源行业管理培训合作伙伴关系以来，形成了针对企业高级管理人员的能源行业管理高级培训（EMDP）、针对中层管理人员的能源行业管理研究生（DESS）和针对初级管理人员的能源行业管理MBA的培训体系。基于双方良好的合作，HEC将其能源培训项目移植到中国，在公司设HEC能源培训中国基地。双方成功举办了两期DESS、一期EMDP培训项目，并选派人员赴加拿大HEC攻读能源行业MBA，共培训学员114人。2005年举办的第三期DESS培训学员35人，第二期EMDP培训学员51人。

电网建设和发展

2005年丰水期“川电东送”能力在70万kW基础上增至90万kW。公司全年完成电网建设投资33.53亿元，投产500kV变电站3座，容量225万kVA，线路长度427km；投产220kV变电站9座，容量2.13万kVA，线路长度483km。完成华阳、德阳500kV输变电工程，思蒙500kV变电站扩建工程，江油电厂、紫坪铺电厂500kV送出工程；推进二滩500kV输电系统昭觉—思蒙线路和普提开关站串补工程建设；开展了茂县—德阳500kV同塔双回线路，石雅崇、茂县500kV变电站工程，普提500kV开关站主板鸭扩建等工程；开始了乐山、泸州、九龙、广安、宜宾等500kV输变电工程建设的前期工作。

公司实行电网工程建设业主代表制，归口管理电网建设项目，监督检查工程建设进度计划实施情况，协调处理工程建设中的问题与困难，规范招投标工作和合同管理。深化达标投产工作，南充500kV输变电工程和南广、南万500kV线路工程、马店河220kV变电站工程通过华中电网有限公司组织的达标投产复检。

公司调整、完善了四川电网“十一五”发展规

划，主要目标和重点工作是：形成覆盖省内主要地区的500kV网架，加强重点负荷中心电网建设，优化电力输电平台设置，促进周边联网及川电外送通道建设，启动特高压送变电工程的研究和建设，大幅度提升电网吞吐能力。四川中部自北向南形成“梯格形”500kV网架，建成围绕成都经济圈的500kV双回环网，川渝电网间形成六回500kV联网线路，具备600万kW送电能力，建成四川电网与西北电网180万kW直流联网工程，实现水火互补及跨流域补偿功能。抓住瀑布沟等大型水电站建成的契机，开工建设乐山经重庆北碚至湖北武汉的1000kV交流特高压送变电工程。

“十一五”期间，四川电网规划新建500kV变电站5座、扩建5座，新增500kV变电容量2425万kVA、新建改建线路4884km。新建220kV线路3955km、变电容量1860万kVA。新建110kV及以下配电网变电容量2480万kVA、新增线路2.65万km。公司“十一五”电网投资总规模365.8亿元，其中500kV输变电总投资128.22亿元，220kV输变龟总投资76.73亿元，110kV及以下输变电总投资143.38亿元，二次系统投资17.42亿元。

经营管理

加强经营管理，调整和完善了《公司经营发展战略纲要》。开源节流，强化预算约束和成本控制，实现公司经营增量、增收、增利。以增强公司发展能力和经济效益为根本任务，克服电网盈利能力不高、负债水平明显上升、城农网改造后财务压力全面凸现、合理电价水平难以到位、电网建设资本金紧张等诸多困难，从预算管理转型、输配电价机制、资金运作、成本费用控制、财务信息化建设等方面着手，努力稳定和提高公司系统盈利能力，确保全面完成国家电网公司下达的资产经营考核指标，提升公司经营管理水平和经营效益。开展了“三清理一规范”工作。

启动创一流同业对标工作，从抓舆论宣传、抓制度建设、抓指标体系建立、抓本部建设、抓领导重视、抓管理手段改进、抓过程管理、抓典型树标杆等八个方面入手，推动创一流同业对标工作的深入开展，搭建同业对标管理框架，形成统一的对标平台，提高了同业对标工作管理效率。

公司本部开展规章制度的清理和完善工作，清理公司2005年前出台规章制度578个，提出了继续执行、修订或废止意见。出台规章制度编制管理办法，保证了规章制度的合法性，提高了可操作性。全年完成174项规章制度的新建和修订工作，主要包括同业对标、财务监督管理、技术监督、安全生产工作奖惩、供电服务考核、县级供电企业重组改制、“三公”调度、优秀人才选拔、党组织建设和监督管理、招标投标效能监察等管理制度，提高了企业内部行为的约束力，增强了执行力。

安全生产

“十五”期间，全省全社会用电量增长80.84%，年均增长16.16%。2005年全省全社会用电量942.59亿kWh，同比增长9.98%，其中第一产业用电14.63亿kWh，第二产业用电717.74亿kWh，第三产业用电83.24亿kWh，居民生活用电126.98亿kWh；全省发电量1018.76亿kWh，同比增长8.92%，其中水电653.34亿kWh，火电365.42亿kWh。

针对上一年事故多发、年初主网和农电系统接连发生人身死亡事故的安全不稳定局面，公司认真汲取事故教训，深入分析事故原因，严肃追究事故责任，狠抓安全管理与监督，强化各级安全生产责任制，完善安全生产制度，改进安全管理机制，扭转了安全生产的被动局面。2005年，安全生产实现“两降一突破”，即一般设备、电网事故下降52%，人身重伤事故次数下降100%，实现25年来全年恶性误操作事故次数为“0”的历史性突破。

根据《四川省贯彻国家电网公司“安全生产奖惩规定”实施细则》的规定，提高安全生产执行力。①严肃事故处理，实行责任追究，连带扣发公司领导和本部人员奖金；②出台《四川省电力公司安全生产工作奖惩办法》（试行），明确各级领导和农电、多经系统的安全管理责任；③实施安全生产预警制度，加强事故控制和预防；④强化电网调度，确保电网安全稳定运行。公司调度中心连续安全生产超过9000天，居全国第一位。

完善应急预案，组织实施了四川电网突发重大事故应急联合演习，完成夏季高峰期间电网事故抢修，及时解决电网突发问题，做到有备无患。6月29日～7月11日，四川部分地区普降暴雨，给电网安全运行带来较大影响，公司系统各单位启动紧急预案，抗洪抢险保电。杜绝拼设备，严禁超稳定极限和设备超能力运行，不能因超载造成事故。做好需求侧管理，按照“先错峰、后避峰、再限电”原则，做好大工业用户高峰时段的避峰工作。

按照“谁主管、谁负责”原则，履行管理职责，加强施工安全生产全过程管理和监督。整顿领导干部和职工队伍，强化安全生产意识，理顺安全管理界面，明晰建设、监理、施工各单位安全责任。切实突出两个核心，抓好重点环节，以四川电力建设集团公司为基建工程管理核心、下属的项目部为基建施工管理核心，强化基建工程全过程安全管理。组织开展了为期一个月的“安全大讨论”活动。组织基建安全专项监督检查，从7月底开始，公司组织多批人员对公司各施工单位的基建施工现场进行拉网式安全检查，明查暗访结合，提高了基建安全管理水平。

营销工作

受枯水期电煤供应紧张、丰水期气候反常、合理电价不能到位等外部因素影响，电力营销工作困难较大。经公司上下群策群力，完成700亿kWh售电目标，省内电力市场占有率达73.71%（新口径），同比提高1.72个百分点。四川省政府出台相关政策，“双向豁免”了均摊、燃运加价电费2.32亿元。公司领导分别联系相应电业局的电费回收工作，帮助、协调解决了许多重大清欠问题，应收电费余额同比下降71.4%，取得历史性突破。

公司成立电力市场建设和优质服务领导小组，大规模开展“三个十条”宣传活动。公司系统所有供电营业场所和“95598”网站均公布了“三个十条”的具体内容，各级供电企业上街宣传、接受客户咨询，分发“三个十条”宣传资料近10万册（份）。年底，公司系统城市供电营业窗口全部达到规范化服务标准，供电优质服务水平进一步提高。

以“95598”客户服务系统、营销管理信息系统和负荷管理系统构成的营销技术支持系统建设初见成效，实现了模式统一、工作标准统一、业务流程统一、系统功能设置和数据编码格式统一、软硬件平台统一，促进了资源的优化配置，避免了重复建设。营销技术支持系统建设对建立公司营销数据监控中心，促进与国家电网公司系统互联打下良好基础。

农电工作

公司下达两批县城电网改造计划，共投资3.34亿元。至12月31日，累计完成县城电网建设与改造投资17.63亿元。县及县以下售电量394.05亿kWh，其中农村售电量72.95亿kWh，农村居民生活电量36.82亿kWh。

公司加快推进县级电力体制改革步伐，通过《县供电企业重组改制的实施意见》的制定与实施，规范了县级电力体制改革工作内容、工作程序。2005年底，公司与地方政府签订重组改制地方电力公司协议32家，完成改制并挂牌9家。

组织公司“第一届农村供电所所长知识技能竞赛”，并组织参加了国家电网公司举办的农村供电所所长知识技能决赛，取得团体三等奖，两名参赛选手被授予“国家电网公司农村供电所所长岗位能手”称号。

公司农电工作存在的主要问题是：农村电网薄弱，生产运行管理体系不健全，农电安全工作压力很大，农电基础管理工作亟待提高。农村集体、个人电力资产产权和管理关系有待理顺。城乡用电未完全同价，部分地区矛盾突出。农电人员身份尚不明确，薪酬制度有待完善，原电管站遗留问题还未完全解决。

科技与信息化

2005年，公司安排重大科技项目78项、经费7305万元，获省部级科技进步奖5项。

公司依靠自主创新开展了“超高压输电线路不平衡高抗并联运行的研究”。该项目在国内外首次提出：当三相容量相同的交流500kV高压并联电抗器中一相发生故障时，用一台容量不同的高压并联电抗器替换，实现三相参数不对称高抗在三相对称电网中长期连续运行的技术方案。该项研究成果实施一年来，经受了两次线路故障的考验，保护动作正确，确保了500kV普洪二线恢复运行，避免了丰水期二滩水电站弃水及由此引起的电量巨大损失，确保了丰水期四川500kV电网的安全稳定运行。二滩水电开发有限责任公司产生直接经济效益9500万元，公司产生直接经济效益6314.6万元。该项目实现了安全运行与经济效益双赢。

“500kV同塔双回输电线路保护研究”、“基于遗传算法的电力系统电源规划模型及实用软件开发研究”和“暂态过电压监测记录装置”项目等达到国内先进水平。进行了省级电网安全预决策系统研究、省级电网实时动态监测系统的共性技术问题研究、省级电网第三道安全稳定防线的实施方案研究、建立四川电网实时安全控制在线预决策系统等关键技术项目的攻关。

加大环保科技投入，解决环保纠纷，完善新建项目环保法律手续。编制完成公司全部500kV输变电项目环境影响报告书和水土保持方案报告书，500kV石棉—雅安—崇州输变电工程获得国家环保总局和水利部的批复，南充—万州500kV输变电工程等通过国家环保总局的环保竣工验收。

制定公司信息化工作的相关管理制度和标准，在一定程度上扭转了信息化建设各自为政的局面。公司网络基础设施建设步伐加快、信息安全系统建设初见成效。公司先后建成办公自动化和文档管理系统、财务管理信息系统、电视会议系统、数据备份中心等，开始建设生产管理信息系统和人力资源管理系统。公司建立的电力营销管理信息系统，实现了各电业局数据管理中心化、业务办理无笔化、账务处理实用化、客户服务统一化，为推进营销现代化建设奠定了坚实的基础。

优质服务

公司制定印发《加强“三公”调度暨供电优质服务工作的实施方案》等办法，通过狠抓窗口建设、教育培训、措施保障、监督检查、“三公”调度和宣传沟通等，转变工作作风、公开办事程序，简化服务流程，提高优质服务水平。开展“万人评议行风，创建群众满意工程”活动，收集具有真实性、代表性的意见60多万条，认真进行整改，行风建设取得明显成效。2005年，公司系统收到的投诉举报件数同比下降50%，有7个城市服务窗口、35个农村服务窗口被四川省精神文明办、纠风办授予“优质服务示范窗口”。

制定《四川省电力公司加强“三公”调度暨供电优质服务工作实施方案》、《四川省电力公司“三公”调度实施工作计划》、《四川省电力公司并网调度协议管理办法》和《四川电网信息发布管理办法》，加强厂网协调，聘请“三公”调度监督员，把“三公”调度考核管理纳入干部考核、目标考核、年度工作考核、行风建设考核中，制定奖励与惩处细则等，确保电网调度的公开、公平和公正。

党的建设和精神文明建设

公司党组织为党委建制，有委员19名、常委8名，基层党委38个，党支部（总支）927个，党员21184名。

开展保持共产党员先进性教育活动。活动历时4个多月，系统35个基层单位党委、116个党总支，793个党支部、20766名党员，认真开展了学习动员、分析评议、整改提高三个阶段的重点工作，完成了各项工作任务。

建立健全公司党组织参与企业重大问题决策制度，制定《中共四川省电力公司党委议事规则（试行）》，各级党组织主动参与企业带有根本性、方向性、长远性和全局性的重大问题决策，增强贯彻民主集中制的自觉性和主动性，建立健全党建工作责任制，加强对基层党委工作的考核管理。2005年，先后有154个基层党组织、1540名党员和331名党务工作者受到省市县（市、区）各级党组织表彰，内江电业局新江供电所所长曾蜀平被国资委党委授予“优秀共产党员”称号。

实施“党员先锋工程”。2005年，公司在生产一线技术能手、生产技术骨干中发展新党员332名，占发展党员总数的77.38%。公司系统各共产党员服务队，开展“优质、方便、规范、真诚”服务，兑现“有呼必应，有难必帮”承诺。2005年，公司系统共产党员服务队共受理求助电话6万多个、接受咨询超过1.5万次、上门服务3万多次、特殊服务2000多次，参与抢修1万多次，开展社会宣传活动357次、定点联系困难户490户、捐资助困486户，被新闻媒体报道735次，客户满意率达100%。共产党员服务队在承担社会责任中起到很好的示范作用，在党和人民群众之间架起了一座连心桥。

全面落实党风廉政建设责任制。公司出台《认定和处置嫌疑腐败行为的暂行规定》等规章制度，初步构建了立体的大监督工作格局，党风建设和反腐败工作水平不断提高。公司被国家电网公司评为党风廉政建设优秀单位。

公司从五个方面加强精神文明建设，并取得显著成效。①创新理论学习取得实效。公司领导干部读书班集中时间听取反腐倡廉、特高压电网、企业文化等专题讲座，分析公司面临的形势，研究部署下一步工作，把系统学习理论与研究实际问题相结合。2005年公司获四川省企业管理优秀调研成果一等奖3篇，二等奖7篇，三等奖4篇。②开展四川有电100年宣传纪念活动。宣传四川电力工业成就，弘扬电力企业精神，形成了“发展四川水电支柱产业，建设西电东送能源基地”的舆论声势。在历时4个月的时间里，公司组织了一系列纪念活动，受到社会广泛关注，产生良好社会影响。③开展企业文化建设。先后制定了《安全文化建设指导意见》和《服务文化建设指导意见》，提炼了“珍惜生命，心系安全”的安全理念和“以‘零违章’保‘零障碍’”的实现目标。《用文化构筑和谐的安全防护网》和《将服务演绎到精彩》的经验材料，分别被评为全省研究成果一、二等奖。公司在全国企业文化研讨会上进行了经验交流，受到国家电网公司好评。公司通过了《四川省电力公司帮扶特困职工方案（试行）》。④精神文明创建工作迈上新台阶。2005年公司系统省级文明单位建成比例首次突破90%，超额完成公司十五精神文明建设的创建目标；公司本部等5个单位荣获全国精神文明建设先进单位，成都电业局、映秀湾电厂荣获全国文明单位。精神文明创建工作向广度和深度拓展。在县级供电企业中开展了文明单位创建活动，表彰了首批“公司系统县级供电企业十佳文明单位”；在革命伟人朱德家乡仪陇县建设了“成都电业希望小学”；坚持评选文明新风奖，至年底累计评选文明新风奖330件，“文明新风奖”成为公司群众性精神文明创建活动的一个品牌。⑤把握新闻导向，营造良好氛围。开展了枯水期四川电网供电形势宣传、国家电网公司“三个十条”宣传、二滩500kV抗洪抢险工程宣传、迎峰度夏宣传、公司系统保持共产党员先进性优秀群体宣传、保护电力设施宣传等，在省内主流媒体掀起了公司新闻宣传的一个个高潮。

公司全面实现精神文明建设“十五”规划目标，所属单位全部建成为文明单位，91%的单位建成为省级文明单位，61%的单位建成为最佳省级文明单位，94%的电业局建成为市级文明行业，先后有10个单位被中央文明委授予全国文明单位、全国精神文明建设和创建文明行业先进单位，公司团委荣获全国“五四”红旗团委标兵。公司连续5年保持省级文明行业、国家电网公司双文明公司称号，创建活动成果显著。

主要事件

1月4日，中共四川省委副书记、省长张中伟到公司调研并慰问电力职工。

1月17日，国家发改委副主任张国宝到公司考察。

1月17日，国家电网公司副总经理陆启洲到公司就安全生产和保证供电进行调研。

2月1～2日，公司召开2005年工作会暨三届二次职工代表大会，提出公司2005年“711”工作目标。

2月5日，四川省委书记张学忠，省委副书记、省长张中伟等领导到公司亲切慰问电力职工。张学忠书记通过调度电话向全省电力职工拜年。

2月18日，公司召开“切实转变作风，建设高效本部”活动动员大会，以转变作风为突破口全面推进本部建设，进一步提高工作效率、执行能力和服务水平。

6月27日，四川电力史志编纂委员会成立，四川省副省长杨志文任编委会主任。

7月5日，四川省举行“世纪之光——纪念四川有电100周年”主题宣传活动。四川省委副书记、省长张中伟出席活动。

7月11日，国家电网公司党组成员、中纪委驻国家电网公司纪检组组长祝新民到公司本部及调度中心调研。

7月20日，公司召开保持共产党员先进性教育活动动员大会，公司系统先进性教育活动全面启动。

7月27日，德阳500kV输变电工程正式投运。

8月10～11日，国家电网公司总工程师赵遵廉到公司基层单位慰问完成迎峰度夏和电力建设任务的公司员工，并调研公司反事故斗争情况。

8月13～14日，华中电网有限公司在成都主持召开四川省“十一五”电网规划设计及2020年目标网架规划研究报告评审会。

9月22日，奉献光明，回报社会，公司启动“启明星”奖学助学行动，公司本部及27个基层单位共向四川职业技术学院的贫困学生们捐款700多万元。

10月10日上午，成都500kV尖山变电站合闸送电，成都电网第二座500kV变电站正式并网运行。

10月26日，在全国精神文明建设工作表彰大会上，公司成都电业局、映秀湾发电总厂荣获“全国文明单位”荣誉称号。

10月27～28日，金沙江，锦屏一、二级送电华中，华东±800kV直流输电工程可行性研究设计总报告通过国家电网公司专家评审。

10月31日，四川省电力工会被四川省总工会授予模范职工之家荣誉称号。

12月28日，眉山东坡（思蒙）500kV变电站及坡山（思华）500kV线路工程启动成功。

（左宇龙　程彦韬）

重庆市电力公司

企业概况

重庆市电力公司（简称公司）随重庆市直辖成立于1997年，是国家电网公司的全资企业，负责重庆电网规划、管理、建设和调度。公司服务的客户共计321.65万户，供电范围覆盖重庆市37个区市县，供电面积7.3万km^2，占重庆市面积的90%。

公司本部设22个职能部门，基层单位包括12家供电局和8家综合单位。公司控股有限责任公司25家，直属多种产业公司1家。

2005年，公司资产总额239.96亿元，售电量237.08亿kWh，主营业务收入129.88亿元，全员劳动生产率19.27万元/人年。

2005年，公司发展和经营管理的总体思路是：推进经济增长方式从粗放经营向集约化经营转变，推进工作作风转变，倡导求真务实之风，重实际、说实话、办实事、求实效。加强制度、人才队伍、执行力“三个建设”。增强建设坚强电网、管理优良资产、提供优质服务、实现优秀业绩“四个能力”，建设一流现代化企业。

电网概况

重庆电网东连长江三峡，西连四川洪沟、南充，南连贵州松桃、桐梓。500kV骨干网架横亘东西，是西电东送的重要通道，在全国电力联网中起着重要枢纽作用。220kV主干网络覆盖全市大部分地区，并在电网中西部形成以重庆城区为中心的联系较紧密的220kV双回环网。

至2005年末，公司35kV及以上变电站236座，变电容量2201.15万kVA，输电线路长度

9893.4km。电网统调装机容量 372 万 kW，电网最高负荷 502.4 万 kW；最大日用电量 10261 万 kWh，负荷率 84.35%，最大峰谷差 206.8 万 kW；重庆电网约 1/3 以上的电量靠网外输入。

重庆电网水电容量只占统调装机容量的 17.3%，调节能力差，电网调峰容量不足，运行困难。500kV 网络尚处于发展初期，川渝断面及重庆电网内部形成多个 500/220kV 电磁环网，运行存在安全隐患。电网大量输变电线路老化、传输能力不足，成为电网“瓶颈”。电网抗御多重故障能力较弱。城市电网不同程度存在与主网联系薄弱、供电能力不足、受电方向单一、受电集中等问题，难以满足安全运行和可靠供电的要求。近年来，重庆用电负荷快速增长和电源建设投产规模加大，电网建设滞后的矛盾更加突出，电网结构薄弱，安全稳定问题严重影响了电网的供电能力和安全运行。

公司“十五”期间投资 110 亿元用于电网建设与改造，重庆电网主网架在一定程度上得到加强，规模不断扩大，供电能力不断提高，与周边电网联系更加紧密。加上重庆市境内正在建设多个大型电源项目，重庆电网正朝着超高压、大机组、高参数和较高自动化水平的现代化电网发展。

组织机构

公司本部设总经理工作部、战略规划部、人事董事部、人力资源部、财务部、计划部、工程建设部、生产技术部、安监保卫部、市场营销部、农电工作部、审计部、思想政治工作部、监察部、机关工作部、调度交易中心、招标管理中心、技术经济中心、信息中心、新闻中心、客户服务中心、工会办公室等 22 个职能部门。

基层单位包括城区、沙坪坝、南岸、杨家坪、北碚、江北、綦南、长寿、永川、璧山、江津、万州等 12 家供电局，重庆发电厂，重庆电力建设总公司、超高压局、重庆电力科学试验研究院、重庆电能计量中心、重庆电力设计院、重庆电力高等专科学校、教育培训中心。

控股有限责任公司包括大足、武隆、永川、潼南、綦江、南川、巴南、巫溪、城口、江津、铜梁、开县、黔江、合川、丰都、垫江、忠县、云阳、巫山、石柱、秀山、酉阳、彭水 23 家区、县级供电有限责任公司及蟠龙抽水蓄能有限公司和广汇劳务有限责任公司。

直属多种产业公司 1 个。

领导班子

党组副书记、总经理：张春城

党组书记、副总经理：甘德一

党组成员、副总经理：邹正平　孙渝江　陈安伟

党组成员、工会主席：黄凤洲

党组成员、纪检组长：曹宁

总会计师：学习

总工程师：莫文强

人力资源

2005 年末，公司员工共有 1.42 万人，其中高级职称 554 人，中级 1873 人；高级技师 16 人，技师 507 人；高级工 3724 人。从文化层次分类：具有研究生及以上学历 221 人，大学本科 2588 人，专科 3660 人，中专及技校 2210 人，高中 2260 人，初中及以下学历 3341 人。

2005 年，改革和调整公司本部机关、基层单位机构，本部实现辅助生产、后勤服务职能和人员的分离。建立完备的绩效考核体系，制订公司企业（单位）负责人年度业绩考核管理办法和企业经营责任制。建立两级专业技术带头人和技能型专家队伍，制订优秀人才评选管理办法。提高员工教育培训的针对性、实效性，开展培训需求调研，优化培训管理流程，加强对培训工作的计划管理和绩效考核。启动领导干部现代管理知识培训，通过远程会议系统向公司系统各单位各级负责人授课，用一年半时间培训 1843 名领导干部学员。2005 年举办各类培训班 107 个，培训员工 8750 人次，培训量 28 万人时，全员培训率 85%。

完善市场化用工机制，加强对市场化用工的管理。明确劳务公司与用人单位双方职责，改革市场化用工薪酬分配制度。

2005 年，公司开展“四好领导班子”创建活动，规范干部管理体系，建立了较为完备的干部考核、选拔、公示、任用、交流、培训等制度；形成公司所属各单位中层干部竞争上岗、公司处级后备干部在基层中层干部中公开选拔、处级干部从后备干部中择优聘用的干部选拔任用层次结构；坚持年度考核制度；严格干部选拔程序，坚持德才兼备，注重业绩和群众公认的任用标准；2005 年共交流任职干部 68 名。

电网建设和发展

公司有序推进工程项目建设，克服项目核准制度带来的征地、拆迁、补偿和环保等困难，完成迎峰度夏工程和城乡电网建设改造工程。以 500kV 石坪输变电工程为代表的一大批重点工程按期投运。启动西部农网改造工程。加快重庆电网主网架建设力度，扩展和延伸 220kV 电网，基本完成 220kV 电网布局，实现彭水、石柱等 13 县与重庆 220kV 主网并网，为

实现重庆全市统一电网奠定了基础；主城区电网安全可靠性得到提高。

公司按照基本建设“五制”（项目法人负责制、资本金制、招投标制、合同制、监理制）要求进行工程管理。工程设计、监理、施工等由邀请招标逐步走向公开招标，引入竞争机制，降低工程造价。用合同规范项目法人和承包商之间的行为，加强工程质量、安全目标的管理和资金控制。工程监理覆盖率达到100%，开展了500kV设备监造工作。

2005年，公司电力建设投资39.64亿元，其中电网建设投资34.86亿元，占投资总额的87.94%。新建220kV变电站5座，容量10.5万kVA；110kV变电站11座，容量7.57万kVA；改造500kV变电站1座，新增容量15万kVA；220kV变电站4座，新增容量3.6万kVA；110kV变电站3座，新增容量0.1万kVA。新建500kV线路58km，220kV线路754km，110kV线路657km；改造110kV线路23km。公司电网建设投资规模和项目投产、开工规模均创历史新高。

经营管理

公司加强资本运作，逐步集中和利用沉淀资金，开展委托贷款业务并大量归还银行借款，公司长期负债下降较快，降低了资产负债率。加大电费回收工作奖惩力度，确保当期电费全部回收，旧欠也大量回收，对确实无法回收的电费进行核销和债权置换。2000年，公司陈欠电费10.12亿元，至2005年12月25日，公司实现旧欠应收电费余额结零的历史性突破。

公司加强资金集约化管理，缩短资金解缴链条，采取清理电费账户、撤销营销财务核算、委托银行代划资金等措施，确保电费资金当日解缴到公司。

公司规范各基层单位经费账户，每月对基层单位日均银行存款余额进行监控，超支收取资金占用费；改变基层单位资金用款申请办法，不再单独区分生产和工程资金；将审查用款计划和拨付资金分离，减少基层单位资金占用。利用闲置资金提前归还银行借款，尽可能延迟借款。

融资管理通过用短贷置换长贷、向客户开据银行承兑汇票、延迟支付应付款等手段，节约财务费用。

安全生产

2005年，公司在电网结构薄弱、电力供需矛盾突出、恶劣气候导致覆冰倒塔等不利情况下，确保了电网安全稳定运行，公司系统安全形势基本稳定，没有发生重大及以上电网、设备事故，没有发生对社会造成严重影响的电网稳定破坏事故、大面积停电及其他重大电网事故；重庆电网各项运行指标保持较高水平，未发生各级调度机构责任事故。2005年，公司发生由于误操作、违章操作、设备老化等原因造成的事故7次；由于自然灾害、外力破坏等原因造成的设备一类障碍97次。

安全生产工作中存在的问题：恶性误操作事故未得到根本遏止，管理原因、违章作业和人员责任导致的性质严重的事故依然存在。外力破坏和雷害、恶劣气象严重威胁电网安全稳定运行。因雷害、恶劣气象等自然灾害和外力破坏引起的一类障碍，成为影响电网安全稳定运行的重要因素。工程分包单位安全管理存在明显薄弱环节，“以包代管”和“以罚代管”情况屡禁不止。安全技术措施不完善和违章作业等引起的人身伤害事故时有发生。

面对夏季电力供需矛盾突出、电网安全稳定运行面临的巨大压力，公司调度中心组织落实电网迎峰度夏各项措施，作好负荷预测和电力平衡，调整运行方式，加强网间电力交易，发挥跨区联网效益，采取有效技术措施提高跨区联络线的稳定限额和输电能力。2005年夏季，重庆电网负荷需求创历史新高，调度中心保证了电力的有序供应，实现公司向市民作出的迎峰度夏期间限电不拉闸的郑重承诺，连续三年迎峰度夏期间未发生拉闸限电，有效保障了重庆电力的正常供应，受到重庆市委、市府的表彰。在国家电网公司创一流同业对标2005年上半年度电网调度综合排名中，公司调度中心取得华中第一的好成绩。

公司针对节假日和重要活动期间电网运行特点和天气变化情况，周密安排，加强电网运行监控，有针对性地做好事故处理预案和应急准备措施，确保了元旦、春节、“两会”、五一、高考、国庆、亚太城市市长峰会期间电网的正常稳定运行，履行了公司对重庆人民和政府承诺的社会责任。

营销工作

公司转变营销观念，改进营销策略，结合政府的发展规划，加强市场研究，寻找和培育新的用电增长点。

公司规范电费计量和计价方式，制订电价分类实施细则。加强电价业务中的细节管理，特别是对灯力提比、新用户电价设定、变更审批程序等环节加强管理。开展营业普查，从源头上解决“跑冒滴漏”，堵塞管理漏洞，合理提高售电均价。通过对电能计量集中管理，实现电能计量器具的统一采购、统一检定、统一仓储、统一配送，取得明显管理效益、社会效益和经济效益。

公司从2004年开始实施客户关怀系统（CCS）项目，2005年完成客户现场管理系统（CSM）与

CCS系统的接口规范和工作方案，以及客户现场管理功能需求调研；在原有负荷控制功能基础上增加了远程抄表、计量工况和配电变压器运行监测、线损分析、需求侧管理等系统应用功能，从技术上保证了客户现场管理系统与营销业务系统的有机结合；完成CCS系统运行的各项规章制度和营销机构的调整，CCS系统5月份在两个试点供电局上线成功，为2006年系统的全面推广奠定了基础。

农电工作

2003年起，地方电力公司开始进行体制改革。公司以农村电网改造资产，与有关区、县政府以其权属的电网资产共同组建23家由市电力公司控股的区、县供电有限责任公司，重庆市地方电网独立运行、价格自成一体的格局得到扭转。全市统一电网基本形成后，公司积极推进县城电网改造，进一步改造农村电网，提高供电能力和供电质量，加快实现“同网、同质、同价”的步伐。

各区、县电力公司由于历史原因，普遍存在经营亏损状况。公司提出三年扭亏和管理接轨的目标。指导供电公司因地制宜地编制扭亏和管理接轨实施措施。供电公司建立并严格实施全面预算管理制度，定期分析、对比经济指标完成情况和存在的问题，并对经济活动指标进行预测，牢牢控制成本费用，严格管理，降低损耗。2005年，供电公司总体亏损控制在1.02亿元，比年初减亏0.58亿元，其中10家供电公司实现赢利，占供电公司总数的43.48%。

重庆市一、二期农网改造已投入资金74.7亿元，西部农网计划投资20亿元，县城电网计划投资23亿元。改造完成后，全市基本形成以220kV跨县输电网络，以35～110kV网络为县境内骨干网架的农村输电网络格局。西部农网改造资金的投入，解决了三峡库区农网改造的欠账问题。

科技与信息化

公司全面推进科技创新工作，落实激励机制，激发广大科研人员的创新热情，取得了一批科技成果。公司全年投入科技开发资金7593万元，其中，技术开发费1383万元，技术改造科技资金6210万元。

由公司电科研院和重庆大学合作研发的“变电站变电设备故障诊断、状态检修及管理系统”项目获得重庆市科技进步二等奖；公司实施的“重庆电网线路防雷技术研究”已申报重庆市科委科学技术奖。“电缆故障测距同步采样装置”和“新型的高压断路器控制保护装置”两项目已申报国家专利。重庆发电厂利用德国政府贷款6000万马克，全套引进德国技术和设施的2×20万kW发电机组烟气脱硫项目（FGD）于2001年投入运行。5年来共减少二氧化硫排放20万t，改善了重庆地区大气质量，社会效益明显。

10月27日，公司总经理张春城会见了澳大利亚COM Energy公司首席执行官John Hocken一行。双方就开发煤矸石和甲烷混合燃气发电项目进行了洽谈。

2005年，公司在信息化建设方面投资2313万元，着力提高网络和应用系统的运行率，完成国家电网公司电子公文传输系统的投运，开展生产设备台账管理系统（二期）的建设工作，完成网络安全身份识别系统（IDS）项目的建设，落实网络与信息安全保障措施，确保了信息网络安全。

公司同业对标信息系统正式投入运行，实现指标集合的灵活配置，实现指标数据网上填报、审核、发布、综合评估、指标趋近程度分析和流程环节的监控。

公司信息化建设规划提出：在“十五”信息化发展的基础上，继续加强信息基础设施的建设，大力推进信息化应用的拓展和深化，进一步提高信息安全水平，推进信息的集约化管理，扩大信息产业化的规模和范围，完善信息化管理机制，形成一个比较健全的信息化应用、服务、安全和管理体系。使公司信息化水平与国内先进电力公司基本同步，部分关键业务的应用水平达到国内先进。

优质服务

2005年，公司设立200万元奖励基金，对社会推出“阳光服务、社会公鉴”有奖监督常态机制。向社会公开聘请了20名社会监督员，自加压力，主动接受社会监督。开展系列节能宣传活动，引导客户科学用电、合理用电、节约用电，共同创建节约型社会。开展营业窗口规范化达标工作，规范服务一线人员的服务行为；关注客户关注的热点难点问题，在故障报修、抄表质量投诉、停电信息公告、增加缴费渠道等方面为客户提供更快捷、更周到的服务；为缓解用户收费难问题，公司联合重庆市内五家银行向低压客户推出“定期代扣电费”服务项目，建立了与代收电费银行的定期沟通和问题处理机制。

扩大和细化客户服务中心“95598”热线电话服务范围。按照COPC—2000客户服务绩效管理国际标准，对公司服务管理环节和流程进行最佳业务差距分析，结合国家电网公司实用化标准建立“95598”呼叫中心的运行管理体系，实现“95598”数字化管理。2005年公司“95598”累计拨打服务质量回访电话16701个，满意率95.60%，同比提高9.03个百分点。

2005年，重庆电网供电可靠性99.89%，电网中枢点电压合格率99.99%，综合电压合格率99.5%。

落实“三公”调度要求，完善“三公”调度常态机制，作好调度信息发布工作，及时向调度对象披露调度信息，聘请“三公”调度监督员，开通面向社会和直调电厂的电力调度信息网站，自觉接受社会监督和电监会监管。2005年，公司未发生违反“三公”电力调度有关规定而造成调度对象投诉且查证属实的事件。

党的建设和精神文明建设

7月5日～10月中旬，公司系统开展保持共产党员先进性教育活动。公司党组把握“取得实效”和“成为群众满意工程”总体要求，把整改成效作为检验先进性教育活动的标尺。对自查和征集的103条意见和建议全部落实了整改措施；公司坚持“一手抓党员先进性教育，一手抓迎峰度夏，确保教育生产两不误”，开展“重庆电力万名党员进社区”、迎峰度夏“五个一”、“机关为基层，领导为职工办实事、做好事”等主题活动，先进性教育活动实现了中央和重庆市市委提出的预期目标，认为公司是将先进性教育活动和生产紧密结合的优秀典型。

公司不断完善党风廉政建设和反腐败的领导体制和工作机制，加大案件查处力度。公司保持了“全国厂务公开先进单位”称号。巩固团员意识教育成果，组织开展“青春光明行”等系列活动。在本部开展了创建学习型、服务型、创新型、竞争型、高效型、廉洁型“六型机关”活动，机关建设呈现良好的发展态势。

2005年，公司和江北供电局被评为全国文明单位，万州、长寿供电局被评为全国精神文明建设工作先进单位。工人杨家虎获得“全国劳动模范”称号，邹正平等9位同志获得“重庆市劳动模范”称号。

主要事件

1月18～19日，公司副总经理邹正平被评为2004年重庆市好经理，万州供电局等6个基层工会被评为重庆市模范职工之家，公司获得“十佳学习型组织”称号。

1月19日，公司与重庆最大的用电客户——重庆钢铁股份有限公司签订供电区域调整协议，公司和重钢共同投资1.5亿元，对移交供电资产进行改造，以减少重钢对外转供电负荷。

1月26日，国家电网公司顾问刘本粹一行在公司有关领导陪同下拜访重庆市副市长吴家农等市政府有关领导。双方就重庆电网规划、电力增长形势、重庆拉闸限电现状及采取的措施等交换意见。

2月1～2日，公司召开2005年工作会议暨二届二次职工代表大会。会议总结公司2004年取得的成绩，分析面临的新形势，部署公司2005年奋斗目标和七大重点工作。

2月5日，重庆市四大班子领导到公司慰问并视察工作，向春节期间坚守工作岗位的广大电力职工表示亲切的慰问。

3月8日19时，受覆冰灾害中断28天的110kV黔秀龙线经过抢险人员连续奋战，一次送电成功，圆满完成抢险任务。

3月30日，重庆市电力行业协会二届三次会员代表大会暨理事会召开。重庆市副市长黄奇帆任重庆市电力行协名誉会长，公司总经理张春城任新一届会长。

4月5日，国家电网公司副总经理郑宝森来公司调研。

5月6日，公司客户关怀系统（CCS）一期成功上线，成为国内首家采用客户关怀系统的企业。

6月5日，公司在市中心解放碑举行“阳光服务、社会公鉴”大型宣传活动，启动“‘三个十条’有奖举报暨有奖征集意见”活动。邀请社会公选的电力服务监督员对公司“三个十条”承诺服务执行情况进行监督。

6月28日，渝能泰山电线电缆有限公司举行投产典礼。

7月27日，重庆市委书记黄镇东等到公司检查工作，看望在迎峰度夏一线的电力职工。

7月30日凌晨4时20分，重庆电建总公司承建的合川双槐电厂1号汽轮机组基座施工现场发生坍塌，造成5人死亡、7人受伤的重大人身死亡事故。

8月12日，国家电网公司总工程师赵遵廉一行来渝调研，听取公司反事故斗争和迎峰度夏安全生产工作汇报。

9月28日，重庆市市长王鸿举、贵州省副省长蒙启良、中国大唐集团公司总经理翟若愚等出席乌江彭水水电站开工仪式，并共同启动开工按钮。

9月30日，重庆市副市长赵公卿组织召开重庆市电力公司先进性教育活动及电网建设汇报调研会。

10月20日，公司举行保持共产党员先进性教育活动总结大会暨先进事迹报告会。

10月24日，中华全国总工会授予总经理张春城“党政府导支持工会财会工作先进个人”称号。

10月27日，总经理张春城会见澳大利亚ComEnergy公司首席执行官John Hocken一行。双方就开发煤矸石和甲烷（瓦斯）混合燃气发电项目进行了洽谈。

10月26日，公司获“全国文明单位”称号。

11月16日，重庆市政府给予为2005年电力迎峰度夏做出重大贡献的先进单位和个人记功奖励。公司荣获集体一等功，总经理张春城荣获个人一等功。

11月25日，原四川省电力公司副书记甘德一调任重庆市电力公司党组书记。

12月16日，香港特别行政区廉政公署赴重庆交流考察团一行10人，在重庆市人民检察院负责人陪同下到公司，就预防贪污犯罪、社区关系管理等问题进行交流。

12月16日，总经理张春城会见来访的华能集团领导刘金龙一行。双方就确保电力供应等共同关心的话题交换了意见，表示要相互支持，共同担负起在国民经济和社会发展中的重要责任。

（姚家晨）

西 北 地 区

西北电网有限公司

企业概况

西北电网有限公司（简称公司）是国家电网公司投资设立的国有独资有限责任公司，注册资本220亿元。公司是以电网经营为核心业务的大型国有骨干企业，负责西北电网规划、调度、跨省输电，负责西北电网330kV及以上电网投资建设和运营，组织西北跨省（区）电力电量交易，参与跨大区电力电量交易，优化配置区域电力资源。

2005年，公司系统完成售电量1404.57亿kWh，同比增长11.09%；综合线损率6.39%，同比下降0.51个百分点；净资产收益率0.63%，流动资产周转率0.46次，资产负债率指标完成57.91%。全员劳动生产率完成73.88万元/人年。

2005年，公司确定了“十一五”期间的主要发展目标。

电网发展目标：初步建成覆盖陕、甘、宁、青四省（区）的750kV主网架，实现与国家特高压电网异步联网，新疆哈密接入西北750kV主网。打通西北电网向华北送电通道、向四川直流输电通道，扩建西北与华中直流背靠背输电工程。2010年，全网售电量2245亿kWh，电力外送能力552万kW。

资产质量目标：电网资产装备水平一流，资产结构合理，盈利和偿债能力强，不良资产少，成本费用低，现金流量大，电网发展形成良性循环机制，具有较强的主营业务能力和核心竞争力。

科技发展目标：建立并形成科技开发体系、技术支持体系，电网先进适用技术得到有效推广应用，750kV电网建设、运行、检修技术取得新的突破，科技创新和技术进步对电网运营、公司发展的贡献率凸显，西北电网稳步迈向“现代科技型电网”。

人力资源目标：人才总量有较大增加，人才结构与电网发展相适应，人才队伍的整体素质明显提高；人才评价机制科学，人才培训机制健全；内部人才市场功能完备，人才资源配置合理；人才激励充分有效，尊重知识、尊重人才为核心内容的人才环境全面形成。

企业文化建设目标：国家电网公司企业文化和企业理念深入人心，以建设“一强三优”现代公司为发展目标，弘扬“努力超越、追求卓越”的企业精神，建设“以人为本、忠诚企业、奉献社会”的企业文化，追求“真诚服务、共谋发展”的服务理念，弘扬“特别能吃苦、特别能战斗、特别能奉献”的优良传统，坚持与时俱进，形成有西北电网特色的企业文化。

组织机构

公司本部共设置15个部门。公司下属输变电运行工区2个，输变电工程管理项目部2个，控股公司1个。

公司组织机构如下图所示。

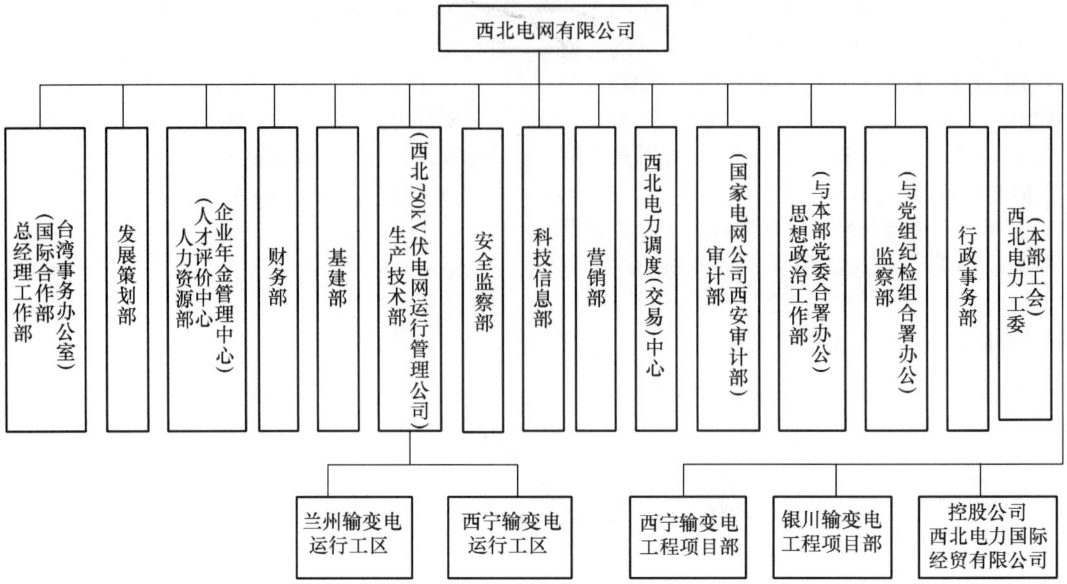

西北电网有限公司组织机构图

领导班子

党组书记、董事长：刘肇绍
党组副书记、总经理：陈　峰
党组成员、副总经理：王季平　李卫东　尹正民　李新建
党组成员、工委主任：高凤林
党组成员、纪检组长：王向红
总工程师：房　喜

电网概况

西北电网由陕西、甘肃、宁夏和青海四个省级电网互联组成，主网架电压等级为330kV，同时与华中电网通过330kV线路实现背靠背联网。新疆电网与其他四个省级电网暂无电气联系，主网架电压等级为220kV。截至2005年底，西北电网最高电压等级为750kV，同时也是全国电网最高电压等级。西北电网有750kV变电站2座3000MVA，输电线路1条140.7km；330kV降压变电站60座（其中网调直接调管变电站41座）25218MVA，线路155条12847km（其中网调直接调管线路110条8159km）。

截至2005年底，西北电网（未包括新疆电网，下同）总装机容量2933万kW，其中火电1926万kW，占66%；水电1007万kW，占34%。新疆电网总装机容量654万kW。西北电网的电源分布总体上呈现"西水东火"的特点，火电主要集中在陕西关中地区、宁夏及甘肃北京地区，水电则集中分布于黄河上游的甘、青河段及陕南地区，分属两大水系，水文特性有显著差异。水电综合利用任务较重（发电、防洪、防凌、灌溉、供水等）、涉及面广、复杂多变，给电网运行带来一定困难。同时，水电比重较大，便于实施跨流域调节和经济调度，电网调峰能力较强。西北电网各省（区）电源结构、分布格局和负荷特性方面存在较强的互补性，主网电力电量交换频繁，联网优势明显。

2005年，西北电网最大负荷为1993万kW，最大日用电量为4.258亿kWh，全年累计用电量1356.14亿kWh，同比增长9.21%。

人力资源

截至2005年底，公司本部及直属单位共有员工385人（不含临时工131人）。其中经营管理人员229人，专业技术人员318人（含在经营管理岗位的专业技术人员215人），生产技能人员53人，分别占员工总数的59.5%、82.6%和13.8%。大学专科及以上学历341人，占88.6%。具有各类专业技术资格的员工291人，占75.6%。

制订、实施了《西北电网有限公司党组关于创建"四好"领导班子的实施意见》，全面推进"四好"领导班子建设。加大干部交流，实行了公司本部和五省（区）公司干部的双向挂职锻炼。坚持以班子建设带动干部队伍建设，以干部队伍建设带动公司本部建设。本部各部门创建"四好"领导班子做到了"四个结合"：①将创建活动与先进性教育整改提高阶段的工作结合起来，找准问题，认真整改，增强党性观念和党员意识，促进部门整体工作上台阶；②将创建活动与争创“五好”党支部和“六好”共产党员活动结合起来，发挥本部门党支部的战斗堡垒作用和广大党员的先锋模范作用，增强支部的凝聚力、创造力和战斗力；③将创建活动与党风廉政建设结合起来，坚持勤政廉洁，严于律己，自觉接受监督，带头执行廉洁自律的有关规定；④将创建活动与完成工作任务结合起来，按照公司党组的统一部署和总体安排，全面完成全年的各项工作任务。

加大员工教育培训工作力度，举办了提职干部培训、挂职干部培训、新进人员培训、本部员工普及电网规划知识等培训班。公司本部举办了10个专业的技术知识培训班，在局域网上安装了6套培训教程。组织完成公司企业战略规划管理全员培训，内容主要包括全面企业绩效管理、企业核心竞争力与发展战略等。与西安南洋企业管理咨询公司签订培训协议，并选送17名处级干部分期参加了管理培训。外派公司相关人员92人次，参加了国家电网公司和有关单位举办的各类培训活动，员工基本素质和专业技能得到进一步提高。2005年，公司评选了第一批西北电网系统技术专家。

电网建设与发展

2005年，围绕西北电网发展规划，配合国家电网公司开展了1000kV特高压电网与西北750kV电网的衔接研究工作，编制了西北电网“十一五”及2020年电网规划、西北地区“十一五”及2020年电力行业规划，完成了宁东火电基地电网规划、新疆电网高一级电压论证研究，并通过了国家电网公司评审。向国家电网公司上报了西北特高压电网规划建议报告，向陕、甘、青省委、省政府分别报送了电网规划纲要，组织评审了兰州、银川、西宁、乌鲁木齐“十一五”城市电网规划。按照电网项目建设核准制的要求，加快了750kV后续工程兰州东—银川东、官亭—西宁、永登—张掖—安西、兰州东—关中、哈密送出、拉西瓦送出的前期工作，超前做好项目储备。

受国家电网公司委托，由公司建设和管理的国家电网公司750kV输变电示范工程，于9月26日顺利投运，实现了“争九十、保年底”的工期目标和“务期必成、务求必胜”的建设目标；完成了工程结算、决算及审计、档案整理等工作，出版了《国家电网公司750kV输变电示范工程建设总结》。公司被国家电网公司评为750kV输变电示范工程建设先进单位。

加快完善330kV电网，积极改造陕甘、甘宁、甘青省际间联络线，解决电网“瓶颈”问题，提高了电网的输送能力。

经营管理

进一步加强战略研究，成立了公司战略研究领导小组，制订了《西北电网有限公司战略工作管理办法(试行)》，建立了从战略研究、专项研究到战略参考编制的战略工作体系。开展公司发展规划研究，组织制订了公司三年（2006～2008）战略规划、公司系统（包括五省区电力公司）“十一五”发展规划、公司“十一五”发展规划纲要、公司科技与信息“十一五”发展规划等。搜集、整理与公司战略决策有关的重要信息，定期编发《战略参考》供领导参阅。

加强制度建设，建立健全预算管理和“三重一大”事项决策机制。发挥风险委员会、预算委员会作用，积极开展预算执行审计、工程竣工决算审计和委托运行资产审计调查工作。加强资金的集中管理和监督，实现扭亏目标，公司本部及直属单位经营状况明显好转。开展“三清理一规范”工作，堵塞管理漏洞。积极疏导电价矛盾，努力推动西北煤电价格联动、电价调整、示范工程电价方案的出台，大力推进“费并价”工作。协调解决网省间互供电费的结算，扩大跨省互供电交易规模，通过西北—华中联网工程，向华中送电14.44亿kWh。

深化同业对标创一流工作。制订了公司同业对标创一流管理办法和实施细则，建立了同业对标指标及其管理体系，制订了定期例会、信息发布、信息报送和监督管理等工作制度，初步建立了公司各层面的同业对标工作管理机制。结合国家电网公司750kV输变电示范工程即将投运和公司直属资产管理的现状，组织召开了同业对标创一流工作专题会议。借鉴相关网省公司经验，结合公司具体情况，建立了西北750kV电网运行对标指标体系，将新投产设备纳入创一流同业对标管理中。不断完善公司本部同业对标指标体系，理顺了直属输变电资产同业对标安全生产指标管理关系。

安全生产

2005年，西北电网安全生产形势基本保持平稳。公司直属单位、甘肃、青海、宁夏、新疆电力公司实现了安全目标。西北电网调度中心安全运行2652天。西北电网实现了无重大电网、设备事故，无重大火灾事故，无重大施工机械损坏事故，无水电厂垮坝和水淹厂房事故的安全目标，完成了“神舟六号”载人飞船发射等重要保电任务。2005年，公司系统共发生基建重大人身伤亡事故1起，死亡6人，重伤1人；发生基建人身重伤事故1起，造成1人重伤；发生生产人身重伤事故3起，造成3人重伤。全网共发生一般电网、设备事故57起，同比减少31起；发生恶性误操作事故4起，同比增加3起；一般误操作2起，同比持平。

公司投入“两措”资金300万元，用于安全生产方面的专题研究、人员培训、反事故演习、安全设施标准化等工作。及时配备安全监察人员，充实安全监督队伍，支持安监人员开展工作。充分发挥安全生产“四个体系”的保证作用，从规划、建设、生产、经营、财务、思想保证等各个方面加强安全生产的全面、全员、全过程、全方位的管理。

印发了《西北电网有限公司电力安全预警管理办法》(试行)和《西北电网有限公司重特大事故应急处理预案》(试行)，认真研究制订迎峰度夏的具体工作措施，合理安排电网运行方式，充分挖掘现有发输电设备的潜力。大力开展跨区、跨省互供电工作，落实各项安全组织措施和技术措施。加强运行值班和督促检查，完善事故应急机制，组织了西北电网联合反事故演习。在6月21日安南Ⅱ线、安柞Ⅰ线跳闸事故的处理中，网省调度和运行人员按照演练过的预案，准确、迅速地处理了事故，避免了陕西东部大面积停电事故的发生。

全力抓好750kV输变电示范工程建设。公司安监部派专人常驻工程现场，加强对施工现场的安全监督。建立了以指挥部为中心、监理单位和施工单位为实施主体的三级反事故斗争的组织体系，强化反事故斗争组织保障。建立健全各项管理制度，完善现场安全设施。发布十条安全禁令，杜绝违章指挥和违章作业。组织对工程关键点和关键环节的安全监督和专项检查，并以印发《750示范工程安全监督内情通报》的形式，对检查出的问题督促整改，确保了线路放线、构支架安装、设备验收、系统调试和竣工投产等关键环节关键点的人员作业安全和设备安全。

加强750kV输变电示范工程投运后的生产运行和安全管理。建立健全兰州、西宁输变电运行工区部门和各类人员安全生产责任制，完善了750kV输变电设备各项安全生产管理制度。结合750kV设备的特殊性，对设备状况、操作程序、有关术语等进行规范，统一标准，规范生产运行人员的操作行为。严格执行“两票三制”，加强生产运行过程中的设备监督、巡视、消缺等各项工作。加强各类人员岗位技能培训工作，积极组织国内外专家进行有关专业知识和运行管理经验的交流培训工作，全面开展岗位练兵活动。认真总结、积极探索750kV超高压输电线路的运行特点和影响因素，进一步总结完善安全生产运行的管理方法和经验，不断提高运行管理水平。

科技与信息化

公司2005年承担科技研发项目28项，其中国家科技部委托1项，国家电网公司委托3项。全年应完成27项，实际完成率100%。西北电网调度自动化EMS系统、西北电网水调自动化新系统开发与应用2项科研成果获得国家电网公司级科技进步三等奖。全年发表科研论文30篇。

完成了基于地理信息的生产管理系统（GIS）第一期开发任务，保证了与国家电网公司750kV输变电示范工程同期投运。

为改善西北电力通信网网架薄弱的现状，按照国家电网公司“十五”规划“三纵四横”的目标，公司结合陕、甘、青、宁各省规划，分步骤、有计划地组织建设了西安—兰州—西宁、兰州—银川、西安—银川主干光纤线路，截至2005年底，拥有光纤线路9292km，已基本形成了光纤、微波、载波等多种类功能齐全的通信网络，通信范围覆盖西北电网各管理和生产单位，成为生产控制、电网调度自动化以及信息网传输和交换的重要基础设施。

完成了新版协同办公系统（COA）的开发。该系统采用最新技术，增加了数字签名、实时交流、短信互动、流程任意定制等功能，能够解决原办公自动化系统（OA）之外的没有固定流程或者是任意流程的诸如一般性文档、总结、财务审批表、合同审批表等文档的网上流转签批问题。

以西北电网通信网络和公司综合布线系统为传输平台，积极构建以公司为中心、覆盖西北五省（区）电力公司的高速、畅通、安全、可靠的西北电网信息网络平台。

优质服务

2005年，公司开展了“安全优质服务年”活动。贯彻国家电网公司颁布的“三个十条”规定、《国家电网公司电力调度机构工作人员“五不准”规定》及《国家电网公司“三公”调度工作管理规定》，制订了西北网调“三公”调度十项具体保证措施。西北网调中心在西北五省（区）调度机构、直调发电企业和部分间接调管的发电企业、供电企业聘请了20位西北电网第一批“三公”调度监督员，并定期组织召开“三公”调度监督员座谈会，广泛征求意见和建议。出台《西北电网“三公”调度监督员工作条例》(试行)，明确了“三公”调度监督员的职责和工作程序。通过下发调查评议表的形式，主动征求西北电网各发电企业对西北网调“三公”调度工作的意见和建议，各参与单位对网调“三公”调度工作总体满意度和19个调研项目的评价均为“很满意”。针对发现“三公”调度工作中存在的问题，先后两次组织了对调度对象的回访活动。

按照国家电网公司统一的模版格式，全面规范西北电网“三公”调度网站和社会公众网中的“调度信息专栏”有关调度信息的发布，并对西北五省（区）“三公”调度信息网站内容、格式、发布时间等进行及时跟踪检查、指导。

党的建设和精神文明建设

以开展保持共产党员先进性教育活动为重点，全面加强党建工作。坚持各级党组（党委）中心组学习，做到“人员、内容、时间、效果”四落实。进一步健全党支部工作目标责任制和评价体系，落实“三会一课”、民主生活会、民主评议党员、领导干部过双重组织生活等制度，加强党员教育和管理。结合机构调整，健全党的各级组织，认真开展“四好”领导班子和“五好”党支部创建活动。扎实开展先进性教育活动，并以先进性教育推动生产建设，确保了750kV输变电示范工程的竣工投产，做到了“两不误、两促进”。

落实党风廉政建设责任制，逐级签订责任书，做到了党风廉政建设与生产经营工作同部署、同检查、同考核、同奖惩。围绕资本运营、技改项目、工程招标等生产经营活动的重点部位和关键环节开展效能监察，公司本部实现了处级以上干部未发生违法违纪问题的目标。

以创建活动为载体，加强精神文明建设。积极参与省级文明行业、文明单位创建活动，公司被陕西省发、省政府授予“文明单位标兵”荣誉称号。大力推进企业文化建设，认真贯彻国家电网公司企业理念，并结合实际建设具有公司特色的企业文化，初步总结提炼出公司系统的企业文化体系，卓有成效地开展“我为750建设作贡献”主题活动，培育形成了西北电网的“750精神”，丰富和充实了国家电网公司“努力超越，追求卓越”的企业精神。

主要事件

1月7日，公司与荷兰KEMA公司签订了750kV GIS设备质量监造及实验监督合同。

1月12日，公司被陕西省委、省政府命名为“省级文明单位”。

4月15日，750kV关键技术研究第三批科研项目通过验收。至此750kV关键技术研究全部通过验收。

同日，国家电网公司与西北、华中电网有限公司签订跨区售电与输电合同。

4月26日，国家发改委印发《关于西北电网实施煤电价格联动有关问题的通知》（发改价格［2005］671号），调整西北五省（区）的上网电价和销售电价。陕西的销售电价上调19.7元/MWh，甘肃上调9.7元/MWh，宁夏上调13.1元/MWh，青海上调10.6元/MWh，新疆上调20元/MWh。

5月12日，国家电网公司总经理刘振亚、副总经理郑宝森一行视察750kV输变电示范工程现场。在兰州东变电站，刘振亚总经理向甘肃送变电工程公司青年突击队授旗。

5月25日，国家电监会副主席史玉波到公司调研并参观西北电网调度中心。

6月1日，国家电网公司副总经理郑宝森在兰州主持召开会议，听取公司关于国家电网公司750kV输变电示范工程建设情况汇报并作重要讲话。同日，郑宝森副总经理出席了国家电网公司750kV输变电示范工程线路第四标段的放线仪式。

6月20日，国家电网公司750kV输变电示范工程线路顺利实现跨越黄河架设。

7月3日，西北—华中联网灵宝背靠背直流输电工程顺利完成168h试运行，正式投入运行，实现了西北电网与华中电网联网，也标志着全国主要电网之间实现了互联。

7月7～9日，新华社、中央电视台、中央人民广播电台、光明日报、中国电力报、国家电网动态等新闻媒体到公司系统采访750kV输变电示范工程建设和电网迎峰度夏工作情况。

7月26日，国家电网公司跨区电网工程建设座谈会在宁夏银川召开。国家电网公司副总经理舒印彪出席会议并作了重要讲话，期间考察了宁东煤电基地。

7月28日，公司召开保持共产党员先进性教育活动动员大会。

8月17～19日，国家电网公司副总经理郑宝森、总工程师赵遵廉、顾问刘本粹一行视察国家电网公司750kV输变电示范工程并召开现场协调会。

8月25日，750kV兰州东变电站330kV送出工程成功启运，标志着750kV示范工程配套工程全部完成。

8月31日，国家电网公司750kV输变电示范工程竣工预验收全部结束。

9月1日，国家电监会副主席邵秉仁一行视察了国家电网公司750kV输变电示范工程兰州东变电站。

9月6日，国家电网公司副总经理郑宝森在兰州主持召开国家电网公司750kV输变电示范工程启动验收委员会第二次会议。会议决定，工程从9月7日开始带电系统调试。

9月8日12时39分，国家电网公司750kV输变电示范工程官亭变电站1号主变压器零起升压达到额定电压764kV，标志着我国第一个750kV超高压电压等级出现。

9月10日11时48分，750kV官亭变电站—兰州东变电站零起升压试验成功，标志着我国第一条750kV超高压线路建设成功。国家电网公司副总经理郑宝森亲临现场指导、慰问。

9月13日11时54分48秒，国家电网公司750kV输变电示范工程合环试验取得成功。世界上海拔最高的我国第一条750kV输电线路开始输送潮流。

9月18日16时58分，750kV系统带90万kW大负荷持续运行4h试验成功，并转入72h试运行。当日下午，国家电网公司向工程系统调试指挥部发电祝贺。

9月21日12时32分，国家电网公司750kV输变电示范工程72h试运行成功。当日下午，国家电网公司向公司发来贺电。

9月26日，国家电网公司750kV输变电示范工程正式投产。中共中央政治局委员、国务院副总理曾培炎出席北京主会场投产仪式并作重要指示，国家电网公司总经理刘振亚作重要讲话。

10月13日，国家电网公司副总经理陈进行视察750kV兰州东变电站。

10月29日，国家电网公司党组成员、中纪委驻国家电网公司纪检组组长祝新民莅临公司视察指导工作，就学习贯彻十六届五中全会精神、电网发展、改革、企业管理、党风廉政建设等方面工作做重要讲话，并对公司工作提出具体要求。

11月7日，国家电网公司总经理刘振亚对750kV输变电示范工程运行情况作出重要批示："750kV工程建设、运行都是好的，要再接再厉并认真总结经验，发扬光大。"

11月11日，公司召开保持共产党员先进性教育活动总结大会。

12月2～4日，国家电网公司组织有关专家，对国家电网公司750kV输变电示范工程"两站一线"进行安全大检查。

（程军生）

陕西省电力公司

企业概况

陕西省电力公司是国家电网公司的全资子公司，公司主营业务是陕西省的电力建设、输送和销售。公司辖有直属单位33个，其中电力供应和生产业11个；电力辅助性业务15个；批发及仓储、运输业1个；科学研究业1个；培训类2个；电力通信业1个；房地产及社会服务业2个。2005年共有员工35522人，离退休人员14360人，其中离休干部343人。截至2005年底，陕西省发电装机容量1166.44万kW。公司拥有330kV变电站24座，变电容量981万kVA；330kV线路60条，4557km。

公司领导

总经理、党组副书记：贾福清
党组书记、副总经理：李长安
党组成员、副总经理：张书豪　左玉玺
党组成员、工会主席：邢峻生
党组成员、纪检组长：刘文洪
总工程师：何晓英
总会计师：苏庆社
正局级调研员：赵杰臣
副局级调研员：万明善　吕云仑　李顺典

机构设置

公司机关下设21个部门：总经理工作部、计划发展部、基建部、生产技术部、市场营销部、安全监察部、财务部、思想政治部、人事部、农电工作部、经济法律部、机关工作部、审计处、公安处、离退休管理处、电业工会、纪检组、新闻中心、调度中心、电力行协、卫生处。

生产指标

2005年末，陕西省发电装机容量1166.44万kW，其中火电964.03万kW，水电197.81万kW，其他4.6万kW。公司直属330kV送电线路60条，4557km；220kV送电线路10条，825km；110kV线路550条，9861km；35kV线路322条，3948km。拥有330kV变电站24座，变电容量981万kVA；220kV变电站5座，变电容量87万kVA；110kV变电站279座，变电容量1375万kVA；35kV变电站162座，变电容量132.20万kVA（变电和线路均不含榆林供电局）。

陕西省发电量完成548.80亿kWh，同比增长6.6％，其中火电495.85亿kWh，水电50.54亿kWh，其他2.4亿kWh。

全社会用电量（不含榆林供电局）474亿kWh，同比增长9.8%，其中，农、林、牧、渔、水利业用电30.56亿kWh，工业318.04亿kWh，交通运输、仓储、邮政业26.02亿kWh，建筑业4.39亿kWh，信息传输、计算机服务和软件业2.48亿kWh，商业、住宿和饮食业13.4亿kWh，金融、房地产、商务及居民服务业7.58亿kWh；公共事业及管理组织18.7亿kWh，城乡居民生活用电合计 52.7 亿 kWh，其中乡村用电 17.17 亿 kWh，城市 35.5 亿 kWh。全社会净用电量 398.87 亿 kWh，同比增长 10.4 %。

陕西省电力公司计划管理电厂发电装机容量 960.95 万 kW，其中火电 849.7 万 kW，水电 111.25 万 kW。发电量完成 439.65 亿 kWh，同比增长 1.79 %，其中火电 404.23 亿 kWh，同比增长 0.14%；水电 35.42 亿 kWh，同比增长 25.4%。公司累计售电量完成 401.54 亿 kWh，同比增长 12.06%。利润完成 3.26 亿元，同比增长 23.41 %，线损率完成6.06 %，同比下降 0.55 个百分点。农村供电可靠率完成 99.80%，当年电费回收完成 100%，1998 年以前陈欠电费回收 97%，应收电费余额完成 4.74 亿元，完成目标值的 132.7%。

2005 年，公司工业企业劳动生产率 1216538 元/人年（现价工业总产值）。

电力安全

2005 年，公司系统累计发生重大人身事故 1 起（死亡 6 人、重伤 1 人）；人身重伤事故 1 起（1 人）；发生恶性误操作事故 2 起；一般电网事故 4 起（输电 3 起、变电 1 起）；一般设备事故 11 起（输电 6 起、变电 4 起、电气 1 起）；一类障碍 79 起（输电 70 起、变电 8 起、电气 1 起）；发生农电人身死亡事故 1 起；一般电网事故 4 起；一般设备事故 14 起（输电 9 起、变电 5 起）；一类障碍 78 起（输电 64 起、变电 14 起）。

电网建设

2005 年公司共开工建设 330kV 线路 1168.5km，变电容量 168 万 kVA。开工建设 110kV 线路 1043km，变电容量 148 万 kVA。完成 330kV 输电线路项目 12 项，投产 1313.6km；建设和改造 330kV 变电站 3 座，投产变压器 4 台，变电容量 111 万 kVA；投产 110kV 线路 395.65km，变电容量 37.9 万 kVA。

在关中，及时建成投运了韩城第二发电厂和户县第二发电厂送出工程，满足了发电机组提前投运电力的需要；建成投运了 330kV 西安西北郊变电站，使关中地区 330kV 双环网架基本形成，初步缓解了西安西北郊和中心城区的供电紧张局面。在陕北，12 月 29 日建成投运的 330kV 榆神线路，与 330kV 桃延线路的连接，形成了关中到陕北的第二回电力大通道。在陕南，9 月份建成的 330kV 汉中联络变电站和正在加紧建设的 330kV 安康—喜河—汉中、柞水—张村输变电工程，使陕南电网不断改善和加强，在 2005 年夏、冬季负荷高峰时段发挥了重要作用。

电网调度

2005 年，公司调度中心圆满完成了多次重大重要活动的保电任务。截至 2006 年 2 月 16 日，调度中心安全运行 2680 天（历史记录 2264 天），创陕西省调度史的最好水平。2005 年陕西电网未发生电网稳定破坏、电网瓦解和大面积停电事故，未发生调度责任事故，成功处理了“6.21”电网事故，确保了电网安全稳定运行和社会有序供电。

2005 年主要指标：

（1）责任频率合格率 99.9998%，同比提高 0.0002 个百分点。

（2）考核点电压合格率 99.88%，同比提高 0.13 个百分点。

（3）主网线损率 1.41%，同比降低 0.12 个百分点。

（4）220kV 及以上继电保护正确动作率 99.06%，同比降低 0.16 个百分点。

（5）主保护投运率 99.99%，同比提高 0.14 个百分点。

（6）EMS 调度端计算机系统可用率 100%，同比持平。

（7）调度日报制表合格率 100%，同比持平。

（8）“两票”合格率 100%，同比持平。

科技进步

2005 年公司编制了“十一五”信息发展规划，以信息化建设统领公司科技进步工作。与中国电力科学研究院签订了长期的科技合作框架协议，进行了 5 项合作项目研发。成立了陕西省电力科学研究院，强化了服务陕西电网的作用，增强了陕西电网科技进步的组织基础。

针对大唐韩城第二发电厂 60 万 kW 大机组、西安市西北郊 36 万 kVA 大容量变压器投运对电网安全运行造成的影响，研究制定保障电网稳定的技术措施。积极研究电网安全稳定控制的广域测量技术，启动了略阳电厂—勉县—汉中全省第一条紧凑型输电线路的设计工作，在安喜汉、柞张输电线路工程中推行山区铁塔基础高低腿设计技术，在 330kV 韩城变电站设计中采用 HGIS 组合电气技术，在陕北二回、韩二送出、安喜汉、柞张输电线路建设中推行海拉瓦技术，在系统内全面推广应用雷电定位技术，积极研究解决电网发展和安全生产的技术问题。

公司与中国电力科学研究院建立科学技术战略合作关系框架协议正式签字，根据协议，双方将在陕西电网应用 SVC、可控串补、变电站通信网络和系统标准化研究试点、公司综合计划与统计信息管理系统开发应用方面展开合作。

2005年公司投入科技经费2500万元，安排科技项目88项。组织开发的电网线损实时理论计算分析系统，填补了国内空白，被选为国家电网公司典型经验。完成了《混合式高压限流开断器研制》、《汽轮机监视装置研制及国产化》项目，通过了国家电网公司组织的验收，整体技术水平达到国际先进。科技成果产业化加快推进，实现产值2300多万元（防谐无功补偿装置、带电清扫机、化学水处理等项目）。

农电工作

1. 主要指标

2005年公司直供直管县级供电企业售电量完成124.19亿kWh，同比增长11.76%，售电平均单价446.27元/kWh，增长14.78元/kWh；电费回收率100%，综合线损完成6.2%，同比降低0.39个百分点；农网综合电压合格率完成97.837%，农网居民端电压合格率完成96.120%。2005年公司投资6000万元基本解决了无房供电所问题。

2. 同业对标

2005年公司通过创一流同业对标工作，深化县局创一流工作，提升县局的管理水平。①建立了公司农电同业对标信息平台，定期发布对标信息，使县局找准自己的位置，不断向更高水平追求；②加强对一流县局的动态管理，对各项指标达不到要求和同业对标排名靠后的一流县局限期整改；③在创一流过程当中，坚持“全面提高，强化管理，注重过程，力戒形式”的工作方法，加强企业基础管理、制度建设和人员素质的培训工作。

2005年4月，临潼供电分局的创一流工作通过了国家电网公司的考核验收，使省公司通过国网公司考核的一流县局达到7个。2005年底，安康白河、商洛洛南、延安洛川电力局建设省公司一流县供电企业工作通过省公司的考核。商洛、安康供电局实现了一流县供电企业零的突破，为其他各县局树立了可供学习和借鉴的榜样。2005年公司系统省公司一流县供电企业上升为17个，涉及到除榆林之外的所有地区。

国家电网公司2005年11月29日在青岛同业对标创一流总结会上，公布的2004年同业对标综合评价排名，全国103个直供直管一流县供电企业，临潼局位居第47名。

3. 安全生产管理

2005年公司积极开展“供电所安全管理年”活动，根据陕西省实际情况，举办供电所安全员学习班8期，共计466人次。制作了0.4kV作业示范片，并下发到各县局。

优质服务

2005年公司认真贯彻“陕西电力、以人为本、科学发展、和谐服务”的企业经营理念，不断创新服务手段，完善常态机制，提升优质服务水平。

1. 优质服务

（1）供电可靠性进一步增强，供电可靠率99.951%，同比提高0.016个百分点；综合电压合格率99.397%，同比提高0.518个百分点。

（2）供电服务承诺综合兑现率99.94%。

（3）客户满意度达到90%。各供电局在地方政府组织的行风评议取得较好名次。西安局排名第三（公共服务行业第一），商洛第二，宝鸡第四。

（4）客户投诉大幅下降，与2004年相比，在电力供应相对紧缺的条件下客户投诉平均由每月5.1次下降到3次。

（5）出色完成了“神六”发射，连战、宋楚瑜访问西安，“同一首歌”延安现场演出等6项重大及50余项大型社会活动的保电任务。

2. 科技创新提高营销与服务水平

2005年公司加快95598客户服务系统的建设，十个供电局已全部建成了畅通、高效、快速响应、功能强大、覆盖城乡并被广大客户普遍接受和欢迎的95598客户服务热线，为实现服务品质和服务效率的全面提升提供了有力的技术支持。通过95598服务热线，使客户咨询、投诉举报、故障报修、报装接电、电费交纳等各种业务需求一并在数字信息系统中得到响应，突破时间和空间的限制，使得服务变得高效、方便、快捷。全年95598受理客户服务电话累计超过24万次，其中夏季高峰单日话务量突破1.8万次，系统运转正常，确保了营销服务工作有序开展；十个供电局相继建成覆盖省、地、县/分局、营业站（所）的四级营销管理信息系统。系统集成了多项先进技术，是国内第一家采用三层架构，符合J2EE技术规范并实际投入运行的系统；西安供电局将95598客户服务热线与GPS车辆卫星定位系统有机整合，具备了抢修车辆调度、定位监控及电网信息实时传递等功能，实现了对抢修车辆的定位跟踪、历史轨迹回访和调度管理，是国内第一个在电网和地理数据双重叠加的背景上显示车辆运行轨迹的系统。

3. 完善服务监督体系，客户满意度不断提高

2005年公司制定了《行风监督员聘请和管理办法》、《关于对违反员工服务“十个不准”的处理规定》、《供电服务承诺考核办法》，加大了对供电优质服务工作的监督检查。坚持行风建设明察暗访制度，建立健全了客户投诉举报网络和社会监督评价机制，自觉接受社会各界的监督，并设立了200万元的投诉

举报奖励基金，形成了强有力的客户服务内外监督机制。定期开展行业作风测评，了解客户的内在需求，深化和延伸优质服务工作。高度重视并认真办理供电服务投诉，客户投诉与2004年相比，从平均每月5.1次下降到3次，客户满意度大幅提高，优质服务工作受到了政府和社会各界的肯定。省公司连续七年荣获陕西省“创佳评差”竞赛活动“最佳厅局”称号。

体制改革

在保持主业、辅业和多经企业加快发展、安全稳定的基础上，顺利实现了公司层面的主多分离，完成了宝鸡第二发电厂股权的移交。

精神文明

2005年公司将开展先性教育活动和建设“一强三优”现代公司紧密结合，做到“两不误”、“两促进”，先进性教育活动得到了陕西省委和省国资委的高度评价，先后在省国资委、陕西省委及国家领导人来陕调研会上做经验交流，公司系统基层职工群众的满意度平均达到96%以上，机关本部的满意度达到了98%。

成立了“陕西省电力公司失业保险代办中心”和“陕西省电力公司工伤保险经办中心”，按照有关规定给退休人员调整养老金待遇，增加养老金。公司给修造企业补充借款1000万元，贷款2200万元，帮助解决生产流动资金、离退休职工工资、职工生活用电、取暖等问题。公司本部和基层各单位干部职工积极开展形式多样的帮助困难助学活动，为困难职工子女入学捐助助资金7.8万元，为困难集体企业职工捐款47万元。

10月26日，在全国精神文明建设工作表彰大会上，陕西送变电工程公司、渭南供电局、铜川供电局、延安供电局、榆林供电公司、商洛供电局统荣获“全国文明单位”称号，宝鸡供电局、咸阳供电局、汉中供电局、安康供电局、西安供电局荣获“全国精神文明建设工作先进单位”称号，受到了中央文明委的表彰。

主要事件

1月9日，公司获陕西省委、省政府2004年度创佳评差竞赛活动“最佳厅局”称号。

1月10日，因电煤告急，陕西电网开始每天18时到22时全网避峰限电。陕西电网自1996年以来首次开始大面积限电。

1月22日，“陕西电网继电保护信息管理系统”和“陕西电力系统继电保护工作规范化管理程序及作业指导书”两项科研成果通过专家验收。

1月29～30日，公司2005年工作会议在西安隆重召开。

2月7日，陕西省省长陈德铭、副省长洪峰来公司慰问陕西电力职工。

3月14日，陕西省公安厅、陕西省工商行政管理局、国家电力监管委员会西北监管局联合行动，在全省开展严厉打击盗窃、破坏、收购电力设施违法犯罪专项活动，以保护电力设施安全，确保电力安全运行。

3月24日2∶24分，330kV桃曲—延安输电线路投入运行，延安电网跨入新的历史阶段。

4月17日，公司承担的原国家电力公司科学技术项目《DXK1短路电流限流开断器研制》和《汽轮机监视保护系统研制及国产化》通过国家电网公司组织的验收。

5月1日，宝鸡供电局“二保紧修服务队”队长赵二宝获全国劳动模范称号。

5月12日，330kV延榆神二回输电线路工程开工典礼在330kV榆林变举行，省政府副省长洪峰、西北电力监管局局长、公司总经理贾福清出席开工典礼发表讲话，并为工程剪彩。

5月12日，作为国家电网公司城市电网改造五大试点之一的西安市城网建设与改造二期工程启动，工程总投资40.56亿元。

5月26日，国家电监会副主席史玉波来公司检查指导工作，史玉波视察了公司调度中心、西安供电局客户服务中心、西安高压供电局330kV东郊变电站。

6月3日，陕西省电力设计院在大唐略阳发电厂300MW火电机组技改工程施工图设计招标中中标，这是该院第一次独立承担300MW火电机组设计。

6月21日，受恶劣天气影响，向关中东部供电的安南、安柞输电线路先后跳闸，此时关中东西部电网联络线之一北沣线正在停运施工，另外一条联络线庄南线因此严重过负荷，随时可能烧断，电网面临崩溃瓦解危险。公司立即启动应急预案，通过及时合理的电网调度，避免了一场重大电网事故。

6月22日，陕西电网建设重点工程——330kV安喜汉及330kV柞张输变电工程开工。

6月27日，陕西省物价局转发发改委通知，对陕西电价进行调整，电网销售电价每千瓦时提价1.97分，居民生活照明电价不变，调整后的电价自7月1日起执行。

7月15日，陕西电网最大负荷创历史新高达到702万kW，电网顺利度过2005年夏季第二个用电高峰期。

7月26日，公司隆重召开保持共产党员先进性教育活动动员大会。

7月28日，陕西电网峰谷差出现历史最大值达到254万kW。

8月16日，韩城第二发电厂1号60万kW机组完成168h试运行，正式并网发电。该机组为目前西北地区单机容量最大的火电机组。

8月27日，国家电网公司副总经理舒印彪来公司检查指导工作。

9月2日，西北首台最大容量火电机组大唐韩城二电厂1号机组正式移交生产。

9月9日，国家电网公司人事部来公司宣布国家电网公司党组对公司领导班子的调整决定。张书豪任陕西省电力公司党组成员、副总经理；邢峻生任陕西省电力公司党组成员、陕西电业工会主席；苏庆社任陕西省电力公司总会计师。免去李新建的陕西省电力公司党组成员、陕西电业工会主席职务。

9月28日，全省电网建设重点项目330kV汉中变电站3号联络变压器顺利投入运行。该联络变压器投运实现了汉中电网330kV系统与220kV系统之间的联网运行。

9月底至10月初，关中、陕南连降大雨，宝鸡、西安、渭南、汉中、安康、商洛不同程度地发生洪涝灾害，各地电网受到损坏。其中，安康和渭南受灾最为严重。

10月4日，公司党组书记李长安带队赴安康灾区指导抗洪救灾保供电工作，慰问一线电力员工。

10月15日，全省电网重点建设项目330kV铜川东塬输变电工程开工。

11月2日，330kV大唐户县第二发电厂两条送出线路顺利投入运行。该工程的建成投运，对改善陕西电网主网架结构，迎接电网冬季用电负荷高峰具有重要意义。

11月12日，公司召开先进性教育活动总结大会。公司总经理贾福清主持会议，党组书记李长安作公司保持共产党员先进性教育活动总结报告。

11月15日，陕西省电力公司首次向华中送电。

12月20日，公司工会成立大会暨首届一次工会会员代表大会在西安召开。

12月21日，国家电网公司党组对公司领导班子做出调整：左玉玺任陕西省电力公司党组成员、副总经理，刘文洪任陕西省电力公司党组成员、纪检组长；吕云仑任陕西省电力公司副局级调研员，免去其陕西省电力公司党组成员、副总经理职务；李顺典任陕西省电力公司副局级调研员，免去其陕西省电力公司党组成员、副总经理、纪检组长的职务。

12月25日，电网最大负荷创新高达到740.5万kW。

12月26日18∶15分，大唐韩城第二电厂送出输变电工程建设完成正式投运。韩二整体工程于2002年8月开工建设，两台机组分别于2005年8月分、11月分投产发电。

12月28日，陕西省电力公司和中国电力出版社在西安联合召开发布会，正式发行《供电职业技能培训系列片》。

12月29日，330kV延（安）榆（林）神（木）输变电工程投运，并与2005年4月建成投运的330kV桃曲—延安线路连接，形成关中到陕北的第二条电力大通道。

（原增光）

甘肃省电力工业

综述

2005年，甘肃电网总体电力电量相对富裕，从5月份以来黄河上游降雨偏多，水电机组持续满发，火电机组全年发电负荷率平均保持在67%左右。2005年除1月份有限电外，其余月份未限电。

系统规模

甘肃电网统调（五级调度）装机容量9717.795MW，较2004年增长7.98%。其中水电3850.595MW，占总装机容量的39.6%；火电5728.5MW，占总装机容量的58.9%；风电及燃机138.7MW，占总装机容量的1.42%。其中省调调度日报口径装机容量8354.7MW，包括：水电3265.5MW，火电5037MW，风电52.2MW。

直接接入330kV电压等级的装机容量2820MW；直接接入220kV电压等级的装机容量2874.5MW。其中国电集团管理电厂装机容量1092.2MW；大唐集团管理电厂装机容量1768兆瓦；中电投集团管理电厂装机容量690MW；甘肃电投集团管理电厂装机容量533.5MW；华能集团管理电厂装机容量1200MW。

甘肃电网目前有750kV线路1条，长度140.708km（省内长度127.708km）；330kV线路58条5853.577km（省内长度5104.45km）；220kV线路42条1415.324km（不含碧广线）；110kV线路334条10299km。有750kV变电站1座，主变压器1台，变电容量1500MVA；330kV变电站19座，主变压器39台，容量8090MVA；220kV变电站11座（不含成县变电站），主变压器26台（含成县变电站1、2号主变压器），容量3180MVA，220kV开关站1座；110kV变电站178座，主变压器337台，容量

9663MVA（以上均不含用户变压器及线路）。

生产经营指标

2005年统调发电量444.0277亿kWh，同比增长8.14%。其中：火电305.7398亿kWh，同比降低1.52%；水电138.2879亿kWh，同比增长37.97%。

2005年全网用电量424.7614亿kWh，同比增长4.99%。全网用电总体增长较缓，由于甘肃电网中工业及高耗能铁合金用电所占比例加大，这部分电量受国家宏观调控以及市场价格的影响，使得2005年全网用电增长平稳，较近几年相比增长率有所下降。电网日最大用电负荷6402MW（11月20日），日最大峰谷差1386MW（11月28日），平均峰谷差1185MW。

2005年甘肃电网外供电量19.16亿kWh，其中送往宁夏回族自治区电量5.31亿kWh，送往四川省电量2.23亿kWh，送往华中地区电量7.91亿kWh，送往青海省电量3.71亿kWh。

2005年黄河梯级水电厂和白龙江碧口水电厂发电量比年初计划有大幅增加，刘家峡、盐锅峡、八盘峡、小峡、大峡、碧口等六个主要水电厂全年完成发电量实现年初计划发电量的125.74%，比2004年全年增加32.38%。刘家峡、盐锅峡、八盘峡、大峡、碧口等五个水电厂累计节水增发电量比2004年增加61.86%；省调直调的盐锅峡、八盘峡、大峡、碧口等四个水电厂（小峡水电厂暂未加入统计），综合水能利用提高率达到4.69%，比2004年提高0.32个百分点。由于发电流量较大，刘家峡水电厂机组空转耗水明显减少，全年累计空耗水量及折合电量损失同比去年降幅达32%。

2005年火电利用小时数较2004年同比降低了14.78%，火电利用小时降低的主要原因是水电来水显著大于2004年同期，水电发电量增加，导致火电机组备用停机时间增加。

电力安全

2005年安全局面总体平稳，甘肃电力公司系统没有发生人身死亡事故及各类重、特大事故，一般电网和设备事故同比下降了32%。

甘肃电网安全运行情况良好，没有发生稳定破坏、系统瓦解以及大面积停电等电网事故。在用电负荷持续增长的情况下，电网经受住了大负荷的考验，没有发生故障，确保了主网功率的正常交换以及局部电网的安全稳定运行和可靠供电。在夏季和冬季用电高峰期间，电网用电负荷和日用电量均创历史新高，甘肃电网认真落实迎峰度夏和过冬措施，确保电网平稳度过了用电高峰。

2005年举行的年度联合反事故演习的规模创历史之最，直接参演单位达72个，人员涉及调度运行、变电运行、集控中心、变电修试、送电检修、汽车运输等专业，并第一次实现由用户直接参演。根据开展反事故斗争“二十五条重点措施”要求，保证在电网发生大面积停电情况下，调度系统能够正确、有效和快速恢复供电，各级调度结合“优质服务年”活动，进行了电网薄弱环节分析，及时修订了电网大面积停电应急预案和主要厂站全停事故预案。为促进甘肃电网调度系统安全生产，强化电网安全管理工作，开展“优质服务年”活动和安全性评价工作，以“遵章守法，关爱生命”为主题，进一步加强安全管理和各项专业管理，查找安全生产基础管理薄弱环节，解决调度运行工作中存在的不足，省调制定了安全月活动10项具体工作，并按计划落实。

电网建设

2005年甘肃电力始终坚持把前瞻性、可靠性、经济性原则贯穿电网的规划、设计、建设、运行之中，建设和完善并举，全力提高电网可靠性水平。全省新增750kV线路1条，新增长度140.708km（省内长度127.708km）；新增330kV线路11条，新增长度484.079km（省内长度399.6km）。全省新投产330kV主变压器3台，容量330MVA；新投产220kV主变压器1台，容量90MVA。其中省电力公司全年完成电网建设投资20.28亿元，330kV网架建设整体提速2～3年，新增330kV及以上线路223km。省电力公司农网改造一期工程通过了省级整体验收，按新的规划思路编制了甘肃电网“十一五”规划和城市、农村电网规划，加强了项目前期工作和工程管理，一批重点工程进展顺利。

电源建设

2005年甘肃电网新投产发电机组共42台（含一台增容），增加装机容量992MW。其中省调调管范围内增加装机容量866.5MW；地调调管范围内增加装机容量105.5MW；西北网调调管范围内增加装机容量20MW。具体分别为：连城电厂4号机组，容量300MW；张掖电厂1号机组，容量300MW；小峡水电厂2、3号机组，容量115MW；汉坪嘴水电站1、2、3号机组，容量72MW；靖远电厂1号机组增容，由200MW增至220MW；803电厂4号机组，容量50MW；刘化集团自备电厂3号机组，容量17.5MW；海甸峡水电站1号机组，容量17.5MW；其他小水电共31台机组，容量105.5MW。

电网调度

2005年甘肃电网频率合格率99.99993%，较

2004年同期增长了0.00013个百分点。全网300MW火电机组非停跳闸造成低频共3次/台，其中平凉电厂机组跳闸共2次/台，连城电厂机组跳闸1次/台。电网中枢点电压合格率累计完成99.97%，较2004年同期增长了0.06个百分点，指标完成情况较好，在全国创一流同业对标排名为A类。电网330kV网损率1.42%，较2004年同期下降0.84个百分点，西电东送成为其主要运行方式。负荷年最大用电量预测准确率98.84%，低谷负荷预测准确率98.69%，全省日均负荷预测准确率98.37%，在全国创一流同业对标排名为A类。保护正确动作率，220kV保护正确动作率100%，330kV保护正确动作率99.4%。全年未发生调度人员责任事故，未发生调度对象投诉事件。调度系统安全性评价和“安全优质服务年”活动顺利通过了国调中心和西北网调组织的查评。邀请13个地调的专业技术人员全程参与观摩安全性评价查评工作，为在甘肃三级调度机构开展安全性评价工作打下基础。同时，完成了对13个地调调度系统安全性评价工作。

经营管理

2005年甘肃省电力公司内外并举，开拓省内外用电市场，购、售电结构得以优化。以核实农灌电量为重点的营业普查取得较好成效。节能降耗和电费回收效果明显。疏导电价矛盾取得进展。电能计量工作获得政府专项计量授权。坚持规范管理与促进发展并重，多种产业持续快速发展。

优质服务

2005年服务水平提升，甘肃电力坚持“四个服务”宗旨，服务全省工作大局，主动加强与省委省政府以及地方党委政府的汇报沟通，公司工作及电力规划建议得到了省委省政府主要领导肯定。大力宣贯“三个十条”，严格执行“八项措施”。坚持“三公”调度，团结治网，厂网关系进一步协调。建立了新闻公关危机应急处理机制，规范对外宣传和对外关系。

科技进步

2005年甘肃电力公司有六项科技成果荣获甘肃省科技进步三等奖。这六项科技成果分别是：兰州供电公司完成的“10kV架空配电线路带电作业用安全防护用具的研制”、“六氟化硫开关类设备现场检修技术的研究与应用”、“兰州供电局输电地理信息系统”；金昌供电公司完成的“电能计量监测系统”；天水供电公司完成的“35kV综自仿真培训系统”；兰州信通公司完成的“DT810RTU网络采集装置”。同时，由兰州供电公司与华北电力大学共同研究开发的“地区电网调度决策支持系统”，通过了国家电网公司的验收和甘肃省科学技术厅的科技成果鉴定。由白银供电公司自行设计、研发，拥有自主知识产权的“带电作业工器具库房智能控制与管理系统”，通过省级科技成果鉴定。由甘肃电力变压器厂承担的科技项目——高燃点绝缘油地下式变压器试制成功，两台高燃点绝缘油地下式变压器样机在沈阳国家变压器质量监督检验中心一次性通过了各项试验。

精神文明建设

2005年，甘肃省电力公司坚持用“一强三优”的战略目标凝心聚力，统一队伍的思想。坚持把教育培训放在队伍建设的首位，重点强化领导干部岗位适应性培训和员工技能培训，公司全员培训率达到83.49%。坚持为人才成长搭建平台，输送精兵强将从事750kV输变电工程建设和运行。

2005年，公司高质量地完成了保持共产党员先进性教育活动，电力公司群众测评满意率达到99%，公司系统各单位满意率均在96%以上。党风廉政建设和反腐败工作取得明显成效，“党风廉政建设责任制管理”被列为国网系统典型经验目录。在国家电网公司系统首家成立了企业工会，省公司团工委荣获全国“五四”红旗团委称号，工会、共青团、妇联等群众组织及各类协会的作用得到发挥。

主要事件

1月24日，大唐甘肃公司2005年工作会议暨一届一次职代会在兰州召开。会议期间，举行了甘肃华唐电力投资有限公司、甘肃大唐燃料有限责任公司的揭牌仪式。

2月4～5日，甘肃省电力公司2005年工作会议暨三届三次职工代表大会在兰州召开。

2月18日，大唐连城发电厂二期扩建的30万kW4号机组正式并网发电。

3月5日，甘肃小三峡公司黄河小峡水电站第三台机组并网发电。

3月11日，兰州供电公司被列为国家“863”项目的“330kV高压设备带电清扫机器人”科技项目，在兰州和平变电站首次带电清扫试验成功。

4月1日，甘肃送变电公司导线厂成为省内首家接到750kV电压等级导线生产订单企业，实现了从生产500kV及以下电压等级导线到生产750kV电压等级导线的跨越。

4月6日，甘肃电投大容电力有限责任公司的舟曲县白龙江石门坪水电站正式开工建设，该水电站装机1.5万kW。

4月21日，省电力行业协会第二节会员代表大会暨二届一次理事会在兰州召开。

4月23日，由中国自行设计、研制、安装和调试的第一个可控串补工程在甘肃220kV碧成线正式投运，实现了可控串补装置的国产化。

5月1日，平凉供电公司柳湖供电所所长米祥仁、甘肃省电力设计院副总工程师杨光荣获“全国劳动模范”称号。

5月15日，甘肃小三峡公司黄河小峡水电站第四台机组并网发电。

5月20日，西北（甘肃）电网联合反事故演习取得成功。

6月9日，张掖供电局330kV张掖变电站三期扩建工程张电一二回间隔启动投运。

7月8日，甘肃省电力公司系统保持共产党员先进性教育活动正式启动。

8月12日，国电兰州热电公司改制为国电兰州热电有限责任公司，公司成立大会暨揭牌仪式同时举行。

8月15日，《甘肃省供用电条例》（送审稿）开始面向社会公开征求意见。

8月25日，西北750kV输变电示范工程兰州东变电站330kV配套工程东和一线带电投运。

同日，甘肃小三峡公司黄河小峡水电站举行全面投产庆典，该电站总装机容量230MW，工程概算总投资15.2亿元。

8月，国电兰州热电有限责任公司接省物价局通知，上网电价由222.6元/MWh调整为227.1元/MWh，自2005年6月15日起执行。

9月1日，甘肃省电力公司接省物价局通知，甘肃省居民生活用电价格调整，以当月抄见电量为准，由现行每千瓦时0.47元调整为每千瓦时0.49元，全省居民生活用电趸售价格也相应进行调整。

9月20日，甘肃省电力公司召开领导班子宣布大会，时家林同志被国家电网公司任命为甘肃省电力公司总经理、党组书记，杨玉林、文博同志任副总经理、党组成员，曹友治同志回京任正局级调研员。

9月26日，甘肃送变电公司按期建成投产750kV输变电示范工程官兰线Ⅱ标段、兰州东变电站及其配套送出工程。

同日，国家电网公司750kV输变电示范工程建成投产仪式在国家电网公司总部主会场，兰州东变电站、官亭变电站两个分会场同时举行。

10月12日，嘉峪关供电公司、大唐803厂顺利完成酒泉卫星发射基地“神舟六号”载人航天飞船成功发射的政治保电任务。

10月19日，甘肃大唐玉门风力发电工程奠基暨开工仪式在甘肃玉门举行。该工程一期建设规模4.9万kW，总投资46633万元，是与韩电甘肃国际公司合资建设的。

10月24日，甘肃电投大容电力有限责任公司的永登县大通河天王沟水电站正式开工建设，该水电站装机5.1万kW。

10月25日，大唐甘肃公司和玉门市政府合作开发的玉门昌马百万千瓦级风电基地开发项目举行签约仪式。

10月25～26日，靖远第二发电有限公司5、6号机组铭牌出力从300MW提高至320MW，通过甘肃省经委审查。

11月10日，天水供电公司甘甘牵线“T”接至武山牵线路启动投运成功。至此，天水西部宝兰二线电气化铁路工程全部告捷。

12月5日，甘肃省电力公司召开保持共产党员先进性教育活动总结大会。

12月8日，甘肃大唐玉门风电有限公司和日本中部电力公司签署《甘肃大唐玉门49MW风电工程核证减排额购买主协议》。

12月31日，天水供电公司宝兰二线天水段供电工程110kV天元牵线正式送电投运。至此，宝兰铁路复线天水段供电工程建设任务全面完成。

同日，甘肃省电力公司年售电量首次突破400亿kWh。

（柏　敏）

青海省电力工业

综述

2005年，公司紧紧围绕“一强三优”发展目标，积极应对电力供需形势突变，经营形势依然严峻等困难，坚持强电网、增电量、抓管理，促进发展，落实“三抓一创”的总体思路，较好地完成了年度各项工作任务和指标。

截至2005年底，青海电网总装机容量565万kW，其中水电483万kW，占总装机容量的85%；火电装机82万kW，占总装机容量的15%。比“九五”末的2000年增加193万kW（其中水电181万kW，火电12万kW）。“十五”期间发电量785亿kWh，其中水电525亿kWh，火电260万kWh，年均增长速度分别为10.13%、8.5%、15.77%。有750kV变电站1座，容量150万kVA；330kV变电站9座，总容量420万kVA；110kV变电站65座（不含用户）变电总容量为363万kVA。其变电总容量分别较“九五”末增长100%、197%、204%；35kV及以上输电线路总长（不含用户）9389km，较“九五”末增加4024km，增长175%，综合线损率完成5.40%，较计划降低0.01个百分点，较2004年降低0.35个百分点。桥头铝电有限责任公司供电标准煤耗395.5g/kWh，火电机组利用小时达6345h。2005年公司完成工业总产值52.46亿元（含子公司）；工业劳动生产率完成143914元/人年，较2004年增加16875元/人年。公司所辖设计、建设管理、施工、调度、通信、供电科研、电力培训、多种经营等企事业单位15个，职工总数7569人，较“十五”初总数下降10%，固定资产净值67.39亿元。

领导班子

党委书记、总经理：王季平（女）（2005年12月2日免职，调任西北电网有限公司党组成员、副总经理）

党委书记、总经理：韩君（2005年12月2日任职，此前任西北电网有限公司党组成员、副总经理）

党委委员、副总经理：魏海平　李葛明　高苏杰（2005年3月23日免职，调国家电网公司新源公司）　左玉玺（2005年12月2日免职，调任陕西省电力公司党组成员、副总经理）　全生明（2005年12月2日任职）。

党委委员、纪委书记：陈永浩

总工程师：李生海

电网建设

2005年青海省经济和社会发展速度加快，公司适时调整计划，加快了电网建设，年内共安排固定资产投资计划13.41亿元，其中：电网建设项目投资12.30亿元，技术改造项目投资4376万元，小型基建项目6700万元，截至年底完成11.09亿元，占计划的83%。

其中电网建设项目完成投资10.22亿元，项目主要有330kV线路142.5km，变电容量96万kVA，其中群科新建及景阳、湟源、阿兰、花园扩建工程线路11km，变电容量96万kVA，李家峡电站第五回出线工程线路92.5km，苏只、华电电站送出工程线路20km，大石门输变电工程线路19km，变电容量48万kVA；110kV项目投产规模，变电容量43.26万kVA，线路555.7km。

技术改造完成投资4376万元；小型基建完成4332万元，大修完成2100万元，业扩完成1199.6万元，科技投入资金970万元。

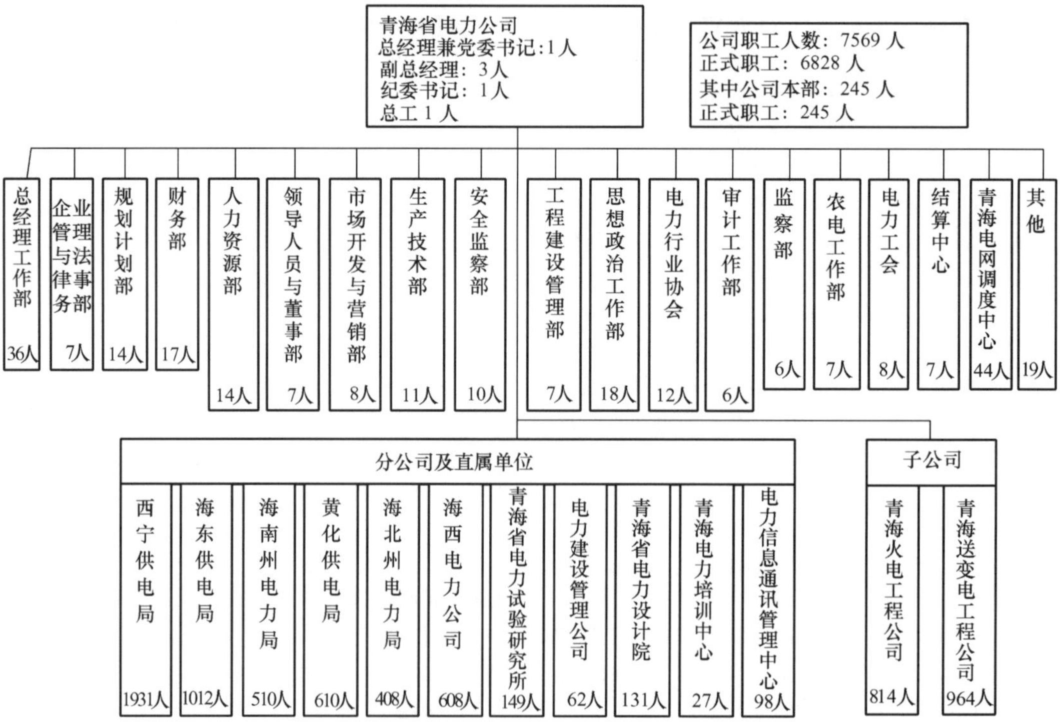

青海省电力公司2005年组织机构图

电力生产

1. 安全

2005年公司杜绝了电力生产、多经企业、电力建设人身死亡事故，杜绝了重大及以上电网事故、重大设备损坏事故、重大火灾事故、基建施工重大质量事故和重大及以上交通事故，全面实现了“七杜绝、五控制”的安全指标。截至2005年底，公司系统实现了连续4762天无电力生产人身死亡事故记录、连续1750天无电力建设人身死亡事故记录、连续1750天无农电人身死亡事故记录、连续1548天无重大设备事故记录。

年内发生电力建设人身重伤事故1人次，同比增加1人次；发生电力生产人身轻伤1人次，同比增加1人次；发生农电人身轻伤事故1人次，与2004年持平。

2. 电网调度

2005年，电网调度认真执行“三公”调度，坚持“安全第一”的方针，进一步提高和规范了对电网调度的运行方式、继电保护、自动化、通信等的管理。实现了连续安全调度运行2581天，并被国家电网公司评为“2005年度安全运行先进单位”。

其主要指标，频率合格率99 .999%，与2004年持平。电压合格率99.70%，较2004年提高0.32个百分点。主网网损率2.16%，较2004年上升0.07个百分点。全网继电保护装置工作动作率99.77%，提高0.14个百分点，故障录波器完好率100%，提高1.53个百分点，值班调度员操作票合格率100%。

电网覆盖面积42万km^2，占全省总面积58%，覆盖人口493.5万人，占全省总人口的90.85%，最大用电负荷为295.1万kW，平均负荷率92.4%，最大日用电量6259万kWh，日均用电量4953万kWh。

3. 设备技改与大修

技改项目74项，资金4376.67万元，大修项目67项，资金2475万元（包括防汛项目），这些项目的实施，解决了设备存在的隐患，进一步提高了设备的健康水平和可靠性，如对330kV输电线路的调爬，防鸟害和110kV线路防覆冰措施实施，降低了事故的发生。资金的投入有力地保证了330kV龙乌格线路，硝湾及乌兰、格尔木变集中检修工作的顺利进行。通过对黄家寨、花园变电站330kV保护装置更换和黄家寨二次整治项目的实施；解决了黄家寨、花园变电站二次系统老化严重可靠性差的问题，电网及变电站仿真系统、继电保护实验室，输电线路分别观测及输变电智能巡检系统建设，为系统的运行，调度和保护专业人员建立了先进的科学的学习和工作平台。

经营管理

1. 营销工作

2005年，售电量171.02亿kWh，同比增长10.66%，完成年度计划的97.17%。

主营业务净收入52.45亿元，同比增长10.13%，其中电力销售收入47.53亿元，同比增长13.85%，亏损1.06亿元，减亏0.19亿元。

当年电费、陈欠电费回收首次实现双结零，取得历史性突破，年末应收费余额1.97亿元，同比增加1.03亿元。

平均售电单价（含税）310.63元/MWh，同比降低5.21元/MWh，平均购电单价（含税）204.66元/MWh，同比降低6.04元/MWh。

省公司积极争取青海省政府的支持：①年初1～3月电量短缺时，全力组织购进外省电量5.28亿kWh，出台了“高来高走、配额销售”的电价政策，消化了省外购电的价差；②在电量供大于求时，向宁夏和华中电网售电9.93亿kWh，积极配合省经委出台了对符合国家产业政策的铁合金、电解铝、碳化硅、电石等生产用电，从6月开始实行产品价格与发电、电网企业价格联动的实施方案，根据高载能产品市场价格，倒推电网合理的销售电价，按照电源、电网在销售电价中的构成比例分摊电费资金，恢复了存量市场，开拓了增量市场，实现了发电、电网、用电企业和地方经济的多赢；③结合电力营销工作的新形势和新任务，重新编制了《电力营业标准》，整合、规范了营销业务流程；④竣工投运了覆盖省公司、地区供电公司、县级供电公司、基层供电营业所的四级电力营销技术支持系统；⑤建设并试运行了电能量计费系统，基本覆盖了全省所有的电站、变电站、大客户。

2. 电力供应与用电结构

（1）电量供应情况：

1）上网电量。2005年，青海电网电厂上网电量为189.92亿kWh，同比增加43.95亿kWh，增长30.11%。其中：水电上网电量为159.26亿kWh，同比增加49.67亿kWh，增长45.33%。水电上网电量大幅增长主要原因是，与2004年同期相比，黄河上游来水较好，龙羊峡水库入库水量增加了99.12亿m^3，水电新增6000kW以上装机容量80万kW。火电上网电量为30.67亿kWh，同比减少5.72亿kWh，降低15.73%。火电上网电量大幅下降的主要原因是一季度由于电煤运输紧张，桥铝公司4次被迫停机，4月以后，电网供需富裕，火电出力受限。

2）购电量。2005年，公司购电量190.72亿kWh，比2004年同期增加26.75亿kWh，增长16.32%。其中：购龙羊峡43.64亿kWh，同比增长

19.32%；购李家峡41.82亿kWh（含售外省电量），同比增长4.13%；购公伯峡43.28亿kWh，同比增长384.35%；购中型水电站6亿kWh，同比增长30.57%；购地方小水火电25.41亿kWh，同比增长19.19%；购陕西电量1.61亿kWh，同比降低92.42%，购甘肃电量3.67亿kWh，同比增长100%。

（2）用电结构。2005年，公司直供区域累计用电量180.78亿kWh，同比增加16.81亿kWh，增长10.26%，其中第一产业用电量为0.71亿kWh，同比减少0.14亿kWh，下降16.554%；第二产业用电量为164.03亿kWh，同比增加16.15亿kWh，增长10.92%；第三产业用电量为7.28亿kWh，增加0.41亿kWh，增长5.94%；城乡居民生活用电量为8.76亿kWh，同比增加0.4亿kWh，增长4.79%。第二产业用电量占全部用电量的91%，其中：工业用电量162.53亿kWh，占总用电量的90%。在工业用电量中，电解铝、铁合金、钢铁、水泥等高载能行业用电量为145.51亿kWh，占总用电量的80%，占工业供电量的90%。

3. 财务工作

2005年，通过积极疏导电价矛盾，实施资金集中管理、启动成本定额管理等有效财务管理措施，全面完成了国家电网公司下达的各项财务指标。净资产收益率指标为－2.10%，完成－1.49%，比计划提高0.61个百分点，同比降低0.64个百分点；资产负债率完成48.74%，同比降低了1个百分点；应收电费余额完成1.97亿元，同比增加1.03亿元；流动资产周转率指标为0.62次，完成0.71次，同比提高0.07次。

2005年公司财务一是紧紧抓住国家实施煤电价联动疏导电价矛盾的机遇，积极争取政策，解决了部分电网电价矛盾。其销售电价平均提高1.06分，其中电网环节0.37分，二是开展中长期滚动预算的编制和上报工作，对各基层企业业绩考核财务指标经过科学合理的测算，进行分解下达，按季进行跟踪分析，完善考核办法并予以兑现。三是有计划、分步骤地启动了材料、检修、线损定额管理工作，开展农网资产及运营成本的调研、测算工作，分析青海电网的成本、构成及其合理性，四是通过与工行、农行、建行结算网络联网，实现了公司系统分公司层面的所有银行账户的在线监控和电费资金的三级实时划转以及经费资金的集中。五是进一步加强会计基础和财务稽核工作，促进了财务工作的规范化。六是启动财务信息系统建设，实现了公司系统各单位财务数据大集中和财务数据资源共享。财务管理信息化网站的建立和财务信息化阶段性任务的完成，为公司管理者和决策层查询、分析各项财务指标提供了技术支持和信息平台。

人力资源

2005年，公司以创一流同业对标和生产经营目标为导向，强化人力资源管理和开发工作，一是继续完善内部人才交流管理办法，为企业需求和个人合理流动提供平台，努力形成省公司系统内人才供需双向选择、流动有序、进出有度、分布合理的格局。二是对公司所属各企业现有技能人员的基本情况和技能等级证的持证（按初、中、高、技师分类、按工种分类）情况和未参加鉴定的人员进行了统计分析，为制定技能培训计划、技能鉴定计划和技能人才队伍的建设计划提供依据。三是结合1996年公司技师考评管理办法和青海省《关于开展技师考评社会化管理工作的通知》，制定了《青海省电力公司技师鉴定考评办法》。四是为优化公司人力资源结构，制定了公司关于加强劳动管理的有关规定，就公司员工退休政策的执行内部退养，自愿解除劳动关系以及公司系统内部人员流动等方面作出了规定。五是制定了《省公司专业技术员年度业务考核办法（试行）》，《省公司专业技术资格考核认定（确认）办法（试行）》、《省公司专业技术职务聘任管理暂行规定》、《省公司专业技术专家管理办法（试行）》，年内有2人被聘任为西北电网有限公司技术专家。

在深化分配制度改革、加强工资宏观调控方面，逐步建立适应电网企业改革与发展要求的新型业绩考核体系和分配激励机制。一是为充分发挥工资的激励作用，提高奖金的效能，规范企业各类奖励标准，制定了《青海省电力公司单项奖励工资管理办法》，同时，在企业内部对职工夜班津贴标准进行了调整。二是按照国网公司工资制定改革的要求，对公司工资套改情况进行了大量的测算和分析，提出了青海电力公司工资制度改革的过渡方案。

科技与教育

2005年公司科技投入力度加大，其重点是与电网安全、稳定经济运行存在的关键技术问题和生产经营管理中的空白点以及新技术跟踪研发等有关方面。全年科技开发共立项33项，投入资金970万元，其中当年立项30项，资金723.7万元，结转项目3项，资金246.3万元。技术开发费投入占全年计划数的97%，技改中科技投入9项，投入资金1485.4万元。按研究方向分：电网技术开发与应用20个，资金576.9万元；信息管理技术开发与应用6个，资金371.3万元；技术标准4个，资金15万元；其他投入43.8万元。

2005年科技开发费较2004年有较大比例上升的

主要原因是针对电网运行和管理上的问题，大力推广先进适用技术和电网运行管理控制技术，如：海拉瓦技术在输变电工程设计中的应用、创一流同业对标管理系统开发、750kV设备耐压试验技术开发及应用和750kV设备局部放电测技术开发及应用等。2005年信息技术开发费较2004年提高28.87个百分点的主要原因是青海电网重要变电站遥视系统开发应用、城网配电变压器实时监测系统开发应用和公司系统OA开发与应用等。

在开展新技、新知识培训方面，公司开展了一系列有关新版《电力安全工作规程》6S管理，继电保护、通信、自动化技术电网规划、标准化作业、法律法规、农电技术、执行力、优质服务技能提升和县级供电企业领导管理知识等培训。同时，国际合作培训保到加强，岗位资格培训进一步强化。公司首次在调度、营销系统全面开展了调度、用电检查岗位资格培训。在培训上，以赛（考）促培训，取得了明显效果。

2005年公司本部培训计划项目共计75项，实际完成76项，计划完成率为101.3%，培训6625人次。其中：法律法规培训608人次，财务知识培训450人次，农电人员培训785人次，营销人员培训634人次，生产技术人员培训2013人次，国际合作培训43人，中层领导干部工商管理培训19人，EMBA课程班22人，供用电技术专升本学历教育54人，其他岗位适应性培训1997人次。基层学位培训9604人次，公司全年全员培训率为83%。

农电工作

2005年，将农电安全纳入了业绩考核指标，并积极试点县级供电企业安全性评价工作，保持了安全生产的稳定局面。全年实现了无农电职工死亡、无重大设备损坏、无农村触电伤亡事故的农电安全工作目标，且连续两年未发生农村触电人身伤亡事故。二是农网建设有了新的进展。全年完成县电网建设与改造工程投资10940万元，农网完善工程完成投资5000万元，进一步改善了农村供电网络条件。三是农电管理水平明显提升。湟源县供电公司被授予国家电网公司一流县供电企业，实现了青海零的突破；平安、大通、同仁、乐都、贵德、海晏、德令哈等县供电公司，以创建省公司一流供电企业为目标，在各自的基础上都有了明显的提高。四是农电管理体制有所创新、主要标志是在公司系统供电范围内的300余个村、社实行了农村用电分级管理模式，为减少企业损失，规范农村供用电秩序探索了新路子。此外，实行了对海西州大柴旦供电所的全面代管工作，使大电网覆盖区的最后一个县级供电企业的农电体制改革得以落实和推进。五是抓住历史机遇，及时争取到了国家西部农网二期完善工程资金3.4亿元，为公司电网建设筹措了宝贵的建设资金。六是各项技术指标和完成较好。农网10kV线损率完成9.46%，低压线损率完成11.40%，供电可靠性完成98.9%，高于承诺值2.3个百分点，农网客户端电压合格率95.3%，高于承诺值3.3个百分点。

电力优质服务

2005年省公司践行“四个服务”宗旨，全面落实国家电网公司优质服务“三个十条”，贯彻《电力监管条例》和《供电服务监管办法》，基本达到了让政府放心、让客户满意、让社会认可的服务目标，树立了良好的国企形象。

一是省公司成立了优质服务领导小组和大客户供电协调领导小组，对重要负荷进行专项协调和服务；二是基层6个供电公司均已成立大客户管理所（组），集中管理和服务用电容量3150kVA以上客户，并实行分级服务；三是在西宁增设了3个供电营业所和4个固定收费点，新增了邮政网点收费渠道，为客户提供快捷多样的缴费选择；四是支持“三公”调度，定期召开网厂联席会议，规范信息发布，营造和谐的厂网关系；五是制定了《关于进一步加强优质服务工作的实施意见》，修订了城市、农村供电营业所《规范化服务标准》等7项规章制度；印制了贯彻执行“三个十条”的工作手册、实施细则和奖惩办法，将“三个十条”的执行情况纳入到目标管理考核之中；六是开展达标竞赛活动，在已挂牌营业的124个供电营业所中，有108个基本实现规范化服务达标，达标率为85.70%；七是加强行风建设，全年未发生影响省公司形象的电力服务违规、违章、违纪事件，共受理有效投诉2起，客户满意率达96%。

党建与精神文明建设

2005年，面对改革发展的严峻形势，公司党委大力加强自身建设，努力提高战略决策，应对复杂局面的能力。按照国家电网公司“一强三优”现代公司的发展目标，启动了公司发展战略研究，提出了“强电网、增电量、抓管理、促发展”的工作思路，确定了统筹各项工作的主线。在开展党员先进性教育活动中，公司党委紧紧抓住“取得实效”和“真正成为群众满意工程”这个关键，高标准、严要求、扎实推进，做到了“两不误、两促进”，增强了各级党组织的凝聚力和战斗力，得到了青海省委督导组和国家电网公司党组巡回检查组的充分肯定。公司始终把党的建设放在首位，精细安排年度学习计划，落实学习制度，重点提高党员领导干部的思想素质，年内选送110名科级以上干部进行了系统的理论、实践培训。

结合开展“四好”领导班子创建活动制定了《关于创建“四好”领导班子的实施办法》，完成了基层领导班子和中层干部的届中考核，调整和充实了11个班子，建立了191人的后备干部队伍。在党风廉政建设的工作中，认真贯彻《建立健全教育、制度、监督并重的惩治和预防腐败体系实施纲要》制定了21项基础管理制度，使其日趋系统化。党员领导干部在民主生活会上述职述廉成为常态机制“一岗双责”进一步落实，严肃责任追究，制定了“十个不准”责任追究办法，公司落实党风廉政建设责任制情况被国家电网公司评定为优秀。公司系统精神文明建设，以国家电网公司“努力超越、追求卓越”的企业精神和“五个特别”的青藏高原精神为核心，激发员工的工作热情。把精神文明创建活动与解决实际问题结合起来，积极开展扶贫济困、捐资助学活动，体现了公司员工的社会责任感，西宁供电公司被评为“全国文明单位”、黄化供电公司和信息通讯管理中心被评为“全国精神文明建设工作先进单位”。

主要事件

1月1日，代省长宋秀岩，副省长徐福顺到青海电力调度中心进行视察和节日慰问。

1月4日20：08，青海电网龙羊峡电厂以西的乌兰、格尔木、德令哈等方向的通信及自动化信息全部中断，该通信站遭受了青海电网通信建站以来最严重的一次破坏和盗窃。

1月21日,万立水电有限责任公司吸收合并万立电力股份有限公司并变更名为青海万立水电股份有限公司。

3月，青海电网销售电价平均每千瓦时提价1.06分钱，其中电网环节每千瓦时提价0.37分钱。

4月3日，由青海送变电工程公司承建的我国第一条750kV官亭至兰州东超高压输电线路（一标段）青海境内组立塔（第一基铁塔）施工全面展开。4月7日告捷。

4月15日，由省长宋秀岩主持召开的第32次省政府常务会议审议并原则通过了《青海省电力设施保护办法》。6月10日颁布施行。

4月20日，备受关注的青海电网330kV大石门输变电工程全部带电投运，投运设备均一次成功，该变电站于12月1日通过达标投产验收。

4月29日，公司党委书记、总经理王季平荣获全国劳动模范称号。

5月12日，国家电网公司总经理刘振亚、副总经理郑宝森一行视察750kV官亭变电站工地。

6月28日，青海火电工程公司高年慧获2004年度“全国十大杰出青年岗位能手”称号。

6月30日，青海电力系统防止突发性事故联合反事故演习圆满结束。

自6月起，根据省经委青经电（2005）171号、青经电（2005）255号、青经电（2005）285号、青经电（2005）364号实行联动电价文件精神，对电解铝、铁合金、碳化硅、电石等产品执行产品销售价格与电价联动政策。

7月16日，青海省当前规模最大的铁合金生产企业——青海华电铁合金集团正式成立并举行了隆重的揭牌仪式。

9月26日上午10时，中国第一个最高电压等级输变电工程——国家电网公司750kV官亭至兰州东输变电示范工程投入运行。

10月13日，总面积83177m^2，集电力调度、交易、电力通信、生产指挥、电网研究和综合办公于一体的智能化较完善的生产指挥调度大楼——青海万立电力调度通信大楼及商住楼开工建设。

10月14日，发改委下达2005年西部农网完善项目中央预算内专项配套投资计划（青海电力公司）3.4亿元。其中：中央预算内专项资金1亿元，农行贷款2.4亿元，用于改扩建变电站、线路。

10月26日，330kV湟源变电站扩建工程竣工投运仪式隆重举行，新扩建的变压器、线路并网投运一次成功。

同日，在中央文明委召开的全国精神文明建设工作表彰大会上，西宁供电局荣获电力行业“全国文明单位”称号；青海电力信息通信管理中心、黄化供电公司荣获电力行业“全国精神文明建设工作先进单位”称号 。

12月2日，经国家电网公司党组研究并征得中共青海省委同意，决定：任命韩君为青海省电力公司总经理、党委委员、书记，全生明为青海省电力公司党委委员、副总经理；免去王季平青海省电力公司党委委员、书记、总经理职务，左玉玺青海省电力公司党委委员、副总经理职务。

12月23日，国家发改委以发改能源（2005）2739号文核准批复了青海电网西进柴达木盆地第二回330kV输变电工程的可研报告，项目正式立项。

12月30日，世界上海拔最高（平均海拔4400m、最高海拔5100m），单线输电距离最长（313km）的青藏铁路110kV二期供电工程，纳赤台—五道梁—沱沱河段一次性“零缺陷”竣工投产。至此，举世瞩目的青藏铁路青海段110kV供电工程从格尔木至沱沱河全线（443.5km）带电投运。

12月，公司再次受到青海省人民政府的表彰，并连续12年获得“青海省财政支柱企业”称号。

（尹兰英）

宁夏电力公司

电网装备情况

截至2005年底，网内统调装机容量5009.5MW，其中火电4475MW，水电422.3MW，风电112.2MW。330kV变电站7座，变压器9台，变电容量2620MVA；220kV变电站20座，变压器43台，变电容量5850 MVA；110kV变电站81座，变压器159台，变电容量6087 MVA，110kV及以上电压等级变电站共计108座，变压器共计211台，变电总容量14557 MVA。330kV输电线路19条，总长度1228.68 km；220kV输电线路55条，总长度1813.97km；110kV输电线路211条，总长度2730.23 km。110kV及以上电压等级输电线路共285条，总长度5772.88 km。城市配网10kV配电线路1937km，其中电缆线路576.6km。10kV开关站48座，电缆分支箱407台（含环网柜），10kV配电变压器1079台。代西北电网公司运行管理330kV变电站2座，330kV线路9条。

安全生产

全面完成了公司年初确定的安全生产目标。全年未发生人身死亡事故，未发生特大电网事故、未发生有人员责任的重大电网、设备事故；未发生重大火灾事故；未发生重大施工机械设备损坏事故，电力生产事故大幅下降，一般设备事故由2004年的10次下降到2005年的6次，一般电网事故由2004年的2次下降到2005年的1次。外力破坏造成输电线路跳闸由2004年的15次下降到2005年的11次；鸟害造成输电线路跳闸由2004年的21次下降到2005年的15次。2005年统调机组发电量301.49亿kWh，同比增加17.09%，火电机组平均利用小时数7612h，全网最大负荷421.4万kW，同比增加1.79%。年供电量达到291.8亿kWh，同比增长13.11%。线损率完成5.89%，同比降低0.47个百分点，综合电压合格率完成99.07%，同比提高0.064个百分点。供电可靠率为99.9%，同比提高0.001个百分点。农村供电可靠率为99.8%、94.49%，均高于国家电网公司规定的社会承诺值。全部继电保护正确动作率为99.88%，其中220kV及以上正确动作率为99.46%，故障录波完好率100%。电网一类设备完好率100%。

组织编写完成送电、变电、保护等专业的标准化作业指导书18册495项，进一步强化了安全规程、作业流程、检修工艺、运行规程的执行力度。编制或修订下发了《继电保护及二次系统工作管理规定》等十八个生产技术管理标准，《宁夏电力公司继电保护现场工作规定》等三个生产技术管理制度，收集覆盖公司生产系统的各类技术标准2537项，逐步形成安全生产的常态管理机制，生产管理工作开始由粗放型管理向制度化、标准化、精细化管理转变。

电力营销

全年累计完成售电量274.62亿kWh，比2004年同期增加33.05亿kWh，同比增长13.68%。实现销售收入92.05亿元（含税、农网和还贷基金），比2004年同期增加12.92亿元，同比增长16.3%。平均销售电价为335.21元/MWh，与2004年同期的327.54元/MWh相比，提高了7.66元/MWh。年末应收电费余额13051.22元，占当年应收电费总额的1.4%，完成了国家电网公司下达的考核指标。电费回收率100%，实现了当年电费回收结零的任务。

到2005年底，宁夏地区总装机容量512.87万kW，电网基本处于供需平衡状态。通过加强厂网协调机制，合理安排机组检修，保证了自治区经济发展电力需求。面对国家宏观政策调整高耗能负荷下滑的局面，积极开拓电力市场，加快电力负荷接入速度。同时配合自治区人民政府按照“先错峰、后避峰、再限电”的原则，制定并下发电网事故状况下的限电方案。由于措施到位，宁夏电网不仅安全度过了夏、冬季高峰，而且最大限度地保障了区内电力供应，维护了全社会用电秩序的稳定，赢得了社会公众的好评。

营销系统已覆盖到全区25个县（区）供电局（包括43个营业厅、营业网点），6个地区供电局全部通过了工程验收，并通过广域千兆网和公司本部连接成一个整体，为实用化奠定了基础。

科技技改

全年科技项目投入1500万元，完成科技项目63项，共有39项科技成果获公司科技进步奖，同杆钢结构四回新城变改造工程等2项科技项目通过自治区科委成果鉴定。根据电网的实际情况，主要开展了330、220 kV电磁环网运行分析、北部电网稳定分析、互感器瓷套试验研究、银川城网供电能力评估、宁东电网网架布局规划的专题研究。完成了电力公司生产运行分析系统、农电信息系统的建设方案，开始组织实施。分别完成了对中卫、宁东供电局通信规划和信息化建设方案的审查并实施。公司IT管理系统，通信主干网综合网管系统顺利进入实用化阶段，网络信息安全得到进一步加强。完成了《宁夏电力公司信息化“十一五”发展规划》和《宁夏电力公司科技“十一五”发展规划》。

全年完成技术改造项目 586 项，投入资金 4.03 亿元；完成大修项目 1338 项，投入资金 2.32 亿元。重点对故障率高的断路器、隔离开关、互感器等设备进行了更新改造，对继电保护、调度自动化、通信等电网二次系统进行了技术升级，对容载比不足的 9 座变电站进行了增容改造，对网架薄弱的环节进行补强，对安全距离不足的输电线路进行了加高等技术措施。

电力建设

全年共完成 110kV 及以上电网建设投资 13.5652 亿元，变电容量 365.9 万 kVA，输电线路 665.4km。建成了 3 个 330kV 变电站、6 个 220kV 变电站、10 个 110kV 变电站。全年完成的 110kV 及以上电网建设投资、变电容量、输电线路长度均创历史最高水平；电源建设一年投运 2 台 330MW、1 台 135MW 火电机组和一个 15 万 t 的化工项目，创造了一年投运火电、化工项目的历史最高记录。设计单位实现主营业务收入 3829 万元，同比增长 17.8%，监理单位实现主营业务收入 2546 万元，同比增长 18%，均创历史最高记录。

取得了基建施工三年无重大事故的佳绩。330kV 中卫变电站等一批项目被国家电网公司命名为达标投产工程，公司近两年来输变电工程建设质量、工艺水平明显提高，基建施工队伍管理水平、建设速度明显提高。银川市及其他中心城市配网技改完成投资 1.7 亿元，全面完成了街巷改造任务。三年来，在银川市城市电网建设与改造中，共计建设电缆沟 129km，敷设电缆 405km，建设开闭所 4 座，安装电缆分接箱 165 台，箱式变电站 79 台，使银川城网网架、线路通道得到明显加强和优化，实现了 220kV 环网和 110kV 电网均为双电源供电，10kV 分区供电和重要客户双电源供电，极大了地提高了银川城市电网的供电能力和供电可靠性，为“大银川”建设作出了积极的贡献。县城电网改造工程进展顺利，全面完成 4.8 亿元改造任务，全区所有县城均实现 10kV 手拉手供电，县城居民客户一户一表率达到 99.69%。农网完善工程累计完成投资 2 亿元，10 户以上自然村通电问题得到全面解决，全区农户通电率达到 99.31%，在全国率先达到和超过国家计划在 2005 年底实现农户通电率 95%的目标。

电网规划

完成了《宁夏电力工业“十一五”规划及 2020 年远景目标研究报告》、《宁夏电网“十一五”规划及 2020 年目标网架研究报告》和宁夏各地区电网“十一五”规划，公司科技、信息、通信“十一五”发展规划；完成银川城市电网建设与改造规划并通过国家电网公司组织的审查，其他五个中心城市电网建设与改造规划业已编制完成；围绕宁东能源化工基地建设，完成了《宁东能源基地电力规划》，并通过国家电网公司组织的审查。这些规划的完成及实施，将逐步解决电网发展滞后的问题，促进宁夏电力工业健康持续发展。

完成了对宁东各电厂和超、特高压变电站规划选址及线路走径初勘等工作，提出了对工程用地、线路走廊保护的规划并纳入自治区宁东能源化工基地整体规划之中；完成了 750kV 交流、±500kV 直流工程核准所需全部外部支持性文件，配合西北电网公司组建了 750kV 工程银川项目部；积极配合自治区政府成立了由政府副主席挂帅的自治区支援国家电网公司工程建设协调领导小组，为工程顺利开工建设打下了良好的基础。

党建和精神文明建设

圆满完成了保持共产党员先进性教育工作。坚持边学边改，边议边改、务求实效，使党员素质明显提高，党的基层组织建设明显加强；一些职工群众关心的热点、难点问题得到有效解决，测评中职工群众满意率达到 99.53%。

广泛开展群众性精神文明创建活动，加强思想政治工作，大力开展宣传教育工作。公司“四五”普法通过了国家电网公司、自治区的验收；3 个基层单位获得全国文明单位称号，2 个获得全国精神文明建设工作先进单位。5 个被命名为国家电网公司首届文明单位。公司团委被评为国家电网公司“五四”红旗团委，1 名同志当选宁夏“十大法制新闻人物”。

积极塑造以人为本、忠诚企业、奉献社会的企业文化，大力弘扬“努力超越、追求卓越”的企业精神，为公司发展提供了坚强的思想保证和智力支持。公司获得全国“学习型组织”先进单位和自治区“创争”活动示范单位；公司和 7 个基层单位荣获自治区五星级职代会，2 个基层单位荣获自治区模范职工之家；刘应宽同志荣获全国劳动模范；赵华威同志荣获“全国杰出会计工作者”，成为全国电力系统唯一获此殊荣者。4 位同志荣获自治区劳动模范；张宏林同志被追授为自治区优秀共产党员、自治区优秀工会工作者和自治区“五一”劳动奖章。

制定了《宁夏电力系统职工职业道德建设先进单位、先进个人评选表彰办法》等规章制度；创办了《宁电职工》刊物和工会网页；积极实施了送温暖工程，共安排 445 名职工赴外地进行了疗休养，301 名职工到苏州东山参加了工休学习；慰问生活困难职工、离退休职工和职工遗孀 738 户；职工互助会帮扶 109 人。

（高爱革）

新疆电力公司

概况

2005年，公司完成售电量170.04亿kWh，同比增长13.38%；实现主营业务收入74.42亿元，同比增长19.85%；完成综合线损率9.26%，同比降低0.42个百分点。同时，较好地完成了国家电网公司下达的资产经营考核指标。完成净资产收益率−7.4%，比考核指标提高了19.6个百分点；完成资产负债率89.97%；完成应收电热费余额3.2亿元，比考核指标降低了28%，当年电费回收率100%。

领导班子

党组书记：张铭洲
总经理：刘光
副总经理：洪连忠　许伯通　沙拉木·买买提
侯立强
总会计师：夏乾元
纪检组长：木沙·亚库甫
工会主席：李纪全

机构设置

总经理工作部　经营企划部　发展部　生产技术部　安全监察部　调度中心　人力资源部　市场营销部　财务与资产部　审计工作部　农电工作部　政治工作部　监察办公室　离退休办公室　公安处　多经工作部　机关工作部（机关党委、机关工会）　电力工会

电网建设

充实完善了全疆“十一五”电力发展规划，确定了750kV为新疆电网高一级电压等级，为建设自治区电力能源基地、尽早实现“西电东送”奠定了基础。完成了220kV巴楚—喀什以及110kV哈密白山泉、托克逊工业园等输变电工程的可研、初设审查工作，完成了玛电三期扩建工程五通一平、主设备招标采购工作，哈密750kV变电站选址工作取得进展。

全年在建工程累计完成投资5.62亿元。220kV皇宫—吉林台、吉林台—宁远输变电工程建成投运，伊宁电网并入新疆电网运行。220kV红二电—瑶池、钢东输变电工程、奎屯变电所增容工程和库车电厂、达坂城风电厂配套送出工程，以及110kV乌鲁木齐南湖和清水泉、吐鲁番亚尔等输变电工程相继建成投运，220kV克拉玛依—北屯和110kV皮墨垦区—皮山等输变电工程开工建设。电网技术改造一期工程全部完成，提高各级电网输送能力62万kW，增供电量0.72亿kWh。

大力推行电网标准化建设，推广应用典型化设计。加强工程项目规范管理，强化基建投产隐患清查，提高了项目安全优质投产水平。通过优化设计，阿克苏—金鹿、克拉玛依—北屯和钢东输变电工程共节省投资4200多万元。首次在哈密白山泉输变电工程实行设计招标，增强了优化设计的动力。各基建施工企业积极开拓疆外和国际市场，取得新的突破。送变电工程公司承建了500kV天广四回输电线路施工段和尼日利亚330kV变电工程，电力建设公司中标苏丹500kV 360km输电线路工程，电力设计院参与了疆外一批500kV输电工程和单机容量30万kW火电机组的设计。

安全运行

坚持“安全第一，预防为主”的方针，以“保人身、保电网、保设备”为重点，抓领导、抓基础、抓培训，安全生产长效机制不断完善。层层落实安全生产责任制，严格执行重要设备检修和重大复杂操作领导人员现场到位制度、监护制度，提高了安全生产可控、在控水平。圆满完成了自治区成立五十周年大庆、中国科协学术年会、“神六”测控等重大活动的保电工作。公司系统全年未发生重大及以上电网事故和设备事故、重大施工机械设备损坏事故、重大火灾事故、负同等及以上责任交通事故，大多数单位实现了长周期安全生产记录，安全生产形势总体保持平稳。

严格执行“三公”调度“十项措施”，加强调度信息发布，认真开展了调度系统“安全优质服务年”活动。吸取莫斯科停电事故教训，深入开展反事故斗争，细化落实国家电网公司25条反事故措施，加强了电网薄弱环节的安全监测和风险控制。坚持团结治网，定期召开网厂联席会议，网厂协调运行机制逐步规范化、常态化。建立健全预警机制和应急预案，成功举行了新疆电网联合反事故演习。

强化生产技术和设备管理。大力开展设备整治，全年共投入技改资金1.11亿元，完成技改项目73项。加强基础性技术管理工作，落实技术监督及检修、运行、维护作业标准，降低了设备故障率。集中开展特殊区域输电线路的设备治理，电网抵御自然灾害的能力有所提高。加强公司管辖发电企业的技术经济指标管理，降低了煤、油、水等各种损耗。

经营管理

坚持“总体设计、分步实施、积极稳妥、配套推进”的原则，继续推进各项改革。按照“三个层次”的管理模式，加快将分公司改制为全资子公司或控股公司的步伐，理顺了部分地州电力企业与县供电企业之间的产权和管理关系。企业分离办社会职能工作稳步推进，基本完成了公司三家企业所办中小学相关资产、人员的移交工作。完成了公司本部第二、三批部室岗位竞聘工作，部门和员工的工作质量、效率、作风有了明显的改进和提高。修订了公司年度经济责任制考核办法，细化完善了各类考核指标。加强公司制度建设，拟定了公司党组议事规则和本部工作规则等一系列适应公司改革发展需要的制度办法。

深入开展“四好”领导班子创建活动，进一步提高各级领导班子、领导人员的“五种能力和水平”，形成了干事业、求发展、讲团结的良好氛围。加大了领导干部交流和培训力度，领导班子和干部队伍的年龄、文化、专业结构进一步优化。召开了公司人才工作会议，确定了公司人才工作的总体思路和主要任务，制定了公司“十一五”人才开发规划。进一步规范了公司系统岗位公开招聘工作，对人才派遣用工方式进行了积极探索。王健等三名同志获得全国电力行业技术能手称号，范旭华等三名同志被评为西北电网工程技术专家。

加强投融资管理，优化投资结构。坚持投资计划统一管理、分级实施，做好项目可行性分析，修订和完善投资管理办法，建立了分层次投资管理模式。开展多渠道融资方式，减少现金支出4.3亿元，减少贷款利息支出2000余万元。加强招投标管理，实现了全公司招投标工作统一归口管理，完成了9批110 kV及以上输变电设备集中招标，有效降低了工程造价。

加强资金管理，提高资金整体运作效率。规范银行账户管理，共撤并账户104个，加大了资金监控力度。加强资金集中管理，充分发挥资金结算中心的作用，减少资金沉淀，全年节约财务费用920万元。建立资金管理网络系统，在4家国有银行设立了集团账户，其范围已延伸至县供电企业。认真开展了“三清理一规范”工作，按期完成了清理和规范任务，取得了阶段性成果。

加强成本管理，大力实施低成本战略。坚持从源头和过程抓成本控制，切实降低了融资、工程建设、生产经营和营销成本，使成本管理有效地控制在预算范围内。公司主营业务成本增长率低于主营业务收入增长率5.5个百分点。

坚持依法治企，加强风险控制。大力开展对外投资及担保清理工作，有效防范了公司经营风险。强化审计监督，推进审计成果的应用，共完成审计项目176项，促进增收节支3739万元。

全面开展创一流同业对标工作。制定了《新疆电力公司创一流同业对标管理办法》和《实施细则》，建立了指标体系、评价体系和管理控制体系，初步实现了用指标评价企业，用业绩考核企业。开展了“抓典型、树标杆”工作，发挥标杆与典型的激励、示范和带动作用，促进了公司整体管理水平的提高。

营销服务

坚持以市场为导向，结合各地工业园的开发建设，大力发展用电负荷，促进了售电量快速增长。公司11家供电企业的售电量同比实现了两位数增长，其中3家增幅超过20%。公司系统新增用电容量91.98万kVA，市场份额同比上升0.71个百分点。

争取和落实电价政策，电价矛盾得到有效疏导。在自治区各级党委、政府的关心支持下，公司上下齐心协力争取电价政策出台，在2004年电价出台2.2分/kWh的基础上，2005年又争取出台了乌鲁木齐电网电价2分/kWh，初步缓解了公司经营亏损的突出矛盾。塔城、阿勒泰、哈密相继调整了电价，为农网改造还本付息电价出台奠定了良好的基础。狠抓了向企业自备电厂征收基金、附加和系统备用费以及高耗能企业差别电价等政策的执行和落实。各地州供电企业充分利用每年核定一次电价的机会，把经营亏损的因素纳入测算方案，改善了公司的经营环境。

电热费回收力度不断加大，公司出台了《陈欠电热费回收奖励办法》，促进了陈欠电热费的回收。完善客户信用等级评价体系和电费风险预警机制，推广预付费和分次计划结算，实行发电企业购电费和煤炭企业欠费相互抹账，加强破产重组企业的电费回收，有效防范了欠费风险。公司实现当年电费全部结零，累计回收陈欠电费4349万元，压欠22.8%。阿克苏电力公司实现当年和陈欠电费双结零，吐鲁番电业局实现连续十五年电费双结零。

立足“四个服务”，全面贯彻“三个十条”，优质服务常态运行机制不断完善。深入开展供电营业规范化服务窗口建设，7个营业大厅通过了城市供电规范化服务窗口验收，30%的乡镇供电所达到了农村供电规范化服务窗口标准。完善95598客户服务系统功能，健全对客户需求和故障处理的快速反应机制。各供电企业继续深入推进“心桥工程”，全公司供电可靠率达到99.9%，紧急服务到达现场时限合格率、计划检修兑现率均为100%。行风建设取得新成果，绝大部分单位在地方行风评议中名列前茅。阜康、拜城、乌苏等矿难事故发生后，公司有关单位反应迅速、措施得力，为矿难救援提供了可靠的电力保障，树立了公司认真负责的国企形象，受到自治区领导和地方政府的高度赞扬。

依法规范电力市场，努力构建和谐供用电环境。加强供电营业区管理，主动争取政府支持，维护企业权益，妥善处理了阿勒泰某电站未经电监会批准违规向用户直供电问题。积极争取出台了《自治区反窃电办法》，配合公安机关开展打击涉电犯罪专项行动，取得显著成效。全公司共查出违章用电和窃电 886 户，追补电量 2300 万 kWh，追补电费及违约金 1696 万元。

加大营销投入，共安排营销技改资金 3968 万元。投资 1400 余万元，对全疆 3.8 万户城市居民实施“四到户”供电改造。努力创新供电服务手段，乌鲁木齐电业局客户服务技术支持系统进入测试运行。积极做好计量管理工作，公司与自治区技术监督局联合下发了《关于加强电能计量检定授权管理的通知》，为各供电单位获得计量技术机构授权奠定了良好的基础。

农电工作

全面启动了农网工程项目竣工验收，44 家县供电企业通过了验收，农网工程管理、物资管理和财务、资金管理得到规范。积极推进县城电网建设与改造工程，进行了县城电网工程计划申报工作，完成投资 3.17 亿元。

积极推进农电工作由建设型向管理型转变，重点抓好县、乡两个层面的基础管理和规范化管理。全面开展县供电企业技术监督和安全性评价工作，优化乡镇供电所工作流程，强化严、细、实管理，无违章供电所建设取得良好效果。公司系统 13 个乡镇供电所被国家电网公司授予“农村供电营业规范化服务示范窗口”称号，2 家县供电企业被授予“一流县供电企业”称号。公司组队参加了国家电网公司首届“农村供电所所长岗位知识技能竞赛”，获得团体“最佳风格奖”，4 名选手获得“国家电网公司优秀供电所所长”称号。

党建和精神文明建设

保持共产党员先进性教育活动取得明显成效。公司本部及所属 25 家单位参加了自治区第一批保持共产党员先进性教育活动。各级党组织精心组织，统筹兼顾，加强理论学习，深入开展评议，主动查找不足，扎实进行整改，全面完成了各阶段任务，做到了学习教育和业务工作“两不误、两促进”，实现了群众、党员和上级“三个满意”。

深入贯彻落实国家电网公司党组《关于建立健全教育、制度、监督并重的惩治和预防腐败体系的实施意见》、《关于加强廉政建设预防职务犯罪工作的决定》，认真开展了预防职务犯罪的“四个一”教育学习活动，领导干部廉洁自律意识明显提高。

开展了向米祥仁、艾尔肯·吐逊等先进人物的学习教育活动，激发了广大员工爱岗敬业、无私奉献、忠诚企业的精神。加强精神文明建设，深化文明单位创建活动。公司 10 家单位被国家电网公司命名为首批文明单位，天山电力股份有限公司荣获国家级文明单位称号。结合企业视觉识别系统推广应用和企业文化建设，全面推广“国家电网”服务品牌。

贯彻全心全意依靠职工群众办企业的方针，支持工会依法履行职责。各级工会组织开展了劳动竞赛、技能竞赛、合理化建议等群众性技术创新活动，促进了员工队伍技能水平的提高。深入开展企业达标创一流、创建职工之家和“创争”活动，不断丰富和深化班组建设。开展了各级劳模的评选推荐和表彰工作，张铭洲等 5 人被自治区授予劳动模范称号。举办了公司首届农村电工岗位知识技能竞赛。开展了“真诚服务，岗位创新，争创新疆电力公司供电营业‘服务之星’劳动竞赛”活动，评选出了“十佳服务之星”。各级共青团组织深入开展青年文明号、青年安全生产示范岗和保持共青团员先进性，增强共青团员主题意识教育活动。

存在的问题

一是在发展方面，电网建设资金严重不足，电网发展面临巨大压力。资产负债率高与电网建设投资加大的矛盾仍然存在。二是在安全生产方面，安全形势面临新的挑战。安全生产基础不牢固，农电安全问题突出。电网结构薄弱，网厂协调难度加大，安全稳定运行面临较大风险和压力。三是在经营管理方面，资产经营效率不高，扭亏增盈任务仍然艰巨。由于历史、地理原因，公司资产规模大，经营规模小，投资收益率较低。县供电企业经营形势严峻。四是在市场营销方面，以市场为核心的营销理念尚未确立，市场营销技术科技含量落后于市场发展的需要。五是在人才队伍建设方面，人才结构不合理，技能人才和高层次人才缺乏，冗员与生产一线缺员矛盾突出，员工队伍整体素质不能完全满足大电网发展的需要。六是在外部环境方面，电力市场依法管理、依法经营有待进一步规范。由于高耗能产业受国家宏观政策影响，电力市场投资风险增大。新的电价机制尚未形成，电价深层次矛盾尚未得到有效解决。

主要事件

1 月 12 日，公司所属新疆电力学校被国家教育部批准认定为国家级重点中等职业学校。

1 月 13 日，公司 2005 年工作会议暨三届三次职工代表大会召开。公司党组书记、总经理张铭洲作了题为《求严务实，精细管理，内强素质，外塑形象，为建设“一强三优”现代公司而努力奋斗》的工作报告。

2月1日，公司保持共产党员先进性教育活动动员大会召开。

2月22日，国家电建企协命名公司所属送变电工程公司为全国电力行业优秀施工企业。

2月24日，公司本部二届三次职工代表大会召开。

2月，国家电网公司授予全国384个基层供电所“农村供电营业规范化服务示范窗口”称号，公司所属13个基层供电所获此殊荣。

3月8日，新疆电网主要电源——石河子市红山嘴四级电站举行新疆首座女子电站揭牌仪式，电站总装机容量9000kW。

3月10日，新疆电网主要电源——巴音郭楞州石灰窑水电站扩建工程（2×4000kW）首台机组经72h试运行后并网发电。

3月15日，以“以人为本、健康维权”为主题的自治区“3·15”大型宣传咨询服务活动中，公司所属各供电企业均开展了大型户外宣传活动，现场解答用电知识和电力政策法规，发放宣传资料。许多企业结合保持共产党员先进性教育活动，组织了共产党员服务队深入农牧区、走街串巷，为电力客户排忧解难。

3月16日，公司党组书记、总经理张铭洲前往送变电工程公司进行工作调研。

4月1日，公司与塔城地委、行署磋商后，双方同意乌苏电力有限责任公司由塔城电力公司整体移交奎屯电力公司（局）管理。

4月，国家电网公司与共青团中央命名公司所属送变电工程公司高压电网检修公司带电检修工区、伊犁二电厂热工维护班为全国青年文明号，命名巴州电力公司团委为青年文明号优秀组织单位，继续认定奎屯电业局客服中心市场开发运营部、铁门关水电厂运行分场、乌鲁木齐电业局地调所调度班、天山电力股份公司发电分公司运行部锅炉运行三班及检修公司汽机本体班为全国青年文明号。

5月10日，公司第四期青年干部培训班开学，45人将参加为期3个月的系统培训。

5月17日，经5月12日《人民日报》“全国民族团结进步模范集体和模范个人”公示，公司所属塔什店火电厂工人白克日·卡依尔烈士荣膺全国民族团结进步模范个人称号。

5月25日，公司所属天山电力股份公司、奎屯电业局、昌吉电业局、准东供电公司、送变电工程公司、阿瓦提供电公司、昌吉供电有限公司、阜康供电公司、库尔勒供电公司和吐鲁番供电局获得国家电网公司首批文明单位称号。

5月25日，全国总工会授予公司所属乌鲁木齐电业局“模范职工之家”称号。

5月，公司党组下发安排意见，要求公司系统各单位认真组织开展自治区第23个民族团结教育月活动，以庆祝自治区成立50周年。

6月1日，自治区经贸委会同有关部门，在自治区政府法制办指导下，制定并实施了《新疆维吾尔自治区反窃电办法》。

6月10日，新疆电网17家发供电企业举行联合反事故演习。

6月12日，220 kV苏（阿克苏）—鹿（巴楚金鹿变电所）输变电工程开工建设。

6月19日，国务院召开关于加快新疆能源工业发展的会议，副总理曾培炎主持会议，国家电网公司党组书记、总经理刘振亚在会上重点介绍了全疆联网工程和新疆电网与西北电网联网工程，初步确定了新疆220 kV电网高一级电压等级为750kV，以满足未来新疆电力发展后电力送出的需要。

6月28日，公司人才工作会议召开，党组书记、总经理张铭洲作了题为《大力实施人才强企战略，加快三支人才队伍建设，为“一强三优”现代公司提供人才保证》的讲话。

7月11日，公司有关领导陪同国家电网公司党组成员、副总经理陆启洲等一行视察新疆电力调度中心总调度室。

7月17日，220kV皇（博州皇宫变电所）—吉（伊犁吉林台水电站）输变电工程投入运行。

7月19日，新疆目前总装机容量及单机容量最大的水电站、新疆电网骨干电源—吉林台水电站（4×11.5万kW）首台机组投产，8月9日第二台机组投产。

7月29日，公司向首批14名新疆电网“三公”调度监督员颁发聘书。监督员向社会聘请，包括政府有关部门、发电企业、电力客户、新闻媒体等各方面代表。

8月7日，距吐鲁番市160km的天山山脉发生暴雨引发泥石流，造成35kV城库线供电中断，84km线路不同程度损坏。灾情发生后，吐鲁番电业局抢险队迅速奔赴现场，7日15时8分七泉湖镇恢复供电，8日18时40分35 kV城库线送电成功，为用户处理险情挽回直接经济损失上千万元。

8月9日，19时30分，阜康市南部山区骤降暴雨，持续两小时形成百年不遇的洪水，供电线路遭到严重破坏，准东电业局阜康供电公司抗洪抢修应急分队迅速赶往三工地区抢险，8月15日受损线路85%

的用户恢复了供电。

8月16日，新能发展有限责任公司成立，为新能集团公司的控股专业公司，从事煤炭、矿产的勘查、开采和煤化工及相关产品的开发和经营，以及发电业务。

8月22日，新疆电机工程协会邀请在疆参加全国科学技术协会2005年学术年会第十一分会场暨中国电机工程学会2005年学术年会的国家发改委能源研究所所长周大地、中国能源研究会副理事长兼秘书长鲍云樵，及蒋洪德、黄其励、徐大懋、郑健超、周孝信、潘垣等6位院士来公司，与新疆电力行业工程技术人员座谈。

8月25日，新能集团公司新能工业园区在乌鲁木齐经济技术开发区举行开园仪式。

8月28日，220kV克（克拉玛依）—北（北屯）输变电工程开工奠基仪式举行。线路全长309km，变电所1座规划容量2×12万kVA，概算投资2.2亿元，是新疆电网联网工程重要组成部分。

8月，富蕴县蒙（库铁矿）科（克塔勒铅锌矿）矿区110kV输变电工程开工建设，工程包括110kV喀拉塑克至蒙科矿区输电线路62km、110kV喀拉塑克开关站和110kV蒙科矿区变电所（规划容量2×2万kVA），概算总投资2649万元，由阿勒泰电力安装公司等3家单位承包建设。

9月1日，《新疆电力公司窃电举报奖励办法（试行）》实行。

9月16日，220kV吉（吉林台水电站）—宁（伊犁宁远变电所）输变电工程投产。工程于2004年10月开工建设，线路全长123km，变电所规划容量2×12万kVA，概算投资9626万元，是新疆电网联网工程重要组成部分。

9月21日，110kV二（伊犁第二火电厂）—伊（伊宁县）线开口接入220kV宁远变电所并成功带电运行，伊宁电网并入新疆电网。并网运行后，新疆电网将具备水火电共济的能力，运行方式更为灵活，为电网调峰、调频和经济运行奠定了基础。

9月，中央庆祝新疆维吾尔自治区成立50周年代表团副团长、中共中央政治局委员、国务院副总理回良玉接见了公司所属塔什店火电厂工人白克日·卡依尔烈士遗孀布海力且木·玉散音。

10月25日，公司第三届110kV及以上变电所值班员技能竞赛在电力教培中心举行。

10月26日，新疆首座220kV“四遥”（即遥信、遥测、遥控、遥调）变电所——钢东变电所通过乌鲁木齐电业局验收，并成功送电。

11月2日，110kV和田皮墨垦区至皮山输变电工程开工建设，线路全长107.39km，总投资2000万元，工程建成后喀什—克孜勒苏电网将与和田电网联网。

11月3日，自治区政府授予公司党组书记、总经理张铭洲，公司所属塔城供电公司城西供电所抄表工桑学利，电力设计院发电设计室主任吴炜，电力建设公司苏丹项目部经理张洪臣，博乐供电公司青德里供电所副所长、党支部书记库都来提“自治区劳动模范”荣誉称号

11月22日，国家重点工程建设项目、新疆“十一五”重点建设工程、未来新疆电网骨干电源—开都河察汗乌苏水电站截流和主体工程开工奠基仪式举行。

11月，公司在“对口扶贫”的和田地区策勒县修建的第二座电力新村落成，90户贫困户住上了实用、经济、美观、耐碱的抗震安居房。

2月7日，公司团委与安全监察部共同举办“新电青年杯”安全生产知识竞赛，公司系统14个供电单位的60余名选手参赛，乌鲁木齐电业局代表队获团体一等奖。

12月9日，国家电网公司任命刘光为新疆电力公司总经理，侯立强为公司党组成员、副总经理。

12月31日，公司电力调度中心实现连续安全调度运行2716天。

（旷路明）

南方五省区

广东电网公司

概况

2005年3月31日，根据国函［2003］114号、发改能源［2003］2101号、粤国资函［2005］104号等文件精神和要求，经广东省人民政府同意，广东电网公司完成工商变更登记工作，正式领取《企业法人营业执照》。广东电网公司的出资人由广东省人民政府变更为南方电网公司。4月18日，广东电网公司挂牌。2005年5月31日前，直属21家供电分公司全部完成了改为供电局的工商变更登记工作。

2005年，广东电网公司完成供电量2410.02亿kWh，同比增长11.88%；完成售电量2256.43亿kWh，同比增长13.18%；实现销售收入1379.87亿元，同比增长21.67%；实现利润54.21亿元，同比增长45.19%；广东电网线损率6.56%，同比下降0.89个百分点；应收电费余额10.28亿元，当年电费回收率99.86%，旧欠电费回收率32.07%；电网频率合格率99.999%，电网电压合格率99.75%。完成电网建设投资192.3亿元，建成投产110kV及以上输电线路2647km、变电容量2708万kVA。公司资产总额1420.95亿元，同比增加140.13亿元；资产负债率49.9%，同比上升3.63个百分点。

截至2005年底，广东电网共有35kV及以上输电线路51170km，变电站1668座、主变压器3232台、变电容量19066万kVA。其中500kV变电站17座，主变压器42台，变电容量3600万kVA，线路45条，线路长度3269km。广东电网已形成以珠江三角洲地区500kV主干内环网为中心的500kV双回主干环网架，并以双回辐射的形式，延伸东至汕头、西至茂名，北至韶关；通过“六交三直”500kV线路和500kV鲤曲线与西南电网和华中电网互联；通过4回400kV线路与香港中华电力系统互联；通过2回110kV线路向澳门地区供电。

广东全省发电装机约4808.18万kW，其中水电663.6万kW、抽水蓄能240万kW、核电378万kW、火电3518.26万kW。全省发电装机中，统调电厂装机2833.05万kW，占全省装机的59%。非统调装机1975.13万kW，其中水电566万kW、火电1400.8万kW。

组织机构

广东电网公司本部设办公室、人力资源部、财务部、电力营销部、生产技术部、安全监察部、发展规划部、工程建设部、审计部、监察部（纪委）、政工部（含团委）、工会共12个部门。直接管理全省21个地级市供电企业，以及电力调度、通信、设计、基建、物资供应、科研、学校等共42家企事业单位。全省79个县级供电企业中，由广东电网公司直管的共有29个（共687个镇供电所），趸售代管的共有50个（共961个镇供电所）。广东电网公司供电面积17.8万km^2；供电人口8642万人；供电客户数1421.24万户。

2005年末，广东电网公司职工总数53723人，其中长期职工34819人，临时职工18904人。高级职称1252人，中级职称4700人，初级职称7496人。研究生及以上学历890人，大专生及以上学历15746人。

领导班子

2005年1月15日，南方电网公司在广电集团召开领导干部任职宣布大会，对广电集团领导班子进行调整。江毅兼任广东省广电集团有限公司广州供电分公司总经理；金基民任广东省广电集团有限公司副总经理、党委委员兼深圳供电分公司总经理；辛瀑任广东省广电集团有限公司总经济师；熊承辉、祁寿枝、赖康任广东省广电集团有限公司助理巡视员。调整充实后，广东电网公司领导班子组成如下：总经理：吴周春；党委书记：黄建军；副总经理：梁周、江毅、陈荣真、赖佳栋、金基民；工会主席：于俊岭；总工程师：林雄；总经济师：辛瀑；助理巡视员：杨文伟、熊承辉、祁寿枝、赖康。

电网规划

1. 规划工作

2005年1月6日，广东电网公司首次颁布实施《广东电网规划设计技术原则》。9月初，广东电网公司完成了广东省21个地级市“十一五”电网规划报告（一次部分）评审工作。9月27日，广东电网“十一五”规划（一次部分）通过专家评审。12月31日，广东电网“十一五”规划（通信、自动化、继电保护、安全稳定部分）通过专家评审。“十一五”期间，广东电网建设总投资约1250亿元，其中500kV电网、220kV电网、110kV及以下电网投资分别为205亿、295亿、750亿元；新增110kV及以上变电容量18243万kVA，新改建110kV及以上线路27500km。其中新建扩建500kV变电站25座，变电容量4025万kVA，线路4698km。到2010年，广东电网220kV及以上电压等级的变电站座数、变电容量和线路长度分别是2005年的1.92倍、2.07倍和1.94倍，相当于再打造一个广东电网。

2. 规划管理

广东电网公司将“持续完善规范管理”作为2005年电网规划管理工作重点，逐步完善了规划计划工作的动态、闭环管理。6月17日，下发了《广东电网公司输变电工程前期工作管理办法》，由省公司发展规划部统一归口管理110kV及以上输变电工程项目前期工作，明确了前期工作计划和程序，规范了站址、建设规模、投资调整的报告制度。分别下发了500、220、110kV输变电工程选址选线、可研报告深度要求，规范了输变电工程前期工作。实行广东电网规划和工程前期工作双月报制度。建立监控表制度对省内新建电源和220kV及以上输变电工程项目进行滚动监控。加强了电网建设预算管理，4月30日下发了《广东电网公司电网建设预算准备金管理办法》。

电网建设

2005年，广东电网公司完成电网建设投资192.3亿元，同比增长7.6%。建成投产35kV及以上工程250项。其中500kV完成投资30.7亿元，投产线路198km，变电容量550万kVA；220kV完成投资56.3亿元，投产线路722km，变电容量1230万kVA；110kV完成投资50.4亿元，投产线路1727km，变电容量928万kVA。“十五”期间，广东电网共完成投资747亿元，建成投产35kV及以上线路13880km，变电容量9174万kVA。广东电网基本解决了主网“卡脖子”问题，进一步优化了主网结构。

1. 重点工程

2005年12项重点工程全部顺利投产。3月23日和6月10日，500kV东莞莞城2号、4号变压器扩建工程先后投产；3月28日，500kV惠州博罗输变电工程投产；4月20日，500kV汕头站3号变压器扩建工程投产；5月25日，220kV珠海拱北输变电工程投产；5月26日，220kV惠州仰天输变电工程投产；5月27日，220kV东莞板桥输变电工程投产；6月7日，220kV佛山高黎输变电工程投产；6月15日，220kV广州华圃输变电工程投产，至此，8项迎峰度夏重点工程全部投产。8月30～31日，220kV麒麟输变电工程的变电站及北麒线投产；11月17日，500kV深圳鲲鹏（龙中）输变电工程投产；12月8日，220kV深圳欢乐（港湾）输变电工程投产；12月28日，500kV台山电厂至香山站线路工程投产。

2. 工程评优

参与工程质量评优活动。500kV横沥变电站获中国建筑工程鲁班奖，500kV惠汕Ⅱ回输电线路工程获国家优质工程银质奖；500kV横沥变电站、500kV惠汕Ⅱ回输电线路工程和220kV泮塘（荔湾）变电站工程等3项工程被评为南方电网公司2005年度电网优质工程，同时被评为中国电力优质工程；另有6项输变电工程获得广东省优良样板工程称号。

电网运行

1. 电力供应

2005年是广东近10年来电力供应最困难的一年，也是考验最为严峻的一年，广东用电负荷保持快速增长，广东全社会用电负荷12次创新高，统调负荷11次创新高。8月5日，全社会用电负荷和统调负荷双双创全年最高，全社会最高用电负荷4415万kW，比2004年净增445万kW；统调最高负荷3392.2万kW，比2004年净增466万kW。最大负荷缺口626万kW，最大强制错峰负荷159.1万kW。

面对电力电量严重双缺的严峻形势，广东电网公司积极挖掘自身潜力，调动省内机组多发满发。广东省统调电厂（不含鲤鱼江电厂）发电量1625.67亿kWh，同比增长7.73%，平均发电利用小时数6275h。购地方电507.87亿kWh，同比增长3%。非统调地方电顶峰最高负荷达到983.1万kW，同比增长13.89%。同时，充分利用南方大电网的优势，加大资源优化配置的力度，大力组织西电、港电多送广东。全年外购电量507.15亿kWh，同比增长39%。其中购鲤鱼江电36.1亿kWh，同比减少4%；三峡国网电164.7亿kWh，同比增长87%；西南电270.2亿kWh，同比增长26.7%；购香港电36.06亿kWh，同比增长64%。贯彻南方电网“走出去，迎进来”的电力互援方针，积极吸收西南富余水电和国网富余电力，加强网间电量置换，签署了《云南送广东丰水期后夜低谷电能的协议》、《2005年广东广西互送电能协议》和《转售三峡水电站及国家电网电能的协议》，与广西互换电量9.68亿kWh，贵州增送电量10亿kWh，国网置换电量19.7亿kWh。

2. 技术措施

广东电网公司贯彻落实南网总调快速灵活调度十项措施的要求，加强调度运行管理，7月12日，出台了“三实时、三快速、四灵活、五个盯着”调度细则，积极应对日益高涨的用电高峰，努力做到准确判断，快速反应，灵活调配，提高电网运行效率。1月，完成了广东电网年度运行方式和迎峰度夏工作方案的编制工作。6月，根据电源和电网建设项目投产情况，对度夏方案进行滚动修编。统筹做好发电机组和输变电设备检修安排和基建、改造停电计划，5月召开了迎峰度夏期间停电协调会，9月召开了4季度综合停电协调会，12月出台了2006年度广东统调输电线路和500kV主变压器停电计划表。2005年统调机组共进行A级检修41台次，B级检修16台次，C级检修60台次。制定《广东电力系统2005年度主网低频自动切负荷配置方案》和《广东电网2005年度主网低电压自动切负荷配置方案》。完善2005年广东电网安稳控制系统，在500kV鹏城站、深圳站、茂名站建设了控制子（主）站，完成500kV西江站、博罗站、横沥站配合广东电网安稳系统的功能，完成了粤北电网在线预决策的改造工程和粤东电网安全稳定控制系统的改造工程。6月，重新规划和整定了广东电网稳控装置的切负荷方案，可切负荷量从790万kW减少到450万kW；主网低频切负荷容量调整为1377万kW，主网低压切负荷容量调整为1189.1万kW，保证了安自装置符合系统运行的实际。开展PMU系统中调管理主站的硬件改造和软件升级工作，跟踪落实了清远站、曲江站、云浮电厂相量测量装置等技改项目和西江站、博罗站、鹏城站、深圳站、茂名站PMU装置的建设工作。在EMS和DEMS系统中开发了电压无功管理系统，制定了无功曲线管理方法，从4月起对各供电局和电厂下达无功电压曲线并进行监督考核。加强发电厂调速系统管理，完善了电网控制手段，提高了电网运行水平，推进发电机组一次调频投入和信号接入工作，85台机组共1985.4万kW投入一次调频功能；发布了AGC机组性能规范要求，新丰江水电厂、枫树坝水电厂、蓄能B厂和火电14台30万kW及以上机组共691.5万kW投入AGC。

3. 技术指标

2005年，广东电网生产技术指标保持了较高的运行水平。广东电网频率合格率为99.999%，同比提高0.003个百分点；省网电压合格率为99.75%，同比提高0.06个百分点；综合供电电压合格率99.02%，同比提高0.1个百分点；10kV城市供电可靠率RS1为99.927%，同比提高0.001个百分点。500kV继电保护正确动作率99.38%，同比提高1.17个百分点；220kV及以上保护正确动作率99.62%，同比提高0.5个百分点；元件保护正确动作率90.16%，同比提高了22.3个百分点。故障录波完好率为99.66%。

安全生产

1. 安全管理

进一步完善制度建设，出台了《防止人身伤亡事故十项重点措施》、《人身事故应急处理指导程序》、《防止线路感应电伤害管理规定》等安全生产监督规管理制度13项，协助南方电网公司起草的《供电企业安全性评价查评标准》（草稿）、《电力生产事故调查规程》。提出了公司系统内的10kV手车式开关柜在运行操作中取消使用验电车验电、变电站电气操作实行现场操作过程语音记录（录音）制度、输电线路钢管（组合）塔加装脚踏板和扶手等措施，消除了安全隐患，防范事故重复发生。全面开展安全性评价工作，至6月17日，21个直属供电局、广州蓄能水电厂和广东电力调度中心全部完成了自查和专家查评工作，整改率达到75%以上。4月25～29日，开展安全生产专项检查，由公司党政主要领导带队，分别成立5个检查组，对全省18个发供电单位集中进行了综合检查。6月中下旬，组织受灾单位成功抵御超百年一遇的特大洪水袭击，保证了广东电网安全稳定运行和受灾地区抗灾复产的电力供应。6月28日，广东电网公司代表广东省参加第二届粤港澳安全知识竞赛总决赛，获得“工会组”总冠军和“企业组”亚军。建立健全危机处理机制，编制各类事故应急处理预案，成功组织广东电网重特大人身事故应急救援预案演练、广东电网联合反事故演习、蓄能水电厂B厂黑启动试验；10月12日，参与了广州大面积停电事故联合演习。基层单位成立安全督察大队，重点查处现场违章行为，将安全生产工作更好地落实到基层和现场。

广东电网经受住西电送广东长期超1000万kW运行的考验。全年没有发生重大、特大电网和设备事故。截至12月31日，广东电网安全运行3669天。

2. 设备管理和技术改造

加大设备运行维护管理的力度，积极应对和认真处理重大设备缺陷，重点对西电东送主通道、500kV设备可靠性问题、重大设备隐患问题进行了综合整治，设备运行可靠性明显提高。全年完成技术改造资金48.6亿元，加强了西电东送主通道设备可靠性改造，认真落实南方电网公司十项反措，推进了变电站整体改造。

完成500kV中断路器的检查和消缺，防止500kV中断路器拒动引起系统稳定事故。完成

500kV变电站220kV GIS母线消缺处理和500kV线路拉V塔改造工作。完成对500kV罗北甲乙线、增横甲乙线、横东甲乙线、沙香线、香江线共8条线路保护通道光纤化改造工作。完成了高频通道检查整改与500kV断路器失灵保护时间定值的更改及检查，对国产中阻母差保护等实施全面改造。针对年初发生的大面积污闪事故，果断采取措施，认真做好污区分布和盐密监测工作，推广应用带电水冲洗和带电涂RTV（PRTV）等新技术，加大调爬改造，全面完成线路调爬、清抹工作，消除了电网安全运行重大隐患。

3. 安全事故

2005年，广东电网公司系统共发生安全生产事故146起，同比增加42起，增幅40.4%。其中一般电网事故44起，同比减少1起；一般设备事故98起，同比增加40起；人身事故4起，同比增加3起。共发生误操作事故13起，同比增加6起，其中5起属南网考核事故。

市场营销

1. 营销管理

7月25日，出台了《广东电网公司电力营销管理规范》，对业扩报装、抄核收、客户沟通与交流三个主流程进行优化，规范统一了计量、用电检查等五大营销基本业务的全部主流程和分支流程49个，使公司营销业务的规范化、现代化管理水平跃上一个新的台阶。按照南方电网公司《关于开展营业普查专项工作的通知》精神，加大营业普查力度，公司系统共出动15万人次，检查专用变压器用户6.2万户，公用变压器用户352.5万户，查获违章及窃电用户1760户，追补电量2050万kWh，追补电费2250万元。推广金融机构代扣代收电费方式，尽量减少电费坐收、走收数量，减少现金交费数量，降低电费资金风险。建设省网关口电能计量装置管理系统，对统调电厂上网关口计量装置存在的历史遗留问题实施改造，全年追回误差电量约1971万kWh，从源头上降低电网线损。加强电能表更换改造，2005年新增、轮换优质单相（三相）长寿命电能表、单相电子式电能表、三相多功能电能表389万余只，提高了计量准确度，减少了电表损耗，全年追回损失电量约7.68亿kWh。11月21日，广东电网公司与云南电网公司、贵州电网公司、超高压输电公司签订了“十一五”云电送粤、黔电送粤长期售电协议。

2. 需求侧管理

建立了日、周负荷短期预测制度，提高负荷预测的准确性，合理安排用户错峰用电。按照“以发定供，以供定用”的原则，将错峰负荷细分为轮休错峰、日常避峰和紧急避峰负荷，制定了多级错峰预案，提高电网应对不同电力缺额的能力。制定3～4套自觉错峰方案，留足错峰备用容量，切实安排好用户自觉错峰用电。2005年全省错峰电量73.84亿kWh，其中自觉错峰电量71.73亿kWh，占总错峰电量的97.14%。线路强制错峰9888条次，强制错峰电量1.81亿kWh。根据粤价［2005］41号文的规定，从4月1日起实施新峰谷电价，峰谷电价比价从原来的1.35∶1∶0.6（峰谷价差2.25倍）调整为1.58∶1∶0.5（峰谷价差3.16倍）；峰谷电价的实施范围从原来的大工业用户推广到普通工业的专用变压器用户，更加充分地运用价格杠杆引导用户移峰填谷。建立了大客户负荷管理系统，完成全省21个地市主站建设和5.08万户现场终端安装，监测大客户负荷覆盖面达到55.2%，同时实现了远程抄表、远程负控、远程反窃电功能。2005年统调平均负荷率达到86.28%，同比提高2.28个百分点。用户自觉错峰率98.93%，同比提高1.09个百分点。

3. 客户服务

坚持“优质、方便、规范、快捷”服务方针，认真开展“万家灯火，南网情深”系列活动，丰富服务内涵，创新服务手段，提高服务质量。建立了以95598客户服务呼叫中心为核心的多维信息沟通平台，形成有效的信息沟通机制，累计向客户发送各类服务短信1080万条。供电服务深入社区，取得了良好的社会反响，广州供电局与团市委开展第二届“智慧用电先锋”系列宣传活动，号召全市大、中、小学生积极参与节能节电活动，通过“小手拉大手”的形式，在全社会营造节约用电的良好氛围。深圳供电局开展学习雷锋、创服务新风活动和情系老人，奉献爱心活动。佛山供电局开展“万家灯火，南网情深”——“爱心传情社区关爱活动”等。在以“广东电网，情系南粤”为主题的系列优质服务活动中，媒体宣传9670次；印发宣传资料和标语506.17万份；召开客户座谈会301次；走访客户12413次；主动上门为残疾和孤寡老人服务1542次。客户满意率均大于95%。2005年广州市居民对广州经济发展满意度评价最高的是电力供应，满意度达到83.1%，比第二位高10个百分点。

切实执行南方电网公司下发的《农村供电营业规范化服务标准》和《农村供电营业规范化服务考核细则》，开展了农村供电营业窗口规范化服务达标工作，全省共有农村供电营业窗口1564个，除12个已在2004年通过南方电网公司“城市供电营业窗口达标”验收并授牌外，经县级供电局自查评分、地市级供电局复查考核、省公司抽查验收，达到南方电网公司农村供电营业窗口规范化服务达标合格要求的有1360个，达标率87.7%。

人力资源管理

1. 领导班子建设

广东电网公司把2005年作为“四好”领导班子创建年，通过创建活动，加快提高领导班子和领导干部的执行力和治企能力。坚持讲原则、重感情、团结和谐，坚持党管干部，加大干部选拔、交流、轮岗力度，完成了18个直属单位和公司本部部室主要领导干部的调整、配备工作，共调整、配备干部43人，其中提拔干部24人，占65%，交流干部25人，占58%。经过这次干部调整，各级领导干部队伍的文化、专业、年龄结构进一步得到了改善，直属单位领导班子得到进一步充实。

2. 人才队伍建设

实施人才强企战略，努力打造高级经营管理人才、专业技术人才和技能人才三支人才队伍，充分调动人才队伍的积极性、主动性和创造性，营造“吸引人才、培养人才、造就人才、留住人才”的良好氛围，初步实现了三支人才队伍的数量优势、专业优势和核心优势的全面发展，为电网的快速发展提供保证，为电网的长治久安奠定基础。完成2004年度教授级高级工程师、高级工程师、工程师专业技术资格评审工作，共计申报824人，委托外系统评审74人。组织开展2005年度专业技术资格评审工作，委托外系统评审56人。

坚持以发展定需求的原则，把吸收高层次、高素质的优秀应届毕业生作为系统人才引进的主渠道，努力改善整体职工队伍结构。研究制定了《广东电网公司对中专和技工毕业生实行劳务派遣的指导意见》，直属单位对中专和技工毕业生实行了劳务派遣的新用工方式。2005年广东电网公司共接收高校毕业生1157人，其中博士6人、硕士112人、本科786人、大专253人。以劳务派遣方式使用的中专84人、技工104人。

经营管理

1. 基础管理

制定并实施《广东电网公司企业负责人资产经营考核办法（暂行）》，结合全面预算管理优化配置财务资源，较好地完成了南方电网公司下达的资产经营考核指标。狠抓线损管理与考核，推行分压、分区、分线、分台区管理，推广使用S11型低损耗配电变压器，加强技术监控和营业稽查，降损成效显著。推广应用“阳光采购系统”，完成省级招标采购总金额108.77亿元，降低物资采购成本11.7亿元。完成专项审计645项，促进增收节支6562万元。开展县级供电企业基础管理达标考评工作，制定了《广东电网县级供电企业基础管理达标实施办法》，对县级供电企业在安全、节能降耗、电压质量和供电可靠率、企业经营管理、营销与优质服务等各项基础管理方面进行达标考评。11月份，广东电网公司组织了考评验收，申报县级供电企业基础管理“南网达标企业”共有18个，申报“省级达标企业”共7个。

2. 财务管理

上半年，广东电网公司制定了实施全面资金收支两条线管理的办法、方案、操作细则和会计核算办法，确定了存量资金和自留结余资金的处理原则和处理办法，核定了各单位预付金额度和自留结余资金额度，与四大国有商业银行签订银企战略合作协议和现金服务协议。7月1日起，全面实施全省资金收支两条线管理，搭建了更高层次的管理平台，实现资金的集约化、规模化运作，全年减少对外融资52亿元，节约融资成本2.6亿元。对银行账户进行了清理，精简了近300个多余的账户，建立了层次清晰的省、市、县三级银行账户体系，并与银行合作对下属单位银行账户和资金收支情况的监控，降低了资金风险。加强了基建财务管理，全年清理当年新增和历年积压工程竣工决算349项，完成率分别为100%和97.5%，工程概算163亿元。加强财务基础制度建设，修编完善了《广东电网公司固定资产管理办法》、《广东电网公司账销案存资产管理暂行办法》、《广东省电力集团公司担保管理规定》、《广东电网公司工程项目财务管理办法》等19项财务管理制度，明确管理责任，规范业务流程，强化财务的审核把关作用，为强化依法经营和依法理财提供了制度保证。

体制改革

1. 代管县级供电企业管理体制改革

2005年，按照广东省政府的统一部署，广东电网积极稳妥推进代管县供电企业管理体制改革工作。广东电网公司共编制13期改革工作简报，及时向南方电网公司以及省政府有关部门汇报改革工作进展以及有关问题。召开广东电网公司县级供电企业管理体制改革领导小组会议18次，研究、讨论改革过程中遇到的问题，布置下一步的工作计划，确保改革工作稳步推进。9月13日，下发了《县级供电企业管理体制改革实施工作流程》。11月5～6日，50个代管县供电企业中，除南澳、惠来、海丰、陆丰4个单位外，46个单位的职工共31678人参加了由省考试中心组织的竞争上岗考试，除饶平县供电局外，其他45个单位完成了民主测评工作，并有44

个单位（除潮安县供电局外）公布了考试和民主测评总成绩。完成了50个代管县供电企业清产核资工作，截至2005年12月29日，广东省国资委下达了始兴、仁化、新丰、翁源、五华、龙门、揭东、普宁、连州、龙川等10家县级供电企业的清产核资批复。按照接管后代管县供电企业实现地区同网同价的原则，完成了对50个代管县供电企业的关口结算电价的测算。草拟了《关于组建广东电网供电局的协议》范本，已经省政府有关部门审定，为下一步接管创造了条件。

2. 电价改革

落实燃油机组价格补贴政策，兑现2004～2005年燃油补贴21.32亿元，扭转了部分地方燃油机组因油价高企而被迫停机的被动局面。推出了省内燃油电厂临时电价政策，消除了历年来油机补贴政策滞后的缺陷。自5月1日起，省内煤机上网电价上调1.91分/kWh，同时终端电价联动上调2.5分/kWh，并预留了今后油机补贴的空间；燃油电厂的上网电价平均上调4.5分/kWh，凋价金额高达6.67亿元，有效调动统调和地方机组功率。开展输配电价及销售电价改革试点工作。根据国家发改委召开的广东输配电价及销售电价改革试点工作会议精神，提出了广东省输配电价测算方案。

积极参与南方区域电力市场建设和大用户直供研究。根据南方区域电力市场建设方案，广东电网公司参与了南方电力市场运营规则、监管实施办法、技术支持系统建设大纲、功能规范等系列文件的起草、修改等工作。组织有关单位对大用户直供在法律、政策、交叉补贴、电网安全、普遍服务等方面所面临的问题及对策进行了研究，完成了《广东省大用户直购电模式研究》，并将有关成果及时反馈政府相关部门，对积极稳妥地推进大用户改革工作提供了实事求是的决策依据。

科技创新

1. 科技项目

广东电网公司坚持科技兴网战略，依靠科技进步提高电网科技含量。出台了《广东电网公司科技发展“十一五”计划及2015年规划》，明确了广东电网公司科技发展的战略、目标、关键技术和“十一五”期间应开展的重点科技项目计划，在科技发展、技术创新、新技术推广应用发挥指导作用，为制订年度科技计划的主要依据。2005年科技项目安排预算22991万元，其中技术开发费投入14938万元，资本性支出投入8053万元。科技经费重点投入在解决电网安全运行、企业信息化建设等方面的问题。广东电网公司承担南方电网公司重点科技项目3项，分别为《广东电网安全防御系统研究》、《深圳地区电网经济运行和灾难性事故防治对策的模型建立及HAVC系统实现》、《变压器承受直流偏磁能力的仿真研究》。广东电网公司内部重点科技项目60项，广东省地区电网外网等值自动生成系统等11个项目获得省部级以上奖励，其中配电网中性点快速消弧线圈加快速选线跳闸运行方式的应用研究、直吹式制粉系统风煤在线测量系统开发与研究、电测量自动检定及数据管理系统的开发获省科技三等奖。广东电网公司科技进步奖评委会对公司系统科技项目进行了奖励，获奖项目共46项，其中一等奖5项，二等奖7项，三等奖34项；共有23个单位258个人获奖。

2. 信息管理

开发广东电网公司统一的主营业务管理信息系统，加快信息资源的整合。2005年，安排了省公司、电力试验研究所及广州、中山、汕头供电局等15个EAI/EIP项目，完成了统一的应用集成/信息门户平台商和实施商的招标，完成了公司关键数据指标集和数据交换标准的编制工作，为构建广东电网公司一体化的信息系统体系框架和实现信息系统的应用集成奠定了坚实的基础。11月10日，广东电网科技情报信息网正式成立，为电力行业提供电力标准库、成果库、专利库、中外文期刊库、学术会议和论文库、电力产品和电力市场库以及提供电力科技动态要闻发布、电力视频在线播放等服务。

党建和精神文明建设

1. 先进性教育活动

按照广东省委和南方电网公司党组的统一部署，广东电网公司系统57个基层党委分两批完成先进性教育活动，16840名党员经历了一次思想上的洗礼。公司系统各单位以“两强两过硬”主题活动为载体，把先进性教育活动与开展“四好”班子创建活动、纪律教育月活动、社会教育活动结合起来，精心组织，扎实推进。通过活动，各级党组织和全体党员的凝聚力和战斗力明显增强，达到了预期的效果，并在保证电网安全、保障电力供应、加快电网建设和抗击自然灾害的战斗中得到了很好的检验，群众满意率达到100%。

2. 党风廉政建设

广东电网公司高度重视党风建设和反腐倡廉工作，探索建立教育、制度、监督并重的惩防体系。明确了2005年党风廉政建设9项责任制目标，与所属37个单位签订了2005年党风廉政建设责任书，把难度大、影响范围广、作用大的5个方面41项重点工作进行细化分解，落实到每一位党政领导班子成员和各职能部门。进一步优化责任制考核程序，细化量化考核标准，增强考核的科学性、公允性和可操作性。加强对领导人员执行廉洁自律规定的监督检查，对副处级以上干部所持因公因私护照情况，配偶、子女及其配偶从业情况，投资入股煤矿情况，公务用车情况进行了检查和清理。

3. 党务工作

加强党务工作信息化管理，建立了公司党组织、党员、流动党员、入党申请人员信息数据库，全面掌握了党员和入党申请人员的个人信息资料。广州、深圳、东莞、梅州等供电局建立了“党群在线”、“政工频道”等党建工作网络，为党员和群众搭建了互动的学习沟通信息平台。全面推行发展党员公示制度，规范入党程序，注重在生产一线和高知识群体中发展党员，全年共发展预备党员706名，党员队伍结构和素质明显改善。2005年，广东电网公司党委对5个先进基层党委、46个先进基层党组织、49名优秀共产党员和40名优秀党务工作者进行了表彰。

4. 思想政治工作

积极主动做好思想政治工作，有针对性地开展改革形势的宣传教育，引导广大职工树立正确的改革观，正确对待改革，积极参与改革，用实际行动支持改革。按照“平衡心理、化解矛盾、增强信心、振奋精神、增强团结，维护稳定”的工作思路，着力营造有利于改革发展稳定的舆论环境，保障了代管县级供电企业管理体制改革的稳步推定。各级党组织坚持把深入细致地做好思想教育工作和解决职工的实际困难紧密结合起来，重视离退休职工的思想生活问题和基建修造困难企业的职工生活问题，及时化解各种不稳定因素，把问题处理在基层，消灭在萌芽状态中。以开展“爱国、守法、诚信、知礼”现代公民教育为重点，深入推进思想道德和精神文明创建活动。江门供电局、茂名供电局被评为2005年“全国文明单位”。佛山三水供电局、汕尾供电局、中山供电局、揭阳供电局被评为2005年“全国精神文明建设工作先进单位”。

5. 青年文化建设

围绕“安全生产、优质服务”为主题，开展青年DV作品大赛，提高青年职工安全生产和优质服务意识。开展了青年论坛、主题征文、青年歌手大赛、文体联谊、形象展示、演讲等文化活动，进一步充实青年职工的精神生活。11月，举办了广东电网公司第一届青年三人篮球赛。组织开展了“参与青年志愿服务，建设和谐社会”主题活动，大力弘扬志愿精神，引导公司青年养成良好的道德观念和行为规范，展现广东电网公司青年时代风采。直属各单位团组织开展了用电咨询服务活动、社区义工行动、希望工程帮扶、为困难户义务改造照明系统等志愿者活动。中山供电局客户服务中心被国资委和团中央命名为2004年度全国青年文明号。

主要事件

1月15日，南方电网公司在广电集团召开领导干部任职宣布大会，对广电集团领导班子进行调整充实。江毅兼任广东省广电集团有限公司广州供电分公司总经理；金基民任广东省广电集团有限公司副总经理、党委委员兼深圳供电分公司总经理；辛瀑任广东省广电集团有限公司总经济师；熊承辉、祁寿枝、赖康任广东省广电集团有限公司助理巡视员。

3月31日，广东省广电集团有限公司正式更名为广东电网公司，广东电网公司的出资人由广东省人民政府变更为南方电网公司。4月18日，广东电网公司挂牌。

4月1日起，广东实施新峰谷电价，峰谷电价比价从原来的1.35∶1∶0.6调整为1.58∶1∶0.5，实施范围从原来的大工业用户推广到普通工业的专变用户。5月1日起，广东燃油电厂临时上网电价标准每千瓦时提高0.01～0.05元。

7月8～13日，中国南方电网公司党组书记、董事长袁懋振带领有关部门负责人在广东电网公司主要领导陪同下到广东省电力调度中心以及广州、深圳、佛山、东莞供电局现场办公，并高度评价广东电网迎峰度夏工作。

8月5日，广东电网全社会负荷和统调负荷双双创出历史新高。2005年，广东电网全社会负荷12次创新高，最高达4415万kW，比2004年净增445万kW，增长11.64%；其中统调负荷11次创历史新高，最高达3392.2万kW，比2004年净增466万kW，增长15.95%。

9月27日和12月31日，广东电网“十一五”规划的一次部分和通信、自动化、继保、安稳部分分别通过专家评审，为实现“把广东电网建设成为结构合理、技术先进、安全可靠、适度超前的现代化电网”的目标奠定了坚实的基础。

11月21日，广东电网公司与售电方云南、贵州电网公司及输电方超高压输电公司在广州签订了“十一五”黔电送粤、云电送粤长期购售电协议。“十一五”期间，广东将累计吸纳云南、贵州电量共2983亿kWh。

11月25日，广东电网公司召开先进性教育活动总结大会。

12月28日，2005年广东电网12项重点工程最后一项——500kV台香线工程顺利投产。广东电网公司全年共完成电网建设投资192.3亿元，实现了南网电网公司提出的“三年基本解决‘卡脖子’问题”的目标。

12月15日，广东电网连续安全运行天数达到3563天，创出广东电网历史上最高的安全运行纪录。

（覃桂平　王国栋）

广西电网公司

概况

2005年广西电网公司完成主营业务收入162.59亿元，增长23.09%。全面完成资产经营考核目标。利润实现翻番，主营业务收入、资产总额增长为近年来最好水平。广西电网负荷九次创历史新高，8月13日最高负荷达689.6万kW。全年售电量完成388.53亿kWh，增长15.51%。购电量完成411.97亿kWh，增长15.9%。

截至2005年底，广西拥有35kV及以上输电线路38116.83km，公用变电容量2833.35万kVA。其中500kV输电线路644.42km，公用变电站3座，容量350万kVA；220kV输电线路5995.54km，公用变电站51座，容量921.3万kVA；110kV输电线路8864.163km，公用变电站247座，容量1136.98万kVA；35kV输电线路22612.71km，公用变电站918座，容量425.07万kVA。广西境内新增发电装机容量1598MW（水电1044.9MW，火电553.1MW）。

领导班子

总经理、党组副书记：王　方

党组书记：黄进平

副总经理、党组成员：赖崇能　庞　准　李一平　徐达明　韦家森

纪检组长兼工会主席、党组成员：顾广平

总工程师：邱跃丰

总会计师：周佑明

巡 视 员：林荣华(享受分、子公司正职级待遇)

机构设置

详见广西电网公司2005年组织机构图。

生产经营指标

2005年，广西全社会用电量为510.15亿kWh，同比增长11.66%；全区发电量达到446.04亿kWh，增长19.35%；统调电网最高负荷689.6万kW，同比增长13.59%，比2004年高出82.6万kW，同比增长11.36%。

2005年，完成购电量411.97亿kWh，同比增长15.9%；其中，购区外电量为74.29亿kWh，同比减少12.04%。售电量388.53亿kWh，增长15.51%。电网综合电压合格率99.71%，比年度计划值高出0.04个百分点；电网责任频率合格率99.99%，比2004年减少0.0001个百分点；不计限电影响，城市供电可靠率98.77%，比2004年提高0.22个百分点。

2005年底，广西电网公司资产总额286.1亿元，同比增长5.66%。固定资产计划投资24.45亿元，实际完成25.66亿元，完成投资计划的105%。主营业务收入162.59亿元，增长23.09%，实现利润1.62亿元；应收电费余额2.92亿元，比2004年末减少3280万元。

安全生产

2005年广西电网保持安全稳定运行，未发生重大电网事故、特别重大设备事故和有责任的重大设备事故、重大施工机械设备损坏事故、重大火灾事故、负同等责任及以上的生产性重大交通事故、因违反调度纪律而造成的性质恶劣的事故。

年初广西电网公司即与所属各单位领导签订“三项责任书”，并要求各单位把安全目标进行逐级分解，明确各部门、班组安全生产目标和责任区。广西电网公司有17个生产性企业（不含广西水电建设集团公司所属单位）全面实现了《安全生产责任书》安全目标，占总数的82.35%。南宁供电局、贵港供电局、广西水电工程局3个单位因发生人身伤亡、恶性误操作事故等原因，未完成责任书上的安全生产目标，占总数的17.65%。

公司组织修订了《广西电网公司安全生产工作奖惩管理标准》、《广西电网公司领导及本部职能部门安全生产职责规定》、《公司所属企业领导班子安全生产责任制考核办法》和《内部经营责任制安全考核办法》等标准制度，颁布了《广西电网公司安全生产目标风险抵押金管理办法（试行）》，编制完成《广西电网公司重特大人身伤亡事故、火灾和交通事故应急预案》、《广西电网公司特殊时期发生对电网安全有危害或对社会有重大影响的事件应急处理预案》、《广西电网公司重特大电网事故应急预案》、《广西电网公司防洪、防汛、防涝、防台风、防大雾应急预案》、《广西电网公司电厂大坝垮塌或重大垮（坍）塌事故应急处理预案》和《广西电网公司重特大施工机械损坏事故应急处理预案》等紧急事件处置方案。

全面开展供电企业安全性评价专家查评工作，委托北京三策科技有限责任公司邀请简昌培、古世良、袁世禄等国内权威电力专家组成的专家组，对柳州、钦

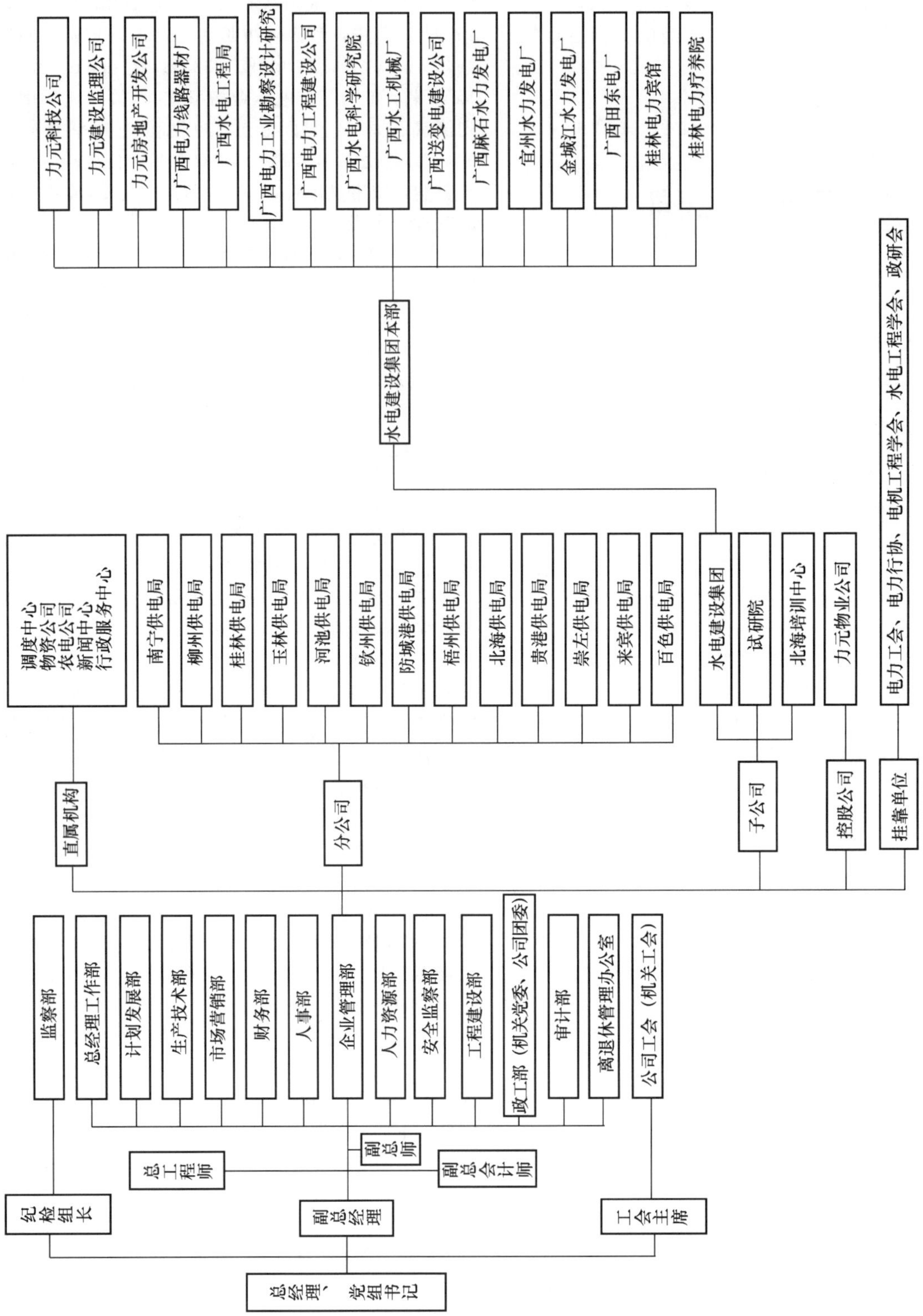

广西电网公司 2005 年组织机构图

州、贵港3个供电局开展专家查评工作，并举办电视电话专题讲座，就存在的问题进行分析、指导。组织广西电力行协的专家组对南宁、北海等9个供电局（百色局归入南宁局一起查评）进行专家查评。12个供电局查评结果，综合得分率为67.2%～81.6%；扣分项目中管理问题72.0%～86.3%，设备问题13.7%～28%，劳动安全和作业环境问题6%～12.3%。对专家查评中发现的问题，提出了整改计划。

2005年8月，召开党政联席会议，针对“5·6”恶性误操作事故和“6·2”人身死亡事故。提出在年底前的四个半月时间内要实现“双零”目标，即人身死亡事故为零、恶性误操作事故为零。重点抓了广西送变电公司“3·17”人身轻伤事故，金城江创元公司“3·21”、防城港嘉能公司“5·21”人身重伤事故，以及崇左“2·5”、南宁“2·8”、调度中心“2·22”等因负荷潮流变化造成继电保护及安全自动装置误动事故以及钦州供电局“3·3”220kV沙龙线倒杆事故的分析工作。提出了完善母联开关过流保护、加强各级调度管理、规范停电申请票工作、采用预绞丝驳接导线、完善线路走廊树木修枝工具、搞好线路杆塔防盗和合理悬挂保安接地线等多项措施和要求。并抓住玉林供电局“8·30”配网未遂事故，在各供电局组织开展安全生产问答和大讨论活动。

电力规划

2005年11月完成了广西地区电网规划报告的汇总及上报，12月完成“十一五”广西电力系统设计报告，并上报南方电网公司请求组织审查。城市配电网、县级电网规划也基本编制完成，“十一五”电力系统二次规划也已启动。

2005年按照“开工一批，续建一批、投产一批、储备一批”的“四个一”电网建设理念，加快推进电网项目前期工作。以龙滩水电站和钦州、防城港电厂送出工程落点研究为契机，加强对广西境内500kV网架结构的研究，提出解决“十一五”期间广西500kV网架问题的方案，完成了《加快广西500kV电网建设项目专题报告》。在争取到南方电网公司同意广西建设邕州、久隆等一批500kV输变电工程项目后，开展了500kV项目的前期工作，先后完成了项目的可研、初设审查。项目已取得了国家环保总局、水利部及国土资源部的相关批复文件。同时，完成柳州融安、来宾红河、河池兴平等28项220kV电网工程和桂平麻垌、钦州小董等36项110kV电网工程项目的可研评审工作。

同时，加快推进电源项目的建设，积极配合政府及项目业主争取国家发改委核准同意建设钦州电厂和防城港电厂项目。组织审查了南宁、桥巩、长洲及洛东水电站扩建等一批电源项目接入系统方案。主动做好电源上网服务工作，办理了一批电源项目的并网手续。积极配合政府推动自治区重大工业项目前期工作，先后完成了防城港大型钢铁基地、平果铝二期、沿海石油化工、桂西氧化铝、铝电结合等项目的供电方案研究。

电网建设

2005年，广西主电网工程基建投资计划15.79亿元，累计完成基建投资17.02亿元，完成年度计划的107.8%，同比增长19.7%。建成投产110kV及以上输变电项目42个，新增生产能力：送电线路547.39km，其中220kV线路162.14 km，110kV线路385.25 km；变电容量19台/132.75万kVA，其中220kV变电容量6台/78万kVA，110kV变电容量13台/54.75万kVA。同时，为确保中国—东盟博览会保供电任务的完成，公司下大力气加强南宁市及周边供电网络建设，重点加快场馆、宾馆等会展相关设施的输、配电工程建设。为促进沿海经济发展，按照自治区党委、政府的部署，积极推进广西第一期沿海基础设施大会战电网项目的建设，累计完成投资2亿元。

2005年南方电网公司重点工程220kV桃城、燕岭、上龙输变电工程均按期建成投运。广西重点工程项目共13项，计划投产8项，新开工5项，竣工投产及新开工率完成100%。全年电网基建工程均达到一次投运成功和合格率100%，其中500kV溯河变电站工程获南方电网达标投产工程。2005年4月开展了公司优质工程评选工作，评审出220kV祥周变电所等10个工程为广西电网公司优质工程，南宁500kV变电站至新兴220kV线路工程等3项工程获2005年广西优质工程；梧州变电站至岑溪220kV线路工程获2005年度“中国电力优质工程奖”。

认真贯彻执行国家招标投标法及上级颁发的有关招标投标管理规定和广西电网公司《工程施工招标管理标准》，严格实行招标回避制度，招投标监督管理制度，坚持“三公”原则，执行“三分离”制度，严防招投标过程中的违纪违法行为。同时认真总结经验，不断改进和完善招投标管理工作，建立了施工招标评标专家库，重新修订《广西电网公司电力工程施工招标评标实施细则》，使工程施工招投标管理更加完善和规范。电网工程全年共完成98个标段的施工招标工作。加强合同管理，根据工程建设管理新情况，不断补充、完善合同条款，明确违约责任，严格履行合同。全年共签订工程总承包合同52份，设计合同22份，监理合同48份，廉政责任书126份。

电网运行

2005年广西国民经济持续快速增长，供电形势好于2004年。汛期除6月水电受洪水影响及7月、9月火电机组故障电力供应不足外，其余时间电力供应均有保障，6月下旬到7月上旬还出现电量负增长，汛期低谷时段电力电量稍有富余。枯水期电力电量严重不足，广西电网出现了电力电量双缺的局面，尤其是1～3月与12月缺电较为严重。2005年广西电网最高负荷9次创出历史新高，8月13日出现年最高负荷6896MW，最大日用电量1.403亿kWh，同比增加0.208亿kWh。为保证电力系统安全运行及城乡居民生活用电和重点单位、重点部门的用电，采取了避峰、错峰用电及限电措施。全年避峰、错峰天数为150天，拉闸限电2.05万条次，比2004年减少2.42万条次，下降54.22%。日最大限电517条次（3月14日），日最大避峰、错峰共1150MW（7月22日），日最大拉闸限电1023MW（1月9日），避峰、错峰、拉闸限电损失电量约13.53亿kWh。受国家宏观经济调控和市场因素的影响，用电负荷比较平稳的高能耗负荷减少了约1000MW。由于加强了需求侧管理，汛期采取了促销低谷电等措施，电网日最大负荷率达92.08%，年平均负荷率为85.25%，与2004年85.47%相比基本持平。

2005年广西电网统调电厂发电量351.2亿kWh，同比增长25.72%。其中，水电133.6亿kWh，同比增长17.49%；火电217.6亿kWh，同比增长31.36%。非统调电厂发电量94.27亿kWh，同比增长0.16%，其中，水电62.65亿kWh，同比增长6.82%；火电31.62亿kWh，同比减少10.85%。统调电厂机组发电利用小时5072h，同比减少5.27%。其中，水电4073h，同比减少2.26%；火电5974h，同比减少10.9%。

电网调度

积极开展电网经济调度工作。汛期，通过加强负荷预测和水情预报，认真落实电网经济调度9项措施，确保水电多发满发，低谷弃水损失电量得到有效控制，水电发电负荷率明显提高。在5月21日～9月10日的112天中，有103天电网水电平均发电功率超过200万kW。7月份岩滩电厂发电量创历史纪录，达到8.33亿kWh；岩滩电厂年上网电量同比增加2.193亿kWh，增幅达4.46%。6月份低谷时段少购西电减少水电厂弃水电量1.224亿kWh，全年考核水电站节水增发电量6.55亿kWh，水能利用提高率达到8.32%，电网调峰弃水电量3.14亿kWh，比年初预测的减少47.8%。

在电力电量双缺的形势下，2005年广西电网最高负荷、平均负荷、日供电量、电网最高负荷率等指标创下历史新高。广西电网没有发生重大电网事故、稳定破坏事故、大面积停电事故、220kV及以上枢纽变电站全停事故，电网保持安全稳定运行，完成了珠江压咸补淡应急调水、迎峰度夏任务，确保了中国一东盟博览会、中国一东盟投资峰会和2005年南宁国际民歌艺术节的安全供电。

水库调度

2005年广西电网全流域来水总体偏枯2～3成，年内降雨时空分布很不均匀，旱涝灾害形势急转，异常气候集中。其中6月全区平均降水量460.9mm，比常年同期偏多近八成，偏多程度居1951年以来同期的第一位，其他月份均较多年偏枯2～6成。全年影响广西的台风有4个，但无台风直接登陆广西，其中第18号台风“达维”是近10年来在南海北部活动的台风中强度最大的一个。台风“达维”带来的降雨影响，缓解了秋季广西各流域带来的干旱形势，但2005年广西仍出现较严重的干旱局面，汛期提前约一个月结束，部分地区出现轻、中度夏旱，大部地区出现严重秋旱。干旱比常年同期偏重，比2004年同期偏轻。

全网各流域来水特点均为枯水期干旱，来水集中在6月份，洪量过于集中，造成水电出力不同程度受阻，其中6月19～20日全网先后有9个水电厂因洪水受阻停机，受阻容量达1340MW，给电网运行带来很大困难。汛期结束早，提前进入枯水期，水电出力锐减。枯水期来水形式较上年有所好转，但秋冬干旱形式依然严重。各流域全年平均来水与多年相比：红水河偏枯20.4%，郁江偏枯25.34%，龙江偏枯25%，融江偏枯11%。各流域汛期最大洪峰流量均出现在6月中下旬，其中郁江西津电厂6月19日洪峰为7380m^3/s；红水河岩滩电厂6月20日洪峰为9120m^3/s；龙江洛东电厂7月20日洪峰为6380m^3/s；融江麻石电厂28日洪峰为9850m^3/s。

市场营销与优质服务

1. 市场营销

2005年，广西电网公司克服了缺电、自然灾害和外力破坏的严重影响，保持了电网安全稳定运行，圆满完成了各项保供电任务。全年购入区外电量达74.3亿kWh，超出计划电量43%。同时，3～4月份和10～12月份用“来煤加工”的方式鼓励区内火电增发电量共10.96亿kWh。新投产机组为电力供应提供了有力保证。2004年末投产和2005年投产的新增机组全年增发电量达90.04亿kWh，其中火电增发65.93亿kWh，水电增发24.11亿kWh。

2005年累计完成售电量388.5亿kWh，同比增长15.5%，完成年度计划371亿kWh的104.7%。其中，区内售电量378.8亿kWh，售（还）广东电量9.7亿kWh。2005年累计应收电费余额为2.91亿元，比2004年末应收电费余额3.21亿元减少3000万元，比南方电网公司下达的年度应收电费余额目标3.14亿元减少2300万元。

2005年购电量411.97亿kWh，净增电量58.42亿kWh，同比增长16.52%，完成南方电网公司下达的年度购电计划388亿kWh的106.2%。其中购区内电量为337.68亿kWh，增加68.31亿kWh，同比增长25.36%（水电137.05亿kWh，增加20.80亿kWh，同比增长17.90%；火电200.63亿kWh，增加47.51亿kWh，同比增长31.03%）；购区外电量为74.29亿kWh，减少9.89亿kWh，同比下降11.75%。

积极配合自治区电力供应协调领导小组，加强计划用电指标的分配与管理，重点保证城乡居民生活用电和重要单位用电需求，同时强化执行计划用电指标的监督和检查，严禁超分超用。

重新编制重要用电客户排列序位表。为确保供用电双方的责任及义务，各供电局重新编制重要用电客户排列序位表，并上报当地政府电力主管部门审定，为保供电工作提供依据。由于错、避峰和计划用电工作得力，虽然供需矛盾比2004年突出，但拉闸限电和错避峰与2004年同期相比减少了55%。在负荷不断创出新高的同时，丰水期月平均负荷率均超过85%，多年来首次达到这一水平，说明在保障电力供应的同时，注重了资源优化利用，需求侧管理工作成效显著，为广西经济实现“双过千”的目标提供了有力的电力支持。

2. 客户管理

2005年发展客户13.74万户，总用户比2004年增长8.76%；增加用电容量181.90万kVA，总用电容量比2004年增长7.54%。为做好业务扩充工作密切联系的地方政策的研究，分别在公司科研项目和政策研究项目中立项，专题研究《广西居住区一户一表供电配套建设收费政策研究》，同时研究了广西居住区一户一表供电配套建设标准，已在公司通过了课题终期验收；为了做好电能质量用户侧干扰的预防工作，专题研究了电网内电能质量源（谐波、电压不平衡度、闪变）对电网的干扰情况，拟采取的政策措施和技术措施，完成了《电能质量干扰源（谐波、电压不平衡度、闪变）预防和治理实施细则》的课题稿研究工作。

3. 优质服务

2005年制定了优质服务工作总体方案。6月21日，启动了以“万家灯火、南网情深”为主题的“社会看电网”活动，组织政府、企业、市民、军人、学生和媒体走近电网，到供电企业生产、调度、服务一线参观，增进社会各界对电网运行、供电服务的认识和了解。公司及所属各供电局已累计接待参观人员约3000人次。8～9月开展“珍惜资源、科学用电”的大型主题宣传活动，在全社会大力倡导资源节约意识，引导用电客户科学、合理使用电能。6月公司开通网上客户服务中心，为客户提供网上业扩报装、查询、投诉等更便捷的服务，这标志着广西电网公司由场地服务、电话服务、网络服务构成的立体服务体系的全面建成。加强“95598”呼叫中心运营管理，提高电话服务质量与效率。对呼叫中心服务和管理流程进行优化，建立完善呼叫中心运营表现指标体系。2005年公司“95598”供电服务热线共受理话务量125.2万件，其中人工受理58.4万件，办结率100%，电话回访满意率达99.3%。12月30日在南宁、河池供电局开通试运行公司95598短信平台系统。加强与重点客户的沟通与联系，配合电网迎峰度夏。各供电局分别召开了1～2次客户座谈会，通报迎峰度夏电力供应形势，请客户积极配合电网错避峰和移峰填谷，增进了与客户之间的理解和沟通。

4. 营销稽查

开展营业计量方式、电价执行、“五一黄金周”反窃电大行动等六个专项稽查工作，加强了对计量故障处理的监督检查和对专变用户计量回路的检查，加强用电的定期检查、重点检查和突击检查，减少违章用电和窃电带来的损失。营销稽查处理计量故障差错954起、接线差错51起，纠正执行电价错误300起、抄表错漏162起，纠正计费档案及其他错误130起，累计共纠错1597起，追补电量约1745万kWh；查处违章用电1703户，查处窃电499户，追补电量2129万kWh。累计追补电费及违约使用电费2800万元。

进一步规范电能计量装置设计和安装，提高电能计量装置技术水平和管理水平，制订和颁布了公司《电能计量装置技术标准》和《预付费电量控制装置安装、运行管理办法》。2005年公司共有国际电能贸易结算计量点1个，省网购售电关口计量点22个，自治区内电网经营企业、供电企业间关口计量点262个，电厂上网关口计量点179个；在运行有功、无功电能表共计153.2万只。全年公司完成Ⅰ、Ⅱ、Ⅲ类电能表周期轮换率100%，Ⅳ类电能表电能计量装置周期轮换率为99.6%、各类电能表现场检验合格率达99.8%，处理计量故障4666起，计量故障差错率0.30%。全年公司系统总差错电量2065.08万kWh，电量差错率为0.053%。供电局自检和电力试验院抽检35kV及以上TV二次压降共374个计量点，完成检验计划的98.9%，压降合格率为74.06%。根据电能计量装置运行水平，按照公平、公开、公正原则，与发电企业协商解决电能计量装置误差问题。先后纠正了6个电厂的计量装置误差，为公司减少电能损失约2500万kWh。

科技创新

2005年积极推进科技兴网，努力提高电网技术含量。重点抓好技术改造，夯实安全生产物质基础。2005年共安排（含各单位自安排部份项目）技改项目994项，完成888项，结转项目108项；完成技改资金3.72亿元，重点进行9座变电站的整体改造和25座变电站综合自动化改造，更换4台主变压器、54套保护装置和152台断路器，南宁、柳州供电局无人值班变电站集控中心建设试点，以及来宾、崇左供电局调度自动化系统的完善改造和百色供电局调度自动化系统建设等。2005年共安排（含各单位自安排部份项目）大修项目912项，完成898项，结转14项；完成大修资金1.2亿元。2005年基本实现了110kV及以上保护微机化，开关无油化率和变电站综合自动化率分别达到88.9%和87.6%。

认真研究解决广西无功问题，完成了《广西电网无功规划研究》报告，并通过加装无功补偿装置、加大无功考核力度、调整500kV变压器抽头和加快电源投产等一系列措施，使广西无功问题明显改善。2005年在南方电网和广西电网统调负荷创新高时，广西500kV电网综合下网无功与有功的比例下降至7.7%～13%，基本达到了南方电网总调的运行要求。

依靠科技进步，重视科技进步和技术创新。2005年下达科技项目51项，安排资金2500万元，重点解决了公司生产、建设、经营发展中的重大技术问题，推动和促进公司技术水平、管理水平的提高和经济效益的增长。2005年，公司评出“广西电网OPS－102预防控制在线预决策系统”等44项成果获2004年度广西电网公司科技进步奖，其中：一等奖2项、二等奖8项、三等奖20项、四等奖14项。“广西电网OPS－102预防控制在线预决策系统研究”获南方电网首届科技奖励二等奖和自治区科技进步二等奖，“营销管理信息系统”和“岩滩水电站大坝和围堰高掺粉煤灰碾压混凝土长龄期性能试验与研究”分别获南方电网首届科技奖励二等奖和自治区科技进步二等奖。同时还获得南方电网公司首届科技奖励三等奖3项，获自治区科技进步三等奖1项。

农电工作

1. 农电管理

2005年，广西电网公司出台了《农电公司部室职能界定表》，完成各岗位工作标准的修订，基本实现了机构、人员的正常运作。构建农电系统内部信息沟通体系，完成农电网站建设，为农电系统内部信息沟通搭建了良好平台。组织开展广西电网公司农电企业飞速发展作品征集活动，评出一等奖1名、二等奖4名、三等奖8名、优秀奖9名，并给予表彰奖励，充分展现广西电网公司农电企业建设与发展的辉煌成就。积极开展评先工作，共评出先进集体10个，先进个人49人，大大增强了职工的自豪感和向心力。

进一步规范县级供电企业经营管理。43个县级供电企业全年售电量完成82.8亿kWh，同比增长10%，占公司总售电量388亿kWh的21.3%；销售收入35.05亿元，同比增长15%；综合线损率7.9%，比2004年下降0.41个百分点。制定《县级供电企业工程项目管理办法》，从工程项目报批、资金来源、招投标及竣工结算等，提出了具体规定，对加快农村电网建设起到了积极作用。加强线损管理，把降低线损作为增加企业效益来抓，通过召开线损管理会议，交流线损管理经验和推广节能技术，提高了线损管理水平，取得明显的经济效益。线损率超过10%的供电企业由2004年15个，下降到2005年11个。综合线损率下降0.41个百分点，增加效益约3000万元。出台《县级供电企业农村低压维护费管理办法》。

2. 农网改造

按照农网改造工程整体竣工验收要求，组织召开农网工程竣工验收工作会议，把农网工程竣工验收纳入对县级供电企业的“三项责任制”考核，对农网竣工验收存在问题，多次组织召开协调会；研究解决办法，落实人员分片负责，督促各单位做好农网工程竣工审计和农网预验收工作。截至2005年底，除钦州市郊供电公司未完成农网改造外，其余县级供电企业农网工程已全部竣工。据统计已完成工程竣工结算的有35个，未完成7个；已完成工程现场决算审计11个，正在审计22个，已完成验收5个。

3. 基础管理达标

2005年，成立了以广西电网公司分管领导任组长的基础管理达标管理机构。确定了管辖8个县级供电企业单位达南方电网标准，10个达省级标准，其他全部达单项标准的年度目标。出台《县级供电企业基础管理达标考评办法》，组织基础管理达标评审专家深入基层，加强指导，促进县级供电企业基础管理达标工作的开展，使县级企业的安全生产、电能质量、经营管理、节能降耗、营销与优质服务工作达到一个新水平，得到了南方电网公司的好评。截至2005年12月底，北流、陆川、桂平等8个县级供电公司单位通过广西电网公司对南方电网达标的预验收，有23个单位达广西电网公司级标准，13个单位达单项标准。

企业管理

按照“完善、规范、巩固、提高”的总体要求，理清管理界面，完善管理机制，努力提高管理水平。理清管理界面。制定、修订《广西电网公司本部与分、子公司管理界面暂行规定》、《公司总部各部门职责》等基础管理制度，形成职责分明、责权对应的管理架构。授权农电管理公司代表广西电网公司履行农电管理职责，明确实施农电管理公司、网区供电局、代管县级供电企业三级农电管理体制。修订、完善公司的三大标准和规章制度。全年共修订、制定公司管理标准32个，规章制度11个，公司本部规章制度35个，出版了《公司管理标准汇编》和《公司本部规章制度汇编》(2005年版)。以《班组建设管理标准》为依据，开发建设班组管理信息系统，为班组的规范化管理提供统一的平台和现代化的手段。

财务管理

2005年底，广西电网公司资产总额286.1亿元，同比增长5.66%。负债总额199.92亿元，比年初增长7.98%；所有者权益总额85.83亿元比年初增长0.56%。

1. 电价政策

2005年，广西电网公司认真贯彻落实国家煤电价格联动政策。5月1日，经国家发改委和自治区人民政府批准，广西煤电价格联动方案实施，每千瓦时火电提价1.93分、水电0.49分，电网销售电价每千瓦时提高2.37分。同时，为缓解用电需求峰谷差过大的矛盾，充分利用丰水期低谷时段富余电量，争取自治区物价局出台了《关于我区实施低谷时段超基数电量销售电价问题的通知》，增加丰水期低谷时段销售电量1.9亿kWh。

2. 预算管理

严格控制预算、强化预算管理。按照南方电网公司下达的资产经营考核指标，审核批复直属单位2005年财务预算。2005年可控成本为39645万元，同比增长9939万元。

3. 资产管理

加强了清产核资后续工作的检查督促，开展清产核资专项大核查，严格账销案存资产管理。开展了高风险投资调查和国有企业股权转让情况调查，积极协助广西力元科技有限公司做好恒顺公司的股权转让。审核计提固定资产减值准备4121万元，摸清2005年固定资产报废情况，执行了南方电网公司固定资产管理办法以及新的固定资产折旧政策。

审计管理

完成广西电网公司本部及所属单位审计项目共1720项，对执行财经纪律和企业内控情况进行有效的监督，审减工程投资促进增收节支5322.01万元，提出审计建议598条，被采纳430条，为促进企业改革发展和依法经营工作中发挥了内部审计的重要作用。2005年广西电网公司先后被授予2000～2004年全区经济责任审计工作先进单位和2002～2004年全国内部审计工作先进单位、广西内部审计工作先进单位等称号。

体制改革

积极稳妥推进电力体制改革，理顺管理关系，解决阻碍公司发展的体制性障碍，构建科学合理的公司组织架构。根据公司业务发展需要，经南方电网公司批准，于6月30日成立了百色供电局，为开拓百色电力市场搭建了较好的平台，实现了公司在所有地级市均设立供电机构的战略布局。积极与贺州市委市政府联系沟通，就双方电力合作达成广泛共识，成立工作组进一步研究落实合作方案。同时公司还承接了贺州220kV电网项目的建设任务。跟踪研究梧州市电力体制改革，提出了地方电力资产、经营、人员、电价等方面情况的综合分析评估报告和改革设计方案。

稳步推进农电体制改革。在认真研究国家政策和进行区内外调研的基础上制定了公司农电体制改革总体方案，获得南方电网公司同意。妥善解决改革中出现的问题。由于经营管理不善，广西恒顺公司已于2004年7月停产，原南宁变压器厂的职工全部下岗，生活陷入困境。公司领导高度重视，研究制定了既合法、合规，又切合实际，各方满意的解决实施方案。目前，股权转让正在按程序进行，工厂基本恢复生产，职工身份和补偿得到妥善解决。

按照国务院批复《发电企业资产重组划分方案》，继续协调解决厂网分开后资产移交的遗留问题，与国电、大唐两大发电集团公司之间已达成共识的操作部分正在落实，桂林电厂土地出让金返还已落实，合山电厂8号炉CFB工程结算审计双方已认可。不能协调解决的问题已按上级要求报南方电网公司转报国家财政部，由财政部进行裁决。

人力资源

2005年底，广西电网公司人力资源总数为31626人，其中长期劳动合同工27719人，短期劳动合同工3907人。长期劳动合同工中，博士12人，研究生433人，本科生4951人；教授级高工12人，高级职称1619人，中级职称5258人；高级技师27人，技师955人，高级工5119人。在公司人力资源总数中，公司本部、直属机构、分公司及挂靠单位员工总数为14758人，其中长期劳动合同工14585人，短期劳动合同工173人，劳动生产率为95.26万元/人；子公司、控股公司员工总数为16868人，其中长期劳动合同工13134人，短期劳动合同工3734人；43个代管县的员工总数为12747人，其中长期劳动合同工12593人，短期劳动合同工154人。截至2005年12月，公司离退休人员为10381人，其中公司本部、直属机构、分公司及挂靠单位2180人，子公司、控股公司8201人。

实施“能力建设工程”，着力提升中高级管理人员管理技能。与人事部共同组织了176名副处级领导干部、40名青年后备干部的集中培训以及29名处级领导干部赴香港中华电力公司考察学习。开展了4期369名科级干部参加的提高培训班。选送2名优秀年轻干部到北京大学和清华大学进修一年、1名优秀年轻干部到香港中华电力学习一年。积极配合重庆大学举办工程硕士研究生班，先后组织公司73名管理和技术人员进行学习，有40人通过全国工程硕士入学资格考试并于12月份被重庆大学录取，努力提高管理人员和技术人员的水平，为公司培养急需的高级专业人才。

国际合作与交流

2005年在南方电网公司“走出去”战略的统一部署下，公司国际合作与交流日益增多并取得实效。审批54个团组，201人次分别派往欧洲、南北美洲、澳洲和东南亚国家，以及香港等23个国家和地区。通过到国外学习考察、培训、承包工程，吸取先进国家的经验和技术，开拓眼界，拓宽思路，促进了公司管理水平和技术水平的不断提高。

2005年是广西电网公司积极参与大湄公河次区域电力贸易合作取得实效的一年，2004年12月4日广西电网公司与越南第一电力公司在越南河内签署《中国广西电网公司与越南第一电力公司购售电合同》。经中越双方共同努力，2005年4月28日广西电网通过防城港深沟变电站—越南广宁省芒街变电站110kV线路实现了向越南送电，全年向越南送电0.66268亿kWh，最大负荷20.52MW。9月广西电网公司与越南第一电力公司签订了《关于进一步开展电力合作会议纪要》。10月广西电网公司代表团到越南第一电力公司访问，双方同意进一步扩大110kV送电规模，新增两个送电通道，增加对越南送电容量约10万kW。12月，公司组团在崇左市与越南第一电力公司代表团举行进一步加强电力贸易合作洽谈会。双方就越南第一电力公司提出的广西增加向越南芒街送电量，以及增加向越南高平、凉山等多点送电的意向进行商谈，同时探讨合作开发越南水电项目等事宜。经商谈，双方达成进一步合作的意向，签定了会谈备忘录。

2005年，广西电力工业勘查设计研究院积极发展对外合作伙伴，并针对印尼、马来西亚、尼日利亚、多米尼加、印度、安哥拉、越南等国的燃煤、燃气轮机、地热等发电工程，从6MW到300MW不同规模装机容量约18个工程作了报价和技术建议书，对印尼、印度、多米尼加的一些水电项目进行了跟踪和商务报价。成立了安哥拉项目部、印尼办事处，取得了安哥拉5个市政工程的勘察设计合同；拿下了苏丹麦洛维金结标项目、缅甸KUN水电站、KABAUNG水电站的施工图设计及老挝南塔河水电站的前期评估工作；越南办事处正式运作，进一步跟踪越南杨江2、昆江水电站EPC等项目。

2005年，广西水电工程局在国外签订了安哥拉四个市政工程和巴基斯坦真纳水电站土建施工合同2个，总金额3.17亿美元、折合人民币25.72亿元。11月22日，广西电力工程建设公司中标越南海防2×300MW机组施工总承包工程，合同金额为5.82亿元人民币，越南海防国际工程的中标，创造了该公司2000年以来单项总承包项目的合同金额总量的第一。

党的建设与精神文明建设

2005年，制定《广西电网公司2005年党组中心组学习计划》、《广西电网公司2005年理论学习指导意见》，完善了《广西电网公司党组中心组学习制度》。

抓好基层党组织建设，强化党委工作，充分发挥党委的政治核心作用。先后成立崇左供电局、来宾供电局、百色供电局党委。各级党组织认真执行《中共广西电力有限公司党组关于基层党组织工作的暂行规定》，参与企业重大问题决策，坚持民主集中制原则，坚持民主生活会制度，职代会评议领导干部等制度，确保了党委政治核心作用的发挥。

1. 开展保持共产党员先进性教育活动

2005年7月1日～11月15日，在4个多月的时间里，广西电网公司党组牢牢把握学习实践“三个代表”重要思想这条主线，紧紧围绕保持共产党员先进性这个主题，认真贯彻落实胡锦涛总书记“关键是要取得实效”和“真正成为群众满意工程”的要求，加强领导，周密部署，精心组织，扎实推进，在全体党员的共同努力和广大员工群众的关心支持下，完成了集中学习教育阶段的全部工作，取得了显著的效果，初步达到了中央提出的“提高党员素质、加强基层组织、服务人民群众、促进各项工作”的目的。群众满意率达99.62%。

2. 党风建设

加强党风廉政建设，落实党风廉政建设责任制。按照广西电网公司三项目标要求，抓好党风廉政建设，层层落实党风廉政建设责任制。进一步完善了反腐败领导体制和工作机制，加大预防职务犯罪的工作力度，始终保持查办违纪违法案件的高压态势。广大党员领导干部遵章守法的自觉性进一步提高，促进了企业的健康发展。2005年，公司再次在南方电网公司党风廉政建设责任制考核中名列前茅，同时，公司考核的17个基层单位党风廉政建设成绩全部达到优秀。

3. 创优争先工作

（1）积极开展创优争先活动，大力弘扬和树立先进典型。

（2）把创建全国文明单位作为全年的工作目标。制定了《广西电力有限公司创建全国文明单位实施方案》和《广西电力有限公司创建全国文明单位考评标准》。开通了网上客户服务中心，为客户提供网上业扩报装、查询、投诉等更便捷的服务。

10月26日，中央文明委向全国公布了首批全国文明单位名单，广西电网公司机关获得了全国文明单位称号。

（3）营造上下同欲的文化氛围，企业文化建设有了新进展。按照《广西电力有限公司2004～2006年创建学习型企业规划（试行）》的要求。各单位因地制宜，有选择地开展了创建学习型党组织、创建学习型领导班子、创建学习型机关、创建学习型班组活动。

主要事件

1月9日，广西电网公司领导班子做重大调整。

2月2日，广西电网公司2005年工作会议暨三届四次职工代表大会在南宁隆重开幕。

4月28日，广西电网走出国门，通过防城港东兴向越南芒街供电，全年向越南售电1.2亿kWh。

5月14日，广西电网公司创建“四好”领导班子活动拉开序幕。

5月29日，广西水利水电建设集团公司参股投资建设的防城港电厂开工。

6月21日，启动“万家灯火、南网情深”优质服务主题活动，全年优质服务取得新成绩。在南方电网公司系统内率先开通网上客户服务中心。

7月20日，百色供电局成立，广西电网公司在广西所有地级市设立供电机构，市场占有率超过80%。

9月，广西境内装机容量突破1000万kW，广西电网公司负责的重大电源送出工程全部按计划建成。电网建设完成投资25.3亿元，完成年计划的103%。各供电网区全部实现220kV环网供电。电网无功问题得到解决。

10月25日，广西电网公司召开迎峰度夏暨抗洪抢修保供电工作总结表彰会。

10月26日，在中央文明委召开全国精神文明建设工作表彰大会上，广西电网公司获全国文明单位称号。

11月15日，广西电网公司召开保持共产党员先进性教育活动总结大会。

（廖业明）

云南电网公司

概况

云南电网公司是中国南方电网有限责任公司的全资子公司，是省域电网运营和交易的主体，是云南省实施“西电东送”、“云电外送”和培育电力支柱产业的重要企业。公司共有下属单位26家，其中州（市）供电局10个、供电公司6个。公司全资、控股、代管县级供电企业91个。2005年末，在云南省16个州（市）中云南电网公司统调电网覆盖了13个州（市）。2005年云南电网公司供电量占全省总供电量的77.49%，统调发电量占全省发电量的72.5%。

2005年，云南电网公司完成售电量432.4亿kWh，同比增长14.14%。其中，省内售电量完成366.17亿kWh，同比增长18.81%；外送电量66.23亿kWh，其中送广东电量62.96亿kWh，送越南电量3.27亿kWh。完成主营业务收入166.88亿元。截至2005年末，公司资产总额288.79亿元，同比增长10.53%；资产负债率68.17%，比年度综合计划高0.17个百分点。净资产收益率2.33%，同比提高1.17个百分点。流动资产周转率2.31次，同比增加0.5次。应收电费余额3.64亿元。综合线损率6.28%。完成固定资产投资50.57亿元，其中电网建设投资39亿元，小型基建2.54亿元，生产技改9.03亿元。

截至2005年末，云南全省总装机1330万kW，同比增长13.58%，完成发电量624.2亿kWh，同比提高14.81%，高于全国平均增速2个百分点，高于

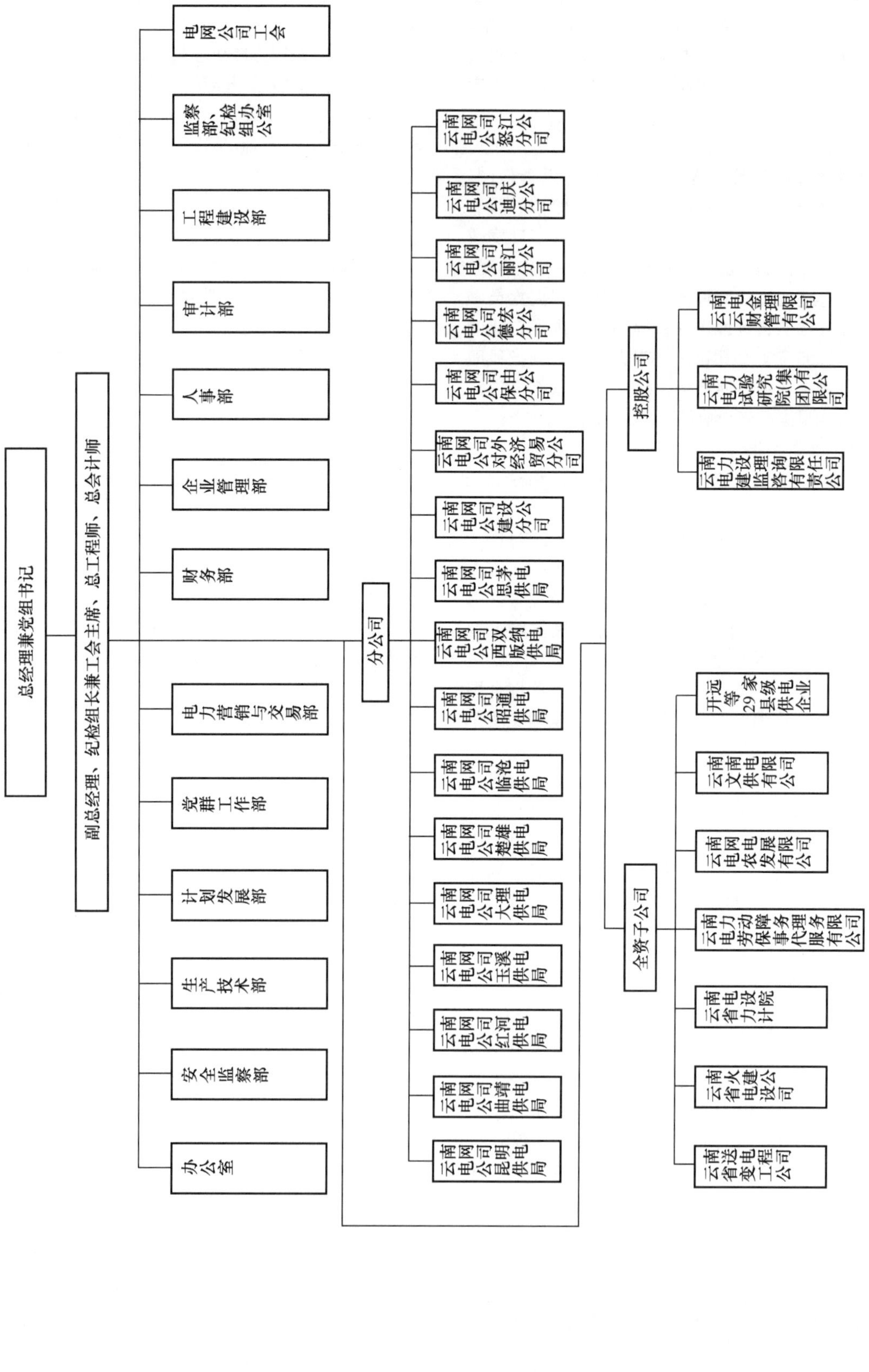

云南电网公司2005年组织机构图

南方区域五省（区）平均增速 4.15 个百分点。统调电网装机 888.79 万 kW，占全省总装机的 66.8%。其中，水电 475.3 万 kW，占 53.48%，火电 413.5 万 kW，占 46.52%。公司拥有 500kV 变电站 7 座，变电容量 750 万 kVA，线路 1955km；220kV 变电站 46 座，变电容量 1176 万 kVA，线路 5834km；110kV 变电站 167 座，变电容量 903.5 万 kVA，线路 8545km。

组织机构

公司总部设有办公室、企业管理部、计划发展部、人事部、财务部、电力营销与交易部、安全监察部、生产技术部、工程建设部、党群工作部、监察部及纪检组办公室、审计部等 12 个职能部门以及公司工会、电力调度中心、教育培训中心、预算管理工作委员会、招标管理委员会及招投标中心、管理咨询委员会、离退休管理服务中心、新闻中心、云南电力技术中心等机构。详见云南电网公司 2005 年组织机构图。

人员状况

2005 年年末公司系统共有员工 31202 人（含短期合同工）。其中，在岗职工 21044 人，离退休职工 8606 人。公司拥有专业技术人才共 8296 人。其中，高级职称 1005 人，中级职称 1925 人，初级职称 4433 人。

领导班子

总经理、党组书记：王良友

副总经理、党组副书记：廖泽龙

副总经理、党组成员：廖建华　张滇生　张慧清　刘智宏

纪检组长兼工会主席、党组成员：江兴国

总工程师：赵建宁

总会计师：罗体承

电网规划

2005 年，云南电网公司配合云南省发展和改革委员会开展了“十一五”全省电力规划。完成了 500kV 骨干网架调整、主力电源接入系统、省内“十一五”目标电网规划和建设投资匡算，细化了近 3 年 110kV 及以上建设项目计划。完成了通信、安全自动装置、调度自动化等二次系统规划和“十一五”系统设计。完成了 10 个州（市）的城市电网规划，开展了县级电网规划。启动了 500kV 德宏输变电等一批工程的前期工作。审查了景洪电站、滇东电厂二期等电厂接入系统和墨江、玉溪、七罗第二回等 64 项 110kV 及以上工程的可研和接入系统设计。

全省 220kV 统一电网规划建设迅速推进，相关谈判、协议签订和相关输变电工程的前期工作全部完成，系列输变电工程稳步推进，220kV 文山、保山、朝阳、潞西输变电工程相继投产，220kV 电网覆盖了全省 13 个州（市）。

在国家发改委、南方电网公司和云南省委、省政府的领导和指导下，通过云南电网公司的积极努力，云电送粤规模取得了重大突破，“十一五”末云电送粤规模将达到 790 万 kW 以上，为云南电力的发展拓展了最大的外送市场空间，为加快全省电力支柱产业的培育、加快云南电网发展创造了有利条件。组织完成了云南电网“十一五”规划修编工作，明确了公司“十一五”电网发展目标，制定了公司 2006～2008 年电网项目建设计划以及相关前期工作安排计划。加大了电网项目前期工作的力度，完成了 500kV 项目 11 项、220kV 项目 28 项、110kV 项目 31 项、大客户供电方案 10 项，共计 80 项前期设计文件的评审。全力配合南方电网公司开展了云广±800kV 特高压直流输变电工程的前期工作。

电网建设

2005 年，云南电网公司完成了 500kV 大理、昆明二电厂接入等一批工程的投产，500kV 骨干电网向滇西延伸。完成了 500kV 墨江、玉溪、红河输变电等工程共 77 项设计审查。500kV“三变十三线”工程、对越送电等 45 项工程稳步向前推进。农网“三项”工程和“兴边富民”工程进展顺利。完成了 93 个电源、电网工程的质量监督检查。审批 113 个单项工程的概、预、结算，审查投资 60 多亿元，核减金额 4576.4 万元，结算项目投资比批准概算投资节余 3.9 亿元。

投产了中国文山至越南河江 110kV 送电线路工程。220kV 对越送电工程全面开工建设，确定了有关送电技术方案、国界线路连接点和方式，完成了工程设计审查和主要设备材料的采购，各项前期工作有序开展。

县城电网改造中，大部分 35kV 工程、82 个县 10kV 及以下工程和 4 个县的县调自动化试点均已完成。完善西部电网改造 35kV 工程处于设计、施工阶段，大部分 10kV 及以下工程已开工建设。无电人口通电工程基本完成。进一步完善了配网的结构，促进了县域经济的发展，取得了良好的社会效益。

2005 年云南电网公司在建项目 79 项，用户工程 4 项，在建变电容量 982.2 万 kVA，线路 4948.64km。其中，500kV 部分 7 项，在建变电容量 369 万 kVA，线路 2528.18km；220kV 部分 25 项，在建变电容量 426 万 kVA，线路 2607.78km；110kV 部分 47 项，在建变电容量 163.2 万 kVA，线路 1273.53km。

完成投产项目35项，用户工程4项，新增变电容量422万kVA，线路1340km。其中，500kV部分3项，新增变电容量150万kVA，线路311km；220kV部分13项，新增变电容量186万kVA，线路596km；110kV部分19项，新增变电容量86万kVA，线路433km。具体情况见表1。

表1 投产项目情况表

序号	项目名称	投产时间
一	续建项目	
（一）	500kV工程	
1	500kV大理送变电工程	2005年6月
2	500kV厂口变扩建工程	2005年6月
（二）	220kV工程	
3	220kV红河开关站	2005年7月
4	220kV木乃河二期工程	2005年3月
5	220kV大屯送变电工程	2005年11月
6	220kV盐津送变电工程	2005年12月
7	220kV文山送变电工程	2005年5月
8	220kV朝阳送变电工程	2005年6月
9	220kV保山送变电工程	2005年6月
10	220kV上峰送变电工程	2005年2月
（三）	110kV工程	
11	110kV岔街送变电工程	2005年4月
12	110kV龙头街送变电工程	2005年9月
13	110kV螺蛳铺送变电工程	2005年6月
14	110kV大开门送变电工程	2005年6月
15	110kV顾濞送变电工程	2005年6月
16	110kV鲁甸送变电工程	2005年1月
17	110kV普洱送变电工程	2005年10月
18	110kV思茅江城送变电工程	2005年10月
19	110kV浑水海二期工程	2005年1月
20	110kV金平新桥开关站/南门峡梯级电站 110kV送出工程	2005年2月
21	110kV水富送变电工程	2005年9月
22	勐果河电站110kV送出工程	2005年3月
（四）	县城电网建设与改造工程	
	110kV县城电网改造工程	
23	110kV弥勒莱花庄二期工程	2005年1月
24	110kV昆明大板桥送变电工程	2005年11月
25	110kV通海桑园送变电工程	2005年4月
二	新建项目	
（一）	500kV工程	
26	滇东电厂500kV送出工程	2005年12月
（二）	220kV工程	
27	220kV九龙变电站二期增容工程	2005年11月
28	昆明二电厂220kV送出工程	2005年10月
29	那兰电站220kV送出工程	2005年12月
30	220kV潞西送变电工程	2005年12月
31	220kV宝峰加九龙间隔	2005年12月
（三）	110kV工程	
32	110kV富源老厂二期工程	2005年6月
33	罗平老渡口至马街送电线工程	2005年8月
34	110kV曲靖东山送变电工程	2005年12月
35	110kV文山向河江送电工程	2005年6月
（四）	用户工程	
36	110kV木乃河一糯扎渡专线工程	2005年10月
37	马鞍山盐化线路工程	2005年12月
38	白龙山煤矿供电工程	2005年8月
39	曲靖卷烟厂外部供电工程	2005年12月

制订、完善了《工程建设管理办法（试行）》、《110～500kV输变电工程建设管理程序（试行）》、《工程建设管理规则》、《农网改造工程概预算审查管理规定》等一系列制度。建立了开放有序的电网建设市场，2005年16家省外施工单位和7家设计单位参与公司电网建设，建设资源得到充实。推广运用35kV变电站典型设计，统一技术标准，提高设计效率，缩短设计工期。首创性地采用工程量清单计价方法编制招标技术文件，配合完成了工程招标，加快了建设进度。推进工程项目管理信息系统的应用。探索了新的管理模式，开展了工程总承包试点。政企联合成立电网建设领导小组，曲靖、德宏等州（市）为电网规划建设开辟了“绿色通道”。首次选用户外500kVH-GIS设备、ASA型变压器，大大节省占地，解决运输困难问题，提高了设备装备水平。广泛采用飞艇放线技术，大量减少了线路通道的林木砍伐量。采用同塔双回负角保护以及平衡高绝缘技术，有效提高线路的耐雷水平。

500kV曲罗输变电工程、贵广交流500kV输变电工程、江西昌西变电站工程等荣获中国电力优质工程银奖。

电网运行

2005年云南电网公司针对云南电网枯期缺煤少水、发电能力严重不足以及汛期高峰出力不足，低谷电力富余的运行特点，与各发供电单位齐心协力共渡缺电难关，围绕电网安全与经济运行，各级调度机构通过认真履行职责、强化调度纪律、加强厂网协调、精心安排运行方式、坚持快速灵活调度、加强计划用电管理、认真落实反事故措施、加强基建投产协调，确保新设备投入运行等措施，提高了电网安全稳定运行水平，保障了电力有效有序供应，经受住了严峻的考验，实现了电网全年安全稳定运行、多发多供的目标。自1996年起已连续9年未出现全网大面积停电事故。

截至2005年末，云南全省总装机1330万kW，同比增长13.58%，完成发电量624.2亿kWh，同比提高14.81%，高于全国平均增速2个百分点，高于南方区域五省（区）平均增速4.15个百分点。云南省统调发电厂31座，装机888.79万kW，占全省总装机的66.8%。其中，水电475.3万kW，占53.48%，火电413.5万kW，占46.52%。2005年全年累计发电量452.56亿kWh，比2004年增长9%。

电网频率合格率99.9974%，云南电网责任频率合格率99.9997%，主网电压合格率99.95%。2005年11月23日，省内最高日供电量达到11673万kWh，与2004年度省内最高日供电量10895万kWh相比，增幅达7.14%。

2005年公司制定印发了《云南电网调度管辖范围划分管理办法》、《云南电网厂站、线路命名及新设备调度编号管理办法》、《云南电网小电并网管理办法》等一系列规章制度，通过明确并网新厂站的管理模式、并网申请程序等，清晰划分了管理界面，强化了电网的调度运行管理。

为防止电网发生低频振荡，完成了对火电厂PSS模块完善和缺陷处理工作。为提高电网电能质量及频率控制水平，启动了发电厂一次调频工作。继续开展了主要发电厂的励磁系统的参数现场测试试验工作，建立了励磁系统的数学模型。加强对统调并网发电厂高、低频解列的综合管理。为增加电网无功电压运行调整手段，全面铺开机组进相试验工作。加强地区电网安全运行管理。针对与云南主网联系薄弱的临沧、思茅、版纳局发生线路或主变压器N-1故障即可能导致局部电网瓦解的问题，省调与3个地调共同加强了地区电网运行管理（如电磁环网、主变压器运行方式安排等）、二次措施（如装设备用电源自投装置、线路重合闸措施等）、低频减载方案（如增加减载容量、推动在地方电力公司管辖范围装设低频减载装置、合理整定装置的有关定值等）、网架改善（如第二电源的建设等）等方面的工作。在南方电网中率先完成了基于CPS考核的AGC技术升级改造并投入生产运行，在新的CPS考核中取得了良好的运行效果。在南方电网公司率先启动并完成了2006年运行方式的编制。

在南方电网公司继电保护普考中，云南电力调度中心和楚雄供电局取得南方电网公司普考单位第一和第五名的好成绩，参加南方电网继电保护竞赛获得了优秀组织奖及团体第二的优异成绩，4人进入了前二十名，个人成绩分别为第二、第八、第十一和第十二名，4人被授予了南方电网公司技术能手称号。自动化专业在南方电网公司网络安全防护调考中取得了团体第三名和个人一等奖的好成绩。

安全生产与科技创新

云南电网公司坚持“安全第一，预防为主”的方针，强化1号令的执行，树立“安全生产工作是‘1’，如果做不好，其他都是‘0’”的安全生产理念，在生产系统推行了以“严格、统一、规范、高效”为主要特征的准军事化管理，规范各级人员的“到位”标准。将安全管理的重点放在基层、班组和岗位，从上到下营造了高度重视安全生产的良好氛围。从电网结构、设备水平、人员素质、强化管理全方位抓安全生产工作。与公安系统联合成立了防范和打击涉电违法犯罪机构。在各供电局设立安全监察班。强化安全性评价和危险源辨识，开展技术监督评估。印发了247本生产作业指导书。清理修编了一批管理制度和现场运行规程，编制了覆盖全网的事故应急预案，发布了“两票”管理规定、电气设备装备原则等一系列涉及安全、生产、技术、管理的规章制度。通过这些措施，夯实了安全生产基础，使公司安全生产工作在意识、观念、措施、方法、责任心、执行力等方面都发生了深刻的变化，安全生产的被动局面得到了扭转。

加大安全生产和科技投入力度，大修、技改、科技共投入资金14.2亿元。严格执行南方电网公司“十项反措”的要求，加大设备改造力度，投入资金3700多万元，对鸟害、隔离开关和变压器中性点间隙实施了针对性的反措。以开展“二次系统管理年”为契机，健全二次系统的技术和管理标准，全面提升二次系统的技术装备水平和运行管理水平。

2005年云南电网公司未发生重大及以上电网、设备事故。安全生产责任制考核以131.85分的成绩在南方电网公司各子公司中名列第一，过程考核以46.85分名列分子公司第一。

2005年公司各项生产经济技术指标达到并优于年度考核指标。线损率6.28%，同比下降0.15个百分点，优于年度指标0.02个百分点。综合电压合格率98.41%，同比提高0.46个百分点，优于年度指标0.11个百分点。城市居民端电压合格率97.8%，同比提高0.91个百分点，优于年度指标1.3个百分点。供电可靠性99.780%，同比提高0.035个百分点。其中：城市供电可靠率99.866%，同比提高0.016个百分点，优于年度指标0.006个百分点；农村供电可靠率99.524%，同比提高0.093个百分点，优于年度指标0.114个百分点。220kV及以上等级继电保护正确动作率99.51%，同比提高0.07个百分点，优于年度指标0.51个百分点。500kV交流输电线路可用系数99.441%，同比下降0.063个百分点，优于年度指标0.241个百分点。

"五化"指标达到并超过了年度目标要求。10kV及以上断路器无油化率91.1%，同比提高5.97%。110kV及以上保护微机化率96.0%，同比提高6.9%。110kV及以上综合自动化率77.8%，同比提高13.9%。电网调度自动化在10个供电局地调投入实用化运行。生产管理信息系统依据总体设计方案实施，在试点单位部分上线；完成了技术监督信息系统一次设备及试验设备台账数据库建设工作。

2005年云南电网公司紧紧围绕提升公司核心竞争力这一中心，高度重视科技进步工作，不断加大科技投入，2005年科技投入达2亿元，通过逐步建立科技创新体系，注重科技成果转化，云南雷电定位信息系统、安全生产信息管理系统、技术监督系统等科技项目开始发挥效益。

云南省雷电定位系统及污区信息系统投入运行，效果良好，并启动第二期建设，区域覆盖全电网110kV及以上输电线路。作业指导书体系建设工作、生产管理信息系统建设、高原500kV紧凑型输电线路技术研究等重点项目工作取得实质性进展。超导电缆顺利移交昆明供电局运行，并启动国家验收工作。超导限流器的研发工作进展顺利，完成380V三相样机。云南电网黑启动方案研究、云南电网安全预警监测系统、云南电网安全稳定控制系统方案研究及实施等13个项目分获中国南方电网首届科学技术二、三等奖。

市场营销

2005年，由于云南省新增电源少、水电来水少、合格电煤供应少和新增用电负荷投产多的原因，全省出现了资源性、整体性缺电的严峻局面。电源增长严重滞后于用电需求的增长，统调电网新投机组仅56.25万kW，加之云南省遭遇50年一遇的严重干旱，云南电网面临供给不足，需求旺盛的尖锐局面。全年累计限电量81.3亿kWh，全年平均缺电率为18.1%，比2004年缺电61.2亿kWh净增加20.1亿kWh。枯季日均限电量2677.7万kWh，平均缺电率为21.12%。面对严峻的缺电形势，云南电网公司加强了向省委、省政府和南方电网公司汇报，加强与发电企业和广大电力用户的沟通与交流，主动承担社会责任，积极争取发供用各方的理解和支持，聚各方之力渡过了2005年的电力供应难关，最大限度地做到了有序供电，最大限度地保证了云南经济社会的发展。

在南方电网公司的支持和帮助下，云南电网充分发挥南方电网的大电网平台优势，灵活调剂网间电力余缺。在汛期电力富余时段，向广东增送汛期低谷富余电量2.06亿kWh，向广西增送0.94亿kWh，漫湾、大朝山实现了零弃水，最大限度地优化了电力资源配置。在省内电力供应紧张时期，调减云电东送高峰外送电量，减少枯期"云电送粤"电量1.2亿kWh，并向贵州购电1.31亿kWh，尽最大努力保证了省内电力有序供应。

积极协助省政府做好计划用电方案，优先保证人民群众生活和重点用户的用电。对工业用户按度电产值由低到高进行限电，让有限的电力创造了最大的经济效益。在具体工作中，公司配合政府部门把计划用电指标层层分解，动态控制、落实到具体用电企业。对超计划指标用电的地区和用户，严格执行"今超明还、超用扣还"计划用电纪律，努力做到有序平稳供电，在缺电率同比增加1.5个百分点的情况下，拉闸限电6944条次，同比减少1067条次。

积极探索加强需求侧管理的有效手段，充分运用经济、技术等手段推动需求侧管理工作。全面建设用电现场服务与管理系统，扩大负控监测面。公司在2004年和2005年两年投入资金6000万元，新安装了负荷控制终端2823台，部分供电单位负荷监控面已达到南方电网公司要求的70%以上的指标，初步实现"看得见、分得开、控得住"。针对汛期高峰电力不足，低谷电量富余的情况，大力开拓省内低谷用电市场，实行积极的削峰填谷手段，努力增供扩销。对黄磷、铁合金、水泥等可中断高耗能负荷，鼓励夜间低谷满负荷生产。通过努力，年平均负荷率达到了88.75%，同比提高了4.44个百分点，其中8、9月份分别达到了96.32%和97.04%，最大限度地挖掘了低谷用电潜力。

2005年，云南电网公司向越南完成送电3.27亿kWh。在南方电网公司的授权下，积极开展了220kV对越南送电谈判工作，详细、周密地制定了送电价格谈判原则和谈判策略。经过艰苦努力，在电价、电量等合同主要条款上与越方达成了共识，为袁懋振董事长与越南国家电力公司领导人2005年11月1日签订220kV对越购售电合同奠定了基础。

云南电网公司继续深入开展"万家灯火、南网情深"优质服务系列活动，修订完善并向社会发布供电服务"十项承诺"，接受社会监督。深入推进服务文化建设，开展了优质服务月活动和供电营业规范化服务窗口建设工作。针对"缴费难、业扩报装难、服务承诺兑现难”的“三难”问题开展了专项整治活动，进一步优化办电流程，简化办电手续。各供电局普遍推行了“客户经理制”、“客户代表制”、“首问负责制”、“限时办结制”等服务制度。对大客户实行超前服务、跟踪服务、个性化服务、增值服务，不断延伸服务内容。共受理查询咨询654258起，报修服务7546起；接到投诉2164起，客户书面建议和意见119条，处理答复率100%；访问客户2876人，满意率达95.12%。

客户服务技术支持系统实现了所有供电局上线运行。对“95598”功能进行升级优化，扩大了客户服务的功能和内容。增设了红河、大理、昭通三个电力呼叫分中心，扩大了呼叫中心的覆盖面，实现了10个供电局的“95598”业务接入。公司系统662个农村供电所中，580个获得了网公司“农村供电营业规范化服务达标单位”称号，达标率达到87.6%。

经营管理

2005年，云南电网公司开展了“十一五”发展规划的研究和编制工作。通过对未来五年逐年经营情况的分析预测，确立了公司2010年全面发展的目标体系，完成了电力生产量、电力市场营销等12个专项规划，提出要素资源的配置方案以及今后工作重点和有关建议措施。

1. 资金管理

开展了贯彻执行2号令专项检查和清理“小金库”工作。强化内部审计工作制度建设，分类、分层次梳理公司审计中揭示出来的共性问题，完成审计项目353项，促进增收节支1191万元，应上缴节余资金5414万元，提出审计建议275条，推进审计成果的转化和运用。

制定印发了《公司总部资金审批及拨付管理办法》，明确职责分工，严格审批权限，规范工作程序。全面清理了公司总部的往来账款，其他应收账款余额从年初的9亿元降到1亿元，清收资金6410万元。制订实施了《基建项目竣工工程财务决算管理流程》，完成积欠多年的146个工程项目竣工决算编制以及基建资金的清算，转增固定资产5.1亿元，收回结余资金0.8亿元。

加强资金管理，防范经营风险，公司加大了电费回收工作力度。各供电单位建立健全电费回收责任制，实行风险抵押，层层落实电费回收责任。在观念上像重视安全生产一样重视电费回收工作，在行动上采取加大电费预付手段、密切跟踪欠费大户、主动与金融部门联系等措施，有效地保证了电费资金的及时足额到账，确保了电费回收目标的圆满完成。

2. 预算管理

制定印发了《2005年预算执行考核办法》，完善全面预算管理考核与控制机制，严格控制不合理增长，强化了全面预算管理的基础性地位。健全经济活动分析制度，制定了“经济活动分析范本提纲”，每季度召开经济活动分析会，做到适时跟踪，及时调整。重点加强可控成本和线损管理，综合线损比计划指标降低了0.03个百分点，预算管理和成本控制达到预期目标。

3. 电价管理

加强向政府有关部门的汇报和沟通，积极依靠和配合政府做好电价管理工作。促成云南省发改委出台实施煤电联动价格调整方案，召开了全省物价部门、电力企业参加的煤电价格联动工作会议，及时对电价调整提出了要求和布置。从保护环境，节约资源和促进公平竞争的要求出发，促成云南省发改委出台了《云南省企业自备电厂相关收费事项的通知》、云南省高可靠性供电及临时接电费用收取的规定以及对小水电上网实行丰枯、峰谷电价的政策，重新修订了《云南电网并网小水电管理办法》，规范了小水电管理，形成了大小电共同发展的格局。

积极做好国家输配分开改革的有关前期工作，分别完成母公司口径和合并口径输配电价方案的测算和上报工作，完成跨省交易电量中省内输电费用测算工作，为南方电力市场模拟运行的启动打下良好的基础。

4. 体制改革

2005年云南电网公司认真贯彻落实国家有关文件精神，按照“人事分离、资产分开、管理分开”的原则，对公司总部及下属供电单位的“三产”、多经企业进行了规范，基本理顺了主业和多经的关系。公司领导及基层供电单位领导均不在多经企业中兼职。按照电网建设施工、电力线材加工制造、电力设备运输等相关业务的关联程度，对有关基建单位进行了重组整合。

制定了《云南电网公司供电企业管理职能及机构设置指导意见》，完成公司总部和昆明供电局的组织机构规范调整，稳步推进其余各供电单位的组织机构规范调整。根据电网延伸的需要，新成立了文山、保山、丽江、德宏、怒江、迪庆6个供电公司。成立了公司咨询委员会和招投标委员会，举办了两次专家论坛，对公司改革发展中的重大问题进行深入研讨。

在与有关地方政府充分协商、互利共赢的基础上，云南电网公司先后理顺了大理城区、景洪、蒙自、文山、曲靖等地区的电网管理体制。

人力资源管理

2005年公司认真按照南方电网公司和云南省委

关于实施“云岭先锋”工程的部署，围绕“政治素质好、经营业绩好、团结协作好、作风形象好”的要求，认真结合公司系统开展的保持共产党员先进性教育活动，全面抓好“四好”领导班子创建工作。于2005年4月30日成立了以总经理、党组书记王良友为组长的“四好”班子创建活动领导小组，印发了《中共云南电网公司党组关于开展创建“四好”领导班子活动的实施意见》。通过一年的努力，公司各级领导班子用大政方针统一思想，初步形成了讲原则、重感情，讲大局、干事业，工作中尽职尽责，相互拾遗补缺，生活上互相关心，团结和谐的坚强团队。

2005年云南电网公司出台了《公司工作规则》和《党组工作规则》，各单位按照两个规则的精神制定了本单位行政工作规则和党委（总支）工作规则。在12家基层单位实行了党政主要领导交叉任职，增强了班子整体功能。

根据工作需要，在充分酝酿、严格考核、集体决策的基础上，配置了新设机构的领导班子，加大总部各部门、总部与基层、基层与基层之间的干部交流力度，激活了干部队伍。交流干部表现出很强的组织原则和大局意识，打开了工作的新局面，赢得了职工的拥护。以昆明供电局15个副处级岗位为试点，开展了干部考核竞争上岗工作。对各单位后备干部进行了调整充实。玉溪供电局、思茅供电局加强了供电局与县公司及县公司之间的干部交流。

印发了《供电局长和党委书记岗位说明书》。建立了职业禁区制度。完善了岗位聘用合同制度。实施了总部团队绩效考核管理。开通专业技术人才岗位通道，聘用公司级技术专家2名，所属单位技术专家19名。首次在公司系统为6个分公司公开招聘157名工作人员。探索新的用工制度，积极采用人才租赁和劳务派遣方式，为丽江、怒江、迪庆三个分公司配置相关生产运行人员。全面整合教育培训资源，组建教育培训中心，初步搭建了“大教育、大培训”平台。全年完成职业技能鉴定人数2662人，教育培训达24764人次。

积极探索通过人才（劳务）派遣机制配置人力资源的途径。通过劳务派遣制为公司有关部门配置文员。在新成立的6个分公司通过人才（劳务）派遣机制配置急需生产专业技术人员。指导基层开展驾驶员等社会通用工种的当地派遣。通过指导基层单位开展驾驶人员等通用工种的当地派遣工作，逐步使社会通用工种实现社会化，降低用人成本，提高通用工种工作效率。

2005年公司认真贯彻落实“开辟专业技术、技能人才职位发展通道，逐步建立起合理的技术、技能带头人的激励机制”的要求，切实推进人才强企战略，“用事业凝聚人才，用环境造就人才，用机制激励人才”，积极探索公司专业技术人才的非行政职务晋升通道。公司结合实际出台了《关于开展专业技术人才岗位通道建设试点工作的通知》等多项专业技术人才创新管理制度，在昆明供电局、曲靖供电局、红河供电局、云南电力试验研究院（集团）公司、云南电力调度中心5个不同性质和类型的试点单位开展了专业技术人才岗位通道建设试点工作，通过一年的努力，成效显著。经过层层筛选把关，公司2005年最终聘18岗公司级专家1人，16岗公司级专家1人，15岗所属单位专家6人，14岗所属单位专家13人，产生了较好的示范效应。

党建和精神文明建设

1. 先进性教育活动

2005年，云南电网公司以共产党员先进性教育和党建贯标工作为载体，党的建设和精神文明建设得到不断加强。按照云南省委和南方电网公司党组的统一部署，深入开展了以“两强两好四领先”为“自选动作”的先进性教育活动，圆满完成了学习动员、分析评议、整改提高三个阶段的各项任务，达到了提高党员素质、加强基层组织、服务人民群众、促进各项工作的目标，切实做到了“两促进，两不误”，群众满意率达到99.07%。

2. 党建工作

积极探索和创新企业党建管理工作的方式方法，将ISO 9000质量管理体系引入党建工作，初步建立起一套切合公司实际的党建质量管理体系。顺利通过中国质量认证中心审核，成为全国电力系统首家通过党建质量管理体系认证的企业。

层层落实党风廉政建设责任，形成一级抓一级，一级对一级负责的责任体系，加大招标、工程建设等重点环节的监督力度。加强行风建设，组织“纠风纠察队”深入到各供电单位进行明察暗访。认真受理和处理客户投诉举报，回复率达100%，党风廉政建设不断加强。

3. 精神文明建设

大力弘扬“上下同欲，办法总比困难多，想尽办法去完成每一项任务”的企业文化精神，倡导员工争当职业冠军，培养员工职业精神。编制了企业文化建设规划。把学习型组织理论和公司实际需要相结合，开展了形式多样的创建活动。工会组织开展了“云电送粤500kV三变十二线”工程创一流业绩立功竞赛、“弘扬劳模精神，岗位建功立业”、“安全在我心中”职工演讲比赛、劳模和生产一线班组长到省外考察学习等一系列活动，将文化、体育、教育活动有机地融人到中心工作中，推动中心工作的开展。积极争取，尽最大的努力改善离退休、退养职工的生活待遇。共青团深入开展增强团员意识主题教育活动。开展了以“争先创优，青年当先”为主题的青年文化节、“五四红旗团委”和青年号手评选活动。

大理供电局、楚雄供电局、送变电公司荣获“全国文明单位”称号，曲靖供电局、思茅供电局荣获“全国精神文明建设工作先进单位”称号，红河供电局、思茅供电局、电力设计院荣获“南方电网公司文明单位”称号。

主要事件

1月11日，南方电网公司到云南电网公司召开干部大会，宣布云南电网公司领导班子调整决定。会议宣布了如下任免事项：王良友任云南电网公司党组书记、总经理，廖洋龙任党组副书记，刘智宏任副总经理，江兴国兼任工会主席，赵建宁任总工程师，李海南任助理巡视员，杨爱民任昆明供电局党委委员、局长，免去王大鹫党组书记、总经理职务，免去李海南党组成员、副总经理职务，免去刘智宏工会主席职务。

2月1～3日，云南电网公司2005年工作会议暨一届一次职代会在昆明召开。会议认真传达了南方电网公司2005年工作会议精神，全面总结了2004年工作，深入分析面临的形势，确立了2005年工作目标，研究部署了2005年重点工作。

6月9日，南方电网公司、云南省人民政府、广东省人民政府在昆明签署了两省三方关于《“十一五”云电送粤框架协议》。

6月28日，中越双方在云南文山天保口岸举行云南文山至越南河江110kV送电庆典。

7月1～5日，大湄公河次区域（GMS）经济合作第二次领导人会议在昆明成功举行，中国总理温家宝、柬埔寨首相洪森、老挝总理本南、缅甸总理梭温、泰国总理他信、越南总理潘文凯和亚洲开发银行行长黑田东彦等出席厂会议。

9月20～22日，中国质量认证中心对云南电网公司党建质量管理体系进行了审核认证，全面审核了公司党建质量管理体系文件，现场审核了公司总部、昆明供电局、玉溪供电局共15个职能部门、26个基层党支部，审核组专家一致同意公司党建质量管理体系通过审核认证，公司成为全国电力系统首家建立党建质量管理体系的企业。

10月24日，云南电网公司召开先进性教育活动总结大会。

10月31日，南方电网公司董事长袁懋振和越南国家电力公司总经理兼执行总裁陶文兴共同签署了《中国南方电网公司与越南国家电力公司有关向越南北部六省的售电合同》。

11月16日，云南电网公司召开了“实行准军事化，苦战一百天，管理上台阶”专项活动总结大会。

（黄兴仓　谢光辉）

贵州电网公司

概况

2005年，贵州电网公司实现了南方电网公司安全生产目标责任书的总体目标，安全生产责任制目标考核得分129.1分。

完成售电量583.47亿kWh，同比增长14%。其中：省内售电量完成398.9亿kWh，向广东送电140亿kWh。超额完成了西电东送任务，保障了省内经济社会发展的用电需求，并按合同完成对周边省或地区的送电电量。

实现主营业务收入220.14亿元，同比增长16.33%；应收电费余额10.5亿元，比考核指标减少1.4亿元；资产负债率71.8%，比考核指标降低1.32个百分点。资产经营考核指标均达到或超额完成南方电网公司资产经营考核目标的要求，资产经营责任制考核得分107.05分。

完成固定资产投资23.8亿元，其中电网建设投资21.9亿元，同比增长37.5%。投运220kV及以上线路693.8km，变电容量231万kVA；完成110kV及以下输变电工程建设投资5.86亿元。

贵州省84%的农村供电所达到南方电网公司《农村供电营业规范化服务标准》。全省35个县建成95598客户服务系统，优质服务水平得到明显提升。农村一户一表率达到75.4%，比2004年提高3.1个百分点，共减轻农民用电负担2.83亿元。

加强党的建设和精神文明建设，公司“‘1+X’特色政工建设模式”被国务院国资委评为中央企业党建思想政治工作优秀研究成果。2005年，贵州电网公司被评为省“文明行业”和省厂务公开先进单位；贵阳市南供电局等6家单位被中央文明委授予“全国文明单位”、“全国精神文明建设工作先进单位”称号；安顺供电局、凯里供电局荣获“全国模范职工之家”荣誉称号；公司系统共有2人被评为全国劳模，8人被评为省劳模。

组织机构

见贵州电网公司2005年组织机构图。

贵州电网公司 2005 年组织机构图

人员状况

2005 年末，公司共有职工 34574 人，其中长期合同工 16088 人，按五类人员划分，高级组织管理人员 9 人，占长期合同工总数的 0.06%；组织管理人员 3358 人，占长期合同工总数的 20.87%；专业技术及专业管理人员 4114 人，占长期合同工总数的 25.57%；技能人员 6002 人，占长期合同工总数的 37.31%；辅助人员 2605 人，占长期合同工总数的 16.19%。

领导班子

总经理（法人代表）、党组副书记：潘福
党组书记：王和
纪检组长、工会主席、党组成员：孙兆媛
副总经理、党组成员：晁剑　廖新和　廖建平　张卓
总工程师　伹蜀明
总会计师：胡伏秋

电网规划与建设

1. 规划编制

完成了《贵州电力工业“十一五”发展规划及2020年远景目标前期研究》补充修编工作，以此为依据进行了《贵州“十一五”220kV电网规划》、《2005、2006年贵州各地区110kV电网规划》、《“十一五”城市电网规划》，全面开展了“十一五”县级电网规划、城市配电网规划和小水电接入系统规划。

高度重视系统协调发展，组织完成了《贵州电网“十一五”系统二次规划》、《贵州电网“十一五”信息化发展及信息安全体系规划》、《贵州地区电网“十一五”系统二次规划》、《贵州地区电网“十一五”信息化发展及信息安全体系规划》。

同时，将电网的研究工作向深度推进，组织开展了《贵州“十一五”电力系统设计》、启动了“‘十一五’黔电送粤”贵州500kV电网安全稳定控制系统研究设计、贵州电网“十一五”无功/电压研究等工作，全面、深入地研究贵州电网的网架结构、电网电源优化、无功优化配置、系统稳定等问题与措施。

编制了贵州省无电地区电网规划，合理安排了无电地区电网建设项目。为保障煤矿的安全可靠供电，开展了“十一五”煤矿供电规划。

2. 电网建设概况

2005年，贵州电网公司加大主网架和与电源项目配套的送出工程建设，电网建设投入29.5亿元，比2004年增长85.5%，实现“十五”贵州“西电东送”电量达到400万kW目标。全年共完成220kV及以上电网建设工程项目43项，新增主变压器容量2490MVA，完成2005年新建计划1920MVA。投产500kV主变压器一台，容量750MVA；投产220kV主变压器10台，容量1740MVA。新增线路长度733.15km，完成2005年新建计划618.25km。投产500kV线路6条，线路总长175.49km；投产220kV线路18条，线路总长535.07km。新建成投产500kV变电站1座，扩建完成2项；220kV变电站6座，扩建完成12项。

2005年，城市电网建设改造完成投产12990万元，重点实施了城市配电网中低压电网改造和电缆入地工程，提高了城市供电能力和供电可靠性，满足了市政改造规划发展的要求。完成电缆建设改造线路20条，约185km。各供电局“十一五”城网规划编制通过审定。

3. 投产的输变电工程

500kV工程：500kV纳雍二电厂—安顺换流站线路工程、500kV纳雍电厂—安顺Ⅰ回π接入纳雍二电厂线路工程、息烽（贵阳北）500kV变电站工程、500kV鸭溪变电站—贵阳变电站π接入息烽变线路工程、500kV黔西电厂—息烽变电站双回线路工程。

220kV工程：220kV野马寨电厂—水城变电站线路工程、220kV野马寨电厂—滥坝变电站双回线路工程、220kV紫云变电站新建工程、220kV安顺两所屯变电站—紫云变电站线路工程、220kV青岩—筑东双回线路工程、220kV扎佐变电站新建工程、220kV乌江—扎佐变电站线路工程、220kV扎佐—贵阳变220kV线路工程、220kV鸡场变电站—千田变Ⅲ回线路工程、220kV金阳变电站新建工程、220kV安龙变电站新建工程、220kV兴义—天生桥π接入安龙变电站线路工程、220kV恒盛变电站新建工程、220kV青溪—恒盛线路工程、220kV索风营电厂—贵阳变电站双回线路工程、220kV大龙变电站新建工程、220kV大龙变电站—铜仁变电站线路工程、220kV青岩变电站—湾塘变电站线路工程、220kV息烽500kV变电站—扎佐变电站线路工程、220kV湾塘变2号主变压器扩建工程。

4. 工程主要获奖情况

2005年1月，500kV安青输变电工程获由国家工程建设质量审定委员会颁发的国家优质工程银质奖。

2005年6月，500kV黔鸭Ⅰ、Ⅱ回输变电工程获由中国电力建设企业协会颁发的全国电力行业优质工程奖。

2005年6月，500kV纳安Ⅰ、Ⅱ回输变电工程获由中国电力建设企业协会颁发的全国电力行业优质工程奖。

2005年9月，500kV黔鸭Ⅰ、Ⅱ回输变电工程荣获由中国质量协会、全国用户委员会颁发的2005年度全国用户满意建筑工程。

2006年2月，500kV贵广交流输电工程荣获由中国南方电网有限责任公司颁发的2005年南方电网公司电网建设达标投产工程。

电网运行

2005年，贵州电网统调装机容量突破1300万kW，黔电送粤达400万kW。随着“两交一直”完全

建成投入运行，贵州电网处在交直流混合输电的复杂情况下满负荷、大容量地送电，主干电网处于压极限运行的状态，给电网安全稳定运行带来极大难度。贵州电网公司全年完成统调发电量648.25亿kWh，超额计划1.29个百分点。全年全网拉闸次数由2004年的9252条次下降到3422条次，同比减少63.01%。

贵州电网2005年底统调装机容量为13202.82MW，其中火电装机9344MW，占统调装机的70.77%；水电装机为3693.5MW，占统调装机的27.98%；小水电165.32MW，占统调装机的1.25%。

2005年底贵州电网输变电设备情况见下表。

2005年底贵州电网输变电设备情况

500kV	变电站座数	7
	变压器台数	10
	变压器容量（MVA）	6750
	线路条数	20(不含安青双回、安天线、青河及安高双回线)
	线路长度（km）	1520.102
220kV	变电站座数	40
	变压器台数	76
	变压器容量（MVA）	9709.6
	线路条数	130
	线路长度（km）	5638.23

1. 主要运行指标

责任频率合格率99.997%；中枢点电压合格率99.23%，比2004年下降0.26个百分点；AGC功能投运率86.67%，AGC控制合格率48.01%，CPS1为121.5%，CPS2为76.69%；最大发电负荷10812MW（8月4日）；供电标准煤耗为371g/kWh，与2004年持平；综合厂用电率为6.86%，比2004年增加0.07个百分点；全网线损率5.17%，比2004年减少0.96个百分点；全网年平均发电负荷率86.17%，比2004年减少4.24个百分点；220kV及以上电网继电保护正确动作率达到99.35%，与2004年持平，并达到南方电网继电保护的工作目标；全网载波通信电路运行率为99.95%，光纤线路运行率为100%，主站交换机运行率为99.99%，调度总机运行率为99.99%；贵州电网调度自动化系统各项运行指标均达到创中国一流电网调度机构的考核要求。

2. 主要技术工作

（1）规范年度运行方式编制，对电网调度运行发挥了重要指导作用。制定《贵州电网2005年稳定计算报告》，对220kV以上电网运行方式和控制措施的制定，提供了详尽的计算依据。

（2）针对水库来水情况，合理协调水火电方式，适时调整水电出力和火电机组检修计划，创造了洪家渡、乌江渡、东风和引子渡四个水库全年未弃水的历史纪录。

（3）在迎峰度夏前，积极协调各相关单位并创造有利条件，如期完成大量预试定检以及黔电送粤安全稳定控制系统相关工作。加强机网协调工作，对大容量火电机组超速限制保护（OPC）进行调整，实现机网协调，从而保证事故后系统的安全稳定运行。落实大容量切机后电网及电厂的恢复方案，制定了机组切除后保机组安全的措施、保厂用电措施以及快速恢复策略，并将制定的措施编入现场运行规程。

（4）完成《贵州电网黑启动实施方案》修编，并在引子渡发电厂成功组织了黑启动试验，实现了引子渡发电厂机组在厂用电全停的情况下，利用引子渡发电厂柴油机组自启动接带厂用电，并接带安顺地区部分试验负荷，首次成功实现了机组黑启动并接带地区负荷，为贵州电网黑启动提供了大量宝贵的试验数据。

（5）贵州电网实现自动发电控制（AGC）安全约束功能，使AGC的控制策略与技术水平得到了进一步提高，为满足贵州电网对断面潮流安全约束的控制要求提供了重要的技术手段。2005年，贵州电网新增AGC功能装机容量458万kW，贵州电网AGC功能总装机容量达758万kW，可调节容量达232万kW，确保了贵州电网在调频、调峰和“黔电送粤”400万kW对联络线功率与系统频率控制上的迫切需要。

安全生产

2005年贵州电网公司克服了年初部分地区罕见的冰雪自然灾害、电煤供应持续紧张导致供需矛盾加重和外送通道长时间压稳定极限运行等重重困难，确保了电网安全稳定运行和省内、省外电力市场的可靠供应，圆满地完成了安全生产各项指标。

2005年完成省内网供电量398.44亿kWh，同比（381.45亿kWh）增长4.46%；西电东送（广东、广西）165.22亿kWh，同比（115.4亿kWh）增长49.82%；外送湘、渝电量25.31亿kWh，同比（14.17亿kWh）增长76.62%。最大日发电量2.3096亿kWh，较2004年增长17.24%；最大日省内供电量14134万kWh，较2004年增长11.58%；最大日外送电量10451万kWh，较2004年增长49.04%；最大日发电负荷10810MW，较2004年增加1648MW；最大日省内供电负荷6610MW，较2004年增长17.75%；最大日峰谷差4196MW，较2004年增加1788MW。

2005年贵州电网公司完成的主要重大技术改造项目有南方电网公司“十项反措”项目3项：500kV变电站通信电源双重化改造、安贵Ⅰ回保护及保护通道改造、安稳控制装置改造4套；公司重点项目：220kV断路器更换13台、220kV隔离开关改造62组、红外热成像仪购置16台等。

1. 生产技术指标

供电可靠性RS-1：累计完成99.861%；综合电压合格率：99.26%；电网责任频率合格率：99.99696%；220kV及以上系统继电保护、安全装置正确动作率：220kV及以上系统保护装置共动作1698次，不正确动作11次，正确动作率99.35%（2004年同期99.35%）。其中，500kV继电保护正确动作率98.59%；元件保护正确动作率97.37%；安全装置投入率100%；安全装置正确动作率81.82%。

线路可用率：500kV99.48%；220kV99.14%；110kV99.60%。

变压器可用率：110kV累计99.85%；220kV累计99.65%；500kV累计99.59%。

断路器可用率：110kV累计99.89%；220kV累计99.73%；500kV累计99.81%。

断路器无油化率：500kV 100%；220kV97.40%；110kV92.74%。

保护微机化率95.99%。

变电站综合自动化率：500kV80%；220kV80.55%。

中压用户供电主要指标（市中心＋市区＋城镇＋农村）：全网总用户数10772户；架空线路长度4848.83km，线路699条；电缆线路长度265.4km；配电变压器总台数13649台；系统总容量3811262kVA；断路器680台。

供电可靠指标：2005年贵州电网10kV供电可靠率RS-1为99.846%；RS-2为99.884%；RS-3为99.858%。用户平均停电时间AIHC-1为13.483h/户；AIHC-2为10.159h/户；AIHC-为12.49h/户。

2. 安全事故情况

公司系统安全生产形势总体基本平稳，没有发生重伤及以上人身事故、没有发生重大及以上电网和设备事故；没有发生对社会和公司造成重大不良影响的生产安全事件；没有发生重大机械设备事故；没有发生火灾事故；没有发生有人员责任的重大生产性交通事故；电力设施保护工作取得重大进展，电力设施被盗案件大幅度下降。实现了南方电网公司安全生产目标责任书确定的总体目标。

2005年共发生各类生产一般事故46起，比2004年同期28起增加18起。一般电网事故10起，一般设备事故36起，这些事故主要原因分类：自然灾害18起，占39.1%，设备质量10起，占21.7%，外力破坏6起，占13.1%，有人员责任的事故12起，占26.1%。

2005年一般事故的特点：①一般事故总量比2004年有较大幅度上升。②各类一般事故中，一般变电设备事故总量上升最猛。③人员责任事故总量同比2004年，有较大幅度上升。④一般事故前三位的原因分别是：自然灾害17起，占36.9%，人员过失12起，占26.1%，设备质量问题10起，占21.7%。

2005年共发生主网一类障碍118起，比2004年同期124起减少6起。其中一类电网障碍2起，较2004年的0起增加2起；一类设备障碍116起，较2004年的124起减少8起。

3. 可靠性管理

①等效可用系数完成情况，截至2005年底贵州电网参与可靠性统计的水、火电服役机组共计77台（2004年同期69台），全年台年平均等效可用系数为93.98%，同比上升了2.78个百分点；台年平均利用小时为5813.97h，同比减少了187.63h。参与可靠性统计的火电服役机组48台比2004年同期增加7台，全年台年平均等效可用系数为93.49%，同比上升了3.33个百分点，台年平均利用小时为6765.59h，同比减少了198.47h。参与可靠性统计的水电机组29台比2004年同期增加1台，全年台年平均等效可用系数为95.72%，比2004年同期上升了1.39个百分点，台年平均利用小时为2405.62h，同比减少了677.49h。②非计划停运情况。2005年全年共发生非计划停运230次，停运5446.20h，同比减少54次，减少3702.00h；发生强迫停运212次，停运4455.36h，同比减少29次，减少2165.64h。其中火电服役机组发生非计划停运230次，停运5446.20h，同比减少35次，减少3627.84h；发生强迫停运212次，停运4455.36h，同比减少14次，减少2100.50h。2005年全年水电机组未发生非计划停运，同比减少19次，减少74.20h，强迫停运减少15次，减少65.13h。

科技管理与信息化建设

1. 科技管理

2005年科技开发项目96项，总计费用5504.5万元（不包括各单位自筹费用）。组织2个重点科技项目向省经济贸易委员会申报，其中1个项目列为贵州省2004年技术创新项目，省经贸委下达项目资金20万元。组织2个项目申报贵州省高新科技项目，省科技厅下达项目资金15万元。

经公司科学技术进步奖评审委员会评审，共有8个项目获得2004年度公司科技成果奖。对优秀成果项目组织向贵州省科技厅进行成果申报，获得贵州省科技成果奖2项，其中：技术开发二等奖1项。获得贵州省2004～2005年度优秀新产品奖二等奖1项（《95598客户服务系统》），已经在全省推广31套。

组织参加南方电网公司首次科技成果评奖，获得技术开发二等奖1项（《95598客户服务系统》），三等奖1项。组织98篇论文参加南方电网公司第2届科技论坛，共有27篇论文在会场宣读，获得优秀论文二等奖2项，三等奖4项。

2005年，根据国家标准化法规定，成立了贵州电网公司标准化委员会，由总经理潘福任标准化委员会主任。审查并且下发了《贵州电网公司220kV及以上变电站运行管理标准（试行）》。

2. 信息化建设

《贵州电网公司“十一五”信息化发展规划》明确了未来五年信息化的工作目标和建设任务。2005年引入新技术、新产品，积极推进电网技术创新。结合电网的安全稳定运行要求，实施了220kV变电站主设备改造及综合自动化改造，建成投运全省雷电观测系统，完成了全省综合数据网建设和通信监控系统、水调自动化系统升级改造。在数据库集群基础上，以统一的技术路线，实施了信息系统IT基础架构调整。引入先进管理理念，规范和优化专业管理流程，完成营销系统、政工系统及门户系统建设。注重成果转化推广，对实用化的科技成果、专业管理信息系统，组织规模化的推广应用。加强信息工程项目管理，规避项目建设风险，强化和完善项目建设管理制度，配合专业规范引导系统建设，确保项目建设风险在技术及专业准备充分的前提下得到有效控制。

推进生产、财务、营销、人力资源、OA、政工等管理信息系统建设，逐步构建统一信息平台，更加注重信息系统与业务流程的有机结合，更加注重信息系统绩效和价值体现，在系统建设思路上有了质的飞跃，有力地推动了公司信息化建设进程。电力95598系统应用在地区局覆盖率为100%，分县局达55%。办公自动化系统应用在地区局覆盖率为100%，分县局达64.21%。全省电力营销已经实现了全省10个地区局联网在线管理，完成农电营销系统的试点建设。政工管理信息系统完成开发并在凯里局投入应用。

为进一步适应公司规范化管理的要求，结合专业管理需要，修订并颁发了《贵州电网公司信息化工作管理规定》和《贵州电网公司信息网络安全管理规定》等一系列信息化管理办法和规章制度。这些管理办法和规定的出台促进了信息化工作的规范化和标准化。

市场营销

2005年贵州电网统调发电量完成648.25亿kWh，完成年计划640亿kWh的101.29%，比2004年多发电80.11亿kWh，同比增长14.1%。其中火电发电量571.7亿kWh，比2004年多发电87.77亿kWh，同比增长18.1%；水电发电量76.54亿kWh，比2004年少发电7.67亿kWh，同比下降9.1%。2005年统调机组发电平均利用小时数5498h，其中火电机组平均利用小时6864h，水电2286h。2005年贵州电网最大发电负荷10812MW，比2004年增加1650MW。省内最高供电负荷6610MW，日最高供电量1.4亿kWh。最大峰谷差4196MW，比上年增加1788MW。

2005年贵州电网完成售电量583.5亿kWh，与2004年同期511.8亿kWh相比，增加71.7亿kWh，增长14%，完成年度计划568.7亿kWh的102.6%。

2005年实现外送电量184.6亿kWh，同比增长42.2%，其中送广东电量140.3亿kWh，同比增长53.5%；送湖南8.1亿kWh，同比增加9.5%；送广西26.7亿kWh，同比增长10.5%；送重庆8.4亿kWh，同比增长22.6%，送云南1.1亿kWh，同比增长100%。2005年省内售电量累计完成398.9亿kWh，比2004年多售电18亿kWh，增长4.7%。

2005年贵州电网新增用电客户数8.707万户，新增负荷78.6万kVA，其中工业用电新增0.28万户，新增容量21.7万kVA；照明用电新增8.23万户，新增容量49.2万kW。年末用电总户数146.707万户，装机容量1915.36万kVA。

2005年末，应收电费余额10.512亿元，比南方电网公司下达的余额计划11.91亿元少1.398亿元。年应收电费199.1亿元，实收电费198.96亿元，电费回收率99.93%。完成省内旧欠电费实收2.23亿元，省内旧欠电费回收率完成20.14%，其中：回收3年以上旧欠电费0.93亿元，回收率11.04%，回收1～2年旧欠电费1.3亿元，回收率48.8%。

1. 需求侧管理

2005年，结合贵州电网的实际情况，下达关于做深做细需求侧管理工作指导性意见的实施办法，推动全省电力需求侧管理工作开展，在3家供电局启动实施电力需求侧管理技术支持系统项目试点，通过考察调研，确定系统建设架构和实现的管理目标，以及分阶段实施的目标。

针对2005年电力供应出现的前紧后松的情况，加强迎峰度夏期间电力电量的计划管理工作，平衡省内、外用电需求，按照省委省政府确定的保电顺序，确保“西电东送”、省内城乡居民生活和重点企业生产用电需求。搞好低谷负荷开拓，完善对试行峰谷分时电价的高耗能用户电能量分时计量，配合省有关部门作好对高能耗低谷用电的组织工作，密切关注试行低谷分时电价政策的企业用电情况，跟踪企业的生产波动。

进一步搞好煤电联动、煤电挂钩工作，协助政府和有关部门搞好电煤供应，保证“西电东送”大送电时期电煤供给。贯彻落实《省内电煤供应保障责任体系》，配合做好省内电煤供应工作，切实增加电煤供应，促进电力生产，缓解省内电力供需矛盾，维护电网安全运行，从4月1日起在全省范围内实施煤电挂钩措施。

合理组织错峰限电，为确保南方电网安全迎峰度夏，顺利完成“西电东送”任务，切实做好人民生活和重要负荷供电，在内部模拟市场考核办法中继续实行超电量考核，在夏季南方电力需求高峰期，为满足整个南方电网迎峰度夏的电力需求和巨大峰谷差的现实，及时调整省内用电负荷考核办法，并根据电网的供电能力，合理组织低谷用电负荷，以缓解贵州电网调峰压力。

在全省范围内开展了营业普查专项工作，制定具体的实施措施，保证营业普查专项工作的顺利进行。各供电局对业扩报装、抄核收、电能计量、电价执行、供用电合同、优质服务等进行全面营业普查工作。通过开展普查工作，查标准、找漏洞，使营销基础管理工作上一个新的台阶。

2005年用电检查户数26.35万户，查处其中违章用电691户，窃电户372户，追补电量694.26万kWh；追补电费371.99万元，收取违约使用电费346.02万元。

2. 电能计量

加强关口电能计量装置日常管理，保障各项管理措施落实。强化电能计量工作规范管理，制定和完善各种管理制度和加强电能计量技术监督管理。2005年，对全省关口电能计量表进行了526次周期现场校验，校验合格率高于99.60%，现场处理故障60余次，对新建电厂、变电站所安装的电能表进行检定和测试102次，全年共追补电量2780万kWh。

财务管理

1. 资产与产权管理

加强固定资产管理，严格控制固定资产的报废处置和调拨，防止国有资产流失，确保国有资产保值增值。

2005年，按照建立现代企业制度的要求，建立和完善国有资产产权占有登记制度和基本产权管理，明确了公司系统内各层面企业的产权关系和资产价值，建立了较完善的全公司产权结构的动态临督管理体系，为公司面向监控型管理，全面落实法人治理结构，建立产权清晰的现代企业制度打下了坚实的基础。

公司参加国资委产权占有登记单位的全资、控股单位总户数为41户，其中：第一层面的企业1户，为贵州电网公司；第二层面的企业27户（含5户新增），为公司直接投资形成的全资和控股子公司；第三层面及以下层面企业13户（含5户新增），是由第二层面企业投资设立的全资和控股企业。

加强系统内部股权投资清理和界定，核实了贵阳市南供电局小河电力有限公司、都匀市郊供电公司、长顺电力公司、遵义县供电有限责任公司、六盘水市钟山区电力有限责任公司、贵州猫跳河李官水电站、贵州金筑房地产开发有限公司、贵州贵龙旅行社有限责任公司、贵州电设物业有限责任公司、遵义城郊农电发展有限公司十家单位的出资权益。建立了资本纽带关系，补办了产权占有登记。

2005年投资全资子公司27个，控股子公司2个，参股投资13个公司，实现投资收益8484万元，投资实际收取的货币投资收益为1771万元，对外投资获利能力增强。

2. 预算管理

继续推行预算管理暂行办法和资产经营考核暂行办法，强化资金预算审批制度，加强预算的执行和监督工作。强化公司营运收支预算和现金流量预算管理工作，确保经营目标实现。圆满完成了南方电网公司下达的资产经营考核指标。完善内部模拟市场管理办法，与预算管理有机结合，加大成本控制力度，增加了可控成本考核，增强了各单位市场观念和效益观念，促进了各单位挖潜增效，取得了较好的经济效益。

3. 电价管理

完成2005年煤电联动电价调整工作。根据国家发改委［2005］664号、省物价局黔价格［2005］80号文，积极配合省物价局做好贵州输配电价的测算和输配电价研究工作，并认真贯彻执行，贵州电网销售电价上调了2.9分/kWh，保证了电网的经济效益，促进了贵州电网的发展。

4. 资金管理

重新制定《贵州电网公司电费回收管理办法》，加大电费回收上缴考核，加强银行承兑汇票的收取管理，促进了各单位上交资金的积极性。2005年，圆满完成了当年电费回收任务及旧欠回收目标。

继续加强电费及代收基金的回收考核，加大了与各单位效益工资挂钩的考核，继续实行了对三个代管供电局电费上交与工资计划下达相挂钩的办法。省外应收电费余额下降0.8亿元。

积极组织各供电局实施“煤电”、“钢电”及“铁合金等抵电费”的各种欠费互抵工作，全年互抵款2.87亿元。

完善资金预算动态管理制度，加强现金流量的预算管理，盘活了公司资金存量。2005 年，归还借款本金 13.8 亿元，短期借款余额 0.2 亿元比年初减少了 20 亿元，合理减少公司现金存量，公司资产负债率 71.86%，资产负债率得到了有效控制，遏制了公司财务费用连年上涨的趋势。

建立了集团账户体系，资金集中度已达 90%以上，归集系统基层单位资金平均日余额超过 10 亿元，整合了系统分散沉淀资金。发挥财务公司资金运作功能，向系统内基层单位发放委托贷款 3.6 亿元，相应减少了贷款利息支出 1800 万元。

5. 会计核算

根据总分公司、母子公司并存为主要特征的公司组织形式，省公司有效组织会计核算：公司系统各单位均以工商注册的法人实体为独立核算单位，以独立核算单位核算最终成果，并独立履行纳税义务；公司所属内部非法人单位（分公司）为非独立核算单位和内部核算单位，非独立核算单位和内部核算单位不核算最终成果，在省公司授权范围内行使权利和履行纳税义务。

南方电网公司聘请了中和正信（贵州）会计师事务所有限公司为主审所，公司聘请贵州同和会计师事务所为协审所，对 2005 年度公司会计报表进行了审计。聘请了明建、华正、诚隆会计师事务所对 52 个代管县级供电企业进行了审计。

6. 工程建设财务管理

2005 年，贵州电网公司工程投资累计实际支出 21.9 亿元，比 2004 年的 15.9 亿元增加了 6 亿元。完成了 30 个输变电工程项目的财务决算报告的编制，及时办理了结转固定资产的工作。2005 年 9 月 9 日，完成了农网工程的竣工财务决算，农网工程建设一、二期总投资 75 亿元，贵州省从 1999 年开始建设，此次共完成财务决算 68.2 亿元，投资节余 6.8 亿元，继续用于农网改造。

人力资源管理

1. 队伍建设

2005 年，组织了首次专家人才选拔聘任工作，聘任首席专家 6 名、专家 15 名、助理专家 56 名，开通了专家人才的成长通道，高度激发了广大专业技术人员学业务、钻技术的热情和积极性。组织高级管理和专业人员定期研修，选择了电力市场与需求侧管理、ISO 质量认证体系、项目管理等切合实际的研修主题，依托贵州电力职业技术学院、贵州电力职工教育培训中心、有关高校和高级培训机构，聘请国内知名专家讲学，并以国内研修和国外考察相结合，紧跟国际发展前沿。按照公司招标管理规定，对评标专家库进行及时维护，积极为工程项目抽取评标专家，共完成 33 个项目、200 余人·次的评标专家随机抽调工作，确保招标公正、规范，获得南方电网公司的好评。

参与研制《南方电网公司专业技术资格管理办法》和专业技术资格考试题库建设，推荐 199 名资深专家进入南方电网公司专业技术资格高级评审专家库。制定实施《贵州电网公司初定专业技术资格管理办法》和《贵州电网公司专业技术资格确认管理办法》，进一步规范了公司系统专业技术资格认定工作。

2. 研制管理标准

参与南方电网公司人力资源配置标准研究，承担配电与电力营销专业的研制和系统职系规范研制，经过大量的现场调研和后期测算论证，完成了送审稿编制；提交了《职系规范可行性分析报告》，完成了公司系统基础数据调查和《岗位名录标准》初稿拟订工作。规范了公司系统各单位现行岗位层次、岗位等级，制定了职系和岗位规范管理办法，为完善工资体系、发挥工资的激励作用、建设员工岗位发展通道奠定了基础。

3. 薪酬福利与绩效管理

2005 年，在认真总结薪点工资制的基础上，对现行的岗位职系作了进一步理顺和规范，为全面推行差异化的薪酬制度打下了基础。根据上级部门批复及企业的实际情况，在分析单位定员和平均岗级的基础上，编制下达了 2005 年工资计划，完成对施工单位 2004 年百元产值含量系数的申报与分解。制定了《贵州电网公司工资基金管理规定》，并开展了人工成本管理研究，加强了公司系统工资基金的使用与管理，使工资计划及工挂基数得以正确执行。按政策对离退休人员养老金进行了调整，完成了退休军转干部职务补贴的审查申报工作。

遵照南方电网公司指导意见和公司部署，与北大纵横管理咨询公司合作实施公司本部绩效管理项目，年内已顺利完成了制度拟订、指标库建设和模拟试点工作，进入试运行阶段。

4. 教育培训

2005 年公司本部举办培训班 7 期，培训学员 1027 人次；面向公司系统举办培训班 61 期，培训学员 4015 人次；举办岗位培训班 12 期，培训学员 661 人；举办兼职教师培训班 4 期，培训兼职教师 101 人；举办变电站运行人员仿真培训班 33 期，198 人参加培训。同时，公司加大教育培训投入，教育经费从全年工资总额的 1.5%提高到 2.5%，并为电力营销、变电运行等岗位培训投入了 610 万元的设备。加强新员工见习培养，组织了新员工集中培训，284 名新员工经考核合格顺利结业，达到了企业文化全面系统整合与职业综合素质初步培养的预期目标，有效促进了新员工转变角色、适应职业要求。

党建和精神文明建设

1. 先进性教育活动

2005年上半年，贵州电网公司历时162天，分3个阶段共15个环节集中开展了共产党员先进性教育活动。在先进性教育活动的整个过程中，公司党组及各单位党委坚持在"取得实效"上下功夫，使"规定动作"不走样。同时运用贵州电网"'1+X'特色政工"的成果，推出高质量的"自选动作"，开展了以促进党员成长、成才、成功为目标的"党员形象设计、争当党的形象代表"主题活动，以"群众满意、组织信任、企业认可"为实践目标的共产党员先进性承诺活动和"创党员先锋岗，建党员责任区，我是共产党员"、"共产党员光明行"、"党员'双信'"、"党员政治生日"、"让党旗在西电东送工程中飘扬"等主题实践活动，先后受到南方电网公司党组和省委先进性教育活动办公室、省委督导组、工作检查组的高度评价。

2. 思想政治工作

把握不同类型企业党建工作的个性特征，从实际情况出发对党委实行差别化管理，分类指导、分类考核。公司的主要职能由领导转变成服务、指导、协调、推广经验、推动工作；在思想政治工作活动载体的选择上，公司原则上不作统一要求，减少"规定项目"，增加"自选动作"，增加企业思想政治工作的自主权，鼓励企业从各自的实际出发，开展各具特色的思想政治工作。《减少"规定动作"，增加"自选项目"——贵州电网公司"'1+X'特色政工"建设模式》被国务院国资委评为"中央企业党建思想政治工作优秀研究成果"。

3. "四好"班子建设

把"四好"领导班子的创建活动与先进性教育活动有机地结合起来，组织召开"四好"领导班子建设专题研讨会，制订了公司创建"四好"班子考核办法和考核细则。抓好领导班子的考核调整，截至11月底，先后对13家基层单位及机关部分处室进行了调整，共计调整干部40人。加大对干部的培养教育和培训力度，从下半年开始，连续举办了4期领导干部综合性培训班和1期中青年干部研修班。

4. 精神文明建设

积极开展"文明单位"创建和服务文化建设活动，2005年举办了三期"客户服务文化训练营"，在公司系统10个供电企业中，贵阳市南供电局、遵义供电局、安顺供电局获全国文明单位，贵阳市北供电局、都匀供电局、铜仁供电局获全国精神文明建设先进单位。

主要事件

1月，中国南方电网有限责任公司任命了贵州电网公司新一届领导班子：总经理（法人代表）、党组副书记潘福，党组书记王和，党组成员、工会主席、纪检组长孙兆媛，党组成员、副总经理晁剑、廖新和、廖建平、张卓，总工程师佀蜀明，总会计师胡伏秋。

1月～6月底，按照中央和贵州省委的部署，贵州电网公司被确定为全省第一批开展保持共产党员先进性教育活动单位。

4月28日，贵州电网公司召开抗冰保电表彰大会，表彰了抗冰保电先进集体和先进个人。

6月9日，贵州省副省长包克辛、广东省副省长游宁丰、南方电网公司董事长袁懋振在贵州、广东合作与发展座谈会暨签约仪式上，共同签订了《"十一五"黔电送粤框架协议》。

10月6日，南方电网"西电东送"重点工程——500kV息烽变电站、鸭烽线、烽贵Ⅰ回、黔烽Ⅰ回线路安全顺利投运。

11月21日，贵州电网公司与广东电网公司、南方电网超高压输电公司在广州签订了"十一五"黔电送粤长期购售电协议。

11月30日，贵州电网公司隆重召开首届专家聘任颁证大会，6人受聘为首席专家，15人受聘为专家，57人受聘为助理专家，这是贵州电网公司加强专业技术人才队伍建设的又一重要举措。

12月8日，贵州省人民政府下发了《省人民政府关于通报表扬贵州电网公司的决定》。

12月14日，中共中央政治局常委李长春在贵州省委书记钱运录、省长石秀诗等领导的陪同下，到贵州安顺变电站考察，在听取了工作汇报后，李长春对贵州西电东送给予了高度评价。

（黄恩利　陆建之）

海南电网公司

概况

海南电网公司是中国南方电网有限责任公司全资子公司，负责对海南电网实施统一规划、统一建设、统一调度、统一管理，依法统一调度与省电网联网的电厂，并监督和指导电厂的安全生产工作；负责全省电网的安全生产工作，保证全省电网的安全、稳定、经济、优质运行，不断提高供电可靠性和服务质量。

海南电网最高电压等级220kV，已建成环岛220kV主网架，其中：北部省会地区和沿西部工业走廊为双回路，东部和南部为单回路。110kV电网覆盖全省各市县，各乡镇和行政村的通电率已达到100%。随着电网建设改造步伐的加快，海南电网规模不断扩大，网架结构日益增强，电网运行控制能力大大提高，供电可靠性、电能质量等技术指标不断接近全国平均水平。

海南全省共有18个市县。2005年全社会用电量82.19亿kWh，同比增长16.34%，统调最高负荷123.9万kW，同比增长11.29%，日最大发电量达2580万kWh，同比增长18.60%。全年统调平均负荷率76.3%，同比提高1.5个百分点。全省总计154.162万用电户，其中大宗工业用户555户；非工业及普通工业用户1.047万户；商业用户5.26万户；农业用户1.114万户；居民用户128.73万户，趸售用户129户。

组织机构

海南电网公司2005年组织机构图如下。

人员结构

(1) 人员分布：截至2005年12月底，公司系统共有职工12934人，其中：正式职工7372人（包括在岗职工4058人，内退职工2710人，辅业及分流人员604人），农村电工3546人，离退休人员2016人。在正式职工中，管理岗位人员1084人；专业技术及专业管理人员1059人，技能人员2328人；辅助人员2901人。

(2) 学历结构：大学本科及以上539人，占全员比例7.31%；大学专科1247人，占全员比例16.92%；中专555人，占全员比例7.53%；技校748人，占全员比例10.15%；高中2512人，占全员比例34.07%；初中及以下1771人，占全员比例24.02%。

(3) 职称结构：到2005年底取得初级职称以上人员共1445人。其中，高级职称152人，中级职称432人，初级职称861人。

电网结构

(1) 发电装机：截至2005年末，全省发电装机总容量211.47万kW，其中，水电装机57.4万kW，占总装机的27.14%；火电（包括煤电、气电、油电等）装机153.2万kW，占72.45%；风电装机0.87万kW，约占0.41%。主要统调发电厂为：华能海口电厂60万kW，大广坝水电厂24.2万kW，牛路岭水电站8万kW，华能南山电厂13.2万kW，清澜电厂15万kW，洋浦电厂44万kW。

(2) 主网：海南目前最高电压等级是220kV，是海南电网主网架，并已实现环网，110kV及35kV网架覆盖全省。截止到2005年底，全省共有220kV变电站10座，变压器16台，变电容量207万kVA，输电线路1274.48km；110kV变电站60座，变压器105台，变电容量291万kVA。35kV及以上电压等级输电线路共有302条，合计5718.114km。其中：220kV线路27条总长1289.783km，同比增加7条115.730km；110kV线路111条总长2149.785km，同比增加10条233.13km；35kV线路164条总长2278.546km，比2004年同期增加5条70.69km；10kV线路1180条总长23234.99km。

截至2005年底，海南电网变电站及电厂高压断路器装用总台数为2960台。其中：220kV等级73台（间隔）（GIS44个间隔，29台敞开柱式断路器），110kV等级379台（GIS23个间隔），35kV等级383台，10kV等级2125台。110kV及以上隔离开关装用总台数为1127台。其中：220kV等级107台（间隔），110kV等级1020台。

电网规划

按照发改委关于“十一五”电力发展规划的要求和南方电网公司关于“十一五”电网发展规划的统一部署，公司组织开展了海南电网“十一五”发展规划和2020年远景目标展望的研究工作，明确了“十一五”电力发展规划的基本思路和重要项目的安排意见。

规划原则：以市场为导向，坚持适度超前原则；立足省情，坚持省内平衡原则；遵循客观规律，坚持协调发展原则；落实科学发展观，坚持可持续发展原则；统筹利用资源，坚持更大范围优化原则。

网架目标：到2010年海南电网将形成“双环网、日字型”主网架结构，即在建成环岛双回路220kV主网架的基础上，加强为“日字型”坚强结构。新建海口、三亚、万宁等燃气电厂，提高东部网络的电源支撑，加强海口、三亚和洋浦等重要开发区的电网结构，沿海各乡镇都有一座35kV及以上变电站，110kV变电站具备双电源供电。

安全生产

2005年公司把安全生产放在第一位，认真贯彻安全生产1号令，制定了1号令实施意见，落实各级安全生产责任制。建立了安全生产责任体系、组织保障体系和事故问责“说清楚”制度。深入开展“五项整顿”，认真落实“十项反事故措施”，开展与“违章、

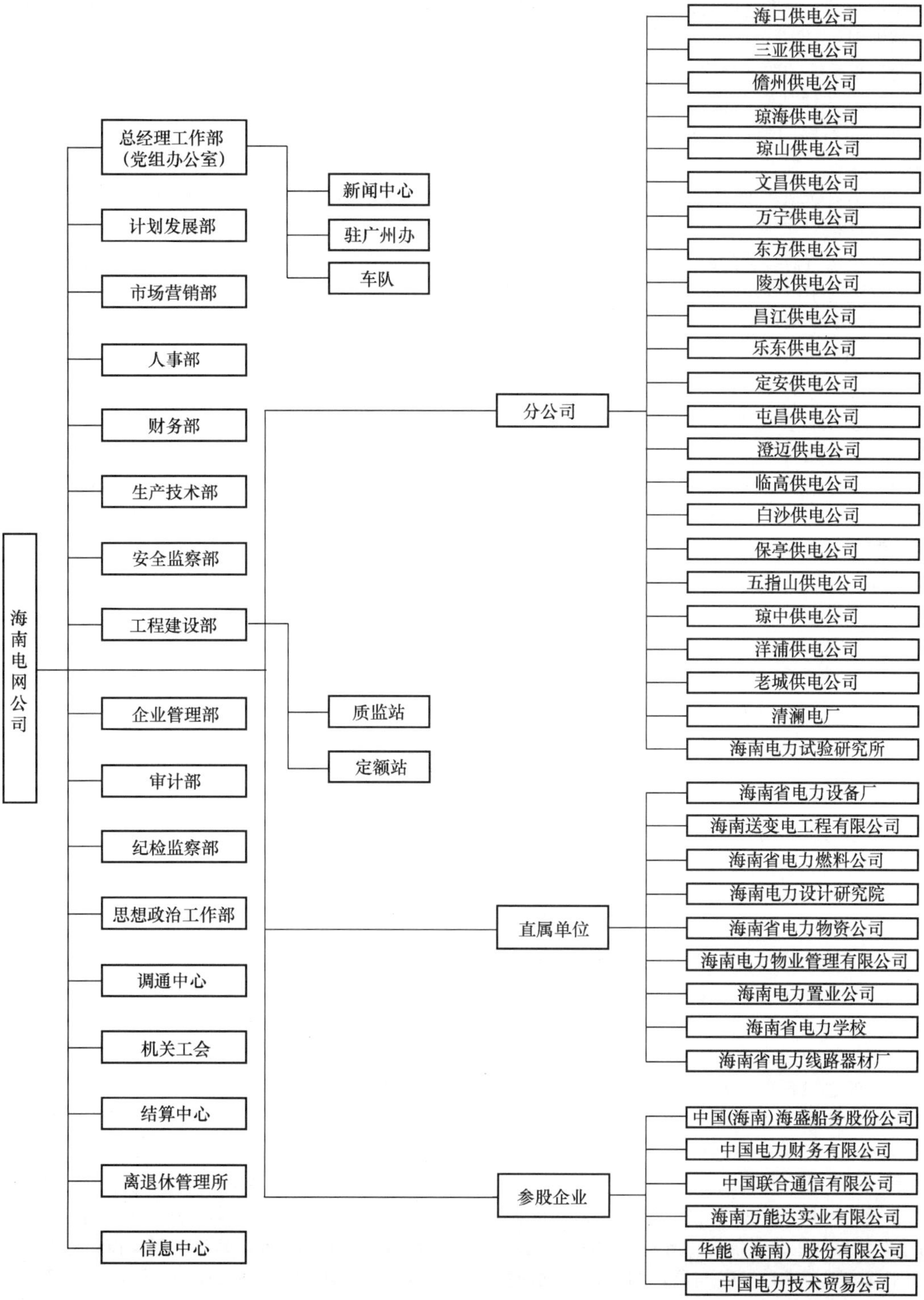

海南电网公司组织机构图

麻痹、不负责任”三大安全敌人作斗争。投入大修资金5500万元，技改资金12500万元进行设备整治，完成5台投运10～16年的220kV主变压器改造性大修任务；完成10座变电站标准化及环境整治，大修更改断路器49台，设备完好率同比提高9.94个百分点。

组织编制了《海南电网公司“十项重点反事故措施”实施细则》。其中包括：建立雷电定位检测系统，并实现与广东系统的数据交换；完成电子污区分布图初稿；专项配备红外测温仪115台、红外热成像仪12台；更换运行时间超过10年、缺陷较多的GG1A型开关柜134面；完成了6台220kV变压器由强油循环风冷改为自然风冷的改造性大修；完成了海口、三亚、万宁全部及儋州、琼海、文昌部分110kV变电站低频低压切负荷装置的改造。

建立和完善了电网事故快速反应机制，完善《海南电网大面积停电事故应急预案》及《海南电网黑启动预案》。5月份举行针对迎峰度夏的联合反事故演习，提高调度人员的安全意识和处理电网突发事故的能力；加强整定计算工作，严把整定正确关，杜绝“误整定”，努力提高保护正确动作率。通过落实各项措施，有力地保证了电网安全稳定运行。

认真开展“二次系统管理年”活动。3月总调专家组赴海南调研考察，对海南电网二次系统整改提出了意见和建议，根据海南实际，6月制订并下发了二次系统整改意见，对二次系统生产组织形式进行了调整；对二次系统规划、基建、技改、设计审查等方面提出了意见；制订了二次系统各专业具体整改实施计划。通过开展二次系统管理年活动，优化了运行管理，促进了公司管理水平的提高。

电网建设

2005年完成固定资产投资9.61亿元，完成计划的96.4%。全年共投产220kV变电容量27万kVA，线路122km，110kV及35kV主变压器容量20万kVA，线路764km。加大技改投入力度，完成投资2.09亿元，完成小型基建投资3393万元。农村电网自查自纠工作取得新进展，为达到国家优良标准也创造了条件。

完成了年初确定的21项重点工程（除5项跨年度项目外）的建设任务。万宁红石220kV输变电工程投入运行，实现了220kV环网运行，也是海南电网真正实现220环网的标志性工程；大丰220kV输变电工程仅用5个多月建成投产，创下了工期最短记录，改善了北部地区220kV网架结构，为实施海口“大带小”工程创造必要条件；洛基220kV变电站改造扩建工程实现了进口GIS与国产GIS的成功对接；清澜电厂“油改气”技改工程于5月18日实现第一台机组改造竣工投产，6月2日全部技改工程竣工投产，共完成投资0.5亿元。清谰电厂油改气86天提前清澜电厂“油改气”技改工程，仅用102天就投产发电。2005年11月，国家核准海南联网工程开工建设，有力推进了海南联网工程建设进程。配合南方电网公司完成了联网工程项目中澄迈福山500kV变电站的征地选址工作。

2005年公司认真贯彻执行基本建设“五制”和管理程序，积极推广普捷工程项目管理系统，提升工程管理水平。深入开展农网自查自纠工作，规范和整改了农网改造工程。在规范化、标准化管理，提高管理能力和水平上积极探索。成立了电力质量检查站和电力建设定额站。用现代化手段管理基建工程，开始推广普捷工程软件系统已经开始实施，大大加强了管理手段；加强与各施工单位的沟通和配合，在抗风抢险恢复供电的工作中，充分发挥了施工单位的作用。

经济运行

2005年全省发电量完成82.83亿kWh，同比增长20.45%，其中水电11.17亿kWh，同比下降5.4%，火电71.55亿kWh，同比增长25.76%。风电0.15亿kWh，同比增长46.01%。全年统调发电量68.544亿kWh，同比增长10.62%，其中水电5.848亿kWh，同比增长14.73%，火电62.696亿kWh，同比增长10.25%。

各类用电情况：2005年大宗工业售电量18.83亿kWh，占30.38%；非工业及普通工业售电量12.00亿kWh，占19.36%；商业售电量11.66亿kWh，占18.80%；农业售电量1.63亿kWh，占2.62%；居民生活售电量14.49亿kWh，占23.37%；趸售电量3.39亿kWh，占5.47%。

电压合格率98.67%，频率合格率99.13%，主网继电保护正确动作率98.32%，网损率2.6%。全年统调机组发电利用小时数4150h，其中水电机组利用小时数为1805h；火电机组利用小时数为4708h。

统调最高负荷1239MW，比2004年增长11.29%，日最大发电量达2580万kWh，比2004年增长18.61%。2005年电网峰谷差继续扩大，最大峰谷差达到646.1MW。全年统调平均负荷率76.3%，较2004年的74.8%提高1.5个百分点。全年最高负荷率为89.11%（6月30日），比2004年提高2个百分点。

实现主营业务收入33.3亿元，同比增长11.36%；单位供电成本完成165.6元/MWh；单位购电成本296.22元/MWh；营业窗口达标率：城市100%，乡镇30%。至2005年底，公司资产总额为75.89亿元，资产负债率71.98%。

抗风抢险

2005年18号强台风“达维”于9月25～27日袭击海南，给海南电网电力设施造成了严重破坏，引发了电厂连续跳机解列，最终于9月26日凌晨1

时26分导致系统瓦解，造成了全省范围大面积停电。

灾情发生后，在南方电网公司党组和海南省委、省政府的正确领导下，海南电网公司临危不乱、沉着应对，成功实施“黑启动”，快速恢复供电。南方电网公司各兄弟单位大力支援，迅速组织抢修，昼夜奋战，克服困难，把损失降到了最低。灾后第一天，全省恢复供电80%，第二天恢复90%，第三天全省18个市县全面恢复主网供电，主网架重新实现环网运行，统调电厂全部正常发电。经过14天的昼夜奋战和顽强拼搏，于10月9日全面完成抗风抢险恢复供电工作，比原计划整整提前了11天，夺取了抗风抢险恢复供电的决定性胜利。

18号台风“达维”是海南32年来罕见的最强台风。这次台风具有四个特点：①“达维”台风风速高，最高时55m/s。据记载自1960年以来，登陆海南省的热带气旋有101个，中心风速达到50m/s以上的加上“达维”也只有4个。②中心位移缓慢，登陆前后滞留了48h。③面积最大，台风中心覆盖全岛，在海南是第一次。④灾情最重，农业、养殖业、基础设施等均遭受严重破坏，造成全省直接经济损失116亿元。

依法经营

在公司年初的工作会议上，公司提出了2005年为公司的基础管理年。认真制定了基础管理工作方案，提出了“两年打基础，三年展风采”工作思路，主题是“打基础、细管理，争效益、促发展”。公司本部制定了工作、技术和管理三大标准体系框架，编制下发100多项规章制度。积极开展县级供电企业达标和班组建设活动，取得阶段性成果。以绩效为导向，实行岗位薪点工资改革制度，加快与网公司的对标和接轨进程。

依法经营，规范管理。首先公司全面实现预算管理制度高效运转，确立了全面预算管理制度，省公司成立了以总经理为主任委员的预算（资金）管理委员会，各单位也建立起相应管理机构，公司系统预算管理意识明显增强，预算控制实现可控、在控，预算执行情况良好，主要经营指标运行结果普遍好于预期。二是制定了贯彻南方电网公司二号令的实施意见，坚决清理“小金库”和高风险业务，促进内控制度建设。三是面对种种经营压力，主动强化内部管理，努力挖潜增效，堵塞跑冒滴漏，全年增收节支总额2700万元，其中，通过加强资金运作，节约利息费用1000万元。四是积极主动参与电价改革与调整工作，加强对电价的研究，加大协调力度，使降价幅度尽量减小；同时，严格控制各项成本，化解降价的压力。五是对电网资产进行了保险，这项决策使“达维”台风及其他灾害给电网造成经济损失得到了及时、合理的保险赔偿款3430万元，有效转移了经营风险。六是无偿接收洋浦电厂供电资产1.9亿元，改善了公司资产负债结构，对资产负债率指标起到了促进作用。七是强化会计基础工作和财务内控制度建设，出台财务制度19个，制订加强会计基础工作80项，推进依法经营。

2005年是海南省实行峰谷分时电价政策第一年，公司共投资580万元对519户大宗工业用户、1482户普通工业用户实施分时计量改造，并执行了峰谷分时电价政策。实行峰谷电价使统调平均负荷率比2004年同期提高1.5个百分点，峰谷电价对用户移峰填谷、提高电网负荷率起到了积极作用。深入开展电价执行检查，全面取消了系统内部办公及职工生活用电的优惠电价。

通过对影响线损的技术和管理因素进行全过程全方位的调查分析，初步摸清了公司线损管理存在的问题，提出了审计建议，为公司进一步加强线损管理提供了参考依据。

2005年公司共完成各类审计项目124项（其中工程项目审计88项），查出并及时纠正违规行为，挽回经济损失1452万元，责成相关部门进行账务调整，提出审计建议23条。

迎峰度夏

全力确保电力供应，迎峰度夏工作成效显著。在全省统调装机未增加的情况下，全社会用电量急剧增长，用电负荷11次创历史新高，最高负荷123.9万kW，同比增长12.6%。

统调最大日发电量2580万kWh，同比增长18.6%，再加上干旱少水，供气有限，最大电力缺口21万kW，最大日缺电量达360万kWh。

公司早部署、早落实，年初在网公司系统率先与发电企业签订购售电合同，并与小水电签订全年购电协议，充分挖掘电源潜力。不惜增加计划外成本1145万元，安排清澜电厂顶峰发油电约3380万kWh，主动承担起社会责任；投资800万元对2000户工业用户分时电价装置进行改造，日最大削峰填谷8万kW。公司系统各单位，用心加强需求侧管理，制定了有序用电方案，始终保持了电网安全稳定运行和电力有序供应。在电源发生事故情况下，5次成功实施了有序用电，做到了“限电不拉路，错峰不减产”，实现了全年“零拉路”目标，确保了人民生活和经济社会发展对电力的需求，圆满完成博鳌年会、海上观音开光大典、世界小姐、百年电影节等重要活动的保电任务。

科技工作

2005年初公司成立了科技领导小组，建立了科技工作机制。投资800万元，确定海南500kV联网后电网稳定性研究、数据网络规划、雷电定位系统应用推广等14项科技项目。其中“海南联网后的电网安全稳定措施研究”与“海南电南方电网数据网络平台研究与实施”被列为南方电南方电网的重点科技项目。初步建成全省2.5G光纤通信网。

公司本部成立了信息中心，完善了信息化管理机构。完成了办公自动化、电费收缴、工程项目管理、技术监督管理以及固定资产管理等子系统的建设，编制完成了《海南电网公司十一五信息化与网络规划》。

积极推进OA系统的建设，省公司本部OA系统于2005年5月15日开始试运行，于8月15日开始正式单轨制运行。2006年1月1日已开通OA短信服务，即时提醒待办文件，督促公文办理，大大提高了办文效率。公司本部OA系统已实现与南方电网公司OA的公文互联互通，并与省政府政务网实现公文交换。

优质服务

2005年加大了大客户供电服务力度，保证了重点工程和大客户的电力供电。开展了“为海南做贡献，为南网添光彩”的优质服务主题活动。在2005年10月份优质服务活动月，大力宣传南网大政方针、服务理念、用电知识，全省19个供电公司24个城区活动点参加总人数1548人，发放用电宣传资料10万册，当天接待用户咨询3505人次，解决用户实际困难523户，志愿服务小分队为五保户、军烈属、孤寡老人、残疾人等109个特殊用户上门服务，走访了三星（海南）光通信技术有限公司、华盛水泥厂、海南炼化、金海浆纸厂、洋浦电厂等56个大客户，优质服务活动取得良好效果。在抗击达维强台风工作中，营销系统各级员工想用户所想，急用户所急，积极配合抗风救灾指挥部抗风救险，为抗风抢险全面恢复供电做出了积极的贡献。

全面开通95598客户服务系统。7月1日开通海口（含琼山）、三亚“95598”电力客户服务热线。12月28日全省18个市县，全面开通了“95598”客服热线。通过“95598”热线及时为客户提供咨询查询、业务受理、投诉举报、故障报修、停电通知、欠费提醒等方面的具体服务。

根据南方电网公司营业窗口规范化建设标准，公司编制了《海南电网公司供电营业厅分级装修规范手册》，将全省营业厅分为城市、县城、乡镇三级。投资775万元对4个城市、2个县城、1个开发区、60个乡镇供电营业窗口进行了改造，改善了营业场所条件。各级营业厅在功能、平面布置、色彩基调、形象墙等方面协调合理、规范统一，树立了南网品牌形象。加大营销管理信息系统建设步伐，全年共投资862万元建设完成15个供电公司城区供电所以及全省26个重点乡镇供电所营销电费系统。

开展营业普查和反窃电工作。2005年用电普查专项活动共检查大宗工业用户555户，检查非普工业用户936户（占非普工业总户数50%）；检查单相计量、公用变压器三相计量、专用变压器用户供用电合同户数共105万户，检查出合同签订不规范户数率达3%。查处违约用电户数261户，追补电费20万元，违约使用电费63万元；查处窃电户数525户，追补电费65万元，违约使用电费156万元；查处计量差错户数912户，追补电费282万元；发现抄核收差错户数77户，补收电费3.3万元；检查系统内职工用电总户数6149户，检查系统内办公用电351户，均已安装电表，按目录电价收费，完善了档案管理。

加大计量改造投入。2005年全网34892个关口点计量装置，其中无法满足电能计量装置技术管理规程要求的有18140关口点，约占总数的52%，为从根本上彻底扭转公司线损考核管理的落后局面，尽快实现按分压、分线、分台区进行线损考核管理，公司投资4000万元改造8191套关口点计量装置和计量防窃电技术改造。

四好班子建设

扎实开展创建“四好”领导班子活动，各级领导班子的治企能力和执行力明显提高。从能力建设入手，与保持共产党先进性教育和“基础管理年”活动相结合，全面加强领导班子的思想、组织、作风和制度建设，增强了政治意识，大局意识和责任意识。

公司实施大教育、大培训战略，制定了《职工教育培训管理办法》和《职工教育培训计划》，按照缺什么补什么、干什么学什么、学什么专什么的原则，举办了3期领导干部高级研修班，1期供电营业所所长培训班，2期变电站站长培训班，1期供电营销人员优质服务技能提升班等。全年累计举办20个培训班，共有2592人次参加了培训。特别是3期领导干部企业管理高级研修班，公司所有中层干部轮训了一遍。

加强干部队伍培养。从制度建设入手，公司制定了《领导干部管理暂行办法》、《领导班子考核工作方案》，在严格考核、民主测评、充分酝酿的基础上，提拔和调整了65名中层干部，解决了主要供电公司班子力量配备不齐、部分直属单位班子软弱涣散、部分机关干部长期同一任职、近亲回避和后备干部储备不足等问题。

党建工作

按照南方电网公司党组的统一部署，于2005年7月在公司系统内认真开展以实践“三个代表”重要思想为主要内容的保持共产党员先进性教育活动。在解决“突出问题”和“实际问题”上下功夫，规范动作不走样，自选动作有特色，基本上达到了“见实效、见长效”的阶段性目标。通过深入开展先进性教育活动，基层党组织的凝聚力、战斗力明显增强。

以南网大政方针统领全局，融合与接轨步伐明显加快。公司党政班子始终坚持以南网大政方针统领全局，把掀起学习宣传贯彻南方电网大政方针的新热潮，准确把握大政方针的精神实质、深刻理解大政方针的丰富内涵，真学真懂真用大政方针，作为重中之重来抓。组织起草宣讲提纲，举办学习报告会、演讲比赛，撰写优秀论文和组织理论考试等一系列活动，以思想接轨促进工作接轨，安全生产、电力供应、优质服务、经营管理、抓班子带队伍等各项工作取得了显著成效。

加强基层党建工作。完善8个基层党组织，2个由党总支改设为党委，6个由党支部改设为党总支，颁布《党支部标准化建设实施办法》（试行）和《党支部工作条例》；出台《保持党员先进性长效机制若干意见》。完成5个基层工会组织和机关工会换届选举和负责人的任职工作。

成立了直属党委，理顺了组织关系，充实了党务干部队伍，党支部组织生活更加规范，民主空气更加浓厚，批评与自我批评的氛围初步形成，战斗堡垒作用进一步发挥，党组织的吸引力明显增强。在教育活动期间，公司系统有78名非党员职工向党组织递交了入党申请书，新发展党员72名。

落实党风廉政建设责任制，惩防体系建设扎实推进。公司把贯彻落实《实施纲要》，构建惩治和预防腐败体系作为增强领导班子执行力和党的先进性建设的一项重要政治任务，纳入公司整体战略规划体系，工作程序特别是人事任用、招投标、资金管理等更加规范，监督制约机制更加完善。

公司系统党政领导人员讲党课65场次，专题理论辅导70场次，开展《实施纲要》、《廉洁从业规定》和南网大政方针知识竞赛活动39场次，各级领导班子成员和党员1494人参加了《实施纲要》、《廉洁从业规定》等知识竞答活动，开展“警示”教育25场次，预防职务犯罪报告20场次，“示范”教育21场次。积极参加南网公司组织开展的“清风伴我行”廉洁警言征集活动，对精选出的廉洁警言在公司及所属单位轮流进行展示，努力营造“勤廉为荣、贪腐为耻”的廉洁文化氛围。

公司所属单位有242名领导人员和业务主管人员实行了廉洁承诺，3个单位向公司报告了本单位的有关事项。

加强信访管理，查办案件工作取得新进展。公司高度重视群众的来信来访工作，制定下发了《海南电网公司信访工作制度》。按照分级负责、归口管理的原则，信访件基本得到了调查核实，并对属名信访件向举报人反馈了意见。

企业文化与精神文明建设

积极推进精神文明创建、行风建设和新闻宣传工作，优质服务水平和公司形象明显提升。公司出台了《海南电网公司创建文明单位管理办法（试行）》，各单位把开展创建“文明单位”、“文明行业”活动作为加强精神文明建设的有效载体，加强领导、精心组织、狠抓落实。三亚、乐东供电公司被评为“全国精神文明建设工作先进单位”，220kV官塘变电站荣获全国“青年文明号”。深化“万家灯火、南网情深”优质服务系列活动，进一步提升公司窗口部门和服务部门的服务理念。

采取户内宣传栏、门户网站等形式，加强对内、对外宣传报道。定期向省政府和南方电网公司汇报公司工作情况，及时取得上级领导的支持和帮助；积极主动与媒体沟通合作，累计在中央和省级以上媒体发稿千余篇（条）次。

工会、共青团和离退休人员管理工作的作用得到有效发挥。公司举办“颂祖国、葆先进、树形象”歌咏活动和多种形式的文化娱乐活动，开展变电运行大比武、“生命之歌”演唱会、“安康杯”竞赛，举办优秀共产党员、劳动模范、抗风抢险先进事迹报告会，开展“送温暖”，慰问特困职工、困难职工和全国、省部级劳模活动。新成立离退休工作领导小组和离退休工作部，制定了离退休人员管理办法，加强离退休人员管理，从组织上、经费上、措施上进一步落实离退休人员的政治待遇、经济待遇。

出台了职工带薪休假制度、体检制度、聘用工工资实施细则，创办了机关职工食堂，解决了部分单位住房、用车、办公条件等困难，在职职工工资和内退职工生活费得到了提高，公司“四五”普法通过了验收。大力推广南方电网VI识别系统，在重要场所树立VI标识，使海南全省人民对“南方电网”有了深刻的认知度，树立了公司的品牌形象。

（汪年凤）

其他地区

西藏电力公司

企业概况

截至2005年底，自治区电力局、自治区电力公司实行“一套机构、两块牌子”的管理模式，统一经营、管理地市级电网，即藏中电网（拉萨、山南、日喀则和那曲）、昌都电网、林芝电网和阿里电网，总装机容量33万kW。公司总资产51.19亿元，资产负债率7.33%，年售电量9.7亿kWh。全员劳动生产率10.9万元/人年（不包括公司系统季节工、临时工，阿里电力公司、那曲电力工业局）。

西藏电力公司建立了企业负责人目标责任考核制度，对所属基层单位按资产经营、安全生产、党风廉政建设和社会治安综合治理进行责任制考核。2005年，公司完成国家电网公司资产经营考核情况见下表。

项　　目	指标下达数（万元）	2005年实际数（万元）	完成指标
1. 利润总额	150	378	252%
2. 净资产收益率	0.03%	0.06%	200%
3. 流动资产周转率	0.69	0.69	100%
4. 三项费用	10000	9860	−1.4%
5. 资产负债率	10%	8.5%	−1.5%

电力概况

2005年末，全区电力总装机容量50万kW，西藏电力未实行厂网分开。其中，公司所属发电装机容量33万kW，覆盖7个地市所在地和30个县政府所在地以及部分乡和行政村，人口约120万人，其余43个县均是一县一站一网（小水电和光伏电站）。全区用电人口172万人，占全区总人口的60%；全区各县府所在地基本有电，乡、村有电率（含小水电、光伏电站）分别达到100%和41%。

藏中电网和昌都电网最高电压等级为110kV，其他地区最高电压等级为35kV。110kV变电站15座，变电总容量55.1万kVA，110kV输电线路总长度1640km。35kV变电站71座，变电总容量37.4万kVA，35kV输电线路总长度1542km。

组织机构

2005年，公司本部设9部1会，即总经理工作部、规划计划与投融资部、人事劳动部、财务与产权管理部、生产技术部、工程建设部、安全监察部、审计部、思想政治工作与监察部（与纪检组、机关党委、团委合署）、西藏电力工会。

公司下辖23个基层单位，其中分公司12个、子公司5个、派出临时机构5个。另有代管企业1个。

领导班子

党组书记、副总经理：白玛朗杰（2005年8月25日退休）

党组书记、总经理：王庆华（2005年8月25日任党组书记，此前任公司党组副书记、总经理）

党组成员、副总经理：刘晓明　李华　张韧

党组成员、纪检组长：加央群培

党组成员、工会主席：索朗江村

总工程师：高应云

总会计师：扎西央宗（女）

总经济师：陈新民

人力资源

2005年末，公司系统（含那曲、阿里）员工人数为3878人，其中藏族和其他少数民族职工占58%，汉族职工占42%。在职员工中，管理岗位1088人，占员工总数的28.06%，生产岗位2790人，占员工总数的71.94%；研究生学历11人，占总人数的0.28%，本科学历170人，占总人数的4.38%，大专学历694人，占总人数的17.90%，中专学历531人，占总人数的13.69%，高中学历782人，占总人数的20.17%，初中及以下文化程度1690人，占总人数的43.58%。具有专业技术职务的1037人，其

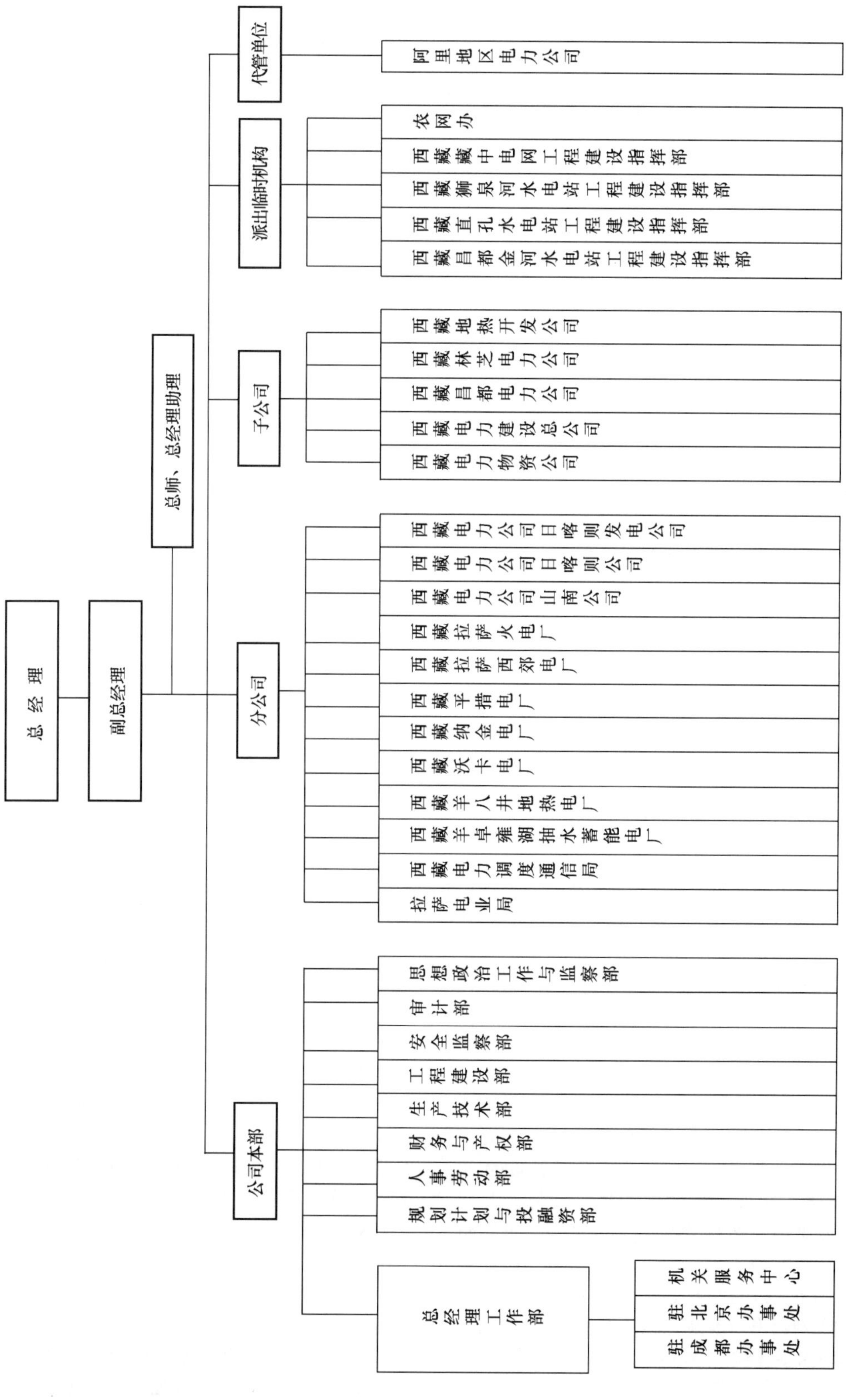

西藏自治区电力公司组织机构设置图

中，高级专业技术人员27人，占专业技术人员总数的2.60%；中级专业技术人员189人，占专业技术人员总数的18.23%；初级专业技术人员821人，占专业技术人员总数的79.17%。

2005年，公司围绕电力生产和建设需要，开展岗位技能培训7243人次、学历教育培训449人、外派培训（含外派挂职锻炼）23人、内部短期脱产培训810人，全年培训率达到81%。积极做好人才引进工作，从区内外高校毕业生中和有关单位引入52人，接收安置国家电网公司第9批援藏人才33人。

2005年，成立了西藏电力行业职业技能鉴定中心和鉴定站，组建并培训了电力行业职业技能鉴定考评员队伍和管理人员队伍。完成了阿里电力公司生产人员的培训工作。

公司积极推进"四好"领导班子建设，制定了《中共西藏电力公司党组关于领导干部的管理办法（试行）》、《中共西藏电力公司党组关于创建"四好"领导班子的意见》和《中共西藏电力公司党组关于创建"四好"领导班子年度百分考核细则》。完成了阿里电力公司、狮泉河水电站建设工程指挥部领导班子的选配和系统内其他企业领导班子的调整补充工作。加强了对年轻干部的培养与交流，建立了公司后备干部人才库。完成了公司领导干部和员工年度考核。

电力建设与发展

1. 规划前期工作

编制完成了《西藏电力发展"十一五"规划及2020年远景目标》。巴河雪卡电站、老虎嘴水电站、雅江藏木水电站、拉萨河扎雪水电站、藏中电网抽水蓄能电站等一批电源项目前期工作超前安排，取得了实质性进展，为"十一五"开工建设奠定了基础。开展了雅鲁藏布江中游上段、拉萨河、西藏东部金沙江、澜沧江的水电规划和怒江查勘工作。"藏电外送"设想已进入实际的研究和推进中。

2. 建设、开工、投产情况

"十五"期间，电力建设完成投资38.97亿元。其中，电源项目4个，总装机容量18.85万kW，总投资23.22亿元。金河水电站于2004年8月四台机组全部安装投运、羊湖电厂扩建5号机组于2004年12月投产发电。直孔水电站于2003年5月开工建设、狮泉河水电站于2004年7月开工建设。电网建设项目5个，总投资15.5亿元。藏中电网网架完善工程、日喀则至拉孜输变电工程、昌都电网工程、以及一、二期农网建设与改造工程均于2004年年底之前完工。青藏铁路供电工程（西藏段）于2005年8月完工。

2005年，西藏电力公司完成电力建设投资计划6.23亿元。昌都金河水电站枢纽工程通过验收；直孔水电站、狮泉河水电站建设进展顺利，质量、安全、工期都处于受控状态；青藏铁路供电工程（西藏段）主体工程建成投运；西藏电力公司作为项目法人的第三期农网建设工程启动。

经营管理

2005年，公司加强综合计划管理，分解落实公司年度预期经营指标，开展经济活动分析，确保计划执行可控、在控；加强预算管理，可控成本得到有效控制，资金管理水平和资金运作效率进一步提高；认真开展了"三清理一规范"工作，促进企业依法理财，规范经营。较好地完成了清产核资工作，提高了资产质量；认真落实降损措施，地市以上电网平均线损率11.75%，同比下降1.22个百分点，低于年计划2.00个百分点；狠抓电费回收工作，加大电费回收考核奖惩力度，电费回收率达99%；积极开展各类审计工作，更好地发挥了审计的监督职能，取得了一定成效；加大招投标和物资管理力度，促进了基本建设管理规范化；扎实开展法制宣传教育，合同管理得到进一步强化，有效地规避了经营风险。公司经营目标全面实现，全年完成售电量9.31亿kWh，同比增长17.11%；实现主营业务收入42187万元，同比增长9.84%。资产负债率8.5%；总资产周转率0.10次。

2005年，公司开展了以"找差距、抓管理、强基础、保安全、增效益"为主题的"管理年"活动，完成了系统内管理现状基本情况调研，开展了同业对标的前期准备工作，使"管理年"活动初见成效。年度投入安全文明生产双达标活动整治资金239万元，新增9个达标企业和基层生产单位。

安全生产

2005年，藏中电网最高负荷22.8万kW，同比增长11.22%。藏中电力缺口3.2万kW。藏中电网电力供需矛盾突出，电网备用容量严重不足，设备长期重载及满载运行，电网结构十分薄弱，运行方式局限性较大。面对严峻的电力供需形势和安全问题，公司积极采取应对措施，加强安全管理和安全监察，完善安全技术措施；精心组织电力生产和电网运行，加强设备管理和调度运行管理，挖潜增供；加大需求侧管理力度，按照"先错峰，后避峰，再限电，最后拉路"的原则组织电力有序供应；组织开展联合反事故演习。按照缺电不缺服务的要求，加强优质服务工作。基本保证了电网的安全稳定运行，满足了高峰负荷的需要。2005年，全区地市以上电网完成发电量

11.7亿kWh，同比增长15.06%，其中公司直属发电企业完成10.7亿kWh，同比增长15.46%。

公司进一步加强安全管理，落实安全生产责任制，健全完善安全生产保证体系。出台了《交通安全管理办法》、《反习惯性违章管理办法》等管理制度及《输变电检修作业规范要点和防止电气误操作规范化要点》；加强防汛、迎峰度冬、重大节日等专项安全检查，认真开展重大电网事故和人身伤亡事故的专项检查、分析；开展“反习惯性违章”活动，规范事故定性及考核，建立健全安全监督体系。调度系统开展了安全性评价工作和“安全优质服务年”活动，做好了公司系统实施安全性评价和标准化作业的前期准备工作。

2005年，公司系统电力建设保持了安全平稳态势。未发生重大建设工程设备、质量和人身事故，未发生火灾、交通和水毁事故。但是，电力生产安全形势比较严峻，公司系统共发生1起重大电网事故，发生6起一般电网事故，比2004年上升3起；发生4起变电设备事故，比2004年下降2起；发生7起发电设备事故，比2004年上升3起；发生12起输电设备事故，比2004年上升8起；发生21起设备一类障碍，与2004年持平；发生4起人身伤亡事故，死亡2人，重伤2人。从事故统计看，2005年电网事故和设备事故比2004年呈上扬态势，特别是死亡人数增加和电网瓦解等性质严重、影响恶劣的事故给职工生命和国家财产带来损失。

农电工作

2005年，公司进一步加强对二期农网的运行管理，确保已建成的农网充分发挥效益。完成电网内25个县二期农网项目的评审工作。开展三期农村电网建设的前期准备工作，基本完成三期农网所涉及的34个县初设项目审查。组织各地区电力公司对来自28个县的180名农村电工进行技术培训。

科技与信息化

2005年，高原（西藏）地区110kV变电站绝缘配合研究项目被评选为“2005年国家电网科技进步奖”三等奖，填补了海拔3000～4000m地区110kV电气绝缘配合研究的空白。

日本政府援助的“中国西藏羊八井地热资源开发计划调查”项目于2005年基本完成，其调查成果——“中国西藏羊八井地热资源开发计划调查报告”于2005年12月通过了中国能源研究会地热专业委员会的评审。该调查成果为西藏羊八井地热发电厂的长远发展、地热资源的可持续利用和环境保护提出了指导性意见。

羊八井地热电厂循环水系统防腐技术研究取得新成效，12月8日通过项目评审验收。该项目研究成果处于国内先进水平。

体制改革

2005年，西藏电力公司体制改革继续深入。在自治区党委和政府的支持下，完成了阿里电力体制改革，撤销阿里地区电力局，自治区电力公司受阿里地区行署的委托，对阿里电力公司实施代管；那曲电力体制改革已形成初步意见。至此，全区地市以上电网形成统一管理的格局。完成了主网内农电体制调研工作，提出了农电体制改革初步意见；公司体制改革、电价改革有新的进展；进一步深化公司系统劳动、人事和分配制度改革，按照企业增效、职工增收的原则，在不断完善“三改”制度的基础上，积极推进企业“三项制度”改革工作稳步、深入进行。

援藏工作

2005年，共落实援藏资金2662.1万元。全国电力援藏和合作力度加大。中央电力企业积极从人才、技术、资金、管理等方面给予西藏电力大力支持与帮助。西藏自治区政府与中国华能集团公司、中国华电集团公司、中国水电工程顾问集团公司分别签订了战略合作协议；《西藏电力发展“十一五”规划及2020年远景目标》的咨询工作得到了国家发展与改革委员会和国家电网公司的大力支持，专家组给予了较高评价，并提出了宝贵的咨询意见。自治区党委、政府领导与国家电网公司领导就西藏电力发展与改革相关问题举行了会谈，达成了共识，并就共同关心的问题进行了磋商。中国水电工程顾问集团公司专家组对羊湖电厂进行了安全评估、对直孔电站工程建设开展了咨询活动；中国水电水利规划设计总院专家组，进藏对雅鲁藏布江中游河段进行了查勘，对雅鲁藏布江中游水电开发方式进行了研究；国家电网公司为向西藏自治区成立40周年献礼，援助建设了西藏电力调度综合楼，对改善西藏电力企业生产生活条件、提高自动化水平和管理水平、促进西藏电力加快发展发挥了重要作用。

优质服务

2005年，公司所属各供电公司制定了供电服务承诺，建立完善了电力报修抢修、投诉举报、咨询查询和业扩报装服务体系。同时，公司对内进一步加强职工队伍服务意识和观念的转变，按照优质服务承诺、管理制度和考核办法，加大各项营销服务工作的考核力度。对外向社会各界广泛宣传供电服务承诺、电价标准、业务工作流程和安全用电常识，并积极兑现服务承诺。建立健全了社会监督机制，在社会各界聘请行风监督员，定期召开行风监督员座谈会和用户年会，听取意见和建议，积极解决社会用电突出问题和群众用电难问题。积极参加创建“青年文明号”服务窗口活动，较好地树立了电力服务形象。

2005年，公司加强调度运行、信息披露方面的管理，增强了调度的公平性、透明度。与6个单位签定了并网调度协议，严格按照并网调度协议履行电网调度工作职责和义务，充分发挥地区电网之间的优势互补、错峰效益和联网效益。各级调度机构根据藏中电网、各地区电网的特点，编制了包括藏中电网瓦解、重要联络线掉闸、重要发电厂全停、大型机组跳闸、重要变电站失压等的电网事故处理预案。

党的建设和精神文明建设

2005年，在自治区和国家电网公司的统一部署和安排下，先后分两批开展了保持共产党员先进性教育活动，各基层单位针对自身特点，开展了“党员挂牌上岗”、“党员先锋岗”、“党员身边无事故”等活动，有效推动先进性教育活动深入开展、取得实效，群众对党组织和党员的满意率均达到95%以上。

2005年，公司把各级领导干部能力建设和廉政建设作为关键环节来抓。开展了“四好”领导班子建设，加大了干部队伍的理论知识学习和业务能力培训，不断提高领导班子思想政治素质、业务素质和工作业绩。建立健全了党员领导干部廉政档案制度，完成了对系统中层以上领导干部的廉政考核。

2005年，公司把精神文明建设纳入目标责任制管理中，与生产建设、经营管理等工作“同部署、同落实、同检查”。同时继续开展“老西藏精神教育”和“四观”、“两论”教育，引导干部职工充分认清达赖分裂集团的反动本质，增强维护祖国统一、促进民族团结、保持西藏长治久安的必要性和坚定性。2005年，公司被西藏自治区党委、政府授予“2000～2004年全区社会治安综合治理先进单位”；拉萨电业局等3个单位被国家电网公司命名为“双文明单位”。

2005年，西藏电力工会正式成立。工会组织积极加强维权机制建设，有效落实厂务政务公开、集体合同平等协商制度和基层工会组织的组建、换届改选工作。西藏电力工会被全国总工会授予“模范职工之家”称号。各单位团组织开展增强团员意识主题教育活动，至2005年底，公司系统共建成自治区级以上“青年文明号”单位5个。

主要事件

1月11～13日，西藏电力工会首届会员代表大会召开。

1月13日，自治区党委书记杨传堂视察直孔水电站建设工地。

1月14～16日，公司2005年工作会议暨首届职工代表大会召开，公司职工代表大会制度正式形成。

1月18日，东嘎110kV变电站启动投运。

1月份，公司正式开展以“找差距、抓管理、强基础、保安全、增效益”为主题的“管理年”活动。

3月8日，自治区党委书记杨传堂、自治区主席向巴平措、副主席杨海滨等领导，就西藏电力发展与改革相关问题，在北京与国家电网公司总经理刘振亚、副总经理陈进行、陈月明等领导举行会谈。

4月15日，阿里狮泉河水电站建设顺利实现截流。

4月份，西藏农网建设中的第一座110kV变电站——山南桑日县冲木达110kV变电站完成所有设备的安装、调试工作。

5月2～3日，直孔水电站指挥部邀请中国水利学会、中国水力水电科学研究院、中国水利水电基础工程局、武汉大学水电学院、西北电力设计院的有关专家组成专家组，对直孔水电站厂房后边坡山体裂缝预应力锚索施工方案进行技术咨询。

5月19日，阿里地区电力体制改革工作座谈会暨公司代管阿里地区电力公司协议签字仪式在拉萨举行。

5月31日，西藏电力局、公司纪检监察工作会议在拉萨召开。

5月份，西藏电力工会被全国总工会授予“模范职工之家”。

5月份，公司开展2005年藏中电网反事故演习。

6月8～9日，西藏自治区人民政府和国家电网公司在北京组织有关单位和专家，对西藏自治区发展改革委员会和西藏自治区电力局联合编制的《西藏电力发展“十一五”规划及2020年远景目标》（咨询稿）进行咨询。

6月13日，西藏电力工会与公司人事劳动部联合举办“电力系统首届工会干部培训班”。

6月16日，直孔—当雄110kV输电线路工程通过初步验收。当雄110kV变电站启动投运。

6月29日，羊湖电厂2号机转轮17号和18号水斗根部之间发生裂纹，2号机被迫停运，经抢修于7月31日恢复运行。

7月6～8日，应电力工业局、公司邀请，中国水电工程顾问集团公司派出安全评估专家组赴藏，对羊湖电站压力钢管进行实地查勘和安全评估。

7月9日，中国水电工程顾问集团公司安全评估专家组，在直孔电站建设工地进行检查、咨询。

7月9～10日，国家电网公司基建部专家对青藏铁路供电工程进行现场检查、指导。

7月11～25日，国家发改委对直孔水电站工程进行工程稽查。

7月29日，西藏电力行业职业技能鉴定中心成立暨管理员、考评员培训班开班仪式在拉萨举行。

8月6～12日，国家电网调度中心专家组赴藏，对公司调度系统进行安全性评价，并对“安全优质服务年”活动暨自治区成立40周年大庆保电工作进行检查。

8月15～16日，金河水电站枢纽工程专项验收会议在成都召开。西藏昌都金河水电站枢纽工程顺利通过验收。

8月20～28日，国家电网公司副总经理陆启洲率代表团赴藏考察。

8月26日，国家电网公司向西藏自治区成立40周年大庆献礼项目——西藏电力调度综合楼工程开工奠基仪式在拉萨举行。

8月26日，柳梧110kV变电站建成投运，标志着青藏铁路（西藏段）供电工程主体工程完工，青藏铁路（西藏段）的运行具备了电力保障。

9月7日，庆祝西藏自治区成立四十周年中央代表团阿里分团团长、中央统战部副部长朱维群一行视察阿里狮泉河水电站建设工地。

9月8日，西藏自治区人民政府与中国华能集团公司战略合作协议签字仪式在拉萨举行。

9月11～13日，国家大坝安全鉴定中心组织专家对直孔水电站进行首次大坝安全鉴定。

9月14日，国电集团公司、西藏电力公司在拉萨就开发西藏水电项目进行了座谈。

9月16～18日，国家电力建设工程质量监督总站、西藏水电建设工程质量监督中心站对直孔水电站工程进行了三次质量巡视检查。

9月17～19日，国家电监会大坝中心专家组和西藏水电工程建设中心质量监督站对阿里狮泉河水电站工程进行现场检查。狮泉河水电站工程蓄水安全鉴定工作启动。

10月18日，阿里电力公司成立挂牌仪式在狮泉河镇举行。阿里电力公司的成立，标志着西藏电力体制基本理顺，全区地市以上电网形成统一管理的格局。

10月20日，直孔水电站建设工程成功实现二期截流。

10月24日，拉萨西郊变电站到柳梧变电站联络线路发生单相接地故障，因事故扩大，导致藏中电网瓦解的重大电网事故。

11月4日，西藏自治区人民政府与中国水电工程顾问集团公司战略合作协议签字仪式在北京举行。

11月8日，藏中电网各主要电厂满功率实验完成，确保了藏中电网迎峰度冬工作。

11月25日，西藏自治区第二期农网建设与改造工程总结表彰暨第三期农网建设动员大会在拉萨召开。西藏电力公司作为项目法人负责第三期农网建设工程34县农村电网建设项目的实施与管理。

12月2日，西藏自治区人民政府与中国华电集团公司在北京签定西藏水电资源战略合作开发协议。

12月8日，羊八井地热电厂循环水系统防腐技术研究项目评审验收会在四川大学召开，该项目研究成果处于国内先进水平。

12月23日，国家环保总局专家对林芝老虎嘴水电站建设进行环境影响评估。

12月，西藏电力40年发展历程大型画册《雪域明珠　光泽高原》出版发行。

（陈宁华）

（香港）中电控股有限公司

概述

中电控股有限公司是中电集团的腔股公司，于香港联合交易所上市，是亚洲规模最大的私营电力公司之一。

中电控股有限公司的主营业务可分香港地区、澳洲、中国内地、亚洲区4个区域说明。

（1）香港地区：自1903年起供应电力；在香港拥有及营运纵向式电力供应业务，包括总装机容量为6596MW，输、供电线路总长度超过12322km，供电客户超过220万（占香港总人口的80%以上）；受香港政府按管制计划协议监管。

2005年，香港地区售电量为338.79亿kWh；本地用电需求量于7月创下6475MW的历史新高，而2005年内系统需求量亦高达7817MW；连续8年冻结电价；供电可靠率达99.99%；龙鼓滩7号机组于8月开始投入商业运行。2005～2008年的财政计划已获通过，预计2005年到2008年9月的资本性开资为240亿港元。

（2）澳洲：自1999年起从事私人电力项目的发展、投资、管理和营运工作，业务主要位于维多利亚省和南澳省。营运纵向式综合能源供应业务，包括全资拥有两座共2760MW的大型热电厂和一项966MW

发电容量的长期对冲合约；超过110万燃气及电力客户，包括家庭用户和大型工商企业；燃气贮存及分销业务。

于5月完成向新加坡电力收购TXU商业能源业务，并于8月完成收购新加坡电力SEQGas管道33%的收益权。将现有的雅洛恩能源业务与商业能源业务合并，并以新的统一品牌TRUenergy经营纵向式综合能源业务；完成向Hydro Tasmania收购Roarimg40s可再生能源业务50%的权益。Roarimg40s在澳洲经营131MW风场和其他发展中项目。

(3) 中国内地：自1985年起从事私人电力项目的发展、投资、管理和营运工作，为中国内地电力市场最大的投资外商，在广东、北京、山东、陕西、贵州以及吉林投资，共拥有发电资产净权益4080MW。

防城港项目（1200MW）的合营公司于5月正式成立，已展开由中电管理人员监管的建筑工程；中电国华及神木旗下电厂（2300MW）取得高运行时数，反映当地市场的需求和中电与合营伙伴的合作，取得稳定的燃煤供应和有效的燃料成本管理。

(4) 亚洲区：自1994年起从事私人电力项目的发展、投资、管理和营运工作；是印度电力市场上最大的外资电力公司，拥有印度GPEC电厂的发电资产净权益655MW；是亚洲区内具有领导地位的国际私人电力公司，拥有发电资产净权益2015MW，分布在台湾、泰国、菲律宾等地区。

GPEC继续维持卓越的营运、安全及环境管理标准；泰国BLCP134MW电力电力项目施工进度理想；台湾和平电厂调升能源收费，大幅舒缓先前煤价及运输成本飚升的影响；和平电厂的圆顶煤场被飓风摧毁，加上两台发电机组当中有一台的涡轮机叶受损，对运行造成影响。

中国内地

1. 投资项目（见表1）

表1 中国内地投资项目

序号	投资项目	总容量/所占容量(MW)	详细说明	净权益(%)
1	中电国华电力股份有限公司（中电国华）	2100/630	中电国华拥有3间燃煤电厂的权益，分别为北京第一热电厂、天津盘山电厂和河北山河电厂	49%
2	中电国华神木发电有限公司（神木）	200/98	陕西神木发电厂拥有两台各100MW的燃煤机组	49%
3	贵州中电电力有限责任公司（贵州中电）	600/420	贵州中电拥有及营运两台各300MW的燃煤机组，为贵州电网供应电力，并间接为广东省提供电力	70%
4	山东中华发电有限公司（山东中电）	3000/882	山东中华在山东省拥有4间燃煤电厂，分别为石横1期和2期电厂（共1200MW），聊城电厂（1200MW）和荷泽2期电厂（600MW）	29.4%
5	广东核电合营有限公司（核电合营公司）	1968/492	1985年成立，负责兴建和营运广东大亚湾核电站，共有两台各984MW的压水式反应堆，大部分设备由法国及英国进口，所生产的电力70%供应香港，30%供应广东	25%
6	香港抽水蓄能发展有限公司（港蓄发）	1200/600	港蓄发有权使用广州蓄能电厂第1期1200MW50%的容量，该使用权到2034年终止	49%
7	怀集小型水力发电厂（怀集）	98/74	该项目包括在广东省怀集县的8个已投产和1个兴建中的小型水电站，总发电容量为98MW	75%
8	华能中电长岛风力发电有限公司（长岛风电）	27/12	长岛风场预期于2006年第一季度开始运作，发电容量为7MW。它与山东省网连接，为烟台市供应电力	45%
9	中电广西防城港电力有限公司（防城港）	1200/840	正在广西防城港兴建一座拥有两台各600MW的燃煤机组的发电厂，第一台机组将于2007年底投产	70%
10	华能中电威海风电发电有限公司（威海风电）	20/9	威海风场位于山东省，项目前期的发电容量为20MW，于2006年7月投产	45%
11	华能汕头风力发电有限公司（南澳2期风电）	45/11	南澳2期风电项目（45MW）位于广东省汕头市的南澳岛。有关风场预计于2007年投产	25%

2. 经验管理

2005年，中电持有权益的发电厂的使用率和可用率如表2所示。

表 2 中电持有权益的发电厂的使用率和可用率

电厂	额定值（MW）	发电量（MWh）		使用率（%）		可用率（%）		运行时数（h）	
		2005	2004	2005	2004	2005	2004	2005	2004
大亚湾	1968	14848	13311	90	80	90	81	7918	7184
广州蓄能水电厂	1200	1403	1291	13	12	89	87	2801	2644
石横	1200	7164	6616	68	63	91	82	5970	5513
荷泽 2 期	600	3462	3204	66	61	95	87	5770	5340
聊城	1200	6844	3269	65	57	95	85	5703	2724
一热	400	2664	2566	76	73	96	95	6660	6415
三河	700	4563	4624	74	75	90	91	6519	6606
盘山	1000	6295	6394	72	73	90	87	6295	6394
神木	20	1486	1671	85	95	95	96	7430	8355
安顺 2 期	600	3602	3261	69	78	88	82	6003	5435
怀集	82	284	205	39	29	49	33	3465	2500

2005 年，中国内地业务的发展重点包括：

（1）保持卓越的电厂管理和运行水平；

（2）管理电价事宜（尤其是在煤价居高不下的情况下）；

（3）推动中电持有 70%权益的广西防城港全新发电项目的发展；

（4）继续发展可再生能源业务；

（5）保持为集团作出可观的盈利贡献。

2005 年，所有中电持有权益的发电厂均达到较高水平的使用率和可用率。

3. 防城港项目

集团于 2005 年 3 月获国家批准兴建包括两台 600MW 燃煤机组的防城港发电厂，并于其后正式成立合营企业——中电关系防城港电力有限公司。这是中电第一个拥有主要股权，在中国内地的全新发展项目，中电将领导所有建筑和营运工作。电厂的打桩工程已经完成，而海堤及填土工程正在进行中。电厂的烟囱、锅炉/涡轮机组及主要设备大楼地基的建筑工程同步进行。于 2005 年 12 月 31 日，集团签订了占项目总成本预算 68%的合约，其中占总预算 4%的工程已经完成。该项目预计首台机组可于 2007 年底投入商业运行，而第二台机组则将于 2008 年投产。

4. 可再生能源

中电集团相信中国内地是投资开发可再生能源的理想地区，特别是风电和水力发电。中电于 1997 年开始投资广东省怀集水力发电合营项目，是集团多年来在中国内地唯一的可再生能源项目。几年来，中电积极在华南沿岸探索风力发电的潜力，并于 2005 年在把握可再生能源发展机会方面取得良好的进展。怀集项目完成重组后，中电的持股量由 41.5%增至 75%，而合营期限延长了 20 年。长岛风电项目 110kV 变电站大楼的建筑工程和风力涡轮发电机的安装工程已经完成。现在正在调度和测试，预计可于 2006 年第一季度投入商业运行。其他发展的项目有：

（1）威海风力发电项目的合资经营企业已经成立，目前正安排采购风力涡轮发电机。

（2）南澳合营公司在 2005 年底成立，建筑工程将于稍后展开。

（3）Roaring40s 合营企业正与大唐集团以合伙形式合作发展双辽风场。

上述项目完成后，中电将在中国内地持有共约 118MW 的可再生能源发电容量净权益，远高于 2004 年所持有的 34.2MW 净权益。

5. 盈利

供应香港的中国内地发电设施，即核电合营公司和港蓄发，共产生 760 百万港元的盈利，其中 33 百万港元的增加是由于核电合营公司的发电量上升所致。

中国内地的其他项目的盈利受到煤价持续上升的影响，各电厂在年度内获得的电价调整不足以抵销燃料价格上升，对集团的盈利贡献产生负面的影响。这种情况尤其以山东和安顺的电厂更为严重。2005 年的盈利上升 9900 万港元至 20500 万港元，主要由于 2004年的溢利水平较低，反映年度内单次性的对冲

2004年资产负债表
（于2004年12月31日结算的综合资产负债表）

	百万港元
资产	
固定资产、租赁土地及土地使用权	57748
商誉	(1022)
联属公司权益	16638
递延税项资产	1043
应收账款及其他应收款项	3564
现金及现金等价物	2520
其他资产	308
	80799
股东权益及负债	
股本、溢价及储备	16517
保留溢利	27682
股东资金	44199
借贷	18774
管制计划储备账	3720
递延税项负债	5084
客户按金	3119
应付账款及其他应付款项	4216
其他负债	1687
	80799

2005年现金流量
（截至2005年12月31日年度的综合现金流量）

	百万港元
(1) 来自营运的现金流入净额	10046
已派股息减去已收股息	(2470)
(2) 收购附属公司	(12439)
(3) 投资 / 垫款予联属公司	(728)
资本性开支	(5204)
借贷款项增加净额	10441
其他现金流出净额，包括汇兑影响	(125)
现金减少净额	(479)
于2004年12月31日现金及现金等价物	2520
于2005年12月31日现金及现金等价物	2041

(1) 在香港的业务继续是我们主要的现金流入来源。
(2) 年内，集团完成收购澳洲商业能原业务，并取得中国内地广东省怀集水力发电项目的控制权。撇除非现金项目的总收购代价为13114百万港元，而于收购当日的现金及现金等价物为675百万港元。
(3) 在联属公司的投资主要包括向防城港(439百万港元) Roaring 40s(236百万港元)及长岛风力发电项目(42百万港元)作出的股本注资。

2005年保留溢利
（截至2005年12月31日年度的综合保留溢利）

总盈利	百万港元
年内已派股息	11368
2004年末期	(2119)
2005年中期	(3468)
附属公司资本赎回	(417)
所占共同控制实体储备	(31)
保留溢利增加净额	5333
于2004年12月31日保留溢利	27682
采用新香港财务报告准则所作出的调整	1129
于2005年12月31日保留溢利	34144

年度盈利
（截至2005年12月31日止年度的综合损益表）

	百万港元
(4)收入	38584
(5)支销	(29889)
(6)所占联属公司除税后溢利	3239
扣除财务费用及税项前溢利	11934
财务费用净额	(1489)
税项	(1082)
(7)澳洲税项综合利益	2004
除税后溢利	11367
少数股东权益	1
(8)总盈利	11368

(4)2005年度的收入和支销包括商业能源业务的7个月业绩和怀集项目的2个月业绩。
收入主要是指香港电力业务的售电收入(28303百万港元),以及香港以外地区能源业务的销售收入(10031百万港元)。

(5)联属公司除税后溢利主要来自青电(1 466百万港元)、核电合营公司及港蓄发(760百万港元),以及鹤园项目(267百万港元)。

(6)CLP Australia Holdings 选择组成税务综合集团,因而调整递延税项结余,并确认单次性的非现金税项利益2004百万港元。

(7)除税后盈利为11368百万港元,其中包括香港电力业务盈利7047百万港元、亚太区能源/其他业务盈利2339百万港元、鹤园重建项目溢利267百万港元，以及澳洲税项综合利益2004百万港元，及扣除未分配财务开支净额及未分配集团费用共289百万港元。

资产负债表
（于2005年12月31日结算的综合资产负债表）

	百万港元
资产	
(8)固定资产、租赁土地及土地使用权	63049
(9)商誉及其他无形资产	7949
联属公司权益	18160
递延税项资产	2537
(10)衍生工具	1562
应收账款及其他应收款项	5505
现金及现金等价物	2041
其他资产	1102
	101905
股东权益及负债	
股本、溢价及储备	16015
保留溢利	34144
股东资金	50159
少数股东权益	111
(11)借贷	29391
(12)管制计划储备账	4174
递延税项负债	5472
(10)衍生工具	1578
客户按金	3308
应付账款及其他应付款项	6079
其他负债	1633
	101905

(8)固定资产、租赁土地及土地使用权之中,用于香港电力业务的金额为45 099百万港元,而17 840百万港元与海外附属公司有关，其增幅主要来自集团所收购的商业能源业务。年内,有关集团在固定资产、租赁土地及土地使用权的投资额为5 640百万港元,主要用于中华电力的输电及供电网络。

(9)2004年12月31日的负商誉为1 046百万港元，来自在2001至2004年间所收购的雅洛恩及GPEC权益,并已按照香港财务报告准则第3号的规定，于2005年1月1日拨入储备账。于2005年收购商业能源业务产生的商誉,是指其非合约客户及与雅洛恩业务合并预期可产生的协同效益价值。其他无形资产包括合约客户,以及根据集团于2005年5月底收购商业能源业务后与Ecogen订立长期对冲协议而作出的租赁安排。

(10)所有衍生工具现按市值于资产负债表确认。

(11)集团的负债比率(按总负债对总资金计算)为36.9%。

(12)包括发展基金结余3685百万港元及减费储备489百万港元。

绩及状况概览

合约终止费用，以及为山东项目的贷款再融资，撤销先前已作资本处理的贷款安排费用。

2005年，有关电厂运行情况要点：

(1) 大亚湾核电厂为香港电力业务供应电力，占香港电力业务约 30％的发电量。

(2) 随着山东省的用电需求大幅增长，石横、荷泽 2 期和聊城电厂的使用率显著增高。

(3) 在石横电厂展开加装烟气脱硫设施项目，减低排放和改善环境管理表现。

(4) 为中电国华和神木应用的电厂管理制度作出检讨和革新，显示我们不断改进的决心，并为所有电厂成功引入电脑化工作管理系统。

(5) 燃煤短缺，影响了拥有两台 300MW 发电机组的安顺 2 期电厂高度的可用率，间接令机组停产，并导致贵州省电力调度中心分配给改厂的负荷偏低。

(6) 2005 年，由于燃煤质量不理想，使加装了烟气脱硫装置的安顺 2 期电厂的可用率处于低水平。电厂现正提升烟气脱硫装置的功能，达到较原先设计更高的脱硫量，以降低废气排放。

(7) 由于年内降雨量不一，影响了怀集项目的发电容量。

资本性投资

继续推行输供电网络，客户服务和其他配套设施的资本性投资计划，其目标包括：

(1) 随着客户人数和整体电力需求持续上升，确保公司适时作出投资，以配合未来用电需求的增长。

(2) 维持并在可行情况下提高输供电网络的素质和可靠性。

(3) 透过审慎而目标明确的投资项目来提高供电网络和客户服务的效率，在改善供电素质之余，更有助控制供电成本。

为达到上述目标，集团于年内投入 60 亿港元（2004 年为 70 亿港元）推行多项主要的资本性投资，包括：

(1) 在客户互动中心推出新的互动语音回应及工作团队管理系统，提升客户电话服务中心的素质。

(2) 为 90％的大量用电客户和高需求客户安装自动阅表器，提高抄表的及时性和准确性。

(3) 推出设备优化系统，支持策略性资产管理措施。

(4) 在系统控制中心引入全新能源管理系统，为电力系统的实时监控工作提高更多的容量和功能。

(5) 提供基础建设，为区内旅游热点迪士尼乐园以及迪士尼地铁支线提供充足和可靠的电力供应。

(6) 启动位于乐架山、愉景湾、坪库、散石湾、深旺道及青衣路的大型 132kV 变电站，以配合电力需求。

电力相关业务

中电善用在业务、资产、专业技术和商业网络方面的优势，在香港开拓传统电力业务以外的商机。由于集团以电力业务为重点，在此外的领域只作有限度和选择性的发展。

1. 地产业务

中电在香港毋须再作电力业务用途的土地上进行物业重建，或出售有关物业。九龙红磡鹤园发电厂旧址的住宅重建项目是中电近年主要的大型发展项目。2005 年底，已经出售的住宅面积超过 99％。预计这个项目不会进一步提供重大盈利。2005 年，中电出售了 5 项规模较小及毋须再作电力业务用途的物业，出售这些物业为集团带来 167 百万港元的盈利贡献。

2. 公共照明及工程服务

中电继续扩展为香港及临近地区客户提供电力工程、通信系统、屋宇设备、能源服务、道路照明及设施管理等承包及顾问服务。

中电参与的基建项目仍然以运输相关项目为主。2005 年，我们成功为地下铁路有限公司完成一项大型工程，并预期于 2006 年或以后完成五项工程。九州铁路九龙南环线及地铁将军澳南支线等新铁路工程将于 2006 年动工，预料将为集团带来新商机。此外，我们也在澳门进行承包工程。

随着经济持续复兴，加上更多的基建项目将陆续在 2006 年后展开，我们相信集团的承包及顾问业务表现将于 2006 年整体改善。

中电的能源服务以提供切合客户需要的优化方案为主，涵盖所有电压范围（由低电压至超高电压），提供设计、应用、安装、调试、维修、调研以至解决方案服务。例如，在 2005 年内，我们为客户提供能源审核、应用于热水的热泵系统和电力素质改善建议服务。

在设施管理方面，我们现负责为香港国际机场的多个主要系统提供维修服务，包括客运大楼电力系统、海水泵水站、街道照明系统和固定地面电力网络。

中电为九龙及新界的公共照明系统提供管理、营运及检修服务。此外，我们运用累积多年的公共照明技术专长，在私人住宅和道路等范围发展私人照明项目。于 2005 年，我们成功取得香港海底隧道的照明设施更换合约。

地方电力

北京能源投资（集团）有限公司

北京能源投资（集团）有限公司（简称京能集团、集团）成立于2004年12月8日，是由原北京国际电力开发投资公司和北京市综合投资公司通过合并重组方式组建的大型国有投资控股集团公司，注册资本88亿元（人民币，下同）。截止到2005年12月31日，集团总资产350亿元，净资产157亿元，拥有全资、控股和参股企业93家，其中全资和控股企业22家，并控股两家上市公司——京能热电（600578）和天创置业（600791）。京能集团组织架构见后页图。

京能集团经营管理北京市政府电力、节能等相关的投资基金，担负首都电力、能源项目的投资与建设，节能技术及新能源、可再生能源产品的开发，以及协助制定北京市能源发展战略规划等任务，是北京市地方办电主体和能源投融资的主平台。集团以电力能源为主业，投资项目涉及房地产开发、高新技术、金融证券等领域。

2005年是京能集团的起步之年，也是京能集团不平凡的一年。中共中央总书记、国家主席胡锦涛亲临集团控股的漳山电厂视察，北京市市委刘淇书记和王岐山市长亲自出席集团控股的太阳宫热电冷联供工程奠基典礼，翟鸿祥常务副市长、张茅副市长等领导先后到集团总部或控股公司考察指导，集团上上下下备受鼓舞和鞭策。

2005年是集团电力能源主业喜获丰收的一年。7个在建电力项目顺利实现竣工投产。控股建设的内蒙古岱海2×600MW机组实现单投，并创造了北方地区600MW单机建成投产最短工期的记录；控股的京丰燃气2×350MW燃气蒸汽联合循环机组通过整体调试；参股的大同二电厂二期2×600MW、大唐托克托三期2×600MW、山西兆光2×300MW、包头东华热电2×300MW机组先后投产发电；京桥燃气4×116MW热水炉项目基本建成，具备供热条件。此外，2005年集团控股的奥运重点工程——太阳宫2×350MW燃气蒸汽联合循环热电冷联产项目举行奠基仪式，开工建设了国家发改委100MW辉腾锡勒风力发电特许权项目等。

目前集团拥有投入运营电力项目15个，参股4家发电集团，已投产总装机容量28948MW，拥有权益装机容量6645MW，在全国地方电力投资公司中名列前茅。权益装机容量占北京年平均用电负荷的80%，投资的热电厂供热量占北京管网集中供热面积的40%。

在其他投资领域，集团房地产企业房地产年开发能力超过100万m^2，迈入京城大型房地商之列；分别是北京银行股份有限公司、北京证券有限责任公司和北京国际信托投资有限公司三家企业的第二大股东，是北京汽车投资公司的大股东。

京能集团以发展首都经济，保障首都电力能源供应为己任，坚持以效益为中心、以市场为导向，深化改革、创新发展，不断提高自身的经营管理水平和经济实力，努力把企业建设成为一个具有行业竞争力和国际影响力的大型能源投资控股企业集团。京能集团愿与社会各界同仁精诚合作、携手共进，为促进北京能源事业的发展和实现“新北京、新奥运”的战略构想作出积极的贡献。

集团董事长：李凤玲

总经理：邢焕楼

集团注册地址：北京市西城区复兴门南大街甲2号天银大厦A座西区。

邮 编：100031

集团电话：010－66419966

集团传真：010－66411585

集团网址：www.powerbeijing.com

山西国际电力集团有限公司

山西国际电力集团有限公司前身为山西省地方电力公司，于1989年1月经山西省人民政府批准成立，是山西省人民政府授权的电力投资、资产经营和地方电力出资者代表，是地方电力国有资产的经营者和管理者，是经国家计委和国家经贸委认定的农网改造承贷主体和可管理农村电网的公司。2000年初，被界定为山西省特大型企业；2000年12月，被山西省人民政府授予“山西省优秀企业”；2001年11月，山西省委、省政府对集团公司进行授权经营。

公司成立十多年来，认真实践“三个代表”重要思想，从无到有、从小到大、从弱到强，打破垄断求生存、改革开放求发展、求真务实谋壮大；坚持以电为主、做强做大，以人为本、双资双营、开拓创新、两化四跨的战略方针，适应电力体改和改制要求，全面推行现代企业制度，通过一系列的资产重组、兼并收购，走上了规模化、集团化的发展路子。到2005年控股发配电两端企业近30个，参股发电项目10多个，权益发电装机容量600万kW，控股发电装机容量400万kW；拥有220kV变电站3座，110kV变电站12座，35kV变电站59座，变电总容量145万kVA；2005年集团公司总资产222亿元，净资产88亿元；权益发电量275亿kWh，配电企业售电量26亿kWh；全年销售收入50亿元，实现利润5.9亿元，

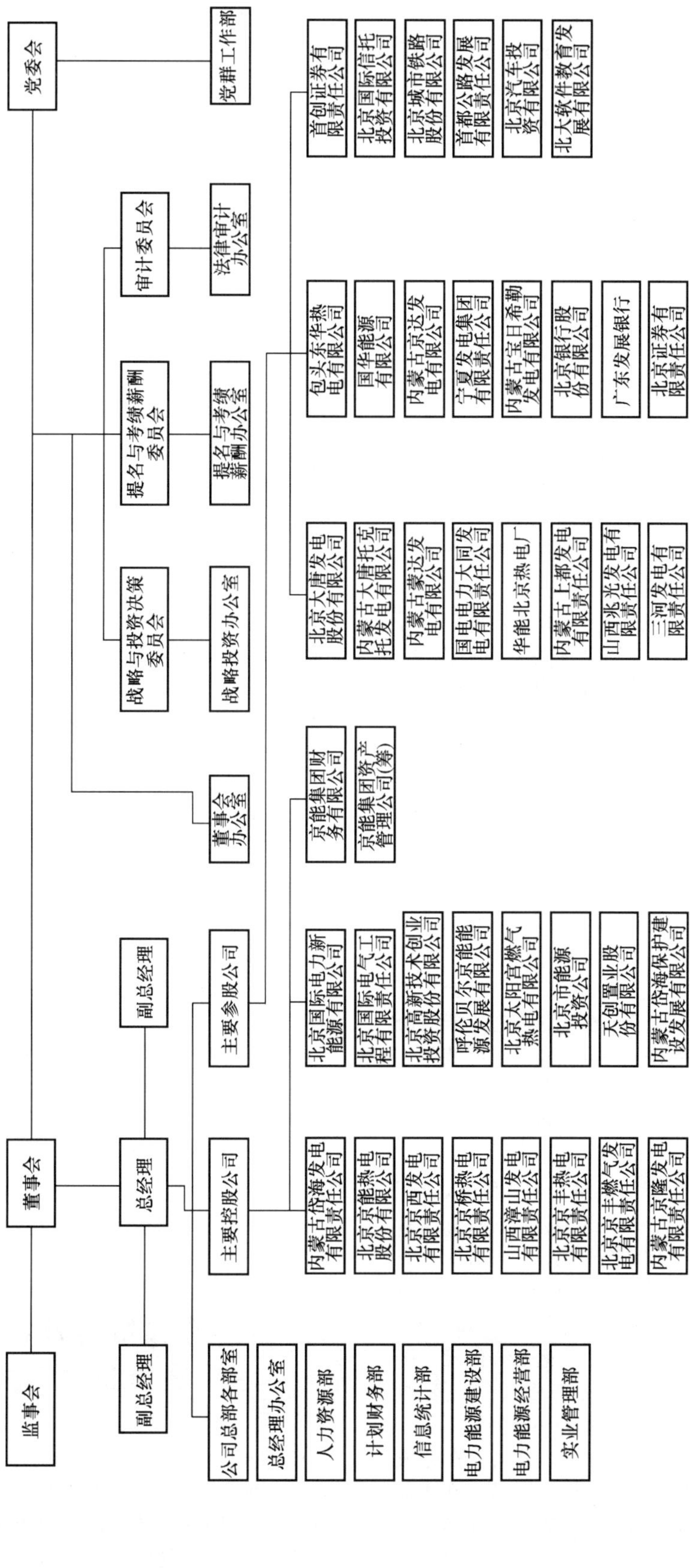
监事会
董事会
党委会
副总经理
总经理
副总经理
党群工作部
审计委员会
法律审计办公室
提名与考绩薪酬委员会
提名与考绩薪酬办公室
战略与投资决策委员会
战略投资办公室
董事会办公室
主要控股公司
主要参股公司
公司总部各部室
总经理办公室
人力资源部
计划财务部
信息统计部
电力能源建设部
电力能源经营部
实业管理部
内蒙古岱海发电有限责任公司
北京京能热电股份有限公司
北京京西发电有限责任公司
北京京桥热电有限责任公司
山西漳山发电有限责任公司
北京京丰热电有限责任公司
北京京丰燃气发电有限责任公司
内蒙古京隆发电有限责任公司
北京国际电力新能源有限公司
北京国际电气工程有限责任公司
北京高新技术创业投资股份有限公司
呼伦贝尔京能能源发展有限公司
北京太阳宫燃气热电有限公司
北京市能源投资公司
天创置业股份有限公司
内蒙古岱海保护建设发展有限公司
京能集团财务有限公司
京能集团资产管理公司(筹)
北京大唐发电股份有限公司
内蒙古大唐托克托发电有限公司
内蒙古蒙达发电有限公司
国电电力大同发电有限责任公司
华能北京热电厂
内蒙古上都发电有限责任公司
山西兆光发电有限责任公司
三河发电有限责任公司
包头东华热电有限公司
国华能源有限公司
内蒙古京达发电有限公司
宁夏发电集团有限责任公司
内蒙古宝日希勒发电有限公司
北京银行股份有限公司
广东发展银行
北京证券有限责任公司
首创证券有限责任公司
北京国际信托投资有限公司
北京城市铁路股份有限公司
首都公路发展有限责任公司
北京汽车投资有限公司
北大软件教育发展有限公司

京能集团组织架构

被评为全国优秀电力企业。

随着国家电力体制改革“厂网分开”的稳步推进，集团公司在政企分开，政资分开，国有资产“国家所有、分级产权”的改革中进一步明确了公司的定位：通过投资产业拥有股权；通过管理提升产业价值；通过转让使资产变为资本，在资本流动中进一步增值，由掌握国有资产变为掌握国有资本。

集团公司大力开展体制创新、管理创新和科技创新。在认真总结“三个一”（选好一个总经理，用好一个年薪制，确定好一个指标）经验的基础上强化人力资本意识，正确处理货币资本与人力资本关系，建立和完善对人力资本的激励和约束机制，形成新的文化理念和价值观。

集团公司非常重视信息化建设。统一规划资金流、物流、信息流以及工作流程，采用国际先进的管理理念，开发建设先进、高效、实用、快捷的信息管理平台。通过建立支持数据、语音、视频等多功能业务平台，完善集团公司领域内联网系统和数据系统，用电子商务、电子政务、电子财务等技术对传统运行管理模式进行信息化改造，在生产经营、工程监管、财务监管、安全检查、信息发布等方面实现零距离信息化管理。

申能（集团）有限公司

申能（集团）有限公司（简称公司）于1996年经上海市政府批准成立，公司注册资本60亿元，主要从事电力、燃气等能源基础设施项目的投资、建设和经营管理，为上海市国有资产监督管理委员会出资监管的国有独资有限责任公司。公司下属有申能股份有限公司、上海燃气（集团）有限公司、上海液化天然气有限公司、上海申能资产管理有限公司、上海申能房地产有限公司、上海申能新能源投资有限公司等主要控股子公司。

公司自成立以来，秉持“锐意开拓、稳健运作”的经营理念，坚持以电力、燃气等能源产业投资运营为主，在投融资、资本运作和企业经营管理方面不断创新，现已发展成为一家以资产为纽带，电、气双业并举的大型能源企业集团。公司已连续四年入选全国企业500强。2005年公司的总资产达376亿元，国家所有者权益为179亿元，主营业务收入114亿元，员工总数达1.21万人，实现净利润6.4亿元。

在电力产业方面，至2005年底，公司投资建成电力项目12个，权益装机容量达334万kW，在建电力项目3个，权益装机容量139万kW。2005年，公司投资电厂全口径计算发电量337亿kWh，为上海电力供应起到了重要的保障作用。2005年12月，上海外高桥电厂三期两台100万kW超超临界国产燃煤发电机组工程获得国家发展和改革委员会正式核准。华能上海燃机电厂、浙江桐柏抽水蓄电站、漕泾和临港燃机电厂、安徽淮北、马鞍山煤电厂等一批项目目前正在建设和积极筹划中。

在燃气产业方面，公司控股的上海燃气（集团）有限公司，是国内最大的集制气、销售、调度、管网为一体的城市燃气运营企业，拥有人工煤气、天然气、液化气用户470万户，地下管线近14000km。2005年供应人工煤气22.22亿m^3、天然气18.68亿m^3、液化石油气14.04万t，已建成天然气主干管网高压管线654km。2005年，上海液化天然气有限公司正式揭牌成立，LNG项目建设工作逐步展开，该项目的建成将为上海天然气安全供应提供有效保障。

在其他投资方面，到2005年底，公司投资了太平洋保险、东方证券等金融企业，参与投资了上海电气集团、石油储运码头、上海磁悬浮等项目，在上海市重点产业领域和基础设施领域发挥了政府投资公司的积极作用。2005年，为落实上海市政府关于发展循环经济、建设资源节约型城市的要求，公司组建了上海申能新能源投资有限公司，致力于风能、太阳能等可再生能源的开发和应用，为上海城市“水更清、天更蓝、地更绿”作出更大贡献。

在经营管理方面，2005年公司成功发行10亿元企业债券，为公司天然气管网项目筹集了建设资金。公司下属申能股份股权分置改革顺利完成后，为上市公司进一步健康发展奠定了基础。公司编制完成了“十一五”发展规划，进一步明确了公司未来五年的发展方向。

展望未来，公司正进入新一轮快速发展时期，公司发展战略定位更明确了，保障上海能源安全供应的职责更重了。公司将坚持科学发展观，围绕上海增强国际竞争力的发展主线，抓住上海能源需求快速增长的有利形势，推进重大能源项目建设，确保电力燃气安全保障供应，为上海经济和社会可持续发展作出更大的贡献。

江苏省国信资产管理集团有限公司

江苏省国信资产管理集团有限公司是于2001年8月经省政府批准，在江苏省国际信托投资公司和江苏省投资管理有限责任公司基础上组建的大型国有独资企业集团公司，也是江苏省政府授权的国有资产投资主体，注册资本为56亿元。根据省政府授权，集团公司从事国有资产经营和资本运作，其投资范围为信托、证券、基础产业、基础设施、高新技术产业等，并控股江苏省国际信托投资有限责任公司、江苏省投资管理有限责任公司、信泰证券公司、江苏省天然气投资开发有限公司、江苏省房地产投资有限责任公司、江苏国信置业有限公司、（香港）博腾国际投资贸易有限公司等。业务涉及证券、信托、电力、工业、天然气、高新科技产业、房地产、教育、贸易、酒店等领域。

截至2005年底，集团已投产和在建项目的总装机容量3321万kW，权益容量近1000万kW，在省内确立了电力投资的相对优势。在能源产业发展上，集团坚持立足于提高现有能源企业的生产、经营水平，立足于优化能源产业结构、节约资源保护环境，立足于开发符合集团特点的新项目，拓展集团发展空间，立足于深化改革、建立健全企业法人治理结构。在巩固和扩大原有火电项目的同时，根据国家建设环境友好型、资源节约型社会要求和能源产业发展趋势，贯彻江苏省环保优先的发展方针，积极调整自身能源产业结构，不断加大核电、抽水蓄能、生物质能发电、风电等清洁能源以及天然气等新领域的投资力度。2005年，集团自主投资的省内第一条按长输管道标准建设的天然气输气管线无锡—张家港天然气输气管线投入运营并稳定供气；在省内率先成立了江苏省新能源开发有限公司，开工建设了国内最大的高温高压生物质能示范项目如东25MW发电机组项目，开展了靖江和楚州两个秸杆热电项目的前期工作；取得了国内一次性规划最大规模的如东沿海700MW风电场的优先开发权，并启动了首期工程东凌90MW风电场项目。2005年还与中石油公司等单位合作，开展了江苏如东LNG项目和燃机电厂项目。

黑龙江省电力开发公司

一、公司基本情况

黑龙江省电力开发公司是为适应地方电力建设发展需要，经黑龙江省政府批准于1986年成立，并于2000年被授权经营国有资产的大型国有投资控股公司。截至2005年底，公司总资产60亿元，净资产50亿元。参控股企业22家，控股子公司9家，参股公司13家。权益装机容量121.7万kW，占全省装机容量的10%。

公司的主营业务是资本运营和投资管理，主要投资方向是以电力为主的能源产业，涉足高科技风险投资、地产矿产金融、房地产开发和资产管理。现已初步形成了以母公司为战略管理中心、财务管理中心、投资管理中心、人力资源中心，子公司为专业化市场竞争主体和利润中心的母子公司管理体系。

二、集团化改制

公司拟借成为黑龙江省国资委法人治理结构试点企业的机会，进行集团化改革改制，并以此为契机，完善公司法人治理结构，构建多元化产权关系，理顺母子公司管控关系，着力推进“三项”制度改革，以增强企业活力和运行效率，营造良好的国有资产保值增值的客观环境，按照投资控股公司的发展模式，提高战略投资能力和资本运营能力，培育核心竞争力，加快发展，做强做大。

1. 基本原则

（1）设定目标、分步实施、循序渐进的原则。

（2）规范改制的原则。兼顾国家、企业、职工和债权人的合法权益，平稳、扎实推进。

（3）通过做大增量解决存量问题的原则。

（4）鼓励创新的原则。

2. 工作目标及内容

（1）健全完善公司法人治理结构。法人治理结构是保证公司权责明确、相互协调、相互制衡、高效运转的基础。在完善的企业法人治理结构下，企业成为自主经营、自我发展的主体，股东会、董事会、监事会和经营层通过适当的形式参与经营管理，各负其责、相互制约，共同对企业的利益和发展负责，有利于企业高效、规范运转。

（2）加快推进产权制度改革，实现产权多元化。单一产权造成的公司股权结构不合理、缺乏制衡机制等问题，在一定程度上已经影响到公司的发展速度与质量。为此，公司拟在母公司层面引入战略投资者，在国有绝对控股的前提下实现产权多元化。目前，最行之有效的途径是选择不同区域的国有独资公司，通过类交叉持股的方式，互相借鉴、相互支持。战略投资者应实力雄厚、信誉卓著，发展呈上升势头；有成熟的电力经营管理经验；对电力上游资源有区域控制力。

（3）强化集团化管理，实现母子公司一体化管控。以“集权为主，分权为辅”为尺度，重点做好以下两方面工作：

1）母公司充分发挥“四个中心”作用，为子公司提供强有力的制度支持、资金支持、法律支持和文化支持。

2）完善集团公司多层治理。包括正确划分母子公司管理界限；按照“双向进入”、“交叉任职”的原则，建设控股子公司的党委会、董事会和监事会，建立起各负其责、协调运转、有效制衡的机制；坚持党管干部结合市场化用人的原则，选聘企业经营管理者；强化目标管理，建立绩效考评体系；加强对派出董事、监事、财务总监的培训、管理和考核，建立决策失误追究制度等。

（4）进行内部运行机制调整，推进“三项制度”改革。内部运行机制是影响工作效率、质量及管理作用发挥的重要因素。公司推进“三项制度”改革的目的就是要形成干部能上能下、职工能进能出、收入能高能低的责、权、利相统一，鼓励与约束并重的运行机制。

1）坚持“三公”原则及择优、任人唯贤、德才兼重的用人标准，探索干部管理模式，完善干部选拔任用办法，强化干部考核管理，通过竞争、竞聘上岗的方式，实现能者上、平者让、庸者下的目标。

2）坚持岗位职责与人员素质条件相匹配的原则，统一人力资源管理制度，全员竞聘上岗，实现内、外部人才的有序流动。

3）坚持竞争性、激励性、公平、公正及按劳分配的原则，设计内在薪酬与外在薪酬，规划员工双重职业生涯发展道路，激发管理人员和专业技术人员的工作热情。

河南省建设投资总公司

河南省建设投资总公司成立于2000年，是隶属于河南省人民政府的投资企业。截至2005年底，净资产达到114亿元，比2000年底的79亿元增长44%，年资产增值率达7.4%。每年参与投资的项目总规模为100亿元，其中公司注入资本金15亿元。公司作为政府投资主体的作用凸显，逐步成为运作规范、盈利能力增强的综合性投资公司，成为具有较大影响力的政府投融资平台。

“十一五”期间，公司发展改革总体目标为：

净资产稳步增长：净资产年均增长3.7%，到2010年底，公司净资产总额达135亿元。将公司发展成为实力雄厚、资产优良、管理规范、效益良好、和谐发展、对全省经济社会发展具有一定影响力的国内知名的投资控股公司，资产保值增值率、净资产总额在全国同类投资公司位列前十位。

确保完成一定投资总规模：新投资项目投资总额260亿元，投入资本金总额70亿元，省建投投入资本金总额40亿元。

完成预期资产保值增值率：到2010年底，预计公司本部资产总额160亿元，其中净资产135亿元，负债25亿元，资产负债率15.6%。股权投资总额80亿元，占公司总资产的50%，债权余额70亿元，占公司总资产的43%，其他资产10亿元，占资产总额的7%。

严格控制不良债权率：到2010年底，预计不良债权余额10亿元，占债权余额的14%。

“十一五”期间公司将以电力、交通、水泥、造纸为核心业务、以金融为支持的资产结构。

（1）围绕构建以郑州为中心连接周边省会城市3小时经济圈的战略部署，参与建设郑西、郑武、郑石、郑徐等高速铁路客运专线。建成通车后，郑州至北京、武汉、徐州、太原、西安、济南、南京的时间将缩短在3小时以内。

（2）贯彻落实建设资源节约型、环境友好型社会的发展思路，抓住“上大压小”淘汰小火电的机遇，积极有序推进高参数、大容量火电机组建设，加快核电前期工作，争取“十一五”期间获准立项。建成鹤壁电厂三期、鸭电二期、沁北电厂二期3个2×60万kW发电机组项目，新增装机容量360万kW，新增权益容量173万kW。

（3）抓住建设社会主义新农村这一机遇，继续整合全省造纸行业，推行林纸一体化，打造绿色生态链，完成濮阳龙丰林纸一体化建设，扩大白云纸业生产规模，力争“十一五”末形成年产70万～100万t造纸生产能力。

（4）以省政府压缩小水泥战略为契机，坚持走新型工业化道路，适时再建设几条日产5000t熟料水泥生产线，力争“十一五”末形成年产2000万t以上水泥生产能力，占河南省水泥市场份额的40%以上。

（5）搭建政府不良资产处置平台，积极开展收购河南省在四大资产管理公司的不良资产工作。

（6）加强内部管理和人才队伍建设。提高参控股企业管理水平，下大力气治理亏损企业，努力提高投资收益。使公司拥有一批在企业管理、财务管理、资本运作方面的优秀人才队伍，成为我省企业人才高地，更好地为全省经济建设服务。

湖北省能源集团有限公司

湖北省能源集团有限公司经湖北省人民政府批准，于2005年2月28日由原湖北省清江水电投资公司与原湖北省电力开发公司合并重组而成，是湖北省国资委出资的国有独资企业，公司注册资本金35亿元人民币，总资产235亿元，净资产36.4亿元。公司投资电力项目19个，其中控股项目9个，控股电力项目中，已投产装机容量为227万kW，在建装机容量306万kW；投资其他项目8个，涉及酒店、证券、煤炭、设备制造、生态农业等领域，其中控股项目2个。

公司成立伊始，即按照省委、省政府做强做大能源集团公司的要求制定了发展战略，确立了“两型、三化、一流”的公司定位，即在省国资监管下，以电力能源建设生产为主业，按照“以电为主、相关多元”的原则，把公司建设成为经营型、控股型，市场化、集团化、现代化，具有较强市场竞争能力、盈利能力和发展能力的一流地方电力企业集团。

公司成立一年多以来，十分重视集团化战略的研究、完善和实施，在集团系统初步建立了“三管、三协调”的基本管理模式，即以产权为纽带建立母子公司管理体系，对控股子公司实行“管经营班子、管资产经营、管重大事项”相结合，充分利用集团的影响和平台，为所属企业在政策、资金、市场和人才等方面给予协调和服务，以此增强驾驭全局、统筹兼顾和协调处理复杂问题的能力，推进各项改革发展措施的落实。

（1）调整优化资产结构，提高集团控制力。公司向省国资委申请，转让退出了武汉蓝光、宏源电力、天堂抽水蓄能、江坪河等参股份额小、没有控制权和话语权的股权投资。同时，积极开展股权并购，收购控股芭蕉河、锁金山等市场前景看好的优质电力资源。积极开展煤电联营，投资2000万元参股湖北省煤炭投资公司。通过资产结构调整，增大了集团控股经营规模，增强了所属企业的持续发展能力，提高了集团公司的资产质量和控股经营水平。

（2）加强归口管理，做好监管基础工作。公司成立之后，迅速加强了对子公司情况的掌握和分析，加大了对各控股子公司监督、管理的力度，通过各参、控股子公司股东会、董事会、监事会，将集团公司的战略意图、管理思想渗透到各子公司；公司各业务部室加强基础管理工作，加大生产、安全、投资、财务等方面归口管理的力度，通过建立顺畅的信息报送渠道，深入进行专项调查研究，开展季度形势分析和专题分析，及时掌握各子公司生产经营情况。

（3）狠抓责任考核，促进控股企业规范管理、提高效率。以集团公司与省国资委签订的年度经营责任目标为基础，在年初的公司工作会议上，集团公司与各控股企业分别签订了经营责任书、安全生产责任书、党风廉政建设责任书，分解目标，落实责任。

（4）构建服务平台，协调解决重大问题。公司着力构建资金、人力、信息、技术等服务平台，千方百计地为各控股企业提供服务，协调解决重大问题。充分发挥集团的资金优势和资金信誉，运用各种手段充实优化所属企业的资本结构，有效降低所属企业财务成本。水布垭电站装机184万kW，总投资120亿元，2007年首台机组即将发电，集团公司针对该电站资本金到位不够及资金成本较高的状况，及时协调另一方股东——国电集团共同增注资本金10亿元，先期5亿元已经到位；还向国家发改委申请发行了10亿元企业债券，全部用于水布垭工程建设，降低投资成本，为电站投产发电后能有较好的效益创造了条件。为洞坪、芭蕉河、银隆等集团所属企业提供资金担保，置换高息贷款，减轻利息压力。充分利用集团内部电力建设、工程监理、设备制造、检修维护、市场营销等方面的专业人才和信息资源，使集团内部资源共享、优势互补。

广州发展集团有限公司

广州发展集团有限公司（简称发展集团）成立于1989年9月，2003年1月经广州市政府批准重新成为国有资产授权经营机构。公司主要从事电力、煤炭、油品、LNG等综合能源业务及基建业务的投资、管理和经营，拥有全资、控股企业30多家，职工人数2886人，拥有包括广州控股（上市公司）、电力集团和广州交通投资公司在内的全资、控股企业30多家。近几年来，发展集团经营规模上了一个新台阶，建立了以电力、煤炭、油品和LNG为核心的综合能源业务，具备较强的资本经营能力，拥有一支懂经营、善管理的团队，并实现了企业持续健康发展。

一、2005年主要工作回顾

2005年底，资产总额达212.6亿元，净资产71.71亿元，实现经营收入80.8亿元，净利润3.55亿元，资产负债率44.68%。

（一）电力生产与建设上新台阶

截至2005年底，发展集团拥有已投产的权益发电装机容量为199万kW，占广州市属发电企业现有装机容量的52%，在建权益装机容量211万kW，2005年上网电量114.12亿kWh，占广州市属发电企业上网电量61%。珠江LNG发电工程完成投资6.73亿元，完成主体厂房建设及BOP采购，主设备开始安装。广州增城热电项目完成投资12.4亿元，一期工程2×10万kW投入商业运行。广州员村热电3号机组（6万kW）投产发电。

（二）能源物流业务取得新发展

2005年，能源物流业务实现经营收入30.72亿元，比2004年增长63.34%；煤炭经营规模已达750万t/年，并积极发展煤炭一体化业务，成为广东省大型煤炭市场供应商之一；积极探索油品经营业务，油品年销售达57万t，并按照提高市场服务竞争力要求整合业务流程，建立一站式服务体系，南沙油库成为华南地区最大的油品储运中转基地之一；积极投资建设南沙燃气项目，进入城市天然气管网市场。

（三）积极实施股权分置改革

2005年8月15日广州控股股权分置改革方案获临时股东大会通过，流通股东赞成率84.42%，实现广州控股全流通。成为广州市第一家股权分置改革试点，也是全国第二批、广东省第一批试点企业之一。实施股权分置改革，对上市公司建立市场标准的价值评价体系、形成治理共同利益基础及更大范围地开展资本经营具有重要意义。

（四）建成发展中心和改造金桥酒店

2005年8月1日，发展集团总部发展中心落成并投入使用。发展中心的定位是面向外国领事馆、世界500强企业以及大公司等用户，目前已经进驻的有澳洲领事馆和ABB、家乐福、IBM等公司，大厦租售率超过50%。

（五）借鉴国际先进企业管理模式，加强企业管理和建设

发展集团积极推动所有生产和经营型企业，逐步向国际标准管理接轨，建立高效的运作机制和组织架构，引入世界级管理标准，努力提高管理水平，从管理要效益。公司结合企业实际，不断加强学习和推广运用BP公司安全健康、健康和环境管理模式及理念、绩效考核方式、GE预算管理和IFC投资事务管理经验等，推进制度建设和管理创新。

二、二次创业及“十五”期间的主要成果

总结发展集团1997年二次创业以来及“十五”期间的成果，主要表现在以下五个方面：

（1）开展大规模资产清理和结构调整。累计清理37.8亿元不良资金，回收现金17.2亿元，用公司权益核销坏账19.8亿元（不含电力企业集团）。

（2）创造了50多亿元的净资产权益。“十五”期间，发展集团资产规模从2000年的102.1亿元增加到2005年的211.7亿元，增长107%；净资产从2000年的27.1亿元增加到2005年的71.89亿元，增长165%；经营收入从2000年的32.7亿元增加到2005年的80.9亿元，年平均增长20%；累计实现税后利润21.1亿元，缴纳各项税金36.98亿元。从1996年底到2005年底的9年里，发展集团净资产从4.68亿元增加到2005年底的71.71亿元，创造净资产31.88亿元，加上用于核销坏账的19.8亿元资产权益，相当于新创造了价值51.68亿元的净资产权益，实现了国有资产的有效增值。

（3）建立面向珠三角的综合能源业务。经过9年奋斗，发展集团已拥有包括电力、煤炭、油品和天然气为核心的综合能源业务。综合能源业务极大地提升集团核心竞争力，为发展集团持续发展奠定坚实基础。

（4）具备更高层次的资本运作条件。广州控股上市以来，在资本市场表现良好，连续多年被评为上交所“上市公司50强”。尤其是广州控股完成股权分置改革后，更加有利形成规范有效治理结构和形成股东共同利益基础，为发展集团探索建立符合市场标准的价值评价体系、优化资源配置、推进产业重组和引进战略投资者等更高层次资本运作奠定基础。

（5）培育认真和诚信的企业文化和精神。

三、“十一五”发展目标、重点和措施

（一）发展目标和重点

在未来五年，围绕建设面向珠三角大型综合能源供应商战略定位和目标，建立稳定、经济、清洁和具有市场竞争力的综合能源供应体系。重点加强对电力、油品、煤炭、LNG等战略性资源的控制，占据资源制高点。建设高效、清洁的大型发电机组和热电联产发电机组。建立煤炭资源供给、运输、中转及营销网络一体化经营体制。提升油品业务产业价值链，增强盈利能力。推进LNG接收站和网络建设业务。积极开拓新能源和可再生能源业务。到2010年，公司资产规模达到400亿元，主营业务收入达220亿元，新能源业务形成一定的产业规模。电力业务占据珠三角约12%的市场份额（西电东送除外），煤炭业务占据珠三角约20%的市场份额（电煤除外），油品、天然气业务占据珠三角约10%的市场份额，成为珠三角重要的可再生能源供应商。

（二）主要措施

（1）加快投资建设重大电源项目。加快珠江LNG电厂、汕尾电厂、盘南电厂等项目建设，推进肇庆发电厂等重大电源项目前期工作，力争新增权益容量433万kW。大力发展循环经济，推动热电联产机组发展，围绕广州工业布局调整，以工业园区为重点，建设一批燃煤热电联产项目。实施“以大代小”、“以气代油”，建设一批燃气－蒸汽联合循环热电厂。争取在2010年前新增热电联产权益容量133万kW。

（2）推进煤炭资源开发、运输、中转、销售一体化经营。加快推进煤矿项目建设和再投资，形成每年1000万t权益煤炭资源生产能力。根据运输市场供求状况，逐步增加煤炭运力，形成20万～25万t规模的船舶运输能力。通过改造、收购、合作等形式，扩大在珠三角地区的煤码头和煤炭中转设施，加快建立珠江三角洲千万吨级煤炭中转基地，开展配煤业务。

(3) 加快南沙油品储备中转中心建设。抓住我国成品油市场全面开放的机遇，建设油库二期项目，通过加大油品销售带动油品仓储和油码头装卸业务发展。在珠江出海口沿岸收购油码头和油库设施，建设油品中转基地，进一步扩大油品经营设施规模，为油品业务大规模发展奠定基础。

(4) 加快天然气业务发展。在继续扩大南沙燃气项目基础上，积极投资珠江三角洲地区城市燃气管网项目。形成稳定气源供应渠道，积极参与广州与珠三角西部LNG接收站投资。积极探索和拓展国内外小型气田开发业务。实现天然气资源开发、接收、存储、传输和销售一体化运作。

(5) 探索开发新能源和可再生能源项目。积极参与广州地区垃圾发电项目投资建设。加快推进建设大型煤气化中心和分布式热、电、冷三联产项目的论证工作。加快推进珠江三角洲风电项目前期工作。努力推进型能源和清洁能源生产项目的论证和策划工作。

广西投资集团有限公司

广西投资集团有限公司成立于1988年6月24日，其前身是广西建设投资开发公司，1996年改组为广西开发投资有限责任公司，2002年4月22日更改为现名。注册资本41.97亿元。至2005年底，公司拥有全资子公司8家、控股公司14家、相对控股及参股公司20多家（其中，参股证券、上市公司4家），总资产158亿元、净资产83.7亿元、经营收入超过50亿元。

公司性质。广西投资集团有限公司是广西壮族自治区人民政府的投融资主体，是广西政府授权经营的大型国有投资企业。

公司使命。以广西政府经济建设意图为导向，通过市场化运作，投资建设广西的重点项目；通过股权投资、管理、交易，实现国有资产的保值增值，为广西经济建设服务。

资产状况。到2005年底，公司总资产（合并报表）158.39亿元，净资产83.71亿元，是广西地区最积极、最富成效和最具前瞻性的投资商。

产业分布。公司投资的产业包括电力、有色金属、交通、化肥、造纸、证券等，电力是公司的主导产业。电力投资占总投资的60.85%。2005年底，参与建设投产电力企业12家，总装机720.04万kW，权益装机容量247.96万kW，权益上网电量141.88亿kWh。

发展规划。未来3～5年内的目标是：加快电力建设，拥有400万kW以上的装机容量；投资建设年产160万t氧化铝、年产40万t电解铝、年产3万t金属锰、四氧化三锰、二氧化锰、软磁体的企业；积极开拓高新技术产业，拥有一批高科技企业。要在管理水平、资产规模、经济效益等方面达到国内同行先进水平，总资产200亿元，净资产达到和超过100亿元。

近几年来，在自治区政府和有关部门的指导和支持下，坚持稳健投资和经营，坚决贯彻国家产业发展政策，努力实现自治区人民政府的经济发展战略意图，先后主导或参与了龙滩水电站（装机容量490万kW）、华银铝业（160万t氧化铝/年）、银海铝业（10万t电解铝/年）、桥巩水电站（装机容量45.6万kW）、来宾电厂扩建（装机容量2×30万kW）、百色资源综合利用电厂（装机容量30万kW）、北海电厂（装机容量2×30万kW）、钦州电厂（装机容量2×60万kW）、贵州兴义电厂（装机容量2×60万kW）、汇元锰业（3万t电解金属锰/年、2万t电解二氧化锰/年）、鹿寨化肥公司（24万t磷铵/年）等十几个国家和自治区重点项目的建设，正在开展铝材加工、风电、核电、林浆纸一体化等项目的前期工作；通过股权投资、管理、交易，实现了国有资产的保值增值，实现了公司快速发展，为广西经济建设发展作出了贡献。

甘肃省电力投资集团公司

甘肃省电力投资集团公司是甘肃省人民政府出资设立的政策性国有大型投资公司，是省政府授权直属的国有资产经营主体。公司的前身是甘肃省电力建设投资开发公司，成立于1988年。2005年7月，甘肃省人民政府将其规范为甘肃省电力投资集团公司，注册资本36亿元人民币。

截至2005年底，公司参控股建成及部分建成省内电力项目17个，员工总数为2945人，资产总额81.5亿元，净资产41.1亿元。2005年，公司系统各控股单位全年完成售电量26亿kWh，营业总收入8亿元，实现利润总额2.02亿元。目前，公司总装机容量556万kW，权益装机容量215万kW，投产权益装机容量194万kW，是甘肃境内权益装机容量最大的电源建设主体。

公司成立以来，树立和落实科学发展观，把加快发展作为第一要务，坚持国有投资控股公司的定位，按照甘肃省委、省政府的战略部署和集团化运作的要求，引导融通其他资金积极参与省内重大基础设施和重点电力项目建设，充分发挥政府投资主体投资导向、调整投资结构的作用。在立足电力的基础上，公司实施多元化发展战略，积极向金融证券、高科技、房地产等领域拓展，逐步形成了以电力项目投资及电力资产运营为主导产业，其他重大基础设施建设项目与高科技为支撑产业的业务模式。

近年来，集团公司积极顺应电力体制改革，大力推行现代企业制度，理顺产权管理关系，加强对控股企业的监管，稳步推进薪酬管理体制改革，实施人才强企战略，安全生产态势良好，有效地维护了国有资产权益，确保了国有资产保值增值。公司党委高度重视党员队伍建设，加强班子建设，认真落实党风廉政建设责任制，党员干部作风进一步改进，精神文明建设成果丰硕，继获得省、市、区“精神文明单位”荣誉之后，2005年10月被中央文明委授予“全国精神文明建设工作先进单位”荣誉称号。

面对新的形势和新的要求，公司将深入落实“为社会负责、为出资人负责、为员工负责”的“三为”理念，坚持以人为本，着力提高公司核心竞争力，增强国有资产的保值增值能力，以创建“国内领先、省内一流”的企业集团为目标，锐意进取，开拓创新，扎实工作，为甘肃经济社会发展作出更大的贡献。

公司地址：甘肃省兰州市酒泉路16号

邮政编码：730030

电子邮箱：gecic－xx@163.com

电话（传真）：0931－8439215

重 点 工 程

2005年度中国电力科学技术获奖项目

由中国电机工程学会和中国电力科学技术奖励办公室组织的2005年度中国电力科学技术奖评奖工作，经中国电力科学技术奖励评审委员会的审定批准，共78个项目获2005年度中国电力科学技术奖。

2005年度中国电力科学技术奖获奖项目及受奖单位

序号	等级	获 奖 项 目	受 奖 单 位
1	一等	静止无功补偿器核心技术的研发及应用	中国电力科学研究院、辽宁省电力有限公司
2	一等	FWL/B-600&800系列可控硅微机励磁系统	国电自动化研究院
3	一等	火电厂厂级运行性能在线诊断及优化控制系统	西安热工研究院有限公司、华北电力大学、国电宁夏石嘴山发电有限责任公司、天津大唐国际盘山发电有限责任公司
4	二等	500kV江阴长江大跨越施工关键技术研究	江苏省送变电公司
5	二等	电力特种光缆应用技术研究	中国电力科学研究院、国电通信中心
6	二等	RCS-992分布式电力系统稳定控制装置	南京南瑞继保电气有限公司
7	二等	DGT801数字式发电机变压器保护装置	东南大学、国电南京自动化股份有限公司
8	二等	直流多馈入交直流并联电网安全稳定控制技术研究与实施	中国南方电网电力调度通信中心、南方电网技术研究中心、中国南方电网有限责任公司超高压输电公司、南京南瑞继保电气有限公司、中国电力顾问集团中南电力设计院、中国电力顾问集团西南电力设计院
9	二等	江苏电网广域实时监测与稳定预决策系统	江苏电力调度通信中心、北京四方同创保护与控制设备有限公司
10	二等	500kV平果可控串补工程	中国南方电网有限责任公司超高压输电公司、中国电力科学研究院、中国电力顾问集团公司中南电力设计院、广东天广工程监理有限公司、安徽送变电工程公司、广西送变电建设公司
11	二等	500kV变电站电磁骚扰和保护小室规范化设计	武汉高压研究所、华北电力大学
12	二等	国家电力调度数据网总体方案与实施	国家电力调度通信中心
13	二等	基于多智能体协调的电网自动电压控制系统	安徽电力调度通信中心
14	二等	环氧树脂浸纸主变压器高压套管介损和电容量异常原因研究	华东电力试验研究院、天荒坪抽水蓄能有限责任公司
15	二等	三峡直流输电对江苏电网设备影响的试验研究	江苏省电力公司技术中心
16	二等	500kV同塔双回输电线路保护及故障测距研究	四川省电力公司调度中心、南瑞继保电气有限公司、中国电力科学研究院
17	二等	三峡VGS700MW水轮发电机组安装技术研究	中国水利水电第八工程局
18	二等	峡谷地区高混凝土面板堆石坝关键技术应用研究	中国水利水电科学研究院、贵阳勘测设计研究院、贵州乌江水电开发有限责任公司
19	二等	三峡电站左岸机组定子线棒研制	东方电机股份有限公司
20	二等	核级纯离子交换树脂的研制及应用	西安热工研究院有限公司、核工业第二研究设计院、杭州争光树脂有限公司
21	二等	分室回转（定位）反吹（玻璃纤维）袋式除尘器技术	北方联合电力有限责任公司、哈尔滨工业大学环保科技股份有限公司、呼和浩特热电厂、内蒙古电力科学研究院

续表

序号	等级	获 奖 项 目	受 奖 单 位
22	二等	国内首台900MW超临界火电机组施工关键技术研究和应用	上海电力安装第一工程公司、上海电力建设启动调整试验所
23	二等	应用低质量流速直流炉技术对国产300MW UP型锅炉的改造	平顶山姚孟发电有限责任公司
24	二等	大型燃煤电厂袋式除尘应用技术和设备研究	国电环境保护研究所、南京龙源环保有限公司
25	二等	煤气高温净化技术研究开发	西安热工研究院有限公司、中国科学院山西煤炭化学研究所、华东理工大学、东南大学
26	二等	石灰石/石灰—石膏湿法烟气脱硫工艺及推广应用	国电科技环保集团有限公司
27	二等	发电设备计算机化维修管理系统和运行与维修智能决策系统的研究	华北电力大学
28	二等	大型管状带式输送系统技术开发研制	中国华电工程（集团）有限公司
29	三等	国家电力商务网研究及应用	国电信息中心、国电联合商务网络有限公司
30	三等	江苏省电力公司数字档案馆	江苏省电力公司、清华紫光股份有限公司
31	三等	河南电网无功电压实时优化控制系统	河南电力调度通信中心
32	三等	分裂导线力学性能实验室技术完善和配套	国电电力建设研究所
33	三等	多馈入直流输电系统的控制策略及其对南方电网暂态功角稳定性的影响研究	中国南方电网有限责任公司超高压输电公司、国电自动化研究院、南方电网技术研究中心
34	三等	中低压交联电缆密集敷设载流量试验研究	上海电缆输配电公司、武汉高压研究所
35	三等	华东电网内部控制评价体系	华东电网有限公司、上海新世纪投资服务有限公司
36	三等	大功率试验站技术改造	中国电力科学研究院
37	三等	同塔多回输电线路设计研究	江苏省电力设计院
38	三等	广东省地区电网外网等值自动生成系统	广东省电力调度中心、清华大学、广东集团有限公司深圳供电分公司
39	三等	福建省输变电工程电磁环境影响研究	福建省电力试验研究院
40	三等	电力重组中的需求侧管理研究	国电动力经济研究中心
41	三等	750kV输电线路配套金具研制	四平线路器材厂
42	三等	SMU&DPR系列电网安全监控装置	国电自动化研究院
43	三等	高海拔地区覆冰绝缘子长串直流闪络的研究	中国电力工程顾问集团西南电力设计院、重庆大学
44	三等	变压器绕组变形测试技术的研究及应用	广东省电力工业局试验研究所
45	三等	PAC-2000电力系统相量测量装置研制	中国电力科学研究院
46	三等	风电机组接入电力系统若干问题仿真研究	中国电力工程顾问集团华北电力设计院工程有限公司、清华大学、河北省电力勘测设计研究院、山东电力工程咨询院、上海电力设计院有限公司
47	三等	华北电网电力系统实时动态监测系统	华北电力调度局、北京四方继保自动化股份有限公司
48	三等	500kV紧凑型架空送电线路设计技术规定	北京国电华北电力工程有限公司、中国电力工程顾问集团公司、国家电网公司工程建设部、中国电力建设工程咨询公司、国家电网公司华北电力集团公司

续表

序号	等级	获奖项目	受奖单位
49	三等	变压器超高频局部放电在线监测技术及装置的研究	河南电力试验研究院、华北电力大学（北京）、濮阳供电公司
50	三等	智能无功功率、谐波、负序功率综合治理系统	武汉大学、华中电网有限公司
51	三等	三峡电厂发电机定子水冷状态检测及故障诊断专家系统	三峡水力发电厂、北京伏安基业电气技术有限公司
52	三等	连续拉伸式液压千斤顶—钢绞线斜井滑模系统	中国水利水电第一工程局
53	三等	梯段爆破计算机模拟技术	中国水利水电建设集团公司、北京理工大学、宜昌市中水科技发展有限公司、葛洲坝股份有限公司施工科学研究所、中国人民武装警察部队水电第一总队
54	三等	水轮发电机组安装技术规范	中国葛洲坝水利水电工程集团有限公司、中国水利水电建设集团公司、中国长江三峡工程开发总公司、哈尔滨电机厂有限责任公司
55	三等	三峡水轮机导水机构加工及装配工艺研究	哈尔滨电机厂有限责任公司
56	三等	卸荷岩体力学理论及其在水电工程中的应用	三峡大学、湖北清江水电开发有限责任公司、中国长江三峡工程开发总公司
57	三等	辉绿岩人工砂石粉在RCC中的利用研究	中国水利水电第四工程局、中国水利水电闽江工程局
58	三等	冲碾压实技术在CFRD面板坝施工中的研究及应用	贵州乌江水电开发有限责任公司、国家电力公司贵阳勘测设计研究院
59	三等	水轮发电机组启动试验规程制、修订及标准化体系的建立	中国水利水电建设集团公司、中国水利水电第四工程局、中国水利水电第五工程局、富春江富士水电设备有限公司
60	三等	抽水蓄能电站厂房结构振动研究	水电水利规划设计总院、北京国电水利电力工程有限公司、华东勘测设计研究院、大连理工大学、武汉大学
61	三等	城市地铁大断面软土层浅埋隧道施工技术研究	中国水利水电第十四工程局
62	三等	索风营下游倒张拱钢索桥工程施工工艺研究	中国水利水电第九工程局
63	三等	国华黄骅电厂全厂址围海造陆工程实践	河北国华沧东发电有限责任公司、中交水运规划设计院、中港第一航务工程局第一工程公司、天津中北港湾工程建设监理事务所、天津港湾工程质量检测中心
64	三等	FZQ2000Z型附着自升塔式起重机开发研制	国电郑州机械设计研究所、郑州科润机电工程有限公司
65	三等	磁性测量评估奥氏体耐热钢炉管寿命的研究及应用	山东电力研究院、山东黄台发电厂、山东电力高等专科学校
66	三等	改进的石灰石—石膏湿法烟气脱硫技术工程化研究	浙江天地环保工程有限公司、浙江钱清发电有限责任公司
67	三等	集箱馆座角焊缝超声波探伤方法研究	河北省电力研究院
68	三等	电站锅炉燃烧系统多参数测量与层析技术	上海电力学院、上海吴泾发电有限责任公司、上海电力股份有限责任公司杨树浦发电厂

续表

序号	等级	获 奖 项 目	受 奖 单 位
69	三等	提高火电机组适应电网负荷变动性能的控制策略研究与实施	西安热工研究院有限公司、四川广安发电有限责任公司、华能国际电力股份有限公司南京分公司（电厂）、华能国际电力股份有限公司石家庄分公司（上安电厂）
70	三等	1000t/h四卷筒牵引机房下置桥式抓斗卸船机开发研制	国电机械设计研究所、杭州华新机电工程有限公司
71	三等	循环冷却水系统中凝汽器铜管腐蚀在线监测技术的研究与应用	华北电力科学研究有限责任公司、中国科学院金属研究所、大唐国际下花园电厂
72	三等	地下变电站抗拔桩设计研究	上海电力设计院有限公司
73	三等	导热塑料盘管蓄冷技术	国电机械设计研究所、杭州华电华源环境工程有限公司
74	三等	财务公司ERP系统的开发与应用	中国华能财务有限责任公司、毕博管理咨询公司、北京软通动力科技有限公司
75	三等	大亚湾核电站企业网安全体系规划与建设	大亚湾核电运营管理有限责任公司
76	三等	火电厂设备状态检修技术研究与应用	西安热工研究院有限公司、中国华能集团公司、苏州工业园区华能发电有限责任公司、江苏华能淮阴发电有限公司
77	三等	引进CE型1025t/h锅炉再热器超温爆管研究及改造	华能德州电厂、上海发电设备成套设计研究所
78	三等	德巴2209t/h锅炉严重结焦问题研究	华能德州电厂、上海发电设备成套设计研究所

750kV 输变电示范工程

国家电网公司750kV输变电示范工程是公司实现“一强三优”现代公司发展战略的重点工程项目。2005年9月26日，750kV输变电示范工程正式投产。工程投运以来，经历高原风沙、严寒的严峻考验，所有主要设备运行正常，无任何事故、障碍发生，未发现影响运行的工程缺陷和设备缺陷。

750kV输变电示范工程，是国内电压等级最高的电网工程，也是西部大开发的一项重点工程。项目的建设对于加快我国电网发展，以及积累电网建设经验，具有重要影响；对全面提高超高压领域的研究技术、工程建设、设备制造和运行水平具有里程碑的重要意义；对于特高压工程建设有重要的示范作用；也为充分利用西部地区丰富的能源，加快资源优势向经济优势转化，创造了更好的条件和机遇，为西北电网发展和西部大开发都提供了广阔的空间。

一、工程概况

国家电网公司750kV输变电示范工程于2003年9月19日正式开工建设。工程包括：青海官亭、甘肃兰州东两座750kV变电站。750kV官亭—兰州东输电线路一条，长141km。总投资10.9036亿元。

（1）750kV官亭变电站：本期容量150万kVA。装设4台单相容量为50万kVA的主变压器，其中1台为两站共同备用相，远期容量300万kVA。本期出线1回至兰州东，远期出线5回。装设4台单相容量为10万kvar的线路用高压电抗器一组，其中1台为备用相设备，远期预留3组高压电抗器位置。330kV出线本期8回。远期12回。

（2）750kV兰州东变电站：本期容量150万kVA，装设3台单相容量为50万kVA的主变压器，远期容量 300 万 kVA；本期出线 1 回至官亭，远期出线 8 回；远期预留 4 组高压电抗器位置。330kV 出线本期 5 回，远期 12 回。

两站均为 3/2 接线，装设 750kV 简化 GIS 设备，本期无主母线，为线变串单元接线方式。

(3) 主设备研制及供应：官亭变电站 750kV 主变压器由保定天威保变电气股份有限公司研制。兰州东变电站 750kV 主变压器由西安西电变压器有限责任公司研制。750kV 高压电抗器由特变电工衡阳变压器厂生产，共 4 台。750kV GIS 设备采用的是两断口的 750kV GIS 设备。其中。80%的由韩国晓星负责生产，20%的由新东北电气（沈阳）高压开关有限公司生产。

(4) 其他 750kV 主设备：750kV 隔离开关由西安西电高压开关有限责任公司生产，电容式电压互感器分别由西安西电电力电容器有限责任公司和桂林电力电容器总厂生产，氧化锌避雷器由西安西电高压电瓷有限责任公司生产。

二、工程建设管理

750kV 输变电示范工程地处青海、甘肃高海拔地区，在施工、生活极端艰苦的环境下，国家电网公司提出“四个确保、五个一流”（即确保工程质量、确保安全文明施工和环境保护、确保工程进度、确保投资有效控制和一流的管理、一流的设备、一流的技术、一流的质量、一流的安全文明施工水平）的工程建设目标，根据工程总体计划，倒排工期，制订周计划，做到日落实，实时动态管理，确保了工程顺利投运。

1. 工程质量管理

(1) 建立完善的质量管理体系。按照施工单位三级自检、监理复检、质量监督中心抽检的程序进行质量检查，分部工程质检结果均达到了合格率 100%，优良率 100%。

(2) 抓好工程设计质量。①优化工程设计，合理降低造价。②注重抓设计质量，在可研、初设阶段，研究路径优化、铁塔优化、扩径导线选用等系列专题，对重大设计原则，在专题研究的基础上按程序报工程领导小组决策确定。在具体管理措施上，为确保国内第一次设计 750kV 电压等级输变电工程的质量，通过招标选择了中南电力设计院、西南电力设计院，分别承担变电和送电工程的设计监理任务。邀请具有相同高海拔背景的南非 ESKOM 公司，作为工程初步设计阶段的国外设计咨询。在建设阶段，重点抓好施工图的专家审查和会审。

(3) 加强监造，确保设备质量。面对国内第一次研制 750kV 设备、材料，存在缺少规范和标准、制造经验不足等问题，国家电网公司加强了监造的工作力度，特别注重对制造工艺、工序、工装等的过程监督，重点抓产品设计、生产制造、型式和出厂试验三个主要阶段的监造。

(4) 抓现场施工质量。通过建立健全质量管理的“五道防线”（即业主或业主代表方、总牵头监理单位、监理单位、施工单位、项目部），层层把关，落实责任，强调施工工艺，开展对口劳动竞赛，严格奖罚，把住施工各个环节的质量关。

在管理措施上，通过招标选择了总牵头监理单位，统一负责，规范工程的质量管理。赋予监理单位“四控制、两管理、一协调”（即安全控制、质量控制、投资控制、进度控制，合同管理，信息管理和组织协调）及代业主工程师职责，绩效挂钩。加强施工工艺和施工方案的审查和监督及工程后评价制度。发挥并调动施工单位的积极性，形成严密的质量保障组织体系。

(5) 严把现场调试、试验质量关。加强对现场调试工作的组织协调和统一管理，强化收关意识。确保各分体项目的安装调试质量和系统调试，交接试验质量，尽早查找并消除缺陷，确保系统整体启动的一次成功。通过规范的招投标，择优选择交接试验、特殊试验的承担单位，确保调试和试验质量。

2. 工程安全管理

按照国家电网公司 2005 年基建安全活动年的统一部署和要求，建立健全 750kV 输变电示范工程建设管理的安全保障体系和安全监察体系。成立了示范工程安全委员会，落实安全技术措施，实施安全管理措施、方案，安全管理费用及时到位。制订了各项安全规章制度，通过工程自检、监理单位检查、主管上级监督、业主管理，层层落实安全责任，开展定期和不定期的安全专项检查。整个工程建设过程实现安全零事故。

3. 工程投资控制

①严格贯彻投资“五制”（即项目法人制、资本金制、招投标制、合同制、监理制），依法规范工程招投标，按程序办事，择优选择中标单位。②严格按审定的初设原则组织项目的实施。在不降低整体项目质量和可靠性的原则和前提下，严格执行设计标准和设计规模和范围。③向设计优化、向高效的工程细化管理要效益，降低工程造价。④严格合同管理，建立和完善台账制度，动态跟踪资金流向，做到投资的有效控制。⑤争取国家减免税政策的支持。通过努力，国家发改委于 2004 年 6 月批准了 750kV 设备组件进口免税的请示（《西北电网公伯峡水电站送出及青海官亭至甘肃兰州东 750kV 输变电示范工程》项目的 750kV 主变压器、电抗器和 GIS 设备），减少工程投

资约1800万元。

三、全面推进工程设备国产化

为按期实现750kV输变电示范工程建成投运目标，国家电网公司落实国产化要求，在工程实施中始终坚持科技创新。

自2001年4月开始进行750kV输变电工程关键技术研究，先后分三批共29个子项目，全部顺利通过国家电网公司组织的验收，并获得较高评价。这三批关键技术研究项目，直接面向工程，直接应用于工程，直接服务于工程，并且直接接受工程检验。这些科研成果的取得，为750kV示范工程完全自主国产化的设计、设备制造、施工和运行等，奠定了坚实的基础。

在变电工程中，优化所区面积，采用全钢管连体的构支架，采用引进乌克兰的先进技术，引入国际咨询，提高国内制造750kV电抗器的技术水平，促成韩国晓星公司与沈开的合作，实现了采用世界上技术最先进的750kV双断口GIS。在送电工程中，采用海拉瓦技术定位优化路径，进行杆塔设计优化，采用高强钢塔材、扩径导线、复合绝缘子等。提高了国家电网公司750kV输变电示范性工程的技术含量。

750kV输变电示范工程多项科研成果填补了国内空白，达到国际先进水平，电压等级达到世界最高运行电压等级，工程装备水平达到国际一流水准，工程设备国产化率90%以上，充分体现了我国电网发展在科研、设备制造、工程设计以及施工建设等方面的能力和潜力。

（田卫东 孙 涛 但 刚）

灵宝背靠背直流输电工程

灵宝背靠背直流输电工程是“十五”末期实现全国联网战略目标的一个重要工程，是我国第一个背靠背直流工程，也是第一个直流设计及设备国产化示范试验工程，对振兴民族工业、实现电网技术升级具有重要的现实意义和深远的历史意义。灵宝工程的建成，使中国主要电网基本实现了全国联网，有利于在更大范围内实现优化资源配置，有利于电网调峰、错峰以及水、火电的相互调济，有利于缓解局部地区电力外送困难和电力供应紧张的局面，对调整能源结构、促进电力可持续发展具有重要的战略意义。

灵宝背靠背工程位于灵宝市西郊，地处豫、陕、晋三省交界处的黄河之滨，隶属河南省三门峡市。灵宝换流站的330kV侧通过一回90km的330kV线路接入西北电网的罗敷变电所，220kV侧通过一回400m的220kV线路接入华中电网的紫东变电所，实现西北电网和华中电网的联网运行。直流系统额定容量为36万kW，额定直流电压120kV，额定直流电流3000A，并建设相应的站内交直流设施及站外配套交流工程和二次系统工程。

灵宝工程在2001年由国家计划委员会批复立项并开工建设，2005年8月7日移交生产，11月27日顺利通过国务院三峡工程建设委员会的最终验收，工程建设历时4年，总投资近6.7亿元。

2001年，为提高国内超高压直流输电设备的科研、设计和制造水平，国务院、国务院三建委、国家计委和国家经贸委的领导对直流工程国产化作出批示，要求进一步加快直流设备国产化的进程，国家计委印发了《直流设备国产化工作协调会议纪要》（计办基础［2002］54号），明确将三广直流工程、贵广直流工程、三峡右岸至华东直流工程、西北—华中联网直流背靠背工程列为直流国产化依托工程。

在灵宝工程开工建设之前的直流换流站工程（如葛南直流、天广直流、龙政直流，三广直流及贵广直流）均是以国外总承包商为主完成系统研究、成套设计及主设备供货，国内咨询单位和厂家主要是通过分包或参与部分工作，引进吸收和消化国外直流设计研究和制造技术，并不能真正体现出我国直流输电的生产技术水平。为了全面检验和提高我国直流输电国产化的能力，国家电网公司提出将灵宝换流站作为三峡右岸直流工程的中间试验项目，完全依靠国内科研、设计和制造力量进行建设。灵宝工程就是国家电网公司党组为实现直流输电国产化目标做出的战略决策。

为解决工程资本金困难，并考虑灵宝工程将为三峡右岸直流工程的国产化积累工程经验，应原国家电力公司请求，2002年国务院三建委批复同意在三峡基金中安排1.16亿元作为该工程资本金。

在灵宝工程准备开工时期，由于国内已经引进了两种不同的换流阀及其控制保护技术，为使两种技术均能得到全面检验，在拟定灵宝工程技术方案时，国家电网公司组织大批直流工程技术专家以及科研实力雄厚的科研单位、大专院校、设计院、咨询单位和设备制造厂家进行科学论证，并果断做出部署，决定采用两种换流阀技术和两套控制保护技术的方案。该技术方案得到了国务院三建委的批准，工程总体投资也因此超过了原国家计委批复的核定投资5.78亿元。应国家电网公司请求，国家发改委批复同意对本工程动态投资调增到6.7亿元。

2005年11月27日，西北—华中联网灵宝直流背靠背工程顺利通过国务院三峡工程建设委员会最终验收。这项工程的完工，标志着我国已经具备成套大容量、超高压直流工程的设计和建设能力，标志着我国直流输电国产化能力的全面提升。对于我国今后独立自主建设大型直流输电工程，具有重大指导性意义和典型示范作用，这是直流输电技术国产化的重要里程碑。

灵宝工程从工程建设管理、系统研究、成套设计、工程设计，到设备制造采购、工程施工和调试等全部立足国内，全面实现了国产化要求。灵宝工程建设还创造了国内直流工程的“多个第一”：第一次自主进行咨询研究和功能规范书编制；第一次自主进行工程的系统研究和成套设计；第一次自主进行阀厅和交流滤波器布置设计；第一次采用两种不同的换流阀技术；第一次采用两种不同的控制保护技术并交叉控制不同技术的换流阀；第一次自主进行设备制造；第一次自主进行工程调试等。

（田卫东 孙 涛 但 刚）

三峡输变电工程

通过国家电网公司和各参建单位共同努力，三峡输变电及相关工程建设进展顺利，完成了2005年工程建设任务。

一、2005年度建设计划和执行情况

1. 2005年度建设计划

2005年初安排，三峡输变电工程建设总规模为输电线路1097km，变电容量825万kVA，直流线路1075km，换流容量600万kW。其中：

一次系统项目总数为20个，即“8线11变1直流”。其中投产项目“1线5变”，规模为交流输电线路55km，变电容量375万kVA；续建项目“1线4变1直流”，规模为交流输电线路189km，变电容量300万kVA，直流输电线路1075km，换流容量600万kW；新开工项目“6线2变”，规模为交流输电线路853km，变电容量150万kVA；另外安排2个预开工项目，建设规模为输电线路420km。

二次系统项目总数为12个，其中OPCW工程4个，光缆长度355km；调度自动化类单项工程6个，包括国调后备调度中心、华中网调EMS系统更新及二次网络建设、国调雷电定位监测系统、电能量计费华中电网主站系统、电能量计费四川电网主站系统、交易管理系统等项目；通信类单项工程2个，包括综合网管系统和三沪二回光缆通信工程。

2. 2005年建设计划执行情况

2005年，三峡输变电工程建设进度正常，工程建设的安全、质量情况良好，按期完成年初安排的开工和投产计划。同时，根据受电地区电力负荷发展的实际需要和实际工程进度，经专题请示国务院三峡办同意，提前开工建设了荆州—益阳Ⅱ回、荆门—孝感Ⅱ回、白鹤—黄渡双回、凤凰山—咸宁Ⅱ回和万县变电站扩建主变压器（含SVC）等5个项目（即“4线1变”），提前投产湖州变扩建2号主变压器。调整后，2005年三峡输变电工程建设总规模为交流输电线路1581km，变电容量900万kVA，直流输电线路1075km，换流容量600万kW。其中新开工项目为13项（“10线3变”），新开工规模为交流输电线路1337km，变电容量225万kVA。投产项目为7项（“1线6变”），投产规模为交流输电线路89km，变电容量450万kVA。

3. 截至2005年底工程建设的基本情况

从三峡输变电工程开工到2005年底，工程累计到位资金283.64亿元，其中三峡基金184.54亿元，出口信贷39.78亿元，银行贷款55.32亿元，债券4.0亿元；累计完成动态投资282.85亿元（按照1993价格约为235.71亿元）；累计建成交流线路39个单项工程、线路总长度4964km，交流变电25个单项工程、变电总容量1675万kVA；直流2个单项工程，其中，直流线路2条、线路长度1865km，直流换流站4座、换流容量1200万kW。截至2005年底，三峡输变电工程在建的交流输电线路为1526km，变电容量450万kVA，直流输电线路1075km，换流容量600万kW。

截至2005年底，跨区电网项目已顺利完成了年度投产任务。具体情况如下：

（1）500kV湖州—王店同塔双回输变电工程。建设规模：湖州变电站（75万kVA）、湖州—王店同塔双回路输电线路工程（2×38km）及相关间隔扩建工程。6月8日开始启动调试，一次启动成功后，进入试运行，并于6月10日正式投产。

（2）500kV杨高变电站3号主变压器扩建工程。工程规模：75万kVA。2005年6月2日开始启动调试，一次启动成功后，进入试运行，6月4日试运行结束后正式投产。

（3）500kV宜城变电站工程。建设规模：75万kVA。6月16日开始启动调试，一次启动成功后，进入试运行，6月19日正式投产。

（4）500kV苏州南变电站扩建工程。建设规模：79万kVA主变压器。6月30日完成启动调试，一次启动成功后，进入试运行，7月1日正式投产。

（5）西北—华中联网灵宝背靠背换流站工程。建设规模：包括灵宝换流站（换流容量72万kW）。7月3日正式投产运行，11月21～27日通过了国务院

三峡办组织的国家验收终验。

（6）500kV 荆州—潜江Ⅰ回输变电工程。该工程包括新建 500kV 潜江变电站（75 万 kVA）、500kV 荆州—潜江Ⅰ回输电线路工程（88km）及相关间隔扩建工程。该工程变电部分 220kV 侧于 2004 年 12 月投产，线路部分及整体启动于 2005 年 1 月 20 日进行。

（7）500kV 宜兴变电站扩建工程。建设规模：工程本期扩建 75 万 kVA 容量主变压器一台。本工程克服了主变压器出厂试验局放超标、现场交接试验局放超标等一系列问题，于 2005 年 12 月 23 日通过了竣工验收，24 日开始了启动调试工作，25 日顺利完成了有关工作后，一次启动成功并进入 24h 试运行，于 26 日正式投运。

（8）500kV 荆州—潜江Ⅱ回线输变电工程。建设规模：工程包括荆州—潜江Ⅱ回线路 88.595km 及两端间隔扩建工程。工程分别于 2005 年 12 月 12、24 日通过了竣工验收，并于 26 日开始了启动调试，在 27 日顺利完成了相关工作后，一次启动成功并进入 24h 试运行，28 日正式投运。

（9）500kV 湖州主变压器扩建工程（超额投产项目）。建设规模：工程本期扩建 75 万 kW 容量主变压器一台。工程原计划于 2006 年 5 月投产。国家电网公司建运部会同国网建设公司加大了工程建设管理及协调力度，华东电网有限公司、浙江省电力公司等有关单位的积极配合，于 2005 年 12 月 26 日完成了竣工验收工作，并于 27 日开始了启动调试，28 日顺利完成了有关工作后，一次启动成功并进入 24h 试运行，29 日提前投运。

二、2005 年资金计划、资金到位和投资完成情况

三峡输变电工程 2005 年初资金计划为 532460 万元，调整后的年度资金计划为 578983.9 万元。全年实际资金到位 546150.0 万元，完成调整后年度资金计划的 94.3%；其中三峡基金到位 468576 万元，银行贷款到位 77574 万元。

三峡输变电工程 2005 年初投资计划为 499860 万元，调整后的年度投资计划为 514716.7 万元。全年实际完成投资 530388.5 万元，完成调整后年度投资计划的 103.04%。其中：

（1）输变电主体工程部分。2005 年资金计划为 564701.9 万元，全年资金到位 533097.0 万元，2005 年投资计划为 490247.7 万元，全年完成投资 512979.9 万元。

（2）调度自动化类项目。2005 年资金计划为 720 万元，全年资金到位 720 万元，2005 年投资计划为 720 万元，全年完成投资 1850.1 万元。

（3）通信类项目。2005 年资金计划为 4500 万元，全年资金到位 3590 万元，2005 年投资计划为 14687 万元，全年完成投资 8503.5 万元。

（4）工程其他专项（含前期费）。2005 年资金计划为 9062 万元，全年资金到位 8743 万元，2005 年投资计划为 9062 万元，全年完成投资 7055 万元。

三、2005 年输送电量情况

三峡电站 2005 年累计发电量 489.33 亿 kWh，其中送华中 137.17 亿 kWh，送华东 202.21 亿 kWh，送南方电网 149.95 亿 kWh。三峡输变电工程从建设至 2005 年底，已经累计输送三峡电量 965.75 亿 kWh，其中送华中 300.14 亿 kWh，送华东 433.26 亿 kWh，送南方电网 232.35 亿 kWh。

四、2005 年度安全和质量管理

1. 安全情况

三峡输变电工程建设安全管理体系健全，安全职责明确，制订了《输变电工程安全文明施工管理办法》等一系列有效、规范的安全管理制度，并得到有效落实，并通过多种措施落实环保施工方案。制订了《输变电工程现场安全文明施工策划实施纲要》，召开在建工程专项会议，安全隐患得到有效消除。在所有工程建设过程中，推行以实现工程建设“六化”（即安全管理制度化、安全设施标准化、平面布置条理化、设备材料堆放定置化、作业行为规范化、环境影响最小化）为核心内容的安全文明施工管理，各在建项目能够按照《500kV 输变电工程安全文明施工总体措施实施纲要》有关规定，组织安全文明施工的策划工作和方案的实施工作。围绕“可控、在控”要求，加强对危险点的预防预控管理，印发了《输变电工程建设危险因素辨识、评价和控制方法》，帮助施工单位开展工程建设项目危险源辨识和预防预控工作。安全生产监督和安全管理行为规范，开展了春季、秋冬安全大检查活动，加强了对安全文明施工的监督工作，加大反违章力度，开展创建“无违章工程”工作。建设管理单位结合安全检查，对监理、施工单位查禁违章情况进行检查并做出评价，并根据管理工程点多面广、安全形势严峻的特点，细化了安全责任，对违章作业、安全文明施工不达标、安全事故进行适时考核，进一步提高了安全的预防、预控水平。

各工程安全情况良好，未出现人身伤亡事故、重伤事故、重大设备质量事故、责任交通事故、由施工原因引起的电网事故和其他安全事故. 安全管理始终处于受控状态。

2. 质量情况

三峡输变电工程建设制订了明确的质量目标，各工程参加建设的各方质量管理体系健全，运转正常、有效，严格执行质量检查验收制度。当地电力基本建设工程质量监督中心站工程质量监督手续齐全，质量监督活动正常，履行了质量监督职能。加强了对质量管理的事前控制，为工程“零缺陷”移交、创建优质工程打好基础。以开展工艺二次设计、优化施工工艺为切入点，积极开展优质工程的创建工作，以强化创建精品工程过程控制为手段，确保工程质量优质。

各工程质量情况良好，未出现施工质量事故，均符合设计要求，工程总体质量达到优良级标准，质量管理始终处于受控状态。所有符合评审条件的项目均已达标投产，优质工程超过50%。

（田卫东　孙　涛　但　刚）

青藏铁路供电工程

青藏铁路格尔木至拉萨段110kV供电工程是国家重点建设项目，是青藏铁路的重要配套工程。国家电网公司成立了青藏铁路供电工程建设协调小组，负责对工程的质量、进度和投资控制进行协调管理，并委托青海省电力公司和西藏电力公司分别负责青海和西藏境内工程的建设。

一、工程总体情况

国家计委于2002年批复青藏铁路格尔木至拉萨段供电工程可研。根据工程初步设计批复情况，为满足工程建设的实际需要，2005年，国家发改委重新核定调整了投资概算。批准的工程规模和投资规模为：青海段工程规模为新建110kV线路443.5km、变电容量4.52万kVA，投资规模为32241万元；西藏段工程规模为新建110kV线路525.3km、变电容量6.2万kVA，配套建设35kV线路11km，投资规模为37198万元；研究试验费530万元。工程总投资合计69969万元。

实际完成的工程总体规模：建设110kV输电线路总长度为949.5km（其中33km为双回路），建设110kV变电站7座，变电总容量为10.72万kVA，相关配套35kV线路及二次系统设备。其中，西藏境内110kV输电线路539km，110kV变电站4座，变电容量6.2万kVA，主要包括：安多、那曲、当雄、柳梧110kV变电站；直孔—当雄—那曲—安多、城东—墨竹工卡—直孔、羊湖—西郊双回开断后进柳梧110kV变输电线路，配套建设35kV线路40km，以及相关二次设备。青海境内建设110kV输电线路399.654km，110kV变电站3座，变电容量4.52万kVA，主要包括：110kV格尔木—（大干沟）—纳赤台—五道梁—沱沱河输电线路，纳赤台、五道梁、沱沱河110kV变电站新建以及相关二次系统设备。

青海境内Ⅰ期供电工程规模：线路全长86.286km，其中双回路30.577km；单回路56.221km；铁塔共计314基；110kV纳赤台变电站主厂房和110kV户内装置为框架结构；主变压器容量为2×6300kVA；110kV采用GIS装置，变电站采用综合自动化系统。Ⅱ期110kV供电工程包括纳赤台—五道梁、五道梁—沱沱河两段线路和五道梁、沱沱河两座变电站。线路全长313.368km，共有杆塔990基；110kV五道梁变电站主变压器容量为2×10000kVA；110kV沱沱河变电站主变压器容量为2×6300kVA，两变电站110kV部分均采用户内GIS组合电器，并均设计有遥测、遥信、遥调、遥控、遥视功能，具有较高的自动化水平。

二、工程建设情况

（1）西藏境内供电工程。从2003年4月开工建设，到2005年8月9日，除调度自动化和那曲调度综合楼工程外，西藏段供电工程全部完成并投运。

（2）青海境内供电工程分两期建设。Ⅰ期工程为格尔木—纳赤台段及纳赤台变电站，于2003年5月工程正式开工建设，2003年12月建成并投入运行。Ⅱ期工程为纳赤台—五道梁—沱沱河段，海拔3640～5100m（五道梁变、沱沱河变分别为4612m、4533m），其中90.6%为海拔4000m以上地段，并大量穿越各类冻土区，自然条件极其恶劣。原计划2006年3月建成投运，Ⅱ期工程纳赤台—五道梁段于2005年12月28日正式投运，五道梁—沱沱河段于12月30日正式投运。至此，青藏铁路供电工程已经全部建成并投入运行。

三、工程建设管理情况

为了建设好青藏铁路供电工程，西藏、青海电力公司建立了完善的组织机构，健全了各项规章制度，依法进行工程建设管理。青藏铁路供电工程严格按照国家相关法律要求，采用公开招标方式确定设计、监理、施工和设备材料的单位（厂家），招标过程严格实行了招、评、定三段分离，确保公平、公正原则的落实。

1. 质量管理

以强化质量管理为重点，严格执行施工验收和评定标准，定期进行现场检查，并建立了较为完善的质量保证体系。参加工程建设的各单位机构健全、措施到位，在保证工期和安全的前提下，实施全过程管理控制，通过严格实施质量循环，实现了质量改进和提高。

监理和施工单位严把原材料的质量关，为了保证工程质量达到达标投产的要求，参加工程建设的各施工单位制订了详细的技术、质量文件，并经监理单位审批后实施。加强过程控制，各监理单位严格落实旁站监督的作用，对于隐蔽工程，经现场监理检查、确认后，再进行下道工序，确保隐蔽工程的每一道工序都达到优良级的要求。建设单位检查现场监理人员对监理规划及监理实施细则的执行情况，检查监理日志的记录情况，确保现场监理人员严格按照规程、规范、监理规划及实施细则的要求进行监理工作。

2. 工程安全和医疗保障

在青藏铁路供电工程施工过程中，与各施工单位签订了“安全目标管理责任书”，设立了现场施工安全员，开展文明施工教育，定期和不定期地组织安全检查，开工以来未发生人员伤亡事故。工程的安全目标是：杜绝人身伤亡事故（特别是高原病引起的死亡），杜绝重大设备、交通事故和其他重大事故的发生。为保证安全目标的实现，建立了工程安全工作委员会，加强了施工安全的全过程管理，各参建单位完善了自己的安全组织机构，实施了安全技术交底，并根据工程的特点制订了安全管理台账和记录，使各单位的安全工作规范化、标准化和数据化。在工程实施过程中，监理单位组织各参建单位每月进行一次全面的安全检查，做到及时发现和及时消除事故隐患。

为了减少高原反应对参建人员身体健康的影响，开工前对所有参建人员进行了全面身体检查，建立了健康档案，各施工单位在现场都配备了必要的医疗保障设施和专职医生。施工单位在工程开工前建立了完整的三级医疗体系，建设和监理单位组织专业人员经常对医疗保障体系进行检查，有效地保证了所有工程参建人员的身体健康和生命安全。

3. 工程进度控制

供电工程作为青藏铁路的配套工程之一，意义重大。青海段Ⅱ期工程原计划于2005年4月1日开工，2006年3月31日竣工。由于青藏铁路正式通车时间提前，为保证铁路按期正式通车，国家电网公司确定青藏铁路Ⅱ期110kV输变电工程2005年12月31日投产，工期压缩了3个月。根据青藏铁路的建设要求，青海省电力公司及时修改了建设计划，加大了各种资源投入，加大了现场协调力度和对设备厂家的催交力度，克服困难，全部工程如期在2005年12月30日投入运行。

4. 环境保护和文明施工

环保工作对青藏高原脆弱的生态环境十分重要，各参建单位都高度重视并设专人负责环保工作，编制了《植被保护和恢复方案）报环保部门备案，接受环保部门的监督、检查。对环保部门在检查中提出的问题和建议，施工单位及时整改，并将整改结果报环保部门备案。工程结束后，格尔木环境监察办公室对环保工作给予了高度评价。文明施工是优质施工的体现，各施工单位都能按照文明施工的要求进行施工。为了保护藏羚羊的迁徙，在7月中旬和8月上旬的施工期间暂停施工，确保藏羚羊的顺利迁徙和繁殖。

青藏铁路格尔木至拉萨段110kV供电工程地处世界屋脊，施工环境极其恶劣，特别是青海段Ⅱ期工程施工平均海拔高度在4500m，含氧量只有平原地区的30%。面对困难，青海、西藏电力公司按照“高起点、高标准、建一流高原输变电工程”的总体要求，精心组织，统一协调，发扬了“五个特别”（特别能吃苦、特别能战斗、特别能忍耐、特别能团结、特别能奉献）的高原精神，解决了“生命禁区”、“永冻层”和“脆弱的生态环境”三大世界性施工难题，确保青藏铁路提前通车。

（李 明）

南方电网惠州抽水蓄能电站

2005年1月10日，国内在建的最大抽水蓄能电站——南方电网惠州抽水蓄能电站正式开工建设。

惠州抽水蓄能电站是南方电网建设的第二座大型抽水蓄能电站。电站位于广东省惠州市博罗县城郊，距广州112km。该项目是广东省重点建设项目，是中国南方电网公司成立后控股的第一个大型调峰调频项目，是目前国内在建的最大抽水蓄能项目。

惠州抽水蓄能电站工程总投资81.34亿元，安装8台30万kW立轴单级可逆混流式机组，总装机容量240万kW，设计年抽水用电量60.03亿kWh，年发电量45.63亿kWh。电站机组设备的采购由国家组织招标，通过技贸结合的方式引进国外先进技术，以促进我国抽水蓄能电站设备制造的自主化。电站枢纽由上水库、下水库和引水发电系统等组成。预计，2008年底首台机组投产发电，2011年全部建成。

华能浙江玉环电厂

2005年1月3日，我国第一台百万千瓦级超超临界机组——华能浙江玉环电厂1号机组锅炉第二层第一段吊装任务完成，完成钢结构吊装共2200t，吊装质量全部优良，整个工程建设进展顺利。

华能玉环电厂地处瓯江口，在浙江乐清湾东岸。由中国华能集团公司控股的华能国际电力股份有限公司投资。总装机容量为4台100万kW超超临界燃煤机组，是国家引进的首台单机容量为100万kW的超超临界燃煤机组。一期工程建设两台100万kW机组，主体工程钢结构吊装于2004年11月1日正式开工，分别计划于2007年下半年和2008年上半年投产。电厂建成后将是国内单机容量最大、发电量居亚洲前列的特大型火力发电厂，也是国内综合节能和环保水平最高、并跻身于国际一流的超超临界发电厂。

甘肃成碧220kV国产化可控串补工程

2005年4月23日，甘肃成碧220kV国产化可控串补示范工程竣工投产仪式在330kV成县变电站举行。

成碧220kV可控串补装置工程是国家重大技术装备研制和国家电网公司重点科技项目，也是世界上目前投运的7个可控串补工程中容量最大的全可控串补装置。其建成投产，使我国成为继美国、德国、瑞典之后的第四个拥有此项技术的国家。并实现了可控串补装置的国产化，打破了国外公司在该技术领域的垄断，填补了我国在灵活交流输电系统（FACTS）技术上的空白。

成碧220kV线路是陇南水电资源外送的重要途径。据测算，甘肃碧口地区最大送电负荷为35.66万kW，而成碧220kV线路暂稳送电能力极限为23.5万kW，加装50%可控串补后，可使成碧220kV线路暂态稳定极限提高33%，满足规划期内水电汛期送出的需要。

该工程由中国电力科学研究院和甘肃省电力公司共同组织研发，由甘肃送变电工程公司负责施工。

溪洛渡水电站

2005年12月26日，由中国三峡总公司投资的我国第二大水电站溪洛渡水电站正式开工，成为我国“十五”期间开工的最后一项巨型水电工程，标志着金沙江干流水电梯级开发就此拉开序幕。

溪洛渡水电站是金沙江干流规划开发的重要工程，是我国实施“西电东送”战略的骨干工程。电站总装机容量为1260万kW，是目前我国第二大水电站，位列世界第三。电站位于云南省永善县与四川省雷波县接壤的溪洛渡峡谷，是金沙江下游河段梯级开发4座大型电站中的第三级（从上至下依次为乌东德、白鹤滩、溪洛渡和向家坝）。电站由拦河大坝、地下厂房、泄洪建筑物等组成。大坝结构为混凝土双曲拱坝，坝顶高程610m，坝顶长度700m，左右两岸布置地下式厂房，各安装9台单机70万kW机组，多年平均发电量571亿～640亿kWh。电站正常蓄水位600m，水库总库容126.7亿m^3，调节库容64.6亿m^3。

溪洛渡水电站工程静态投资约为503亿元。工程计划于2007年11月实现截流，2008年开始大坝混凝土浇筑，2012年6月第一台机组安装完成，2013年6月水库蓄水至540m高程、首批机组发电，2015年工程全部竣工。

溪洛渡水电站以发电为主，兼有防洪、拦沙、改善下游航运条件等作用，在环境和社会经济等方面有着巨大的综合效益。电站建成后，可增加下游三峡、葛洲坝水电站枯水期电量18.8亿kWh；可促进三峡工程效益发挥，减轻重庆港淤积；利用水库调洪再配合其他措施，可使川江沿岸的宜宾、泸州、重庆等城市的防洪标准显著提高。

溪洛渡水电站大量的优质电能替代火电后，每年可减少燃煤4100万t，减少二氧化碳排放量约1.5亿t，减少二氧化氮排放量近48万t，减少二氧化硫排放量近85万t。而且，库区生态环境和水土保持措施的落实，将有助于提高区域整体环境质量。

锦屏一级水电站

2005年11月12日，位于四川省雅砻江下游的锦屏一级水电站正式开工。这是继二滩之后，在雅砻江上修建的第二座大型水电站，标志着由国家开发投资公司投资的雅砻江流域梯级滚动开发取得关键性突破。锦屏一级水电站总装机容量比二滩还要大30万kW，将成为世界第一高拱坝。

锦屏一级水电站位于四川省凉山彝族自治州木理县和盐源县境内，是雅砻江干流下游卡拉至江口河段规划的5个梯级电站的龙头电站，总装机容量360万kW（6×60万kW）。其下游依次为锦屏二级480万kW、官地240万kW、二滩330万kW、桐子林60万kW电站。

锦屏一级电站具有规模大、投资省、淹没损失小、梯级补偿效益显著等特点。电站设计为混凝土双曲拱坝，坝高305m，为世界第一高拱坝。工程总投资约246亿元，总工期111个月。计划于2006年底截流，2012年首台机组发电，2014年竣工。

2005年9月8日，锦屏一级水电站工程顺利通过了国家核准。这是国家基本建设项目由审批制改为核准制以来，核准的第一个特大型水电项目。该电站是“川电外送”的重要电源点之一，建成后年均发电量为166.2亿kWh，将送电至四川、重庆和华东地区，其中50%的电量将送往华东。

广东岭澳核电站二期主体工程

2005年12月15日，岭澳核电站二期工程主体工程正式开工建设。

岭澳核电站二期工程是我国“十五”电力发展规划的重要内容，是核电中长期发展规划的重点项目。岭澳核电站二期工程的开工，标志着我国新一轮核电建设的开始。该工程由中国广东核电集团投资建设，总投资260亿元人民币，建设两座采用二代改进型技术的百万千瓦级压水堆核电站，计划2010年1号机组投入运行，2011年2号机组投入运行。工程将严格贯彻国务院核电自主化领导小组提出的“以我为主”的要求，实现“自主设计、自主制造、自主建设和自主运行”的目标，努力提高我国核电自主化能力和水平。

2006 中国电力年鉴

重 要 文 献

法 律 法 规

中华人民共和国可再生能源法

2005年2月28日第十届全国人民代表
大会常务委员会第十四次会议通过

第一章 总 则

第一条 为了促进可再生能源的开发利用，增加能源供应，改善能源结构，保障能源安全，保护环境，实现经济社会的可持续发展，制定本法。

第二条 本法所称可再生能源，是指风能、太阳能、水能、生物质能、地热能、海洋能等非化石能源。

水力发电对本法的适用，由国务院能源主管部门规定，报国务院批准。

通过低效率炉灶直接燃烧方式利用秸秆、薪柴、粪便等，不适用本法。

第三条 本法适用于中华人民共和国领域和管辖的其他海域。

第四条 国家将可再生能源的开发利用列为能源发展的优先领域，通过制定可再生能源开发利用总量目标和采取相应措施，推动可再生能源市场的建立和发展。

国家鼓励各种所有制经济主体参与可再生能源的开发利用，依法保护可再生能源开发利用者的合法权益。

第五条 国务院能源主管部门对全国可再生能源的开发利用实施统一管理。国务院有关部门在各自的职责范围内负责有关的可再生能源开发利用管理工作。

县级以上地方人民政府管理能源工作的部门负责本行政区域内可再生能源开发利用的管理工作。县级以上地方人民政府有关部门在各自的职责范围内负责有关的可再生能源开发利用管理工作。

第二章 资源调查与发展规划

第六条 国务院能源主管部门负责组织和协调全国可再生能源资源的调查，并会同国务院有关部门组织制定资源调查的技术规范。

国务院有关部门在各自的职责范围内负责相关可再生能源资源的调查，调查结果报国务院能源主管部门汇总。

可再生能源资源的调查结果应当公布；但是，国家规定需要保密的内容除外。

第七条 国务院能源主管部门根据全国能源需求与可再生能源资源实际状况，制定全国可再生能源开发利用中长期总量目标，报国务院批准后执行，并予公布。

国务院能源主管部门根据前款规定的总量目标和省、自治区、直辖市经济发展与可再生能源资源实际状况，会同省、自治区、直辖市人民政府确定各行政区域可再生能源开发利用中长期目标，并予公布。

第八条 国务院能源主管部门根据全国可再生能源开发利用中长期总量目标，会同国务院有关部门，编制全国可再生能源开发利用规划，报国务院批准后实施。

省、自治区、直辖市人民政府管理能源工作的部门根据本行政区域可再生能源开发利用中长期目标，会同本级人民政府有关部门编制本行政区域可再生能源开发利用规划，报本级人民政府批准后实施。

经批准的规划应当公布；但是，国家规定需要保密的内容除外。

经批准的规划需要修改的，须经原批准机关批准。

第九条 编制可再生能源开发利用规划，应当征求有关单位、专家和公众的意见，进行科学论证。

第三章 产业指导与技术支持

第十条 国务院能源主管部门根据全国可再生能源开发利用规划，制定、公布可再生能源产业发展指导目录。

第十一条 国务院标准化行政主管部门应当制定、公布国家可再生能源电力的并网技术标准和其他需要在全国范围内统一技术要求的有关可再生能源技术和产品的国家标准。

对前款规定的国家标准中未作规定的技术要求，

国务院有关部门可以制定相关的行业标准，并报国务院标准化行政主管部门备案。

第十二条 国家将可再生能源开发利用的科学技术研究和产业化发展列为科技发展与高技术产业发展的优先领域，纳入国家科技发展规划和高技术产业发展规划，并安排资金支持可再生能源开发利用的科学技术研究、应用示范和产业化发展，促进可再生能源开发利用的技术进步，降低可再生能源产品的生产成本，提高产品质量。

国务院教育行政部门应当将可再生能源知识和技术纳入普通教育、职业教育课程。

第四章 推广与应用

第十三条 国家鼓励和支持可再生能源并网发电。

建设可再生能源并网发电项目，应当依照法律和国务院的规定取得行政许可或者报送备案。

建设应当取得行政许可的可再生能源并网发电项目，有多人申请同一项目许可的，应当依法通过招标确定被许可人。

第十四条 电网企业应当与依法取得行政许可或者报送备案的可再生能源发电企业签订并网协议，全额收购其电网覆盖范围内可再生能源并网发电项目的上网电量，并为可再生能源发电提供上网服务。

第十五条 国家扶持在电网未覆盖的地区建设可再生能源独立电力系统，为当地生产和生活提供电力服务。

第十六条 国家鼓励清洁、高效地开发利用生物质燃料，鼓励发展能源作物。

利用生物质资源生产的燃气和热力，符合城市燃气管网、热力管网的入网技术标准的，经营燃气管网、热力管网的企业应当接收其入网。

国家鼓励生产和利用生物液体燃料。石油销售企业应当按照国务院能源主管部门或者省级人民政府的规定，将符合国家标准的生物液体燃料纳入其燃料销售体系。

第十七条 国家鼓励单位和个人安装和使用太阳能热水系统、太阳能供热采暖和制冷系统、太阳能光伏发电系统等太阳能利用系统。

国务院建设行政主管部门会同国务院有关部门制定太阳能利用系统与建筑结合的技术经济政策和技术规范。

房地产开发企业应当根据前款规定的技术规范，在建筑物的设计和施工中，为太阳能利用提供必备条件。

对已建成的建筑物，住户可以在不影响其质量与安全的前提下安装符合技术规范和产品标准的太阳能利用系统；但是，当事人另有约定的除外。

第十八条 国家鼓励和支持农村地区的可再生能源开发利用。

县级以上地方人民政府管理能源工作的部门会同有关部门，根据当地经济社会发展、生态保护和卫生综合治理需要等实际情况，制定农村地区可再生能源发展规划，因地制宜地推广应用沼气等生物质资源转化、户用太阳能、小型风能、小型水能等技术。

县级以上人民政府应当对农村地区的可再生能源利用项目提供财政支持。

第五章 价格管理与费用分摊

第十九条 可再生能源发电项目的上网电价，由国务院价格主管部门根据不同类型可再生能源发电的特点和不同地区的情况，按照有利于促进可再生能源开发利用和经济合理的原则确定，并根据可再生能源开发利用技术的发展适时调整。上网电价应当公布。

依照本法第十三条第三款规定实行招标的可再生能源发电项目的上网电价，按照中标确定的价格执行；但是，不得高于依照前款规定确定的同类可再生能源发电项目的上网电价水平。

第二十条 电网企业依照本法第十九条规定确定的上网电价收购可再生能源电量所发生的费用，高于按照常规能源发电平均上网电价计算所发生费用之间的差额，附加在销售电价中分摊。具体办法由国务院价格主管部门制定。

第二十一条 电网企业为收购可再生能源电量而支付的合理的接网费用以及其他合理的相关费用，可以计入电网企业输电成本，并从销售电价中回收。

第二十二条 国家投资或者补贴建设的公共可再生能源独立电力系统的销售电价，执行同一地区分类销售电价，其合理的运行和管理费用超出销售电价的部分，依照本法第二十条规定的办法分摊。

第二十三条 进入城市管网的可再生能源热力和燃气的价格，按照有利于促进可再生能源开发利用和经济合理的原则，根据价格管理权限确定。

第六章 经济激励与监督措施

第二十四条 国家财政设立可再生能源发展专项资金，用于支持以下活动：

（一）可再生能源开发利用的科学技术研究、标准制定和示范工程；

（二）农村、牧区生活用能的可再生能源利用项目；

（三）偏远地区和海岛可再生能源独立电力系统建设；

（四）可再生能源的资源勘查、评价和相关信息系统建设；

（五）促进可再生能源开发利用设备的本地化生产。

第二十五条 对列入国家可再生能源产业发展指导目录、符合信贷条件的可再生能源开发利用项目，金融机构可以提供有财政贴息的优惠贷款。

第二十六条 国家对列入可再生能源产业发展指导目录的项目给予税收优惠。具体办法由国务院规定。

第二十七条 电力企业应当真实、完整地记载和保存可再生能源发电的有关资料，并接受电力监管机构的检查和监督。

电力监管机构进行检查时，应当依照规定的程序进行，并为被检查单位保守商业秘密和其他秘密。

第七章 法律责任

第二十八条 国务院能源主管部门和县级以上地方人民政府管理能源工作的部门和其他有关部门在可再生能源开发利用监督管理工作中，违反本法规定，有下列行为之一的，由本级人民政府或者上级人民政府有关部门责令改正，对负有责任的主管人员和其他直接责任人员依法给予行政处分；构成犯罪的，依法追究刑事责任：

（一）不依法作出行政许可决定的；

（二）发现违法行为不予查处的；

（三）有不依法履行监督管理职责的其他行为的。

第二十九条 违反本法第十四条规定，电网企业未全额收购可再生能源电量，造成可再生能源发电企业经济损失的，应当承担赔偿责任，并由国家电力监管机构责令限期改正；拒不改正的，处以可再生能源发电企业经济损失额一倍以下的罚款。

第三十条 违反本法第十六条第二款规定，经营燃气管网、热力管网的企业不准许符合入网技术标准的燃气、热力入网，造成燃气、热力生产企业经济损失的，应当承担赔偿责任，并由省级人民政府管理能源工作的部门责令限期改正；拒不改正的，处以燃气、热力生产企业经济损失额一倍以下的罚款。

第三十一条 违反本法第十六条第三款规定，石油销售企业未按照规定将符合国家标准的生物液体燃料纳入其燃料销售体系，造成生物液体燃料生产企业经济损失的，应当承担赔偿责任，并由国务院能源主管部门或者省级人民政府管理能源工作的部门责令限期改正；拒不改正的，处以生物液体燃料生产企业经济损失额一倍以下的罚款。

第八章 附 则

第三十二条 本法中下列用语的含义：

（一）生物质能，是指利用自然界的植物、粪便以及城乡有机废物转化成的能源。

（二）可再生能源独立电力系统，是指不与电网连接的单独运行的可再生能源电力系统。

（三）能源作物，是指经专门种植，用以提供能源原料的草本和木本植物。

（四）生物液体燃料，是指利用生物质资源生产的甲醇、乙醇和生物柴油等液体燃料。

第三十三条 本法自2006年1月1日起施行。

国家处置电网大面积停电事件应急预案

1 总则

1.1 编制目的

正确、有效和快速地处理大面积停电事件，最大程度地减少大面积停电造成的影响和损失，维护国家安全、社会稳定和人民生命财产安全。

1.2 编制依据

依据《中华人民共和国安全生产法》、《中华人民共和国电力法》和《国家突发公共事件总体应急预案》，制定本预案。

1.3 适用范围

（1）本预案适用于国家应对和处理因电力生产重特大事故、电力设施大范围破坏、严重自然灾害、电力供应持续危机等引起的对国家安全和社会稳定以及人民群众生产生活构成重大影响和严重威胁的大面积停电事件。

（2）本预案用于规范在电网发生大面积停电事件下，各相关地区、各有关部门组织开展社会救援、事故抢险与处置、电力供应恢复等工作。

（3）本预案中大面积停电是指：电力生产受严重自然灾害影响或发生重特大事故，引起连锁反应，造成区域电网、省电网或重要中心城市电网减供负荷而引起的大面积停电事件。

1.4 工作原则

（1）预防为主。坚持“安全第一、预防为主”的方针，加强电力安全管理，落实事故预防和隐患控制措施，有效防止重特大电力生产事故发生；加强电力设施保护宣传工作和行政执法力度，提高公众保护电力设施的意识；协调发电燃料供给，规范电力市场秩序，避免发生电力供应危机；开展大面积停电恢复控制研究，制订科学有效的电网恢复预案；开展停电救援和紧急处置演习，提高对大面积停电事件处理和应急救援综合处置能力。

（2）统一指挥。在国家统一指挥和协调下，通过应急指挥机构和电网调度机构，组织开展事故处理、事故抢险、电网恢复、应急救援、维护社会稳定、恢复生产等各项应急工作。

(3) 分工负责。按照分层分区、统一协调、各负其责的原则建立事故应急处理体系。电网企业按照电网结构和调度管辖范围，制订和完善电网应急处理和恢复预案，保证电网尽快恢复供电。发电企业完善保“厂用电”措施，确保机组的启动能力和电厂自身安全。电力用户根据重要程度，自备必要的保安措施，避免在突然停电情况下发生次生灾害。各省（区、市）人民政府、国务院有关部门按各自职责，组织做好电网大面积停电事件应急准备和处置工作。

(4) 保证重点。在电网事故处理和控制中，将保证大电网的安全放在第一位，采取各种必要手段，防止事故范围进一步扩大，防止发生系统性崩溃和瓦解。在电网恢复中，优先保证重要电厂厂用电源和主干网架、重要输变电设备恢复，提高整个系统恢复速度。在供电恢复中，优先考虑对重点地区、重要城市、重要用户恢复供电，尽快恢复社会正常秩序。

2 组织机构

2.1 国家应急机构

2.1.1 电网大面积停电应急领导小组

国家成立电网大面积停电事件应急领导小组（简称应急领导小组），统一领导指挥大面积停电事件应急处置工作。

2.1.2 应急领导小组办公室

应急领导小组下设办公室，负责日常工作。办公室设在电监会安全监管局。

2.1.3 相关部门（应急机构）

发展改革、公安、财政、铁道、交通、商务、安全生产监督管理等部门或单位按照国务院大面积停电应急协调机构、应急领导小组、各级人民政府的统一部署和各自职责配合做好大面积停电应急工作。

2.2 地方应急指挥机构

各省（区、市）人民政府比照国家处置电网大面积停电事件应急预案，结合本地实际制定预案并成立相应的电网大面积停电应急指挥机构，建立和完善相应的电网停电应急救援与处置体系。

2.3 电力调度机构、电力企业、重要用户

2.3.1 电力调度机构

各级电力调度机构是电网事故处理的指挥中心，值班调度员是电网事故处理的指挥员，统一指挥调度管辖范围内的电网事故处理。

2.3.2 电力企业

有关电网企业、发电企业成立大面积停电应急指挥机构，负责本企业的事故抢险和应急处理工作。

2.3.3 重要用户

负责本单位事故抢险和应急处理。

3 事件分级

按照电网停电范围和事故严重程度，将大面积停电分为Ⅰ级停电事件和Ⅱ级停电事件两个状态等级。

3.1 Ⅰ级停电事件

发生下列情况之一，电网进入Ⅰ级停电事件状态：

(1) 因电力生产发生重特大事故，引起连锁反应，造成区域电网大面积停电，减供负荷达到事故前总负荷的30%以上；

(2) 因电力生产发生重特大事故，引起连锁反应，造成重要政治、经济中心城市减供负荷达到事故前总负荷的50%以上；

(3) 因严重自然灾害引起电力设施大范围破坏，造成省电网大面积停电，减供负荷达到事故前总负荷的40%以上，并且造成重要发电厂停电、重要输变电设备受损，对区域电网、跨区电网安全稳定运行构成严重威胁；

(4) 因发电燃料供应短缺等各类原因引起电力供应严重危机，造成省电网60%以上容量机组非计划停机，省电网拉限负荷达到正常值的50%以上，并且对区域电网、跨区电网正常电力供应构成严重影响；

(5) 因重要发电厂、重要变电站、重要输变电设备遭受毁灭性破坏或打击，造成区域电网大面积停电，减供负荷达到事故前总负荷的20%以上，对区域电网、跨区电网安全稳定运行构成严重威胁。

3.2 Ⅱ级停电事件

发生下列情况之一，电网进入Ⅱ级停电事件状态：

(1) 因电力生产发生重特大事故，造成区域电网减供负荷达到事故前总负荷的10%以上，30%以下；

(2) 因电力生产发生重特大事故，造成重要政治、经济中心城市减供负荷达到事故前总负荷的20%以上，50%以下；

(3) 因严重自然灾害引起电力设施大范围破坏，造成省电网减供负荷达到事故前总负荷的20%以上，40%以下；

(4) 因发电燃料供应短缺等各类原因引起电力供应危机，造成省电网40%以上，60%以下容量机组非计划停机。

4 应急响应

4.1 Ⅰ级停电事件响应

4.1.1 事件报告

(1) 发生Ⅰ级停电事件时，电网企业应急指挥机构应将停电范围、停电负荷、发展趋势等有关情况立

即报告应急领导小组办公室。

（2）应急领导小组组长主持召开紧急会议，就有关重大应急问题作出决策和部署，并将有关情况向国务院汇报。同时宣布启动预案。

4.1.2 事件通告

（1）发生Ⅰ级停电事件后，应急领导小组办公室负责召集有关部门（单位），就事故影响范围、发展过程、抢险进度、预计恢复时间等内容及时通报，使有关部门（单位）和公众对停电情况有客观的认识和了解。在Ⅰ级停电事件应急状态宣布解除后，及时向有关部门（单位）和公众通报信息。

（2）在大面积停电期间，要加强信息发布和舆论宣传工作，各级政府要积极组织力量，发动群众，坚决打击造谣惑众、散布谣言、哄抬物价、偷盗抢劫等各种违法违纪行为，减少公众恐慌情绪，维护社会稳定。

4.1.3 应急处置

（1）电网与供电恢复：发生Ⅰ级停电事件后，电力调度机构和有关电力企业要尽快恢复电网运行和电力供应。

——在电网恢复过程中，电力调度机构负责协调电网、电厂、用户之间的电气操作、机组启动、用电恢复，保证电网安全稳定留有必要裕度。在条件具备时，优先恢复重点地区、重要城市、重要用户的电力供应。

——在电网恢复过程中，各发电厂严格按照电力调度命令恢复机组并网运行，调整发电出力。

——在供电恢复过程中，各电力用户严格按照调度计划分时分步地恢复用电。

（2）社会应急：发生Ⅰ级停电事件后，受影响或受波及的地方各级政府、各有关部门、各类电力用户要按职责分工立即行动，组织开展社会停电应急救援与处置工作。

——对停电后易造成重大影响和生命财产损失的单位、设施等电力用户，按照有关技术要求迅速启动保安电源，避免造成更大影响和损失。

——地铁、机场、高层建筑、商场、影剧院、体育场（馆）等各类人员聚集场所的电力用户，停电后应迅速启用应急照明，组织人员有组织、有秩序地集中或疏散，确保所有人员人身安全。

——公安、武警等部门在发生停电的地区要加强对关系国计民生、国家安全和公共安全的重点单位的安全保卫工作，加强社会巡逻防范工作，严密防范和严厉打击违法犯罪活动，维护社会稳定。

——消防部门做好各项灭火救援应急准备工作，及时扑灭大面积停电期间发生的各类火灾。

——交通管理部门组织力量，加强停电地区道路交通指挥和疏导，缓解交通堵塞，避免出现交通混乱，保障各项应急工作的正常进行。

——物资供应部门要迅速组织有关应急物资的加工、生产、运输和销售，保证居民在停电期间的基本生活资料供给。

——停电地区各类电力用户要及时启动相应停电预案，有效防止各种次生灾害的发生。

——电力企业迅速组织力量开展事故抢险救灾，修复被损电力设施，恢复灾区电力供应工作。

4.1.4 应急结束

在同时满足下列条件下，应急领导小组经研究决定宣布解除Ⅰ级停电事件状态：

（1）电网主干网架基本恢复正常接线方式，电网运行参数保持在稳定限额之内，主要发电厂机组运行稳定；

（2）停电负荷恢复80%以上，重点地区、重要城市负荷恢复90%以上；

（3）发电燃料恢复正常供应、发电机组恢复运行，燃料储备基本达到规定要求；

（4）无其他对电网安全稳定运行和正常电力供应存在重大影响或严重威胁的事件。

4.2 Ⅱ级停电事件响应

发生Ⅱ级停电事件时，由电网企业应急指挥机构和省级人民政府就有关应急问题作出决策和部署，按本级应急处置预案进行处置，同时立即将有关情况向应急领导小组办公室报告。

对Ⅱ级停电事件，由应急领导小组办公室或经授权的地方政府与电监会区域电监局共同负责通报事故情况，发布事故信息。

5　应急保障

5.1 技术保障

全面加强技术支持部门的应急基础保障工作。电力管理部门应聘请电力生产、管理、科研等各方面专家，组成大面积停电处置专家咨询小组，对应急处置进行技术咨询和决策支持。电力企业应认真分析和研究电网大面积停电可能造成的社会危害和损失，增加技术投入，研究、学习国际先进经验，不断完善电网大面积停电应急技术保障体系。

5.2 装备保障

各相关地区、各有关部门以及电力企业在积极利用现有装备的基础上，根据应急工作需要，建立和完善救援装备数据库和调用制度，配备必要的应急救援装备。各应急指挥机构应掌握各专业的应急救援装备的储备情况，并保证救援装备始终处在随时可正常使用的状态。

5.3 人员保障

加强电力企业的电力调度、运行值班、抢修维护、生产管理、事故救援队伍建设，通过日常技能培训和模拟演练等手段提高各类人员的业务素质、技术水平和应急处置能力。

6 宣传、培训和演习

6.1 宣传

各电力企业和重要电力用户应对全体员工加强防范事故的安全生产教育和应急救援教育，并通过各种新闻媒体向全社会宣传出现大面积停电的紧急情况下如何采取正确措施处置，增强公众的自我保护意识。

6.2 培训

各电力企业和重要电力用户应认真组织员工对应急预案的学习和演练，并通过专业人员的技术交流和研讨，提高应急救援的业务知识水平。

6.3 演习

应急领导小组办公室至少每年协调组织一次应急联合演习，加强和完善各电力企业之间的协调配合工作。各电力企业应根据自身特点，定期组织本企业的应急救援演习。

7 信息发布

应急领导小组办公室负责对事故信息统一对外发布，并负责拟定信息发布方案，及时采用适当方式发布信息，组织报道。

8 后期处置

8.1 事故调查

大面积停电之后，由国务院有关部门组成事故调查组进行事故调查。各相关地区、各有关部门和单位认真配合调查组的工作，客观、公正、准确地查清事故原因、发生过程、恢复情况、事故损失等。

事故调查应与现场应急处置工作有机结合。事故调查组到达现场后应认真听取现场应急处置工作情况介绍，并与现场应急指挥机构协调，参与现场应急处置工作。

事故调查工作包括：调查组的组成，应急救援情况的调查，事故现场调查，技术分析，事故原因的判定，事故性质和责任的查明，编写事故调查报告，提出安全预防措施建议。

8.2 改进措施

(1) 大面积停电之后，电力企业应及时组织生产、运行、科研等部门联合攻关，研究事故发生机理，分析事故发展过程，吸取事故教训，提出具体措施，进一步完善和改进电力应急预案。

(2) 各相关地区、各有关部门应及时总结社会应急救援工作的经验和教训，进一步完善和改进社会停电应急救援、事故抢险与紧急处置体系。

9 附则

9.1 预案管理与更新

随着应急救援相关法律法规的制定和修订，部门职责或应急资源发生变化，以及实施过程中发现存在问题或出现的情况，及时修订完善本预案。

本预案有关数量的表述中，“以上”含本数，“以下”不含本数。

9.2 预案实施时间

本预案自印发之日起实施。

国务院文件

电力监管条例

（第432号令）

《电力监管条例》已经2005年2月2日国务院第80次常务会议通过，现予公布，自2005年5月1日起施行。

总 理 温家宝

二〇〇五年二月十五日

附件：

电力监管条例

第一章 总 则

第一条 为了加强电力监管，规范电力监管行为，完善电力监管制度，制定本条例。

第二条 电力监管的任务是维护电力市场秩序，依法保护电力投资者、经营者、使用者的合法权益和社会公共利益，保障电力系统安全稳定运行，促进电力事业健康发展。

第三条　电力监管应当依法进行，并遵循公开、公正和效率的原则。

第四条　国务院电力监管机构依照本条例和国务院有关规定，履行电力监管和行政执法职能；国务院有关部门依照有关法律、行政法规和国务院有关规定，履行相关的监管职能和行政执法职能。

第五条　任何单位和个人对违反本条例和国家有关电力监管规定的行为有权向电力监管机构和政府有关部门举报，电力监管机构和政府有关部门应当及时处理，并依照有关规定对举报有功人员给予奖励。

第二章　监管机构

第六条　国务院电力监管机构根据履行职责的需要，经国务院批准，设立派出机构。国务院电力监管机构对派出机构实行统一领导和管理。

国务院电力监管机构的派出机构在国务院电力监管机构的授权范围内，履行电力监管职责。

第七条　电力监管机构从事监管工作的人员，应当具备与电力监管工作相适应的专业知识和业务工作经验。

第八条　电力监管机构从事监管工作的人员，应当忠于职守，依法办事，公正廉洁，不得利用职务便利谋取不正当利益，不得在电力企业、电力调度交易机构兼任职务。

第九条　电力监管机构应当建立监管责任制度和监管信息公开制度。

第十条　电力监管机构及其从事监管工作的人员依法履行电力监管职责，有关单位和人员应当予以配合和协助。

第十一条　电力监管机构应当接受国务院财政、监察、审计等部门依法实施的监督。

第三章　监 管 职 责

第十二条　国务院电力监管机构依照有关法律、行政法规和本条例的规定，在其职责范围内制定并发布电力监管规章、规则。

第十三条　电力监管机构依照有关法律和国务院有关规定，颁发和管理电力业务许可证。

第十四条　电力监管机构按照国家有关规定，对发电企业在各电力市场中所占份额的比例实施监管。

第十五条　电力监管机构对发电厂并网、电网互联以及发电厂与电网协调运行中执行有关规章、规则的情况实施监管。

第十六条　电力监管机构对电力市场向从事电力交易的主体公平、无歧视开放的情况以及输电企业公平开放电网的情况依法实施监管。

第十七条　电力监管机构对电力企业、电力调度交易机构执行电力市场运行规则的情况，以及电力调度交易机构执行电力调度规则的情况实施监管。

第十八条　电力监管机构对供电企业按照国家规定的电能质量和供电服务质量标准向用户提供供电服务的情况实施监管。

第十九条　电力监管机构具体负责电力安全监督管理工作。国务院电力监管机构经商国务院发展改革部门、国务院安全生产监督管理部门等有关部门后，制订重大电力生产安全事故处置预案，建立重大电力生产安全事故应急处置制度。

第二十条　国务院价格主管部门、国务院电力监管机构依照法律、行政法规和国务院的规定，对电价实施监管。

第四章　监 管 措 施

第二十一条　电力监管机构根据履行监管职责的需要，有权要求电力企业、电力调度交易机构报送与监管事项相关的文件、资料。电力企业、电力调度交易机构应当如实提供有关文件、资料。

第二十二条　国务院电力监管机构应当建立电力监管信息系统。电力企业、电力调度交易机构应当按照国务院电力监管机构的规定将与监管相关的信息系统接入电力监管信息系统。

第二十三条　电力监管机构有权责令电力企业、电力调度交易机构按照国家有关电力监管规章、规则的规定如实披露有关信息。

第二十四条　电力监管机构依法履行职责，可以采取下列措施，进行现场检查：

（一）进入电力企业、电力调度交易机构进行检查；

（二）询问电力企业、电力调度交易机构的工作人员，要求其对有关检查事项作出说明；

（三）查阅、复制与检查事项有关的文件、资料，对可能被转移、隐匿、损毁的文件、资料予以封存；

（四）对检查中发现的违法行为，有权当场予以纠正或者要求限期改正。

第二十五条　依法从事电力监管工作的人员在进行现场检查时，应当出示有效执法证件；未出示有效执法证件的，电力企业、电力调度交易机构有权拒绝检查。

第二十六条　发电厂与电网并网、电网与电网互联，并网双方或者互联双方达不成协议，影响电力交易正常进行的，电力监管机构应当进行协调；经协调仍不能达成协议的，由电力监管机构作出裁决。

第二十七条　电力企业发生电力生产安全事故，应当及时采取措施，防止事故扩大，并向电力监管机构和其他有关部门报告。电力监管机构接到发生重大电力生产安全事故报告后，应当按照重大电力生产安全事故处置预案，及时采取处置措施。电力监管机构按照国家有关规定组织或者参加电力生产安全事故的调查处理。

第二十八条 电力监管机构对电力企业、电力调度交易机构违反有关电力监管的法律、行政法规或者有关电力监管规章、规则，损害社会公共利益的行为及其处理情况，可以向社会公布。

第五章 法 律 责 任

第二十九条 电力监管机构从事监管工作的人员有下列情形之一的，依法给予行政处分；构成犯罪的，依法追究刑事责任：

（一）违反有关法律和国务院有关规定颁发电力业务许可证的；

（二）发现未经许可擅自经营电力业务的行为，不依法进行处理的；

（三）发现违法行为或者接到对违法行为的举报后，不及时进行处理的；

（四）利用职务便利谋取不正当利益的。

电力监管机构从事监管工作的人员在电力企业、电力调度交易机构兼任职务的，由电力监管机构责令改正，没收兼职所得；拒不改正的，予以辞退或者开除。

第三十条 违反规定未取得电力业务许可证擅自经营电力业务的，由电力监管机构责令改正，没收违法所得，可以并处违法所得5倍以下的罚款；构成犯罪的，依法追究刑事责任。

第三十一条 电力企业违反本条例规定，有下列情形之一的，由电力监管机构责令改正；拒不改正的，处10万元以上100万元以下的罚款；对直接负责的主管人员和其他直接责任人员，依法给予处分；情节严重的，可以吊销电力业务许可证：

（一）不遵守电力市场运行规则的；

（二）发电厂并网、电网互联不遵守有关规章、规则的；

（三）不向从事电力交易的主体公平、无歧视开放电力市场或者不按照规定公平开放电网的。

第三十二条 供电企业未按照国家规定的电能质量和供电服务质量标准向用户提供供电服务的，由电力监管机构责令改正，给予警告；情节严重的，对直接负责的主管人员和其他直接责任人员，依法给予处分。

第三十三条 电力调度交易机构违反本条例规定，不按照电力市场运行规则组织交易的，由电力监管机构责令改正；拒不改正的，处10万元以上100万元以下的罚款；对直接负责的主管人员和其他直接责任人员，依法给予处分。

电力调度交易机构工作人员泄露电力交易内幕信息的，由电力监管机构责令改正，并依法给予处分。

第三十四条 电力企业、电力调度交易机构有下列情形之一的，由电力监管机构责令改正；拒不改正的，处5万元以上50万元以下的罚款，对直接负责的主管人员和其他直接责任人员，依法给予处分；构成犯罪的，依法追究刑事责任：

（一）拒绝或者阻碍电力监管机构及其从事监管工作的人员依法履行监管职责的；

（二）提供虚假或者隐瞒重要事实的文件、资料的；

（三）未按照国家有关电力监管规章、规则的规定披露有关信息的。

第三十五条 本条例规定的罚款和没收的违法所得，按照国家有关规定上缴国库。

第六章 附 则

第三十六条 电力企业应当按照国务院价格主管部门、财政部门的有关规定缴纳电力监管费。

第三十七条 本条例自2005年5月1日起施行。

国务院办公厅关于电站项目清理及近期建设安排有关工作的通知

（国办发［2005］8号）

各省、自治区、直辖市人民政府，国务院各部委、各直属机构：

《国务院批转发展改革委关于坚决制止电站项目无序建设意见的紧急通知》（国发［2004］32号）下发后，各地区及各有关单位积极部署，认真开展工作，基本上按要求向国务院上报了在建电站项目的清理情况。发展改革委按照国务院的要求，组织有关单位和专家开展了项目清理和评议工作，提出了对违规电站项目的处理意见和建议。经国务院同意，现将电站项目清理及近期建设安排有关工作通知如下：

一、进一步提高对清理违规电站项目工作的认识

随着国民经济的快速发展，我国电力建设取得了令人瞩目的成就。到2004年底，全国电站装机规模达到4.4亿kW，年发电量21870亿kWh，同比增长14.8%。近几年来，全国电力需求快速增长，一些地区电力供需矛盾突出。为此，国家采取了一系列措施，努力缓解电力供需矛盾，加快电力建设。继

2001～2003年分别开工电站项目2140万、2337万kW和3111万kW后，2004年批准开工电站项目6100万kW，投产电站规模超过了5000万kW，电力发展速度超过了国民经济增长速度。

但是，在各方面加快电力建设的同时，一些地区和企业从局部利益出发，违反国家有关政策和规定，不顾电力工业发展的客观规律，盲目无序建设电站项目。经发展改革委汇总统计各地清理上报情况，违规开工项目总计达1.25亿kW。在上述违规项目中，已经国家批准项目建议书，但未审批可行性研究报告，也未按投资体制改革后新程序核准的项目约3000万kW；其他未按国家规定程序审批或核准的项目约7930万kW；另有1600万kW左右的项目未按清理要求上报。

上述项目多数未完成环保、土地、用水和专家评审程序，有的违规开采地下水，有的超标准排放污染物，有的占用良田，压煤压矿，浪费国家的宝贵资源，使得本已十分脆弱的生态环境又趋于恶化。大量违规电站仓促建设，加剧了发电设备供不应求的紧张局面，不但需要大量进口材料、部件，而且埋下设备制造和工程建设质量隐患，对电力系统安全运行构成严重威胁。一批高能耗小机组的建设和投产，使电力工业技术水平出现倒退，给今后电力结构及产业布局调整增加了难度。违规电站项目扰乱了国家能源总体战略的实施，引发电力建设布局混乱，加剧煤炭供应和运输能力紧张的矛盾，这种状况持续下去，势必引起电力和煤炭工业发展的大起大落，影响相关行业的正常发展，给国民经济可持续发展带来严重的负面影响。

为保持国民经济持续快速协调健康发展，维护国家长远利益，必须统一思想，提高认识，采取有力措施，坚决制止违规建设电站项目的势头。各地区、各有关部门和单位要以科学发展观为指导，严格遵守国家的有关政策和规定，确保政令畅通，认真做好清理违规项目的各项工作，合理调控电站建设规模和建设进度，严肃纠正违规建设行为，改善在建电站项目布局和结构，促进电力工业健康有序可持续发展。

二、合理安排近期电站建设

近年来我国电力需求增长很快，需要在国家能源中长期发展规划指导下适度加快电力建设。结合目前我国发电设备每年5000万～6000万kW的制造能力，综合考虑电力需求和煤炭供应、运输能力等各项配套条件，近期每年新开工电站规模应控制在6000万kW左右。考虑到当前尚有一些地区电力供应紧张，实际开工规模较大的状况，为减少损失，2005年开工规模按6500万kW安排。由于经济发展水平和资源状况不同，各地区的建设规模应区别情况，优化电源布局，调整电源结构，不应相互攀比。

当前要按照电力工业发展方针，继续实施西电东送、南北互供和水火互济，大力发展变输煤为输电等项工程。发展改革委要统筹安排电力建设，明确各地区近期电站建设规模、项目和进度，在优先安排合规项目的同时，逐步解决违规项目问题。要尽快将具体的电站项目处理和安排意见印发各地区及有关单位执行。对国家已明确纳入规划和近期建设安排的电站项目，有关单位要抓紧做好前期论证工作，发展改革、国土、环保、水资源等有关职能部门要积极支持，大力配合，及时办理相关审批或核准手续，为加快项目建设创造有利条件。

三、继续做好电站项目清理工作，妥善处理违规项目

对于违规电站项目要按照“依据规划、专家评议，分类处理、有保有压，优先安排合规项目、逐步解决违规项目”的原则进行处理。

（一）对已按原程序经国家批准项目建议书，但未批准可行性研究报告或未完成核准程序的违规项目（约3000万kW），项目业主要作出深刻检查，并由发展改革委给予通报批评。这些项目要限期完成环保、土地和用水审批等必要的前期工作，在满足环保、国土、水资源等部门审核要求的前提下，按国家规定程序，经核准后开工建设，纳入2005年的建设规模。

（二）对其他未按国家规定办理核准手续的违规项目（约7930万kW），区别情况，分类处理。其中，对经专家评议，基本符合规划布局和产业政策要求的项目（约4530万kW），要逐一严格核定，在完成有关论证工作后，合理安排建设总规模，分年度办理核准手续，纳入当年开工规模；对未能通过专家评议，不符合规划、不具备建设条件的项目（约3400万kW），应立即停止建设，有关部门不予办理核准手续，金融机构要依据法律、法规和国家有关规定停止发放贷款。设备制造企业要按国家电力规划和电力产业政策安排生产和供货，有关省级人民政府要依法妥善处理好有关占用土地、公众利益等方面的问题，做好善后工作。项目停建发生的各项损失均由越权审批单位和有关企业负责。

（三）对隐瞒不报或继续违规建设的电站项目，一经查实，将责令其停止建设，由地方人民政府负责善后工作。

（四）为维护电力建设正常秩序，严肃法纪，保持政令畅通，环保、国土、水资源、金融、价格、质检等有关职能部门及有关监管机构要依据法律和行政法规，加强对违规项目及各类违法违规行为的执法力

度。同时，发展改革委要会同财政部等相关部门，抓紧研究制订对违规项目实行低于当地正常上网电价等经济处罚办法，扣缴资金在财政列专户，经国家批准专项用于电网建设、清洁发电、可再生能源利用、农网改造等方面，促进电力可持续发展。

四、采取综合措施制止和防范违规电站建设

对违规项目要综合治理、标本兼治。国务院和地方人民政府各职能部门要统一认识，各司其职，通力协作，严格把关，加大执法监督工作力度，共同制止和防范违规建设电站项目的行为。各级发展改革、环保、国土、水资源等部门对电站建设的相关条件要依照法律法规严格审核。各级价格主管部门要加强对电力价格政策执行情况的监督检查。金融机构要严格审贷。电网企业不得擅自为违规项目办理接入系统手续和建设接入系统。

中华人民共和国国务院办公厅

二〇〇五年二月二十二日（印）

国家发展和改革委员会文件

国家发展和改革委员会公告

2005 年第 38 号

为保持国民经济和电力工业持续、健康发展，维护国家长远利益，根据《国务院批准国家发展改革委关于坚决制止电站项目无序建设意见的紧急通知》（国发［2004］32 号）和《国务院办公厅关于电站项目清理及近期建设安排有关工作的通知》（国办发［2005］8 号），国家发展改革委、国土资源部、水利部和国家环保总局等部门依据法律法规及有关规定，经专家论证评议，清理出一批不具备核准条件，不能纳入近期电力规划的违规项目（详见附件）。按照国务院的有关规定，这些违规项目必须立即停止建设，并停止项目各项前期工作。各地区、各有关部门和单位要按照国务院的要求认真落实相关工作，妥善处理善后事宜。

特此公告。

附件：第一批公告停止建设的违规电站项目（略）

国家发展改革委

国土资源部

水利部

国家环保总局

二〇〇五年七月十五日（印）

国家发展和改革委员会公告

2005 年第 50 号

为提高能源利用效率，保护生态环境，促进我国电力工业可持续发展，需要加大电源结构调整力度，逐步关停能耗高、效率低、污染大的小火电机组（包括燃煤和燃油机组）。

根据国家产业政策和有关规定，以及电力工业中长期发展规划，有关地区和电力企业积极贯彻国家电力发展方针，在认真分析现役火电厂的基础上，研究并提出了 2010 年前第一批火电机组关停计划，现予公布［具体项目详见附表（略）］，有关要求如下：

（一）对于实施关停的小火电机组，各地、各单位要严格按照计划实施关停。

（二）对于实施关停的小火电机组，自规定关停之日起，电网企业不再收购其电力电量，燃料企业不为其提供燃料，银行及有关金融机构不为其提供贷款，土地将转为其他用途，交通运输部门不予安排运力，水资源管理部门应将用水指标转为它用。

（三）对于实施关停的小火电机组，不得私自对外转供或解列运行，关停后要就地拆除报废，不得易地使用。

（四）关停小火电机组与老旧机组替代改造项目核准挂钩，凡不按关停要求关停小火电机组的地区，不核准相关的扩建改造项目。

（五）各地政府、有关部门和企业要按《国务院办公厅转发国家经贸委关于关停小火电机组有关问题意见的通知》（国办发［1999］44号）的精神以及上述要求，认真落实相关工作。

特此公告。

中华人民共和国国家发展和改革委员会

二〇〇五年八月十五日（印）

国家发展和改革委员会公告

2005年第57号

近年来，我国经济快速发展，电力供应相对紧张。为满足国民经济和社会发展的需要，国家加快了电力建设力度。继2004年核准和开工电站项目建设规模超过6000万kW后，2005年1～7月份又陆续核准电站项目建设规模约7200万kW。2004年至2005年7月，国家新核准电站项目168项，建设总规模为12100.15万kW，其中：水电13项，建设总规模为1153.85万kW；火电144项，建设总规模为10859万kW；其他11项，建设总规模为87.3万kW。现将已核准的主要电站项目向全社会公布［具体项目见附表（略）］。

为保证国家核准项目的顺利实施，对已核准项目，请发电设备制造企业优先安排所需设备，银行及非银行金融机构保证工程建设资金按期足额到位，相关职能部门在征地、拆迁、燃料供应、交通运输等方面给予必要的协助。

特此公告。

中华人民共和国国家发展和改革委员会

二〇〇五年九月七日（印）

国家发展改革委关于尽快完成农网改造工程验收和进一步加强农村电力管理有关要求的通知

（发改能源［2005］1149号）

各省、自治区、直辖市、新疆生产建设兵团发展改革委、物价局，水利部、国家电网公司、中国南方电网有限责任公司：

农村电网是农村地区的重要基础设施。1998年以来，利用国债资金在全国开展了大规模的农村电网建设与改造工作，在党中央、国务院的正确领导下，在国务院各有关部门和各省（区、市）政府及有关部门的共同努力下，农村电网建设与改造工程已基本完成。经我委稽察办组织的农村电网建设与改造工程专项检查了解，全国农村电网建设与改造自查自纠工作取得了明显成效，工程建设和管理中存在的普遍共性问题得到了有效纠正、突出问题得到了有效整改和解决，除少数项目仍存在一些薄弱环节和问题外，大部分农村电网建设与改造工程已具备竣工验收的条件。

为了圆满完成全国大规模的农村电网建设与改造工作，进一步加强农村电力管理，为农村经济和社会更快发展创造条件，现将尽快完成农村电网建设与改造工程验收工作和进一步加强农村电力管理问题的有关要求通知如下：

一、请各省（区、市）认真按照《国家发展改革委办公厅关于做好农村电网建设与改造工程验收工作的通知》（发改办能源［2003］1101号）的要求，并根据我委稽察整改通知要求，在对发现问题进行认真整改的基础上，尽快完成农村电网建设与改造工程验收工作，将全省（区、市）验收情况以省（区、市）发展改革委的文件上报我委。我委将对各省（区、市）验收情况进行重点抽查并下发验收意见。

二、由于各省（区、市）经济和社会状况发展状况不同、农村电网基础不同、农网改造投资规模不同，这次农村电网建设与改造计划完成后，各省（区、市）农网改造、城乡用电同价的现状和覆盖面也不同，特别是一些中西部地区的农网改造覆盖面明显偏低，也有一些地方由于经济的快速发展，改造后的农村电网已不能完全适应用电增长的需要，个别地方城乡用电同价矛盾较突出。请各省（区、市）发展改革委和物价局在认真做好农网改造验收工作的基础上，进一步调查摸清农村电网的状况，研究提出继续完善农村电网建设、推进城乡各类用电同价的建议一并上报我委。

三、继续加强农村电力管理工作。加强农村电力管理是一项长期的任务，县级供电企业是农村电力管理的主体，全面负责农村电力管理的各项工作，要按照现代化管理和“三公开”、“四统一”和“五到户”的要求，坚持认真做好农村电力管理和普遍服务工作，加强对农村电力设施运行状况的监测，及时解决农村电力设施运行中存在的问题，确保农村地区供电可靠性和供电质量。对于县级电力公司负责管理的农村电网，由于负荷发展需要扩容或设备自然老化需要更换设备，由县级电力公司负责，不得变相向农民集资或收费，增加农民经济负担。

四、研究建立农村电网发展的长效机制。这次大规模农村电网建设与改造工程完成后，长期积累形成的农村电网严重滞后的问题可以基本得到解决。但随着经济的发展和人民生活水平的提高，农村地区的电力负荷和用电量将不断增加，农村电网需要不断完善和发展。为了确保农村电力的可靠供应，各省（区、市）要结合各地的实际情况，研究建立农村电网发展的长效机制，建立农村电力专项资金，支持农村电力设施的建设与改造，确保农村电网能够满足农村地区经济和社会不断发展的用电需要。

加强农村电力建设和管理是一项长期的任务，各省(区、市)和各有关部门都要高度重视农村电力工作，按照上述要求尽快完成农村电网建设与改造的竣工验收工作，认真研究和解决农村电力工作中存在的突出问题，进一步深化农村电力体制改革，完善农村电网结构，为促进农村地区经济和社会发展做出新的贡献。

中华人民共和国国家发展和改革委员会

二〇〇五年六月二十七日（印）

国家发展改革委关于风电建设管理有关要求的通知

（发改能源［2005］1204号）

各省、自治区、直辖市及计划单列市、副省级省会城市、新疆生产建设兵团发展改革委、物价局：

为了促进风电产业的健康发展，加快风电设备制造国产化步伐，不断提高我国风电规划、设计、管理和设备制造能力，逐步建立我国风电技术体系，更好地适应我国风电大规模发展的需要，现将风电项目建设管理的有关要求通知如下：

一、风能资源是重要的能源资源。各省（区、市）要按照合理开发和有效利用风能资源的原则，结合能源资源特点和经济社会发展状况，制定本省（区、市）的风电发展规划，明确发展目标、风电场址和有关要求，以指导风电的建设和管理，促进风电的健康有序发展。

二、根据《国务院关于投资体制改革的决定》（国发［2004］20号）的有关规定，总装机容量5万kW及以上风电项目由我委核准，其余项目由各省（区、市）发展改革委核准。有关核准程序和条件按《企业投资项目核准暂行办法》（中华人民共和国国家发展和改革委员会令第19号）执行。

三、风电场建设的核准要以风电发展规划为基础，核准的内容主要是风电场规模、场址条件和风电设备国产化率。风电场建设规模要与电力系统、风能资源状况等有关条件相协调；风电场址距电网相对较近，易于送出；风电设备国产化率要达到70%以上，不满足设备国产化率要求的风电场不允许建设，进口设备海关要照章纳税。

四、风电场上网电价由国务院价格主管部门根据各地的实际情况，按照成本加收益的原则分地区测算确定，并向社会公布。风电特许权建设项目的电价通过招标方式确定，但是，不得高于国务院价格主管部门规定的上网电价水平。

请各省（区、市）发展改革委、物价局按照上述要求，认真做好风电建设的管理和监督工作，加强风电建设的规划工作和前期工作，高度重视风电设备制造的国产化，将风电建设、产业和市场培育、人才培养有机地结合起来，努力降低风电建设成本，提高风电运行和管理水平，增强风电的市场竞争力，促进我国风电产业的更快更好发展。

中华人民共和国国家发展和改革委员会

二〇〇五年七月四日（印）

国家发展改革委办公厅关于无电地区电力建设有关问题的通知

（发改办能源［2005］1367号）

各省、自治区、直辖市及计划单列市、新疆生产建设兵团发展改革委（计委）、物价局：

为了逐步解决无电地区用电问题，促进地区经济和社会的协调发展，为全面建设小康社会创造条件，经报请国务院批准，国家将把解决无电地区用电问题作为农村电力建设的重要内容，采取必要措施支持无电地区电力建设。为了做好无电地区电力建设和管理工作，现将有关要求通知如下：

一、进一步提高对解决无电地区用电问题重要性的认识

电力是经济和社会发展的重要基础，也是现代文明和小康生活的重要标志。虽然近年来我国电力发展很快，基本满足了经济和社会发展的需要，但我国幅员辽阔，经济社会发展不平衡，由于受历史和自然条件的制约，在我国偏远山区、牧区和岛屿等地，仍有2000多万人没有解决用电问题，严重制约着这些地区经济社会发展和人民生活水平的提高，解决无电地区用电问题已经成为促进地区经济协调发展、改善当地生产生活条件、脱贫致富、实现全面建设小康社会目标的重要内容。党中央、国务院对解决无电地区用电问题高度重视，除结合农村电网建设与改造工程实施，通过扩大电网覆盖面解决无电地区用电问题外，还安排资金开展了“送电到乡”工程，重点解决了偏

远无电地区乡政府所在地的用电问题。为了进一步解决偏远无电地区的用电问题，今后国家将逐年安排资金，支持偏远无电地区电力建设。各级政府及有关部门都要进一步提高对解决无电地区用电问题重要性的认识，把解决无电地区用电问题作为一项重要政治任务来抓，采取有效措施，大力支持无电地区的电力建设工作，加快无电地区电力建设步伐。

二、做好无电地区电力发展和规划工作

做好无电地区电力发展和规划工作是加快无电地区电力建设的重要基础。各省(区、市)发展改革委要切实做好无电地区电力发展和规划工作,要组织力量,制定措施,明确要求,首先要对无电地区的经济和社会状况进行调查,准确掌握无电人口数量和分布、当地自然条件和经济社会状况。其次,在充分调查研究的基础上,根据无电地区经济、社会和资源的特点,因地制宜地制定解决无电地区用电问题的技术方案和具体措施,落实有关条件。原则上,对于不适宜人类生存的无电地区,应结合异地搬迁扶贫办法统一解决;对于距电网较近,采用电网延伸办法相对合理经济的无电地区,应优先采用延伸电网的办法解决;对于其他无电地区,根据具体条件和情况,分类解决,有水能资源的地方,要优先通过开发小水电资源、建设小水电站的办法解决用电问题;对于没有水能资源的,可以利用太阳能光伏发电方式或风光互补发电方式进行解决,但要进行充分论证,切实解决好运行管理问题。

三、建立和完善建设及运行管理体制

无电地区位置偏远，交通不便，经济和社会发展滞后，建立和完善无电地区电力建设和运行管理体制，是确保无电地区电力设施长久可靠运行的关键。无电地区电力建设和管理要实行项目法人制，建立责任制，由项目法人负责电站的建设和运行管理，承担确保电站长久可靠运行的责任。考虑到无电地区电力建设和管理的特殊性，为切实解决好无电地区的用电问题，要重点抓好无电地区电力建设和管理项目法人的落实确定工作。无电地区电力建设和管理项目法人应优先选择当地电力公司，如存在困难，也可通过委托或招标方式选择有关专业公司作为项目法人。无电地区电力建设和管理的项目法人，应具有承担电站建设和运行管理的资金实力和技术能力。

为了落实好无电地区电力建设的项目法人，首先要解决好已建的“送电到乡”工程的运行管理问题。各有关省（区、市）要按照《国家计委关于印发“送电到乡”工程建设管理办法和“送电到乡”工程验收及运行维护管理办法的通知》(计基础［2002］1969）和《国家计委办公厅关于印发〈加强“送电到乡”工程运行维护人员培训的管理办法〉和〈“送电到乡”工程光伏及风光互补电站运行维护人员的基本要求〉的通知》（计办基础［2003］241号）的有关要求，切实解决落实好“送电到乡”工程运行管理体制，做好“送电到乡”工程验收和人员培训工作，确保“送电到乡”工程的持久可靠运行。这一条将作为国家安排无电地区电力建设的重要条件。

四、多种渠道筹集建设和维护资金

无电地区电力建设投资由国家和地方共同筹集，运行维护费用由地方自行承担。国家承担的无电地区电力建设投资,主要通过中央预算内投资、国债投资和有关国际援助资金解决,初步按50%考虑,并根据中央财力和各地实际情况再进一步研究确定;地方承担的无电地区电力建设资金和电站建成后的运行维护费用缺口,由省级政府负责筹措,可以通过地方财政预算内资金等多种方式解决,具体办法由省级人民政府制定,并作为安排电力建设资金的先决条件。无电地区建设的独立电站的销售电价由省级价格主管部门按照《价格法》等法律、法规的有关规定制定。项目法人应严格按照有关要求收取电费,专项用于独立电站的运行和维护。无电地区独立电站销售电价较高,运行维护费用缺口较大的,可通过地方财政预算内资金解决,或将部分差价金额在省级电网销售电量上平摊加价解决。

各省（区、市）、新疆生产建设兵团要认真总结无电地区电力建设的经验和教训，加快制定无电地区电力建设的规划工作，明确无电地区电力建设的发展目标，完善无电地区电力建设和管理体制，落实无电地区电力建设资金和维护费用，加快无电地区电力建设步伐。

为了做好无电地区电力建设和管理工作，我委将首先安排部分资金，开展无电地区电力建设的试点和示范工作，请各省（区、市）按照上述要求，落实有关建设条件，将无电地区电力发展的规划和试点示范项目计划，于10月1日前上报我委。

中华人民共和国国家发展和改革委员会

二〇〇五年七月十一日（印）

国家发展改革委关于印发《可再生能源产业发展指导目录》的通知

（发改能源［2005］2517号）

各省、自治区、直辖市及计划单列市、新疆生产建设兵团发展改革委、经贸委（经委），国务院各部委、各直属机构，各计划单列企业集团：

为了促进我国可再生能源产业的发展，根据《中华人民共和国可再生能源法》的要求，我委编制了《可再生能源产业发展指导目录》（简称《目录》），现印发给你们，用以指导相关部门制定支持政策和措施，引导相关研究机构和企业的技术研发、项目示范和投资建设方向。

本《目录》涵盖风能、太阳能、生物质能、地热能、海洋能和水能等六个领域的88项可再生能源开发利用和系统设备/装备制造项目。其中部分产业已经成熟并基本实现商业化；有些产业、技术、产品、设备、装备虽然还处于项目示范或技术研发阶段，但符合可持续发展要求和能源产业发展方向，具有广阔的发展前景或在特殊领域具有重要应用价值。根据国内外市场需求变化和可再生能源产业技术发展的情况，我委将适时对《目录》进行调整和修订。

对于本《目录》中具备规模化推广利用的项目，国务院相关部门将制定和完善技术研发、项目示范、财政税收、产品价格、市场销售和进出口等方面的优惠政策。

请各地区、各有关部门、单位和企业认真分析国内外市场情况，根据实际情况，选择本《目录》内有可能形成比较优势的技术和项目，积极开展技术研发、项目示范和投资建设活动。

附件：《可再生能源产业发展指导目录》（略）

中华人民共和国国家发展和改革委员会

二〇〇五年十一月二十九日（印）

国家发展改革委关于印发电价改革实施办法的通知

（发改价格［2005］514号）

各省、自治区、直辖市发展改革委、物价局，国家电网公司，南方电网公司，华能、大唐、华电、国电、中电投集团公司，各有关电力企业：

根据《国务院办公厅关于印发电价改革方案的通知》（国办发〔2003〕62号）要求，为了推进电价改革的实施工作，促进电价机制的根本性转变，我委会同有关部门制定了《上网电价管理暂行办法》、《输配电价管理暂行办法》和《销售电价管理暂行办法》，现印发给你们，请按照执行。

请各地和有关部门根据国家关于电价改革的统一部署，结合本地实际和电力市场的建设情况，按照上述三个管理办法的规定和要求，加快电价改革步伐，积极稳妥做好电价改革的各项工作，促进电力工业与国民经济的协调、健康发展。

附件一：《上网电价管理暂行办法》

附件二：《输配电价管理暂行办法》

附件三：《销售电价管理暂行办法》

中华人民共和国国家发展和改革委员会

二〇〇五年三月二十八日（印）

附件一：

上网电价管理暂行办法

第一章 总 则

第一条 为完善上网电价形成机制，推进电力体制改革，依据国家有关法律、行政法规和《国务院关于印发电力体制改革方案的通知》（国发［2002］5号）、《国务院办公厅关于印发电价改革方案的通知》（国办发［2003］62号），制定本办法。

第二条 上网电价是指发电企业与购电方进行上网电能结算的价格。

第三条 上网电价管理应有利于电力系统安全、稳定运行，有利于促进电力企业提高效率和优化电源结构，有利于向供需各方竞争形成电价的改革方向平稳过渡。

第四条 本办法适用于中华人民共和国境内符合国家建设管理有关规定建设的发电项目并依法注册的发电企业上网电价管理。

第二章 竞价上网前的上网电价

第五条 原国家电力公司系统直属并已从电网分离的发电企业，暂执行政府价格主管部门按补偿成本原则核定的上网电价，并逐步按本办法第七条规定执行。

第六条 电网公司保留的电厂中，已核定上网电价的，继续执行政府价格主管部门制定的上网电价。未核定上网电价的电厂，电网企业全资拥有的，按补偿成本原则核定上网电价，并逐步按本办法第七条规定执行；非电网企业独资建设的，执行本办法第七条规定。

第七条 独立发电企业的上网电价，由政府价格主管部门根据发电项目经济寿命周期，按照合理补偿成本、合理确定收益和依法计入税金的原则核定。其中，发电成本为社会平均成本；合理收益以资本金内部收益率为指标，按长期国债利率加一定百分点核定。通过政府招标确定上网电价的，按招标确定的电价执行。

第八条 除政府招标确定上网电价和新能源的发电企业外，同一地区新建设的发电机组上网电价实行同一价格，并事先向社会公布；原来已经定价的发电企业上网电价逐步统一。

第九条 在保持电价总水平基本稳定的前提下，上网电价逐步实行峰谷分时、丰枯季节电价等制度。

第十条 燃料价格涨落幅度较大时，上网电价在及时反映电力供求关系的前提下，与燃料价格联动。

第十一条 跨省、跨区电力交易的上网电价按国家发展改革委印发的《关于促进跨地区电能交易的指导意见》有关规定执行。

第三章 竞价上网后的上网电价

第十二条 建立区域竞争性电力市场并实行竞价上网后，参与竞争的发电机组主要实行两部制上网电价。其中，容量电价由政府价格主管部门制定，电量电价由市场竞争形成。容量电价逐步过渡到由市场竞争确定。

各地也可根据本地实际采取其他过渡方式。

不参与竞价上网的发电机组，上网电价按本办法第七条执行。

第十三条 政府制定的容量电价水平，应反映电力成本和市场供需状况，有利于引导电源投资。

第十四条 在同一电力市场范围内，容量电价实行同一标准。

第十五条 容量电价以区域电力市场或电力调度交易中心范围内参与竞争的各类发电机组平均投资成本为基础制定。计算公式：

容量电价＝容量电费/机组的实际可用容量

其中：容量电费＝$K\times$（折旧＋财务费用）

K 为根据各市场供求关系确定的比例系数。

折旧按政府价格主管部门确定的计价折旧率核定。

财务费用按平均投资成本 80%的贷款比例计算确定。

第十六条 容量电价保持相对稳定。

第十七条 容量电费由购电方根据发电机组的实际可用容量按月向发电企业支付。

第十八条 电量电价通过市场竞争形成。各区域电力市场选择符合本区域实际的市场交易模式，同一区域电力市场内各电力调度交易中心的竞价规则应保持一致。

第十九条 在电网企业作为单一购买方的电力市场中，可以实行发电企业部分电量在现货市场上竞价上网，也可以实行发电企业全部电量在现货市场上竞价上网。在公开招标或充分竞争的前提下，电网企业也可以与发电企业开展长期电能交易。

第二十条 有条件的地区可建立发电与用户买卖双方共同参与的电力市场，实行双边交易与现货交易相结合的市场模式；鼓励特定电压等级或特定用电容量的用户、独立核算的配电公司与发电企业经批准直接进行合同交易和参与现货市场竞争。

第二十一条 在发电和用户买卖双方共同参与的电力市场中，双边交易的电量和电价由买、卖双方协商确定；现货市场的电量电价，按卖方申报的供给曲线和买方申报的需求曲线相交点对应的价格水平确定；竞价初期，为保证市场交易的顺利实现，可制定相应的规则，对成交价格进行适当调控。

第二十二条 竞价上网后，实行销售电价与上网电价联动机制。

为避免现货市场价格出现非正常涨落，政府价格主管部门可会同有关部门根据区域电力市场情况对发电报价进行限价。

竞价初期，建立电价平衡机制，保持销售电价的相对稳定。

第二十三条 常规水力发电企业及燃煤、燃油、燃气发电企业（包括热电联产电厂）、新建和现已具备条件的核电企业参与市场竞争；风电、地热等新能源和可再生能源企业暂不参与市场竞争，电量由电网企业按政府定价或招标价格优先购买，适时由政府规定供电企业售电量中新能源和可再生能源电量的比例，建立专门的竞争性新能源和可再生能源市场。

第二十四条 符合国家审批程序的外商直接投资发电企业，1994 年以前建设并已签订购电合同的、1994 年及以后经国务院批准承诺过电价或投资回报率的，在保障投资者合理收益的基础上，可重新协商，尽可能促使其按新体制运行。

第二十五条 为维护电力系统的安全稳定运行，发电企业要向电力市场提供辅助服务。有偿辅助服务价格管理办法另行制定。

第四章 上网电价管理

第二十六条 竞价上网前，区域电网或区域电网所属地区电网统一调度机组的上网电价由国务院价格主管部门制定并公布，其他发电企业上网电价由省级政府价格主管部门制定并公布。

第二十七条 竞价实施后，区域电力市场及所设电力调度交易中心的容量电价由国务院价格主管部门制定。不参与电力市场竞争的发电企业上网电价，按第二十六条规定进行管理。

第二十八条 政府价格主管部门和电力监管部门按照各自职责对电力市场价格执行情况进行监督和管理。电力监管部门按照法律、行政法规和国务院有关规定向政府价格主管部门提出调整电价的建议。有关电价信息向社会公开，接受社会监督。

第二十九条 对市场交易主体的价格违法行为，电力监管部门有权予以制止；政府价格主管部门按国家有关规定进行行政处罚。当事人不服的，可依法向有关部门提请行政复议或向人民法院提起诉讼。

第五章 附 则

第三十条 本办法由国家发展和改革委员会负责解释。

第三十一条 本办法自2005年5月1日起执行。

附件二：

输配电价管理暂行办法

第一章 总 则

第一条 为建立健全合理的输配电价机制，促进电网发展，提高电网经营企业效率，维护电网安全、稳定运行，根据国家有关法律、行政法规和《国务院关于印发电力体制改革方案的通知》（国发〔2002〕5号）、《国务院办公厅关于印发电价改革方案的通知》（国办发［2003］62号），制定本办法。

第二条 本办法所称输配电价是指电网经营企业提供接入系统、联网、电能输送和销售服务的价格总称。

第三条 输配电价由政府制定，实行统一政策，分级管理。

第四条 电网输电业务、配电业务应逐步在财务上实行独立核算。

第五条 输配电价按“合理成本、合理盈利、依法计税、公平负担”的原则制定，以有利于引导电网投资、完善电网结构，促进区域电力市场的建立和发展，满足国民经济和社会发展的需要。

第六条 本办法适用于中华人民共和国境内依法批准注册的电网经营企业。

第二章 输配电价体系

第七条 输配电价分为共用网络输配电服务价格、专项服务价格和辅助服务价格。

第八条 共用网络输配电服务价格指电网经营企业为接入共用网络的电力用户提供输配电和销售服务的价格，简称共用网络输配电价。输配分开后，应单独制定输电价格和配电价格。

第九条 专项服务价格是指电网经营企业利用专用设施为特定用户提供服务的价格，分为接入价、专用工程输电价和联网价三类。接入价指电网经营企业为发电厂提供接入系统服务的价格。

专用工程输电价指电网经营企业利用专用工程提供电能输送服务的价格。

联网价指电网经营企业利用专用联网工程为电网之间提供联网服务的价格。

第十条 辅助服务价格是指电力企业提供有偿辅助服务的价格，办法另行制定。

第三章 输配电价确定

第十一条 电价改革初期，共用网络输配电价由电网平均销售电价（不含代收的政府性基金）扣除平均购电价和输配电损耗后确定，逐步向成本加收益管理方式过渡。

第十二条 输、配电价向成本加收益管理方式过渡过程中，现行输、配电成本与输、配电价格差距较大的电网，逐步调整输、配电价。

第十三条 在成本加收益管理方式下，政府价格主管部门对电网经营企业输、配电业务总体收入进行监管，并以核定的准许收入为基础制定各类输、配电价。

第十四条 共用网络服务和专项服务的准许收入应分别核定，准许收入由准许成本、准许收益和税金构成。

第十五条 准许成本由折旧费和运行维护费用构成。其中，折旧费以政府价格主管部门核准的有效资产中可计提折旧的固定资产原值和国务院价格主管部门制定的定价折旧率为基础核定，运行维护费用原则上以电网经营企业的社会平均成本为基础核定。

第十六条 准许收益等于有效资产乘以加权平均资金成本。

有效资产由政府价格主管部门核定，包括固定资产净值、流动资产和无形资产（包括土地使用权价值、专利和非专利技术价值）三部分，不含应当从电网经营企业分离出去的辅业、多经及三产资产。在建工程投资应按上年实际有效投资计入有效资产。

有效投资是指经政府主管部门核定，符合项目核准、招投标法等规定的投资。

加权平均资金成本(%)＝权益资本成本×(1－资产负债率)＋债务资本成本×资产负债率

权益资本成本按无风险报酬率加上风险报酬率核定，初期，按同期长期国债利率加一定百分点核定；债务资本成本按国家规定的长期贷款利率确定。条件成熟时，电网经营企业加权平均资金成本按资本市场正常筹资成本核定。

第十七条 税金根据国家有关规定执行。

第四章　共用网络输配电价

第十八条　共用网络输、配电价以承担输、配电功能相对应的电网资产为基础定期核定。区域电网内共用网络按邮票法统一制定输电价，省级配电价以省为价区分电压等级制定。输、配电损耗按电压等级核定，列入销售电价。

第十九条　共用网络输、配电价，按电压等级统一制定，下一电压等级应合理分摊上一电压等级的成本费用。同一区域相同电压等级实行同价。

第五章　专项服务价格

第二十条　竞价上网后，为有利于发电企业公平竞争，接入系统工程由电网经营企业投资建设的，实行接入价；由发电企业投资建设的，不实行接入价。

第二十一条　接入价以政府价格主管部门核定的接入系统工程准许收入为基础制定，实行单一制容量电价，由接入系统的电厂支付。

第二十二条　专用工程输电价以政府价格主管部门核定的准许收入为基础制定，实行两部制输电价，由该工程的使用方支付。

当两个及以上用户共用专用工程输电的，按各方使用输电容量的比例分摊准许收入。

第二十三条　联网价以核定的准许收入为基础，分两种情况制定。

（一）没有长期电量交易的联网工程，联网价实行单一制容量电价，由联网双方支付。

（二）具有长期电量交易的联网工程，联网价实行两部制电价。联网容量电价是为联网备用服务制定的价格，由联网双方支付；联网电量电价是为长期电量输送服务制定的价格，由受电电网支付。

第二十四条　联网双方支付的联网费用通过共用网络输配电价回收。

第六章　输配电价管理

第二十五条　共用网络输配电价、联网价和专项输电工程输电价由国务院价格主管部门负责制定；接入跨省电网的接入价由国务院价格主管部门负责制定，接入省内电网的接入价由省级价格主管部门提出方案，报国务院价格主管部门审批。独立配电企业的配电价格由省级价格主管部门制定。

第二十六条　对输配电价的重大决策，国务院价格主管部门应充分听取电力监管部门、电力行业协会及有关市场主体的意见；电力监管部门按照法律、行政法规和国务院有关规定向政府价格主管部门提出调整电价的建议。

第二十七条　各级政府价格主管部门和电力监管部门按各自职责对输配电价进行监督和检查。

第七章　附　则

第二十八条　本办法由国家发展和改革委员会负责解释。

第二十九条　各地可依据本办法结合实际情况相应制定实施细则，报国家发展和改革委员会同意后执行。

第三十条　本办法自2005年5月1日起执行。

附件三：

销售电价管理暂行办法

第一章　总　　则

第一条　为建立健全合理的销售电价机制，充分利用价格杠杆，合理配置电力资源，保护电力企业和用户的合法权益，根据国家有关法律、行政法规和《国务院关于印发电力体制改革方案的通知》（国发〔2002〕5号）、《国务院办公厅关于印发电价改革方案的通知》（国办发［2003］62号），制定本办法。

第二条　本办法所称销售电价是指电网经营企业对终端用户销售电能的价格。

第三条　销售电价实行政府定价，统一政策，分级管理。

第四条　制定销售电价的原则是坚持公平负担，有效调节电力需求，兼顾公共政策目标，并建立与上网电价联动的机制。

第五条　本办法适用于中华人民共和国境内依法批准注册的电网经营企业。

第二章　销售电价的构成及分类

第六条　销售电价由购电成本、输配电损耗、输配电价及政府性基金四部分构成。

购电成本指电网企业从发电企业（含电网企业所属电厂）或其他电网购入电能所支付的费用及依法缴纳的税金，包括所支付的容量电费、电度电费。

输配电损耗指电网企业从发电企业（含电网企业所属电厂）或其他电网购入电能后，在输配电过程中发生的正常损耗。

输配电价指按照《输配电价管理暂行办法》制定的输配电价。

政府性基金指按照国家有关法律、行政法规规定或经国务院以及国务院授权部门批准，随售电量征收的基金及附加。

第七条　销售电价分类改革的目标是分为居民生活用电、农业生产用电、工商业及其他用电价格三类。

第八条 销售电价分类根据用户承受能力逐步调整。先将非居民照明、非工业及普通工业、商业用电三大类合并为一类；合并后销售电价分为居民生活用电、大工业用电、农业生产用电、贫困县农业排灌用电、一般工商业及其他用电五大类，大工业用电分类中只保留中小化肥一个子类。

第九条 每类用户按电压等级定价。在同一电压等级中，条件具备的地区按用电负荷特性制定不同负荷率档次的价格，用户可根据其用电特性自行选择。

第三章 销售电价的计价方式

第十条 居民生活、农业生产用电，实行单一制电度电价。工商业及其他用户中受电变压器容量在100kVA或用电设备装接容量100kW及以上的用户，实行两部制电价。受电变压器容量或用电设备装接容量小于100kVA的实行单一电度电价，条件具备的也可实行两部制电价。

第十一条 两部制电价由电度电价和基本电价两部分构成。

电度电价是指按用户用电度数计算的电价。

基本电价是指按用户用电容量计算的电价。

第十二条 基本电价按变压器容量或按最大需量计费，由用户选择，但在一年之内保持不变。

第十三条 基本电价按最大需量计费的用户应和电网企业签订合同，按合同确定值计收基本电费，如果用户实际最大需量超过核定值5%，超过5%部分的基本电费加一倍收取。用户可根据用电需求情况，提前半个月申请变更下一个月的合同最大需量，电网企业不得拒绝变更，但用户申请变更合同最大需量的时间间隔不得少于6个月。

第十四条 实行两部制电价的用户，按国家有关规定同时实行功率因数调整电费办法。

第十五条 销售电价实行峰谷、丰枯和季节电价，具体时段划分及差价依照所在电网的市场供需情况和负荷特性确定。

第十六条 具备条件的地区，销售电价可实行高可靠性电价、可中断负荷电价、节假日电价、分档递增或递减电价等电价形式。

第四章 销售电价的制定和调整

第十七条 按电价构成的因素确定平均销售电价。以平均销售电价为基础，合理核定各类用户的销售电价。

第十八条 平均销售电价按计算期的单位平均购电成本加单位平均输配电损耗、单位平均输配电价和政府性基金确定。

第十九条 各电压等级平均销售电价，按计算期的单位平均购电成本加该电压等级输配电损耗、该电压等级输配电价和政府性基金确定。

第二十条 居民生活和农业生产电价，以各电压等级平均电价为基础，考虑用户承受能力确定，并保持相对稳定。如居民生活和农业生产电价低于平均电价，其价差由工商业及其他用户分摊。

第二十一条 各电压等级工商业及其他类的平均电价，按各电压等级平均电价加上应分摊的价差确定，并与上网电价建立联动机制。

第二十二条 各电压等级工商业及其他用户的单一制电度电价分摊容量成本的比例，依据实行单一制电度电价用户与实行两部制电价用户负荷比例确定。

第二十三条 各电压等级工商业及其他用户的两部制电价中的基本电价和电度电价，按容量成本占总成本的比例分摊确定。

第二十四条 条件具备的地区，在10kV及以上电压等级接入且装接容量在一定规模以上的工商业及其他用户，按用电负荷特性制定不同用电小时或负荷率档次的价格。

第二十五条 各电压等级工商业及其他用户两部制电价中，各用电特性用户应承担的容量成本比例按峰荷责任确定。

第二十六条 不同用电特性的用户基本电价和电度电价的比例，考虑用户的负荷率、用户最高负荷与电网最高负荷的同时率等因素确定。

第二十七条 销售电价的调整，采取定期调价和联动调价两种形式。

定期调价是指政府价格主管部门每年对销售电价进行校核，如果年度间成本水平变化不大，销售电价应尽量保持稳定。

联动调价是指与上网电价实行联动，适用范围仅限于工商业及其他用户。政府价格主管部门核定销售电价后，实际购电价比计入销售电价中的购电价升高或下降的价差，通过购电价格平衡账户进行处理。当购电价格升高或下降达到一定的幅度时，销售电价相应提高或下降，但调整的时间间隔最少为一个月。

第二十八条 输配电价及政府性基金的标准调整后，销售电价相应调整。

第五章 销售电价管理

第二十九条 各级政府价格主管部门负责对销售电价的管理、监督。在输、配分开前，销售电价由国务院价格主管部门负责制定；在输、配分开后，销售电价由省级人民政府价格主管部门负责制定，跨省的报国务院价格主管部门审批。

第三十条 政府价格主管部门在制定和调整销售

电价时，应充分听取电力监管部门、电力行业协会及有关市场主体的意见。

第三十一条 居民生活用电销售电价的制定和调整，政府价格主管部门应进行听证。

第三十二条 各级政府价格主管部门和电力监管部门按各自职责对销售电价进行监督和检查，价格主管部门对违反法律、法规和政策规定的行为依法进行处罚。

第六章 附 则

第三十三条 上级电网经营企业对下级独立核算电网经营企业的趸售电价，以终端销售电价为基础，给予合理的折扣制定。折扣的价差由电网直供用户分摊。

第三十四条 对农村用户的销售电价，已实行城乡用电同网同价的，按电网的终端销售电价执行；尚未实行城乡用电同网同价的，以电网的终端销售电价为基础，加上农村低压电网维护费制定。

第三十五条 发电企业向特定电压等级或特定用电容量用户直接供电，销售电价由发电企业与用户协商确定，并执行规定的输配电价和基金标准，具体办法另行制定。

第三十六条 各省、自治区、直辖市人民政府价格主管部门根据本办法的要求制定实施细则，报国家发展和改革委员会同意后执行。

第三十七条 本办法由国家发展和改革委员会负责解释。

第三十八条 本办法自2005年5月1日起执行。

国家发展改革委、财政部关于电力监管费收费标准及有关问题的通知

（发改价格［2005］1851号）

国家电力监管委员会：

你会《关于申报电力监管费收费标准的函》（电监办［2004］3号）收悉。根据《财政部、国家发展改革委关于同意收取电力监管费的复函》（财综［2003］90号）的有关规定，经研究，现将电力监管费收费标准及有关问题通知如下：

一、你会对纳入监管范围的电网企业和电网统调发电企业收取的电力监管费，由电网企业和电网统调发电企业各负担50%，2004年、2005年两年电力监管费收费标准为：电网企业上年末售电收入的0.15‰；电网统调发电企业上年末销售收入的0.22‰。2006年及以后各年度电力监管费收费标准，由国家电监会在当年第二季度初向国家发改委、财政部重新申报。

二、你会应按规定到国家发展改革委办理收费许可证，使用财政部统一印制的《非税收入一般缴款书》。

三、你会应按规定的收费项目、收费范围和收费标准执行，不得擅自增加收费项目、扩大收费范围、提高收费标准。自觉接受价格、财政部门的监督检查。

四、上述规定自2004年1月1日起执行。

国家发展改革委财政部

二〇〇五年九月二十七日（印）

国家发展改革委关于继续实行差别电价政策有关问题的通知

（发改价格［2005］2254号）

各省、自治区、直辖市发展改革委、物价局、经贸委、电力公司：

经国务院批准，2004年6月，我委对电解铝、铁合金、电石、烧碱、水泥、钢铁等6个高耗能行业试行了差别电价政策；2004年9月，我委又会同国家电监会下发了《关于进一步落实差别电价及自备电厂收费政策有关问题的通知》（发改电［2004］159号），对差别电价政策作了进一步完善。差别电价的实施，对促进产业结构调整和优化升级起到了积极作用。为此，决定继续实行差别电价政策，现将有关事宜通知如下：

一、实行差别电价政策，是将价格政策与产业政策结合起来实施宏观调控的一次新的尝试。实践证明，差别电价政策对遏制高耗能行业盲目发展，扶优抑劣、促进结构调整和产业升级，提高能源利用效率，促进经济、环境与资源的协调发展起到了积极的作用，是非常必要和及时的。各地要把思想统一到中央决策上来，进一步提高对差别电价政策重要意义的认识，在总结上一年经验的基础上，继续采取有力措施，认真贯彻落实差别电价政策。

二、差别电价的政策界限仍按《关于进一步落实差别电价及自备电厂收费政策有关问题的通知》（发改电［2004］159号）规定执行。目前我委正在研究制定《产业结构调整指导目录》（2005年本）（简称《目录》），待新的《目录》颁布后，按新的分类标准执行差别电价，具体规定届时将另行下达。

三、执行差别电价增加的收入以及对自备电厂征收的基金可用于疏导各地急需解决的电价矛盾。具体由各省（区、市）价格主管部门根据实际情况提出实施方案，报我委核批。

四、为进一步体现“扶优抑劣”的调控原则，促进行业健康发展，对电解铝、铁合金、氯碱三个高耗能行业中规模大、技术先进的鼓励类企业，我委将会同有关部门，结合电价改革，采取优先安排大用户直供电试点，或逐步按照用电负荷率和电压等级合理确定电价水平等措施，给予必要的扶持。

五、各地要积极采取措施，认真执行差别电价政策，并及时报告执行情况及存在问题。

中华人民共和国国家发展和改革委员会

二〇〇五年十一月一日（印）

2006 中国电力年鉴

国家电力监管委员会文件

承装（修、试）电力设施许可证管理办法

（第6号令）

《承装（修、试）电力设施许可证管理办法》已经国家电力监管委员会主席办公会议通过，现予公布，自2005年3月1日起施行。

主席　柴松岳

二〇〇四年十二月二十七日

附件：

承装(修、试)电力设施许可证管理办法

第一章　总　　则

第一条　为了加强承装（修、试）电力设施许可证的管理，维护承装、承修、承试电力设施的市场秩序，规范承装（修、试）电力设施许可行为，根据《电力供应与使用条例》和国家有关规定，制定本办法。

第二条　承装（修、试）电力设施许可证的申请、受理、审查、颁发、管理和监督，适用本办法。国家另有规定的，从其规定。

第三条　国家电力监管委员会负责指导、监督全国承装（修、试）电力设施许可证的颁发和管理。

国家电力监管委员会派出机构（称许可机关）负责辖区内承装（修、试）电力设施许可证的受理、审查、颁发和日常监督管理。

第四条　在中华人民共和国境内从事承装、承修、承试电力设施业务，应当按照本办法的规定取得承装（修、试）电力设施许可证。任何单位或者个人未取得承装（修、试）电力设施许可证的，不得从事承装、承修、承试电力设施业务。

本办法所称承装、承修、承试电力设施，是指对输电、供电、受电电力设施的安装、维修和试验。

第五条　取得承装（修、试）电力设施许可证的单位依法开展业务，受法律保护。

第二章　分类与分级

第六条　承装（修、试）电力设施许可证分为承装、承修、承试三个类别。

取得承装类承装（修、试）电力设施许可证的，可以从事电力设施的安装业务。

取得承修类承装（修、试）电力设施许可证的，可以从事电力设施的维修业务。

取得承试类承装（修、试）电力设施许可证的，可以从事电力设施的试验业务。

第七条　承装（修、试）电力设施许可证分为一级、二级、三级、四级和五级。

取得一级承装（修、试）电力设施许可证的，可以从事所有电压等级电力设施的安装、维修或者试验业务。

取得二级承装（修、试）电力设施许可证的，可以从事220kV以下电压等级电力设施的安装、维修或者试验业务。

取得三级承装（修、试）电力设施许可证的，可以从事110kV以下电压等级电力设施的安装、维修

或者试验业务。

取得四级承装（修、试）电力设施许可证的，可以从事 35kV 以下电压等级电力设施的安装、维修或者试验业务。

取得五级承装（修、试）电力设施许可证的，可以从事 10kV 以下电压等级电力设施的安装、维修或者试验业务。

第三章　申　　请

第八条　申请承装（修、试）电力设施许可证，应当向申请人所在地的许可机关提出。

承装、承修、承试电力设施的单位，在取得许可机关颁发的承装（修、试）电力设施许可证后，方可向工商管理部门申请营业执照或者变更营业范围。

第九条　申请承装（修、试）电力设施许可证应当具备下列条件：

（一）具有法人资格；

（二）具有与申请的许可证类别和等级相适应的注册资本；

（三）具有与申请的许可证类别和等级相适应的设备、经营场所和相关资源；

（四）技术负责人、安全负责人具有与申请的许可证类别和等级相适应的技术职称，且不能同时在其他单位任职；

（五）具有与申请的许可证类别和等级相适应的专业人员，且不能同时在其他单位任职。

申请一级至三级承装（修、试）电力设施许可证的，还应当具有规定年限内与申请的许可证类别和等级相适应的业绩。

申请承装（修、试）电力设施许可证应当具备本办法附件《承装（修、试）电力设施许可证等级标准》规定的具体条件。

第十条　申请承装（修、试）电力设施许可证应当提供以下材料：

（一）许可证申请表；

（二）法人证明材料和净资产证明材料；

（三）主要设备及机具清单、经营场所证明材料；

（四）技术负责人、安全负责人的简历、专业技术任职资格证书等有关证明材料；

（五）工程技术人员、经济管理人员明细表及其专业技术任职资格证明文件；

（六）电工作业人员登记表。

申请一级至三级承装（修、试）电力设施许可证的，还需要提供规定年限内从事相关业务的业绩报告及相关证明材料。

第十一条　合并后新设单位，应当向许可机关重新申请承装（修、试）电力设施许可证。合并后新设单位的许可证等级根据实际达到的条件予以核定，但不得高于合并前各方中同类许可证的最高等级。

合并后新设单位申请承装（修、试）电力设施许可证，除提供第十条规定的材料外，还应当提供下列材料：

（一）合并的证明材料；

（二）合并前各单位的承装（修、试）电力设施许可证。

第十二条　分立后新设单位，应当向许可机关重新申请承装（修、试）电力设施许可证。许可机关根据资产、人员和设备等情况，认定分立后至多一个单位部分或者全部延续分立前单位从事同类业务的业绩。

分立后新设单位的许可证等级根据实际达到的条件按照本办法予以核定，但不得高于分立前单位同类许可证等级。

分立后新设单位申请一级至三级承装（修、试）电力设施许可证的，除提供第十条规定的材料外，还应当提供下列材料：

（一）分立的证明材料；

（二）业绩证明材料；

（三）原单位的承装（修、试）电力设施许可证。

第四章　受理、审查与决定

第十三条　许可机关收到申请，应当对申请材料是否齐全、是否符合法定形式进行审查。许可机关有权要求申请人就申请事项作出解释或者说明。

第十四条　许可机关对申请人提出的许可申请，应当根据下列情况分别作出处理：

（一）申请材料存在可以当场更正的错误的，应当允许申请人当场更正；

（二）申请材料不齐全或者不符合法定形式的，应当当场或者 5 日内向申请人发出《申请材料补正通知书》，并一次告知需要补正的全部内容；

（三）申请材料齐全并符合法定形式的，或者申请人按照许可机关的要求提交全部补正申请材料的，向申请人发出《受理通知书》。

第十五条　许可机关应当自受理之日起 20 日内完成对申请人审查，并按以下规定作出是否许可的决定：

（一）经审查，申请人的条件符合法定条件、标准的，许可机关应当依法作出准予许可的书面决定，并自作出决定之日起 10 日内向申请人颁发、送达许可证；

（二）经审查，申请人的条件不符合法定条件、标准的，许可机关应当依法作出不予许可的决定，以书面形式通知申请人，通知书中应当说明不予许可的理由。

第十六条　许可机关在审查过程中认为需要对申请材料的实质性内容进行核实的，应当指派两名以上的工作人员进行现场核查。

第十七条　许可机关自《受理通知书》发出之日起20日内不能作出决定的，经许可机关负责人批准，可以延长10日，并将延长期限的理由告知申请人。

第五章　变更与延续

第十八条　承装（修、试）电力设施许可证的变更分为许可事项变更和登记事项变更。

许可事项变更是指许可证类别、许可证等级的变更。

登记事项变更是指被许可人名称、住所、法定代表人等事项的变更。

第十九条　申请许可事项变更，应当向许可机关提出；符合法定条件、标准的，许可机关应当按照本办法的规定办理变更手续。

第二十条　有下列情形之一的，申请增加许可证类别或者提高许可证等级的，一年内不予受理：

（一）申报业绩不属实的；

（二）在合同规定的质保期内出现重大质量责任事故的；

（三）出现重大安全责任事故的；

（四）超越许可范围从事承装、承修、承试电力设施业务的；

（五）涂改、倒卖、出租、出借许可证，或者以其他形式非法转让许可证的。

第二十一条　申请许可事项变更，除提供本办法第十条第一款第（二）至（六）项和第二款规定的有关材料外，还应当提供下列材料：

（一）许可事项变更申请表；

（二）原许可证。

第二十二条　许可机关应当按照本办法第四章规定的有关程序办理许可事项变更。

许可事项变更后，被许可人应当依法向工商行政管理部门办理有关的变更手续。变更后的承装（修、试）电力设施许可证，有效期限不变。

第二十三条　被许可人名称、住所或者法定代表人发生变化，被许可人应当自工商行政管理部门依法办理变更登记之日起30日内，向许可机关提出登记事项变更申请，并提供以下材料：

（一）登记事项变更申请表；

（二）原许可证；

（三）变更后的法人执照；

（四）涉及修改单位章程的，应当提交修改后的单位章程。

变更后的住所与原住所属于不同许可机关管辖的，应当向变更后住所地的许可机关提出登记事项变更申请。

许可机关应当自收到登记事项变更申请之日起15日内，办理变更手续，并通知申请人。变更后的承装（修、试）电力设施许可证，有效期限不变。

第二十四条　承装（修、试）电力设施许可证有效期为6年。有效期届满需要延续的，应当在有效期届满30日前，向许可机关提出申请。许可机关应当按照本办法第四章规定的有关程序，在许可证有效期届满前作出是否准予延续的决定。逾期未作出决定的，视为同意延续并补办相应手续。

第六章　监督检查

第二十五条　国家电力监管委员会应当加强对许可机关实施承装（修、试）电力设施许可的监督检查，及时纠正实施中的违法行为。

许可机关应当对被许可人从事承装、承修、承试电力设施业务情况进行监督检查。

第二十六条　许可机关应当对辖区内从事承装、承修、承试电力设施业务的被许可人建立管理档案，实行跟踪管理，履行监督责任。

第二十七条　许可机关应当督促被许可人建立相应的自检制度，并将自检结果报送许可机关。

第二十八条　许可机关可以采用现场检查或者通过核查被许可人提供的反映其从事承装（修、试）电力设施业务情况的有关材料，对被许可人实行检查。被许可人在检查过程中，应当配合许可机关的工作。

许可机关在监督检查时，发现被许可人在从事承装、承修、承试电力设施业务过程中存在安全隐患的，应当责令其立即改正。

第二十九条　许可机关应当根据监督检查的情况，作出结论，结论分为合格和不合格两种。

监督检查结论定为不合格的，许可机关应当责令其限期整改；经整改仍不合格的，应当根据其实际具有的条件重新核定许可证。

第三十条　许可机关依法对被许可人从事承装（修、试）电力设施业务活动进行监督检查时，应当将监督检查的情况和处理结果予以记录，由监督检查人员签字后归档。

第三十一条　被许可人资产、专业人员、设备等情况发生重大变化，已不符合许可证等级标准的，应当自发生重大变化之日起30日内向许可机关报告。许可机关应当按照本办法的规定，根据其实际具有的条件重新核定。

第三十二条　被许可人在从事承装（修、试）电力设施业务过程中出现重大安全责任事故或者重大质量责任事故的，应当及时向许可机关报告。

第三十三条 任何组织或者个人发现违法从事承装（修、试）电力设施业务的，有权向电力监管机构举报，电力监管机构应当及时核实，按照有关规定处理。

第三十四条 有下列情形之一的，许可机关应当依法办理承装（修、试）电力设施许可证的注销手续：

（一）许可证有效期届满未按照本办法规定申请延续的或者未被准予延续的；

（二）被许可人因解散、破产、倒闭、歇业等原因而依法终止的；

（三）许可证依法被撤销的；

（四）因不可抗力导致被许可人不具备从事许可事项的能力的；

（五）按照本办法和法律、法规的规定应当注销的其他情形。

第七章 法律责任

第三十五条 申请人隐瞒有关情况或者提供虚假申请材料的，许可机关不予受理或者不予许可，并给予警告，1年内不再受理其许可申请。

被许可人隐瞒有关情况或者提供虚假申请材料申请许可事项变更的，许可机关不予受理或者不予批准，并给予警告，1年内不再受理其许可事项变更申请。

第三十六条 被许可人采取欺骗、贿赂等不正当手段取得许可证的，许可机关应当撤销许可，给予警告，并处1万元以上3万元以下罚款，3年内不再受理其许可申请。

被许可人采取欺骗、贿赂等不正当手段变更许可事项的，许可机关应当撤销许可事项变更，给予警告，并处1万元以上3万元以下罚款，3年内不再受理其许可事项变更申请。

第三十七条 被许可人涂改、倒卖、出租、出借许可证，或者以其他形式非法转让许可证的，许可机关应当给予警告，并处1万元以上3万元以下罚款。

第三十八条 未依法取得许可证，非法从事承装、承修、承试电力设施业务的，许可机关应当责令其停止相关的经营活动，并处1万元以上3万元以下罚款。

第三十九条 被许可人超越许可范围从事承装、承修、承试电力设施业务的，许可机关应当责令其停止相关的经营活动，并处1万元以上3万元以下罚款。

第四十条 被许可人从事承装、承修、承试电力设施业务过程中出现重大安全责任事故或者重大质量责任事故的，许可机关给予警告，责令其限期整改，在规定限期内仍未整改的或者整改后仍不合格的，处以1万元以下罚款；情节严重的，降低许可证等级。

第四十一条 被许可人未按照本办法第二十三条规定办理登记事项变更手续的，许可机关责令限期办理，逾期未办理的，处以5000元以下罚款。

第四十二条 被许可人未按照规定向许可机关提供反映其活动情况的材料，或者向许可机关隐瞒有关情况，提供虚假材料的，许可机关应当给予警告，责令其限期改正，逾期未改的，处以1万元以下罚款。

第四十三条 许可机关工作人员玩忽职守、滥用职权、徇私舞弊的，对直接负责的主管人员和其他直接责任人员依法给予行政处分；构成犯罪的，依法追究刑事责任；给当事人造成损害的，依法给予赔偿。

第八章 附则

第四十四条 承装（修、试）电力设施许可证由国家电力监管委员会统一印制。

第四十五条 本办法自2005年3月1日起施行。

电力争议调解暂行办法

（第7号令）

《电力争议调解暂行办法》已经国家电力监管委员会主席办公会议通过，现予公布，自2005年7月1日起施行。

主席 柴松岳

二〇〇五年三月二十三日

附件：

电力争议调解暂行办法

第一章 总则

第一条 为了依法、公正、及时调解电力争议，保障电力市场主体的合法权益，维护电力市场秩序，根据有关法律、行政法规，制定本办法。

第二条 本办法所称电力争议，是指电力业务经营者、电力调度交易机构、用电人之间在电力市场活动中因履行合同发生的争议。

第三条 电力争议调解实行自愿原则。

第四条 国务院电力监管机构及其派出机构（简称电力监管机构）负责电力争议调解工作。

第五条 电力监管机构调解电力争议，应当符合法律、行政法规的规定，以事实为依据，遵循公平、公正、合理的原则。

第二章 调解机构和调解员

第六条 国务院电力监管机构负责调解下列电力争议：

（一）涉及两个或者两个以上区域电力市场的；

（二）在全国范围内有重大影响的；

（三）涉及国家电力调度机构的。

第七条 国务院电力监管机构设立的派出机构（简称派出机构）负责调解本辖区内的电力争议。

前款规定应当由派出机构负责调解的电力争议，在派出机构设立前或者正常开展工作前，由国务院电力监管机构负责调解。

第八条 电力监管机构调解电力争议，由 3 名调解员组成调解小组。对标的不大、事实清楚、影响较小的简单的电力争议，可以由 1 名调解员负责调解。

第九条 电力监管机构应当从熟悉电力、法律等业务知识的人员中选任调解员。

调解员管理的具体办法另行规定。

第十条 调解员必须忠于职守，依法办事，公正廉洁，不得利用调解工作的便利牟取不正当利益。

第三章 申请和受理

第十一条 申请调解电力争议，应当符合下列条件：

（一）当事人之间有申请调解电力争议的协议或者当事人一方申请调解电力争议，其他当事人表示同意的；

（二）申请人与电力争议有直接利害关系；

（三）有明确的被申请人；

（四）有具体的调解要求和事实及理由；

（五）属于被申请的电力监管机构管辖；

（六）属于本办法第二条规定的电力争议。

第十二条 有下列情形之一的，电力监管机构不予受理：

（一）已经向仲裁机构申请仲裁的；

（二）已经向人民法院起诉的；

（三）不属于本办法第二条规定的电力争议的。

第十三条 申请调解电力争议，应当向电力监管机构提交书面申请书和有关证据材料，并按照被申请人人数提交副本。

申请书应当载明以下事项：

（一）当事人的姓名、性别、年龄、职业、工作单位、住所；法人或者其他组织的名称、住所和法定代表人姓名、职务；

（二）争议的事项；

（三）具体的调解请求、事实及理由；

（四）相关证据。

第十四条 电力监管机构收到调解申请书后，经审查，认为符合本办法第十一条规定条件的，应当在 7 日内受理并通知当事人；对决定不予受理的，应当书面通知当事人，并说明理由。

第十五条 当事人可以委托代理人参加调解。委托代理人代理的，被委托人应当提交授权委托书。授权委托书应当由委托人签名或者盖章，载明委托代理人姓名、性别、年龄、身份证明、联系方式、委托期限和代理权限。

第四章 调 解

第十六条 电力监管机构调解电力争议，应当提前 5 日书面通知当事人举行调解的地点和时间。

第十七条 当事人认为调解员与电力争议有利害关系或者其他关系可能影响公正调解的，有权以口头或者书面方式申请其回避；调解员认为自己与电力争议有利害关系或者其他关系可能影响公正调解的，应当自行申请回避。

调解员是否回避，由受理调解的电力监管机构负责人决定。

调解员回避后，另行选任调解员。

第十八条 当事人应当对自己的主张提供证据。

证据应当出示并经过质证，未经质证的证据材料不得作为认定事实的根据。

第十九条 电力监管机构认为必要时，可以向有关单位或者个人调查取证。被调查的单位或者个人应当予以协助，并如实提供有关证明材料。

电力争议的事实难以认定时，电力监管机构可以聘请与电力争议各方无利害关系的专家或者组织对电力争议事项进行论证，或者聘请鉴定机构鉴定。

第二十条 调解过程中，一方无正当理由缺席或者以其他方式表明退出调解的，视为拒绝调解，电力监管机构应当终止调解。

第二十一条 电力争议涉及第三人的，应当通知第三人参加。

第二十二条 任何一方当事人不得泄露其在调解过程中获知的、可能损害他人利益的信息。

电力监管机构不得向任何人泄露在调解过程中获知的可能损害他人利益的信息。

第二十三条 电力监管机构应当自受理之日起 45 日内终结调解。因情况复杂，在规定时间内不能终结的，经受理调解的电力监管机构负责人批准，可以适当延长，但最长不超过60日。

第五章　调　解　终　结

第二十四条　调解达成协议的，电力监管机构应当制作调解书，调解书应当包括以下内容：

（一）当事人的姓名、性别、年龄、职业、工作单位、住所，法人或者其他组织的名称、住所和法定代表人姓名、职务，委托代理人的姓名、性别、年龄、职业、工作单位；

（二）调解请求；

（三）争议事实；

（四）调解结果；

（五）其他相关事项。

第二十五条　调解书应当由调解员以及当事人签名或者盖章，并加盖电力监管机构印章。电力监管机构应当将调解书及时送达当事人。

电力监管机构主持下达成的调解协议，当事人应当履行。

第二十六条　调解达不成协议的，终结调解。

发电厂与电网并网、电网与电网互联，并网双方或者互联双方经调解仍不能达成协议的，由电力监管机构依法协调或者裁决。

第六章　附　　则

第二十七条　本办法所称电力业务经营者，是指发电企业、输电企业、供电企业及从事电力业务的其他企业。

第二十八条　电力监管机构调解电力争议不收取任何费用。

第二十九条　本办法自2005年7月1日起施行。

供电服务监管办法（试行）

（第8号令）

《供电服务监管办法（试行）》已经国家电力监管委员会主席办公会议通过，现予公布，自2005年8月1日起施行。

主席　柴松岳

二〇〇五年六月三日

附件：

供电服务监管办法（试行）

第一章　总　　则

第一条　为了加强供电服务监管，规范供电服务行为，维护电力使用者的合法权益和社会公共利益，根据《电力监管条例》和有关法律、行政法规的规定，制定本办法。

第二条　本办法适用于国家电力监管委员会及其派出机构（简称电力监管机构）对供电企业提供供电服务的情况实施监管。

本办法所称供电企业是指依法取得电力业务许可证、从事供电业务的企业。

第三条　供电企业应当按照法律、行政法规和规章的规定，向用户提供质量合格、价格合理、行为规范的供电服务，并接受电力监管机构的监管。

第四条　供电服务监管应当依法进行，并遵循公开、公正、效率的原则。

第二章　监　管　内　容

第五条　电力监管机构对供电企业履行电力社会普遍服务义务的情况实施监管。

供电企业应当按照国家规定履行电力社会普遍服务义务，保障任何人能够以普遍可以接受的价格获得最基本的供电服务。

第六条　电力监管机构对供电企业的供电质量实施监管。

在电力系统正常的情况下，供电企业的供电质量应当符合下列规定：

（一）向用户提供的电能质量符合国家标准或者电力行业标准；

（二）城市地区年供电可靠率不低于99.00%，城市居民用户受电端电压合格率不低于95.00%。

农村地区年供电可靠率和农村居民用户受电端电压合格率由电力监管机构根据各地实际情况规定。

第七条　电力监管机构依法对供电企业执行国家规定的电价政策和收费标准的情况实施监管。

第八条　电力监管机构对供电企业实施电力需求侧管理的情况进行监管。

供电企业应当按照国家规定实施电力需求侧管理，指导用户科学用电、合理用电和节约用电。

第九条　电力监管机构对供电企业按规定披露信息的情况实施监管。

供电企业应当在营业场所显著位置公示用电业务的办理程序、电价和收费标准。

供电企业应当按照电力监管机构的要求，披露停电、限电和事故抢修处理等信息。

第十条　电力监管机构对供电企业办理用电业务的情况实施监管。

供电企业办理用电业务的期限应当符合下列规定：

（一）向用户提供供电方案的期限，自受理用户用电申请之日起，一般居民用户不超过5个工作日，低压电力用户不超过10个工作日，高压单电源用户不超过30个工作日，高压双电源用户不超过60个工作日；

（二）对用户受电工程设计文件和有关资料审核的期限，自受理之日起，低压电力用户不超过10个工作日，高压电力用户不超过30个工作日；

（三）给用户装表接电的期限，自受电装置检验合格并办结相关手续之日起，一般居民用户不超过3个工作日，低压电力用户不超过5个工作日，高压电力用户不超过7个工作日。

第十一条 电力监管机构对供电企业向用户受电工程提供服务的情况实施监管。

供电企业应当对用户受电工程建设提供必要的业务咨询和技术标准咨询；对用户受电工程进行竣工检验，应当执行国家有关标准；发现用户受电设施存在故障隐患时，应当及时告知用户并指导其制定有效的解决方案。

供电企业不得对用户受电工程指定设计单位、施工单位和设备材料供应单位。

第十二条 电力监管机构对供电企业实施停电、限电规定的情况进行监管。

在电力系统正常的情况下，供电企业应当连续向用户供电。需要停电或者限电的，应当符合下列规定：

（一）因供电设施计划检修需要停电的，供电企业应当提前7日公告停电区域、停电线路、停电时间，并通知重要用户；

（二）因供电设施临时检修需要停电的，供电企业应当提前24小时通知重要用户；

（三）因电网发生故障或者电力供需紧张等原因需要停电、限电的，供电企业应当按照批准的有序用电方案执行。

引起停电或者限电的原因消除后，供电企业应当尽快恢复正常供电。

第十三条 电力监管机构对供电企业履行紧急供电义务的情况实施监管。

因抢险救灾、突发事件需要紧急供电时，供电企业应当及时提供电力供应。

第十四条 电力监管机构对供电企业处理供电故障的情况实施监管。

供电企业应当建立完善的报修服务制度，公开报修电话，24小时受理供电故障报修。

供电企业应当迅速处理供电故障，尽快恢复正常供电。供电企业工作人员到达现场抢修的时限，自接到报修之时起，城区范围不超过60分钟，农村地区不超过120分钟，边远、交通不便地区不超过240分钟。因天气、交通等特殊原因无法在规定时限内到达现场的，应当向用户作出解释。

第十五条 电力监管机构对供电企业处理用电投诉的情况实施监管。

供电企业应当建立用电投诉处理制度，公开投诉电话。对用户的投诉，供电企业应当自接到投诉之日起10个工作日内提出处理意见并答复用户。

第三章 监 管 措 施

第十六条 电力监管机构根据供电服务监管的需要，有权要求供电企业按照规定报送电压合格率、供电可靠率、重大的用电投诉及其处理情况等信息。

电力监管机构应当定期对供电企业报送和披露的信息进行核查，发现违法行为及时处理。

第十七条 电力监管机构按照规定可以依法采取下列现场检查措施：

（一）进入供电企业进行检查；

（二）询问有关人员，要求其对检查事项做出说明；

（三）查阅、复制与检查事项有关的文件、资料、投诉记录等，对可能被转移、隐匿、损毁的文件、资料、投诉记录等予以封存；

（四）对检查中发现的违法行为，有权当场予以纠正或者要求限期改正。

第十八条 电力监管机构可以根据监管工作的需要，在用户中开展供电服务情况调查并向社会公布调查结果。

第十九条 电力监管机构可以向社会公布供电企业违反本办法的行为。

第二十条 对供电企业未按照本办法规定实施供电服务的，电力监管机构应当予以记录；造成重大损失或者重大影响的，电力监管机构可以对供电企业的主管人员和其他直接责任人员依法提出处理意见和建议。

第二十一条 任何单位和个人对违反本办法和国家有关供电服务监管规定的行为有权向电力监管机构举报，电力监管机构应当按照有关规定及时处理。

第四章 罚 则

第二十二条 电力监管机构从事监管工作的人员违反电力监管有关规定，损害供电企业、用户的合法权益以及社会公共利益的，依法给予行政处分；构成犯罪的，依法追究刑事责任。

第二十三条 供电企业违反本办法第六条、第八条、第九条、第十条、第十一条、第十二条、第十四条、第十五条规定的，由电力监管机构责令改正；情节严重的，给予警告。

第二十四条 供电企业违反本办法第七条规定的，电力监管机构应当及时向有关部门提出价格行政处罚建议。

第二十五条 供电企业违反本办法第五条、第十三条规定的，由电力监管机构责令改正，给予警告；情节严重的，对直接负责的主管人员和其他直接责任人员，依法给予处分。

第二十六条 供电企业有下列情形之一的，由电力监管机构责令改正；拒不改正的，处5万元以上50万元以下的罚款，对直接负责的主管人员和直接责任人员，依法给予处分；构成犯罪的，依法追究刑事责任：

（一）拒绝或者阻碍电力监管机构及其从事监管工作的人员依法履行监管职责的；

（二）提供虚假或者隐瞒重要事实的文件、资料的；

（三）未按照规定披露有关信息的。

第二十七条 对于违反本办法并造成严重后果的供电企业主管人员或者直接责任人员，电力监管机构可以建议将其调离现任岗位，3年内不得担任供电企业同类职务。

第二十八条 非因供电企业的原因造成供电服务质量达不到标准的，供电企业不承担责任。

第五章 附 则

第二十九条 在电力监管机构颁发电力业务许可证前，本办法所称供电企业是指依法取得《供电营业许可证》的企业。

第三十条 本办法自2005年8月1日起试行。

电力业务许可证管理规定

（第9号令）

《电力业务许可证管理规定》已经国家电力监管委员会主席办公会议通过，现予公布，自2005年12月1日起施行。

主席 柴松岳

二〇〇五年九月二十八日

附件：

电力业务许可证管理规定

第一章 总 则

第一条 为了加强电力业务许可证的管理，规范电力业务许可行为，维护电力市场秩序，保障电力系统安全、优质、经济运行，根据《中华人民共和国行政许可法》、《电力监管条例》和有关法律、行政法规的规定，制定本规定。

第二条 本规定适用于电力业务许可证的申请、受理、审查、决定和管理。国家另有规定的，从其规定。

第三条 国家电力监管委员会（简称电监会）负责电力业务许可证的颁发和管理。

电监会遵循依法、公开、公正、便民、高效的原则，建立电力业务许可证监督管理制度和组织管理体系。

第四条 在中华人民共和国境内从事电力业务，应当按照本规定取得电力业务许可证。除电监会规定的特殊情况外，任何单位或者个人未取得电力业务许可证，不得从事电力业务。

本规定所称电力业务，是指发电、输电、供电业务。其中，供电业务包括配电业务和售电业务。

第五条 取得电力业务许可证的单位（简称被许可人）按照本规定享有权利、承担义务，接受电监会及其派出机构（简称电力监管机构）的监督管理。被许可人依法开展电力业务，受法律保护。

第六条 任何单位和个人不得伪造、变造电力业务许可证；被许可人不得涂改、倒卖、出租、出借电力业务许可证，或者以其他形式非法转让电力业务许可。

第二章 类别和条件

第七条 电力业务许可证分为发电、输电、供电三个类别。

从事发电业务的，应当取得发电类电力业务许可证。

从事输电业务的，应当取得输电类电力业务许可证。

从事供电业务的，应当取得供电类电力业务许可证。

从事两类以上电力业务的，应当分别取得两类以上电力业务许可证。

从事配电或者售电业务的许可管理办法，由电监会另行规定。

第八条 下列从事发电业务的企业应当申请发电类电力业务许可证：

（一）公用电厂；

（二）并网运行的自备电厂；

（三）电监会规定的其他企业。

第九条 下列从事输电业务的企业应当申请输电类电力业务许可证：

（一）跨区域经营的电网企业；

（二）跨省、自治区、直辖市经营的电网企业；

（三）省、自治区、直辖市电网企业；

（四）电监会规定的其他企业。

第十条　下列从事供电业务的企业应当申请供电类电力业务许可证：

（一）省辖市、自治州、盟、地区供电企业；

（二）县、自治县、县级市供电企业；

（三）电监会规定的其他企业。

第十一条　申请电力业务许可证的，应当具备下列基本条件：

（一）具有法人资格；

（二）具有与申请从事的电力业务相适应的财务能力；

（三）生产运行负责人、技术负责人、安全负责人和财务负责人具有3年以上与申请从事的电力业务相适应的工作经历，具有中级以上专业技术任职资格或者岗位培训合格证书；

（四）法律、法规规定的其他条件。

第十二条　申请发电类电力业务许可证的，除具备本规定第十一条所列基本条件外，还应当具备下列条件：

（一）发电项目建设经有关主管部门审批或者核准；

（二）发电设施具备发电运行的能力；

（三）发电项目符合环境保护的有关规定和要求。

第十三条　申请输电类电力业务许可证的，除具备本规定第十一条所列基本条件外，还应当具备下列条件：

（一）输电项目建设经有关主管部门审批或者核准；

（二）具有与申请从事的输电业务相适应的输电网络；

（三）输电项目按照有关规定通过竣工验收；

（四）输电项目符合环境保护的有关规定和要求。

第十四条　申请供电类电力业务许可证的，除具备本规定第十一条所列基本条件外，还应当具备下列条件：

（一）具有经有关主管部门批准的供电营业区；

（二）具有与申请从事供电业务相适应的供电网络和营业网点；

（三）承诺履行电力社会普遍服务义务；

（四）供电项目符合环境保护的有关规定和要求。

第三章　申请和受理

第十五条　申请电力业务许可证，应当向电监会提出，并按照规定的要求提交申请材料。

第十六条　本规定第八条、第九条、第十条所列企业，具有法人资格的，由本企业提出申请；不具有法人资格的，按照隶属关系由其法人企业提出申请。

第十七条　申请电力业务许可证的，应当提供下列材料：

（一）法定代表人签署的许可证申请表；

（二）法人营业执照副本及其复印件；

（三）企业最近2年的年度财务报告；成立不足2年的，出具企业成立以来的年度财务报告或者验资报告；

（四）由具有合格资质的会计师事务所出具的最近2年的财务状况审计报告和对营运资金状况的说明；成立不足2年的，出具企业成立以来的财务状况审计报告和对营运资金状况的说明；

（五）企业生产运行负责人、技术负责人、安全负责人、财务负责人的简历、专业技术任职资格证书等有关证明材料。

第十八条　申请发电类电力业务许可证的，除提供本规定第十七条所列材料外，还应当提供下列材料：

（一）发电项目建设经有关主管部门审批或者核准的证明材料；

（二）发电项目通过竣工验收的证明材料；尚未组织竣工验收的，提供发电机组通过启动验收的证明材料或者有关主管部门认可的质量监督机构同意整套启动的质量监督检查报告；

（三）发电项目符合环境保护有关规定和要求的证明材料。

第十九条　申请输电类电力业务许可证的，除提供本规定第十七条所列材料外，还应当提供下列材料：

（一）输电项目建设经有关主管部门审批或者核准的证明材料；

（二）输电项目通过竣工验收的证明材料；

（三）输电项目符合环境保护有关规定和要求的证明材料；

（四）电能质量和服务质量承诺书。

第二十条　申请供电类电力业务许可证的，除提供本规定第十七条所列材料外，还应当提供下列材料：

（一）供电营业区域的证明材料及其地理平面图；

（二）供电网络分布概况；

（三）设立的供电营业分支机构及其相应的供电营业区域概况；

（四）履行电力社会普遍服务义务的承诺书；

（五）供电项目符合环境保护有关规定和要求的证明材料。

第二十一条　电监会对申请人提出的许可申请，

应当根据下列情况分别作出处理：

（一）申请事项不属于电监会职权范围，应当即时作出不予受理的决定，向申请人发出《不予受理通知书》，并告知申请人向有关行政机关申请；

（二）申请材料存在可以当场更正的错误的，应当允许申请人当场更正；

（三）申请材料不齐全或者不符合法定形式的，应当当场或者在5日内一次告知申请人需要补正的全部内容，逾期不告知的，自收到申请材料之日起即为受理；

（四）申请材料齐全、符合法定形式的，向申请人发出《受理通知书》。

第四章　审查与决定

第二十二条　电监会应当对申请人提交的申请材料进行审查。

电监会根据需要，可以对申请材料的实质内容进行核实。

第二十三条　电监会作出电力业务许可决定，依法需要举行听证的，应当按照有关规定举行听证。

第二十四条　电监会应当自受理申请之日起20日内作出许可决定。20日内不能作出决定的，经本机关负责人批准，可以延长10日，并将延长期限的理由告知申请人。

作出准予许可决定的，自作出决定之日起10日内向申请人颁发、送达许可证。

作出不予许可决定的，自作出决定之日起10日内以书面形式通知申请人，说明不予许可的理由，并告知申请人享有依法申请行政复议或者提起行政诉讼的权利。

第二十五条　电力业务许可证由正文和附页组成。

正文载明许可证编号、登记名称、住所、法定代表人、许可类别、有效期限、发证机关、发证日期等内容。

附页包括许可证使用规定，被许可人的权利和义务，发电机组、输电网络或者供电营业区情况登记，检查情况记录，特别规定事项等内容。

电力业务许可证的有效期为20年。

第五章　变更与延续

第二十六条　有下列情形之一的，被许可人应当在规定时限内向电监会提出变更申请；经审查符合法定条件的，电监会应当依法办理变更手续：

（一）新建、改建发电机组投入运营，取得或者转让已运营的发电机组，发电机组退役；

（二）新建、改建输电线路或者变电设施投入运营，终止运营输电线路或者变电设施；

（三）供电营业区变更。

第二十七条　因新建、改建发电机组投入运营，申请变更许可事项的，应当提供下列材料：

（一）变更申请表；

（二）电力业务许可证；

（三）发电项目建设经有关主管部门审批或者核准的证明材料；

（四）有关主管部门认可的质量监督机构同意整套启动的质量监督检查报告；

（五）发电项目符合环境保护有关规定和要求的证明材料。

因取得或者转让已运营机组，申请变更许可事项的，除提供前款第（一）项、第（二）项所列材料外，还应当提供机组所有权合法转移的证明材料。

因机组退役，申请变更许可事项的，除提供本条第一款第（一）项、第（二）项所列材料外，还应当提供机组退役符合国家有关规定的证明材料。

第二十八条　因新建、改建输电线路或者变电设施投入运营，申请变更许可事项的，应当提供下列材料：

（一）变更申请表；

（二）电力业务许可证；

（三）输电项目建设经有关主管部门审批或者核准的证明材料；

（四）输电项目通过竣工验收的证明材料；

（五）输电项目符合环境保护有关规定和要求的证明材料。

因终止运营输电线路或者变电设施，申请变更许可事项的，除提供前款第（一）项、第（二）项所列材料外，还应当提供有关主管部门批准终止运营输电线路或者变电设施的证明材料。

第二十九条　因供电营业区变更，申请变更许可事项的，应当提供下列材料：

（一）变更申请表；

（二）电力业务许可证；

（三）供电营业区变更的证明材料；

（四）供电营业区变更的范围图例。

第三十条　电力业务许可证有效期届满需要延续的，被许可人应当在有效期届满30日前向电监会提出申请。

电监会应当在电力业务许可证有效期届满前作出是否准予延续的决定。逾期未作出决定的，视为同意延续并补办相应手续。

第六章　监　督　管　理

第三十一条　电力监管机构建立健全电力业务许

可监督检查体系和制度，对被许可人按照电力业务许可证确定的条件、范围和义务从事电力业务的情况进行监督检查。

电力监管机构依法开展监督检查工作，被许可人应当予以配合。

第三十二条 被许可人应当按照规定的时间，向电力监管机构提供反映其从事许可事项活动能力和行为的材料。

电力监管机构应当对被许可人所报送的材料进行核查，将核查结果予以记录；对核查中发现的问题，应当责令限期改正。

第三十三条 电力监管机构依法对被许可人进行现场检查。检查中发现被许可人有违反本规定和不履行电力业务许可证规定义务的行为，应当责令其改正。

第三十四条 电力监管机构进行监督检查工作的人员应当如实记录监督检查情况和处理结果。

电力监管机构可以将监督检查情况和处理结果向社会公布。

第三十五条 任何组织和个人发现违反本规定的行为，有权向电力监管机构举报，电力监管机构应当进行核实，按照有关规定予以处理。

第三十六条 未经电监会批准，取得输电类或者供电类电力业务许可的企业不得擅自停业、歇业。

第三十七条 被许可人名称、住所或者法定代表人发生变化的，应当自变化之日起 30 日内到电监会办理相关手续。

第三十八条 有下列情形之一的，电监会应当按照规定办理电力业务许可证的注销手续：

（一）许可证有效期届满未延续的；

（二）被许可人不再具有发电机组、输电网络或者供电营业区的；

（三）被许可人申请停业、歇业被批准的；

（四）被许可人因解散、破产、倒闭等原因而依法终止的；

（五）电力业务许可证依法被吊销，或者电力业务许可被撤销、撤回的；

（六）经核查，被许可人已丧失从事许可事项活动能力的；

（七）法律、法规规定应当注销的其他情形。

第七章 罚 则

第三十九条 从事颁发和管理电力业务许可证的工作人员，违反法律、行政法规和本规定，擅自颁发电力业务许可证的，应当依法给予处分；构成犯罪的，依法追究刑事责任。

第四十条 未依法取得电力业务许可证非法从事电力业务的，应当责令改正，没收违法所得，可以并处以违法所得 5 倍以下的罚款；构成犯罪的，依法追究刑事责任。

第四十一条 被许可人以欺骗、贿赂等不正当手段获得电力业务许可证的，应当给予警告，处以 1 万元以下的罚款；构成犯罪的，依法追究刑事责任。

第四十二条 被许可人超出许可范围或者超过许可期限，从事电力业务的，应当给予警告，责令改正，并向社会公告；构成犯罪的，依法追究刑事责任。

第四十三条 被许可人有下列情形之一的，应当给予警告，责令改正，并可向社会公告：

（一）未经批准，擅自停业、歇业的；

（二）未在规定的期限内申请变更的。

第四十四条 被许可人有下列情形之一的，应当责令改正；拒不改正的，处以 5 万元以上 50 万元以下的罚款，对直接负责的主管人员和其他直接责任人员，依法给予处分；构成犯罪的，依法追究刑事责任：

（一）拒绝或者阻碍电力监管工作人员依法履行监管职责的；

（二）提供虚假或者隐瞒重要事实的文件、资料的。

第四十五条 涂改、倒卖、出租、出借电力业务许可证或者以其他形式非法转让电力业务许可的，应当依法给予行政处罚；构成犯罪的，依法追究刑事责任。

第八章 附 则

第四十六条 本规定颁布实施前已经从事电力业务的企业，应当按照电监会规定的期限申请办理电力业务许可证。

第四十七条 电力业务许可证由电监会统一印制和编号。

第四十八条 本规定自 2005 年 12 月 1 日起施行。

电力市场运营基本规则

（第 10 号令）

《电力市场运营基本规则》已经国家电力监管委员会主席办公会议通过，现予公布，自 2005 年 12 月 1 日起施行。

主席 柴松岳

二〇〇五年九月二十八日

附件：

电力市场运营基本规则

第一章　总　　则

第一条　为了规范电力市场行为，依法维护电力市场主体的合法权益，保证电力市场的统一、开放、竞争、有序，根据《电力监管条例》和有关法律、行政法规，制定本规则。

第二条　本规则适用于区域电力市场。

第三条　国家电力监管委员会及其派出机构（简称电力监管机构）负责区域电力市场运营的监督管理。

第二章　市场主体与交易机构

第四条　电力市场主体包括按照有关规定取得电力业务许可证的发电企业、输电企业、供电企业，以及经电力监管机构核准的用户。电力调度交易机构包括区域电力调度交易中心和省、自治区、直辖市电力调度机构。

前款所称供电企业包括独立配售电企业；前款所称区域电力调度交易中心包括区域电力调度中心、区域电力交易中心。

第五条　发电企业、输电企业和供电企业按照有关规定取得电力业务许可证后，方可申请进入区域电力市场，参与区域电力市场交易。用户经电力监管机构核准后，可以参与区域电力市场交易。

第六条　电力调度交易机构负责电力调度、电力市场交易、计量结算。

第三章　交易类型与方式

第七条　电力市场交易类型包括电能交易、输电权交易、辅助服务交易等。

第八条　电能交易按照合约交易、现货交易、期货交易等方式进行。

电能合约交易，是指电力市场主体通过签订电能买卖合同进行的电能交易。电能买卖合同约定的电价，可以由双方协商形成、通过市场竞价产生或者按照国家有关规定确定。

电能现货交易，是由发电企业通过市场竞价产生的次日或者未来 24 小时的电能交易，以及为保证电力供需的即时平衡而组织的实时电能交易。

电能期货交易，是指电力市场主体在规定的交易场所通过签订期货合同进行的电能交易。电能期货合同是指在确定的将来某时刻按照确定的价格购买或者出售电能的协议。

电能交易以合约交易为主、现货交易为辅，适时进行期货交易。

第九条　电力市场具备规定的条件，并经电力监管机构批准，可以进行输电权交易、辅助服务交易等。

第四章　电　能　交　易

第十条　电能合约交易可以由电力调度交易机构具体组织实施，也可以由电力市场主体双方协商进行。

第十一条　电力调度交易机构按照区域电力市场运营规则对合约电量进行分解，其分解方法应当对电力市场主体公开。合约电量分解后因故需要修改的，电力调度交易机构应当及时向合约各方通报原因。

第十二条　输电企业应当按照法律和国家政策的规定，优先与依法取得电力业务许可证的可再生能源发电企业签订合同，全额收购其上网电量。

第十三条　电力调度交易机构应当按照区域电力市场运营规则组织电能现货交易。

第十四条　发电企业进行电能现货交易，应当以单个机组为单位报价。经批准，同一发电厂的多个机组可以集中报价。由多个发电厂组成的发电企业不得集中报价。禁止发电企业串通报价。

第十五条　电力市场价格形成机制应当有利于促进电力市场公平有效竞争、有利于输电阻塞管理。

第十六条　所有电能交易必须通过电力调度交易机构安全校核后执行。

第五章　输　电　服　务

第十七条　输电企业应当公平开放输电网，为电力市场主体提供安全、优质、经济的输电服务。

第十八条　输电企业应当严格执行国家规定的输电电价，并接受电力监管机构的监督检查。

第十九条　输电阻塞管理方法由电力监管机构根据电网结构和电力市场交易方式确定。

第二十条　电力市场因规避输电阻塞风险的需要，经电力监管机构批准，可以组织开展输电权交易。

第六章　辅　助　服　务

第二十一条　电力市场主体应当按照有关规定提供用以维护电压稳定、频率稳定和电网故障恢复等方面的辅助服务。

第二十二条　辅助服务分为基本辅助服务和有偿辅助服务。

基本辅助服务是电力市场主体应当无偿提供的辅助服务。有偿辅助服务是电力市场主体在基本辅助服务之外提供的其他辅助服务。有偿辅助服务在电力市场建设初期采取补偿机制，电力市场健全以后实行竞争机制。

第二十三条　辅助服务的具体内容、技术标准、提供方式、考核方式，由国家电力监管委员会会同国务院有关部门另行规定。

第二十四条　电力调度交易机构应当定期对电力市场主体提供辅助服务的能力进行测试。测试结果应当公布并向电力监管机构报告。电力市场主体不能按照要求提供辅助服务时，应当及时向电力调度交易机构报告，并按照有关规定接受考核。

第七章　电能计量与结算

第二十五条　电力市场主体应当安装符合国家标准的电能计量装置，由电能计量检测机构检定后投入使用。

本规则所称电能计量检测机构，是指经政府计量行政部门认可、电能交易双方确认的电能计量检测机构。

第二十六条　电能计量检测机构对电能计量装置实行定期校核。电力市场主体可以申请校核电能计量装置，经校核，电能计量装置误差达不到规定精度的，由此发生的费用由该电能计量装置的产权方承担；电能计量装置误差达到规定精度的，由此发生的费用由申请方承担。

第二十七条　电能交易双方签订的电能交易合同应当明确电能的计量点。电能计量点位于交易双方的产权分界点，产权分界点不能安装电能计量装置的，由双方协商确定电能计量点。法定或者约定的计量点计量的电能作为电费结算的依据。电力市场主体以计量点为分界承担电能损耗和相关责任。

第二十八条　电力调度交易机构应当建立并维护电能计量数据库，并按照有关规定向电力市场主体公布相关的电能计量数据。

第二十九条　电力市场结算包括电能合约交易结算、电能现货交易结算、电能期货交易结算、辅助服务结算以及补偿金、违约金结算。

第三十条　电力市场主体应当按照区域电力市场运营规则规定的电费结算方式和期限结算电费。

第八章　系　统　安　全

第三十一条　电力市场主体应当执行有关电网运行管理的规程、规定，服从统一调度，加强设备维护，按照并网协议配备必要的安全设施，提供辅助服务，维护电力系统的安全稳定运行。

第三十二条　电力调度交易机构应当严格执行电力调度规则，合理安排系统运行方式，及时向电力市场主体预报或者通报影响电力系统安全运行的信息，防止电网事故，保障电网运行安全。

第三十三条　电力调度交易机构负责电力市场交易的安全校核，并公布校核方法、参数。

第三十四条　电力调度交易机构应当根据电力供需形势、设备运行状况、安全约束条件和系统运行状况，统筹安排电力设备检修计划。发电机组运行考核办法由电力监管机构审定，电力调度交易机构执行。

第三十五条　电力市场技术支持系统建设应当符合规定的性能指标。电力市场技术支持系统包括能量管理、交易管理、电能计量、结算系统、合同管理、报价处理、市场分析与预测、交易信息、监管系统等功能模块。

第三十六条　电力市场技术支持系统建设应当以电力市场运行规则为基础。在同一电力市场内，电力市场技术支持系统应当统一规划、统一设计、统一管理、同步实施、分别维护。电力市场技术支持系统应当根据电力市场发展的需要及时更新。电力监管机构审定电力市场技术支持系统规划和设计方案，电力市场主体按照规定配备有关配套设施并负责日常维护管理。

第九章　风　险　管　理

第三十七条　国务院价格主管部门、国家电力监管委员会制定电力市场最高、最低限价，维护电力市场安全。

第三十八条　电力监管机构根据维护电力市场正常运作和电力系统安全的需要，应当制定电力市场干预、中止办法，规定电力市场干预、中止的条件和相关处理方法。

第三十九条　国务院有关部门、国家电力监管委员会在用户侧开放前，建立电价平衡机制，制定销售电价、上网电价联动的具体办法。

第十章　信　息　披　露

第四十条　电力市场主体应当按照有关规定向电力调度交易机构提供信息。

第四十一条　电力调度交易机构应当遵循及时、真实、准确、完整的原则，定期向电力市场主体和社会公众披露电力市场运行信息。

第四十二条　电力监管机构制定电力市场信息发布管理办法并监督实施。

第十一章　附　　则

第四十三条　电力业务许可证制度实施以前，电力企业进入电力市场的资格，由电力监管机构审查批准。

第四十四条　国家电力监管委员会区域监管局根

据本规则拟定区域电力市场运营规则，报国家电力监管委员会批准后执行。

第四十五条 本规则自2005年12月1日起施行。国家电力监管委员会2003年7月24日公布的《电力市场运营基本规则（试行）》同时废止。

电力市场监管办法

（第11号令）

《电力市场监管办法》已经国家电力监管委员会主席办公会议通过，现予公布，自2005年12月1日起施行。

主席 柴松岳

二〇〇五年九月二十八日

附件：

电力市场监管办法

第一章 总 则

第一条 为了维护电力市场秩序，保证电力市场的统一、开放、竞争、有序，根据《电力监管条例》和有关法律、行政法规，制定本办法。

第二条 本办法适用于中华人民共和国境内的电力市场监管。

第三条 国家电力监管委员会（简称电监会）履行全国电力市场监管职责。

国家电力监管委员会区域监管局（简称区域电监局）负责辖区内电力市场监管工作。国家电力监管委员会城市监管办公室协助区域电监局从事电力市场监管工作。

第四条 电力市场监管依法进行，并遵循公开、公正和效率的原则。

第五条 电力市场主体、电力调度交易机构应当自觉遵守有关电力市场的法规、规章。

第六条 任何单位和个人对违反本规定的行为有权向电力监管机构举报，电力监管机构应当及时处理，并为举报人保密。

第二章 监管对象与内容

第七条 电力市场监管的对象包括电力市场主体和电力调度交易机构。电力市场主体包括按照有关规定取得电力业务许可证的发电企业、输电企业、供电企业，以及经电力监管机构核准的用户。电力调度交易机构包括区域电力调度交易中心和省、自治区、直辖市电力调度机构。

前款所称供电企业包括独立配售电企业；前款所称区域电力调度交易中心包括区域电力调度中心、区域电力交易中心。

第八条 电力监管机构对电力市场主体和电力调度交易机构的下列情况实施监管：

（一）履行电力系统安全义务的情况；

（二）进入和退出电力市场的情况；

（三）参与电力市场交易资质的情况；

（四）执行电力市场运行规则的情况；

（五）进行交易和电费结算情况；

（六）披露信息的情况；

（七）执行国家标准、行业标准的情况；

（八）平衡资金账户管理和资金使用情况。

第九条 除本办法第八条所列情况外，电力监管机构还对发电企业的下列情况实施监管：

（一）在各电力市场中所占份额的比例；

（二）新增装机、兼并、重组、股权变动或者租赁经营的情况；

（三）不正当竞争、串通报价和违规交易行为；

（四）执行调度指令的情况；

（五）执行与用户签订的有关合同的情况。

第十条 除本办法第八条所列情况外，电力监管机构还对输电企业的下列情况实施监管：

（一）公平、无歧视开放电网和提供输电服务的情况；

（二）电网互联的情况；

（三）所属发电企业的发电情况；

（四）执行输电价格的情况；

（五）对有偿辅助服务补偿的情况。

第十一条 除本办法第八条所列情况外，电力监管机构还对供电企业的下列情况实施监管：

（一）执行配电价格、售电价格的情况；

（二）按照国家规定的电能质量和供电服务质量标准向用户提供供电服务的情况。

第十二条 除本办法第八条所列情况外，电力监管机构还对电力调度交易机构的下列情况实施监管：

（一）公开、公平、公正地实施电力调度的情况；

（二）执行电力调度规则的情况；

（三）按照电力市场运营规则组织电力市场交易的情况；

（四）对电力市场实施干预的情况；

（五）对电力市场技术支持系统的建设、维护、运营和管理的情况；

（六）执行市场限价的情况。

第十三条 电力监管机构对用户履行与发电企业签订的有关合同的情况进行监管。

第三章 电力市场运营规则

第十四条 电力监管机构负责制定并组织实施电力市场运营规则。电力市场运营规则包括电力市场运营基本规则、区域电力市场运营规则和与区域电力市场运营规则相配套的相关细则。

第十五条 电监会制定电力市场运营基本规则；区域电监局拟定区域电力市场运营规则，报电监会批准后执行；区域电监局制定与区域电力市场运营规则配套的有关细则，报电监会备案。

第十六条 有下列情形之一的，电力监管机构应当修改电力市场运营规则：

（一）法律或者国家政策发生重大调整的；

（二）电力市场运行环境发生重大变化的；

（三）电力市场主体或者电力调度交易机构提出修改的意见和建议，电力监管机构认为确有必要的；

（四）电力监管机构认为必要的其他情形。

第十七条 电力监管机构制定或者修改电力市场运营规则，应当充分听取电力市场主体、电力调度交易机构、相关利益主体和社会有关方面的意见。

第四章 电力市场注册管理

第十八条 电力市场实行注册管理制度。进入或者退出电力市场应当办理相应的注册手续。电力调度交易机构具体负责电力市场注册管理工作。

第十九条 电力市场主体进入电力市场，应当向电力调度交易机构提出注册申请。经过批准后，方可参与电力市场交易。电力市场主体申请进入注册应当符合下列条件：

（一）取得电力业务许可证并在工商行政管理部门登记、注册；

（二）承诺遵守电力市场运营的法律法规并履行电力市场主体的责任和义务；

（三）具有符合电力市场要求的技术条件。

第二十条 电力市场主体申请进入注册应当提供与申请事项有关的经济、技术、安全等信息。

第二十一条 电力市场主体变更注册或者撤销注册，应当按照区域电力市场运营规则的规定，向电力调度交易机构提出书面申请。经过批准后，方可变更或者撤销注册。

第二十二条 电力调度交易机构应当按照电力市场运营规则规定的程序和时限，办理注册手续。注册审核情况应当向电力市场主体公布并报电力监管机构备案。

第五章 电力市场干预与中止

第二十三条 电力调度交易机构为保证电力市场安全运营，依据电力市场运营规则，可以进行市场干预。电力调度交易机构进行市场干预应当向电力市场主体公布干预原因。

第二十四条 有下列情形之一的，电力调度交易机构可以进行市场干预：

（一）电力系统出力不足，无法保证电力市场正常运行的；

（二）电力系统内发生重大事故危及电网安全的；

（三）电力市场技术支持系统、自动化系统、数据通信系统等发生故障导致交易无法正常进行的；

（四）电力监管机构做出中止电力市场决定的；

（五）电力监管机构规定的其他情形。

第二十五条 有下列情形之一的，电力监管机构可以做出中止电力市场的决定，并向电力市场主体公布中止原因：

（一）电力市场未按照规则运行和管理的；

（二）电力市场运营规则不适应电力市场交易需要，必须进行重大修改的；

（三）电力市场交易发生恶意串通操纵市场的行为，并严重影响交易结果的；

（四）电力市场技术支持系统、自动化系统、数据通信系统等发生重大故障，导致交易长时间无法进行的；

（五）因不可抗力不能竞价交易的；

（六）电力监管机构规定的其他情形。

第二十六条 干预或者中止电力市场时，电力市场交易的方式按照区域电力市场运营规则执行。

第二十七条 干预或者中止电力市场期间，电力调度交易机构应当采取措施保证电力系统安全，记录干预或者中止过程，并向电力监管机构报告。电力监管机构应当向电力市场主体公布干预或中止过程。

第六章 电力市场争议处理

第二十八条 电力市场主体之间、电力市场主体与电力调度交易机构之间因电力市场交易发生争议，由电力监管机构依法协调或者裁决。其中，因履行合同发生的争议，可以由电力监管机构按照电力争议调解的有关规定进行调解。

第二十九条 电力市场主体、电力调度交易机构对电力监管机构的处理决定不服的，可以依法申请行政复议或者提起行政诉讼。

第七章 信息公开与披露

第三十条 电力监管机构按照电力监管信息公开的有关规定向电力投资者、经营者、使用者和社会公众公开电力市场监管信息。

第三十一条 电力市场主体、电力调度交易机构应当按照有关规定，及时、真实、准确和完整地披露有关信息。

第三十二条 电力监管机构、电力市场主体、电力调度交易机构不得泄露影响公平竞争的交易秘密。

第八章 法 律 责 任

第三十三条 电力监管机构从事监管工作的人员违反有关规定的，按照《电力监管条例》第二十九条的规定处理。

第三十四条 电力市场主体违反本办法规定，有下列情形之一的，按照《电力监管条例》第三十一条的规定处理：

（一）未按照规定办理电力市场注册手续的；

（二）提供虚假注册资料的；

（三）未履行电力系统安全义务的；

（四）有关设备、设施不符合国家标准、行业标准的；

（五）行使市场操纵力的；

（六）有不正当竞争、串通报价等违规交易行为的；

（七）不执行调度指令的；

（八）发电厂并网、电网互联不遵守有关规章、规则的。

第三十五条 供电企业未按照国家规定的电能质量和供电服务质量标准向用户提供供电服务的，按照《电力监管条例》第三十二条的规定处理。

第三十六条 电力调度交易机构违反本办法规定，有下列情形之一的，按照《电力监管条例》第三十三条的规定处理：

（一）未按照规定办理电力市场注册的；

（二）未按照电力市场运行规则组织电力市场交易的；

（三）未按照规定公开、公平、公正地实施电力调度的；

（四）未执行电力调度规则的；

（五）未按照规定对电力市场进行干预的；

（六）泄露电力交易内幕信息的。

第三十七条 电力企业、电力调度交易机构未按照本办法和电力市场运行规则的规定披露有关信息的，按照《电力监管条例》第三十四条的有关规定处理。

第九章 附 则

第三十八条 电力业务许可证制度实施以前，电力企业进入电力市场的资格，由电力监管机构审查批准。

第三十九条 区域电监局应当根据本办法制定实施办法，报电监会批准后实施。

第四十条 本办法自2005年12月1日起施行。国家电力监管委员会2003年7月24日公布的《电力市场监管办法（试行）》同时废止。

电工进网作业许可证管理办法

（第15号令）

《电工进网作业许可证管理办法》已经国家电力监管委员会主席办公会议通过，现予公布，自2006年3月1日起施行。

主席 柴松岳

二〇〇五年十二月十三日

附件：

电工进网作业许可证管理办法

第一章 总 则

第一条 为了加强进网作业电工的管理，规范电工进网作业许可行为，保障供用电安全，根据《电力供应与使用条例》和国家有关规定，制定本办法。

第二条 电工进网作业许可的考试、申请、受理、审查、决定、注册和监督检查，适用本办法。

第三条 国家电力监管委员会负责组织全国电工进网作业许可考试，指导、监督全国电工进网作业许可证的颁发和管理。

国家电力监管委员会派出机构（称许可机关）负责辖区内电工进网作业许可的考试、受理、审查、决定、注册和日常监督检查。

第四条 电工进网作业许可证是电工具有进网作业资格的有效证件。进网作业电工应当按照本办法的规定取得电工进网作业许可证并注册。未取得电工进网作业许可证或者电工进网作业许可证未注册的人员，不得进网作业。

本办法所称进网作业电工，是在用户的受电装置或者送电装置上，从事电气安装、试验、检修、运行等作业的人员。

第五条 许可机关颁发和管理电工进网作业许可证，应当遵循公开、公平、公正原则，接受社会监督。

第二章 分 类

第六条 电工进网作业许可证分为低压、高压、特种三个类别。

取得低压类电工进网作业许可证的，可以从事0.4kV以下电压等级电气安装、检修、运行等低压作业。

取得高压类电工进网作业许可证的，可以从事所有电压等级电气安装、检修、运行等作业。

取得特种类电工进网作业许可证的，可以在受电装置或者送电装置上从事电气试验、二次安装调试、电缆作业等特种作业。

第七条 进网作业电工应当在电工进网作业许可证确定的作业范围内从事进网作业。

第三章 考 试

第八条 电工进网作业许可实行国家统一考试制度。

电工进网作业许可考试实行全国统一大纲、统一命题、统一组织。

第九条 国家电力监管委员会负责统一组织考试，审定考试科目、考试大纲和合格标准，对考试进行检查、监督和指导。

许可机关负责辖区内考试的具体组织和实施工作。

第十条 许可机关组织实施电工进网作业许可考试，应当公开举行，事先公布考试的报名条件、报考办法、考试科目、考试大纲和考试时间。

第十一条 电工进网作业许可考试包括笔试、实际操作考试两部分。

第十二条 参加电工进网作业许可考试的人员，考试成绩合格的，由许可机关颁发考试合格通知书。考试成绩有效期为5年。

第四章 申 请

第十三条 申请电工进网作业许可证，应当在许可机关规定的时间内以书面形式提出。

第十四条 申请电工进网作业许可证应当具备下列条件：

（一）年满十八周岁，且男不满六十周岁、女不满五十五周岁；

（二）初中以上文化程度；

（三）电工进网作业许可考试成绩合格且在有效期内；

（四）身体健康，没有妨碍进网作业的疾病或者生理缺陷。

第十五条 申请电工进网作业许可证应当提供下列材料：

（一）申请书；

（二）身份证复印件；

（三）1寸免冠正面彩色近照两张；

（四）电工进网作业许可考试合格通知书；

（五）学历证书复印件；

（六）二级以上医院提供的体检结果。

第五章 受理与决定

第十六条 许可机关收到申请，应当对申请材料是否齐全、是否符合法定形式进行审查，并根据下列情况分别作出处理：

（一）申请材料存在可以当场更正的错误的，应当允许申请人当场更正；

（二）申请材料不齐全或者不符合法定形式的，应当当场或者在5日内一次告知申请人需要补正的全部内容；

（三）申请材料齐全、符合法定形式的，或者申请人按照许可机关的要求提交全部补正申请材料的，向申请人发出受理通知书。

第十七条 许可机关应当自受理之日起20日内作出许可决定。作出准予许可决定的，应当自作出决定之日起10日内通知申请人，颁发许可证；作出不予许可决定的，以书面形式通知申请人，通知书中应当说明不予许可的理由，并告知申请人享有依法申请行政复议或者提起行政诉讼的权利。

第六章 注 册

第十八条 电工进网作业许可证应当到许可机关注册。注册分为初始注册和续期注册。注册有效期为3年。

第十九条 许可机关按照本办法第十七条作出准予许可决定时，应当同时办理初始注册手续。

第二十条 注册有效期届满，被许可人需要继续从事进网作业的，应当在注册有效期届满前30日内向许可机关提出续期注册申请。逾期未办理续期注册手续的，视为未注册，不得从事进网作业。

注册有效期届满，被许可人中止从事进网作业，需要再从事进网作业的，应当经许可机关续期注册，方可从事进网作业。

第二十一条 申请续期注册，应当提供下列材料：

（一）电工进网作业许可证；

（二）被许可人的进网作业行为记录；

（三）被许可人掌握进网作业规定、学习新技术和接受事故案例教学等情况的证明材料；

（四）二级以上医院提供的体检结果。

中止从事进网作业后，再申请续期注册的，应当向许可机关提供前款第（一）项、第（三）项、第（四）项规定的材料，并提供通过许可机关组织的实际操作考核的证明材料。

第二十二条　许可机关应当自收到续期注册申请材料之日起15日内作出是否准予续期注册的决定。作出准予续期注册决定的，办理续期注册手续。

作出不予续期注册决定的，以书面形式通知申请人，说明不予续期注册的理由，并告知申请人享有依法申请行政复议或者提起行政诉讼的权利。

第七章　监　督　检　查

第二十三条　国家电力监管委员会应当加强对许可机关实施电工进网作业许可的监督检查，及时纠正实施许可中的违法行为。

许可机关应当对被许可人从事进网作业情况进行监督检查。

第二十四条　许可机关应当对辖区内从事进网作业的被许可人建立管理档案，实行跟踪管理，履行监督责任。

第二十五条　被许可人进网作业，应当随身携带电工进网作业许可证。

第二十六条　许可机关依法对从事进网作业人员进行下列检查：

（一）进网作业人员是否取得电工进网作业许可证并注册；

（二）进网作业范围是否符合许可的作业范围；

（三）进网作业行为、安全保障措施是否符合进网作业规定。

第二十七条　许可机关有权制止未取得电工进网作业许可证或者电工进网作业许可证未注册的人员进网作业，有权制止进网作业电工违章操作，有权对存在安全隐患的进网作业环境提出整改要求。

第二十八条　许可机关的检查情况和有关处理结果应当记录，由检查人员签字后归档。公众有权查阅许可机关的检查记录。

第二十九条　进网作业电工的用人单位应当配合许可机关对被许可人的监督检查工作，及时向许可机关通报被许可人的进网作业情况。

用人单位不得安排未取得电工进网作业许可证或者电工进网作业许可证未注册的人员进网作业，不得为被许可人提供虚假证明，不得打击报复拒绝违规进网作业的人员和举报进网作业存在安全隐患的人员。

第三十条　任何单位和个人不得伪造、变造电工进网作业许可证；被许可人不得涂改、倒卖、出租、出借、转让电工进网作业许可证。

第三十一条　电工进网作业许可证如有丢失、破损，被许可人应当及时向许可机关说明情况，并按照规定申请换发或者补发。

第三十二条　有下列情形之一的，许可机关应当依法办理电工进网作业许可证的注销手续：

（一）被许可人死亡的；

（二）被许可人身体状况不再适合进网作业的；

（三）电工进网作业许可被依法撤销、撤回，或者电工进网作业许可证被依法吊销的。

第三十三条　任何组织或者个人发现违法从事进网作业的行为，有权向许可机关举报，许可机关应当及时核实处理，并对举报有功人员予以奖励。

第八章　罚　　则

第三十四条　许可机关工作人员滥用职权、玩忽职守、徇私舞弊，对直接负责的主管人员和其他直接责任人员依法给予行政处分；构成犯罪的，依法追究刑事责任。

第三十五条　未依法取得电工进网作业许可证或者未按照规定注册，从事进网作业的，许可机关应当责令其停止相关活动，并处500元以下罚款。

第三十六条　申请人隐瞒有关情况或者提供虚假申请材料的，许可机关不予受理并给予警告，1年内不再受理其许可申请。

第三十七条　被许可人采取欺骗、贿赂等不正当手段取得电工进网作业许可证或者注册的，许可机关应当撤销许可或者注册，3年内不再受理其许可申请或者注册申请；构成犯罪的，依法追究刑事责任。

第三十八条　被许可人未按照规定从事进网作业，或者超出许可范围从事进网作业的，许可机关责令改正，给予警告，并处200元以下罚款。

第三十九条　被许可人涂改、倒卖、出租、出借电工进网作业许可证，或者以其他形式非法转让电工进网作业许可的，许可机关应当给予警告，并处500元以下罚款；构成犯罪的，依法追究刑事责任。

第四十条　被许可人进网作业未随身携带电工进网作业许可证的，许可机关应当责令改正，给予警告，并处100元以下罚款。

第四十一条　用人单位招用或者安排未取得电工进网作业许可证或者电工进网作业许可证未注册的人员从事进网作业，或者不按照规定配合许可机关监督检查的，许可机关给予警告，并处10000元以下罚款。

第九章　附　　则

第四十二条　电工进网作业许可证由国家电力监管委员会统一印制。

第四十三条　本办法自2006年3月1日起施行。

统 计 资 料

电力行业统计资料

2005 年全国分地区发电设备容量

单位：万 kW

地　　区	容量	同比增长
全国总计	51718.48	16.91%
北京市	491.09	8.78%
天津市	617.89	2.75%
河北省	2316.57	11.75%
山西省	2307.48	24.86%
内蒙古自治区	1995.02	39.31%
辽宁省	1753.84	6.25%
吉林省	1016.55	5.94%
黑龙江省	1247.48	2.73%
上海市	1336.68	11.22%
江苏省	4270.79	50.20%
浙江省	3774.34	21.93%
安徽省	1224.78	21.78%
福建省	1762.23	13.64%
江西省	892.50	10.93%
山东省	3742.65	13.68%
河南省	2880.77	18.91%
湖北省	2741.52	11.33%
湖南省	1506.03	5.85%
广东省	4808.18	12.81%
广西自治区	1101.66	16.97%
海南省	211.48	−2.57%
重庆市	567.62	21.31%
四川省	2245.56	10.71%
贵州省	1686.78	14.76%
云南省	1275.15	12.19%
西藏自治区	48.18	2.69%
陕西省	1166.44	22.57%
甘肃省	985.73	13.56%
青海省	571.18	15.55%
宁夏自治区	518.35	23.69%
新疆自治区	654.00	8.49%

2005 年全国分地区发电量

单位：亿 kWh

地　　区	发电量	增长率
全国总计	24975.26	13.82%
北京市	213.90	13.02%
天津市	372.57	9.73%
河北省	1338.57	6.63%
山西省	1311.97	22.66%
内蒙古自治区	1056.59	29.71%
辽宁省	904.21	1.88%
吉林省	433.43	9.81%
黑龙江省	606.67	10.57%
上海市	741.62	4.26%
江苏省	2120.00	29.35%
浙江省	1456.42	15.70%
安徽省	648.89	6.20%
福建省	778.14	17.96%
江西省	373.49	9.80%
山东省	1911.39	16.57%
河南省	1381.81	18.88%
湖北省	1289.80	14.60%
湖南省	644.41	4.91%
广东省	2278.59	7.41%
广西自治区	446.04	19.35%
海南省	82.19	19.56%
重庆市	253.70	10.72%
四川省	1018.77	8.93%
贵州省	797.65	9.12%
云南省	605.09	12.74%
西藏自治区	13.88	15.08%
陕西省	548.80	6.60%
甘肃省	505.44	10.54%
青海省	222.35	28.69%
宁夏自治区	308.73	17.27%
新疆自治区	310.14	16.41%

2005 年全国主要电网生产情况

电网	最高发电负荷		最高用电负荷		发电量	
	（万 kW）	增长率（%）	（万 kW）	增长率（%）	（万 kWh）	增长率（%）
国调直调	964	15.17			605.45	17.32
华北	7997	21.41	8035	21.95	4981.80	16.87
东北	3211	7.14	3141	4.87	2053.27	6.16
华东	8223	26.04	8581	23.95	5049.37	16.61
华中	5885	11.40	5959	15.17	3384.82	12.43
西北	2033	9.83	1993	7.67	1373.01	10.57
南方	5055	13.39	5220	13.31	3040.59	10.23
新疆	275	13.17	270	11.57	160.70	16.04
西藏	21	5.00	21	5.00	10.39	15.62
合计	33664	16.89	33220	16.97	20659.40	13.51

注 本表摘自国家电网公司《电力生产旬报（2005 年 12 月下旬）》。

2005 年全国分地区电厂供热生产情况

地区	供热设备容量（万 kW）	供热量（10^{10}kJ）	供热厂用电率（kWh/10^6kJ）	供热煤耗率（kg/10^6kJ）
全国总计	6981.00	192549.84	6.48	40.24
北京市	328.70	6085.59	8.35	39.24
天津市	179.15	5715.80	7.38	39.62
河北省	500.13	13810.39	7.46	40.14
山西省	323.80	5311.28	8.18	41.03
内蒙古自治区	352.30	5291.00	10.20	41.08
辽宁省	517.53	20919.58	9.02	41.95
吉林省	411.05	10130.79	8.94	40.88
黑龙江省	445.43	9984.25	8.66	42.47
上海市	366.39	5208.67	6.55	38.86
江苏省	1035.26	29759.16	5.72	37.91
浙江省	454.32	23323.31	4.95	39.00
安徽省	66.60	2079.59	6.33	40.00
福建省	31.80	2121.17	6.63	44.23
江西省				
山东省	1098.73	26680.69	6.94	41.59
河南省	241.10	4042.79	7.84	46.19
湖北省	21.40	434.45	8.56	49.89

续表

地　　区	供热设备容量（万 kW）	供热量（10^{10}kJ）	供热厂用电率（kWh/10^6kJ）	供热煤耗率（kg/10^6kJ）
湖　南　省	43.70	4793.68	4.76	34.81
广　东　省	170.15	4518.63	5.86	37.57
广西自治区				
海　南　省				
重　庆　市	9.40	1044.82	8.99	60.71
四　川　省	60.79	2717.00	5.58	40.71
贵　州　省				
云　南　省				
西藏自治区				
陕　西　省	72.20	1383.25	7.93	43.20
甘　肃　省	122.30	3698.61		
青　海　省				
宁夏自治区	9.00	202.85	13.31	37.00
新疆自治区	119.45	3292.50	7.80	39.20

2005 年发电生产主要技术经济指标

地　　区	发电设备平均利用小时（h）			发电厂用电率（%）	标准煤耗（g/kWh）	
	合　计	水　电	火　电		发　电	供　电
全国总计	5425	3664	5865	5.87	343	370
北　京　市	4460	391	5698	7.73	315	348
天　津　市	6040		6040	6.63	321	343
河　北　省	6244	480	6430	6.57	345	370
山　西　省	6292	2729	6420	7.42	357	386
内蒙古自治区	5843	1979	6022	7.01	319	366
辽　宁　省	5319	4174	5445	7.03	352	380
吉　林　省	4543	2194	5933	6.59	358	388
黑龙江省	5011	2056	5231	7.96	369	402
上　海　市	5978		5974	5.05	325	343
江　苏　省	6109	2144	6118	5.96	330	350
浙　江　省	5541	1825	6369	5.59	337	358
安　徽　省	5916	1565	6202	5.90	337	361
福　建　省	4932	3695	5724	4.57	327	351
江　西　省	4644	2279	5376	6.48	352	381
山　东　省	5475	2327	5474	7.14	338	364

续表

地 区	发电设备平均利用小时（h）			发电厂用电率（%）	标准煤耗（g/kWh）	
	合 计	水 电	火 电		发 电	供 电
河南省	5394	2810	5665	7.32	360	390
湖北省	5038	5060	5003	2.51	342	367
湖南省	4620	3190	5928	5.00	353	381
广东省	5421	2321	5620	5.04	333	353
广西自治区	4604	3835	5396	4.61	348	378
海南省	4079	1894	4670	7.66	313	377
重庆市	5027	3972	5442	8.05	376	418
四川省	4914	4727	5229	4.27	400	441
贵州省	5251	3111	6759	5.31	345	371
云南省	5239	4522	6339	3.71	363	392
西藏自治区	3926	3847				
陕西省	5222	3366	5571	7.16	349	378
甘肃省	5280	4079	6232	4.23	339	357
青海省	4198	3760	6219	2.69	388	420
宁夏自治区	7090	3924	7559	5.73	337	364
新疆自治区	4742	3112	5261	8.80	429	472

2005年全国装机100万kW及以上水电厂统计表

序号	单 位 名 称	机组构成	期末发电设备容量（kW）	发电量（亿kWh）	平均利用小时（h）	发电厂用电率
	百万电厂合计		19293	10491		
	其中：水电小计		4015	1557		
1	湖北三峡水电厂	14×70	980	491	5643	0.08
2	四川二滩水电厂	6×55	330	157	4768	0.16
3	湖北葛洲坝水电厂	2×17 19×12.5	272	162	5985	0.20
4	广东广州抽水蓄能电站	8×30	240	33	1372	0.25
5	浙江天荒坪抽水蓄能电站	6×30	180	26	1466	0.26
6	河南小浪底水电厂	6×30	180	50	2804	0.42
7	吉林白山水电站总厂	5×30 4×5	170	26	1512	0.52
8	青海李家峡水电厂	4×40	160	47	2906	0.42
9	福建水口水力发电厂	7×20	140	57	4049	0.14
10	云南国投大朝山水电有限公司	6×22.5	135	65	4794	0.18

续表

序号	单位名称	机组构成	期末发电设备容量(kW)	发电量(kWh)	平均利用小时(h)	发电厂用电率
11	贵州天生桥第二水电厂	6×22	132	64	4846	0.07
12	青海龙羊峡水电厂	4×32	128	44	3443	0.96
13	云南华能漫湾发电厂	5×25	125	67	5321	0.16
14	贵州乌江渡发电厂	5×25	125	24	1929	0.38
15	湖北隔河岩水电厂	2×30.6 2×30	121	22	1814	0.32
16	广西大唐岩滩水力发电厂	4×30.25	121	52	4272	0.24
17	湖南中电投五强溪电厂	5×24	120	43	3596	0.22
18	贵州天生桥第一水电厂	4×30	120	41	3409	0.11
19	青海公伯峡水电站	4×30	120	44	5607	0.62
20	甘肃刘家峡水电厂	4×22.5 1×26	116	44	3752	0.48

注　以上电厂按容量大小顺序排列。

2005 年全国装机 100 万 kW 及以上火电厂统计表

序号	单位名称	机组构成	期末发电设备容量(kW)	发电量(亿 kWh)	平均利用小时(h)	发电厂用电率(%)	标准煤耗(g/kWh)	
							发　电	供　电
	百万电厂合计		19293	10491				
	其中：火电小计		14625	8427				
1	内蒙古大唐托克托发电公司	6×60	360	163	6239	4.99	327	344
2	福建华阳后石电厂	6×60	360	215	5969	6.49	325	348
3	山东华能德州电厂	2×70 1×33 3×30	263	151	5726	5.15	322	340
4	山东邹县电厂	2×60 4×33.5	254	143	5616	4.76	316	332
5	河北大唐张家口发电厂	8×30	240	151	6302	4.66	328	344
6	浙江嘉华发电有限公司	4×60	240	112	6124	3.93	306	294
7	山西阳城国际发电有限责任公司	6×35	210	123	5840	5.31	321	339
8	上海华电电力发展有限公司	3×30 2×39 1×32	200	56	4072	4.62	325	341
9	广东沙角C电厂	3×66	198	138	6962	6.34	301	322

续表

序号	单位名称	机组构成	期末发电设备容量(kW)	发电量(亿kWh)	平均利用小时(h)	发电厂用电率(%)	标准煤耗(g/kWh)	
							发电	供电
10	内蒙古达拉特发电厂	6×33	198	149	7534	7.22	316	341
11	江苏华润电力（常熟）有限公司	2×65 1×60	190	67	6911	4.36	273	285
12	上海外高桥第二发电有限公司	2×90	180	110	6121	3.94	299	311
13	浙江北仑发电有限公司	3×60	180	126	7019	3.98	319	306
14	广东国华粤电台山电厂		180	83	6878	5.30	300	317
15	广东妈湾发电厂	6×30	180	127	7075	4.34	313	328
16	贵州纳雍发电总厂	6×30	180	92	6207	5.74	350	381
17	江苏镇江发电有限公司	2×13.75 2×14 2×60	176	57	5985	5.50	324	343
18	贵州黔北发电总厂	4×12.5 4×30	170	116	6795	6.43	334	354
19	黑龙江哈尔滨第三发电厂	2×60 2×20	160	86	5405	5.84	326	346
20	辽宁绥中发电有限责任公司	2×80	160	93	5839	4.81	313	329
21	江苏国电谏壁发电厂	2×5 2×10 4×30 1×11	160	106	6647	5.56	339	359
22	河北大唐陡河发电厂	4×20 2×25 2×12.5	155	104	6690	6.16	339	362
23	内蒙古元宝山发电公司	1×30 2×60	150	90	5971	6.60	322	345
24	江苏太仓港环保发电有限公司	4×30 2×13.5	147	97	6611	4.83	287	301
25	浙江台州发电厂	5×13.5 2×33 1×12.5	146	104	7104	6.86	338	315
26	重庆华能珞璜电厂	4×36	144	82	3525	9.84	319	354
27	江苏华能南通发电厂	2×35.2 2×35	140	84	5985	3.77	312	325
28	辽宁华能大连电厂	4×35	140	92	6595	4.24	309	323

续表

序号	单位名称	机组构成	期末发电设备容量(kW)	发电量(亿kWh)	平均利用小时(h)	发电厂用电率(%)	标准煤耗(g/kWh)	
							发电	供电
29	江苏利港发电厂	4×35	140	85	6079	4.03	309	322
30	福建华能福州电厂	4×35	140	92	6582	3.53	309	321
31	江西九江发电厂	2×35 2×20 1×12.5 1×13.5	136	72				
32	河北邯峰发电厂	2×66	132	86	6479	5.34	309	326
33	河北兴泰发电责任有限公司	6×22	132	86	6491	7.43	342	370
34	广东珠海电厂		132	88	6683	4.17	299	312
35	宁夏石嘴山发电有限公司	4×33	132	102	7721	6.50	318	340
36	陕西蒲城发电有限公司	4×33	132	63	4757	7.36	327	353
37	河北华能上安电厂	2×30 2×35	130	85	6500	4.34	328	343
38	江苏徐州发电有限公司	4×12.5 4×20	130	88	6788	6.91	332	356
39	山东十里泉电厂	2×30 4×14 1×12.5	129	74	5754	6.42	333	356
40	山东石横电厂	4×31.5	126	72	5686	5.40	320	339
41	内蒙古海渤湾发电厂	1×60 2×33	126	54	7164	8.49	347	380
42	安徽淮北电厂	2×5 2×13.75 3×22	125	66	22767			
43	安徽洛河电厂	2×32 2×30	124	83	6726	5.08	323	340
44	江苏中电投常熟发电公司	3×30 1×33	123	75	6152	4.90	327	344
45	安徽淮南平圩发电有限公司	1×60 1×63	123	82	6701	3.97	319	332
46	上海石洞口发电公司	3×30 1×32	122	76	6235	5.49	344	364
47	江苏国电江阴苏龙发电有限公司	2×13.75 2×14 2×33	122	63	6192	5.23	310	327

续表

序号	单位名称	机组构成	期末发电设备容量(kW)	发电量(亿kWh)	平均利用小时(h)	发电厂用电率(%)	标准煤耗(g/kWh)	
							发电	供电
48	江苏天生港发电厂	4×13.75 2×33	121	56	6138	5.80	328	348
49	河南平顶山姚孟发电有限责任公司	3×30 1×31	121	77	6354	7.54	317	343
50	天津大唐盘山发电有限责任公司	2×60	120	78	6504	4.76	311	326
51	河北西柏坡发电有限责任公司	4×30	120	77	6422	5.37	336	355
52	河北国华定洲发电有限公司	2×60	120	75	6208	5.79	309	328
53	河北大唐王滩发电有限公司	2×60	120	7	3205	6.45	372	398
54	山西大同第二发电厂	6×20	120	79	6599	6.58	339	363
55	山西神头第一发电厂	6×20	120	77	6419	8.89	344	378
56	山西阳光发电厂	4×30	120	82	6839	4.92	332	349
57	山西鲁能河曲发电厂	2×60	120	80	6523	4.79	308	323
58	山西国电电力大同发电有限公司	2×60	120	41	6128	8.51	342	374
59	山东莱城电厂	4×30	120	70	5850	5.32	321	339
60	山东聊城电厂	2×60	120	68	5703	5.24	321	338
61	黑龙江富拉尔基总厂	6×20	120	73	6053	8.04	346	376
62	辽宁锦州东港电力有限公司	6×20	120	63	5243	7.65	396	429
63	辽宁铁岭发电厂	4×30	120	65	5454	5.35	326	345
64	辽宁清河发电责任有限公司	4×10 4×20	120	63	5258	9.04	358	393
65	上海外高桥发电有限公司	4×30	120	79	6624	4.90	320	336
66	上海吴泾第二发电有限责任公司	2×60	120	78	6515	4.19	316	330
67	上海石洞口二厂	2×60	120	80	6632	3.31	297	307
68	江苏徐州华润电力有限公司	4×30	120	73	6113	5.03	330	347
69	江苏大唐徐塘发电有限公司	4×30	120	47	6171	4.62	330	346
70	江苏扬州第二发电厂	2×60	120	72	6003	4.12	310	323
71	浙江北仑第一发电有限公司	2×60	120	79	6623	3.87	320	308
72	河南沁北电厂	2×60	120	74	6207	5.06	300	316
73	湖北阳逻电厂	4×30	120	65	5420	5.43	328	347
74	湖北襄樊电厂	4×30	120	63	5246	5.51	333	352
75	江西丰城发电厂	4×30	120	71	5933	4.83	333	350

续表

序号	单位名称	机组构成	期末发电设备容量(kW)	发电量(亿kWh)	平均利用小时(h)	发电厂用电率(%)	标准煤耗(g/kWh)	
							发电	供电
76	广东湛江电厂	4×30	120	82	6821	5.02	327	345
77	广东华能汕头电厂		120	55	7611	6.27	311	331
78	广东珠江发电厂	4×30	120	87	7262	3.55	318	330
79	云南国投曲靖发电有限公司	4×30	120	69	5759	6.03	335	357
80	云南国电宣威发电有限责任公司	4×30	120	76	6334	4.71	322	338
81	宁夏大坝发电有限责任公司	4×30	120	91	7592	4.60	334	350
82	甘肃华能平凉发电有限责任公司	4×30	120	81	6728	4.23	315	329
83	陕西宝鸡第二电厂	4×30	120	73	6068	5.03	319	336
84	陕西渭河发电有限公司	4×30	120	67	5593	5.18	330	348
85	陕西韩城第二发电有限责任公司	2×60	120	12	1842	7.82	339	368
86	四川广安发电厂	4×30	120	68				
87	内蒙古丰镇发电厂	6×20	120	91	7613	7.76	359	390
88	上海宝钢电厂	3×35 1×14.97	120	81	6738	3.77	312	324
89	浙江半山天然气	3×39	117	5	1855	1.74	130	127
90	江苏新海发电厂	2×22 2×33 1×5	115	53	6388	6.36	228	243
91	安徽电力股份有限公司	2×12 2×13.75 2×30	112	56	6670	6.35	337	363
92	山东百年电力	4×22 2×11	110	66	6008	7.01	347	373
93	江苏华能淮阴发电厂	2×22 2×33	110	62	6142	7.30	323	349
94	江苏华电扬州发电厂	2×22 2×33	110	49	6188	6.53	331	354
95	山西漳泽发电厂	4×21 1×10	104	76	7292	8.20	331	360
96	河南洛阳首阳山电厂	2×22 2×30	104	58	5540	6.68	332	355
97	黑龙江牡丹江第二发电厂	4×10 1×20 2×21	102	53	5209	9.18	345	380

续表

序号	单位名称	机组构成	期末发电设备容量(kW)	发电量(亿 kWh)	平均利用小时(h)	发电厂用电率(%)	标准煤耗(g/kWh)	
							发电	供电
98	湖南大唐耒阳电厂	2×21 2×30	102	61	5950	6.96	344	369
99	内蒙古伊敏华能东电发电有限责任公司	2×50 2×0.6	101	61	6015	5.26	307	324
100	天津国华盘山发电有限责任公司	2×50	100	63	6295	5.72	312	331
101	河北秦皇岛发电有限责任公司	2×30 2×20	100	64	6447	6.08	317	338
102	内蒙古伊敏煤电公司	2×50	100	60	6036	5.30	309	327
103	山西神头第二发电厂	2×50	100	69	6904	4.90	328	345
104	山西大唐神二电厂	2×50	100	43	5520	6.11	337	359
105	贵州盘县发电厂（黔桂发电公司）	5×20	100	72	7235	8.08	346	370

注 以上电厂按容量大小顺序排列。

2005 年全国装机 100 万 kW 及以上核电厂统计表

序号	单位名称	机组构成	期末发电设备容量(kW)	发电量(亿 kWh)	平均利用小时(h)	发电厂用电率(%)
	百万电厂合计		19293	10491		
	百万核厂合计		654	507		
1	广东岭澳核电站	2×99	198	150	7589	3.74
2	广东大亚湾核电站	2×90	180	155	8584	3.64
3	浙江秦山第三核电有限公司	2×72.8	146	101	6954	7.12
4	浙江核电秦山联营有限公司	2×65	130	101	7794	5.97

2005年全国各省（市、自治区）人口、GDP、全社会用电量及其排位

地　区	年底总人口（万人）		GDP（亿元）				全社会用电量（亿 kWh）			
	总计	排位	按现价计算	排位	同比增长（%）	排位	总计	排位	同比增长（%）	排位
全　国	130756		182321		9.9		24772		13.64	
北京市	1181	26	6815	10	11.1	26	571	16	11.18	21
天津市	1043	27	3664	21	14.5	3	385	24	13.18	13
河北省	6851	6	10117	6	13.4	6	1502	5	16.30	7
山西省	3355	19	4121	16	12.5	11	946	8	13.60	11
内蒙古	2386	23	3823	19	21.6	1	668	14	25.88	1
辽宁省	4221	14	8005	8	12.3	14	1111	7	8.90	25
吉林省	2716	21	3615	22	12.0	17	378	25	1.73	30
黑龙江	3820	16	5510	14	11.6	20	556	18	5.78	29
上海市	1360	25	9144	7	11.1	26	922	10	12.24	16
江苏省	7475	5	18272	3	14.5	3	2193	2	20.51	3
浙江省	4898	11	13365	4	12.4	13	1642	4	18.69	4
安徽省	6516	8	5376	15	11.8	18	582	15	12.89	14
福建省	3535	18	6560	11	11.3	25	756	12	13.80	10
江西省	4311	13	4056	18	12.8	7	387	23	13.95	9
山东省	9248	2	18468	2	15.2	2	1912	3	16.58	5
河南省	9768	1	10535	5	14.1	5	1353	6	13.58	12
湖北省	6031	9	6485	12	11.4	24	788	11	12.56	15
湖南省	6732	7	6474	13	11.6	20	673	13	9.10	24
广东省	9194	3	21701	1	12.5	11	2674	1	12.00	18
广西区	4925	10	4063	17	12.7	8	510	20	11.54	20
海南省	828	28	904	28	10.1	30	82	30	21.73	2
重庆市	2798	20	3069	24	11.5	22	357	26	11.93	19
四川省	8750	4	7385	9	12.6	9	944	9	10.18	23
贵州省	3931	15	1942	26	11.5	22	487	22	6.17	28
云南省	4450	12	3472	23	9.0	31	556	17	15.77	8
西藏区	277	31	251	31	12.2	15				
陕西省	3720	17	3675	20	12.6	9	529	19	10.82	22
甘肃省	2594	22	1928	27	11.7	19	489	21	8.35	27
青海省	543	30	543	30	12.2	15	207	29	8.85	26
宁夏区	596	29	599	29	10.3	29	303	28	12.17	17
新疆区	2010	24	2609	25	10.9	28	310	27	16.48	6

注　1. 各省及全国年底总人口、GDP数据均为统计公报数。

2. 本表各省（市、自治区）全社会用电量数据是中电联统计信息部2005年快报数，最终数以正式年报数为准。

2005年全国各省（市、自治区）发电量

地 区	发 电 量（亿 kWh）									
	合计	排位	水电	排位	火电	排位	核电	排位	其他	排位
全 国	24747.41		3951.76		20179.73		523.40		92.53	
北京市	214.81	28	4.52	26	208.80	27			1.49	8
天津市	370.00	23			369.93	19			0.07	19
河北省	1346.83	6	3.10	28	1343.48	4			0.25	15
山西省	1309.35	7	21.50	19	1287.85	6			0.00	21
内蒙古	936.83	10	11.81	24	923.45	8			1.57	6
辽宁省	896.68	11	57.26	15	836.97	9			2.45	4
吉林省	433.95	22	80.02	12	352.94	20			0.99	12
黑龙江	599.00	18	18.00	20	580.00	13			1.00	11
上海市	746.26	14			746.06	10			0.20	16
江苏省	2120.00	2	3.14	27	2114.29	1			2.57	3
浙江省	1437.82	4	135.17	11	1081.10	7	221.02	2	0.54	13
安徽省	642.24	15	13.06	21	629.18	11			0.00	21
福建省	777.00	13	291.00	4	486.00	14			0.00	21
江西省	350.00	24	50.00	16	300.00	22			0.00	21
山东省	1900.00	3			1898.80	2			1.20	10
河南省	1383.00	5	67.00	13	1315.90	5			0.10	18
湖北省	1291.00	8	814.00	1	477.00	15			0.00	21
湖南省	640.00	16	241.00	5	399.00	17				21
广东省	2279.76	1	215.06	7	1760.80	3	302.38	1	1.52	7
广西区	445.00	21	197.00	8	248.00	26				21
海南省	86.00	30	12.75	22	73.10	29			0.15	17
重庆市	236.20	27	60.36	14	175.84	28				21
四川省	1017.00	9	644.98	2	372.02	18				21
贵州省	808.88	12	228.12	6	580.76	12				21
云南省	620.45	17	341.12	3	279.33	23			0.00	20
西藏区	13.74	31	12.51	23					1.23	9
陕西省	531.44	19	49.00	17	411.00	16			71.44	1
甘肃省	502.82	20	167.37	9	331.06	21			4.39	2
青海省	213.43	29	158.43	10	55.00	30				21
宁夏区	287.63	26	10.87	25	276.43	24			0.33	14
新疆区	310.30	25	42.34	18	265.60	25			2.36	5

注 本表数据来源于中电联2005年统计快报。

2005年全国各省（市、自治区）人均指标

地区 \ 指标	人均GDP（元/人）	排位	人均用电量（kWh/人）	排位	人均发电量（kWh/人）	排位
全国	* 13985		1900		1898	
北京市	44969	2	4869	3	1833	17
天津市	35457	3	3724	5	3581	6
河北省	14814	11	2199	12	1972	15
山西省	12320	15	2829	9	3914	5
内蒙古	16026	10	2799	10	3927	4
辽宁省	18965	8	2632	11	2125	12
吉林省	* 13328	13	1395	19	1600	18
黑龙江	14430	12	1456	17	1569	19
上海市	* 67417	1	6797	1	5502	1
江苏省	24515	6	2943	8	2844	8
浙江省	27552	4	3415	6	2990	7
安徽省	8597	27	914	29	1008	26
福建省	18621	9	2147	13	2206	10
江西省	9439	24	901	30	814	30
山东省	20044	7	2075	14	2062	14
河南省	11236	16	1388	20	1420	22
湖北省	* 10765	19	1308	21	2143	11
湖南省	10366	20	1002	27	953	27
广东省	* 24805	5	3056	7	2606	9
广西区	8762	26	1038	26	907	28
海南省	10980	17	992	28	1045	25
重庆市	10978	18	1283	22	848	29
四川省	* 8452	28	1081	25	1164	24
贵州省	4957	31	1243	24	2065	13
云南省	7833	29	1255	23	1400	23
西藏区	9098	25		31	499	31
陕西省	9844	23	1424	18	1431	21
甘肃省	7341	30	1878	15	1929	16
青海省	10043	22	3819	4	3946	3
宁夏区	* 10126	21	5117	2	4859	2
新疆区	13030	14	1562	16	1562	20

注 1. 人均GDP按各省统计公报数，统计公报中没有列出的（标记“*”号部分），按照GDP除以年均人口计算。
2. 人均用电量=全社会用电量/年平均人口；人均发电量=发电量/年平均人口。
3. 本表计算人均用电量、人均发电量时采用的全社会用电量来自中电联统计信息部2005年快报。

国家电网公司统计资料

国家电网公司经营区域发电生产情况

区　　域	发电设备容量（万 kW）			发电量（亿 kWh）		
	2005 年	2004 年	同比增长（%）	2005 年	2004 年	同比增长（%）
合　　计	**40653.28**	**34856.91**	**16.63**	**19759.87**	**17367.73**	**13.77**
1. 华北电网	**9467.04**	**8261.22**	**14.60**	**5148.15**	**4509.80**	**14.15**
北京市	488.25	451.44	8.15	213.65	205.49	3.97
天津市	617.89	601.35	2.75	372.57	339.52	9.73
河北省	2316.57	2073.00	11.75	1338.57	1255.35	6.63
山西省	2302.98	1843.07	24.95	1311.97	1069.48	22.67
山东省	3741.35	3292.36	13.64	1911.39	1639.97	16.55
2. 东北电网	**4424.33**	**4199.04**	**5.37**	**2178.72**	**2043.95**	**6.59**
蒙东地区	406.47	376.01	8.10	237.17	213.22	11.23
辽宁省	1753.83	1650.64	6.25	901.46	887.54	1.57
吉林省	1016.55	959.59	5.94	433.43	394.70	9.81
黑龙江省	1247.48	1212.80	2.86	606.67	548.50	10.61
3. 华东电网	**12361.34**	**9721.46**	**27.16**	**5744.67**	**4880.10**	**17.72**
上海市	1336.68	1201.83	11.22	741.62	711.34	4.26
江苏省	4270.79	2843.36	50.20	2120.00	1639.01	29.35
浙江省	3774.34	3095.39	21.93	1456.42	1258.82	15.70
安徽省	1217.30	1030.08	18.18	648.38	611.27	6.07
福建省	1762.23	1550.80	13.63	778.25	659.66	17.98
4. 华中电网	**10839.64**	**9628.78**	**12.58**	**4964.30**	**4396.36**	**12.92**
河南省	2880.77	2422.65	18.91	1381.83	1162.36	18.88
湖北省	2741.52	2462.44	11.33	1289.80	1125.46	14.60
湖南省	1511.68	1422.78	6.25	646.64	614.23	5.28
江西省	892.50	804.59	10.93	373.49	340.17	9.80
重庆市	567.62	488.00	16.32	253.77	218.85	15.96
四川省	2245.56	2028.32	10.71	1018.76	935.29	8.92
5. 西北电网	**3560.93**	**3046.42**	**16.89**	**1724.04**	**1537.52**	**12.13**
陕西省	1075.61	878.61	22.42	488.13	471.95	3.43
甘肃省	986.04	883.59	11.59	508.42	456.90	11.27
青海省	571.18	494.32	15.55	215.89	172.78	24.95
宁夏自治区	511.77	419.07	22.12	308.73	263.27	17.27
新疆自治区（主网）	416.33	370.83	12.27	202.88	172.61	17.53

国家电网公司经营区域发电设备容量

单位：万 kW

区　域	合计	水电	火电	核电	风电	其他	其中：6000kW 及以上电厂					
							合计	水电	火电	核电	风电	其他
合　计	**40653.28**	**8464.24**	**31754.58**	**306.60**	**81.28**	**46.58**	**38535.99**	**7258.34**	**30845.66**	**306.60**	**80.21**	**45.18**
1. 华北电网	**9467.04**	**264.84**	**9189.54**		**7.86**	**4.80**	**9406.67**	**240.04**	**9154.32**		**7.50**	**4.80**
北京市	488.25	102.50	383.35			2.40	488.25	102.50	383.35			2.40
天津市	617.89	0.50	614.99			2.40	615.75		613.35			2.40
河北省	2316.57	78.45	2233.32		4.80		2293.24	65.36	2223.44		4.44	
山西省	2302.98	78.30	2224.68				2288.46	71.50	2216.96			
山东省	3741.35	5.08	3733.20		3.06		3720.96	0.68	3717.22		3.06	
2. 东北电网	**4424.33**	**599.73**	**3789.20**		**33.90**	**1.50**	**4384.00**	**577.88**	**3771.99**		**33.53**	**0.60**
蒙东地区	406.47	2.59	395.80		8.08		402.87	2.59	392.20		8.08	
辽宁省	1753.83	140.39	1599.90		12.65	0.90	1735.70	130.57	1592.86		12.27	
吉林省	1016.55	372.08	635.94		7.94	0.60	1007.93	364.24	635.15		7.94	0.60
黑龙江省	1247.48	84.67	1157.56		5.24		1237.51	80.48	1151.78		5.24	
3. 华东电网	**12361.34**	**1606.95**	**10407.67**	**306.60**	**11.35**	**28.78**	**11110.23**	**1173.34**	**9591.00**	**306.60**	**11.01**	**28.28**
上海市	1336.68		1311.35		2.44	22.89	1334.03		1309.04		2.10	22.88
江苏省	4270.79	14.26	4250.64			5.88	4213.29	10.00	4197.89			5.40
浙江省	3774.34	695.21	2768.81	306.60	3.72		2854.78	532.09	2012.38	306.60	3.72	
安徽省	1217.30	74.98	1142.32				1202.08	62.94	1139.15			
福建省	1762.23	822.49	934.54		5.20		1506.05	568.32	932.54		5.20	
4. 华中电网	**10839.64**	**4820.51**	**6016.73**			**2.40**	**10157.53**	**4173.30**	**5981.83**			**2.40**
河南省	2880.77	253.99	2626.78				2867.71	246.88	2620.83			
湖北省	2741.52	1788.89	952.63				2660.98	1710.15	950.83			
湖南省	1511.68	790.51	721.16				1337.76	629.61	708.15			
江西省	892.50	301.90	590.60				776.26	186.86	589.40			
重庆市	567.62	189.27	375.95			2.40	521.10	143.66	375.05			2.40
四川省	2245.56	1495.96	749.60				1993.72	1256.15	737.56			
5. 西北电网	**3560.93**	**1172.21**	**2351.45**		**28.17**	**9.10**	**3477.56**	**1093.77**	**2346.52**		**28.17**	**9.10**
陕西省	1075.61	157.80	913.21			4.60	1058.19	143.49	910.10			4.60
甘肃省	986.04	403.62	571.50		6.41	4.50	946.91	364.50	571.50		6.41	4.50
青海省	571.18	482.50	88.68				555.28	466.61	88.68			
宁夏自治区	511.77	42.85	457.70		11.22		511.15	42.23	457.70		11.22	
新疆自治区（主网）	416.33	85.42	320.36		10.54		406.02	76.94	318.54		10.54	

国家电网公司经营区域发电量

单位：亿 kWh

区　　域	合计	水电	火电	核电	风电	其他	其中：6000kW 及以上电厂					
							合计	水电	火电	核电	风电	其他
合　　计	**19759.87**	**2966.51**	**16529.77**	**226.12**	**12.93**	**24.55**	**19304.72**	**2576.84**	**16465.55**	**226.12**	**11.89**	**24.33**
1. 华北电网	**5148.15**	**30.41**	**5113.82**		**1.99**	**1.93**	**5131.75**	**26.82**	**5101.99**		**1.02**	**1.93**
北京市	213.65	4.01	208.17			1.47	213.65	4.01	208.17			1.47
天津市	372.57	0.08	372.02			0.46	371.93		371.47			0.46
河北省	1338.57	4.61	1332.48		1.49		1332.38	3.14	1328.72		0.52	
山西省	1311.97	20.32	1291.65				1308.57	19.51	1289.06			
山东省	1911.39	1.39	1909.50		0.50		1905.22	0.16	1904.56		0.50	
2. 东北电网	**2178.72**	**150.98**	**2022.33**		**5.05**	**0.37**	**2171.66**	**147.92**	**2018.32**		**5.05**	**0.37**
蒙东地区	237.17	0.20	235.63		1.34		236.77	0.20	235.23		1.34	
辽宁省	901.46	54.50	844.92		2.04		899.89	54.50	843.36		2.04	
吉林省	433.43	78.30	354.16		0.60	0.37	431.78	76.68	354.13		0.60	0.37
黑龙江省	606.67	17.98	587.62		1.07		603.22	16.55	585.60		1.07	
3. 华东电网	**5744.67**	**441.87**	**5058.55**	**226.12**	**1.22**	**16.91**	**5570.44**	**304.05**	**5022.44**	**226.12**	**1.15**	**16.69**
上海市	741.62		727.10		0.30	14.22	740.94		726.48		0.24	14.22
江苏省	2120.00	3.27	2114.04			2.69	2098.69	2.14	2094.08			2.46
浙江省	1456.42	135.11	1094.64	226.12	0.55		1402.05	94.74	1080.64	226.12	0.55	
安徽省	648.38	12.48	635.90				644.33	9.19	635.14			
福建省	778.25	291.00	486.88		0.37		684.45	197.98	486.10		0.37	
4. 华中电网	**4964.30**	**1915.48**	**3048.25**			**0.57**	**4741.07**	**1702.29**	**3038.21**			**0.57**
河南省	1381.83	70.54	1311.30				1375.86	67.41	1308.45			
湖北省	1289.80	813.65	476.15				1269.52	793.68	475.83			
湖南省	646.64	243.56	403.08				597.49	196.88	400.61			
江西省	373.49	67.88	305.61				344.82	39.95	304.87			
重庆市	253.77	66.51	186.69			0.57	238.56	51.55	186.44			0.57
四川省	1018.76	653.34	365.42				914.81	552.82	362.00			
5. 西北电网	**1724.04**	**427.78**	**1286.82**		**4.67**	**4.77**	**1689.80**	**395.77**	**1284.59**		**4.67**	**4.77**
陕西省	488.13	54.54	431.17			2.41	480.38	48.30	429.67			2.41
甘肃省	508.42	165.91	339.24		0.90	2.36	492.58	150.07	339.24		0.90	2.36
青海省	215.89	160.58	55.31				209.42	154.11	55.31			
宁夏自治区	308.73	16.68	290.57		1.48		308.45	16.40	290.57		1.48	
新疆自治区（主网）	202.88	30.06	170.52		2.29		198.98	26.88	169.81		2.29	

国家电网公司经营区域用电消费情况

区　域	用电量（亿 kWh）			用电设备容量（万 kW）		
	2005 年	2004 年	同比增长	2005 年	2004 年	同比增长
合　计	**19760.14**	**17364.32**	**13.80**	**129916.06**	**112533.00**	**15.45**
1. 华电电网	**5315.24**	**4617.55**	**15.11**	**25536.02**	**21932.62**	**16.43**
北京市	570.54	513.18	11.18	3685.40	3351.57	9.96
天津市	384.84	340.04	13.17	2480.78	2293.17	8.18
河北省	1501.92	1291.40	16.30	6938.02	5481.86	26.56
山西省	946.33	833.01	13.60	3985.87	3148.21	26.61
山东省	1911.61	1639.92	16.57	8445.95	7657.81	10.29
2. 东北电网	**2140.57**	**1994.16**	**7.34**	**14196.69**	**11783.22**	**20.48**
蒙东地区	95.93	77.12	24.39	696.13	497.73	39.86
辽宁省	1110.56	1019.78	8.90	7243.81	6118.36	18.39
吉林省	378.23	371.79	1.73	2610.63	2345.62	11.30
黑龙江省	555.85	525.47	5.78	3646.12	2821.51	29.23
3. 华东电网	**6101.69**	**5210.36**	**17.11**	**54935.03**	**50577.17**	**8.62**
上海市	922.65	821.44	12.32	6966.50	6406.36	8.74
江苏省	2193.45	1820.09	20.51	23745.92	22827.15	4.02
浙江省	1642.31	1383.68	18.69	13187.13	12098.89	8.99
安徽省	581.64	515.94	12.73	4704.88	4110.36	14.46
福建省	756.59	664.36	13.88	6330.61	5134.42	23.30
4. 华中电网	**4499.99**	**4002.85**	**12.42**	**27515.47**	**20894.20**	**31.69**
河南省	1352.72	1191.03	13.58	5909.05	5332.06	10.82
湖北省	788.21	700.21	12.57	7561.34	6508.62	16.17
湖南省	673.00	615.10	9.41	1838.53	1852.24	−0.74
江西省	391.98	335.54	16.82	2246.24	1818.72	23.51
重庆市	350.13	302.58	15.72	2381.31	1866.89	27.56
四川省	942.59	857.02	9.98	7579.00	3515.68	115.58
5. 西北电网	**1669.42**	**1539.38**	**8.45**	**7732.85**	**7345.78**	**5.27**
陕西省	474.04	465.29	1.88	1578.76	2624.50	−39.85
甘肃省	489.48	451.74	8.35	2271.39	1934.72	17.40
青海省	206.56	189.76	8.85	844.06	754.17	11.92
宁夏自治区	302.88	270.01	12.17	1909.36	994.06	92.08
新疆自治区（主网）	196.46	162.58	20.84	1129.28	1038.34	8.76

国家电网公司经营区域全社会用电分类

单位：万 kWh

区域	全社会用电总计	城乡居民生活用电合计	全行业用电合计	第一产业	第二产业	第三产业	一、农、林、牧、渔业	二、工业	三、建筑业	四、交通运输、仓储和邮政业	五、信息传输、计算机服务和软件业	六、商业、住宿和餐饮业	七、金融、房地产、商务及居民服务业	八、公共事业及管理组织
合计	**197601382**	**22501810**	**175099577**	**6006632**	**149230117**	**19862820**	**6006632**	**147445121**	**1784997**	**3634155**	**880212**	**5633801**	**3581570**	**6133080**
1. 华北电网	**53152442**	**5359246**	**47793197**	**2201819**	**39959807**	**5631566**	**2201819**	**39463657**	**496153**	**1108347**	**198527**	**1424174**	**1138877**	**1761639**
北京市	5705364	889210	4816154	114308	2795753	1906093	114308	2605832	189921	179376	58899	459532	556323	651963
天津市	3848446	379655	3468791	97261	2847755	523775	97261	2810022	37733	65243	17889	193126	96597	150920
河北省	15019240	1530451	13488789	1162206	11263022	1063561	1162206	11176156	86866	357300	48243	231362	112084	314572
山西省	9463268	459716	9003553	356384	7923074	724090	356384	7873556	49521	310704	16511	154895	81803	160175
山东省	19116124	2100214	17015910	471660	15130203	1414047	471660	14998091	132112	195724	56985	385259	292070	484009
2. 东北电网	**21405689**	**2939659**	**18466030**	**438416**	**15834629**	**2192985**	**438416**	**15716797**	**117832**	**449487**	**124281**	**582206**	**442266**	**594745**
蒙东地区	959333	140580	818753	46805	711618	60330	46805	705876	5742	11831	3501	17895	6646	20457
辽宁省	11105565	1313601	9791964	191993	8514252	1085719	191993	8454040	60212	223544	57648	321008	200954	282565
吉林省	3782271	582262	3200009	65725	2644645	489639	65725	2619729	24916	129777	27369	122175	78425	131893
黑龙江省	5558520	903216	4655304	133893	3964114	557297	133893	3937152	26962	84335	35763	121128	156241	159830
3. 华东电网	**61016946**	**6947917**	**54069030**	**693063**	**47188521**	**6187447**	**693063**	**46545186**	**643334**	**593401**	**296537**	**1996847**	**1261911**	**2038750**
上海市	9226534	1092025	8134509	57569	6282424	1794516	57569	6182754	99670	143521	57117	580946	531923	481009
江苏省	21934525	2007175	19927351	291234	17933414	1702703	291234	17712799	220615	164465	90098	555180	277195	615765

续表

区　域	全社会用电总计	城乡居民生活用电合计	全行业用电合计	第一产业	第二产业	第三产业	一、农、林、牧、渔业	二、工业	三、建筑业	四、交通运输、仓储和邮政业	五、信息传输、计算机服务和软件业	六、商业、住宿和餐饮业	七、金融、房地产、商务及居民服务业	八、公共事业及管理组织
浙江省	16423120	1732024	14691096	139037	13118659	1433401	139037	12910295	208363	121267	67141	503025	230930	511037
安徽省	5816434	896986	4919448	117454	4358622	443372	117454	4309790	48832	49768	25799	125693	82420	159692
福建省	7565852	1219707	6346145	87769	5444921	813455	87769	5379067	65854	114380	56382	232003	139443	271247
4. 华中电网	**44999913**	**5967234**	**39032681**	**1526143**	**33146292**	**4360243**	**1526143**	**32744213**	**402080**	**979922**	**187583**	**1289830**	**556347**	**1346562**
河南省	13527160	1256070	12271090	520531	10654669	1095889	520531	10597928	56741	318659	45797	290117	134971	306346
湖北省	7882120	1139141	6742980	179176	5709114	854689	179176	5625423	83692	137122	19604	264251	77862	355849
湖南省	6730020	1034901	5695121	447296	4411871	835953	447296	4345334	66537	249211	37163	203068	147580	198931
江西省	3919846	655306	3264540	215935	2733438	315167	215935	2706050	27388	43497	18880	95582	44026	113182
重庆市	3501304	612028	2889276	16930	2446207	426139	16930	2369040	77167	45654	22248	167115	66013	125109
四川省	9425910	1269788	8156121	146275	7177440	832406	146275	7086885	90555	185779	43891	269697	85895	247145
5. 西北电网	**16694203**	**1287754**	**15406450**	**1147191**	**12768679**	**1490579**	**1147191**	**12643079**	**125598**	**502998**	**73284**	**340744**	**182169**	**391384**
陕西省	4740407	527341	4213067	305663	3224447	682957	305663	3180468	43977	260205	24844	134401	75872	187636
甘肃省	4894817	324525	4570292	517001	3689199	364092	517001	3648420	40779	149583	16188	67248	48610	82463
青海省	2065571	90463	1975108	7134	1893042	74932	7134	1877780	15262	9196	5351	22534	12905	24945
宁夏自治区	3028839	99477	2929362	91523	2742215	95624	91523	2731421	10794	45153	3875	22391	8386	15819
新疆自治区	1964569	245948	1718621	225870	1219776	272974	225870	1204990	14786	38861	23026	94170	36396	80521

国家电网公司架空线路回路长度

单位：km

区域	合计	750kV	500kV	330kV	220kV	110kV	35kV	其中：供农电用			
								合计	220kV	110kV	35kV
合计	**740239**	**141**	**46439**	**13059**	**139778**	**258465**	**282361**	**144174**	**1305**	**35483**	**107386**
华北地区	**154714**		**11825**		**30733**	**45645**	**66512**	**35115**	**1145**	**5813**	**28157**
北京市	8000		896		2208	2721	2176				
天津市	7394		524		1727	2136	3007	2183		734	1449
河北省	50363		4064		9188	15798	21313	17868	824	1531	15513
山西省	33425		3062		6635	10118	13610	6514	321	1847	4346
山东省	55532		3279		10975	14872	26406	8550		1701	6849
东北地区	**101918**		**6135**		**25763**	**58220**	**11802**	**13313**	**1**	**12968**	**343**
蒙东地区	9140				1775	7365		5062		5062	
辽宁省	34037		2923		9295	21794	25	5147		5122	25
吉林省	23125		1213		6752	15086	76				
黑龙江省	35616		1999		7941	13975	11701	3104	1	2784	318
华东地区	**162441**		**13817**		**34963**	**45988**	**67675**	**37868**	**50**	**8285**	**29534**
上海市	7125		577		2201	725	3623				
江苏省	56784		6335		12591	15923	21935	12515	50	2755	9711
浙江省	37847		3696		8661	11661	13829	4377		910	3467
安徽省	32433		1858		6213	8144	16218	7244		298	6947
福建省	28252		1351		5297	9535	12070	13732		4322	9409
华中地区	**217449**		**13489**	**50**	**41157**	**70291**	**92460**	**29300**	**109**	**4714**	**24477**
河南省	43618		2057	50	8392	14171	18948	14210		1837	12373
湖北省	41922		4629		7634	13524	16134	6010		1413	4598
湖南省	38147		1834		8424	13347	14542	4763	109	1313	3340
江西省	26166		704		5185	8064	12211	1081		50	1031
重庆市	15993		1279		3032	5018	6664	441			441
四川省	51603		2986		8490	16167	23961	2795		101	2694
西北地区	**102544**	**141**		**13009**	**7162**	**38321**	**43912**	**28578**		**3703**	**24875**
陕西省	24654			4557	825	10462	8810	2744		599	2145
甘肃省	33765	128		4955	1189	11511	15983	13002		1480	11522
青海省	10323	13		2227		4688	3395	2127		573	1554
宁夏自治区	8898			1270	1838	3207	2582				
新疆自治区	24904				3310	8453	13142	10705		1051	9654
华北公司蒙西段	880		880								
三广直流广东段	293		293								

国家电网公司架空线路条数及杆路长度

单位：条，km

区　域	合　计		750kV		500kV		330kV		220kV		110kV		35kV	
	条数	长度	条数	长度	条数	长度	条数	长度	条数	长度	条数	长度	条数	长度
合　计	**50921**	**716674**	**2**	**141**	**487**	**43945**	**172**	**13038**	**4516**	**131568**	**17048**	**248575**	**28694**	**279408**
华北地区	**13378**	**151037**			**121**	**11216**			**1105**	**29811**	**3671**	**44332**	**8481**	**65678**
北京市	836	7751			19	896			117	2208	352	2597	348	2050
天津市	725	6471			9	524			90	1402	176	1809	450	2735
河北省	4067	49381			37	4064			309	8863	1189	15229	2532	21225
山西省	2517	33314			29	3062			186	6630	725	10016	1577	13606
山东省	5233	54120			27	2670			403	10708	1229	14681	3574	26062
东北地区	**5183**	**95783**			**56**	**5938**			**636**	**24216**	**3572**	**53861**	**919**	**11769**
蒙东地区	378	9138							26	1775	352	7363		
辽宁省	2084	30501			25	2916			302	8569	1753	18992	4	25
吉林省	940	21443			15	1213			135	6382	785	13774	5	74
黑龙江省	1781	34701			16	1809			173	7490	682	13732	910	11670
华东地区	**13678**	**150950**			**183**	**12188**			**1496**	**29988**	**3766**	**42786**	**8233**	**65989**
上海市	1012	6048			25	487			180	1376	64	718	743	3468
江苏省	5113	51314			72	5137			632	10292	1491	14748	2918	21136
浙江省	3261	34014			58	3357			338	7350	1063	10078	1802	13229
安徽省	2296	32128			14	1856			170	6121	502	8042	1610	16110
福建省	1996	27446			14	1351			176	4849	646	9200	1160	12046
华中地区	**14069**	**215468**			**116**	**13430**	**1**	**50**	**1142**	**40391**	**4432**	**69510**	**8376**	**92086**
河南省	3414	43354			20	2057	1	50	259	8366	1128	13946	2006	18935
湖北省	2512	40439			41	4629			216	6921	866	12957	1389	15931
湖南省	2140	38126			14	1834			192	8415	723	13345	1211	14532
江西省	1450	26163			6	704			126	5185	389	8064	929	12209
重庆市	1140	15820			11	1279			129	2967	403	4921	597	6653
四川省	3413	51566			24	2927			220	8537	923	16277	2244	23826
西北地区	**4602**	**102263**	**2**	**141**			**171**	**12988**	**137**	**7162**	**1607**	**38086**	**2685**	**43886**
陕西省	1360	24590					60	4557	10	825	600	10400	690	8808
甘肃省	1427	33733	1	128			55	4955	38	1189	393	11489	940	15972
青海省	395	10307	1	13			33	2227			144	4673	217	3395
宁夏自治区	481	8839					23	1249	57	1838	215	3169	186	2582
新疆自治区	939	24794							32	3310	255	8355	652	13129
华北公司蒙西段	10	880			10	880								
三广直流广东段	1	293			1	293								

国家电网公司电缆及直流线路

单位：条，km

区域	电缆								直流线路											
	合计		220kV		110kV		35kV		合计		500kV		330kV		220kV		110kV		35kV	
	条数	长度	条数	长度	条数	长度	条数	长度	条数	长度	条数	长度	条数	长度	条数	长度	条数	长度	条数	长度
合计	**9729**	**15697**	**223**	**1773**	**2111**	**4601**	**7395**	**9322**	**15**	**2902**	**10**	**2848**							**5**	**54**
华北地区	**2243**	**5413**	**81**	**989**	**562**	**1447**	**1600**	**2978**												
北京市	556	742	43	103	406	552	107	87												
天津市	1135	1598	17	63	31	62	1087	1473												
河北省	39	29	4	3	12	20	23	6												
山西省	35	85	3	1	16	11	16	73												
山东省	478	2959	14	819	97	802	367	1339												
东北地区	**111**	**462**	**9**	**22**	**46**	**252**	**56**	**188**												
蒙东地区		0																		
辽宁省	11	234		8	11	142		84												
吉林省	40	91	7	10			33	81												
黑龙江省	60	137	2	4	35	110	23	23												
华东地区	**6661**	**8668**	**103**	**577**	**1055**	**2163**	**5503**	**5927**	**7**	**1062**	**5**	**1027**							**2**	**35**
上海市	5240	5448	81	465	315	589	4844	4394	2	74	1	41							1	33
江苏省	1007	1701	18	72	577	1024	412	604	1	119	1	119								
浙江省	209	1299		23	68	406	141	871	2	143	1	141							1	2
安徽省	148	102			47	63	101	38	2	726	2	726								
福建省	57	118	4	17	48	81	5	20												
华中地区	**465**	**948**	**26**	**181**	**301**	**592**	**138**	**175**	**7**	**1547**	**4**	**1528**							**3**	**19**
河南省	274	443	19	66	163	266	92	111	3	19									3	19
湖北省	45	193	5	19	38	169	2	6	3	962	3	962								
湖南省	41	105		16	41	88			1	566	1	566								
江西省	26	41			23	36	3	5												
重庆市	64	77			33	29	31	48												
四川省	15	89	2	80	3	4	10	5												
西北地区	**249**	**206**	**4**	**4**	**147**	**147**	**98**	**54**												
陕西省	200	118		2	118	72	82	43												
甘肃省	5	7			2	1	3	6												
青海省	2	1					2	1												
宁夏自治区	17	57	4	2	12	54	1	1												
新疆自治区	25	23			15	20	10	3												
三广直流广东段		0							1	293	1	293								

国家电网公司公用变压器

单位：个，台，kVA

区域	合计			750kV			500kV			330kV			220kV			110kV			35kV		
	个数	台数	铭牌	个数	台数	铭牌	个数	台数	铭牌	个数	台数	铭牌	个数	台数	铭牌	个数	台数	铭牌	个数	台数	铭牌
合计	**25087**	**43900**	**1218603555**	**2**	**6**	**3000000**	**147**	**527**	**180727000**	**59**	**115**	**25000000**	**1637**	**2971**	**415483000**	**8998**	**15699**	**443643440**	**14244**	**24582**	**150750115**
华北地区	**6025**	**11306**	**327116870**				**39**	**191**	**47846000**				**406**	**785**	**115316000**	**1707**	**3157**	**115763250**	**3873**	**7173**	**48191620**
北京市	309	699	46172600				4	42	10806000				35	85	16100000	173	400	17649500	97	172	1617100
天津市	308	641	26141050				3	18	4653000				32	73	10296000	66	126	5383000	207	424	5809050
河北省	2075	3987	95621140				11	42	10551000				115	235	33660000	517	965	35555500	1432	2745	15854640
山西省	909	1512	41604200				5	16	4500000				71	126	17190000	281	487	14927550	552	883	4986650
山东省	2424	4467	117577880				16	73	17336000				153	266	38070000	670	1179	42247700	1585	2949	19924180
东北地区	**2983**	**4985**	**120049990**				**19**	**69**	**19641000**				**241**	**413**	**50198000**	**2368**	**4061**	**48820140**	**355**	**442**	**1390850**
蒙东地区	224	413	4985150										17	27	2467000	207	386	2518150			
辽宁省	1194	2095	62386830				9	33	10250000				109	195	25764000	1072	1862	26358680	4	5	14150
吉林省	724	1230	23525000				4	17	4318000				50	82	9026000	667	1128	10176600	3	3	4400
黑龙江省	841	1247	29153010				6	19	5073000				65	109	12941000	422	685	9766710	348	434	1372300
华东地区	**6126**	**11027**	**415816415**				**54**	**158**	**79922000**				**538**	**1005**	**147846000**	**2030**	**3471**	**129463200**	**3504**	**6393**	**58585215**
上海市	642	1444	68061500				7	57	15510000				67	159	25500000	54	113	5435500	514	1115	21616000
江苏省	2053	3650	145037295				21	37	25250000				209	366	52976000	837	1392	51105600	986	1855	15705695

续表

区域	合计			750kV			500kV			330kV			220kV			110kV			35kV		
	个数	台数	铭牌	个数	台数	铭牌	个数	台数	铭牌	个数	台数	铭牌	个数	台数	铭牌	个数	台数	铭牌	个数	台数	铭牌
浙江省	1452	2518	115097130				16	35	27259000				126	243	36670000	598	1015	39459300	712	1225	11708830
安徽省	1084	2011	39481310				5	21	5103000				68	116	14520000	240	424	14197800	771	1450	5660510
福建省	895	1404	48139180				5	8	6800000				68	121	18180000	301	527	19265000	521	748	3894180
华中地区	**7303**	**12130**	**265505485**				**35**	**109**	**33318000**				**393**	**658**	**88594000**	**2126**	**3644**	**110714350**	**4749**	**7719**	**32879135**
河南省	1651	2880	66560135				7	25	6750000				92	165	23126000	462	796	27105000	1090	1894	9579135
湖北省	1207	2075	50510100				9	32	8068000				82	133	18325000	410	727	20031400	706	1183	4085700
湖南省	1081	1683	41630750				5	24	5500000				70	113	14806000	385	621	17825900	621	925	3498850
江西省	931	1456	26631105				3	10	2500000				45	77	10020000	235	395	10683800	648	974	3427305
重庆市	497	769	25201300				4	6	4500000				34	62	8337000	151	269	10115000	308	432	2249300
四川省	1936	3267	54972095				7	12	6000000				70	108	13980000	483	836	24953250	1376	2311	10038845
西北地区	**2650**	**4452**	**90114795**	**2**	**6**	**3000000**				**59**	**115**	**25000000**	**59**	**110**	**13529000**	**767**	**1366**	**38882500**	**1763**	**2855**	**9703295**
陕西省	680	1154	27370550							24	46	9810000	5	8	870000	289	502	14048700	362	598	2641850
甘肃省	866	1608	25655015	1	3	1500000				19	40	8130000	13	27	3330000	179	338	9245600	654	1200	3449415
青海省	174	287	9766095	1	3	1500000				9	19	4200000				65	119	3631200	99	146	434895
宁夏自治区	223	374	15430770							7	10	2860000	19	42	5670000	81	161	6208500	116	161	692270
新疆自治区	707	1029	11892365										22	33	3659000	153	246	5748500	532	750	2484865

国家电网公司经营区域企业自备变压器

单位：个，台，kVA

区域	合计			330kV			220kV			110kV			35kV		
	个数	台数	铭牌	个数	台数	铭牌	个数	台数	铭牌	个数	台数	铭牌	个数	台数	铭牌
合计	**10444**	**22025**	**209311941**	**1**	**5**	**572500**	**124**	**318**	**25949912**	**2404**	**4819**	**110691851**	**7915**	**16883**	**72097678**
华北地区	**3442**	**7081**	**68613728**				**35**	**89**	**8049252**	**534**	**1118**	**35697976**	**2873**	**5874**	**24866500**
北京市	189	384	4662670				4	7	860000	41	89	2506300	144	288	1296370
天津市	394	868	6048811				3	8	712000	37	75	2037850	354	785	3298961
河北省	669	1414	17034456				6	15	1590000	156	322	10820000	507	1077	4624456
山西省	760	1607	17539031				14	44	3337252	152	325	9248626	594	1238	4953153
山东省	1430	2808	23328760				8	15	1550000	148	307	11085200	1274	2486	10693560
东北地区	**1464**	**2809**	**33357347**				**22**	**49**	**2224000**	**1045**	**1994**	**25901169**	**397**	**766**	**5232178**
蒙东地区	54	107	910212				1	1	120000	53	106	790212			
辽宁省	578	1137	16258190				17	39	1629000	561	1098	14629190			
吉林省	234	451	4936770				1	3	189000	232	441	4686950	1	7	60820
黑龙江省	598	1114	11252175				3	6	286000	199	349	5794817	396	759	5171358
华东地区	**3827**	**7951**	**58985485**				**38**	**85**	**7944000**	**372**	**662**	**20775700**	**3417**	**7204**	**30265785**
上海市	721	1139	14120740				10	26	3405000	31	67	2910500	680	1046	7805240
江苏省	1702	3884	24096719				22	48	3651000	197	313	9168800	1483	3523	11276919
浙江省	578	1080	9401935				2	3	233000	50	87	3089700	526	990	6079235
安徽省	687	1553	8014887				2	3	330000	61	128	3825600	624	1422	3859287
福建省	139	295	3351204				2	5	325000	33	67	1781100	104	223	1245104
华中地区	**1187**	**2599**	**30825538**				**26**	**81**	**7049260**	**325**	**696**	**17172546**	**836**	**1822**	**6603732**
河南省	266	689	10661184				8	28	2684500	60	153	5501868	198	508	2474816
湖北省	438	842	8947693				6	16	1520000	146	256	5781218	286	570	1646475
湖南省	263	544	5801626				8	27	2214360	55	109	2693100	200	408	894166
江西省	74	131	1370695				3	4	420000	13	24	582600	58	103	368095
重庆市	102	224	2546780				1	6	210400	36	69	1528100	65	149	808280
四川省	44	169	1497560							15	85	1085660	29	84	411900
西北地区	**524**	**1585**	**17529843**	**1**	**5**	**572500**	**3**	**14**	**683400**	**128**	**349**	**11144460**	**392**	**1217**	**5129483**
陕西省	278	616	6062425							74	161	4304830	204	455	1757595
甘肃省	132	654	6853224				3	14	683400	37	127	4021872	92	513	2147952
青海省	114	315	4614194	1	5	572500				17	61	2817758	96	249	1223936
宁夏自治区															
新疆自治区															

国家电网公司换流站情况

单位：个，kVA

区 域	合 计			500kV			330kV			220kV			110kV			35kV		
	个数	台数	铭牌	个数	台数	铭牌	个数	台数	铭牌	个数	台数	铭牌	个数	台数	铭牌	个数	台数	铭牌
合 计	**7**	**80**	**20607400**	**5**	**69**	**19325600**	**1**	**4**	**574400**		**4**	**574400**		**1**	**63000**	**1**	**2**	**70000**
华北地区																		
北京市																		
天津市																		
河北省																		
山西省																		
山东省																		
东北地区																		
蒙东地区																		
辽宁省																		
吉林省																		
黑龙江省																		
华东地区	**2**	**23**	**5448800**	**1**	**20**	**5315800**								**1**	**63000**	**1**	**2**	**70000**
上海市		6	1344000		6	1344000												
江苏省	1	14	3971800	1	14	3971800												
浙江省	1	3	133000											1	63000	1	2	70000
安徽省																		
福建省																		
华中地区	**4**	**43**	**11186800**	**3**	**35**	**10038000**	**1**	**4**	**574400**		**4**	**574400**						
河南省	1	8	1148800				1	4	574400		4	574400						
湖北省	3	35	10038000	3	35	10038000												
湖南省																		
江西省																		
重庆市																		
四川省																		
西北地区																		
陕西省																		
甘肃省																		
青海省																		
宁夏自治区																		
新疆自治区																		
鹅城换流变电站	1	14	3971800	1	14	3971800												

国家电网公司换流容量及直流输送能力

名 称	地 址	电压等级（kV）	换流站换流容量（万 kW）	直流输送能力（万 kW）
合 计			**1512**	**756**
一、葛南直流		500		120
葛洲坝换流站	湖北		120	
南桥换流站	上海		120	
二、龙政直流		500		300
龙泉换流站	湖北		300	
政平换流站	江苏		300	
三、江城直流		500		300
江陵换流站	湖北		300	
鹅城换流站	广东		300	
四、灵宝背靠背		330/220		36
灵宝换流站	河南		72	

中国南方电网公司统计资料

2005年南方电网概况

序号	项目名称	广东	广西	云南	贵州	海南	天一及超高压	合计	同比增长（%）
1	全省（区）装机容量（万kW）	4808.18	1101.66	1275.15	1434.78	211.47	252.00	9083.23	13.14
	其中：水电	663.57	608.53	799.31	471.30	57.40	252.00	2852.12	10.62
	抽水蓄能	240.00						240.00	
	火电	3518.26	493.12	475.84	963.48	153.20		5603.90	16.19
	核电	378.00						378.00	
	风电	8.34				0.87		9.21	
2	全省（区）发电量（亿kWh）	2278.59	446.04	605.09	692.78	82.19	104.87	4209.56	9.87
	其中：水电	174.82	195.82	332.28	108.48	10.50	104.87	926.76	12.82
	抽水蓄能	32.92						32.92	5.98
	火电	1764.53	250.23	272.81	584.30	71.55		2943.41	9.31
	核电	304.76						304.76	7.00
	风电	1.56				0.15		1.71	7.64
3	统调装机容量（万kW）	2833.05	759.77	897.03	1320.28	164.40	252.00	6226.53	14.56
	其中：水电	97.55	382.67	483.53	385.88	32.20	252.00	1633.83	12.96
	抽水蓄能	240.00						240.00	
	火电	2117.50	377.10	413.50	934.40	132.20		3974.70	17.91
	核电	378.00						378.00	
	风电								
4	统调发电量（亿kWh）	1625.67	351.20	455.42	648.25	68.48	104.87	3253.88	11.99
	其中：水电	31.01	133.60	210.27	76.54	5.87	104.87	562.16	9.31
	抽水蓄能	32.92						32.92	5.98
	火电	1256.97	217.59	245.15	571.70	62.61		2354.04	12.29
	核电	304.76						304.76	7.00
	风电								
5	全社会用电量（亿kWh）	2674	510	557	508	82	16	4347	11.73
	同比增长率（%）	12.00	11.66	20.12	1.75	19.53	8.16	11.73	
	全社会最大负荷（万kW）	4551	856	908	870	149		6959	11.38
	同比增长率（%）	14.63	5.68	16.56	11.54	10.37		11.38	
	统调最大负荷（万kW）	3392	690	632	769	124		5220	13.32
	同比增长率（%）	15.95	13.59	12.65	20.23	11.32		13.32	
6	全省（区）500kV变电容量（万kVA）	3450	350	800	650		775	6025	14.76
	全省（区）500kV线路长度（km）	3575	644	1880	1539		7762	15401	9.37
	全省（区）220kV变电容量（万kVA）	6945	921	1137	877	207	6	10093	20.10
	全省（区）220kV线路长度（km）	11550	5996	5415	5194	1274	200	29629	8.91

续表

序号	项 目 名 称	广东	广西	云南	贵州	海南	天一及超高压	合计	同比增长（%）
7	西电东送（受端，亿 kWh）	476.57	57.94					534.51	27.72
	同比增长率（%）	34.12	−8.24					27.72	
	（1）天生桥送电（亿 kWh）	68.84	33.66					102.50	0.28
	同比增长率（%）	5.26	−8.56					0.28	
	（2）广西送电（亿 kWh）	9.69						9.69	3.41
	同比增长率（%）	340.73						340.73	
	（3）云南送电（亿 kWh）	59.81	0.94					60.75	−5.46
	同比增长率（%）	−3.39	−60.07					−5.46	
	（4）贵州送电（亿 kWh）	131.89	23.34					155.23	43.65
	同比增长率（%）	56.85	−2.65					43.65	
	（5）三峡、鲤鱼江电厂送电（亿 kWh）	206.34						206.34	45.57
	同比增长率（%）	45.57						45.57	
8	南方五省(区)GDP(亿元，初步核算数)	21701	4063	3472	1942	904		32082	12.0
	同比增长率（%）	12.5	12.7	9.0	11.5	10.1		12.0	

注 1.“天一及超高压”项下的发电部分是指天生桥一级、二级电站，送电部分是指南方电网超高压公司，云南鲁布革电站已计入云南省。

2. 变电容量是指公用变压器容量，未含电厂升压变压器、企业自备变压器、换流变压器容量。

3. 全社会最大负荷由电量推算得出。

4. 广东、广西、云南、贵州、海南省 GDP 数据来自各省统计局 2005 年统计公报。

2005 年南方五省（区）电力基本情况

指 标	单 位	2005 年	2004 年
发电装机容量	kW	90832273	80284404
水电	kW	28521166	25783126
火电	kW	56038967	48229138
发电量	万 kWh	42095611	38315204
水电	万 kWh	9267647	8214287
火电	万 kWh	29434067	26926323
购五省外电量	万 kWh	2461158	1575702
售五省外电量	万 kWh	1338176	1156443
全社会用电量	万 kWh	43472694	38908052
发电平均设备利用小时*	h	5238	5315
水电	h	3713	3618
火电	h	5833	6054
发电厂用电率*	%	4.93	4.84
水电	%	0.42	0.39
火电	%	6.26	6.13
发电标准煤耗率*	g/kWh	339	341

续表

指　　标	单　位	2005年	2004年
供电标准煤耗率*	g/kWh	362	365
发电消耗标准煤量*	t	97829328	90150785
发电消耗原煤量*	t	128367432	112494331
发电消耗燃油量*	t	9577733	10217326
供电线路损失率	%	7.34	7.92
供电线路损失量	万kWh	3283158	3105267
变电设备容量（35kV及以上）**	万kVA	44370.04	38257.56
500kV	万kVA	9265.60	7960.00
220kV	万kVA	15096.01	13265.89
110kV	万kVA	16949.30	14263.01
35kV	万kVA	3059.13	2768.66
输电线路长度（35kV及以上）	km	182128.79	174526.00
500kV	km	15400.95	14081.34
220kV	km	29629.02	27204.32
110kV	km	61993.85	60377.02
35kV	km	75104.97	72863.32

注　*　为6000kW及以上电厂数据。

**含电厂升压、企业自备变压器、换流变压器容量。

全社会用电量=发电量+购五省外电量-焦五省外电量。

供电线路损失量扣除了各省之间互送电量产生的线损电量。

水电未含抽水蓄能电站。

2005年南方五省（区）分省（区）电力基本情况

指　　标	单　位	合　计	其　　中					
			广东省	广西区	云南省	贵州省	海南省	天生桥一级水电站、南方电网超高压公司
发电装机容量	万kW	9083.23	4808.18	1101.66	1275.15	1434.78	211.47	252.00
水电	万kW	2852.12	663.57	608.53	799.31	471.30	57.40	252.00
火电	万kW	5603.90	3518.26	493.12	475.84	963.48	153.20	
发电量	亿kWh	4209.56	2278.59	446.04	605.09	692.78	82.19	104.87
水电	亿kWh	926.76	174.82	195.82	332.28	108.48	10.50	104.87
火电	亿kWh	2943.41	1764.53	250.23	272.81	584.30	71.55	
购外省电量	亿kWh	246.12	516.03	77.09	2.12			253.14
售外省电量	亿kWh	133.82	121.06	12.99	68.89	184.56		342.28
全社会用电量	亿kWh	4347.27	2673.56	510.15	557.42	508.21	82.19	15.74

续表

指　　标	单　位	合　计	其　　中					
			广东省	广西区	云南省	贵州省	海南省	天生桥一级水电站、南方电网超高压公司
发电设备平均利用小时*	h	5238	5421	4604	5239	5519	4079	4162
水电	h	3713	3154	3835	4530	2368	1894	4162
火电	h	5833	5620	5396	6353	6800	4670	
发电厂用电率*	%	4.93	5.04	4.61	3.67	6.12	7.66	0.50
水电	%	0.42	0.64	0.45	0.28	0.42	0.82	0.50
火电	%	6.26	5.58	7.95	7.34	6.94	8.40	
发电标准煤耗率*	g/kWh	339	333	348	361	345	313	
供电标准煤耗率*	g/kWh	362	353	378	389	371	377	
发电消耗标煤量*	万 t	9782.93	5870.44	779.11	936.06	1973.66	223.66	
发电消耗原煤量*	万 t	12836.74	6176.01	1250.11	2007.70	3184.41	218.51	
发电消耗燃油量*	万 t	957.77	948.42	2.50	2.12	3.98	0.75	
供电线路损失率	%	7.34	7.38	7.32	8.77	7.26	10.01	4.31
供电线路损失量	亿 kWh	328.32	183.33	39.38	51.45	31.81	6.90	15.43
变电设备容量（35kV 及以上）	万 kVA	44370.04	25335.70	4635.42	5706.81	5593.94	1050.27	2047.90
500kV	万 kVA	9265.60	4388.20	574.00	1208.20	1263.00		1832.20
220kV	万 kVA	15096.01	9067.55	1672.60	1891.90	1835.76	420.00	208.20
110kV	万 kVA	16949.30	11321.78	1497.64	1720.45	1885.42	516.51	7.50
35kV	万 kVA	3059.13	558.17	891.18	886.26	609.76	113.76	
输电线路长度（35kV 及以上）	km	182128.79	50429.00	38116.83	46417.32	33239.12	5965.12	7961.40
500kV	km	15400.95	3575.00	644.42	1880.36	1539.37		7761.80
220kV	km	29629.02	11550.00	5995.55	5415.49	5193.90	1274.48	199.60
110kV	km	61993.85	23453.00	8864.16	14131.73	13194.53	2350.44	
35kV	km	75104.97	11851.00	22612.71	24989.74	13311.33	2340.20	

注 1. “水电”未含抽水蓄能电站；标记“*”的是 6000kW 及以上电厂数据。

2. 变电设备容量是电厂升压变压器、公用变压器、企业自备变压器和换流变压器的总容量。

3. 全社会用电量=发电量+购外省电量−售外省电量。

4. “云南省”项含鲁布革水电站的装机容量和发电量；“天生桥一级水电站、南方电网超高压公司”项含天生桥一级、二级水电站发电装机容量和发电量，以及超高压公司购云南、贵州和地方小水电的电量，售给广东、广西的电量，还有超高压公司变电设备和输电线路情况。

5. 变电设备容量中换流变容量 1109.4 万 kVA（其中 500kV 694.8 万 kVA，220kV 414.6 万 kVA），直流输电线路（500kV）1842km。

2005年南方五省（区）电厂生产能力

单位：kW

地区	年初生产能力	本年新增能力				本年减少能力	年末生产能力	发电量
		合计	基建新增	技改新增	其他新增			
南方五省区合计	80284404	12745662	11313762	556880	875020	2197793	90832273	42095611
1. 水电	28183126	3668512	2899262	267480	501770	930472	30921166	9596877
2. 火电	48229138	9077150	8414500	289400	373250	1267321	56038967	29434067
3. 核电	3780000						3780000	3047594
4. 其他	92140						92140	16615
一、广东省小计	42620954	6193319	5972352	220967		732518	48081755	22785865
1. 水电	8584590	588919	510852	78067		137762	9035747	2077382
2. 火电	30172924	5604400	5461500	142900		594756	35182568	17645269
3. 核电	3780000						3780000	3047594
4. 其他	83440						83440	15620
二、广西自治区小计	9418545	1626513	1426670	199843		28505	11016553	4460442
1. 水电	5040436	1060013	991670	68343		15140	6085309	1958188
2. 火电	4378109	566500	435000	131500		13365	4931244	2502254
三、云南省小计	11365492	2314980	1440600		874380	929001	12751471	6050934
1. 水电	7058637	1323730	822600		501130	389301	7993066	3322815
2. 火电	4306855	991250	618000		373250	539700	4758405	2728118
四、贵州省小计（不含天生桥一、二级电站）	12218970	2597500	2462500	135000		468700	14347770	6927751
1. 水电	4417220	682500	562500	120000		386700	4713020	1084782
2. 火电	7801750	1915000	1900000	15000		82000	9634750	5842969
五、海南省小计	2140443	13350	11640	1070	640	39069	2114724	821903
1. 水电	562243	13350	11640	1070	640	1569	574024	104994
2. 火电	1569500					37500	1532000	715456
3. 其他	8700						8700	995
六、天生桥一、二级电站	2520000						2520000	1048716
水电	2520000						2520000	1048716

2005 年南方五省（区）用电情况

指标	地区	合计		广东省	广西区	云南省		贵州省		海南省		南方电网超高压公司
		全口径	不完全口径	全口径	全口径	全口径	不完全口径	全口径	不完全口径	全口径	不完全口径	
全社会用电量（亿 kWh）	合计	4347.27	4296.43	2673.56	510.15	557.42	528.40	508.21	486.97	82.19	81.61	15.74
	第一产业		115.62	65.23	13.95		13.11		18.70		4.62	
	第二产业		3129.11	1883.05	385.08		414.99		385.30		44.95	15.74
	其中：工业		3076.59	1848.44	380.06		406.84		381.16		44.35	15.74
	第三产业		522.47	396.65	41.78		31.85		31.77		20.43	
	城乡居民生活用电		529.23	328.62	69.35		68.45		51.20		11.61	
全社会用电量比重（%）	第一产业		2.69	2.44	2.73		2.48		3.84		5.66	
	第二产业		72.83	70.43	75.48		78.54		79.12		55.08	100.00
	其中：工业		71.61	69.14	74.50		76.99		78.27		54.35	100.00
	第三产业		12.16	14.84	8.19		6.03		6.52		25.03	
	城乡居民生活用电		12.32	12.29	13.59		12.95		10.51		14.23	
全社会用电量比 2004 年增长速度（%）	合计	11.73	11.92	12.00	11.66	20.12	16.26	1.75	6.17	19.53	21.73	8.16
	第一产业		1.68	0.72	6.19		−7.02		8.27		4.35	
	第二产业		13.43	14.47	10.02		20.18		4.29		30.95	8.16
	其中：工业		13.39	14.63	9.72		19.72		4.11		31.21	8.16
	第三产业		2.72	1.69	19.32		−11.87		8.04		13.48	
	城乡居民生活用电		15.58	14.36	18.13		16.06		20.29		12.91	

注 1. 本表中，云南、贵州、海南等子公司从各行业用电统计汇总而来的全社会用电量，不含本省孤立电网的用电量，属于不完全口径数据。根据本省发电情况、购（售）外省电量情况经全省发购电平衡统计而来的全社会用电量是全口径数据。

2. 本表中的合计数为五省（区）用电量和跨省送电损失电量（含天生桥一、二级电厂生产全部耗用电量、超高压公司线路损失电量）的总和。由于上述原因，存在全口径和不完全口径两种情况。

2005年南方电网公司供电情况

单位：万kW，亿kWh

指标	供电量（万kWh）	售电量（万kWh）	线损率（%）	比2004年增长率（%）		线损率比2004年增长百分点
				供电量	售电量	
公司合计	37331714	34745310	6.93	12.12	12.73	-0.51
广东	24090105	22564389	6.33	11.96	13.18	-1.01
广西	4119681	3885271	5.69	15.93	15.51	0.34
云南	4613968	4324083	6.28	14.11	14.14	-0.03
贵州	6152767	5834650	5.17	14.63	14.00	0.52
海南	689147	620138	10.01	9.50	12.19	-2.16
超高压	3577106	3422775	4.31	14.75	14.97	-0.18

注　1. 公司合计数扣除了各分公司、子公司之间互送电量。
2. 线损率=（供电量-售电量）/供电量×100%。

2005年南方电网公司电量交换情况

单位：万kWh

<table>
<tr><th colspan="2">年　份</th><th>2005年</th><th>2004年</th></tr>
<tr><td colspan="4">一、西电东送情况</td></tr>
<tr><td colspan="2">（一）西电东送合计（受端）</td><td>5345088</td><td>4184841</td></tr>
<tr><td rowspan="14">超高压公司</td><td>西电送广西</td><td>579405</td><td>631420</td></tr>
<tr><td>其中：1. 天生桥一级电站送</td><td>98408</td><td>111886</td></tr>
<tr><td>2. 天生桥二级电站送</td><td>238239</td><td>256275</td></tr>
<tr><td>3. 盘县电厂送</td><td>169772</td><td>170608</td></tr>
<tr><td>4. 云南电网送</td><td>9402</td><td>23544</td></tr>
<tr><td>5. 贵州电网送</td><td>63583</td><td>69107</td></tr>
<tr><td>西电送广东</td><td>4765683</td><td>3553421</td></tr>
<tr><td>其中：1. 天生桥一级电站送</td><td>292134</td><td>259662</td></tr>
<tr><td>2. 天生桥二级电站送</td><td>396257</td><td>394360</td></tr>
<tr><td>3. 云南电网送</td><td>598123</td><td>619092</td></tr>
<tr><td>4. 贵州电网送</td><td>1318921</td><td>840885</td></tr>
<tr><td>5. 广西电网送</td><td>96854</td><td>21976</td></tr>
<tr><td>6. 三峡电厂（含国网）送广东</td><td>1702363</td><td>1041725</td></tr>
<tr><td colspan="3"></td></tr>
<tr><td>广东</td><td>7. 鲤鱼江电厂送广东</td><td>361030</td><td>375721</td></tr>
<tr><td colspan="2">（二）广东送广西</td><td>76952</td><td>59004</td></tr>
<tr><td colspan="2">（三）广西地方电网送广东</td><td>26181</td><td>8274</td></tr>
<tr><td colspan="4">二、购售国家电网公司系统电量</td></tr>
<tr><td colspan="2">其中：购电量</td><td>2011196</td><td>1267073</td></tr>
<tr><td colspan="2">售电量</td><td>167356</td><td>155646</td></tr>
</table>

续表

年份		2005年	2004年
广东	购鲤鱼江电厂	361030	375721
	购三峡电厂	1647498	891317
	售湖南	2319	12931
广西	购湖南	508	
	售湖南	208	329
云南	购四川	2668	35
	售四川	176	
贵州	售重庆	83544	68148
	售湖南	81286	74238
三、购售港澳地区电量			
广东	购香港	449454	308629
	其中：购蛇口	88811	88661
	售澳门	34189	14818
	核电输香港	1039323	931745
	抽水蓄能送香港	57790	49291
四、售越南电量			
广西	售越南	6627	
云南	售越南	32715	4943

2005年南方五省（区）主要发电厂基本情况

电厂名称	2005年			2004年		
	发电设备容量（万kW）	发电量（亿kWh）	发电设备平均利用小时（h）	发电设备容量（万kW）	发电量（亿kWh）	发电设备平均利用小时（h）
广东						
以下电厂合计	3705.54	2051.78	5536	3504.96	1960.80	5594
其中：水电	389.73	83.28	2137	390.03	61.95	1588
火电	2932.44	1662.69	5669	2731.55	1612.93	5905
核电	378.00	304.76	8062	378.00	284.81	7535
风电	5.37	1.05	1960	5.37	1.11	2074
新丰江水电厂	29.25	8.00	2734	29.25	4.19	1433
枫树坝水电厂	15.00	5.65	3764	15.00	2.57	1713
流溪河水电厂	4.20	1.60	3821	4.20	0.94	2245
南水水电厂	7.50	2.51	3346	7.50	1.30	1733
长湖水电厂	7.20	2.74	3804	7.20	1.97	2729
长潭水电厂	6.00	1.49	2490	6.00	0.51	847

续表

电厂名称	2005年			2004年		
	发电设备容量（万kW）	发电量（亿kWh）	发电设备平均利用小时（h）	发电设备容量（万kW）	发电量（亿kWh）	发电设备平均利用小时（h）
青溪水电厂	14.40	3.97	2756	14.40	1.76	1220
飞来峡水利枢纽电站	14.00	5.05	3610	14.00	4.15	2965
广州抽水蓄能电站	240.00	32.92	1372	240.00	31.06	1294
封开都平电站	3.00	1.13	3769	3.00	1.00	3321
肇庆市江口电厂	4.00	1.23	3079	4.00	1.04	2611
高塘电站	3.60	1.19	3315	3.60	0.75	2097
韶关泉水电厂	2.40	1.15	4785	2.40	0.82	3397
乳源桥甫电站	1.00	0.35	3500	1.00	0.26	2600
乳源杨溪钓鱼台电站	2.50	1.00	4000	2.50	0.66	2620
大埔双溪水电站	3.60	1.08	3003	3.60	0.57	1585
单竹窝电站	3.40	1.18	3470	3.40	0.77	2263
蓬辣滩电站	4.40	1.80	4084	4.40	1.19	2697
清远潭岭水电厂（连州）	3.75	1.78	4758	3.75	1.57	4188
英德白石窑水电厂	5.40	2.64	4893	5.40	1.86	3435
阳山称架一级水电站	2.50	1.13	4520	2.50	0.97	3884
河源木京水电站	3.00	1.15	3828	3.00	0.62	2083
汕尾南告水电站	5.15	1.22	2363	5.15	0.71	1378
潮州凤凰水电站	4.48	1.31	2928	4.78	0.72	1502
沙角A电厂1～3号机	60.00	47.02	7837	60.00	44.62	7437
沙角A电厂4、5号机	60.00	41.12	6854	60.00	43.94	7323
沙角C电厂	198.00	137.84	6962	198.00	143.26	7235
黄埔电厂1～4号机	50.00	24.22	4845	50.00	33.77	6754
黄埔电厂5～6号机	60.00	41.82	6970	60.00	47.15	7858
韶关电厂5、6、8号机	20.00	12.27	6133	30.00	17.80	5932
韶关电厂9号机	20.00	14.32	7160	20.00	9.68	4841
韶关电厂10、11号机	60.00	30.47	7110	30.00	18.00	6001
茂名热电厂	22.50	11.73	5213	22.50	12.63	5051
茂名电厂5号机	20.00	15.33	7666	20.00	12.38	6191
云浮电厂（1、2号机）	25.00	18.06	7222	25.00	18.50	7401
粤泷发电公司	27.00	19.15	7092	27.00	18.64	6904
梅县电厂3、4号机	25.00	18.23	7294	25.00	19.11	7646
梅县电厂5号机	13.50	9.70	7183	13.50	1.60	6662
广东粤阳发电公司1、2号机	5.00	4.11	8218	5.00	3.85	7700
湛江电厂	120.00	81.86	6821	120.00	79.40	6617
珠海电厂	132.00	88.21	6683	132.00	93.06	7050

续表

电 厂 名 称	2005年			2004年		
	发电设备容量（万kW）	发电量（亿kWh）	发电设备平均利用小时（h）	发电设备容量（万kW）	发电量（亿kWh）	发电设备平均利用小时（h）
沙角B电厂	70.00	49.10	7015	70.00	49.43	7061
华能汕头电厂	120.00	54.55	7611	60.00	46.68	7780
国华粤电台山电厂	180.00	82.54	6878	120.00	69.64	6417
连州发电厂1～4号机	52.00	29.17	5609	52.00	22.53	4834
瑞明电厂2号机	12.50	9.74	7789	12.50	9.69	7750
梅县电厂1、2号机	10.00	7.79	7794	12.50	9.69	7750
云浮B电厂（3、4号机）	27.00	18.43	6826	27.00	18.64	6904
广州发电厂	24.00	18.55	7728	24.00	17.76	7401
珠江发电厂	120.00	87.14	7262	120.00	85.67	7139
妈湾发电厂	180.00	127.34	7075	180.00	126.57	7032
瑞明发电厂（1号机）	12.50	8.06	6447	12.50	9.47	7578
恒运B发电厂	15.00	12.61	8404	15.00	12.54	8362
恒运C发电厂	42.00	32.20	7666	42.00	30.45	7249
员村电厂	10.00	8.71	8707	10.00	8.22	8224
西环电力有限公司	2.50	2.06	8242	2.50	2.01	8024
三水恒益电厂	10.00	7.40	7395	10.00	8.24	8237
南海A发电厂（发电一厂）	40.00	22.00	5499	40.00	25.47	6369
中山火电厂	11.00	6.10	5543	10.00	6.11	6114
横门发电厂（嘉明）	25.00	11.26	4502	25.00	16.77	6707
砰石发电有限公司B厂	24.50	15.22	6089	24.50	16.39	6690
茂名东江电力公司	2.50	1.61	6449	10.44	4.46	4276
佛山市福能发电有限公司	36.00	13.55	4545	12.00	1.89	3686
深南电（中山）电力公司	36.00	10.97	3048	36.00	0.52	498
汕头热电一厂	6.00	3.97	6618	6.00	3.08	5126
松山电厂	5.00	3.59	7185	5.00	2.84	5681
万丰电厂	10.00	4.84	4842	10.00	6.26	6259
长海发电厂（龙光集团）	5.00	4.13	8252	5.00	3.80	7594
光明垃圾发电有限公司	2.40	1.30	5423	2.40	1.89	7885
新会双水火电厂	40.00	28.83	7207	40.00	8.97	4487
广州花都市巴江发电厂	17.15	2.80	1633	17.15	5.08	2966
广州明珠C厂	13.84	3.35	2423	13.84	5.98	4321
莲花山电厂	19.15	7.62	3981	19.15	7.84	4094
广盛电力有限公司	15.12	1.97	1306	15.12	2.01	1329
新塘电厂	6.30	2.24	3555	6.30	3.50	5552
太平电厂	5.10	1.12	2190	5.10	2.60	5104

续表

电厂名称	2005年			2004年		
	发电设备容量（万kW）	发电量（亿kWh）	发电设备平均利用小时（h）	发电设备容量（万kW）	发电量（亿kWh）	发电设备平均利用小时（h）
南沙电厂	11.56	5.23	4526	11.56	5.33	4613
蚌湖电厂	2.43	1.11	4555	2.43	1.07	4390
广保电力发展有限公司	4.75	1.75	3683	4.75	1.72	3612
增城市江龙发电厂	8.74	1.78	2033	8.74	3.46	3960
佛山沙口发电厂	28.32	14.98	5290	28.32	15.86	5601
桂城发电厂（龙光集团）	13.78	3.16	2296	13.78	5.58	4053
南海大沥发电厂	6.94	2.77	3993	6.94	3.66	5280
三水河口发电厂	8.96	2.89	3225	8.96	3.34	3724
全顺电厂有限公司	12.24	5.16	4213	12.24	6.92	5650
顺德宏图发电厂	5.40	1.34	2475	5.10	2.49	4892
顺德西达发电厂	5.40	1.99	3688	5.10	2.59	5082
顺德华顺发电厂	5.40	1.93	3569	5.10	2.81	5500
顺德德胜发电厂	28.32	12.37	4366	28.32	14.18	5007
高明市发电厂	8.49	2.02	2382	8.49	2.75	3234
开平柴油机电厂	6.53	1.32	2017	6.53	0.95	1458
洪湾燃机电厂	10.50	3.15	2995	10.50	5.02	4784
洪湾柴油机电厂	11.19	2.28	2036	11.19	2.96	2647
中山第二柴油机发电厂	23.19	8.00	3448	10.81	3.73	3452
小榄发电厂（菊明）	4.62	1.46	3167	4.62	1.49	3221
隆都发电厂	4.86	1.22	2506	4.86	1.49	3060
西江柴油机电厂（肇庆）	10.24	3.40	3322	10.24	3.61	3526
惠阳发电厂	9.58	2.25	2354	9.58	4.13	4309
惠州市东江发电厂	10.44	2.31	2211	10.44	4.46	4276
天明电厂	12.00	5.65	4711	12.00	6.96	5797
石龙西湖电厂	6.72	2.63	3911	6.72	3.76	5593
厚街电厂	7.07	2.50	3537	7.07	3.63	5131
清溪电厂	4.70	1.96	4168	4.70	2.94	6251
横沥电厂（东声）	2.24	1.00	4475	2.24	1.33	5925
樟木头电厂	4.23	1.68	3977	4.23	2.85	6746
国宏电力有限公司	6.31	2.63	4175	6.31	3.86	6124
东莞深能源樟洋电力公司	36.00	18.34	5095	36.00	4.96	3518
南山热电厂	82.91	40.69	4907	82.52	37.41	4534
葵冲电厂（东宝）	8.79	3.24	3688	5.84	2.77	4749
月亮湾电厂（妈湾电力）	29.40	15.20	5168	27.82	14.51	5216
深圳福华德大鹏电厂	61.90	23.22	3751	49.78	15.01	3739

续表

电厂名称	2005年			2004年		
	发电设备容量（万kW）	发电量（亿kWh）	发电设备平均利用小时（h）	发电设备容量（万kW）	发电量（亿kWh）	发电设备平均利用小时（h）
沙井电厂（穗鹏）	4.04	1.04	2581	4.04	2.19	5430
宝昌电力有限公司	47.40	24.97	5268	44.20	22.44	5833
美视A电厂	10.43	3.44	3293	10.43	4.65	4457
平湖电厂（钰湖）	38.50	21.92	5694	38.50	11.33	5106
美视B电厂	24.32	1.42	582	24.32	4.15	1705
汕头陀浦电厂（长浦）	11.41	1.72	1504	11.41	3.98	3485
潮阳电厂（长潮）	9.00	1.46	1618	9.00	3.40	3778
澄海电厂（长海电力）	7.34	1.13	1546	7.34	2.69	3661
汕头特区燃机电厂	10.50	1.65	1570	10.50	3.07	2922
云浮柴油机电厂	5.00	1.07	2137	5.00	2.06	4120
大亚湾核电站	180.00	154.51	8584	180.00	139.00	7722
岭澳核电站	198.00	150.25	7589	198.00	145.81	7364
南澳风力发电厂	5.37	1.05	1960	5.37	1.11	2074
广州纸厂	11.20	9.27	8279	11.20	9.06	8090
广州华侨糖厂	3.30	1.18	3589	3.30	1.23	3721
广州国营紫妮糖厂	3.60	1.95	5415	3.60	2.05	5702
广州永大集团公司	5.50	2.93	5329	5.50	3.60	6550
广州梅山糖厂	9.70	8.37	8624	11.50	7.26	6312
广州钢铁厂	4.30	3.58	8316	4.30	3.50	8148
广州石油化工厂	9.90	6.29	6349	9.90	6.28	6343
广州市珠江啤酒集团公司	2.40	1.72	7175	2.70	1.23	4546
南海糖厂（江南电厂）	10.00	9.68	9676	10.00	8.49	8490
顺德糖厂	4.50	3.49	7746	4.50	3.80	8441
江门甘化厂	3.50	1.42	4055	3.50	1.45	4143
江门北街电厂（单细胞）	4.30	1.73	4034	4.30	2.11	4902
斗门县白蕉糖厂（益力）	2.70	1.46	5394	2.80	2.03	7256
中山造纸厂	2.40	1.98	8251	2.40	1.90	7932
梅州鑫盛能源有限公司	7.20	4.29	5955	7.20	5.46	7938
云浮亨达利水泥厂	9.00	4.35	4829	9.00	4.62	5132
东莞糖厂	41.30	19.30	6416	26.30	19.22	7308
广西						
以下电厂合计	830.47	382.85	5015	706.81	305.62	4324
其中：水电	445.57	160.30	4072	366.41	135.56	3700
火电	384.90	222.55	6018	340.40	170.05	4996
大唐岩滩水力发电厂	121.00	51.69	4272	121.00	49.49	4090

续表

电厂名称	2005年			2004年		
	发电设备容量（万kW）	发电量（亿kWh）	发电设备平均利用小时（h）	发电设备容量（万kW）	发电量（亿kWh）	发电设备平均利用小时（h）
桂冠公司大化水力发电厂	45.60	19.78	4337	45.60	20.26	4442
百龙滩水电站	19.20	8.73	4549	19.20	9.00	4690
广西桂冠乐滩电厂	60.00	8.92	3796	15.00	0.17	2216
广西平班水电开发有限公司	40.50	11.69	4115	13.50	0.43	3913
大唐桂冠合山发电有限公司	66.00	31.95	4841	66.00	6.29	3016
国电集团公司合山发电厂	46.00	27.28	5930	45.00	28.57	6269
国电永福发电有限公司	27.00	18.80	6964	27.00	20.70	7666
国投北部湾发电有限公司	60.00	41.52	7435	30.00	2.91	6417
柳州发电有限责任公司	42.00	25.31	6027	42.00	30.39	7236
来宾火电厂	25.00	17.85	7139	25.00	17.48	6993
桂平航运枢纽	4.65	1.89	4069	4.65	1.88	4037
广西桂茂电力有限责任	3.75	1.28	3405	3.75	1.55	4131
贵港航运枢纽	12.00	5.36	4463	12.00	5.45	4538
左江美亚水电公司	7.20	2.83	3929	7.20	2.45	3404
融江美亚水电有限公司	5.40	1.95	3613	5.40	2.36	4376
柳州桂柳水电有限责任公司	9.00	3.29	3733	6.00	1.34	4947
来宾B厂	72.00	42.62	5919	72.00	49.86	6924
水利电力建设集团银河电厂	2.50	1.23	4920	2.50	0.17	3126
龙胜县水电开发总公司	7.13	3.30	4847	6.34	1.85	3284
全州县水利电业有限公司	12.09	3.76	3213	11.07	4.11	3512
资源县水利电业有限公司	6.74	1.75	2755	5.72	1.73	3296
天湖水电站	3.00	1.54	5123	3.00	1.74	5802
合面狮水电厂	8.00	2.75	3443	8.00	2.74	3422
桂能电力公司昭平水电厂	6.50	2.47	3805	6.50	2.31	3603
澄碧河水管处	4.55	1.56	3418	4.55	1.50	3664
德保县水利电业有限公司	2.92	1.29	5066	2.55	1.17	4603
隆林电业公司	2.92	1.05	3923	2.46	1.02	4132
梧州市电业局	3.60	1.75	4857	3.60	2.21	6139
中胜火电厂	5.00	1.99	3979	5.00	2.93	5861
西能公司西津	23.44	8.09	3450	23.44	7.44	3174
水利电力建设集团麻石	7.20	2.14	2968	7.20	2.50	3478
水利电力建设集团宜州	9.10	3.05	3354	9.10	4.04	4437
创益公司	2.80	1.18	4216	2.80	1.32	4720
水利电力建设集团田东综合	7.40	3.04	4111	7.40	5.39	7288
水利电力建设集团田东电厂	27.00	8.24	4556	13.50	1.65	4132

续表

电厂名称	2005年			2004年		
	发电设备容量（万kW）	发电量（亿kWh）	发电设备平均利用小时（h）	发电设备容量（万kW）	发电量（亿kWh）	发电设备平均利用小时（h）
广西贵糖集团股份有限公司	3.90	2.21	5655	3.90	1.67	6708
柳州钢铁集团公司	1.80	1.02	5646	1.80	1.32	7336
南宁凤凰纸业有限公司	2.00	1.10	5492	2.00	0.97	4841
中国铝业公司广西分公司	5.80	3.14	5413	5.80	2.80	4835
南宁糖业股份有限公司	8.79	2.49	2993	8.29	2.47	3992
云南						
以下电厂合计	895.47	481.45	5374	882.13	445.47	5050
其中：水电	498.22	227.37	4559	484.88	213.16	4396
火电	397.25	254.08	6396	397.25	232.31	5848
华能漫湾发电厂	125.00	66.51	5321	125.00	64.06	5125
华能大理徐村电厂	8.58	3.27	3811	7.80	3.87	4511
中国华电昆明发电厂	20.00	14.83	7414	20.00	14.13	7066
中国华电绿水河发电厂	6.55	3.36	5127	6.55	3.40	5197
中国华电云南以礼河发电厂	32.15	9.28	2886	32.15	9.51	2957
中国华电云南巡检司发电厂	10.00	6.15	6153	10.00	6.41	6406
国电阳宗海发电有限公司	40.00	29.52	7380	40.00	25.80	6449
国电大寨水力发电厂	5.32	2.39	4485	5.32	2.14	4016
国电宣威发电有限责任公司	120.00	76.01	6334	120.00	65.88	6202
国电小龙潭发电厂	60.00	44.58	7430	60.00	47.49	7916
国电六郎洞水力发电厂	2.95	1.45	4908	2.50	1.57	6279
国电螺丝湾水电厂	6.00	3.01	5012	6.00	3.50	5841
国电冲江河电厂（一期）	2.23	1.69	7597	2.06	1.70	8265
滇能（集团）昆明柴石滩发电有限公司	6.00	1.31	2183	6.00	1.35	2245
云南滇能曲靖协联电力有限公司	5.00	3.14	6275	5.00	3.27	6546
云南滇能陆良协联电力有限公司	5.00	3.62	7245	5.00	3.75	7509
云南滇能（集团）老虎山水电站	3.70	1.25	3372	3.70	1.38	3721
云南滇能（集团）弥勒发电有限公司	13.50	4.59	3399	13.50	4.22	5205
云南田坝水电站	10.50	3.18	3027	10.50	3.58	3413
国投云南大朝山水电有限公司	135.00	64.72	4794	135.00	63.91	4734
曲靖市羊场煤矿电厂	1.35	1.02	7559	1.35	1.03	7636
罗平县腊庄电厂	6.00	2.52	4201	6.00	2.36	3930
兴义中寨发电有限责任公司	2.50	1.46	5833	2.50	1.39	5570
云南鲁布革发电厂	60.00	25.93	4322	60.00	25.93	4322
富源县后所煤矿	2.40	1.51	6303	2.40	1.58	6570
国投曲靖发电有限公司	120.00	69.11	5759	120.00	58.74	5390

续表

电厂名称	2005年			2004年		
	发电设备容量（万kW）	发电量（亿kWh）	发电设备平均利用小时（h）	发电设备容量（万kW）	发电量（亿kWh）	发电设备平均利用小时（h）
宣威市响水电站	5.00	2.16	4319	5.00	1.75	3508
澄江县红石岩电厂	4.40	1.32	3005	4.40	1.31	2980
龙陵县苏帕河三江口电站	3.00	1.08	3610	3.00	2.07	6891
阿鸠田电厂	10.50	4.84	5049	3.50	0.63	7135
昭通洛泽河电站	2.50	1.15	4611	2.50	1.12	4473
文山县小河沟电站	2.10	1.26	6022	2.10	1.27	6031
文山县落水洞电站	2.00	1.35	3976	2.00	1.43	7126
麻栗坡县马鹿塘电站	10.00	6.89	6891	5.00	0.78	6232
麻栗坡县猫猫跳电站	4.00	1.75	4371	4.00	0.10	2831
广南县西洋江电站	2.00	1.00	5015	2.00	1.00	4998
景洪农场水电站	1.70	1.09	6400	1.76	0.80	4527
景洪市流沙河梯级水电站（含小，7级）	1.85	1.11	5990	1.85	0.90	4848
西洱河电站	25.50	6.22	2439	25.50	5.66	2219
德宏槟榔江电站	1.89	1.19	6300	1.89	1.20	6339
盈江县户宋河电站	6.30	2.03	3218	6.30	1.79	2846
香格里拉县吉仁河电厂	3.00	1.60	5344	3.00	1.72	5721
贵州						
以下电厂合计	1344.12	660.95	5547	1084.42	577.27	5323
其中：水电	384.47	77.94	2312	316.27	85.05	2689
火电	959.65	583.01	6822	768.15	492.22	6408
贵阳发电厂	40.00	23.68	5920	40.00	20.90	6270
安顺发电厂一期	60.00	36.09	6015	60.00	38.19	6365
凯里发电厂	50.00	34.43	6887	50.00	36.56	7312
鸭溪发电厂	60.00	36.05	8459			
红枫发电总厂	26.70	3.77	1411	23.90	6.59	2759
清镇发电厂	53.00	36.10	6810	53.00	37.70	7113
遵义发电厂	25.00	19.44	7775	25.00	19.69	7874
头步发电厂	2.40	2.00	8334	2.40	1.82	7579
东风发电厂（乌江公司所属电厂）	69.50	18.91	3353	53.00	20.34	3837
乌江渡发电厂（乌江公司所属电厂）	125.00	23.67	1929	117.00	31.26	2672
洪家渡发电厂（乌江公司所属电厂）	60.00	7.30	1216	60.00	5.45	1297
索风营发电厂	40.00	4.93	6159			
黔北发电总厂（西电控股）	170.00	115.51	6795	170.00	90.81	6284
纳雍发电总厂	180.00	91.54	6361	120.00	67.42	7664
习水发电厂	40.00	12.40	8478	54.00	45.56	8437

续表

电厂名称	2005年			2004年		
	发电设备容量（万kW）	发电量（亿kWh）	发电设备平均利用小时（h）	发电设备容量（万kW）	发电量（亿kWh）	发电设备平均利用小时（h）
野马寨发电厂	54.00	42.74	7914			
黔西发电厂	30.00	5.15	8831			
盘县发电厂（黔桂发电公司）	100.00	72.35	7235	100.00	74.09	7409
安顺发电厂二期（中电电力）	60.00	36.02	6004	60.00	40.70	6783
引子渡水电站（黔源公司）	36.00	7.12	1977	36.00	8.76	2433
普定水电站（黔源公司）	8.40	2.80	3338	7.50	3.32	4424
水城发电厂（黔源公司）	10.00	8.20	8203	10.00	7.16	6819
安定落洼电站（黔能公司）	1.48	0.69	4667	1.48	0.75	5070
海里水电站（统调小水电）	1.60	0.66	4154	1.60	0.78	4849
关脚水电站	4.80	1.95	4054	4.80	1.70	4221
遵义角口水电站	1.89	1.02	5386	1.89	1.20	6364
响水水电站	5.00	3.16	6311	5.00	2.89	5781
漾头电站	1.60	0.63	3959	1.60	0.75	4704
田边寨电站	2.50	1.34	5355	2.50	1.26	5032
六枝自备火电厂	2.25	0.59	2618	2.25	0.81	4044
水钢自备电厂	2.40	1.77	7388	2.40	1.63	6809
贵州铝厂自备电厂	9.20	3.86	4198	9.20	4.00	4350
省有机厂自备电厂	2.40	1.04	5801	2.40	0.95	5262
宏福实业总公司自备电厂	3.00	2.12	7068	3.00	2.00	6676
西洋肥业自备电厂	3.00	0.62	4114	1.50	0.56	3752
盘江（老屋基）矸石自备电厂	3.00	1.30	4344	3.00	1.66	5544
海南						
以下电厂合计	188.00	77.97	4147	191.75	62.56	3263
其中：水电	34.80	6.43	1846	34.80	5.67	1630
火电	153.20	71.55	4670	156.95	56.89	3625
牛路岭水电站	8.00	1.63	2041	8.00	1.11	1384
大广坝水电厂	24.20	4.23	1750	24.20	4.08	1686
华能海南发电股份有限公司海口电厂	60.00	39.12	6520	60.00	38.42	6403
华能海南发电股份有限公司南山电厂	13.20	7.32	5545	13.20	7.11	5389
洋浦电厂	44.00	15.38	3496	47.75	10.87	2275
清澜电厂	15.00	0.79	526	15.00	0.10	64
毛阳河梯级电站合计	2.60	0.56	2146	2.60	0.49	1869
海南金海浆纸厂	21.00	8.93	4255	21.00	0.40	190
天生桥一级水电站（广东粤电集团所属电厂）	120.00	40.91	3409	120.00	39.04	3253
天生桥二级水电站（南方电网公司直属电厂）	132.00	63.97	4846	132.00	62.72	4751

企 业 风 采

理想的电力系统

ABB中压产品

作为全球电力技术及市场的领导者，ABB深谙高质量的配电设备对您的重要性。在中压领域，ABB研发并生产出切合您所需的开关/元器件、开关柜、模块系统/箱式变电站和配电保护及控制产品，广泛应用于工业、商业及公用事业等各领域，深得用户好评及信赖。

ABB生产的中压配电设备包括:

开关/元器件：户内和户外断路器、重合器、分段器、户内和户外隔离开关、负荷开关、熔断器、接触器、真空灭弧室、互感器和传感器。

开关柜系列：空气绝缘开关柜、气体绝缘开关柜、马达控制开关柜和环网柜。

箱式变电站：各行业的预制式模块化配电解决方案。

配电保护及控制：配电系统保护装置、控制、通信及配网自动化系统。

备件及服务

欲知详情，请登陆http://www.abb.com.cn/MV 。

ABB(中国)有限公司

ABB集团位列全球500强企业，集团总部位于瑞士苏黎世，并在苏黎世、斯德哥尔摩和纽约证券交易所上市交易。ABB是电力和自动化技术领域的全球领导厂商，致力于为工业和电力行业客户提供解决方案，以帮助客户提高业绩，同时降低对环境的不良影响。ABB集团的业务遍布全球100多个国家，迄今在中国已拥有25家合资与独资企业、在30多个主要城市设有销售与服务分公司和10000多名员工，并拥有研发、生产、销售与服务全方位业务。2005年，ABB在中国的销售额达24亿美元，中国已成为ABB全球第二大市场。

ABB在中国参与了众多国家重点项目的建设，如三峡电站建设和输配电工程、南水北调工程、青藏铁路、北京奥运工程中的首都国际机场的改扩建项目、变电站项目、轻轨项目等。此外，ABB还为亚洲最大的石化项目——上海赛科、广州地铁、上海地铁、北京人民大会堂、上海通用汽车、宝钢等众多客户提供了可靠的电力或自动化技术解决方案。

ABB主要有五大业务：电力产品、电力系统、自动化产品、过程自动化和机器人业务。其中电力产品负责变压器、高／中压开关、断路器等业务。其中在中压产品领域里，ABB研发并生产切合您所需的开关／元器件、开关柜、模块系统／箱式变电站和配电保护及控制产品，已广泛应用于工业、商业及公用事业等各领域。以下是ABB在中国的4家生产中压产品的合资厂，在各行各业为您提供所需的产品。

厦门ABB开关有限公司

公司概况：

厦门ABB开关有限公司是ABB集团于1992年9月在中国成立的第一家合资企业，主要为客户提供3.6～40.5kV中压开关设备和断路器等产品和服务。公司目前已成为全球最大的中压开关柜和断路器生产制造商之一，可年产中压开关柜超过15000台，真空断路器超过35000台。2005年销售收入超过25亿元人民币。目前，公司的中压开关设备及其相关元器件产品已广泛用于国内外3000多个重点工程，产品和服务遍及中国每一个省份和自治区，并部分出口，涉及电力、石化、冶金、房地产、公共设施等各行各业；公司在工业总产值、工业增加值、全员劳动生产率、人均创利税、出口创汇额、高端市场占有率等方面均名列中国高压开关行业第一。

产品系列：

◆ 户内空气绝缘开关柜
◆ 户内气体绝缘开关柜
◆ 户内断路器及开关元器件
◆ 系统解决方案

技术研发：

2002年初，经ABB中压技术部批准，厦门ABB开关有限公司开始组建研发机构，作为ABB在中国的中压开关研发中心，与ABB在欧洲的研发中心携手研发新技术、新产品。2004年，公司推出了一系列先进的电子产品，将工业IT理念和技术全面应用于中压开关设备。此外，公司还成功地自主开发出

UniGear R36铁道电气化开关柜和GSR+铁道电气化真空断路器。特别是公司与ABB欧洲公司联合开发了40.5kV UniGear ZS3.2开关设备，并成为ABB该产品的全球唯一供应商。2005年底，技术更可靠、更先进的新一代VD4真空断路器正式投入生产。作为公司的拳头产品，UniGear ZS1铠装式金属封闭开关设备是ABB倾力打造的12kV户内空气绝缘开关柜系列产品，包括单母线柜、双母线柜、双层柜、船用开关柜等应用类别。各种类型开关柜既可以独立自成系统，也可相互直接拼柜而成。该系列产品融完整性、灵活性、安全性、可靠性和高品质于一体，成为全球市场上最强势的中压开关设备。

质量管理：

- ◆ 在开关行业内最早获得ISO9001质量体系认证，ISO14001环境体系认证。
- ◆ 获得许多重要奖项，如联合国“清洁生产企业”和“中国外商投资双优企业”称号。
- ◆ 在2002年和2004年，公司在业内分别首获“全国质量管理奖”和“重合同守信用单位”殊荣。
- ◆ 推行六个西格玛方法，持续改进质量管理系统，实现更高的质量目标。

北京ABB高压开关设备有限公司

公司概况：

北京ABB高压开关设备有限公司成立于1995年12月，合资方为ABB集团与京城机电控股有限公司。公司采用从ABB瑞典、瑞士、挪威、芬兰的各合作伙伴滚动转让的最新技术和先进的生产设备，主要生产先进的高、中压开关设备以满足中国快速发展的输配电网络市场对高品质开关设备的需求。到2005年底为止，公司的职工已发展到400余人，已成为国内能源、石化、冶金、铁路、交通、工业、建筑等行业高、中压电力设备的主要供应商。

产品系列：

◆ SafeRing/SafePlus SF_6绝缘环网柜和紧凑型开关柜：采用计算机模拟仿真技术，开发的新型SF_6气体绝缘中压开关设备－Safe系列开关，以其固定式单元组合型（SafeRing）与灵活扩展性（SafePlus）的完美统一，既适合网络节点或用户终端的要求，又满足各种二次变电站对紧凑型开关柜灵活使用的需求。Safe系列开关是一个完全封闭的系统，其所有带电部件以及开关封闭在不锈钢的壳体内。

◆ UniSwitch 间隔式金属封闭开关设备：UniSwith开关柜是轻便灵活的空气绝缘开关设备。结构简单，操作灵活，连锁可靠，加之模块化设计和后部泄压通道的设置，使开关柜更具安全、可靠的特性。

◆ 紧凑型户外运行箱式变电站：主要有引进国外技术生产的（Senior、Magnum）和自行开发的（Ingenious）两个系列，它们是按一定线路方案组合成一体的紧凑型配电设备，具有结构紧凑，外型美观的特点。产品符合GB/T 17467—1998《高压/低压预装式电站》的要求，广泛应用于住宅小区、楼宇建筑、车站、港口、工矿企业等。

◆ 紧凑型户外开关站：Ingenious系列户外开关站是公司自行设计开发，主要由SF_6气体全绝缘的紧凑型开关柜和金属房体构成，易于加载配网自动化，所有带电部分封闭在SF_6气体绝缘箱体内，无凝露，不受污秽环境影响；房体防护等极高；安装简单，为广大供电部门所喜爱。

技术研发：

北京ABB高压开关设备有限公司通过从ABB欧

洲伙伴合作转让技术并在中国通过设计、工程、制造和服务的本地化，与公司的客户及当地伙伴共同分享ABB的最新技术，并成为ABB集团“放眼全球、立足本地”的实践者。

质量管理：

公司的目标是按照客户的要求制造并销售高质量的产品，同时向客户提供高质量的售后服务。

- ◆ 1998年2月通过了ISO9002国际质量管理体系的认证
- ◆ 2001年7月通过了ISO9001国际质量管理体系的认证
- ◆ 先后获得“先进管理奖”、“守信企业”等许多奖项

厦门ABB输配电自动化设备有限公司

公司概况：

厦门ABB输配电自动化设备有限公司是ABB集团旗下电力产品部在中国的全资公司。公司业务覆盖配电自动化产品从设计、生产、销售到服务的整个价值链。本地化的团队秉承ABB百余年来在全球的成功经验和质量管理流程，为客户提供领先一步的技术产品。公司继电保护销售人员覆盖厦门、北京、沈阳、青岛、上海、杭州、武汉、成都、广州、深圳和香港。作为合作伙伴的系统集成商、分销商、各类盘厂遍布中国各地。完全符合国情的配电二次设备解决方案，快速的交货与就近的服务为客户免除所有的后顾之忧。服务热线：800—858—0757。

产品系列：

- ◆ SPACOM 100/300 系列保护继电器
- ◆ REJ/REU 系列保护继电器
- ◆ RE_600 系列保护继电器
- ◆ REF542plus 综合保护、控制与测量单元
- ◆ REF541/3/5 馈线终端
- ◆ REM543/5 电机保护终端
- ◆ RET541/3/5 变压器保护终端
- ◆ REC523 远程监控单元
- ◆ REA 系列弧光保护装置

技术研发：

厦门ABB输配电自动化设备有限公司的多功能综合保护继电器REX 521设计为用于中压配网馈线和变压器、电动机等元件的保护、控制、测量、录波和状态监视等功能的继电器。同时REX521也是ABB公司的第一款采用了中文人机界面的继电器，所有的操作均可通过面板液晶屏交互实现，方便中国市场用户的使用。REX521共有15种配置方案提供给用户，可应用在不同的场合。其中，针对中国市场继电保护的需求，特别分别推出了适用于馈线和电动机的方案。2006年10月新推出的REF542plus最新全中文人机界面与主机单元分离设计，独具的超宽屏幕一分为二，并支持全中文显示。左显示一次系统单线图形，右提供快捷菜单和参数设置，让客户尽享调试与操作之便，更加方便中国市场用户。

质量管理：

厦门ABB输配电自动化设备有限公司于2006年5月宣布该厂获得由SGS英国有限公司颁发的ISO 9001：2000，ISO 14001：2004以及OHSAS 18001：1999三项认证证书。三项认证范围包括：电力系统输配电保护继电器的组装、营销并提供输配电系统保护、自动化、通信装置及系统、相关工具和服务。

厦门ABB电器控制设备有限公司

公司概况：

厦门ABB电器控制设备有限公司，成立于2001年11月，是ABB（中国）投资有限公司在中国的第27家合资企业。公司先后从芬兰、德国、美国、意大利等国的ABB公司引进了技术先进的ABB户外开关设备、元件以及户内成套电器装置，为城乡电网建设改造提供配电自动化设备及方案。公司不仅具备了优秀生产力，同时还引进ABB先进的经营理念及高新技术，立志通过优质的产品及服务，为客户创造价值，为社会创造价值。迄今为止，公司已相继为国家多个重点工程提供了优质的产品和服务，赢得了广大用户的赞誉。产品已广泛应用于电力、机械、冶金、石化、交通、建筑等各种领域及国内重大工程项目中。目前公司已成为ABB集团唯一的SECTOS系列柱上SF_6负荷开关全球供货制造基地。

公司的目标是成为亚太地区中压户内外元件及成套设备的首选制造商和研发基地。

产品系列：

户内产品：

- ◆ UniGear550 金属铠装移开式开关柜
- ◆ ZX0 气体绝缘开关柜
- ◆ ZSS 金属铠装移开式开关柜

户外产品：

- ◆ PVB 柱上真空断路器
- ◆ OHB 户外SF_6断路器
- ◆ SECTOS 系列柱上SF_6负荷开关
- ◆ NPS 柱上负荷隔离开关
- ◆ NCX，LBUII 跌落式熔断器
- ◆ OVR 柱上真空重合器

技术研发：

公司引进产品的同时，不断地为满足国内市场的需求而进行技术改进，力求将最新、最好地技术融入符合国内用户习惯的产品。事实证明，用户在得到高技术产品的同时，公司的技术水平也得到了极大的提高。

公司现有技术开发部、工程部和国产化部等近40多人从事产品技术的设计、研发、国产化等工作。所有的人员均经严格挑选、培训后才上岗工作。能够根据用户的具体要求进行科学合理的系统设计及产品设计，并为用户解决有关技术问题，提供参考方案。

质量管理：

使客户满意是公司最重要的质量准则，如何让客户对公司充满信心是每一位员工的职责。公司产品和服务的实现必须信守与客户之间约定和承诺，每一次的交付都应对未来的业务有所促进。

- ◆ 获得CQC ISO9001质量管理体系认证证书
- ◆ 获得挪威船级社DNV质量管理体系认证证书
- ◆ 获得OHSAS18001职业健康安全管理体系认证证书
- ◆ 持续改进质量管理系统，实现更高的质量目标

杭申控股集团有限公司

企业概况

杭申控股集团有限公司（简称杭申）创建于1966年，从生产电器绝缘配件起家，20世纪80年代以生产第一代低压电器进入电器行业，几十年如一日，励精图治，成功地把握了我国低压电器发展机遇，快速发展成为以我国第三代低压电器为主业，集研发、制造、销售为一体的电气专业集团。

杭申现占地面积28余万平方米，建筑面积20余万平方米，在杭州、上海、苏州、南宁、泰国曼谷等建有专业生产制造基地。总资产6亿元，净资产3.5亿元，2005年销售达8.3亿元。杭申的新产品产值率达61%，代表我国第三代低压电器的HS品牌断路器的销售额约占我国中高档断路器产品的30%左右，替代了大量进口产品，并冲击了进口产品的价格，为国家节约了大量的外汇，成为我国低压电器行业重点骨干企业。

杭申与上海电器科学研究所、浙江大学、西安交大、山东大学、河北工业大学、西安高压电器研究所、昆明高原电器科学研究所、桂林电器科学研究所等专业研究单位建有长期合作关系。企业设有国家级博士后科研工作站、省级技术研发中心、计量检测中心、中央试验站，拥有享受国务院特殊津贴资深专家2名、博士后5名、中高级专业技术人员150余名，质量工程师11名。拥有国内最先进的万能式断路器、塑料外壳式断路器计算机全自动生产检测流水线、各类进口数控加工中心、检测设备90余台套。低压断路器获30余项国家重点新产品奖和省级科技进步奖，拥有70余项专利，是省级专利示范企业、国家级重点高新技术企业。

杭申1998年通过了ISO9000质量管理体系认证，以后又分别通过了ISO14000环境管理体系认证、二级计量检测体系认证和企业标准化良好行为AAA级认证。组织学习国家质量监督总局与国家标准化管理委员会发布的《卓越绩效评价准则》，近期将邀请专家培训后组织实施，以达到管理的高效、创新，质量的稳定、可靠，借此提升企业的整体综合水平。参与了十余项低压电器国家标准、行业标准的制订、修订，低压断路器严格按IEC国际标准组织生产，产品性能指标达国际先进水平，产品均按国家规定取得了CCC证书。“杭申”商标2002年被评为省著名商标，HS系列低压断路器2002年被评为省名牌产品。杭申具有强大的营销、服务队伍和营销网络，建有以省会城市为中心、地级城市为重点、县级城市为支点的三级营销、服务网络体系，在全国设有100余家销售公司与技术服务中心，在泰国曼谷设有分支机构，产品覆盖全国各地，畅销东南亚国家和地区，在激烈的市场竞争中赢得了顾客的信赖。

品牌建设

杭申从20世纪80年代就提出了企业质量方针：面向市场，依法经营；零的追求，永恒责任；质量是命，顾客是王；诚实守信，力创名牌。十分鲜明地确立了以市场为导向，顾客为上帝，质量为生命，名牌为目标的品牌意识，确立了从中档产品为突破口，逐步提升到高档产品，积聚力量向世界品牌冲击的品牌战略，并一贯奉行，毫不动摇，杭申决策层十分明晰这一品牌战略，全力以赴，扎扎实实推动品牌工程，把品牌意识贯彻到基层，贯彻到每位员工，贯彻到每项工作中去。始终以自主创新，打造民族品牌为企业责任，取得了显著的业绩，赢得了同行的普遍认可，获得了社会的广泛称誉。

要实现品牌战略，人才是关键。杭申的“借脑、育脑、扩脑”工程是一项具有企业特色的打造人才队伍的举措。借脑——通过与专业研究院所、大专院校、知名企业合作交流，聘用了数十名低压电器领域资深专家，提升杭申自主创新研发能力，解决重大研究攻关课题；育脑——通过与浙江大学、浙江工业大学等知名学府联合办大专班、本科班、委派进修等，从现有职工队伍中选拔培养年青的技术人才；扩脑——通过招聘博士、硕士、高工等高层次专业人才，充实到研发队伍，担当各课题的领军人物。通过十几年的精心打造，杭申研发队伍已基本形成了高中低、老中青、各专业有机结合的团队，可以从容应对中高档低压电器自主创新研发。

杭申始终把自主研发的HSW系列万能式断路器、HSM系列塑料外壳式断路器定位在高、精、尖目标上，把不断提高产品技术水平、质量水平作为根本任务。近几年每年新产品研发费用投入占年销售5%～6%，累计已投入上亿元资金，对这两系列断路器进行结构研究，电磁影响研究，桥形触头动热稳定性研究，主回路结构的温升研究，灭弧系统无飞弧的设计研究，绝缘材料强度、耐磨性研究，4000米高原环境影响中的断路器温升、绝缘、特性研究，脉冲群、浪涌对控制器影响的研究，断路器可靠性早期失效机理研究等。通过大量基础应用的研究、设计，并采用先进设备，进行工艺革新，使杭申HSW系列万能式断路器和HSM系列塑料外壳式断路器技术性能先进、品质提升。同时，加速新产品的研究，例如目前生产的HSW系列万能式断路器的额定极限分限能力从100 kA提高到120kA，机电寿命从3000次提高到15000次；HSM系列塑料外壳式断路器极限分断能力从65kA提高到85kA，机电寿命从3万次提高到5万次。HSW、HSM断路器可靠性分别提高了3～5倍，并在功能上实现了遥控、遥调、遥测、遥信四遥功能和多协议的双向通信，达到了国内领先水平。已研发的HSW万能式断路器不断采用创新构思，应用新的设计原理，使断路器实现了小型化、组合化、模块化，性能大幅度提升，如2500、4000、6300A断路器在高度、深度相同情况下宽度分别减少80、263、119mm。分断能力实现了 $I_{cw}=I_{cs}=I_{cu}=120kA$，最大峰值电流270kA，做到了无飞弧，全分断时间缩短到15～19ms，燃弧时间仅为5～7ms，主回路电阻降到9～17μΩ，比目前行业生产、销售的断路器回路电阻大大降低，从而降低了系统电能损耗。同时功能上更加先进，具有区域联锁功能，谐波监控功能，电流、电压故障波形捕捉功能、测量功能等。几年来，通过产品大量基础研究，产品改进和不断的产品研发，HSW系列万能式断路器获得国家级、省级科技成果进步奖、新产品奖11项，专利26项，其中3项专利被国家专利局评为一等奖，一项为发明专利。HSM系列塑料外壳式断路器获国家、省级新产品奖10项，专利16项，发明专利一项。

杭申近几年先后投资1.5亿元，新建了10万余平方米现代化厂房，根据HS系列断路器特点定制了目前国内最先进的全智能、全自动化装配、检测流水线，进口了日本激光切割机、数控转塔式多工位冲床、贴片生产自动流水线、意大利三座标测量仪、瑞士线切割机床、美国数控加工中心，建立了大型三维计算机辅助设计与仿真技术等，对产品的设计制造、检测等工序的关键设备进行了大幅度的改造，实现了设计、加工制造网络化、检测自动化，大大提高了企业产品设计、制造、检测能力，加上完善的四大管理体系的系统保障，保证了产品的制造精度工艺一致性和质量稳定可靠。

杭申经过几十年来精心打造，诚信经营，杭申牌HSW和HSM系列产品已得到市场的广泛认可，深受广大用户的喜爱，已呈现出良好的杭申电器产品品牌效应。

市场建设

杭申一贯以“市场第一，用户至上”为经营理念，建立了完善的营销服务网络，在全国各省、市、区设有100余家营销办事处、销售公司和技术服务中心，形成了以省会城市为中心的三级营销、服务网络，采用形式多样的、全方位宣传和热忱服务，紧紧地扣住塑造杭申品牌形象的主旋律，经过十几年的精心打造，已成功地把杭申牌HS系列低压电器产品推向全国各地，把优质产品奉献给各行各业的广大用户，形成了百商、千县、万户的产品营销体系。杭申的技术服务体系完善，拥有一支技术精湛、反应迅速、服务优良的技术服务队伍，对产品实行终身跟踪服务，并定期向客户征求产品质量信息，如用户有需要，技术服务人员会在24小时内及时到达，满足用户的需求，做到急用户所急、想用户所想。杭申HS系列低压电器产品已广泛应用于电力、钢铁、机械、石化、航空、铁道、教育、医疗、军工和城建等各个领域，一大批国家重点工程:北京人民大会堂、三峡工程、酒泉卫星发射中心、清华大学、秦山核电站、北京地铁、上海磁悬浮列车项目、上海浦东机场、上海宝钢集团等都选用了杭申的产品。

面对世界经济全球化的挑战，杭申积极拓展海外市场，通过构建国际营销网络体系、出口参展、广告宣传、整体推广，扩大杭申电器在海外市场的影响力，在泰国曼谷投资建设低压电器生产制造基地，作为大举拓展东南亚国家和地区电器市场的桥头堡，杭申产品已出口到俄罗斯、伊朗、泰国、新加坡、马来西亚、越南等国家。

持续创新

杭申目前正投巨资，花大力气，自主研发第四代低压断路器，在自主创新设计、小型化、模块化、通信化、新工艺、新材料、安全、可靠、环保、综合指标等方面力求有新突破。

杭申正在积极进行理念创新、管理创新、制度创新，尝试创建出具有杭申特色的营销模式，以自主创新的第三代、第四代低压电器，向国际品牌挑战，进一步巩固扩大国内低压电器中高档产品市场份额，全面出击拓展更广阔的国际市场。

十一五期间杭申仍然坚持既定的品牌战略，计划技改投入5亿元，新产品研发投入2亿元，做精、做强、做大电气制造主业，建立电气产品高新技术的研发手段，研发具有自主知识产权的高新科技产品，计划专利拥有量增加200项，其中30项为原创性发明专利。杭申仍然坚持以低压电器创民族品牌为己任，以自主创新为研发产品的灵魂，立志通过几年、十几年、甚至几十年的不懈努力，使杭申产品超越国际同行领先水平，把杭申品牌打造成为世界电器行业优秀品牌，把杭申企业打造成为世界一流的电气供应商。我们热切期盼中国低压电器早日领先于世界同行，引领世界低压电器现代潮流。

2005年4月28日，浙江杭申电气集团有限公司变更为杭申控股集团。

杭申控股集团拥有“杭申”牌、“华通”牌、“江灵”牌三个著名品牌，以加速发展超高压及高低压成套开关、电力变压器、高低压电气、智能电子仪表、电工材料等产业为己任，积极投身到国家电力建设之中。

金智科技

WISCOM

金色科技
智慧无限

江苏金智科技股份有限公司，简称金智科技，由南京东大金智电气自动化有限公司和江苏东大金智软件股份有限公司业务合并后成立。

金智科技，源于东南大学，经科技孵化和十年市场化运营，已发展成为国内知名企业，在电力自动化、电力信息化、高校信息化等领域享有良好声誉，连续四年入选全国软件企业百强。

发电厂电气自动化　变电站综合自动化　水利水电自动化　用配电自动化　IT系统集成服务　数字化校园解决方案

★国家火炬计划电力自动化产业基地骨干企业
★国家火炬计划重点高新技术企业
★国家规划布局内重点软件企业
★国家计算机信息系统集成一级资质企业
★涉及国家秘密计算机系统集成资质企业
★南京市十佳科技创新型企业

江苏金智科技股份有限公司

地址：南京市江宁经济技术开发区将军大道100号
邮编：211100
电话：（86-25）52762828
传真：（86-25）52762929
http://www.wiscom.com.cn

江苏金智科技股份有限公司

公司基本情况

江苏金智科技股份有限公司（简称金智科技，前称东大金智）源于东南大学，创立于1995年，2000年完成股份制改造，设立股份有限公司。公司基于对信息技术和电力、教育行业背景的深刻理解，以不断创新的高品质产品及服务创造最大客户价值为核心使命，坚持走自主创业、自我超越的“金智之路”，在电力自动化、高校信息化、企业级IT服务等领域，形成具有自主知识产权、切合客户需求的系列软硬件产品和解决方案，在行业内保持着科技领先。经过10年的不断创新、积累和奋斗，已发展成为国内知名的高科技企业。

公司拥有一支造诣较深的行业专家领衔的，以知识技能兼长的博士、硕士为骨干的高水平、高层次、高素质的专职研发队伍，经国家人事部批准设立了企业博士后科研工作站。公司拥有包括全国500多家电力企业、200多家高等院校在内的大型客户群体。目前公司注册资本5100万元，资产总额超过3亿元，2005年业务收入5亿元，员工人数500余人。

金智科技将通过持续的创业和创新，成为国内一流高科技企业。

技术研发

公司多年从事电力自动化技术和信息技术应用研究开发，用“面向市场需求，鼓励技术创新”理念，来推动整个研发体系建设。公司每年的研发投入均保持在年销售额的8%以上，研发投入增长率近3年持续保持在20%以上。

公司设有专门的研发机构，包括电力自动化研发中心、软件工程研发中心。在公司研发中心基础上，经国家人事部批准设立了企业博士后工作站、江苏省发改委批准设立了“江苏省数据管理与信息集成技术工程研究中心”。

1. 电力自动化研发中心

以电力自动化软硬件技术为支撑，研究、开发具有行业先进水平的电力系统中发电厂、变电站的继电保护、监控和自动装置及电力行业专业应用软件产品等电力自动化产品。中心拥有各类电力、计算机、自动化、电子等专业人才80余人，科研队伍整齐，综合素质高，创新能力强。

2. 软件工程研发中心

以企业应用集成和数据集成技术为依托，研究、开发具有行业先进水平的高校应用集成软件平台产品和数据集成软件平台产品。中心拥有各类计算机、教育管理学、信息管理学等专业人才40余名。

3. 江苏省数据管理与信息集成技术工程研究中心

研究方向为数据管理和信息集成领域的前沿问题，研究对各种非规范数据的管理，在关键技术研究基础上建立以电力、教育等行业中的非规范信息为对象的多源信息集成平台和企业级应用系统集成环境平台，为电力自动化、教育信息化、企业及政府信息化提供非规范信息的管理集成工具和应用系统开发平台。

4. 企业博士后工作站

2006年5月23日，公司经国家人事部批准设立博士后科研工作站（国人部发〔2006〕53号），2006年–2009年，公司博士后工作站拟提出包括数字化变电站继电保护技术研究、企业级信息管理平台关键技术研究等共计15项研究项目。

公司管理

多年来，公司始终参照现代企业管理方式，建立和完善法人治理结构；以机制创新、技术创新、服务创新作为公司的核心竞争能力；以积极开放的姿态吸纳高级人才和技术。

“致力于与客户建立持续和双赢的伙伴关系”，这是公司长期坚持的经营理念，已成为公司的核心价值观和管理原则。十多年来，公司遵循这个原则，一步一个脚印地发展、巩固自己的客户，与广大客户建立了良好的合作和友谊，并使公司销售业绩快速增长。目前，公司的客户已遍及全国除台、港、澳以外所有的省、直辖市、自治区，及印度、伊朗、巴基斯坦、越南等国。

“产品精益求精、服务真诚规范、管理持续改进”，这是公司的质量方针。多年来，公司积极倡导现代企业管理理念，规范了业务流程，建立并贯彻ISO9001：2000质量管理体系，在产品开发管理中采用IPD实施策略，并正在进行软件开发SEI CMMI3认证项目，保障了产品研发、销售、设计、生产、安装、现场服务全过程的有效控制。

公司尊重和关心每个员工，重视员工的建议和意见，使每位员工都得到公正的评价、公平的竞争和发展机会，为员工提供必要的培训和多方向的职业生涯设计。

学习国际先进的管理思想和方法，结合实际，勇于探索，这是金智科技有别于其他企业的一个显著的特点。公司的高层管理人员，大多接受过现代企业管理的培训，目前累计已有10位高管人员从北大光华、中欧、复旦等工商学院EMBA班毕业或就读。

国内交流与合作

2006年7月，公司与复旦大学联合主办“2006高校信息化建设专题研讨会”。

2006年8月，公司与天津市电力公司达成数字化变电站技术研究合作意向。

2006年9月，公司与东南大学合作，共同成立了“东大—金智电力自动化研究中心”（SEU-WISCOM SYSTEM ELECTRIC POWER AUTOMATION RESEARCH CENTER）。该研究中心为高校与企业联合创办的非独立法人研究机构，主要以电力自动化领域的技术研究为目标，着重研究数字化变电站相关技术、电力电子在电力系统中的应用技术、新能源相关技术、电力自动化系统嵌入式平台技术等。

可供技术与服务

A）发电厂电气自动化

DCAP-4000发电厂电气监控管理系统（ECS）

WDZ-400EX系列微机厂用电综合保护测控装置

MFC2000系列微机厂用电快速切换装置

MFC2061微机自动准同期装置

LPC1/LPC2系列微机低压保护测控装置

发电厂其他保护和安全自动装置

B）变电站综合自动化

DCAP-4000变电站综合自动化系统

DCAP-3200系列分布式微机保护测控装置

C）调度自动化

YDS-2000 SCADA/EMS/DMS系统

PTS-9500电网继电保护运行及故障信息处理系统

D）水利水电自动化

ECStar-6000水利水电自动化系统

ECPro-600可编程主控装置

ECU-400/500现场控制单元（LCU）

E）用配电自动化

YDJ-2000电力负荷管理和用电监控系统

F）电力行业IT服务

信息系统咨询规划服务

信息系统集成服务

信息系统运行维护服务

信息系统安全评测服务

信息系统设备续保服务

主要事件

1. 1997年，公司研发成功MFC2000-1型微机厂用电快速切换装置，这是国内第一套微机型快切装置，其“同期捕捉”原理为国内外首创，该产品获1998年度国家电力公司电力科学技术进步奖。目前，该产品已完成-1型、-2型、-3型升级换代。迄今为止，国内第一台300、600、1000MW机组微机快切装置均由我公司提供，超过60%的发电机组都使用了该系列快切装置。
2. 1998年，公司研发成功WDZ-1系列微机厂用电综合保护装置，这是国内第一代微机型厂用电综合保护装置之一。目前，该产品已完成-

1系列、-2系列、-3系列、-400系列、-400EX系列升级换代。国内约30%的发电机组采用了该系列产品。

3. 1999年，公司在国内率先提出了发电厂电气监控管理系统（ECS）的概念，并提出了ECS的结构、功能及接入DCS方式等构想。2001年，公司研发完成DCAP-4000发电厂电气监控管理系统并通过鉴定，于2002年5月投入现场运行，这是国内第一套完成研发及实际投运的ECS系统。DCAP-4000系统被列入2003年度国家级火炬计划项目，在目前采用ECS的工程中，约占40%，并保持了以下第一：

(1) 国内第一例300MW机组ECS——华电山东莱城电厂；

(2) 国内第一例600MW超临界机组ECS——华能沁北电厂；

(3) 国内第一例全通信控制模式ECS系统——云南巡检司电厂。

4. 2000年，公司获得江苏省软件企业、南京市高新技术企业、AAA资信企业等资质，并推出DCAP-4000变电站综合自动化系统、DCAP-3200系列保护测控装置、电网调度生产管理系统、发电厂综合查询系统、发电考核管理系统等新产品。

5. 2001年，公司获得国家计算机系统集成一级资质企业、江苏省高新技术企业、江苏省重合同守信用企业等资质，通过ISO9001：2000质量管理体系认证，并推出发电厂计算机化维修管理系统、发电厂吹灰优化系统等产品。同年，公司产品《电网调度生产管理系统V1.0》获江苏省优秀软件产品奖，《江苏电网调度专业生产管理系统》、《MFC2000微机厂用电快速切换嵌入式软件系统》获南京市优秀软件奖。

6. 2002年，公司获得国家火炬计划重点高新技术企业、涉及国家秘密计算机系统集成资质等资质，入选2002年度全国软件企业100强，并推出电网继电保护运行与故障信息处理系统等新产品。公司产品《电网调度生产管理信息系统》获江苏省及南京市科学技术进步奖，《调度实时信息接入及其应用系统》、《江苏电力网调度生产管理信息系统》、《江苏电网自动发电控制实时辅助调节系统》获江苏省电力公司科学技术进步奖。

7. 2003年，公司入选2003年度国家规划布局内重点软件企业、2003年度全国软件企业100强。

8. 2004年，公司入选2004年度国家规划布局内重点软件企业、国家电力自动化产业基地骨干企业、2004年度全国软件企业100强，并推出ECStar-6000水利水电自动化系统等新产品。

9. 2005年，公司入选2005年度国家规划布局内重点软件企业；获得国家信息产业部信息安全评测一级资质；入选2005年度全国软件企业100强；推出YDJ-2000电力负荷管理及用电监控系统。

10. 2006年，公司获得南京市十佳科技创新型企业荣誉称号、南京市纳税信用等级A级纳税人资质；入选2006年度全国软件企业100强；公司产品《金智企业级应用集成平台系统软件WEAI》、《ECStar-6000水利水电自动化系统软件》获南京市优秀软件奖；公司获准设立博士后科研工作站；与东南大学共同成立“东大-金智电力自动化研究中心”；公司推出LPC500系列低压保护测控装置等新产品。

江苏丰县供电公司

没有豪言壮语，没有铮铮誓言。在丰县供电公司多种产业扩建工地，你会领略到这一切。在“和风细雨，润物无声”之中，门面楼工程拔地而起，展示出公司和谐凝聚力量、创新谋求发展的良好氛围。这仅是丰县公司新一届领导班子发扬求真务实、开拓进取精神，扎实做好全面工作的一个缩影。

迈入公司大门，迎面巨幅“努力超越、追求卓越”八个大字在音乐喷泉水帘映衬下，格外醒目；办公楼电子屏上“用明天的思维，干今天的工作”“以一流的工作创造一流的业绩”等流动字幕有规律的滚动变换，展示出一种务实高效、赶超先进的精神风貌。

加强员工素质教育

丰县是苏北欠发达地区中的传统农业大县、工业小县，全县年供电量仅3亿kWh。这是不可回避的现实。因此，要在优服务、抓安全、兴多产上胜人一筹，就必须走进一片新天地。

不断提高员工素质，激发新的“生产力”，是丰县供电公司历届领导班子的共识，加强对员工的思想教育培训也成为新班子当务之急。

2006年4月16～19日，公司党委举办了领导班子调整后第一期党校、政校培训班，邀请有关专家对参加培训的党员及员工进行了“五破五立”“一信两图”及“八荣八耻”社会主义荣辱观、新《党章》、党风廉政建设及员工职业道德、爱岗敬业等方面的培训教育。通过3天学习培训，全体参培人员思想政治素质进一步提高，为完成各项目标任务提供了动力源泉。

营造和谐服务氛围，提供一流服务，争夺单项“冠军”，成为丰县公司员工争先进的普遍追求。丰县公司营业厅经过践行“刘平亲情服务法”，不断提高优质服务质量与水平，实现了服务质量的“零投诉”，2005年分别被江苏省电力公司、江苏省质量技术监督局授予“一流班组”、“质量信得过班组”。班长王兰芳动情地说：“在成绩面前，我们决不能松懈，在服务客户上我们要优上加优，争创国家电网公司‘一流班组’，把优质服务推向更高的台阶和水平！”

掷地有声的话语，拼搏奋进的足迹，为了建设“一强三优”现代公司，丰县供电人铆足了一股劲！

求真务实，精干高效

新一届领导班子深深懂得，只有营造和谐的人际环境和工作氛围、上下齐心、默契配合，提高决策执行力、增强组织与领导层的向心力、凝聚力、感召力，才能充分调动广大干部员工的工作积极性及创新能力，打造求真务实、精干高效的干部及员工团队精神，提高工作效率和沟通、配合能力。为此，他们提出了外求和谐共融、内求团结方正的要求。对外努力营造有利于企业发展的外部和谐氛围，要求所属各部门加强同上级领导、有关部门的沟通和协调，主动汇报工作，积极寻求帮助，使企业发展中遇到的困难迎刃而解；对内加强沟通、搞好配合，加强和完善制度建设，以制度管人、按流程办事，在公司内部深化阳光管理工作，凡事做到公平、公正、公开。

关注“民生”、了解“民意”是营造和谐、推动工作的基础。员工工作与生活中出现的困难，以及对公司生产、发展有看法、意见和合理化建议，可向公司领导直接反映或提出。2006年4月5日，丰县公司开通了“员工论坛”和“领导信箱”，构建了公司主要领导与普通员工感情交流与思想沟通的平台，员工可面对面与主要领导交流，对“金点子”、好建议纳入决策依据和参考的，均给予一定的奖励，并千方百计帮助员工解决工作与生活中遇到的困难，充分调动员工的积极性。员工们兴奋地说“新班子和老班子一样务实，一样与我们贴近，我们没有理由不干好自己的工作”。

建立雷厉风行、快速反应的运行机制，是推动工作精干高效的有效举措。新班子成员平时注重调查研究、果断决策、靠前指挥、率先垂范，不断开创各项工作新局面。

2006年4月22日中午，丰县针织厂派员来报修称，该厂变压器高压跌落保险烧坏，急需进行更换。丰县供电公司启动快速反应机制，派员前去勘察处理，但因更换全套高压跌落保险需进行10kV线路停电，而该厂所在的103号线路为丰城供电主要线路之一，一旦停电将会给许多大客户及居民客户生产、生活用电造成影响，为此，公司将施工的时间定在凌晨零点。当晚23时50分，公司副总经理王星带领抢修人员赶到现场，零时整开始抢修。固定跌落保险的螺栓由于风吹雨淋，锈蚀得难以松动，施工人员就用钢锯逐一锯开，经过50分钟的紧张作业，23日凌晨1点结束，既保证了其他客户的正常供电，又修复了烧坏的跌落保险，受到客户的称赞。

创新安全文化理念

安全生产工作一直是必保的一块金牌，也是各届领导班子工作的“第一要务”。因此，安全生产成了丰县公司“逢会必谈”的第一项工作。2006年4月10日，丰县公司实现连续安全生产5000天，创历史最高记录。

新班子在扎扎实实抓好安全生产工作的同时，不断创新安全文化理念，取消传统的庆祝活动，举行了“丰县供电公司安全生产从零开始再发动签名”仪式，丰县公司数百名员工在10m长卷上郑重地签上自己的名字。另外，丰县供电公司还开展了安全生产5000天生产一线人员座谈会、向全体员工发放安全生产征求意见表，主动征求员工意见和建议；向全体员工及亲属发放安全生产倡议书，在公司营造浓厚的安全文化氛围。为达到安全生产警种常鸣的目的，2006年4月30日，丰县供电公司运用图文并茂的形式及发人深思的事故案例，制作成14块图板在公司本部及14个供电所进行巡回展出。内容涉及电网、人身、设备、外力破坏、交通和漫画六个方面。通过组织员工观看，进一步增强了全体员工的安全生产意识。

为实现“八个不发生一个确保”的安全目标，丰县供电公司结合安全性评价工作，与各单位、班组、员工层层落实安全生产责任制，着力创建“零违章”班组、员工活动，发挥典型示范作用；同时严肃责任追究，严格考核，杜绝各级各类事故的发生。截至2006年5月15日，丰县供电公司实现安全生产5035天，连续第三次荣获全国“安康杯”竞赛优胜单位。

强抓机遇，发展多产

丰县供电公司在主业之外，大力发展多种产业。近年来由于原材料的大幅涨价，加大了产品的生产成本，同时由于货款回收不理想、资金周转困难等成为制约发展的“瓶颈”。如何做优多种产业？新班子成员上任后明确提出：自加压力，迎难而上，克服一切困难，千方百计开辟产业发展升级的“绿色通道”。

新班子接过上届班子的“接力棒”，在更高的起点上着手谋划银龙电线电缆的发展前景和未来。公司坚持创新、发展的工作思路，抓住国家即将投资900亿元改造农村电网的机遇期，尽快将三期扩建工程建成投产，扩大生产规模，提升生产能力，将更多规格型号优质电线电缆供应市场，拓展在全国各地的市场，本着“人无我有、人有我优、人优我新”的原则，不断提高产品科技含量，增强市场竞争力，赢得市场，赢得客户，从而达到产业升级的目的，实现产值和效益最大化，以产业报国，以产业回报社会，引领地方经济发展。

和谐凝聚力量，安定促进发展。丰县供电公司新班子成员表示，有往届领导打下的良好基础，有团结奋进的干部员工队伍，新班子决心团结和带领广大员工“争先创优”，拼搏进取，扎实推进各项工作，为建设“一强三优”现代公司多作贡献。

江苏省丰县解放东路145号
邮编：221700
电话：0516-89222471
传真：0516-89246811

南瑞继保 NARI-RELAYS

■ 南京南瑞继保电气有限公司成立于1995年，位于南京江宁经济技术开发区。

■ 公司主要从事电力系统控制和保护软件产品的研究开发、生产销售和工程服务。1998年，被评为江苏省和南京市高新技术企业；2001年，公司又被国家科技部评为国家火炬计划重点高新技术企业和江苏省软件企业。2002～2004连续3年入选中国电气工业百强企业和中国软件百强企业以及国家规划布局重点软件企业。

公司主要产品大类为：

高压和超高压输电线路保护	
RCS-901/902系列	220～750kV 超高压输电线路方向纵联成套保护
RCS-931系列	220～750kV 超高压输电线路光纤电流纵联差动成套保护
RCS-92×系列	超高压输电线路辅助保护
RCS-941/942/943系列	110kV 输电线路保护和重合闸
RCS-951/953系列	35～66kV 输电线路保护和重合闸
变压器保护	
RCS-978系列	35~750kV 变压器成套保护
母线保护	
RCS-915系列	35~750kV 母线差动保护
发电机保护	
RCS-985系列	大型发电机组、发电机-变压器组成套保护
中、低压保护	
RCS-9600系列	6～35kV 中低压保护和测控单元
变电站综合自动化	
RCS-9000	35～110kV 变电站综合自动化系统
RCS-9700	220~750kV 超高压大型变电站综合自动化系统
电网安全稳定控制	
RCS-991/992系列	分散式电网安全稳定控制系统
RCS-993系列	电力系统失步解列系统
RCS-994系列	紧急频率电压控制系统
直流输电控制保护	
PCS-9500	超高压直流输电控制保护系统
电网调度自动化系统	
PCS-9001	网、省、地区调度自动化系统
发电机励磁控制系统	
PCS-9400	100~800MW 大型发电机励磁控制系统
GIS智能控制	
PCS-9820	GIS 专用智能控制系统
发电厂电气控制系统	
RCS-9700	发电厂电气控制系统
RCS-9600	发电厂厂用电保护
通信设备	
LFX-912/913	继电保护专用收发信机
FOX-40	光纤收发信机
MUX-64/2M	64KB/2MB 光纤通信专用接口
CAT-50	音频接口

南京南瑞继保电气有限公司

服务热线：800-828-9967
营销传真：025-52100511　52100512

http://www.nari-relays.com

地　址：南京江宁经济技术开发区胜太路99号
邮　编：211100

TEG 株洲南车时代电气股份有限公司

株洲南车时代电气股份有限公司(简称时代电气)是经国务院国有资产监督管理委员会批准，由中国南车集团株洲电力机车研究所（简称株洲所）作为主发起人，以发起方式于2005年9月26日设立的股份有限公司。公司注册资本为人民币6.7亿元，在发起设立中，株洲所向时代电气注入了轨道交通电传动技术、大功率半导体技术、产品制造、检测与测试技术及其他相关的各类资源。

时代电气主要从事大功率半导体器件、机车电传动技术及工业、民用变流技术的应用研究和工程化研究，承担电力机车、内燃机车、地铁及轻轨车辆、客车、大型养路机械等的电气控制装置以及大功率半导体器件、传感器等产品的开发与生产。公司在大功率半导体技术、机车电子控制与网络技术、变流技术、传感技术、安全监控技术等技术领域具有很强的优势。

时代电气现有电力电子事业部、海外事业部、测控技术事业部、安全装备事业部、客车电气事业部、城轨事业部、印制电路事业部、时代电子公司及三菱合资公司、西门子合资公司、技术中心、营销中心、制造中心等成员单位。

电力电子事业部是株洲南车时代电气股份有限公司核心业务单元之一，前身为株洲电力机车研究所半导体厂，成立于1964年，专业从事大功率半导体器件的研制，是我国最早开发大功率半导体器件的单位之一，是我国铁路机车大功率半导体器件研究开发及生产基地。40余年的术业专攻，2006年，时代电气电力电子事业部销售收入将达到1.5亿元，是全国最大的功率半导体器件生产基地，在中国电力电子行业享有较高声誉。

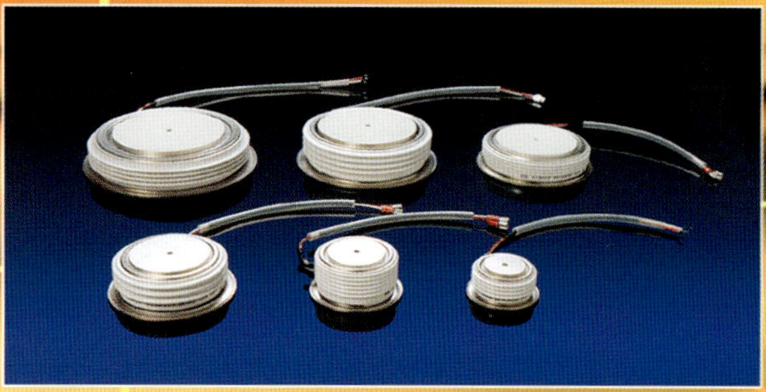
普通晶闸管－1

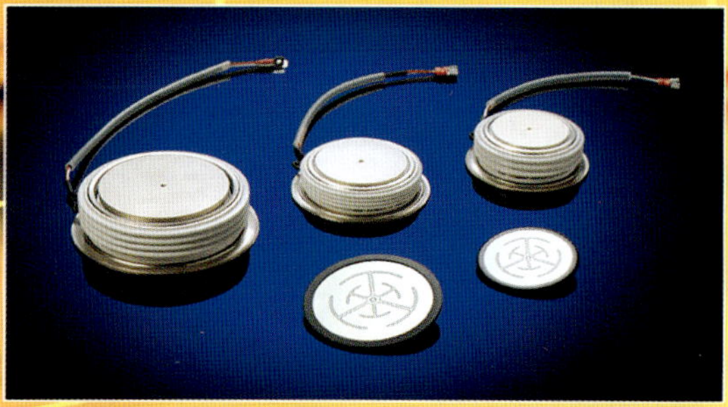
普通晶闸管－2

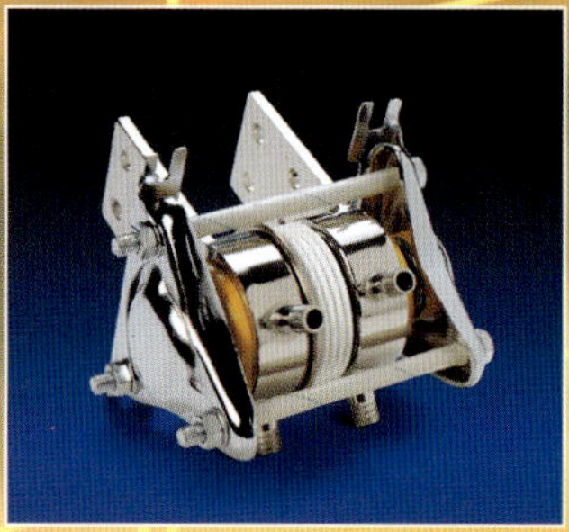
通用水冷散热器

型材散热器－4

普通整流管－2

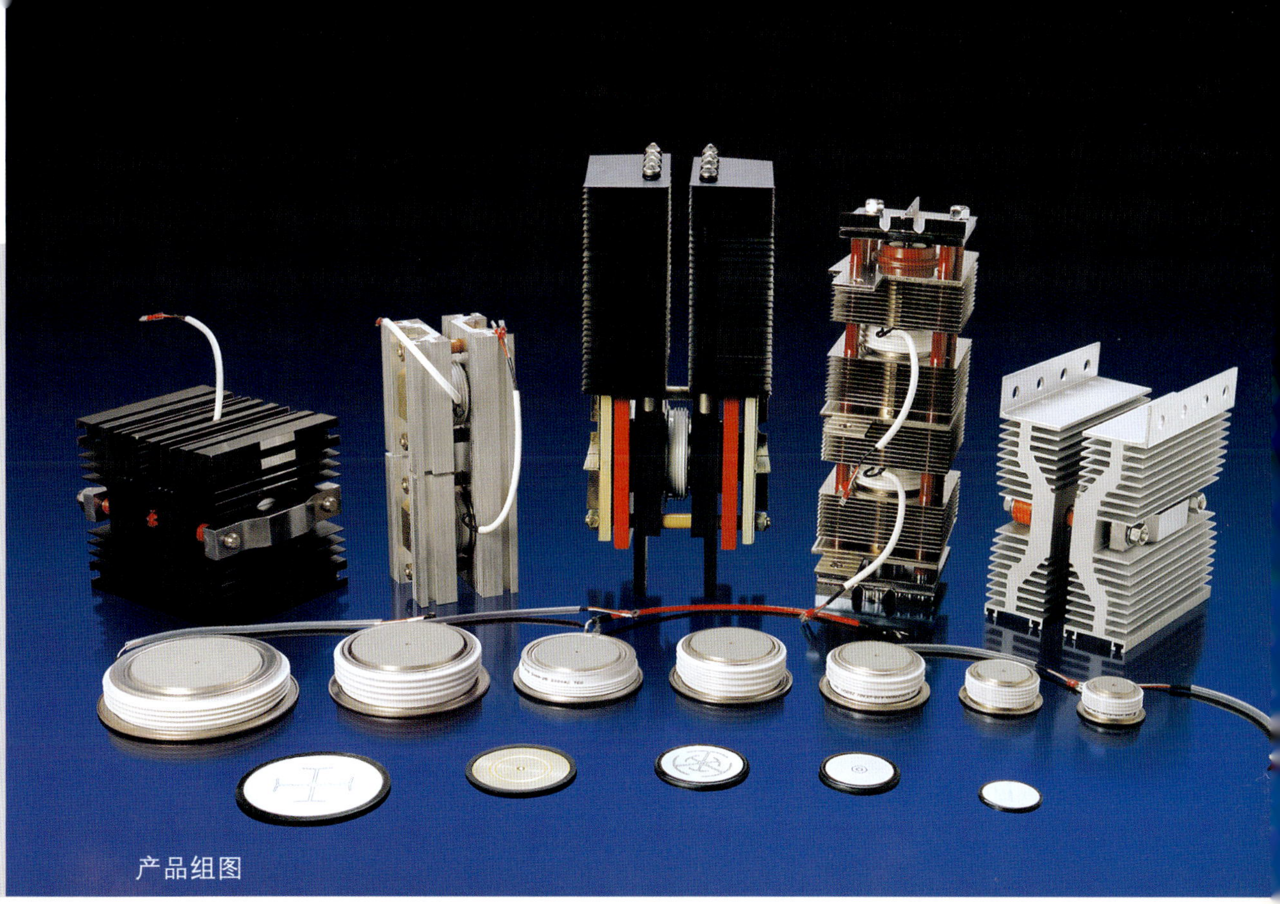

产品组图

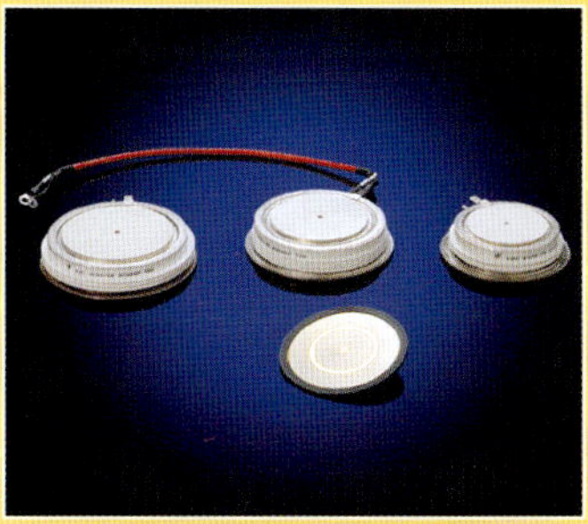

门极可关断晶闸管

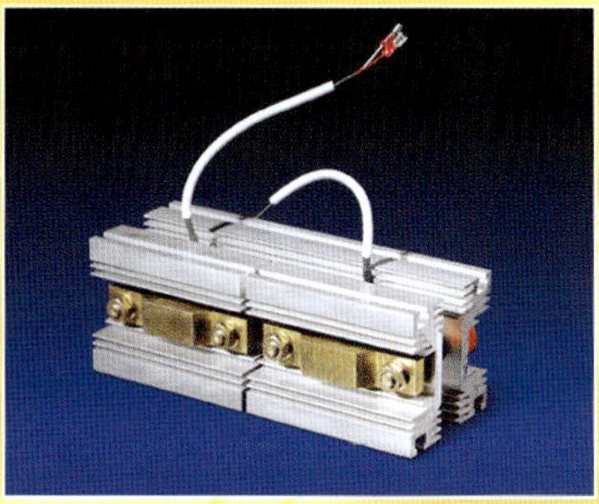

型材散热器－2

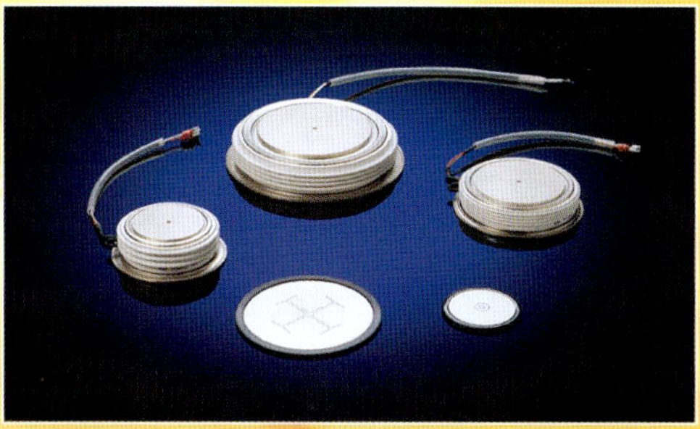

快速晶闸管

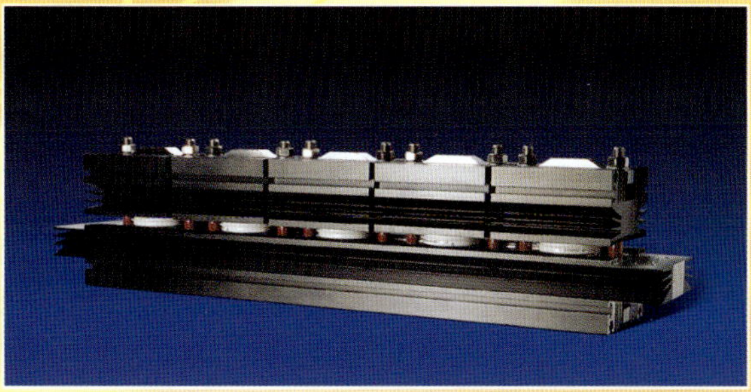

型材散热器－3

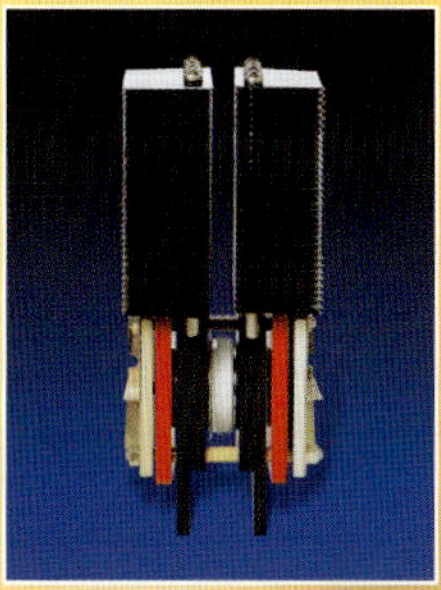

热管散热器

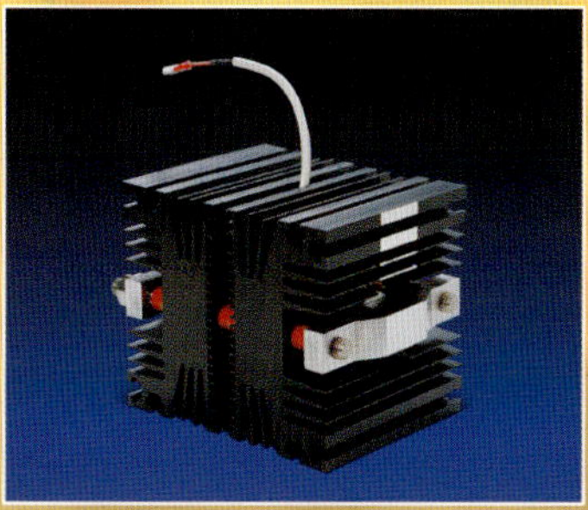

型材散热器－1

株洲南车时代电气股份有限公司

技术领先

株洲南车时代电气股份有限公司(简称时代电气)是经国务院国有资产监督管理委员会批准，由中国南车集团株洲电力机车研究所（简称株洲所）作为主发起人，以发起方式于2005年9月26日设立的股份有限公司。公司注册资本为人民币6.7亿元，在发起设立中，株洲所向时代电气注入了轨道交通电传动技术、大功率半导体技术、产品制造、检测与测试技术及其他相关的各类资源。

时代电气主要从事大功率半导体器件、机车电传动技术及工业、民用变流技术的应用研究和工程化研究，承担电力机车、内燃机车、地铁及轻轨车辆、客车、大型养路机械等的电气控制装置以及大功率半导体器件、传感器等产品的开发与生产。公司在大功率半导体技术、机车电子控制与网络技术、变流技术、传感技术、安全监控技术等技术领域具有很强的优势。

时代电气现有电力电子事业部、海外事业部、测控技术事业部、安全装备事业部、客车电气事业部、城轨事业部、印制电路事业部、时代电子公司及三菱合资公司、西门子合资公司、技术中心、营销中心、制造中心等成员单位。

电力电子事业部是株洲南车时代电气股份有限公司核心业务单元之一，前身为株洲电力机车研究所半导体厂，成立于1964年，专业从事大功率半导体器件的研制，是我国最早开发大功率半导体器件的单位之一，是我国铁路机车大功率半导体器件研究开发及生产基地。40余年的术业专攻，2006年，时代电气电力电子事业部销售收入将达到1.5亿元，是全国最大的功率半导体器件生产基地，在中国电力电子行业享有较高声誉。

时代电气电力电子事业部主要产品有普通晶闸管、普通整流管、快速晶闸管、快速整流管、续流和吸收二极管、门极可关断晶闸管（GTO）以及集成门极换流晶闸管（IGCT）。产品广泛应用于交通、电力、矿山、化工、机械、冶金等行业，产品销售网络覆盖全国，并已批量销往欧美、中东、东南亚等国际市场。

公司生产的大功率半导体器件装备了我国韶山1～韶山9主型及改进型电力机车，装备了东风主型及改进型内燃机车，为上海地铁提供了GTO配件，为我国AC4000交流机车提供了800A/3000V不对称晶闸管，为国内相关行业提供了各种规格器件上百万只。目前，公司生产的大功率半导体器件是美国GE公司交通运输部的首选供货渠道，占了GE公司年器件采购额的85%以上。由于质量可靠，未来5年，GE公司将100%采购该公司的大功率半导体器件，并将公司列为了战略合作伙伴。

技术领先

1989年，电力电子事业部引进西屋大功率半导体器件制造技术，形成了一条3英寸器件生产线。1997年，通过SS7D元件课题攻关掌握了全压接技术，开发了具有自主知识产权的系列化的全压接器件；2000年，通过铁道部“九五”重点投资及交流合资项目的投入，将原有3英寸线改造成为了一条高效、高品质的4英寸器件生产线。2003年以来，通过GTO、IGCT及软恢复二极管的研制开发，掌握了大功率GTO/IGCT、软恢复二极管等交流传动开关器件的制造技术与工艺，初步形成了较为完整的一个双极型大功率器件产品体系。

2004年底，成功研制出5英寸8500V高压晶闸管和整流管，2005年，5英寸晶闸管和整流管在SS3B、SS4G、SS7E电力机车和SVC系统获得成功应用。

“十五”期间，时代电气电力电子事业部积极跟踪当今国外双极型功率器件的先进技术与发展方向，在基础工艺研究、新产品开发及原有产品的技术改进方面投入了大量的科研资源，以产品系列化、工程化和工艺模块化、标准化为目标，初步完成了以工艺平台和产品开发平台为主要特征的技术开发体系的规划与建设。

到目前为止，时代电气电力电子事业部已经形成了两套基本工艺：

- **以西屋引进技术为特征的烧结型器件工艺；**
- **自主开发的全压接工艺。**

自主研发的全压接技术成熟，并完成工程化。基于全压接技术平台的产品功率容量在国内都居于领先地位。

构筑了两个主要的产品技术开发平台：

- **直流器件开发平台：以半控型器件为主要特征、以高压大电流普通和快速器件开发为主攻方向，满足高压直流输电、高压功补、高压电机软启动、电解铝及中频电源应用需求；**
- **交流器件开发平台：以自关断器件为主要特征、以开发大功率GTO、IGCT等开关器件及其配套二极管为主攻方向，满足交流传动、高压变频及高压功补市场需要。**

在此基础上，逐步形成了普通晶闸管、普通整流管、快速晶闸管、快速整流管、非对称晶闸管和GTO/IGCT等六大系列的产品。以3英寸为界，3英寸以下为普通烧结型器件，主要采用西屋工艺生产；3英寸以上，为全压接器件，采用新型全压接工艺。

基于良好的技术基础，时代电气电力电子事业部致力于为我国特高压直流输电技术的发展作贡献，2006年开始研制6英寸高压晶闸管，2006年9月，已经成功研制出样品。

质量可靠

时代电气电力电子事业部1998年初建立了ISO9001质量体系，2002年通过了英国BSI质量体系审核，设计程序规范，工艺精良，质量稳定。

1 建立规范的设计程序

通过建立ISO9001质量体系及管理工作的改进，时代电气电力电子事业部已形成非常规范的设计开发程序，包括芯片、外壳及封装结构设计等都应用计算机仿真技术。编制了规范的工艺流程、可靠性分析方法、晶闸管应用寿命预测等，保证设计输出科学合理。

2 精良的工艺保证

公司特别强调制造工艺对晶闸管质量的重要性，设有专门的工程师从事工艺稳定和新工艺导入工作。在工艺生产过程中，引入SPC统计，6δ管理，保证工艺过程可控和可追溯，工艺稳定。

3 产品性能优越

- 2001年开始全球采购，对关键原材料实施控制的严格，从源头确保产品的制造质量；
- 采用电子辐照技术精确控制载流子寿命，以保证 V_{TM} / V_{FM}/ Q_{rr} 均匀分布，产品特别适用于电化学整流电源、高压直流输电、S_{VC}等要求V_{TM}、Q_{rr}均匀的应用场合；
- 电子束蒸发Al厚膜技术，有利于器件长期稳定工作；
- 管壳内充满干燥惰性气体确保器件在全寿命运行过程中的稳定性，通过氦质谱检漏技术保证管壳的密闭性；
- 器件具有防爆裂功能，并通过美国军标防爆裂试验。

基础设施完善

时代电气电力电子事业部建有三栋洁净厂房，洁净度分别为1000级（关键工序100级）、10000级、10000级，建有完善的配套设施。“十一五”期间，公司还将建成第四栋净化厂房，用于6英寸高压晶闸管的生产。

时代电气电力电子事业部拥有国内外先进的制造设备300余台（套），如荷兰ASM长温区高精度扩散炉，美国和法国的高真空电子束蒸发机，德国Karl Suss光刻机，Crystal Mark公司喷砂机，M&N公司的磨片机等；配备检测设备36台（套），如扩展电阻测试台、α台阶仪、少子寿命测试台等工艺中间检测设备，对整个工艺过程实施严格控制；配备有瑞士LEM公司生产的综合测试台、美国Laessig公司的交／直流高温阻断试验台、浪涌电流测试台、di/dt测试台等全套试验设备，能对器件进行严格的测试和试验。建有国内功率半导体器件生产厂家唯一的12MeV电子直线加速器辐照中心，能精确控制少子寿命。

管理规范

时代电气电力电子事业部始终致力于管理创效，具有科学的管理机制。始终坚持“片片精良、只只合格、台台可靠、户户满意”的质量方针，严格进行质量管理；秉承“遵守国家环境保护法律法规，制造绿色电力电子产品，节约能源降低损耗持续改进，不懈追求人与自然的和谐统一”的环境方针，走可持续发展道路，通过了ISO14001认证。推行5S管理，倡导在平凡中追求崇高，在小事中体现伟大，对改善现场和提升员工素养起到了积极作用。

时代电气电力电子事业部秉承“追求、超越、创新”的企业精神，笃信“客户为尊、诚信为本、科技领先、品牌制胜”的企业经营理念，遵循“以科技成就国家（股东）、社会、客户和员工”的企业宗旨，努力为我国的大功率半导体事业的发展作贡献，竭诚的为广大客户提供优质服务，用精诚的态度，制造精良芯片、生产精优器件、提供精心服务，造就国内领先、国际知名的大功率半导体器件产品品牌，为我国高压直流输电的建设和国民经济相关领域作出积极贡献！

江苏电力 JIANGSU POWER

南京线路器材厂

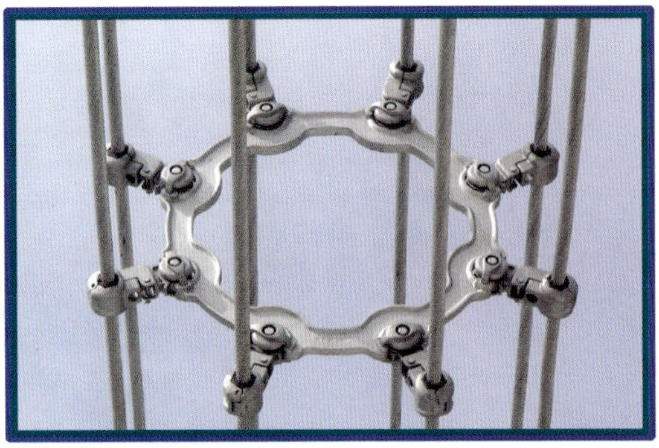

特高压导线阻尼间隔棒

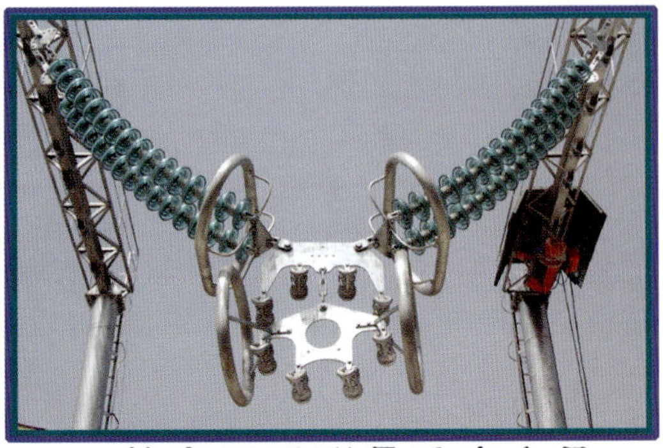

特高压双联悬垂串金具

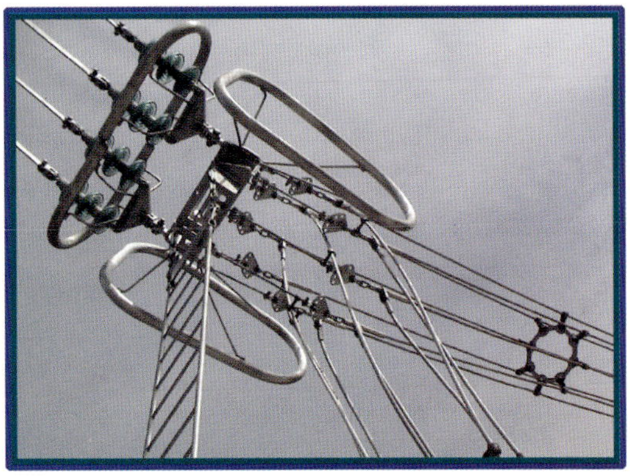

特高压导线耐张串金具

特高压硬跳线串金具

南京线路器材厂是江苏省电力公司直属的全国规模最大的电力金具、电力施工机具研究、设计、制造企业。我厂技术领先、质量可靠、设备先进，我国第一条110kV～750kV各电压等级输变电线路及变电站配套金具和施工机具均由我厂设计、研制、供货。我厂还多次荣获国家银质奖、省部优产品奖和科学技术进步奖。

为配合我国特高压电网建设，我厂积极开展了1000kV交流和±800kV直流特高压工程配套金具研制工作。在国家电网公司的关心支持和江苏省电力公司的精心组织下，特高压金具研制取得了圆满成功！

地址：江苏省南京市和燕路49号
电话：025-85504501
传真：025-85501939
邮编：210037
网址：www.nj-xlqc.com
E-mail: seller@nj-xlqc.com

西门子电力自动化有限公司

公司简介

西门子一直在能源自动化领域的继电保护、电站自动化、电能质量控制，以及发电和输配电中的能源管理及信息系统方面引领技术潮流，提供创新解决方案。无论是灵敏可靠的产品性能，完备的系统结构，还是迅捷的设备调试和高效的系统管理，都使用户从中受益匪浅。无论在现在还是将来，西门子能源自动化部门都将为世界各地的可信赖的电力供应作出重要贡献。西门子电力自动化有限公司在中国的成立将缩短西门子能源自动化业务与中国客户之间的距离，使西门子先进的全球技术网络触手可及。

西门子电力自动化有限公司（SPA）成立于2004年1月，坐落于江苏省会南京市的江宁经济技术开发区，总投资700万欧元，计划员工总数300人，是西门子输配电集团（PTD）旗下能源自动化部门的全资公司，也是西门子能源自动化部门在德国外主要的区域性总部。SPA将为客户提供从设计、研发、生产、工程、服务到物流各个环节完备的价值服务链。

产品与服务

■ SINAUT SPECTRUM/POWER CC 世界领先的能量、配网和发电管理系统

SINAUT SPECTRUM 系统使用户能够最灵活、最自由地按照自己的需要扩充和修改系统，采用国际标准与其他控制中心交换数据。新一代能量管理/配网管理/发电管理系统平台SPECTRUM POWER CC 具有开放的可伸缩及模块化的灵活系统构架。SPECTRUM POWER CC 采用 IT 领先的主流新技术：分布式组件、面向对象的方法和最新的国际标准IEC 61970标准实现了结构完整的公用信息模型（CIM）。该系统可以方便地无缝嵌入到客户原有的IT应用环境中。目前 POWER CC 系统已在全球范围内的配电公司、城市电力公司和一些工业用户处运行，确立了其在重组中的电力工业界的成功地位。

■ DCS 3000/POWERLINK 沟通过去、现在和未来的通信方案

DCS 3000 配电载波通信系统直接利用电力系统已有的配电网络，为实施配网自动化带来极大的便利，并适用于任意的网络结构。POWERLINK电力线载波通信系统用于数据、话音、保护和视频监视信号在高压电力线上的传输，传输容量达76.8kbps，可将多个局域LANS连接至广域网WAN。用于模拟和数字通道的SWT 3000保护信令系统保障电力系统实现极高的安全性。

■ SIPROTEC 满足每一种需求的继电保护设备

SIPROTEC不仅仅只是对一次设备提供保护。由于其具有的广泛功能，它也能够显示测量值，实施间隔控制，并且拥有完整的间隔数据库和包括最新的IEC61850在内的各种规约的通信接口。利用其独特的可联网操作软件，该软件可用于所有SIPROTEC继电器。用户可自行对其保护数据进行分析和管理。SIPROTEC最引人注目的特点是各种与二次设备相关的功能都智能地集成于每一间隔的单一设备中。SIPROTEC 继电器也可作为 SICAM 变电站综合自动化系统的组成部分，以实现最佳配置。

■ SICAM、SAT 1703专家解决方案和创新的产品

SICAM 是公司推出的专门用于变电站监控和保护系统的优化解决方案，确保了用户有效的监控其电力系统，易于使用且带有无缝软件和标准参数设定工具。公司从工程开始就向客户提供所需要的

所有支持，从选择适当的产品到派遣公司的技术专家团队提供任何所需的技术服务。客户将受益于公司持续的工艺改进、提供的系统故障分析支持以及电力系统故障时的快速恢复。灵活的理念使客户能够随时更新SICAM系统以满足不断变化的需求。SICAM可提供基于以太网的最新的IEC61850国际标准，适合于未来电力市场的发展。

SAT 1703基于多处理器体系结构，功能实现相互独立，可作为变电站远动通信单元、站级数据处理器、外围设备通信节点、前置机或规约转换器使用。多达66个串行口和150种规约。同时提供部件、处理器和通信元件多种冗余。工程组态和维护简单方便，面向对象化的工程组态方式可创建用户自己的开环或闭环控制方式，支持远程组态、组态参数及软件存储闪存卡。

■ SIMEAS 改善电力系统的透明度

利用公司的电能质量测量和记录系统，用户能够持续监控安装在供电方和用电方之间的电能质量。这样将使得电力系统或用电系统中的任何薄弱环节都更加清晰可辨；可以减少问题发生，澄清故障原因，最终能够节约成本。高效的质量管理也为客户降低成本提供了巨大帮助。

■ IEC 61850 获得一个变电站综合通信的解决方案

IEC 61850由用户和制造商共同创造出来，该标准在国际上一致认可的目的是为了获得一个变电站综合通信的解决方案。用户有权使用基于以太网的通信技术的开放系统。面向对象的结构已广泛用于保护和控制功能，并使变电站管理效率更高。

SICA PAS (Power Automation System)满足目前变电站控制系统最新技术发展水平的所有条件，也符合未来的发展需求。西门子此套新的变电站控制系统是开放设计的，并在间隔层和站控层采用IEC 61850作为通信标准，IEC 61850支持间隔单元及间隔间联闭锁的直接数据交换。提供了不依赖于供货商的系统结构的基础。

SIPROTEC数字保护继电器，已按市场需要开发了所有的应用。SIPROTEC保护继电器和间隔控制单元是首先使用IEC 61850的装置。1998年推出的所有SIPROTEC 4装置可通过更换通信模块和软件升级来实现IEC 61850标准，通过保护配置软件DIGSI 4，SIPROTEC装置及其他制造商的装置能很简单地按照IEC 61850组态。

主要事件

2005年3月4日，西门子输配电集团承建的中国首个供电局IEC61850项目。

2005年3月4日，西门子输配电集团与华东电网有限公司签订500kV南桥变电所计算机监控系统合同。南桥站500kV变电所计算机监控系统项目是IEC61850国际标准首次在国内供电局应用的工程实例。IEC61850这个最新的通信规约为变电站通信提供了基于以太网的综合解决方案，将大大节省建设和操作成本，同时保护了客户投资利益，方便其拓展产品选择空间。

2005年8月26日，西门子能源自动化全球巡展活动中国站圆满结束。

2005年8月26日，西门子能源自动化全球巡展活动中国站在第18个巡展城市北京圆满结束。此次巡展于5月30日在深圳启动，全程16000km，历时3个月。这次巡展集合了输配电集团各部门的力量，邀请到了来自中国各大发电企业、供电公司、电力协会、行业媒体、各大科研院所和电力设计院、高校学生和终端用户在内的约5000名各界人士前来参观。在巡展的每一站，均安排了集装箱展示和系列专业讲座，介绍能源自动化的系列产品和以IEC61850协议为代表的创新解决方案，以及针对中国市场研制的专项产品。

2005年10月2日，无锡新加坡工业园110kV变电站系统改造成功投运。

2005 年 10 月 2 日，国内首套采用 IEC61850 通讯协议的 SICAM PAS 系统在无锡新加坡工业园 110kV 变电站正式投入运行。

2005 年 12 月 1 日，西门子输配电集团能源自动化为中国客户带来全新服务体验。

2005 年 12 月 1 日，西门子输配电集团能源自动化部门率先在华开通 24 小时专业服务热线，部门全新中文网站 www.siemens.com.cn/ea 也于同期发布。为了配合本地化发展战略，让先进的产品和解决方案更好地为客户服务，能源自动化中国部门选聘专职服务工程师赴德学习经验，引进先进的客服系统，结合本地市场需求并经过各部门通力合作，在 12 月 1 日如期开通了中国 24 小时客户服务热线。客户通过拨打 800—828—9887（未开通 800 地区和手机用户可拨打400—828—9887），或发送电子邮件 each.support@siemens.com，便可方便地接入高质量的 24 小时工程服务网络。为加强与客户的沟通，能源自动化部门中文网站也于同期开通，该网站使用最新的全球标识设计标准，以统一的西门子设计布局，风格简洁清新，在为客户带来轻松的使用体验的同时，将准确的信息传递给每一位访问者。用户可以方便地浏览该部门所属五大产品系列的专题页面和典型工程实例，获得销售联系方式和工程服务信息和下载最新产品目录和手册。此外，客户还将定期收到该部门发出的新闻电子邮件。

2005 年 12 月 19 日，西门子电力自动化有限公司荣膺“南京 2005 年 10 大年度雇主”称号。

通过南京市民和媒体投票，西门子电力自动化有限公司正式被授予“南京2005十大年度雇主”称号。此次年度雇主调查活动由中央电视台和智联招聘发起，联合 12 个城市的主流媒体，于 2005 年 10 月开始在全国展开。南京地区的活动由南京金陵晚报联合智联招聘主办，通过市民推荐、企业自荐及专家筛选，最后经过市民短信投票产生了南京地区 2005年10大年度雇主。西门子电力自动化有限公司名列第三，同时当选的还有包括巴斯夫、福特等在内的跨国公司和南京的知名企业。这项殊荣的获得，充分肯定了公司在人力资源管理工作上的努力，也必交吸引更多优秀的人才加盟。

2006 年 2 月 6 日，SIPROTEC 7SJ600 保护装置获国家权威机构好评。

在 2005 年第四季度线路保护装置国家抽检中，西门子电力自动化有限公司 SIPROTEC 7SJ600 保护装置以一次性达到所有指标的成绩通过了 IEC 60870—5—103 规约一致性项目检验，并获得测试负责单位蜓国家继电器质量监督检测中心的高度评价。

2006 年 3 月 30 日，西门子全球第 100 个 IEC 61850 项目——南桥 500kV 变电站顺利运行。

南桥500 kV变电站隶属于华东电网有限公司，位于中国第一条长距离、大容量、高压直流高压直流输电线路蜓全长1000km的葛南线的上海侧落点，目前承担了葛洲坝向华东地区输电的任务。在南桥变电站工程中，西门子使用的产品为基于 IEC 61850 国际通讯规约的 SICAM PAS 变电站自动化系统和 SIPROTEC 4 间隔控制单元。自从智能数字化监控和保护设备应用于变电站，设备间通信的实现由于不同的规约定义始终是工程中的经典难题。由西门子参与制定的全球通用的IEC 61850 通信规约解决了这项问题并为变电站通信的发展奠定了坚实的基础。不同厂商的设备基于该规约可直接通信而无需额外的通信转换装置，从而极大的优化了变电站自动化系统的设计。

2006 年 3 月 31 日，西门子电力自动化有限公司为三峡电站发电机转子接地保护改造提供本地化解决方案。

西门子再次证明其 1～3Hz 低频方波注入式转子接地保护的独有技术优势。经过现场改造和调试，三峡水电站已运行的 14 台发电机组转子接地保护均采用了西门子的解决方案。

附　　录

人 物

电力行业2005年全国劳动模范和先进工作者

劳动模范

徐建义 华北电网有限公司北京电力公司变电公司工人
李卫卿（女） 天津市电力公司高压供电公司班长
付俊杰 大唐国际发电股份有限公司张家口发电厂值长
李学锋 中国国电集团公司一五〇发电厂班长
徐新堂 邯郸市东武仕水电站党支部书记
胡宝玉 栾城县供电公司经理
肖利民 河北省电力公司高级工程师
李金胥 山西省电力公司晋中分公司灵石支公司经理
狄跃生 运城供电分公司变电运行工区王村变电站站长
周毂明 神头第一发电厂发电二部运行三车间技术员
包连喜（蒙古族） 内蒙古蒙电华能热电股份有限公司丰镇发电厂工人
贾亮平 内蒙古蒙电华能热电股份有限公司乌拉山发电厂工人
王书杰（满族） 华能伊敏煤电有限责任公司副总经理
赵风山 内蒙古电力（集团）有限责任公司总经理
乌若思（蒙古族） 北方联合电力有限责任公司董事长
梁洪春 沈阳供电公司大东供电分公司修理班班长
姜洪飞 中国水利水电第六工程局工程开发部主任
李占柱 营口市老边区供电局技术科副科长
顾风立 阜新发电厂发电二分厂锅炉运行三班班长
刘 忱 东北电网有限公司董事长
刘春和 中国水利水电第一工程局第一工程处处长
吕 光 国电吉林热电厂班长
王立波 鸡西电业局鸡冠供电局抄收员
陈厚录 牡丹江第二发电厂汽机检修车间主任
倪继忠 华能国际电力股份有限公司上海石洞口第一电厂组长
胡天强 华东送变电工程公司科长
陈国恩 上海电力变压器修造厂有限公司班长
杨希昌（回族） 江苏常熟发电有限公司班长
汪建民 江苏省电力公司无锡供电公司班长
朱秀明 江苏省电力公司扬中市供电公司车间主任
丁雪峰 江苏省电力公司如皋市供电公司班长
翟玉启 江苏省电力公司丰县供电公司技术革新小组组长
韩连富 扬州第二发电有限责任公司总经理
史文斌 杭州市电力局城北供电局抢修班班长
姚建远 秦山核电公司班长
邵若珍（女） 浙江省永嘉电业局电费电价专职管理员
申 斌 浙江省送变电工程公司总经理
陈立虎 浙江省火电建设公司焊工
王世祥 安徽省电力公司马鞍山供电公司配电工区副主任
洪庆丰 安徽电力东至供电有限责任公司香隅供电所所长
吴跃明 淮南洛河发电厂运行部主任
郑聪明 厦门电业局装表班班长
陈燕华（女） 平和电力公司客户中心电费电价复核班班长
何长生 江西南昌供电公司市中分公司班长
杨跃进 江西丰城发电有限责任公司总工程师
谢明亮 山东电力集团公司总经理
李安全 莱芜供电公司工程师
战 生 蓬莱市电业公司经理
赵爱国 威海市热电集团有限公司副总经理
吴学忠 文登市电业公司经理
王清凯 洛阳新安电力集团有限公司董事长
张亚非 十堰市竹山县供电公司经理
徐联合 湖北省电力公司南漳县供电公司九集供电班班长
张曙光 中国长江三峡工程开发总公司副总工程师
江小兵 中国葛洲坝集团公司总工程师
柳焕章 华中电网有限公司电力调度（交易）中心高级工程师

李列娜（女）　长沙电业局城南供电局电费内勤班班长
周建雄　湖南省火电建设公司热机公司焊接班班长
文建明　大唐耒阳发电厂策划部部长
苏仲衡　岳阳市汨罗电力局副局长
李建辉（女）　湖南省柘溪水电站副总工程师兼生产技术信息部主任
邓中华　湖南郴电国际发展股份有限公司董事长、党委书记
向其玫　怀化电力集团有限责任公司城中供电分公司电力110抢险队队长
刘武林　湖南省电力试验研究院热工室主任
梁少川　广东省广电集团有限公司广州供电分公司变电一部检修工
黄金才　南海发电一厂有限公司检修部班长
曾慧萍（女）　阳春市供电公司纪委书记、工会主席
李　劲　广东省连州发电厂维修车间主任
黄迪领　广东水电二局股份有限公司董事长
潘　力　广东省粤电集团有限公司董事长、党委书记
彭饱书　中国南方电网有限责任公司超高压输电公司副总工程师
易廷金　广西壮族自治区水电工程局龙滩电站工程大坝标经理部经理
曲　曙　广西电网公司总经理
李明月　大唐桂冠合山发电有限公司设备部副主任
韩华元　海南电网文昌供电公司经理
杨家虎　重庆市电力公司南岸供电局抢修队长
朱长林　四川省电力公司总经理
贺鹏程　中国水利水电第五工程局琅琊山施工局项目经理
戴　静（女）　四川雅安电力（集团）股份有限公司七盘变电站站长
王多敏　四川明星电力股份有限公司副总工程师
申国华（侗族）　贵州电网公司铜仁供电局班长
申友强（仡佬族）　贵州电网公司遵义供电局班长
朱　川　中国水利水电第九工程局队长
颜东升　黔北发电总厂副总工程师
阮跃红　云南华能澜沧江水电有限公司漫湾发电厂运行主值
杨文清　中国水利水电第十四工程局小湾分局供水系统工程队队长
杨宜洪　云南电网公司曲靖供电局陆良变电站站长
嘎玛赤林（藏族）　西藏电力昌都分公司规划设计室主任
郝克勤　大唐韩城发电厂锅炉运行三班运行工
赵二宝　宝鸡供电局二保紧修服务队队长
朱宝田　中国华能集团西安热工研究院有限公司首席研究员
郭均峰　中国水利水电第三工程局安装公司工长
张　鸿　甘肃省岷县刘家浪水电厂电气检修车间主任
米祥仁（回族）　甘肃省电力公司平凉供电公司崆峒分公司柳湖供电所所长
杨　光　甘肃省电力设计院副总工程师
朱兴杰　甘肃黑河水电开发股份有限公司董事长、总经理
闫海平　中国水利水电第四工程局第一施工局开挖队队长
夏　忠　黄河上游水电开发有限责任公司党组书记、总经理
王季平（女）　青海省电力公司党委书记、总经理
翁亚伟　国电大武口发电厂锅炉分厂工人
刘应宽　宁夏电力公司调研员
秦　忠　伊犁电力有限责任公司输电工区线路班班长
杨心平　华北电网有限公司华北电力调度局高级工程师
石晓启　华电（北京）热电有限公司班长
刘彭龄　中国国电集团公司副总经理
俞培根　中国电力投资集团公司核电部经理

先进工作者

石　磊　朝阳市农电局局长
周云龙　东北电力学院动力系主任
郑　治　国家电力公司贵阳勘测设计研究院副总工程师

2005年全国电力行业优秀企业、优秀企业家

全国电力行业优秀企业名单

（排名不分先后）

1. 上海电力股份有限公司
2. 大亚湾核电运营管理有限责任公司
3. 大唐淮南洛河发电厂
4. 山西国际电力集团有限公司
5. 广西柳州发电有限责任公司
6. 中国水电顾问集团北京勘测设计研究院
7. 中国水利水电第十二工程局
8. 中国电力工程顾问集团中南电力设计院
9. 中国电力工程顾问集团西北电力设计院
10. 北京京能热电股份有限公司
11. 北京国华电力有限责任公司
12. 四川马回电力股份有限公司
13. 平顶山姚孟发电有限责任公司
14. 华电能源股份有限公司哈尔滨第三发电厂
15. 华能平凉发电有限责任公司
16. 华能国际电力股份有限公司南京分公司
17. 安徽省电力公司滁州供电公司
18. 国电电力发展股份有限公司
19. 国投云南大朝山水电有限公司
20. 河北西柏坡发电有限责任公司
21. 贵州西电黔北发电总厂
22. 重庆九龙电力股份有限公司
23. 湖南省送变电建设公司
24. 新疆维吾尔自治区阿克苏电力有限责任公司
25. 福建省泉州电业局
26. 靖远第二发电有限公司
27. 潍坊供电公司

全国电力行业优秀企业家名单

（排名不分先后）

1. 大唐长山热电厂　李　奕
2. 大唐国际发电股份有限公司　张　毅
3. 山西华能榆社电力有限责任公司　武锦强
4. 中电国华电力股份有限公司北京热电分公司　许建华
5. 中国广东核电集团有限公司　贺　禹
6. 中国水电顾问集团成都勘测设计研究院　郑声安
7. 中国水利水电第十四工程局　李跃平
8. 中国国电集团公司谏壁发电厂　朱跃良
9. 五凌电力有限公司　李瑞师
10. 天津电力建设公司　陈茂生
11. 甘肃送变电工程公司　马志林
12. 华东天荒坪抽水蓄能有限责任公司　孙华平
13. 华北电网有限公司唐山供电公司　周安春
14. 华电能源股份有限公司牡丹江第二发电厂　张泽星
15. 华能重庆珞璜发电有限责任公司　叶向东
16. 国电宣威发电有限责任公司　李宏远
17. 国电浙江北仑第一发电有限公司　韩大卫
18. 贵州乌江水电开发有限责任公司　戴绍良
19. 贵州金元集团股份有限公司习水发电厂　谭志全
20. 铁岭发电厂　王清文
21. 湖北华电黄石发电股份有限公司　钱　勇
22. 湖南省电力勘测设计院　刘志斌
23. 葛洲坝集团第七工程有限公司　邱小平
24. 福建省厦门电业局　李同智

2005 电力科技新书目（摘要）

规 程 规 范

1. 电力行业标准

DL/T 5024—2005　电力工程地基处理技术规程

DL/T 905—2004　汽轮机叶片焊接修复技术导则

DL/T 949—2005　水工建筑物塑性嵌缝密封材料技术标准

DL/T 5010—2005　水电水利工程物探规程

DL/T 962—2005　高压介质损耗测试仪通用技术条件

DL/T 916—2005　代替 SD 307—1989 六氟化硫气体酸度测定法

DL/T 917—2005　代替 SD 308—1989 六氟化硫气体密度测定法

DL/T 963—2005　变压比测试仪通用技术条件

DL/T 5218—2005　220kV～500kV 变电所设计技术规程

DL/T 5224—2005　高压直流输电大地返回运行系统设计技术规定

DL/T 557—2005　高压线路绝缘子空气中冲击击穿试验—定义、试验方法和判据

DL/T 5025—2005　电力系统数字微波通信工程设计技术规程

DL/T 627—2004　绝缘子用常温固化硅橡胶防污闪涂料

DL/T 961—2005　电网调度规范用语

DL/T 5219—2005　架空送电线路基础设计技术规定

DL/T 5220—2005　10kV 以下架空配电线路设计技术规程

DL/T 626—2005　劣化盘形悬式绝缘子检测规程

DL/T 5032—2005　火力发电厂总图运输设计技术规程

DL/T 890.301—2004/IEC 61970—301：2003 能量管理系统应用程序接口（EMS-API）第 301 部分：公共信息模型（CIM）基础

DL/T 915—2005　六氟化硫气体湿度测定法（电解法）

DL/T 931—2005　电力行业理化检验人员资格考核规则

DL/T 5207—2005　水工建筑物抗冲磨防空蚀混凝土技术规范

DL/T 5219—2005　架空送电线路基础设计技术规定

DL/T 5208—2005　抽水蓄能电站设计导则

DL/T 5113.1—2005　水电水利基本建设工程单元工程质量等级评定标准　第 1 部分：土建工程

DL/T 456—2005　混凝土搅拌楼用搅拌机

DL/T 902—2004　耐磨耐火材料技术条件与检验方法

DL/T 903—2004　磨煤机耐磨件堆焊技术导则

DL/T 911—2004　电力变压器绕组变形的频率响应分析法

DL/T 899—2004　架空线路杆塔结构荷载试验

DL/T 935—2005　钢塑复合管和管件

DL/T 950—2005　电厂标识系统设计导则

DL/T 641—2005　电站阀门电动执行机构

DL/T 892—2004　电站汽轮机技术条件

DL/T 893—2004　电站汽轮机名词术语

DL/T 515—2004　电站弯管

DL/T 898—2004　QP 型卷扬式启闭机系列参数

DL/T 5197—2004　电力勘测设计企业计算机网络管理规定

DL/T 929—2005　矿物绝缘油、润滑油结构族组成的红外光谱测定法

DL/T 5210.1—2005　电力建设施工质量验收及评定规程　第 1 部分：土建工程

DL/T 889—2004　电力基本建设热力设备化学监督导则

DL/T 774—2004　火力发电厂热工自动化系统检修运行维护规程

DL/T 5202—2004　电能量计量系统设计技术规程

DL/T 914—2005 代替 SD 305—1989　六氟化硫

气体湿度测定法（重量法）

DL/T 927—2005 弹筒硫的测定方法

DL/T 5216—2005 35kV～220kV 城市地下变电站设计规定

DL/T 5221—2005 城市电力电缆线路设计技术规定

DL/Z 860.1—2004/IEC 61850—1：2003 变电站通信网络和系统 第1部分：概论

DL/T 860.72—2004/IEC 61850—7-2：2003 变电站通信网络和系统 第7-2部分：变电站和馈线设备的基本通信结构 抽象通信服务接口（ACSI）

DL/T 860.73—2004/IEC 61850—7-3：2003 变电站通信网络和系统 第7-3部分：变电站和馈线设备的基本通信结构 公用数据类

DL/Z 886—2004 750kV 电力系统继电保护

DL/T 888—2004 电力调度交换机电力 DTMF 信令规范

DL 5009.2—2004 电力建设安全工作规程 第2部分：架空电力线路

DL/T 5217—2005 220kV～500kV 紧凑型架空送电线路设计技术规定

DL/T 5223—2005 高压直流换流站设计技术规定

DL/T 5225—2005 220kV～500kV 变电所通信设计技术规定

DL/T 790.442—2004/IEC 61334—4-42：1996 采用配电线载波的配电自动化 第4-42部分：数据通信协议 应用协议 应用层

DL/Z 790.55—2004/IEC TS 61334—5-5：2001 采用配电线载波的配电自动化 第5-5部分：低层协议集 快速跳频扩频通信（SS-FFH）协议

DL/T 887—2004 杆塔工频接地电阻测量

DL/T 897—2004 QPPY Ⅰ、Ⅱ型水工平面闸门液压启闭机基本参数

DL/T 908—2004 火力发电厂水汽试验方法 钠的测定 二阶微分火焰光谱法

DL/T 958—2005 代替 SD 329—1989 电力燃料名词术语

DL/T 934—2005 火力发电厂保温工程热态考核测试与评价规程

DL/T 936—2005 火力发电厂热力设备耐火及保温检修导则

DL/T 937—2005 热交换器管声脉冲检测技术导则

DL/T 938—2005 火电厂排水水质分析方法

DL/T 939—2005 火力发电厂锅炉受热面管监督检验技术导则

DL/T 940—2005 火力发电厂蒸汽管道寿命评估技术导则

DL/T 941—2005 运行中变压器用六氟化硫质量标准

DL/T 943—2005 烟气湿法脱硫用石灰石粉反应速率的测定

DL/T 951—2005 火电厂反渗透水处理装置验收导则

DL/Z 952—2005 火力发电厂超滤水处理装置验收导则

DL/T 953—2005 水处理用强碱性阴离子交换树脂耐热性能测定方法

DL/T 954—2005 火力发电厂水汽试验方法 痕量氟离子、乙酸根离子、甲酸根离子、氯离子、亚硝酸根离子、硝酸根离子、磷酸根离子和硫酸根离子的测定—离子色谱法

DL/T 955—2005 火力发电厂水、汽试验方法 铜、铁的测定 石墨炉原子吸收法

DL/T 956—2005 代替 SD 223—1987 火力发电厂停（备）用热力设备防锈蚀导则

DL/T 957—2005 火力发电厂凝汽器化学清洗及成膜导则

DL/T 959—2005 电站锅炉安全阀应用导则

DL/T 960—2005 燃煤电厂烟气排放连续监测系统订货技术条件

DL/T 964—2005 循环流化床锅炉性能试验规程

DL/T 5203—2005 火力发电厂煤和制粉系统防爆设计技术规程

DL/T 5204—2005 火力发电厂油气管道设计规程

DL/T 5226—2005 火力发电厂电力网络计算机监控系统设计技术规定

DL/T 5227—2005 火力发电厂辅助系统（车间）热工自动化设计技术规定

DL/T 505—2005 汽轮机主轴焊缝超声波探伤规程

DL/T 805.3—2004 火电厂汽水化学导则 第3部分：汽包锅炉炉水氢氧化钠处理

DL/T 805.4—2004 火电厂汽水化学导则 第4部分：锅炉给水处理

DL/T 891—2004 热电联产电厂热力产品

DL/T 894—2004 除灰除渣系统调试导则

DL/T 895—2004 除灰除渣系统运行导则

DL/T 5001—2004 火力发电厂工程测量技术规范

DL/T 5187.2—2004 火力发电厂运煤设计技术

规程 第 2 部分：煤尘防治

DL/T 5196—2004 火力发电厂烟气脱硫设计技术规程

DL/T 901—2004 火力发电厂烟囱（烟道）内衬防腐材料

DL/T 904—2004 火力发电厂技术经济指标计算方法

DL/T 906—2004 仓泵进、出料阀

DL/T 907—2004 热力设备红外检测导则

DL/T 909—2004 正压气力除灰系统性能验收试验规程

DL/T 910—2004 灰渣脱水仓

DL/T 514—2004 电除尘器

DL/T 912—2005 超临界火力发电机组水汽质量标准

DL/T 913—2005 火电厂水质分析仪器质量验收导则

DL/T 918—2005 六氟化硫气体中可水解氟化物含量测定法

DL/T 919—2005 六氟化硫气体中矿物油含量测定法（红外光谱分析法）

DL/T 920—2005 六氟化硫气体中空气、四氟化碳的气相色谱测定法

DL/T 921—2005 代替 SD 312—1989 六氟化硫气体毒性生物试验方法

DL/T 922—2005 火力发电用钢制通用阀门订货、验收导则

DL/T 923—2005 火力发电用止回阀技术条件

DL/T 924—2005 火力发电厂厂级监控信息系统技术条件

DL/T 925—2005 汽轮机叶片涡流检验技术导则

DL/T 926—2005 自抽式飞灰取样方法

DL/T 930—2005 整锻式汽轮机实心转子体超声波检验技术导则

DL/T 932—2005 凝汽器与真空系统运行维护导则

DL/T 933—2005 冷却塔淋水填料、除水器、喷溅装置性能试验方法

DL/T 944—2005 混凝土泵技术条件

DL/T 945—2005 周期式混凝土搅拌楼

DL/T 946—2005 水利电力建设用起重机

DL/T 947—2005 土石坝监测仪器系列型谱

DL/T 948—2005 混凝土坝监测仪器系列型谱

DL/T 5206—2005 水电工程预可行性研究报告编制规程

DL/T 5209—2005 混凝土坝安全监测资料整编规程

DL/T 5211—2005 大坝安全监测自动化技术规范

DL/T 5212—2005 水电工程招标设计报告编制规程

DL/T 5213—2005 水电水利工程钻孔抽水试验规程

DL/T 5214—2005 水电水利工程振冲法地基处理技术规范

DL/T 454—2005 水利电力建设用起重机检验规程

DL/T 563—2004 水轮机电液调节系统及装置技术规范

DL/T 896—2004 QPKY 型水工平面快速闸门液压启闭机基本参数

DL/T 5198—2004 水电水利工程岩壁梁施工规程

DL/T 5199—2004 水电水利工程混凝土防渗墙施工规范

DL/T 5200—2004 水电水利工程高压喷射灌浆技术规范

DL/T 5201—2004 水电水利工程地下工程施工组织设计导则

DL/T 5018—2004 水电水利工程钢闸门制造安装及验收规范

DL/T 521—2004 真空净油机验收及使用维护导则

DL/T 582—2004 火力发电厂水处理用活性炭使用导则

DL/T 5215—2005 水工建筑物止水带技术规范

DL/T 5222—2005 导体和电器选择设计技术规定

DL/T 928—2005 微机氧弹热量计使用性能检验规程

DL/Z 885—2004 电力系统控制及其通信 解除管制的电力市场通信

DRZ/T 02—2004 火力发电厂厂级监控信息系统实时/历史数据库系统基准测试规范

DRZ/T 01—2004 火力发电厂锅炉汽包水位测量系统技术规定

2. 企业标准、规定

Q/GDW 125—2005 县城电网建设与改造技术导则

Q/GDW 126—2005 农村电网自动化及通信系统技术导则

Q/GDW 124—2005 750kV 架空送电线路 LGJK—300/50 扩径导线架线施工工艺导则

Q/GDW 114—2004 国家电力调度数据网骨干网运行管理规定

Q/GDW 119—2005 750kV 变电所构支架制作、安装及验收规范

Q/GDW 120—2005 750kV 变电所电气设备施工质量检验及评定规程

Q/GDW 121—2005 750kV 架空送电线路工程施工质量检验及评定规程

Q/GDW 122—2005 750kV 电力变压器、油浸电抗器、互感器施工及验收规范

Q/GDW 123—2005 750kV 高压电器（GIS、隔离开关、避雷器）施工及验收规范

Q/GDW 128—2005 农网高压电气测试设备配置导则

国家电网公司安全生产职责规范（试行）

国家电网公司关于加强安全生产工作的决定

国家电网公司执行〈企业会计制度〉文件汇编

国家电网公司固定资产目录

国家电网公司县供电企业安全性评价依据（试行）

国家电网公司农电生产文件规定汇编

国家电网公司安全生产工作奖惩规定

国家电网公司安全工器具管理规定（试行）

国家电网公司输变电工程达标投产考核办法

国家电网公司输变电优质工程评选办法

国家电网公司电力需求侧管理实施办法

国家电网公司电力供需及电力需求侧管理统计分析办法（试行）

国家电网公司十八项电网重大反事故措施

国家电网公司电力安全工作规程（变电站和发电厂电气部分）（试行）

国家电网公司现场标准化作业指导书编制导则（试行）

国家电网公司输变电工程施工危险点辨识及预控措施（试行）

国家电网公司城区电力系统突发事件应急预案编制导则（试行）

Q/GDW 115—2004 750kV 架空送电线路施工及验收规范

国家电网公司抽水蓄能电站工程达标投产考核办法（2004 年版）

国家电网公司电力建设安全健康与环境管理工作规定

国家电网公司跨区电能交易管理暂行办法

中国南方电网有限责任公司企业标准 Q/CSG 10011—2005 220kV～500kV 变电站电气技术导则

中国南方电网有限责任公司电力生产事故调查规程

华东地区送变电建设工程装置性材料预算价格汇编（2004 年度价格水平）

华东电网 500kV 变电站安全作业流程（试行）

华北电网有限公司防止接地网和过电压事故措施

华北电网电力设备交接和预防性试验规程

华北电网有限公司防止直流系统事故措施

华北电网有限公司防止输变电设备污闪事故措施

华北电网有限公司防止输电线路事故措施

华北电网有限公司防止变压器损坏事故措施

华北电网有限公司防止互感器损坏事故措施

华北电网有限公司防止开关设备事故措施

电力生产事故调查暂行规定

电力二次系统安全防护规定

水电建筑工程预算定额（2004 年版）上下册

水电工程施工机械台时费定额（2004 年版）

电力争议调解暂行办法

供电服务监管办法（试行）

水电站大坝运行安全管理规定

承装（修、试）电力设施许可证管理办法

电力建设工程预算定额 第二册 热力设备安装工程（燃气—蒸汽联合循环电厂分册）（试行本）

国家电网公司电力生产事故调查规程

火电、送电、变电工程限额设计参考造价指标（2004 年水平）

注册电气工程师执业资格专业考试相关标准汇编（供配电专业）

注册电气工程师执业资格专业考试相关标准汇编（发输变电专业）

农村供电优质服务规定汇编

工 具 书

10kV 及以下配电线路施工速查手册

制冷空调设备维修手册

电站锅炉手册

电力工程水务设计手册

火电厂热工技术监督工作手册

高压互感器技术手册

供配电安全生产技术速查手册

配电技术手册（10～35kV 部分）

电工作业安装图册

注册电气工程师设计手册（建筑电气部分）

建筑电气防火实用手册

新编实用五金手册

简明电机修理技术手册

电网企业管理规范使用手册
内线工程安装和检修手册
节约用电手册
中国国电集团年鉴 2005
发电节能手册
电力供应与市场营销手册
电气设备安装工实用手册
建筑电气工程施工管理手册
新编钢结构设计手册
建筑电气安装工程手册
钢结构设计规范新旧对照手册
新编建筑工程材料手册
制冷空调作业安全技术手册
电力争议调解工作手册
电力企业技术监督实用手册
最新英汉自动化·电子技术缩略语词典
现代电力工业词典
英汉汽轮机技术词汇
简明 IEC 电力技术双解词汇
供配电系统图集
2005 中国电力年鉴
北京电力公司年鉴 2005 年
中国水力发电年鉴（第九卷）
水利水电工程施工手册　第 5 卷　施工导（截）流与度汛工程

科　技　书

全国监理工程师执业资格考试复习题精选（最新版）
电力监管工作政策法规选编 2003 卷
电力监管工作政策法规选编 2004 卷
管理原来如此——管理学的三十七幅漫画
现代城市电网 35kV 变电站典型方案设计
现代城市电网 110kV 变电站典型方案设计
现代城市电网 10～110kV 线路典型设计
水利水电工程建设设备监理手册
配电系统继电保护
热工仪表检修
汽轮机辅机检修
单元式空调机的运行操作及管理
反渗透水处理系统工程
电力建设现场安全文明施工与健康环境管理
消防工程施工与预算
电气防火防爆知识问答
电除尘器的选型安装与运行管理
静止同步补偿器（STATCOM）的原理与实现
电业安全工作问答（热力和机械部分）
电厂热工自动控制与保护
中央空调系统安装技术与实例分析
电站燃煤锅炉石灰石湿法烟气脱硫装置运行与控制
田夫之子——崔军回忆录
《电力监管条例》宣传挂图（2 张）
电力企业效能监察
三峡工程混凝土试验研究及实践
三峡水电站厂房充水保压蜗壳关键技术研究及应用
混凝土面板堆石坝施工技术
电站锅炉压力容器压力管道安全技术
中国绿色照明发展报告（2004）
抗击冰灾的英雄赞歌——国家电网公司抗冰抢险保供电纪实
电力需求侧管理实用技术
发电企业市场化改革实例分析——关于江苏南通天生港发电有限公司的研究报告
现代电力企业管理基础知识问答
电力系统分析学习指导（附：思考题、习题及参考答案）
抽水蓄能电站及常规水电站　引水建筑物设计
全国电力系统纪检监察论文选 2004
《电力监管条例》释义
岩石力学数值计算方法
电网先锋
第二十九届中国电网调度运行会议论文选集
国外典型电网事故分析
建筑电气工程技术问答
供电企业项目作业指导书　输电线路运行及检修
防止电力生产重大事故的要求与措施　第一册　热力部分
防止电力生产重大事故的要求与措施　第二册　电气部分
防止电力生产重大事故的要求与措施　第三册　综合部分
中小型火电机组运行技术丛书　电厂化学分册
中小型水电厂运行与管理技术丛书　中小型水电厂计算机监测与控制
《电力生产事故调查暂行规定》及相关规定汇编
电力网电能损耗管理及降损技术
农村低压电工知识操作技能读本
线损与节电技术问答
注册电气工程师执业资格考试　习题与解答　专业基础部分

注册电气工程师执业资格考试 习题与解答 公共基础部分
电气防火检测技术问答
配电网自动化系统应用技术问答
电缆故障分析与测试
输变电与调度作业危险点预测预控
电工与电子技术实验指导书
电力设施保护宣传图册
优良行为习惯养成与电网安全稳定运行
画说电子工艺与操作技巧
实用电子电路设计制作 300 例
发电厂与变电站自动化技术及其应用
图解电工安全知识要诀
电气设备、电力线路典型操作票与工作票 200 例
电力负荷管理技术
画说电工仪表经典应用与接线技巧
农电工操作技能 160 例
地区电网调度自动化技术与应用
高压开关设备实用技术
家庭用电读本
数字电视实用技术
新司机上路必读
电网调度系统安全性评价标准（地调部分）
电力线通信（PLC）技术与应用
基于分叉理论的电力系统电压稳定性分析
基于计算机管理的电站运行与维护
严寒地区混凝土大坝设计、施工与运行
智能建筑电气技术精选
火力发电厂防误操作法
低压系统防雷保护（第二版）
电网系统安全生产管理与实务
电能计量质量管理体系及计量授权
电站汽轮机数字式电液控制系统——DEH
自动变速器的结构与检修图解
建筑电气 CAD
发、变电站防雷保护及应用实例
电力设备交接和预防性试验 200 例
现代民用建筑电气工程设计与施工
10kV 及以下配电线路典型故障分析与预防
筑魂——电力建设企业文化之光
燃煤发电厂粉煤灰气力输送系统
火力发电厂化学监督技术
抽水蓄能电站工程危险点预测与预控措施
农电企业生产工作危险点及控制措施
并联无功补偿装置选型简明手册
县供电企业创一流读本
供电所所长岗位培训教材
锅炉汽包水位测量系统
江苏 220kV 变电所典型设计
江苏 110kV 变电所典型设计
安全生产黄金法则
电力企业安全文化建设
电力企业信息门户
电力网降损节能手册
供电企业电能损耗与无功管理手册
电力系统微机型自动装置
低压电工技术问答
注册电气工程师执业资格专业考试习题集（发输变电专业）
注册电气工程师执业资格专业考试习题集（供配电专业）
变电站综合自动化系统二次回路及运行维护
《电力系统继电保护及安全自动装置反事故措施要点》条例分析
供电企业标准化作业指导书范本（试验、继电、通信、自动化、计量）
供电企业标准化作业指导书范本（输电部分）
供电企业标准化作业指导书范本（变电部分）
供电企业标准化作业指导书范本（配电部分）
农电工操作技术问答
电力营销分析决策系统设计与应用
物业电工技术问答
安全生产规范化管理与标准化作业读本
10kV 开闭所的设计、安装、运行和检修
电网建设新技术
火力发电企业生产安全设施配置标准
发电设备检修质量管理
变电设备维护与检修作业指导书
变压器油中气体分析诊断与故障检查
设备管理工程
变电运行及设备管理技术问答
霍尔元件与电子检测应用电路
简明维修电工手册
集成传感器应用
低压电气技能操作作业考核指导
节约用电宣传画（挂图 2 张）
220kV 及以上电网继电保护装置检验方法和检验报告
树脂浇注干式变压器和电抗器
难忘今夏——2004 年江苏电网迎峰度夏优秀新闻作品选
永葆先进——中国华电集团公司“两优一先”事迹选编
电气试验

电力企业班组管理决策 100 例
创新——领秀电网
中级财务会计模拟实验教程
六西格玛与电力企业管理
查处窃电法律知识问答
火力发电厂生产技术管理
电力要先行·李鹏电力日记（上、中、下三册）
忠诚　责任　奉献——国家电网公司抗冰抢险保电记
300MW 火电机组集控运行（上岗培训、在职培训适用）
农村电网电压质量和无功电力管理培训教材
城市、农村供电营销知识竞赛　供电营销服务技能培训题库
《电力建设安全工作规程　第 2 部分　架空电力线路》培训手册
国家电网公司电力安全工作规程辅导教材（电力线路部分）
供电企业岗位培训考核标准
国家电网公司电力安全工作规程辅导教材（变电站和发电厂电气部分）
电力行业仿真培训与考核大纲
热控工程保护
农村电网变电运行职工岗位知识与技能培训教材
国家电网公司输变电工程典型设计
- 330kV 输电线路分册
- 110kV 输电线路分册
- 500kV 输电线路分册
- 220kV 输电线路分册
- 110kV 变电站分册
- 220kV 变电站分册
- 330kV 变电站分册
- 500kV 变电站分册

电力行业职业能力培训手册
- 电能表修校工　营业用电专业
- 继电保护工　变电运行与检修专业
- 变电检修工　变电运行与检修专业
- 电气值班员　电气运行与检修专业
- 装表接电工　营业用电专业
- 变压器检修工　变电运行与检修专业
- 电气试验工　变电运行与检修专业
- 送电线路工　线路运行与检修专业
- 电机氢冷值班员　电气运行与检修专业
- 电机检修工　电气运行与检修专业
- 除灰设备检修工　锅炉运行与检修专业
- 变电站值班员　变电运行与检修专业
- 锅炉运行值班员　锅炉运行与检修专业
- 燃料集控值班员　燃料运行与检修专业
- 电力负荷控制员　营业用电专业
- 内线安装工　线路运行与检修专业
- 直流设备检修工　变电运行与检修专业
- 高压线路带电检修工　线路运行与检修专业
- 抄表核算收费员　营业用电专业
- 集控值班员　电气运行与检修专业
- 集控巡视员　电气运行与检修专业
- 带电变电检修工　变电运行与检修专业
- 电力电缆工　线路运行与检修专业
- 汽轮机辅机检修工　汽轮机运行与检修专业
- 管阀检修工　锅炉运行与检修专业
- 水泵值班员　汽轮机运行与检修专业
- 卸储煤设备检修工　燃料运行与检修专业
- 用电监察（检查）员　营业用电专业
- 卸储煤值班员　燃料运行与检修专业
- 油务员　化学运行与检修专业
- 输煤机械检修工　燃料运行与检修专业
- 输煤值班员　燃料运行与检修专业
- 电除尘设备检修工　锅炉运行与检修专业
- 汽轮机运行值班员　汽轮机运行与检修专业

供电企业现场标准化作业指导书
- 高压试验部分
- 变电部分
- 送电部分
- 配电部分
- 二次部分

供电企业项目作业指导书
- 变电检修
- 电能计量与电测仪表
- 继电保护及自动装置
- 远动及通信
- 用电营业
- 变电运行
- 电力电缆运行及检修
- 10kV 配电带电作业
- 配电线路运行及检修

供用电工人技能手册
- 变电检修
- 送电线路
- 用电检查

供用电工人技师培训教材
- 继电保护
- 电气试验
- 装表接电

电力生产“1000 个为什么”系列书
- 汽轮机运行与检修 1000 问

火力发电厂 CBE 模块式培训教材单元机组
集控技术 1000 问
焊工技术 1000 问
电力系统微机保护 1000 问
供电企业班组管理 1000 问
特种作业人员应知应会 1000 问
热工自动控制技术 1000 问
农网配电营业工　设备与线路 1000 问
农网配电营业工　用电与营销 1000 问
电气装置安装工程施工与验收 1000 问
智能建筑系列教材
智能建筑综合布线
智能建筑计算机网络
智能建筑通信自动化系统
智能建筑办公自动化
智能建筑综合管理
智能建筑安保与消防
智能建筑系统集成
电梯实用技术系列书
电梯使用、保养和维修技术
电梯选型、配置与量化
电梯施工技术
电源实用技术系列书
逆变电源实用技术——设计与应用
变频电源实用技术——设计与应用
图解电子技术要诀丛书　图解有线电视技术要诀
图解管道安装系列丛书　图解管道安装操作技术
图解家用电器维修技术丛书　新型音响产品维修技术图解
建筑电气实用技术丛书　建筑电气监理
建筑工程实用技术问答丛书　建筑工程建设监理技术问答
建筑工程预算丛书　怎样编制电气设备安装工程预算
楼宇电气系统安装运行维护丛书
10/0.4kV 电力变压器
楼宇的门禁、监控及车库管理系统
办公家用电器速修丛书
看图学修新型变频绿色空调器
速修手机
"送电到乡"工程和"西部新能源行动"培训教材（学员版）
光伏·风力及互补发电村落系统
电力企业法人治理结构建设
抽水蓄能电站工程安全生产文明施工标准化规定
电力标准体系表
交流采样测量装置校验规范和作业指导书
供用电工人职业技能培训教材
变压器检修
电气试验
抄表核算收费
变压器检修　复习题与解答
电气试验　复习题与解答
电测仪表
火力发电职业技能培训教材
电气设备检修（上下册）
电气试验
锅炉设备运行
电厂化学设备检修
汽轮机设备检修
锅炉设备检修
汽轮机设备运行
电厂化学设备运行
热工仪表及自动装置
燃料设备运行
火力发电职业技能培训教材　复习题与题解
燃料设备运行　复习题与题解
继电保护　复习题与题解
锅炉设备检修　复习题与题解
电厂化学设备运行　复习题与题解
汽轮机设备运行　复习题与题解
电厂化学设备检修　复习题与题解
发电厂集控运行　复习题与题解
电气设备运行　复习题与题解
燃料设备检修　复习题与题解
电测仪表复习题与题解
全国电力工人公用类培训教材
实用热工基础
全国二级建造师执业资格考试辅导用书
电力工程管理与实务案例及习题解答
全新实用电子电路丛书
电动机控制电路应用实例
实用灯光控制电路 300 例
实用报警电路 300 例
实用 555 时基电路 300 问
实用声光及无线电遥控电路 300 例
CMOS 数字电路应用 300 例
实用语音与音效集成电路 300 例
实用电工电子自学丛书
单片机应用自学通
电工识图自学通
电子电路知识及识图自学通
怎样选用电子元器件
市政工程施工技术问答　燃气热力管道工程

水电厂生产人员技术问答丛书
水电厂运行技术问答
水轮发电机检修技术问答
火力发电机组过程控制工程师培训教材
自动发电控制及一次调频控制系统（第六册）
机组自动控制系统（第四册）
锅炉热力系统及设备（第一册）
国家职业资格培训教程
中央空调系统操作员（基础知识）
中央空调系统操作员（初级、中级）
火力发电工人实用技术问答丛书　热工仪表及自动装置技术问答
国家电网公司计算机水平考试实用教程
600MW 机组典型事故汇编
党风廉政警示教育读本　警钟声声
电工实用技巧系列书　电工实用计算技巧
电工作业人员安全技术丛书　低压运行维修培训指导
电力企业班组安全学习读本　电力生产事故警示录——人身事故（一）
职业教育与成人教育司推荐教材
单片机原理及应用
安全用电
袖珍电工知识丛书
电工常用器材及应用
电工常用计算图表
怎样快速查找电气故障
电工常用仪表及应用
农村电网配电设备操作技能丛书
怎样处理电气设备运行中的异常
怎样查找电气设备故障
怎样维修电气设备
怎样安装电气设备
建筑施工现场人员便携读本
现场电工必读
测量员必读
预算员必读
现场焊工必读
电力试验技术丛书
发电机励磁系统试验
汽轮机试验
电力系统主设备继电保护试验
电力生产安全教育连环画册
违规的代价（发电分册）
违规的代价（供电分册）
电力市场建设丛书
国外电力市场规则和发电业务许可制度
美国电力市场
欧洲、澳洲电力市场
中国电力市场名词解释
便查手册系列
实用钢铁材料便查手册
实用工具便查手册
实用有色金属材料便查手册
超高压输变电操作技能培训教材
交直流电源与测量表计（第五册）
变电运行（第一册）
电力通信（第七册）
中华人民共和国电力工业史丛书
中华人民共和国电力工业史　天津卷
中华人民共和国电力工业史　浙江卷
中国水力发电史（1904～2000）第一册
中华人民共和国电网调度史丛书
山东电网调度史
江苏电网调度史
河北电网调度史
西北电网调度史
华北电网调度史
内蒙古电网调度史
陕西电网调度史
北仑发电厂志
普城电力工业志

教　　材

21 世纪高等学校规划教材
高电压技术
计算机应用基础
机械基础
自动控制原理学习辅导
基础工程
材料力学
实用电工
供用电系统
电路
现代高压电网继电保护原理
电气接线原理及运行
电工学
马克思主义政治理论教育专题研究
机械设计基础
土木工程施工　上册（施工技术部分）下册（施工组织部分）

计算机基础与应用
电子技术基础
企业管理学
工程制图与计算机绘图习题集
工程制图与计算机绘图
工程计价与管理
电力系统继电保护
电工学实验及仿真教程
电路实验教程
大学体育教程
变电站综合自动化技术
电力系统分析
电机学
电力电子技术与 MATLAB 仿真
自动控制原理实验与实践
锅炉及辅助设备

普通高等教育“十五”规划教材

接口与通信
房屋建筑学
建筑装饰工程定额计价与报价
电气工程及其自动化专业英语
自动化专业英语
数字电子技术基础
自动检测与传感器技术
土力学与地基基础
建设工程造价管理
蒸汽锅炉用钢与受压元件强度分析
工程流体力学
工程传热学
热能专业英语阅读与写作
电力工程
制冷与低温专业英语
电力工程概论
大型汽轮机运行
信号分析与处理
电子设计与实践
电工技术实验及课程设计
电机与拖动基础
电力系统通信技术
电气绝缘与过电压
建筑结构试验
工程电磁场基础与应用
模拟信号处理
电力技术经济分析原理
电子技术实践教学指导书
电力牵引控制系统
电力系统继电保护
电力系统分析
电机学
电工电子技术基础
电气工程概论
电路理论基础
电力系统的市场化运营——预测、计划与风险管理

教育部职业教育与成人教育司推荐教材

电机学
电气安装与调试技术
电厂汽轮机
热工测量及仪表
供用电工程
电力法律法规教程
电力系统分析
电厂锅炉
单元机组运行
汽轮机设备及运行
热力发电厂
泵与风机
机械 CAD/CAM
电力系统继电保护
数字电子技术基础
火电厂金属材料
电机学
电机检修
模拟电子技术基础
机械基础
计算机分散控制系统
机械设计基础
发电厂变电所电气设备
电力系统自动装置
电力系统通信与网络技术
工程流体力学

高职高专“十五”规划教材

建筑供配电工程
计算机辅助设计
机械工程控制基础
机械工程材料
建筑给排水工程

全国电力高等职业教育规划教材

工业企业供电
大学生应用写作
高等数学
工程力学
电气运行与管理
机械制图与计算机绘图习题集

机械设计基础

国家高技能人才培训工程　电力高级能人才培训工程

继电保护技师、高级技师培训规范

水工浇筑工技师、高级技师培训规范

水工建筑测量技师、高级技师培训规范

变电站值班员技师、高级技师培训规范

变压器检修工技师、高级技师培训规范

集控运行技师、高级技师培训规范

汽轮机本体检修技师、高级技师培训规范

配电线路技师、高级技师培训规范

继续教育（函授）工科专升本公共课系列教材

概率论与数理统计

线性代数

微积分基础（上）

微积分基础（下）

北京市高等教育精品教材立项项目　新型传感技术及应用

2006 中国电力年鉴

索　　引

内 容 索 引

说　明

一、本索引是全书条目和条目内容的主题分析索引。索引主题按汉语拼音字母的顺序并辅以汉字笔画、起笔笔形顺序排列。同音时，按汉字笔画由少到多的顺序排列，笔画数相同的按起笔笔形一（横）、丨（竖）、丿（撇）、丶（点）、㇕（折，包括亅乚㇛等）的顺序排列。第一字相同时，按第二字，余类推。

二、索引主题之后的阿拉伯数字是主题内容所在的页码，数字之后的小写拉丁字母表示索引内容所在的版面区域。本书正文的版面区域划分见右图。

a	d
b	e
c	f

D

F

G

H

J

K

S

T

W

W

X

Y

Z

《中国电力年鉴》支持单位

中国华电工程(集团)有限公司

施耐德电气公司

ABB(中国)有限公司

AREVA 输配电公司

杭申控股集团

江苏金智科技股份有限公司

江苏省丰县供电公司

南京南瑞继保电气有限公司

北京四方继保自动化股份有限公司

株洲南车时代电气股份有限公司

国电南京自动化股份有限公司

南京线路器材厂

西门子电力自动化有限公司(SPA)

《中国电力年鉴》编辑出版人员

责任编辑	肖　兰	姜丽敏	邓　春
	刘丽平	王　晶	刘　薇
	王　磊	王金波	蒲元吉
封面设计	杨晓东		
版式设计	张秋雁		
责任校对	罗凤贤	刘振英	
出版印制	邹树群	杨志国	